清代园寝志

（上）

宋大川　夏连保　主编

文物出版社

责任编辑：窦旭耀
封面设计：周小玮
责任印制：王少华

图书在版编目（CIP）数据

清代园寝志/宋大川，夏连保主编．—北京：文物出版社，2012.12
  ISBN 978-7-5010-2814-6

  Ⅰ.清… Ⅱ.①宋…②夏… Ⅲ.陵墓-研究-中国-清代 Ⅳ.K878.84

  中国版本图书馆CIP数据核字（2009）第152180号

清　代　园　寝　志

宋大川　夏连保　主编

*

文 物 出 版 社 出 版 发 行

北京市东直门内北小街2号楼

http://www.wenwu.com

E-mail：web@wenwu.com

北京燕泰美术制版印刷有限责任公司制版

北京盛天行健印刷有限公司印刷

新 华 书 店 经 销

889×1194　1/16　印张：37.25

2012年12月第1版　2012年12月第1次印刷

ISBN 978-7-5010-2814-6　定价：780.00元（上下册）

主　编：宋大川　夏连保

副主编：郭力展

撰　稿：（以姓氏笔划为序）

　　　　丁利娜　付幸　张利芳　夏连保　董坤玉

摄　影：王殿平　郭力展

前 言

经过两年多的努力,这本《清代园寝志》终于脱稿了。但是,关于清代园寝的话题,却总感觉还有一些未说完的话。

在中国封建社会,人们习惯于把藩王的墓葬称之为"王坟"。清朝入关后,从顺治元年开始,先后三次大规模圈占京郊500里以内土地以安置满洲贵族、勋臣和八旗兵丁。满族贵族在圈占中趁机强占大量民地、良田,设置皇庄、王庄及八旗官兵田庄。失去土地的汉族农民于是只能在其庄园劳动,因此沦落为满族贵族的奴隶,完全失去了人身自由,庄主和农民之间变成了一种"主子"和"奴仆"的人身依附关系,这种关系在社会意识形态上也留下了深深的印迹,表现在日常的用语上,就衍生出了一些称谓关系上的"奴化"语词,如称自己为"奴婢""奴才",而对自己所属的主人则称"主子""主子爷",对宗室王公则称"贝勒爷""王爷"等等。不平等的社会制度导致了民众整体的卑微心理,进而对所有身份地位比自己高的人都称之为"爷",到了后来,"爷"甚至成了一种名词的后缀,可以任意附加在某些称谓名词的后边,如"军爷""官爷"之类,以表示谦恭。于是,原来在历代被称之为"王坟"的诸王墓葬,到了清代的下层民众口里,就变成了"王爷坟"。这种民众的"整体的卑微心理",或许也是晚清国运的一种写照,预示着腐朽的王朝必然要走向灭亡。

把宗室王公的墓葬称之为"王爷坟",当然只是一种民间的通俗叫法。清代的"王爷坟"准确地说只是清代宗室园寝的一部分。而所谓的清代园寝,则是指包括清代历朝皇帝的皇子、皇女、妃嫔以及宗室各小宗所有有封爵成员在内的坟园。清代对这一群特殊人群死后的坟园选址、建筑规模、祭享方式、墓园保护等等,都规定了一套相当严格的制度。每个个体的坟园称之为园寝,不同等级的死者在丧葬方面的不同规定称之为园寝制度。

关于清代园寝的研究,过去并没有得到清史学者重视。大概因为清代园寝与清代的陵寝比较起来,园寝是清代爱新觉罗宗室各小宗的墓葬,而清代的陵寝则是属于有清一代历朝帝王及其皇后的墓葬,无论从规模上还是从社会的关注程度来看,皇陵都要比家族的墓葬重要得多。就文献资料而言,历代皇陵从选址到建造乃至于皇帝死后的下葬及祭祀活动,都是历代封建王朝最为重大的事件之一,都有相对完备的档案史料可查,而宗室各小宗的家族墓葬,文献中则少有记载,这就使得对清代园寝的研究显得"先天不足",很难深入展开。所以,自清代灭亡以来,对于清代皇陵的研究工作,受到了史学界的普遍重视,研究成果也不断涌现,而对于清代园寝的研究,则一直处于几乎空白的状态。

20世纪80年代,冯其利先生利用业余时间,对清代园寝展开调查工作。经过多年的实地调查,结合文献资料和对各地知情人士的走访,于1996年在紫禁城出版社出版了《清代王爷坟》一书。在这本书中,作者对埋葬于北京、河北和天津等地的清代"王爷坟"的位置、墓主、地面建筑的历史和现状等作了较为详细的介绍，为我们了解清代园寝在这些地区的分布和现存状况提供了丰富的资料。但非常可惜的是，作者对这些"王爷坟"缺乏深层次学术层面上的分析研究，我们很难从作者的介绍中看出清代园寝这种特殊的墓葬形式与清代社会政治、经济、文化之间究竟有多少联系。同时由于作者对清代宗法制度缺乏了解，未能把每个个体的"王爷坟"（即园寝）与整体的家族茔地联系起来进行考察研究，准确分析出同一家族茔地内个体园寝之间的相互关系，因此在对个别的园寝墓主的认定上，就难免出现错误。另外，由于史学界对清代园寝的研究一直处于一种空白的状态，人们普遍对清代园寝等级制度缺乏了解，所以作者在对一些园寝地面建筑的描述上，也常常显得不够准确，甚至有时候错误地把园寝附近原本属于其他时代的建筑，都当成了该园寝原有的建筑。这些问题的出现，其实反映了一个时期以来人们对清代园寝的普遍认识水平。2007年12月，北京市文物研究所宋大川、夏连保出版了《清代园寝制度研究》一书，对清代园寝制度的形成、建立和发展历程作了较为详细的论述。鉴于目前清代园寝多数都已被破坏的现状，2008年初，宋大川同志提出了编写《清代园寝志》的计划，并获得北京市文物研究所及市委宣传部的支持，课题被列入北京市委宣传部社会科学"十一五社科规划"重点科研项目。2008年6月，北京市文物研究所组织成立了《清代园寝志》课题组。课题组成员由宋大川、夏连保、郭力展、付幸、董坤玉、张利芳、丁利娜、王殿平等人组成。宋大川同志主要负责课题的组织、协调工作，安排课题进度计划。夏连保负责全书的统稿工作。王殿平、郭力展同志主要负责对园寝及相关实物的拍照。全书的文字撰写由夏连保、付幸、董坤玉、丁利娜、张利芳五人完成。其中，《综叙》和除去《清代公主园寝志·概述》之外的各部分的《概述》以及第一部分《清代宗室王公园寝志》的第一章一、二，第二章（一）《广略贝勒褚英园寝》，第五章二，第三部分《清代妃园寝志》第二章一，由夏连保执笔撰写；第一部分第二章（三）《敬谨亲王尼堪及其子尼思哈园寝》、二、五、七至九，第三章，第四章（二）《已革裕亲王保泰家族茔地》、（四）《北京市朝阳区广渠门外裕郡王家族茔地及裕僖郡王亮焕、多罗贝勒文和、固山贝子祥端园寝》、三，第五章三、（二）《北京市房山区董家林多罗淳郡王家族茔地及淳慎郡王弘暻、多罗贝勒永鋆园寝》、六、七、十五，第六章三，第七章一、三至五、七，第八章和第九章由张利芳执笔撰写，第一部分第一章三、四，第二章（二）《多罗安平贝勒杜度及其后裔园寝》、三、四、六，第四章（一）《天津黄花山裕宪亲王福全园寝》、（三）《河北易县南福地裕亲王家族茔地及追封裕悼亲王保绶、裕庄亲王广禄园寝》、二、四，第五章一、（一）《河北易县淳度亲王允祐园寝》、四、八至十四，第六章一、二、四，第七章二、六由丁利娜执笔撰写；第二部分《清代公主园寝志》由董坤玉撰写；第三部分《清代妃园寝志》除《概述》和第二章一外，由付幸撰写。第四部第一章由张利芳整理，第二章由董坤玉整理，最后由夏连保审阅。书稿完成后，由宋大川、夏连保对全书进行了审阅修改。

本书作为一本清代园寝的专志，最重要的就是对清代每一座园寝进行客观、历史、准确的描述。为了能使这部《清代园寝志》尽量编写得真实可靠，课题组对各地可以考知的每一座园寝进行了认真的调查和走访。但是，由于历史原因，清代宗室王公的园寝多数已经被平毁，有些甚至已经很难考知其具体位置了。在这一点上，冯其利先生的《清代王爷坟》给我们提供了非常重要的线索。

在本书的编写过程中，我们尽量考虑清代宗法制度的特点，结合文献资料的记载和实地调查的情况，对每个家族的茔地变换、园寝与园寝之间的关系进行剖析研究。清代园寝制度是中国最后一个封建王朝在特殊的历史时期和社会制度下所产生的一套特殊的丧葬等级制度。在这一特殊丧葬等级制度下，清王朝依据宗室成员生前社会地位的等级，对各小宗群体成员的墓葬规模和形制从制度上加以规范，其所依据的社会等级标准就是清代的封爵制度。宗室成员生前所接受的封爵和死后受到的追封，都可能成为其丧葬"待遇"标准的依据。因此，相同爵位的宗室成员，其墓葬的规模和建筑形制也都具有相似性，也可以称之为共性。而这些被称为"园寝"的特殊群体的墓葬位置关系，又多数是按照清代的宗法观念和昭穆制度来安排的，所以，我们认为，在清代园寝中，对宗室各小宗王公园寝的研究，不仅需要注意它们之间的相互关系，更应该侧重于分析该家族茔地变换的客观因素和主管原因，否则就可能得出错误的结论。但是由于我们的水平有限，加之时间紧迫，真诚地希望方家能对书中的缺点和错误不吝指教。

本书的编写工作得到了北京市各区县文管所的大力支持，特别要提出的是，课题组在内蒙古和辽宁调查时，内蒙古喀喇沁王府博物馆吴汉勤馆长、辽宁省文物考古研究所田立坤所长和吕学明副所长、辽宁市文物保护中心全晓红主任、清东陵文物管理处研究室李寅主任、清西陵文物管理处耿左车主任及宣传科王娟同志，或不吝给我们提供相关资料，或热情地与当地有关部门联系配合，或亲自带领课题组寻访相关遗迹，对课题组的调查给予了全力的帮助，在本书出版之际，我们谨向他们表示衷心的谢意！

目 录

综　叙

　　"园寝"一词最早见于《后汉书》，原本是指帝王的"园陵寝庙"。　"园陵"也叫"陵园"，而"寝庙"，则是指祭祀的场所，合而称之为园寝、陵寝、园庙或寝园等，后来特指埋葬及祭祀封建最高统治者皇帝及其皇后的墓园。

　　从秦汉以后一直到清代之前的中国历代封建王朝，传统的墓葬大致说来只有"陵"和"墓"两大等级区别。在君主集权制的封建社会里，皇权至上，神圣不可侵犯。统治者为了维护"天子"的绝对统治权威，在丧葬制度上规定，只有社会的最高统治者皇帝及皇后的墓葬才可以称为"陵"（包括"陵寝""园寝""陵园"），除此而外，即使是诸侯王乃至太子的墓葬，除非有朝廷特殊的恩礼许可，也都只能称"墓"而不可以称"陵"。如唐中宗李显的儿子李重润和女儿永泰公主，在武后大足元年（701），因私下议论张易之与武后淫乱事而被武则天杖杀，唐中宗复位后，追赠二人位谥，以礼改葬，陪葬乾陵，并特许二人墓葬"号墓为陵"，以表示与其他宗王、公主墓葬规格的不同，反映了一种特殊的等级观念[1]。由此也可以看出，"陵"（包括"陵寝""园寝""园陵"）成为一个特殊的词语，只能特指帝王的埋葬地，而普通的百姓甚至是高级贵族墓葬都是不能随便称"陵"的。擅自称陵意味着僭越，是封建等级制度绝对不允许的。

　　当然，我们不能把"陵"与"墓"仅仅看成是名称上的简单差别，事实上这种差别的本质主要体现的是一种等级观念和制度，包括葬地的选择、墓葬地面和地下建筑的规模以及丧葬、祭祀礼仪等等一系列的具体等级制度，是对死者生前社会政治地位的观念认同。这种丧葬制度上的等级制度，是封建社会等级制度发展到一定时期的产物。

一、清王朝的建立与清代的园寝

　　清朝是由满族贵族建立起来的封建王朝，也是中国历史上最后一个封建王朝。满族兴起于东北，满族的前身主要是女真族。元朝蒙古族推翻了由女真族上层贵族建立的金王朝政权以后，女真遗部散居于长白山一带，到明初时，已逐渐合并为建州女真、海西女真、野人女真三大部，其后又按地域分为建州、长白、东海、扈伦四大部分。随着女真各部落的发展，各部首领皆欲称王称长，女真内部不断发生战争，而建州女真在不断的战争中逐渐强大起来。

　　在建州女真中，爱新觉罗氏最为强盛。　"爱新觉罗"为女真语，"爱新"一词汉译

　　1　《新唐书》卷九十四《列传六》："懿德太子重润，……大足中，张易之兄弟得幸武后，或谮重润与其女弟永泰郡主及主婿窃议，后怒，杖杀之，年十九。……神龙初，追赠皇太子及谥，陪葬乾陵，号墓为陵，赠主为公主。"　《新唐书》卷九十六《列传八》："永泰公主，以郡主下嫁武延基。大足中，忤张易之，为武后所杀。帝追赠，以礼改葬，号墓为陵。"

为金，"觉罗"就是姓的意思。爱新觉罗氏只是当时女真各部落中的一个血缘族氏，根据《清史稿》的记载，爱新觉罗氏的祖先在很早的时候就已居住在赫图阿喇。至努尔哈赤的祖父觉昌安时，共有兄弟六人：长曰德世库，次刘阐，次索长阿，次觉昌安，次包朗阿，次宝实。"诸兄弟各筑城，近者五里，远者二十里，环卫而居，通称宁古塔贝勒"。而"景祖（觉昌安，即努尔哈赤的祖父）承祖业，居赫图阿喇。景祖有子五：长礼敦，次额尔衮，次界堪，次塔克世（努尔哈赤的父亲），是为显祖宣皇帝，次塔察篇古。时有硕色纳、加虎二族为暴于诸部，景祖率礼敦及诸贝勒攻破之，尽收五岭东苏克苏浒河西二百里诸部，由此遂盛"[1]。明神宗万历初，明朝的总兵李成梁攻打觉昌安的孙女婿阿太所统领的女真部落，觉昌安率领儿子礼敦、额尔衮、界堪、塔克世、塔察篇古及孙子努尔哈赤、舒尔哈齐等人前往救援。"有尼堪外兰者，诱阿太开城，明兵入歼之"，努尔哈赤的祖父觉昌安及父亲塔克世等人都在这次战斗中被明军所杀，努尔哈赤和他的胞弟舒尔哈齐混于乱兵之中被俘。李成梁的妻子看到努尔哈赤的相貌奇特，私下把他们兄弟二人释放了。努尔哈赤和舒尔哈齐回到家后，就以祖、父遗留下的十三副盔甲重新组织人马，其后用了三十余年的时间，最终统一了东北女真各部，雄居东北，并于明神宗万历四十四年（1616），即汗位于赫图阿喇，诸贝勒大臣上尊号曰"覆育列国英明皇帝"，建元天命，定国号为金，史称"后金"。努尔哈赤统一女真各部后，爱新觉罗家族就成了后金的实际统治者。后金天聪十年（1636），皇太极改元称帝，改国号为大清，将以建州女真为核心，海西女真为主体，包括部分汉人、蒙古人、达斡尔人、锡伯人、朝鲜人等在内的统一以后的女真各部统称之为"满族"，于是爱新觉罗这个家族就成了满族所建立的王朝的皇族。

皇太极改元后，清廷根据爱新觉罗皇族内部成员与努尔哈赤的血缘关系远近，将努尔哈赤父亲塔克世（即显祖）以下的子孙，统称之为"宗室"，而将塔克世之前各祖先的子孙，统称之为"觉罗"。在封爵制度上，"始定王公等爵，以封显祖子孙"[2]。这里所谓的显祖子孙，就是指努尔哈赤的兄弟及其后人。至康熙以后，又根据宗室成员和康熙皇帝的血缘关系远近，将宗室分为"宗室"和"近支宗室"[3]。从《清会典》、《清会典事例》、《清通志》、《清文献通考》等有关典籍的记载中可以看出，清代所谓的园寝，主要有以下几个类型：一是清王朝历朝皇帝除皇后以外的其他所有配偶的墓葬。如《清会典事例》中所谓的昭西陵贵人园寝、景陵皇贵妃园寝、景陵妃园寝、泰陵皇贵妃园寝、裕陵皇贵妃园寝、昌陵皇贵妃园寝、慕东陵庄顺皇贵妃园寝、定陵皇贵妃园寝等；二是皇子及宗室亲王以下所有功封、恩封、袭封、考封的高级贵族的墓葬。如朱华山端慧皇太子园寝、皇十二子园寝、文营台荣亲王园寝、朱华山理密亲王园寝、张家庄端亲王园寝、王家庄怀亲王园寝、妙高峰醇贤亲王园寝等；三是所有皇女（固伦公主、和硕公主）和宗女中具有郡主、县主、郡君、县君、乡君品级的格格墓葬。如梁各庄慧愍固伦公主园寝、许家峪端悯

1 《清史稿》卷一《太祖本纪》。
2 《清朝文献通考》卷二百四十六。
3 《听雨丛谈》卷一："国朝发祥于长白山，姓爱新觉罗氏。始兴于宁古塔，奄有辽左，已历累世。八旗之制，最为精详。凡我显祖宣皇帝（塔克世）位下之嫡派子孙，谓之宗室；伯叔兄弟之裔，谓之觉罗。自圣祖仁皇帝位下之子孙，谓之近支宗室，凡命名皆随天潢，用弘永绵奕载衍派。嗣圣位下子孙凡在三服以内者，并下一字偏旁亦排，用玉心丝言也。宗室有罪黜为红带子，觉罗有罪黜为紫带子。此例道光年间已停止。"

固伦公主园寝、陈门庄端顺固伦公主园寝等[1]。由此可知，清代所谓的"园寝"，指的就是清王朝历朝皇帝的皇子、皇女、皇后以下的妃嫔及其宗室各支内有封爵的成员在死后按照不同的等级规格建立起来的坟园。也就是说，清王朝在中国古代传统的"陵"和"墓"两种墓葬等级之间，又在制度上增加了一个特殊的"园寝"等级序列。

清代历朝皇帝依据宗室成员生前的身份地位——主要是爵级和血缘远近的不同，对他们死后的坟园大小、地面建筑、丧葬和祭祀礼仪以及守陵户的数量等制定了不同的标准，这是与以往的历代封建王朝都有所不同的。清代园寝制度的建立，是清朝皇族宗室内部等级制度在丧葬上的具体体现，也是中国宗法制度和封建礼制在清朝皇族内部的一种新的表现形式。

二、清代园寝产生的社会历史原因

清朝将宗室高级贵族的墓葬称之为"园寝"，当然并不是一种简单的名称的更改，而是有着其深刻的社会历史根源。清朝的园寝制度是满清封建政治制度的一个有机组成部分，它体现了清廷入关后，王朝统治者的一种新的等级观念，是在新的历史形势下，为了维护封建最高统治集团的政治利益而对中国传统的丧葬等级制度实施的一次变革。

清朝入关后，在顺治元年（1644）、顺治四年（1647）和康熙八年（1669），先后三次强行大规模圈占京郊500里以内土地以安置满洲贵族、勋臣和八旗兵丁[2]。其具体办法是：政府派遣官员，骑马拿绳索将所经过的地方加以丈量，这些原本由汉人耕种的土地经圈占后就变成了所谓的"官地"，朝廷再将这些"官地"分赐给八旗将士，名之曰"圈拨"。于是这些原本有主的汉人土地就"合法"地强行转移到了八旗将士手中，变成了他们的财产。据《清会典·户部》记载："凡宗室王贝勒贝子公将军，赐畿辅庄园各有差，通计八旗万三千三百三十八顷有奇。凡勋戚世爵职官军士，赐畿辅庄田各有差，通计八旗十有四万百二十八顷七十一亩有奇。凡畿辅旗庄，国初颁赐已定，厥后皇子分封，公主赠嫁，皆取诸内府庄田。承平以来，边界益拓，盛京东北及诸边口外，古称瓯脱不毛之土，多辟为腴壤。八旗户口滋繁，咸取给焉。凡八旗官兵所受之田，毋许越旗卖买及私售与民，违者以隐匿官田论。凡牧场近京之地，阡陌相连，尽给八旗官兵。以沙地不耕者为场，盛京及沿边之地，广漠无际，屯垦所不能尽。择水草肥美者为场，以牧上厩马及骆驼牛羊。次给宗室王公八旗官兵以广牧政。"[3]八旗贵族在圈占中趁机强占大量民地、良田，设置皇庄、王庄及八旗官兵田庄，而京畿一带的汉民失却了赖以生存的根本，其中的一部分人便沦为满清贵族的奴隶。满清贵族强迫失去土地的汉族农民在其庄园劳动，可以被随意处死，毫无人身自由可言。作为征服者的满清统治者，在政治、经济、文化以及受教育等各个方面都享有着特权。这种特权的长期存在，导致了意识形态里的新的等级观念的产生。

---

1 参见光绪本《清会典》卷六一、光绪本《清会典事例》卷九四九。

2 四库本《清会典》卷十《户部》："近畿五百里内，当明季兵燹之后，野多旷土，定鼎之初以锡，群策群力，垂为世业。墟市不改，丘冢如故，有民田犬牙相错者，取别州县闲田易之，俾旗人各安其业，以正经界，其征输之籍尽除之。"

3 四库本《清会典》卷十。

满清统治者把宗室王公贵族墓葬称之为"园寝"，正是这种新的等级观念在丧葬制度上的具体反映。其目的是要在政治上进一步突出皇族贵族的特殊身份和地位，借以加强其政治统治，是对封建等级观念和制度的强化和发展。

三、清代园寝等级观念产生的过程

清王朝统治者把"园寝"从"陵寝"中分离出来，在中国古代传统的墓葬等级之间，又增加了一个等级。这一丧葬等级的观念，大约是从清廷入关以后才逐渐明确并进而逐渐形成制度的。后金建立之前，爱新觉罗氏家族的茔地在赫图阿拉。努尔哈赤建立后金初期，政权尚未稳定，一切制度尚属草创，对这一片祖茔所在地并未称陵。后金天命六年(1621)，努尔哈赤率八旗军大败明朝军队于萨尔浒山下，取得了与明朝交战以来的决定性胜利，并乘胜占领辽阳、沈阳，遂决定迁国都至辽阳。但因为辽阳城已在战争中遭到严重破坏，所以就在城东八里的太子河畔另建新城。天命七年(1622)四月新城竣工，命名为东京城。东京城建成后，努尔哈赤决定将父、祖等人墓葬迁至城旁安葬。于是，选定东京城北四华里的阳鲁山建祖墓。据《清太祖实录》记载，天命九年（1624）"夏四月甲申朔，上以辽阳既定，建都东京，奉移景祖、显祖、孝慈皇后及皇妃、皇伯父、皇弟、皇子诸陵墓于东京。命族弟铎弼、王善、贝和齐往至祖居虎拦哈达之赫图阿喇地，谒祖陵及皇后、皇妃陵。铎弼等遵旨，先以太牢祭告毕，及奉景祖、显祖、孝慈皇后梓宫，舁以黄舆，暨皇伯父礼敦巴图鲁、皇弟贝勒达尔汉巴图鲁舒尔哈齐、青巴图鲁穆尔哈齐、皇叔塔察篇古之子贝勒祜尔哈齐灵椁，舁以朱舆，日祭以太牢。将至，上率诸贝勒大臣，令军士被甲胄，执器械，出城迎二十里外。至皇华亭，上及诸贝勒、大臣、军士，悉俯伏道左。俟景祖、显祖暨孝慈皇后灵舆过，乃起。至东京城东北四里之杨鲁山，预建寝殿，以安葬焉。设太牢，焚楮币，妥侑诸灵。上诣二祖陵，奠酒行礼，祝曰：'吾征明，复已得辽东、广宁。祇移寝园，永安斯土。惟我祖考，仰达天地垂福佑焉。'其继妃富察氏及皇子阿尔哈图土门贝勒褚英椁亦同移于此"[1]。这便是后来所谓的东京陵。按照这一记载，本次迁陵只迁了九个人。但事实上，根据我们的调查，东京陵中至少还为努尔哈赤的庶弟巴雅喇、胞弟雅尔哈齐、胞妹（其姓名文献失载，雍正时被追封为和硕公主）与其额驸扬书建立了三座园寝。《清太祖实录》天命九年的这条迁葬没有记载他们，可能是因为这些人死亡的时间与兴建东京陵的时间差不多，所以应当是死后直接埋葬进东京陵内的[2]。

东京陵建成后，当时是否称陵，尚待进一步考证。从上引《清太祖实录》所谓"奉移景祖、显祖、孝慈皇后及皇妃、皇伯父、皇弟、皇子诸陵墓于东京"的语气来看，似乎东京陵建成后便以"陵"相称了，但事实恐怕未必如此。因为在这段话中，"景祖"、"显祖"等都是顺治五年十一月后才追尊的，且努尔哈赤建立后金政权之初称汗而未称帝，所以也不可能有"皇后"、"皇妃"、"皇伯父"、"皇弟"之类的称谓，东京陵的名称

1 《清太祖实录》卷九。按《清史稿》卷一《太祖本纪》云："（天命九年）四月，营山陵于东京城东北阳鲁山，奉景祖、显祖迁葬焉。是为永陵。"此处所谓永陵者显系误记。

2 根据《清史稿》记载，巴雅喇卒于天命九年（1624）年二月，太祖胞妹卒于天命八年（1623）年九月。雅尔哈齐卒年未详。

叫法，与上述的"皇父"、"皇伯父"一样，显然是后世史臣在厘定实录时的概念，我们在阅读这些史实时，一定要特别注意。不过东京陵是后金政权建立后，按照统一规划、统一设计兴建的，不管当时是否以"陵"命名，事实上它都已经完全具备了皇家陵寝的性质和作用。当时后金政权凡有重大事情，都要祭祀先祖亡灵，以求得护佑。天命十年(1625)努尔哈赤迁都沈阳。迁都之前，还到阳鲁山行祭祀大礼，供祭杭州丝绸，杀牛五头，烧纸钱，然后启行。崇德元年(1636)皇太极建元称帝，也在东京陵行祭祀大礼。清朝入主中原后，对东京陵的祭祀也非常重视。顺治八年(1651)世祖亲政后，封东京陵陵山名积庆山，并设了守陵官员，划定保护范围，严禁军民人等入内樵采。东京陵实际上应当是后金时期建立的第一座真正意义上的皇家陵寝。至于原来赫图阿喇的祖陵，后金政权也没有废除祭祀活动。因为赫图阿拉是后金始建国时的都城，皇太极天聪八年（1634），尊称赫图阿拉为"兴京"，于是赫图阿拉的祖陵也一度被称之为"兴京陵"。

努尔哈赤去世后，后金天聪三年（1629），皇太极在为努尔哈赤建福陵时，将葬在东京陵中的努尔哈赤福晋叶赫那拉氏(孝慈高皇后)及富察氏遗骨迁出，与努尔哈赤合葬。至清顺治五年（1648）十一月，顺治皇帝"追尊太祖以上四世"，以努尔哈赤的"高祖泽王为肇祖原皇帝，曾祖庆王为兴祖直皇帝，祖昌王为景祖翼皇帝，考福王为显祖宣皇帝；妣皆为皇后。上诣太庙上册宝。辛未，以配天及上尊号礼成，御殿受贺，大赦"。至顺治十一年（1654），顺治皇帝根据议政王奏议，认为兴京陵才是天下福地，东京陵风水远不及兴京陵，于是复将其景祖翼皇帝、显祖宣皇帝宝宫迁回兴京陵安葬，而以礼敦巴图鲁、恪恭贝勒塔察篇古陪葬。这样一来，东京陵中就再也没有努尔哈赤的先祖在这里埋葬，只留下了从赫图阿喇迁来的努尔哈赤的"皇弟"、"皇子"的墓葬，而兴京陵则成了其肇祖盖特穆、兴祖福满、景祖觉昌安和显祖塔克世四位祖先的陵地，故又有"四祖陵"、"老陵"之称。顺治十六年（公元1659年）改兴京陵为永陵。

永陵建立后，东京陵事实上也就失去了其作为祖陵的地位，一些具有帝陵规格的祭祀活动也不再在这里展开。而东京陵中埋葬着的努尔哈赤的胞弟及其子侄辈，不能再享受国家的祭祀。他们既不能进入祖陵，而生前又曾是地位非常显赫的人物，按照宗法制度，他们都应当作为各小宗之祖，由其继弥者来祭祀了。也就是说，作为帝陵，它享受的是国家的祭祀，而作为园寝，则享受的是家族的祭祀。努尔哈赤在建设东京陵时，当时后金统治者的观念之中，并没有把帝陵与家族墓葬完全区分开来。但到了努尔哈赤之后，从皇太极为努尔哈赤单独建设福陵开始，这一区分的意识便萌发了。直到顺治时期，随着后金政权由一个区域性的家族政权发展壮大成为一代王朝，并赫然进入中原取代了原来的明王朝的统治之后，把宗族内其他家族成员的墓葬从国家的陵寝中完全分离出去，就成了建立新的王朝统治秩序的一项亟待解决的问题。否则就会在意识形态里造成一系列的混乱，甚至会危及王朝的稳定。而中国传统的宗法观念，恰恰就是建立封建统治秩序和政治制度的基础。顺治皇帝把他所封的景祖翼皇帝、显祖宣皇帝宝宫从东京陵迁回兴京陵安葬，其实质就是要按照宗法制度的原则，对后金早期的这种家族墓葬形式进行彻底的改造，建立起新王朝的完备的陵寝制度。把宗族内其他家族成员的墓葬与帝陵区分开来，在意识形态上强调各宗族之间"天下共祖"及其后继者不可动摇和替代的统治地位，这才是问题的本质。但是，这些原本葬在东京陵中的其他家族成员的墓葬从"陵寝"中分离出来之后，需要给他们另外一个恰当的名词来命名。清廷把这些墓园全都称作"园寝"，表示这些墓葬既与皇家的陵寝有所区别，同时又与普通民众的墓葬有所不同。这样，清王朝就将园寝从陵寝中分离出来，在陵与墓之间，建立起了一种特殊的墓葬等级，并由此代代相沿下来，逐渐形成了一整套的园寝制度。

综上所述，我们可以看出，清代新园寝等级观念，是从顺治十一年（1654）清世祖迁陵才逐步形成的，它是后金政权由一个区域性家族政权发展成为一代王朝之后的必然产物。清代皇家陵寝制度和宗族内部的园寝制度，都是在中国传统的宗法制度的基础上建立起来的，而清代园寝制度则是清代陵寝制度的延伸，其本质就是要在维护清王朝皇权统治的基础上，按照中国传统的封建宗法观念，建立起一套完备的封建等级统治制度。

四、清代园寝的规制

清代园寝的规制以清室入关为界，大致可分为两个时期。后金政权时期，爱新觉罗宗族成员死后，大致仍以家族墓葬的方式，集中埋葬在一起。后金天命九年（1624）四月，努尔哈赤兴建完成东京陵以后，命族弟铎弼、王善、贝和齐等人到赫图阿拉，奉迁祖陵中的祖、父、子、侄等人的遗骨于东京陵安葬，可见依然没有摆脱家族墓葬的方式，未把帝陵从家族墓葬中分离出来。直到顺治十一年（1654）顺治帝按照议政王的奏议，将其景祖等迁出东京陵，东京陵中留下来的宗室成员的墓园，才真正成为了所谓的园寝。

现在东京陵中褚英、穆尔哈齐、舒尔哈齐三人的园寝依然保存完好，其他的都已不复存在。根据当地群众的介绍，巴雅喇、雅尔哈齐以及努尔哈赤胞妹和硕公主与其额驸扬书的合葬墓园是在上世纪六七十年代的文化大革命中才被平毁的，现旧址虽然已被民房占据，但具体位置仍然大致可以指认，只有祜尔哈齐园寝的平毁时间及其位置已无法确定。根据我们实地考查，这些尚存的和可以考知位置的七座园寝，都坐落在阳鲁山上，大体沿阳鲁山呈东西两列分布。阳鲁山今属辽阳市太子河区东京陵乡东京陵村，海拔只有200余米，地势并不太高，所以去过这里的人都会感觉它并没高出地面多少，甚至并没有感觉到山的存在。这几座园寝的排列情况为：东侧一座，为穆尔哈齐的园寝。西侧一列四座园寝，均朝向东南，基本位于同一中轴线上，自东南而西北依次排开，分别为褚英、舒尔哈齐、巴雅喇、雅尔哈齐四人的园寝。努尔哈赤的胞妹追封和硕公主与其额驸扬书的园寝则在这四座园寝的北边。从现在保存完好的三座墓园来看，早期的园寝规模都比较小，地面建筑也都比较简单。外面既没有月牙河、平桥等建筑遗迹，园内也未发现有享殿、班房等建筑遗址。这可能与当时后金的国力状况有关，也可能与当时的祭祀制度不无关系。从理论上说，墓葬上的建筑，一般都总有与之相关的实际用途。如果这种不建享殿的情况在当时并不是个例的话，那么只能说明后金时期的祭祀活动，更多地采用了女真族原始的萨满教的祭祀礼仪和方式，与后期受传统的汉族祭祀观念影响所形成的祭祀制度有较大的差别。

清廷入关以后，依据中国传统的宗法观念，逐步建立起一套完备的陵寝和园寝制度，规定宗室园寝必须按照不同的封爵等级建造和管理。清代的宗室贵族园寝和茔地，一般也与皇陵一样周围树立界桩，一定范围内的土地严禁普通民人接近和樵采。在管理上，除妃园寝的管理工作由工部统一掌管外，宗室其他成员的园寝则专置"守冢人户"，负责日常的看守和保护工作。清室规定不同等级的园寝守冢人户数量为：普通亲王园寝置守冢人十户，世子、郡王、固伦公主园寝置八户，贝勒、贝子以及和硕公主为六户，镇国公、辅国公以及县主、郡君置四户，镇国将军、辅国将军置二户[1]。而园寝比较集中的地区，如天津蓟县黄花山、朱华山，河北易县张各庄、王各庄，涞水县水东村等，都是利用军队守卫。涞水县的怡亲王允祥墓，更是"设立守备一员、千总一员、把总二员、兵丁五十员。永远守护"[2]。雍正八年（1730）怡贤亲王金棺安葬，庄亲王奏准续添千总、把总各一员，马步兵五十名，由镇标中军核转归镇统辖，与左右两营并入三营。并在园寝附近设立营房，盖造衙署及执事人房屋等，易县张各庄二所四十间，王各庄一所二十间。

在地面建筑上，规定亲王园寝建享堂五间，门三间，饰朱红油，绘五彩金花，茶饭房左右各三间，碑亭一座，围墙百丈；世子、郡王及固伦公主园寝建享堂三间，门三间，饰朱红油，绘五彩小花，茶饭房三间，碑亭一座，围墙八十丈；贝勒、贝子及和硕公主、郡主的园寝建享堂三间，门三间，饰朱红油，不绘彩，茶饭房三间，碑一统，围墙七十丈；镇国公、县主、郡君的园寝享堂门制与贝勒、贝子相同，碑一统，围墙六十丈；镇国、辅国将军的园寝则不建享堂，只立碑一统，围墙三十五丈。这一规定到道光二十四年有所改变。道光十四年规定："亲王茔制享堂五间，亲王世子至辅国公皆三间。亲王、亲王世子、郡王门三，贝勒以下门一。亲王绘五彩，饰以金，覆以绿琉璃瓦，亲王世子、郡王、止绘五彩，皆覆以绿琉璃瓦。贝勒以下施朱不绘，用筒瓦。亲王坟园周百丈，亲王世子、郡王八十丈，贝勒、贝子七十丈，镇国、辅国公六十丈，镇国、辅国将军三十五丈，奉国、奉恩将军均三十丈。"为了方便对比，我们对清代园寝的地面建筑情况和看坟人户数量列表如下：

爵位	享堂	门　制	茶饭房	碑亭	围墙	守冢人户
亲王	五间	三间，绿琉璃瓦，饰朱红油，绘五彩金花。	左右各三间	一座	百丈	十户
世子、郡王及固伦公主	三间	三间，饰朱红油绘五彩小花，道光十四年后改为只绘五彩，覆绿琉璃瓦。	三间	一座	八十丈	八户
贝勒、贝子及和硕公主、郡主	三间	三间，饰朱红油不绘彩，道光十四年后改为门一间，施朱不绘，覆筒瓦。	三间	无	七十丈	六户
镇国公、县主、郡君	三间	同上			六十丈	四户
镇国、辅国将军	无	同上			三十五丈	二户
奉国、奉恩将军	无	同上			三十丈	

1　见《清会典事例》卷九百四十九《园寝坟茔》。
2　《清世祖实录》卷九五。

对不同等级园寝上的墓碑，顺治十年（1653）也从碑身、碑首、碑座等三个方面，对其高度、宽度以及雕刻的类型作了细致的规定。至康熙十四年（1675），又从以上几个方面补充了镇国将军和辅国将军的碑制。这一制度一直到清末没有改变[1]。为了方便对比，根据《清会典事例》卷九四九的记载，列表如下：

碑制 爵级	碑高（尺）	碑宽（尺）	碑首（尺）	碑趺	
				类型	高度
亲王	9	3.87	4.5	蛟龙首龟趺	称之
亲王世子	9	3.8	3.9	蛟龙首龟趺	4.3
郡王	9	3.8	3.9	蛟龙首龟趺	4.3
贝勒	9	3.73	3.6	蛟龙首龟趺	4.1
贝子	9	3.66	3.4	蛟龙首龟趺	4
镇国公	9	3.63	3.3	蛟龙首龟趺	3.9
辅国公	9	3.63	3.3	蛟龙首龟趺	3.9
镇国将军	8.5	3.4	3	螭首龟趺	3.6
辅国将军	8	3.2	2.8	麒麟首龟趺	3.4

1　光绪本《清会典事例》卷九百四十九《园寝坟茔》。

清代园寝志

第一部分　清代宗室王公园寝志

概　述

　　所谓"宗室"，古代专指王族。　如《荀子·强国》中就说过："夫桀、纣，圣王之后子孙也，有天下者之世也，势籍之所存，天下之宗室也。"《战国策·秦策》中也说："周，天下之宗室也。"至秦汉以后，宗室则专指皇帝的宗族。宗族是指有男性血缘关系的各个家庭，在宗法观念的规范下共同组成的社会群体。

　　宗法制度是由氏族社会父系家长制演变而来的，是王族贵族按血缘关系分配国家权力，以便建立世袭统治的一种制度。其特点是宗族组织和国家组织合而为一，宗法等级和政治等级完全一致，这种制度到西周时期发展完备。按照周代的宗法制度，宗族中分为大宗和小宗。周王自称天子，称为天下的大宗。天子的嫡长子永远是王位的继承者，嫡长子以外的其他儿子被封为诸侯。诸侯对天子而言是小宗，但在他的封国内却是大宗。诸侯的其他儿子被分封为卿大夫。卿大夫对诸侯而言是小宗，但在他的采邑内又是大宗。从卿大夫到士也是如此。因此贵族的嫡长子总是不同等级的大宗（宗子）。

　　西周的分封制度，就是依据宗法制度的基本原则建立起来的。周王朝把王畿以外的土地分封给除嫡长子以外的其他后代，建立起大小不等的许多诸侯国。这些第一世受土封建的诸侯，就成为这个诸侯国的始封祖先。他们相对于周王朝来说，是小宗，但是在他的封国内，又是该诸侯国的大宗。由此可见，在封建社会中，大宗有大宗之祖，小宗有小宗之祖，小宗又以大宗之祖为共祖，这就形成了中国古代封建社会的宗族观念。宗族观念其实就是一种对于祖先的认同观念，反映的是宗族内部家族与家族之间的血缘关系。分封制度决定了每个宗族必然只能有一个宗祖（即始封祖），各个宗族也只能有一个共主（即天下之大宗）。这样就保证了大宗不仅享有对宗族成员的统治权，而且享有了政治上的特权。

　　在宗法制度中，对于祖先的祭祀也是一项非常重要的内容。祭祀祖先的场所叫做庙。祖先死去后，其神位被安放于庙中进行祭祀，就需要对这些神位的安排定立个规则，这就形成了所谓的昭穆制度。据元毛应龙《周礼集传》所引朱熹的解释："昭穆但分世数，不为分尊卑。昭之言明也，以其南面而向明也。曰其为向明何也？曰此不可以空言晓也。今假设诸侯之庙以明之：盖所谓二昭二穆与太祖之庙而五者，共居一垣之内，而九分其地，正北为太祖庙，始封之君居之。正东为昭庙之一，二世之君居之。正西为穆庙之一，而三世居之。东南为昭庙之二，而四世居之。西南为穆庙之二，而五世居之。太祖之庙百世不迁，其余四庙则六世之后一世而一迁焉。"[1]从这一解释我们可以看出，庙的朝向应当是坐北向南的，庙中各祖先的排列规则是：始封祖称大祖，大祖之位居于正北之中。大祖之承袭者为二世祖，二世祖居大祖之左，谓之一昭之位。二世祖之承继者为三世祖，三世祖居大祖之右，谓之一穆之位。三世祖之承继者为四世祖，四世祖复居大祖之左，谓之二昭之位。四世祖之承继者

1　[元]毛应龙《周礼集传》卷五。

为五世祖，五世祖复居大祖之右，谓之二穆之位，如此类推。周代的宗法制度规定，天子七庙，诸侯五庙。即天子可以建立七祖庙，以祭祀之前的七世祖先，诸侯则只能建五祖庙以祭祀之前的五世祖先。但随着君主的一代一代死去，祖先就会越来越多。诸侯只能建五庙，所以当诸侯的祖先超过了五代时，就需要把其中的一些祖先神位移走，这就叫"迁祧"，也叫"毁庙"。迁祧的原则是：大祖永远不变，谓之"百世不变之宗"，诸侯的第六代祖先就要进入"二穆"庙，而原来的二穆则变为二昭，依次类推，至原一昭祖先之神主，就要被迁到大庙的夹室（即庙的东西厢房）中藏起来，这就叫"有五世则迁之宗"。《礼记》之八《祭统》："祭有昭穆，昭穆者，所以别父子远近、长幼亲疏之序而无乱也。是故有事于大庙，则群昭群穆咸在，而不失其伦。"[1]

昭穆制度不仅用于宗庙之中，也反映在丧葬制度方面。《周礼》："冢人掌公墓之地，辨其兆域而为之图。先王之葬居中，以昭穆为左右。"李光坡注曰："公，君也。图，谓画其地形及丘垄所处而藏之。先王造茔者昭居左，穆居右，夹处东西。疏曰：子孙据昭穆，夹处左右。若兄死弟及俱为君，则以兄弟为昭穆。以其弟已为臣，臣子一例，则如父子，故别昭穆也。"[2]

清王朝虽然是由满族建立的封建王朝，但在入关之前，就已经开始受汉族的宗法观念的影响。清廷入关后，更是积极接受中原传统文化，对周代的宗法制度加以改造，逐步建立起了一套具有时代特色和民族特点的由政权、族权、神权、夫权组成的封建宗法制。大致说来，清代的宗法制度对传统的宗法制度的改变主要有以下两点：

一、清代对宗室子弟实行封爵制，而不采取分封制。清朝的宗室封爵是在明朝封爵制度的基础上，充分汲取了中国历史上历朝的"封建"和"封爵"的经验教训后逐渐建立起来的。明代的宗室不论贤愚肖与不肖，皆"生也请名，其长请婚，禄之终身，丧葬予费……二百余年之间，宗姓实繁，贤愚杂出"[3]，而清初宗室子弟，要想取得封爵，则必须取得功勋才有可能。至中期之后，则发展为功封、袭封、恩封和考封等四种不同的封爵形式。正如《清史稿》所说的那样："有明诸藩，分封而不锡土，列爵而不临民，食禄而不治事，史称其制善。清兴，诸子弟但称台吉、贝勒；既乃教明建亲、郡王，而次以贝勒、贝子，又次以公爵，复别为不入八亦益广，下此则有将军，无中尉，又与明小异；诸王不锡土，而其封号但予嘉名，不加郡国，视明为尤善。然内襄政本，外领师干，与明所谓不临民、不治事者乃绝相反。"[4]这一段话，非常概括地说明了明清宗室封爵的相同与不同之处。

由于清代对宗室子弟实行的是"诸王不锡土，而其封号但予嘉名，不加郡国"的封爵制，所以，清代的宗室王公，无论其爵位有多高，权力有多大，都得把府第建立在京城之内，都不可能在京城之外建立自己的"独立王国"而逃出朝廷对他们的监控。他们去世之后，也只能在京畿一带建立自己的家族茔地。所以清廷入关之后，宗室王公基本都埋葬在今北京及周边附近，与明代的诸王基本都埋葬在自己的封地的情况完全不同。

二、清王朝统治者没有完全接受传统宗法观念中的嫡长子继承制度。后金时期，努尔哈赤规定汗位的传承将由八贝勒共议推举。皇太极和顺治的登极，都是由八大和硕贝勒会议决

---

1 《礼记注疏》卷四十九。

2 [清]李光坡《周礼述注》卷十三。

3 《明史》卷一百一十六《列传四》。

4 《清史稿》卷二百一十五《列传二》。

清代园寝志

定的。入关之后，逐渐实行了秘密建储制。由于在皇位的继承上未采取嫡长子继承制度，所以在宗室王公子弟的爵位承袭上，也基本不以嫡庶作区分。所有宗室王公的爵位承袭，都由朝廷根据实际情况和需要来指命承袭人。这样一来，大宗的承袭人，也就基本不分嫡庶，不分长幼，甚至有近支承袭的现象。这就完全颠覆了中国传统的"立嫡以长不以贤，立子以贵不以长"的宗法观念，使那些非嫡、非长、非贵的宗室子弟，更容易发挥自己的政治才能。

虽然清代的宗法制度对中国传统的宗法观念有所改造，但是，清代仍然是一个以宗法观念为核心的封建王朝。中国传统的宗法观念渗透于清代社会的各个层面，一直影响着清人的社会生活。由于清朝是一个由北方少数民族建立起来的王朝，在清廷入关之前和入关之后，上层统治者受传统的宗法观念的影响程度是不同的。清代园寝制度是清代社会丧葬制度的一个组成部分，研究清代宗室王公的丧葬制度及园寝制度，就不能不对清人的宗法观念和制度进行研究，尤其是不能不对清朝上层统治者不同时期所接受的传统宗法观念的程度进行深入研究，否则，就会被一些表面现象所迷惑，很难对清代园寝制度的产生、发展以及宗室王公丧葬礼制及其现象做出合理的解释，甚至会得出完全错误的结论。

清室在入关之前，宗室王公去世后主要集中埋葬在今辽阳城东的阳鲁山一带，今属辽阳市太子河区东京陵乡东京陵村。这些宗室王公的墓园都是在后金天命七年至九年（1622—1624）之间努尔哈赤修建东京陵时，按照一定的规划安排统一设计建造的。在清廷入关之后，清王朝把宗室王公及阿哥、公主和除皇后以外的其他皇帝的妃嫔的墓葬都统称之为园寝。清廷入关后早期的宗室王公园寝比较集中地建在清东陵陵区以西黄花山和朱华山（今属天津蓟县）一带，成为陵区的拱卫，与中国汉唐时期帝陵的陪葬墓相类似。自雍正皇帝在今河北易县建陵以后，清室规定此后诸帝以东西陵为昭穆建陵。于是，西陵陵区附近的易县和涞水一带也有较为集中的诸王贝勒家族茔地和园寝建立。"国初颁赐已定，厥后皇子分封，公主赠嫁，皆取诸内府庄田"[1]。其后由于历朝皇子及封爵袭爵的子孙越来越多，早期清廷在畿辅周围从汉人手中圈占的"官地"又逐渐被上层贵族以各种方式侵占为私产。朝廷可供恩赐或划拨以建园寝茔地的官地越来越少，各支的王公渐在自己家族的土地上建立园寝，所以中期以后，清代宗室王公的园寝渐趋分散。根据我们的调查，清代宗室家族茔地及园寝在今天的北京地区除延庆县和大兴区以外，其他区县都有分布。考查清代宗室园寝及其家族茔地的分布状况，在一定程度上可以看出当时爱新觉罗宗室诸王公家族在京畿周边对土地的侵占状况。

第一章　清显祖塔克世位下诸王公茔地及园寝

一、追封多罗勇壮贝勒穆尔哈齐及其后裔园寝

（一）追封多罗勇壮贝勒穆尔哈齐及其子追封辅国公大尔差园寝

穆尔哈齐，为清显祖塔克世之第二子。生母李佳氏，为古鲁礼之女，是清显祖塔克世的庶妃。穆尔哈齐生于明嘉靖四十年(1561)，与清太祖努尔哈赤为同父异母兄弟。在努尔哈赤统一女真各部落的战争中，穆尔哈齐每以"骁勇善战，每先登陷阵"而著称[2]。一次他跟随

1　《大清会典》卷十。

2　《清史稿》卷二百一十五《诸王一》。

努尔哈赤讨伐哲陈部时，正遇上发大水，努尔哈赤将部众遣散，只留下"被棉甲者五十，被铁甲者三十，行略地"。敌方发现他们只有八十人之后，遂急速集合了托漠河、章甲、把尔达、撒尔湖、界凡五城的兵马八百余人前来围击，列阵于浑河至南山一带。大敌压顶，众皆失色，甲士中甚至有准备解甲逃跑者。千钧一发之际，穆尔哈齐与左右颜布禄、兀浚噶跟随努尔哈赤驰马冲向敌阵，战马受伤了，就下马奋击，一口气射杀二十余敌。对方被努尔哈赤等四人的勇猛所慑，大乱，乃渡河而退。穆尔哈齐与努尔哈赤并未因敌退而撤退，仍潜随其后，半路上遇到十五个敌兵从一条小路上过来，四人埋伏在路旁，以箭射之，各射死一人。敌众突遇袭击，慌不择路，四散奔逃，皆堕崖而亡。努尔哈赤无比骄傲地宣称此战"以四人败八百人，天助我也！"穆尔哈齐因经常追随努尔哈赤征战，功勋卓著，被赐号"清巴图鲁"（汉译为"诚毅"）。天命五年（1620）九月十日卒，年六十岁。及葬，清太祖努尔哈赤亲临祭其墓。清廷入关后，清世祖福临又于顺治十年（1653）五月，追封其为多罗贝勒，谥曰"勇壮"。

后金政权建立初期，爱新觉罗家族成员死后，全都埋葬在赫图阿喇附近的祖茔中。爱新觉罗家族在赫图阿喇这片家族茔地的始建年代，文献资料未有明确记载，或云当在明万历二十六年（1598），恐怕也只是一种推测，并没有可靠的证据。赫图阿拉是后金始建国时的都城，后金天聪八年（1634），皇太极尊赫图阿喇为兴京，因此后来一段时间就把这片位于赫图阿喇附近的祖茔称作"兴京陵"。其具体位置在今辽宁新宾满族自治县（新民）永陵镇西北启运山南麓，前临苏子河，依山傍水而建，有"郁葱王气烟霭"之势。穆尔哈齐卒后，最初应当就葬在这块后来被皇太极称之为"兴京陵"的家族墓地中。

后金天命六年(1621)，努尔哈赤率八旗军大败明朝军队于萨尔浒山下，取得了与明朝交战以来的决定性胜利，并乘胜占领了辽阳、沈阳，因决定迁国都至辽阳。但因为当时辽阳城已在战争中遭到严重破坏，所以就在原辽阳城东八里的太子河畔另建新城。天命七年（1622）四月新城工竣，命名为东京城。东京城建成后，努尔哈赤决定将父祖等人墓葬迁至城旁安葬，选定了东京城北四华里的阳鲁山建祖墓。天命九年（1624）四月初一日，努尔哈赤派族弟铎弼、王善、贝和齐三人前往赫图阿拉，"奉移景祖、显祖、孝慈皇后及皇妃、皇伯父、皇弟、皇子诸陵墓于东京"[1]。穆尔哈齐的墓葬在这次的迁陵中被迁到了东京陵中。

东京陵建成时，迁葬于陵内的成员据《清太祖实录》所载共有九人：努尔哈赤的祖父觉昌安、父亲塔克世、伯父礼敦异母弟穆尔哈齐、胞弟舒尔哈齐、雅尔哈齐、从弟祜尔哈齐(塔察篇古的儿子，封贝勒)，还有努尔哈赤的大福晋叶赫那拉氏、继福晋富察氏、长子褚英等人。从上述陵内所葬成员的身份来看，当时后金政权仍没有形成严格意义上的陵寝等级制度。东京陵虽然具备了皇家陵寝的性质及作用，但实际上仍然还是一个家族式的墓葬茔地。清顺治十一年（1654年），据议政王奏议，根据钦天监观测，兴京是天下第一福地，东京陵风水远不及兴京陵，请迁景祖翼皇帝、显祖宣皇帝宝宫安葬兴京。顺治皇帝遂在这一年，将景祖、显祖迁回兴京祖茔地安葬，同时迁回兴京祖茔安葬的还有礼敦巴图鲁、恪恭贝勒塔察篇古。顺治十六年（1659）改兴京陵为永陵[2]。努尔哈赤和皇太极死后，清室在沈阳分别为他们建立了陵寝，东京陵中因再没有先祖在其中埋葬，从此在满清朝廷中逐渐失去了"陵"的

1　《清太祖实录》卷九。

2　叶骁军《中国墓葬发展史》云"顺治十九年改名永陵"。

清代园寝志

12

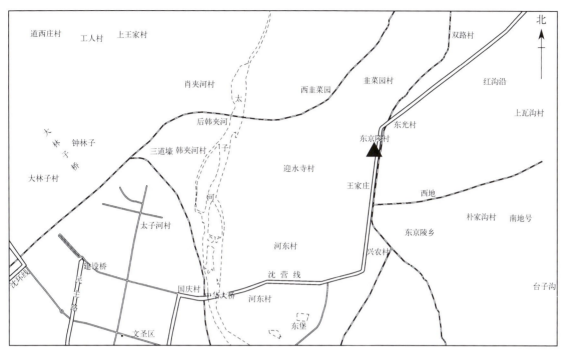

图1-1-1　辽宁省辽阳市后金东京陵位置示意图

性质、地位和作用，清廷也不再在这里进行相应的帝陵规格的祭祀活动，祀典因渐废止。所以留葬在东京陵中的爱新觉罗家族其他成员的陵墓也就自然降为"园寝"，而不能再以"陵寝"相称了。虽然后来人们仍称东京陵为"陵"，但那只是因为这里曾经是清初的祖陵，后人仍沿其旧称而已。

据《奉天通志》记载：穆尔哈齐的园寝在"辽阳东京城东北"[1]，即今辽阳市太子河区东京陵乡东京陵村，东距舒尔哈齐园寝和褚英园寝约100米（图1-1-1）。笔者对其园寝进行实地考察，测得其地理坐标为北纬41°17.679′，东经123°14.955′，海拔37米。该园寝取"向巽（东南）背乾（西北）方位"，面向东南，南北长约48米，东西宽约24.5米。处于阳鲁山山冈的东南角。

园寝围墙的前半部分为长方形，后半部分为罗圈墙。园寝分为两进院落，前院并列有墓碑三统（图1-1-2），中碑为"追封多罗勇壮贝勒清巴图鲁穆尔哈齐墓碑"（图1-1-3），左碑为"追封刚毅辅国公大尔差碑"（图1-1-4），两碑均为康熙十年(1671)敕建，汉白玉质，螭首龟趺座，碑阳满汉对书，右为

图1-1-2　穆尔哈齐园寝前院三统墓碑

1　金毓黻编《奉天通志》卷九十五《陵墓》，辽海出版社，2003年。

图1-1-3 穆尔哈齐墓碑

图1-1-4 大尔差墓碑

图1-1-5 康德二年立碑

图1-1-6 穆尔哈齐园寝后院宝顶

汉文，左为满文。右碑是穆尔哈齐十世孙宝熙、熙洽于伪满洲国康德二年（1934）所立（图1-1-5），亦为龟趺螭首。后面的坟院与前院有墙隔开，中间有一门相通，坟院内有宝顶两座（图1-1-6）。西侧较大的宝顶高2.5米，直径3.2米，为穆尔哈齐墓冢；东侧略小的是其子大尔差的坟冢，高2.3米，直径2.7米。

穆尔哈齐有十一个儿子，其中有爵位者六人，他们是：大尔差、务达海、汉岱、塔海、祜世塔、喇世塔。大尔差、塔海、祜世塔、喇世塔，皆封辅国公。但除大尔差外，其余都未葬在穆尔哈齐的墓园中。究其原因，一是在穆尔哈齐的六位有封爵的儿子中，大尔差年最长，而且是在清廷入关前就去世的。二是大尔差去世的时候并没有封爵，其辅国公的爵位是在顺治十年（1653）才追封的。三是当时清廷对宗室封爵和爵位的承袭尚未形成制度，在对宗室有爵位的成员的丧葬管理上亦未形成制度。而务达海等人则都在后来"从龙入关"，至去世时已经都受到了顺治的封爵，按照宗法制度当以小宗立祖，所以就不可能再葬入其先考的园寝之中了。大尔差死后埋葬于其父穆尔哈齐墓园之中，其墓穴的位置虽然与其父墓穴平行，但却建在其父墓穴的左侧昭位，说明当时后金统治者在丧葬问题上，已经一定程度上接受了中国传统的宗法观念，并在其昭穆排序上有了具体表现。

大尔差或译为达尔察。据《爱新觉罗宗谱》和《清史稿》记载，大尔差是穆尔哈齐的第二子，天聪九年（1635）七月十日卒，终年五十四岁。顺治十年（1653），追封辅国公，谥"刚毅"。

穆尔哈齐的园寝在康熙四年（1665）特旨重修过，墓碑乃康熙十年（1671）五月二十日敕建。康熙帝在撰写的碑文中，称穆尔哈齐"秉性安详，居心恺悌"，同时称赞大尔差"性行纯良"。这座园寝是迄今为止所保存的清朝最早的一座父子同葬于一个园寝中的实例。

（二）固山襄敏贝子务达海园寝

务达海是穆尔哈齐的第四子，清显祖塔克世之孙。生于明万历二十九年（1601）二月初七日，其生母为四继夫人阿颜觉罗氏。太宗皇太极即位，授牛录章京。崇德元年（1636），从睿亲王多尔衮伐明，攻沙河、南和及临洺关、魏县并有功。崇德三年（1638），授刑部左参政。从贝勒岳讬败明兵于开平，复偕固山额真何洛会等败明兵于沙河、三河，又败明兵于浑河岸，至赵州。复攻山东，克临清、安丘、临淄。还次密云，俘明兵四千余。崇德五年（1640），授镶白旗满洲梅勒额真。从皇太极攻锦州，夜略杏山、塔山。崇德七年（1642），擢刑部承政。复从皇太极伐明，分军略登州，未至先归，坐夺俘获入官。顺治元年（1644），从多尔衮定京师，逐李自成至延安，城兵夜出，击破之。复从豫亲王多铎徇江南。顺治三年（1646），又从多尔衮讨苏尼特腾机思，败土谢图汗、硕雷汗援兵。顺治五年（1648），偕固山额真阿赖等戍汉中，自三等辅国将军累进爵至贝子。顺治六年（1649），偕镇国公屯齐哈、辅国公巴布泰代英亲王阿济格讨叛将姜瓖。顺治八年（1651），摄都察院事。顺治十一年（1654），从郑亲王世子济度讨郑成功，中道疾作，召还。顺治十二年（1655）五月十八日卒，谥"襄敏"，故后世又称之为"固山襄敏贝子"。

务达海属于清廷入关后早期埋葬在北京的宗室高爵成员之一，当时清廷对诸王公的墓葬尚未形成规范的制度。根据我们的研究，清廷的所谓"园寝"观念，应当是在顺治十一年（1654）至十五年（1658）将其景祖觉昌安、显祖塔克世等人自东京陵迁回兴京陵后才逐渐形成的[1]，因此，推测当年其墓园地面建筑应当仍然与清廷入关前的诸王贝勒规模相近似。据《爱新觉罗宗谱》记载，务达海卒后"安葬在北京朝阳门外十里铺地方道北，顺治十七年（1660）九月，世祖御赐碑纪功表墓"[2]。由此可知，其墓园之上，当时有顺治十七年九月敕立的墓碑一统，可惜由于时间久远，其墓园并清世祖所赐建的墓碑今已都不存在，其墓园的具体坐标位置也已无法具体测定了。

1　宋大川、夏连保《清代园寝制度研究》第五章第三节《清代园寝制度的建立》，文物出版社，2007年。
2　爱新觉罗·常林主编《爱新觉罗宗谱》，学苑出版社，1998年。

二、追封和硕庄亲王舒尔哈齐及其后裔园寝

(一) 追封和硕庄亲王舒尔哈齐园寝

舒尔哈齐为清显祖塔克世第三子，与清太祖努尔哈赤为同母兄弟，生于明嘉靖四十三年（1564），其母为都督阿古之女喜塔喇氏，为显祖塔克世之嫡福晋。喜塔喇氏生有三子，长为努尔哈赤，次即舒尔哈齐，再次为雅尔哈齐。

当初，清景祖觉昌安（即努尔哈赤的祖父）继承祖业，居住在赫图阿喇，与"诸兄弟各筑城，近者五里，远者二十里，环卫而居，通称宁古塔贝勒"[1]。万历十一年（1583），明总兵李成梁率军攻打邻部古勒城，古勒城城主阿太是觉昌安长子礼敦的女婿，所以觉昌安带着儿子和孙子一干人去古勒城支援阿太。时女真诸部中有一个部落首领名尼堪外兰，明军使尼堪外兰佯援古勒城，诱骗阿太打开了城门，李成梁率领的明军乘机攻入城中，杀死了阿太、觉昌安以及塔克世等人，努尔哈赤和舒尔哈齐兄弟侥幸"没于兵间"而没有遇害，逃归家中，遂以父祖遗留下的十三副铠甲起兵复仇，开始了反抗明朝与统一女真各部的战争。

在血雨腥风的创业岁月中，舒尔哈齐成了兄长努尔哈赤的得力助手和主要战将。明万历十五年（1587），努尔哈赤在费阿拉"定国政"，舒尔哈齐被封为贝勒，地位仅次于他的兄长，成为第二号人物。他麾下拥有精兵五千，战将四十余员，成为满洲部落十足的实力派人物。

但是，随着努尔哈赤军事势力的不断扩大，舒尔哈齐对自己屈居兄长属下的地位逐渐感到不满。他先通过政治联姻的形式加强与其他各个满洲部落的联系，借以扩大他的个人实力和影响。万历二十四年（1596），他娶了乌拉部落的酋长布占泰的妹妹为妻，第二年他又将自己的女儿额实泰嫁给了布占泰，于是，他既成了布占泰的妹夫，又成了布占泰的岳父。虽然这种关系有点混乱，但这种联姻自然就使得舒尔哈齐与乌拉部落结成了牢固的同盟。万历二十五年（1597）七月，舒尔哈齐进北京朝贡，明廷乘机拉拢他，给他隆重的礼遇，赏赐颇丰，并授予他都指挥的高级武职。舒尔哈齐也希望能得到明朝的帮助，在政治态度上越来越倾向于明朝。

随着满洲各部的统一，明朝对辽东的局势深感不安。万历二十九年（1601），明廷又起用了被罢免的前辽东总兵李成梁。李成梁让儿子李如柏娶了舒尔哈齐的女儿为妾，以联姻的形式对努尔哈赤和舒尔哈齐兄弟之间的关系进行政治瓦解。舒尔哈齐因为有了明军做依靠，于是就明目张胆地在政治上树立个人的权威，逐渐构成了对努尔哈赤地位的挑战。兄弟间的关系日益紧张，在诸贝勒共同参加的会议上，两人常因意见相左而激烈争吵。

明万历三十五年（1607）三月，居住在蜚悠城的一小支女真部落，由于不堪忍受临近的乌拉部的奴役，想依附努尔哈赤。努尔哈赤派舒尔哈齐，儿子褚英、代善，将领费英东、扬古利、常书等人领兵三千，前往蜚悠城收编该部。舒尔哈齐既是乌拉部酋长布占泰的妹夫，又是占布泰的岳父，自然不愿意去做不利于乌拉部的事情，于是就在行军途中散布谣言，对同行的将领说他自己看到帅旗上有幽光，担心对行军不利，建议退兵。但由于褚英、代善等人的坚决反对，他的这个意在阻挠这次军事行动的企图才没有实现。到达蜚悠城接收完该部

---

1 《清史稿》卷一《太祖纪》。

落的五百户人丁后，在返回途中，乌喇贝勒布占泰发兵万人在关路对他们邀击，褚英、代善力战破敌，舒尔哈齐却以五百人止于山下不去救援，他的部下常书、纳齐布也分别带领百余人在一旁，眼看着褚英、代善以极少的兵力与敌人作战而不参战。舒尔哈齐的这种做法当然让任何人都无法接受。师还，努尔哈赤碍于兄弟情面，不忍治他的罪，只以"常书、纳齐布止山下不力战罪，当死"，想杀掉舒尔哈齐的这两个部下以警告舒尔哈齐。但舒尔哈齐却态度强硬，以"诛二臣与杀我同"为由，坚决阻止努尔哈赤重处这两个人，逼得努尔哈赤只好以"罚常书金百，夺纳齐布所属"草草处理此事。"自是上不遣舒尔哈齐将兵"，彻底剥夺了舒尔哈齐的兵权，他的地位由此一落千丈。

舒尔哈齐失去了兵权，居恒郁郁，愤恨之情溢于言表。对他的长子阿尔通阿、三子扎萨克图说："我岂是一个为了衣食就可以受制于人的人！"于是，就带着几个儿子和少数部下来到了铁岭东南的黑扯木。

黑扯木临近明朝的军事重镇铁岭，可以直接依靠明朝的军事保护，在他的东面又与乌拉部落接邻，能随时得到盟友的援助。李成梁看到这一结果，自然非常高兴。他马上上奏明廷，册封舒尔哈齐为建州右卫首领，这是明朝在满洲地区设立的最高地方军事长官。努尔哈赤当然不能允许弟弟的这种分裂行为。在责令舒尔哈齐放弃自立为王的念头无效的情况下，他断然采取了强硬措施。万历三十七年（1609）三月，努尔哈赤诛杀了舒尔哈齐的两个支持乃父分裂行为的儿子阿尔通阿和扎萨克图，又将其亲信部将武尔坤处死，使舒尔哈齐彻底失去了自立的能力，再也无法与兄长继续抗争。而他所指望的靠山，驻扎在辽东的明军，当时也处在岌岌可危的境地，根本不是努尔哈赤的对手。舒尔哈齐走投无路，只好回到赫图阿拉兄长的帐下。但是这次努尔哈赤没有再对他讲兄弟情面，将他囚禁在一间暗室之中，用铁锁锁住，仅留有两个孔穴给他送食物。明万历三十九年（1611），舒尔哈齐死于狱中，年四十八岁。顺治十年（1653）五月，追封为和硕亲王，赐谥曰"庄"。舒尔哈齐有子九人，其中有爵位者五人，分别为阿敏、图伦、寨桑武、济尔哈朗和费扬武等[1]。

舒尔哈齐死后最初葬在赫图阿喇的祖茔之中。天命九年（1624），东京陵建成后，舒尔哈齐的墓葬也被移到东京陵中安葬。据《钦定盛京通志》记载，其园寝在"辽阳州东京城东北五里"[2]，现仍然保存完好。具体位置在今天的辽阳市太子河区东京陵乡东京陵村（见图1-1-1），背靠阳鲁山，其地理坐标为北纬41°17.759′，东经123°14.776′，海拔41米。园寝面向西南，呈长方形，长约82米，宽约19.8米。

该园寝为二进院落，大门内是第一进院落（图1-1-7），院内建有碑亭，保存完好，距离大门约20米，为单檐四角亭子式建筑，青砖布瓦，四面有拱形券门，前后拱券上雕饰赶珠行龙，亭内彩绘天花藻井（图1-1-8）。内有顺治十一年（1654）敕建汉白玉石碑一统，螭首龟趺座，通高约5.3米，长2.8米。其中碑座高约1.1米；碑身高约2.9米，宽1.24米，厚42厘米；碑额高约1.3米。碑文为满汉合璧镌刻，汉文5行，满行40字，称"庄达尔汉把兔鲁亲王碑"。碑文中对舒尔哈齐生前的功劳只字未提，只强调他是"太祖高皇帝胞弟，朕之叔祖，系序既尊，天潢孔切"。说明给他立碑只是因为"国家褒显宗英，推崇皇族，生颁荣秩，殁予追封，所以笃本支，昭亲爱也"而已。据此碑所立的时间，可知院内碑亭也当是顺

1　事见《清史稿》卷一《太祖纪》、卷二百一十五《舒尔哈齐传》。
2　《钦定盛京通志》卷一百四十《陵墓》。

【第一部分】

清代宗室王公园寝志

17

图1-1-7 舒尔哈齐园寝大门

图1-1-8 舒尔哈齐园寝碑亭

图1-1-9 舒尔哈齐园寝二道门

治十一年（1654）立碑时所建，并非始建坟园时的建筑。

园寝前院与后院以墙相隔，中间设有二道门（图1-1-9）。后院即是坟院，四周缭以围墙，且坟院的围墙高于前院。院里有经过复建的舒尔哈齐宝顶，高约3.3米，直径约5.25米（图1-1-10）。

（二）郑亲王—简亲王家族茔地及园寝

1. 白石桥郑献亲王家族茔地及郑献亲王济尔哈朗、世子富尔敦、敏郡王勒度、简纯亲王济度、简惠亲王德塞园寝

郑亲王家庭的始封祖是济尔哈朗，济尔哈朗是清太祖努尔哈赤的胞弟追封和硕庄亲王舒尔哈齐的第六子，生于明万历二十七年（1599）。其生母乌拉纳喇氏名富奈，是乌拉贝勒布干

清
代
园
寝
志

18

图1-1-10 舒尔哈齐宝顶

之女，布占泰之妹。

当初舒尔哈齐死时，济尔哈朗只有13岁，没有像他的几个年长的哥哥那样卷入伯父努尔哈赤与父亲舒尔哈齐之间的矛盾斗争中。舒尔哈齐死后，济尔哈朗一直由努尔哈赤抚养。另外，济尔哈朗生母又是努尔哈赤晚年的大福晋乌拉纳喇氏的姑母。这种婚姻关系今天看起来有点乱伦，但早期女真部落对这一点并不讲究。因为有着这样的一重关系，所以济尔哈朗从少年时代起便获得与其他兄弟不同的待遇。

在努尔哈赤时期，重大军事行动都是由努尔哈赤与四大贝勒直接指挥，济尔哈朗多是率部参战或执行一些次要任务。天命十一年（1626）八月，清太祖努尔哈赤病逝。九月初一日，四贝勒皇太极继承父位，成为新一代汗王。在此前酝酿由谁入嗣汗位过程中，最先提出拥戴皇太极的是大贝勒代善之子岳讬和萨哈廉。从天命、天聪年间许多记载看，岳讬与堂叔济尔哈朗是关系相当密切的好朋友，而且与皇太极关系也很亲近。从后文将提到的出兵朝鲜时的表现看，济尔哈朗与皇太极、岳讬之间的个人感情，甚至超过了自己的哥哥阿敏。因此，皇太极登上汗位对他来说是值得庆幸的好事，他不仅在新汗王即位仪式上同众贝勒一同宣誓要一心为国、恪尽忠诚，而且在日后许多重大事件中也成为皇太极的有力支持者。

天聪元年（1627年）正月，后金出兵攻打朝鲜，济尔哈朗也在统军诸贝勒之列。大军主帅是他的哥哥二贝勒阿敏，同行的还有阿济格、杜度、岳讬、硕讬等几位年轻贝勒。入朝之后，连战连捷，战斗胜局已定，至二月六日，已离朝鲜京城不远，朝鲜国王请求议和。济尔哈朗、岳讬等人作为皇太极亲信，既担心明朝或蒙古借后金大军远行之机进攻其腹地，皇太极身边兵力不足，防御吃力。另一方面也顾虑大军继续深入，会被朝鲜方面切断后路，处于不利境地，因而主张与朝鲜王议和，尽快班师。而阿敏却因为对伯父努尔哈赤囚死自己的生父舒尔哈齐一事不能释怀，因此对继立的皇太极心存嫌隙，怀有异志，坚持主张继续进兵。二月七日，岳讬、济尔哈朗等人在劝说阿敏无效的情况下，率部与阿敏分路而行，又断然派遣使臣与朝鲜国王议和，迫使阿敏不得不改变主意，同意议和班师。在大是大非面前，济尔哈朗显然是坚定地站在皇太极的一边，甚得皇太极的信任。

从朝鲜班师回国后不久，济尔哈朗又随皇太极进攻明朝辽西重镇锦州。他先是率部负责护卫粮草，在塔山一带其前军八十人曾与两万明军遭遇，经奋勇冲杀竟然将敌军大部冲散，缴获了很多马匹甲仗。随后，又率军参加进攻宁远（今辽宁兴城），与明军骁将满桂部激战，在战斗中他身先士卒，身受重伤仍裹伤力战，终于击败了明军。

次年五月，皇太极得知蒙古察哈尔顾特塔布囊部截杀欲归附后金的蒙古人，命济尔哈朗与贝勒豪格率六百余人前往攻取，济尔哈朗不负所望，几天后便擒杀顾特塔布囊，收服其部众，获人口、驼马、牛、羊等数以万计。率军班师时，皇太极与诸贝勒大臣出沈阳城隆重迎接。

崇德元年（1636）四月，皇太极正式登极称帝，改国号为大清，建元崇德。论功加封诸兄弟子侄，代善为和硕礼亲王、济尔哈朗为和硕郑亲王、多尔衮为和硕睿亲王、多铎为和硕豫亲王、豪格为和硕肃亲王、岳讬为和硕成亲王、阿济格为多罗武英郡王、杜度为多罗安平贝勒、阿巴泰为多罗饶余贝勒。在荣任国家最高爵位的诸人中，除济尔哈朗外其余都是努尔哈赤的嫡系子孙，其受皇太极信任程度可见一斑。当时由于阿敏被囚，莽古尔泰已死，代善年老且屡受责罚，很少再过问政事，济尔哈朗事实上已成为朝中最受重用的人物。皇太极统兵外出作战时，常命他总司留守京城之责，处理国中日常事务。在崇德改元后八年中，济尔哈朗是唯一没有受到过降级处分的亲王。

崇德八年（1643）八月，皇太极死后，济尔哈朗与睿亲王多尔衮共同辅政，受到多尔衮的排挤。顺治元年（1644）十月，他还被封为"信义辅政叔王"，但接着在顺治四年（1647）二月，就以府第越制，被罚银二千，罢去辅政之职。顺治五年（1648）三月，又以不举发大臣谋立肃亲王豪格之罪，降为郡王。是年闰四月，复亲王，九月，授命为定远大将军南下湖广。顺治八年（1651）二月，"偕巽亲王满达海、端重亲王博洛、敬谨亲王尼堪奏削故睿亲王多尔衮爵"。我们很难说济尔哈朗与满达海等人的这一奏议是顺治皇帝授意的，还是他们揣摸透了顺治的心思后联合提出的，总之这几位亲王都是在多尔衮生前受排挤的对象，而顺治皇帝也早已对多尔衮的专权恨之入骨。所以，济尔哈朗等人的奏议无疑是说出了顺治皇帝心里想要说而又不便直接说的话，在顺治皇帝看来，这几位亲王当然是功莫大焉。所以，奏议一上，顺治便投桃投李，"以王老，免朝贺、谢恩行礼"，给济尔哈朗以极高的礼遇。翌年二月，又进封济尔哈朗为"叔和硕郑亲王"。顺治十二年（1655）五月八日，济尔哈朗去世，享年五十七岁。济尔哈朗去世后，顺治帝辍朝七日，赐银万两，置守园十户，立碑纪功。康熙十年（1671）六月，追赐谥号曰"献"。清高宗乾隆十九年九月，入祀盛京贤王祠。乾隆四十三年（1778）正月，又"追念郑亲王忠勋，命配享太庙"[1]。

济尔哈朗有十一子。其中有爵位的四人，他们分别是：富尔敦、济度、勒度、巴尔堪。

富尔敦是济尔哈朗的长子，生于天聪七年（1633）五月十三日，其生母为侧福晋扎鲁特博尔济吉特氏。顺治八年（1651）闰二月，封郑亲王世子[2]，同年四月二十日卒，年十九岁，赐谥号"悫厚"。

1　《钦定宗室王公功绩表传》卷六。
2　《清世祖实录》卷五十四。

济度是济尔哈朗的第二子，生于天聪七年（1633）六月二十四日，其生母为三继福晋珊尔哈苏氏。顺治八年（1651）闰二月，与其兄富尔敦同时受封。初封简郡王。顺治八年（1651）四月富尔敦卒后，九月，以济度为郑亲王世子。顺治九年（1652）十月，擢任议政。顺治十一年（1654）十一月，顺治帝命他为定远大将军，率师讨郑成功，下福州、泉州、漳州等，顺治十四年（1657）三月，师还，顺治遣大臣迎劳于卢沟桥，此时才告诉他其父济尔哈朗已丧，"令入就丧次，上临其第慰谕之。五月，袭爵，改号简亲王"。顺治十七年（1660）七月一日卒，年二十八岁，谥曰"纯"。乾隆四十三年（1778），"上追念郑亲王忠勋"，乃以其后"现袭之简亲王（积哈纳），复始封号曰郑"[1]。

勒度是济尔哈朗的第三子，生于崇德元年（1636）九月二十九日，生母为侧福晋扎鲁特博尔济吉特氏。顺治八年（1651）闰二月，与其兄富尔敦、济度同时受封，初封为多罗敏郡王。顺治十二年（1655）十二月十九日，薨逝，年二十岁，谥曰"简"。无子，爵除。

综上所述我们可以看出，顺治八年（1651），郑亲王济尔哈朗家族在满清王朝中，已经达到了一个辉煌的顶点。这一年，济尔哈朗的三个稍微年长点的儿子全都受到了封赏：一个被封为亲王世子，两个被封为郡王，这在清朝历史上也是不多见的。也许正应了那句"盛极而衰"的古话，也就是从这一年开始，郑亲王家族的不幸也随之接踵而来。从顺治八年（1651）到顺治十二年（1655），在短短的四年时间内，郑亲王及其世子富尔敦、三子勒度相继去世，又过了四年多，承袭了济尔哈朗王位的济度也英年早逝，至此，郑亲王家族四个有封爵的儿子中，就只剩下了巴尔堪一个人，而且巴尔堪只是在顺治十一年（1654）才封的一个辅国公，这对于在清朝开国史上赫赫有名的郑亲王家族来说，可以说是一个近乎毁灭的打击。

郑献亲王济尔哈朗家族的第一块茔地，据冯其利先生的调查，选在今北京市海淀区白石桥一带（图1-1-11）。据说过去到五塔寺只有石桥，而白石桥就是当年"专为郑王府'白

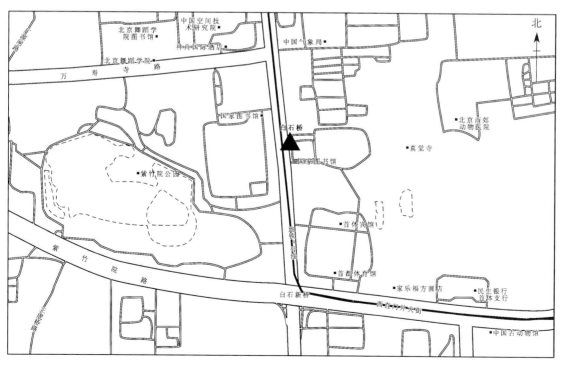

图1-1-11 北京市白石桥郑亲王家族茔地位置示意图

1　参考《清史稿》卷二百一十五、《钦定宗室王公功绩表传》卷六。

【第一部分】清代宗室王公园寝志

事'所建"[1]。今其地名缘于此。葬入这一块茔地共有五人，分别为济尔哈朗及其子富尔敦、勒度、济度和济度第三子德塞。由于郑亲王世子富尔敦先于其父济尔哈朗四年去世，所以在这片茔地上，最早入葬并建立园寝的应当是世子富尔敦。四年后郑献亲王济尔哈朗与其第三子敏郡王勒度先后去世，也在这里建立了园寝。顺治十七年（1660）七月，济尔哈朗的第二子简纯亲王济度去世，也入葬于这块茔地并建立园寝，最后一个入葬于此的，则是济度的第三子简惠亲王德塞。

"白石桥郑王坟在康熙初年形成一定规模，四座院落外边建起虎皮石围墙，南头开了二间大门，外边有石狮子一对，大门东西两侧有小门各一。四至：东临大道（今为马路），南临长河，西边到今园林局，北至今社会主义学院南墙，占地二百亩。"[2]当地百姓习惯上称济尔哈朗的园寝为"老屋"，称世子富尔敦园寝为"二屋"，敏郡王勒度因为入葬时间比济尔哈朗晚，故称其园寝为"新屋"，而简纯亲王济度才是真正的郑献亲王的承袭人，故将他的园寝称之为"二王坟"[3]。

在白石桥郑亲王家族茔地中，济尔哈朗与其子富尔敦、济度、勒度的四座园寝位置关系，非常清晰地反映了四个墓主的身份和关系："济尔哈朗墓地居中，墙圈呈长方形。有宫门、碑楼、享殿等建筑，只是月台上除了他的大宝顶外，东西各一福晋墓，大宝顶北侧有福晋、庶福晋墓八座；世子富尔敦墓在西侧，砖墙与宫门相接，内有享殿三间，后边月台上除他的大红宝顶外，西侧有砖坟一座，东北角有小坟一座；敏郡王墓在东侧，他的墙圈同世子富尔敦的墙圈南边都错后于济尔哈朗的墙圈，后墙为圆弧形。他的宝顶较小，后边有两个王妃的小坟。"[4]只有济度才是郑亲王爵的真正承袭者，所以他的园寝墙圈与其父济尔哈朗园寝的墙圈相同，其位置建在"新屋"东侧，"墙圈与其父济尔哈朗相同，有碑楼、宫门、享殿，享殿内有隧道与地宫相连，未建宝顶"[5]。从这种布局关系上我们可以看出：济尔哈朗为始封"大祖"，所以四座园寝均以他的园寝为中心；简纯亲王济度为济尔哈朗的第二子，但他是承袭者，为大宗之正派，所以应当在一昭位；富尔敦虽曾被封为世子，但早卒，并未真正承袭郑亲王爵，所以既不能处于昭位，也不能处于穆位，只能按照支派，葬在其父园寝之侧，作为陪葬墓。勒度生前曾被封为多罗敏郡王，本可以单独立宗，但却无后，所以也只能陪葬在其父一侧。按照富尔敦和勒度二人的爵级，都是郡王（世子品级视郡王），所以其园寝规制都较小。又作为陪葬，所以园寝正面围墙都错后于正坟园寝。四座园寝不论从布局上，还是从等级上，都非常合乎宗法规则。说明顺治时期，满清统治者在意识形态领域内已经完全接受了中国传统的宗法观念。

白石桥郑亲王家族茔地及其园寝建筑毁于上世纪20到30年代。根据冯其利的调查，当年白石桥郑亲王家族茔地"照应坟地户有四十户左右，五位章京（俗称'衙门达'）负责。有养身地，用于盖房，做茔地。进入民国以后，有的人家迁走了，最后剩下十七八户。章京由原来的吴文庆、胡桂林、董振元、穆永、杨林喜五人，增加了吴文启、吴文龄、杨林茂。他

1 冯其利《清代王爷坟》，第16页，紫禁城出版社，1996年。
2 冯其利《清代王爷坟》，第17页，紫禁城出版社，1996年。
3 冯其利《清代王爷坟》，第17页，紫禁城出版社，1996年。
4 冯其利《清代王爷坟》，第17页，紫禁城出版社，1996年。
5 冯其利《清代王爷坟》，第17页，紫禁城出版社，1996年。

们还住在郑王坟周围，如白石桥住的毛家，南边、西边住胡家，西边任家，后边白家"[1]。按冯其利所说的看坟户有四十户左右，应当是清末时的数字。其实，按照清代的园寝制度，亲王园寝的"守冢人户"应当只有十户。但这些人户世代繁衍，则百余年后，分门立户，户数自然就多了。"郑王坟大墙内原有红黄柏和松树，外边的杨树，照应坟地户烧柴不用到别处去找。有的古树粗到三个人围不过来。1926年，郑亲王昭煦把这里的树卖给了木厂，他叔父乐泰不愿意要钱，放树时每个王爷坟内象征性地留了四棵树。而两棵白果树系古树名木，也得以幸存。1927年，郑亲王昭煦将驮龙碑和砖瓦石片卖给了张学良，东北军拆除王爷坟时，还布置了岗哨。1931年，有人盗墓，将'老屋'的侧福晋、庶福晋墓挖了几座，正在挖'老屋'时被告发，抓住一审，才知是穷窘的郑王府本家。1945年日本投降前，来过一伙便衣队盗墓。日本投降以后，紧接着是国民党军某部'官'盗墓，他们在'老屋'用炸药炸开地宫顶部，盗走了殉葬品。守陵户修补坟头时发现王爷坟均为石券。1950年，郑王后人将灵起走，青花瓷的骨灰罐有关部门作价收购"[2]。

如前所述，白石桥郑亲王家族茔地中，除葬有济尔哈朗与其世子富尔敦、三子敏郡王勒度及其承袭其王爵的二子简纯亲王济度之外，据冯其利早年调查，"简亲王济度第三子简惠亲王德塞在康熙九年（1670）去世后，因无子嗣，葬于'二王'坟东侧"[3]。按简惠亲王德塞于顺治十一年（1654）十月初一日生，顺治十八年（1661）二月袭简亲王，康熙九年（1670）三月薨。但关于他的园寝情况，冯其利云 "葬于'二王'坟东侧"，颇令人费解，未知是在济度的园寝东侧另建有园寝，还是指葬于济度园寝中地宫的东侧。推测冯其利先生的意思，似乎应是在济度园寝东侧另建有园寝。如今当年白石桥郑亲王家族茔地之上早已是高楼林立，当年的园寝建筑已无迹可寻，湮没于新的城市建设之中无从考查了。至于德塞为何不以郑献亲王济尔哈朗的园寝为中心，葬在世子富尔敦园寝的西侧一穆之位，我推测，其原因或许与济尔哈朗去世后，顺治皇帝没有让承袭王爵的济度同时承袭济尔哈朗的"郑亲王"王号有关。

我们都知道，在中国封建宗法制度中，诸侯都以其始封祖立宗。济尔哈朗始封为郑亲王，济度作为济尔哈朗王爵的承袭人，当然应当以其始封祖立宗。所以济度去世后，应当葬于其始封祖一昭之位。但是，济度只承袭了乃父的王爵，却没有承袭他的"郑亲王"王号，德塞作为"简亲王"的承袭人而不是"郑亲王"的承袭人，就只能以其父济度的王号"简亲王"立宗，而不能以"郑亲王"来立宗。所以德塞去世后，就不能以郑献亲王济尔哈朗为始祖，葬于其一穆之位，而只能以简亲王立宗，葬于其始封祖一昭之位。这或许就成了德塞没有葬于济尔哈朗园寝之右而葬在了济度之左侧的原因（图1-1-12）。

2. 右安门外简亲王家族茔地及简修亲王雅布、简仪亲王德沛园寝

自崇德元年（1636）四月皇太极登极称帝，改国号为大清，论功加封济尔哈朗为和硕郑亲王之后，郑亲王王爵的承袭者连续几代都很短命。如前所述，第一代郑亲王济尔哈朗顺治十二年（1655）五月去世，享年五十七岁。在济尔哈朗生前，顺治八年（1651）清世祖顺治皇帝为他指定的承袭人世子富尔敦刚被封为郑亲王世子才两个月就去世了，顺治皇帝只好重新指定以济尔哈朗的第二子济度为王爵的承袭人。但此时济度已于顺治八年（1651）闰二月被封为简

1　冯其利《清代王爷坟》第17~18页，紫禁城出版社，1996年。

2　冯其利《清代王爷坟》，第18页，紫禁城出版社，1996年。

3　冯其利《清代王爷坟》，第17页，紫禁城出版社，1996年。

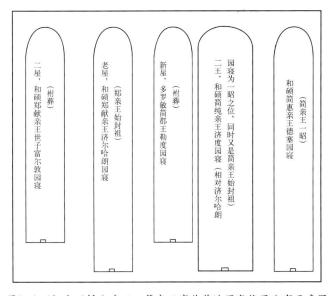

图1-1-12 白石桥郑亲王—简亲王家族茔地园寝位置分布示意图

（从左至右各园寝文字）

二屋，和硕郑献亲王世子富尔敦园寝（祔葬）

老屋，和硕郑献亲王济尔哈朗园寝（郑亲王始封祖）

新屋，多罗敏简郡王勒度园寝（祔葬）

二王，和硕简纯亲王济度园寝（相对济尔哈朗，园寝为一昭之位，同时又是简亲王始封祖）

和硕简亲王德塞园寝（简亲王一昭）

郡王，因此，济尔哈朗死后，济度虽然承袭了其父的亲王爵位，但顺治皇帝却没有让他继续沿用乃父的王号。大约在顺治帝看来，"郑亲王"的王号当初是封给建有不世之功勋的济尔哈朗的，因此这一封号在当时满清上层贵族中，其"分量"就与其他的王号大不相同，在政治上具有与一般的王号不可比拟的意义。而济度所建的战功，远不能与他的父亲相比，所以，只要让济度承袭了"亲王"的爵位，就没有必要把"郑亲王"这个有着特殊政治意义的王号再送给这个功勋远不能与其父济尔哈朗相比的继承人了。郑亲王这块牌子，就像是一块"老字号招牌"，名气太大了，虽然在"级别"上与其他的亲王差不多，但是"郑家店"这个"部门"实力实在太雄厚了。所以，顺治帝允许济度做"郑家店"的"经理"，却不想再让他打着这块老字号招牌"经营"。于是郑亲王王爵一传至济度，就变成了简亲王。这种袭爵而不袭号的情况，在清初功封的诸王中是普遍存在的。如礼亲王一传后改为巽亲王，四传后又改为康亲王。肃亲王一传后改为显亲王，庄亲王一传后改为承泽裕亲王等等，不一而论。其原因大约都与此相似。初封王爵的人功劳都很大，其王号在当时就有了与众不同的政治意义，把后袭王爵者的王号改变一下，在政治上就有了非常微妙的变化与区别。

依照顺治皇帝的想法，济度要想把简亲王号改成"郑亲王"，还应当要更加努力，建立更大的功勋。不幸的是，济度也是一个很短命的人，他还没有来得及在战场上建立更大的战功，就于顺治十七年（1660）去世了，去世时才二十八岁，所以那顶"郑亲王"的帽子虽然挂在他的头顶，却始终没有戴在他的头上。他只能依旧戴着那顶"简亲王"的王冠去见他的先考。顺治帝只是在他死后，给了他一个颇为好听的"纯"字谥号，算是为他盖棺定论。至顺治十八年（1661）二月，清圣祖康熙皇帝继位，以济度的第三子德塞袭简亲王，当时才八岁。没想到这个德塞的寿命更短，才十七岁便也去世了，是为简惠亲王。简惠亲王德塞无子，康熙九年（1670）九月，清圣祖只好又以济度的第二子喇布袭简亲王。

喇布只比德塞大两个月，袭爵时也是十七岁。当时，清廷正欲平定三藩，用人之际，所以他不久就被授予扬威大将军，参加了清廷平定三藩的战事。康熙对他寄予了很大的期望。但平心而论，他实在太年轻了，并没有太多的作战经验，所以在战事中的表现很不能令康熙皇帝满意。尤其是在清兵围攻吉安的战役中，他屡失军机，顾守不前，康熙深为不满，曾屡下严旨切责。康熙十六年（1677）四月，康熙就在谕旨中毫不留情地说他"殊忝大将之职，宜即议处。以见在用兵，俟事平旋师之日，严加治罪"[1]。虽然有这样的严责，可是战场上的事情，复杂万变，并不是你想打好就能打好的。从文献所载的情况来看，喇布后来在战场上的表现似乎仍然令康熙非常失望。所以在康熙二十年（1681）三藩既平之后，诏他回京，要对他议处。喇布做

清代园寝志

---

1 《平定三逆方略》卷三十。

24

了十一年简亲王，这十一年的绝大多数时间都是在战场上度过的。在这十一年之中，虽然没有取得太大的功劳，但也算是戎马倥偬，"苦劳"不少。他没等到朝廷的处分下来就去世了。我们不敢说他是累死的，也不敢说他是因气郁而死，但多年征战的辛苦与心情的郁闷给他的心理和身体都会造成不良影响，否则他回京后不到两个月就突然死了，也有点过于巧合了。他虽然死了，但朝廷对他的处分并没有停止，仍然夺去了他的王爵，这位只活了二十八岁的年轻人，做了十一年简亲王，最终在咽气之后，那项王帽子还是从他的头上飞走了，失去在简亲王家族茔地上建立园寝的资格，不能再享受亲王规格的祭享待遇了。

喇布死后葬于何处我们已无从考证。但简亲王的王爵按照清廷的规定还是需要有人来承袭的。康熙二十二年（1683）四月，清圣祖又以济度第五子雅布承袭简亲王。

雅布出生于顺治十五年（1658）六月初六日。生母为济度的庶福晋杭氏，是翁普熙之女。康熙十一年（1672）初封为三等辅国将军，康熙二十二年（1683）袭简亲王爵，掌宗人府事。康熙二十九年（1690），噶尔丹深入乌珠穆沁地，以恭亲王常宁为安北大将军，雅布与信郡王鄂扎副之，出喜峰口。既而罢行。诏赴裕亲王福全军参赞军务。八月，击败噶尔丹于乌兰布通（今内蒙古克什克腾旗境），噶尔丹遁，未穷追。师还，议不追敌罪，当夺爵，诏罚俸三年。三十五年（1696），从上亲征。三十八年，掌宗人府事"[1]。"（康熙四十年）九月辛丑，简亲王雅布随扈死，命大臣送还京，皇长子胤禔、皇三子胤祉出迎，遣官治丧，赐银四千两，皇子合助银三千两。发引时，皇子侍卫往送，予祭葬立碑，谥曰修"[2]。享年四十四岁。

雅布死后，没有入葬白石桥郑王府茔地，而是在今北京右安门外另建了一处茔地。分析其中的主要原因，应当仍然与此前"郑亲王"王号的改易和"简亲王"王爵的承袭次序有着非常密切的关系。

由前所述"郑亲王"王号的改变和王爵的承袭次序可以看出，自简纯亲王济度死后，王爵先后为济度的第三子德塞、第二子喇布所承袭。德塞只做了九年"简亲王"就死了，虽然没能建什么功勋，但也没有什么过失，所以他死后仍然可以葬入祖茔之中。但喇布却是因征战失机得罪，死后被夺去王爵的，按照清代的园寝制度，他就没有了建立园寝的资格，按照宗法制度，他当然也不可能再按照昭穆顺序葬入"郑亲王"茔地。所以他只能作为普通宗室成员埋葬在别处，这便是喇布葬处文献失载的原因之一。雅布继喇布之后承袭王爵，虽然王爵的帽子是从他的兄长的头上摘下来戴在他的头上的，但他与简惠亲王德塞和夺爵简亲王喇布之间互相都不存在继嗣关系，他们承袭的都是他父亲简纯亲王济度的王爵。所以在其兄简惠亲王德塞已葬入祖茔之后，雅布如果仍然要葬进这片茔地，其园寝昭穆位置确定就成了问题。在雅布之前，该茔地中埋葬的济尔哈朗及其三个儿子富尔敦、勒度、济度，都是以首封郑亲王济尔哈朗为始封祖的。但是，到了济度的儿子简惠亲王德塞死后，问题就来了，他承袭的王号是"简亲王"，而不是"郑亲王"，所以他就不能以郑亲王济尔哈朗为大祖，把园寝选在郑献亲王济尔哈朗园寝右侧一穆的位置。他只能以其父简纯亲王济度为大祖，把他的墓葬选定在他父亲的左侧一昭位。而到了雅布死后，如果仍然葬在白石桥祖茔，也仍然只能以其父简纯亲王为大祖，葬于其父园寝的西侧一穆之位，但此时他父亲园寝的西侧早已

1　《清史稿》（关外本）卷二百一十五。
2　《清史稿》（关外本）卷七。

被他的叔叔多罗敏简郡王勒度所占，没有给他留下建立园寝的地方，因此，雅布只能另寻茔地，建立自己的园寝。

雅布新选的茔地在右安门外。根据冯其利早年调查，"右安门外郑王坟，占地二顷数十亩，首先建立的是简亲王雅布的墓园"。按：冯氏所谓的"右安门外郑王坟"，其实更准确地说应当称之为简亲王园寝。"雅布墓园坐北朝南，依次建有宫门、红墙、享殿、月台、宝顶。宫门外建有碑楼一座，内立康熙四十二年（1703）三月驮龙碑一方。砖砌红墙高丈许。月台上除雅布大宝顶外，还有小坟两座，为侧福晋高氏、郭氏墓。墙围后边大山子之前，另有庶福晋墓两座。墓园内外植有松柏树"[1]。

简修亲王雅布有十五个儿子，但这十五个儿子似乎都并不怎么争气。雅布死后，其长子雅尔江阿和十四子神保住先后袭爵，又先后被夺爵。乾隆十三年（1748），清高宗乾隆皇帝"以济尔哈朗弟贝勒费扬武曾孙德沛袭爵"，于是简亲王王爵的承袭权从济阿哈朗的后人手中转移到了济尔哈朗的弟弟费扬武的后人手中。

德沛，字济斋，康熙二十七年（1688）五月二十六日生。雍正十三年（1735）五月，授镇国将军。为费扬武第四子傅喇塔（付喇塔，福喇塔）之孙。其父傅存，为傅喇塔第五子。费扬武这一支，从费扬武开始，一直到德沛的父亲傅存，从来没有人受封过比贝勒高的爵位。乾隆十三年（1748）九月，承袭了简亲王爵的雅布第十四子神保住以"恣意妄为致两目成眚，又虐待兄女"，被夺去简亲王的爵位后，乾隆皇帝一怒之下，便把简亲王爵送给了"操履厚重"的德沛来承袭，同时又把其曾祖费扬武、祖傅喇塔、父傅存一并被追封为简亲王。

德沛少年时代，似乎对政治并不十分热衷。据《啸亭杂录》记载，德沛"少应袭公爵，王让其弟，己入西山读书"[2]。没想到他这一礼让，反倒礼让出了名堂。我们现在很难说当时德沛让爵是出于真心，还是刻意的"炒作"，总之在当时满清贵族内部，多数人为了功名利禄尔虞我诈，打破了脑袋向上钻的时代，宗室中突然冒出来这样一个淡泊名利、一心读书的人来，这在最高统治者看来好生了得。东汉末年，孔圣人的后代中有个叫孔融的，因为小时候吃梨子懂得谦让，于是就被人传为佳话，成就了一世的美名，故事被传颂了将近两千年。现在宗室中冒出个"让爵"的人来，虽然不敢把他和远古那个听了当官就洗耳朵的圣贤许由相提并论，但至少也可以和汉末的那个因让梨而出名的孔融并驾齐驱吧？在统治者看来，德沛自然可以做一个当朝的孝悌廉洁仁义礼智信的典范了，德沛的名声立时大噪。清世宗雍正皇帝即位后，怡贤亲王允祥把德沛举荐给世宗皇帝。世宗皇帝知道宗室中居然有这样一位"让爵"的典范，马上就召见了他。这一召见不要紧，更是让皇帝觉得他不一般。世宗"问王所欲，曰：'惟愿百年后于孔庙中食块冷肉耳。'"[3]清世宗在即位前和他的那些兄弟们为了皇位而打得头破血流，继位之后他的那些失败了的兄弟及其党羽又到处散布谣言，说他的皇位得来的并不光明正大，害得世宗不得不专门编印了一部《大义觉迷录》为自己辩解。可想而知，德沛的言行，对世宗有多么大的震撼力。所以世宗雍正皇帝立刻就任命德沛做了户部侍郎。

世宗雍正皇帝死后，高宗继位。乾隆二年（1737），德沛上任甘肃巡抚，及时向朝廷建

1　冯其利《清代王爷坟》，第19页。紫禁城出版社，1996年。

2　[清]昭梿《啸亭杂录》卷二。

3　[清]昭梿《啸亭杂录》卷二。

议："'甘肃州县多在万山中,遇灾,民入城领赈,路窎远。宜于乡镇设厂散粮,并许州县吏具详即施赈。'旋擢湖广总督,奏言:'治苗疆宜劝垦田,置学校,并谕令植树。'四年(1739),调闽浙总督。御史朱续晫劾福建巡抚王士任赃私,上疑不实,命续晫会鞫。德沛自承失察,直续晫而夺士任官,时服其公。福州将军隆升贪纵,劾去之。奏言:'海滨居民恒械斗,宜酌移镇将营汛,预弭争端。'"[1]德沛历任甘肃巡抚、湖广总督、闽浙总督、两江总督。"屡任封疆,操守廉洁,一介不取,逋负日积,致蠲旧产"[2]。他不仅廉洁,而且注重教育和培养人才,每到一处,都务立书院,聚徒讲学,故时有"德济斋夫子"之誉。乾隆八年(1743)以后德沛内任教习庶吉士、国子监祭酒、吏部右侍郎、吏部尚书,乾隆十三年(1748)七月以疾解任。九月,简亲王神保住既被削爵,高宗遂下谕旨:"德沛于此王爵,既有承袭之分,且在等辈中较为厚重,可即令承袭王爵。"[3]于是,简亲王的王爵及王号便都落到了德沛的头上,自其曾祖费扬武、祖付喇塔、父傅存三代也跟着沾光,一并被追封为简亲王。乾隆十七年(1752)六月十八日,德沛去世,享年六十五岁,谥曰仪。德沛死后,乾隆皇帝又让济尔哈朗的曾孙奇通阿承袭简亲王爵,算是王爵又回到了济尔哈朗这一支的手中。

据《北京图书馆藏北京石刻拓片目录》标注说明,雅布墓碑和德沛墓碑俱在"丰台区樊家村郑王坟"(图1-1-13)。笔者根据线索[4],经实地走访调查,测得该茔地的地理坐标位置大约为北纬39°50.894′,东经116°20.060′。现在整个茔地旧址上已全是居民房屋,早年的茔地遗迹丝毫无存。尚存的雅布墓碑已被移至今北京市丰台区长辛店乡吕村连山岗东坡上,龟趺已被破坏。墓碑立于康熙四十二年(1703)三月十九日,首题:"和硕简亲

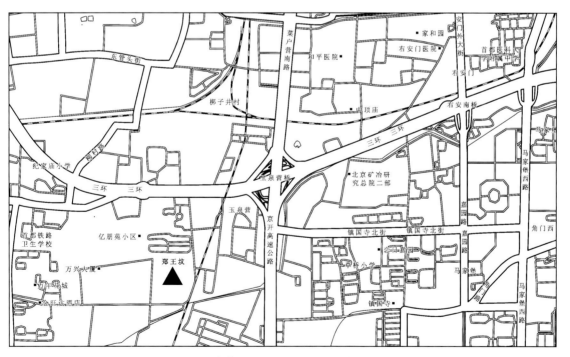

图1-1-13 北京市右安门外简亲王家族茔地位置示意图

1 《清史稿》卷二一五。

2 《清史稿》卷二一五。

3 《清高宗实录》卷三百二十五。

4 徐自强主编《北京图书馆藏北京石刻拓片目录》,书目文献出版社,1994年。

王谥修雅布碑文”，碑文中称颂雅布云：“惟王属在懿亲，著有令誉。自乃祖功在社稷，书于盟府，乃考亦惟克食旧德，以及于王，禀谦冲之茂质，凛夙夜之小心。殚力公家，不营邸第之事；束身礼度，别无嗜好之私。加以教诫，柎循风行所部。兴起人才于有用之地，整练武备于无事之时。”“受封将二十年，持身无毫发过，输忠于我王室，追孝于前文人。宗支若斯，可以百世”。从碑文中可以看出，康熙对郑献亲王济尔哈朗“功在社稷，书于盟府”并没有忘记，他知道济尔哈朗的郑亲王这项王帽子是用功劳换来的，他对雅布本人也非常称赞。德沛的墓碑，据称也已移至今北京市丰台区长辛店乡吕村连山岗东坡上，但调查中笔者并未见到。

据冯其利调查，简仪亲王德沛园寝建在右安门外简修亲王雅布园寝之西，“相距二百余米。同样建有碑楼、宫门、红墙、享殿、月台、宝顶”，大宝顶紧贴着马路，特别醒目。碑楼内碑文落款为乾隆十七年（1752）十二月初十日。在这片茔地上只建了雅布和德沛的两座园寝，两座园寝在清亡后，虽历经拆卖、损毁、盗掘，但一直保存着墓碑和大宝顶。至1974年，地面建筑遭到彻底破坏，冯其利记述：“雅布的地宫面积宽大，里边还有隔断，顶覆青石条。简亲王德沛的地宫，下边是汉白玉制，顶部仍是条石覆顶。我到郑亲王坟调查时，看到简亲王德沛地宫废坑上边堆着许多柴草。驮龙碑旧址堆着竹竿。简亲王雅布碑被移至坟地西南的小道旁，碑文冲下。因为郑王坟界内还有其他郑亲王府墓地，我又听说郑亲王昭煦之子金荣森在1974年专门赶到郑王坟挖掘现场，带有坟图。我给陕西省宝鸡市铁路建筑段写信，拟与金荣森联系。不久，收到建筑段工会复信，说金荣森去世了。寻找郑王坟坟图的线索因此中断。”[1]

按乾隆十三年（1748）九月以德沛承袭简亲王爵时，同时也追封了德沛的父亲至曾祖三代为简亲王。按照清代的宗法制度，似乎理论上可以解释为德沛的王爵就是从其曾祖父、祖父和父亲这样一代一代传承而来的。如果按照这样的理解，德沛去世后，假使他的曾祖费扬武、祖付喇塔、父富存三代人的墓葬在同一块茔地之中，那么，德沛就完全可以在这块茔地上，按照其即有的昭穆规则，在二昭的位置上，为他自己建立一座园寝。其墓园的位置即

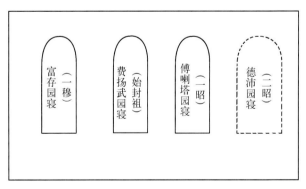

图1-1-14 园寝分布示意图

应当如左图（图1-1-14）所示的样子。但是，德沛死后却没有这样做，而是仍然葬在了右安门外简修亲王雅布的西侧。这是因为德沛的曾祖父费扬武是济尔哈朗的弟弟，而不是济尔哈朗的嫡系后人。如果德沛把自己的园寝建在了自己的曾祖父这一支的茔地上，事实上就等于“郑亲王—简亲王”这一支王爵又出了一个祖宗，完全否定了济尔哈朗作为始封祖的“百世不迁”地位，会让人觉得简亲王爵事实上已经与济尔哈朗的后人没有关系了。这与传统的宗法制度祖先认同观念完全相背了。换句话说，也就是等于郑亲王的后人，有了两个祖宗，而不只是以济尔哈朗为共祖了。如果承认了这样的事实，对于以宗法继统法

1　冯其利《清代王爷坟》，第20页，紫禁城出版社，1996年版。

为核心的清王朝来说，那是相当危险的，因为这就等于同时承认了作为"天下共祖"的清太祖努尔哈赤的地位也是可以被取代的，不是努尔哈赤的后代，也可以作为皇位的继承人了，这当然是清王朝绝对不允许的。所以，德沛的曾祖父、祖父和父亲虽然都被追封为简亲王了，但德沛仍然得葬入原来嫡传的简亲王茔地之中，以济尔哈朗为"百世不迁之宗"，以示王爵所传承的嫡脉之所在。

3.革退简亲王雅尔江阿及神保住墓地

革退和硕简亲王雅尔江阿是和硕简修亲王雅布的长子，生于康熙十六年（1677）八月三日，生母为雅布嫡福晋西林觉罗氏，佐领苏柏林之女。康熙三十六年（1697）十二月，清圣祖康熙皇帝封他为简亲王世子，康熙四十年（1701）九月，其父简修亲王雅布去世，清圣祖于康熙四十一年（1702）让做了六年简亲王世子的雅尔江阿承袭了王爵。雅尔江阿在王位上呆了二十五年，这二十五年正好是康熙诸皇子为争夺皇位结党营私，互相倾轧最为激烈的时期。作为举朝瞩目的郑亲王后人，雅尔江阿在这场斗争中，无法远离是非，进退维谷，对诸皇子谁也不敢得罪。于是就常常借酒释怀，养成了嗜酒的毛病。据《清圣祖实录》记载，康熙五十九年（1720）正月，皇十四子抚远大将军允禵曾经请求康熙皇帝，把随从他出征的雅尔江阿之子永谦和裕亲王保泰之子广善及固山贝子鲁宾等调回京城[1]。允禵这样做的目的是为了能在京师给自己保留耳目。由此可以想见，雅尔江阿当时在政治上大约还是比较倾向于支持皇十四子允禵的。从文献资料的记载中我们可以得知，从承袭简亲王爵到康熙皇帝去世这一段时间，雅尔江阿在朝廷中一直受到清圣祖的特别重视。但是，世宗继位后，由于他在康熙朝的首鼠两端，当然就成了世宗排挤的对象。雍正二年（1724）四月，世宗先是解除了他宗人府宗令之职。雅尔江阿此时已深深地体会到了当初站错立场的无奈，更是以酒为浆，沉迷于醉乡。终于到了雍正四年（1726），雅尔江阿作为纂修《玉牒》的总裁官，竟然在"进呈玉牒式样内，将皇子遗漏"掉了，清世宗总算找到了一个绝好的借口，对他做了"停止俸糈，撤六佐领，入于公中"[2]的严厉处罚。雅尔江阿对这个处分极不满意，乃上奏世宗说："臣因进呈玉牒式样内将皇子遗漏，臣恳乞隆恩，量臣俸糈，将佐领撤出，将俸糈给与。"[3]这种口气无异于是以另一种方式向当朝的皇帝公开抗议，世宗大怒，把他的奏折拿给廷臣议查，廷臣们认为："查五旗王等所属佐领，皆系皇上之佐领。今请将佐领进上，以抵伊之俸糈，殊属不合，应无庸议。"[4]于是世宗御批说："雅尔江阿，人甚卑鄙，终日沉醉，将朕所交事件，漫不经心。专惧允禩、苏努等悖逆之徒，其玷厥职。又因数案，议罪停俸。况王等属下之人，岂有售于朝廷之理，着严加议处！"[5]于是大家一致认定："雅尔江阿身系亲王，毫不力图报效，玷职之处甚多。又因数案议罪停俸，乃并不悛改，终日沉醉，欲将皇上之佐领进上抵俸，甚玷王爵。应将雅尔江阿，革去亲王，令应袭之人承袭。"[6]雍正四年（1726）二月，世宗革去了雅尔江阿简亲王的王爵，随即于三月，命以雅布庶子神保住承袭简亲王。雍正十年（1732）十月二十九日，雅尔江阿去世，享年五十六岁。

1　《清圣祖实录》卷二百八十七。
2　《清世宗实录》卷四十一。
3　《清世宗实录》卷四十一。
4　《清世宗实录》卷四十一。
5　《清世宗实录》卷四十一。
6　《清世宗实录》卷四十一。

神保住为雅布第十四子，其母为雅布侧福晋郭氏，康熙三十五年（1696）九月出生，康熙五十五年（1716）四月封一等镇国将军。雍正四年（1726）二月，雅尔江阿被黜，未几，世宗即将他封为和硕简亲王。《清史稿》对神保住的生平记载十分简略，从一些零碎的文献资料记载上看，此人似乎生性急躁古怪，一生中并没有做过多少可以值得称道的事情，但仍然做了二十二年的简亲王。到乾隆十三年（1748）九月，宗人府参奏说："简亲王神保住，擅令太监责打伊兄忠保之女。"高宗乾隆皇帝非常吃惊，谕旨宗人府："神保住自袭爵以来，不知自爱，恣意妄为，致两目成眚，因辞王俸。朕加恩赏给半俸，赡其度日之资。伊竟不知感恩守分，且罔顾近派族人稍加周恤。今据宗人府劾奏，神保住凌虐伊兄忠保之女，其行事更出情理之外。着革去王爵，另行请旨承袭。"过了七天，谕旨"神保住已获罪革爵，德沛于此王爵，既有承袭之分，且在等辈中较为厚重，可即令承袭王爵。德沛袭王之后宜追念从前诸王，将族中应行资助之人，加意周恤，共相和睦，以期仰沐朕恩于无既。"[1] 神保信既黜，被圈禁于宗人府。德沛袭爵后同年十二月，清高宗又下谕说："从前将王神保住圈禁，该衙门王即行请旨。朕因所奏甚急，降旨申饬，乃至今竟不具奏，此又过迟。神保住原非安静之人，将伊革去王爵，免其圈禁，交简亲王德沛严加管束，毋令滋事。"乾隆皇帝真的是宅心仁厚，对神保住的处理应当说是比较人性化的。乾隆二十四年（1759）闰六月，神保住去世，享年六十四岁。他在德沛的看管下仍然活了十一年之久，似乎德沛对这个革职亲王照顾得还算不错。

根据《爱新觉罗宗谱》记载，雅尔江阿死后葬于广安门外莲花池东侧的湾子村。冯其利早年调查，说雅尔江阿茔地"东到湾子大道，南临官道，西为莲花池，北边是河沟，占地一百余亩。不过，这一百余亩中以苇塘为主"[2]，此范围大致相当于今北京市丰台区莲花池公

图1-1-15 北京市广安门外革退简亲王雅尔江阿墓地大致占地范围示意图

1 《清高宗实录》卷三百二十五。
2 冯其利《清代王爷坟》，第19～20页，紫禁城出版社，1996年。

清代园寝志

园以东，西客站及其以南，广安路以北，马连道北路以西的地域范围，地理位置坐标大致为北纬39°53.067′，东经116°19.042′（图1-1-15）。另据冯其利调查，"墓地最初有过宫门一座，周围砌有墙圈，院中月台之上是大宝顶一座。宝顶三合土制，高达三四米"[1]。

清王朝在顺治时期，对宗室诸王贝勒的丧葬已形成了一套比较完整的管理制度，即所谓的园寝制度。后来各代帝王对这些制度虽都有过不同程度的改变，但总体上都没有太大的变化。按照清朝的园寝制度，宗室成员中，只有皇子和辅国将军（或相当于辅国将军爵级）以上封爵的人死后，其埋葬地才有资格建立园寝。雅尔江阿和神保住既已丢了王爵，当然也就失去了建造园寝的资格。在有清一代，所有在生前就已被革去爵位的诸王公，他们死后都不可能无视祖制在其墓地上建立园寝。所以严格地说来，雅尔江阿的墓地之上虽然曾砌有墙圈，但可以肯定地说，其墙圈绝不可能与其他清代诸王公的墙圈相比拟，墙圈之内也绝不可能再有违背诸王公园寝制度的诸如享殿之类的建筑，所以我们也不能因为砌有墙圈就将其称为"园寝"。

另据冯其利调查，"离湾子村不远的西局村也有一处郑王坟"（图1-1-16），"占地四十亩，西北角有一苇塘占十四五亩。余以盐碱地为主。土坟九座，呈八字排列。坟头被众多柳所包围"。冯其利先生认为"应与革退简亲王雅尔江阿这一支有关"[2]。但雅尔江阿后世子孙中并无再承袭王爵者，倘若此茔地与雅尔江阿一支有关，则断不可能被百姓传称做"郑王坟"。既然该处茔地被当地百姓称之为"郑王坟"，则其入葬者中必定有曾承袭过"郑亲王"或"简亲王"王号者入葬于此。考郑亲王及简亲王承袭之序，除个别因后世子孙承袭王爵而受追封者无算之外，在实际承袭过简亲王或郑亲王王爵者中，唯神保住葬地不详。且此处茔地，百姓既相传为"郑王坟"，却未有园寝建筑，乃有九座土坟，呈八字排列，显系一

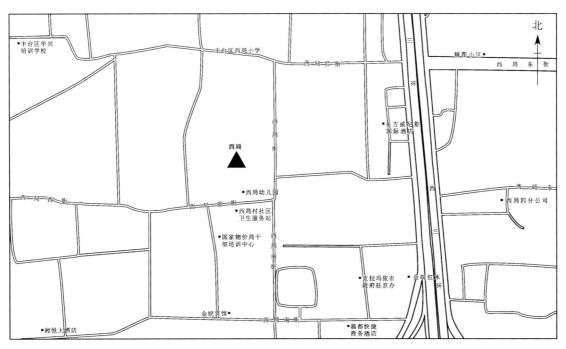

图1-1-16 北京市丰台区西局村郑王坟位置示意图

1　冯其利《清代王爷坟》，第19～20页，紫禁城出版社，1996年。
2　冯其利《清代王爷坟》，第22页，紫禁城出版社，1996年版。

【第一部分】清代宗室王公园寝志

昭穆排列有序之家族茔地。而神保住乃为革退简亲王,只有他死后葬地可能被人称做郑王坟而没有园寝建筑。考《爱新觉罗宗谱》,神保住有四子,长子及次子分别在三岁和六岁时既夭折,三子二十一岁时去世,时为乾隆八年(1743),神保住当时仍未被革爵。唯其第四子约通阿享年六十三岁,乾隆时曾为护军参领,嘉庆七年(1802)乃亡。故冯其利所云西局村"郑王坟",恐当为神保住及其四子约通阿后人之家族茔地,不可能与雅尔江阿一支有关。

雅尔江阿与神保住为削爵之亲王,他们死后虽然不能按照宗室王公的丧葬规格建立园寝,但他们都曾经做过二十余年的简亲王,且其埋葬地我们仍能考知,故附记于此,以供研究清史者参考。

4. 追封简亲王费扬武、傅喇塔、富存园寝

前文我们说过,清太祖努尔哈赤的弟弟追封和硕庄亲王舒尔哈齐共有九个儿子,这九个儿子中,除了济尔哈朗以外,第八子费扬武在后金时期也曾是一位立过赫赫战功的人。

费扬武在清代的文献记载中,或被译作芬古。他出生于明万历三十三年(1605)三月三十日。舒尔哈齐被他的兄长努尔哈赤囚死的那一年,费扬武才七岁,所以他也和他的六哥济尔哈朗一样,没有卷入伯父努尔哈赤与父亲舒尔哈齐的政治争斗之中。皇太极即汗位后,费扬武正值风华正茂的年龄,被授为镶蓝旗固山额真,跟随皇太极参加围攻明大凌河战役。在一次皇太极前往阿济格兵营巡查的时候,明兵突然从城中突出,危急关头,费扬武率部奋击,大获全胜,深得皇太极赏识。其后在后金对明的战争中,他跟随皇太极进独石口,克长安岭,攻赤城,围宁、锦,都立有战功,颇得皇太极信任。崇德改元,他与大贝勒代善、贝勒济尔哈朗、多尔衮、多铎、岳托、豪格等人一齐上书请皇太极称尊号,由此可知他也是皇太极政治上的支持者。"崇德元年,伐明,克城十。是冬,伐朝鲜。叙功,封固山贝子。四年,坐受外藩蒙古贿,削爵,寻复封辅国公。七年,伐明,败明总兵白腾蛟等于苏州,克其城。八年,代戍锦州。十二月,卒"[1]。享年三十九岁。

崇德八年(1643)十二月,费扬武去世的时候,大清帝国正处在一个生死攸关的危急时刻。那时皇太极刚刚去世三个多月,大清政权刚刚度过了皇位继承上的政治危机,但统治集团内部的政治斗争仍然十分激烈。内地的农民起义军张献忠破常德而入江西,李自成破潼关而陷西安,又连下渭北,北达榆林,前锋已东入山西,明王朝已处在风雨飘摇之中。对大清帝国来说,这是一个非同寻常的关键时刻。清王朝内部既要忙着为皇太极修建陵寝,办理丧事,又要把眼睛紧紧盯住关内明王朝瞬息万变的局势,时刻准备着挥师入关,夺取全国政权。而恰恰就在这个节骨眼上,费扬武却死了。就他个人而言,他死得可谓极不合时宜,他不仅失去了建功立业的绝好机会,而且在当时的情况下,大行皇帝尚待安葬,大家都在紧张地准备入关夺取全国江山,谁还会顾得上关心一个辅国公爵的丧事呢?所以当时恐怕只能是把他草草埋葬在关外了事。费扬武的葬地清代文献失载,只怕和他死的这个时间有很大的关系。顺治元年(1644)四月,清廷让他的第二子尚善承袭了他的辅国公爵位,十月,又晋为贝子。到顺治十年(1653)五月,顺治皇帝又追封费扬武为多罗贝勒,并追谥为"靖定",算是对这位英年早逝的功臣的一点安慰吧。

费扬武有七个儿子,除了二子尚善继承了他的爵位外,在清廷入关后的顺治二年

---

1 《清史稿》卷二一五《列传二》。

（1645）二月，其第四子傅喇塔也被晋封为辅国公。清廷定鼎北京后，傅喇塔先后随顺承郡王勒克德浑、伯父郑亲王济尔哈朗征湖广，皆有功，顺治六年（1649）十月，也被晋封为固山贝子。顺治十六年（1659）二月，以朝参失仪，降辅国公。十八年二月，复封固山贝子。

康熙十三年（1674）六月，耿精忠反，清圣祖命傅喇塔为宁海将军，"偕奉命大将军康亲王杰书讨之"[1]。自康熙十三年至康熙十五年，他一直转战浙江、福建一带，先后复太平、乐清、青田，连破二十八营，杀敌七千余。乘胜率"大兵抵福建，耿精忠降，浙江诸寇悉平"[2]。至康熙十五年（1676）十一月，死在军阵之中，享年五十五岁。丧还，康熙皇帝特遣内大臣公颇尔盆至天津迎奠，谥曰"惠献"。康熙十七年（1678）七月，康熙皇帝"谕宗人府曰：'贝子傅喇塔系宗室懿亲，躬履行间，剿御贼寇、抚绥兵民，勋猷懋著。积劳薨逝，深为可悯！理应优恤，以示朕酬庸之意；不拘定例，着封其子富善仍为固山贝子、次子福存为镇国公。'乾隆五年十二月，入祀浙江贤良祠。六年四月，复入祀福建贤良祠"[3]。

傅喇塔死后，清圣祖认为他军功甚伟，所以不仅没有依照"世袭递降"的袭爵原则让富善降袭，而且还晋封了傅塔喇的另一个儿子富存为镇国公，以示优恤。富善为傅喇塔的第二子，袭爵后曾任宗人府左宗正。那时候康熙诸子争位的政治斗争愈演愈烈，富善缺乏政治远见和才能，在诸皇子政治集团和皇帝之间，不知道该如何周旋，每日战战兢兢，诚惶诚恐，心力交瘁，终于支撑不住，只好于康熙二十九年（1690）十二月，以身体有病为由，请求解除他的宗人府左宗正职务。康熙皇帝大为恼怒，批示说，富善"向来全不勉力图报，所行甚是乖乱，殊负朕眷念之意。着宗人府严行议处"[4]。宗人府当然不敢违抗皇帝的旨意，于是经过商议，认为"傅善应革去宗人府左宗正、固山贝子，为闲散宗室"。

康熙夺了富善的爵位后，就把这个固山贝子爵位让傅塔喇的第五子富存承袭了。富存在这个固山贝子的宝座上待了九年，康熙三十九年（1700）九月去世，享年三十六岁。在富存袭爵的九年之中，史书上没有记载他做过什么轰轰烈烈的大事，但他却似乎一直都很受康熙皇帝的青睐。他去世后，康熙帝还特"予故固山贝子福存祭二次，建坟立碑"[5]，并让他的儿子德普降袭镇国公，又授之左宗人之职。德普卒后，其子恒鲁降袭辅国公。恒鲁事高宗，历工部侍郎、左宗人，绥远、盛京将军，授内大臣。卒，谥恭懿。子兴兆，袭辅国公。

按傅喇塔的固山贝子爵位是因军功而封的，而不是从其父费扬武那里承袭过来的，顺治十一年他去世的时候，清廷已逐渐接受了传统的宗法观念，故不可能将他再送回关外，葬入他父亲费扬武的茔地之中，而是为他在"京西大峪村西山麓"[6]（今北京市门头沟区龙泉镇坡头村）选了一块茔地，按照贝子爵位的规格，建立了一座园寝（图1-1-17）。所以他理所当然地就成了这一支的始封祖，如果没有特殊的变化，他的继弥者死后，也将在这一片茔地中相继按照昭穆原则建立园寝，这块地也就应当是这支贝子家族的第一块茔地了。

但是，人事往往就是这样，谁也想不到什么时候就会有一些"意外"情况发生。傅塔喇怎么也没想到，这个意外会在他死后七十六年真的就发生了。乾隆十三年（1674），由于简

1 《钦定宗室王公功绩表传》卷十。

2 《钦定宗室王公功绩表传》卷十。

3 《钦定宗室王公功绩表传》卷十。

4 《清圣祖实录》卷一百四十九。

5 《清圣祖实录》卷二百一。

6 北京市门头沟文化文物局《门头沟文物志》，北京燕山出版社，2001年。

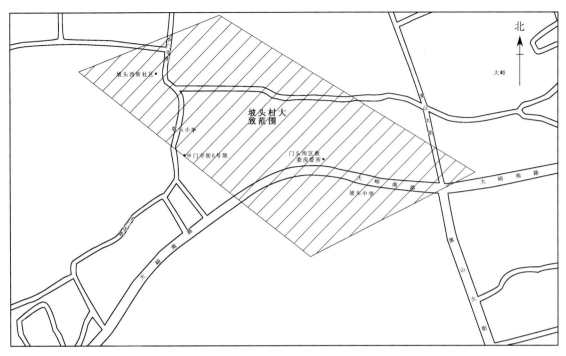

图1-1-17 北京市门头沟区龙泉镇坡头村惠献贝子傅喇塔家族茔地大致范围示意图

修亲王雅布的两个儿子雅尔江阿和神保柱先后被夺爵，清高宗大约觉得济尔哈朗的后代中，再也找不到一个更合适的继承人选了，于是便将简亲王这顶王冠戴在济尔哈朗的弟弟费扬武曾孙德沛的头上。为了表示这顶王冠戴在德沛头上的合法性，乾隆皇帝还特意为德沛的曾祖费扬武、祖傅喇塔、父傅存"加冕"，把他们一并追封为简亲王。于是，坐落在门头沟坡头村的这块原本为惠献贝子的家族茔地，一下子就又变成了简亲王家族的另一块茔地，德沛以上的这几位原本只是贝子爵位的先人，也就一下子都升格成了简亲王家族的列祖列宗。按照傅喇塔死后其贝子爵位承袭的顺序与其继弥者去世的时间来推算，此时这一家族的茔地上，至少应当已经埋葬了傅喇塔、富存、德普在内的三位家族成员。

根据北京市门头沟文化文物局的调查，"傅喇塔墓原建有宫门一座，面阔三间，东向，飨堂'施朱不绘'，无祭品。墓坟围墙由城砖砌筑，南侧墙低洼处有虎皮墙石基。坟圈内植300余株翠柏，在柏林中用土石叠垒月台，上为高3米的宝顶，宝顶两侧各有土坟两座。傅喇塔坟地围墙外正东30余米处，立康熙皇帝敕建'固山贝子谥献福喇塔碑'。汉白玉质，螭首，高4米，宽1.14米，厚0.6米。碑侧身凸雕行龙，阳面周边浮雕游龙，碑额满汉并书'敕建'二字"。按照这一说法，傅喇塔的园寝倒是当时十分标准的贝子园寝规制，据此也可以推知当时富存的园寝地面建筑情形。傅喇塔园寝"民国时被毁，树木伐倒卖掉，石兽供台拆毁丢遗，宫门、官屋坍毁塌落。50年代门头沟煤矿又在此建家属房，坟墓荡然无存。1969年，建坡头副食商店，碑被推倒，龟趺埋在地下，现福塔喇碑存放于坡头副食商店院内"。福存园寝据冯其利《清代王爷坟》云，具体位置应在坡头村村北里许。按北京市门头沟区文化文物局调查记载，傅喇塔的园寝为东向，则富存的园寝也应当坐西向东。按照传统的昭穆关系推测，傅喇塔的园寝应当在富存园寝的南边或西南一带。这两座园寝在上世纪20年代既被盗毁，墓地遗址1957年还有所保留。2008年笔者前往坡头村实地调查，见傅喇塔墓碑仍存于副食商店后院，仆倒在地上，碑阳朝下，碑上盖满了杂物。现该墓碑所在之处地理坐标大约为北纬39°56.077′，东经116°05.042′，但是否为原立碑之地，村民说法不一，有待进一步调查。现两座园寝遗址上都已建起民居，具体位置都已无法确定。

5.五路居"东衙门"简亲王家族茔地和"西衙门"郑亲王家族茔地

巴尔堪是郑献亲王济尔哈朗的第四子，生于崇德二年（1637）闰四月二十五日，生母为庶福晋瓜尔佳氏。顺治十一年（1654）十二月，封三等辅国将军。康熙七年（1668）六月，"以诬告简亲王下掌管家务官博博尔代故"[1]，降为二等奉国将军。按博博尔代是清初权臣鳌拜的亲家，是朝廷委派的掌管简亲王（当时的承袭简亲王是巴尔堪的侄子德塞）家务官。巴尔堪告发博博尔代的具体事由和目的，应当与当时清廷和鳌拜的政治斗争有一定关系。所以，康熙八年（1669）鳌拜被籍没家产并囚禁后，巴尔堪立刻就被平反，并恢复了原来的爵职。[2]

康熙十三年（1674），巴尔堪被授副都统，擢任议政。时吴三桂割据湖南，巴尔堪署梅勒额真，率师赴兖州讨伐。是年十二月，江宁将军额楚疏报："臣等十一月二十日自婺源进取江西饶州，行至乐平县段家村，有叛贼陈参将率众拒敌。臣令副都统巴尔堪统率各官兵迎击，斩获甚众，乘胜恢复乐平县。贼复纠集余众，邀我师于鄱阳云吉峰下，又大破之，遂至饶州。贼众弃城，遁入湖中。随遣前队巴特玛等追击三十余里，尽歼余党，恢复郡城。"[3]下部议叙，受到嘉奖。康熙十六年（1677）"正月，败于螺子山，议夺官。偕额楚徇广东"[4]。三月，"户部侍郎班迪等还自吉安，以所察军情奏闻。得上谕曰：大将军简亲王喇布，自至江西，初无劳绩，围困吉安，日久未下，贼遁又不能邀击，其令戴罪图功。参赞哈尔哈齐、巴尔堪等，营垒失守，情罪重大，俱革职，披甲自效。"[5]这年九月，在广东韶州莲花山作战时，巴尔堪身先士卒，冲锋陷阵，在身中流矢之后仍裹创力战，《清史稿》叙述他在这次战斗中的表现和去世时的情形时，文字虽然不多，但却颇有几分情感："九月，战韶州莲花山，陷阵，中流矢，裹创力战，大破敌。（康熙）十九年（1680）八月，喇布师次广西，上命以巴尔堪从。病作，语固山额真额赫纳等曰：'吾不能临阵而死，今创发，勿令家人以阵亡冒功也。'遂卒于军。"享年四十四岁。"丧还，上命内大臣辉塞往奠，下部议恤"[6]。——他死得还是很壮烈的，从他的临终遗言中也可以深深地体会到他对清廷的一片忠心，他死后，清廷派内大臣辉塞前往祭奠，顺便给其家属送点"抚恤金"，算是对他给予了莫大的哀荣。

巴尔堪去世之时，正值其战败革职在军中"披甲自效"的时候，所以他尽管也算是做到了"马革裹尸还"了，但却因为已经没有了什么爵职，死后便失去了建立园寝的资格。他虽然是郑献亲王济尔哈朗的儿子，但不是亲王王爵的承袭人，按照宗法制度，也不能埋进其父考的茔地之中，因此只能另选坟地葬于别处。该茔地就在今北京西四环五路居桥一带。

巴尔堪下葬的时候，把自己的爵职丢得"无官一身轻"了，丢了爵职的宗室成员就成

1　《清圣祖实录》卷二十六。

2　《清圣祖实录》卷三十：康熙八年七月，"和硕安亲王岳乐等遵上□日会议：镶蓝旗奉国将军巴尔堪告称，康熙七年六月，被掌管简亲王家务之博博尔代倚恃亲家鳌拜权势，诬陷捏控，以致降职。随讯两造并传都统夸岱等历问前事，洵属冤抑。应给还原职。得上谕曰：巴尔堪给还三等辅国将军。博博尔代情罪可恶，本当从重治罪，姑从宽免，着革去议政大臣并掌管简亲王家务，罚俸一年。"

3　《清圣祖实录》卷五十一。

4　《清圣祖实录》卷二百一十五。

5　《清圣祖实录》卷六十六。

6　《清史稿》卷二百一十五《列传二·诸王一》。

了闲散宗室，按照清廷的规定，只能比照普通宗室成员的规格入土，其所选茔地在当时也就是一片很普通的墓地，应当只有他自己的坟头孤零零地矗立在荒野之中，地面上不可能再有什么其他的建筑。几十年后，由于巴尔堪不断地受到追封，由三等辅国将军而渐至简亲王，再到后来，简亲王王号又恢复为郑亲王，这片茔地就不断"升格"并扩大，成为简亲王和郑亲王两个王号的家族茔地，一共埋葬了巴尔堪之后的九位简亲王或郑亲王。从此，巴尔堪也就成了这片茔地上的一代简亲王"先祖"，其后人才为他补建了符合亲王规格的园寝建筑。到清末时，由于入葬于这片茔地的亲王越来越多，面积也不断扩展，竟达到二百余亩（图1-1-18）。根据冯其利先生的调查，"五路居的郑王坟，东到五路居，南至两家店，西为高庄，北边营会寺。占地二顷二十四亩三分。坟地以郑献亲王济尔哈朗第四子巴尔堪立祖。在虎皮石大墙之内，由一座大山子隔开，分东西'衙门'，葬有九位王爷，依次由东向西排列"。"均建有碑楼、宫门、享殿、砖墙。巴尔堪驮龙碑碑阴镌有追封简亲王的文字。巴尔堪的宝顶前有小宝顶两座"[1]。按其所描述的巴尔堪园寝上的建筑，应当是在他被追封为简亲王后至他的孙子简勤亲王奇通阿入葬的这段时间才补建起来的，而不是他下葬时就有的建筑。

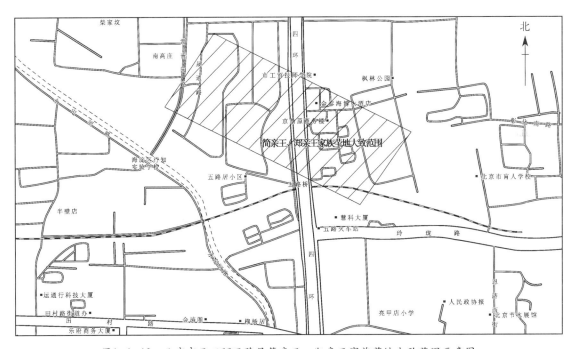

图1-1-18　北京市西四环五路居简亲王—郑亲王家族茔地大致范围示意图

巴尔堪活着的时候，运交华盖。他在自己的侄子、当时的简亲王喇布的节制下，参加平定三藩的战争。本想建立一番不朽的功勋，不想却因战事不利营垒失守，连本有的那个小爵位也给弄丢了。后来虽战死沙场，马革裹尸，也没能把已经丢失的爵位找回来。但是，人生往往有很多说不清楚的变数，谁能想到他去世三十年后，居然还会有时来运转的机会。康熙四十九年（1710）四月，清圣祖康熙皇帝追封他为三等辅国将军，算是给他恢复了生前的爵职。接着又过了二十年，雍正继位，得收买人心，于是在雍正元年（1723）正月，又追封他

1　冯其利《清代王爷坟》，第27～28页，紫禁城出版社，1996年。

为不入八分辅国公，并以其子巴赛袭爵，此时他应当墓木已拱了，没想到还能再一次晋爵并荫及其子孙。又过了二十年，到乾隆十七年（1752）八月，清高宗宅心仁厚，又让他的孙子奇通阿承袭简亲王爵，并同时追封他为和硕简亲王。他一动不动地躺在地下七十年，闭着眼睛居然"鬼使神差"地让康、雍、乾三朝皇帝把他这个无爵无职的"死人"，一步步扶上了亲王的宝座，硬生生地把那顶"简亲王"的"冠冕"套在了他早已腐朽了的骷髅上。他生前辛苦征战，一心想建立功业，反而把那顶乌纱给弄丢了。死了躺在泉下什么都不做了，简亲王这顶他生前只怕连想也不敢想的王冠居然就落在了他的头上。他就像是一件原本并不太值钱的玩偶，因为埋在地下的时间太久了，突然有一天被人从地下发掘出来，一下子竟变成了价值连城的"古董"，身份立时就与先前有了天壤之别，他所效忠的王朝可算是和他开了一个大大的玩笑。

巴尔堪去世的时候，他的长子巴赛十七岁。巴赛生于康熙二年（1663）十二月六日，生母为继福晋瓜尔佳氏。他跟从康熙征讨噶尔丹，被授为正红旗蒙古都统，署黑龙江将军。康熙二十一年（1682）四月，封三等奉国将军。康熙六十一年（1722）十二月，授宁古塔将军。雍正元年（1723）正月，世宗追封其父巴尔堪不入八分辅国公，并让他袭爵。雍正四年（1726），授振武大将军。雍正九年（1731）六月二十八日，噶尔丹策零以三万人大举来犯，屯军于科布多西边的博克托岭。清靖边大将军付尔丹以本部兵及蒙古索伦兵万余人往袭，前锋四人在通泊尔遭到敌军埋伏，溃散败走。副将军巴赛率四千兵御敌，保护轻重物资，且战且走，到哈尔纳河渡河时，身殁于阵，时年六十九岁，谥曰"襄愍"，世宗命以其子奇通阿袭不入八分辅国公。

五路居简亲王家族茔地入葬的第二个人便是这位不入八分襄敏辅国公巴赛。巴赛去世的时间是雍正九年（1731），那时他和他的父亲巴尔堪还没有被追封为简亲王，他的爵位还只是生前承袭的其父巴尔堪的不入八分辅国公。所以，在巴赛入葬这片茔地时，这里当然也只能算是一个公爵家族的茔地。可是到了乾隆十七年（1752）六月，清高宗乾隆皇帝命以其子奇通阿承袭简亲王爵的时候，他这个已经死了二十一年的不入八分辅国公，也一下子与其父一样，由一个公爵变成了亲王。同一年之中，同一门之内，祖孙三代两个死人和一个活人，一下子都成了亲王，巴尔堪和巴赛父子如果泉下有灵，下颌骨非乐得从面颊上掉下来不可。正所谓人以爵贵，地又以人贵，于是，这片原本并不怎么引人注目的茔地，在世人的眼中，便越来越显得不同寻常了。它由开始时的一个普通宗室成员茔地，变成了不入八分辅国公的家族茔地，继而又成为了简亲王家族的茔地。我们猜想奇通阿去世后，其后人在为这位简勤亲王大建园寝的同时，再给巴尔堪和巴赛两位先人补建上符合亲王规制的园寝建筑，也就是顺理成章的事情了。

奇通阿是辅国公巴赛的第十子，郑献亲王济尔哈朗之曾孙。生于康熙四十年（1701）十月二十六日，其生母为嫡福晋乌苏氏。初授三等辅国将军，雍正九年（1731）六月，其父巴赛殁于军中，十二月，世宗命以奇通阿承袭其父不入八分辅国公爵。雍正十年（1732）三月，授散秩大臣。九月，署领侍卫内大臣。乾隆元年（1736）四月，授正红旗满洲都统。乾隆二年（1737）二月，兼管满洲火器营。乾隆十七年（1752）六月，简仪亲王德沛去世，清高宗乾隆皇帝命以奇通阿承袭简亲王爵，同时将其祖父巴尔堪、父巴赛一并追封为简亲王。于是，简亲王爵复又回到了济尔哈朗的后人手中。乾隆二十一年（1756）六月，以奇通阿掌宗人府事。乾隆二十八年（1763）六月二十三日，奇通阿去世，时年三十六岁，谥曰"勤"。

依照封建宗法制度，奇通阿去世后，本应当以承袭简亲王的身份，按照昭穆原则与简修亲王雅布、简仪亲王德沛同葬在右安门外的茔地中。但是，奇通阿是济尔哈朗的曾孙，德沛是费扬武的曾孙，若论辈分，二人原本是同辈，所以奇通阿虽然是在德沛之后承袭的王爵，但二人之间却不存在继嗣关系。最重要的是，德沛是以旁支承袭的简亲王，不是济尔哈朗王爵的正脉所在，也就是说，奇通阿并不是以继嗣的身份从德沛那里承袭的王爵，因此，在奇通阿去世后，就不能简单地按照简亲王家族墓葬的昭穆关系在原右安门外的茔地上排列他的墓位。幸好乾隆十七年（1752）高宗皇帝在让奇通阿承袭王爵时，大约也早就想到了这一点，所以，在命奇通阿承袭王爵的同时，又将他的祖父巴尔堪和父亲巴赛也一并追封为简亲王了，这样，奇通阿的王爵就可以被认为是从他的祖、父这一支一脉传承下来的，而不是从德沛那里承袭过来的。于是，位于北京西四环附近的五路居原本为三等辅国将军的巴尔堪和巴赛的园寝和墓地，也就自然地"升格"成了简亲王家族的园寝和墓地，简亲王王号下就有了第二处茔地。奇通阿去世后，只需依照亲王的园寝规制，在其祖父巴尔堪的一穆位上建立园寝也就可以了，没有必要再离开父祖园寝葬入右安门外的简亲王家族的茔地了。

尽管简亲王名号是从郑亲王名号改易过来的，而且简亲王与郑亲王原本就是一系，但是，郑亲王名号在有清一代 "知名度"要比简亲王名号大的多，对于济尔哈朗的后继者来说，当然做梦都想把"简亲王"王号这块"招牌"换成原来的老字号"郑亲王""招牌"。而在清廷最高统治者看来，郑、简亲王的区别却绝不仅仅只是简单的一字之差的问题，否则，当年顺治皇帝就不会煞费苦心地让济尔哈朗的后人在承袭亲王爵位的时候，玩这种改头换面的文字游戏了。后来的康熙、雍正、乾隆诸帝和济尔哈朗的后代，对当年顺治皇帝的"良苦用心"当然都心知肚明，朝中大臣对个中的"玄机"也未必"猜想"不出来，只是这种事情原本就是只可意会不可言传的，大家都只能装做若无其事无关紧要的样子，谁也不肯也不能把个中的"奥妙"说破罢了。生活中有很多事情就是这样，你明明知道是怎么回事，但你就是不能把它说出来，说出来了也就没意思了，甚至会招来杀身之祸。普通的民众，哪里知晓"郑亲王"与"简亲王"两个一字之差的名号，隐含了多少不可言明的政治涵义。帝王家里的事，老百姓也无需搞得太清楚，老百姓只知道郑亲王的"名头"大，称呼的时候，拣大的名头叫才能体现出一种"自我的卑微"和对他人的"尊重"，准会让对方感到舒服和开心。譬如清朝皇帝的妻妾封号，本来是有皇后、皇贵妃、贵妃、嫔、贵人、常在、答应等等级上的区别的，在朝廷看来，不同的位号是大不相同的，但在普通的民众口中，就一概称之为"娘娘"了，那些贵人、常在、答应及其亲属们听了，自然心中觉得舒坦。这大概就如现代的人把处长和副处长统统称之为"处长"，把经理和副经理都统统称之为经理是一个道理，有时候并不是不知道其中的区别，而是你不能去区别，在某种场合下，你还得故意把它"含混"一下，这便是具有中国特色的普通百姓的"幽默"。因此，尽管郑亲王王爵传至第二代之后，一直是以简亲王号承袭而不是以郑亲王号来承袭的，清王朝历代帝王在诏令中也绝没有把简亲王称作郑亲王的情况，朝廷也不可能允许擅自将"简亲王"称作"郑亲王"，但民间百姓哪管这些，仍然都只以"郑亲王"来称"简亲王"，而把简亲王家族茔地称之为郑亲王家族茔地，进而把所有郑、简亲王的园寝都统称之为"郑王坟"。直到今天，很多清史研究者，也竟陈陈相因，把二者混为一谈不做区别。对于普通民众来说，这样称呼或许无可厚非，但对于研究者来说，这样不加区别似乎就有些欠妥了。五路居简亲王家族茔地上葬入的第三个人，就是这位简勤亲王奇通阿。

简勤亲王奇通阿去世后，高宗乾隆皇帝命以奇通阿长子丰讷亨承袭简亲王爵。丰讷亨生于雍正元年（1723）正月，高宗乾隆时因对准噶尔作战有功，迁升二等侍卫，擢镶白旗满洲副都统。乾隆八年（1743）二月，封三等辅国将军。乾隆十六年（1751）十二月，授侍卫班领。乾隆二十四年（1759）闰六月，授镶白旗满洲副都统。乾隆二十七年（1762）十二月，迁护军统领，管健锐营。乾隆二十八年（1763）正月，授镶蓝旗护军统领。十月，袭简亲王，授领侍卫内大臣，掌宗人府事。乾隆四十年（1775）十二月十一日去世，年五十三岁，谥曰"恪"。于是，丰讷亨成为葬入这片茔地中的第四位简亲王。

乾隆四十一年（1776）五月，清高宗命丰讷亨第二子积哈纳袭简亲王爵。积哈纳生于乾隆二十三年（1758）二月，其生母为丰讷亨侧福晋完颜氏。乾隆四十年（1775）四月，授头等侍卫。乾隆四十一年（1776）五月，袭和硕简亲王，授散秩大臣。这个时候，大清帝国内忧外患已都平息，进入了所谓的盛世。清廷的皇权统治到这个时候已经高度集中稳定，"八和硕贝勒议政"的局面已经成为了历史，那些先朝实力雄厚的宗室勋臣家族的政治实力已远远不如当年，于是，乾隆四十三年（1778）正月，清高宗认为"和硕郑献亲王茂著壮猷，克昭骏烈，其原封爵号应永绍嘉名，勿令改易。特旨令现袭简亲王仍复号郑亲王"。同时又追复丰讷亨郑亲王始封原号[1]。至此，郑亲王王号在济尔哈朗死后一百二十余年后，又由"简亲王"正式恢复了原封号。也就是说，朝廷不仅允许"简家店"可以重新挂起郑亲王的"老字号招牌"营业，而且还特恩准许把使用这块"招牌"的时间前推到从丰讷亨做"掌门人"的时代。因此，已经入土三年的"简字号掌门人"简恪亲王丰讷亨，就又成了葬入这片茔地中的第一位郑亲王。乾隆四十九年（1784）五月初三日，恢复郑亲王王号后的积哈纳去世，时年二十七岁，谥曰"恭"。

由前所述我们可以看出，冯其利先生在《清代王爷坟》一书中，把五路居的这片茔地统称为"郑王坟"，其实并不准确。但他在早年的调查中，注意到这片茔地上的园寝，"在虎皮石大墙之内，由一座大山子隔开，分成东西'衙门'"的现象，应当是很值得人们注意的事情。或许很多人不一定明白形成这种格局的历史原因。这种区分正与简亲王王号的改变有着密切的关系，并不是其后人随意为之的。我们在前文中已经谈到，郑亲王王号从济尔哈朗死后，他的儿子济度第一次承袭时，就"奉旨"把王号改称简亲王了，自此之后，十袭至第六代积哈纳，清高宗才"特旨令现袭简亲王仍复号郑亲王"。同时又特旨准许追复已故的简恪亲王丰讷亨的郑亲王王号。因此，简亲王恢复为郑亲王王号，应当是从第五代丰讷亨算起，其后所有袭爵者都改称郑亲王，而不再称简亲王。而在此之前的各代，则仍从简亲王号。于是已埋葬进该茔地中的巴尔堪、巴赛、奇通阿及丰讷亨四人，就有了两种不同的王号，即：巴尔堪、巴赛、奇通阿仍然只能称之为"简亲王"，而自丰讷亨之后的承袭者，则称作"郑亲王"。虽然"简家铺子"原本就是改了名号的"郑家铺子"，本出于一脉，但毕竟"郑掌柜"和"简掌柜"两者名号又有区别。所以，当"董事长"清高宗又把"郑字号"

1 ［清］朱彭寿《旧典备征》卷一《亲郡王封号考》。

老招牌挂在"简字号"店的大门上之后，新的掌门人就只好将原茔地一分为二，中立大山子以示简亲王与郑亲王两个王号的不同。因此，准确地说，五路居这片茔地上的"东衙门"，埋葬的都还是简亲王，还应当被称做简亲王园寝，而"西衙门"中所葬的人，才是名正言顺的郑亲王。自此以后的所有以郑亲王王号承袭王爵的后人，便只能被埋进"西衙门"中。现在许多研究清代园寝的著述中，对此不作区别，把所有简亲王家族的茔地和园寝都统称为郑亲王家族茔地或"郑王坟"，从学术的角度来说，应当说是并不严谨的。至于这片茔地什么时间一分为二的，那当然只能是在乾隆四十三年（1778）积哈纳改号之后，具体年代，尚待进一步考证。最有可能的是在乾隆四十九年（1784）五月积哈纳去世后入葬之时。

郑恭亲王积哈纳去世后，被葬入"西衙门"中。他是第五位被葬入五路居简亲王——郑亲王家族大茔地中的亲王，也是葬入"西衙门"中的第二位郑亲王。他去世后，王爵由其长子佛尔果崇额承袭，是为郑慎亲王。佛尔果崇额生于乾隆四十三年（1778）六月十七日。其父积哈纳去世时，他才七岁，所以直到乾隆五十九年他十七岁时清高宗才让他承袭郑亲王爵，袭爵后奉诏改名为乌尔恭阿。嘉庆六年（1801）四月，管理镶白旗觉罗学。嘉庆十一年（1806）六月，管理正白旗蒙古都统事务。本年六月，管理新旧营房事务。嘉庆十四年（1809）六月，革退都统。嘉庆十九年（1814）三月，管理左右翼宗学。嘉庆二十四年（1819）五月，授宗人府左宗正。同年七月，授正白旗汉军都统。嘉庆二十五年（1820）四月，调镶红旗满洲都统。道光元年（1821）八月，管理宗人府银库事务。道光二年（1822）正月，管理钦天监算学事务。道光六年（1826）五月，授阅兵大臣。道光七年（1827）七月，授领侍卫内大臣。十月，授内廷行走。道光八年（1828）九月，缘事解去左右翼宗学、镶红旗满洲都统、领侍卫内大臣、阅兵大臣。道光九年（1829）九月，授正白旗蒙古都统。道光十二年（1832）九月，授内大臣。道光十八年（1838）五月，授宗人府右宗正。道光十九年（1839）九月，授正白旗领侍卫内大臣。道光二十五年（1845）二月，调补左宗正。道光二十六年（1846）二月二十五日薨逝，年六十九岁，谥曰"慎"。郑慎亲王乌尔恭阿是第六位入葬五路居该茔地的亲王，也是第三位被葬入西衙门中的郑亲王。

郑慎亲王乌尔恭阿共有八子，其第一子及第二子均先于乌尔恭阿去世。其第三子端华嘉庆十二年（1807）十月初十日生，生母为乌尔恭阿侧福晋瑚佳氏。嘉庆二十二年（1817）十月，端华刚十一岁时，清仁宗就赏他戴花翎。清人福格在《听雨丛谈》中曾对当时什么人可以戴花翎作过说明："本朝最重花翎，如古之珥貂也。其例应随秩戴翎者：宗室中贝勒、贝子三眼花翎，镇国公双眼花翎，辅国公、镇国将军、辅国将军单眼花翎。亲郡王爵秩虽崇，非蒙特赐，转不能戴。虽已赐有花翎，遇朝冠仍不戴用。凡皇子分封之亲郡王，皆不赐翎也。……品官之例有翎者，内廷王、御前大臣、领侍卫内大臣、直省将军、内大臣、各城参赞办事领队大臣、散秩大臣、武备院卿、上驷院卿、头二三四等侍卫、前锋护军健锐精捷各营之统领、参领、副参领、委参领、銮仪卫之满洲銮仪使、冠军使、云麾使、治仪正〔原注：汉军官无翎〕、御茶膳房之尚膳正、尚茶正、二三等侍卫、上虞备用处之三四五品官，皆准戴花翎。各项蓝翎侍卫、六品苑丞、满洲整仪尉、鸣赞鞭官、前锋校、护军校、蓝翎长、各府邸四五六品护卫，皆准戴蓝翎〔原注：善马射、善鹄射、十五善射及善扑营各官，均在侍卫之列，例准戴翎〕。此外翎枝最为难得，非军功不准保荐。若建绩大臣及赏赐王公宗室大员子弟，并行围、较射、射牲、赞礼娴熟等项，皆出自特恩，非臣下所可拟请者也。道光二十八年（1848），恭修玉牒告成，提调官宗室增庆，经定亲王载铨奏奖赏戴花翎，此为别项劳绩保翎之始。此例一开，则山陵奉安、海运事宜、劝捐、抽厘，均相率奉行矣。按从前无捐花翎之例，广东洋商伍崇曜、潘仕成捐输十数万金，无可加奖，始蒙赏戴花翎，一时荣之。自海疆军兴以来，乃有捐翎之例，花翎实银一万两，蓝翎五千两。后又援照捐官之项折扣，其数甚少，捐者遂多。自咸丰九年（1859），又条奏捐翎改为实银，不准折扣，花翎七千两，蓝翎四千两。按从前各省兼提督衔之巡抚，皆准戴用花翎，升调他缺后，即撤去，谓之例翎。道光二十年（1840），两江总督宗室耆英奏称，兼提督之巡抚既有花翎，而直省提督转无花翎，似未允协，应请将江南提督尤渤，赏换花翎，以肃观瞻。奉旨，尤渤准其赏换花翎。直省兼提督之巡抚应否戴翎，于放缺后临时请旨。此后未闻有请旨者，遂一概不敢戴用。其有戴者，皆军功特赐者也。"[1] 由此可知，当时能被赏戴花翎，是多么重的荣宠。

道光三年（1823）十二月，端华十七岁，清宣宗又赏他戴头品顶戴。道光六年（1826）十二月，端华二十岁，初封为三等辅国将军，此后先后被授为三等侍卫、二等侍卫、头等侍卫、内阁学士兼礼部侍郎衔。道光二十年（1840）二月，授兵部右侍郎。二十一年（1841）八月，调户部右侍郎。二十二年（1842）十月，授户部左侍郎。从道光三年（1823）到道光二十六年(1846)这二十余年中，他先后历任的职务有三十四种之多，权力越来越重，这些固然都与他是郑亲王之后有着极大的关系，但同时也可以看出，他在嘉庆和道光皇帝的眼里，还是有着相当的才华和政治能力的。尤其是道光皇帝，对他寄予了很大的期望。道光二十六年（1846）二月，其父郑慎亲王乌尔恭阿去世，五月，道光皇帝就命他承袭了和硕郑亲王，着在御前行走，并赏戴三眼花翎，授镶黄旗领侍卫内大臣。翌年一至二月，又授端华总理行营事务大臣、授御前大臣；道光二十八年（1848）十月，复授正黄旗汉军都统。道光三十年（1850）正月，清宣宗道光皇帝去世，端华受顾命。清文宗继位后，端华又先后被授为宗人府右宗正、阅兵大臣、管宴大臣、步军统领、授镶蓝旗汉军都统等职，更加受到信用，一时权倾朝野。咸丰十年(1860)，赏四团龙补服，并在紫禁城内乘坐二人肩舆。——这种二人肩舆在紫禁城里，通常是只有皇帝才可以乘坐的——在英法联军逼近北京时，他随咸丰帝逃到热河行宫，任领侍卫内大臣，与其母弟肃顺一同受到咸丰皇帝的信任。咸丰十一年（1861），清文宗去世时，他再受顾命，与怡亲王载垣、协办大学士肃顺、额附景寿等八人同为顾命大臣，成为六岁幼帝载淳的"赞襄政务王大臣"。

但是，咸丰去世后，清廷内部政治形势骤变，西太后慈禧为了达到"垂帘听政"的目的，密谋发动了"辛酉政变"，在这次政治斗争中，端华等八大顾命大臣终以失败告终，很快就被同时解职，十月初六日，他的母弟肃顺被斩于南城菜市口。端华和怡亲王载垣"以身罹重罪，应悉弃市。……惟国家本有议亲议贵之条，尚可量从末减，姑于万无可宽贷之中，免其肆市。载垣、端华均着加恩赐令自尽。即派肃亲王华丰、刑部尚书绵森迅即前往宗人府空室传旨，令其自尽"。算是还能"移尸成殓"，落了个全尸。端华自缢时五十一岁，死后慈禧夺了他的郑亲王爵，把他降爵为不入八分辅国公，但还算没有革掉他的黄带子，没有被"黜宗室"，所以允许他以不入八分辅国公的身份祔葬于五路居的郑王祖茔之中，按照清代王公后代祔葬的惯例，他应当祔葬于其父乌尔恭阿的园寝之中。至同

治三年（1864）七月，清廷克复江宁，九月，复还郑亲王世爵，以奇通阿五世孙承志袭郑亲王爵，同时，把承志的曾祖辅国公经纳亨（郑恪亲王丰讷亨之弟）、祖辅国公伊丰额、父西朗阿，并追封为郑亲王。

　　但是，承志并没有什么政治才能，只不过是个纨绔子弟。他才做了六个月的郑亲王，就被御史刘庆以"与优人常四、小一子、及崔姓等聚会演唱"，"狎优比匪"、"品行不端"、"不自检束"等罪名弹劾了一通[1]。承志对此当然是死不认账，慈禧与同治皇帝也不愿意自打耳光，对刚选定的郑亲王承袭人深究不放，所以只在草草调查一番后，走了个审查过程，就下诏说"此次虽查无确据，该亲王仍当力图湔濯，用继前徽"[2]。算是把这件事给遮盖了过去。但这位"爷"大概似乎并没有接受教训，仍屡屡弄出一些出人意料令人啼笑皆非的事来。比如同治十年（1871）正月，他被补授为内大臣，没有请旨经皇帝批准，就自己弄了个三眼花翎的顶戴 "上班"了。弄得同治皇帝哭笑不得，只能下诏说："郑亲王承志着照例赏戴三眼花翎。惟该王于未经奉旨以前，擅自戴用，殊属非是，着交宗人府议处。"[3]再后来他竟指使家人"于辇毂重地，戕害职官"，把主事福珣扎死了[4]。这一事件的影响太大了，同治皇帝实在无法为他掩饰，只好把他夺爵革职圈禁，另选已过继给松德为嗣的郑恭亲王积哈纳之孙庆至承袭王爵，是为郑顺亲王。同时又将松德及其父考伊弥扬阿追封为和硕郑亲王。承志既被革爵，虽然没有被革去黄带子逐黜宗室，但死后自然是再不能按"郑家铺子掌门人"的身份葬入家族茔地中的"掌门人"昭穆序列了。

　　光绪四年（1878），"郑家铺子"的新掌门人庆至去世，谥曰顺，成为第七位葬入该茔地中的亲王，也是第四位葬入西衙门中的郑亲王。庆至去世后，光绪皇帝指定由其子凯泰承袭。凯泰在王位二十三年，光绪二十六年（1900）闰八月去世，谥曰恪，他是第八位也是最后一位葬入该茔地的亲王。光绪二十八年（1902），郑亲王爵第二十六袭传至凯泰子照煦，但很快清王朝被推翻了。进入民国后，照煦由于经济窘迫，遂将该茔地一百多亩土地变卖，郑亲王家族内部成员也纷纷效尤。于是不数年之间，该茔地地面上的树木及建筑乃至砖石，就都被以各种方式拆卖迨尽，从此五路居的郑、简亲王两处"衙门"之上就只剩下一些宝顶孤零零地矗立在荒郊之野了。解放以后，北京市与全国一样，掀起了社会主义改造和建设的高潮，1950年市煤建公司五路居经营处需要征用这里的土地搞建设，郑顺亲王庆至第三子乐泰的儿子金晏煦，遂将埋葬在这里的八代先祖的骨殖移葬到了卢沟桥卧龙岗一带。恰巧这一年，末代郑亲王照煦去世，原五路居郑亲王家族茔地已不再属于郑亲王家族私产，照煦遂葬于别处。

　　前文我们对五路居所葬诸位郑、简亲王的生平及该茔地的"升格"、扩展及衰败历史进行了简要介绍，并对该茔地上东西"衙门"的区分缘由作了说明，下面我们对该茔地东西"衙门"内所葬诸亲王的园寝位置排序略作分析。

　　冯其利在《清代王爷坟》一书中对该茔地上的园寝排列次序是这样描述的："坟地以郑献亲王济尔哈朗第四子巴尔堪立祖。在虎皮石大墙内，由一座大山子隔开，分成东西'衙

1　《清穆宗实录》卷一百三十。

2　《清穆宗实录》卷一百三十。

3　《清穆宗实录》卷三百零三。

4　见《清穆宗实录》卷二百八十九、卷三百一十四。

门'，葬有九位王爷（按实际应有大宝顶八座，冯氏大约是把葬入该茔地的端华也计算在内，所以就成了九位），依次由东向西排列。""东衙门葬有巴尔堪、巴赛、简勤亲王奇通阿……他们祖孙三所王爷坟由东南向西北斜线排开，均建有碑楼、宫门、享殿、砖墙。巴尔堪驮龙碑碑阴镌有追封简亲王的文字。巴尔堪宝顶前有小宝顶两座，巴赛宝顶东南有小宝顶一座。简勤亲王奇通阿是大红宝顶。""大山子西北并列的四所王爷坟，俗称西衙门。最东边一所葬有简恪亲王丰纳亨，享殿后月台上有大宝顶两座。往西即郑恭亲王积哈纳的墓地。再往西是郑慎亲王乌尔恭阿墓地。乌尔恭阿大宝顶前有小宝顶两座，其一为革退郑亲王端华墓。郑慎亲王墓地是双碑楼，有光绪六年(1880)左右立的郑顺亲王爱仁驮龙碑一方，端华小宝顶下边是爱仁的小宝顶。最西边一所为郑恪亲王凯泰的墓地。凯泰在1900年时死在河北省固安县，墓地建设由凯泰之弟乐泰主持，地穴是先清出底儿，用砖起的券，用了十袋洋灰，照应坟地的关敢生(1851—1916)等人参加了施工。在王爷坟北有姨娘坟地，王爷坟东在民国初年葬有郑顺亲王爱仁的侧福晋。"[1]我们可以根据冯其利的说法绘制出一个示意图(图1-1-19)。

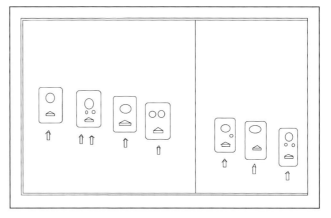

图1-1-19 冯其利所描述的东、西"衙门"园寝分布示意图

冯其利的描述似乎言之凿凿，但对照示意图来看，我们不能不产生出诸多的疑问。首先，我们知道，清人入关后，接受了中国传统的宗法制度观念，虽然在立储问题上后来废除了嫡长子继承制，而采取秘密建储制，但是，清王朝仍然是一个深受传统的宗法制度和宗法思想影响的封建政权，无论在宗庙制度上还是在陵寝、园寝制度上，都仍然按照传统的宗法制度原则，实行较为严格的昭穆排列次序。但是，按照冯其利先生在《清代王爷坟》一书中所描述的五路居简亲王王号下的"东衙门"与郑亲王王号下的"西衙门"，从巴尔堪至凯泰所有亲王园寝的排列顺序，竟是按照承袭次序由东南至西北依次排列的，这不仅不符合清代传统的宗法观念，也与在此之前郑、简亲王历代先祖的埋葬排序方式迥异。其次，文中说乌尔恭阿大宝顶前有两座小宝顶，其一为革退郑亲王端华的宝顶，端华小宝顶下边是爱仁的小宝顶。又说乌尔恭阿墓地是双碑楼，有光绪六年(1880)左右立的"郑顺亲王爱仁驮龙碑一方"。按：冯其利的说法有一个明显的常识性错误，即郑顺亲王应当是庆至而不是爱仁。庆至是追封郑亲王松德的承继子，爱仁是其生父。爱仁为郑恭亲王积哈纳之第二子，他本人并没有承袭过郑亲王，也没有受到追封，冯氏把郑顺亲王误为爱仁，显然是失察，并不符合历史事实。第三，爱仁为郑慎亲王乌尔恭阿的弟弟，嘉庆七年十一月，被封为三等辅国将军，身后有五子，除第四子庆至过继给追封郑亲王松德为嗣外，尚有四子。按照宗法制度，他应当以小宗别派立祖，怎么可能被祔葬入大宗的坟地之中呢？就算是退一万步说，他被祔葬在了大宗坟地了，那也应当是子随父葬，祔葬在其父积哈纳的园寝中，岂有祔葬在他的兄长园

1 冯其利《清代王爷坟》，第27～28页，紫禁城出版社，1996年。

寝中的道理。第四，冯其利说"端华的小宝顶下边是爱仁的小宝顶。"考爱仁为端华之叔父，而不是他的晚辈，绝不可能葬于端华宝顶之下首。由此可知，冯氏此说是绝不可信的。第五，冯其利的描述中，缺失了真正的郑顺亲王庆至的园寝位置。郑顺亲王庆至是继端华之后袭郑亲王爵的第八代亲王，同治十一年（1873）八月袭爵，至光绪四年（1878）薨，在王位六年，卒后清廷"赐恤如例"[1]，并未在政治上受到任何冲击，他去世后不可能不在祖茔中占据一席之地。按：我们从冯其利描述的"在王爷坟北有姨娘坟地，王爷坟东在民国初年葬有郑顺亲王爱仁的侧福晋"话中，可以得到一个信息，即当年在该茔地的东边，尚有一处亲王的侧福晋坟在（当然该侧福晋绝不会是爱仁的侧福晋）。我们知道，清代宗室王公妻妾都是随夫而葬的，先于其夫而亡者，一般都与其夫同穴合葬，后于其夫而卒的，则多数在其夫宝顶前并穴合葬，绝没有孤葬于其夫园寝之外的可能。是则西衙门之东所谓"郑顺亲王爱仁侧福晋坟"处，应当还有一处郑亲王家族其他成员的园寝或墓葬。综上所述，我们认为，冯其利当年对五路居"西衙门"郑亲王家族茔地中所葬人物的园寝数量及顺序的调查结果并不准确。其原因正如我们在前文中所说的那样，这一片茔地上的园寝，早已在19世纪二三十年代就已经被拆毁殆尽了，至1950年时，原茔地上的全部墓葬又被全部迁移，完全不复存在。冯其利在上世纪80年代到90年代对清代宗室王公园寝调查时，即或偶然还能看到一星半点的园寝遗物，也都不可能保留在原位了。冯其利在《清代王爷坟》一书叙述的情况，基本来自于对当地村民或所谓"知情者"的访问。而事实上在相隔数十年之后，即使是当年的一些守坟户的后代，对当时每个园寝的情况恐怕未必能说得清楚。以笔者的田野调查体会，多数当年坟户的后人，对从祖先那里听来的相关传说故事记忆都比较深刻，而对这些传说的真实性却不太重视，甚至往往自己喜欢对这些传说进行加工和"添彩"。普遍的情况是，如果你问起当年园寝位置和地面上的建筑情况，如几间享殿，几个宝顶，几进院落，他们如果见到过当年的建筑，或许还能说得明白。但如果你要问起每座园寝和园寝中每个宝顶的墓主来，他们则往往就很茫然，多数都以"大王"、"二王"、"老太爷"、"太爷"、"新屋"、"老屋"，"东福地"、"西福地"、"南宫"、"北宫"之类的名词来回答，这些称谓名词显然都是从他们的祖先那里口口传承来的。当年坟户的先祖，不敢直呼坟主名讳，对坟主就是用诸如"大太爷"、"祖太爷"之类的名词来称呼。但随着时间的推移，茔地中葬入的死者不断增加，守坟户的后代与旧坟主之间的关系、辈分发生了改变，这些称呼也都有了相应的改变，渐渐地有些守坟户也忘却了墓主的名讳身份，我们就很难明白这些称呼的所指了。如果采访者对清代的历史和社会制度没有相当的理解，对清代的宗庙、陵寝和园寝制度缺乏相当的研究，对清代宗室王公的丧葬方式没有相当的了解，在原有的园寝已被破坏，地面没有留下确切的能证明该园寝墓主身份证据，而文献记载又缺失的情况下，单凭当地村民的传说或坟户后人的记忆，是很难得出准确的结论的。冯其利先生当年所做的大量调查工作，为我们今天研究清代的宗室王公园寝及其制度，了解清代宗室王公园寝当年的情况提供了非常可贵的资料，但可惜冯其利先生并没有从清代宗法观念与宗庙、丧葬制度的关系角度，对他所得到的材料进行研究和梳理，因而书中往往有许多似是而非的表述甚至是明显的错误，这是我们在研究清代园寝时应当特别注意的。

1　《清德宗实录》卷六十八。

事实上，早在冯其利《清代王爷坟》出版之前，五路居简亲王、郑亲王家族茔地上各园寝的排列情况，《海淀区地名志》编辑委员会就曾经做过调查，但调查的结果却并不尽如人意。1992年9月该编委会出版的《北京市海淀区地名志》，对该茔地上的园寝建筑及其所葬人数，就已叙述得语焉不详："郑王坟，原有大坟（宝顶）八座，碑楼七座。第一座坟是双碑楼，葬巴尔堪、巴赛。第七座坟所葬庆至，第八座凯泰，共计占地220亩，看坟人24户。坟地围以虎皮石墙，绿琉璃瓦，院内种植白果、松、柏，遮天蔽日。有打更户，更衣房。宝顶色大红，座由汉白玉雕成，内金砖铺地，并有清泉眼。每座坟配有朝房两座，享殿一座。大门坐北朝南，正门一座，侧门两座。40年代被盗。"[1]这里所描述的，与冯其利所描述的有几点不同：一、茔地内两个衙门中，所葬的人数不同。冯其利认为"葬有九位王爷"，而该《地名志》所述为八个大宝顶；二、冯其利记述自东向西第七座大宝顶前（按冯氏说当为乌尔恭阿大宝顶）为双碑楼，而该《地名志》则说"第一座坟是双碑楼，葬巴尔堪、巴赛"；三、冯氏记述八座宝顶中没有庆至的园寝位置，而《地名志》则说"第七座坟（按即冯氏所说的乌阿恭阿宝顶）所葬庆至"；四、冯氏没有说明全部茔地上共有几座碑楼，也没有提及享殿前配有朝房，而《地名志》记载说碑楼总数为七座，每座坟都配有朝房两座。

冯其利的《清代王爷坟》和《海淀地区地名志》的记载有如此大的差别，其实并不奇怪。随着清王朝的灭亡，当年爱新觉罗宗室的王公贵族们，突然在政治上失去了依靠，加之他们中的多数人过惯了侈靡的生活，喜好奢华空谈，不务实际，不懂得生计经营，于是许多原本显赫不可一世的家族很快走向了衰败。一些宗室王公贵显，一时沦落到了靠变卖家产为生的窘境。五路居郑亲王、简亲王家族茔地和地面建筑，就是在这种情况下，被末代郑亲王照煦及其族人拆毁、变卖殆尽的。加上民国时期军阀混战，民不聊生，那些王公显贵的坟墓就成了盗贼首先瞄准的目标。清宗室王公园寝，多数都在这一时期被拆毁或盗发，在时间的推移中，逐渐被人淡忘。清代王公园寝原本属于家族私产，不像帝王陵寝那样备受社会重视，文献资料也很少有详细准确的记载，过去研究清史的学者也很少关注这一领域。因此，在清王朝灭亡一百年后的今天，对那些已经湮没于历史长河中的宗室王公家族茔地及其园寝建筑的具体情形进行梳理，探究一个家族与一个朝代之间兴与衰的政治和历史原因，力求客观地还原清朝宗室王公不同时期、不同家族、不同成员园寝的真实面貌，既是一件非常不容易的事情，也是一件刻不容缓的事情。这是因为那些已经消失的园寝，被人们淡忘的时间越长，就越不容易被搞清楚。如五路居郑亲王、简亲王家族茔地上的具体情况，由于早年被拆卖盗毁，就连当地的老住户甚至当年曾经亲身目睹了该茔地兴衰拆毁历史的耄耋老人，也都很难说清每个园寝墓主身份了。笔者在2008至2009年曾多次实地考查，走访了不下十余位当地耆老，从采访的信息中，也只能得出以下三点可以确信无疑的结论：一是该茔地分东、西两个"衙门"，这一点与冯其利先生的调查结果相同；二是东衙门内所葬的三个亲王是巴尔堪、巴赛、奇通阿。巴尔堪的宝顶居中，巴赛葬于巴尔堪的东侧，奇通阿的宝顶在巴尔堪的西侧，这一点与冯其利先生的调查结果稍有不同；三是西衙门原有大宝顶为五个，内所葬人物为丰讷亨、积哈纳、乌尔恭阿、庆至、凯泰。五座宝顶中，唯一可以肯定的是最东边的一座属于丰讷亨的宝顶。至于其他四个大宝顶的墓主，被采访者几乎各执一词，莫衷一是。从

1　北京市海淀区地名志编辑委员会编《北京市海淀区地名志》，北京出版社，1992年。

笔者调查的结果来看，东衙门中所葬的三个人的墓位安排，仍然是与清代的宗法昭穆观念完全相符的。以我们的推测，西衙门中所葬的五个郑亲王墓位安排，或许正如冯其利所言，是按照承袭先后的顺序，依次由东向西排列的。之所以会形成这样的格局，也正与乾隆四十三年（1778）简亲王王号恢复为郑亲王王号有关。大概在积哈纳去世前，简亲王家族的茔地排列关系本来是依照宗法制度中的昭穆制度设定的。丰讷亨去世的时候他还是简亲王，所以被安排在巴赛的东侧，应属二昭的位置。如果当年乾隆皇帝不把简亲王王号改回郑亲王王号，那么其后所有承袭者就会按照以前的昭穆规则排列入葬。但是，在乾隆四十三年（1778）追复郑亲王王号后，情况发生了变化，积哈纳去世时，他和他的父亲的王号都已经改变成了郑亲王，那他就不能再葬在简勤亲王奇通阿的东侧（二穆）的位置上了。王号的改变意味着绍袭的祖先和祭祀关系发生了变化，原来的简亲王巴尔堪变成了他的远祖，简恪亲王丰讷亨改号后变成了郑恪亲王，就成了埋葬入这一家族茔地中的第一位郑亲王，占据了相当于"始封祖"的位置。所以后人只好改变最初的规划，在简、郑亲王之间立一大山子，将原茔地一分为东西两个"衙门"以示区别，后代所有郑亲王爵的承袭人都只能葬入西衙门，而不能再葬入简亲王家族的东衙门中了。但此时的丰讷亨早已安葬在了原简亲王茔地上的二昭之位上了，无法再移动，他的园寝东侧与巴赛的园寝之间再没有了可以安排其他后人的空间，所以不得已，后代就只好按照承袭的次序依次由东至西来安排了。

6.昌平区仙人洞前郑亲王家族茔地

乾隆十七年（1752）六月十八日，简仪亲王德沛去世。这年的十月，清高宗乾隆皇帝命郑献亲王济尔哈朗第四子辅国武襄公巴尔堪的孙子不入八分辅国公奇通阿承袭简亲王爵，是为简勤亲王。

乾隆二十八年（1763）六月，简勤亲王奇通阿去世，由他的长子丰纳亨承袭其简亲王爵。也许是乾隆皇帝觉得奇通阿的祖父巴尔堪和巴赛都是死在战场上的宗室王公，对国家的功劳很大吧，过了三年后，又把奇通阿以前从他祖、父那里承袭的不入八分辅国公爵位，让他的第四子经讷亨承袭了。经讷亨虽然是继父考奇通阿之后承袭的不入八分辅国公爵，但因为在此之前的乾隆十七年（1752），清高宗在命其父考奇通阿承袭简亲王爵位的时候，同时也把他的曾祖巴尔堪、祖父巴赛两人由不入八分辅国公追封成了简亲王。经纳亨承嗣的不入八分辅国公爵原本是从他的三位先祖那里传承来的，而现在这三位先祖却一次性全部"被升格"变成了简亲王，变成了大宗序列的"列祖列宗"，于是经纳亨便成了他这支不入八分辅国公家族的始封祖。

乾隆四十年（1775）十一月，经纳亨去世，享年三十三岁，生前他把茔地选在今北京昌平区天寿山南麓中山口北边的仙人洞前，死后在那里建立了一座不入八分辅国公等级的园寝，其地理坐标大约为北纬40°14.638′，东经116°14.352′（图1-1-20）。

仙人洞在昌平城北3公里，坐落在明十三陵陵区大红门内蒋山东南部的半山腰间，是一处天然溶洞奇观，风景非常优美。该山海拔约180米，溶洞洞口位于半山腰，朝向东南。洞内呈穹隆状，形如广厦，东至西约40米，南至北约10米，最高处为16米，可同时容纳二百多人，洞底遍生石笋，地面凹凸不平，洞顶及四壁皆是钟乳石，晶莹剔透，千姿百态；仔细观赏，有的像牌坊、阁楼，有的似飞禽走兽，惟妙惟肖。四壁多有石隙，高低、宽窄、深浅纷歧，西北角处有一较大石隙，又深又黑，人不敢入。洞内正中，是洞中最硕大的一处钟乳石，重

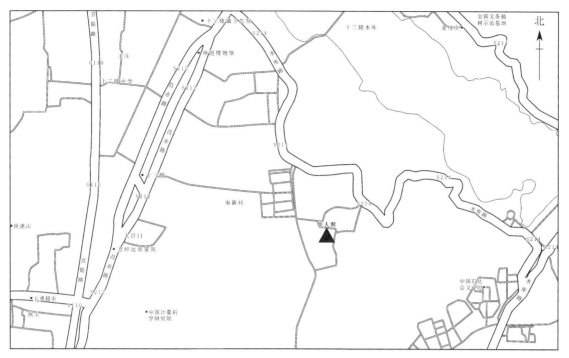

图1-1-20 北京昌平区仙人洞郑亲王家族茔地位置示意图

约16吨，其形如钟，上细下粗，长约4.5米，最粗处直径约为3米，与洞顶连接处浑似钟纽，长约1.5米，直径约0.7米，以石敲击，其声如钟磬合鸣，清醇动听。明代昌平人崔学履所编的《昌平州志》中，昌平八景之一的"石洞仙踪"指的就是这里。据《日下旧闻考》引明人孙国敉《燕都游览志》记载："仙人洞在红门内东山腰，去碑楼三里，蹑磴而上，洞口仅容一人。偻而入，内若大厦。日色下烛，石皆倒垂。"[1]清人顾炎武《昌平山水记》也说："中山口北一里有仙人洞，洞在山麓，可容二百人，洞口向东，从石梯而上，石皆倒垂，下为平地，洞西壁有一门，近门上有石钟下悬，长数尺，门之内少入转而南，见有石罅如夹道，深黑，人不敢入。"这些记载都和现在所见的情况没有多少区别，可见此处在明亡之后，已成为文人雅士常去游览探胜的一个绝好去处。经纳亨把自己家族的墓地选定在这里，或许是缘于这里的风景和风水。但不知他当年是否曾想过，作为清宗室的王公贵族，却把自己的园寝建在前朝的陵区大门附近，而且距明陵中的圣德神功碑不过三里之遥，是不是会让人感到有点陪葬的味道，显得不伦不类？他死后守在明陵的大门口，就像是甘心守护前朝陵区大门的"志愿者"，这在今天的人看来，多少也会感到有几分滑稽可笑。

经纳亨去世后之明年十一月，其长子积拉堪承袭了他的爵位，时年十五岁。乾隆四十三年（1778）十二月，高宗命积拉堪为散秩大臣。清仁宗继位后，又授他镶白旗蒙古副都统之职。嘉庆四年（1799）正月，调镶蓝旗满洲副都统，其后又授镶黄旗护军统领。嘉庆五年（1800）二月，授管理圆明园八旗、内务府三旗。翌年二月，调正蓝旗满洲副都统。至嘉庆十二年（1807）三月，在他担任荆州将军的时候，却因屡次应知府林岚邀请，前往地方官署看戏，交结地方官员，干预地方之事，并"咨行印文由知府衙门借取养廉银二千二百五十两至今尚未扣还"遂被人弹劾，仁宗"实堪诧异"，一怒之下革去了他的公

1　《日下旧闻考》卷一百三十四。

爵，而把爵位交给他的五弟伊丰额来承袭，只给他保留了个四品顶戴[1]，兄弟两个算是轮流做了一把不入八分辅国公的"桩"。嘉庆二十二年（1817）八月，曾经做了三十二年不入八分辅国公的积拉堪去世。他因生前丢了爵位，死后便不能算作不入八分辅国公的后继人，无法再享受相应的建立园寝的"待遇"，只好在其父考的大宝顶前修个小宝顶，祔葬在他的父考经讷亨的园寝中。

　　他的五弟伊丰额承袭了爵位后，做了十三年不入八分辅国公，先后被授予头等侍卫、巴里坤领队大臣等职，于道光元年（1821）二月去世，享年五十二岁。不知是因为经济方面的原因，还是为了要照顾其兄长的"情绪"，总之他也没有另外建园寝，而是在他父考经讷亨宝顶的东侧一昭位上建了一座大宝顶下葬。因此，这座园寝实际上就成了经讷亨和伊丰额两代不入八分辅国公共同的园寝。

　　伊丰额死后，其公爵由其第三子西朗阿承袭。西朗阿生于嘉庆三年（1798）五月十八日。道光元年（1821）六月，袭不入八分辅国公。道光二十八年（1848）十一月二十八日去世，年五十二岁。按照清代园寝和宗法昭穆制度，他的园寝建在他的祖父经讷亨园寝的西侧一穆之位。于是，在仙人洞前，就有了两座清王朝宗室辅国公品级的园寝。位于东边的经讷亨和伊丰额的园寝，被当地的百姓称之为"东宫"，而位于西边的西朗阿的园寝，则被当地百姓称之为"西宫"。按照康、乾时期王公等茔制规定："王府茔制：亲王享堂五间，门三间，描画五彩飞金小花。围墙一百丈，门外房五间，碑亭一座，守冢人十家；世子、郡王享堂三间，门三间，画五彩小花，围墙八十丈，门外房三间，碑亭一座，守冢人八家〔原注：固伦公主同〕；贝勒、贝子享堂三间，门三间红油，围墙七十丈，门外房三间，守冢人六家〔原注：和硕公主，郡主同〕；镇国公、辅国公享堂三间，门三间红油，围墙六十丈，守冢人四家〔原注：县主，郡君县君同〕。"[2]这一规定至道光十四年（1834）后只是把贝勒以下爵位的园寝宫门改成了一间，其他的都没有多少太大的改动[3]。经讷亨、伊丰额两个人都去世于道光十四年（1834）之前，所以他们两个人的园寝如果当时建设得中规中矩，应当有享堂三间，门三间红油，围墙六十丈，比道光十四年（1834）清廷对宗室王公园寝茔制修改之后才去世的西朗阿的园寝宫门还多两间才是。

　　西朗阿去世之后，道光二十九年（1849）二月，清宣宗命其第三子承志袭爵。承志道光二十三年（1843）九月十五日生。袭爵时才七岁。但是，到清穆宗继位的时候，清廷中发生了震惊中外的"祺祥政变"，慈禧太后为了达到"垂帘听政"的目的，与恭亲王奕訢密谋，在祺祥元年（1861）十月初六日，把清文宗临死前授命的八位顾命大臣同时解职，并诛杀了顾命大臣中的肃顺、郑亲王端华和怡亲王载垣三人。在郑亲王端华自缢身亡后，慈禧把他由郑亲王降爵为不入八分辅国公。那是一个多事的年代，内有太平天国起义，外有列强入侵。别看清政府面对外国列强毫无办法，但在对付国内的农民起义方面，却毫不手软。同治三年（1864）清政府镇压了太平天国革命，在举国"欢庆"胜利的时刻，慈禧和同治皇帝想起了郑亲王这个王爵原本是乾隆时期所赐封的"世袭罔替"的铁帽子之一，他们大概觉得这顶帽子从端华的头上摘下来后，总这么捏在朝廷的手里也不是回事。于是这顶王帽子就被戴在了

3 　参考宋大川、夏连保《清代园寝制度研究》，文物出版社，2007年。

承志的头上。

　　承志虽然也是济尔哈朗的八世孙，但他的曾祖经纳亨、祖父伊丰额、父亲西朗阿三位生前却都只是个不入八分辅国公的爵位。按照清代的宗法观念，承志要承袭这个王爵，如果不同时把他的曾祖以下的几位先祖追封为郑亲王，那这项王帽子就会被人认为仍然是从乌尔恭阿这一支得来的，他就还算是乌尔恭阿的"继弥"者，这等于是王帽子还在乌尔恭阿这一支的后人头上。在当时，慈禧太后恨死了乌尔恭阿，因为他生了两个专和自己做对的儿子肃顺和端华，当年要不是她做事果断，发动了那场"祺祥政变"，她的命运就会捏死在这些和她做对的人的手里。所以，如果承志袭爵后仍然算是作乌尔恭阿的"继弥者"，慈禧自然是一万个不情愿。因此，索性就把承志的曾祖经纳亨以下的三代不入八分辅国公全部追封为郑亲王，这样，从理论上，他这个王爵就可以被认为是从他的父祖这一支传承下来的了。于是，昌平仙人洞前的这片埋葬着承志的三位不入八分辅国公祖先的家族茔地，就一下子"升格"成了郑亲王家族茔地。

　　茔地的"升格"，并不等于茔地上原来的园寝建筑也会同时"升格"。有清一代因子孙承袭王爵而追封其祖同时为王的例子非常多。就以郑亲王—简亲王家族为例，就曾因王爵承袭的原因，追封其先世的情况就有好几次。但从史料来看，对宗族的追封，只是给予了被追封者一个名分，朝廷通常并不会因为追封后被追封者身份的改变而补发他们相应的重建园寝的银两。是否要给被追封的祖先重修园寝，那要看其原来园寝的地理形势是否允许、后代承袭者有没有这样的经济实力和政治需要。大约其后代如果想把追封后的祖先的园寝扩建为相应的规格，往往都以"孝"的名义，朝廷自然也不会反对。当然其后人如果经济实力不够或不愿意再出这笔资金，也完全可以以种种借口保持原来的建筑规模。

　　承志在承袭郑亲王爵后的九年间，是否为自己的先祖重修过园寝并没有任何文献资料的记载，而仙人洞前经讷亨、伊丰额和西朗阿的园寝"东宫"和"西宫"地面上的建筑并树木，又在1930年时就被其后人卖掉了，其后又以"起灵"为名，把其祖先的骨殖也移葬到了别处，还把园寝各地宫中的随葬品也攫取一空。随着时间的推移，原地面上的建筑情况已很少有人知道是什么样子了。冯其利在1983年7月，曾对这里的园寝建筑情况作过调查，他走访了仙人洞村1902年出生的李德山老人，据说李德山的三伯父李豫当年曾在郑亲王府当差。李德山告诉冯其利说，仙人洞前的这片郑亲王家族茔地，过去被郑亲王府称为"北山"。并说在承志承袭郑亲王后，曾对"西朗阿墓地有所建设，形成一定规模，俗称'西宫'。南端为豆渣石平桥三座，条石墁着神道。有石牌坊一座，五间六柱十一楼。牌坊后有华表一对。北行有石狮子一对，两道宫门后边就是碑楼，内立驮龙碑一方，立于同治初年。东西朝房各五间，享殿三间，内有香案五供。享殿旁有东西角门，后边有大宝顶一座，东边有小宝顶一座。墓地前边砖墙，后边石头墙"[1]。冯其利先生大概认为这一说法应当是准确的。所以把这些内容写进了他的书中。

　　但是，笔者对冯氏的这些记载认真分析后，觉得冯其利所描写的原地面建筑规模很令人感到怀疑。对照前文所引的清廷对宗室王公园寝的建筑规定，我们不难发现，"西宫"园寝前的碑楼和门外所谓的五间"东西朝房"都是超出公爵的园寝规制之外的建筑，但却合乎

　　1　冯其利《清代王爷坟》，第31页，紫禁城出版社，1996年。

亲王的园寝制度，如果说这两处建筑是在承志承袭郑亲王之后的九年之间为其父考所补建的，大概不会有什么异议。但是，如果说承志还在其父考园寝"西宫"前修建了石牌坊、华表和石狮子三物，我们无论如何是不能相信的。考察整个有清一代所有的宗室王公园寝，除了康熙第十三子怡贤亲王允祥和晚清恭亲王奕䜣的园寝之上有此类的建筑之外，其他即使如光绪皇帝的生父醇亲王奕譞的园寝之上，都没有立过类似的建筑。我们都知道，允祥园寝上的华表和火焰牌楼，那是雍正皇帝特旨建造的，而恭亲王奕䜣则是"辛酉政变"的关键人物之一，是慈禧太后"垂帘听政"最得力的支持者。即使如此，奕䜣也只敢在园寝之上建立一座三间四柱的石牌楼而已，并不敢在墓地上同时再建华表。就是这样，他还要在牌坊上镌刻上道光皇帝生前御赐给他的对联，特别说明是"道光二十八年出居阿哥所时，蒙御书联额，以赐吉祥，富丽至今，感沥不敢忘。现构佳城，敬录刻墓门，用光带砺。翘首慕陵，孺子之墓，固不能自已尔"。很明显，这几句说明文字，目的就是想告诉别人：建立这座牌楼，那是道光皇帝特恩准许过的，而不是自己擅自超越祖制的做法。经讷亨、伊丰额和西朗阿乃至承志祖孙四代在晚清时期，都并不是什么显赫不可一世的人物，也没有为朝廷做出过什么"特别重大"的贡献，墓地上居然补修了一座比怡贤亲王允祥和恭亲王奕䜣园寝上的石牌坊规制还要大的"五间六柱十一楼"石牌坊，这样的牌坊规制甚至超过了清太祖努尔哈赤福陵的四柱三楼歇山式石牌坊，而与清东西陵红门附近最大的石牌坊相比肩（冯其利未记载该牌坊的长宽高等数据，但五间六柱十一楼的牌坊形制，在清人也只有东西两陵才有），这无论如何都是不可能的事情，不能不令人怀疑当年冯其利调查记载的真实性和准确性。退一万步说，即便这样的牌坊当时存在，我们猜想也一定不会是承志为其先祖所立的，因为该茔地原本就是建在十三陵的大红门附近，是否原本是明陵之物，也未可知。

仙人洞前的这片由不入八分辅国公"升格"为郑亲王的家族园寝，后又被称之为蓝旗王园寝。这一叫法最早见之于《光绪昌平州志》："国朝蓝旗王园寝在州北仙人洞前。"按：《光绪昌平州志》为清末大儒吴履福、缪荃孙等人所编。据该志续昌序言所称："光绪三年，续昌奉命分巡霸昌，爱莅兹土，会直隶总督合肥伯重修《畿辅通志》，前府尹彭硕亭中丞议纂《顺天府志》，于是吴州牧履福访求得康熙中旧志开局并修……历时八年而书成。"是则《光绪昌平州志》的纂修，也是当时的地方官修志书，且主要参加编修的人中，还有当时的硕儒、翰林院编修缪荃孙等人，书中把经讷亨、伊丰额和西朗阿三代人的两座园寝称之为"蓝旗王园寝"，而不称之为"郑亲王园寝"，当绝不是误书或从俗之称，而应当是当时的官方叫法。

那么，为什么当时的官方会把仙人洞前的郑亲王园寝改称之为"蓝旗王园寝"呢？这一叫法又是从什么时候开始的呢？

根据笔者对清代宗法制度和社会政治制度的理解，笔者认为，这一"不伦不类"的叫法当始于光绪四年（1878）郑顺亲王庆至去世之后。而把仙人洞郑亲王园寝改称为"蓝旗王园寝"，大概原因有二：一是原本这里只是一座不入八分辅国公的家族茔地，后来虽然因为道光二十九年（1849）九月承志袭封郑亲王的缘故，清廷把其先祖也追封为郑亲王了，但这位承志"爷"却是个没有什么政治才能的纨绔子弟，袭封刚半年就被御史刘庆以"与优人常四、小一子及崔姓等聚会演唱"，"狎优比匪"、"品行不端"、"不自检束"等罪名弹劾

清代园寝志

了一通[1]。幸好慈禧与同治皇帝没有对他深究，只是勉励他"力图湔濯，用继前徽"[2]。但他并没有从这件事情中汲取教训，后来到同治十年（1871）六月，他居然指使家人 "于辇毂重地，戕害职官"[3]，把一个叫福珣的朝廷命官给捅了一刀，那个叫福珣的主事先生经不住这一刀毙命了，慈禧和同治皇帝这次无法不再处理，只好削了他的王爵，圈禁于宗人府。

承志丢了王爵，但清廷不好因为承志的削封而累及其先祖，再把已经送给他的先祖的爵位也削掉。这在大清朝的历史上也还没有这样的先例。远的不说，就说不久之前，在"祺祥政变"时，让慈禧恨得牙根都痒痒的肃顺和郑亲王端华两个人吧，他们都是郑慎亲王乌尔恭阿的儿子，慈禧把他们全都杀了，尤其是肃顺，是被推到菜市口砍的脑壳，在清朝的历史上，王公大臣这样被杀的也是独一份。可就算如此，慈禧也只能"止罪其身"，而没有累及其祖。郑亲王这个王爵，那是济尔哈朗用汗马功劳换来的，乾隆时钦定了"世袭罔替"的铁帽子王，因此她不能因为肃顺和端华"犯了罪"而把他们的父亲乌尔恭阿的爵位也给夺掉。这次承志犯了罪，朝廷当然也不能因此把已经追封给他的曾祖父、祖父和父亲这几位的王爵再追夺回来。朝廷可以和活着的人计较，不能让世人觉得当年对这几位的追封也是错误的，这样岂不是等于皇帝自己打自己的嘴巴？所以朝廷还得继续承认经讷亨、伊丰额和西朗阿这几个人的追封爵位和身份，还照样得把仙人洞前的这片茔地和茔地上的园寝称之为郑亲王园寝。

"老店铺"可以暂时"停业整顿"，可以重新换个"掌柜的"，但却不能就此关门大吉。正像端华被降爵后，郑亲王这块"世袭罔替"的"老字号牌匾"不能被没收一样，承志被夺爵后，这家"郑字号老店"也还得接着开张。济尔哈朗的后人中，还得继续有人接过这块"牌匾"，入主"老店"当"经理"，接着"开业做生意"。承志被夺爵的时候，他的三个儿子还没有出生，原来"掌管这块牌匾"的老亲王乌尔恭阿虽然还有六个儿子，但他们都是肃顺和端华的兄弟，不可能在政治上支持慈禧。慈禧和同治皇帝只能在济尔哈朗的其他支系后人中"海选"。选来选去，最后认定有这么一个人最为合适：他就是郑慎亲王积哈纳的孙子庆至。

庆至本是积哈纳第二子爱仁的第四个儿子。在他出生的前一年，他的祖父积哈纳的七弟伊弥扬阿就去世了。伊弥扬阿死的时候，身后只有一个独苗叫松德，才十八岁。没想到五年后，这个松德还没来得及成婚竟也随了他的父亲去了。这样一来，伊弥扬阿就没有了后代，在当时的人看来，这就叫"绝嗣"，断了香火。可没想到松德有个未成婚的媳妇，为旗人舒祥之女，死活不肯另选人家，情愿过门为松德守节，并替他侍候伊弥扬阿的两个遗孀：嫡福晋赫舍里氏和继福晋纳喇氏[4]。这样的事情在现在看来有点不太靠谱，但在当时却是被统治者提倡的"节烈"行为。庆至当时才四岁，大约不会知道自己长大了会和这一家人发生什么关系。等到庆至十九岁的时候，清宣宗大约觉得伊弥扬阿身后太凄惨了，一家三个寡妇，不知道怎么过日子呢，他作为皇帝，是有责任对宗室成员负责的，就命庆至过继给松德为嗣，这样，伊弥扬阿这一支就算是有了后代。

又过了三十五年，到了同治十年（1871），正好郑亲王承志因为犯罪被夺爵了，慈禧和

1　《清穆宗实录》卷一百三十。

2　《清穆宗实录》卷一百三十七。

3　事见《清穆宗实录》卷二百八十九、三百一十四。

4　事见1936年修《爱新觉罗宗谱》丁册，第8376页，学苑出版社，1998年。

同治忙着在济尔哈朗的后人中"海选"可以承袭郑亲王爵的人,觉得庆至应当是最合适的人选,于是就把郑亲王这块老字号"牌匾"交给了松德的嗣子庆至。同时把松德和伊弥扬阿也追封为郑亲王。对于庆至来说,这当然是一件"馅饼正好砸在自己头上"的好事,大家都非常满意,谁也不会多想什么。但当他真正坐上郑亲王这个宝座上之后,问题便出现了。在他的前面,郑亲王家族被分成了三个支派(图1-1-21)。

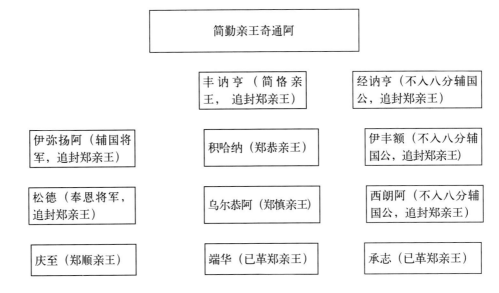

图1-1-21 郑亲王家族的三个支派

第一支是原来郑亲王家族的嫡派,是从乾隆四十三年(1778)开始,由丰讷亨(简恪亲王,追封郑亲王)——积哈纳(郑恭亲王)——乌尔恭阿(郑慎亲王)一代一代传承下来的。

第二支是同治三年(1864)对不入八分辅国公品级的三代人同时追封的郑亲王,有经讷亨(追封郑亲王)——伊丰额(追封郑亲王)——西朗阿(追封郑亲王)三位。

第三支就是庆至出嗣为后的这一支,只有伊弥扬阿和松德两代人,分别是由辅国将军和奉恩将军品级追封的郑亲王。

这三支郑亲王,第一支原本是郑亲王嫡派大宗,而第二、第三两支原本都是各自立祖的小宗别派,现在却都在名义上变成了郑亲王。这样郑亲王家族就形成了三个支派。三个支派的郑亲王成员,"由于历史的原因"埋葬在三块不同的茔地上。而对于庆至来说,不管他的前面郑亲王家族分成了几个支派,都应当算是自己的祖先。但是,这样一来,他头上的这顶王帽子,到底算是从哪一支的手中传承过来的?这个问题不解决,庆至死后入葬在哪块茔地就没办法落实。

此时摆在庆至面前的有三块墓地:第一块,就是他过继为嗣的伊弥扬阿、松德的葬地。按说,庆至葬在这块茔地之上应当是顺理成章的,因为他本来就是过继到这一支的承嗣子,而且同治皇帝也把本支的祖、父两代予以追封了。他应当把自己的园寝建于该支茔地的一穆之位。但是,如果这样做,原来从丰讷亨(简恪亲王,追封郑亲王)——积哈纳(郑恭亲王)——乌尔恭阿(郑慎重亲王)这一支的郑亲王嫡派和经讷亨(追封郑亲王)——伊丰额(追封郑亲王)——西朗阿(追封郑亲王)这一支的追封郑亲王支派就失去了承祀;第二块，就是经讷亨（追封郑亲王）——伊丰额（追封郑亲王）——西朗阿（追封郑亲王）三位在昌平仙人洞前的这片茔地。这块茔地原本不过是一块不入八分辅国公的家族茔地，是因为承志承袭郑亲王的缘故"被升格"而来的。这块茔地虽然"被升格"了，可承志还没等到在这里给自己建立个真正的亲王园寝，就把王爵玩丢了。如果清廷不能因为承志的削爵追回对这一支先祖的追封，那么按照王爵的传承顺序，理论上庆至也会被认为是从经讷亨的这一支的西朗阿手里传承的王爵，这样一来，庆至死后就得把自己埋到这块茔地之中，而把最早埋入这块茔地中的经讷亨视为该茔地中的一代先祖，把他自己的园寝建于祖坟的二昭之位。但这样做其实更不妥当，因为庆至原本是过继给松德为后的，而且从血缘关系上，他与原来的嫡派血缘关系更近。第三块就是原来嫡派的五路居的郑亲王茔地，庆至所出继为嗣的伊弥扬阿和松德两位祖先，原本也是出自这一支。如果他选择了埋葬在五路居的郑亲王茔地之中，既可以被认为是兼祧了两支，也可以被认为是回归到了本支。

　　庆至最终把自己的葬地选定在了五路居。这样一来，仙人洞前埋葬的经讷亨、伊丰额和西朗阿三位追封郑亲王，既失去了原来以不入八分辅国公立祖的资格，似乎又与后来的郑亲王也没有了承袭关系，实际上游离在了郑亲王世袭之外，显得有些不伦不类。这就需要对这两处郑亲王府的茔地有所区别，否则在实际生活中，两处茔地上的园寝如果都被称作"郑亲王园寝"，就容易被人混淆不知所指。济尔哈朗原为镶蓝旗旗主，他的后代原本都属镶蓝旗籍。于是便把仙人洞前郑亲王支系茔地上的园寝称之为"蓝旗王园寝"，即表示了这一支系与嫡派郑亲王的区别，同时也算是勉强承认了对这一支派郑亲王身份的认同。这一叫法大约在当时朝野中还是比较普遍的。如《清宣宗实录》在记载西朗阿承袭不入八分辅国公之事时，就书云："以故镶蓝旗不入八分辅国公伊丰额子西朗阿袭爵。"[1] 特别把他的旗籍放在前面，所以把仙人洞前的郑亲王园寝称作"蓝旗王园寝"，也就不奇怪了。

图1-1-22 蓝旗王园寝石桥

1　《清宣宗实录》卷十九。

【第一部分】

清代宗室王公园寝志

仙人洞前的蓝旗王园寝早在1930年时就已被彻底毁坏了[1]。现园寝故址上已成为村落，但原来的三座平桥仍在，已破败不堪。其中，中间的三孔石桥长13.3米，宽5米，三个桥洞均宽2.8米。东西两侧的石桥形制规格相同，均长13.2米，宽3.1米，桥洞均宽2.8米（图1-1-22）。

附：郑亲王—简亲王承袭表

承袭次序	名字	谱系	爵谥	行履	葬地及园寝资料
始封祖	济尔哈朗	舒尔哈齐第六子	和硕郑献亲王	明万历二十七（1599）年十月初二日生。初封和硕贝勒。崇德元年四月，以军功封和硕郑亲王。顺治元年（1644），命与睿亲王多尔衮同辅政，封信义辅政叔王。顺治四年（1647）三月，以府第逾制，罚银二千，罢辅政。顺治五年（1648）三月，以谋立肃亲王豪格获罪，坐降郡王。闰四月复亲王爵，顺治九年（1652）二月，进封叔和硕郑亲王。顺治十二年（1655）五月薨，享年57岁。上辍朝七日，赐银万，为之助葬，置守坟户十户，立碑纪功。康熙十年（1671）六月，追谥曰献。乾隆四十三年（1778）正月，诏配享太庙，复嗣王封号曰郑。子11人，有爵者4人。	园寝建于北京西郊白石桥，据说白石桥即是因为郑王府"白事"所建，因称白石桥。园寝坐北朝南，地居中，墙圈呈长方形，有宫门、碑楼、享殿等建筑。月台上除济尔哈朗的大宝顶外，东西各有一福晋墓，在大宝顶北侧有侧福晋墓、庶福晋墓八座。其完寝当时看坟户称之为"老屋"。济尔哈朗卒后火葬，以青花瓷为骨灰罐。1950年，其后人起灵，将其骨灰罐卖出。
郑献亲王世子，未袭而卒	富尔敦	济尔哈朗第一子	封世子	天聪七年（1633）五月十三日生。初封世子，顺治八年（1651）四月卒，年十九岁。谥悫厚。	陪葬于其父济尔哈朗园寝西侧，砖墙与宫门相接，内有享殿三间，后边月台上除他的大红宝顶外，西侧有砖坟一座。东北角有小坟一座。过去看坟户称该园寝为"二屋"。卒后火化而葬。
一袭,袭郑亲王爵，改号简亲王；第二代	济度	济尔哈朗第二子	简纯亲王	天聪七年（1633）六月二十四日生。初封简郡王，富尔敦卒，封世子。顺治十四年（1657）五月，袭封郑亲王爵，改号简亲王，顺治十七（1660）年薨，年二十八岁，谥曰纯。子5人，喇布、德塞、雅布先后袭爵简亲王。	其园寝建于其父考郑献亲王园寝东侧之一昭位，墙圈与其父济尔哈朗园寝相同，有碑楼、宫门、享殿，享殿内有隧道与地宫相连，未建宝顶。卒后火化而葬。
二袭,第三代	德塞	济度第三子	简惠亲王	顺治十一年（1654）十月初一日生。顺治十八年（1661）二月，袭简亲王，康熙九年（1670）三月薨，谥曰惠。无子。	以其乃承袭简亲王爵号，故葬于其父考简纯亲王济度园寝东侧之一昭位。

1 冯其利《清代王爷坟》，第30～31页，紫禁城出版社，1996年。

三袭，第三代	喇布	济度第二子	已革简亲王	顺治十一年（1654）八月初九日生。康熙七年（1668）正月封三等辅国将军，康熙九年（1670）九月袭简亲王，康熙十三年（1674）九月，授扬威大将军，康熙十四年（1675），以征吴三桂失机得罪。康熙二十年（1681）八月，诏还京师，十月薨，年二十八岁。康熙二十年（1681），追论吉安失机罪，夺爵。	葬地待考。
四袭，第三代	雅布	济度第五子	和硕简修亲王	顺治十五年（1658）六月初六日生，康熙十一年（1672）封三等辅国将军，康熙二十二年（1683）四月袭简亲王。康熙二十九年（1690）八月，以击败噶尔丹未穷追，议当夺爵，诏罚俸三年。康熙四十年（1701）九月十七日薨于边外。时年四十四岁。灵柩送回京师，命皇长子允禔、皇三子允祉出迎。并赐银四千两，命皇子合助银三千两为治丧。发引时命皇子侍卫往送，谕祭立碑，谥曰修。子15人，雅尔江阿、神保住先后袭爵。	园寝在今北京市在右安门外，占地二顷数十亩。园寝坐北朝南，依次建有宫门、红墙、享殿、月台、宝顶。宫门外建有碑楼一座，内立康熙四十二年三月御赐墓碑一方。砖砌红墙高丈许。月台上除雅布大宝顶外，还有小坟两座，为侧福晋高氏、郭氏墓。墙圈后大山子之前，另有庶福晋墓两座。墓园内外植有松柏树。1974年此处郑王府茔地遗址遭到彻底破坏，发现简亲王雅布的地宫面积宽大，里边还有隔断，顶覆青石条。
五袭，第四代	雅尔江阿	雅布第一子	革退简亲王	康熙十六年（1677）八月初三日生。康熙三十六年（1697）十二月封世子，康熙四十一年（1702）正月袭和硕简亲王。雍正四年（1726）二月，以耽饮废事，夺爵，雍正十一年（1733）十月二十九日卒。年五十六岁。	葬于今北京广安门外莲花池东侧湾子村。墓地占地一百余亩，以苇塘为主，周围原砌有墙圈，内大宝顶一座。宝顶三合土制，高达三、四米。墓园大门西侧植有柳树。据冯其立调查，仍有一户照应坟地户。解放后，广安铸造厂占地，当时照应坟地户马德有与坟主后人金毓亮等人联系，将该坟起灵，骨殖火化后保存。湾子村郑王坟旧址相当于现在叉车总厂院内。
六袭，第四代	神保住	雅布第十四子	革退简亲王	康熙三十五年（1696）九月二十九日生，康熙五十五年（1716）四月封一等镇国将军，雍正四年（1726）三月，雅尔江阿既黜，世宗命袭爵。乾隆十三年（1748），以恣意妄为致两目成眚，又虐待兄女，夺爵，以济尔哈朗弟贝勒费扬武曾孙德沛袭简亲王爵。乾隆二十四年（1759）闰六月二十九日卒，年六十四岁。	疑其葬地即冯其利所云离湾子村不远的西局村所谓郑王府坟地。冯其利认为该墓地应与革退简亲王雅尔江阿这一支有关，当误。

七袭追封	费扬武（又译芬古）	舒尔哈齐第八子，始封祖济尔哈朗之弟	靖定贝勒，追封和硕简亲王	明万历三十三年（1605）三月三十日生。清太宗天聪五年（1631），授镶蓝旗固山额真。崇德元年（1636）叙功，封固山贝子。崇德四年（1639），坐受外藩蒙古贿，削爵。寻复封封辅国公。崇德八年（1643）十二月卒。年三十九岁。顺治十年（1653）五月，追封为多罗贝勒，谥靖定。乾隆十五年（1750）七月，以其曾孙德沛袭简亲王，因追封费扬武为和硕简亲王。子7人。有爵者3人。	应葬于关外，葬地待考。
七袭追封	傅喇塔（付喇塔，福喇塔）	费扬武第四子	惠献贝子，追封和硕简亲王	天命十年（1625）六月二十七日生。顺治二年（1645）封辅国公，顺治六年（1649）十月，进固山贝子。顺治十六年（1659），以朝参失仪，降辅国公，顺治十八年（1661），复爵。康熙十五年（1676）十一月二十七日卒于军，年五十二岁。丧归，赐祭奠，谥曰惠献。乾隆十五年（1750）七月，追封为和硕简亲王。	葬于在今北京门头沟区坡头村。园寝建有宫门一座，三开间，坐西朝东。城砖砌就的墙圈内，月台之上有大宝顶一座，高三米。大宝顶两侧各有土坟两座。宫门周围原植有柏树三百株。照应坟地户有金、徐、张、王四姓，每户养身地二十五亩，加上自己开垦坡地，共有地一百余亩。冯其利先生云曾在副食中心店院内抄取了"固山贝子谥惠献福喇塔碑文"。
七袭追封	富存	傅喇塔第五子	固山贝子，追封和硕简亲王	康熙四年（1665）四月十六日生。康熙十七年（1678）七月封镇国公，康熙三十年（1691）袭固山贝子。康熙三十九年（1700）九月初三日卒，年三十六岁。乾隆十五年（1750）七月，追封和硕简亲王。	葬于今北京门头沟区坡头村村北里许。有宫门和墙圈，大宝顶一座。贝子付塔喇和贝子福存墓在上世纪二十年代即被盗。其后裔遂将墓地柏树卖掉，1958年有人把驮龙碑拉倒，赑屃埋在今副食中心店院内。发掘地宫时，并无棺椁，只有骨灰罐一个，因已失盗，罐内己空。另有刻石一方，画有八卦阴阳鱼。三合土地券的四角有柜子各一。
七袭，第四代	德沛	福存第八子	简仪亲王	字济斋。康熙二十七年（1688）五月二十六日生。雍正十三年（1735）五月，授镇国将军。乾隆十三年（1748）九月，神保住既黜，以其操履厚重，特命袭爵。曾祖贝勒费扬武、祖贝子傅喇塔、父福存，并追封简亲王。乾隆十七年（1752）六月十八日薨，年六十五岁，谥曰仪。以济尔哈朗曾孙奇通阿袭。	园寝在北京市右安门外雅布园寝之西二百余米处。建有宫门、红墙、享殿、月台、宝顶。碑楼内有乾隆御赐墓碑一统，落款为乾隆十七年十二月初十日。清亡后，该园寝虽经拆卖、损毁、盗掘，但一直保有驮龙碑和大宝顶，1974年，该园寝遗址遭到彻底破坏，简亲王德沛地宫，下边是汉白玉制，顶部条石覆顶。

八袭追封	巴尔堪	济尔哈朗第四子	辅国武襄公，追封和硕简亲王	崇德二年（1637）闰四月二十五日生，顺治十一年（1654）十二月封三等辅国将军。康熙七年（1668）六月，缘事降为二等奉国将军。八年七月，复授三等辅国将军。康熙十三年（1674），授副都统，擢任议政。康熙十六年（1677）三月，缘事革辅国将军。康熙十九年（1680）八月，其侄简亲王喇布师次广西，上以巴尔堪从，创伤作，遂卒于军，年四十四岁。康熙四十九年（1680）四月，追封三等辅国将军。雍正元年（1723）正月，追封不入八分辅国公，谥曰武襄，子巴赛袭。乾隆十七年八月，追封和硕简亲王。	园寝在京西五路居。冯其利云：京西五路居的郑王坟，东到五路居，南至两家店，西为高庄，北边营会寺，占地二顷二十四亩三分。坟地以郑献亲王济尔哈朗第四子巴尔堪立祖。在虎皮石大墙之内，由一座大山子隔开，分成东西'衙门'，葬有九位王爷，依次由东向西排列。东衙门葬有巴尔堪、巴赛、简亲王奇通阿。他们祖孙三所王爷坟由东南向西北斜线摆开，均建有碑楼、宫门、享殿、砖墙，巴尔堪碑碑阴镌有追封简亲王的文字。巴尔堪宝顶前有小宝顶一座。
八袭追封	巴赛	巴尔堪第一子	辅国公，追封和硕简亲王	康熙二年（1663）十二月初六日生。康熙二十一年（1682）四月，封三等奉国将军。康熙五十七年（1718）七月，署宁古塔将军。雍正元年（1723）正月，袭不入八分辅国公，雍正九年（1731）六月二十八日，噶尔丹策零以三万人来犯，没于阵，年六十九岁。赐恤，谥襄愍，祀昭忠祠。乾隆十七年（1752）十二月，追封和硕简亲王。子奇通阿袭不入八分辅国公爵，寻改袭简亲王。高宗以巴尔堪、巴赛世有战功，以奇通阿四子经讷亨袭不入八分辅国公。四传至曾孙承志，继袭郑亲王。	园寝在京西五路居，其宝顶东南有小宝顶一座（见上）。
八袭，第四代	奇通阿	巴赛第十子	和硕简勤亲王	康熙四十年（1701）十月二十六日生。雍正四年（1726）八月封三等辅国将军，雍正九年（1731）十二月，袭不入八分辅国公。乾隆元年（1736），授正红旗满洲都统，乾隆十七年（1752）十月袭和硕简亲王。祖辅国公巴尔堪、父巴赛，并追封简亲王。乾隆二十八年（1763）六月二十三日薨，年六十三岁。谥曰勤。子丰讷亨袭。	葬于今北京市西郊五路居简亲王府茔地"东衙门"内，为红宝顶。在京西五路居。
九袭，第五代	丰讷亨	奇通阿第一子	简恪亲王，追复郑亲王号	雍正元年（1723）正月初九日生，乾隆七年（1742）十二月授三等侍卫。乾隆八年（1743）二月封三等辅国将军。乾隆二十八年（1763）十月袭和硕简亲王。乾隆四十年（1775）十二月十一日薨，年五十三岁。谥曰恪。子积哈纳袭。乾隆四十三年（1778）正月，追复丰讷亨郑亲王始封原号[1]。	葬于今北京市西郊五路居、八里庄附近。据冯其利调查，坟地以郑献亲王济尔哈朗第四子巴尔堪立祖。在虎皮石大墙之内，由一座大山子隔开，分成东西"衙门"，大山子西北并列的四所王爷坟，俗称西衙门。最东边一所葬有简恪亲王丰纳亨，享殿后月台上有大宝顶两座。

---

1 [清]朱彭寿《旧典备征》卷一《亲郡王封号考》。

【第一部分】 清代宗室王公园寝志

十袭简亲王，复郑亲王号；第六代	积哈纳	丰讷亨第二子	郑恭亲王	乾隆二十三年(1758)二月十三日生。乾隆四十一年(1776)袭和硕简亲王。乾隆四十三年(1778)正月，以和硕郑献亲王"茂著壮猷，克昭骏烈，其原封爵号应永绍嘉名，勿令改易，特旨令现袭简亲王仍复号郑亲王"。乾隆四十九年(1784)五月初三日薨，年二十七岁，谥曰恭，子乌尔恭阿袭。	葬于今北京市西郊五路居郑亲王府茔地"西衙门"内，其宝顶位于简恪亲王丰讷亨宝顶之西。冯其利云，西衙门"最东边一所葬有简恪亲王丰纳享，享殿后月台上有大宝顶两座。往西即郑恭亲王积哈纳的墓地"。
十一袭，第七代	乌尔恭阿	积哈纳第一子	郑慎亲王	乾隆四十三年（1778）六月十七日生。初名佛尔果崇额，乾隆五十九年（1794）二月，袭和硕郑亲王，诏改名为乌尔恭阿。道光二十六年（1846）二月二十五日薨，年六十九岁，谥曰慎。子端华袭。	葬于今北京市西郊五路居郑亲王府茔地西衙门内。冯其利云，其宝顶位于其父积哈纳之西。郑慎亲王墓地是双碑楼，有光绪六年左右立的郑顺亲王爱仁驮龙碑一方。
十二袭，第八代	端华	乌尔恭阿第三子	已革郑亲王，降为不入八分辅国公	嘉庆十二年（1807）十月初十日生。宣宗薨，受顾命。文宗即位，迭命为阅兵大臣、左宗正。咸丰十年（1860），扈上幸热河，与弟肃顺用事，文宗崩，再受顾命，与怡亲王载垣及肃顺等并号"赞襄政务大臣"，咸丰十一年（1861）十月，穆宗还京师，诏责端华等擅跋扈罪，坐赐死，卒年五十五岁。爵降为不入八分辅国公，同治元年（1862）二月，以济尔哈朗八世孙岳龄袭。同治三年（1864）七月，克复江宁，复还郑亲王世爵，以奇通阿五世孙承志袭。	葬于今北京市西郊五路居、八里庄附近郑亲王府茔地西衙门内。冯其利云，乌尔恭阿大宝顶前有小宝顶两座，其一为革退郑亲王端华墓。端华小宝顶下边是爱仁的小宝顶。北侧有姨娘坟地，东侧在民国初年葬有郑顺亲王生父爱仁的侧福晋。1957年，坟头全部平毁。
十三袭追封	经讷亨	奇通阿第四子	追封和硕郑亲王	乾隆八年（1743）二月十四日生。乾隆三十年（1765）七月袭不入八分分辅国公，乾隆四十五年（1780）十一月十一日卒，年三十三岁。同治三年（1864）十二月，追封和硕郑亲王。	葬于北京昌平区天寿山明十三陵陵区中山口北边一里许仙人洞前。经讷亨初葬此地，仅为公爷坟而已。其长子积拉堪袭爵后，又于嘉庆十二年革退，由经讷亨五子伊丰额袭爵。积拉堪与伊丰额卒后先后葬于经讷亨园寝中，其园寝被当地人称之为"东宫"。
十三袭追封	伊丰额	经讷亨第五子	追封和硕郑亲王	乾隆三十五年（1770）九月初一日生。乾隆五十四年（1789）十月，封二等奉国将军。道光元年（1821）二月二十二日卒，年五十二岁。同治三年（1864）十二月，追封和硕郑亲王。	葬于北京昌平区天寿山明十三陵陵区中山口北边一里许仙人洞前其父经讷亨园寝中。

十三袭追封	西朗阿	伊丰额第三子	辅国公，追封和硕郑亲王	嘉庆三年（1798）五月十八日生。道光元年（8121）六月，袭不入八分辅国公，道光二十八年（1848）十一月二十八日卒，年五十二岁。同治三年（1864）十二月，追封和硕郑亲王。	葬于北京昌平区天寿山明十三陵陵区中山口北边一里许仙人洞前经讷亨园寝（东宫）西侧，俗称"西宫"。南端为豆渣石平桥三座，神道为条石墁铺，有石牌坊一座，五间六柱十一楼。牌坊后有华表一对。北行有石狮子一对，两道宫门后边就是碑楼，内立驮龙碑一方，立于同治初年。东西朝房各五间，享殿三间，内有香案五供。享殿旁有东西角门，后边有大宝顶一座，东边有小宝顶一座。墓地前砖墙，后边石头墙。该园寝及"东宫"建筑及树木于1930年被其后人所卖并"起灵"。现园寝遗址已成为村落，但原来的三座平桥仍在。
十三袭，第八代	承志	西朗阿第三子	袭郑亲王，后夺爵	道光二十三年（1843）九月十五日生。道光二十九年（1849）二月，袭不入八分辅国公。同治三年（1864）九月，袭和硕郑亲王。既袭王爵，曾祖辅国公经纳亨、祖辅国公伊丰额、父西朗阿，并追封郑亲王，同治四年（1865）二月，御史刘庆劾承志品行不端，诏令力图湔濯。同治十一年（1872），坐令护卫玉寿殴杀主事福珣，夺爵，圈禁。以积哈纳孙庆至袭。	葬地未详。
十四袭追封	伊弥扬阿	丰纳亨第七子	追封和硕郑亲王	乾隆四十年（1775）十一月三十日生。乾隆六十年（1795）十二月，封一等奉国将军。嘉庆四年（1799）十二月授三等侍卫，嘉庆二十三年（1818）十月二十六日卒，年四十四岁。同治十一年（1872），以其孙庆至袭和硕郑亲王，并追封伊弥扬阿为和硕郑亲王。	葬地未详。
十四袭追封	松德	伊弥扬阿第二子	追封和硕郑亲王	嘉庆五年（1800）五月二十九日生。嘉庆二十四年（1819）袭奉恩将军。道光二年（1822）十月十五日卒，年二十三岁。同治十一年（1872），以其嗣子庆至袭和硕郑亲王，并追封松德为和硕郑亲王。	葬地未详。
十四袭，第八代	庆至	松德嗣子	郑顺亲王	生父爱仁，为郑恭亲王积哈纳之第二子，庆至为爱仁第四子。嘉庆二十四年（1819）十二月二十九日生。道光十七年（1847）十月，过继与族叔松德为嗣。松德之父伊弥扬阿为积哈纳之弟。同治十一年（1872），承志坐令护卫玉寿殴杀主事福珣夺爵圈禁，诏以积哈纳孙庆至袭郑亲王。既袭爵，松德及伊弥扬阿并追封和硕郑亲王。庆至光绪四年（1878）薨，谥曰顺。子凯泰袭。	庆至葬地冯其利《清代王爷坟》亦未见介绍。按其子凯泰即葬于其西郊郑亲王府茔地，则庆至袭爵后以善终，亦不可能葬于他处，必亦葬于祖茔中为是。

十五袭，第九代	凯泰	庆至第二子	和硕郑恪亲王	同治十年（1871）七月初八日生，光绪四年七月袭郑亲王。光绪二十六年（1900）闰八月初八薨，卒谥恪。子昭煦袭。	葬于今北京市西郊五路居、八里庄附近郑亲王府茔地西衙门内。冯其利云：乌尔恭阿大宝顶前有小宝顶两座，其一为革退郑亲王端华墓。端华小宝顶下边是爱仁的小宝顶。最西边一所为郑恪亲王凯泰的墓地。凯泰在1900年时死在河北省固安县，墓地建设由凯泰之弟尔泰主持，地穴是先清出底儿，用砖起的券。1957年，坟头被平毁。
十六袭，第十代	照煦	凯泰第一子	和硕郑亲王	光绪二十六年（1900）十月初六日生，光绪二十八年（1902）九月袭郑亲王。卒年未详。	葬地未详。

三、多罗通达郡王雅尔哈齐园寝

据《清史稿》记载，雅尔哈齐是清显祖塔克世的第四子，努尔哈赤的同母弟，生卒年未详，生母是宣皇后喜塔喇氏。顺治十年（1653）五月，追封为多罗通达郡王。顺治十一年（1654），以开创鸿勋，配享太庙。乾隆十九年（1754）九月，入祀盛京贤王祠。"正殿设三案，中案奉通达郡王雅尔哈齐、武功郡王礼敦、慧哲郡王额尔衮；左案奉宣献郡王界堪、礼烈亲王代善、饶余亲王阿巴泰；右案奉郑简亲王济尔哈朗、颖毅亲王萨哈廉、怡贤亲王允祥。均南向，每案羊一、豕一、果实五盘、炉镫具殿中少。东设案一陈祝文，东设案一陈尊九、素帛九、爵二十有七。"[1]雅尔哈齐身后无子。

据辽阳市文物管理所介绍，雅尔哈齐园寝在辽阳老城东太子河右岸阳鲁山东京陵（图1-1-23），在"庄亲王（舒尔哈齐）墓右百余米"[2]。但据《清太宗实录》记载，天命九年（1624）四月，努尔哈赤将其父、祖从赫图阿拉迁葬至东京陵的九人中并无雅尔哈齐。雅尔哈齐卒年不详，推测可能其去世时间与努尔哈赤迁陵的时间差不多，所以应当是死后直接埋葬入东京陵的。笔者在东京陵村调查，当地村民说在20世纪60年代之前尚有墓园，位于舒尔哈齐园寝西北边，文化大革命中墓园被毁平，碑石也被砸碎[3]。现遗址已无存，推测当时的园寝规制应该与穆尔哈齐、舒尔哈齐相差无几。

四、多罗笃义刚果贝勒巴雅喇园寝

据《清史稿》记载，巴雅喇生于明万历十年（1582），是清显祖塔克世的第五子，努尔哈赤的同父异母弟，母亲为继妃纳喇氏。初授台吉。明万历二十六年（1598），太祖命长子褚英及幼弟巴雅喇伐安楚拉库路，取屯寨二十以归。巴雅喇因战功赐号"卓礼克图"，译言"笃义"。天命九年（1624）二月，巴雅喇薨逝，年四十三岁。顺治十年（1653）五月，追封多罗贝勒，谥曰"刚果"。巴雅喇死后爵位无袭，有子一人。

据辽阳市文物管理所介绍，巴雅喇园寝在辽阳老城东太子河右岸阳鲁山的东京陵。《奉

1 《皇朝文献通考》卷一百二十一。

2 金毓黻编《奉天通志》卷九十五《陵墓》，辽海出版社，2003年。

3 宋大川、夏连保《清代园寝制度研究》，第282页，文物出版社，2007年。

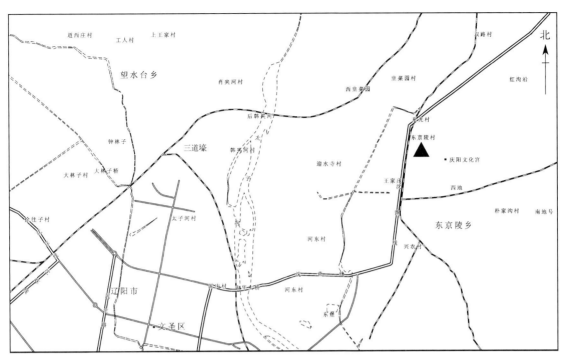

图1-1-23 辽宁省辽阳市后金东京陵位置示意图

天通志》记载,在"硕色贝勒墓(按雅尔哈齐园寝)之右"[1]。但据《清太宗实录》记载,天命九年(1624)四月,努尔哈赤将其父、祖从赫图阿拉迁葬至东京陵的九人中并无巴雅喇。推测,可能巴雅喇的去世时间与努尔哈赤迁陵的时间差不多,所以其死后是直接埋葬入东京陵内的。笔者在东京陵调查时,当地村民说在20世纪60年代之前尚有墓园,文化大革命中墓园被平毁,碑石也被砸碎[2]。现遗址已无存。

第二章 太祖高皇帝努尔哈赤位下诸王公茔地及园寝

一、广略贝勒褚英及后裔园寝

(一)广略贝勒褚英园寝

褚英是努尔哈赤的长子,母佟佳氏(元妃)。褚英生于明万历八年(1580),在努尔哈赤统一女真的战争中,也立下了汗马功劳。明万历二十六年(1598),太祖命伐安楚拉库路,取屯寨二十以归。赐号洪巴图鲁,封贝勒。三十五年(1607)春正月,东海瓦尔喀部蜚悠城长策穆特黑谒太祖,自陈属乌拉,为布占泰所虐,乞移家来附。太祖命贝勒舒尔哈齐、褚英、代善率诸将费英东、扈尔汉、扬古利等以兵三千至蜚悠城。军夜行,阴晦,纛有光,舒尔哈齐疑不吉,欲班师,褚英与代善持不可。抵斐悠城,收其屯寨五百户,令扈尔汉卫以先行,乌喇贝勒布占泰以万人邀之路。扈尔汉所部止二百人,褚英、代善策马谕之曰:"上每征伐,皆以寡击众,今日何惧?且布占泰降虏耳,乃不能复缚之耶?"众皆奋,因分军夹击,敌大败,得其将常柱、瑚里布,斩三千级,获马五千、甲三千。师还,上嘉其勇,锡号

1 金毓黻编《奉天通志》卷九十五《陵墓》,辽海出版社,2003年。

2 宋大川、夏连保《清代园寝制度研究》,第282页,文物出版社,2007年。

曰阿尔哈图土门，译言"广略"，后来又称褚英为广略贝勒。三十六年（1608）春，正月，太祖复命褚英及台吉阿敏将五千人伐乌拉，克宜罕阿麒城，斩千人，获甲三百，俘其余众。

褚英屡有战功，颇得努尔哈赤信任，"上委以政"，但是却恃功而傲，与兄弟及群臣不睦，也不体恤部众，所以大家都到努尔哈赤面前去告他的状，因此受到其父汗的冷落。褚英于是乃"焚表告天自诉，乃坐诅咒，幽禁"[1]。两年后（公元1615年，明万历四十三年）闰八月，被努尔哈赤处死于幽所，年三十六岁。有子三人，有爵者二：杜度、尼堪。

褚英被其父处死后，初葬于赫图阿拉，天命九年（1624）四月移葬辽阳老城东太子河右岸阳鲁山东京陵（图1-2-1）。褚英园寝位于庄亲王舒尔哈齐园寝东南约三四十米处，俗称"太子冡"。该园寝背靠阳鲁山，坐落在吉庆山，其地理坐标为北纬41°17.743′，东经123°14.779′，海拔45米。褚英园寝朝向东南，规模较舒尔哈齐园寝小，呈长方形，长约24.5米，宽约20.1米。四周有围墙，前有红门，门为硬山式，青砖布瓦，拱形门券。园内建筑只有宝顶一座，圆柱体，青砖垒砌，石灰抹顶，高约2.5米，直径4.15米（图1-2-2）。宝顶前有神道通向墓园外，园内有古松数株，但未建碑亭。据说当初建园寝时就没有立碑，因为褚英是获罪拘禁被处死的，所以清朝后来的皇帝也没人愿意再为他平反翻案，自然也就不屑于再为他立碑了。

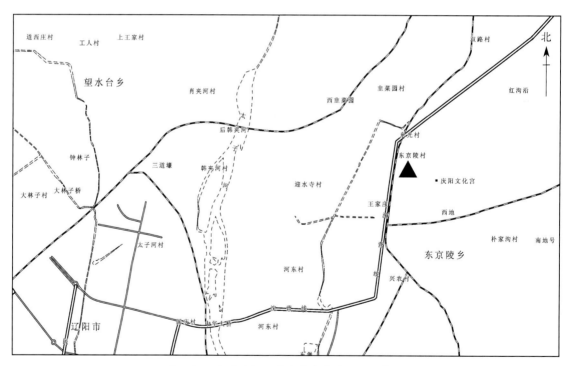

图1-2-1 辽宁省辽阳市后金东京陵位置示意图

褚英园寝连同穆尔哈齐园寝、舒哈齐园寝是清代保留下来最早的园寝实物资料，现在仍然被人们称作东京陵。按人们之所以称仍东京陵，仅仅只是沿用旧称而已，因为自从顺治十五年（1658），清廷将景祖、显祖等努尔哈赤父辈以上成员迁出东京陵后，东京陵就完全失去了其祖陵的地位，成为了名副其实的园寝。从这三座园寝实物中可以看出，早期的园寝规模都比较小，地面建筑也比较简单。外面既没有月牙河、平桥等建筑遗迹，园内也未发现

1 《清史稿》卷二百一十六《列传三·诸王二》。

有享殿、班房等建筑遗址。这可能与当时后金的国力状况有关，也可能与当时的祭祀制度关系密切。从理论上说，墓葬上的建筑，一般都总有与之相关的实际用途。如果这种不建享殿的情况在当时并不是个例的话，那么只能说明后金时期的祭祀活动，更多地采用了女真族原始的萨满教的祭祀礼仪和方式，与后期受传统的汉族祭祀观念影响所形成的祭祀制度有较大的差别。

图1-2-2 褚英园寝大门及宝顶

（二）多罗安平贝勒杜度及其后裔园寝

1. 多罗安平贝勒杜度园寝

据《清史稿》记载："多罗安平贝勒杜度为广略贝勒褚英第一子，明万历二十五年（1597）九月二十七日生。初授台吉，天命九年（1624），喀尔喀巴约特部台吉恩格德尔请内附，杜度从贝勒代善迎以归，封贝勒。天聪元年（1627），从贝勒阿敏、岳讬等伐朝鲜，朝鲜国王李倧请和，诸贝勒许之。阿敏欲仍攻王京，岳讬持不可。阿敏引杜度欲与留屯，杜度亦不可。卒定盟而还。天聪三年（1629）十一月，从上伐明，薄明都，败明援兵。又偕贝勒阿巴泰等略通州，焚其舟，至张家湾。十二月，师还，至蓟州，明兵五千自山海关来援。与代善亲陷阵，伤足，犹力战，歼其众，驻遵化。天聪四年（1630）正月，明兵来攻，败之，斩其副将，获驼马以千计。天聪七年（1633），明将孔有德、耿仲明降，偕贝勒济尔哈朗、阿济格赴镇江迎以归。诏问伐明及朝鲜、察哈尔三者何先？杜度言：'朝鲜在掌握，可缓。察哈尔逼则征之。若尚远，宜取大同边地，秣马乘机深入。'天聪八年（1634），军海州。崇德元年（1636），杜度进封安平贝勒。海州河口守将伊勒慎报明将造巨舰百余截辽河，命杜度济师，明兵却，乃还。是冬，上伐朝鲜，杜度护辎重后行，略皮岛、云从岛、大花岛、铁山。崇德二年（1637）二月，次临津江。前一日冰解，夕大雨雪，冰复合，师毕渡。上闻之曰：'天意也！'从睿亲王多尔衮取江华岛，败其水师，遂克之。崇德三年（1638），多尔衮将左翼、岳讬将右翼伐明，杜度为岳讬副。师进越密云东墙子岭，明兵迎战，击败之。进攻墙子岭堡，分军破黑峪、古北口、黄崖口、马兰峪。岳讬薨于军，杜度总军事。会多尔衮军于通州河西，越明都至涿州，西抵山西，南抵济南，克城二十，降其二。凡十六战皆捷，杀总督以下官百余，俘二十余万。还，出青山口，自太平寨地隘行。崇德四年（1639）四月，师还，赐驼一、马二、银五千，命掌礼部事。略锦州、宁远。崇德五年（1640），代济尔哈朗于义州屯田，刈锦州禾，遇明兵，败之。克锦州台九、小凌河西台二。明总督洪承畴以兵四万营杏山城外，偕豪格击败之，追薄壕而还，又歼运粮兵三百。往锦州诱明兵出战，复击败之。获大凌河海口船，追斩敌之犯义州者。冬，再围锦州。崇德六年（1641），攻广宁，败松山、锦州援兵。以后多尔衮离城远驻，遣军私还，论削爵，诏罚银二千。复围锦州，败明兵于松山。是秋，复从上伐明，留攻锦州。崇德七年（1642）六月，杜度薨逝。病革时，诸王贝勒方集笃恭殿议出征功罪，上闻之，为罢朝。丧还，遣大臣迎奠。雍正二年（1724），立碑旌其功。"[1]

杜度卒后，并没有归葬于东京陵。这或许与其父褚英被努尔哈赤幽禁处死有一定的关系。据辽宁省辽阳市文物保护中心负责人介绍，杜度埋葬在辽宁省本溪市溪湖区桥子镇响山子村（图1-2-3）。《辽宁碑志》一书录有"多罗安平贝勒杜度碑"的内容。该碑刻于清雍正元年（1723）。碑质汉白玉。碑身高290厘米、宽120厘米、厚42厘米，周边浮雕云龙纹。碑阳阴刻满汉合璧碑文，汉文楷书4行，满行40字。杜度园寝早年被毁，1984年其碑被移至本溪市平顶山碑林中。

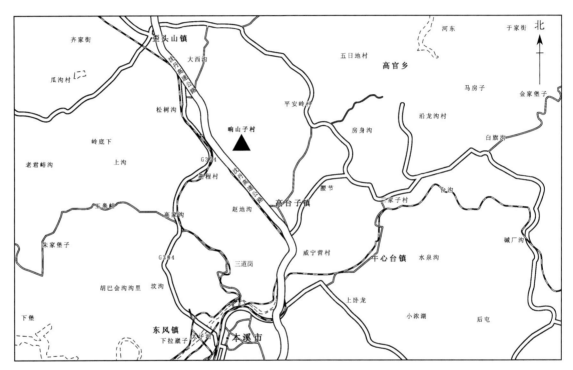

图1-2-3 辽宁省本溪市溪湖区桥子镇响山子村杜度园寝位置示意图

2.多罗悫厚贝勒杜尔祜及子敦达园寝

多罗悫厚贝勒杜尔祜是杜度第一子，生于明万历四十三年（1615）九月初三日，母杜度嫡夫人乌拉纳喇氏。杜尔祜初封辅国公，在跟从太祖围攻松山、锦州时都立有战功。崇德七年（1642）六月，降袭镇国公。本年十月，以甲喇额真拜山等首告怨望削爵，黜宗室。顺治元年（1644）十一月，在跟从定国大将军多铎南征时立功，于是在顺治二年（1645）二月的时候，复宗室，封辅国公。顺治七年（1650），随郑亲王平定广西，顺治八年（1651），晋封多罗贝勒。九年（1652）十月，又擢任议政。顺治十二年（1655）三月二十五日薨逝，予谥曰"悫厚"，以子敦达袭贝子。

敦达是杜尔祜第五子，生于崇德八年（1643）五月十九日，母杜尔祜嫡夫人瓜尔佳氏。

1 《清史稿》卷二百一十六《列传三·诸王二》。

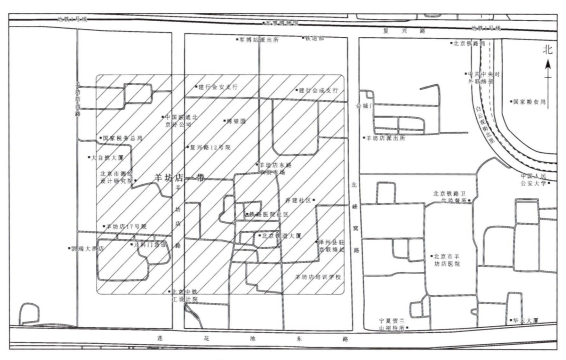

图1-2-4　北京市海淀区杜尔祜园寝所在地大致范围示意图

图1-2-5　北京市石刻艺术博物
馆所藏杜尔祜墓碑

图1-2-6　杜尔祜墓碑碑额

顺治十二年（1655）八月，袭固山贝子。康熙十三年（1674）九月二十九日薨逝，年三十二岁，谥曰"恪恭"。据《爱新觉罗宗谱》，敦达之后，这支爵停。

杜尔祜墓碑曾在北京市海淀区羊坊店被发现[1]，其具体发现位置已难考订。如若墓碑位置未发生人为移动，则杜尔祜园寝应在羊坊店一带（图1-2-4）。现杜尔祜墓碑保存在北京市石刻艺术博物馆内（图1-2-5、1-2-6）。墓碑高约4米，宽约1.17米，厚约0.38米。碑额高约1.2米。碑座长约2.65米，宽约1.25米，高约0.8米。

敦达墓碑立于康熙十四年（1675）九月二十四日，曾在北京市丰台区张郭庄太子峪被发

1　徐自强主编《北京图书馆藏北京石刻拓片目录》，书目文献出版社，1994年。

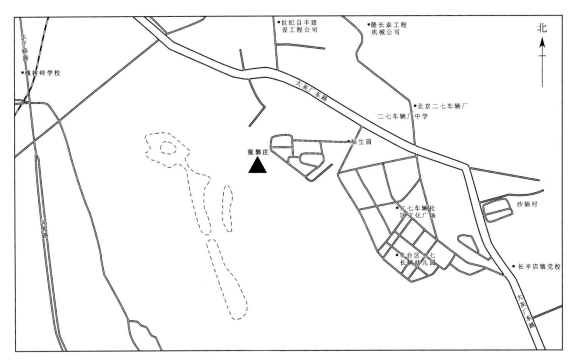

图1-2-7 北京市丰台区张郭庄太子峪敦达墓碑所在地示意图

现[1]（图1-2-7）。如若墓碑位置未发生人为移动，则据此推知敦达园寝在太子峪一带。

此外，据《清史稿》记载，杜度有七子，除第一子杜尔祜外，有封爵者还有穆尔祜、特尔祜、杜努文、萨弼。

贝子穆尔祜，杜度第二子。天聪九年（1635），清师伐明，穆尔祜从贝勒多铎率偏师入宁远、锦州缀明师，抵大凌河，击斩明将刘应选，追奔至松山，获马二百，克台一，并有功。崇德元年（1636），封辅国公。崇德七年（1642）十月，与杜尔祜同得罪。顺治元年（1644），从多铎南征，破李自成潼关，先后拔两营。贼犯我噶布什贤兵，穆尔祜击败之。又设伏山隘，贼自山上来袭，败其众。顺治二年（1645），复宗室，封三等镇国将军。顺治三年（1646），进一等镇国将军。从多铎征苏尼特布腾机思等，败之。顺治四年（1647），进辅国公。顺治六年（1649），从尼堪击叛将姜瓖，进贝子。复从尼堪征湖南，赐蟒衣、鞍马、弓矢。至衡州，尼堪战殁。顺治十一年（1654），论前罪，削爵。卒，子长源，授镇国将军品级。子孙递降至云骑尉品级，爵除。

恪僖贝子特尔祜，杜度第三子。按：《辽海丛书·雪屐寻碑录》中特尔祜碑文题作"顺治十六年敕谕固山勤慎贝子特尔祜碑文"。即该书称特尔祜谥为"勤慎"。考《爱新觉罗宗谱》及《清史稿》，均称特尔祜卒后谥曰"恪僖"，未知孰是。此处从《清史稿》记载。特尔祜生于天命四年（1619）十二月十五日。崇德四年（1639），封辅国公。崇德六年（1641），从围锦州，败明兵于松山、杏山间。崇德七年（1642），移师驻塔山，克之。与杜尔祜同得罪，革爵黜宗室。顺治元年（1644），从多尔衮入山海关，破李自成，逐之至庆都。复从多铎败自成潼关。顺治二年（1645），叙功复宗室，封辅国公，赐金五十、银二千。顺治六年（1649），进贝子。顺治十五年（1658），卒，予谥。子孙递降，以奉恩将军世袭。

1 徐自强主编《北京图书馆藏北京石刻拓片目录》，书目文献出版社，1994年。

清代园寝志

怀愍贝子萨弼，杜度第七子，生于天聪二年（1628）六月二十七日。杜尔祜得罪，从坐，黜宗室。顺治元年（1644），从多尔衮入山海关，破李自成有功。顺治二年（1645），复宗室，封辅国公。顺治三年（1646），从勒克得浑南征，略荆州，屡破敌。师还，赐金五十、银千。顺治六年（1649），击叛将姜瓖，战朔州，败瓖将姜之芬、孙乾、高奎等，移师攻宁武，瓖将刘伟等降，进贝子。顺治十二年（1655），萨弼卒，予谥。子固鼐，袭镇国公，谥悼愍。子孙递降，以镇国将军世袭。

杜度诸子，惟第六子杜努文无战功。顺治初，封辅国公。顺治五年（1648）卒，年二十三岁。康熙三十七年（1698），追封贝子，亦谥怀愍。子苏努，初袭镇国公。事圣祖，累进贝勒。雍正二年（1724），坐与廉亲王允禩为党，削爵，黜宗室。杜度诸子，除了第六子杜努文去世较早，没有战功外，其余诸子在大清朝都颇有战功。但是毕竟他们大多数犯过罪，终究还是不被信任。薨逝时有的复宗室，但有的没有。他们薨逝之时，清朝已经入关，所以与其父杜度一起埋葬关外的可能性不是很大，具体葬地不详。

（三）敬谨亲王尼堪及其子尼思哈园寝

敬谨亲王尼堪是贝勒诸英的第三子，生于明万历三十八年（1610）五月十一日。天命年间，从军攻伐多罗特、董夔诸部。天聪九年（1635），伐明。崇德元年（1636），封为贝子。顺治元年（1644）四月，跟从多尔衮入山海关，击败李自成，晋贝勒。顺治三年（1646），随豪格西征，击退明反抗势力。十一月，又随豪格进入四川，斩杀张献忠部，平定四川。顺治五年（1648），同阿济格平定天津反抗势力，因功晋封敬谨郡王。顺治六年（1649），被任命为定西大将军，讨伐叛将姜瓖，大破姜瓖麾下将领姜辉，乘胜收其部众，承制晋封敬谨亲王。顺治七年（1650），奉命与满达海、博洛共同管理吏部事务。旋因事降郡王。顺治八年（1651），复被封为亲王。旋又因事降郡王，掌管礼部。数月后，再复亲王，掌管宗人府事务。孙可望等进犯湖南时，尼堪又被授命为定远大将军，率师讨伐孙可望。顺治九年（1652）十一月，在湖南与反抗势力殊死战斗，殁于军中，年四十三岁，其丧"自楚及京邸，自焚珠币珍玩亡算"[1]。顺治十年（1653），尸体归朝后，顺治帝辍朝三日，下令凡亲王以下官员皆去远郊迎接尼堪灵柩，谥曰"庄"。顺治十六年（1659），追论尼堪收取多尔衮身后之财及不弹劾尚书谭泰骄纵罪，本欲剥夺敬谨亲王王爵，但顺治帝心存仁爱，看在尼堪战死疆场、为国捐躯的份上，并未剥夺。乾隆四十三年(1778)三月，降旨称敬谨亲王功勋颇显且以力战捐躯，其子孙至此只有一辅国公，着加恩晋封镇国公，世袭罔替。

尼堪卒后，其子尼思哈于顺治十年（1653）十二月承袭亲王爵位。尼堪这支非世袭罔替之铁帽子王，故其后代袭封者当例降一级。但尼思哈仍承袭了亲王爵位，笔者推测这当是因为顺治帝念尼思哈父尼堪的卓著功劳而给予敬谨亲王这支的格外恩赏。

尼思哈是尼堪的第二子，生于顺治八年（1651）二月四日。顺治帝认为尼思哈"秉姿淑慧，堪继先绪"[2]，让他三岁时就承袭了敬谨亲王爵位。孰料尼思哈于顺治十七年（1660）十一月就去世了，年仅十岁，赐谥曰"悼"。

1 [清]谈迁《北游录》，第359页，中华书局，1960年。
2 见顺治十八年五月十二日立尼思哈墓碑碑文。

《房山县志》记载，"清敬谨亲王陵在东甘池村西"[1]。据笔者实地调查，"敬谨亲王陵"遗址今所属地为北京市房山区长沟乡南甘池村，遗址地理坐标大约为北纬39°35.557′，东经115°52.575′（图1-2-8）。尼堪及子尼思哈都葬在这里。尼堪卒后首先在这里建立园寝，尼思哈承袭其父尼堪爵位，相对其父尼堪来说，是大宗之正脉，根据中国传统宗法制度的昭穆原则，尼思哈卒后以尼堪立祖，葬在尼堪的一昭之位。又尼思哈早逝，没有子嗣，故他并未单独建立园寝，而是陪葬在其父园寝中。

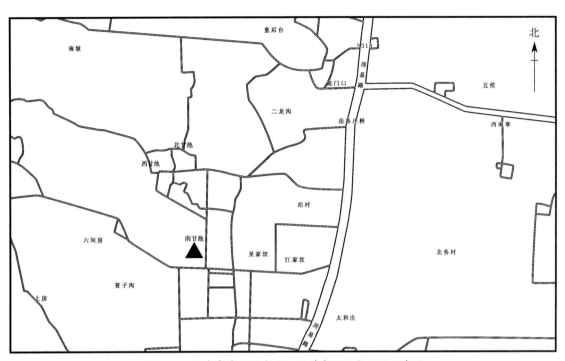

图1-2-8 北京市房山区南甘池敬谨亲王园寝位置示意图

现遗址处两人墓碑尚存，均为蛟龙首，螭趺。尼堪墓碑立于顺治十二年（1655）六月十六日，尼思哈墓碑立于顺治十八年（1661）五月十二日。尼堪墓碑碑身面阔1.5米，高4.12米，厚0.56米，两侧面均浮雕一祥龙戏珠图案。碑阳刻满汉两种文字的碑文，碑阳和碑阴四周雕刻云龙纹图案。碑座长3.65米，宽1.57米，高1.17米，侧面均浮雕一马。水盘长2米，宽2.7米，表面雕饰竖型波浪纹（图1-2-9）。尼思哈墓碑碑身面阔1.29米，高4.4米，厚0.44米，两侧面亦浮雕一祥龙戏珠图案。碑阳刻满汉两种文字的碑文，碑阳和碑阴四周雕刻云龙纹图案。碑座长3.45米，宽1.41米，高1.1米，侧面浮雕一鹿。水盘长2.55米，宽1.75米，表面雕饰竖型波浪纹（图1-2-10、1-2-11）。

尼堪园寝于20世纪20年代逐渐衰破。1936年，地宫被盗发。解放初期，坟头被平毁。关于园寝的面貌，根据冯其利的调查，园寝当年建有宫门三间，周围有墓墙，门口有石狮一对。宫门内有神甬道，甬道两侧各有碑亭一座，碑亭内各有石碑一统。碑亭两侧各有出廊朝房三间。甬道正前方是月台。月台上有享殿五间。享殿旁有东西角门各一。享殿后不是须弥座宝顶，而是两座大土坟，分别是尼堪坟墓和其第二子敬谨悼亲王尼思哈的坟墓。地宫三合

1 参见民国十六年（1927年）修《房山县志》卷三《地理·陵墓》。

图1-2-9 尼堪墓碑　　　　图1-2-10 尼思哈墓碑　　　　图1-2-11 尼思哈墓碑侧面

土券。土坟后是弧形围墙。按：根据清代园寝制度推测，冯氏所言的园寝布局当是符合实际情况的。但其中有一点令笔者不解，即宝顶极简陋，仅为土坟。尼堪生前功勋卓著，战死疆场，及获罪时，已是在他卒后六年的事情了，那时他的园寝早已修建完好，且是按照亲王品级修建的。如冯氏所述园寝建有宫门、石狮、碑亭、朝房等，这些建筑一一修建，为何偏偏就不修建须弥座宝顶。冯氏解释说，这是因为尼堪是罪人褚英之子。这个解释笔者不敢苟同。清帝并未因尼堪是褚英的儿子而疏远他，相反是很重视他。尼堪尸体回朝后，顺治帝还为他辍朝三日，并下令凡是亲王以下的官员都要去远郊迎接尼堪的灵柩，可见，顺治帝是多么重视尼堪。即使在顺治帝十六年尼堪获罪时，顺治帝仍宽宥了他，保留尼堪这支敬谨亲王爵位。笔者推测尼堪园寝当年可能建有须弥座宝顶，只不过是因为后来被毁坏了，冯氏并未亲眼看到，也是听由民间传说，故记为仅建了土坟。

二、礼烈亲王代善及其后裔园寝

（一）礼亲王——康亲王家族茔地及园寝

1.门头村礼亲王家族茔地及园寝（附常阿岱）

礼亲王代善，生于明万历十一年（1583）七月初三日，清太祖（即努尔哈赤）的第二子，与皇长子褚英是同母兄弟，其生母为元妃佟佳氏。代善这一支是努尔哈赤诸子中比较显赫的一支，除了他自身所享有的荣誉外，在他的八个儿子中，有亲王爵者3人、郡王爵者2人、贝子爵者1人，辅国公爵者1人，在其子孙中爵位世袭罔替者2人，即子岳讬和孙勒克得浑。

代善"生而英毅，智勇过人"[1]，初授贝勒爵。万历三十八年（1610），在与乌拉作战中，因表现勇猛，"阵斩博克多，又与兄（褚英）并进克，太祖赐号古英巴图鲁"[2]。按《清

---
1 《八旗通志·代善传》卷一百二十九。
2 《皇清开国方略》卷三。

稗类钞》："国朝以巴图鲁为勇号，获赏者荣，得清字者尤荣。巴图鲁之称始于元代，致死疆场之义，盖奖其为勇士也。有武略者始得之。"万历四十一年（1613），再次跟从太祖努尔哈赤同乌拉作战，灭乌拉。天命元年（1616），封和硕贝勒，以序称大贝勒，与阿敏、莽古尔泰、皇太极并称四大贝勒。此后，代善驰骋疆场，几乎每次战争中都有代善参加，如克抚顺城，败明援军；在萨尔浒之战中，多立功；取开原、铁岭、败蒙古牢赛兵；克叶赫城；破沈阳、辽阳等。天命十一年（1626），太祖努尔哈赤崩，代善以大局为重，与其子岳讬、萨哈廉推举皇太极即位，对后金政权平稳过渡起了重要作用。

皇太极即汗位后，政务实由代善、阿敏、莽古尔泰分值。权力分散，办事掣肘，没有效率。为了改变这种情况，提高汗权，皇太极采取各个击破的手段，先后革掉了四大贝勒中阿敏、莽古尔泰的贝勒之职。代善表现乖巧，主动放弃同皇太极同座分理政事的权力，对皇太极竭忠尽诚，代善的这种"放弃"何尝不是一种睿智、一种另外的收获。正是由于代善的这种卑恭表现，再加上他先前所立的战功，崇德元年（1636）四月，他又被晋封为和硕兄礼亲王。

崇德八年（1643），清太宗（即皇太极）逝世，代善又与诸王贝勒拥立皇太极第九子福临即位，并将密谋拥立睿亲王多尔衮为帝的次子贝子硕讬和孙郡王阿达礼处死。清世祖（即顺治）即位，代善召集诸贝勒、大臣商议，与郑亲王济尔哈朗、睿亲王多尔衮共同辅政。在顺治即位的又一次关键时刻，代善大义灭亲，再次表现出了他以大局为重，因此，代善在清初政权中享有极高的威望。顺治元年（1644）正月，恩准上殿免行跪拜礼。顺治五年（1648）十月十一日卒，年六十六岁，清帝下令赐祭葬，并为他立碑记功。康熙十年（1671），追谥曰"烈"。乾隆四十三年（1778）正月，"纯皇帝念王首创义举，功冠诸臣，因特行赐奠礼于园寝中，哀恸久之，赐诗以旌其功"[1]，配享太庙。代善卒后，爵位由其第七子满达海承袭。

满达海生于天命七年（1622）三月二十日。崇德六年（1641）五月，封辅国公，八月，随肃亲王豪格围松山，以本旗兵败明。崇德七年（1642）四月，随郑亲王济尔哈朗征塔山，毁其城而还。崇德八年（1643），授都察院承政。顺治元年（1644）四月，随睿亲王多尔衮入山海关，大败李自成，战功显著。十月晋封固山贝子后，又随英亲王阿济格从边外一起追击李自成至绥德。顺治二年（1645）二月，克沿边三城及延安府，李自成遁湖广。三年（1646），随肃亲王击张献忠。顺治六年（1649）四月，袭封和硕亲王，授命为征西大将军。七年（1650），与端重亲王、敬谨亲王同理六部。顺治八年（1651），世祖（即顺治）亲政后，改封号为巽亲王，掌管吏部。"巽"有顺从之意。此时顺治帝改礼亲王封号为巽亲王，用意恐怕在于要使满达海卑顺地听命于自己，他不允许自己再像以前那样受到多尔衮王的不尊重对待，他要加强皇权，树立自己的权威。世祖福临即位后年纪尚小，由济尔哈朗和多尔衮共同辅政，其虽为皇帝，但大权实际掌握在多尔衮手中，他只能看着多尔衮强势的姿态，却不能按照自己的意志行事。多尔衮卒后，福临亲政，他终于从多尔衮的"权力羽翼"遮盖下解放出来，进而行使自己的权力。这时候清政权已经定鼎中原，为了加强皇权，消除

1　[清]昭梿《啸亭杂录》卷十《赐奠》。

清代园寝志

在关外时诸王贝勒共同议政的局面，削弱在关外时对政权能起到左右作用的尚活在世上的四大贝勒及阿济格、多尔衮、多铎、豪格等人及后裔的政治影响力，顺治帝亲政后采取的措施之一就是改王封号。按清初八大铁帽子王大都由关外时共同辅政的四大贝勒和阿济格、多尔衮、多铎、豪格等人及后裔军功显赫者受封。查清史资料，清初的铁帽子王礼亲王、郑亲王、克勤郡王等都曾在顺治帝亲政后改过封号。这些铁帽子王的始封者因军功显赫受封，在清初政权中享有极高的个人威望，对政局能起到左右作用，故其王号在当时就有着与众不同的政治意义。顺治帝为了削弱铁帽子王先祖（铁帽子王始封者）"功高盖主"的政治影响力，加强皇权，故把那些王帽子上的装饰换换，如将"礼"王帽子换成"巽"王帽子、"肃"王帽子换成"显"王帽子、"豫"王帽子换成"信"王帽子等。这样把后袭者的王号改变一下，在政治上就有了微妙的变化与区别。

满达海于顺治九年（1652）二月卒，年三十一岁，谥曰"简"， 其长子常阿岱于顺治九年（1652）七月承袭巽亲王爵。

常阿岱生于崇德八年（1643）十月十一日。顺治十六年（1659）十月，顺治帝追论常阿岱父满达海"与睿亲王素无嫌，分取其所遗财物，掌吏部时尚书谭泰骄纵不能纠，削爵谥"[1]。常阿岱受牵连降为贝勒[2]。康熙四年（1665）十月十五日卒，年二十三岁，谥曰"怀愍"，以第六子星尼降袭贝子，次子锡伦图封奉恩将军。星尼于康熙二十七年（1688）因事革退贝子，后于康熙五十二年（1713）复降袭辅国公。后俱停袭。乾隆四十三年（1778）三月，奉旨巽亲王满达海从前著有功绩，现无承袭之人，着加恩满达海子孙赏给一等辅国将军世袭罔替。查自常阿岱后，满达海子孙中再无人有所建树。

常阿岱既降爵，世袭的亲王爵位亦被追夺，常阿岱的亲王爵位袭自其祖代善，故他的亲王爵位被收回后，按制应转归代善其他直系子孙，这样礼亲王代善的亲王世袭爵位落到杰书头上。杰书生于顺治二年（1645）十二月四日，是代善幼子祜塞的第三子。祜塞，生于天聪二年（1628）正月十八日，卒于顺治三年（1646）二月六日，年十九岁，其生母为三继福晋叶赫那拉氏。祜塞"生有髭须数十茎，人争异之"[3]。虽"以年幼未经从军，然天授神勇，众罕与敌"[4]。顺治中，有喀尔喀使臣至京师，与近臣角抵，近臣莫能胜于喀尔喀使臣者[5]。祜塞闻之，主动向其父代善请缨，遂伪装成护卫杂于众人之中入朝，与喀尔喀使臣交手，使臣应手而仆[6]。世祖大悦，赏赉无算[7]。据《钦定八旗通志》记载："（祜塞于）顺治三年（1646）六月，封镇国公。是年卒，以杰书兄精济袭封镇国公，寻晋多罗郡王，六年（1649）三月薨逝，谥怀愍，十月杰书袭多罗郡王。八年（1651）二月加号曰康。十五年（1658）五月，诏以杰书爵追封其父祜塞为多罗郡王，谥曰惠顺。十六年（1659）十二月，亲王常阿岱降贝勒，乃以杰书袭其祖代善和硕亲王爵，仍号康。康熙元年（1662）三月，追

---

1 《钦定宗室王公功绩表传》卷三。
2 常阿岱降爵后，亲王爵由其从弟杰书承袭。
3 [清]昭梿《啸亭杂录》卷二《先惠顺王神力》。
4 [清]昭梿《啸亭杂录》卷二《先惠顺王神力》。
5 [清]昭梿《啸亭杂录》卷二《先惠顺王神力》。
6 [清]昭梿《啸亭杂录》卷二《先惠顺王神力》。
7 [清]昭梿《啸亭杂录》卷二《先惠顺王神力》。

赠其父祜塞为亲王。"[1]

按祜塞未承袭礼亲王大宗王位，相对于礼亲王这支来说是为小宗，祜塞之子杰书起初承袭的是祜塞这支爵位，也是小宗成员，但是当常阿岱被剥夺礼—巽亲王爵位后，大宗的王帽子便落到了杰书头上，这时杰书便由小宗成员升为大宗成员。正因为杰书袭封了礼—巽系亲王大宗的亲王爵位，其父祜塞也被追封为亲王。

康熙初年，三藩逐渐成为能够威胁到清廷统治的地方割据势力。康熙帝开始采取削藩政策，从各方面限制和削弱他们的势力。吴三桂首先起兵反叛，以复明为旗号，起兵反清，后耿精忠也起兵响应，兵火很快延及南方大部。刚稳定的清朝政局又受到严重威胁。康熙帝决定派军出征。康熙十三年（1674）六月，杰书为奉命大将军，率师讨伐耿精忠所部，连战连捷，历经数年，最终平定叛乱。康熙二十一年（1682），追论他在行军中的过失，"金华顿兵及迟援海澄"，剥夺其军功，罚俸一年。康熙三十六年（1697）闰三月十日，卒，年五十三岁，谥曰"良"，其子椿泰袭爵。

椿泰是杰书第五子，生于康熙二十二年（1683）七月十五日。椿泰豁达大度，待下属宽厚仁慈，"喜人读书应试，人皆深感其惠"[2]。擅长六合枪，"手法奇捷，虽十数人挥刃敌之，莫之能御"[3]。"又善画朱砂判，尝于端午日刺指血点睛，故每多灵异"[4]。康熙四十八年（1709）五月卒，年二十七岁，谥曰"悼"，以长子崇安袭亲王爵。

综上所述，笔者粗绘了礼烈亲王代善后代诸袭封（追封）者承袭图（图1-2-12）。

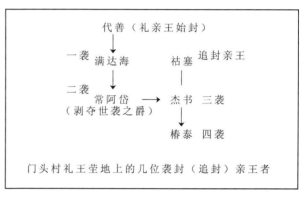

图1-2-12 门头村礼亲王家族茔地上诸袭封(追封)者承袭图

代善、满达海、常阿岱、祜塞、杰书、椿泰卒后都葬入礼亲王家族的第一处茔地，该茔地位于今北京市海淀区门头村，地理坐标大约为北纬39°58.41′，东经116°12.303′（图1-2-13）。据《长安客话》，门头村因地为西山门径，故名[5]。

据张宝章、严宽调查，门头村的礼亲王家族茔地共占地二百余亩[6]。茔地上的地面建筑早在20世纪30年代时既被破坏[7]。冯其利先生在80年代调查时，茔地旧址上尚存有康良亲王杰书墓碑、倒地的惠顺亲王祜塞墓碑，礼亲王代善墓碑亦在，但已被移至曹雪芹纪念馆。

2008年，笔者前往门头村礼亲王家族茔地旧址处进行调查时，发现礼亲王家族茔地旧址在门头村南部，东临瑞王坟，茔地旧址上是一片果园，果园内地面上多处散落有汉白玉石构件，一统墓碑傲立在果园深处，从墓碑上碑文得知此碑是为康良亲王杰书所立。墓碑立于康

1　《钦定八旗通志》卷一百二十一。

2　[清]昭梿《啸亭杂录》卷八《先悼王善六合枪》。

3　[清]昭梿《啸亭杂录》卷八《先悼王善六合枪》。

4　[清]昭梿《啸亭杂录》卷八《先悼王善六合枪》。

5　[明]蒋一葵《长安客话》，第58页，北京古籍出版社，1980年。

6　张宝章、严宽《京西名墓》，第27页，北京燕山出版社，1996年。

7　冯其利《清代王爷坟》，第38页，紫禁城出版社，1996年。

熙三十九年（1700）九月十七日，蛟龙首，螭趺，通高4.7米，碑身高2.9米，宽1.3米，厚0.55米（图1-2-14）。碑阳刻满、汉两种文字的碑文，碑文首题"和硕康亲王谥良碑文"。碑身两侧面均自上而下浮雕一戏珠游龙（1-2-15）。碑座长3.35米，宽4.3米，高1.12米，碑座两侧面各浮雕一立龙，头外向，四周饰有云朵（1-2-16）。水盘长3.03米，宽2.07米，表面雕刻海水江崖，四角刻有水涡，其中左前方水涡里刻马，其余三个角上水涡内的动物因岁月侵蚀已辨认不出（1-2-17）。此墓碑正西约62米处，有残存基础一处，残存基础面阔约21米，进深约22.8米（图1-2-18），判断该遗迹应是原来享殿的基础。因享殿位于杰书墓碑正后方，且享殿之后有宝顶残迹，故推断这处享殿原来是属于杰书园寝的。

代善幼子祜塞卒于顺治三年（1646），他是葬在门头村礼亲王家族茔地上的第一人。代善卒于顺治五年（1648），是葬在门头村礼亲王家族茔地上的第二人。之后，依次葬入的为

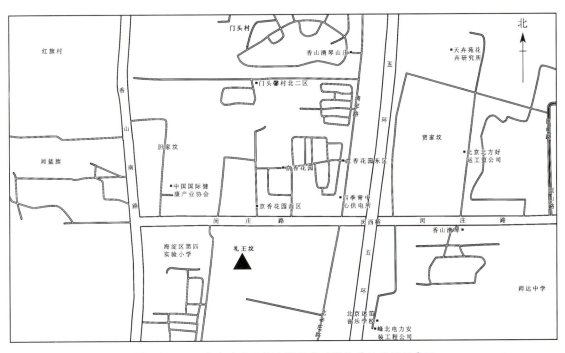

图1-2-13 北京市海淀区门头村礼亲王家族茔地位置示意图

图1-2-14 杰书墓碑

图1-2-15 杰书墓碑侧面

图1-2-16 杰书墓碑碑座侧面

图1-2-17 杰书墓碑水盘水涡内的马

图 1-2-18 杰书园寝遗址内残存台基及柱础石

满达海、常阿岱、杰书，椿泰最后一个葬入。

关于代善及其几个子孙的墓葬位置及墓地建设情况，目前有两种说法，第一是张宝章、严宽先生的调查。他们在其所著《京西名墓》一书中记述，门头村礼王茔地坐西朝东，南边有高大的山门一座，两扇对掩，每扇红漆大门饰有金色乳钉62颗。山门内，有享殿和南北朝房，享殿西有月河、神桥，桥为汉白玉制。桥西便是墓区。墓区里有南北横排方方正正砌起的五块青石台基，基座上是五座碑亭，碑亭四面开有券门，黄色琉璃瓦覆顶，亭内各立巨型墓碑一统[1]。碑亭后是汉白玉砌成的月台，月台上是五座宝顶，正对五座碑亭。五座宝顶中位于正中的那一座是和硕礼烈亲王代善的坟墓，其北侧是礼亲王满达海的坟墓，南侧是慧顺亲王祜塞的坟墓，祜塞宝顶南侧是康良亲王杰书的坟墓，满达海宝顶北侧是康悼亲王椿泰的坟墓。宝城之间有隔开的围墙。墓地四周边界有高大的黄瓦红围墙。第二是冯其利先生的调查。他在其所著《清代王爷坟》一书中记述，代善坟地坐西朝东，建有宫门、红墙、碑楼、享殿、月台和宝顶。满达海建"园寝"在代善坟地之北。祜塞建"园寝"在代善坟地之南。常阿岱建坟地于满达海园寝之北。杰书坟地在祜塞园寝之南。椿泰园寝位于门头村礼王坟最南边。门头村礼王坟有南四所、北二所的说法。北二所是原巽亲王府，南边四所是康亲王府（即礼亲王府）。照应坟地户也相应分成两部分人。礼烈亲王代善地宫为石券，惠顺亲王祜塞和康悼亲王椿泰的地宫均为棚板石结构，康良亲王杰书地宫为柏木构造。

笔者根据张宝章、严宽和冯其利的叙述，大致勾勒出他们眼中的茔地建设布局（图1-2-19、1-2-20）。

到底礼亲王家族茔地建设布局如何？这处茔地上埋葬的代善及其子孙的墓葬位置如何？

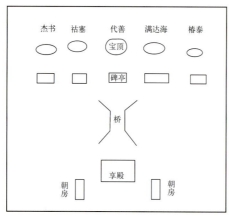

图1-2-19 张宝章、严宽所述茔地布局示意图

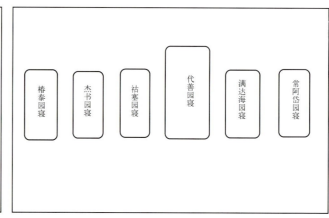

图1-2-20 冯其利所述茔地布局示意图

1 按：北京图书馆金石组编《北京图书馆藏中国历代石刻拓本汇编》收有代善墓碑和祜塞墓碑的碑文拓片，拓片编注云，代善墓碑立于康熙十一年八月初一日，碑阴刻有乾隆四十三年三月《奠代善墓诗刻》，祜塞墓碑立于大清康熙元年季春朔旦，碑文为蒙、满、汉三文合璧。

是不是每人均建有园寝？笔者通过实地调查可以证明的是，严宽等所调查的茔地建筑物布局似乎值得商榷。因为笔者在礼王茔地旧址处，发现一处享殿遗迹，该遗迹情况前面已有描述，其位置在杰书墓碑以西的正后方，由清代园寝布局可知这座享殿当是原来杰书园寝的享殿，且享殿遗迹后还有宝顶三合土遗迹，据此，杰书当年是单独建有园寝的。杰书建有园寝，那么作为礼亲王的始封祖代善更有资格而且也一定单独建有园寝。由此推断，该处礼亲王家族茔地上的建筑布局并非如严宽等所说的那样，即诸墓葬共用一处享殿。退一步讲，即使是严宽等所说的茔地上只建设一座享殿，则该享殿也当位于太祖代善墓碑之后，室顶之前，而不是位于杰书墓碑之后，宝顶之前。又严宽说"宝城之间有隔开的围墙"，从此说亦可推断出每座宝城当属于一处园寝，也即每人都是分别建有园寝的。

此外，严宽云，该礼亲王家族茔地上葬有代善、满达海、祜塞、杰书、椿泰等五人。实际葬在这里的还有常阿岱，笔者在《北京图书馆藏中国历代石刻拓本汇编》中看到其所收藏的常阿岱墓碑碑文拓片，拓片编者云，常阿岱墓碑在门头村，且冯其利先生也说常阿岱卒后葬于此，在满达海之北。

前文已有所述，即门头村的这片礼亲王家族茔地上第一个葬入的不是礼亲王代善，而是代善的幼子祜塞。祜塞卒时为镇国公，按照清代宗室丧葬制度，祜塞卒后当按镇国公品级建设园寝。祜塞之后，代善及其袭爵者陆续葬入。根据中国传统的宗法制度，代善为礼亲王这支之始封祖，其后代袭爵者当以代善立宗，代善园寝当为门头村礼亲王家族茔地上的主园寝，当在祜塞园寝的上位。根据冯其利的调查，代善园寝在祜塞园寝的北侧。按祜塞园寝和礼亲王代善园寝之间并不存在昭穆关系，这是因为祜塞生前并未承袭礼亲王大宗的王爵，直到其父代善卒时也未追封，其子承袭礼亲王大宗爵位后他被追封为亲王，从理论上成为大宗成员，但这都是他死后16年的事情了。他和其父代善的墓葬早都埋好了。礼亲王代善卒后，子满达海一袭礼亲王爵，改号巽亲王，卒后葬于代善墓葬的一昭之位，即北侧，推测当年应按亲王例建设园寝。但是在满达海卒后的第七个年头，顺治帝追论满达海"与睿亲王素无嫌，分取其所遗财物，掌吏部时尚书谭泰骄纵不能纠"[1]，"削谥仆碑"[2]。满达海卒后不久，子常阿岱袭爵，但在顺治十六年（1659）十月的时候，因父满达海获罪，常阿岱受牵连，袭封的亲王爵位被夺回，顺治帝诏"以杰书袭其祖代善和硕亲王爵，仍号康王"[3]。常阿岱被夺去袭封的亲王爵位后，顺治帝留情仍让他做贝勒。常阿岱既被剥夺袭封的亲王爵位，他就不再是礼亲王大宗成员，故其卒后就不能再以大宗身份进入礼亲王大宗茔地的昭穆序列，但他作为满达海的儿子仍可葬在其父满达海墓地附近。满达海墓葬南侧已有代善墓葬，故常阿岱埋在了"满达海园寝之北"，和其父满达海墓地一起形成一片民间所谓的巽王府墓地。关于常阿岱的墓地，冯氏说常阿岱建坟于"满达海园寝之北"。从冯氏所言，常阿岱卒后似乎只建了坟头一座，按：常阿岱当亲王和贝勒的时间都不长，且他的父亲深深地惹怒了顺治帝。他卒时康熙帝也未给他们家族平反，卒时年龄也不大，这样来看，常阿岱墓地建设的简陋当在情理之中，或许就如冯氏所言仅建了个坟包。常阿岱被夺爵后，顺治帝诏"以杰

1　《钦定宗室王公功绩表传》卷三。

2　《清史稿》卷二百一十六《列传三·诸王六》。

3　《钦定八旗通志》卷一百二十一。

书袭其祖代善和硕亲王爵"，从顺治帝诏谕可以看出杰书的亲王爵位是直接袭自礼亲王代善，根据中国传统的宗法制度，杰书卒后当葬礼亲王代善园寝的一昭之位，但这时代善墓葬的一昭位上即北侧，已经葬入先于杰书去世的满达海、常阿岱（冯其利云，常阿岱建坟地于满达海坟地之北）。这样，在代善园寝的北侧已经没有再建园寝的空间，故杰书只好建园寝于代善之南的穆位上。因祜塞早已在礼亲王代善南侧附近建了园寝，故杰书的园寝只好再往南建，建到祜塞园寝南侧。杰书卒后，亲王爵位由子椿泰承袭，同样道理，这个时候茔地上能建园寝的空间只剩下杰书南侧，也即靠近整个礼亲王茔地边缘的空间了。

综上所述，笔者推断门头村礼亲王家族茔地上的几人墓葬位置关系应如冯其利先生所调查的那样，这样的墓葬布局也正好印证了民间口耳相传的所谓，门头村的"礼王坟有南四所、北二所"，"北边二所"是原巽亲王府的墓地，"南边四所"是康亲王府，也即礼亲王府的墓地。

2.金顶山康亲王家族茔地及康修亲王崇安、礼恭亲王永恩园寝（附昭梿）

在今北京市石景山区金顶山一带，历史上曾有过礼亲王大宗的第二处茔地，金顶山东麓葬有康修亲王崇安，西麓葬有礼恭亲王永恩和革爵礼亲王昭梿[1]。

冯其利云："三十年代，盗墓风行于北京郊区县，礼亲王后人将灵柩取走，树木卖掉。……1938年，日本人在（金顶山）西麓建立砖瓦厂，树起两个大烟囱。解放后，建材研究所拆除了一个。"[2]笔者推测从30年代起，金顶山的康修亲王崇安和礼恭亲王永恩的园寝开始陆续被毁坏。

2008年笔者调查时，位于金顶山一带的礼亲王家族茔地旧址上已经都是居民房屋，不见早年墓地的任何遗迹。

康修亲王崇安是康悼亲王椿泰的长子，生于康熙四十四年（1705）七月十八日，其生母为伊尔根觉罗氏。椿泰薨逝后，于康熙四十八年（1709）十月，袭和硕康亲王。雍正年间，多次管理旗务，出任宗令。但是雍正八年（1730）以后，雍正帝以"康亲王崇安心术狡诈，行止轻浮，岂堪为宗室之坊表，不准管理宗人府事。其宗令事务，着裕亲王广禄管理"[3]。雍正九年（1731），受命护抚远大将军印前往军营，驻守归化，防备噶尔丹。雍正十年（1732），其母患病，解大将军印，回京。后噶尔丹势力渐平，雍正帝谕崇安不必再往军营。

崇安擅长书法、绘画，在这两方面的造诣斐然，为人所称道。雍正十一年（1733）九月七日，薨逝，年二十九岁，谥曰"修"。

康修亲王崇安爵位袭自父康悼亲王椿泰，根据中国古代的宗法制度，崇安卒后可葬入康悼亲王椿泰墓地所在的门头村礼亲王家族茔地中，以始封祖代善立祖，但这时在门头村的礼亲王家族茔地上已没有再建园寝的空间，故崇安另选茔地于金顶山一带。

金顶山在明时为"狼山（琅山）"，崇安卒后葬狼山（琅山）东麓，竖井悬葬，谓之"金井御葬"，为求祥瑞，改狼山（琅山）为金井山，后改为金顶山。清代时，金顶山系永

1 冯其利《清代王爷坟》，第40～41页，紫禁城出版社，1996年。

2 冯其利《清代王爷坟》，第41～42页，紫禁城出版社，1996年。

3 《清世宗实录》卷九十七。

清代园寝志

定河故道残留的孤立石岛，最高处海拔140.5米。山北有永定河引水渠[1]。现今，金顶山东南临苹果园，西南至金顶街，西临西福村，北有琅山村。

康修亲王崇安园寝旧址现属北京市石景山区金顶山村。据冯其利先生早年调查，因为崇安谥号修，故礼亲王府中称其墓地为"修太王坟"，还因"王爷坟"位于金顶山东侧，也称"东王坟"。根据清代园寝制度推测，崇安园寝当年应建有碑楼、宫门、享殿等。

康修亲王崇安卒后，按照中国古代传统的宗法继承制度，其子永恩当承袭王爵，但是因为这时永恩年龄尚幼，才四岁，崇安又无兄弟，故雍正帝便选中近支巴尔图，由他来承袭康亲王爵。巴尔图乃崇安的伯父（康良亲王杰书的第四子、康悼亲王椿泰的哥哥），且又属这支大宗始封祖礼亲王代善后裔，故其袭爵不继嗣。也正因为巴尔图袭爵不继嗣，故他卒后未同康修亲王崇安葬在一起，而是另选茔地，葬于今北京市石景山区福寿岭。如若巴尔图与康修亲王崇安葬在一起，则根据中国古代传统的宗法制度，崇安首葬金顶山茔地，这块茔地上当以崇安立祖，巴尔图承袭崇安王爵，当葬于其前代康亲王崇安园寝的昭位，但这样一来似乎又不符合世俗常理，给人以巴尔图乃康修亲王崇安之后的感觉，故巴尔图另选茔地。

到乾隆十八年（1753）巴尔图卒后，康亲王的王帽子方回到康修亲王崇安子永恩头上。

永恩是崇安的第二子，生于雍正五年（1727）八月十四日，其生母为侧福晋西林觉罗氏。雍正十二年（1734）四月，封多罗贝勒。巴尔图薨逝后，于乾隆十八年（1753）五月，袭康亲王爵。乾隆十九年（1754）十一月，总管正黄旗觉罗学事务。乾隆二十年（1755）二月，解管觉罗学事务。乾隆四十三年（1778），"皇上念礼烈开国元勋，壮猷茂著，其子孙继绪，应永绍始封之号，不宜有所改易，特命康亲王永恩复号曰礼"[2]。据《啸亭杂录》记载，永恩"勤俭如一日，不事奢华，所食淡泊，出处有恒，虽盛夏不去冠冕"[3]。《啸亭续录》又载，永恩为人正直，不阿权势，与和珅虽为姻亲，但"恶其人，与之绝交"[4]。嘉庆十年（1805）二月十五日，薨逝，谥曰"恭"，以子昭梿承袭王爵。

永恩的王爵袭自巴尔图，根据宗法制度，永恩卒后可葬在福寿岭这处礼亲王大宗茔地上，以巴尔图为一代先祖，葬在巴尔图的一昭位，但永恩不是巴尔图的后代，为了体现家族孝悌，礼恭亲王永恩卒后葬回其父康修亲王园寝所在的金顶山一带，其墓地在"金顶山西麓，俗称西王坟，王府中称为恭太王坟"[5]。按永恩父崇安葬金顶山东麓，崇安王号"康"；永恩袭爵后，王号复"康"为"礼"。推测正是因为王号的改易，永恩才葬于金顶山西麓，与其父崇安墓地以山相隔，以示王号的不同，盖东麓乃康亲王茔地，西麓乃礼亲王茔地。

永恩园寝旧址现属北京市石景山区西福村（图1-2-21）。西福村是西福地村的简称。西福村盖因永恩墓地而得名，因福地乃坟地的谐音。早年的永恩园寝"地面建筑有石桥、碑楼、宫门、朝房等。照应坟地户杜家后人杜大锁先生（1903年生人），他说没见过享

---

1 官庆培《石景山有琅山村而无琅山》，载《首钢日报》2006年2月24日。

2 《钦定八旗通志》卷一百二十。

3 [清]昭梿《啸亭杂录》卷二。

4 [清]昭梿《啸亭杂录》卷二。

5 冯其利《清代王爷坟》，第41页，紫禁城出版社，1996年。

【第一部分】清代宗室王公园寝志

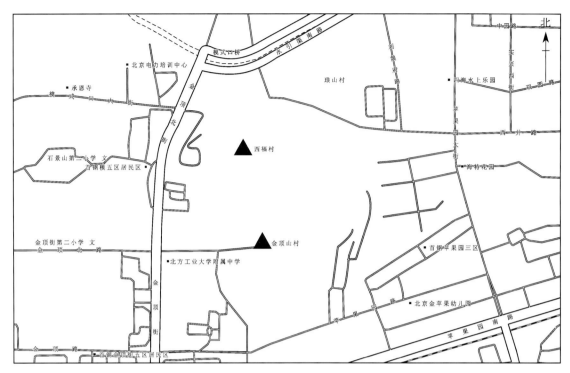

图1-2-21 北京市石景山区金顶山村康修亲王崇安园寝及西福村礼恭亲王永恩园寝位置示意图

殿。柏树粗数围，西王坟没有阳宅，前来祭扫的人一般住在模石口承恩寺"[1]。按永恩卒前为亲王品级，根据清代园寝制度，其园寝当建有碑亭、墓碑、宫门、享殿、朝房、宝顶、围墙等。上述冯其利先生也说早年的永恩园寝建有石桥、碑楼、宫门、朝房等，既然这些规制内的园寝建筑都有，为何就独不建享殿，故"（杜大锁先生）说没见过享殿"难以让人相信。笔者推测可能是因为永恩园寝享殿早在杜大锁先生记事起就已遭到彻底破坏，故他说"没见过享殿"。

礼恭亲王永恩卒后，其长子昭梿于嘉庆十年（1805）六月袭礼亲王爵。昭梿生于乾隆四十一年（1776）二月七日，其生母为继福晋舒穆禄氏。昭梿自幼好学，爱好诗文，谙悉国故，交友甚广，自号汲修主人。昭梿还曾写有诗文二百余篇，但都已散佚；纂辑的《礼府志》已成书，但未刻印。昭梿还喜读史书，宋、金、元、明史籍，《清国史列传》、《开国方略》、《八旗通志》等无不寓目。昭梿一生著述颇多，现有其著笔记《啸亭杂录》、《啸亭续录》流传于世。

据《啸亭续录》记载，昭梿性情偏激，质恪郡王曾对昭梿箴言："兄至众叛亲离时，始信弟之不谬也。"起初昭梿以为过激之谈，待后来他终以暴戾致怨，才深悔不从质郡王之语，并因本支之爵自自身失去而深感愧耻[2]。

昭梿在嘉庆二十年（1815）十月时，因凌辱大臣、滥用刑罚，被剥夺爵位，圈禁空室。嘉庆二十一年（1816）闰二月，获释。道光二年（1822），赏侯补主事。道光九年（1829）十二月二十日，病逝，年五十四岁。

如上所述，昭梿卒时已无爵位。按照清代园寝制度，昭梿卒后没有资格建设园寝，但昭

1 冯其利《清代王爷坟》，第41页，紫禁城出版社，1996年。
2 [清]昭梿《啸亭续录》卷三《性情之偏》。

清
代
园
寝
志

椿作为礼恭亲王永恩之子，其生前虽没有了亲王爵位，但他还是宗室的成员，卒后仍可陪葬金顶山西麓其父永恩墓地附近，笔者推测昭椿当葬在其父永恩园寝附近或葬在永恩园寝中。

3.福寿岭康亲王家族茔地及康简亲王巴尔图园寝

康简亲王巴尔图，生于康熙十三年（1674）八月十三日。据《皇朝文献通考》卷二百四十六记载，康熙三十二年（1693）四月，封三等辅国将军。康亲王崇安薨逝后，于雍正十二年（1734）四月，承袭亲王爵位。

巴尔图是康修亲王杰书第四子，杰书卒后，巴尔图的五弟椿泰袭爵，巴尔图封三等辅国将军。巴尔图未承袭康亲王王位，相对于承袭了康亲王王位的椿泰来说是谓小宗，且为小宗三等辅国将军的始封祖。椿泰卒后，子崇安袭爵，根据中国封建社会传统的宗法继承制度，崇安卒后，子永恩当承袭大宗爵位，但是因为康修亲王崇安卒时，其子永恩尚幼，仅四岁，崇安又无兄弟，这时在大宗后代中唯一一个可堪继承王位者就剩巴尔图了，虽然巴尔图此时已年六十。巴尔图就是这样由小宗进入大宗序列的。

乾隆十八年（1753）三月，巴尔图薨逝，乾隆帝"遣皇三子永璋前往祭奠"[1]，赐谥简。

巴尔图卒前已由小宗进入大宗序列，根据中国古代传统的宗法制度，其卒后可埋在其前代康亲王崇安园寝所在的金顶山的大宗茔地里，按昭穆原则埋葬。但是巴尔图并未葬在金顶山，而是葬于今北京市石景山区福寿岭（图1-2-22）。这是因为巴尔图只承袭了崇恩的爵位，他不是崇恩的后嗣，巴尔图与崇安二人在辈分上是伯侄关系，如若按昭穆之制将巴尔图葬于崇安墓地所在的金顶山一带，则按袭爵之先后，巴尔图当以先他葬在这里的崇安为一代祖先，葬于崇安之一昭位。但这样便会给人以巴尔图为崇安之后的感觉，不符合世俗常理，故巴尔图卒后另选茔地于福寿岭。福寿岭巴尔图茔地也就成了继金顶山礼亲王第二处家族茔地之后的第三

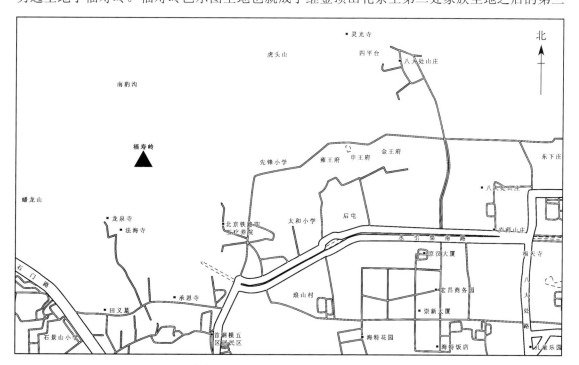

图1-2-22 北京市石景山区福寿岭康简亲王巴尔图园寝位置示意图

1　《清高宗实录》卷四百三十四。

图1-2-23 巴图尔阳宅

处茔地。

据笔者实地调查，巴尔图园寝现已无任何遗迹保存，但阳宅尚存，位于园寝以西，被翻建过，大约位于北纬39°56.423′，东经116°09.748′的位置上。此翻建过的阳宅可作为巴尔图园寝大致位置之参照。按阳宅在茔地之西，且不会距离茔地太远。阳宅为四合院式建筑，大门为琉璃垂花门，门槛两侧有抱鼓，似为阳宅之原物，门内有两个被移了位置的石鼓，推测为柱础或为放置石狮等什物之用（图1-2-23）。

据冯其利先生80年代调查，康简亲王巴尔图园寝规模较大，曾建有宫门、碑亭、享殿、月台、宝顶等。

4. 礼王坟村礼亲王家族茔地及礼安亲王麟趾、礼慎亲王全龄、礼恪亲王世铎园寝（附诚厚）

礼安亲王麟趾，生于乾隆二十一年（1756）十一月十三日，革爵礼亲王昭梿的从弟，其父是礼恭亲王永恩之胞弟永奎。永奎在乾隆十四年（1749）十二月的时候被封为二等镇国将军，乾隆五十五年（1790）二月十三日卒。永奎卒后，其所留将军爵位由其子麟趾承袭。

麟趾嗜好文学，擅诗词。麟趾袭父将军爵位，是为小宗，本无缘大宗爵位。可是礼恭亲王永恩卒后，他的唯一的儿子昭梿袭爵，但后因犯事被革爵。昭梿革爵后，运气降落到麟趾头上，他遂以小宗身份于嘉庆二十一年（1816）二月承袭了大宗王爵，袭和硕礼亲王爵，麟趾父永奎亦因此在嘉庆二十一年(1816)闰六月的时候被追封为和硕礼亲王。道光元年（1821）七月十三日，麟趾薨逝，年六十六岁，谥曰"安"。

根据宗法制度，礼安亲王麟趾卒后可葬入位于金顶山的礼亲王大宗茔地。也可作为旁支另选葬地。据笔者调查礼安亲王麟趾并未葬在金顶山大宗茔地里，而是葬于今北京市石景山区礼王坟村，具体位置在先于他埋葬在这里的他的父亲永奎墓地附近。今礼王坟村即因麟趾和其父永奎的墓地而得名[1]。如前所述，永奎早在麟趾承袭礼亲王爵后，就被追封为和硕礼亲王，这样永奎便由小宗进入大宗序列，他的茔地也由原来的小宗将军品级茔地升格为大宗亲王品级茔地。永奎既被追封为亲王，这样麟趾的王爵从理论上可认为是从其父永奎这里袭来的。麟趾卒后可以父为一代祖先，葬在其父附近。根据昭穆制度推测，当葬在其父永奎墓葬昭位。永奎卒前为镇国将军品级，根据清代园寝制度，其卒后当按相应的镇国将军品级建设园寝，其被追封为亲王后，园寝是否有所补建不得而知。

2008年时笔者曾去礼王坟村进行实地调查。礼王坟村北为虎头山、白草坡，南为永定河引水渠，地理坐标大约为北纬39°56.260′，东经116°10.292′（图1-2-24）。现今茔地旧址处是一片居民房屋，早年的墓地已无任何遗迹。笔者有幸访问到礼王府看坟户后代罗景荣先生，据他所述，在此处礼王茔地上曾有一道红色墙圈，墙圈内有四五个坟头，1958年，

1 《北京百科全书·石景山卷》，第180页，奥林匹克出版社、北京出版社，2002年。

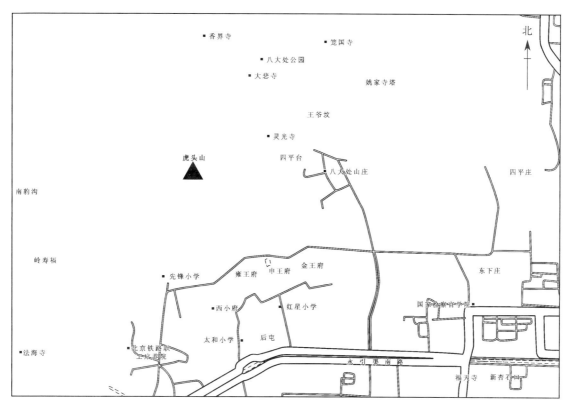

图1-2-24 北京市礼王坟村虎头山礼亲王茔地位置示意图

修建永定河引水渠时，坟头被破坏。按各坟头下所葬人物，除了礼安亲王麟趾、追封礼亲王永奎外，笔者推测可能还有礼慎亲王全龄、礼恪亲王世铎和末代礼亲王诚厚。在此需要指出的是，根据冯其利先生的调查，麟趾、全龄、世铎和诚厚卒后都葬入位于福寿岭的礼亲王家族的第三块茔地中。按麟趾卒后葬礼王坟村，此在前文已经阐明。那么全龄、世铎和诚厚卒后到底葬在哪？我们先来看一下几人的生平：

全龄，生于嘉庆二十二年（1817）十一月八日，礼安亲王麟趾长孙，其父为锡春。锡春是礼安亲王麟趾的独子，按照中国古代传统宗法制度，他当是承袭其父礼安亲王麟趾的亲王爵位的合适人选。可惜锡春早于他的父亲礼安亲王麟趾去世，故礼安亲王麟趾卒后所留下的亲王爵位便由其孙全龄来承袭。全龄初袭其父锡春奉恩将军爵，礼安亲王麟趾薨逝后，于道光元年（1821）十一月袭和硕礼亲王爵，其父锡春亦被追封为和硕礼亲王。道光九年（1829）九月，赏戴三眼花翎。道光十九年（1839）九月，授镶红旗总族长。道光三十年（1850）三月二十八日薨逝，年三十四岁，谥曰"慎"，以世铎袭爵。

世铎生于道光二十三年（1843）七月一日，是全龄的第三子。因世铎的两个兄长均早逝，故世铎于道光三十年（1850）七月承袭了其父全龄留下的和硕礼亲王爵。咸丰十一年（1861）十月，授镶蓝旗总族长。同治年间，授内大臣、右宗正。光绪帝即位初期，先后署理镶黄旗满洲都统、正蓝旗蒙古都统、镶白旗汉军都统。光绪十年（1884），在恭亲王奕䜣被罢军机大臣之后，世铎在醇亲王举荐下，在军机大臣上行走。光绪十五年（1889），赏赐一"果行育德"匾额，并赐增护卫数量。光绪二十二年（1896），慈禧太后寿辰时，赐食亲王双俸，再增护卫数量。光绪二十七年（1901），授御前大臣，管理火器营、健锐营及圆明园八旗官兵事务。世铎历事咸丰、同治、光绪、宣统四朝，民国二年（1913）十二月十三日，薨逝，年六十八岁，清逊帝溥仪予谥曰"恪"，命以世铎长子诚厚袭爵。诚厚于民国六年（1917）逝世。

冯其利说，全龄、世铎、诚厚都葬入福寿岭。按福寿岭乃康简亲王巴尔图的茔地。礼慎亲王全龄与康简亲王巴尔图不仅在血缘关系上比较远，而且他们之间在爵位上也不存在直接承袭关系，根据宗法制度推测，全龄卒后不太可能葬入福寿岭，世铎为全龄后裔，继承全龄王位，卒后当和父考全龄葬在一处，诚厚亦如此。

全龄是其前代礼亲王麟趾的孙子，后裔承继，根据中国古代传统的宗法制度推测，全龄卒后可随祖父麟趾葬在一起，根据昭穆原则，当葬于其前代礼亲王麟趾园寝右侧，也即此片墓地上大祖追封礼亲王永奎的一穆之位。同理，世铎葬二昭之位。诚厚葬二穆位，诚厚卒时已是民国年间，推测不再建设园寝，而是仅起一座宝顶。

综上所述，冯氏说全龄、世铎、诚厚皆葬福寿岭，很值得商榷。笔者推测可能是因为礼王坟村和福寿岭的这两块礼亲王大宗茔地相比邻，几乎连成一片，故人们笼统地把这两块茔地说成一块，即福寿岭礼王茔地。

据冯其利先生80年代调查，此处礼亲王家族茔地上的建筑于1953年被拆卖殆尽，后随着部队在此地经营，茔地遗址无迹可寻。礼安亲王麟趾园寝于道光初年建成，在今马路东南解放军某部构件厂的位置上，园寝曾建有神桥、碑亭、宫门、享殿、宝顶等。1983年时，礼安亲王麟趾园寝处尚有部分松柏树。礼慎亲王全龄园寝在礼安亲王麟趾园寝东边，1983年时礼慎亲王全龄园寝旧址处还残存有一段红墙、一根汉白玉石柱和一块三角石。世铎园寝旧址在一个被当地人称为"碑上坎"的地方，今为解放军某部雷达站，园寝原来只建了宝顶、东西朝房、宫门，没有碑亭和享殿[1]，"碑上坎"还葬有末代礼亲王诚厚。

附：礼亲王承袭表

承袭顺序	名字	谱系	爵谥	行履	葬地及园寝资料
始封祖	代善	努尔哈赤第二子	和硕礼烈亲王	明万历十一年（1583）七月初三日生，母元妃佟佳氏。初号贝勒，明万历三十五年（1607）年，以勇敢克敌，赐号"古英巴图鲁"。天命元年（1616），封和硕贝勒，以序称大贝勒。崇德元年（1636）四月，封和硕兄礼亲王。顺治五年（1648）十一月十一日薨，年六十六岁，赐祭葬，立碑纪功。康熙十年（1671），追谥"烈"，入祀盛京贤王祠。乾隆四十三年（1778）配享太庙，爵位世袭罔替。子八人，有爵者七人。其家族在清代极其显赫，清初八大铁帽子王有三支来自礼王家族，分别是礼亲王代善、克勤郡王岳讬、顺承郡王勒克德浑。另外还有二人封为郡王、一人封为贝子、一人封为辅国公。礼王共传十三代，堪称"清代第一王"。《啸亭杂录》："国家笃念旧臣，凡陪葬福、昭诸陵王公诸功臣，翠华临幸，必赐奠焉，以宠耆旧之臣。先烈王入关后始薨逝，故未陪葬昭陵。乾隆戊戌春，纯皇帝念王首创义举，功冠诸臣，因特行赐奠礼于园寝中，哀恸久之，赐诗以旌其功，实旷典也。"	园寝在北京市香山门头村，整个园寝气势磅礴。周边还驻扎有军队，有数村人都属礼亲王家看坟户，拿俸禄。清亡，礼亲王后代坐吃山空，以变卖祖坟维持生活。1937年9月，日军进占北京，地方上一时无人管理，南四所园寝被盗发，有的墓穴被大翻膛。代善园寝地宫为石券，未见尸骨，只有一个骨灰罐，内盛衣物。礼亲王代善墓碑碑身现存植物园曹雪芹故居的碑林中。

1　笔者推测，世铎薨逝时已是民国年间，清廷已土崩瓦解，宗室财力不济，故未建碑亭、享殿。

一袭，袭礼亲王爵，改号巽亲王；第二代	满达海	代善第七子	巽简亲王	天命七年（1622）三月二十日生。崇德六年（1641），封辅国公。顺治元年（1644），从入关，败李自成，进固山贝子。顺治六年（1649）四月，袭礼亲王。顺治八年（1651），世祖亲政，改封号曰巽亲王。顺治九年（1652）二月初六日卒，年三十一岁，谥曰简。顺治十六年（1655），追论满达海于奏削多尔衮封爵后，夺其财物诸事，削谥仆碑。其子常阿岱受牵连被降为贝勒，世袭之爵被夺回。	园寝在门头村，现已无任何遗存。
二袭，第三代	常阿岱	满达海第一子	已革巽亲王，怀愍贝勒	崇德八年（1643）十月十一日生。顺治九年（1652）七月袭巽亲王。顺治十六年（1659）十月，夺世袭之爵，降贝勒，改以从弟杰书袭亲王。康熙四年（1665）四月十五日卒，年二十八岁，谥怀愍。	园寝在门头村村，现已无任何遗存。
三袭，沿袭原有之封号康；第三代	杰书	祜塞第三子	和硕康良亲王	清顺治二年（1645）十二月初四日生，顺治六年（1649）十月袭多罗郡王，赐号曰康。顺治十六年（1659）十二月，常阿岱既降爵，以杰书袭爵，改号康亲王。康熙三十六年（1697）闰三月初十日薨，年五十三岁，谥曰良。子椿泰袭。	园寝在北京香山门头村。墓碑现仍立于原址上，墓碑后有残存的享殿基础，其余地面建筑都已无存。
四袭，第四代	椿泰	杰书第五子	和硕康悼亲王	康熙二十二年（1683）七月十五日生，康熙三十六年（1697）七月袭康亲王，康熙四十八年（1709）五月十三日薨，年二十七岁，谥曰悼。子崇安袭。	园寝在北京香山门头村，地面建筑都已无存。
五袭，第五代	崇安	椿泰第一子	和硕康修亲王	康熙四十四年（1705）七月十八日生，康熙四十八年（1709）十月袭爵，雍正十一年（1733）九月初七日薨，年二十九岁，谥曰修。以杰书子巴尔图袭。	园寝在北京市石景山的金顶山东麓。现无任何遗存。冯其利云："东麓在雍正末年葬有康亲王崇安，因为他谥号修，王府中称为修太王坟。还因为王爷坟在金顶山东侧，村名叫过东王坟。现名金顶山村。当初坟地在今露天剧场南边不远，直达山根。有宫门、享殿、碑楼等建筑，加上松柏树，蔚为壮观。"
六袭，第四代	巴尔图	杰书第四子	和硕康简亲王	康熙十三年（1674）八月十三日生。康熙三十二年（1693）四月，封三等辅国将军。雍正十二年（1734）四月，袭其侄崇安康亲王爵，乾隆十八年（1753）三月初七日薨，年八十，谥曰简。王府中称作简太王。巴尔图卒后，其爵又由崇安之子永恩袭，并复号礼亲王。	葬于北京市石景山区福寿岭。冯其利云：其园寝"规模较大，有宫门、碑、享殿、月台、宝顶。今铁路局疗养院某科有一组建筑物，有垂花门，顶覆筒子瓦，像是阳宅的遗存。"
七袭，复号礼亲王；第六代	永恩	崇安第二子	和硕礼恭亲王	雍正五年（1727）八月十四日生。雍正十二年（1734）四月，封多罗贝勒。乾隆十八年五月，巴尔图既薨，袭和硕康亲王。乾隆四十三年（1778）正月，以和硕礼烈亲王貌著壮猷，克昭骏烈，其原封爵号应永绍佳名，勿令改易。特旨令现袭之康亲王仍复原号为礼亲王。嘉庆十年（1805）二月十五日薨，谥曰恭。子昭梿袭。	园寝在北京市石景山的金顶山西麓。现无任何遗存。

八袭，第七代	昭梿	永恩第一子	已革礼亲王	生于乾隆四十一年（1776）二月初七日，初封不入八分辅国公，嘉庆十年（1805）袭礼亲王爵。二年后王府失火，嘉庆二十一年（1816），坐凌辱大臣，滥用非刑，夺爵，圈禁。嘉庆二十二年（1817），命释之。从弟麟趾袭。道光九年（1829）十二月二十日因疽发于脑而卒，年五十四岁。有《啸亭杂录》传世。	葬金顶山西麓。
九袭追封	永奎	崇安第三子	追封礼亲王	生于雍正七年（1729）正月初八日。乾隆十四年（1749）十二月封二等镇国将军，乾隆五十五年（1790）二月十三日卒，年六十二岁，嘉庆二十一年（1816）闰六月追封和硕礼亲王。	葬今北京市石景山区礼王坟村
九袭，第七代	麟趾	永奎第一子	和硕礼安亲王	生于乾隆二十一年（1756）十月十三日，初封辅国将军。嘉庆二十一年（1816），昭梿夺爵，圈禁，麟趾袭礼亲王爵。道光元年（1821）七月十三日薨，年六十六岁，谥曰安。孙全龄袭。	园寝在今北京市石景山区礼王坟村。现已无任何遗存。
十袭，追封礼亲王	锡春	麟趾第一子	追封礼亲王	乾隆四十一年（1776）八月初一日生。嘉庆二十四年（1819）九月三十日薨，年四十四岁。道光元年（1821），麟趾卒，以麟趾第一子锡春之子全龄袭礼亲王，同时追封锡春礼亲王。	葬地在今北京市石景山区礼王坟村。
十袭，第九代	全龄	锡春第一子	和硕礼慎亲王	嘉庆二十二年（1817）十一月初八日生。初封奉恩将军，道光元年（1821）十一月，袭和硕礼亲王。道光三十年（1850）三月二十八日卒，年三十四岁，谥曰慎[1]。子世铎袭。	园寝在今北京市石景山区礼王坟村。现已无任何遗存。
十一袭，第十代	世铎	全龄第二子	和硕礼恪亲王	道光二十三年（1843）七月初一日生，同治间授内正大臣，光绪十年（1884），恭亲王奕訢罢政，太后谘醇亲王奕譞诸王孰可任，举世铎对。乃命在军机大臣上行走。德宗亲政，世铎请解军机大臣，奉太后旨不许。光绪二十年（1894），太后万寿，赐亲王双俸。逊位后三年卒，年六十八岁，谥曰恪。子诚厚袭，卒谥敦。	园寝在今北京市石景山区礼王坟村。现已无任何遗存。

（二）追封多罗克勤郡王岳托及其后裔园寝

1.沈阳市东陵区追封多罗克勤郡王岳托园寝

岳托为和硕礼烈亲王代善第一子，生于明万历二十七年（1599）二月初二日，为多罗克勤郡王之始封。初授台吉，天命十一年（1626），以军功封贝勒。崇德元年（1636）四月，议功，晋封和硕成亲王。八月，坐徇庇莽古尔泰、硕托及离间济尔哈朗、豪格，论罪当死，但是太宗宽恕了他，只是将他的爵位降了两级，由亲王降贝勒。崇德二年（1637）八月，太宗命两翼较射，岳托言不能，以骄慢又从贝勒降固山贝子。崇德三年（1638）正月，复以军

1　《清史稿》卷二百一十六《列传》云谥和，当误。

功封贝勒，四月，授扬威大将军。崇德四年（1639）正月初九日，薨于军中，年四十一岁，四月，追封为多罗克勤郡王。康熙二十七年（1688），立碑纪功。乾隆四十三年（1778），配享太庙，爵位世袭罔替。子七人，有功爵者五人。

据笔者2008年调查，岳讬园寝位于沈阳市东陵区南塔正西200米处，与《奉天通志·陵墓》记载的"辽宁省沈阳市城南五里白塔之西"[1]相符。岳讬墓当地俗称"大王坟"，现遗址已无存。此外，《钦定宗室王公功绩表传》卷八载："以疾薨于军，……诏封为多罗克勤郡王，赐驼二，马五，银万两，葬盛京城南五里万柳塘。康熙二十七年（1688）十一月，命立碑以纪其功。乾隆八年驾幸盛京，亲诣王园寝赐酹。四十三年（1704）正月，上追念王忠勋，命配享太庙。"岳讬卒时虽为贝勒品级，但卒后仅三个月就被追封为郡王，郡王五月发引，七月而葬，据此推测岳讬卒后有可能按郡王品级殡葬。

2. 北京市木樨地追封克勤郡王岳讬家族茔地及园寝

在今北京市西城区木樨地一带曾有清代追封克勤郡王岳讬的家族茔地一处。笔者推断木樨乃苜蓿之谐音，苜蓿可做喂马的饲料，由此笔者想到"木樨地"地名的由来，乃是因为早年这里曾是一片长满苜蓿的地方，故被人们称为"苜蓿地"，也即"木樨地"。此外，关于木樨地地名的由来，民间还有以下两种说法：一是，此地曾有白云观的一片菜园，菜园以产黄花菜而闻名，黄花菜可食用，色泽金黄如桂花，俗称木笔樨，故人称此菜园为木樨地；二是此地曾种植桂花树，桂花树统称木犀，樨、犀同音义，木樨地即桂花之地。

早年的克勤郡王家族茔地在木樨地一带的一个曾经被叫做五统碑村的地方。五统碑村名在1935年时尚存，后在1947年绘制的北京市地图上已消失。按五统碑盖因此地早年曾立有五统墓碑而得名。据民间传说这五统墓碑就是当年克勤郡王家族成员的。

克勤郡王家族茔地范围，据冯其利先生20世纪80年代调查，东边为青龙桥，东边偏南是甘雨桥村，南边隔河是双贝子坟，西边隔河是会城门，北边是铁旗杆庙、木樨地，占地一顷一十亩[2]。据笔者调查，这个范围大致相当于现今的中国人民公安大学以北、复兴路以南、真武庙路以西、永定河引水渠以东，见下图（图1-2-25）。

五统碑曾立有五统墓碑，至少当埋葬有五个人。据冯其利先生调查，这里早年葬的五个人分别是追封克勤郡王岳讬第二子衍禧郡王罗洛浑、第三子显荣贝勒喀尔楚浑、罗洛浑第一子平比郡王罗克铎、罗克铎第四子、革退平郡王讷尔图、讷尔图第一子追封克勤郡王讷清额。

衍禧郡王罗洛浑，岳讬第二子，生于天命八年（1623）三月二日。崇德四年（1639）九月，"以岳讬由亲王降贝勒仍袭多罗贝勒"[3]，"管理旗务"[4]。五年（1640）五月，同郑亲王济尔哈朗等迎古多罗部特部苏班岱等降众，败明兵。九月，同郑献亲王济尔哈朗围锦州。六年（1641）复围之，设伏，败明援军于南山。八月，从皇太极克松山，擒明总督洪承畴、巡抚邱民仰等。七年（1642）七月，叙功，赐蟒缎七十匹。崇德八年（1643），因嗜酒妄议

1　《奉天通志》第四函第十《陵墓·沈阳》。

2　冯其利《清代王爷坟》，第46页，紫禁城出版社，1996年。

3　《皇朝文献通考》卷二百四十六。

4　《钦定宗室王公功绩表传》卷八。

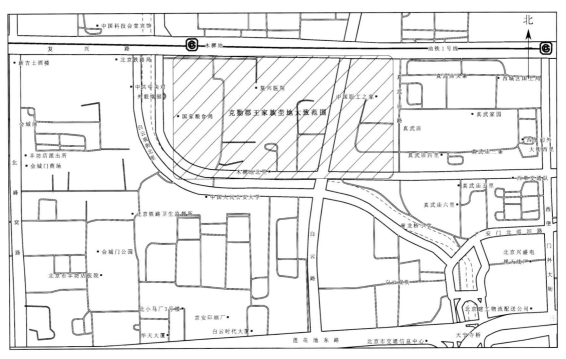

图1-2-25 克勤郡王家族茔地大致范围示意图

及在敏惠恭和元妃丧期不辍丝竹，削爵。不久，复封为贝勒，仍管旗事。《钦定宗室王公功绩表传》记载，皇太极"命济尔哈朗、多尔衮诏罗洛浑谕曰：尔父屡获罪愆，因皇考太祖、皇妣太后抚养为子，朕视之如弟，殁后仍追封多罗克勤郡王，并加恩于尔，命为多罗贝勒，管理旗务。尔不思率由善道以辅国政，嗜酒作慝致干国法。朕又追念尔父，特行宽宥，复尔多罗贝勒，仍令管旗事。尔当敬慎修身，勤思善行，若仍嗜酒妄乱，不第尔禄位难保，即置尔于法，亦所不赦。至本旗所属诸臣，俱宜戒酒。仍劝勉贝勒效力赎罪。罗洛浑率诸臣叩首谢罪"[1]。顺治元年（1644）十月，以从定京师破流贼有功，晋封多罗衍禧郡王。顺治三年正月（1646），征四川，八月三日，卒于军中，年二十四岁。五年（1648）正月，丧还，顺治帝命贝子屯齐等迎之，并为之辍朝二日。康熙十年（1671）六月，追谥曰"介"。

显荣贝勒喀尔楚浑，生于天聪二年（1628）六月二日，岳讬第三子。据《钦定八旗通志》卷一百记载，喀尔楚浑于顺治元年（1644）四月，随睿亲王多尔衮入山海关，破李自成，并追击李自成至望都（河北省唐县）。二年（1645）二月，叙功封镇国公。三年（1646）正月，随靖远大将军肃亲王豪格入四川征讨张献忠，亦有功。五年（1648）正月，班师，八月，任镶红旗满洲都统。六年（1649）正月，随敬谨亲王尼堪讨伐大同叛将姜瓖，两战皆捷，十月，晋封多罗贝勒。八年（1651）二月，摄理藩院事。八月卒，谥显荣，立碑记功。康熙十三年（1674）三月，复立碑旌之。在碑文中，康熙帝称赞喀尔楚浑"辛勤供职，克尽乃心"，对他的战功亦有描述，如"歼流寇于庆都，击献贼于巴蜀、宁武"、"左卫著三捷之绩"[2]。

平比郡王罗科铎是衍禧郡王罗洛浑的第一子，生于崇德五年（1640）六月二十三日。罗

1 《钦定宗室王公功绩表传》卷八。
2 见康熙十三年（1674）三月初九日立喀尔楚浑（碑文作喀尔赤洪）墓碑碑文。

清代园寝志

洛浑卒后，于顺治五年（1648）闰四月袭多罗衍禧郡王。顺治八年（1651）二月，改号为平郡王。康熙二十一年（1682）七月十二日薨逝，年四十三岁，谥曰"比"，以子讷尔图袭爵。

讷尔图是罗科铎第四子，生于康熙四年（1665）五月初五日。康熙十八年（1679）正月，封世子。康熙二十二年（1683）正月，袭多罗平郡王。康熙二十六年（1687）四月，"以殴毙无罪人及折人手足"[1]，削爵，弟讷尔福袭。康熙三十五年（1696）五月薨逝，年三十二岁。

追封克勤郡王讷清额是讷尔图第一子，生于康熙三十一年（1692）九月十三日。乾隆三十年（1765）六月二十五日，薨逝，年七十四岁。乾隆四十四年（1779）六月，其子雅朗阿袭克勤郡王王爵后，被追封为多罗克勤郡王。

综上所述，罗洛浑卒于顺治三年（1646），喀尔楚浑卒于顺治八年（1651）。根据清代园寝制度，他们两人卒后先后在木樨地五统碑建立园寝。

衍禧郡王罗洛浑是岳托的第二子，起初承袭的是其父岳托的贝勒爵位，后因功封衍禧郡王。顺治帝没有封给罗洛浑克勤郡王王号，大约是因为在顺治帝看来，"克勤郡王"的王号当初是封给建有重大功勋的岳托的，因此这一封号在当时满清上层贵族中，其"分量"就与其他的王号大有不同，在政治上有着与一般的王号所不可比拟的意义。而罗洛浑所建的战功，远不能与他的父亲相比，所以，另封罗洛浑王号。罗洛浑承袭其父岳托所留爵位，按宗法制度推测，他卒后可以其父岳托立祖，葬于其父岳托园寝昭位。据《奉天通志·陵墓》记载，岳托卒后葬"辽宁省沈阳市城南五里白塔之西"[2]。但罗洛浑已于顺治元年（1644）从龙入关，故其卒后不可能再葬回关外，而只能在关内另择茔地（北京市木樨地五统碑），建立园寝。

衍禧郡王罗洛浑卒后两年，显荣贝勒喀尔楚浑卒，根据清代园寝制度，喀尔楚浑卒后当按贝勒品级建园寝于北京市木樨地五统碑。

冯其利云，"五统碑在顺治五年葬有第二代克王（当时称衍禧郡王）洛洛欢和其弟显荣贝勒喀尔楚浑，立双祖。建筑上除享殿一座外，都是双份：宫门、朝房、碑楼"。 按：冯其利所云"在顺治五年葬有第二代克王（当时称衍禧郡王）洛洛欢和其弟显荣贝勒喀尔楚浑"不符合历史事实，因为显荣贝勒喀尔楚浑在顺治八年（1651）的时候才去世。另外，冯其利"立双祖"的说法值得商榷。根据宗法制度，衍禧郡王罗洛浑承袭其父岳托爵位，罗洛浑及其后继者才是岳托这支大宗之正脉，以岳托为本宗之"大祖"。喀尔楚浑未承袭其父爵位，相对于承袭爵位的罗洛宏（罗洛浑、洛洛欢）来说，是为一小宗。喀尔楚浑以军功封贝勒，谥显荣，所以他是显荣贝勒家族的始封祖，其后继者只能以他为大祖。相对于整个多罗郡王家族而言，喀尔楚浑及其后继者只是岳托这一家族的小宗，以岳托为共主。喀尔楚浑作为小宗的始封之祖，其后代承袭者也只能以他立祖，这在中国古代的封建宗庙制度上是有严格规定的。他的后继者可以参加祭祀共主岳托的活动，但是没有主持祭祀远祖岳托的权利。因此，喀尔楚浑的园寝和罗洛浑园寝相毗邻，但这却绝对不是所谓的"立双祖"。只不过是因为两人同为岳托之子，卒年相距又不远，故以大宗正脉而与小宗正脉紧相毗邻而已，两座

1　《清史稿》卷二百一十六《列传三·诸王二》。
2　《奉天通志》第四函第十《陵墓·沈阳》，第16页。

园寝并不存在昭穆关系。这便是两座园寝同在一处，但建筑上除享殿外，其他宫门、朝房、碑楼都是双份的原因。

衍禧郡王罗洛浑最早葬入五统碑。根据宗法制度推测，罗洛浑为五统碑克勤郡王大宗茔地上的大祖，其后代袭爵者当以罗洛浑立祖，葬罗洛浑园寝的昭穆之位。平比郡王罗克铎一袭衍禧郡王，改号平郡王，卒后当建园寝于罗克铎园寝的一昭之位，罗克铎的承嗣者讷尔图当葬于罗洛浑园寝的一穆之位，但是因为讷尔图卒前被革退王爵，他也就不再是大宗序列中的一员，不能再进入大宗茔地的昭穆序列，但作为大宗罗克铎后代，仍可葬于其家族茔地。从冯其利叙述的"立双祖"来看，似乎罗洛浑和喀尔楚浑的园寝并排且相距不远，如此则衍禧郡王罗洛浑的后代只能葬在罗洛浑园寝远离喀尔楚浑园寝的一侧。又根据清代的园寝制度，讷尔图卒后没有资格建设园寝。但是讷尔图作为罗克铎的儿子，卒后可陪葬其父园寝中或附近。讷清额是讷尔图儿子，卒前无爵，同样根据清代的园寝制度，他卒后也没有资格建设园寝。笔者推测讷清额卒后可能建宝顶于其祖父罗科铎园寝中或附近。

至此，我们发现在衍禧介郡王罗洛浑、显荣贝勒喀尔楚浑、平比郡王罗科铎、已革多罗平郡王讷尔图和追封多罗克勤郡王讷清额这五个人当中，有资格建设园寝的只有衍禧介郡王罗洛浑、显荣贝勒喀尔楚浑、平比郡王罗科铎三人，建有4统墓碑，按显荣贝勒喀尔楚浑建有两统墓碑。讷清额的克勤郡王爵是在他卒后十四年才追封的，笔者推测在他追封后再补建墓碑的可能性不大。

由上可见，冯其利先生通过访查所确定的五统墓碑的主人是有讹误的。不过，这也是情理之中的事情，因为五统碑克勤郡王家族茔地上的地面建筑早在20世纪初至20年代既已遭到破坏，茔地上的"松柏树和砖瓦石块陆续卖掉，及至1925年，他们将托龙碑卖到了南京，用于中山陵建设；石狮子两队卖给了广济寺"[1]。冯其利先生调查时已是20世纪80年代，距离茔地被破坏的时间已经有五六十年了，人们想要再说清楚茔地的具体情况恐怕已经是不太容易的事情了。冯其利先生也没能亲眼看到墓碑的情况，只能根据当地的百姓口头传说进行记述。

那么剩下的一统墓碑的主人究竟该是克亲郡王家族的哪位成员？

我们首先从冯其利表述的"立双祖"入手。从"立双祖"来看，似乎茔地上的墓葬当呈"人"字形排列。如果早年克勤郡王家族茔地上的墓葬确实呈"人"字形排列，则除衍禧郡王罗洛浑和显荣贝勒喀尔楚浑外，后葬于此的墓主人当为罗洛浑和喀尔楚浑的后人。根据清代的园寝制度，有爵者方可立碑建设园寝。考罗洛浑及喀尔楚浑后代，我们发现罗洛浑的第三子诺尼爵为多罗贝勒。诺尼生于崇德七年（1642）十二月十六日，其生母为嫡福晋佟佳氏。诺尼秉性端良，居心敬慎[2]。顺治十三年（1656），封多罗贝勒。顺治十四年（1657），因罪革爵，降为庶人[3]。康熙三十九年（1700）十二月，雪罪后复封为多罗贝勒。康熙四十四年（1705）正月二日薨逝，年六十四岁，以第十三子诺恩托袭镇国公爵。诺恩托于乾隆四年（1739）九月卒，谥恪顺。喀尔楚浑的第一子克齐袭喀尔楚浑的贝

1　冯其利《清代王爷坟》，第47页，紫禁城出版社，1996年。

2　康熙四十四年（1705）正月二十七日立诺尼墓碑碑文。碑文见于《辽海丛书·雪屐寻碑录》，上海书店出版社1994年影印版。

3　《爱新觉罗宗谱》载"四年"，推测此处当误，应为"十四年"，因为"四年"时，诺尼才六岁，且顺治十三年时才获封贝勒爵。

勒爵，康熙六十一年（1722）六月二十五日薨逝，年七十二岁。克齐子禄斌生于康熙九年（1670）闰二月十三日。康熙二十三年（1684）正月封固山贝子。康熙六十一年（1722）六月改封为袭。雍正四年（1726）三月降为奉恩辅国公。乾隆八年（1743）六月五日卒，年七十岁。禄斌无子，以宗智过继为嗣。宗智过继之前已有奉恩将军品级。

洛洛欢及弟喀尔楚浑后代见下图（图1-2-26）所示。

综上所述，贝勒克齐是喀尔楚浑这支小宗爵位的承袭者，根据宗法制度推测他卒后以喀尔楚浑立祖，同喀尔楚浑葬在一起。根据清代的园寝制度，克齐卒后按照相应的品级建立园寝。禄斌、宗智、贝勒诺尼及其后代另葬他处。故另外一统墓碑的主人当是克齐。另一种情况可能是这样的，贝勒诺尼早于贝勒克齐去世，去世后可能先葬入五统碑，

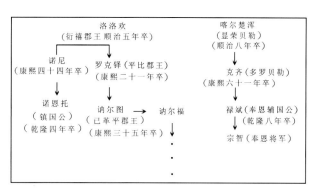

图1-2-26 洛洛欢及弟喀尔楚浑后代

葬于其父罗洛浑园寝附近，并按照清制规定的贝勒品级建立园寝。如此，另外一统墓碑的主人就是诺尼。但不管是上述的哪种情况，依据中国古代传统的宗法制度，五统碑地方都是葬有两支（大宗衍禧郡王罗洛浑和小宗显荣贝勒喀尔楚浑）后人，即衍禧郡王罗洛浑和显荣贝勒喀尔楚浑以及他们的后代，这样，在克勤郡王家族茔地上便形成了两块茔地，即罗洛浑家族茔地和喀尔楚浑家族茔地。

前面我们已经说过，五统碑克勤郡王家族茔地上的地面建筑早在上世纪初至20年代就已遭到破坏，冯其利也并未亲眼看到木樨地克勤郡王家族茔地上的墓碑及园寝的具体情况，只是听百姓的一种说法。为了更全面地了解岳托后裔家族成员，笔者查考了《爱新觉罗宗谱》：追封克勤郡王岳托共有七个儿子，其中有爵位者正好是五个，即二子衍禧郡王罗洛浑（又译做罗洛宏、洛洛欢）、三子显荣贝勒喀尔楚浑（喀尔赤洪）、四子和惠贝勒巴尔楚浑、五子镇国将军品级巴思哈、六子多罗刚毅贝勒祜里布。我们发现岳托的这五个儿子都卒于顺治年间，卒年相对集中。这不禁让笔者想到五统碑的主人也有可能是岳托的这五个儿子。顺治时期，清政权定鼎中原不久，那时候满人对中国古代传统的宗法观念尚未普遍接受，墓葬制度还有一定的随意性，他们仍有可能将兄弟诸人葬在一起，就如同他们还在关外时的家族式墓葬，如兴京陵和东京陵。又因岳托的五个儿子卒年相对集中，如果他们卒后葬在一处，那么地面上就会在相对集中的时间里立起五统墓碑，根据常理，人们约定俗成称那块地方为"五统碑"。遗憾的是笔者并未考证出"五统碑"地名是从何时开始叫开的，如果"五统碑"地名是在顺治后期就被叫开的，则毫无疑问，那五统碑的主人就是岳托的五个有封爵的儿子。

综上所述，五统碑的主人仍不能最终确定，留待今后做进一步的考证。

木樨地的追封克勤郡王岳托家族茔地在民间被称为"克王坟"。但葬在这里的无论是岳托子衍禧郡王罗洛浑和显荣贝勒喀尔楚浑及他们后代，还是岳托的五个儿子，这些人中并没有袭封或功封"克勤"王号的。笔者推测民间之所以仍称"克王坟"，是因为他们的父亲岳托。岳托卒后被追封为克勤郡王，是克勤郡王的始封者。在称呼某家族时，民间往往习惯

以某宗族中名望比较大的先祖冠之，以显尊重和敬慕之意。岳讬是葬在五统碑的几人的"祖先"，且岳讬生前功绩显著，名气较大，留给后人的影响自然也比较大，故人们仍以"克王坟"称呼木樨地的岳讬后裔茔地，可能含有克勤郡王岳讬家的茔地的意思。此外，民间也可能就认为衍禧郡王罗洛浑就是第二代克勤郡王。按：岳讬子罗洛浑虽然承袭了岳讬的爵位，可是顺治帝并没有把王号封给他，而是改封罗洛浑为衍禧郡王，其中的原因前文中已有叙述，但在普通百姓的眼中，他们才不会较真王号的改变，他们只知道罗洛浑是前代"克王爷"岳讬的后代，且也继承了父位，也就是第二代"克王爷"了。再加上罗洛浑卒后第一个葬入五统碑，且又是五统碑这片克勤郡王家族茔地上爵位最高的人，人们习惯以某一茔地上的先祖或以某一茔地上爵位最高者冠于茔地之前，故称"克王坟"，可能也含有"第二代克勤王爷"的墓地的意思。

民间除了对五统碑的克勤郡王家族茔地称"克王坟"外，也有称"车王坟"的。"车王"实指末代克勤郡王宴森。清政权垮台后，清宗室王公们生计窘迫，人们竟然发现生前锦衣玉食、地位显赫的清代克王府的末代王爷宴森竟然穷困到了靠拉洋车来谋生的地步，从此，人们便戏称这位"克王爷"为"车王"，进而改称克王府为车王府，"克王坟"为"车王坟"[1]。

"五统碑除五组建筑物之外，最西头是白色墙圈，里边有大山子一座，大山子前有坟头八座"[2]。此处所言"白色墙圈"有些奇怪，可能为后人所涂抹，"大山子前的八座坟头"，有可能在早年克勤郡王的家族茔地内，也有可能为另外的一处墓地。

3. 北京市四季青乡岳讬后裔平郡王家族茔地及多罗平悼郡王纳尔福、多罗平敏郡王福彭、多罗平僖郡王庆明、克勤良郡王庆恒园寝及革退平郡王讷尔苏墓园

岳讬后裔袭爵者入关后的第二块家族茔地（即平郡王家族茔地）在今北京市海淀区南平庄村东南（图1-2-27）。据冯其利调查，茔地范围东到旱河，南到官马道，西到杜家坟，北到南平庄，占地三顷有余。笔者在2008年对平郡王家族茔地进行实地调查的时候，访问到了知情人士王林玉先生。他说，现在的北京市海淀区四季青乡敬老院大约就在当年平郡王家族茔地的范围之内。笔者在王先生的带领下来到平郡王茔地旧址，现今茔地旧址上已无早年墓地的任何遗存，测茔地的地理坐标大约为北纬39°56.416′，东经116°14.550′。这片平郡王家族茔地上葬有平悼郡王讷尔福、革退平郡王讷尔苏、平敏郡王福彭、平僖郡王庆明、克勤良郡王庆恒五人。根据清代园寝制度，其中四人即讷尔福、福彭、庆明、庆恒当建有园寝，讷尔苏卒时无爵，故其没有资格建造园寝。

平悼郡王讷尔福是罗克铎的第六子，生于康熙十年（1671）七月二十四日，其生母为罗克铎嫡福晋科尔沁博尔济吉特氏。康熙二十四年（1685）正月，封固山贝子。康熙二十六年（1687）五月，在其兄纳尔图因"殴毙无罪人及折人手足"[3]被削爵之后，袭平郡王。康熙

---

1 按"车王"一称源自1931年9月《北平报刊》登载的一篇题为《铁帽子王拉洋车》的文章。话说清政权倒台后，清宗室王公们生计断绝，他们自身又无一技之长来谋生，故其中有一位王爷便拉起洋车来谋生。人们争相去坐这位王爷拉的车，心想以前自己一直都被他们役使，这下可算让王爷为咱服务了一把。这位拉洋车的王爷便是末代克勤郡王宴森，从此人们便把这位王爷戏称为车王，进而把克王府称作车王府，把克王坟称作车王坟。由此可以看出，这个称呼中多少包含了人们对大清王爷的戏弄成分。

2 冯其利《清代王爷坟》，第47页，紫禁城出版社，1996年。

3 《清史稿》卷二百一十六《列传三·诸王二》。

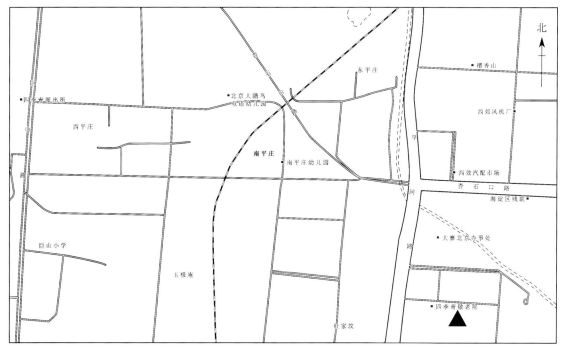

图1-2-27 北京市海淀区南平庄平郡王家族茔地大致位置示意图

四十年（1701）七月十二日薨逝，年三十一岁，谥曰"悼"，以子讷尔苏袭爵。

革退平郡王讷尔苏是讷尔福的长子，生于康熙二十九年（1690）九月十一日，其生母为讷尔福嫡福晋完颜氏。讷尔福薨逝后，于康熙四十年（1701）十月袭郡王。康熙五十七年（1718），征西藏。康熙六十年（1721），摄大将军事。在讷尔苏初征西宁及摄大将军事期间，曾有大臣参劾他，说讷尔苏"在西宁军前贪婪受贿"，"及署大将军印务更肆婪赃，索诈地方官银两"[1]。但雍正帝即位后，不但没有追究讷尔苏责任，反而认为是因讷尔苏素与允禵不和，故有与允禵相善之人污蔑讷尔苏。讷尔苏于雍正元年（1723）七月还京后，雍正帝还加恩让讷尔苏管理上驷院事务。雍正四年（1726），讷尔苏卒以贪婪被削爵。据《世宗实录》记载，雍正帝责讷尔苏"并不追悔前愆，仍犯法妄行，情属可恶。若仍在王列，则于诸王有玷，着将讷尔苏多罗郡王革退，在家圈禁。其王爵令伊子福彭承袭"[2]。

讷尔苏病重时，其子福彭恳请乾隆帝免除讷尔苏禁锢，如有所不幸，能以王爵衣冠饰终。乾隆帝恩准福彭所请。乾隆五年（1740）九月五日，讷尔苏薨逝，年五十一岁，"事出之时，照王爵办理"[3]。在此，我们可以认为乾隆帝不便否定其父雍正帝的决定，明令恢复讷尔苏爵位，但从内心已经认可了讷尔苏的郡王身份。

平敏郡王福彭是讷尔苏的长子，生于康熙四十七年（1708）六月二十六日，其生母为讷尔苏嫡福晋曹佳氏。雍正四年（1726）七月，福彭袭多罗平郡王。雍正十年（1732）正月，管理镶蓝旗满洲都统事务。本年闰五月，授宗人府右宗正，署都统。雍正十一年（1733）二月，充玉牒馆总裁。本年四月，军机处行走。八月，授定远大将军，率师讨伐噶尔丹策零。

在讨伐噶尔丹等一系列军事战争中，福彭"展旂常而著绩"，"懋宣威于绝域"[4]。脱

1 《清世宗实录》卷四十六。

2 《清世宗实录》卷四十六。

3 《清高宗实录》卷一百二十六。

4 见乾隆十四年五月十七日立福彭墓碑碑文。

【第一部分】清代宗室王公园寝志

去铠甲后的福彭又是一员尽心尽力的政治干将，"敬奉职于内庭，心虔夙夜"[1]。雍正十三年（1735）十一月，协办总理事务。乾隆初，历正白、正黄二旗满洲都统，并管满洲火器营事务。乾隆三年（1738）七月，擢升议政。

乾隆十三年（1748）十一月，福彭薨逝，年四十一岁，乾隆帝"特遣大阿哥携茶酒往奠，并辍朝二日"[2]，谥曰敏，以子庆宁袭爵。

平僖郡王庆明是福彭的长子，生于雍正十年（1732）十二月十二日，其生母为福彭侧福晋瓜尔佳氏。父亲福彭薨逝后，庆明于乾隆十四年（1749）三月袭多罗平郡王。乾隆十五年（1750）九月一日，薨逝，年十九岁，谥曰"僖"。庆宁无子，以讷尔苏孙庆恒袭爵。

克勤良郡王庆恒是讷尔苏第四子福秀的长子，福彭的承继子，生于雍正十一年（1733）九月二十七日，其生母为福秀的嫡夫人纳喇氏。乾隆六年（1741）三月，过继给福彭为嗣。乾隆十五年（1750）十二月，袭平郡王爵，授右宗正。庆恒年少时，乾隆帝命其管理旗务。但在其所管旗务期间，出现"有马甲佟铭等冒领宗人府银两之案"，在署理镶蓝旗蒙古时，"又未查办西宁冒领银两等案"，乾隆帝遂以"诸事推诿，毫无振作，非寻常失察可比"，下令罚庆恒王俸五年，不必管理旗务[3]。但不久乾隆帝又得知，庆恒对旗员冒借银两一事不是失于觉察，而是欺罔隐匿，再罚庆恒降二等，为固山贝子。乾隆帝念庆恒所袭王爵是他祖上所立，承袭已久，"今若因伊获罪，永远降等"[4]，心有不忍，故仍恩准庆恒在本支王爵出缺再袭时，仍袭郡王。

乾隆四十年（1775）闰十月，乾隆帝在阅览旧有档案时，觉庆恒高祖岳讬为国宣力，颇立军功；且庆恒之罪，尚属因公，着加恩仍赏给庆恒郡王爵。乾隆四十三年（1704）正月，乾隆帝以多罗克勤郡王茂著壮遒、克昭骏烈，原封爵号应永绍嘉名，勿令改易，特令现袭之平郡王仍复号为克勤郡王。乾隆四十四年（1705）二月四日薨逝，年四十七岁，谥曰"良"，以革退平郡王讷尔图孙雅郎阿袭爵。

平悼郡王讷尔福最早逝世，卒后不葬木樨地五统碑其家族茔地，而是另选茔地于今南平庄，推测其原因当为木樨地五统碑处已没有合适的地方再建设园寝。讷尔福最早葬入位于今南平庄的平郡王家族茔地，根据中国古代传统的宗法制度，这块茔地上当以讷尔福立祖，讷尔福园寝应为茔地上的主园寝。

根据冯其利调查，平郡王家族茔地上的地面建筑在20世纪的第二个十年内被拆毁。1924年时起灵。1927年时其中的两块墓碑被卖掉（其一为福彭碑），只留下碑座。日伪时期，剩下的两块墓碑被卖掉[5]。按茔地上共埋五人，但墓碑只有四统，这是因为讷尔苏卒时无爵，故并未立碑。正因为平郡王家族茔地上的地面建筑被破坏的年代较早，所以冯其利先生在20世纪80年代调查时也难以详细查访出这里的五座墓葬的具体的排列顺序，只说"从西边数第二所为平敏郡王坟地，第四所为郡王品级讷尔苏坟地"[6]。如前所述，讷尔苏卒时无爵，根据清代园寝制度，他是没有资格建设园寝的，"命照王爵办理丧事"，由此推测在

1　见乾隆十四年五月十七日立福彭墓碑碑文。

2　《清高宗实录》卷三百二十九。

3　《清高宗实录》卷六百六十二。

4　《清高宗实录》卷六百六十三。

5　冯其利《清代王爷坟》，第50页，紫禁城出版社，1996年。

6　冯其利《清代王爷坟》，第50页，紫禁城出版社，1996年。

讷尔苏墓地上可能会简单地造有一些建筑，如围墙、宝顶等，但即便是有这些建筑，却也不能称为园寝，姑且称之为坟园或墓园。故冯氏笔下的"第四所"当为讷尔苏的坟园。"第二所"当为平敏郡王福彭的园寝。

按平郡王家族茔地上早年所建的四座园寝和讷尔苏坟园朝向为坐北朝南，根据昭穆制度推断，讷尔福园寝应位于中间主位，其子讷尔苏："事出之时，照王爵办理"，乾隆帝认可了他的郡王身份，故他可葬于讷尔福园寝的一昭之位，同理，福彭葬于讷尔福园寝的一穆之位，庆明葬于讷尔福园寝的二昭之位，庆恒葬于讷尔福园寝的二穆之位。这五座园寝的排列布局可能呈一字形，也可能呈八字形。如此的园寝排列布局也正好符合了冯其利先生早年所调查的"从西边数第二所为平敏郡王坟地，第四所为郡王品级讷尔苏坟地"（图1-2-28）。

冯其利又云："这里的五所王爷坟均建有宫门、碑楼，但外边无月河，里边无享殿，砖砌的大墙。"[1]按冯氏说的"五所王爷坟"分别是指讷尔福园寝、福彭园寝、庆恒园寝、庆明园寝和讷尔苏坟园。他说"五所王爷坟"不建享殿，恐值得商榷。讷尔福、福彭、庆恒、庆明卒时都是郡王身份，根据园寝制度，不太可能不建享殿，倒是讷尔苏卒时无爵，没资格建设享殿。笔者推断，可能是因为平郡王家族

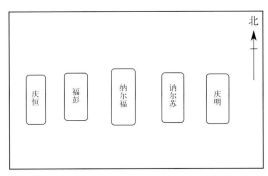

图1-2-28 平郡王家族茔地园寝分布示意图

茔地上的地面建筑包括享殿在内早在20世纪第二个十年里就被拆毁，冯其利调查时已是20世纪80年代，距享殿被拆毁破坏已经有六十余年的时间了，这时要想找到对当年平郡王家族茔地上的地面建筑的知情者恐是非易，冯氏的查访对象说"没见过享殿"并不意味园寝当年没建享殿，只是因为享殿早就被拆毁了，他未亲眼见到而已。至于月河当年有无建设，尚待查证。一般来说园寝前都会有月河，且月河上架有神桥。此外，冯氏说"五所王爷坟"都建有碑楼，也令笔者生疑，因为讷尔苏是没有资格建碑楼的。讷尔苏卒后虽经乾隆帝批准"事出之时，照王爵办理"，但这不等于说让讷尔苏去按郡王品级建设一座园寝，再怎么说讷尔苏也是有罪之人，建亭立碑，书从何文？难道是为讷尔苏平反而推翻他的父皇雍正的意见。

冯其利又云，"在王爷坟东边另有跨栏一座，有些土坟"。按"跨栏"本是满语，乃墙圈之意[2]。从冯氏语气来看，这里的"王爷坟"当指的是平郡王家族茔地。墙圈之内的"土坟"，笔者推测可能是平郡王家族其他成员的墓葬。根据冯其利调查，"跨栏"北侧还曾有两座大山子，1924年时坟主英颀（字仲岑）起灵，把骨殖移到了大山子里面，80年代时克王骨殖仍在大山子原来的位置埋着。按"大山子"不知何物，推测可能为高出地面的大型土堆。冯氏说的"克王"语焉不详，不知是坟主将葬在这里的五位郡王都起灵了还是只起了其中的一位或几位？

据《雪屐寻碑录》，讷尔福、庆明和庆恒三人的墓碑分别立于康熙四十一年（1702）四月十六日、乾隆十六年（1751）闰五月十八日、乾隆四十四年（1779）。讷尔福墓碑碑文首题"多罗平郡王谥悼纳尔福碑文"，文曰："粤稽古帝王平章百姓，必先睦族，所以重亲亲也。

1 冯其利《清代王爷坟》，第50页，紫禁城出版社，1996年。
2 "跨栏"本是满语kuwaran，"墙圈"之意。见金启孮《金启孮谈北京的满族》，第54页，中华书局，2009年。

朕笃念宗盟，眷隆一本，凡我天潢属籍及先世宣劳克懋厥勋者，咸推恩焉。尔多罗平郡王讷尔福，自乃祖从入关破贼，戮力中原，我世祖章皇帝懋嘉乃功，用封尔祖为多罗衍禧郡王。惟尔父亦克继前人，休恩封平郡，以及于尔。尔袭封膺宠，式赖先猷。年力方强，休途正远。谓朱邸之长开，享白茅之永祚。何期奄逝，深怆朕怀。爰命所司，考循彝宪，易名赐葬，特示优荣。于戏！窀穸初营，悲风生感。丰碑屹立，历祀流光。尔克有知，其敬承休命。"[1]

此外，在平郡王家族茔地附近还有两块平郡王府的坟地，即"十王坟东有一处，东到双槐树，南至铁道，西到十王坟，北到官马道，占地也是三顷多。双槐树村东有一处，东到五路居，南到铁道，西到旱河北至高庄，占地二十亩"[2]，笔者推测这两处茔地可能是平郡王府其他未承袭大宗王爵的成员的墓地。

4. 北京市怀柔区峪口村克勤庄郡王雅朗阿园寝

克勤庄郡王雅朗阿是讷清额的第十子，生于雍正十一年（1733）六月六日，其生母为讷清额侧福晋舒穆禄氏。克勤良郡王庆恒薨逝后雅朗阿袭爵。雅朗阿的父亲讷清额一生没什么爵职，但因为子雅朗阿的袭爵，他也被追封为克勤郡王。

雅朗阿初授三等侍卫。后在乾隆年间出任过都统、参赞大臣、将军、宗正等职务。据《爱新觉罗宗谱》，乾隆二十六年（1761）七月，授镶红旗蒙古副都统。乾隆二十六年（1761）九月，授乌里雅苏台参赞大臣。乾隆二十七年（1762）八月，调补正红旗满洲副都统。乾隆二十八年（1763），调任科布多参赞大臣。乾隆三十四年（1769），授荆州将军。乾隆三十八年（1773）至乾隆四十年（1775），先后出任盛京、黑龙江副都统。乾隆四十一年（1776）十二月，授靖远将军。乾隆四十五年（1780）九月，授宗人府右宗正。

可见，乾隆皇帝对雅朗阿是很信任的，故克勤良郡王庆恒薨逝后，乾隆帝选雅朗阿于乾隆四十五年（1781）五月袭多罗克勤郡王。袭爵后的雅朗阿仍署理都统、宗正事务。乾隆四十七年（1782），管理正白旗汉军都统事务。乾隆四十八年（1783）四月，调镶红旗满洲都统。本年七月，管理正黄旗满洲都统事务。乾隆五十九年（1794）二月，因病解除都统任，五月，解除宗人府右宗正。乾隆五十九年（1794）十二月十二日，薨逝，年六十一岁，谥曰"庄"，以第三子恒谨袭爵。

恒谨生于乾隆二十六年（1761）十月二十八日，其生母为雅朗阿侧福晋张佳氏。乾隆四十九年（1784）十二月，封三等镇国将军。乾隆六十年（1795）三月，袭多罗克勤郡王。嘉庆四年（1799），皇后出神武门，恒谨虽身为郡王，竟然连回避都不知道，而且还迎面前行。事后嘉庆帝谕恒谨"殊属不晓体制"，着"革去王爵，降为闲散宗室"[3]，以兄恒元子尚格袭。嘉庆八年（1803）十月三日，薨逝，年四十三岁。因恒谨生前被剥夺爵位，这可能就是其葬地不见于文献记载的原因。

据笔者调查，雅朗阿园寝遗址位于今北京市怀柔区北宅乡峪口村东北的台地上（图1-2-29），地理坐标约为北纬40°20.698′，东经116°31.909′，该地东南距县城约9.2公里。克勤庄郡王雅朗阿卒后未葬南平庄平郡王家族茔地，推测原因当为雅朗阿爵位虽然袭自庆恒，但二人乃伯侄关系，非后裔承袭，如若雅朗阿卒后仍葬南平庄，则会给人以雅朗阿乃

1 [清]盛昱《辽海丛书·雪屐寻碑录》，上海书店出版社，1994年。

2 冯其利《清代王爷坟》，第50页，紫禁城出版社，1996年。

3 《清仁宗实录》卷四十五。

清代园寝志

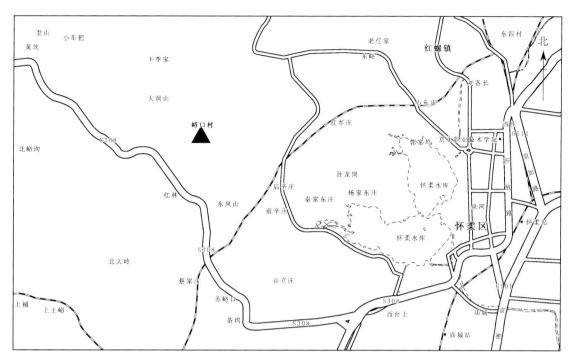

图1-2-29 北京市怀柔区峪口村克勤郡王雅朗阿园寝位置示意图

庆恒后代的感觉。又前所述，雅朗阿的父亲既然已经被追封为克勤郡王，那么从理论上可以认为雅朗阿的王位是从他的父亲那继承来的。这样雅朗阿卒后可以其父为一代先祖，同父葬在一块茔地上。由此，笔者推测，雅朗阿的父亲卒后可能就葬在了峪口村。

克勤庄郡王雅朗阿是入关后克勤郡王岳托后裔袭爵者中唯一一位葬在京城东郊者，其前几代袭爵者衍禧郡王罗洛浑、平比郡王罗克铎、革退平郡王讷尔图葬五统碑，平悼郡王讷尔福、革退平郡王讷尔苏、平敏郡王福彭、平僖郡王庆明、克勤良郡王庆恒葬南平庄；其后几代袭爵者革退克勤简郡王尚格、克勤恪郡王承硕、克勤敬郡王庆惠葬门头沟冯村邓家坡，克勤诚郡王晋祺葬房山上万村，也都在京城西郊。雅朗阿墓地独选在京城东郊偏僻且路途遥远，"地方不靖，除了强人和山大王出没外，还有豺狼虎豹伤人"[1]的峪口村东北的"北台"的原因，前文已有记述。这里虽然偏僻，但风景极佳。茔地周围山岭环绕，背有长岭，南有珠珠山，东有大神山、二神山、三神山、四神山等小山包，西临佟家坟，"从珠珠山向北望去，'北台'东西两山如同两条巨龙，而珠珠山恰似'二龙戏珠'的火珠"[2]。峪口村南还有怀九河。这样的环境很符合中国传统堪舆学的风水观念。

从上述几处克勤郡王家族茔地的分布位置，我们可以看出茔地是越选越远。这是因为在清朝社会，随着人口的日益繁衍，在京城附近逐渐出现人稠地稀的状况，当近郊的土地全部被占用后，清宗室王公们自然往远郊获取土地，建设墓地。另一原因当为随着清朝入主中原时间的变长，他们对中原地区汉人的传统文化观念接受得就越深入，风水观念即为其一。满清入关后前期，宗室王公葬地大都位于京城近郊，而且也不太注重风水，越到后来，他们在选择茔地时就越注重风水（包括山势、地形等），而风水宝地往往都在京城远郊。清朝后期的一些宗室王公们为了能获得一块风水宝地作为卒后福地，他们竟然不惜以多换少，如荣恪

1　冯其利《清代王爷坟》，第53页，紫禁城出版社，1996年。

2　冯其利《清代王爷坟》，第52页，紫禁城出版社，1996年。

【第一部分】 清代宗室王公园寝志

95

郡王绵亿生前便让风水先生采访坟地，风水先生看中了今北京市丰台区大灰厂村以北三里的地方，于是绵亿就用府中通县小东格地四顷五十四亩、房二十间换得那里的土地一顷十亩；贝勒奕绘看中了今房山区大南峪的风光，于是便以府中东城地两千亩易得大南峪仅五百余亩的土地，易成后便在此经营墓地。

　　雅朗阿墓地早在20世纪二三十年代时就被盗挖，文化大革命期间，地宫城砖被起走，

图1-2-30 雅朗阿园寝遗址内的月台基础

石门被砸毁。笔者推测这个时候雅朗阿园寝既已遭到彻底毁坏。2008年笔者调查时发现，克勤庄郡王雅朗阿园寝遗址处是一片高出地面的台地，台地上及周围是一片果园。在果树和杂草的掩盖下，仍能看到地宫废坑及残存的宝顶三合土、地宫内墓砖。此外，在果林中还发现有残存月台基础和一残存砖砌桥墩（图1-2-30）。据此处果园的主人说，墓碑和石制宫门被埋在地宫废坑下面。

　　根据冯其利先生80年代的调查材料，整片茔地占地一百六十余亩。在雅朗阿园寝前的怀九河上曾有平桥一座，平桥北边的大道上立有下马桩。园寝外还曾有神桥一座。桥北是宫门，即园寝大门，未建碑楼及碑。宫门旁有东西角门，宫门内有东西朝房各三间。正对宫门的月台上是宝顶一座，宝顶高达3米，三合土夯实，外皮呈红色。宝顶后是圆弧形的园寝大墙。大墙东边为雅朗阿长子亨迪、第四子亨节的墓地，土坟两三座。大墙北边有侧福晋张佳氏墓地，地穴砖券。

　　冯其利说克勤庄郡王雅朗阿园寝未建碑楼及碑。他援引当地老人的说法，解释未建碑楼的原因是此处路远偏僻，且地方不靖，除强人和山大王外，还有豺狼虎豹伤人，坟主被吓住了，不敢前来，木厂主偷木减料，故未建碑楼。按：这种说法显然具有传奇色彩，恐怕值得商榷。据笔者调查雅朗阿园寝当年是立有墓碑的，只是不知在什么时候被埋在了现今的被废弃的地宫废坑下面，这点笔者在前面已有述及。雅朗阿身为郡王，生前又得乾隆帝信任，按照清代的园寝制度推测，其卒后当建设碑亭。此外，清宗室王公们在建设园寝时，是会有人前去监督工程进展情况的。如果是内务府负责建设（即官办），他们就更会严格要求工程人员按照朝廷的规定来做。如果是私人建设，那么对于重视身后之事的王爷们来说，恐怕他们也不会置之不管，任由造坟者"肆意妄为"。由于雅朗阿园寝被毁坏的年代较早，真相实难考证，或许就是因为碑楼被破坏的年代较早，致使后来的人们模糊地说"没建碑楼"，也或许克勤庄郡王雅朗阿自抑园寝规制，不建碑楼，以防招来猜忌，不得而知。

　　此外，冯其利说雅朗阿园寝宫门内就是宝顶，也没有享殿。根据清代园寝制度，雅朗阿园寝当年也当按照郡王例建设享殿三间。不知道冯其利调查的是否有误，笔者只在此提出疑问。

　　5.北京市门头沟区冯村克勤简郡王尚格园寝（附亨元墓地）

克勤简郡王尚格生于乾隆三十五年（1770）十月一日，其父亨元是克勤庄郡王雅朗阿的第二子。在其胞叔恒谨因不避皇后乘舆而被夺爵后，他于嘉庆四年（1799）六月多罗克勤郡王。道光四年（1824），因病乞休。道光五年（1825）七月，授镶白旗蒙古都统。道光七年（1827）十月，授宗人府右宗正。本月，充玉牒馆副总裁。道光八年（1828）八月，管理宗人府银库事宜。道光九年（1829）五月，授内大臣。道光十年（1830），尚格患眼疾不能看视，其所管宗人府右宗正、镶白旗蒙古都统俱开缺，但道光帝加恩仍命尚格留内大臣进班，同时下谕：“宗室王等常有承祀差使皆典礼攸关。尚格既目力不明，于祭祀亦所不宜，着宗人府嗣后遇有奏派承祀差使，及该衙门照例轮派承祀，尚格俱着不必列名。”[1]道光十三年（1833）二月二十三日薨逝，年六十四岁，谥曰“简”，以子承硕袭爵。

根据宗法制度，尚格承袭雅朗阿爵位，卒后可葬入雅朗阿茔地，但事实上尚格卒后葬在了今北京市门头沟区永定镇冯村邓家坡（图1-2-31）。笔者推测这是由于尚格的父亲亨元的墓地在邓家坡一带。在尚格承袭克勤郡王后，其父亨元亦被追封为亲王。这样从理论上可以认为尚格的王爵是从亨元那里继承来的，根据宗法制度，尚格卒后可以其父为一代先祖，葬在其父附近。另尚格园寝内还葬有其袭爵子承硕、袭爵孙庆惠。

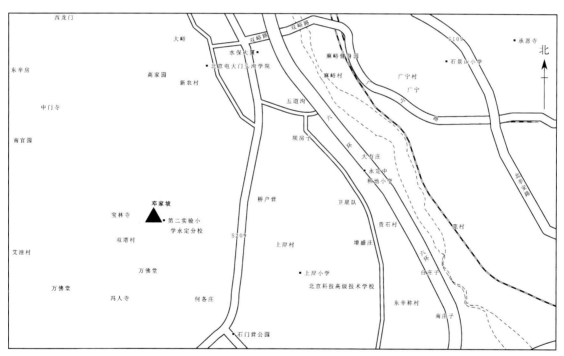

图1-2-31 北京市门头沟区邓家坡克勤郡王尚格园寝位置示意图

按清代宗室王公贵族墓葬被称为“园寝”，但实际上并不是每一个有封爵的人卒后墓地上都一定建有朝廷所规定的相应的建筑。这是因为清代宗室成员的墓葬一般均为家族式墓葬，各朝皇子及宗子始封者，无论其爵位高低，依封建宗法制度，均为一小宗之始封祖。其后代袭封成员，作为小宗之后裔，一般死后都按照昭穆制度葬于祖茔之内，根据其家族的实际情况，或在其父祖的园寝附近另建园寝，或在其父祖的园寝中建坟。据此，尚格最早葬于此处，故尚格为此处园寝的主人，其子承硕、孙庆惠卒后未单独建立园寝，而是按昭穆制度

1 《清宣宗实录》卷一百六十八。

建坟于尚格园寝中。

承硕，尚格第二子，生于嘉庆七年（1802）三月二十三日。据《爱新觉罗宗谱》，嘉庆二十三年（1818）十二月，赏二品顶戴。道光元年（1821）十二月，封头等镇国将军，授二等侍卫。道光七年（1827），授委侍卫领班。道光九年（1829），授侍卫领班，九月，封不入八分辅国公。道光十一年（1831），授委散秩大臣。道光十三年（1833），管理圆明园八旗包衣三旗事务。其父薨逝后，于道光十三年（1833）六月袭克勤郡王。道光十四年（1834），授镶红旗总族长。道光十九年（1839）九月，薨逝，年三十八岁，谥曰"恪"，以子庆惠袭爵。

庆惠，承硕长子，生于嘉庆二十四年（1819）十月六日。道光十五年（1835）十二月，赏二品顶戴。道光十八年（1838）十二月，赏三等侍卫。道光二十年（1840）二月，袭克勤郡王。道光二十二年（1842）十月，授正红旗总族长。咸丰元年（1851）三月，赏戴三眼花翎。咸丰四年（1854）六月，管理镶白旗觉罗学事务。咸丰八年（1858）五月，授正黄旗满军都统，七月，署理正白旗满洲都统，十月，授正黄旗汉军都统，十二月，授管宴大臣。咸丰九年（1859）正月，署理正黄旗领侍卫内大臣。咸丰十年（1860），咸丰帝逃避热河后，庆惠奉命留京办理事务，释放已被清军所擒的英使巴夏礼，并奏疏奕䜣入城与英军议和。咸丰十一年（1860）七月二十八日，薨逝，年四十三岁，谥曰"敬"，以子晋祺袭爵。

尚格园寝在1939年前后被盗发，砖瓦石块被卖掉，仅留宝顶和神桥，文化大革命中，宝顶被平毁[1]。2008年笔者调查时，园寝旧址上已是一片民房，早年的园寝已无任何遗迹可寻。根据冯其利20世纪80年代的调查材料，尚格园寝占地三十余亩，曾建有神桥、月河，宫门内月台上有三座宝顶，宝顶高约4米，分别为追封克勤郡王亨元子尚格、孙承硕、曾孙庆惠的墓葬。

根据冯氏的调查材料，克勤简郡王尚格园寝似乎未建碑亭、朝房和享殿。尚格卒时有郡王爵位，根据清代园寝制度，其园寝当年应建有墓碑、碑亭、朝房、享殿等。如果尚格园寝当年的建筑状况确如冯氏调查的那样，笔者推测当与此时清帝已不再重视这支有一定的关系。我们知道，克勤简郡王尚格的爵位袭自革退克勤郡王恒谨。恒谨被革退郡王的原因是，在一次皇后出神武门的时候，恒谨虽身为郡王，竟然连回避都不知道，而且还迎面前行。事后嘉庆帝谕恒谨"殊属不晓体制"，着"革去王爵，降为闲散宗室"[2]，推测就是从这个时候开始，克勤郡王这支便不再受到清帝的重用。观尚格一生也没什么出色的表现来重新获得清帝青睐，因此，尚格卒后得到的清帝所赏的治丧银两无几。再加上这个时候尚格家族的财力可能也不丰厚了，故尚格园寝建设得比较简单。

除克勤简郡王尚格园寝外，邓家坡还葬有克勤简郡王尚格的父亲亨元[3]。亨元是克勤庄郡王雅朗阿的第二子，生于乾隆十五年（1750）七月初九日，其生母为雅朗阿嫡福晋瓜尔佳氏。乾隆四十六年（1781）四月，授三等侍卫。本年十月，授宗室佐领。乾隆五十四年（1789）二月六日薨逝，年四十三岁。嘉庆五年（1800）四月，其子尚格袭爵后，被追封为克勤郡王。

亨元卒时无宗室爵位，故其卒后不建园寝。亨元为雅朗阿之子，卒后可陪葬在其父附近，可是亨元早于其父去世，故他另外找了一个地方埋葬。据笔者调查，亨元墓地的具体位置在尚格园寝东南，地理坐标约为北纬39°54.831′东经116°05.545′。现墓地遗址处尚存有一座宝顶，宝

1　冯其利《清代王爷坟》，第56页，紫禁城出版社，1996年。

3　冯其利《清代王爷坟》，第55页，紫禁城出版社，1996年。

顶三合土制，现高约4米，直径约5米（图1-2-32）。据残存宝城基础，粗测其墓园宽约50米。据冯其利先生早年调查，追封多罗郡王亨元墓园坐北朝南，占地二亩，早年曾建有大门一座，外有围墙。宝城内月台之上是宝顶。按亨元初葬邓家坡时，其墓地仅为一普通宗室成员墓地，等其被追封为克勤郡王后，其墓地便升格为克勤郡王大宗的家族茔地。

图1-2-32 亨元宝顶

6.北京市房山区上万村克勤诚郡王晋祺园寝（附末代克勤顺郡王崧杰）

《房山县志》记载："克王陵在北上万西"[1]，北上万即今北京市房山区清龙湖镇上万村（图1-2-33）。据笔者实地调查，该处"克王陵"即指克勤诚郡王晋祺园寝。按《房山县志》沿用了民间通俗的称谓"克王陵"，其实这种称呼是不准确的。因为在清代，陵是专门用来指帝后陵墓的，宗室王公的墓葬只能称园寝，又晋祺墓地相对于其祖在门头沟邓家坡处的墓地来说是靠西的，故晋祺墓地又有"西坟地"之称。

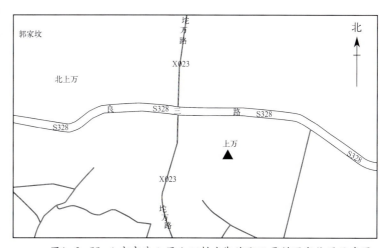

图1-2-33 北京市房山区上万村克勤诚郡王晋祺园寝位置示意图

克勤诚郡王晋祺是清太祖努尔哈赤的九世孙，克勤敬郡王庆惠的长子，生于道光二十六年（1846）二月十二日。咸丰十一年（1861），袭郡王爵。光绪十五年（1889），德宗大婚时，赏加亲王衔。光绪二十年（1894），孝钦皇后万寿时，被赏赐龙褂一件，并加岁银两千两。历任左宗人、右宗正、都统、领侍卫内大臣。光绪二十六年（1900）二月五日薨逝，年五十五岁，谥曰"诚"。

克勤诚郡王晋祺园寝在1946年之后陆续被拆除，20世纪80年代时已荡然无存。据《清代王爷坟》一书记述，克勤诚郡王晋祺园寝坐西朝东，未建碑楼，有南北朝房各三间，宫门一座。园寝围墙由城砖砌就，外皮红色。宝城内月台上有大宝顶一座。20世纪40年代后，园寝建筑陆续被拆除[2]。按克勤诚郡王晋祺卒时已是清朝末年，无论是皇室还是宗室财力均不济，

---

1 民国十六年修《房山县志》卷三《地理·陵墓》。

2 冯其利《清代王爷坟》，第57~58页，紫禁城出版社，1996年。

故围墙使用了城砖，且连碑亭和享殿也从简不再建设。

克勤诚郡王晋祺卒后，崧杰袭爵。崧杰生于光绪五年（1879）五月十一日，是晋祺的第二子。光绪二十六年（1900）二月，袭多罗克勤郡王。光绪二十七年（1901）二月，派充正黄旗宗室总族长，并管理正黄旗觉罗学事务。宣统元年（1909）十二月二十九日薨逝，年三十一岁，谥顺[1]。

崧杰葬地不详，推测在其父克勤诚郡王晋祺园寝附近。

附：克勤郡王承袭表

承袭顺序	名 字	谱系	爵谥	行履	葬地及园寝资料
始封祖	岳托	多罗克勤郡王	代善第一子	生于明万历二十七年（1599）二月初二日。初授台吉，天命十一年（1626），以军功封贝勒。崇德元年（1636）四月，议功，晋封和硕成亲王。八月，坐徇庇莽古尔泰、硕托及离间济尔哈朗、豪格，降贝勒。崇德二年（1637）八月，上命两翼较射，岳言不能，以骄慢降固山贝子。崇德三年（1638）正月，复以军功封贝勒，四月，授扬威大将军。崇德四年（1639）正月初九日，薨于军，年四十一岁，四月，追封为多罗克勤郡王。康熙二十七年（1688），立碑纪功。乾隆四十三年（1778），配享太庙，爵位世袭罔替能。子7人，有功爵者5人。	《钦定宗室王公功绩表传》卷八："以疾薨于军……诏封为多罗克勤郡王，赐驼二，马五，银万两，葬盛京城南五里万柳塘。康熙二十七年十一月，命立碑以纪其功。乾隆八年驾幸盛京，亲诣王园寝赐醊。四十三年正月上追念王忠勋命配享太庙。"据《奉天通志·陵墓》记载，岳园寝在辽宁省沈阳市城南五里白塔之西[2]。
一袭，第二代	罗洛浑（洛洛欢、罗洛宏）	多罗衍禧介郡王	岳托第二子	天命八年（1623）三月初二日生，崇德四年（1639）九月袭多罗贝勒。崇德七年（1642），坐嗜酒妄议及敏惠恭和元妃丧不辍丝竹，削爵。崇德八年（1643）五月复封多罗贝勒。顺治元年（1644）十月，从定京师，以军功晋封衍禧郡王。顺治三年（1646）八月，薨于军，年二十四岁。康熙间追谥介。子罗科铎袭。	园寝在北京市木樨地五统碑。现已无任何遗存。从北京历史地图看，1935年尚存五统碑这一地名，再看1947年的地图，五统碑已经消失了。
二袭改号平郡王，第三代	罗克铎	罗洛浑第一子	多罗平比郡王	崇德五年（1640）六月二十三日生。顺治五年（1648）闰四月袭多罗衍禧郡王。顺治八年（1651）二月，改封号曰平郡王。康熙二十一年（1682）七月十二日薨，年四十三岁。谥曰比。子讷尔图袭。	园寝在北京市木樨地五统碑。现已无任何遗存。

---

1 《清史稿》载：宣统二年，薨，谥曰顺。
2 《奉天通志》第四函第十《陵墓·沈阳》，第16页。

清代园寝志

三袭，第四代	讷尔图	罗科铎第四子	已革多罗平郡王	康熙四年（1665）五月初五日生。康熙十八年（1679）正月封平郡王世子，康熙二十二年（1683）正月袭多罗平郡王。康熙二十六年（1687）四月，以殴毙无罪人及折人手足，削爵。弟讷尔福袭。讷尔图康熙三十五年（1696）五月卒，年32岁。	葬于北京市木樨地五统碑。
四袭，第四代	讷尔福	罗科铎第六子	多罗平悼郡王	康熙十年（1671）七月生，康熙二十四年（1685）正月封固山贝子。康熙二十六年（1687）五月袭多罗平郡王。康熙四十年（1701）七月薨，年三十一岁，谥曰悼。子讷尔苏袭。	园寝在今北京市海淀区四季青乡南平庄。现已无任何遗存。
五袭，第五代	讷尔苏	讷尔福第一子	已革平郡王	康熙二十九年（1690）九月十一日生，康熙四十年（1701）十月袭多罗平郡王。雍正元年（1723）七月，坐贪婪，削爵。乾隆五年（1740）九月初五日卒，年五十一岁，以郡王品级殡葬。讷尔苏福晋曹佳氏为通政使曹寅之女。子福彭袭。	园寝在今北京市海淀区四季青乡南平庄。现已无任何遗存。
六袭，第六代	福彭	讷尔苏第一子	多罗平敏郡王	康熙四十七年（1708）六月二十六日卯时生，母嫡福晋曹佳氏，通政使曹寅之女。雍正四年（1726）七月袭多罗平郡王。乾隆元年（1736）三月管理正白旗满洲都统事务。乾隆二年（1737）三月，修理盛京三陵，闰九月，兼管满洲火器营事务，十月，调管正黄旗满洲都统事务。乾隆三年（1738）七月，擢议政。乾隆十三年（1748）十一月薨，年四十一岁，谥曰敏。子庆宁（庆明）袭。	园寝在今北京市海淀区四季青乡南平庄。现已无任何遗存。
七袭，第七代	庆宁（庆明）	福彭第一子	多罗平僖郡王	雍正十年（1732）十二月生。乾隆十四年（1749）三月袭多罗平郡王，乾隆十五年（1750）九月初一日薨，年十九岁，谥曰僖。无子，以讷尔苏孙（讷尔苏第四子福秀之子庆恒袭。	园寝在今北京市海淀区四季青乡南平庄东南。现已无任何遗存。
八袭袭平郡王，复号克勤郡王；第七代	庆恒	福秀第一子	克勤良郡王	雍正十一年（1733）九月二十七日生，乾隆六年（1741）三月过继福彭为嗣。乾隆十五年（1750）十二月袭多罗平郡王，乾隆十九年（1754）八月，管理镶红旗汉军都统事务，乾隆二十七年（1762）闰五月，坐旗员冒借官银，降为固山贝子。乾隆四十年（1775）闰十月，复王爵。乾隆四十三年（1778），以多罗克勤郡王茂著壮猷，克昭骏烈，其原封爵号应永绍嘉名，勿令改易，特旨令现袭之平郡王仍复号克勤郡王。乾隆四十四年（1779）二月初四薨，年四十七岁，谥曰良。以讷尔图孙雅朗阿袭。	园寝在今北京市海淀区四季青乡南平庄东南。现已无任何遗存。
九袭追封	讷清额	讷尔图第一子	追封多罗克勤郡王	康熙三十一年（1692）九月十三日生，乾隆三十年（1765）六月二十五日薨，年74岁。乾隆四十四年（1779）六月追封多罗克勤郡王。	园寝在北京市木樨地五统碑。现已无存。

清代宗室王公园寝志

九袭克勤郡王，第六代	雅朗阿	讷清额第十子	克勤庄郡王	雍正十一年（1733）六月初六日生，乾隆四十四年（1779）克勤良郡王庆恒薨，翌年五月，以讷尔图孙雅朗阿袭封多罗克勤郡王。乾隆五十九年（1794）二月十二日薨，年六十一岁，谥曰庄。子恒谨袭。	园寝遗址位于今北京市怀柔区北宅乡峪口村东北的台地上。
十袭，第七代	恒谨	雅朗阿第三子	已革多罗克勤郡王，不入八分辅国公	乾隆二十六年（1761）十月生。乾隆四十九年（1784）十二月封三等镇国将军。乾隆六十年（1795）袭多罗克勤郡王。嘉庆四年（1799），以不避皇后乘舆，夺爵，其多罗克勤郡王爵由兄恒元子尚格袭，而追封恒元为克勤郡王。恒谨赏四品顶，着往西陵。嘉庆七年（1802）十月，封恒谨不入八分辅国公。嘉庆八年（1803）十月卒，年四十三岁。	葬处未详。
十一袭追封	恒元（亨元）	雅朗阿第二子	追封多罗克勤郡王	乾隆十五年（1750）七月初九日生，乾隆四十六年（1781）四月授三等侍卫，乾隆五十四年（1789）二月六日卒，年四十三岁。嘉庆五年（1800）四月，其弟恒谨革爵，六月，以恒元子尚格袭爵，恒元被追封克勤郡王。	葬邓家坡。现墓地遗址处尚存有一宝顶。
十一袭，第八代	尚格	恒元第一子	多罗克勤简郡王	乾隆三十五年（1770）十月生，嘉庆四年六月袭多罗克勤郡王。道光四年（1824）以病乞休，道光十三年（1833）二月二十三日薨，年六十四岁，谥曰简。子承硕袭。	园寝在北京门头沟冯村邓家坡侧。已无任何遗存。
十二袭，第九代	承硕	尚格第二子	多罗克勤恪郡王	嘉庆七年（1802）三月生，道光七年（1827）九月，封不入八分辅国公，道光十三年（1833）六月袭多罗克勤郡王。道光十九年（1839）九月薨，年三十八岁，谥曰恪。子庆惠袭。	葬于尚格园寝中。
十三袭，第十代	庆惠	承硕第一子	多罗克勤敬郡王	嘉庆二十四年（1819）十月生。道光十五年（1835）十二月赏二品顶戴，道光二十年（1840）二月袭多罗克勤郡王，咸丰十一年（1861）七月薨，年四十三岁，谥曰敬。子晋祺袭。	葬于尚格园寝中
十四袭，第十一代	晋祺	庆惠第一子	亲王衔多罗克勤诚郡王	道光二十六年（1846）二月生，咸丰十一年（1861）袭爵，光绪十五年（1889）德宗大婚，赏加加亲王衔。光绪二十六年（1900）二月初五日薨，年五十五岁，谥曰诚。子崧杰袭。	园寝在今北京市房山区清龙湖镇上万村，已无任何遗存。
十五袭，第十二代	崧杰	晋祺第二子	多罗克勤顺郡王	光绪五年（1879）五月十一日生，光绪二十六年（1900）袭爵，宣统二年二月二十九日卒，年三十一岁，谥曰顺。	葬地不详。

（三）追封和硕颖毅亲王萨哈璘及后裔园寝

1. 本溪市追封和硕颖毅亲王萨哈璘园寝

据《清史稿》记载，萨哈璘为和硕礼烈亲王代善第三子，明万历十二年（1584）五月二十三日生。初授台吉。天命十年（1625），察哈尔林丹汗攻科尔沁，萨哈璘将精骑五千赴援，解其围。天命十一年（1626），萨哈璘从代善伐喀尔喀巴林部，又伐札噜特部，皆有功，授贝勒。天聪元年（1627），上伐明，萨哈璘率巴雅喇精骑为前队。上自大凌河至锦州，明兵走，萨哈璘邀击歼之。复率偏师卫塔山运粮，败明兵二万人。攻宁远，击明总兵满桂，萨哈璘力战，被创。天聪三年（1629），上伐明，次波罗河屯。代善等密请班师，上不怿。萨哈璘与岳托力赞进取，由是克遵化，薄明都。十二月，萨哈璘略通州，焚其舟，次张家湾。复围永平，克香河。天聪四年（1630），永平既下，萨哈璘与济尔哈朗驻守。永平人李春旺讹言将屠城，斩以徇。旋谕降迁安、滦州、建昌、台头营、鞍山堡诸地。明兵自乐亭、抚宁攻滦州，萨哈璘率军赴援，明兵引退。贝勒阿敏来代，乃还师。天聪九年（1635），萨哈璘偕多尔衮、岳托、豪格等收察哈尔林丹汗子额尔克孔果尔额哲。师次托里图，收其全部。此前，诸贝勒大臣屡请上尊号，不许。既收察哈尔，复请，上仍不许。萨哈璘令内院大臣希福等奏曰："臣等屡请，未蒙鉴允，夙夜悚惶，罔知所措。伏思皇上不受尊号，咎在诸贝勒不能殚竭忠信，展布嘉猷，为久大计。今诸贝勒誓改行竭忠，辅开太平之基，皇上宜受尊号。"上曰："善。萨哈璘为朕谋，开陈及此，实获我心。诸贝勒应誓与否，尔掌礼部，可自主之。"翌日，萨哈璘集诸贝勒于朝，书誓词以进。上命以众议告朝鲜，萨哈璘因言："诸贝勒亦当遣使，示以各国来附，兵力强盛。"上嘉纳之。崇德元年（1636）正月，萨哈璘有疾，上命希福谕曰："群子弟中，整理治道，启我所不及，助我所不能，惟尔之赖。尔其静心调摄，以副朕望！"萨哈璘对曰："蒙皇上温旨眷顾，窃冀仰荷恩育，或可得生。即不幸先填沟壑，亦复何憾。但当大勋垂集，不能尽力国家，乃辗转床蓐，为可恨耳！"希福还奏，上恻然曰："国家岂有专事甲兵以为治理者？倘疆土日辟，克成大业，而明哲先萎，孰能助朕为理乎？"萨哈璘病革，上屡临视，见其羸瘠，泪下，萨哈璘亦悲痛不自胜。五月，萨哈璘卒。上震悼，入哭者四，自辰至午乃还。仍于庭中设幄坐，不御饮食，辍朝三日。祭时，上亲奠，痛哭。诏褒萨哈璘明达敏赡，通满、汉、蒙古文义，多所赞助，追封颖亲王。上御翔凤楼，偶假寐，梦人请曰："颖亲王乞赐牛一。"故事，亲王薨，初祭以牛。萨哈璘以追封，未用，上命臻祭如礼。康熙二年（1663），特赐典，敕建丰碑。康熙十年（1671）六月，追谥毅。乾隆十九年（1680）九月入祀盛京贤王祠[1]。

据《钦定盛京通志》记载，萨哈璘墓在辽阳州太子河南平顶山下[1]，今属辽宁省本溪市。《兴京县志》记载，萨哈璘原葬于兴京（即今新宾）城东南五里，后又卜得吉地才迁至太子河南平顶山下（图1-2-34）。据末代顺承郡王文仲良先生讲，1940年日本人修筑铁路，他又将祖太王萨哈璘棺椁迁到了南山之上[2]。

1　《钦定盛京通志》卷一百零四。

2　宋大川、夏连保《清代园寝制度研究》，文物出版社，2007年。

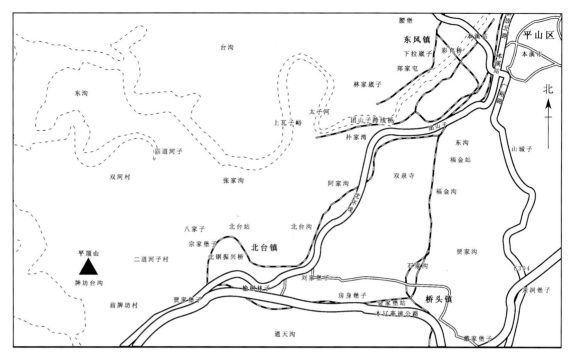

图1-2-34 辽宁省本溪市平顶山颖毅亲王萨哈璘园寝位置示意图

萨哈璘墓碑原立于新宾，后迁至本溪太子河南岸。后因修建铁路，再迁至今本溪市明山区群建居民区内，1994年又移于现所在地，即本溪市平顶山碑林中。《本溪县满族史》一书中有"清初和硕颖亲王萨哈廉碑"图片[1]。据《辽宁碑志》一书，萨哈廉（萨哈璘）碑刻于清康熙十一年（1672）。此碑碑质汉白玉，碑首透雕四龙纠结，碑身周边浮雕云龙纹。龟趺座，通高394厘米，碑首宽122厘米，碑身宽115厘米、厚40厘米。碑阳阴刻满汉合璧碑文，字已漫漶不清。其中汉文楷书阴刻6行，满行45字[2]。

2.北京市房山区顺承郡王家族茔地

2.1 西甘池村顺承郡王家族茔地及顺承恭惠郡王棱德弘、多罗顺承慎郡王恒昌和顺承敏郡王庆恩园寝

顺承郡王始封自代善之孙，萨哈璘的第三子棱德弘，棱德弘又译做勒克得浑。顺承郡王爵位先后共有14人继承过，即勒尔锦、勒尔贝、延奇、充保、布穆巴、诺罗布、锡保、熙良、泰斐英阿、恒昌、伦柱、春山、庆恩和讷勒赫，其中勒尔锦、布穆巴、锡保因犯事被夺爵，没能将王位坐到底。据《房山县志》记载："顺承郡王陵，在西甘池村南，一在二龙岗。"[3]西甘池和二龙岗今仍沿用，分别隶属于北京市房山区长沟镇和北京市房山区韩村河镇（图1-2-35）。其中，西甘池村共葬有11位顺承郡王，即棱德弘（勒克得浑）、勒尔锦、勒尔贝、延奇、充保、诺罗布、恒昌、伦柱、春山、庆恩和讷勒赫；二龙岗村葬有3位顺承郡王，即锡保、熙良和泰斐英阿。此外，还有一位被削爵的郡王布穆巴葬于北京西直门外二里沟。

---

1 宋大川、夏连保《清代园寝制度研究》，文物出版社，2007年。

2 王晶辰《辽宁碑志》，辽宁人民出版社，2001年。

3 民国十六年修《房山县志》卷三《地理·陵墓》。

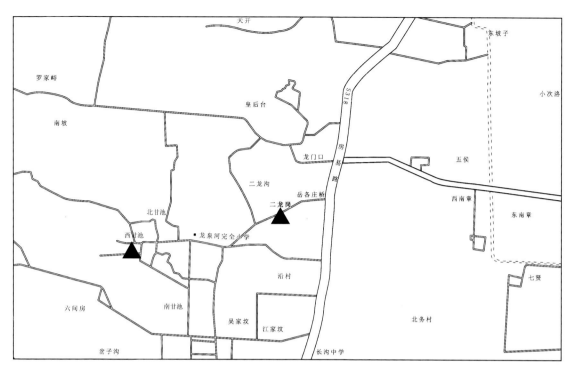

图1-2-35 北京市房山区西甘池及二龙岗顺承郡王家族茔地位置示意图

西甘池村顺承郡王家族茔地在1936年时被盗发，茔地遗址保存到解放前夕。西甘池村修建柏油路时，茔地上的几个宝顶被平毁。冯其利说，"王爷坟坐西朝东，背山面河。东边大道立有七八尺高的下马桩。河的西侧南北端与虎皮石墙之间有栅栏门各一座。北栅栏门外设有守护班房。青灰勾缝的虎皮石墙与大宫门相连接。进大宫门为二道门、南北角门和南北大门与砖墙相接。从二道门开始，由砖墙隔开三个院落，居中的称老府，……从顺承郡王恒昌其，在老府北侧又建立坟地，俗称北府。……老府的南墙外，在光绪初年又建立了顺承敏郡王庆恩坟地。俗称南府。"笔者从冯氏所叙述的语气来看，他所说的"王爷坟"实际上指的是顺承郡王大宗的家族茔地，"大宫门"当为整个顺承郡王大宗家族茔地的大门，老府、北府、老南府当分别为顺承恭惠郡王勒克得浑、顺承慎郡王恒昌和顺承敏郡王的园寝，"二道门"当为勒克得浑园寝的宫门，南、北大门当分别是庆恩和恒昌园寝的宫门。此外，冯其利还说，"整个王爷坟南侧还有一块坟地，这就是顺承郡王府称为老南府，俗称大破府"。按即在顺承郡王大宗茔地之南还有一块被称为"老南府"或"大破府"的茔地，据冯其利调查，这块茔地上在葬有勒尔锦、勒尔贝、延奇、充保。根据冯氏记述，笔者粗略勾绘出顺承郡王家族茔地布局，如右图（图1-2-36）。

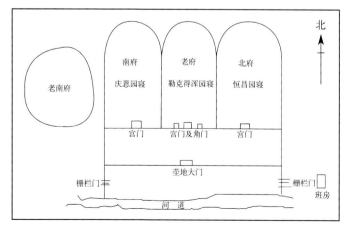

图1-2-36 顺承郡王家族茔地布局示意图

2.1.1 顺承恭惠郡王勒克得浑园寝

顺承恭惠郡王棱德弘（勒克得浑）是萨哈璘的第三子，生于天聪三年（1629）五月初五日。顺治元年（1644），因其兄阿达礼谋立睿亲王谴死，棱德弘被坐黜宗室。是年十一月，顺治帝念勒德得浑"年幼未与谋，命复入宗室，封多罗贝勒"[1]。之后，勒克得浑显示了其卓越的军事才能。二年（1645）七月，"命为平南大将军，代豫亲王多铎驻江宁，分兵平定闽浙"[2]。顺治五年（1648）九月，以军功进封多罗顺承郡王，世袭罔替，"寻同郑亲王济尔哈朗、都统阿济格、尼堪统八旗前锋"[3]，征湘潭、广西、全州等。顺治七年（1650）正月凯旋，赐黄金五十，白很五千，五月，参与议政。顺治八年（1651）三月，特命管理刑部事务。

可惜天不假年，勒克德浑于顺治九年（1652）三月二十七日，薨逝，年仅二十四岁。勒克德浑的英年早逝，未免让人愧惜，顺治帝赐祭如典礼。康熙十年（1671）六月，追谥"恭惠"，以子勒尔锦袭爵。

勒克得浑卒后葬入西甘池村顺承郡王大宗家族茔地，他是最早入葬西甘池村顺承郡王家族茔地的人。又因为勒克得浑是顺承郡王始封祖，故他是整个茔地上的大祖，其园寝当位于整个茔地的主位。根据清代园寝制度，勒克得浑卒后当按郡王品级建设园寝，即碑楼一座、墓碑一统、宫门三间、享殿三间、宝顶、围墙等。

勒克得浑园寝中还葬有其子顺承忠郡王诺罗布。顺承忠郡王诺罗布是顺承恭惠郡王勒克得浑的第三子，生于顺治七年（1650）二月二十三日。康熙三十七年（1698），授头等侍卫。三十八年（1699）二月，擢镶黄旗汉军副都统。十二月，调镶蓝旗满洲副都统。四十（1701）年，摄右翼前锋统领。四十二年（1703），授杭州将军。

诺罗布虽然也是顺承郡王勒克得浑的儿子，但是顺承郡王勒克得浑卒后，顺治帝却命诺罗布的弟弟勒尔锦袭爵，诺罗布无缘大宗的王位。就是在勒尔锦因率师讨贼坐失事机被削爵幽禁后，清帝康熙又先后选勒尔锦的四个儿子袭爵。先是年仅三岁的勒尔锦的第三子勒尔贝，勒尔贝袭爵仅一年后去世，康熙帝又让勒尔锦年仅一岁的四子延奇袭爵，延奇五年后去世，康熙帝又让勒尔锦年仅两岁的七子充保袭爵，充保十一年后也去世了，康熙帝又让勒尔锦五子布穆巴袭爵。可惜布穆巴不争气，在康熙五十四年（1715）五月的时候因肇事被夺爵。据《清史稿》，布穆巴所犯事当与"附允禩谋求太子位"有关，这种罪过在康熙帝看来是很严重的，因为康熙帝面对诸皇子争位深表憎恶，他说，"有钻营为皇太子者，即国之贼，法所不容"。康熙帝对皇子钻营皇位者称之"国之贼"，自然对支持依附皇子结党者也不会轻饶。布穆巴即是一例，否则，康熙帝可能会对布穆巴采取罚俸、降爵等惩罚措施，而不是直接把王帽子拿掉。布穆巴被夺爵后，顺承郡王爵位不可停悬，这时康熙帝才想到了勒克得浑的第三子诺罗布。

如前所述，诺罗布前半生最高也才做到副都统、前锋统领，其侄布穆巴削爵后，他突然运交华盖，一步登天，于康熙五十四年（1715）五月当上了郡王。可惜，诺罗布只做了两年的郡王就去世了，年六十八岁。康熙帝赐银千两给诺罗布造坟立碑，谥曰"忠"。尽管诺罗

1　《钦定八旗通志》卷一百二十二。

2　《钦定八旗通志》卷一百二十二。

3　《钦定八旗通志》卷一百二十二。

清代园寝志

布只做了两年的郡王，但是康熙帝对他的一生还是高度肯定的，在碑文中，康熙帝称赞诺罗布："翊卫周庐，早征勤慎；洊阶统领，久著严明。遂晋秩乎统军，更入参乎几务。公忠是励，敬谨有加。爰简两浙之元戎，屏藩攸寄；克戢三军于雍穆，镇抚咸宜。"[1]

诺罗布一生无重大功绩，只做了两年郡王，可能是由于俸禄积蓄不多，没有财力去单独建设园寝，故合葬在父勒克得浑园寝中，建宝顶一座，碑楼及墓碑一统。

据2008年笔者调查，勒克得浑和诺罗布两人的墓碑和宝顶仍存。墓碑均为蛟龙首，龟趺。棱德弘墓碑所在位置的地理坐标约为北纬39°35.620′，东经115°52.022′，墓碑立于顺治十二年（1655）十月初八日。碑身面阔1.2米，高3.6米，厚0.4米，碑阳刻满汉两种文字的碑文，碑阳和碑阴四周雕刻云龙纹图案。碑座长3米，宽1.25米，高1米。水盘长2.16米，宽1.6米，表面雕饰海水江崖。碑身、碑座侧面均无雕刻纹饰（图1-2-37、1-2-38、1-2-39）。诺罗布墓碑所在位置的地理坐标为北纬39°35.633′，东经115°52.025′，墓碑立于康熙五十七年（1718）五月初七日。碑身面阔1.2米，高4.78米，厚0.50米，侧面均浮雕一大一小两条祥龙，碑阳刻满汉两种文字的碑文，碑阳和碑阴四周雕刻云龙纹图案。碑座长3.4米，宽1.5米，高1.2米，侧面均饰麒麟（图1-2-40、1-2-41）。水盘长2.5米，宽2.2

图1-2-37 棱德弘墓碑

图1-2-38 棱德弘墓碑碑座

图1-2-39 棱德弘墓碑碑额

图1-2-40 诺罗布墓碑

图1-2-41 诺罗布墓碑侧面

---

1 见康熙五十七年初七日立诺罗布墓碑碑文。

图1-2-42 诺罗布墓碑水盘（一）　　　　　　　　图1-2-43 诺罗布墓碑水盘（二）

图1-2-44 勒克得浑及诺罗布宝顶（右二）

米，表面雕饰海水江崖，四角各有小人形图案，图案各不相同，因年久蚀化，不好辨认，有的似手握矛，有的似手握戟（图1-2-42、1-2-43）。水盘后有一踏带，长0.90米，宽0.95米，高0.12米。墓碑后方的两人宝顶均为三合土制，现存直径均在10米左右（图1-2-44）。诺罗布的宝顶位于罗洛浑宝顶的昭位，这符合中国传统的宗法制度。

2.1.2 已革顺承郡王勒尔锦家族茔地（老南府、大破府）

如前所述，在顺承忠郡王诺罗布之前还有几位曾经袭过顺承郡王爵位的人，即勒尔锦、勒尔贝、延奇、充保、布穆巴。

勒尔锦是勒克得浑的第四子，生于顺治八年（1651）十二月十九日。顺治九年（1652）八月，袭顺承郡王。康熙十一年（1672）八月，掌宗人府。康熙十二年（1673），吴三桂叛乱时，被命为宁南靖寇大将军率军征讨。康熙十九年（1680）十一月，以率师讨贼坐失事机被削爵幽禁。康熙四十五年（1706）八月初一日，薨逝，年五十六岁，以子勒尔贝袭爵。

冯其利先生说，勒尔锦俗称神力王[1]。末代顺承郡王文仰宸先生说，勒尔锦称达摩苏王[2]。在民

1　冯其利《清代王爷坟》，第61页，紫禁城出版社，1996年。
2　转引自《是达哈苏，而非达摩苏》，《新京报》2009年10月22日第8版。

清代园寝志

国十六年所修的《房山县志》卷三《陵墓》中也记勒尔锦墓为达摩僧王坟地。"神力"顾名思义乃力大无比的意思，这从《啸亭杂录》一书中关于祜塞的记载中可证实。《啸亭杂录》中有"先惠顺王神力"一条记载，说祜塞天授神勇，力大无比，与人角抵，无人能敌。

在民间也传顺承郡王府中曾有一个力大无比的人。说顺承郡王府前有条胡同为顺承郡王府占有，这条胡同在清初历史上夜间封闭，白天才允许行人通行，但不让车辆过往。一天，有个汉子推着手推车经过这里，他得知这个胡同不让车辆过往，自恃力大，用两手抬着手推车过了那条胡同，心说我的车没轧着路面就不算违反规定。顺承郡王府的神力王看到这个情形，有意与这个汉子开个玩笑，便喊住了他，买了他的货物，让他过来取钱。但见神力王两个手指掐着一摞铜钱，汉子过来就拿，居然纹丝没动。一来二去，无论如何也拿不走这钱，后来他拿来一根绳子，使劲拽。结果，拽是拽开了，但地上散落的铜钱，一个完整的也没有，全是两半的。笔者推测此人或许就是神力王勒尔锦。

至于缘何称勒尔锦为达摩苏王或达摩僧王，冯其利解释说与佛教有关，勒尔锦的长相与佛教祖师达摩接近，幽禁生活就是一种面壁，故称达摩苏。冯氏可能不了解"达摩苏"一词的满语意思，故而做了望文生义的解释，"达摩苏"在满语中乃古怪的意思。已故满学专家金启孮教授曾解释，满文"达摩苏"意为"骄矜"、"怪样"[1]。骄矜即指一个人骄傲专横、傲慢无礼、自尊自大，自以为是，看不起别人。在知道了"达摩苏"一词的满语意思后，我们就豁然开朗了，达摩苏乃人们对勒尔锦举止行为及相貌的形象概括。

不管是神力王也好，达摩苏王也好，都是人们对勒尔锦的一种敬称，因为勒尔锦生前被削爵，就不再是王爷了。勒尔锦被削爵后没有再复爵，根据清代园寝制度，他卒后是没有资格建造园寝的，仅起宝顶一座，至于勒尔锦茔地上是否建有围墙，不得而知。又根据中国传统的宗法制度，勒尔锦被夺爵后不再是大宗序列的一名成员，故他卒后也就不能再葬入大宗茔地的昭穆序列中，即不能葬于其父勒克德浑园寝的昭穆之位，但勒尔锦作为顺承郡王家族的一名普通的宗室成员，卒后仍可葬入其家族茔地。据冯其利调查，勒尔锦卒后葬在整个顺承郡王家族茔地的最南侧一角，谓之"老南府"，见图1-2-36。

勒尔锦卒后，他才五岁的儿子勒尔贝袭爵。勒尔贝是勒尔锦的第三子，生于康熙十七年（1678）八月七日。康熙二十年（1755）六月，袭多罗顺承郡王。可惜他只做了一年的郡王就于康熙二十一年（1756）二月二十八日去世了，年仅五岁，以弟延奇袭爵。延奇是勒尔锦的第四子，生于康熙二十年（1755）十二月二十五日。二岁时袭多罗顺承郡王，七岁卒，做了五年的郡王，以幼弟充保袭爵。充保是勒尔锦的第七子，康熙二十四年（1759）二月十七日生。康熙二十六年（1761）十二月袭多罗顺承郡王。康熙三十七年（1772）九月二十八日卒，年十四岁，做了十一年的郡王，以延奇五弟布穆巴袭爵。布穆巴于康熙五十四年（1715）五月以附允禩谋求太子位削爵，以勒尔锦之弟诺罗布袭爵，即前面所述的顺承忠郡王。

勒尔锦一门出了父子五位郡王，且其中几个竟然还是乳臭未干的孩子，这在清史上是罕见的。可惜勒尔锦及其几个儿子，非黜即夭，都没把王位坐到底。勒尔锦卒后建宝顶于老南府，前面已有所述。勒尔锦先后袭爵的几个儿子勒尔贝、延奇、充保都夭折，祖制"早殇

1　转引自《是达哈苏，而非达摩苏》，《新京报》2009年10月22日第8版。

皇子祔葬黄花山，不封不树"，早殇皇子都不单独建造园寝，而是进行祔葬，皇子如此，宗室早殇幼子就更得遵从。故勒尔贝、延奇、充保卒前虽有郡王身份，是卒后也不单独建设园寝。他们为顺承郡王大宗成员，卒后本可葬入大宗茔地，推测也是因为他们都属早夭，不建园寝，从而祔葬在他们的父亲勒尔锦的茔地中，这也是较为合情合理的。勒尔贝、延奇、充保葬入"老南府"后，在整个顺承郡王家族茔地的最南侧一角形成一块小茔地"老南府"，也可以说是勒尔锦的家族茔地。

在勒尔锦家族茔地上当以勒尔锦立祖，冯其利云，"勒尔锦宝顶东侧依次为勒尔贝、延奇、充宝的三个小宝顶"。按茔地坐西朝东，从冯氏所言，勒尔锦宝顶当位于西侧，即上首，其子勒尔贝、延奇、充保的宝顶位于下首，符合古代传统的宗法制度。但是关于勒尔贝、延奇、充保三人的宝顶排序，冯氏语焉不详，不知道他们三人的宝顶是呈东西向一字排开，还是呈东北—西南向一字排开。

勒尔贝、延奇、充宝都夭折了，爵位好不容易传到成人的布穆巴，谁料布穆巴不争气，在做了十六年的郡王后，于康熙五十四年（1715）犯事革爵。布穆巴卒后未葬老南府其家族茔地，推测原因可能为布穆巴卒时其家族茔地上已没有再建墓葬的空间，据冯其利调查，布穆巴卒后葬北京西直门外二里沟。按布穆巴墓葬的具体位置尚待进一步考证，布穆巴卒时已无爵位，根据清代园寝制度，他卒后没有资格建造园寝。

2.1.3 顺承慎郡王恒昌园寝

顺承慎郡王恒昌是顺承忠郡王诺罗布的玄孙，在顺承慎郡王恒昌之前还有三位曾袭过顺承郡王爵位的人，他们依次是革退顺亲王锡保、顺承恪郡王熙良、顺承恭郡王泰斐英阿。锡保、熙良、泰斐英阿三人卒后未葬西甘池顺承郡王家族茔地，而是另葬二龙岗。这几人生平及他们的墓地情况在后面有专节叙述，在此不再详述。

顺承慎郡王恒昌是顺承恭郡王泰斐英阿的第四子，生于乾隆十八年（1753）四月三日。乾隆二十一年（1756）十月，袭多罗顺承郡王。乾隆四十三年（1778）二月初七日，薨逝，年二十六岁，谥曰"慎"。

顺承慎郡王恒昌卒后葬"老府"北侧，其园寝俗称"北府"。按恒昌是第二个在顺承郡王家族茔地上建设园寝的人，根据中国古代传统的宗法制度，恒昌当以顺承郡王始封祖勒克得浑立祖，葬在勒克得浑园寝的昭位。顺承郡王茔地坐西朝东，勒克得浑园寝的昭位即北侧。可见，恒昌在埋葬上遵守了宗法制度。根据清代园寝制度，恒昌园寝当建有墓碑、碑楼、朝房、宫门、享殿、宝顶等。

据冯其利调查，恒昌园寝内还葬有恒昌第一子顺承简郡王伦柱和伦柱第四子顺承勤郡王春山。

顺承简郡王伦柱生于乾隆三十七年（1772）。伦柱在其父顺承慎郡王恒昌卒后八年，也即在乾隆五十一年（1786）二月的时候袭父顺承郡王爵。伦柱"善射弯弧，技能娴习"，"祗慎持躬，渊醇秉德。蜚英绮岁，席燕翼以无愆"[1]。道光三年（1823）三月十六日薨逝，年五十岁，谥曰"简"，以子春山袭爵。

春山生于嘉庆五年（1800）闰四月十日。道光元年（1821）十二月，封镇国将军。道光三年（1823）七月，袭多罗顺承郡王。咸丰四年（1854）四月十二日，薨逝，年五十五岁，

---

1 参见道光四年十一月二十一日立伦柱墓碑碑文。

谥曰"勤"。

顺承简郡王伦柱和顺承勤郡王春山卒后都未单独建设园寝，而是建宝顶于恒昌园寝中。伦柱、春山都是顺承郡王爵位的继承人，根据中国传统的宗法制度，伦柱、春山二人宝顶当分别在顺承慎郡王恒昌宝顶的昭穆之位。

顺承慎郡王恒昌园寝享殿早在1937年时就毁于兵火。现恒昌园寝旧址上尚有顺承简郡王伦柱的墓碑一统，墓碑所在地理坐标约为北纬39°35.689′，东经115°52.021′，海拔44米。墓碑立于道光四年（1824）十一月二十一日。墓碑蛟龙首，龟趺，碑身面阔约1.4米，高约4.09米，厚约0.44米，碑阳刻有满汉两种文字的碑文，碑阳、碑阴四周浮雕云龙纹图案。碑座长约3.8米，宽约1.53米，高约1.20米。水盘长约2.85米，宽约2.56米。碑身侧面均浮雕一

图1-2-45 伦柱墓碑

祥龙，碑座侧面各浮雕一盘龙，头外向。水盘表面雕饰海水江崖（图1-2-45）。

2.1.4 顺承敏郡王庆恩园寝

顺承勤郡王春山之后，顺承郡王爵位由其子庆恩承袭，是为顺承敏郡王。庆恩是顺承勤郡王春山的第五子，生于道光二十四年（1844）五月三日。咸丰四年（1854），袭顺承郡王。同治帝大婚时，赐三眼孔雀翎。光绪七年（1881）四月十七日，薨逝，年三十八岁，谥曰"敏"，以子讷勒赫袭。讷勒赫是庆恩的长子，生于光绪七年（1881）五月八日。同年闰七月，袭多罗顺承郡王。光绪帝大婚时，赐食双俸。孝钦皇后生日时，加俸银两千。民国六年（1917）正月二十三日，薨逝，年三十七岁，谥曰"质"。

顺承敏郡王庆恩卒后亦葬入南甘池其家族茔地，是第三个在其家族茔地上建设园寝的人。根据宗法制度，庆恩当以勒克得浑园寝为主位，建园寝于勒克得浑园寝穆位，即南侧。经调查，庆恩园寝确实在勒克得浑园寝南侧，符合宗法传统。顺承敏郡王庆恩园寝即冯其利所说的南府。根据清代园寝制度，庆恩园寝当按照郡王品级建造享殿、墓碑、碑楼、朝房、宝顶等，但这些建筑并未见冯其利先生提及，推测可能是因为这些建筑物被毁坏的年代较早，人们已不知情。据冯其利调查，庆恩之子讷勒赫卒后亦葬入南府，"没有起宝顶，仅是土坟一座而已"[1]。笔者推测这是因为讷勒赫卒时已是民国年间，宗室穷窘至极，连像样的宝

1　冯其利《清代王爷坟》，第61页，紫禁城出版社，1996年。

顶也修建不起了，仅简单地造了一座土坟。

综上所述，西甘池村先后共葬有顺承郡王家族的11位成员，为典型的家族式墓葬。父子两代或子孙三代同葬一个园寝中，这也是家族式墓葬的表现形式，当然也可能是受实际情况所限，如茔地空间、财力大小等。墓地建设也遵循着中国古代传统的宗法制度，勒克德浑为顺承郡王之始封，即为这支大祖，其后代以勒克德浑立祖，勒克得浑园寝为茔地上的主园寝，其后代园寝分居昭穆之位，如恒昌园寝位于勒克德浑园寝昭位，庆恩园寝位于勒克德浑园寝穆位。这里需要说明的是，从王爵继承顺序来看，恒昌虽未直接袭爵于先他埋葬在勒克德浑园寝中的诺罗布，但诺罗布之后的承袭者锡保于卒前已被革爵，故其不能葬于勒克德浑园寝昭位，而是葬到了二龙岗。关于锡保选葬二龙岗的原因，据说是因为他生前看中了二龙岗的风水。锡保袭爵子熙良和袭爵孙泰斐英阿卒后亦从葬于二龙岗。等到泰斐英阿袭爵子恒昌卒后，他又埋回到了西甘池祖茔地中，仍以勒克德浑为大祖，作为这一支的后裔，建园寝于勒克德浑园寝昭位。依此，庆恩卒后建园寝于勒克德浑园寝穆位。

2.2 二龙岗已革顺承郡王锡保（卒以郡王品级下葬）园寝

已革顺承郡王锡保是顺承忠郡王诺罗布的第四子，生于康熙二十七年（1688）十一月。康熙五十六年（1717）十月，诺罗布卒后袭多罗顺承郡王爵。雍正三年（1725）正月，掌宗人府，在内廷行走。雍正四年（1726），谕曰："顺承郡王锡保才具优长，乃国家实心效力之贤王，可给与亲王俸"，遂授都统。雍正帝即位初期对其他兄弟多采取打压政策，此时他却给予锡保如此高的评价，称他为"贤王"，从中可见，雍正帝很看重锡保。但是锡保这位郡王起初却辜负了雍正帝的厚望，不久就因徇庇贝勒延信，不加举劾，又逮治迟误，被夺亲王俸，降左宗正。此后，锡保接受此次教训，辛勤供职，自雍正七年（1729）三月到雍正九年（1731）八月在署振武将军印期间，他驻守阿尔台军营，防备噶尔丹策零。噶尔丹派其将大策零敦多卜、小策零敦多卜、多尔济丹巴挑衅进犯科布多，侵扰喀尔喀蒙古，蒙古亲王策零等也合师邀击。锡保派所属台吉巴海夜入大策零敦多卜军营挑战，斩噶尔丹将领喀喇巴图鲁，大策零敦多卜等遁归。锡保将此事疏奏雍正帝后，被雍正帝赞谕治军勤劳，"自派往军营以来，办理事务克殚诚心，勤劳宣力，甚属可嘉。王之祖多罗颖郡王亦系国家懋著劳绩之贤王，着将锡保晋封为顺承亲王"。雍正九年（1731）十一月，授靖远大将军，继续防守噶尔丹。雍正十一年（1733），噶尔丹策零的军队兵越过了克尔森齐老，锡保因不赴救援，被罢掉大将军职，并削爵。乾隆七年（1742）八月，薨逝，年五十五岁，按郡王品级下葬。由乾隆帝诏谕"按郡王品级下葬"，我们可以推测乾隆帝从内心里还是比较认可锡保的，没有恢复锡保的王位，只是出于对父亲雍正决议的尊重。

据《房山县志》，顺承郡王陵，一在二龙岗。据笔者调查，锡保就葬在二龙岗。二龙岗地名今仍沿用，属北京市房山区韩村河镇。按锡保之前的历代顺承郡王都葬在位于西甘池的顺承郡王家族茔地，但是到了锡宝却另辟茔地于二龙岗。据传说，是因为有一次锡保去西甘池祭祖，路上经过二龙岗村时，看到两条巨龙在风中飞舞，走近一看，原来是两座蜿蜒的山冈，因此，他便看上了这里的风水，遂决定选此地作为他卒后的福地。这只是一种传说，不知是否属实，但从中反映出了主人在选择茔地时对风水的重视。

锡保卒时虽无爵，但得乾隆帝诏谕，以郡王例殡葬，故锡保卒后可比照郡王品级建造园寝。根据清代园寝制度，郡王品级园寝建有墓碑、碑亭、茶饭房、宫门、享殿、宝顶、围墙等。考虑到锡保的实际情况，即生前被革爵，推测锡保园寝在规制上可能会有所裁抑。

锡保园寝围墙在20世纪50年代被拆毁，宝顶和墓碑在20世纪60年代被破坏，园寝建筑遗址早也被毁坏无余。据冯其利先生调查，锡保园寝坐西朝东，呈方形，南北较长，东西进深较短，围墙正面为砖砌，其余三面为虎皮石砌。墓碑为无字碑。宫门两侧还有角门，园寝宝顶和地穴都由三合土构筑。按锡保园寝围墙早就被拆毁，不知冯氏所云的围墙正面砖砌，其余三面虎皮石砌，是否符合真实情况。此外，笔者对冯氏所说的锡保墓碑为无字碑也有所怀疑，墓碑一般是在修建园寝时由清帝所赐，碑文是清帝对墓主人生平的总体评价，不管是褒是贬，清帝都有权力去评定。上面已经提及，锡保墓碑早年就被崩碎了，冯其利也并未亲眼看到，他只是听民间传说而已，故笔者推测可能因为墓碑石质为易侵蚀型，碑文很早就被侵蚀掉了，故人们说墓碑上没有碑文。

根据冯其利调查，在锡保园寝中还葬有其袭爵子顺承恪郡王熙良和熙良袭爵子顺承恭郡王泰斐英阿，熙良宝顶居北，泰斐英阿宝顶在南。按冯氏说法，锡保子孙三人同园，但这只是冯氏听当地百姓的一种说法，由于时间久远，早年的二龙岗地方的顺承郡王茔地地面建筑及遗址已经彻底被破坏，锡保、熙良的墓碑早年也被毁坏，能够判断锡保子孙三人同园的遗迹、遗存已不存在。根据清代园寝制度，顺承恪郡王熙良和顺承恭郡王泰斐英阿卒后是可以单独建造园寝的，故笔者在此对冯氏说的锡保子孙三人同园提出疑问。根据宗法制度，不管是熙良、泰斐英阿葬在锡保园寝中，还是单独建造园寝，熙良和泰斐英阿都当以锡保为一代祖先，分居昭穆，即熙良居北，泰斐英阿居南，可见，冯氏所云的熙良和泰斐英阿的宝顶位置是符合实际情况的。

关于二龙岗的顺承郡王家族茔地占地面积，冯其利说"二龙岗的王爷坟占地五十亩"，不知有何根据。

笔者2008年去二龙岗村进行实地调查时，在二龙岗村看到了尚存的顺承恭郡王泰斐英阿的墓碑，墓碑位于一户居民家的院子中，面西，所在位置地理坐标大约为北纬39°36.102′，东经115°53.497′（图1-2-46、1-2-47）。墓碑立于乾隆二十一年（1756）八月初一日，蛟龙首，龟趺。碑身面阔约1.45米，高约5米，厚约0.58米，碑阳刻有满汉两种文字的碑文，碑阳、碑阴四周浮雕云龙纹图案。碑座长约3.53米，宽约1.50米，高约1.20米。水盘长约3.1米，宽约2.35米。碑身侧面均饰一大一小两条游龙，头相向。碑座侧面各饰一麒麟。水盘雕饰海水江崖，四角水涡内各雕有一手持兵器的小人（图1-2-48、1-2-49、1-2-50）。

顺承恭郡王熙良是锡保的长子，生于康熙四十四年（1705）三月十四日。

图1-2-46 泰斐英阿墓碑侧面

图1-2-47 墓碑碑额

图1-2-48 水涡（一）

图1-2-49 水涡（二）

图1-2-50 水涡（三）

初封奉恩辅国公，寻授散秩大臣。雍正五年（1727），晋封镇国公。五年后又被封顺承郡王世子，准备将来继承顺承郡王爵位。雍正十一年（1733）七月，父锡保因罪夺爵，熙良亦被夺世子爵位。但在雍正帝气消后，就于本年十二月命熙良承袭多罗顺承郡王。乾隆元年（1736）二月，熙良负责管理镶蓝旗觉罗学，乾隆九年（1744）四月二十二日，薨逝，年四十岁，谥曰"恪"，以子泰斐英阿袭爵。

泰斐英阿是顺承恭郡王熙良的长子，生于雍正六年（1728）正月二十三日。乾隆九年（1744）九月，袭多罗顺承郡王。先后授都统、右宗正、左宗正。乾隆二十一年（1756）七月初三日，薨逝，年二十九岁，谥曰"恭"。

附：顺承郡王承袭表

承袭顺序	名字	谱系	爵谥	行履	葬地及园寝资料
始封祖	勒克德浑	萨哈璘第二子	顺承恭惠郡王	天聪三年（1629）五月初五日生。顺治元年（1644），其兄阿达礼谴死，缘坐黜宗室。本年十一月，复宗室，封多罗贝勒。顺治五年（1648）九月，以军功进封多罗顺承郡王，世袭罔替。顺治九年（1652）三月二十七日薨，年二十四岁。康熙十年（1671），追谥恭惠。子勒尔锦袭。	园寝在北京房山区长沟乡西甘池村南，俗称老府。现无任何遗存。

一袭，第二代	勒尔锦	勒克德浑第四子	已革顺承郡王	顺治八年（1651）十二月十九日生。顺治九年（1652）八月，袭顺承郡王。康熙十九年（1680）十一月，以率师讨贼坐失事机削爵幽禁。康熙四十五年（1706）八月初一日卒，年五十六岁。子勒尔贝袭。	葬于北京房山区长沟乡西甘池村南，称"老南府"，俗称"大破府"。在"南府"（顺承敏郡王庆恩园寝）之南侧，《房山县志》称"达摩僧王坟"。"达摩僧王"亦写为"达摩苏王"，俗称神力王。
二袭，第三代	勒尔贝	勒尔锦第三子	多罗顺承郡王	康熙十七年（1678）八月初七日生。康熙二十年（1681）六月袭多罗顺承郡王，康熙二十一年（1682）二月二十八日卒，年五岁。弟扬奇袭。	葬老南府，宝顶在勒尔锦宝顶东侧。
三袭，第三代	扬奇（延奇）	勒尔锦第四子	多罗顺承郡王	康熙二十年（1681）十二月二十五日生，康熙二十一年（1682）十二月袭伊兄多罗顺承郡王爵，康熙二十六年（1687）四月二十三日卒，年七岁。弟充保袭。	葬老南府，宝顶在勒尔贝宝顶东侧。
四袭，第三代	充保	勒尔锦第七子	多罗顺承郡王	康熙二十四年（1685）二月十七日生，康熙二十六年（1687）十一月袭伊兄多罗顺承郡王，康熙三十七年（1698）九月二十八日卒，年十四岁。兄布穆巴袭。	葬老南府，宝顶在扬奇宝顶东侧。
五袭，第三代	布穆巴	勒尔锦第五子	已革顺承郡王	康熙二十一年（1682）二月十五日生。康熙三十八年（1699）正月袭多罗顺承郡王，康熙五十四年（1715），坐以御赐鞍马给优人，削爵，以伯父诺罗布袭。乾隆十六年（1751）十月初七日卒，年七十岁。	葬于北京市西直门外二里沟。
六袭，第二代	诺罗布	勒克德浑第三子	多罗顺承忠郡王	顺治七年（1650）二月二十三日生。康熙五十四年（1715）五月，袭伊侄布穆巴多罗顺承承王，康熙五十六年（1717）二月初五日卒，年六十八岁，谥曰忠。子锡保袭。年六十四岁。	葬于北京房山区长沟乡西甘池村南"老府"内（参见前勒克德浑园寝资料）。
七袭，第三代	锡保	诺罗布第四	已革顺承亲王	康熙二十七年（1688）十一月生，康熙五十六年（1717）十月，袭多罗顺承郡王。雍正三年（1725）正月，掌宗人府，在内廷行走。雍正四年（1726），谕曰："顺承郡王锡保才具优长，乃国家实心效力之贤王，可给与亲王俸。"授都统。坐徇贝勒延信罪不举劾，又逮治迟误，夺亲王俸，降左宗正。雍正九年（1731），进封顺承亲王。雍正十一年（1733），以噶尔丹策零兵越克尔森齐老，不赴援，罢大将军，削爵。乾隆七年（1742）八月十四日卒，年五十五岁。以郡王品级殡葬。子熙良袭。	葬于北京房山区长沟乡东甘池村不远的二龙岗村。

【第一部分】

清代宗室王公园寝志

115

八袭，第四代	熙良	锡保第一子	多罗顺承恪郡王	康熙四十四年（1705）三月十四日生。雍正三年（1725）十月袭奉恩辅国公，雍正十年（1732）正月封顺承郡王世子，雍正十一年（1733）八月，锡保以罪夺爵，熙良并夺世子。本年十二月，袭多罗顺承郡王。乾隆九年（1744）四月二十二日薨，年四十岁，谥曰恪。子泰斐英阿袭。	葬北京房山区长沟乡离东甘池村不远的二龙岗村其父锡保园寝中。
九袭，第五代	泰斐英阿	熙良第一子	多罗顺承恭郡王	雍正六年（1728）正月二十三日生。乾隆九年（1744）九月，袭多罗顺承郡王。乾隆二十一年（1756）七月初三日薨，年二十九岁，谥曰恭。子恒昌袭。	葬北京房山区长沟乡离东甘池村不远的二龙岗村其父锡保园寝中。墓碑尚在。
十袭，第六代	恒昌	泰斐英阿第四子	多罗顺承慎郡王	乾隆十八年（1753）四月初三日生。乾隆二十一年（1756）十月袭多罗顺承郡王，乾隆四十三年（1778）二月初七日薨，年二十六岁，谥曰慎。子伦柱袭。	葬于北京房山区长沟乡西甘池村南顺承郡王园寝老府北侧，俗称北府。
十一袭，第七代	伦柱	恒昌第一子	多罗顺承简郡王	乾隆三十七年（1772）十月十四日生。乾隆五十一年二月袭多罗顺承郡王，道光三年三月十六日薨，年五十岁，谥曰简。子春山袭。	葬于北府，即父恒昌园寝中。墓碑尚存。
十二袭，第八代	春山	伦柱第四子	多罗顺承勤郡王	嘉庆五年（1800）闰四月初十日生。道光元年（1821）十二月，封镇国将军。道光三年（1823）七月袭多罗顺承郡王，咸丰四年（1854）四月十二日卒，年五十五岁，谥曰勤。子庆恩袭。	葬于北府，即父恒昌园寝中。
十三袭，第九代	庆恩	春山第五子	多罗顺承敏郡王	道光二十四年（1844）五月初三日生，咸丰七年（1857）四月袭顺承郡王。穆宗大婚，赐三眼孔雀翎。光绪七年（1881）四月十七日薨，年三十八岁，谥曰敏。子讷勒赫袭。	园寝在北京房山区长沟乡西甘池村南顺承郡王勒克德浑园寝"老府"的南墙外，俗称南府。
十三袭，第十代	讷勒赫	庆恩第一子	多罗顺承质郡王	光绪七年（1881）五月初八日生。同年闰七月袭多罗顺承郡王。民国六年（1917）正月二十三日卒，年三十七岁，谥曰质。	葬于父庆恩园寝中。

（四）多罗谦襄郡王瓦克达园寝

瓦克达是代善的第四子，生于明万历三十四年（1606）五月十三日。天聪元年（1627），率军攻打宁远，击败明朝总兵满桂，瓦克达力战被创。崇德五年（1640），从多尔衮围锦州，瓦克达以十余骑击斩明樵采之兵。崇德六年（1641），偕满达海击退明朝前来夺取红衣炮的骑兵，并救出被包围在重重明军中的费雅思哈和哈宁阿。两年后皇太极薨逝，瓦克达兄硕托与侄阿达礼谋立睿亲王多尔衮，事发后瓦克达受牵连，黜宗室，他之前率军征战的功劳也被抹杀[1]。

顺治元年（1644），瓦克达随从多尔衮入山海关，追击李自成至庆都，后又随从阿济格自边外入绥德。顺治三年（1646），叙军功，封三等镇国将军，复宗室。之后，瓦克达又随多铎围剿苏尼特部腾机思、腾机特等，斩杀了腾机思的三个孙子和腾机特的两个儿子以及十一名喀尔喀台吉，还俘获了他们的大量辎重。追至布尔哈图山时，瓦克达又与贝子博和讬合军斩获苏尼特部人马无算，击败了喀尔喀土谢图汗。顺治四年（1647），"叙平腾机思及流寇功"，瓦克达由三等镇国将军晋封为镇国公。

顺治五年（1648），顺治帝念瓦克达宗室贫乏，赐银六千，晋封郡王[2]。时喀尔喀部扰边，瓦克达跟从阿济格到大同防卫，后又随从阿洛格讨伐叛将姜瓖。顺治六年（1649），偕满达海攻朔州，用大炮击毁朔州城，旋又移攻宁武，此战亦大捷，诸寨悉平。本年十月，瓦克达替代满达海为征西大将军，追剿山西流寇，陆续收复平阳属县三十六个。顺治七年（1650），还师。顺治八年（1651），特加封号曰谦郡王，掌工部，参与议政。

顺治九年（1652），坐事解部任，罢议政。据《钦定八旗通志》记载，瓦克达此次被罚，是因为"医人何大福出入部署，招摇嚇诈事觉，伏诛，王坐徇纵罚锾"[3]。同年八月初七日，薨逝，年四十七岁。

瓦克达不仅善于领军打仗，而且还善于抚民，为后金及大清政权立下了很大的功劳。据《钦定盛京通志》记载："初山西遭姜瓖之乱，瓦克达驻平阳，辑军安民，平阳民德之，薨后建祠致祭，榜曰多罗王庙。"[4]康熙十年（1671），康熙帝追谥瓦克达曰"襄"。瓦克达卒后，其子孙不肖，不堪承继其所留王爵，直到乾隆四十三年（1778）的时候，乾隆帝"录瓦克达功，命其四世孙洞福以镇国将军世袭"[5]。

瓦克达是礼亲王代善的儿子，未承袭礼亲王大宗王位，是小宗谦郡王的始封祖，卒后以小宗始封祖选茔地于今北京市海淀区西直门外北下关街道一带（图1-2-51），据当地百姓说在原广通寺北侧[6]。根据清代园寝制度推测，瓦克达园寝当年应建有墓碑一统、碑楼一座、茶饭房三间、宫门三间、享殿三间、宝顶、围墙等。

瓦克达园寝在解放后遭到破坏，旧址上建立起北京电力专科学校。据冯其利80年代调查，早年的瓦克达园寝坐北朝南，建在岗阜之上。宫门面阔三间，建在平台之上，宫门前有东西班房各三间[7]。享殿内有汉白玉质亭子间一座，占地8平方米，高2米，雕刻精美绝伦。按碑楼的位置，一般应在宫门之外，但冯氏在描述了宫门之后，才接着描述了碑楼、享殿、享殿后遗迹，似乎碑楼是建在了宫门之内。笔者在此提出疑问。"汉白玉亭子间"笔者推测可能同显懿亲王富寿园寝地宫出土的"石屋"，该"石屋"现存于北京石刻艺术馆。此物到底位置何在、有何功用，尚待进一步考证。

1　《爱新觉罗宗谱》载："崇德八年，黜宗室。"

2　《爱新觉罗宗谱》载："顺治八年，因军功晋封多罗谦郡王。"

3　《钦定八旗通志》卷一百。

4　《钦定盛京通志》卷六十六。

5　《清史稿》卷二百十六《列传三·诸王二》。

6　据《畿辅通志》卷五十一记载，广通寺在西直门外，康熙年，圣祖敕建。

7　在《重访清代王爷坟》一书中，冯氏表述"宫门前是东西朝房各三间，是看坟户守陵的住所"。按冯氏所说的"朝房"当为"守护班房"。除班房外，宫门外应当还有东西朝房各三间，也即茶饭房。

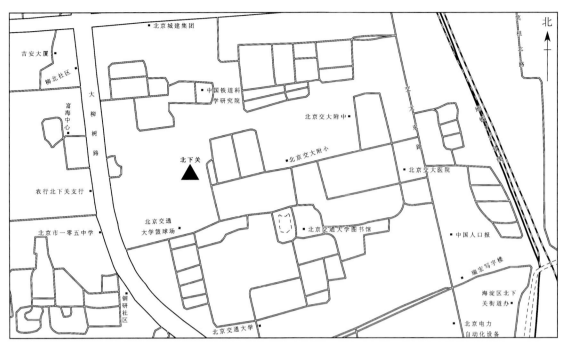

图1-2-51 北京市海淀区北下关谦襄郡王瓦克达园寝大致位置示意图

三、辅国将军玛锡礼园寝

河北廊坊日报社董连辉先生《迁安清"王爷坟"探微》[1]一文，对河北省迁安市的"王爷坟"进行了详细考证，认为三座宝顶中最大者的主人为辅国将军玛锡礼，两侧可能是其两个妻子的宝顶。

玛锡礼为太祖努尔哈赤的曾孙，其祖父镇国勤敏公阿拜为太祖第三子。天命十年（1625），偕塔拜、巴布泰伐东海北路呼尔哈部，俘千五百户，还，太祖出城迎劳，授牛录章京。天聪八年，授梅勒额真。崇德三年（1638），授吏部承政。崇德四年（1639），封三等镇国将军。崇德六年（1641），驻防锦州。崇德八年（1643），以老罢承政。顺治四年（1647），进二等镇国将军。顺治五年（1648）二月，卒。顺治十年（1653），追封谥。

玛锡礼的父亲灏善就是阿拜的第七子，生于天聪八年（1634）六月。顺治六年（1649）封三等镇国将军。顺治八年（1651）晋奉恩辅国公。康熙四十五年（1706）卒，享年七十三岁。玛锡礼为灏善第五子，康熙五年（1666）三月出生，嫡母瓜而佳氏，布额之女。康熙十九年（1680）正月，玛锡礼封三等辅国将军，乾隆六年（1741）三月卒，年七十六岁。嫡妻郭洛罗氏，继妻郭洛罗氏，均为车尔门之女，另有三妾[2]。玛锡礼共有九子，亲生八个儿子皆夭折无后，第八子德敏本是玛锡礼大哥多格第五子，生于康熙五十八年（1719）六月，同年十二月过继给玛锡礼为后，乾隆四年（1739）降袭三等奉国将军，乾隆五年（1740）二月授三等侍卫，乾隆九年（1744）八月因病告退三等侍卫，乾隆十四年（1749）六月因病告退奉国将军。据《迁安清"王爷坟"探微》一文介绍，乾隆三十一年（1766）德敏曾到迁安主

---

1 董连辉《迁安清"王爷坟"探微》，中国廊坊文化网文化版，2005年9月15日。该文曾获廊坊市第六届社会科学优秀成果佳作奖，《廊坊日报》2008年7月26日。

2 《爱新觉罗宗谱》甲册。

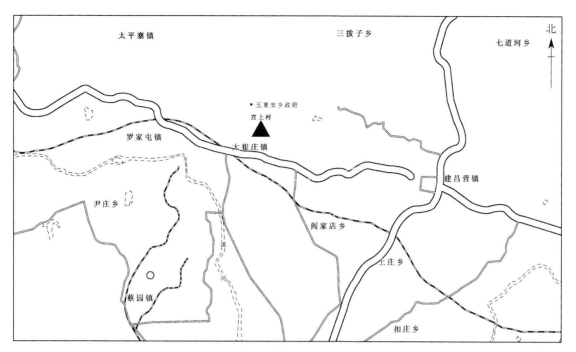

图1-2-52 河北省迁安市宫上村辅国将军玛锡礼园寝位置示意图

持建庙。嘉庆十四年（1809）正月卒，年九十一岁。德敏共生十二子，五个夭折，传至清末共有98个子孙，其中25个殇。德敏第五世孙祥增，袭奉恩将军，于民国七年（1918）去世。

阿拜、灏善葬地不详。玛锡礼园寝位于河北省迁安市五重安乡宫上村（图1-2-52）。宫上村依山傍水，地域似一小盆地，村北、东、南向都有山，海拔不高，以东南向者为最，遍布果树、松树等林木；一条小河从西北方向绕村向东南流去，河水清澈见底，两岸杨柳依依。现在全村有二百余户，村民都为董姓。据老人讲，宫上地域很有讲究：村西北方向丘陵上曾有一大圆黑石，恰似鱼眼；村东南原大队部（村委会）后也有一恰似鱼眼的大圆黑石，小溪呈反"S"型环绕村庄，合起来像阴阳八卦图。根据龙马出河的说法，在此建阴宅，坟主后世能出皇帝……现两大黑石都已毁坏，小河因附近建小铁矿也被严重污染，但河道依然可见，自西北向东南环绕着村庄。[1]

该园寝遗迹现已无存，具体建制不详。据董连辉调查介绍，民国期间，该园寝被迁安、迁西县土匪抢劫一空。玛锡礼地宫中曾发现红色木棺一具，出土有一细瓷质的闻药壶。在其两侧的墓室中出土有一具保存完好的女尸，以及头发、鞋等物。此外，在距此不远处还发现有小坟头，发现金镯一个，可能是玛锡礼妾之墓葬[2]。

四、辅国将军、追封辅国公塔拜园寝

据《清史稿》记载，塔拜为清太祖努尔哈赤第六子，生于明万历十七年（1589）二月十八日，母庶妃钮祜禄氏。天命十年（1625），塔拜伐东海北路呼尔哈部有功，授三等甲喇章京。天聪八年（1634），进一等甲喇章京，寻封三等辅国将军。崇德四年（1639）八月初九日塔拜卒，年五十一岁。顺治十年（1653）五月追晋辅国公，谥曰悫厚。

---

1 董连辉《迁安清"王爷坟"探微》，中国廊坊文化网文化版，2005年9月15日。

2 董连辉《迁安清"王爷坟"探微》，中国廊坊文化网文化版，2005年9月15日。

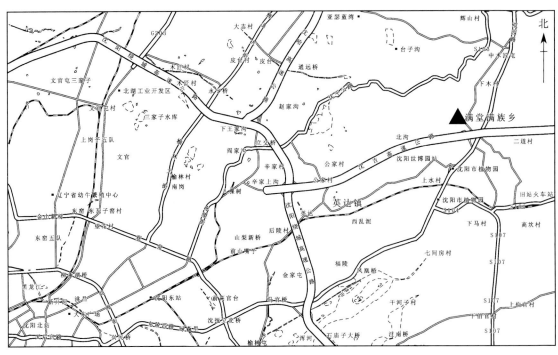

图 1-2-53 辽宁省沈阳市满堂乡满堂村追封辅国公塔拜园寝位置示意图

塔拜葬地在今沈阳市东陵区满堂乡满堂村（图1-2-53），当地俗称"塔公坟"，墓地坐落在村北九凤山下，墓直径8米以上，前面是石供桌，桌前有高4米的九眼透龙青石碑，上有碑文，墓地四周有青砖围墙，总面积有200平方米。此墓毁于文化大革命中。后驻军在墓上建楼，2002年拆楼，塔拜墓重见天日，现已无存。据说该村大多数满族人为塔拜后裔或康熙年间裕德瑞率领的为塔拜守墓的满、汉族（包衣）后裔[1]。

塔拜子八，有爵者三：额克亲、班布尔善、巴都海。额克亲，塔拜第二子。崇德四年（1639），封三等奉国将军。寻袭爵。顺治元年（1644），额克亲从多尔衮入山海关，有功，累进镇国公。顺治七年（1650），授正白旗满洲固山额真，复进贝子。顺治八年（1651），额克亲坐附罗什博尔惠诇媚诸王造言构衅，削爵，黜宗室。顺治九年（1652）复宗室，顺治十二年（1655）额克亲卒；班布尔善，塔拜第四子。崇德四年（1639），袭三等奉国将军。顺治元年（1644），班布尔善以功晋二等奉国将军。顺治四年（1647），晋一等奉国将军。顺治六年（1649），晋三等镇国将军。顺治八年（1651），晋辅国公。康熙五年（1666），革爵。康熙八年（1669），班布尔善以罪被处死，子孙黜宗室；巴都海，塔拜第六子。顺治二年（1645），封奉恩将军。顺治六年（1649），晋三等镇国将军。顺治八年（1651），晋辅国公。顺治十七年（1660）卒，谥曰恪僖。

塔拜的几个儿子去世的年代都较早，葬地均不详。

五、追封饶馀敏亲王阿巴泰及后裔园寝

阿巴泰是清太祖的第七子，饶馀郡王始封祖，其子岳乐袭爵后，这支王号被清帝改为"安"，后一直沿用。考《爱新觉罗宗谱》，饶馀郡王这支前三位袭封者均承袭了郡王爵位，而不是循例递降承袭，足见清帝起初对阿巴泰这支是很重视的。可是到三袭安节郡王华

1　宋大川、夏连保《清代园寝制度研究》，第305页，文物出版社，2007年。

妃卒后，雍正帝便以岳乐诸子"倾扎营求，妄冀封爵"，"怒望形于辞色"等，下令安郡王爵位不复承袭。直到乾隆四十年（1778），乾隆帝追论阿巴泰、岳乐功绩，才赏给华圯孙奇崑辅国公爵位，令其承续久悬的大宗爵位。

阿巴泰有五子，其中有爵者4人，即尚建、博和托、博洛和岳乐。岳乐承袭其父饶馀郡王爵位，尚建卒前无爵，卒后被追封为固山贝子，博和托封贝子，博洛生前最高做到亲王，但卒时为郡王。相对于承袭饶馀郡王爵位的岳乐来说，尚建、博和托、博洛是为小宗，且都是小宗的始封祖。

阿巴泰、博和托、博洛及其后代袭爵者大都葬在了今北京市石景山区隆恩寺旧址上（图1-2-54、1-2-55、1-2-56）。据冯其利调查，阿巴泰家族茔地东到潭峪，西到搭拉峪，北到香峪山场，南到麻峪[1]。按隆恩寺原为金大定四年（1164）秦越公主所建的昊天寺，在宛平县西，明正统四年（1439）王振修葺，改今名[2]。

从阿巴泰家族茔地上诸园寝分布示意图中，我们可以清楚地看出各园寝建立的先后顺序。结合阿巴泰及子爵位承次图，阿巴泰园寝、岳乐园寝、布兰泰园寝以及苏布图-强度园寝共同构成一块以阿巴泰立祖的饶余郡王大家族茔地，但需要说明的是，苏布图-强度园寝并不在大宗茔地的昭穆序列之中，这是因为苏布图和强度并未承袭饶馀郡王大宗爵位，不是大宗成员。他们都是贝子的始封祖，本可单独选茔地埋葬，但是因为他们两人均没有后代，故卒后陪葬在其祖父阿巴泰附近。当然依常理推测，苏布图、强度两人同他们的父亲葬在一起更为合情合理，但是他们的父亲尚建卒时，清廷尚未入关，故尚建卒后葬于关外，等到苏布图、强度卒

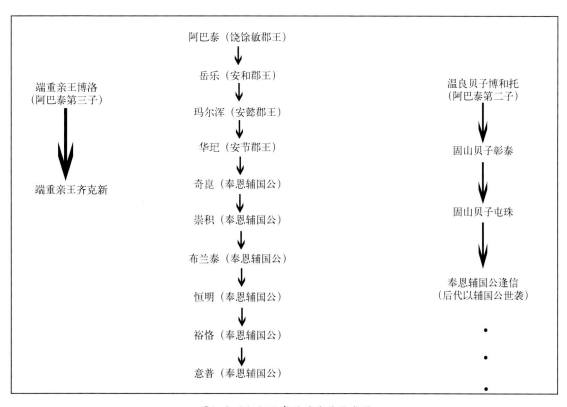

图1-2-54 阿巴泰及子爵位承袭图

1 冯其利《清代王爷坟》，第66页，紫禁城出版社，1996年。
2 《畿辅通志》卷五十一《寺观》。

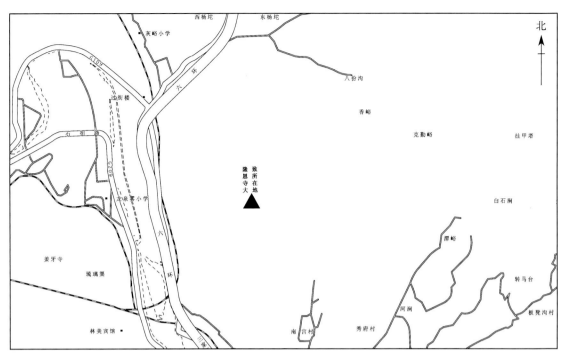

图1-2-55 隆恩寺大致位置示意图

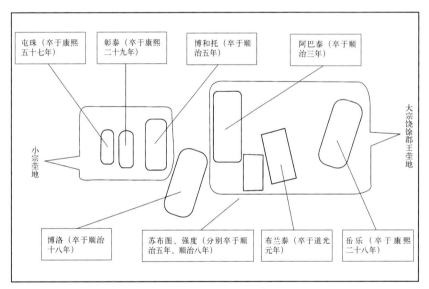

图1-2-56 阿巴泰家族茔地诸园寝分布示意图（笔者根据《重访清代王爷坟》一书中插图所绘，该图最初来源于阿巴泰后人金惠薇所绘。笔者在图中标出各人的卒年时间，意在说明各人入葬的先后顺序）

清代园寝志

时，清廷已入主中原，这样苏布图、强度卒后就不可能再葬回关外。博和托为贝子始封祖，其卒后彰泰、屯珠先后袭爵，他们三人的园寝共同构成一块以博和托立祖的相对饶馀郡王来说是为小宗的家族茔地。博洛为又一贝子的始封祖，其卒后子齐克新袭爵，齐克新之后，这支无后，爵除。博洛卒后建园寝在大宗阿巴泰家族茔地和小宗博和托家族茔地之间，形成又一块小宗家族茔地。

综上所述，在今北京市石景山区隆恩寺旧址上，曾经有过三块墓地，即大宗饶馀郡家族茔地，小宗贝子博和托家族茔地和小宗贝子博洛家族茔地。

石景山隆恩寺旧址上的诸王公墓葬在1937年秋首次被盗发，"事后知道，除安郡王和各公爷坟为墓葬外，别的王爷都是火葬。骨灰盒为一米五见方的木头箱子，铁包角，里边实以木炭，中间是黄绫子包的骨灰"[1]。"这里的照应坟地户有赵、李、齐、王、朴等姓，五十

1　冯其利《清代王爷坟》，第69页，紫禁城出版社，1996年。

年代不足六十户……解放前夕，这里趋于荒凉。五十年代晚期，华北军区（即北京军区）占地，对这里的八十七户村民以妥善安置，在秀府村东南建成了新隆恩寺村。"[1]

2008年笔者前往阿巴泰家族茔地旧址，发现茔地旧址上为一军队占用，成为军事禁区，故未能亲临，测军队大门位置地理坐标大约为北纬39°58.144′，东经116°07.129′。

（一）追封饶馀亲王阿巴泰家族茔地及园寝

1.饶馀敏郡王阿巴泰园寝

大宗饶余郡王始封祖即阿巴泰。阿巴泰生于明万历十七年（1589）六月十六日，清太祖（即努尔哈赤）的第七子，其生母为侧妃伊尔根觉罗氏。

阿巴泰的一生都是在戎马生涯中度过的，而且战功卓著。当他还是台吉时，就与费英东、安费扬古一起率师征伐东海窝集部乌尔固辰、穆棱，俘获千余人。天命八年（1623），偕台吉德格类等渡辽河，伐扎噜特部，该部部长昂安携妻子引牛车遁，阿巴泰率师紧追，致昂邦章京达音布战死。阿巴泰继续跟进，斩昂安及其子，又俘获其大量部众，还师时，太祖率大臣前往迎接，行郊劳礼，并赏赉从征将士。

太宗即位后，封阿巴泰为贝勒。阿巴泰语额驸扬古利、达尔汉曰："战则擐甲胄，猎则佩弓矢，何不得为和硕贝勒！"太宗闻阿巴泰此语，曰："尔等宜劝之，告朕何为？"天聪元年（1627），察哈尔昂坤杜棱来归，太宗赐宴。阿巴泰不出，曰："我与诸小贝勒同列。蒙古贝勒明安巴克乃位我上，我耻之！"贝勒代善与诸贝勒都责备阿巴泰，曰："德格类、济尔哈朗、杜度、岳托、硕托早从五大臣议政，尔不预焉。阿济格、多尔衮、多铎，先帝时使领全旗，诸贝勒皆先尔入八分。尔今为贝勒，得六牛录，已逾分矣！乃欲与和硕贝勒抗行，得和硕贝勒，不更将觊觎耶？"阿巴泰引罪，罚甲胄雕鞍马四、素鞍马八。天聪二年（1628），阿巴泰率军攻锦州，伐明。天聪五年（1631），掌管兵部事，从皇太极围大凌河。

崇德元年（1636）四月，阿巴泰被封为多罗饶馀贝勒，偕阿济格等伐明，克雕鹗堡、长安岭堡，迫延庆，分兵克定兴、安肃、容城、安州、雄、东安、文安、宝坻、顺义、昌平十城。此次出征，五十六战皆捷，俘获十数万人。师还，皇太极出城十里迎劳。皇太极攻伐朝鲜时，命阿巴泰留防噶海城。崇德三年（1638），皇太极伐喀尔喀，阿巴泰与代善留守，"筑辽阳都尔弼城，复治盛京至辽河道，道广十丈，高三尺，浚壕夹之"[2]。后阿巴泰又从多尔衮率师伐明，他们捣毁明朝边墙，驱入明境，越明都，趋涿州，直抵山西。复东趋临清，克济南。还师途中，略天津、迁安。还师后，阿巴泰被赏赐马二、银五千。四年（1639），偕阿济格略锦州、宁远。五年（1640），先偕多尔衮屯田义州，分兵克锦州城西九台，刘其禾；又克小凌河西二台。复偕杜度伏兵宁远，截明运道，夺米千石。后又移师败明杏山、松山兵。其时大军更番围锦州，阿巴泰往还其间。六年（1641），坐从多尔衮去锦州三十里为营及遣士卒还家，论削爵，夺所属户口。但得诏宽免，仅罚银二千。不久，又跟从皇太极大破洪承畴援兵十三万。七年（1642），锦州降，阿巴泰偕济尔哈朗围杏山，克之，还守锦州。叙功，赐蟒缎七十。崇德七年（1642）十月，授奉命大将军，继续率兵攻打明朝。自黄崖口入明边，败明将白腾蛟等于蓟州，接着又攻破河间、景州。并在兖州擒斩明鲁王以

---

1 冯其利《清代王爷坟》，第70页，紫禁城出版社，1996年。

2 《清史稿》卷二百十七《列传四·诸王三》。

派等。还师途中，复略沧州、天津、三河、密云。此次出征，共克八十八城，降六城，俘三十六万，得金一万二千、银二百二十万有奇。八年（1643）五月，师还，皇太极遣济尔哈朗、多尔衮等郊迎三十里，赐银万两。顺治元年（1644）四月，"世祖念开国宗勋，晋封多罗饶馀郡王"[1]。顺治二年（1645），统左右两翼兵镇守山东，剿满家洞土寇，寻还。顺治三年（1646）三月二十五日，薨逝，年五十八岁。康熙元年（1662）十月，追封为饶馀亲王。康熙十年（1671）六月追谥"敏"。阿巴泰五子，有爵者四：尚建、博和托、博洛、岳乐，其中岳乐袭爵。乾隆十九年（1754）九月，入祀盛京贤王祠。

阿巴泰最早在隆恩寺旧址上建造园寝。其墓地俗称"祖太王坟"。据民间传说，园寝大概从19世纪20年代就开始陆续被拆毁，到解放前夕时墓地上已是一派荒凉。据冯其利先生20世纪80年代调查，阿巴泰园寝早年面貌为"坐北朝南，最南边有木栅栏，往里走有随墙的大门两扇，前行有华表、石人、石马、石驼、石羊各一对，石马是人牵绳的立马。后边是五道牌楼，显然是前朝旧物。第一块牌楼正面镌有'鹫峰胜地'，背面为'鹿苑丛林'。北行有石桥三座、碑楼三座，驮龙碑上不见有碑文。碑楼后边靠墙东西各有两层小楼一座，俗称金银二库。据金霭堂先生讲是烧纸用的。因为院内外树木比较多，有火灾隐患，在小楼内烧纸比较安全。过了金银二库即是享殿，享殿旁边有东西角门，后边为月台、宝城。宝城类似皇帝陵，尺寸略小，有马道，可以登顶。最上边位馒头形的大坟头。宝城有三道墙，称作'三环桃月'，用于泄水防洪。宝城后边有宝顶四座，是阿巴泰侧福晋墓"[2]。

按：冯氏所云"鹿苑丛林"牌楼乃隆恩寺寺内建筑[3]。据文献记载，隆恩寺寺内的墓碑共有四统："金大定年间碑一，明正统年间碑三，字画皆漫漶不可辨"[4]。据此推断，冯其利先生所说的阿巴泰墓地上的三座碑楼有可能是这四统碑中其中三统的碑楼。阿巴泰园寝中是否也建有碑楼，有待考证。但阿巴泰身为郡王，生前也多有战功，故推测其园寝也当建有碑楼。冯氏所云阿巴泰园寝中的"金银二库"，笔者根据其所处位置和金霭堂先生所讲的功用推断，此建筑应为焚帛炉，也即燎炉，可能为寺庙本身之建筑。

阿巴泰卒时为郡王品级，根据园寝制度，其园寝当建有宫门、茶饭房、享殿、宝顶、碑楼等，但冯其利先生云，阿巴泰园寝处还曾建有华表、石像生、燎炉、宝城等，可见，冯氏笔下的阿巴泰园寝是逾制的，俨然一帝陵的缩影。清制，宗室王公园寝建制是有严格规定的，不得擅自篡越，除非得到皇帝的特殊恩赏，否则将会受到严重的处罚。更有的王爷，为了防止逾制招来的"猜忌"而自抑规制。考有清一代，除了帝王陵建有石像生外，皇室、宗室的王爷们的园寝是没有建设石像生的。至于华表，目前笔者只查到在显密亲王丹臻园寝、肃亲王衍璜园寝和怡亲王允祥等三人的园寝中有建。丹臻园寝增建华表，推测与衍璜受到康熙帝宠爱有关；衍璜园寝增建华表，推测是因为衍璜历事康、雍、乾三朝，恪尽职守，乾隆帝对衍璜礼遇有加，再加上其前代肃亲王丹臻卒后哀荣，至此，清帝对肃亲王这支的眷顾达到高峰，表现在园寝建设上，即增建了华表；允祥园寝增建华表的原因比较明确，是雍正帝亲命"更定园寝之制，视常例有加"的结果。再考燎炉这一建筑，笔者只查到端惠太子永琏和醇贤亲王奕譞园寝处有建。永琏乃乾隆帝之爱子，乾隆帝有意让永琏继承未来的皇位，可

1 《钦定盛京通志》卷六十五。

2 冯其利《清代王爷坟》，第67页，紫禁城出版社，1996年。

3 《日下旧闻考》卷一百四《郊坰》。

4 《日下旧闻考》卷一百四《郊坰》。

惜永琏夭折，乾隆帝万分悲痛，再加上乾隆帝的好大喜功，故给予永琏这个小皇子卒后哀荣实可想见。永琏园寝是有清一代唯一的一座皇子园寝。按照康熙年间规定，"凡皇子殇，备小式朱棺，祔葬黄花山，惟开墓穴平葬，不封不树"[1]。奕譞乃慈禧太后的妹夫，光绪皇帝的父亲，溥仪皇帝的祖父，有这样特殊的身份，故他的园寝规格自然要高出一般亲王，以示尊崇。退一步讲，阿巴泰卒于顺治三年（1646），即使这时的园寝制度尚处于草创阶段，不甚严格，但是，这时清朝方定鼎中原不久，国力还未鼎盛，财力并不充裕，宗室亦一直戮力中原，为国征战，家国尚不稳定，财富不易聚集，故阿巴泰园寝即使要建造得气派壮观，恐怕在财力上也是无法达到的。

综上所述，笔者怀疑阿巴泰园寝旧址处的石像生、华表、燎炉、宝城这些建筑并非阿巴泰园寝固有之物。笔者在前文已有所述及，阿巴泰家族墓地是在原隆恩寺旧址上修建的，明代宦官王振曾修葺过隆恩寺，是不是王振在修葺隆恩寺后，遂决定把这里作为他的卒后福地，并陆续建造墓地，后因明末战乱，卒后未能如愿葬入他生前就已经在隆恩寺建造的墓地中。明亡后，清军入关，阿巴泰遂拥有隆恩寺之地。阿巴泰卒后巧妙地利用了前朝旧物建设自己的墓地（如若笔者推测的王振曾在此地建设过自己的墓地，则华表、石像生、燎炉可能就是王振生前为自己所建的），如此，阿巴泰墓地面貌即冯氏所描述的样子。遗憾的是笔者并未亲眼看到这些建筑物，尤其是石像生，否则，或许能从这些石像生的塑造雕刻风格及细部特征上，推断出石像生所属朝代。根据史料记载，在墓道前放置石像生，是从秦汉沿袭下来的墓仪礼制，唐宋时形成了严格的制度，到明代规矩最多。根据《明会典》的规定，只有五品以上的官员才能在墓前设立石像生，而且根据品级不同有所区别。石像生是墓主身份等级地位的体现，也有驱邪镇墓的含义。此外，华表也同石像生一样，是墓地的附属建筑，到了明代，更是规定何种品级的官员墓地方可设立华表。

2. 安和亲王岳乐园寝（附崇积）

安和亲王岳乐是饶馀郡王阿巴泰的第四子，生于天命十年（1625）九月十九日。初封镇国公。顺治三年（1646），随肃亲王豪格征四川，诛张献忠。顺治五年（1647）八月，随英亲王阿济格平天津土贼。十一月，复随阿济格驻防大同。顺治六年（1649），以军功晋封多罗贝勒。顺治八年（1651）二月，袭封多罗郡王，改号安。顺治九年（1652），掌工部事宜，参与议政。顺治十年（1653），命为宣威大将军，讨伐喀尔喀部，寻因喀尔喀悔罪入贡，撤还。顺治十二年（1655），掌管宗人府。顺治十四年（1657）十一月，"谕奖性行端良，莅事敬慎"[2]，晋封和硕安亲王。康熙十三年（1674）至康熙十九年（1680）间，任定远平寇大将军，率兵讨伐吴三桂、耿精忠叛乱，功劳卓著。康熙二十年（1681），仍掌宗人府事。康熙二十七年（1688）七月，以噶尔丹扰喀尔喀，同简亲王雅布各率兵五百赴苏尼特驻防，十月，撤还[3]。康熙二十八年（1689）二月二十四日，薨逝，年五十六岁，谥曰"和"。岳乐有子二十，第十五子玛尔浑袭安郡王爵。康熙三十九年（1700），贝勒诺尼讦诬岳乐掌宗人府时，因听信谗言，而枉坐他不孝之罪，岳乐被追降郡王，削夺谥号。

1　《清史稿》卷九十三《礼十二·凶礼二》。
2　《钦定宗室王公功绩表传》卷八。
3　《钦定宗室王公功绩表传》卷八。

安和郡王岳乐为阿巴泰之子，承袭了阿巴泰的爵位，根据宗法制度，岳乐卒后应以阿巴泰立祖，葬于阿巴泰的一昭之位。阿巴泰园寝坐北朝南，其昭位当位于阿巴泰园寝东侧。从前文所绘阿巴泰家族茔地上诸园寝分布示意图可看出岳乐园寝确实在阿巴泰园寝的东侧，遵循了昭穆原则。岳乐墓地俗称"四太王坟"。据冯其利调查，岳乐园寝中还葬有玛尔浑、华玘、锡贵、岱英，他们的宝顶位于园寝宝城之前[1]。

玛尔浑是岳乐的第十五子，生于康熙二年（1663）十一月二十九日。康熙十六年（1677），封世子。康熙二十九年（1690），袭安郡王。康熙三十五年（1696）正月，清军征伐噶尔丹时，玛尔浑奉命率兵前往归化城侦防。康熙四十年（1701）十月，掌宗人府事。康熙四十五年（1706），充玉牒馆总裁。

玛尔浑好学能文，著有《敦和堂集》，又编辑宗室王公诗为《辰萼集》，一时多有知名人士跟从他游学。康熙四十八年（1709）十一月十一日，薨逝，年四十七岁，谥曰"懿"，以子华玘袭爵。

华玘是玛尔浑的第二子，生于康熙二十四年（1685）十一月十二日。康熙四十九（1710）二月，袭封多罗安郡王。康熙五十八年（1719）九月初八日，薨逝，年三十五岁，谥曰"节"。雍正元年（1723）十二月，雍正帝诏曰："襄安郡王岳乐谄附辅政大臣，每触忤皇考。蒙恩始终宽宥，而其诸子全不知感，倾轧营求，妄冀封爵。玛尔浑、华玘相继夭折，爵位久悬。岳乐诸子伍尔占、诸孙色亭图等，怨望形于辞色。廉亲王又复逞其离间，肆为谗言。安郡王爵不复承袭。"直至乾隆四十三年（1778），乾隆帝以阿巴泰、岳乐屡著功绩，而岳乐子孙中只有奉恩将军一人，不足以酬劳，遂封华玘孙奇崑为辅国公，爵位世袭。

锡贵生于康熙四十六年（1707）九月二十九日，安节郡王华玘的承继子，其生父为华彬。康熙五十八年（1719）九月，过继为嗣。乾隆二年（1737）六月，授蓝领侍卫，十一月，授三等侍卫。乾隆十七年（1752）三月二十一日，薨逝，年四十六岁。乾隆四十三年（1778）七月，奇崑袭辅国公后，锡贵亦被追封为奉恩辅国公。

岱英是追封奉恩辅国公锡贵的第一子，生于雍正八年（1730）正月二十一日。乾隆四十五年（1780）十月十四日，薨逝，年五十一岁。嘉庆十年（1805）二月，其子布兰泰袭封辅国公后，被追封为奉恩辅国公。

岳乐园寝早在20世纪80年代之前已被毁坏无余。根据冯其利的调查，岳乐园寝是在拆改庙宇颐和香的基础上而建设起来的。园寝外曾有石桥一座、华表一对、石人两对，石马、石驼、石羊各一对。园寝为二进院落，未建碑楼，享殿内有拜石，享殿两侧有卡子墙，墙上开有东西角门。享殿后是宝城，宝城与饶馀敏亲王的宝城相同。茔地南端计划到五里坨，后因追降郡王，建设受到影响。宝城前有六个小宝顶，西南空有一穴。

同岳乐父亲阿巴泰园寝一样，华表、石像生恐非岳乐园寝固有之物。岳乐卒时为亲王品级，根据清代园寝制度推测，他的园寝应建有墓碑及碑亭、茶饭房、宫门、享殿、宝顶、围墙等。岳乐园寝宝城前的六个宝顶中有一空穴未葬人，缘何？岳乐爵位承袭者玛尔浑、华玘

---

1 冯其利《清代王爷坟》，第69页，紫禁城出版社，1996年。

都葬在了岳乐宝城前的宝顶中。据此，笔者推测岳乐宝城前的六座宝顶可能是事先修建的，是预留给岳乐后代袭爵者的。但是岳乐这支爵位传至华玘后，雍正帝下令停袭，这支不再有爵位继承者，故华玘承继子锡贵、孙岱英卒后便分别葬在了宝城前预先建造好的地宫中。直到乾隆四十三年（1778），乾隆帝追念阿巴泰、岳乐功勋，又恢复这支爵位，以辅国公世袭赏给奇崑。奇崑是华玘之孙，锡贵之子，生于乾隆四年（1739）三月二日。乾隆四十三年（1778）三月，袭奉恩辅国公。本年四月，授散秩大臣。乾隆四十七年（1782）四月五日，薨逝，年四十四岁，子年未及岁，暂未议袭。到乾隆五十九年（1794）二月，奇崑子崇积长大，始袭奉恩辅国公爵，但嘉庆九年（1804）十月，因西陵事丢爵，爵位随由布兰泰承袭。道光元年（1821），崇积去世。奇崑既然承袭了饶馀郡王大宗爵位，他就是大宗一员，其父亲锡贵也被追封了奉恩辅国公，也成为大宗一员，这样奇崑卒后可同父亲锡贵葬在一起。锡贵葬在了岳乐园寝中，这样看来，奇崑就更有可能葬在岳乐园寝中，同他被追封的父亲一起共同尊奉岳乐为一代先祖。故笔者推测奇崑卒后即葬入了岳乐园寝宝城前的六座宝顶中的一座。崇积本可葬入剩下的那座空穴宝顶下，但因为他犯罪丢了爵位，故另选葬地。据冯其利调查，崇积的葬地在岳乐园寝的东南，"坐东朝西，占地数亩，红色宝顶高两米多，外有跨栏墙"[1]。

3. 奉恩辅国公布兰泰园寝

布兰泰是岱英第二子，华玘的曾孙，生于乾隆十六年（1751）四月二十二日。嘉庆十年（1805）正月，袭奉恩辅国公爵。嘉庆十三年（1808）十二月，授散秩大臣。嘉庆十六年（1811）六月，管理火器营事务。本年十一月，缘事一切差务尽行革退。嘉庆十八年（1813）十月，差往东陵。嘉庆二十年（1815）七月，回京。道光元年（1821）八月十二日，薨逝，年七十一岁。布兰泰之后，爵位依次由恒明、裕恪、意普承袭。布兰泰有子4人，妻妾3人。

布兰泰薨逝后"立坟地在饶馀敏亲王坟和安亲王坟之间，俗称'新宫'，较详细的地图上标为'后公爷坟'"[2]。根据中国古代传统宗法制度的昭穆原则，布兰泰卒后应建园寝于大祖阿巴泰园寝之穆位，即阿巴泰园寝之西，而不是葬于"饶馀敏亲王（阿巴泰）坟和安亲王（岳乐）坟"之间。笔者通过考证该处茔地上诸人的卒年得知，布兰泰为最后一个在这片茔地上建设园寝的阿巴泰的后人，推测布兰泰入葬时，在阿巴泰园寝的穆位上已没有充裕的再建园寝的空间，故布兰泰卒后只能择地夹葬在"饶馀敏亲王坟"（阿巴泰园寝）和"安亲王坟"（岳乐园寝）之间。

布兰泰园寝早在20世纪80年代之前既无任何遗存。据《清代王爷坟》一书记述，"新宫外有木栅栏，里边有三座桥，过桥是享殿，旁边有角门，后边是石泊岸，上边有一道墙，正中有门一座，里边是宝顶七座"[3]。笔者推测在布兰泰园寝的七座宝顶中，除正中的布兰泰宝顶外，其余的宝顶中应有其袭爵子辅国公恒明、袭爵孙辅国公裕恪的两座墓葬。裕恪的承袭者意普葬地已明，即"埋于新宫（布兰泰园寝）墙外"[4]。剩下的四座宝顶应是布兰泰妻妾和他的其余几个未袭爵儿子的墓葬。

此外，意普卒时已是1929年，推测其墓地上仅建一座宝顶而已。

1　冯其利《清代王爷坟》，第69页，紫禁城出版社，1996年。

2　冯其利《清代王爷坟》，第69页，紫禁城出版社，1996年。

3　冯其利《清代王爷坟》，第69页，紫禁城出版社，1996年。

4　冯其利《清代王爷坟》，第69页，紫禁城出版社，1996年。

附：饶馀（安）郡王大宗承袭表

承袭顺序	名字	谱系	爵谥	行　　履	葬地及园寝资料
始封祖	阿巴泰	太祖第七子	饶馀敏郡王，追封饶馀敏亲王	生于明万历十七年（1589）六月十六日，母侧妃伊尔根觉罗氏。初授台吉。天命十一年（1626）九月，封多罗贝勒。崇德元年（1636）四月，封多罗饶馀贝勒。顺治元年（1644）四月，进郡王。顺治三年（1646）三月二十五日薨，年58岁。康熙元年（1662），追封为饶馀亲王。康熙十年（1671）六月追谥敏。乾隆十九年（1680）九月，入祀盛京贤王祠。子5人。有爵者4人。	葬地在北京西郊隆恩寺旧址，现该位置上为一军事禁区。园寝现状不详。
一袭，袭饶馀郡王，改号安，进亲王，复降郡王；第二代	岳乐	阿巴泰第四子	和硕安和郡王	天命十年（1625）九月十九日生。初封镇国公，顺治六年（1649），以军功封多罗贝勒。顺治八年（1651）二月，袭郡王，改号安郡王。顺治十四年（1657）十一月，进亲王。康熙二十八年（1689）二月二十四日薨，年五十六岁，谥曰和。康熙二十九年（1690），贝勒诺尼讦岳乐掌宗人府听谳，枉坐诺尼不孝罪，追降郡王，削谥。子20人，有爵者3人。	葬在北京西郊隆恩寺旧址，现该位置上为一军事禁区。园寝现状不详。
二袭，第三代	玛尔浑	岳乐第十五子	多罗安悫郡王	康熙二年（1663）十一月二十九日生。康熙十六年（1677）封世子，康熙二十九年（1690）袭安郡王。好学能文章。康熙四十八年（1709）十一月十一日薨，年47岁，谥曰悫。子华玘袭。	葬岳乐园寝中。
三袭，第三代	华玘	尔浑第二子	多罗安节郡王	康熙二十四年（1685）十一月十二日生。康熙四十九（1710）二月袭多罗安郡王，康熙五十八年（1719）九月初八日薨，年三十五岁，谥曰节。雍正元年（1723）十二月，诏曰："襄安郡王岳乐谄附辅政大臣，每触忤皇考，蒙恩始终宽宥，而其诸子全不知感，倾轧营求，妄冀封爵。玛尔浑、华玘相继夭折，爵位久悬，岳乐诸子伍尔占、诸孙色亨图等，怨望形于辞色。廉亲王允禩又复逞其离间，肆为谗言。安郡王爵不准承袭。"乾隆四十三年（1778），以阿巴泰、岳乐屡著功绩，封华玘孙奇昆辅国公，世袭。	葬岳乐园寝中。
四袭，第五代	奇崑	华玘孙，锡贵子	奉恩辅国公	生于乾隆四年（1739）三月二日。乾隆四十三年（1778）三月，袭奉恩辅国公。本年四月，授散秩大臣。乾隆四十七年（1782）四月五日，薨逝，年四十四岁，子年未及岁，暂未议袭。到乾隆五十九年（1794）二月，奇崑子崇积长大，始袭奉恩辅国公爵，但嘉庆九年十月，因西陵事丢爵，爵位随由布兰泰承袭。道光元年（1821），崇积去世。	推测葬岳乐园寝中。

五袭，第六代	崇积	奇崑第三子	奉恩辅国公	乾隆五十九年（1794）二月，始袭奉恩辅国公爵。嘉庆九年（1804）十月，因西陵事丢爵，爵位随由布兰泰承袭。道光元年（1821），崇积去世。	葬地在北京西郊隆恩寺旧址。冯其利说，墓地"坐东朝西，占地数亩，红色宝顶高两米多，外有跨栏墙"
七袭，第六代	布兰泰	岱英第二子，华玘的曾孙	奉恩辅国公	生于乾隆十六年（1751）四月二十二日。嘉庆十年（1805）正月，袭奉恩辅国公爵。嘉庆十三年（1808）十二月，授散秩大臣。嘉庆十六年（1811）六月，管理火器营事务。本年十一月，缘事一切差务尽行革退。嘉庆十八年（1813）十月，差往东陵。嘉庆二十年（1815）七月，回京。道光元年（1821）八月十二日，薨逝，年七十一岁。	园寝在北京西郊隆恩寺旧址，具体位置在饶馀敏亲王园寝和安亲王园寝之间，俗称'新宫'。冯其利云："新宫外有木栅栏，里边有三座桥，过桥是享殿，旁边有角门，后边是石泊岸，上边有一道墙，正中有门一座，里边是宝顶七座。"
八袭，第七代	恒明	布兰泰第四子	奉恩辅国公	道光元年（1821）袭辅国公。咸丰十年（1860）卒。	推测葬布兰园寝中。
九袭，第八代	裕恪	恒明第三子	奉恩辅国公	咸丰十一年（1861）袭辅国公。同治十二年（1873）卒。	推测葬布兰泰园寝中。
十袭，第九代	意普	裕恪第二子	奉恩辅国公	同治十二年（1873）袭辅国公，卒年不详。	推测葬布兰泰园寝中。

（二）固山温良贝子博和托及后裔园寝

1.固山温良贝子博和托园寝

固山温良贝子博和托是饶馀敏郡王阿巴泰的第二子，生于明万历三十八年（1610）正月二十四日。博和托没有承袭他父亲阿巴泰的王爵，故相对于承袭阿巴泰王爵的岳乐来说，是为小宗，且是小宗的始封祖。博和托初封辅国公，后因军功逐步晋升。崇德元年（1636），伐朝鲜，围南汉山城，偕尼堪击走朝鲜援兵，斩馘甚众。崇德三年（1638），又率领军队伐明，自董家口略明都西南六府，入山西界，后又移师攻克济南。还师后，被赏赐银两二千。七年（1642），又跟从阿巴泰伐明，自黄崖口入。还师后，又被赏赐银两三千。顺治元年（1644）十月，入关破李自成军，晋封固山贝子。顺治三年（1646），出击喀尔喀苏尼特部。顺治五年（1648）九月二十七日，薨逝，年三十九岁，谥曰"温良"。有子6人，其中4子彰泰袭贝子。嫡福晋1人。

从博和托生平可以看出他能征善战，有卓越的作战才能，可惜在顺治五年（1648）就去世了。他的弟弟岳乐在顺治八年（1851）的时候方承袭他们的父亲阿巴泰的王爵，如果博和托不早去世的话，阿巴泰的王帽子说不定就是博和托的。

博和托卒后葬入其家族茔地，即今北京市石景山区隆恩寺旧址，具体位置在饶馀敏亲王阿巴泰园寝西侧，在其园寝东偏南的位置上还有端重定亲王博洛的园寝。按：博和托为小宗贝子始封祖，他卒后虽同父阿巴泰葬在一个地方，但他的茔地不同于大宗阿巴泰的家族茔地，而是另一块茔地，即小宗固山贝子博和托的家族茔地。

博和托园寝俗称"二太王坟"，早在20世纪80年代时既无任何遗存。根据冯其利先生的调查，博和托园寝"有青石华表一对、石牌坊一座、石狮子一对，石门内有享殿，享殿后有坟宝顶六座"[1]。笔者推测六座"坟宝顶"中，除居中的博和托墓葬外，其余五座"坟宝顶"应是除博和托子彰泰以外的其余诸子和博和托福晋的墓葬，因为彰泰的葬地已经明确，"在二太王坟西边"[2]。

青石华表、石狮、石牌坊不知是否是博和托园寝固有之物，尚待考证。如若是博和托园寝之物，则或可解释为，博和托一生虽短暂，仅活了三十九岁，但始终浴血疆场，为后金及大清政权的基业立下了汗马功劳，故在他卒后，清帝给予了极大哀荣；再加上这时的园寝制度尚处于草创阶段，不甚严格，故博和托园寝建设就超出了后来园寝制度规定的贝子园寝建设规制，增建了华表、石牌坊等。

2. 固山贝子彰泰园寝

固山贝子彰泰是博和托的第四子，生于崇德元年（1636）六月二十日。顺治八年（1651）闰二月，封镇国公。是年，晋封固山贝子。顺治九年（1652），改袭其父所留固山贝子爵。康熙十三年（1674），在清军下岳州征讨吴三桂期间，参赞军务。康熙十八年（1679）十一月，授定远平寇大将军。康熙二十年（1681），授左宗正。康熙二十一年（1682），追论以前行军迟延，欲治其罪，后念其功劳卓著，未定罪。康熙二十二年（1683）四月，叙平定云南军功，入封册。康熙二十四年（1685），因滥举宗人府属官，罢左宗正职务。康熙二十九年（1690）正月十一日，薨逝，年五十五岁，以子屯珠袭爵。

彰泰卒后葬于固山温良贝子博和托园寝西侧[3]。彰泰卒于康熙二十九年（1690），这时满清对中国古代传统的宗法观念已经普遍接受，根据中国古代传统的宗法制度，彰泰承袭始封祖父亲博和托爵位，其卒后当以博和托立祖，葬在博和托园寝的一昭位，即东侧，但是冯其利调查说，彰泰葬在了博和托园寝西侧，如若冯其利调查属实的话，则或许是因为彰泰卒时在他父亲博和托园寝的昭位上已经埋葬了先卒的博洛，这样在博和托园寝的昭位上就没有再建园寝的空间了，故彰泰卒后只好在他父亲博和托园寝右侧建立园寝。

彰泰园寝建制不详，早在冯其利先生80年代调查时，园寝既无任何遗存。但是章泰卒于康熙年间，这时清政权对园寝制度已经有了明确而且严格的规定，根据园寝制度推测，彰泰园寝当建有墓碑一统、茶饭房三间、门一、享殿三间、宝顶一座。

3. 追封固山恪敏贝子品级屯珠园寝

追封固山恪敏贝子屯珠是章泰的第三子，生于顺治十五年（1658）四月初九日。康熙十一年（1672）正月，封镇国公。康熙二十七年（1688）二月，以"庸怯"革去镇国公，降为镇国将军[4]。康熙二十九年（1690）六月，袭封镇国公。康熙五十二年（1713）十月，授左宗正。康熙五十六年（1717）十月，任礼部尚书。康熙五十七年（1718）闰八月十三日，薨逝，年六十一岁，追封固山贝子品级，谥曰"恪敏"。之后，自其孙逢信始，这支以辅国公世袭。

屯珠卒后葬于固山贝子章泰园寝西侧[5]。笔者推测，其原因当同彰泰园寝一样，即屯珠去

1 冯其利《清代王爷坟》，第69页，紫禁城出版社，1996年。
2 冯其利《清代王爷坟》，第69页，紫禁城出版社，1996年。
3 冯其利《清代王爷坟》，第69页，紫禁城出版社，1996年。
4 《钦定宗室王公功绩表传》卷十。
5 冯其利《清代王爷坟》，第68页，紫禁城出版社，1996年。

清代园寝志

世时，在其家族茔地上，只有西侧还有空间可以建设园寝。

屯珠园寝建制不详，早在冯其利先生80年代调查时，园寝既无任何遗迹。根据清代园寝制度推测，如果屯珠卒后是按贝子品级殡葬的，那么他的园寝当建有墓碑一统、茶饭房三间、门一、享殿三间、宝顶一座。

4.奉恩辅国公逢信园寝

《清代王爷坟》一书记述："自屯珠之孙逢信以下，另立坟地于岱和寺沟，俗称'宫上'，墙圈为方形。"[1]按"岱和寺沟"不知何处？根据《清代王爷坟》一书中的记述推测，逢信及其后代袭爵者在"岱和寺沟"地方分别建立园寝，或逢信后代祔葬于逢信在"岱和寺沟"地方的园寝中。

逢信是追封固山恪敏贝子屯珠之孙，生于康熙四十五年（1706）正月七日。因屯珠子安詹早殇，以兄百绶子文昭第三子逢信嗣安詹为子，康熙五十七年（1718），降袭辅国公爵。乾隆十二年（1747）八月一日，薨逝，年四十二岁，谥曰"恭恪"，以子盛昌袭爵。

盛昌是奉恩辅国恭恪公逢信的第二子，生于乾隆六年（1741）五月二十日。乾隆十二年（1747）十二月，袭奉恩辅国公。乾隆二十二年（1757）七月，以侍班失仪削爵[2]。乾隆二十三年（1758）二月，封镇国将军，十二月，复封辅国公，遣往东陵居住。乾隆五十二年（1787）七月十日，薨逝，年四十七岁，以子庆怡袭爵。

庆怡是奉恩辅国公盛昌的第二子，生于乾隆二十八年（1763）七月十七日。乾隆四十九年（1710）十一月，封二等辅国将军。乾隆五十二年（1713）十一月，袭奉恩辅国公，授散秩大臣。嘉庆七年（1802）十二月，授广州将军。嘉庆十年（1805）三月，因病奏请离任。嘉庆十一年（1806）四月，授正红旗汉军都统，五月，署理镶白旗蒙古都统，九月，管理火器营事务，授宗人府右宗人。嘉庆十二年（1807）八月，授察哈尔都统。嘉庆十五年（1810）十二月，授荆州将军。嘉庆十六年（1811）八月，离将军任。嘉庆十八年（1813）正月二日，薨逝，年五十一岁，先以承继子景伦袭，景伦革爵后，又以胞伯之子景崇袭，景崇被革后，始以盛昌孙纯堪袭。

纯堪生于嘉庆二十四年（1819）正月二十七日。咸丰九年（1804）四月，袭奉恩辅国公。同治四年（1865）六月，派出守护西陵。光绪八年（1882）十二月十七日，薨逝，年四十六岁，以子麟嘉袭爵。

麟嘉是奉恩辅国公纯堪的长子，生于咸丰元年（1851）二月十七日。光绪九年（1883）四月，袭奉恩辅国公。光绪十四年（1888）十月，派出守护东陵。光绪二十七年（1901）九月二十三日，薨逝，年五十岁。

（三）端重亲王博洛及后裔园寝

端重亲王博洛是饶馀敏郡王阿巴泰的第三子，生于明万历四十一年（1613）三月四日。因在天聪九年（1635）时伐明立功，遂在崇德元年（1636）封爵宗室时，被封为固山贝子。崇德二年（1637）四月，擢任议政。崇德三年（1638），授理藩院承政，攻打宁远，博洛全力奋击，将明将祖大寿击退。崇德五年（1640），又跟从济尔哈朗迎接来归蒙古苏班岱，击败明兵，被赏赐良马。不久博洛又与诸王更番围攻锦州。崇德六年（1641），洪承畴以

1　冯其利《清代王爷坟》，第68页，紫禁城出版社，1996年。

2　《钦定宗室王公功绩表传》卷十。

十三万人援锦州，博洛偕阿济格出击，当追至塔山时，缴获笔架山积粟；又偕罗洛浑等设伏阿尔斋堡，击败明将王朴、吴三桂。顺治元年（1644），入关，破李自成军，晋封多罗贝勒，旋从多铎征河南。顺治二年（1645），再破李自成大军于潼关。顺治三年（1646）二月，授征南大将军。顺治四年（1647），师还，进封端重郡王。顺治六年（1649）正月，偕硕塞援代州，三月，大败来击之明军。睿亲王多尔衮自京师至军中议抚，博洛承制晋封为和硕亲王。不久，博洛又被任命为定西大将军，继续对明作战，屡战皆捷。顺治七年（1650），同满达海、尼堪同理六部事，后"以徇隐尚书阿哈尼堪不亲往迎朝鲜王弟事，降郡王"[1]。顺治八年（1651）正月，世祖（即顺治）亲政后复爵。二月，同诸王奏削故睿亲王封爵。三月，以英亲王亲藏军器事，隐不奏，复降郡王。在顺治帝谕命诸王分管六部时，博洛分掌户部。五月，复封亲王。八月，尚书谭泰把持六部权力，博洛与贝子锡翰等证其罪，诛谭泰。顺治九年（1652）三月十六日，博洛薨逝，年四十岁，谥曰"定"，以子齐克新袭爵。顺治十六年（1659）十月，追论博洛分多尔衮遗财，掌户部时尚书谭泰逞私揽权，不力阻，追夺爵、谥。

齐克新是博洛的第八子，生于顺治七年（1650）十二月六日。顺治九年（1652）八月，袭亲王，仍号"端重"。端重亲王并不是世袭罔替的铁帽子王，按例爵位世袭递降，齐克新当降袭郡王，但是他仍承袭了亲王，可能是因为博洛生前战功显赫，顺治帝很看重博洛这一支，故博洛卒后仍让他的儿子齐克新承袭亲王。但是到顺治十六年（1659）十月的时候，齐克新的父亲博洛获罪，齐克新亦受牵连，降为贝勒。顺治十八年（1661）正月九日，薨逝，年十二岁，谥曰"怀思"。

博洛共有九子，但都很小就夭折了，齐克新卒后，博洛这支没有后人了，爵除。

博洛卒后亦葬于今北京市石景山区隆恩寺旧址。博洛为又一小宗亲王家族的始封祖，他的葬地相对大宗阿巴泰的家族茔地而言，是为又一小宗茔地。博洛园寝具体位置在饶馀敏亲王阿巴泰园寝西南，俗称"三太王坟"。

博洛园寝地面建筑早已被毁坏无余，冯其利说，博洛园寝有"石牌楼一道，宫门内有享殿，享殿后有宝顶大小五座"[2]。按冯其利并未亲眼见过博洛园寝地面建筑及其残存，是听民间传说而进行的描述，根据清代园寝制度规定，清代宗室王公园寝是不建牌坊的。博洛园寝是否建有石牌坊？如果博洛园寝上确实有过石牌坊，那么石牌坊是否属于博洛园寝原物？存疑。抑或是因为博洛卒时，清代的园寝制度尚未完全建立起来，故确实建了石牌坊。

博洛袭爵子齐克新卒时仅十二岁，又没有后代，故笔者推测齐克新很可能葬在了博洛园寝中。剩下的三座宝顶应为博洛其他儿子或福晋的墓葬。

1982年时，博洛园寝旧址处尚能看到地宫废坑和散落的废石料[3]。现今这些遗迹是否尚存，不得而知，因为笔者于2008年前往调查时发现，整个阿巴泰的家族茔地已被圈进军事禁区，笔者未能亲临。

（四）贝子园寝
冯其利云，"饶馀敏亲王坟东南有'大太王坟'，是尚建的第一子贝子苏布图、第二子

1　《钦定八旗通志》卷一百二十九。
2　冯其利《清代王爷坟》，第67页，紫禁城出版社，1996年。
3　冯其利《清代王爷坟》，第70页，紫禁城出版社，1996年。

贝子强度的坟地。这一支没有后人，清末民初由拖津（相当于溥字辈）奉祀。这里俗称红栅栏，外有石牌坊一座，内有石门、享殿"。

尚建是阿巴泰长子，明万历三十四年（1606）九月二十六日生。天聪四年（1630）七月二十九日卒，年二十五岁。顺治十年（1653）五月，追封固山贝子，谥贤悫。葬地不详，据说在辽宁省[1]。其长子苏布图生于天命十年（1625）八月二十三日。初封辅国公。顺治三年（1646），晋固山贝子。顺治五年（1648）十一月初三日，从济尔哈朗征湖广，卒于军中，年二十四岁，谥曰"悼愍"。有子一人，名颜龄。颜龄于顺治九年（1652）十月封奉恩镇国公，康熙四十年（1701）卒，年五十四岁。颜龄无嗣。

强度是尚建第二子，生于天聪四年（1630）六月十六日。顺治六年（1649）十月，封固山贝子。顺治八年（1651）十月十一日，薨逝，年二十二岁，谥曰"介洁"。有子一人，名颜瞻，夭折，年仅二岁。

如前文冯氏所述，尚建的两个儿子苏布图、强度卒后同葬于阿巴泰园寝东南的"红栅栏"。"红栅栏"不知是何建筑。苏布图和强度两人均卒于顺治初年，卒年相隔仅三年，且两人是兄弟关系，又同为贝子，在满清入关初期，清政权对中原地区的传统的宗法制度尚没有完全接受，还保留着关外的埋葬习俗，父子兄弟同葬一处，故笔者推测苏布图和强度可能同葬在一个园寝中，园寝为二人同园，故曰"贝子园寝"。苏布图和强度两人卒时，清代的园寝制度尚未完全建立起来，故他们的园寝上有何建筑，不好说清楚。冯氏所说的这两人的园寝建筑也是听由民间传说来的，传说是否属实，难以考证。

六、辅国公噶布喇园寝

噶布喇，是清太祖努尔哈赤的嫡孙，"特行纯良，克循职任"[2]。噶布喇的父亲巴布泰多年随努尔哈赤征战大江南北，为创建大清帝国的基业立下了赫赫战功。据《爱新觉罗宗谱》记载，噶布喇是奉恩镇国恪僖公巴布泰第一子，初封三等奉国将军，顺治四年（1647）晋二等奉国将军，顺治六年（1649）晋三等镇国将军，顺治八年（1651）晋辅国公，康熙十六年（1677）卒，享年六十八岁[3]。他的薨逝使康熙皇帝甚为"笃念"，故为之立碑，以"昭朕敦睦之怀"[4]。碑文由当朝皇帝康熙撰写，足见康熙皇帝对噶布喇这位宗亲的眷顾之情。噶布喇有子五，其中有爵者三，分别为第一子镇国将军辉塞、第二子奉国将军握内、第四子奉国将军齐尔弼。

据辽宁省铁岭市博物馆提供的档案资料，噶布喇的墓地位于辽宁省铁岭市大甸子镇大甸子村东北1公里处（图1-2-57）。2009年初，笔者对该地进行了实地考察，其地理坐标为北纬42°10.370′，东经124°07.196′，海拔155米。墓地坐北朝南，现存的遗迹主要有墓碑和地宫废墟。

噶布喇墓碑位于大甸子村北一道东西向的丘陵岗地之上，背倚一馒头状山冈，墓碑东西两侧各有一道臂弯状余脉向墓碑围拢。东侧余脉上有长势茂密的森林，西部余脉已辟作耕地。墓碑保存基本完好，碑额无任何损坏，碑身四周龙戏珠纹带在文化大革命中被部分砸

1 宋大川、夏连保《清代园寝制度研究》，第338页，文物出版社，2007年。

2 见康熙二十二年九月初二日立噶布喇墓碑碑文。

3 《爱新觉罗宗谱》丙册。

4 见康熙二十二年九月初二日立噶布喇墓碑碑文。

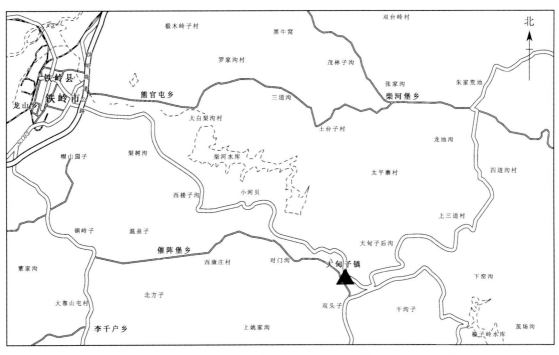

图1-2-57 辽宁省铁岭市大甸子村辅国公噶布喇园寝位置示意图

图1-2-58 噶布喇墓碑

掉[1]，其余保存完好。碑座的嘴部早年被毁，当地传说是因为怕吃庄稼。墓碑碑座长约3.2米、宽约1.34米。碑身砂岩质，高约2.7米、宽1.2米、厚48厘米，正、背面四周均装饰有龙戏珠浮雕。由于碑身为砂岩石质，所以在经历了三百余年的风雨侵蚀后，碑身正面的碑文大部分已漫漶不清。此外，碑身正面满文部分有三个规整的长方形凹槽，是当初有意留出，还是后人凿刻，不得而知。据当地百姓传说，碑身碑文乃康熙帝亲自撰写，并且铁岭大甸子在清初是努尔哈赤赐给巴布泰的封地，所以称此墓为"黄带子坟"。墓碑碑额高约1.6米，雕成四条翻滚盘绕的龙形，龙身、龙爪间又镂成九孔，故有"九眼透龙碑"之称，正面额心双勾满文和篆书汉字"敕建"，可见墓主人生前的地位是很高的。再从墓碑硕大的形制和精细的雕工看，其规格也是比较高的。石碑的正、背面及碑额共雕龙28条，碑身高大雄伟，以一方淡棕色的砂岩制成，碑身四周以浅雕形式镌出"龙戏珠"纹带，祥云地，龙鬣、龙爪、龙眼等细微之处一一刻出，形象生动，雕工细腻，是铁岭境内最大的古代石刻作品之一（图1-2-58）。

墓碑坐落在馒头状山丘的南边，碑背后大约50米处即噶布喇园寝宝顶，宝顶约占地200

1 据辽宁省铁岭市博物馆档案资料。

图1-2-59 噶布喇坟包

平方米（图1-2-59）。墓穴曾被盗掘，今仍可见到盗坑和掘开的墓穴残室，墓地地表散布有
碎青砖和白灰渣。

噶布喇的子孙葬地不详。

七、已革英亲王阿济格及后裔园寝

阿济格是清太祖努尔哈赤的第十二子，生于明万历三十三年（1605）七月十五日，出生
的时候距后金建国还有11年。生母为大妃纳喇氏，与多尔衮、多铎是同母兄弟。他在开国诸
王的排序中列位第八，故有"八王"之称。阿济格彪悍少谋，嗜杀又嗜权，最后落得被赐自
尽的下场。

阿济格初授台吉，天命十年（1625），从贝勒莽古尔泰伐察哈尔。天命十一年
（1626），先后从军出征喀尔喀巴林部、扎鲁特部，皆有功，授贝勒。

天聪元年（1627），偕贝勒阿敏伐朝鲜，克五城，后又从军伐明。天聪二年（1628），
以擅主弟多铎婚，被削爵，寻复之。天聪三年（1629）至天聪四年（1630）间，一直征伐
明朝。天聪六年(1632)，复伐察哈尔。察哈尔林丹汗遁逃后，又继续攻打明朝。崇德元年
（1636），叙功被晋为多罗武英郡王，继续涤荡明军。九月，凯旋，"驾出盛京地载门十里
迎劳之，告祭毕，行抱见礼。上见王远征劳瘁，为之恻然，命坐御座，设宴以金卮酌酒，
亲赐之"[1]。崇德二年（1637）硕托攻皮岛未下，阿济格督所部水陆并进，克之。皇太极遣
使褒劳。崇德四年（1639）从伐明，阿济格扬言欲以红衣炮攻台，守者惧，四里屯、张刚
屯、宝林寺、旺民屯、于家屯、成化峪、道尔彰诸台俱下。寻还守塔山、连山，俘人马千
计。崇德六年（1641）偕济尔哈朗围锦州。崇德七年（1642），围杏山，遣军略宁远。八年

---

1 《钦定八旗通志》卷一百三十一。

（1643），复偕济尔哈朗攻宁远，克之。

顺治元年（1644）四月，同睿亲王多尔衮入山海关，击败李自成大军，平定燕京，有功，十月，被册封为和硕英亲王，赐鞍马二。旋被授命为定远大将军，自边外入陕西，破李自城大军，攻克郡县无数，诏曰："王及行间将士驰驱跋涉悬崖峻岭、深江大河万有余里，劳苦功高。寇氛既靖，宣即班师。其招抚余兵，或留或散，王与诸大臣商榷行之。"诏未至，阿济格率师还京师。睿亲王多尔衮指责阿济格不候诏班师，又自成未死时，先以死闻，遣人数其罪，又复议刚出师时，擅取鄂尔多斯、土默特马匹，降郡王，寻复之。顺治五年（1648），授平西大将军，征讨山西叛将姜瓖。顺治六年（1649），阿济格的两个福晋病卒，多尔衮命阿济格回京师，阿济格曰："摄政王躬摄大政，为国不遑，吾敢以妻死废国事？"阿济格自以功多，告多尔衮曰："予乃太祖之在子，皇帝之叔，宜称叔王。"多尔衮斥其狂妄。

顺治八年（1651）正月，多尔衮卒于喀喇河屯，阿济格想当摄政王，暗中派人召其子劳亲多率兵以做准备，并将多尔衮卒事秘不外发。又胁迫多尔衮所管两白旗大臣附己，在遭到拒绝后又以兵戎相威胁。于是，两白旗大臣决定"依皇上为生"，并向郑亲王济尔哈朗告发阿济格欲乘丧谋乱夺政。跟随多尔衮围猎的大学士刚林早已察觉阿济格的意图，抢先独自"策马行"，日夜疾驰七百里抵达京师，告发此事。其实，如果阿济格不嗜权的话，以他的地位和身份，太祖的儿子、皇帝的叔父、摄政王多尔衮的同胞兄弟，本可以稳稳当当地做个富贵王。如果阿济格有策略，他本可想方设法收复多尔衮的两白旗，因为以他的身份继续接替其胞弟多尔衮摄政，可能性很大。但他却如此愚蠢，同两白旗闹翻，结果孤立了自己。顺治帝在阿济格回京的必经之路德胜门外驻守重兵，以防不测。不久，阿济格携多尔衮灵枢回京，顺治帝亲率诸王、大臣迎于德胜门外。济尔哈朗等见阿济格身带佩刀，举动回测，就在路上一直监视阿济格直到京师。回京师后，顺治帝就以欲谋乱罪，将阿济格革爵，圈禁逾月，复议系别室，籍其家，诸子皆黜为庶人。顺治八年（1651）十月，监守者告阿济格将于系所举火赐死，年四十七岁。顺治十八年（1661），恢复阿济格子傅勒赫宗籍。康熙元年（1662），追封傅勒赫为镇国公，子构孽、约克都并封辅国公。后康熙帝又追录阿济格功，以子普照、经照先后袭辅国公。乾隆四十三年（1778），乾隆帝特旨命阿济格子孙皆复宗籍，以奉恩将军世袭。

纵观阿济格的一生，虽然前期建立了不少功勋，但在多尔衮卒后因为想当摄政王，却又有勇无谋，结果落得个被赐死的下场。

阿济格卒后葬于今北京市建国门外"八王坟"，在通惠河北岸，建国路和西大望路相交处（图1-2-60）。"八王坟"即因阿济格墓地而得名[1]。在阿济格之后，其子孙亦有葬于阿济格墓地附近的。随着阿济格后代的陆续葬入，这里逐渐形成一片占地广大的阿济格家族茔地。茔地范围大约为东起大望路西侧，路东为松公坟，即佛手公主坟，西到郎家园，北起建国路北侧[2]，南到醉公坟、通惠河。笔者估计这个范围大约占地有一百五十亩。

阿济格家族茔地上的地面建筑早在20世纪二三十年代时就被阿济格后人拆卖殆尽。茔地上早自20世纪80年代以来就呈现了一片现代都市的繁华。但八王坟作为一个地名标志至今仍

1　阿济格有八王之称，原因前文已有所述，即阿济格在开国诸王的排序中位列第八，故其墓地也被称做八王坟。

2　冯其利先生通过其在80年代的调查，说八王坟北边到刘家（后人刘长岭）门口。

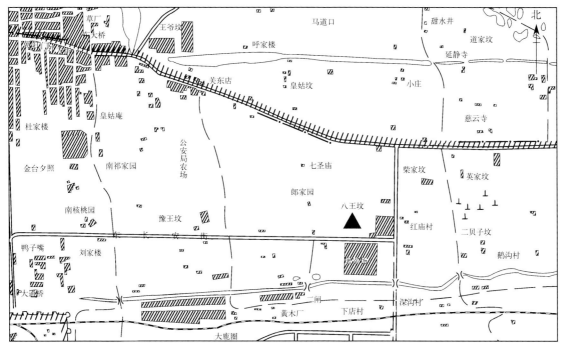

图1-2-60 八王坟位置示意图（据侯仁之主编《北京历史地图集》）

在，只是八王坟所含的物质载体早已淹没在历史的长河中。

阿济格身为罪人被赐死，根据清代园寝制度，阿济格卒后是没有资格建设园寝的。推测当初仅建宝顶一座。又阿济格是在系内举火火化，故在阿济格地宫被盗发时，内有骨灰罐。推测这时的"八王坟"并没什么名气。在《钦定八旗通志》中有这样一条记载：乾隆十二年（1747）三月"谕：据公九如奏请，指俸借银三千两修伊高祖英亲王阿济格园寝。英亲王原系国家宣力名王，今伊园寝年久倾颓，不必借俸银修理，着即加恩交与工部拨币修理"[1]。乾隆十二年时，距阿济格死亡已经七十多年了，从"今伊园寝年久倾颓"可以看出阿济格园寝的存在。阿济格的园寝是什么时候修建的？笔者推测，有可能是在康熙帝执政时期，康熙帝"录阿济格功"而为阿济格补建的。又康熙帝在位时期并未给阿济格平反，这个时期的阿济格园寝仍属有罪之人的园寝，推测当时园寝修建得并不怎么样，朝廷也不专派人员进行看守，致使园寝在乾隆时期出现了"倾颓"的荒凉景象。

乾隆时期重修后的阿济格园寝，据冯其利调查，建有宫门、享殿、宝顶和墙圈。冯其利云："阿济格的砖宝顶东南有小宝顶一座。在正坟院墙西边有大土坟两座，大土坟南另有追封镇国公付勒赫（阿济格第二子）的大土坟一座。这里称'西衙门'。在正坟院墙东边有砖砌宝顶三座，并立有驮龙碑两方，即构孽、纳殷碑，俗称'东衙门'。……在八王坟西北角还有土坟三座。坟地最外边还有一道大墙，南边开有大门和两个角门。"按：由于阿济格家族茔地上的建筑早就被毁坏无余，冯其利并未亲眼见到，也是听由民间传说而来，故上述他所说的有几点表述不太清楚的地方，第一，从冯其利的表述语气来看，他说的"正坟"和"八王坟"可能是一个概念，都指的是阿济格园寝；第二，冯氏对"西衙门"的表述也不太清楚，不知道西衙门包括三座大土坟，即冯氏说的"在正坟院墙西边有大土坟两座，大土坟南有追封镇国公付勒赫的大土坟一座"，共三座，还是仅付勒赫的一座大土坟。付勒赫是阿济格第二子，顺治二年（1645）封镇国公，顺治八年（1651）因父亲阿济格获罪，黜宗室，

---

1 《钦定八旗通志》卷八十七。

降为庶人。顺治十七年（1660）卒，顺治十八年（1661），复入宗室。康熙元年（1662）追封镇国公。第三，不清楚冯氏所说的东、西衙门有没有围墙。但笔者推测可能有围墙，如果这样的话，"东衙门"当是一处名副其实的园寝。因为根据冯其利调查，东衙门内有"砖砌宝顶三座，并立有驮龙碑两方，即构孳、纳殷碑"。由"东衙门"内立有构孳墓碑和纳殷墓碑可推断，东衙门内至少葬有付勒赫子构孳和构孳子纳殷。构孳生前爵至辅国公，卒后子纳殷降袭镇国将军，根据清代园寝制度，他们卒后是有资格建造园寝的。查《宗谱》，纳殷仅活了3岁就夭折了，据此推测，纳殷卒后很可能葬在了其父构孳的园寝中，"东衙门"则为构孳的园寝。第四，"坟地最外边还有一道大墙，南边开有大门和角门"，这里所言的"坟地"，从冯氏的叙述语气来看，当包括他所说的正坟（阿济格园寝）、西衙门、东衙门，也就是阿济格的家族茔地。但茔地上修建一道围墙不知是否属实，笔者尚未见到在茔地四周修建围墙的实例，也尚未在文献中见到这样的记载。

据冯其利20世纪80年代调查，"1950年，财经印刷厂把'东衙门'征用，但未开工建设。1955年把地皮转给葡萄酒厂。正坟和'西衙门'占地略晚，建设较早，当时是度量厂，该厂迁走后，今为北京仪器厂"[1]。

八、睿忠亲王多尔衮及后裔园寝

（一）睿亲王多尔衮及后裔园寝

1. 睿忠亲王多尔衮园寝

睿忠亲王多尔衮是清太祖努尔哈赤第十四子，皇太极之弟，生于明万历四十年（1612）十二月二十四日，其生母为大妃乌拉纳喇氏阿巴亥，有胞兄阿济格、胞弟多铎。

多尔衮少时，命运坎坷。努尔哈赤为了统一女真诸部，于万历四十一年（1613），灭掉了多尔衮母国乌拉，多尔衮母子面临被打入冷宫的危险。但由于努尔哈赤对降者采取优待的政策，再加上阿巴亥的机智，使得他们母子顺利渡过难关。天命十一年（1626）努尔哈赤薨逝，这时的多尔衮兄弟已经掌握了两白旗的军力，实力超过三大贝勒，成为除皇太极、代善之外，唯一有可能问鼎汗位的实力派人物。代善无心汗位，众贝勒早就担心多尔衮兄弟力量迅速壮大，于是便推举了皇太极即位。但是，阿巴亥身为后金国母，精明睿智，且是在努尔哈赤临终前唯一的一位陪伴者，她知晓一些其他人所不知道的事情。阿巴亥如果不死，再加上多尔衮兄弟的自身实力，情势对皇太极极为不利。最后，多尔衮母亲在众贝勒大臣的压力下被迫殉葬，她临死提出要皇太极"恩养"多尔衮兄弟，这样阿巴亥以她的死换回了多尔衮兄弟几人的安全。

皇太极即位后，遵照阿巴亥遗愿"恩养"多尔衮兄弟。天聪二年（1628）三月，多尔衮以从征察哈尔多罗特部有功，赐号"墨尔根戴青"[2]，封贝勒。天聪五年（1631）五月，初设六部，多尔衮掌管吏部事宜。吏部乃选人、用人之机构，皇太极把如此重要的职位交给多尔衮，可见他对多尔衮才识的赏识。多尔衮并非一介武夫，在吏部这一职任上的锻炼，为多尔衮日后摄政，即管理政权热了身。此后，多尔衮参加了无数次的征伐战争，且在每次战争

1 冯其利《清代王爷坟》，第72页，紫禁城出版社，1996年。
2 郑天挺在其文章《墨勒根王考》中认为，墨勒根满语本为善射之称，引申为聪明之义，代青（daiqing）则蒙古语统帅者也。周远廉、赵世瑜《皇父摄政王多尔衮》一书中也认为，多尔衮号墨尔根代青，就是聪明的统帅之意。

中都表现智勇，多有战功。天聪九年（1635），多尔衮奉皇太极之命肃清察哈尔部，结果他不费一兵一卒招降察哈尔林丹汗之子额哲，并获得元传国玉玺。崇德元年（1636）四月，晋封睿亲王。据《京师坊巷志稿》，也称墨尔根王，台星可汗九王[1]。按多尔衮之所以被称为九王，是因为多尔衮在开国诸王的排序中位列第九，故有此称。

在扫除了察哈尔之后，皇太极面临的敌人还有朝鲜和明朝，为了解决伐明的后顾之忧，皇太极集中兵力出兵朝鲜，多尔衮随同出征。多尔衮偕豪格进攻朝鲜江花岛，俘获朝鲜王妃及其二子，国王李倧请降。至此，皇太极南下伐明的后顾之忧被解除，他开始全力以赴对抗明朝。

崇德三年（1638）八月，多尔衮被授命为奉命大将军，伐明，自董家口毁边墙而入。此次伐明，克四十余城，降六城，俘获户口二十五万有余。因功，多尔衮被赏赐马五、银两万。崇德五年（1640），因违命放牧，降为郡王，罚银万两，夺二牛录。崇德七年（1642），在围攻锦州时，再立战功，复亲王。

崇德八年（1643），皇太极未来得及安排后事，便暴逝于沈阳。皇太极的暴逝，使最高权力出现真空，围绕皇位由谁来继承，皇室内部发生了剧烈的冲突。

这时，代善已年老力衰，他的两个最有才干的儿子岳托和萨哈廉已经去世，硕托不为代善所喜，满达海才华初露，故以代善为首的两红旗，因无出类拔萃的领袖人物，在皇权竞争中并无优势。济尔哈朗为开国元勋，虽任镶蓝旗旗主，但可能是由于受到其父舒尔哈齐和兄阿敏的悲惨结局的影响，他为人低调谨慎，甚至遇事明哲保身，故他在皇位继承时持中间观望态度。皇太极在位时为了加强集权，除了其统领的两黄旗外，又将正蓝旗夺到自己手中。皇长子豪格继承了皇太极的正黄、镶黄二旗并自掌正蓝旗。这三旗的人物自然想拥立豪格继位。多尔衮亦非等闲之辈，他的才华自不必说。他的两白旗的实力和他的两个得力兄弟阿济格、多铎都是他问鼎帝位的坚强后盾。为了推举各自的继承人，以两黄旗和两白旗为首的双方便开始积极地"拉选票"。两黄旗大臣图尔格、索尼、图赖、锡翰等议立豪格，密谋良久，并找到济尔哈朗，谋求他的支持。而两白旗阿济格和多铎也找到多尔衮，表示支持他即位，并告诉他不用害怕两黄旗大臣。是年八月，诸王大臣齐聚崇政殿，讨论皇位继承问题。两黄旗大臣佩剑而入，决心立豪格为继承人。两白旗的阿济格和多铎提出立自己的哥哥多尔衮为继承人。豪格见事不成，便以离席相威胁，两黄旗大臣把剑离席，表示："如若不立皇帝之子，我们宁可死，从先帝于地下。"代善见双方相持不下，现场充满了火药味，便退了出来，阿济格也随之而去。多尔衮见此情形，便提出立皇太极幼子福临继位，以他和济尔哈朗辅政。济尔哈朗以中间派取得辅政地位，实乃沾了光。代善只求稳定大局，故也不反对。如此，多尔衮的提议为各方所接受。这又表现了多尔衮过人的睿智。他选择福临，一是因为福临是皇太极的幼子，既立皇子，豪格和两黄旗大臣也就说不出什么。二是福临年幼，便于自己控制。之所以选择济尔哈朗共同辅政，一方面是因为济尔哈朗易于对付；另一方面是因为他和济尔哈朗同是先帝晚年最信任、最器重的人，由他们二人出摄政，并不意外。这样，多尔衮以退为进，虽辅政，但却掌握了实权。济尔哈朗为人低调，顺治即位后，他主动要求诸王大臣商讨国事时，只报告多尔衮即可，这为以后多尔衮专政提供了便利。之后多尔衮率兵攻打明朝，成为风云人物，济尔哈朗则在盛

1 [清]朱一新 《京师坊巷志稿》，第30~31页，北京古籍出版社，1982年。

京教导辅佐幼帝，默默无闻。

顺治元年（1644）四月，多尔衮再次被授奉命大将军印，伐明。顺治元年（1644）五月，清军占领北京，清政权遂迁都于此。顺治元年（1644）九月，多尔衮被封为叔父摄政王。他运筹帷幄，指挥大军继续对明军作战，并颁布律令，如剃发令等，进行政权建设。为了排挤济尔哈朗，多尔衮以济尔哈朗的王府超标为由，罢掉了济尔哈朗的辅政王职位，改授多铎。豪格因与多尔衮有风隙，顺治五年（1648）二月，于四川凯旋后返回京师，被多尔衮陷害入狱，削夺爵位。至此，多尔衮排除了他前进道路上的一切障碍。顺治五年（1648）十一月，被尊为皇父摄政王。顺治六年（1649）二月，两次率师亲征降而复叛的大同总兵姜瓖，克浑源等地。顺治七年（1650）正月，纳肃亲王福晋，征发朝鲜女子，命部事无须题奏者，交付满达海、博洛、尼堪料理。七月，以京城夏季溽热难耐，择地筑城避暑，令工部加派直隶、山西、浙江、山东、江南、河南、湖广、江西、陕西九省地丁银二百四十九万两有余，输京备用。十二月九日，多尔衮病故于边外的喀喇城，年三十九岁。顺治七年（1650）十二月十七日，丧还，顺治帝亲率"王贝勒大臣缟服迎奠东直门外"[1]，跪奠酒三爵。不久，追尊为懋德修道广业定功安民立政诚敬义皇帝，庙号成宗，丧仪依照帝礼，并升祔太庙。多尔衮身后无子，以弟多铎之子多尔博为嗣，顺治八年（1651），多尔衮被人告发获罪后，多尔博"未及袭，还本宗"[2]。乾隆四十三年（1778），乾隆帝感念多尔衮开基创制立国之功，赏还睿亲王王爵。至此，多尔衮的睿亲王爵在悬空了一百多年后，复被赏回，仍由多铎之子多尔博之四世孙滘颖承袭，并世袭罔替。

多尔衮茔域在东直门外[3]，有九王坟之称。据侯仁之主编的《北京历史地图集》，1947年时九王坟这个地名仍在（图1-2-61）。

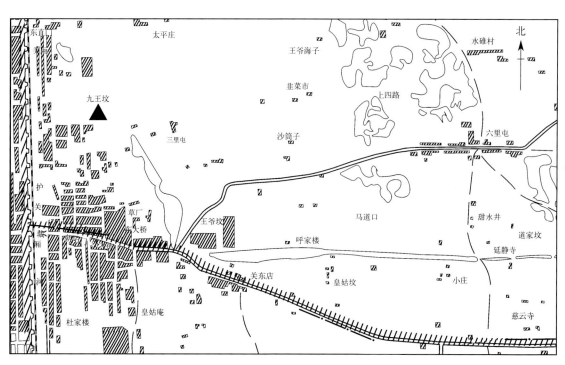

图1-2-61 九王坟位置示意图（据侯仁之主编《北京历史地图集》）

1 《钦定八旗通志》卷一百二十五。

2 《钦定八旗通志》卷一百二十六。

3 《清高宗实录》卷九百二十六。

多尔衮卒时是以帝礼殡葬的，推测其初葬时的墓地规模应该很气派。顺治八年（1651）元月，近侍苏克萨哈等告发多尔衮私制帝服，藏匿御用珠宝，郑亲王济尔哈朗等乘机附和，认为应该追论多尔衮的罪过。二月，顺治帝便下命撤去多尔衮帝号、庙享，家产皆籍没入官，其母亲妻子的一切封典悉被追夺，正在建筑中的园寝亦被拆毁。两年之后，顺治帝可能仍然怒火未消，为了进一步羞辱多尔衮，遂于顺治十年（1653）三月诏谕工部，多尔衮坟园"房屋门墙俱着修理，柱用黑色，仍命信郡王拨人看守"[1]，以此发泄不满。乾隆三十八年（1773），乾隆帝诏：睿亲王多尔衮"茔域榛芜，殊甚悯恻，交内务府派员缮葺，并令近支王公以时祭扫"[2]。乾隆四十三年（1778）正月，乾隆帝恭阅实录，知多尔衮开基创制立国，劳苦功高，"实为一代功宗之冠，且始则力拒诸王之推戴，继则复严斥同列之诡谀"，"尤为忠诚不二，公正无私。乃以其薨逝之后，忽构流言，诬为叛逆，指殓衣为佐证成冤狱"，乃诏曰："宜复还睿亲王封号，追谥曰忠，配享太庙。依亲王园寝制，修其茔墓，令太常寺春秋致祭，其爵世袭罔替。"[3]

多尔衮园寝地宫于1943年被盗发，据当时见到地宫被盗发后情形的百姓说，地宫内有一白底蓝花瓷坛，里面仅有两节木炭。辛亥革命以后，多尔衮园寝的地面建筑被拆卖。1940年时仅存园寝墙基和宝顶前三合土拜台。1954年时仅剩的园寝遗址被平毁，东城区房管局在此建设了楼房和排房。

现今多尔衮园寝及遗址早已荡然无存，据调查，园寝大致在今北京市东城区东直门外北京工人体育馆以北的新中街一代，原新中街道二条和三条之间，大约为现阳光都市楼群所在位置，地理坐标大约为北纬39°55.873′，东经116°26.143′。现在的新中街街名的由来，据民间传说还有一段故事，说是因为解放后搬到九王坟一带居住的人们觉得九王坟这个地名不中听，于是便有人提议，这儿附近有东中街、中中街，九王坟就叫新中街吧，取旧貌换新颜的意思，这样九王坟就改叫新中街了。

经乾隆帝诏谕重修后的多尔衮墓地规模，据民间传说，规格不低，坐北朝南，占地三百余亩，其中可耕地占一百多亩，园寝建有大殿、月牙河、汉白玉石桥、华表、石人、石马、神道，墓后有三合土夯筑的土山，高约十米余，东西长约百米。在月牙河西南不远的高坡上有小药王庙（现在的亚洲大酒店处）。按石人、石马等石像生是清代帝陵才有的建筑，乾隆时期园寝制度已经非常完备，故不太可能有超越制度规定的情况出现，况且在亲王郡王园寝中尚无建设石像生的先例。再则冯其利先生调查时也没有提到多尔衮园寝建有石像生。综上两点可以推测出，上述民间传说的多尔衮园寝不应为乾隆时期重修后的多尔衮园寝，或有可能为多尔衮初葬时的墓地建筑规模，因为多尔衮卒时是以帝礼殡葬的。

乾隆时期重修后的多尔衮园寝及园寝周围情况，冯其利先生说，多尔衮园寝"坐北朝南，最南边有神桥一座，下边是月牙河。北边八九米远是宫门三间、栅栏门，有围墙、子墙两道。进宫门是东西朝房，碑楼两座，内有两块驮龙碑。正对宫门有享殿五间。享殿后有月台，月台上有大宝顶一座，大宝顶后有小坟头四座。宝顶北边是弧形的"跨栏"墙。墙北还有大山子一座。……大山子北边隔着道沟是刘、富、李三家照应的另一处满族人的坟地。再

1　章开沅主编《清通鉴》，第279页，岳麓书社，2000年。
2　《清史稿》卷二百一十八《列传五·诸王四》。
3　《清史稿》卷二百一十八《列传五·诸王四》。

往北是苇塘。九王坟西边隔着道沟还有小坟地一块，有砖砌宝顶一座、驮龙碑一方，东边是乳母坟。小坟地西边是一顷多的苇塘"。

按：由于多尔衮园寝被毁坏的时间较早，冯其利对多尔衮园寝的了解也是听民间传说而来，故上述冯氏所言有不详之处，"宫门三间、栅栏门"是指宫门由栅栏围成，还是既有宫门，又有栅栏门？"有围墙、子墙两道"也不知是怎么回事，何为"子墙"不得而知。根据清代园寝制度，亲王郡王园寝碑楼只有一座，但冯氏说多尔衮园寝有碑楼两座，这有可能是正确的，因为多尔衮园寝起初是以帝制修建的，一碑应为功德碑，一碑应为庙号碑。对于冯氏所云碑楼所处的位置，笔者有所疑问，因为碑楼一般都是建在宫门之外的。多尔衮无子，故笔者推测多尔衮"大宝顶"后的"小坟头"当是多尔衮福晋的墓葬。关于多尔衮园寝周围的情况，笔者暂不做考证。

2. 睿恭亲王淳颖园寝

淳颖是多尔博四世孙，生于乾隆二十六年（1761）九月二十一日，其父是有"儒王"之称的如松。乾隆三十六年（1771）四月，袭信郡王修龄所遗之辅国公[1]。乾隆四十年（1775）十二月，在乾清门行走。乾隆四十三年（1778）正月，乾隆帝为多尔衮平反，"追复多尔衮旧封，命以淳颖袭封和硕睿亲王"[2]。乾隆四十九年（1784）五月，总理正红旗觉罗学。之后，曾担任宗令、玉牒馆副总裁、左宗正、右宗正、都统、侍卫内大臣、御前大臣等。嘉庆四年（1799）五月，总理理藩院事务。嘉庆五年（1800）十一月七日，薨逝，年四十岁，谥曰"恭"。

淳颖卒后葬净德寺故址，这里遂成为睿亲王大宗的又一处茔地（图1-2-62）。按净德寺在"都城之西，距六十里，顺天府宛平县治，其乡曰玉河。斯境者，山环水回，地舆秀衍，多为古昔名蓝所据。正统改元，建立隆恩寺，仍于寺之东南二里许，再构寺一所，赐名净德"[3]。可见，净德寺为隆恩寺的一个下院。进入清代以后，隆恩寺地方为阿巴泰所有，阿巴泰卒后选葬隆恩寺，隆恩寺遂成为阿巴泰的家族墓

图1-2-62　北京市石景山区敬德寺睿恭亲王淳颖园寝位置示意图

地，几乎阿巴泰家族的所有人员卒后都葬在了隆恩寺。乾隆四十三年（1778）之后，隆恩寺的下院净德寺一带为睿亲王府所有。睿亲王淳颖生前看中了净德寺一带的风水，遂决定将这里做为他卒后的福地，卒后即建园寝于此。按：因修建园寝，睿王府将净德寺拆迁到了今石景山区五里坨地方，并在此形成村落，即敬德寺村，村名一直沿用至今。

1　《钦定宗室王公功绩表传》卷四。

2　《钦定八旗通志》卷一百二十五。

3　《日下旧闻考》卷一百四《郊坰》。

清代园寝志

2008年时，笔者通过访问北京市石景山区五里坨街道隆恩寺社区服务中心人员王海鹏得知，在今石景山区五里坨街道隆恩寺社区公安大院后曾有坟头一处，推测此处即为睿恭亲王滇颖的墓地位置，地理坐标约为北纬39°57.457′，东经116°07.488′。

根据清代的园寝制度，睿恭亲王滇颖园寝当年当建有碑楼及墓碑、茶饭房、宫门、享殿、宝顶、围墙等。园寝在1929年被盗发，之后被拆毁。冯其利说，睿恭亲王滇颖"墓地占地六十八亩，外边金刚墙，里边红墙，两道宫门……"[1]按：滇颖园寝早被破坏，不知道冯其利先生所述的滇颖"墓地"面积是从何得出的。此外，冯氏所说的"外边金刚墙，里边红墙"不知是何建制，是园寝外的整个茔地上还有一道围墙，还是有相平行的两道墙，即园寝宫门两侧的红墙和二道门两侧的卡子墙。两道围墙的情况笔者没有见过，不知道是否符合真实情况。"两道宫门"的说法也不准确，因为园寝只有一道宫门，冯氏所说的另一道"宫门"可能指的是园寝的神门（二道门）。如果园寝外确实还有一道围墙的话，冯氏所说的另外一道"宫门"也可能是整个茔地的大门。

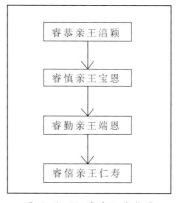

图 1-2-63 睿亲王爵袭图
（二袭—五袭）

在这处睿亲王大宗茔地上还葬有睿亲王大宗的另一位成员睿僖亲王仁寿。仁寿之前有两位睿亲王王爵承袭者，即宝恩、端恩。不知何种原因，宝恩、端恩二人卒后并没有葬在这里，可怪的是，到了仁寿，又埋了回来（图1-2-63）。

睿僖亲王仁寿是睿勤亲王端恩的长子，生于嘉庆十五年（1810）三月六日。道光三年（1823），赏戴花翎。道光六年（1826）八月，袭睿亲王。道光七年（1827）十月，担任正白旗总族长。道光八年（1828）八月，管理左右两翼宗学事务。道光九年（1829）八月，在内廷行走。道光十年（1830）十月，授宗人府右宗正。历任镶白旗汉军都统、正红旗蒙军都统、镶黄旗领侍卫内大臣等职。慈禧垂帘听政时，仁寿曾同醇亲王一起去密云捉拿肃顺。同治三年（1864）十月初十日，薨逝，同治帝"命醇郡王带领侍卫十员往奠故睿亲王仁寿茶酒，赏银一千两治丧，予祭葬，谥曰僖"[2]。

睿僖亲王仁寿卒后葬于睿恭亲王滇颖墓侧[3]。按此处的"墓侧"不知是滇颖园寝的一侧，还是滇颖宝顶的一侧。冯其利说，仁寿"墓地占地六十八亩，没有建享殿、红墙，利用原有的金刚墙，有碑楼一座，驮龙碑一方，砖砌抹灰红宝顶"[4]。按：且不说冯氏所说的"金刚墙"指的是什么，但根据冯氏所说的仁寿墓地占地面积亦为"六十八亩"，"利用的是原有的金刚墙"，"没有建享殿、红墙"等推测，仁寿卒后可能并未单独建造园寝，而是葬入早年的睿恭亲王滇颖园寝中。

3. 和硕睿慎亲王宝恩园寝

睿慎亲王宝恩是睿恭亲王滇颖第一子，生于乾隆四十三年（1778）九月二十四日。初封不入八分辅国公。嘉庆六年（1801）二月，袭其父滇颖睿亲王爵，四月，授正黄旗领侍卫

1　冯其利《清代王爷坟》，第83~84页，紫禁城出版社，1996年。

2　《清穆宗实录》卷一百七十八。

3　李新乐《从净德寺说到敬德寺村》，《首钢日报》第4011期。

4　冯其利《清代王爷坟》，第84页，紫禁城出版社，1996年。

内大臣。嘉庆七年（1802）五月九日，薨逝，嘉庆帝"遣荣郡王绵亿带领侍卫十员往奠茶酒"[1]。宝恩卒时年二十五岁，谥曰"慎"，改以滢颖第四子端恩袭睿亲王爵。

宝恩承袭其父滢颖王爵，根据宗法制度，睿慎亲王宝恩卒后可以滢颖为一代先祖，葬在滢颖园寝昭位，但冯其利说，宝恩"葬于朝阳门外某村花园的小口坟地"。按冯其利既没有看到宝恩的园寝遗迹，也没见到宝恩的墓碑，他也是听民间传说，故他也没能说清楚宝恩葬地的确切位置。如果民间传说属实的话，则宝恩为何未同其父前代睿亲王滢颖葬在一处的原因不好解释，宝恩卒于嘉庆七年（1802）五月，其父滢颖卒于嘉庆五年（1800）十一月，两人去世时间仅相隔不到两年，以常理推断，宝恩卒后如果葬于其父睿恭亲王滢颖附近，这无论从人力还是物力上来说都是最经济实惠的，故不知宝恩为何还要另选葬地。是否与风水或迷信有关，尚待考证。

4. 椰子井村睿亲王家族茔地及睿勤亲王端恩、睿悫亲王德长和、睿敬亲王魁斌园寝

椰子井今属北京市朝阳区，与定福庄相邻。椰子井村在历史上曾有过一块睿亲王的家族茔地，这也是睿亲王大宗的最后一块茔地（图1-2-64）。这块睿亲王家族茔地上葬有睿勤亲王端恩、睿悫亲王德长、睿敬亲王魁斌和末代睿亲王中铨、中铭等，建有三座园寝，这三座园寝的主人分别为瑞恩、德长和魁斌。中铨薨逝于1939年，他卒时清朝早已土崩瓦解，附着在清朝政治制度上的各项礼仪，包括葬礼制度也会因为失去承载和支持它的载体而逐渐退出历史，因此，笔者推测中铨虽是亲王，但他卒后也不可能再有园寝建设，仅起坟冢而已。中铭没有爵位，没有资格建造园寝。

此块睿亲王家族茔地上的树木和砖瓦石料于1929年被拆卖。1938年时睿敬亲王魁斌地宫被盗。1955年后茔地上几个宝顶被陆续平毁。冯其利于1983年调查时，茔地地面上已无任何

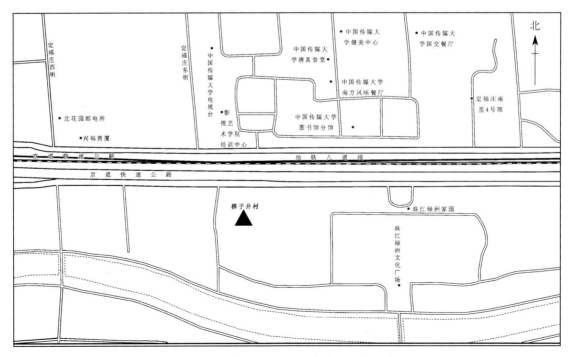

图1-2-64 北京市朝阳区椰子井村睿亲王家族茔地大致位置示意图

1 《清仁宗实录》卷九十八。

清代园寝志

园寝及墓葬遗迹，他说，"中铨墓已被圈进工艺品公司三间房仓库梆子井加工店院内"[1]。

睿勤亲王端恩是睿恭亲王淳颖第四子，生于乾隆五十三年（1788）十月十二日。嘉庆七年（1802）六月，其兄睿慎亲王宝恩卒后，袭睿亲王。嘉庆九年（1804）十月，在乾清门行走。后任过都统、领侍卫内大臣、十五善射、阅兵大臣等。道光六年（1826）五月十四日，薨逝，年三十九岁，道光帝"遣御前侍卫载铨带领侍卫十员往奠故睿亲王端恩茶酒，赏银二千两治丧，予祭葬，谥曰勤"[2]。

睿勤亲王端恩卒后第一个葬入梆子井村睿亲王家族茔地，根据中国古代传统的宗法制度，这片茔地上当以端恩为一代祖先，其园寝为茔地上的主园寝。根据清代园寝制度，端恩园寝当建有墓碑及碑楼、宫门、享殿、宝顶、红墙等。冯其利说，端恩园寝"坐南朝北"，宝顶"外观呈白色"[3]。

睿勤亲王端恩卒后，子仁寿袭爵，是为睿僖亲王。根据宗法制度，仁寿可以端恩为一代祖先，卒后葬在端恩昭位，但睿僖亲王仁寿卒后不知何种原因又葬回五里坨其祖父睿恭亲王淳颖茔地，建宝顶于睿恭亲王淳颖园寝中。

仁寿卒后，其子德长承袭睿亲王爵位，是为睿悫亲王。睿悫亲王德长是仁寿的第三子，生于道光十八年（1838）八月十三日。同治四年（1865）正月，袭和硕睿亲王，赏三眼花翎，在御前行走。后出任过内大臣、总族长、都统、领侍卫内大臣等职务。德长任事均能勤慎持躬，恪恭尽职。光绪二年（1876）四月，德长感风寒，着赏假调理。不久，于本月十九日薨逝，"着赏给陀罗经被，派惠郡王奕详即日带领侍卫十员前往奠醊，加恩于例赏外，赏银一千两，经理丧事，由广储司给发。任内一切处分，悉予开复。其余饰终典礼，着该衙门查例具奏，寻予祭葬，谥曰悫"[4]。

德长卒后葬梆子井村睿亲王家族茔地。德长是睿亲王大宗成员，是葬入梆子井村睿亲王家族茔地的第二人，根据宗法制度的昭穆原则推测，德长当葬于这片茔地上处于主园寝地位的睿勤亲王端恩园寝的昭位。据冯其利调查，德长园寝同端恩园寝朝向一样，亦为坐南朝北，在瑞恩园寝西侧。这符合宗法制度的昭穆原则。根据清代园寝制度，德长园寝当建有墓碑及碑楼、宫门、享殿、宝顶、围墙等。

睿悫亲王德长卒后，其子魁斌袭爵。魁斌是睿悫亲王德长的第四子，生于同治三年（1864）九月十二日。光绪二年（1876）八月，袭和硕睿亲王。后任过总族长、内大臣、都统、值年旗大臣、侍卫内大臣、宗正等，管理过觉罗学事务。民国四年（1915）二月卒，年五十二岁，谥曰"敬"。

睿敬亲王魁斌卒后，根据宗法制度的昭穆原则推测，当葬在这片茔地上处于主园寝地位的睿勤亲王端恩园寝的穆位。据冯其利调查，魁斌园寝位于睿悫亲王园寝东边偏南的位置。这正是端恩园寝的穆位。根据清代园寝制度，睿敬亲王魁斌卒后是有资格建造园寝的，包括碑楼、墓碑、宫门、享殿、宝顶、红墙等，但魁斌卒时已是民国年间，清政府早已倒台，推

1　冯其利《清代王爷坟》，第86页，紫禁城出版社，1996年。

2　《清宣宗实录》卷九十八。

3　冯其利《清代王爷坟》，第85页，紫禁城出版社，1996年。

4　《清德宗实录》卷三十。

测魁斌园寝不再"一应俱全"的建造，仅"建有宫门一座，里边月台之上为红宝顶一座"[1]。

睿敬亲王魁斌长子中铨在民国三年（1914）的时候在其家族内部仍沿袭了睿亲王王号，可以说中铨是末代睿亲王。中铨于1939年病故，他的妻子1938年去世。据冯其利调查，他们两人卒后葬在瑞恩园寝之北。按中铨是睿亲王大宗的最后一位成员，依据宗法制度，他卒后当葬在以睿勤亲王端恩园寝为主位的二昭之位，但中铨卒时已是1939年，这时社会动荡，中铨能葬入其祖茔地就已经是很不错了。

从前三位睿亲王大宗成员的墓葬排列来看，位于梆子井村的这块睿亲王大宗茔地上的墓葬排列还是严格遵循了中国古代传统的宗法制度。

此外，中铨仅有的一个弟弟中铭早于中铨在1922年去世。据冯其利调查，中铭及其妻也葬于瑞恩园寝之北。

附：睿亲王承袭表

承袭顺序	名字	谱系	爵谥	行履	葬地及园寝资料
始封祖	多尔衮	太祖第十四子	和硕睿忠亲王	生于明万历四十年（1612）十二月二十四日，其生母为大妃乌拉纳喇氏阿巴亥，有胞兄阿济格、胞弟多铎。崇德元年（1636）四月，晋封睿亲王。顺治元年（1644）九月，封为叔父摄政王。顺治五年（1648）十一月，尊为皇父摄政王。顺治七年（1650）病故于边外的喀喇城，年三十九岁。多尔衮身后无子，以弟多铎之子多尔博为嗣，顺治八年（1651），多尔衮被人告发获罪后，多尔博"未及袭，还本宗"[1]。乾隆四十三年（1778），乾隆帝感念多尔衮开基创制立国之功，赏还睿亲王王爵。至此，多尔衮的睿亲王爵在悬空了一百多年后，复被赏回，仍由多铎之子多尔博之四世孙淳颖承袭，并世袭罔替。	多尔衮园寝大致在今北京市东城区东直门外新中街附近，工人体育馆以北，原新中街道二条和三条之间，园寝遗址及遗物早已荡然无存。
一袭追封	苏尔发	多尔博第二子	镇国公，追封和硕睿亲王	康熙三年（1664）五月十九日生。康熙十二年（1673）四月袭固山贝子。康熙三十九年（1700）降为镇国公，康熙四十年（1701）四月初五日薨，年三十八岁。乾隆二十七年（1762），因其曾孙如松承袭信郡王，遂被追封信郡王。乾隆四十三年（1778），追封睿亲王。	葬于朝阳门外熏皮厂村。墓地现无任何遗存。
一袭追封	塞勒	苏尔发第一子	奉恩辅国公，追封和硕睿亲王	康熙十九年（1680）九月二十六日生，康熙四十年（1701）七月袭辅国公，雍正七年（1729）五月十四日卒，年五十岁。乾隆二十七年（1762）八月，追封多罗信郡王。乾隆四十三年（1778）七月，追封和硕睿亲王。	葬于朝阳门外单店，俗称为"醉公坟"。墓地现无任何遗存。

1 冯其利《清代王爷坟》，第86页，紫禁城出版社，1996年。

一袭追封	功宜布	塞勒第五子	奉恩辅国恪勤公，追封睿亲王	康熙五十三年（1714）二月二十一日生。乾隆九年（1744）十月，袭奉恩辅国公。乾隆十一年（1746）二月十九日卒，年三十三岁，谥恪勤。乾隆二十七年（1762）八月，追封多罗信郡王，乾隆四十二年（1777）七月，追封和硕睿亲王	葬于朝阳门外单店，在塞勒园寝西侧偏北。
一袭追封	如松	功宜布第三子	袭信郡王，追封睿亲王	乾隆二年（1737）二月十六日生，乾隆十一年（1746）六月承袭辅国公，乾隆二十七年（1762）闰五月，信郡王德昭薨，以如松承袭信郡王。乾隆三十五年（1770）十一月初十日薨，年三十四岁，谥曰恪。乾隆四十三年（1778）追封睿亲王。	葬于今北京市广渠门外马圈附近。墓地现无任何遗存。
一袭，第六代	淳颖	如松第三子	和硕睿恭亲王	乾隆二十六年（1761）九月二十一日生。乾隆三十六年（1751）四月袭奉恩辅国公。乾隆四十三年（1778）正月，特旨令承袭睿亲王爵，罔替。嘉庆五年（1800）十一月初七薨，年四十岁，谥曰恭。	葬于北京西山五里坨净（敬）德寺。园寝现无任何遗存。
二袭，第七代	宝恩	淳颖第一子	和硕睿慎亲王	乾隆四十三年（1778）九月二十四日生。初封不入八分辅国公，嘉庆六年（1801）二月，袭睿亲王。嘉庆七年（1802）五月初九日薨，年二十五岁，谥曰慎。	冯其利云：宝恩葬于北京市朝阳门外某村花园的小口坟地。
三袭，第七代	端恩	淳颖第四子	和硕睿勤亲王	乾隆五十三年（1788）十月十二日生。嘉庆七年（1802）六月袭睿亲王，道光六年（1826）五月十四日薨，年三十九岁。谥曰勤。	葬于朝阳区定福庄附近的椰子井村。园寝现已无任何遗存。
四袭，第八代	仁寿	端恩第一子	和硕睿僖亲王	嘉庆十五年（1810）三月初六日生，道光六年（1826）八月袭睿亲王，同治三年（1864）十月初十日薨，年五十五岁，谥曰僖。	葬于北京西山五里坨净（敬）德寺。是葬于此的第二位睿亲王。现园寝已无任何遗存。
五袭，第九代	德长	仁寿第三子	和硕睿悫亲王	道光十八年（1838）八月十三日生。咸丰七年（1857）十二月封二等镇国将军。同治四年（1865）正月袭和硕睿亲王，光绪二年（1876）四月薨，年三十九岁，谥曰悫。	葬于朝阳区定福庄附近的椰子井村硕睿勤亲王端恩西侧。园寝现已无任何遗存。
六袭，第十代	魁斌	德长第四子	和硕睿敬亲王	同治三年（1864）九月十二日生，光绪二年（1876）八月袭和硕睿亲王，民国四年二月卒，年五十二岁，谥曰敬。	葬于朝阳区定福庄附近的椰子井村睿悫亲王德长墓地东边偏南。园寝现已无任何遗存。
七袭，第十一代	中铨	魁斌第一子		生于光绪十八年（1892）四月，民国四年，清室仍以其袭睿亲王爵。1931年因穷途末路，以"起灵"之名发掘其祖悫亲王德长之墓，被民国政府逮捕。1939年秋卒。	葬于朝阳区定福庄附近的椰子井村和硕睿勤亲王端恩墓地之北。

（二）多尔博及其后裔园寝

1.多尔博及苏尔发园寝

多尔博生于崇德八年（1643）正月二日，和硕豫通亲王多铎第五子。初封镇国公。顺治七年（1650），多尔衮薨，无子，"以豫亲王子多尔博为后，袭亲王，俸视诸王三倍，诏留护卫八十员"[1]。顺治八年（1649年）以多尔衮削爵，令归宗。顺治十四年（1657）正月，"恩封多罗贝勒"[2]。康熙十一年（1672）十二月二十一日，薨逝，年三十岁，子苏尔发袭。乾隆四十三年（1778）正月，乾隆帝为多尔衮平反后，多尔博复还为睿亲王后。

苏尔发是多尔博的第二子，生于康熙三年（1664）五月十九日。按循例递降原则，苏尔发于康熙十二年（1673）四月，袭固山贝子。康熙三十七年（1698）七月，授镶黄旗满洲都统。康熙三十九年（1700）五月，以"庸劣"革退都统、贝子，降为镇国公[3]。康熙四十年（1701）四月五日，薨逝，年三十八岁，康熙帝下谕造坟立碑。乾隆二十七年（1762）八月，其曾孙如松承袭信郡王后，被追封为多罗信郡王。乾隆四十三年（1778）七月，又被追封为和硕睿亲王。

我们知道，如果不是多尔衮获罪，则多尔博就是睿亲王大宗继承人，根据宗法制度推测，他卒后当葬入睿亲王大宗茔地。但是多尔衮获罪后，睿亲王封号停袭，多尔博归宗，同样根据宗法制度推测，这时的多尔博卒后当葬入其自己家族所拥有的茔地，又因多尔博归宗后顺治帝恩封他为多罗贝勒，故在多尔博所葬的茔地上以多尔博立祖，多尔博子苏尔发承袭多尔博爵位，卒后葬于多尔博一昭之位。据笔者调查，多尔博和苏尔发卒后都葬在了英亲王阿济格家族茔地东侧一带。在侯仁之主编的《北京历史地图集》中，这一带有个地名"二贝子坟"，当时的"二贝子坟"在英家坟以南，西边紧邻红庙村，东边是东八里庄，南边是通惠河（图1-2-65）。按"二贝子坟"即是民间对苏尔发墓葬的称呼，因为苏尔发行二，生前曾做过贝子。

多尔博家族茔地上的树木和建筑早在1919年时就被拆卖，宝顶遗迹保存到20世纪80年代。现今多尔博茔地一带早已是繁华的市区。冯氏说，"北京第三棉纺织长西墙外有座慈云寺，寺虽不存，地名还在。慈云寺往南就是电力建设公司修理厂，修理厂墙外一直到熏皮厂村南边的通惠河北岸，历史上有过睿亲王府坟地一百余亩，俗称二贝子坟"。按冯氏所说的"坟地"当为多尔博的家族茔地，至于茔地的占地面积不知冯氏依据什么得来，笔者推测这处茔地的占地面积不会太大，因为多尔博卒时爵为贝勒，子苏尔发仅为镇国公，根据清代园寝制度，贝勒园寝围墙周长七十丈，镇国公园寝周长六十丈；又冯氏说这片茔地属"睿王府"所有，这恐怕也不甚准确，多尔衮获罪后，其家产籍没入官，家产当中也该包括土地，故多尔博及苏尔发初葬这片茔地时并不属于睿王府所有。之所以说"睿王府坟地"，当是后来的说法，确切地说应该是到乾隆四十三年（1778）乾隆帝为多尔衮平反之后才出现的说法，上文已有所

---

1 《清史稿》卷二百十八《列传五·诸王四》。
2 《钦定宗室王公功绩表传》卷四。
3 《清圣祖实录》卷一百九十九。

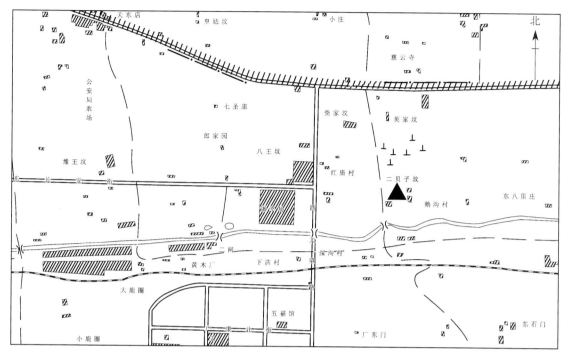

图1-2-65 二贝子坟位置示意图（据侯仁之主编《北京历史地图集》）

述，也即乾隆四十年（1775）之后，多尔博家族茔地才成为睿亲王大宗的家族茔地。

上述冯氏所说的多尔博茔地参照物"北京第三棉纺厂""电力公司修理厂""熏皮厂村"都已不存，所幸的是慈云寺地名尚在，笔者于2010年8月前往慈云寺一带进行调查，遗憾的是，现今这一带的居民几乎都是后搬迁过来的，故笔者访问了若干人等也没能获得"北京第三棉纺厂西墙""电力公司修理厂" 及"熏皮厂村"的确切位置（图1-2-66、1-2-67）。

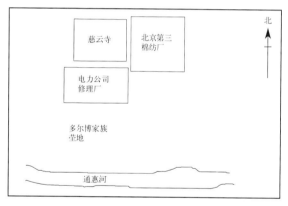

图1-2-66 多尔博家族茔地相对位置示意图

多尔博和苏尔发初葬这里时，这里是一块贝勒品级的家族茔地。乾隆二十七年（1762）八月，苏尔发曾孙如松承袭信郡王后，苏尔发被追封为多罗信郡王。这时，这块贝勒品级的家族茔地升格为郡王品级的信郡王家族茔地。乾隆四十三年（1778）七月，乾隆帝在为多尔衮平反后，令多尔博复为多尔衮后，又追封苏尔发为睿亲王，至此，郡王品级的家族茔地又升格为亲王品级的睿亲王家族茔地。

根据冯其利调查，多尔博和苏尔发初葬时，都仅建了一座宝顶[1]。对此，笔者觉得值得商榷。多尔博卒后，康熙帝下谕赐祭一次，造坟立碑，除宝顶、墓碑外，根据清代园寝制度推测，多尔博卒时有贝勒爵，故其园寝还当建有享殿三间、门一、茶饭房三间、围墙七十丈。镇国公苏尔发卒后，康熙帝亦下谕造坟立碑，同样根据清代的园寝制度推测，苏尔发卒时为镇国公，其园寝建筑同贝勒品级的多尔博相同，只是园寝的占地面积小于贝勒品级的多尔博

---

1 冯其利《清代王爷坟》，第77页，紫禁城出版社，1996年。

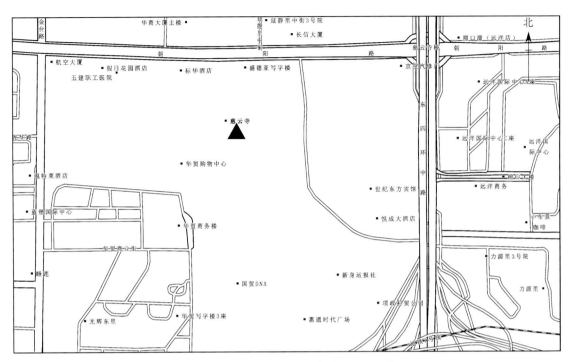

图1-2-67 北京市朝阳区多尔博茔地位置示意图

园寝占地面积，围墙六十丈。还有一种可能是苏尔发卒后不建园寝，而是葬于父亲多尔博园寝中，有待进一步考证。如果确是父子同园合葬的话，则冯氏所说苏尔发苏卒后"再建宝顶一座"当为是。

苏尔发被追封为亲王后，其园寝可能会按照亲王品级有所补建，这片茔地上的建筑也可能会被重新修葺一新。冯其利说："乾隆年间，熏皮厂村的睿亲王府坟地有所建设，树立了驮龙碑、建起了碑楼。还建有神桥、宫门、碑殿、红墙……阳宅两进院子，位于坟地东侧。"按冯氏所说的"睿王府坟地"起初为多尔博家族茔地，且为贝勒品级茔地，后升格为郡王品级茔地，最后又升格为睿亲王大宗茔地。"碑殿"当为"享殿"之误。除了明确这两点外，冯氏所言有不符合史实的地方，即"驮龙碑"不是乾隆年间所立，而是在两人卒时康熙帝就下令树立的，"造坟立碑"。根据清代园寝制度，贝勒、镇国公没有资格建造"碑楼"，故碑楼当为乾隆年间苏尔发被追封后才修建的，冯氏所说的这点是正确的。其余的建筑，如神桥、宫门、享殿等，笔者根据清代园寝制度推测当为初葬时所建，可能只是在乾隆时期进行了修葺而已。至于享殿，贝勒及公爵品级享殿三间，亲王五间，苏尔发被追封为亲王后可对享殿进行补建，但是根据常识推测补建的可能性不大，因为享殿不像碑楼，可直接盖于墓碑之外，且墓碑不但不会受到碑楼施工的影响，而且修建碑楼更是对墓碑的一种保护，如果将享殿由原来的三间补建为五间，则施工时势必会使原来的享殿遭到破损，还是不修为好，再者，根据笔者有限的知识也没见过补加享殿的例子。

2.追封睿亲王、辅国公塞勒及追封睿亲王、辅国公功宜布园寝

追封睿亲王、辅国公塞勒是追封和硕睿亲王苏尔发之子，豫通亲王多铎第五子多尔博之孙，生于康熙十九年（1680）九月二十六日。康熙三十八年（1699）八月，封三等镇国将军。康熙四十年（1701）七月，袭奉恩辅国公。康熙五十六年（1717）十月，授镶白旗满洲都统。康熙六十一年（1722）十月，解都统任。

塞勒生性豪爽耿直。据《啸亭杂录》记载，圣祖时，东宫虚位，众大臣受命讨论填补虚位人选。塞勒力抗诸大臣拥立廉亲王（允禩）的提议，"愤然起于座，高声曰'惟有立雍亲王，天下苍生始蒙其福也'。众人皆为之惊愕"。雍正七年（1729）五月十四日，塞勒薨逝，年五十岁。乾隆二十七年（1762）八月，追封多罗信郡王。乾隆四十三年（1778）七月，追封和硕睿亲王。

追封睿亲王、辅国公功宜布是追封睿亲王塞勒的第五子，生于康熙五十三年（1714）二月二十一日，其生母为塞勒侧福晋高佳氏。乾隆九年（1744）十月，袭奉恩辅国公。乾隆十年（1745）三月，授正白旗满洲副都统。乾隆十一年（1746）二月十九日，薨逝，年三十三岁，谥曰"恪勤"。乾隆二十七年（1762）八月，追封多罗信郡王，乾隆四十二年（1777）七月，追封和硕睿亲王。

辅国公塞勒卒后可葬入其祖茔地，即在今北京市慈云寺一带的多尔博家族茔地，但是据笔者调查，塞勒卒后并未葬入其祖茔地，而是另选茔地，茔地大约在在今北京市朝阳区东北五环内侧，七棵树桥以南约1.5千米的位置上（图1-2-68）。笔者推测这可能是因为位于今北京市朝阳区慈云寺一带的塞勒祖茔地上已没有再建园寝的空间。塞勒墓地有"醉公坟"之称，这是因为塞勒生前嗜酒，有醉公之称。据《啸亭杂录》记载，塞勒"嗜糟醨，日夜不醒，虽朝会，酒气犹熏然，人呼为醉公"[1]。功宜布卒后也葬于父亲塞勒附近，形成多尔博家族的另一块茔地，根据宗法制度推测，在这块茔地上

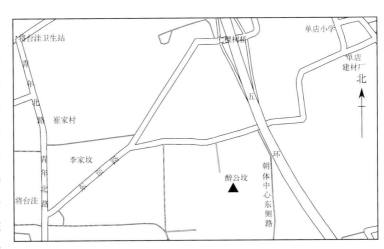

图1-2-68　北京市朝阳区醉公坟位置示意图

以塞勒为一代祖先，功宜布葬在塞勒昭位。按这块茔地起初一直为公爵品级的茔地，乾隆二十七年父子两人被追封为信郡王后，茔地升格为郡王品级的家族茔地，到了乾隆四十三年（1778）的时候，父子俩又同时被追封为睿亲王，这时茔地又由原来的郡王品级升格为亲王品级，且成为睿亲王大宗的茔地。

这里除葬有塞勒、功宜布之外，另据冯其利调查，"醉公坟的北侧和西侧还有六处坟地。西边紧挨着醉公坟的两座坟院，坐西朝东，北边一座是……功宜布墓地。……南边坟院称'花栏'，与西边的其他坟地，属于住在东单新开路的另一宗支，有荣七爷、忠三爷等称谓。北边坟院是醉公之妾佟、刘、王、韩四位和阿哥的坟地"。按冯氏语焉不详，从他的叙述语气来看，他说的"六处坟地"中有功宜布的一处和"花栏"一处，剩下的四处不清楚是怎么回事。从"荣七爷""忠三爷"的称呼来看，这两人当分别排行第七和第三，可能还做过公爵，笔者查考塞勒诸子及同辈一代，塞勒第三子齐克坦夭折，无爵，第七子隆吉图无

1　[清] 昭梿《啸亭杂录》卷二《醉公》。

爵，塞勒为长子，其三弟鄂金夭折，无爵，七弟锡禄无爵，由此推测，"荣七爷""忠三爷"既非塞勒家族成员，也非塞勒的兄弟。既然这样，这些人葬在这里就不太合适了，可惜由于年代久远，想要考证出来也不太容易了。但冯氏说"北边坟院"葬塞勒之妾和阿哥，这倒是有可能的，而且这也可以说明这里确是一块家族茔地。

根据清代园寝制度，塞勒、功宜布卒后当分别按公爵品级在茔地上建立园寝，园寝当建有茶饭房、墓碑、宫门、享殿、宝顶、围墙等，或者功宜布葬在父亲塞勒园寝中。据冯其利调查，功宜布葬在了塞勒的西侧，单独成院，坐东朝西。据此，塞勒和功宜布分别建有园寝。冯其利说，"醉公坟外有石墙，墙内占地三十亩。内有蓝色砖墙"，塞勒园寝"宫门三间，院内仅月台一座，上边方砖墁地。宝顶别具一格，呈酒坛子状，顶部置酒杯一个"。按冯氏语焉不详，不知他说的"醉公坟"具体指什么，是整个茔地还是仅指塞勒园寝，石墙内的占地面积也不知冯其利先生从何得出。"蓝色砖墙"恐怕也值得怀疑，因为园寝的墙体一般都是红色的，也不知道冯氏所说的"蓝色砖墙"具体指的是园寝的什么墙？冯氏说塞勒园寝中只有宝顶一座，而没有享殿等其他建筑。这些都已无法考证，因为塞勒园寝及整个茔地上的建筑早在上个世纪二三十年代时就已遭到毁坏，文化大革命时，宝顶被平毁，冯氏也是听百姓传说而已，不知是否属实。如果塞勒园寝当年确实只建有宝顶的话，则或可解释为塞勒一生只做了二十多年的公爵，以公爵品级微薄的俸禄，再加上塞勒一生好饮酒，推测他的家用积蓄的大部分钱财都用来买酒了，故家室财力不济。塞勒去世时，家室也因没有多少财力去为塞勒建设一个"气派"的园寝，故享殿等也就省掉，不再建设。冯氏所说的塞勒宝顶也很有意思，"呈酒坛子状，顶部置酒杯一个"，笔者推测这是因为塞勒生前嗜酒，其后代在为塞勒修建园寝时，出于缅怀，更是尊重，特意把塞勒的宝顶修成酒坛子状，"顶部置酒杯一个"，侍死如侍生，让塞勒在另一个世界里也能继续过着人世间的生活。

九、豫通亲王多铎及后裔园寝

（一）和硕豫亲王家族茔地及豫通亲王多铎、信宣和亲王多尼园寝

多铎是清太祖努尔哈赤的第十五子，生于明万历四十二年（1614）二月二十四日，其生母为大妃乌拉纳喇氏。初封贝勒。天聪二年（1628）三月，以从征多罗特部有功，赐号"额尔克楚虎尔"。皇太极时，屡有战功。天聪三年（1629），伐明，偕同莽古尔泰、多尔衮收降汗儿庄城。时值大军攻克遵化，直逼明都北京。在随后的广渠门战役中，多铎因年幼，被留在后方。这时明朝溃兵来犯，多铎将他们击退。在还师时，多铎再次击破明朝的援兵。五年（1631），在随军围困大凌河城时，多铎为正白旗后应，攻克近城台堡。六年（1632），在征伐察哈尔时，统率右翼兵，俘获察哈尔千余人。八年（1634），败明兵于大同。九年（1635），击败明朝祖大寿军，斩获无算，师还，皇太极出怀远门五里迎劳，赐多铎良马五、甲五，并嘉奖多铎曰："朕幼弟初专阃，即能致胜，是可嘉也。"

崇德元年（1636）四月，封豫亲王，掌礼部事，从伐朝鲜。三年（1638），伐锦州。崇德四年（1639）五月，"议前不送出师及中后所失士马罪，降多罗贝勒"[1]，"罚银万，夺其

---

1 《钦定宗室王公功绩表传》卷五。

奴仆、牲畜三分之一，予睿亲王多尔衮"[1]。八月，命掌兵部。崇德七年（1642），因对明作战有功进豫郡王。

顺治元年（1644）四月，从多尔衮入关破李自成军队，晋亲王，授命为定国大将军，继续南征。顺治二年（1645），因军功卓著，进封德豫亲王，并赐黑狐冠、紫貂朝服、金五千、银五万、马十匹、鞍二架。

多铎和多尔衮的生母都是大妃乌拉纳喇氏，兄弟两人关系密切。多尔衮摄政后，排斥异己，扶植自己的势力。多铎与多尔衮的政治倾向完全一样，多尔衮"视豫亲王（多铎）厚，每宽假之"[2]。顺治三年（1646），多铎被任命为扬威大将军，偕硕塞率军讨伐苏尼特部，多尔衮亲自送他出安定门。此战多铎率军大获全胜，归还时，多尔衮亲迎多铎于乌兰诺尔。顺治四年（1647）七月，多尔衮召集诸大臣说，多铎功绩懋著，宜封辅政叔王。同时罢免了郑亲王辅政，改授多铎，另赐金千、银万、鞍马二套。

顺治六年（1649）三月十八日，多铎死于痘疾，年三十六岁。多尔衮得知多铎患痘疾时，正在外作战，闻讯后立刻班师回朝。当多尔衮赶到居庸关时，多铎死亡的噩耗传来，多尔衮"立去缨，易素服，号泣驰归，日暮入京城临丧"[3]。

多铎生前功劳巨大，没想到卒后反倒获罪，顺治九年（1652）三月，他被追降为郡王，《清史稿》记载，是因为"睿亲王既削爵，以同母弟追降郡王"，但更重要的原因当是多铎生前与多尔衮的政治观点相同。康熙十年（1671）六月，多铎被追谥"通"。乾隆四十三年（1704）正月，乾隆帝为多尔衮平反，同时对多铎也进行了表彰。乾隆帝谕廷臣曰："豫亲王多铎随睿亲王入关，肃清京辇，即率师西平流寇，南定江浙，实为开国诸王战功之最，乃以睿亲王之诬狱株连，降其亲王之爵，其后又改封信郡王，虽至今承袭罔替，但以王之勋绩超迈等伦，自应世胙原封，以彰殊眷。岂可以风影微愆，辄加贬易，命追复亲王及封号，并配享太庙，八月，入祀盛京贤良祠"[4]。成为八大铁帽子王之一。

多尼是豫通亲王多铎的长子，生于崇德元年（1636）十月十八日。崇德七年（1642），封多罗郡王。顺治六年（1649）十月，即他的父亲多铎去世半年后袭和硕豫亲王。顺治七年（1650）五月，参与议政。顺治八年（1651）二月，改号曰信。

信郡王多尼一生可谓不幸，其伯父多尔衮获罪时，多尼也才仅仅十几岁，但他并没有逃离这场政治斗争的是非之外。顺治九年（1652）三月，年仅十六岁的多尼，亦被牵连降为多罗信郡王，罢免议政。十月，复议政。顺治十五年（1658）十月，授命为安远靖寇大将军南征。十七年（1660）五月，凯旋，"上遣内大臣迎劳"[5]。六月，追论南征时"误坐噶布什贤昂帮瑚理布等磨盘山败绩罪，罚银五千"[6]。多尼在五月班师回京时，还受到顺治帝慰劳，但没有想到一个月后就遭到了处罚，半年后，于顺治十八年（1661）正月薨逝，年二十六岁，谥曰"宣和"。多尼的英年早逝，不禁让人联想到，多尼很可能是在这场清帝与他伯父多尔衮的错综复杂的权力斗争中过度忧郁而死。

1　《清史稿》卷二百一十八《列传五·诸王四》。
2　《清史稿》卷二百一十八《列传五·诸王四》。
3　印鸾章《清鉴纲目》，第115页，岳麓书社，1987年。
4　《钦定宗室王公功绩表传》卷五。
5　《钦定宗室王公功绩表传》卷五。
6　《清史稿》卷二百一十八《列传五·诸王四》。

多铎卒后葬于阿济格家族茔地西边，冯其利说，"多铎的墓地在建国门外大北窑，老地名苗家地。东到张洛房，南到三块板，西边是第二辈坟地，北边到关东店"，"多尼的墓地在豫亲王多铎墓地西北不远"，"东边到老坟地西墙外，南到大北窑的一条大道北侧，西边隔块庄稼地到土城沟东五百米（现在是通东大桥的马路），北边到张家花园子以南"。可以看出多铎、多尼实际葬在一块茔地上，也即豫亲王大宗的第一块家族茔地。据笔者调查，豫亲王家族茔地大致在今北京市光华路以南，通惠河北路以北，东大桥路以东，东三环路以西的范围之内（图1-2-69）。

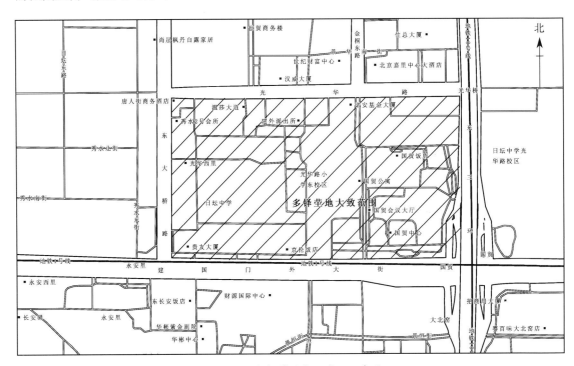

图1-2-69 多铎茔地大致范围示意图

多铎卒后第一个在其家族茔地上建立园寝，园寝大致在今北京市朝阳区光华东里国贸中心一带。多铎生前封豫亲王，民间便称他的墓地为"豫王坟"。根据清代园寝制度，多铎为亲王，其园寝当建有茶饭房左右各三间、碑亭一座、宫门三间、享殿五间、围墙百丈。宫门面阔14米，进深10米[1]。除了园寝制度规定之内的建筑外，根据冯其利80年代初所见，多铎园寝还有东西配殿各三间。按东西配殿当位于宫门之内。在清代王公园寝制度规定内，并没有配殿，只有茶饭房（冯氏所说的朝房）。推测多铎园寝中之所以会出现配殿，可能缘于多铎卒于顺治初年，这个时候清代的园寝制度尚不那么严格。

多铎园寝享殿和地宫在1966年时被拆毁，据当时目击的百姓说，享殿内有暖阁，暖阁下有隧道直通地宫，地宫上未起宝顶，内有青花瓷骨灰罐和石靴等。按"未起宝顶"的原因不明，有待考证。1985年后，北京市政府开始筹划建设国贸中心（CBD），多铎园寝因处在规划占地范围内而被彻底平毁，建筑及遗迹不复存在。

冯其利说，多铎"墓地占地一百五十亩。坟地两道大墙，砖墙内住照应坟地的马、徐等十户。每户住房三间，养身地二十亩。里边子墙一道，……宫门与红墙连接。墙外西北角有

1 冯其利《清代王爷坟》，第88页，紫禁城出版社，1996年。

阿哥坟七座"。按冯氏所说的墓地占地面积当指的是多铎的园寝,外加照应坟地户的住房和耕种的土地。"阿哥坟"当是多铎后代的墓地。冯氏说这里有"阿哥坟七座",不知"坟"的数目是否准确,因为墓地早已被破坏了,他也是听百姓传说的。多铎八子:长子珠兰,无嗣无爵;次子和硕豫宣和郡王多尼;三子巴克度无爵,有一子;四子奉恩辅国公察尼,有十一子;五子多罗贝勒多尔博;六子扎克度无爵;七子多罗信郡王洞鄂;八子已革奉恩辅国公费扬古。多铎次子和硕豫宣和郡王多尼葬地在多铎园寝西北,建有园寝。五子多罗贝勒多尔博葬地在今北京市朝阳区慈云寺一带。七子多罗信郡王洞鄂葬地虽不详,但可以确定的是并不在"阿哥坟",后文有详细说明。四子奉恩辅国公察尼,根据清代园寝制度,他也是有资格单独建立园寝的,故冯氏所说的"七座阿哥坟"中也当没有察尼的,多铎其余的四个儿子很可能葬在"阿哥坟",如此这样也才有宝顶四座而已。如果冯氏的调查属实的话,则或许葬在"阿哥坟"里的还有多铎的孙子。

第二个在豫亲王家族茔地上建立园寝的是多尼,多尼园寝大致在现北京市朝阳区光华里、光华西里一带。多铎为豫亲王始封,多尼承袭父多铎王位,根据宗法制度,豫亲王家族茔地上当以多铎立祖,多尼当葬在多铎园寝的一昭之位。根据冯其利调查,多铎园寝坐北朝南,据此多铎园寝的昭位当在多铎园寝以东,但冯其利说"多尼墓地在豫亲王多铎墓地西北不远",由此看来这块豫亲王家族茔地上的墓葬排位并未遵照中国古代传统宗法制度的昭穆原则。这可能是因为这时清政权刚定鼎中原不久,清政权上层对中原地区的传统的宗法观念接受得尚不够深入,墓葬选择上尚有一定的随意性。多尼初袭亲王,但又被降为郡王,卒前没有再恢复亲王爵位,故推测其园寝当照郡王品级修建,建有茶饭房三间、碑亭一座、宫门三间、享殿三间,围墙八十丈。乾隆四十三年(1778),乾隆帝为多尔衮平反昭雪后,多尼亦被追封为和硕豫亲王,但其园寝是否会进行相应的补建却非常例。

多尼园寝在20世纪80年代之前既已不再有任何遗存。冯其利说,多尼"墓地大体东西长250米,南北长400米。墓地也是两道撞砖墙,外墙3米,南开大门,进大门甬路西边有碑楼一座,内立驮龙碑一方。对着甬路是三间宫门,顶覆筒子瓦,子墙有5米左右。月台上有红宝顶一座,西边是土坟一座"。按:上述冯氏所言有几处不详,第一就是"多尼墓地",从其语气看,当指的是多尼园寝,第二是"外墙3米",笔者推测可能是外墙高3米。第三是"子墙有5米左右",笔者推测"子墙"可能指的是园寝的红墙,"子墙有5米左右"这里的5米不知道具体指的是什么。还有,对于冯氏所说的多尼园寝的长、宽和"外墙3米"、"子墙有5米左右"这些数据不知冯先生是依据什么得出的,因为他说早在1954年的时候外墙就被陆续拆除。此外,并未见冯氏提及多尼园寝的享殿,是由于年代久远已被毁掉,还是与自贬规制或朝廷有意贬低规制有关,尚待进一步考证。多尼园寝的宫门"顶覆筒子瓦",这可能是符合史实的,因为顺治年间的园寝制度并未规定园寝建筑物用瓦,道光二十四年(1844)的时候定亲王、亲王世子、郡王门覆以绿琉璃瓦,贝勒以下用筒瓦。

(二)多罗信郡王鄂扎及后裔园寝、墓地

信郡王多尼之后,二袭信郡王即是鄂扎。鄂扎之后历代袭爵者如下:

三袭,第二代,多铎第七子,董鄂。

四袭，第三代，鄂扎第五子，德昭。

五袭，第七代，多铎七世孙功宜布之子，如松。

六袭，第四代，德昭第十五子，修龄（复号豫亲王）。

七袭，第五代，修龄第一子，裕丰(革退豫亲王)。

八袭，第五代，修龄第三子，裕兴（革退豫亲王）。

九袭，第五代，修龄第五子，裕全。

十袭，第六代，裕全第二子，义道。

十一袭，第七代，义道第一子，本格。

十二袭，第八代，本格承继子，懋林。

鄂扎是信郡王多尼第二子，生于顺治十二年（1655）三月一日。顺治十八年（1661）六月，袭封多罗信郡王。康熙十三年（1674）三月，被授为抚远大将军，前往平定察哈尔，凯旋，"上迎劳于南苑"，"褒以远行征讨建立大功，赐金百两，银五千两"[1]。康熙二十四年（1685）十二月，掌宗人府事。二十九年（1690）七月，噶尔丹深入乌珠穆沁，鄂扎配合常宁备战噶尔丹。三十五年（1696）二月，统领正白旗大营征噶尔丹。三十八年（1699）十二月，以惰解除宗人府任。康熙四十一年（1702）十月十三日，薨逝，年四十八岁，以豫郡王多铎子董额袭。乾隆四十三年（1704），追封和硕豫亲王。

董额是多铎第七子，生于顺治四年（1647）正月五日。顺治十八年（1661）正月，封多罗贝勒。康熙十三年（1674）正月，授定西大将军，征讨叛将王辅臣。初因董额迟迟不能征服叛将，康熙帝便派大学士图海视师，改授董额固山额真，听图海节制。康熙十六年（1677）二月，因"统兵出征，殊负委托，削贝勒爵"[2]。康熙三十一年（1692）九月，授正白旗满洲都统。康熙四十一年（1702）正月，解都统任。康熙四十二年（1703）四月，袭多罗信郡王。康熙四十五年（1706）六月二十五日，薨逝，年六十岁。董鄂卒后，对其所留爵位的承继人选，礼部提议："董额补授都统，袭封王爵以来，并无感恩效力之处，且原系军政问罪之人，不准赐与其王爵，亦当论嫡长所生，应以前信郡王鄂扎之子德昭袭。"[3]

德昭是鄂扎第五子，生于康熙三十九年（1700）十月十七日。康熙四十五年（1706）十月，袭多罗信郡王。雍正二年（1724）十月，授宗人府左宗人。雍正四年（1726）八月，管理正白旗都统事务。雍正五年（1727）十二月，转右宗正。雍正六年（1728）十月，解管理三旗都统事务。雍正十年（1732）五月，解宗人府右宗正。乾隆二十七年（1762）二月二十五日，薨逝，年六十三岁，谥曰"恪"。德昭诸子"俱不能清语，拉弓亦属平常，无王、贝勒子嗣体度"，故乾隆帝"令于原立王爵多铎子孙内拣选人员，与德昭之子一同带领引见"，最终乾隆帝选中了多铎五世孙如松，由他来承袭信郡王爵[4]。乾隆四十三年（1778）七月，德昭被追封和硕豫亲王。

如松是塞勒之孙，功宜布之子，生于乾隆二年（1737）二月十六日。与庄慎亲王永瑢同

1　《钦定宗室王公功绩表传》卷五。

2　《钦定宗室王公功绩表传》卷五。

3　《钦定宗室王公功绩表传》卷五。

4　《清高宗实录》卷六百六十三。

年同月同日生，惟早永瑞数刻，时互以弟兄称之[1]。

如松初袭其父功宜布辅国公爵，后历都统、左宗人、兵部尚书、领侍卫内大臣、绥远城将军、西安将军等。如松本是贝勒多尔博这支的大宗成员，无缘豫亲王大宗爵位，但是乾隆二十七年（1762）闰五月，信郡王德昭薨逝后，因德昭诸子中没有堪袭其父所留爵位者，故乾隆帝下令在多铎子孙中物色合适的人选，最后便选中了如松。如松就这样承袭了信郡王。后屡管旗务、任宗正。乾隆三十年（1765）一月，"以纵舆夫开博，应革爵，得侑宽免，在闲散王上行走"[2]。如松请求每岁缴纳俸禄五千两以赎罪，宗人府"议不足蔽辜应革爵，命照如松请，仍免革爵"[3]。乾隆三十五年（1770）十一月十日，薨逝，年三十四岁，谥曰"恪"。乾隆三十六年(1771)，乾隆帝加恩以德昭第十五子修龄袭爵。乾隆四十三年（1778），如松子淳颖复睿忠王爵，如松亦被追封为睿亲王。

如松生前袭封信郡王，卒后又被追封为睿亲王，两个铁帽子他都给戴了，可以说他是幸运的，不管他生前有没有什么丰功伟绩，但仅凭这两个铁帽子王号，就足以给人以很了不起的感觉。

信郡王如松之后，修龄袭爵。修龄是德昭第十五子，生于乾隆十四年（1749）六月六日。初于乾隆三十七年六月袭如松所遗之辅国公[4]。后任右宗人、副都统、左宗人等职。乾隆三十六年（1771）四月，袭多罗信郡王，旋授左宗正。乾隆四十三年（1778）正月，以多铎为开国名王，战功显著，"特命复豫通亲王始封爵号，晋袭和硕豫亲王"[5]。本年四月，管理正白旗蒙古都统事务。乾隆四十八年（1783）十月，授盟长。本年十一月，掌宗人府事。乾隆四十九年（1784）闰三月，管理镶蓝旗满洲都统。乾隆五十一年（1786）三月十四日，薨逝，年三十八岁，追谥曰"良"，十月，以其长子裕丰袭封和硕豫亲王。

裕丰是豫良亲王修龄的长子，生于乾隆三十四年（1769）九月十一日。乾隆五十一年（1786）十月，袭封和硕豫亲王。乾隆六十年（1795）二月，总理镶红旗觉罗学事务。嘉庆十八年（1814）闰八月，白莲教林清等人与宫内太监勾结，杀入宫内，历时五日五夜始平，史称林清之变。因裕丰属下有参与林清之变者，裕丰因此被剥夺爵位，并停止一切管项，以弟裕兴袭。道光十三年（1833）二月二十五日，薨逝，年六十五岁。

裕兴在嘉庆二十五年（1820），奸弄奴婢，致使奴婢自杀。仁宗谕曰："国家法令，王公与庶民共之。裕兴不自爱惜，恣意干纪，且亲丧未满，国服未除，罪孰大焉"[6]，下令革去裕兴爵位，并将他幽禁，改以其弟裕全袭爵。三年后，裕兴才被释放出来。

裕全是豫良亲王修龄的第五子，革爵豫亲王裕兴的弟弟，生于乾隆四十二年（1777）五月二十九日。嘉庆二十五年（1820）二月，其兄裕兴犯罪夺爵后，袭亲王。道光元年（1821）六月，管理镶蓝旗觉罗学事务。道光九年（1829）九月，赏戴三眼花翎。道光二十年（1840）十一月，薨逝，年六十四岁，谥曰"厚"，以子镇国将军义道袭爵。

义道是豫厚亲王裕全的第二子，生于嘉庆二十四年（1819）三月十一日。道光二十一年

1　[清] 昭梿《啸亭杂录》卷八《信庄二王生命》。

2　《钦定八旗通志》卷一百二十六。

3　《钦定八旗通志》卷一百二十六。

4　《钦定八旗通志》卷一百二十六。

5　《钦定八旗通志》卷一百二十六。

6　《清史稿》卷二百一十八《列传五·诸王四》。

（1841）闰三月，袭豫亲王。历任都统、领侍卫内大臣、阅兵大臣、查城大臣、宗人府左宗正等。同治七年（1868）闰四月九日，薨逝，同治帝"命镇国公奕谟带领侍卫十员往奠故豫亲王义道茶酒，予祭葬，谥曰慎，赏银一千两治丧"[1]。

豫慎亲王义道卒后，子本格袭。本格是义道长子，生于道光二十六年（1846）三月十七日。同治元年（1862）十二月，赏头品顶戴。同治七年（1868）八月，袭亲王。曾任内大臣、左宗正等。德宗大婚时，赐四团正龙补服。光绪二十四年（1898）九月十六日，薨逝，年五十四岁，光绪帝"赏银一千两治丧，寻予祭葬，谥曰诚"[2]，以继子懋林袭。

懋林是感照之子，豫诚亲王本格嗣子，生于光绪十八年（1892）五月十七日。光绪二十四年（1898）九月，过继为嗣。光绪二十五年（1899）四月，袭和硕豫亲王。民国二年（1913），薨逝，年二十二岁，谥曰"敏"。

上述的几代豫亲王大宗袭爵者，已经查明葬地的有五袭信郡王如松、革爵豫亲王裕丰、革爵豫亲王裕兴和豫慎亲王义道。

信郡王如松卒后葬地，据冯其利调查在北京市广渠门外马圈以北，有"儒王坟"之称（图1-2-70）。按：马圈地名尚能找到，在今广渠门外大街上有马圈公交车站，还有马圈邮电所，据此推测马圈就在附近一带。冯其利说，"儒王坟在马圈以北，北边一直到六把罐。东到三辈豫亲王坟南端，西临将军坟，坟地西边原有一条小道通皇木厂。"冯氏所说的"儒王坟"当指的是整个茔地，"六把罐""将军坟""皇木厂"地名都已不存，不好确定具体位置，"三辈豫亲王坟南端"也不清楚具体在哪里，故如松茔地四至已不好说清楚了。

如松生前为郡王，根据清代园寝制度，其园寝当建有碑楼一座、墓碑一统、茶饭房三间、宫门三间、享殿三间、宝顶一座、围墙八十丈等。如松园寝早在上世纪80年代之前既已遭到彻

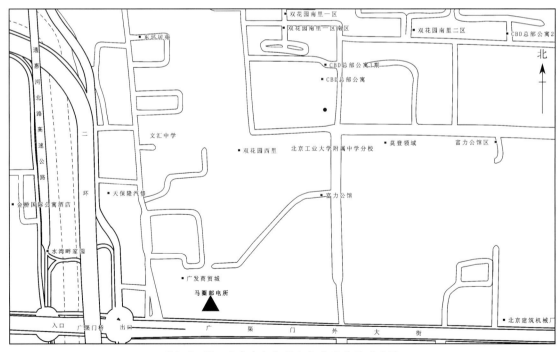

图1-2-70　北京市朝阳区如松茔地位置示意图

1　《清穆宗实录》卷二百三十一。

2　《清穆宗实录》卷二百三十。

底破坏，不复有任何遗存。据冯其利80年代调查，如松园寝坐北朝南。1929年园寝地面建筑和树木被拆卖，仅剩宝顶和残墙。1938年地宫被盗发，据当时见到的人说，地宫为石券。

革爵豫亲王裕丰葬在今北京市通州区次渠镇次渠村。裕丰生前已被革爵，根据清代园寝制度，他卒后是没有资格建造园寝的，推测仅起一座宝顶而已。2008年笔者前去次渠村调查。在当地知情老人李洪森的引领下，笔者来到裕丰墓地旧址处，墓地具体位置在次渠村东的次渠月河学校之北，地理坐标大约为北纬39°48.379′，东经116°35.247′（图1-2-71）。现墓地旧址处是一片闲置的土地。李洪森说，他在早年时还曾看到此处有宝顶一个。据《重访清代王爷坟》一书的记述，此处曾有两座宝顶，外有围墙一道，墙上开有大门。按：《重访清代王爷坟》一书的记述与李洪森先生所说的"宝顶一座"相矛盾，笔者推测可能是因为其中的一座宝顶被破坏的年代较早，李洪森先生未能亲眼见到。这两座宝顶中的一座当是裕丰的墓葬，另一座宝顶书中说是裕丰二弟裕瑞的墓葬。按裕丰二弟并非裕瑞，而是革爵豫亲王裕兴。《重访》一书显属失察。

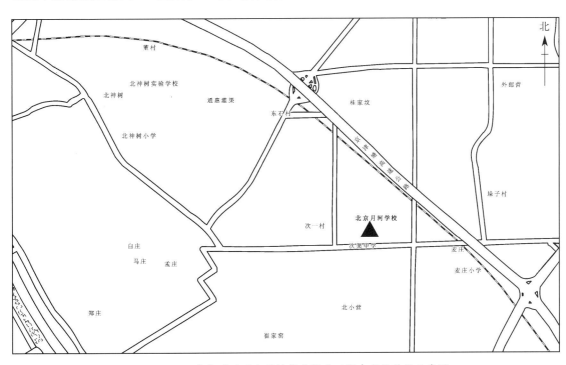

图1-2-71 北京市通州区次渠村革爵豫亲王裕丰墓地位置示意图

裕慎亲王义道葬地在今北京市通州区次渠镇北神树村北（图1-2-72），俗称"小王坟"，地理坐标约为北纬39°49.025′，东经116°33.080′，园寝早年既被毁坏无余，现园寝旧址上为北京豪地陶瓷有限公司。根据清代园寝制度推测，裕慎亲王义道园寝当建有碑楼、宫门、享殿、宝顶等。

除上述几处明确的豫亲王茔地外，据居住在大北窑的马连斌先生说，豫亲王的几处家族茔地还有北京光华木材厂、化工四厂、柏子湾、高碑店、南太平庄、花园闸、东坝山子湾[1]。按：北京光华木材厂在通惠河南侧、二环路以东的把角位置上，这个位置应该在豫亲王大宗第一块茔地之南；"化工四厂"不知在什么位置；"柏子湾"当为"百子湾"，这个地名与"高碑店"

1　冯其利、周莎《重访清代王爷坟》，第180页，北京燕山出版社，2007年。

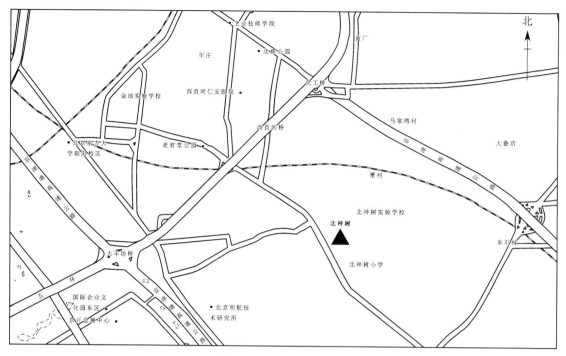

图1-2-72 北京市通州区北神树裕慎亲王义道葬地位置示意图

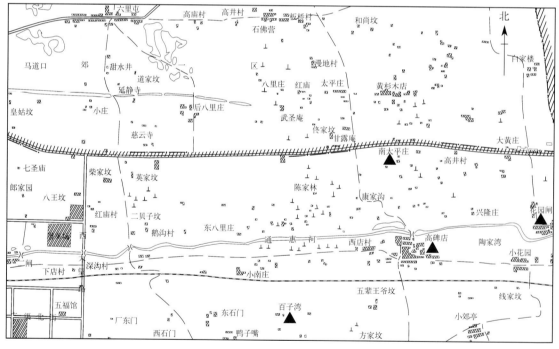

图1-2-73 百子湾、南太平庄、高碑店和花园闸位置示意图（据侯仁之主编《北京历史地图集》）

"南太平庄""花园闸"仍能从地图上找到，大致都在豫亲王大宗第一块茔地以东，位于通惠河两岸附近；"东坝山子湾"具体位置尚待考证（图1-2-73）。

1930年的时候，末代豫亲王端镇考虑到十几处园寝不好看守，遂将诸辈祖先都移灵至苗家地，即豫亲王大宗的第一块茔地上。冯其利说，"王爷和嫡福晋移到二辈豫王红宝顶前，按昭穆次序排成两行，用青砖砌的坟。侧福晋坟挪到了孙家北边，东西走向排列，也是两行"[1]。按："二辈豫王"当是多尼，末代豫亲王端镇将一袭、二代豫亲王（改号信郡王）多尼之后的诸位王爷

1　见冯其利《清代王爷坟》，第89页，紫禁城出版社，1996年。

和其嫡福晋墓都移至多尼宝顶前，而不是移到豫亲王这支大宗始封祖多铎的宝顶前，不知为何？
笔者对此提出疑问。

附：豫亲王爵承袭表　郑（简）亲王承袭表

承袭顺序	名字	谱系	爵谥	行履	葬地及园寝资料
始封祖	多铎	太祖第十五子	和硕豫通亲王	明万历四十二年（1614）二月二十四日生，母大妃乌拉纳喇氏。天聪二年（1628）三月，以从征有功，赐号"额尔克楚虎尔"。崇德元年（1636）四月，封豫亲王，掌部事。崇德四年（1639）降贝勒，崇德七年（1642），进豫郡王。顺治元年（1644）四月，进亲王。顺治二年（1645）进封德豫亲王。顺治四年（1647）七月加封辅政叔德豫亲王。顺治六年（1649）三月十八日，以痘薨，年三十六岁。顺治九年（1652）三月，以与多尔衮为同母弟追降郡王，康熙十年（1671）六月追谥"通"，乾隆四十三年（1778）正月追复亲王，世袭罔替，配享太庙。子八人。	园寝在今北京市建国门外大北窑，老地名为苗家地。园寝早已无任何遗存。
一袭，袭和硕豫亲王，改号信亲王；第二代	多尼	多铎第一子	信宣和郡王	生于崇德元年（1636）十月，崇德七年受封多罗郡王，顺治六年（1649）十月袭豫亲王，赐号曰信。顺治九年（1652）三月，因其父追降郡王，降为郡王。顺治十八年（1661）正月薨，年二十六岁，谥曰宣和。乾隆四十三（1778）追封豫亲王。	园寝在今北京市建国门外大北窑豫亲王多铎园寝西北。现已无存。1930年，末一代豫亲王端镇考虑到十几处园寝不好看守，遂将诸辈祖先移灵至苗家地。凡王、嫡福晋皆移到多尼红宝顶前，按昭穆次序排成两行，以青砖砌宝顶。其他侧福晋则在附近集中安置坟茔，东西走向排列，也是两行。1951年，有个盗匪挖开了宝顶，将殉葬品卖了十根金条，案发后该人被逮捕。
二袭，第三代	鄂扎	多尼第二子	多罗信郡王	顺治十二年（1655）三月初一日生。顺治十八年（1661）六月袭多罗信郡王。康熙四十一年（1702）十月十三日卒，年四十八岁。多铎子洞鄂（董额）袭。乾隆四十三年（1778）七月，追封和硕豫亲王。	最初葬地不详，后于1930年时，末一代豫亲王端将其移灵至苗家地。
三袭，第二代	董鄂	多铎第七子	多罗信郡王	康熙四十二年（1703）四月，袭多罗信郡王。康熙四十五年（1706）六月二十五日，薨逝，年六十岁。董鄂卒后，对其所留爵位的承继人选，礼部提议："董额补授都统，袭封王爵以来，并无感恩效力之处，且原系军政问罪之人，不准赐与其王爵，亦当论嫡长所生，应以前信郡王鄂扎之子德昭袭。"[1]	最初葬地不详，后于1930年时，末一代豫亲王端将其移灵至苗家地。

四袭，第三代	德昭	鄂扎第五子	袭多罗信悫郡王，追封和硕豫悫亲王	康熙三十九年（1700）十月十七日生。康熙四十五年（1706）十月，袭多罗信郡王。乾隆二十七年（1762）二月二十五日薨，年六十三岁，谥曰悫。乾隆四十三年（1778）七月，追封和硕豫亲王。以多铎五世孙如松袭。	最初葬地不详，后于1930年时，末一代豫亲王端将其移灵至苗家地。
五袭，第七代	如松	多铎七世孙，功宜布之子	多罗信恪郡王，后追封睿亲王	乾隆二十七年（1762）闰五月，信郡王德昭薨逝，因德昭诸子中没有堪袭其父所留爵位者，故乾隆帝下令在多铎子孙中物色合适的人选，最后选中了如松。如松就这样承袭了信郡王。乾隆三十五年（1770）十一月十日，薨逝，年三十四岁，谥曰"恪"。乾隆三十六年(1771)，乾隆帝加恩以德昭第十五子修龄袭爵。	葬北京市广渠门外马圈附近，墓地俗称"儒王坟"。
六袭，袭多罗信郡王，复号豫亲王；第四代	修龄	德昭第十五子	和硕豫良亲王	乾隆三十六年（1771）四月，袭多罗信郡王。乾隆四十三年（1778）正月，以多铎为开国诸王战功显著，"特命复豫通亲王始封爵号，晋袭和硕豫亲王"[2]。乾隆五十一年（1786）三月十四日，薨逝，年三十八岁，追谥曰"良"。	最初葬地不详，后于1930年时，末一代豫亲王端将其移灵至苗家地。
七袭，第五代	裕丰	修龄第一子	革退豫亲王	乾隆三十四年（1769）九月十一日生。乾隆五十一年（1786）十月，袭和硕豫亲王。嘉庆十九年（1814），缘事革去亲王并一切管项。道光十三年（1833）二月二十五日卒，年六十五岁。	葬于今北京市通州区次渠镇次渠村。
八袭，第五代	裕兴	修龄第三子	革退豫亲王	乾隆三十七年（1772）十月二十二日生。嘉庆十九年（1814）四月袭和硕豫亲王。嘉庆二十五年（1820）十月革亲王爵。道光九年（1829）十月初二日卒，年五十八岁。	疑其亦葬于今北京市通州区次渠镇次渠村。
九袭，第五代	裕全	修龄第五子	和硕豫厚亲王	乾隆四十二年（1777）五月二十九日生。嘉庆二十五年（1820）二月袭亲王。道光二十年（1840）十一月二十三日薨，年六十四岁，谥曰厚。	最初葬地不详，后于1930年时，末一代豫亲王端将其移灵至苗家地。
十袭，第六代	义道	裕全第二子	和硕豫慎亲王	嘉庆二十四年（1819）三月十一日生。道光二十一年（1841）闰三月袭和硕豫亲王。同治七年（1868）闰四月初九日薨，年五十岁，谥曰慎。	最初葬地不详，后于1930年时，末一代豫亲王端将其移灵至苗家地。
十一袭，第七代	本格	义道第一子。	和硕豫诚亲王	道光二十六年（1846）三月十七日生。同治七年（1868）八月，袭亲王。光绪二十四年（1898）九月十六日薨，年五十四岁，谥曰诚。	最初葬地不详，后于1930年时，末一代豫亲王端将其移灵至苗家地。

十二袭，第八代	懋林	本格承继子	和硕豫敏亲王	光绪十八年（1892）五月十七日生。和硕豫悫亲王德昭之三世孙。光绪二十四年（1898）九月过继为懋林嗣。光绪二十五年（1899）四月，袭和硕豫亲王。民国二年薨，年二十二岁。	最初葬地不详，后于1930年时，末一代豫亲王端将其移灵至苗家地。

第三章　太宗文皇帝位下诸王公茔地及园寝

一、肃武亲王豪格及后裔园寝

（一）肃武亲王家族茔地及园寝

1.北京市朝阳区劲松肃武亲王豪格、显懿亲王富寿园寝

肃武亲王豪格生于明万历三十七年（1609）三月十三日，清太宗（即皇太极）的长子，其生母为继妃乌拉纳喇氏。顺治帝称赞豪格"智略超群，英雄盖世"[1]。

豪格初因征蒙古有功，授贝勒。天命十一年（1626），同贝勒代善出征扎鲁特部。天聪元年（1627），在锦州大败明军。天聪二年（1628），同济尔哈朗讨伐蒙古特塔布囊，诛杀其首领，并俘获其众多部下。天聪三年（1629）十月，同贝勒莽古尔泰探视通州渡口，迎击明朝援兵于广渠门，击溃明朝援兵。之后，又同岳讬、萨哈林围攻永平，攻克香河。天聪五年（1630）三月，皇太极命诸贝勒直言时政，豪格奏曰："臣愿竭忠为国，遇征伐不辞劳瘁，以图报称。"[2]天聪六年（1631）六月，晋为和硕贝勒。天聪七年（1632），建议太宗先攻打明朝，出兵山海关。天聪八年（1633），毁明朝边墙，从尚方堡进入明朝境内，攻掠朔州和五台山，击败明朝援军。天聪九年（1634），同多尔衮一起收服察哈尔林丹汗儿子额哲，与察哈尔订立盟约。返还时，攻掠明山西边郡，捣毁宁武关。崇德元年（1636）四月，因军功显著，晋封肃亲王，掌管户部事宜。八月，"以党岳讬曰漏卜言有怨心"[3]，降贝勒，解除部任，罚银千两。不久，同多尔衮攻打锦州，迫降胡有升等。十一月，复命摄户部事务。十二月，出征朝鲜，大获全胜。九月，"坐固山额真鄂莫克图欲协取蒙古台吉博洛女媚事豪格"，豪格不治其罪，罢部任，罚银千两。崇德三年（1638）九月，再次率兵攻打明朝，连破明军，攻入山东，克高唐、曹州、献县，因功被赏赐马二匹、银万两，并重新掌管户部，恢复原来肃亲王封号。五年（1640），同睿亲王多尔衮围锦州，"以我军离城远驻，又遣弁兵私闯罪"[4]，与多尔衮并降郡王。崇德七年（1642），克松山、塔山，叙功，再次恢复原封，并被赏赐鞍马一套、莽缎百批。

崇德八年（1643），皇太极未来得及安排后事，便暴逝于沈阳。皇太极的暴逝，使最高权力出现真空，围绕皇位由谁来继承，皇室内部发生了剧烈的冲突。其冲突主要发生在对皇位最有竞争力的豪格和多尔衮之间。豪格乃皇太极的长子，掌有皇太极留下的两黄旗和自己

1　《皇朝文献通考》卷一百二十二。
2　《钦定宗室王公功绩表传》卷五。
3　《钦定八旗通志》卷一百二十七。
4　《钦定八旗通志》卷一百二十七。

的正蓝旗，实力优于掌两白旗的多尔衮。双方各自的支持者，为了拥戴各自推荐的继承人，剑拔弩张，大有火并之势。但在关键时刻，豪格没有当机立断，在两黄旗大臣提出立豪格为继承人后，豪格没有立即答应，给了多尔衮"见缝插针"的机会。多尔衮在知道自己也难以顺利继位后，转而提出拥立皇太极幼子福临。至此，皇位继承人争端告一段落。表面上看豪格和多尔衮两人似乎在这场皇位争夺战中都没有取胜，但事实上多尔衮却是最后赢家，他取得了辅政王之位，实掌军政大权，并一步步由摄政王加封皇叔摄政王、皇父摄政王。多尔衮的高明之处，正是利用了福临的年幼，易于控制，便于使自己手中的权力逐渐膨胀。

多尔衮辅政，逐渐独掌军政大权后，对豪格这个昔日曾和自己争夺过皇位的侄子并没有念及血脉亲情，而是收罗罪名，想方设法予以剪除。

顺治元年（1644）四月，豪格"以语侵睿亲王，为都统和洛浑所讦"[1]，被剥夺爵位。但豪格一直驰骋在战场上，军功卓著，这是有目共睹、不可抹杀的事实，故在十月大封诸王时，豪格以从定中原有功，仍复原封。顺治三年（1646），授命为定远大将军，协同衍禧郡王罗洛浑、贝勒尼堪等西征，平定陕西。十一月，进入四川，擒获张献忠。顺治四年（1647）八月，四川亦被平定。顺治五年（1648）正月，还师回京，"遣内大臣达尔汉诺延往迎"[2]。二月，在太和殿接受宴劳。就在豪格刚接受完宴劳后，此时，立下赫赫战功后的豪格，等待他的却是悲惨的结局，功臣霎时变成了罪人，被多尔衮以"徇隐部将冒功及擢用罪人扬善弟吉赛"陷害入狱，削夺爵位。是年三月，死于狱中，其福晋为多尔衮所纳。关于豪格的死因，在顺治帝亲笔为豪格镌刻的墓碑碑文中记载，"墨勒根王摄政，掩其拓疆展土之勋，横加幽囚，追胁之惨，忠愤激烈，竟尔沦亡。"[3]《清史稿》记载："睿亲王手定中原，以致于世祖……徒以执政久，威福自专，其害肃武亲王，相传谓因师还赐宴拉杀之，又或谓还至郊外遇伏死，死处即今葬地。"[4]此外，《钦定八旗通志》也有记载，"顺治二年，肃亲王往征四川，达拜从行，有功。四年，破张献忠等贼；凯还。时睿亲王摄政，恶肃亲王不附己，诬致其罪，幽禁之王府。……不饮食，至五年王薨。"[5]同顺治帝所题碑文内容相符，由此我们基本可以认定，豪格乃囚禁而死。

顺治八年（1651）正月，顺治帝亲政后，"念手足之谊，不胜凄怆"[6]，为豪格平反昭雪，并为豪格立碑以旌表他的功绩。顺治十三年（1656）九月，豪格被追赐谥号，称肃武亲王，成为清朝入关后较早被追谥的亲王。顺治帝追谥豪格曰"武"，推测是因为豪格生前"辟土斥境，折冲御侮"[7]，故顺治帝才把"武"这个谥号赐给他。乾隆四十三年（1778），乾隆帝恩赏豪格配享太庙，成为清初八大铁帽子王之一。

肃武亲王豪格墓碑曾"在北京朝阳区劲松"被发现[8]。笔者据此线索查访，豪格葬地确在劲松。豪格葬地"劲松"又名"架松"，据老北京王永斌先生（1924年生）云，原肃亲王茔

1 《钦定八旗通志》卷一百二十七。
2 《钦定八旗通志》卷一百二十七。
3 [清]盛昱《辽海丛书·雪屐寻碑录》，上海书店出版社，1994年。
4 《清史稿》卷二百二十一《列传八·诸王七》。
5 《钦定八旗通志》卷二百四十。
6 《皇朝文献通考》卷一百二十二。
7 《皇朝文献通考》卷一百二十二。
8 按北京图书馆金石组编《北京图书馆藏中国历代石刻拓本汇编》收有豪格墓碑碑文拓片，拓片编注云，豪格墓碑在朝阳区劲松。

清代园寝志

地上有六颗大松树，其中一棵树干横斜，又粗又长，树冠犹如一把大伞，为防其倾倒，人们用许多木棍支撑起树干，"架松"之名由此而来[1]。劲松其地在今北京市朝阳区广渠门外。

豪格园寝碑楼等建筑在1966年时被拆除，这时候豪格园寝遗址处还有一块断碑和数段赑屃。冯其利说，1982年时碑上还能看出"顺治八年"的字样，1983年时碑上文字已漫漶不清。笔者2008年调查时，豪格园寝已不再有任何遗存，园寝旧址处是北京市朝阳区劲松第三小学，地理坐标为北纬大约为39°52.577′，东经116°26.879′（图1-3-1）。

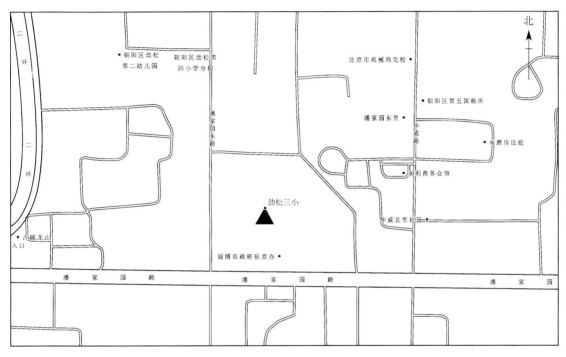

图1-3-1 北京市朝阳区豪格园寝位置示意图

肃武亲王豪格墓地俗称"老坟"，豪格卒时为有罪之人，根据清代园寝制度，豪格卒时是没有资格建造园寝的，推测豪格园寝应是顺治八年（1651）顺治帝为豪格平反后才修建的。根据冯其利调查，豪格园寝坐北朝南。冯其利云，豪格墓地"最外边是蓝色围墙，东西有门各一。南侧有大门，大门旁有小门各一。进大门为碑楼，内立驮龙碑两统，一为'顺治八年岁次辛卯八月仲秋吉日立'，一为'顺治十五年九月十六日立'。顺朝房东西往北有墙，还有门各一。里面又是一道蓝墙，墙的四角还有类似'官帽子'的饰物。墙的南侧开有二道门，进门有班房东西各三间，再往里走是不高的月台，建有享殿五间，后边还有月台，豪格的骨殖是火化的，未建宝顶"。

上述冯氏所云豪格园寝墙体外表为蓝色，令笔者生疑。园寝墙体外表一般都涂以红色，到目前为止，笔者所见到过的尚存的园寝墙体外表或被复建后的园寝墙体外表均为红色，如尚存的显谨亲王衍潢园寝围墙、复原后的端亲王园寝墙体等，故笔者推测豪格园寝墙体外表呈蓝色的原因恐为后人所为。冯氏说，豪格园寝内"未建宝顶"，不知是当时未建，还是因为建了但是后来又被破坏了，笔者也不清楚。此外，冯其利对豪格园寝布局描述得有些混乱，笔者根据冯其利的描述，大致勾勒出豪格园寝的平面图（图1-3-2）。

1 王永斌《杂谈老北京》，第238页，中国城市出版社，1990年。

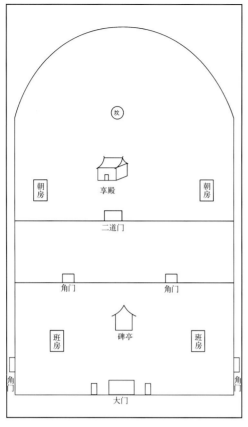

图1-3-2 豪格园寝平面示意图

（图中标注）坟、享殿、朝房、朝房、二道门、角门、角门、碑亭、班房、班房、角、角、大门

此外，据《钦定八旗通志》，豪格园寝中还应葬有一人达拜。这是因为达拜奉待豪格时忠心耿耿，恪尽职守，毕恭毕敬。即使在豪格被陷入狱，大家都怕因亲近豪格而招来麻烦时，唯独达拜"不避相害，日往伺候，具饮食亲送至禁所"，并时刻关心豪格在狱中的饮食情况。当他得知豪格吃的香时，就欣喜万分；当得知豪格饭量减少时，就哭泣流泪，"闭目终日不言语"。等豪格卒后，达拜悲痛异常，帮助豪格后人准备衣棺等。"治丧事既踰月，达拜上月坟讫叩辞王二子，归即自经以殉"。多尔衮闻之此事后，大怒，暴达拜尸，并控制其家人。可见，达拜对豪格是多么的忠烈。到顺治七年的时候，顺治帝亲政，为豪格洗刷了罪名，达拜的父亲马海带着他的两个孙子将达拜誓死追随豪格一事秉谕顺治帝。顺治帝敕谕吏部，命给予达拜三等轻车都尉，达拜长子噶尔哈承袭，世世罔替。"又敕附肃亲王坟园，以旌其义"[1]。

显懿亲王富绶是肃武亲王豪格的第四子，生于崇德八年（1643）五月十七日。富绶"性质端敏，品行纯良"[2]。其父豪格被多尔衮构陷后，富绶也险些遇害。当时，鞏阿岱和和洛辉想杀掉富绶，"哈什屯与内大臣巴哈力争之，议乃寝"[3]。顺治八年（1651）二月，富绶袭肃亲王，后推恩改号曰显亲王。康熙八年（1669）十二月二十日，薨逝，年二十七岁，谥曰"懿"，以子丹臻袭爵。

显懿亲王富寿（绶）是大宗爵位的继承者，如果按照传统宗法制度的昭穆原则，显懿亲王富寿（绶）卒后应建园寝于始封封祖豪格园寝的一昭之位，即东侧，但冯其利在《清代王爷坟》一书中说，富寿（绶）园寝在豪格园寝西北。按富寿（绶）园寝早年已被彻底毁坏，1970年享殿等建筑被拆除，地宫被清理，因为富寿（绶）卒后火化，地宫内并无棺椁，出土有石屋等文物。据当时百姓说，富寿（绶）园寝的宫门和墓碑在1983年时还在，后因劲松住宅区建设需要，墓碑被移至朝阳门外日坛公园西北隅马骏烈士墓东侧，到2007年时石屋也被移存于北京石刻艺术博物馆（图1-3-3）。现今无论是在豪格园寝旧址的东侧还是西北，都已是密集的住房，地面上已无早年园寝的任何遗迹，故富寿（绶）园寝的具体位置已很难考知。富寿（绶）卒于康熙八年（1669），这时满族进入中原时间不久，他们对中国古代中原地区的宗法制度尚没有普遍接受，如果富寿（绶）确实埋在豪格园寝西北，或许与此有关。

民间称富寿（绶）为"大王"，富寿（绶）弟猛峨为"二王"，故富寿（绶）园寝俗称"大王坟"。按富寿并非排行老大，猛峨亦非行二，但民间却以"大王"、"二王"相称，

1 《钦定八旗通志》卷二百四十。

2 见康熙四年四月二十一日立富寿墓碑碑文。

3 《钦定盛京通志》卷六十八。

这当是因为富寿是大宗王位的继承者，是大宗成员，猛峨虽然也是"王"，但相对富寿来说，是小宗。根据清代园寝制度，显懿亲王富绶（绶）园寝按亲王品级当建有墓碑及碑楼、茶饭房、宫门、享殿、宝顶等。据冯其利先生早年调查，富寿（绶）园寝坐北朝南，曾建有宝顶三座，除福绶宝顶外，其余两座分别是嫡福晋

图1-3-3 现存于北京石刻艺术馆的富寿园寝石屋

博尔济吉特氏、侧福晋富察氏的宝顶。园寝围墙由城砖砌就。

2.北京市门头沟拢架庄村显密亲王丹臻园寝

显密亲王丹臻是显懿亲王富绶第二子，豪格之孙，生于康熙四年（1665）八月初十日。康熙九年（1670）六月，袭和硕显亲王爵。丹臻自幼与康熙帝关系亲密，在康熙三十二年（1693）时，丹臻府上失火，康熙帝甚为关切，并亲自到丹臻府上救火。康熙三十五年（1696），丹臻随军出征噶尔丹，作战英勇，斩获甚众。康熙四十一年（1702）五月二十日薨逝，年三十八岁，康熙帝倍感悲痛，特派皇子及大臣前去料理丹臻的丧事，并赐银一万两给丹臻治丧，立碑，谥曰密[1]。

显密亲王丹臻园寝遗址位于今北京市门头沟区妙峰山镇陇驾庄村西北，为京西建国酒店所在位置，地理坐标约为北纬39°58.715′，东经116°02.416′（图1-3-4）。据冯其利调查，坟上村白秀文（1916年生人）称，"陇驾庄（一名冷格庄）因为有风水，清康熙帝曾选中备用，在打井时打不出水，打到深处就隆隆有声。这时的第三代肃王——显亲王丹臻作为康熙帝之侄，常和康熙帝一块下棋，康熙帝把这块风水宝地赠给了他。这块风水宝地当初是冷格庄某家私产，周围有四块坟地：前边有王家坟，后边有傅家坟，左边有孙家坟，右边有郝家坟。肃王府借了这四块坟地的谐音，前王，王爵世袭；后傅（富裕），富富裕裕；左孙，孙男弟女；右郝（好），取了吉利"[2]。这只是传说，但从中我们可以看出风水观念已被满族人接受，且在选择茔地时也注重起来，显密亲王丹臻就是因为风水原因而葬于此处的。

据笔者调查，丹臻园寝坐北朝南，园寝遗址处现尚存有丹臻墓碑一统和被修葺一新的宝顶下月台。丹臻墓碑倒在地上，碑座不知去向（图1-3-5）。墓碑立于康熙四十二年（1703）四月十六日，蛟龙首，龟趺，通高4.44米，厚0.5米，宽1.23米，碑身高2.9米，碑阳阴刻满汉两种碑文。在此碑西南方向还有一残存墓碑，该碑残高1.35米，厚0.28米，碑额高0.63米，宽0.63米。被修葺一新的宝顶下月台，磨砖对缝，长约59米（图1-3-6）。月台正中有九级台阶通地，台阶宽约3.4米。月台上有汉白玉护栏，护栏由三十四块栏板和三十六个柱

---

1 顺治十年题准亲王给造坟工价银五千，后又题准亲王给造坟工价银三千。由康熙帝所赐造坟银两可看出，康熙对丹臻的爱戴极深。另据造坟银两数目，亦可推知丹臻园寝规模之大、气势之宏。按清谥法，"密"含有最亲密和最亲近的人之意。

2 转引自冯其利《清代王爷坟》，紫禁城出版社，1996年。

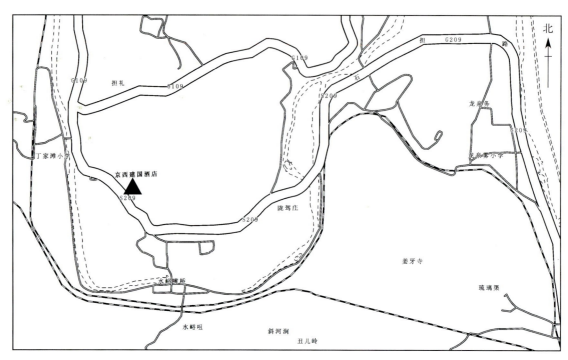

图1-3-4 北京市门头沟区丹臻园寝位置示意图

图1-3-5 丹臻墓碑

头组成。每块栏板内径长约1.39米，下部雕刻有简单的方框形纹饰，上部镂饰三个花瓶，中间的花瓶是完整的，靠近两侧柱子的花瓶是半个。柱头呈石榴状，高约1.4米。另外，在现在的月台上面，尚散落有很多原宝顶底部的汉白玉须弥座石构件（图1-3-7）。根据清代园寝制度推测，丹臻园寝当年还应建有碑亭、茶饭房、宫门、享殿、围墙等。

笔者在偶览网页时，发现有一个笔名叫做晨渊的先生，他写了一篇比较详细的关于丹臻园寝的博文《红墙杂忆之四——和硕显亲王丹臻园寝考略》。笔者不妨转引于此，以飨读者。

显密亲王丹臻园寝背山面河，园寝占地东至车子崖，西至永定河边，南至瓦窑花盆地，北至担礼地界，圈内占地十五亩。园寝正南面为柏山，柏树葱绿有几千棵，占地二十亩，后面为松山，苍松挺拔，也有几千棵，占地三十亩。园寝还有一条经陇驾庄、野溪、龙泉务、三家店、老店、麻峪通往阜成门的大道，叫官道。自下马桩开始每华里立有一石桩，上刻"王府茔地官道宽两丈五尺"。圈外有神桥三座[1]，纯石结构，东西排开，其中，中间神桥最长，长12.6米，宽4.5米，雁翅之间宽9.8米，两边的桥稍短。中间桥两边各有青石栏板五块，莲蓬形望柱各六根，桥券脸顶部雕有吞水兽各一个。三座神桥下有一条人工挖的文河。桥北十米处是一座四柱三楼式的蝴蝶玉石牌楼，雕刻得非常细腻，进深五米，面阔13.4米。牌楼左右50米处立有下马桩，朝中官员无论品级如何，到此文官必须下轿，武官必须下马。

---

1 冯其利云，有神桥一座。

图1-3-6 修葺后的月台

牌楼两侧柱头各有石坐狮一尊，三楼都为歇山顶，正脊，简瓦，大吻，垂兽和三小兽。牌楼在修建268医院时被推到文河，填了土方。石牌楼两侧各有一段卡子墙和砖雕大门楼与园寝红墙相连，红墙高4.2米，宽1.4米，总长500米。进了牌楼就是园寝的第一进院落，院内有碑亭一座，碑亭高9.4米，建在正方形的台基之上，四面开有券门，绿琉璃瓦覆顶，内有墓碑一统。墓碑碑身高3.9米，

图1-3-7 须弥座石构件

加蛟龙碑首总高4.4米，碑宽1.2米，厚度0.65米，重10吨，龟趺建院时被埋于地下。碑亭两侧各有东西班房六间、东西朝房五间[1]。1900年末代肃王善耆躲难，曾在东朝房住了一段时间。西朝房内悬挂着茶碗口粗的蟒皮鞭两条，是对违禁人行罚用的。碑亭到宫门之间有108个台阶，台阶两旁有防护墙。宫门面阔三间，外有一对擎天柱。宫门内是面阔五间的享殿，享殿绿琉璃瓦覆顶，檐下和殿内施有彩绘，殿内有八根朱红漆的大明柱，天花板为金色团龙。享殿内正中一间子殿，子殿内有七层台阶，上有香案、五供，供有和硕显亲王丹臻和他两个福晋共三块牌位，子殿内铺有棕毯，还有三个朱红宝座。享殿后是月台，月台下有15级踏跺。月台正中有大宝顶一座，宝顶高约9米，直径8.5米，下部为须弥座，四周雕刻有团龙、遊龙，北面浮雕有绶带纹。地宫用大条石棚顶，一共三个，正中地宫内的丹臻棺椁朱红大漆描金龙。另两个地宫有两个福晋的棺椁，下铺一层木炭，用以隔潮。丹臻墓地以北150米处有一座小坟是丹臻其他福晋的墓地[2]。

上述文字基本依照晨渊先生的博文《红墙杂忆之四——和硕显亲王丹臻园寝考略》。

1　冯其利云，有东西班房、东西朝房，每侧各有十二间。

2　见晨渊《红墙杂忆之四——和硕显亲王丹臻园寝考略》，见其博客http://bxhcxm.blog.sohu.com/。

如若晨渊先生还原的丹臻园寝确是当年丹臻园寝原貌的话，那么，从晨渊先生的博文可以看出，丹臻园寝建设规格是相当高的，不仅建有四柱三楼式的蝴蝶玉石牌楼，而且还建有擎天柱。这可能是因为丹臻生前与康熙帝关系非常密切，故在丹臻卒后，康熙帝也相应给予了丹臻极高的礼遇，即表现在丹臻园寝建设上。

据冯其利调查，显密亲王丹臻园寝朝房在1924年的时候被看坟户后代用做学校，一直到1944年学校停办。地宫在1930年时被盗。园寝规模一直保持到1965年北京同仁医院占用之前。1983年时园寝尚残存部分红墙，宝顶处有大量的废石料。

3.北京市朝阳区劲松和硕显谨亲王衍潢园寝

和硕显谨亲王衍潢是显密亲王丹臻第六子，生于康熙三十年（1691）五月八日。康熙四十一年（1702）八月，袭和硕显亲王。历事康、雍、乾三朝。雍正八年（1730）三月，管理雍和宫事务，可见雍正帝还是很信任衍潢的。雍正十三年（1735）十二月，解管理雍和宫事务。雍正帝薨逝后，皇太后及宫眷进城举哀。时阿哥弘瞻在圆明园，因年幼着不必进城。衍潢带散秩大臣二员前往圆明园照看年幼的阿哥弘瞻。乾隆元年（1736）二月，总管镶白旗觉罗学。乾隆三十六年（1761）十二月二十九日，薨逝，年八十一岁，谥曰"谨"，因无子嗣，以族弟蕴著袭。

显谨亲王衍潢的父亲显密亲王丹臻葬门头沟，且衍潢也承袭了其父爵位，根据宗法制度，衍潢可同父亲葬在一起，但是衍潢并没有随父亲葬在一起，而是葬回到了以前其家族在架松地方的茔地。这其中的原因笔者推测可能是不想破坏门头沟其父亲丹臻茔地上的风水。

据民间传说，和硕显谨亲王衍潢园寝俗称"新坟"，按这是相对豪格园寝和富寿园寝而言的，豪格为肃亲王始封祖，最早建园寝于今劲松一带，称"老坟"。一袭肃亲王（后改显亲王）富绥卒后亦建园寝于今劲松一带，因富绥承袭了肃亲王大宗爵位，相对未承袭大宗爵位的豪格第五子温郡王猛峨来说，是谓大王，故富绥园寝被称为"大王坟"，衍潢园寝最后建造，故称"新坟"。

衍潢园寝遗址位于今北京市广渠门外潘家园街道劲松第三小学北侧，地理坐标约为北纬39°52.700′，东经116°26.759′（图1-3-8）。今园寝处尚存有园寝的部分围墙、东西朝房和享殿。1984年被定为区级文保单位。

显谨亲王衍潢园寝坐北朝南，东围墙尚存大部分，残存墙体长约66.6米，厚约1米，墙体上部为磨砖勾缝，外涂沫红色三合土，下部为磨砖对缝（图1-3-9）。东西朝房为灰布瓦覆顶，面阔三间，约12米，进深约6.56米。朝房北约37.8米处有享殿一座，享殿单檐歇山顶，上覆绿琉璃瓦，瓦当和滴水均雕饰龙纹，檐下为斗拱结构（图1-3-10），享殿面阔五间，约21.3米，两侧的间量明显小于中间三间的间量，进深五间，约12.7米。五间间量不等，乃有意为之，可能是为表敬谨谦逊，更是为了防止招人猜忌，故意贬损规格。享殿前有月台，月台面阔10米，进深4.5米，月台前有九级台阶通地。享殿正东偏后处的墙体呈高低错落状，推测为月牙城墙的起圈处，或许享殿后还曾建有琉璃花门或一般的三座门。享殿后的居民家中还散落有原宝顶下的须弥座石构件，须弥座上雕刻有精美的缠枝花卉和福果。

衍潢园寝除现存的一些建筑外，其余的建筑在19世纪60年代被毁掉。冯其利说，衍潢园寝"外有擎天柱一对"，宫门"门钉包铜，九九八十一个"，"碑楼一座，内立两块驮

图1-3-8 北京市朝阳区显谨亲王衍璜园寝位置示意图

图1-3-9 衍璜园寝红墙

图1-3-10 衍璜园寝享殿局部

龙碑", "享殿前有丹陛", "宝顶建造得较为坚固,表面上有X形铁锔子,一个挨着一个", "宝顶后边隔着红墙有大山子一座"。按:从冯氏所言,衍璜园寝还建有擎天柱,也就是华表,享殿前还曾有丹陛石。华表和丹陛石并不是在任何亲王园寝中都有建设的,只有本人与皇帝关系亲密或者为皇室做出巨大贡献的人,才有可能享受这样的殊荣。由此推知,乾隆帝对肃亲王衍璜礼遇有加。再加上前代肃亲王丹臻的卒后哀荣,这支从康熙到乾隆年间一直都受到了清帝的喜爱和重视。至衍璜时,清帝对肃亲王这支的眷顾达到高峰。又冯氏说衍璜园寝"宫门门钉包铜,九九八十一个"。"八十一个"也即九排九行。我们知道在古代中国"九""五"乃至尊之数,至高无上,只有皇帝才能使用,如今天的故宫,明清两代统治者办公及居住之所,这里的建筑多与"九""五"有关。北京城设九门,天安门城楼面阔九间,进深五间,每扇门上饰有纵横门钉各九路,此外,故宫中的很多建筑均为五间或九间。另据《京西名墓》一书,礼亲王代善家族茔地的大门门钉也才六十四颗[1]。"六十四颗"即八排八行。代善可是一代铁帽子王的始封者,在有清一代功名显赫,为大清开国基业立下

---

1 张宝章、严宽《京西名墓》,第27页,北京燕山出版社,1996年。

过不朽功勋,即使这样一代亲王,其茔地大门门钉也才六十四颗,更何况衍潢声望、影响远不比代善,故推测其门钉数量不太可能超越代善茔地大门门钉数量。综上两点,我们可以看出,衍潢园寝宫门用"九"是不太可能出现的情况。冯其利并未亲眼见过衍潢园寝宫门,不知他说的衍潢园寝宫门门钉数量是从何而来的,但通过上面笔者的分析,冯氏所说的衍潢宫门门钉的数量恐怕是有误的。再冯氏说,衍潢园寝碑楼内曾立墓碑两统,对此笔者也有所怀疑,因为园寝一般仅立墓碑一统。到目前为止,笔者也只查到衍潢园寝曾经所立的一统墓碑,即在《北京图书馆藏中国历代石刻拓本汇编》一书中收有衍潢墓碑碑文拓片,此可证明衍潢墓碑的确存在过,只是后来不知去向。拓片编注云,墓碑立于乾隆三十七年(1772)三月。至于是否还有另外一统墓碑,另外一统墓碑立于何时,不得而知。最后,冯氏所说的宝顶后边的"大山子"也不知是何物。

4.北京市丰台区成寿寺追封显亲王拜察礼及肃勤亲王蕴著园寝

拜察礼是显懿亲王富绶的第五子,生于康熙六年(1667)闰四月三日。康熙二十年(1681)正月,拜察礼被封为三等辅国将军,相对于承袭了显亲王大宗王爵的二哥丹臻而来,拜察礼是为小宗,且是小宗的始封祖。康熙四十七年(1708)六月十八日,薨逝,年四十二岁,以子蕴著袭爵。

拜察礼卒后葬今北京市东南三环附近的成寿寺一带,冯其利说1967年时,拜察礼葬地处是成寿寺中学。按成寿寺中学已不存在,据笔者调查,拜察礼的葬地大约在今北京市丰台区左安门中学的位置上,地理坐标大约为北纬39°51.338′ 东经116°26.249′(图1-3-11)。

拜察礼卒时为辅国将军品级,根据清代园寝制度推测,拜察礼园寝规模不会太大,不建碑亭、享殿。据《清会典事例》卷九百四十九《园寝坟茔》记载,辅国将军园寝碑一统,围墙三十五丈。乾隆三十七年(1772)五月,拜察礼的儿子蕴著袭封亲王,拜察礼也被追封为

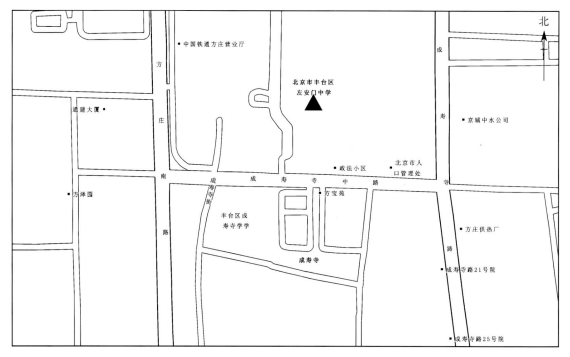

图1-3-11 北京市丰台区拜察礼墓地位置示意图

显亲王，成为显亲王大宗成员。这时拜察礼的茔地也由原来的辅国将军品级的小宗茔地升格为亲王品级的大宗茔地。至此，肃亲王大宗除了位于劲松一带的第一块茔地和位于门头沟的第二块茔地外，又有了第三块茔地。

拜察礼地宫在1929年时被盗，据当时见过被盗发后的地宫情形的百姓说，拜察礼地宫为棚板石结构，里面没有棺椁，据此笔者推测拜察礼卒时当为火化。解放后园寝遭到毁坏。现茔地处已无早年墓地的任何遗迹。冯其利说，追封显亲王拜察礼坟地"坐南朝北，占地三十余亩，没建碑楼，有宫门、享殿各三间，红墙，宝顶一座。……其东边还有其长子若穆浑墓地一块"。按从冯氏所述，拜察礼园寝坐南朝北，至于占地亩数不知冯氏从何得出。冯氏说"没建碑楼"是符合当时的实际情况的，因为拜察礼卒时为辅国将军品级，根据清代园寝制度规定，他是没有资格建造碑楼的。同理，拜察礼也是没有资格建设享殿的。如果冯氏所说的属实，推测享殿当是在拜察礼被追封为显亲王后补建的。

肃勤亲王蕴著是显亲王衍潢胞叔拜察礼（显懿亲王富绥第五子）的第三子，生于康熙三十八年（1699）七月七日。康熙四十七年（1708）十二月，袭其父拜察礼三等奉国将军爵，成为小宗的承继者。雍正三年（1725）八月，授副理事官。乾隆中，自三等辅国将军授内阁侍读学士，先后任通政使、盛京户部侍郎、兵部侍郎、漕运总督、副都统、凉州将军、绥远城将军、工部尚书。

蕴著是小宗的承继者，本无缘显亲王大宗王爵，但是蕴著很幸运，显亲王衍潢卒后，无子嗣，乾隆皇帝便在近支里选定了蕴著，这样显亲王爵便落到了蕴著头上，蕴著遂于乾隆三十七年（1772）四月袭显亲王，成为显亲王大宗成员。蕴著袭显亲王大宗爵位后，乾隆帝也将蕴著的父亲拜察礼追封为显亲王。这样从理论上可以认为，蕴著的王爵是从他父亲那里袭来的。乾隆四十三年（1778）正月，乾隆帝追复肃亲王始封之号，"令现袭之显亲王复号曰肃"[1]。本年四月十日，薨逝，年八十岁，谥曰"勤"。

如前所述，肃勤亲王蕴著的父亲拜察礼早在蕴著甫袭显亲王爵位后就被追封为和硕显亲王，这样拜察礼的茔地也就由小宗茔地升格成了显亲王大宗的茔地。拜察礼被追封为显亲王，蕴著的王爵从理论上也可以说是从父亲拜察礼这里袭来的，故蕴著卒后同父亲葬在一起，是最合适不过的了。这样，在显亲王大宗的这块茔地上以追封显亲王拜察礼为一代祖先，追封显亲王拜察礼和显亲王（后复号肃亲王）蕴著共尊肃亲王大宗始封祖肃武亲王豪格为共祖。

根据宗法制度推测，蕴著卒后应当葬在父亲追封显亲王拜察礼的昭位，但是因为两人的园寝及遗址被毁坏的时间较早，故是否如此，尚待考证。民间称拜察礼葬地为"北王爷坟"，称蕴著葬地为"南王爷坟"，"北王爷坟"和"南王爷坟"均坐南朝北，从民间的这种称呼只能看出两人葬地的南北位置关系，至于昭穆位置仍不可辨。

肃勤亲王蕴著园寝地宫自1929年开始陆续多次被盗。从20世纪40年代开始园寝地面建筑逐渐遭到破坏。到1949年时仅剩墓碑和碑亭。解放后碑亭也被毁坏。据冯其利调查，蕴著墓碑在1982年的时候被埋在成寿寺三队队部院内。按蕴著园寝旧址上在80年代时当是成寿寺三队队部。现今蕴著园寝旧址上已无早年园寝的任何遗存。

正因为蕴著园寝被毁坏的时间较早，冯其利通过访查知情者说，"南王爷坟占地七十亩"，"北边沿着一大道，有下马桩和上马石，还有黑红棍，违制格打勿论，道南有三合土

1　《皇朝文献通考》卷二百四十六。

堆起的巨大土丘，实为王爷坟屏障。南行宫门三间，进宫门是碑楼，内立驮龙碑一方。二道门里边是三间享殿，享东西有角门各一。享殿后边，月台之上是大宝顶一座"。按"黑红棍"、"违制格打勿论"这些显然是民间传说，但我们从中可以看出，王爷园寝的管理还是非常严格的。冯氏所说"道南的土丘"，笔者认为可能也有弥补墓地风水不足，作为朝山的意思。蕴著卒前身为亲王，根据清代宗室王公园寝制度，他的园寝享殿当建造五间，但上述冯氏说只有三间，考蕴著之后的历代肃亲王，无论是冯氏调查还是笔者所见也都是三间，故笔者推测冯氏所说的蕴著园寝享殿三间当是正确的。笔者推测蕴著园寝享殿自贬规制可能与他不愿意超越其前代肃亲王衍璜园寝享殿规制有关。衍璜园寝享殿五间，但两侧的间量偏小，到蕴著时，干脆就省掉两侧的两间。

5.北京市朝阳区十八里店追封肃亲王成信及肃恭亲王永锡园寝

追封肃亲王成信，和硕显密亲王丹臻第二子，与显亲王衍潢为同胞兄弟，生于康熙二十七年（1688）。康熙四十七年（1888）封三等奉国将军。他没有承袭父亲丹臻的王爵，故相对于承袭丹臻王爵的衍潢来说，是谓小宗。乾隆二十三年（1758）成信卒，年七十一岁。乾隆四十三年（1778）因子永锡承袭肃亲王王爵，他也被追封为和硕肃亲王。

永锡生于乾隆十八年（1753）五月二十一日，成信的第五子，是肃勤亲王蕴著伯父显密亲王丹臻之孙。乾隆三十三年（1768），授三等侍卫。这一年肃亲王蕴著去世，蕴著只有一个儿子舒明，但他在蕴著之前就去世了，蕴著有五个兄弟，也都卒于蕴著之前，故蕴著卒后，肃亲王大宗爵位继承者的最合适人选就是蕴著族侄永锡了。永锡遂于乾隆四十三年（1778）闰六月，承袭了大宗和硕肃亲王王爵，同时他的父亲成信也被追封为肃亲王。永锡迭管旗务、宗人府事务等，并担任过领侍卫大臣和阅兵大臣。道光元年（1821）八月一日，薨逝，年六十八岁，谥曰"恭"。

成信和永锡卒后都葬北京市朝阳区十八里店一带（图1-3-12）。据北京图书馆金石组编《北京图书馆藏中国历代石刻拓本汇编》所收录的永锡墓碑拓片编注，早年时候永锡园寝墓

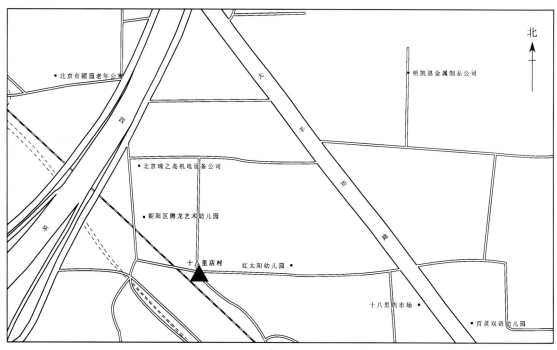

图1-3-12 北京市朝阳区十八里店村追封肃亲王成信及肃恭亲王永锡园寝位置示意图

碑还曾在十八里店被发现。

如前文所述，成信生前为三等奉国将军，是一小宗始封祖，故其卒后可单独选择茔地立宗，茔地即在北京市朝阳区十八里店一带，具体位置已很难考证。冯其利说，成信葬地在过去的"铸造厂的位置上"。成信初葬时，根据清代宗室园寝制度推测，园寝当只建有墓碑和围墙。园寝在1958年到1962年间完全被毁掉，冯其利通过调查说，"宫门坐东朝西，有神桥一座，没建碑楼、享殿"，这当是符合将军品级的园寝规制的。冯其利又说，"院墙用砖都是一块砖劈成两半使用"。按成信一生只做了个三等奉国将军，俸禄很低，家用不丰，推测因此他的园寝围墙用砖才如此简陋，"一块砖劈成两半使用"。

成信初葬这块茔地时，这块茔地仅是将军品级的小宗茔地。等到了乾隆四十三年（1778）的时候，成信被追封为和硕肃亲王，他也就成了肃亲王大宗成员，这时他所葬的茔地也便由小宗将军品级的茔地升格为大宗亲王品级的茔地。于是就有了肃亲王大宗的第四块茔地。至于成信被追封为亲王后，其园寝有没有按照亲王品级进行相应的补建，不得而知，因为一则成信园寝早已没有实物留存下来，二则笔者也没有找到相关资料证实。

肃恭亲王永锡卒后同父亲追封肃亲王成信葬在一起，其原因同前文所述肃勤亲王蕴著和他的父亲追封显亲王拜察礼葬在一起的原因是一样的，故不再详细阐述。

根据宗法制度，这块茔地上以追封肃亲王成信立祖，肃恭亲王永锡卒后当葬在追封肃亲王成信的昭位。冯其利说，永锡"墓地在十八里店铸造厂南侧"。按永锡园寝同成信园寝一样，都是坐东朝西，这样成信园寝昭位就是成信园寝的南侧，也即"铸造厂南侧"。可见，这块茔地上成信和永锡的墓葬排位遵循了中国古代传统宗法制度的昭穆原则。

永锡园寝与父亲成信园寝一样在同一时期被毁，1929年前后地宫被盗，1949年前后宝顶坍塌，1958年时围墙开始被拆毁，到20世纪80年代的时候，园寝已经没有任何遗迹了。冯其利说，永锡"墓地俗称前园或前沿"，"三间享殿"，"月台上宝顶两座"，"前园南北有小坟地各一块"。按永锡为亲王，其园寝享殿按清代园寝制度规定，可建设五间，但冯氏说只有三间。如前文所述，肃亲王这支的园寝享殿自肃勤亲王蕴著始，其后的历代肃亲王园寝享殿也都只建设了三间。笔者推测，蕴著之后的历代肃亲王的园寝享殿都只建三间，可能是因为他们不愿意超越他们前辈肃亲王园寝享殿规制。月台上的两座宝顶中的其中一座应为永锡福晋的墓葬，另外，冯氏所说的前园南北的小坟地，笔者推测当是永锡后代（除永锡袭爵子敬敏外）的墓地。

6. 北京市朝阳区道口村肃慎亲王敬敏园寝

肃慎亲王敬敏是肃恭亲王永锡的长子，生于乾隆三十八年（1773）十二月二十三日。敬敏"持丹佩恪，秉德温恭"[1]，初封不入八分辅国公，授散秩大臣。

道光元年（1821）十一月，敬敏袭肃亲王爵。关于敬敏在道光朝的功绩，咸丰帝曾大加赞赏："统劲旅之虎符，遍八旗而扬历；领神军于鹤籥，励七校以精能。宗人资表率之方，银潢就范；府库凛度支之掌，白水明怀。"[2]咸丰帝即位后，敬敏"益矢小心。阅三载而素履无愆，跻八袭而元神弥固"[3]。咸丰二年（1852）正月，敬敏因病奏请解任，但仍受赏食全

1　见咸丰四年九月立敬敏墓碑碑文。

2　见咸丰四年九月立敬敏墓碑碑文。

3　见咸丰四年九月立敬敏墓碑碑文。

俸。敬敏在患疾后拒绝服药，遂于咸丰二年（1852）九月薨逝，年八十岁。咸丰帝命醇郡王奕譞带领侍卫十员，往奠茶酒，"赏银三千两治丧，予祭葬，谥曰慎"[1]，以子华丰袭爵。

肃慎亲王敬敏卒后，根据传统的宗法制度，他可葬在十八里店其祖茔地中，但是敬敏并未葬在那里，不知道出于什么原因。据笔者调查，敬敏卒后葬在今北京市朝阳区王四营乡道口村，茔地位置的地理坐标大约为北纬39°52.444′，东经116°32.673′（图1-3-13）。这样就有了肃亲王大宗的第五块茔地。

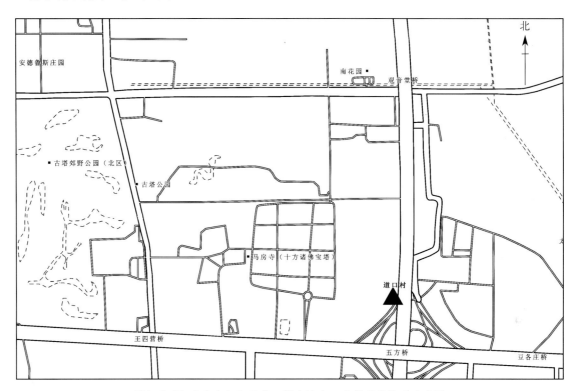

图1-3-13 北京市朝阳区道口村肃慎亲王敬敏园寝位置示意图

肃慎亲王敬敏园寝地面建筑大部分尚在，包括碑楼、朝房、宫门、享殿、部分围墙等，北京市朝阳区文物部门已对该园寝进行了合理有效的保护。

肃慎亲王敬敏园寝坐北向南，长约70米，宽约55米。园寝外曾有神桥、月河，东有停灵房三间，停灵房在80年代时曾被农机修配厂使用[2]。停灵房现已无存。桥北有碑楼一座，碑楼为单檐歇山式，上覆绿琉璃瓦，四面开有券门，券脸上雕刻有缠枝莲花纹。碑亭平剖面为正四边形，每边各长7.8米。亭内有墓碑一统，"立于咸丰四年九月"[3]。碑亭下台基平面亦为正四边形，每边均长约9.6米（图1-3-14）。亭北约30米处是宫门[4]。宫门布瓦覆顶，面阔三间，约11米，进深约5.5米（图1-3-15）。宫门外有东西朝房，均面阔三间，约11米，进深均约6.3米。宫门内约20米处是享殿。享殿布瓦覆顶，面阔三间，约12米，进深约9.25米（图1-3-16）。享殿台基长约12.1米，进深约10.3米。享殿前月台长约14.3米，宽约8.5

1 《清文宗实录》卷七十二。

2 冯其利《清代王爷坟》，第105～106页，紫禁城出版社，1996年。

3 北京图书馆金石组编《北京图书馆藏中国历代石刻拓本汇编》，中州古籍出版社，1989年。该书收有敬敏墓碑碑文拓片，从其上碑文内容知该碑所立时间为咸丰四年九月。

4 宫门内东南边不远处有碑座一个，规制很小，长仅2.4米，推测是敬敏儿子的墓碑碑座，是被移到此地的。按冯其利云，敬敏园寝东南还曾有小坟地一块，为敬敏子辅国将军华连、华瑞、华龄的墓地，统称小王坟。

图1-3-14 正在维修中的碑楼

图1-3-15 正在维修中的宫门

图1-3-16 正在维修中的享殿

米。享殿"旁有东西角门"[1]。享殿后的宝顶、地宫现已无存。地宫于1940年被盗，宝顶和宝顶下月台于解放后被拆除[2]。宝顶后围墙呈方形。

　　7. 北京市朝阳区万子营村肃恪亲王华丰园寝

　　肃恪亲王华丰是肃慎亲王敬敏的第三子，生于嘉庆九年（1804）十一月十日。初封二等镇国将军，授三等侍卫。道光九年（1829）十一月，封不入八分辅国公。咸丰三年（1853），袭和硕肃亲王爵。后担任过领侍卫内大臣、阅兵大臣、崇文门监督、右宗正、左宗正、内大臣、宗令等。华丰在官位越做越大的同时，对私利看得也越来越重。同治四年（1865）闰五月，拒绝因设立榷场制药而占用王府土地，被指责"于国家公事，漠不关怀，实属居心鄙吝，不知大体"[3]，罢除宗令、领侍卫内大臣，其余差使，加恩免其开去。同治八年（1869）十二月二十二日，薨逝，同治帝命贝勒奕劻带领侍卫十员往奠茶酒，"赏银一千

1　冯其利《清代王爷坟》，第106页，紫禁城出版社，1996年。

2　冯其利《清代王爷坟》，第106页，紫禁城出版社，1996年。

3　《清穆宗实录》卷一百四十三。

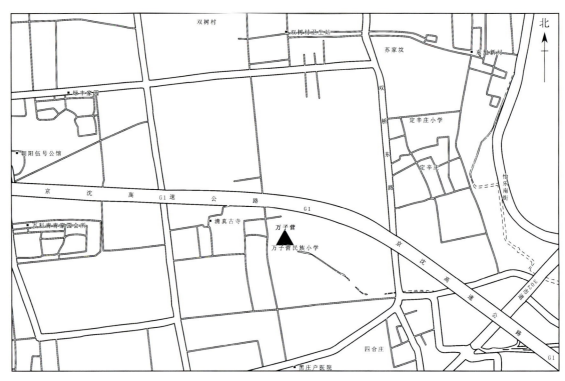

图1-3-17 北京市朝阳区万子营肃恪亲王华丰园寝位置示意图

两治丧，赐祭葬，谥曰恪"[1]，以子隆懃袭爵。

肃恪亲王华丰卒后也没有按照中国古代传统的宗法制度葬在父亲肃慎亲王敬敏茔地上，而是葬在了今北京市朝阳区万子营村（图1-3-17），是因为敬敏茔地上空间有限，还是另有原因，尚待考证。于是也就有了肃亲王大宗的第六块茔地。

图1-3-18 残存的半截墓碑

肃恪亲王华丰茔地地面建筑早在1952年时就被毁掉。笔者推测自1952年之后，华丰茔地地面建筑遗迹及遗址渐被破坏无余，故华丰茔地的具体位置已很难考证。2009年笔者去北京市朝阳区万子营村调查时，发现在万子营村北有一半截墓碑倒在地上，碑文朝下，碑蛟龙首，额高1.4米，碑身宽1.24米，厚0.48米，墓碑所在位置的地理坐标大约为北纬39°51.795′，东经116°35.037′（图1-3-18）。冯其利说，华丰墓碑在1975年时被拉倒，1983年时被破坏，上半截尚在。笔者推测这块半截墓碑可能就是冯氏所说的当年华丰园寝的墓碑。不知道这块墓碑有没有被移动过，如果没有被移动过，则该半截墓碑所在的位置大致就是华丰园寝的位置。

因为肃恪亲王华丰园寝早年被毁，至于园寝建设情况，幸有冯其利先生的调查。冯其利先生说："华丰墓是倒座墓，坐南朝北，未建石桥，碑楼南侧是宫门和红墙。进宫门，院内正中是三间享殿，内有隔断。享殿旁有东西角门各一。享殿南是月台一座，月台上有宝顶三

1 《清穆宗实录》卷一百四十三。

座，除华丰大宝顶外，另两座宝顶是嫡福晋、侧福晋墓。月台上，东南角还有土坟一座。"根据清代园寝制度并结合笔者所见肃慎亲王敬敏园寝实例推测，冯氏所言的建筑布局当是符合园寝实际情况的。此外笔者推测华丰园寝还当有茶饭房、班房等。查《宗谱》，华丰有嫡福晋1人，侧福晋5人，妾2人，子13人。至于园寝内诸墓的埋葬情况，笔者推测有可能是这样的，嫡福晋单独埋葬，建宝顶一座；侧福晋葬在一起，共建宝顶一座；剩下的那座"土坟"可能埋了华丰的妾或儿子。

8. 北京市朝阳区陈家村肃良亲王隆懃园寝

肃良亲王隆懃是肃恪亲王华丰的第三子，生于道光二十年（1840）九月三日。咸丰八年（1858）十月，赏头品顶戴。同治元年（1862）十一月，封二等奉国将军。隆懃"秉性温纯，禔恭恪慎。被服必依于儒术，靖共无间于臣心"[1]。同治九年（1870）四月，袭肃亲王爵。后选管旗务，先后曾任过前引大臣、领侍卫内大臣、内大臣、查城大臣、总理行营大臣、阅兵大臣、管宴大臣、稽查坛庙大臣等。光绪二十四年（1898）三月一日，薨逝，年五十九岁，谥曰"良"。有嫡福晋钮祜禄氏、侧福晋李佳氏、侧福晋安佳氏、侧福晋哈佳氏。

肃良亲王隆懃葬地据民间传说在北京市朝阳区十八里店。笔者在《北京图书馆藏北京石刻拓片目录》一书中看到肃良亲王隆懃墓碑碑文拓片，拓片编注云，碑在北京市朝阳区十八里店[2]。冯其利通过他在20世纪80年代的调查也说肃良亲王隆懃葬在十八里店。综上可以确定，肃良亲王隆懃卒后确实葬在十八里店，至于具体位置，冯其利说在十八里店村北边的陈家村（图1-3-19）。

十八里店一带曾有过肃亲王大宗茔地，茔地上葬有追封肃亲王成信和肃恭亲王永锡。肃良亲王隆懃卒后是埋在了这块肃亲王大宗茔地中，还是又在这块肃亲王大宗茔地附近另选

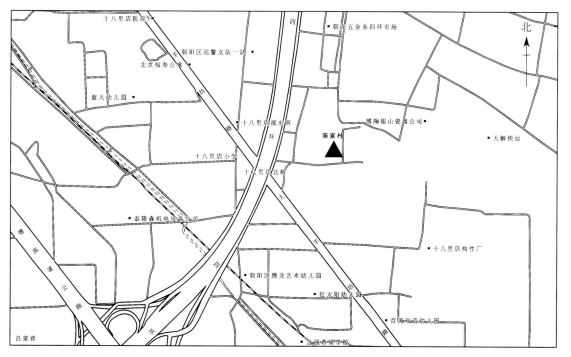

图1-3-19 北京市朝阳区陈家村肃良亲王隆懃园寝位置示意图

1 见光绪三十四年三月立隆懃墓碑碑文。

2 徐自强主编《北京图书馆藏北京石刻拓片目录》，书目文献出版社，1994年。

了一块茔地？我们来看一个关于肃良亲王隆懃墓地的风水的传说，传言这里风水极好，可"登基坐殿"，正因如此，肃亲王隆懃才看中了此地。按"登基坐殿"即前瞻小武基，后依十八里店。从上面的传说可以看出隆懃选葬十八里店的原因是这里的风水好，由此笔者推测，隆懃可能是在以前的肃亲王大宗茔地附近另选了一块茔地。

肃良亲王隆懃园寝坐南朝北，为倒座坟，这与利用"登基坐店"的风水有关。因为小武基在北，十八里店在南，要想"登基坐店"，在建造园寝时就必须坐南朝北。

根据清代园寝制度推测，当年的肃良亲王隆懃园寝按规制应建有墓碑及碑楼、茶饭房、宫门、享殿、宝顶、围墙等，且宫门面阔三间、享殿面阔五间。园寝建筑在1947年时开始被拆毁，园寝围墙在1970年时被拆，墓碑在1971年时被毁。现今肃良亲王隆懃园寝旧址处已无当年园寝的任何遗存。

冯其利通过调查，说"外有红墙，宫门和享殿均为三开间。大宝顶位于月台之上。墙圈东侧有小坟地一块，里边坟头七座"，"立碑已是光绪三十四年三月"。按：自第四袭肃勤亲王蕴著开始，其后的历代肃亲王以及肃良亲王隆懃之后的肃亲王善耆，他们的园寝享殿，无论是在冯氏的记述中，还是笔者所见到的尚存的肃亲王园寝实例，都只建有三间。其中的原因前文已作分析，当与自抑规制，不愿超越前辈园寝规制有关。上述冯氏没有提到隆懃园寝碑楼，按制隆懃为亲王品级是可以修建碑楼的，不知是否因为碑楼被毁坏的时间较早，还是当初确实并未修建。如果当初就没有修建，可能是因为宗室财力不济。"墙圈东侧的小坟地"推测是隆懃后代的墓地。

9. 北京市朝阳区劲松肃忠亲王善耆园寝

肃忠亲王善耆是肃良亲王隆懃的第一子，生于同治五年（1866）八月二十七日。初封二等镇国将军。据《爱新觉罗宗谱》，善耆于光绪十五年（1889）正月，授头等侍卫。光绪十九年（1893）正月，授正白旗汉军副都统。十二月，授前引大臣。光绪二十年（1894）七月，署理正红旗护军统领。十一月，署理镶红旗汉军副都统。光绪二十四年（1898）九月，袭肃亲王爵。后管理旗务、宗人府事务、健锐营事务、新旧营房事务、理藩院事务、雍和宫事务等，官任崇文门监督、领侍卫内大臣、总理行营事务大臣、御前大臣等。光绪三十三年（1907），受命为民政部尚书。庚子事变后，曾随慈禧和光绪帝一起逃亡西安。致仕后，避居大连湾。民国十一年（1922）三月二日，薨逝，年五十七岁，溥仪赐谥曰"忠"。善耆卒后，溥仪又令善耆长子袭肃亲王，是为末代肃亲王。

据冯其利调查，肃忠亲王善耆卒后葬在了位于今北京市朝阳区劲松社区的肃亲王大宗第一块茔地上，"墓地是用显谨亲王（衍潢）阳宅改建的"。按：不清楚善耆"墓地"是如何利用显谨亲王阳宅的。

肃忠亲王善耆卒时已经是民国年间，清朝早已灭亡，但是善耆仍然按照前清的园寝规制为自己建了一个园寝。据冯其利调查，善耆园寝红色围墙，未建碑楼，宫门和享殿均为三间，月台上有宝顶一座，地穴内葬善耆和嫡福晋赫舍里氏。宝顶后有宝顶四座，分别是侧福晋程佳氏、佟佳氏、姜佳氏、张佳氏的墓葬。可惜善耆入葬不几年，其地宫就被盗发。园寝建筑在1966年时被拆毁。2008年笔者调查时，劲松一带都是居民房屋，已不见早年善耆园寝的丝毫遗迹。

附：肃亲王承袭表

承袭顺序	名字	谱系	爵谥	行履	葬地及园寝资料
始封祖	豪格	太宗第一子	和硕肃武亲王	生于明万历三十七年（1609）三月十三日，生母为继妃乌拉纳喇氏。初封贝勒，天聪六年（1632）六月，进和硕贝勒。崇德元年（1636）四月，进封肃亲王，掌户部事。崇德五年（1640）降郡王。顺治元年（1644）四月，以语侵睿亲王多尔衮得罪削爵，十月，仍复原封。顺治五年（1648）三月革爵幽禁，四月在狱中自杀。年四十岁。或相传云"因师还赐宴拉杀之，又或谓还至郊外遇伏死，死处即今葬地"。顺治八年（1651）正月，复封和硕肃亲王，立碑表之。十三年（1656）九月追谥武，亲王得谥自豪格始，以谥系封号上，曰肃武亲王。乾隆四十三年（1778）正月配享太庙，王爵世袭罔替。子七人，有爵者二人。	葬于北京市广渠门外架松村。其园寝俗称"老坟"。现园寝已无任何遗存。
一袭，袭肃亲王爵，改号显亲王；第二代	富绶（富受，富寿）	豪格第四子	和硕显懿亲王	崇德八年（1643）五月十七日生，顺治八年（1651）二月袭肃亲王，改号曰显亲王。康熙八年（1669）十二月二十日薨，年二十七岁，谥曰懿。子丹臻袭。	葬于北京市广渠门外架松村豪格园寝西北。现园寝已无任何遗存。
二袭，第三代	丹臻	富绶第四子	和硕显密亲王	康熙四年（1665）八月初十日生。康熙九年（1670）六月袭显亲王，康熙四十一年（1702）五月薨，年三十八岁，谥曰密。子衍潢袭。	葬于北京市门头沟区陇驾庄。现园寝旧址处尚存有丹臻墓碑一统和被修葺一新的宝顶下月台。
三袭，第四代	衍潢	丹臻第六子	和硕显谨亲王	康熙三十年（1696）五月初八日生，康熙四十一年（1702）八月袭和硕显亲王，乾隆三十六年（1771）十二月二十九日薨，年八十二岁，谥曰谨。富绶孙蕴著袭。	葬于北京市广渠门外架松村报觉寺东侧。其园寝俗称新坟，盖相对其曾祖肃武亲王豪格园寝被称为"老坟"而言者也。现遗址处尚存有部分园寝围墙、东西朝房和享殿。1984年被定为区级文保单位。
四袭追封	拜察礼	富绶第五子	辅国将军，追封和硕显亲王	康熙六年（1667）闰四月生，康熙二十年（1681）正月封三等辅国将军，康熙四十七年（1708）六月卒，年四十二岁。乾隆三十七年（1772）四月以其子蕴著袭封显亲王，因追封显亲王。	葬于今北京市东南三环，墓地俗称北王爷坟，遗址大致位于成寿寺中学位置上。墓地已无任何遗存。
四袭，袭显亲王，复号肃亲王；第四代	蕴著	察拜礼第三子	和硕肃勤亲王	康熙三十八年（1699）七月生，康熙四十七年（1708）十二月袭封三等奉国将军。乾隆三十七年（1772）四月袭显亲王，乾隆四十三年（1778）正月复号肃亲王，同年四月薨逝，年八十岁，谥曰勤。以丹臻子成信之第五子永锡袭。	葬于今北京市东南三环成寿寺附近，墓地俗称南王爷坟。无任何遗迹。

五袭追封	成信	丹臻第二子	三等辅国将军，追封和硕肃亲王	康熙二十七年（1688）八月十七日生。康熙四十七年（1708）四月封三等辅国将军，乾隆二十三年（1758）八月卒，年七十一岁。乾隆四十三年（1778）七月，因其子永锡袭封为肃亲王而被追封为肃亲王	葬于今北京市朝阳区十八里店附近。墓地现无任何遗存。
五袭，第五代	永锡	成信第五子	和硕肃恭亲王	乾隆十八年（1753）五月二十一日生，乾隆四十三年（1778）闰六月袭和硕肃亲王。道光元年（1821）八月初一日薨，年六十八岁，谥曰恭。子敬敏袭。	葬于今北京市朝阳区十八里店。俗称"前园"。园寝现已无任何遗存。
六袭，第六代	敬敏	永锡第一子	和硕肃慎亲王	乾隆六十年（1795）十二月，封不入八分公，道光元年（1821）十一月袭肃亲王，咸丰二年（1852）九月二十七日薨，年八十岁，谥曰慎。子华丰袭。	葬于今北京市朝阳区王四营乡道口村。现园寝地面建筑大部分尚在，包括碑楼、朝房、宫门、亨殿、部分围墙等，北京市朝阳区文物部门已对该园寝进行了合理有效的保护。
七袭，第七代	华丰	敬敏第三子	和硕肃恪亲王	嘉庆九年（1804）十一月初十日生。道光四年（1824）十二月封二等镇国将军，道光九年（1829）十一月进封不入八分辅国公，咸丰三年（1853），袭和硕肃亲王，同治四年（1865）六月，因火器营占用王府地，力拒之，以"不识大体"得罪。同治八年（1869）十二月薨，谥曰恪。子隆懃袭。	葬于今北京市朝阳区万子营村。
八袭，第八代	隆懃	华丰第三子	和硕肃良亲王	道光二十年（1840）九月初三日生，同治元年（1862）十一月，封二等镇国将军。同治九年（1870）四月袭肃亲王。光绪二十四年（1898）三月初一日薨，年五十九岁，谥曰良。子善耆袭。	葬于北京朝阳区十八里店肃恭亲王永锡园寝之北陈家村。园寝现已无任何遗存。
九袭，第九代	善耆	隆懃第一子	和硕肃忠亲王	同治五年（1866）八月二十七日生，光绪二十四年（1898）九月袭肃亲王。庚子事变后，追随慈禧及光绪帝逃亡西安，返京后，因王府被避乱教民所占，遂住门头沟陇驾庄第三辈祖坟地。民国以后，居大连湾久之，民国十一年三月初二日卒，年五十七岁，溥仪赐谥曰忠。	卒于旅顺，其灵柩与其四侧福晋张佳氏（即汉奸金辉生母）灵柩以黄缎和红缎裹罩，同时以火车运回北京广渠门外架松村下葬。葬礼长达四十九天始毕。其园寝乃以显谨亲王阳宅改建，红色大墙，未建碑楼。宫门和亨殿均为三间，月台上有红宝顶一座，地穴内葬有善耆和嫡福晋赫舍里氏。宝顶后方形坟头四座，为侧福晋程佳氏、佟佳氏、姜佳氏、张佳氏墓。其园寝俗称花园，盖以肃王府在周围栽了核桃等果树，建有花洞子一处而得名。下葬未几年即被盗发。1989年地面建筑被拆除。

十袭, 第十代	宪章	善耆 第一 子	和硕肃亲王	生于光绪十一年（1885），民国十一年三月袭。	葬地不详。

二、 温良郡王猛峨及后裔园寝

温良郡王猛峨是肃亲王豪格第五子，生于崇德八年（1643）十一月十一日，生母为豪格侧福晋。顺治十四年（1657）正月，封温郡王。康熙十三年（1674）七月，薨逝，年三十一岁，谥曰"良"，以子佛永惠袭爵。文献中关于猛峨的记载非常少，可能是因为猛峨一生并未做出过什么突出的贡献。他在十五岁初次受封时就能封郡王，大概也是因为得荫于他的父亲豪格的功劳。猛峨卒后，康熙帝辍朝二日，予祭二次，选坟立碑。

佛永惠是猛峨第一子，生于康熙六年（1667）二月二十日。康熙十三年（1674），袭多罗温郡王。谁料佛永惠没福气，在袭郡王后还没来得及为清廷出力，就于康熙十七年（1678）正月二十九日去世了，年十二岁，谥曰"哀"，无后。康熙帝对肃亲王家族很重视，在佛永惠卒后，又令佛永惠的二弟延绶继续袭温郡王。可是延绶不争气，在康熙三十七年（1698）四月的时候，因"行止不端"降贝勒。康熙五十四年（1715）六月初十日，薨逝，年四十六岁。

延绶卒后，他的长子揆惠降袭辅国公。雍正元年（1723）缘事革去公爵。雍正十二年（1734）十一月卒。揆惠被革爵后，温郡王这支爵位停袭。

以上是根据《爱新觉罗宗谱》上的记载。但是《清史稿》上的记载与《宗谱》有出入。《清史稿》记载，猛峨之后，"子佛永惠，袭。三十年七月，降贝勒。卒。子揆惠，袭辅国公。坐事夺爵"，"揆惠既夺爵，议以延信袭。进贝子，再进贝勒……雍正五年上（雍正帝）以延信与阿其那等结党，又阴结允禵，徇年羹尧，入藏侵币十万两，夺爵，……幽禁，子孙降红带"。按延信是猛峨的第三子，《爱新觉罗宗谱》上缺载。

据《实录》记载，揆惠及他之前的爵位承次，同《爱新觉罗宗谱》；揆惠之后，延信袭封辅国公，《清史稿》所言为是。

猛峨封温郡王，相对于肃亲王来说，是一小宗，且猛峨是小宗的始封祖，故他卒后不在大宗茔地中埋葬，而是以小宗始封祖身份另选茔地埋葬。据《房山县志》记载："温良郡王陵在羊耳峪普光寺西坡上"[1]。《日下旧闻考》载："羊耳峪，一名红羊峪，在县西北十二里"[2]。猛峨园寝具体位置有待考证。根据清代园寝制度推测，猛峨园寝应建有墓碑一统、碑楼一座、茶饭房三间、宫门三间、享殿三间、宝顶一座，围墙八十丈。此外，以常例推测园寝可能还修有月河、神桥和班房等。

猛峨子多罗温哀郡王佛永惠卒时仅十二岁，只做了四年的郡王，故推测佛永惠卒后祔葬于猛峨园寝中的可能性较大。延绶卒时四十六岁，做了20年的郡王，17年的贝勒，根据宗法制度推测，他卒后可以父亲立祖，在其父猛峨园寝附近的昭位上以贝勒品级单独建立园寝。揆惠卒时没有爵位，仅为一闲散宗室，没有资格建造园寝，推测他卒后仅建宝顶一座，推测也葬在羊耳峪。

---

1 民国十六年修《房山县志》卷三《地理·陵墓》。

2 《日下旧闻考》卷一百三十《京畿房山》。

三、承泽亲王硕塞及后裔园寝

（一）北京市房山区慈家务庄亲王家族茔地及园寝

《房山县志》记载："清庄亲王陵在慈家务，其陵有五，一硕塞，二博果铎，三允禄，四绵课，五载勋。"[1]可见，磁家务是清代庄亲王的家族茔地。按硕塞乃庄亲王这支的大祖，但硕塞首封王号并非庄亲王，而是和硕承泽亲王，到其子博果铎袭爵后，才改号为庄亲王。之后这支王号就一直沿用"庄"，也因此人们才说这块茔地是庄亲王的家族茔地。硕塞卒后第一个埋入磁家务，此后，他的后代陆续葬入，逐渐形成一片占地广阔的庄亲王家族茔地。茔地"背靠馒头山居中的五座山，前临红栅栏村，东边到左峪沟，西边为十八亩地"[2]。按"红栅栏村""左峪沟""十八亩地"等村名今已不存，故庄亲王家族茔地的四界现已不好确定。

茔地上除了埋葬有《房山县志》中提到的几位亲王外，另据冯其利调查，茔地上还有"小新陵""松树圈""姑娘坟"。"小新陵"内葬绵护、绵谭、奕仁，"松树圈"内葬奕賷、载功，"姑娘坟"为庄亲王府中某个未受册封的姨太太墓[3]。

综上所述，这块茔地里埋葬了除末代庄亲王溥绪外的所有承袭过庄亲王王爵的人。此外，还包括一位卒后被追封为庄亲王的弘普和一位"未受册封的姨太太"。

"慈家务"地名沿用至今，现属北京市房山区河北镇。据冯其利调查，这片茔地上的墓葬在20世纪20年代时被盗发。1974年时茔地上的地面建筑被拆除。笔者在2008年时前往磁家务庄亲王家族茔地进行实地调查（图1-3-20）。茔地北部山脉连绵，有几峰高耸，东西两侧有山涧，南部很远的地方也有山脉，从风水角度来看，北部山脉应是茔地的靠山，

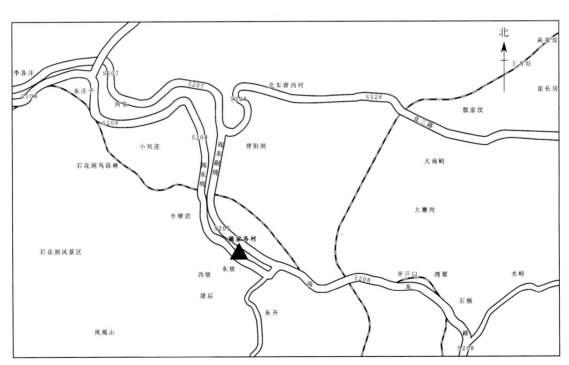

图1-3-20 北京市房山区磁家务庄亲王家族茔地位置示意图

1　民国十六年修《房山县志》卷三《地理·陵墓》。

2　冯其利《清代王爷坟》，第115页，紫禁城出版社，1996年。

3　按冯其利说姑娘坟在小新陵以西，他认为是某位王爷未受册封的姨太太墓。

几个高起的山峰当是每个园寝所倚的靠山，南部很远的山脉当是茔地的朝山，由此推测，茔地上的诸园寝当坐北朝南。现茔地旧址上有一座石牌坊，大约位于北纬39°48.030′，东经115°59.218′，海拔111米的位置。

1. 承泽亲王硕塞园寝

硕塞生于天聪二年（1628）十二月二十四日，是清太宗皇太极的第五子，其生母为侧妃叶赫纳喇氏。硕塞虽是皇太极的儿子，但在皇太极时代几乎并未见到关于硕塞的记载。他是一个默默无闻的皇子，甚至在皇太极薨逝后的皇位继承人选中，也无人提及或想到过硕塞。

到了顺治帝的时候，硕塞开始崭露头角。顺治元年（1644）十月，硕塞被封为承泽郡王，跟从豫亲王多铎进攻陕州，打败李自成的军队；后又南征，击破明福王朱由崧政权。因战功显著，赏赐团龙纱衣一袭、金三千、银两万。旋又跟从多铎出征察哈尔、阿济格伐大同。顺治六年（1649）三月，姜瓖叛乱，硕塞移师解除代州之围，因功晋封为亲王。可能正是因为硕塞的功劳越来越大，引起了摄政王多尔衮的注意，于是多尔衮故意打压硕塞，在顺治七年（1650）八月的时候，多尔衮"以和硕亲王下、多罗郡王上无止称亲王者，仍改（硕塞）郡王"。其实，这不过是托词，我们知道在有清一代亲王封号前都冠以"和硕"，郡王、贝勒封号前都冠以"多罗"，多尔衮抓住了顺治年幼，不知道凡是亲王都意味着"和硕"这一点故做文章，实则多尔衮这么做，是出于对作为皇太极之子的硕塞的有意防范和排斥，是为了防止顺治的兄弟们掌握兵权。

多尔衮一死，顺治帝开始亲政，硕塞立刻受到重用。顺治八年（1651）闰二月，硕塞就被晋封为和硕亲王。三月，掌兵部。十月，参与议政。顺治十一年（1654）十一月，掌宗人府。

正当硕塞可以大展宏图，为清室定鼎中原效力的时候，不幸却英年早逝，时顺治十一年（1654）十二月。硕塞卒时年龄才二十七岁，谥曰裕。

顺治帝与硕塞"情同手足"，硕塞卒后，顺治帝给予了硕塞极高的评价，称赞他"秉性端良，待下有礼，处事居心，罔非为国"，是"忠孝股肱"之臣[1]。

硕塞是承泽—庄亲王的始封祖，卒后第一个葬在磁家务其家族茔地上。如果磁家务这块承泽—庄亲王茔地上的硕塞的后代袭封者是按照中国古代传统的宗法祭祀制度进行埋葬的话，则硕塞园寝应为茔地上的主园寝，其后代袭封者当分别葬于硕塞园寝的昭穆之位。但是因为茔地上的诸园寝及墓葬早就被毁坏无余，诸园寝及墓葬的位置已难以考证，只能依据冯其利先生的早年调查。但无论如何，硕塞为这片茔地上的始祖，推测他的园寝应当在茔地正中的位置。

硕塞园寝俗称"前陵"，根据清代园寝制度推测，硕塞园寝应建有墓碑及碑亭、宫门、茶饭房、享殿、宝顶、围墙等。园寝建筑及遗址现已遭到彻底破坏，《北京百科全书·房山卷》一书说，硕塞宝顶由三合土夯筑，下有汉白玉须弥座，宝顶前还有五供[2]。按石五供非园寝规制内的建筑，不知是否属实。

2. 庄靖亲王博果铎园寝

博果铎是承泽亲王硕塞的长子，生于顺治七年（1650）三月二十二日，其生母为硕塞嫡福晋纳喇氏，议政大臣轻车都尉费扬古之女。顺治十二年（1655），博果铎袭亲王爵，改号庄亲王，人称"大王"。雍正元年（1723）正月薨逝，年七十四岁。雍正元年（1723）二月，赐谥

1　见康熙十一年八月初一日立硕塞墓碑碑文。

2　《北京百科全书·房山卷》，第233页，奥林匹克出版社、北京出版社，2002年。

"靖"。博果铎薨逝后，雍正帝"欲亲临祭奠"[1]，但在诸王大臣恳求下取消此念头。博果铎无子，宗人府题："其所袭爵乃承泽王硕塞之王爵，承泽王系太宗皇帝之子，世祖皇帝亲兄，与皇上甚近，理应圣祖皇帝之子承袭，得旨：宗人府奏请庄亲王之王爵于朕诸弟内着一人承袭"，"令十六阿哥允禄承袭，着袭封庄亲王"[2]。博果铎虽无子，但是其弟博翁果诺那支是有后嗣的，为何不着为承袭？《道咸以来朝野杂记》有这么一条记载，"至庄王府之排字，以初封号承泽亲王，后因其子孙争立，致触圣祖之怒，以皇十六子允禄嗣袭其爵，改号庄亲王"[3]。

博果铎园寝俗称"后陵"，博果铎承袭了他的父亲承泽亲王硕塞的王爵，如果遵照中国古代传统宗法制度的昭穆原则，则博果铎的园寝应该葬在硕塞园寝的昭位。据冯其利调查，博果铎园寝由净地改建，"外有石牌坊，宫门和享殿很像庙宇，窗户、门框均为石结构，驮龙碑据说由青玉制成"[4]。按在清代康熙时期已经形成了一套严格的园寝制度，园寝该建什么、不该建什么都是有严格的规定。石牌坊非清园寝制度规定内的建筑，除非有皇帝的特殊恩典，否则是不会建设的。博果铎一生又没有什么大的功勋，推测他的园寝修建石牌坊的可能性不大。博果铎园寝由净地改建，故笔者推测该石牌坊有可能为原净地上的建筑，博果铎在修建园寝时只是对原净地上的石牌坊进行了巧妙的利用，以至于被后人误认为是博果铎园寝的建筑。

2008年笔者实地调查时，发现人们所说的"博果铎园寝的石牌坊"在今北京市房山区河北镇慈家务村双山第二水泥厂中。石牌坊坐北朝南，由汉白玉制成，做工考究，极为壮观。石牌坊面阔12.8米，四柱三门。石柱高5.75米，宽0.48米，横断面呈方形。柱顶各有望天吼一只。柱脚两侧有抱鼓石八对，抱鼓上浮雕有海水江崖图案。每对抱鼓石外径最大距离为2.95米。坊有三门，中门宽3.2米，高3.25米；侧门均宽2.8米，高2.79米（图1-3-21、

图1-3-21 石牌坊

1 《世宗宪皇帝圣训》卷十二。

2 《清世宗实录》卷四。

3 崇彝《道咸以来朝野杂记》，第60页，北京古籍出版社，1982年。

4 冯其利《清代王爷坟》，第116页，紫禁城出版社，1996年。

1-3-22）。从雕刻风格来看，这个石牌坊倒是很像明代的东西，有待方家考证。另据当地百姓说，石牌坊距离早年地宫仅50米左右。石牌坊一般都建在园寝宫门之外，石牌坊到宝顶之间，还要修建宫门、享殿、月台等，且建筑物之间还要留出足够大的间距。以常识推测，在这么短的距离内要修建这些建筑是不太合理的。

图1-3-22 石牌坊细部

由此也可以推知石牌坊不太可能是博果铎园寝的建筑。

3. 庄恪亲王允禄园寝

允禄生于康熙三十四年（1695）六月十八日，清圣祖（即康熙）的第十六子，允祹同母弟，其生母为顺懿密妃。允禄精通数学、音律，在康熙帝的指授下，参与编修《数理精蕴》。康熙六十一年（1722）十一月，任内务府总管。雍正元年（1723）二月，允禄受命出继给庄靖亲王博果铎为后，袭亲王爵。雍正二年（1724）十一月，掌宗人府事。雍正十年（1735）八月，总理事务，兼掌管工部，赐食亲王双俸。乾隆二年（1737）十二月，"以总理事务得优叙，赐一等奉恩镇国公，并允王请以承泽裕亲王曾孙宁赫袭"[1]乾隆三年（1738）二月，摄理藩院尚书，寻充玉牒馆总裁。乾隆四年（1739）十月，因与弘晳结党营私，应削爵，但得以宽免，被罢除理藩院尚书任，停食双俸。十二月，"以私抵官物，应削爵，诏仍免之，罚亲王俸"[2]。乾隆七年（1742）六月，总理乐部事务。乾隆十八年（1753）正月，再次授议政王大臣。乾隆二十九年（1764），在其七十诞辰时，乾隆帝赐诗褒扬他。允禄患病时，乾隆帝还亲往视疾。乾隆三十二年（1767）二月二十一日薨逝，年七十三岁，谥曰"恪"，子弘普早亡，以孙永瑺袭爵。

允禄承袭了承泽—庄亲王大宗爵位，根据宗法制度，庄恪亲王允禄当以硕塞立祖，其园寝当建在硕塞园寝的一穆之位。冯其利只说，允禄葬在"后陵"（博果铎园寝）西南。因硕塞、博果铎两人的园寝位置均不能确定，故博果铎园寝的西南是不是硕塞园寝的穆位，不好断定。允禄园寝俗称"西陵"，根据清代园寝制度，允禄园寝当建有墓碑一统、碑楼一座、茶饭房左右各三间、宫门三间、享殿五间、宝顶一座、围墙百丈。

4. 追封庄亲王弘普园寝

允禄园寝俗称"西陵"。冯其利云，在西陵以西，就是"小西衙门"，"内葬允禄第二子追封庄亲王弘普及庄慎亲王永瑺、庄襄亲王绵课，小西衙门大墙之内，除碑楼三座、宝顶三座外，宫门、朝房、享殿均为一组建筑群"[3]。从冯氏所言，"小西衙门"应该是

---

1 《钦定宗室王公功绩表传》卷五。

2 《钦定宗室王公功绩表传》卷五。

3 冯其利《清代王爷坟》，第116、117页，紫禁城出版社，1996年。

一座园寝。但冯氏语焉不详，不知道碑楼是建在宫门外，还是宫门之内。

关于此处园寝的建设情况，徐广源先生与冯其利先生的说法不同。徐广源先生说此处园寝前有三座墓坊。园寝的三座宝顶中，砖砌的宝顶是弘普的墓葬，三合土宝顶是庄慎亲王永瑺的墓葬，有汉白玉须弥座的三合土宝顶是庄襄亲王绵课的墓葬，三座宝顶前均立有墓碑。可见，徐广源说该处园寝有三座墓坊，而不是冯其利所说的"三座碑楼"，徐氏笔下的墓碑位置明确，立在宝顶前。

冯其利和徐广源两人调查情况的不同，当是因为该园寝被破坏的时间较早，两人都是根据民间传说而进行的记述。那么这处园寝的建设情况及园寝主人是谁？是最早葬入此处的卒前未承袭王爵的弘普，还是庄慎亲王永瑺？或者是《房山县志》里记载的绵课？为了探究这些问题，我们不妨先了解一下这三人的生平履历。

弘普是允禄的第二子，生于康熙五十二年（1713）六月十九日。乾隆元年（1736），封为贝子。弘普聪慧谨慎，可备任使，但在乾隆四年（1739）的时候，因其父"庄亲王允禄与弘晳、弘昇、弘昌、弘晈等结党营私，往来诡秘"[1]，弘普受牵连被革除贝子，但不久就被封为镇国公。乾隆八年（1743）三月，薨逝，年三十一岁。乾隆帝对于弘普的薨逝叹息说，弘普自幼养于宫禁，读书内廷，原欲早就成材，何期溘逝。他本想亲自去为弘普治丧，但被大臣劝阻，即派大阿哥前往奠酒。乾隆帝赏允禄银一万两，料理弘普丧事。本年赏给弘普世子品级，谥曰"恭勤"，乾隆三十二年（1767）六月，子永瑺袭庄亲王爵后，被追封为和硕庄亲王。

永瑺，初名永琼，允禄之孙，弘普之长子，生于乾隆二年（1737）二月二十六日。乾隆八年（1743）七月，袭父奉恩辅国公爵。乾隆十一年（1746），乾隆帝在一次阅览瀛台赐宴王公等所进呈的纪恩诗内，看到有名叫永琼者。乾隆帝也正好给他的七阿哥取名永琼，且上下二字俱同，下旨改外间永琼为永瑺。嗣后外间起名，不得复用内廷拟定字样。

乾隆三十二年（1767）六月，永瑺袭和硕庄亲王爵。十月总理乐部事。历任都统、领侍卫内大臣，管乐部、宗人府事。乾隆五十三年（1788）二月薨逝，乾隆帝派皇十七子前往奠醊，并令皇孙绵志、绵勤穿孝。前已赏给经被，着再加恩，赏内库银三千两经理丧事。年五十一岁，谥曰"慎"。

绵课生于乾隆二十八年（1763）六月十五日，永瑺的从子，其生父是永瑺的弟弟永珂。永瑺薨逝后，因身后无子，绵课奉命过继为后。乾隆五十三年（1788）五月，袭亲王爵。历任都统、领侍卫内大臣、御前大臣。嘉庆十八年（1813），在林清事变中，因擒贼有功，得到嘉庆帝特别嘉许。嘉庆十九年（1814），嘉庆帝巡幸木兰围场，因奏报桥被水淹没，无法通过，皇上不悦，被罚俸禄，罢黜一切职任。道光二年（1822），负责修葺裕陵隆恩殿，因工事草率，被降为郡王。道光四年（1824），修建隆恩殿工程结束，恢复亲王爵位。道光六年（1826）四月，薨逝，年五十一岁，道光帝"命定亲王奕绍带领侍卫十员往奠故庄亲王绵课茶酒，赏银五千两治丧，予祭葬，谥曰襄"[2]。绵课卒后以子奕赉袭。不料，道光八年（1868），绵课负责修建的宝华峪地宫入水，道光帝大怒，此时绵课已经去世，但他的儿子却遭了殃，道光帝不仅下令降承袭绵课爵位的奕赉为郡王，并且还夺去了绵课其余诸子的职务。直到道光十一年（1871），道光帝五十大寿时，奕赉的亲王爵才被恢复。但在七

1　《清高宗实录》卷一百二。

2　《清宣宗实录》卷九十七。

清代园寝志

188

年之后，奕𧰼又因与辅国公溥喜在尼姑庵吸食鸦片，爵位被剥夺。道光帝听说奕𧰼"浮薄无行"，将他发配吉林；后又因娶民女为妻，改成黑龙江。奕𧰼革爵后，庄亲王爵由允禄第二子弘普这支飞落到允禄第八子辅国将军弘𣲘这一支，由弘𣲘长子辅国将军永蕃之子承袭。

至此，我们再回过头来探究"小西衙门"园寝的主人及墓地的建设情况。弘普最先逝世，卒后建墓地于"小西衙门"。弘普卒时虽是镇国公品级，但卒后不久便被赏给世子品级，乾隆帝更是赏给允禄银一万两料理弘普丧事。从乾隆帝给弘普的赏银可以推断出，弘普墓地建设的应该不会太逊色、太简陋。又弘普卒后不久即被赏给世子品级，推断弘普卒后有可能是按照世子品级殡葬的。世子品级在郡王之上，清园寝之制规定，郡王以上得建碑亭，弘普园寝应按照世子品级建设有碑亭、宫门、朝房、享殿、宝顶等。弘普生前未承袭庄亲王大宗王爵，不是大宗成员，他卒时是镇国公身份，且是镇国公的始封祖，卒后所葬墓地是小宗镇国公品级的墓地，不在庄亲王墓地的昭穆序列之中。他只是作为庄亲王家族一员，埋葬在庄亲王家族茔地上。但是等弘普被追封为庄亲王后，他实际上就成为大宗一员，他的墓地也便升格为庄亲王的大宗墓地。弘普子永瑺卒后葬入其父弘普园寝中。按永瑺卒时，其父弘普早已被追封成了和硕庄亲王，已拥有大宗身份，成为大宗一员。永瑺的王位从理论上也可认为是从父弘普那里继承来的。从弘普被追封为庄亲王后，他的墓地也就成为了庄亲王大宗的墓地。这样永瑺作为弘普的后裔袭爵者，卒后葬在其父弘普园寝中，是合情合理的。根据宗法制度推测，园寝中墓葬当以弘普立祖，弘普宝顶居中，永瑺的宝顶当在弘普宝顶的左侧，即一昭位。根据清代园寝制度，可建碑亭一座。永瑺卒后，清帝赏银三千两治丧，三千两相较弘普的万两治丧银，相差远矣，故永瑺的宝顶修建的较为简陋，仅为三合土制。道光二年（1822）的时候，道光帝还曾赏借永瑺之子绵课银十万两，命绵课修理他先祖的坟茔。继永瑺之后，永瑺的儿子绵课又葬入弘普园寝中。根据宗法制度，绵课宝顶当在弘普宝顶的穆位，即西侧。按园寝之制，绵课也有资格建造碑亭。绵课卒后，清帝赏银五千两治丧，比永瑺的治丧银多两千两，故他的三合土宝顶下增建了汉白玉须弥座。三人碑楼及碑的位置据园寝常例推测，当建在宫门之外。

另一种情况，如果弘普卒时是按镇国公品级殡葬的，则根据清代园寝制度，弘普园寝只立碑，不建碑亭，规模也比较小，碑可能立在宝顶前。永瑺、绵课卒后未建碑楼，仅立碑于各自的宝顶前。还有一种情况就是弘普被追封为世子或者亲王后补建了碑亭，永瑺、绵课卒后亦建碑亭。但补建碑亭并非常例。

至于徐广源所说的三个石牌坊，笔者有所怀疑。因为石牌坊非园寝制度规定内的建筑，除非有皇帝特恩方可建造，笔者目前尚找不出足够的证据去证实石牌坊是清帝特恩赏赐的。

但据上分析，我们可以确定的是小西衙门园寝的主人当为生前未袭亲王但卒后被追封为亲王的弘普。永瑺、绵课卒后以弘普为一代祖先，葬于弘普园寝中。但民国十六年所修的《房山县志》中记为"绵课陵"。首先，这种说法是不准确的，因为在清代只有帝后的墓葬才能够被称之为陵。其次，之所以称绵课陵，笔者推测大概是因为在民国十六年及更早的时候，弘普墓和永瑺墓已无任何遗存，只有绵课墓尚有遗存，据此，县志记载此处有"绵课陵"。

另外，前面提到的绵课子革爵庄亲王奕𧰼卒后葬"小西衙门"西南的"松树圈"[1]。按

---

1 冯其利《清代王爷坟》，第118页，紫禁城出版社，1996年。

"松树圈"不知是何物。奕赉生前被革爵，根据清代园寝制度，他是没有资格建设园寝的，但他作为庄亲王家族成员，卒后仍可埋在他的家族茔地里，只建坟头一座。

5. 庄勤亲王绵护园寝

"小新陵"在允禄园寝南侧长松岭，内葬庄勤亲王绵护、庄质亲王绵譚、庄厚亲王奕仁[1]。

绵护是允禄的曾孙，辅国将军永蓍的长子，生于乾隆四十八年（1783）五月二十九日。乾隆五十四年（1789），袭父永蓍奉国将军爵。庄亲王绵课子奕赉被剥夺亲王爵位后，绵护承袭。任过都统、领侍卫内大臣。道光二十一年（1841）十一月，薨逝，年五十九岁，谥曰"勤"，以弟绵譚袭。

绵譚是绵护之弟，辅国将军永蓍第二子，生于乾隆五十一年（1786）二月。嘉庆十年（1805）十一月，封奉国将军。道光二十二年（1842）正月，袭亲王爵。道光二十五年（1845）九月，薨逝，年六十岁，谥曰"质"，以长子奕仁袭。

奕仁是绵譚第一子，生于道光四年（1824）十月十三日。初封辅国公。道光二十六年（1846）正月，袭亲王爵。同治十三年（1874）十月三日，薨逝，年四十一岁。同治帝命睿亲王德长带领侍卫十员前往奕仁府邸祭奠茶酒，予祭葬，谥曰厚，以子载勋袭。

按"小新陵"当为绵护园寝。绵护最先薨逝，建园寝于长松岭，俗称"小新陵"，他的弟弟袭爵庄亲王绵譚和绵譚袭爵子奕仁卒后未单独建设园寝，而是都葬于绵护园寝中。根据宗法制度，园寝中墓葬以绵护为一代祖先，绵譚、奕仁分别葬于绵护的昭穆之位。冯其利说，"小新陵墙圈内有三座碑楼，三间宫门，东西朝房各三间，享殿五间"[2]。根据清代园寝制度推测，冯氏的调查当是符合园寝实际情况的。

6. 已革庄亲王载勋墓

载勋是奕仁的第二子，生于咸丰三年（1853）十二月二十六日。初为辅国公。父奕仁薨逝后，承袭亲王。光绪二十六年（1900），义和团运动兴起，载勋主张借助义和团的力量排外。同年，慈禧下令对外宣战后，载勋和刚毅为统帅京津义和团王大臣，并在王府中设立拳坛。后载勋又被授为步军统领，发布捕杀外国人的奖赏令。八国联军侵入北京后，随慈禧太后逃往太原，任行在查营大臣。清廷与各国议和后，载勋被指为"罪祸首，夺爵，赐自尽"[3]。载勋卒时，年四十九岁，以弟载功袭。

载勋卒后，葬"后陵（博果铎园寝）东边大楼沟、小楼沟的'上坎'，俗称大力峪的地方"[4]。"大力峪"具体位置有待考证。载勋生前被夺爵，他便不再是庄亲王大宗成员，故他的墓地也就不在大宗茔地的昭穆序列之中，从他的墓地位置来看，可能是葬到了大宗茔地之外的一个地方。载勋卒时无爵，且为一罪人，根据清代园寝制度，载勋卒后是没有资格建造园寝的，推测仅立坟冢一座。

7. 庄恭亲王载功墓

载勋于光绪二十八年（1902）九月袭庄亲王，民国四年卒，年五十八岁，谥曰恭。载功卒后葬入"松树圈"，建坟头一座[5]。载勋虽为亲王，但是他去世的时候已经是民国年间，清政权已土崩瓦解，推测载勋卒后也就不再按照前清园寝制度规定建造相应的园寝建筑了。

1　冯其利《清代王爷坟》，第118页，紫禁城出版社，1996年。

2　冯其利《清代王爷坟》，第118页，紫禁城出版社，1996年。

3　《清史稿 》卷二百一十九《列传六·诸王五》。

4　冯其利《清代王爷坟》，第119页，紫禁城出版社，1996年。

5　冯其利《清代王爷坟》，第118页，紫禁城出版社，1996年。

综上所述，庄亲王家族茔地上的各园寝从整体上来看，可能并没有严格遵照中国古代传统宗法制度的昭穆原则排列。如果冯其利的调查属实的话，笔者推测其中原因可能是这样的：根据笔者实地调查，庄亲王的家族茔地占地面积其实并不大，要想在这块面积不甚广大的茔地上埋进承泽—庄亲王家族大宗的所有成员，各园寝的占地面积就不会太大，所以才出现两个园寝中均埋葬了三位大宗成员的情况；也正是因为茔地面积不广，如果严格按照昭穆原则埋葬的话，可能会布局不开。

附：承泽（庄）亲王承袭表

承袭顺序	名字	谱系	爵谥	行履	葬地及园寝资料
始封祖	硕塞	太宗第五子	和硕承泽裕亲王	天聪二年（1628）十二月二十日生，顺治元年（1644）十月，封授多罗承泽郡王。以军功晋封和硕承泽亲王。谕曰："博洛、尼堪、硕塞皆不当在贵宠之列。兹以太祖孙故，加锡王爵。其班次、俸禄不得与和硕亲王等。"顺治七年，以和硕亲王下、多罗郡王上无止称亲王者，仍改郡王。顺治八年（1651）闰二月，复进和硕亲王。顺治十一年（1654）十二月初五日薨，年二十七岁。康熙十年（1671）六月追谥"裕"。子4人。第一子博果铎于顺治十二年（1655）六月袭亲王，改号庄。	葬于今北京市房山区磁家务馒头山下，俗称"前陵"。
一袭，改号庄亲王；第二代	博果铎	硕塞第一子	和硕庄靖亲王	顺治七年（1650）三月生，顺治十二年（1655）六月袭亲王，改号曰庄亲王。雍正元年（1723）正月薨，年七十四岁，谥曰靖。无子，以圣祖（康熙）第十六子允禄为之后。	葬于今北京市房山区磁家务馒头山下，其园寝相对于其父承泽裕亲王园寝"前陵"，称之为后陵。园寝旧址处还存有一石牌坊。
二袭，第三代	允禄	博果铎承继子	和硕庄恪亲王	圣祖玄烨第十六子。康熙三十四年（1695）六月十八日生，生母为顺懿密妃。雍正元年（1723）三月奉旨过继庄亲王博果铎为嗣，袭封和硕庄亲王。乾隆三十二年（1767）二月二十一日薨，年七十三岁。谥曰恪，子十人。	葬于今北京市房山区磁家务馒头山下，在后陵西南，其园寝俗称西陵。
三袭，追封	弘普	允禄第二子	追封和硕庄亲王	康熙五十二年（1714）六月生，乾隆元年（1736）二月封固山贝子，乾隆四年（1739）十月缘事革退贝子，本月封奉恩镇国公。乾隆八年（1743）三月薨，年三十一岁。追封世子，谥曰恭勤。乾隆三十二年（1767）六月，追封和硕庄亲王。	葬于今北京市房山区磁家务馒头山下，在允禄园寝"西陵"以西，俗称"小西衙门"。
三袭，第五代	永瑺	弘普第一子	和硕庄慎亲王	乾隆二年（1737）二月二十六日生，乾隆八年（1743）七月袭奉恩辅国公，乾隆三十二年（1767）六月袭和硕庄亲王。乾隆五十三年（1788）二月十一日薨，年五十一岁，谥曰慎。	葬于今北京市房山区磁家务馒头山下"小西衙门"。

四袭，第六代	绵课	永瑢承继子	和硕庄襄亲王	父永珂为弘普第二子。绵课乾隆二十八年（1763）六月十五日生。乾隆三十九年（1774）十一月过继与永瑢为嗣，乾隆五十三年（1788）五月袭和硕庄亲王。嘉庆八年八月，办理裕陵事务。道光六年（1826）四月初二日薨，年六十四岁，追谥曰襄。	葬于今北京市房山区磁家务馒头山下"小西衙门"。
五袭，第七代	奕賷	绵课第十三子	已革庄亲王	嘉庆十九年（1814）二月生，道光六年（1826）七月袭和硕庄亲王。道光八年"以宝华峪地宫入水，追论绵课罪"，降为郡王，十一年赏还亲王。道光十八年（1838）九月，因与辅国公溥喜赴尼寺食鸦片，夺爵。道光二十年（1840）九月以薄浮无行发往吉林。道光二十三年（1843）九月又因娶民女为妾发往黑龙江。道光三十年（1850）正月奉旨释回。咸丰十年（1860）十一月卒。年四十七岁。	葬于今北京市房山区磁家务馒头山下"小西衙门"以西。冯其利云："在小西衙门以西就是姑娘坟……姑娘坟西南有一松树圈，内有坟头两座。其一为丢爵的奕賷。"
六袭，第六代	绵护	永蕃第一子	和硕庄勤亲王	乾隆四十八年（1783）五月生，乾隆五十四年（1789）袭奉国将军，嘉庆十二年（1807）二月袭不入八分辅国公。道光十八年（1838），奕賷夺爵，以绵护袭庄亲王。道光二十一年（1841）十一月二十四日薨，年五十九岁，谥曰勤。以其弟绵谭袭庄亲王。	葬于今北京市房山区磁家务馒头山下，在西陵南侧长松岭，俗称"小新陵"。
七袭，第六代	绵谭	永蕃第二子	和硕庄质亲王	乾隆五十一年（1786）二月二十九日生，嘉庆十年（1805）十一月封奉国将军，道光二十二年（1842）正月袭和硕庄亲王，道光二十五年（1845）九月十三日薨，年六十岁。谥曰质。	葬于今北京市房山区磁家务馒头山下"小新陵"。
八袭，第七代	奕仁	绵谭第一子	和硕庄厚亲王	道光四年（1824）十月十三日生，道光二十四年（1844）十一月封不入八分辅国公，道光二十六年（1846）袭庄亲王，同治十三年（1874）十月初三日薨，年五十一岁，谥曰厚。	葬"小新陵"。
九袭，第八代	载勋	奕仁第二子	已革和硕庄亲王	咸丰三年（1853）十二月二十六日生。初封辅国公，光绪元年（1875）二月袭和硕庄亲王，光绪二十六年（1900）八国联军进北京，随西太后、光绪帝逃亡西安，派为行在查营大臣。九月，"过蒲州府时，忽降谕旨，着革去庄亲王载勋爵位"。至西安后，光绪二十七年（1901）正月初三日降旨赐死，年四十九岁。	葬于今北京市房山区磁家务馒头山下。冯其利云："在后陵东边大楼沟、小楼沟的'上坎'，俗称大立峪的地方，葬有一位庚子年间的肇祸之臣，他就是革爵庄亲王载勋。"
十袭，第八代	载功	奕仁第四子	和硕庄恭亲王	咸丰九年（1859）八月初六日生，光绪六年（1880）十一月封二等镇国将军。光绪二十八年（1902）九月袭和硕庄亲王。民国四年正月二十七日卒，年五十八岁，溥仪谥曰恭。	葬于今北京市房山区磁家务馒头山下。冯其利云："在小西衙门以西就是姑娘坟……姑娘坟西南有一松树圈，内有坟头两座。……另一个坟头葬有庄亲王载功。"

（二）北京市丰台区侯家峪村追封多罗贝勒福苍园寝

追封多罗贝勒福苍是承泽亲王硕塞第二子博尔果洛的第五子。博尔果洛生于顺治八年

（1651）十一月一日。康熙四年（1665）正月，封惠郡王。康熙二十三年（1684）五月，因陪祀不谨，被剥夺爵位。康熙五十一年（1712）二月二十日，薨逝，年六十二岁。博尔果洛卒后葬今北京市丰台区王佐镇侯家峪村东山岗之上，地理坐标大约为北纬39°49.420′，东经116°07.922′（图1-3-23）。这里有 "二王坟"之称，推测这一是因为博尔果洛在硕塞诸子中行二，二是因为博尔果洛未承袭承泽亲王大宗王爵，相对于承袭承泽亲王大宗王爵的兄长博果铎来说，是为"二王"。博尔果洛卒时已没有爵位，根据清代园寝制度他是没有资格建设园寝的。"二王坟"可以说是博尔果洛的墓地。

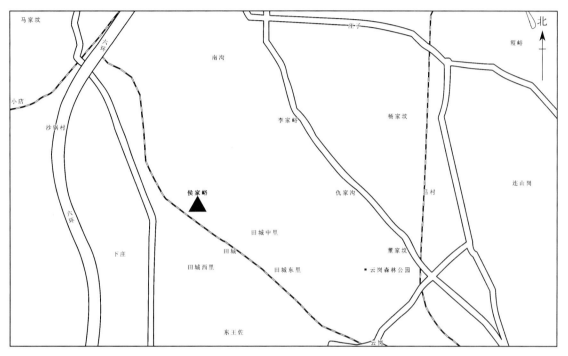

图1-3-23 北京市丰台区侯家峪村"二王坟"位置示意图

博尔果洛第五子福苍生于康熙二十三年（1684）三月十一日。乾隆五年（1740）四月十二日薨逝，年五十七岁。乾隆十五年（1750）年七月追封多罗贝勒。据笔者调查福苍卒后葬于其父博尔果洛附近，福苍卒后以"贝勒品级殡葬"[1]。根据清代的园寝制度，福苍园寝当按照贝勒品级建有宫门三间、享殿三间、茶饭房三间、墓碑一统、围墙等。

福苍园寝建筑早在辛亥革命时期就被拆毁，根据冯其利调查，福苍园寝坐北朝南。冯氏说，"二王坟外有虎皮石围墙，内有砖墙。墙的南侧宫门三间。宫门外有东西朝房和守护班房。院内正中有享殿三间。享殿后边月台之上是大宝顶三座。除居中的博尔果洛的宝顶之外，有博尔果洛第五子追封贝勒福苍墓，……再就是福苍长子已革贝勒球琳墓"，"博尔果洛地宫为棚板石结构，停灵三口，有博尔果洛嫡妻纳喇氏、继妻张佳氏灵柩。球琳的地穴为砖券，停灵两口，其一为嫡妻钮祜禄氏、侍郎常泰之女"。按上述冯氏所说的二王坟建筑当指的是福苍园寝的地面建筑，这点笔者在前文已有分析，即"二王"博尔果洛卒后是没有资格建设园寝的，推测他卒后只建了宝顶和围墙。从冯氏所言，福苍园寝建有两道围墙，这点笔者有所不解，推测有可能是这样的，即外面的"虎皮石围墙"是博尔果洛卒时修建的墓地围墙，里边的"砖墙"是福苍园寝围墙。福苍卒后，按贝勒品级建造园寝，为了表示尊祖孝

<hr>

1 《爱新觉罗宗谱》甲册。

悌，福苍后代在为福苍修建园寝时，仍将博尔果洛宝顶圈在福苍的园寝中，且置于园寝中墓葬的主位，以示仍尊博尔果洛为祖。这就是卒时无爵的博尔果洛宝顶居中的原因。从冯氏所言，福苍园寝中还葬有球琳。

球琳生于康熙五十八年（1721）二月四日。雍正元年（1723）二月，封为多罗贝勒，原惠郡王所属佐领皆隶属于他。雍正六年（1728）正月，晋封多罗惠郡王。乾隆十一年（1746）三月，因"性情乖戾，行走懒惰"[1]，被革去王爵，授为多罗贝勒。之后，球琳仍懒惰如前，不知畏惧，每年朝期不到次数唯他居多，遂在乾隆二十二年（1757）十二月的时候，其贝勒爵亦被革退。乾隆五十五年（1790）九月十四日薨逝。球琳生前被革爵，根据清代园寝制度规定，他是没有资格建设园寝的，故卒后祔葬在他的父亲福苍园寝中。

据冯其利调查，"二王坟"茔地旧址占地范围南到铁道的位置，北到坡顶电线杆，东到原一零一厂工厂大墙，西到原侯家峪村东[2]。虽然博尔果洛墓地建设得比较简陋，远不及其子福苍，但人们至今却仍以"二王坟"称呼这里的茔地，笔者推测这一是因为博尔果洛最早葬

图1-3-24 石五供　　　　　　　　　　　图1-3-25 石五供及石供桌

图1-3-26 石五供　　　图1-3-27 石五供　　　　图1-3-28 石供桌

1　《清高宗实录》卷五百五十三。

2　冯其利《清代王爷坟》，第122页，紫禁城出版社，1996年。

于此处时，已有二王坟之称，人们习惯约定俗成；另一方面也可能与茔地的立祖有关，因为这片茔地上是以博尔果洛立祖的，人们称"二王坟"也并无不妥之处。当然，如果以园寝相称，则当谓福苍园寝。

"二王坟"地方现今是一片林地，林地中有石享堂、石五供和石供桌等遗物（图1-3-24、1-3-25、1-3-26、1-3-27、1-3-28）。冯其利说这些遗物是早年的二王坟墓地建筑。对此，笔者表示怀疑。五供上雕刻有精美的缠枝蔓草花卉、四爪蟒龙、人物故事画面和一些官吏形象，从人物的着装、发饰来看，均为汉人，且其中的官吏身着宽袖袍服，手持笏板，推断应是明朝的官吏形象。此外，从雕刻风格来看，五供上所雕刻的龙均正面（龙头朝外）形象，由此推断，这组建筑出现的时间当在明朝，且在嘉靖皇帝以后。再说，石五供也并非园寝规制内的建筑。综上所述，笔者推断这些遗物应该不是二王坟墓地的遗物，有待方家做进一步地考证。

第四章　世祖章皇帝位下诸王公茔地及园寝

一、裕宪亲王福全及后裔园寝

（一）天津黄花山裕宪亲王福全园寝

天津蓟县黄花山南麓一字排开的六座园寝中，自东向西第三座即为裕宪亲王福全的园寝，在理密亲王允礽园寝之西约1公里处，俗称"大王陵"。

据《爱新觉罗宗谱》和《清史稿》记载，福全为世祖顺治皇帝第二子，是清圣祖康熙皇帝之兄，生于顺治十年（1653）七月十七日，母宁悫妃董鄂氏（长史喀济海之女）。幼时，世祖问其志向，曰愿为贤王，顺治帝非常高兴。在中国封建社会，无论是为君还是为臣，都把"身、言、书、判"作为重要的综合选择条件。其中，"身"即身体状况，当然也包括容貌在内。"言"是指语言表达能力。"书"指文字书写能力。"判"即为判断能力。据说顺治帝很喜欢福全，但因为他"损一目不得立"[1]，于是才选择了其弟玄烨作为皇位继承人，即后来的康熙皇帝。

康熙六年（1667）正月，康熙皇帝恩封福全为和硕裕亲王，始参与政事。康熙二十二年（1683），福全奉谕护送皇太后巡幸五台。康熙二十九年（1690）七月，厄鲁特部首领噶尔丹发动叛乱，康熙以福全为抚远大将军，皇长子允禔为副将军，出古北口，会同大同绿营兵及蒙古兵出征。一切军中谍报及处置方式都听从福全的提议，与噶尔丹交涉事宜也全由福全负责。清兵与噶尔丹兵在今内蒙古乌兰布通相遇，大败噶尔丹兵。噶尔丹据险固守，遣使求和，康熙命福全驻兵以觇噶尔丹虚实。福全权衡局势，认为此时盛京及乌喇、科尔沁诸军尚未到达，厄鲁特又占据险要地形，不宜进军，于是就下令暂停进军。十月，福全未得旨便将大军撤至哈玛尔岭，康熙以福全擅自回师，命其撤兵回京待罪。王大臣会议建议削去福全亲王爵位，康熙以福全击败噶尔丹有功，否定了王大臣会议的建议，仅给了他罢免议政，罚俸三年，夺其三佐领的处分。康熙三十五年（1696）春，福全随驾征讨噶尔丹。

康熙四十二年（1703），福全病重，康熙帝亲临探视。未几疾甚，时值康熙出巡塞外，

1　[清] 萧奭《永宪录》卷三。

令皇子先期还京代为看望。六月二十六日，福全薨逝，年五十一岁，康熙帝即日还京，悲痛不已，罢朝多日，临丧，"哭至柩前奠酒，恸不已"。次日复临表，诸王大臣齐集后门叩首，再四劝止。康熙上谕曰："太宗时颖亲王之丧，太宗亲临数次，载在《实录》，此皆尔等所知。颖亲王系太宗之侄，况裕亲王乃朕之亲兄乎？此朕效法祖宗，并非太过。朕昨因暑天劳顿，今日未往，明日必当再临。尔等不必恳奏。"[1]越日，康熙帝再临丧，"赐内厩马二、对马二、散马六、骆驼十及蟒缎、银两"。居五日，命皇长子等持服，康熙皇帝制挽诗以示哀悼，命御史罗占在黄花山为裕亲王福全造坟建碑。谥曰"宪"。福全的丧仪如郑亲王例，常祭外有加祭，太后亦亲临祭奠。

康熙四十四年（1705），裕宪亲王福全园寝建成入葬。福全园寝位于理密亲王允礽园寝之西，坐北朝南。据冯其利早年调查，福全园寝最南端有神桥一座，过桥有碑楼和东西朝房。前行有宫门三间，享殿五间。享殿旁有东西角门，其内月台上有大宝顶一座。晏子有先生在《清东西陵》一书中引用了黄振之《清东陵浅说草稿》中的说法，认为裕宪亲王园寝建筑规模为"享殿三间"，笔者认为这种说法是不当的。根据清代对宗室王公园寝建筑规制"亲王享堂五间"[2]的规定， 此处裕宪亲王园寝的享殿当是五间。康熙四十四年（1705），裕宪亲王福全下葬时，园寝制度早已完善，福全作为康熙皇帝的亲兄长，生前战功显赫，其薨逝时，康熙皇帝亲丧，所以在园寝建制上，显然不会损其制。并且，后来雍正皇帝为理密亲王允礽修建园寝时，谕旨"照裕亲王山园式样"来设计[3]，《大清会典事例》记载理密亲王园寝的规制为"享殿一座，广六丈二尺，纵深四丈一尺，檐高一丈七尺"，"六丈二尺"显然是五间享殿的规制，既然这式样是按照裕宪亲王园寝的样子来设计的，那么裕宪亲王福全的园寝享殿自然应当是五间。综上所述，我们认为，裕宪亲王园寝的享殿为五间[4]。且在福全享殿前有丹陛石一块，上雕刻两条龙，一升一降，遨游于海水祥云之间[5]。这在宗室王公园寝中是殊例，也是死后皇帝对他的特宠。福全"畏远权势，上友爱甚笃"[6]。圣祖还曾命福全画图一幅，题材为自己与福全并排坐在桐树荫下，寓兄弟同老之意。不料，福全先于康熙帝薨逝，圣祖康熙亲制挽诗二首以示哀悼："花萼空虚梦，悲歌暮景伤。泪同秋雨湿，声逐碧天长。清颂莲香贵，心慈厌帝乡。徽章纵有秩，寂寂叹时光。""少小同居处，义深读孝经。赋诗明务本，携手问慈宁。乐善从无息，神襟物外停。繁忧题旧日，血泪染疏棂。"[7]字里行间流露出康熙帝对裕宪亲王福全的手足深情。

1920年，福全园寝被拆毁。2008年笔者考察时，园寝遗址仅残存有一些建筑石构件和地宫、围墙、享殿基址及柱础石等（图1-4-1、1-4-2、1-4-3、1-4-4、1-4-5、1-4-6）。残存的石构件为弧形，雕刻精美。地宫位置的地理坐标为北纬40°09.072′，东经117°

1 《圣祖仁皇帝圣训》卷十一。

2 光绪本《清会典事例》卷九百四十九《园寝坟茔》。

3 《世宗宪皇帝上谕内阁》卷三十三《雍正三年六月上谕》。[清]萧奭《永宪录》卷三："命总理陵寝大学士萧永藻、尚书卢询、总兵范时铎建造密亲王墓院衙门，依皇伯父裕宪亲王式。"

4 2007年出版的《清代园寝制度研究》一书，直接引用了晏子有先生"享殿三间"一说，对裕宪亲王福全的园寝建筑失考，特此更正。

5 见晏子有《清东西陵》，第367页，中国青年出版社，2000年。

6 四库本《钦定大清会典则例》卷九十。

7 《圣祖仁皇帝御制文集》第三集卷四十七。

图1-4-2 福全园寝享殿基址

图1-4-1 福全墓碑

图1-4-3 福全墓圹遗迹

图1-4-4 地宫口

图1-4-5 石柱础

34.704′，从现存遗址测量，地宫墓圹长约
17.2米，宽约12.7米。享殿位于北纬40°
09.095′，东经117°34.715′，享殿面阔约
13.3米，进深约8.2米。享殿前有月台遗迹，
长约12.3米，宽约9.2米。从墙圈基址痕迹
粗测，园寝宽约66米。墓碑为"康熙四十九
年"所立，保存基本完好，蛟龙首，螭跌，
碑文为满汉合璧。碑身高约3米，宽约1.32
米，厚约0.56米。碑额高约1.4米。碑座长约
3.7米，宽约1.48米，高约1.3米。碑座下水

图1-4-6 弧形石构件

盘约1.95米，宽约2.6米。

（二）巳革裕亲王保泰家族茔地

革爵裕亲王保泰，生于康熙二十一年（1682）四月初七日，福全第三子，其生母为福全侧福晋瓜尔佳氏。保泰初封世子，康熙四十二年（1703）父福全薨逝后，同年十月袭裕亲王爵。雍正二年（1724），保泰坐诣附廉亲王允禩，昧于君臣大义，并于国丧时演剧，被夺爵，其侄广宁袭爵。广宁是保泰弟保绥第二子。雍正八年（1730）八月十九日保泰卒。

保泰卒后葬于今北京市朝阳区王四营乡官庄村北（图1-4-7），具体位置已很难考证。保泰卒时没有爵位，根据清代的园寝制度，保泰卒后没有资格建立园寝，推测当时仅建宝顶一座，外围以红墙。

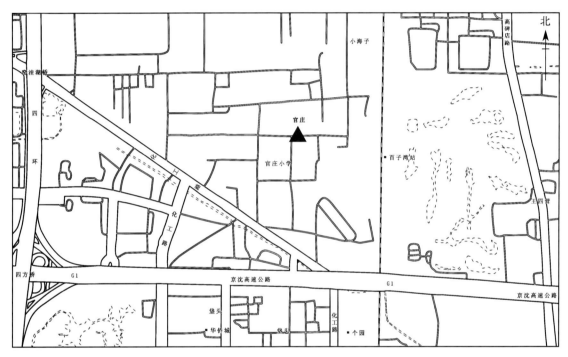

图1-4-7 北京市朝阳区官庄村巳革裕亲王保泰家族茔地位置示意图

　　保泰地宫于1939年被盗，地宫为青石券。20世纪50年代以后，墓地遭到彻底破坏。据北京市文物研究所藏1958年文物普查资料，保泰坟记为柿子王坟。笔者怀疑"柿子王"当为世子王之谐音，因为保泰曾被封为世子，后由世子袭亲王。保泰被削爵后，就已经不再是王爷了，但他曾经做过世子，故人们仍尊称他为世子王。随着时间的推移，人们已说不清楚世子王的来历了，于是就慢慢将世子王音转为柿子王，其墓地也随之被称为柿子王坟。

　　冯其利说，保泰"墓地俗称宫门，坐西朝东，红墙内宝顶一座"。从冯其利的叙述语气来看，他所说的宫门应当指的是保泰的墓园。墓园"内宝顶一座"，没有别的建筑，也当是符合实际情况的。冯其利先生又说，"宫门南侧有保泰侧室的墓地，建有花栏墙。……在宫门北侧、东侧、南侧陆续建有茔地，府中又具体称为长门、二门、三门、四门、六门、十门等。北侧的墙圈还建有大山子"。按"花栏墙"、"大山子"不知是何建筑，但从冯氏的描述可见，此处曾是保泰的家族茔地，推测冯氏所说的那些"门"可能是保泰后人的墓地。此外，根据夫妻合葬规律推测，保泰的侧室当同保泰葬在一个园子中，宫门南侧的墓地，笔者推测应该是保泰之妾的墓地。

（三）河北易县南福地裕亲王家族茔地及追封裕悼亲王保绥、裕庄亲王广禄园寝

河北易县南福地这块裕亲王家族茔地，埋葬有追封的裕悼亲王保绥和其子裕庄亲王广禄。

保绥为裕宪亲王福全第五子，康熙二十三年（1684）七月十七日生，生母侧福晋瓜尔佳氏（爱塔之女）。初封辅国公品级。康熙四十五年（1706）九月初八日，保绥薨逝，年二十三岁。雍正二年（1724），裕宪亲王第三子保泰坐诣附廉亲王允禩，国丧演剧，夺爵，以保绥第二子广宁（广灵）袭。雍正帝赞扬保绥"璇源衍派，品居公爵之尊；桓圭表瑞，德茂安敦之吉"。特许推恩，于雍正三年（1725）四月，追封保绥为和硕亲王，谥曰"悼"。雍正四年（1726），上谕宗人府："裕亲王广宁，朕授以王爵，并不感恩报效，反怀异志，退避不前。办事错谬，朕降旨切责，伊全无畏惧之容，尚未除保泰等朋党之念，甚属可恶。"[1]广宁被夺爵，锁禁，弟广禄袭爵。乾隆四年（1739）六月初九日，已革裕亲王广宁卒，年三十五岁。

广禄为裕悼亲王保绥第三子，生于康熙四十五年（1706）六月二十七日，生母为侧福晋刘氏（刘忠之女）。康熙六十一年（1722）十一月，恩诏授六品官。雍正四年（1726）十月，广禄袭和硕裕亲王。雍正八年（1730）八月，授宗人府宗令。先后管理镶红旗觉罗学、镶黄旗汉军都统事务、正黄旗觉罗学，历任玉牒馆总裁、调补正蓝旗满洲都统、宗人府宗令、镶蓝旗汉军都统等。乾隆四十五年（1780）五月，解镶蓝旗汉军都统，乾隆四十九年（1784）五月解正黄旗觉罗举总管，乾隆五十年（1785）九月二十一日，广禄薨，年八十岁，追谥曰"庄"。嫡福晋为鄂谟拖氏，另有侧福晋鲍氏、王氏、费氏等，庶福晋许氏、徐氏、朱氏、袁氏、张氏、刘氏、姜张氏等。广禄有子二十二人，第十二子亮焕袭郡王[2]。

保绥园寝位于河北省清西陵外围的易县南福地村南，其地理坐标为北纬39°15.014′，东经115°22.626′，海拔104米（图1-4-8）。保绥于康熙四十六年（1707）下葬于此，其园寝是清西陵陵区附近唯一一座比泰陵修建还早的宗室王公园寝[3]。保绥薨逝时只是辅国公品级，所以当时园寝只建有坟头和墙圈，南福地这块茔地只是裕亲王家族的小宗茔地。后来到了雍正三年（1725），保绥追封为和硕裕悼亲王，此时南福地的这块裕亲王茔地就成为了家族的大宗茔地，其后人才对园寝进行了增建。据冯其利先生20世纪80年代调查，保绥园寝坐西朝东，外有月牙河、神桥、碑楼。宫门面阔三间，与红墙相接，外有南北朝房。宫门内正中是享殿一座，顶覆绿琉璃瓦。享殿旁有南北角门，角门里边月台上有宝顶一座。地宫石券，石床上停灵两口。抗日战争时期，园寝的砖瓦木料被拆毁除，墓碑、石桥、宝顶等一直保存到新中国成立以后，文化大革命中，石桥、宝顶被毁，仅剩石碑。2008年10月笔者实地调查时，墓碑尚完整保存（图1-4-9、1-4-10），地宫仅残存有部分石条和土堆遗迹。

既然河北易县南福地是裕亲王家族的大宗茔地，那么和硕裕庄亲王广禄作为家族的大宗成员，薨逝后随其父裕悼亲王保绥葬于这块大宗茔地是很合乎情理的事。但是广禄园寝

1　《清世宗实录》卷四十九。

2　《爱新觉罗宗谱》甲册。

3　陈宝蓉《清西陵纵横》，第95页，河北人民出版社，1998年。泰陵于雍正八年（1730）八月十九日动工兴建。

【第一部分】 清代宗室王公园寝志

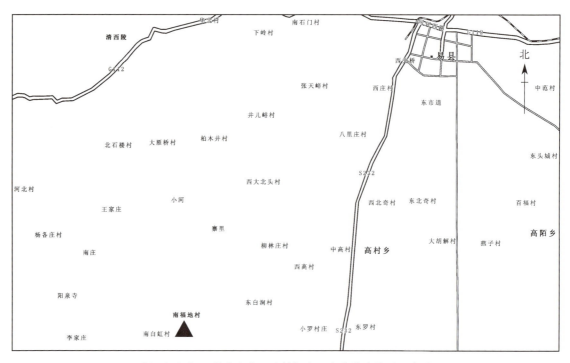

图1-4-8 河北省易县南福地村裕亲王家族茔地位置示意图

图1-4-10 保绥墓碑碑额

图1-4-9 保绥墓碑

位于南福地村西南，地理坐标为北纬39°15.131′东经115°22.396′，在方位上并没有位于其父保绥园寝的东北"一昭"位置，而是位于其父园寝的西北，并且园寝的朝向也与其父不同，而是坐西南朝东北。究其原因，保绥卒于康熙四十六年（1707），广禄逝于乾隆五十年（1785），时隔八十年之久，由于当地地理环境的变迁或者地势局限性等原因造成广禄下葬之时在其父保绥园寝的"一昭"位置没有足够的空间建设园寝，所以埋葬在了距其父园寝很近的村西南，两者实际还属于同一块茔地。此外，保绥薨逝时是以辅国公品级身份选择了茔地并下葬，死后20年后才追封了亲王并扩建了园寝；而广禄是直接承袭了裕亲王爵位，是家族大宗成员，薨逝时是以亲王的身份选择茔地并下葬，所以在村

制曰：和硕荣亲王，朕第一子也。生于顺治十四年十月初七日，卒于十五年正月二十四日，盖生数月云。爰稽典礼，追封和硕荣亲王。以八月二十七日窆于黄花山，父子之恩、君臣之义备矣。呜呼！朕乘乾御物，敕天之命，朝夕祗惧。思祖宗之付托，冀胤嗣之发祥。唯尔诞育，克应休祯。方思成立有期，讵意厥龄不永，兴言鞠育，深轸朕怀。为尔卜其兆域，爰设殿宇，周垣窀穸之文式，从古制追封之典。载协舆情，特述生殁之日月，勒碑贞珉。尔其永妥于是矣。

志文由顺治帝福临亲自撰写，流露了对爱子的悲悼怀念之情。据《爱新觉罗宗谱》和《清史稿》的记载，荣亲王本来是顺治帝的第四子，圹志中却说是"朕第一子也"，此语颇让史学家生疑，认为与史实不合。然又出自顺治之口，勒碑以记之，都觉得殊不可解。笔者认为，这里所谓的"第一子"，当然不是顺治帝的糊涂或误书，顺治不可能糊涂到连自己的儿子排序都不清楚的地步，再说就算是他写错了，刻石时也不可能不被发现，只不过是治史者理解错了而已。此所谓的"第一子"并非为序次之词，而是指其贵宠的程度在诸子中为第一，犹言"第一等"、"数第一"耳，只不过是顺治为他给一个不足百日的孩子授封高爵张目罢了[1]。

顺治十五年（1658）四月，顺治帝派人在黄花山为荣亲王选择茔地，最后确定将其葬在黄花山丈营台。顺治帝下谕旨给工部内官监说："和硕荣亲王茔殿前有谕旨，务从节省。尔等须恪遵前谕，但期坚固足蔽风雨，不必花侈，以致劳民。"[2]另一方面却又定"治丧视亲王礼加厚"[3]。四个月后，荣亲王园寝建成。顺治十五年（1658）八月二十七日，荣亲王入葬地宫。入葬时的排场自然不必多说，但恰恰在荣亲王的入葬时辰上出了差错。荣亲王的入葬时辰，钦天监择于顺治十五年（1658）八月二十七日辰时，但因礼部郎中吕朝允、额勒穆误将钦天监所择时辰译为午时，造成误差。入葬时，钦天监五官挈壶正杨宏量曾指出时辰有误，但礼部尚书恩格德、郎中吕朝允却执意不肯改正。后杨宏量告发此事。经内大臣、伯索尼、内官监掌印官通吉会讯属实，遂将吕朝允、额勒穆监禁，俟秋后处决，恩格德革职解任，其他人分别给予不同程度的处分。为了一个夭折孩子的丧事，竟引起如此一场轩然大波，足见荣亲王在顺治帝心中所占有的分量[4]。

据《清会典事例》记载，荣亲王园寝规制为："琉璃花门一座，广一丈六尺二寸，纵六尺，檐高一丈六寸。正中享殿一座，广三丈八尺六寸，纵二丈六尺五寸，檐高一丈二尺。前有大门，广三丈五尺，纵二丈一尺，檐高一丈一尺。门外设守护班房，东西厢各三间，广三丈八尺六寸，纵二丈六尺五寸。檐高一丈二尺。围墙周长五十二丈六尺，高一丈。"[5]此例首开清廷为未成年皇子追封的先河。而且园寝中建琉璃花门一座，显然超出了当时规定的亲王园寝"饰朱红油，绘五彩金花"的规制。其后各代，也竞相效尤，以"贵宠"为由，对一些夭折的皇子追封并建园寝。

2008年笔者调查时，当地粮食局退休职工李秀峰老人说，荣亲王园寝无碑亭，未起宝

1　宋大川、夏连保《清代园寝制度研究》，第190页，文物出版社，2007年。

2　《世祖章皇帝圣训》卷一《顺治十五年戊戌六月庚午上谕》。

3　四库本《钦定大清会典则例》卷九十。

4　光绪本《清会典事例》卷九百四十九《园寝坟茔》。

5　光绪本《清会典事例》卷九百四十九《园寝坟茔》。

图1-4-15 墓志盖   图1-4-16 墓志

顶，仅起一土堆，这是黄花山下六座园寝中唯一的土丘墓。园寝在建国前被盗，地宫为砖券，内有一合墓志，未见随葬品。1971年，荣亲王园寝被拆除，园寝地面遗迹现已无存。2008年园寝的轮廓还很清楚，朝房、宫门、享殿的基址还依稀可辨，宝顶处被盗挖了一个大坑。我们有幸在天津蓟县独乐寺看到藏于该处的荣亲王圹志，圹志和盖均呈正方形，四边均长0.70米，厚0.19米。盖上大字书满汉两种文字，曰"皇清和硕荣亲王墓圹"，圹志志文由顺治帝亲笔撰写，满汉合璧（图1-4-15、1-4-16）。

三、恭亲王常宁（颖）园寝

恭亲王常宁（颖）生于顺治十四年（1657）十一月四日，清世祖顺治皇帝第五子，其生母为庶妃陈氏。十五岁封亲王，十九岁时分给佐领。康熙二十二年（1683），常宁府第遭遇火灾，康熙帝亲临探视救火，深表关切。这年秋天，康熙帝奉太皇太后巡幸五台山，"以长城岭山径险峻，前往亲视所修道路，命裕亲王福全、恭亲王常宁随太皇太后驾行"[1]。康熙二十九年（1690）七月，噶尔丹深入乌珠穆沁地方侵扰，常宁被任命为安北大将军，简亲王雅布、信郡王鄂扎为常宁副手，出喜峰口；裕亲王福全为抚远大将军出古北口。常宁刚率军出发不久，就接到命令，让他同福全大军会合。同时十一月，常宁因为不乘胜追击噶尔丹，贻误军机，被罢掉议政职务，并罚俸三年。康熙三十五年（1696），常宁随从康熙帝御驾亲征。康熙四十二年（1703）六月七日，逝世，年四十七岁。常宁卒时康熙帝正巡幸塞外，于是就先命令他的诸皇子经理常宁丧事，赐银万两，由内务府郎中皂保监修坟茔立碑，遣官前往吊祭。康熙帝回京师后，亲临祭奠。

常宁卒后，康熙帝以常宁第二子满都护赋性庸愚，让满都护弟海善袭封贝勒。谁料海善性情暴戾，行止乖张，口出逆言，心无伦理，被革去贝勒，禁锢在家。不久，康熙帝着恩宽免，将海善释放。海善被革爵后，康熙帝不得已让满都护袭爵，以延恭亲王一脉。康熙帝对满都护"加以厚恩，畀以荣宠要职"，欲使其努力向上，改过自新，但满都护仍"下愚不移，转入与阿其那、塞思黑、苏努保泰等之邪党，私相固结"，不思恩图报[2]。雍正帝继位后，着恩让海善

---

1 《皇朝文献通考》卷一百三十六。
2 《清世宗实录》卷一百七。

清代园寝志

去军中效力赎罪，可海善不知悔改，违命私自从军中返回，论军法其罪无赦，但雍正帝念其为恭亲王后裔，仍全其性命，只将他拘禁起来。对满都护亦加恩任用，希望他有所改过，但满都护一如既往，"顾恋匪党，狡狯百端，摇惑人心，阻挠国政，且钻营诈伪，行为卑污"[1]，所获罪之案，不胜枚举。即使这样，雍正帝仍然宽宥了他所有的罪行。满都护之弟对青额庸劣不堪，海善之子伦木布在康熙帝升遐之日，面无戚容。这就是恭亲王常宁的子孙们。满都护无子，海善虽有子，雍正帝又担心他们不能保守恭亲王的家业，故将承嗣之事交与诸大臣奏议。后经宗人府查明引见，方知海善子孙众多。雍正帝觉得海善子伦木布之子斐苏人聪慧，可保守家业，随让其承袭多罗贝勒。斐苏卒，以子明韶袭贝子。后世子孙循例递降，以不入八分镇国公世袭。

恭亲王常宁卒后建园寝于今北京市朝阳门外东大桥附近的朝阳医院一带（图1-4-17）。园寝早年既被毁坏无余，据冯其利先生调查，早在1900年的时候，日本人就占用了常宁茔地南部的三十余亩明堂，建了延历公墓。1948年，园寝外墙被拆毁。1949年，园寝遗址被划进人民公墓界内，墓碑和剩下的砖瓦石片被卖掉，宝顶未动。1954年，地宫被清理，内有石香案，停灵两口。2008年笔者调查时，朝阳医院一带已是繁华的都市，常宁园寝的具体位置尚待进一步考证。

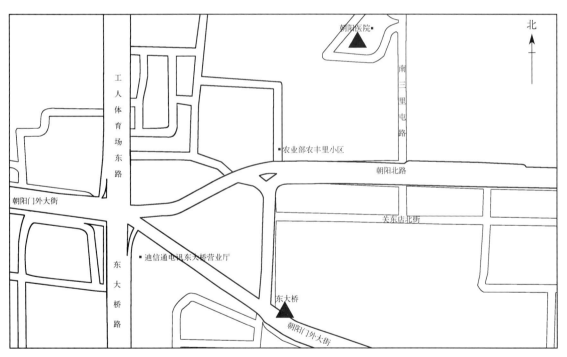

图1-4-17 北京市朝阳区朝阳医院及东大桥位置示意图

根据清代的园寝制度，恭亲王常宁园寝当年应按亲王品级建有碑楼、宫门、朝房、享殿、宝顶、围墙等。园寝早已被破坏，得赖于冯其利先生的调查，他说："常宁的王爷坟在大道的北侧，坐北朝南，占地一百余亩，两道大墙。大墙南边三座门，东角门里有阳宅，两进院落。正门内甬路中间是碑楼，内立驮龙碑一方。碑楼正北是宫门三间，顶覆绿色琉璃瓦。宫门外有东西朝房各三间。宫门与红墙相连接，院内正中为享殿五开间，前出廊后出厦，

1　《清世宗实录》卷一百七。

【第一部分】清代宗室王公园寝志

顶覆蓝色琉璃瓦。享殿后边月台之上有子墙一道，正中是一座琉璃门。进琉璃门内是大宝顶一座，高三米。大宝顶西侧有追封庶福晋舒舒觉罗氏墓。宝顶后边是半圆形的跨栏墙。"

按：上述冯其利所说的"常宁的王爷坟"当指常宁的茔地。关于冯氏说茔地上建"两道大墙"，从冯氏的叙述来看，似乎是茔地四周建一道围墙，里面那道围墙即园寝红墙。但这种形制笔者既未在文献上看到，也未在园寝实例中看到。常宁茔地的占地范围，冯氏说有一百余亩，不知有何根据。笔者在此一并提出疑问。常宁园寝享殿"前出廊后出厦"，这种建筑形式比较特殊。在笔者所能了解到的清代王公园寝中，唯有醇亲王奕譞的享殿前有抱厦三间。奕譞是一位大名鼎鼎的王爷，其第二子载湉为光绪帝，孙溥仪为末代皇帝。奕譞有如此尊荣的身份，他的园寝规格高出一般亲王园寝的建筑规格自不为怪。常宁园寝为何也能有如此之高的规格，有待研究。此外，冯氏所说常宁园寝享殿顶覆蓝色琉璃瓦，笔者有所不解，文献记载清代园寝建筑用瓦有绿琉璃瓦、黑琉璃瓦或黄琉璃瓦，未见有用蓝琉璃瓦的记载，笔者疑"蓝琉璃瓦"或为冯氏笔误。

恭亲王常宁后代的葬地不详，根据清代宗室王公家族式墓葬的埋葬特点，推测有葬在恭亲王常宁园寝附近的。

四、纯靖亲王隆禧园寝

天津黄花山南麓自东向西一字排开的六座园寝中，第四座为纯靖亲王隆禧园寝，俗称"三王陵"。隆禧为世祖顺治皇帝第七子，生于顺治十七年（1660）四月二十二日，母庶妃钮氏。隆禧"质成聪敏，性秉温恭，孝友克彰，谦仁逾懋"[1]，康熙十三年（1674）正月，封和硕纯亲王。康熙十四年（1675），隆禧任佐领。康熙十八年（1679）七月十五日薨逝，卒年二十岁。康熙闻丧沉痛哀悼，辍朝三日，下令由国家拨款，派内务府官员负责为隆禧修建坟茔，谥曰"靖"[2]。隆禧嫡福晋尚佳氏于康熙二十年（1681）与隆禧灵柩同时下葬。隆禧入葬之时，康熙皇帝特意从孝陵赶到纯亲王园寝，亲自为其幼弟奠酒行礼举哀。帝欲亲视入葬，恭亲王常宁以为"王妃椟在旁，恐属不便"，帝因从之，于入葬前离开园寝，留内大臣和部分侍卫亲视安葬[3]。

隆禧园寝建成于康熙二十年（1681），从建成时间顺序上来看，是黄花山依次排开的六座宗室王公园寝中的第二座。据冯其利先生早年调查，纯靖亲王隆禧园寝坐北朝南，园寝外有神桥一座。过桥是碑楼，内立墓碑一统。向北有东西朝房，宫门三间与红墙相接，进内正中是享殿三间。享殿旁有东西角门，内月台上有宝顶一座[4]。按照顺治初年制定的园寝规制，亲王应当有享堂五间。且隆禧是康熙皇帝的弟弟，生前并未有得罪受罚的经历，在建造园寝时，康熙皇帝大概不会改变祖制，而损其园寝规制。所以，我们推测此处"享殿三间"当有误。

1937年，隆禧园寝被盗发。2008年笔者考察时，清东陵管理处李寅先生为我们提供了一张拍摄于上世纪80年代的隆禧园寝照片，当时宝顶仍然存在。如今地面建筑已被拆除，地面仅存残砖破瓦及少量建筑构件。从现存园寝遗迹仍可以隐约看出残存的享殿基址、琉璃花门基址、地宫残迹及后墙圈的位置。享殿的柱础石裸露于地面，因柱础的位置早年已发生位移，

1　见康熙二十一年二月二十一日隆禧墓碑碑文。

2　《爱新觉罗宗谱》甲册。

3　转引自徐广源《解读清皇陵》，紫禁城出版社，2005年。

4　冯其利《清代王爷坟》，紫禁城出版社，1996年。

故无法精确测量享殿的建筑尺寸。从琉璃门基址残迹粗测，其宽度大约6.5米。宝顶的地理坐标为北纬40°09.161′，东经117°34.573′，距离左右围墙的距离约为15.5米。地宫墓圹长约10.8米，宽约8.4米。碑亭已不存，墓碑一统，保存基本完好，坐标为北纬40°09.091′，东经117°34.553′。墓碑为康熙二十一年（1682）二月二十一日立。碑座为蛟龙首，螭跌，上书满汉两种文字。碑身高约3米，宽约1.3米，厚约0.55米。碑额高1.55米。碑座长3.5米，宽1.48米，高1.3米。碑座下水盘长2.92米，宽2.6米，水盘雕刻海水江崖，四角刻有水涡，水涡内有雕刻精美的鱼、鳖、虾、蟹（图1-4-18～1-4-27）。

康熙十八年（1679）七月，纯靖亲王隆禧薨逝后，其子富尔祜伦于康熙十九年（1680）三月，袭和硕纯亲王。同年十一月二十六日，富尔祜伦薨逝，年二岁。无子，爵除。富尔祜

图1-4-18 20世纪80年代隆禧墓碑碑亭券脸石
（本照片由清东陵管理处李寅先生提供）

图1-4-19 隆禧墓碑

图1-4-20 水盘（一）

图1-4-21 水盘（二）

图1-4-22 水盘（三）

图1-4-23 水盘（四）

【第一部分】清代宗室王公园寝志

209

图1-4-24 20世纪80年代宝顶残迹（本照片
由清东陵管理处李寅先生提供）

图1-4-25 现存地宫残迹

图1-4-26 残存享殿基址

图1-4-27 享殿柱础石

伦葬地不详，推测可能祔葬于其父园寝之中。

第五章　圣祖仁皇帝位下诸王公茔地及园寝

一、已革多罗直郡王、固山贝子品级允禔园寝

　　天津蓟县黄花山南麓由东到西一字排开的六座园寝中的第五座，为直郡王允禔的园寝，当地群众称之为"达摩苏王坟"。允禔为康熙皇帝长子，生于康熙十一年（1672）二月十四日，母惠妃纳喇氏（郎中索尔和之女）。允禔在诸皇子中是比较聪明能干的。他文武双全，三次随康熙皇帝出征、巡视，都有所作为。第一次是康熙二十九年（1690），年仅十八岁的允禔奉命随伯父抚远大将军福全出征，指挥军队。第二次是康熙三十五年（1696）允禔随驾亲征噶尔丹，他与内大臣索额图领御营前锋营，参赞军机。康熙三十七年（1698）三月允禔被封为多罗直郡王，此时他二十六岁。第三次是康熙三十九年（1700）允禔随驾巡视永定河河堤，任总管。

　　康熙四十七年（1708）九月，皇太子允礽既废，允禔奏曰："允礽所行卑污，失人

心。术士张明德尝相允禩必大贵。如诛允礽，不必出皇父手。"上怒，诏斥允禵凶顽愚昧，并戒诸皇子勿纵属下人生事。允禵用喇嘛巴汉格隆魔术魇太子允礽事发，被夺爵，幽禁于第。当时康熙帝的诸皇子争夺嗣位的斗争已经到了白热化的程度，康熙皇帝为此伤心不已，大病一场，甚至觉得"大病之后，过伤心神，渐不及往时。况日有万机皆出自裁，每觉精神日逐于外，心血时耗于内，恐前倘有一时不讳"[1]。但允禵结交甚广，康熙担心其"附中门户既多，恐匪类仍行往来"，"钻刺行走"，最后，康熙决定将其关押在"别旗地方"，并亲自布置了看守方案。自此，允禵一直处于监禁之中，直至雍正十二年（1734），允禵死去，时年六十三岁。世宗雍正皇帝命以固山贝子礼殡葬于黄花山。允禵有嫡夫人伊尔根觉罗氏，继夫人张氏，妾关氏、钱氏、阮氏、郭氏、晋氏、范氏、王氏、高氏。允禵有子五人[2]。

由于允禵死后是以贝子礼殡葬，所以园寝规格较低。该园寝建筑未用绿琉璃瓦，享殿以布瓦盖顶，未建碑亭[3]。1927年，园寝被盗发，1983年时园寝遗址尚残存有部分建筑。2008年笔者调查时，该园寝地面建筑已全部被拆毁，连建筑残件都难以寻觅，地面已全部平整为农田。经当地粮食局退休职工张秀峰引导指认，笔者对园寝地宫的位置进行了测量，其地理坐标约为北纬40°09.158′，东经117°34.389′。

据《宗谱》记载，雍正十二年（1734），允禵薨逝，允禵第二子弘昉被封为镇国公，先后管理镶白旗汉军都统事务、镶红旗护军统领。乾隆三十一年（1766），弘昉缘事革去都统统领。乾隆三十七年（1772）卒，年六十九岁。次年三月，弘昉第九子永扬袭封辅国公。同年九月，永扬与同胞兄弟永珖因为琐屑事务，争产打死家奴下人，互相翻控。乾隆皇帝闻之怒言："伊等俱系近派宗室，理宜循分安静。乃以同胞兄弟构恤相倾，实属有玷宗室颜面。……永扬所袭公爵，并非军功劳勋，乃朕特恩令其承袭者。今乃如此狂悖妄行，永扬着革去公爵，不准承袭。……交宗人府永远圈禁。"又谕曰："永扬承袭公爵，原系皇考加恩承祀直郡王者。今已获罪，不准承袭。然承祀一事不可无人，着施恩赏给奉恩将军，令弘晌兼摄。"[4]弘晌是允禵第十二子，生于康熙五十七年（1718），乾隆三十八年（1773）赏给奉恩将军，授宗人府左宗人。乾隆四十三年（1778），弘晌因卷入贪污大案而被革退，乾隆四十六年（1781）卒，年六十四岁。同年十月，弘晌长子永多承袭奉恩将军，嘉庆十四年（1809）卒，年七十岁。同年，永多孙奕章承袭奉恩将军。奕章是永多长子绵亘第一子，道光二十八年（1848）因病告退奉恩将军。同年，奕章子载祃嗣子溥瑞承袭奉恩将军，同治元年（1862）卒，溥瑞第三子毓崟承袭奉恩将军，光绪十五年（1889）卒，溥瑞嗣子毓英承袭奉恩将军。可惜的是，这些允禵的后人葬地不详，尚待进一步考查。

二、理密亲王允礽及后裔园寝

（一）理亲王家族茔地
1. 天津黄花山理密亲王允礽园寝

1 《圣祖仁皇帝圣训》卷九。

2 《爱新觉罗宗谱》甲册。

3 冯其利《清代王爷坟》，第128页，紫禁城出版社，1996年。

4 《清高宗实录》卷九百四十三。

提起允礽，稍微对清史有点了解的人，都会知道这个人。他是大清开国至灭亡295年中唯一的一位被正式册立的太子，也是清朝历史上唯一的一位先后两次被废立，在太子位上一待就是五十年，但最终却没能熬到继位的那一天，反而被囚死的皇太子。他的一生充满了传奇和神秘，也充满悲情色彩，在中国历代的封建王朝中都是极为罕见的。今天的人们对他的生平际遇和最后的不幸结局仍然充满了好奇和同情，他的一生似乎仍然有许多未解之谜，等待着后人去发现和挖掘，以致于今天的历史研究者和文学工作者，都对他充满了兴趣。他的故事被不断地搬上银屏，不断地被研究着和演义着，成了普通百姓茶余饭后都喜欢谈论的话题。他虽然死去二百八十多年了，但却仍然还是一个活跃在今天人们视线中的"公众人物"。

允礽原名胤礽，为清圣祖康熙皇帝玄烨的第二子，也是康熙皇帝的嫡长子。生于康熙十三年（1674）五月初三日，生母孝诚仁皇后赫舍里氏是顺治皇帝临终前顾命的四位辅政大臣之一索尼的孙女，领侍卫内大臣承恩公噶布喇之女，当朝大学士、领侍卫内大臣索额图的侄女[1]。赫舍里氏十二岁嫁给康熙，两人恩爱，但不幸在生育胤礽时因难产而死，年仅二十二岁。康熙帝与这位早逝的皇后感情很深，因此对允礽也就格外钟爱。在康熙十四年（1675）十二月十三日，胤礽才一岁半时，康熙皇帝就把他册立为皇太子。由皇帝来公开册立皇储，在有清一代这是第一次，也是唯一的一次。

清朝在后金时期，努尔哈赤就制定了"八和硕贝勒共议国政"制度。军国大事，均由八旗旗主决定，在汗位的继承上，当然也由八旗旗主共同来推举。天命七年（1622），努尔哈赤曾明确告谕八位和硕贝勒："尔等八和硕贝勒，有才德能受谏者可继我之位，若不纳谏，不遵道，可更择有德者主之。"[2]但是在清太宗皇太极死后，实力较强的诸王大臣们在推举皇嗣的问题上，几乎要兵戎相见，使这个建立起来不久的政权差点分裂。清廷入关之后，皇权与旗权之间的矛盾越来越突出，顺治病逝前，就想不遵祖制，建立皇储，以削弱旗权，但可惜顺治只活了二十四岁，这一愿望没有来得及实现。最后由顺治帝与孝庄太后、诸王、大臣等商量，决定由皇三子玄烨来继承皇位，四大臣索尼（正黄旗）、苏克萨哈（正白旗）、遏必隆（镶黄旗）、鳌拜（镶黄旗）辅政，算是皇权与旗权取得了折中，才算没有引起太大的麻烦。

康熙继位之前，清朝一直延续以前的八和硕贝勒共议朝政制度，旗权对皇权形成的制约还非常严重。康熙皇帝要加强皇权统治，削弱旗权对于皇权的制约，正好可以通过册立胤礽为皇储这件事，借助辅政大臣索尼家族的力量，帮助自己达到废除八旗旗主推举继嗣的目的。由此可见，胤礽能在刚出生后不久就被被册立为皇太子，其实仍然只是当时皇家内部政治斗争的需要。胤礽不幸出生在这样的一个时代和家庭，就注定了他一出生，就要被推到政治斗争的风口浪尖上的命运。

康熙皇帝在册立胤礽为皇太子以后，对他寄予了很高的期望。胤礽六岁以前，康熙"亲教之读书"，后来又为他选择了名儒张英、李光地、熊赐履为师，稍长，又特召江宁巡抚、著名理学家汤斌为詹事府詹事。胤礽天资聪颖，加上有康熙皇帝的精心安排和名师的指导，

---

1 《爱新觉罗宗谱》甲册。
2 《满洲实录》卷七，天命七年三月初三日；另参见《清太祖实录》卷八，天命七年三月己亥；《满文老档》上册，第345～346页。

清代园寝志

212

很快就能"通满、汉文字，娴骑射，从上行幸，赓咏斐然"[1]。为了让胤礽得到更好的锻炼，康熙三十五年至三十六年（1696-1697），康熙皇帝三次亲征噶尔丹，先后有十多个月的时间不在京城，都让二十二岁的皇太子胤礽坐镇京师处理朝政，让他"代行郊祀礼。各部院奏章，听皇太子处理。事重要，诸大臣议定，启皇太子"[2]。胤礽也能恪尽职守，博得满朝文武的称赞，"举朝皆称皇太子之善"[3]。康熙皇帝"不胜喜悦"，认为有胤礽这样的接班人乃"朕之福泽，想由行善所致耶"[4]，对他寄予了莫大希望。

康熙三十七年（1698）三月，康熙帝分别册封了自己已成年的诸皇子为郡王、贝勒，其中封皇长子胤禔为多罗直郡王，皇三子胤祉为多罗诚郡王，皇四子胤禛、皇五子胤祺、皇七子胤祐、皇八子胤禩俱为多罗贝勒，并给他们分拨佐领，各有属下之人。这些受封的诸皇子都参与国家政务，各自暗中培植自己的势力。胤礽深感自己的地位受到了威胁。此时胤礽已在太子的宝座上苦熬了二十余年，而其父皇的身体却依然非常健康。在残酷的宫廷政治斗争中，皇帝、皇太子与诸皇子之间的矛盾也愈演愈烈，朝中出现了拥护皇太子与反皇太子的两大政治势力。眼看着皇太子与诸皇子之间的明争暗斗已发展到了水火不容的程度，而且蔓延到了朝臣之间，康熙皇帝非常伤心。康熙四十二年（1703）五月，康熙皇帝首先以"议论国事，结党妄行"之罪，将支持胤礽的索额图拘禁于宗人府，接着又逮捕了索额图诸子，朝臣中只要与索额图稍有牵连的人全都受到了株连，索额图不久死于幽所。索额图被治罪，实际上就等于彻底剪除了朝臣中胤礽的死党。康熙皇帝这样做，是想给胤礽一个警告。但这一做法却又客观上助长了朝中反对皇太子的势力。

诸皇子中，野心最重的首先是皇长子胤禔。那时候，中国传统的宗法观念在满清贵族中已是深入人心，在胤禔看来，他是皇长子，又有他的舅父大学士、内大臣明珠做他的后盾，为他谋划，一旦胤礽从太子之位上跌落下来，那么太子的宝座就非他莫属了。

康熙四十七年（1708）五月十一日，康熙帝巡幸塞外，命皇太子、皇长子、皇十三子、皇十四子、皇十五子、皇十六子、皇十七子、皇十八子随驾。在随驾巡幸期间，康熙"命直郡王允禔善护朕躬"，胤禔认为这是父皇给了自己一个机会，乘机在康熙皇帝面前不断地打胤礽的"小报告"，说胤礽暴戾不仁，恣行捶挞诸王、贝勒、大臣，以至兵丁"鲜不遭其荼毒"[5]等等。这些小报告，有些是不实之词，但是康熙帝深信不疑，认为皇太子的行为是"欲分朕威柄，以恣其行事也"[6]，对胤礽越来越不满。而恰恰就在这个时候，刚满七岁的皇十八子胤祄在随从康熙皇帝巡幸途中患了急病，康熙帝十分焦虑，而作为皇太子的胤礽却面无戚容，无动于衷。这不由地使康熙皇帝想起了十多年来一直耿耿于怀的另一件事：康熙二十九年（1690）七月，乌兰布通之战前夕，康熙帝出塞，途中生病，令皇太子与皇三子驰驿前迎，胤礽到行宫给皇父请安，看到天颜消瘦，竟没有忧戚之意，也没有良言宽慰。康熙皇帝认为这位皇太子"绝无忠爱君父之念"，就先把他打发回京了[7]。当时只有十六岁的胤礽可

1　《清史稿》卷二二〇。

2　《清圣祖实录》卷一百七十一。

3　《清圣祖实录》卷二百三十四。

4　《宫中档康熙朝奏折》第八辑《满文谕折》。

5　《清圣祖实录》卷二百三十四。

6　《清圣祖实录》卷二百三十三。

7　《清圣祖实录》卷一百四十七。

能根本没有意识到皇父的不满，但是康熙帝认为这说明皇太子不孝，不堪重用。后来康熙帝在废皇太子时说已包容了二十年，就是把这件事作为起点的，可见此事给康熙帝留下多么深的印象。当年君父生病，皇太子就不关心，现在幼弟生病，他还是这般冷漠。康熙帝气愤地责备皇太子："伊系亲兄，毫无友爱之意。"但是皇太子不仅不接受批评，而且还"忿然发怒"[1]，这件事使康熙帝觉得皇太子实在冷漠无情，缺乏仁义之心。在返京途中，康熙帝发现皇太子夜晚靠近他的帐篷，从缝隙向里面窥视，便怀疑皇太子可能要"弑逆"。康熙四十七年（1708）九月初四日，康熙帝在巡视塞外返回途中，在布尔哈苏台行宫，召诸王、大臣、侍卫，文武官员等齐集行宫前，命皇太子允礽跪，垂涕数说胤礽之罪，甚至连赫舍里皇后难产而死这件事也算在了胤礽的头上，认为他"生而克母"，为不孝不仁之人，废掉了在储位上苦熬了三十三年的皇太子。

胤礽被废，胤禔喜不自胜，认为他自己煞费苦心地给父皇打的那些"小报告"都已奏效，自己也就必然深得父皇的信任了。但他没想到，他在告发胤礽的同时，他的野心也就完全暴露在他的父皇面前。所以康熙在宣布拘执胤礽的同时，也明确宣谕："朕前命直郡王允禔善护朕躬，并无欲立允禔为皇太子之意。允禔秉性躁急、愚顽，岂可立为皇太子？"[2]康熙的这一谕旨，给了胤禔当头一棒，完全打破了胤禔的太子美梦。

这是一个极为敏感的时刻，诸皇子和朝臣们的眼睛这时全都盯在康熙皇帝的身上，看他做什么，听他说什么。这个时候皇帝的一个眼神，都能在朝臣和诸皇子们绷紧的神经上撞击出一个闪电。所有的人都在一边担心着却又一边迫不及待地盼望着这一个闪电的炸响。就在这时候，康熙又宣布了一件事情：让皇八子贝勒"胤禩署内务府总管事"。

这是一个信号。允禔知道自己做太子彻底无望了。现在父皇让皇八子允禩做内务府总管，是不是有意立老八做皇太子？胤禔虽然心中绝望，但却又觉得如果自己做不了皇太子，能立老八，那也未必是一件坏事。因为在诸皇子中，他与老八的关系还是比较近的。

胤禩之母卫氏，系满洲正黄旗包衣人、宫内管领阿布鼐之女。宫内管领虽为五品文官，但因她是辛者库出身，故较后宫其余人等为贱。"辛者库"是满语"辛者库特勒阿哈"的简称，意为"管领下食口粮人"，即内务府管辖下的奴仆。清代八旗官员得罪后，他们本人及其家属就被编入辛者库，成为戴罪奴仆，以示惩处。卫氏的先人大概有过类似经历，才成为辛者库罪籍[3]。胤禩出生后，康熙嫌卫氏出身低微，将他交由胤禔之母惠妃那拉氏教养，胤禩与惠妃感情甚亲，因为有了这一层关系，胤禩与胤禔的关系也就比其他的皇子亲近。而且胤禩是在康熙三十七年（1698）接受封爵的皇子中最年轻（仅17岁）的一位，说明康熙对他还是非常欣赏的。胤禔眼看着自己做太子无望了，于是就又极力想推荐胤禩。

康熙鸾驾返回京师后，命在皇帝养马的上驷院旁设毡帷，给胤礽居住。又命皇四子胤禛与皇长子胤禔共同看守胤礽。当天，康熙帝召集诸王、贝勒等副都统以上大臣、九卿、詹事、科道官员于午门内，宣谕拘执皇太子胤礽之事。康熙帝亲自撰告祭文，告祭天地、太庙、社稷，将废皇太子幽禁咸安宫，颁诏天下。

而此时的胤禔，却错误地以为他的皇父内心对胤礽的怨恨已到了必欲杀之的地步，所

清代园寝志

1　《清圣祖实录》卷二百三十四。

2　《清圣祖实录》卷二百三十四。

　3　《清皇室四谱》中，也说卫氏"本辛者库罪籍，入侍宫中，康熙二十年生皇八子"。

以不杀胤礽，只不过是碍于父子情分，怕被天下人唾骂而已。他竟然利令智昏地向他的皇父秘密建议说："今欲诛胤礽，不必出自皇父之手。"又极力在他的父皇面前称赞胤禩之贤。为了能把胤禩推上皇太子的宝座，他竟然把相面人张明德曾经说胤禩后必大贵的话也说了出来。这也足以看出胤禔是一个根本缺乏政治头脑的人，他犯的可以说是一个极为小儿科的错误。他的这一小儿科的错误，不仅没有把胤禩推到皇太子的宝座上，反而把他和胤禩的前程彻底断送了。第二天，康熙皇帝就以他密奏的话向诸皇子公开训诫道："拘禁允礽时，允禔奏'允礽所行卑污，大失人心。相面人张明德曾相允禩后必大贵。今欲诛允礽，不必出自皇父之手。'言至此，朕为之惊异。朕思允禔为人凶顽愚昧，不知义理，倘果同允禩聚集党羽杀害允礽，其时但知逞其凶恶，岂暇计及于朕躬有碍否耶？似此不谙君臣大义，不念父子至情之人，洵为乱臣贼子，天理国法皆所不容者也。"[1]至此，康熙皇帝完全明白了胤禔、胤禩等人的阴谋，派人追查张明德相面之事，查出不仅有相面之事，而且他们还真有谋杀皇太子的企图[2]。于是"召诸皇子入乾清宫，谕曰：'当废允礽之时，朕已有旨，诸阿哥中，如有钻营谋为皇太子者，即国之贼，法断不容。废皇太子后，允禔曾奏称允禩好。《春秋》之义，人臣无将，将则必诛。大宝岂人可妄行窥伺者耶？允禩柔奸性成，妄蓄大志，朕素所深知。其党羽早相要结，谋害允礽。今其事皆已败露，着将允禩锁拿，交与议政处审理。'皇九子允禟语皇十四子允禵云：'尔我此时不言何待？'允禵奏云：'八阿哥无此心，臣等愿保之。'上震怒。出所佩刀欲诛允禵，皇五子允祺跪抱劝止。诸皇子叩首恳求，上怒少解。命诸皇子挞允禵，将允禟、允禵逐出"[3]。

实际上，康熙皇帝已经明确认识到允礽的罪名原多不实。当初，他最怀疑胤礽企图谋杀他，皇太子申诉说："皇父若说我别样的不是，事事都有，只弑逆的事，我实无此心。"康熙帝听了，不但未斥责皇太子，反而认为他说得对，令将胤礽项上的锁链取下[4]。

就在这个时候，皇三子胤祉向他的父亲康熙皇帝揭发：皇长子与一个会巫术的人有来往。经查，发现胤禔用巫术镇魇胤礽，阴谋暗害亲兄弟，并有物证。其母惠妃也向康熙帝奏称胤禔不孝，请置正法。康熙帝不忍杀亲生儿子，令革其王爵，终身幽禁，并将其所属包衣佐领及人口，均分给皇十四子胤禵及皇八子胤禩之子弘旺。

除去那些半路夭折的皇子外，康熙一生共养育了二十四位皇子，而在康熙四十八年（1709）之前出生的，就有二十位。对于这些亲生的骨肉，他又能把他们怎么样？俗话说，虎毒不食子，手心手背都是肉。皇子们明争暗斗，对于康熙来说，处置哪一个儿子，不都是在割自己身上的肉？康熙皇帝既已明白胤礽之冤，就想恢复其皇太子的地位。康熙四十七年（1708）十一月十四日，康熙帝召满汉文武大臣齐集畅春园，令从诸皇子（皇长子除外）中举奏一位堪任皇太子之人，说："众议谁属，朕即从之。"康熙帝的意思是复立皇太子。但

1 《清圣祖实录》卷二百三十四。

2 《清圣祖实录》卷二百三十四："大学士温达等遵旨审讯相面人，张明德供'由顺承郡王长史阿禄荐于顺承郡王及赖士公、普奇公，由顺承郡王荐于直郡王。我信口妄言：皇太子暴戾，若遇我，当刺杀之。又捏造大言云：我有异能者十六人，当招致两人见王。耸动王听，希图多得银两。又由普奇公荐于八贝勒。看相时，我曾言：丰神清逸，仁谊敦厚，福寿绵长，诚贵相也。以上俱是实情'等语。应将张明德拟斩立决。缮折具奏。留中。"

3 《清圣祖实录》卷二百三十四。

4 《文献丛编》第3辑《胤禩胤禟》。

那时候群臣谁也摸不清康熙心中的真实想法，而康熙又不便于把自己的想法直接告诉群臣。所以他先召李光地进宫，向他询问废皇太子病"如何医治，方可痊好"，试图通过这些话启发李光地，让他提议复立胤礽。很明显，胤礽如果真的有病，那也是由于被废引起的，所以"解铃还须系铃人"，对症下药，只有复立。但李光地为少惹是非，只是谨慎地回答了一句："徐徐调治，天下之福。"而且未向任何人透露此事，以致大家在推举时，都不知道该怎么说才好[1]。"集议日，马齐先至，张玉书后入。问：'众意谁属？'马齐言众有欲举八阿哥者。俄，上命马齐勿预议，马齐避去。阿灵阿等书'八'字密示诸臣，诸大臣遂以允禩名上，上不怿"[2]。时马齐为大学士，阿灵阿为领侍卫内大臣兼理藩院尚书。康熙帝指出：皇八子未曾办理过政事；近又罹罪，其母出身微贱，故不宜立为皇太子[3]。康熙帝传谕李光地，提醒说："前召尔入内，曾有陈奏，今日何无一言？"这时诸臣才恍然大悟。

康熙要让群臣都明白自己的心意，为复立胤礽找个借口，第二天，就把科尔沁达尔汉亲王额驸班第、领侍卫内大臣、都统护军统领、满大学士尚书等人召入宫中，向他们宣谕说："太皇太后在日，爱朕殊深。升遐以后，朕常形梦寐，奇异甚多。乌兰布通出兵之前，梦太皇太后止朕曰：'尔慎毋出兵，出恐无益。'后朕强行，果至半途抱疾而还。中路出兵之时，亦梦太皇太后谓朕曰：'尔此番出兵克奏大勋，但非尔亲获其俘耳。'朕彼时不能深解。后出兵，闻噶尔丹遁去，朕自拖诺山发兵往追，噶尔丹遂西奔，遇伯费扬古大败之，多所俘获，始知梦兆符合如此。近日有皇太子事，梦中见太皇太后，颜色殊不乐，但隔远默坐，与平时不同。皇后亦以皇太子被冤见梦。且执皇太子之日，天色忽昏，朕于是转念，是日即移御馈赐之。进京前一日，大风旋绕驾前。朕详思其故，皇太子前因魇魅，以至本性汨没耳。因召置左右，加意调治，今已痊矣。朕初谓魇魅之事，虽见之于书，亦未可全信。今始知其竟可以转移人之心志也。诸臣奏曰：'皇上灼见废皇太子病源，治疗已痊，诚国家之福，天下之福也。伏祈皇上即赐乾断，颁示谕旨。'诸臣出。顷之，召诸臣入，问曰：'群臣皆合一否？'诸臣齐奏曰：'臣等无不同心。'上曰：'尔等既同一心，可将此御笔朱书对众宣读，咸使闻知。'谕旨曰：'前执允礽时，朕初未尝谋之于人，因理所应行，遂执而拘系之。举国皆以朕所行为是。今每念前事，不释于心。一一细加体察，有相符合者，有全无风影者。况所感心疾，已有渐愈之象。不但诸臣惜之，朕亦惜之。今得渐愈，朕之福也，亦诸臣之福也。朕尝令人护视，仍时加训诲，俾不离朕躬。今朕且不遽立允礽为皇太子，但令尔诸大臣知之而已。允礽断不报复仇怨。朕可以力保之也。'"[4]

康熙四十七年（1708）十月十九日，康熙去南苑行围，想到过去皇太子及诸阿哥随行的情景，不禁如万箭穿心，伤情无限。他终于经不起心灵的这般折磨，在十月二十三日病倒了。当日回宫后，他立即召见了胤礽，并将召见胤礽事谕告臣下，谓："自此以后，不复再

1　参见《清耆献类征选编》卷五（上）："四十七年十一月，上以废皇太子允礽狂疾渐愈，欲复立之。命诸大臣集议保奏。尚书王鸿绪附和内大臣阿灵阿等保奏皇八子允禩，上切责之。谕询李光地曰：'前召尔入内，曾有陈奏，今日何无一言？'光地奏：'前者，皇上问臣：废皇太子病，如何医治方可全好？臣曾奏言徐徐调治，天下之福。臣未尝告诸人也。'"

2　《清史稿》卷二百八十七《马齐传》。

3　《清圣祖实录》卷二百三十五。

4　《清圣祖实录》卷二百三十五。

提往事。"[1]此后他经常召见胤礽，并告诉群臣："召见一次，胸中疏快一次。"把要复立胤礽的信号明确传给了群臣。

康熙四十八年（1709）三月初九日，清圣祖康熙皇帝以复立皇太子胤礽，遣官告祭天地、宗庙、社稷曰："臣比因此等事情，常切惭恨，心神耗损，致成剧疾，自维势难必愈。但深念祖宗垂贻丕基，臣诸子中，允礽居贵。虽被镇魇，已渐痊可。遂召诸臣明谕而宽释之。自此以后，见其夙夜祗事，忧形于色，药饵躬亲，克尽子职。臣复屡加省验，惟诚惟谨，历久弗渝。嗣后信能敬慎修身，常循兹轨，则允堪主器矣。谨于康熙四十八年（1709）三月初九日，用申虔告之仪，复正储贰之位。"次日，又"以大学士温达、李光地为正使，刑部尚书张廷枢、都察院左都御史穆和伦为副使持节，授皇太子允礽册宝，复立为皇太子。以礼部尚书富宁安为正使，礼部侍郎铁图为副使持节，授皇太子妃册宝，复封为皇太子妃。"康熙认为："从前朕之诸子所以不封王爵者，良恐幼年贵显，或至骄侈，恣意而行，故封爵不逾贝勒，此亦朕予之以勉进之路也。今见承袭诸王、贝勒、贝子等，日耽宴乐，不事文学，不善骑射，一切不及朕之诸子，又招致种种匪类，于朕诸子间，肆行诖谮，机谋百出，凡事端之生，皆由五旗而起。朕天性不嗜刑威，不加穷究，即此辈之幸矣。"基于这样的认识，所以他在复立皇太子大庆之日，同时把其他的几个年长的皇子都晋了爵位："允祉、胤禛、允祺，俱着封为亲王。允祐、允䄉，俱着封为郡王。允禩、允祹、允禵，俱着封为贝子。"加上在此之前早已封的多罗贝勒胤禩，他所有年长的皇子们，全都成了宗室中的王公。只有大阿哥胤褆"行止甚属暴戾无耻，并不念及父母兄弟，杀人害人，毫无顾忌，任意妄为"，"观伊之党羽，俱系贼心恶棍，平日斗鸡学习拳勇，不顾罪戾，惟务诱取银钱，稍知礼义之人断不为此"，"朕意今欲将大阿哥安置一处，令其安静不致生事方好"，"着领侍卫内大臣，宗人府大学士往看何处牢固，朕特派人严加看守"[2]。康熙所做的这些安排，无非是想以此弭止诸皇子之间的争斗，缓解诸皇子之间的矛盾。但这些措施不仅并未从根本上解决原有的君储矛盾，而且使皇太子与皇子之间的矛盾变得更加复杂。朝中大臣很快就分化成了支持和反对皇太子的两大阵营。作为皇帝，他采取的这些措施显然欠妥，反而埋下了更深的隐患。

于是，很快就又发生了所谓的"皇太子党事件"。此事发生在康熙五十年（1711）十月，有人向康熙密告，刑部尚书齐世武、兵部尚书耿额等人"以酒食会友"，康熙认为"耿额乃索额图家奴，在乌喇时就谄媚索额图，馈送礼物，于索额图案内即应诛戮，朕特宥之。今乃负恩，造谋结党"。这种结党行为，必定与胤礽有关。十月二十七日，康熙帝在畅春园大西门内箭厅召见诸王、贝勒、文武大臣等，宣称："诸大臣皆朕擢用之人，受恩五十年矣，其附皇太子者，意将何为也？"于是当场逐个质问齐世武、耿额等。众人矢口否认结党，康熙帝令锁拿候审。另外，命将已经解职的步军统领托合齐，也拘禁宗人府[3]。托合齐出身卑微，原为安亲王家人，后转为内务府包衣，曾任广善库司库。以其为定嫔之兄、皇十二子允祹之舅，故受到康熙帝信任，于康熙四十一年（1702）六月出任步军统领。康熙五十年

<hr>

1 《清圣祖实录》卷二百三十五。
2 《清圣祖实录》卷二百三十七。
3 《清圣祖实录》卷二百四十八。

（1711）十月二十日，康熙以托合齐有病为由，将其解职，同时任命隆科多为步军统领。康熙之所以突然这样做，很显然是有人在他的面前又打了胤礽的小报告，拨动了他那根一直紧绷着的"君储矛盾"的神经。他虽然复立了胤礽为储，但却在内心中特别忌讳大臣依托胤礽。康熙五十一年（1712）四月，"宗人府等衙门遵旨将托合齐等结党会饮一案审讯，各供具奏，得旨：'此等事俱因允礽所致。允礽行事，下之人无分贵贱，莫不尽知。若果以孝为本，以仁为行，天下之人，皆知系朕之子，必无异心，何必求此等人保奏？惟其行事不仁不孝，难于掩盖，徒以言语货财买嘱。此等贪浊谄媚之人潜通信息，尤属无耻之甚矣。'[1] 最后，康熙命将尚书齐世武"以铁钉钉其五体于壁而死"。另据《满洲名臣传·齐世武列传》记载：齐被判绞之后，又改发遣伯都纳，雍正二年（1724）卒。十月二十九日，议托合齐将其"即行凌迟处死"，不久于监所病故，命将其"锉尸扬灰，不准收葬"。对"一应发审取供之人"，全部作了严肃处理。皇帝与储君之间的矛盾，终于又发展到不可调和的地步。康熙五十一年（1712）九月三十日，康熙帝巡视塞外回京当天，即向诸皇子宣布："皇太子允礽自复立以来，狂疾未除，大失人心，祖宗弘业断不可托付此人。朕已奏闻皇太后，着将允礽拘执看守。"十月初一，以御笔朱书向诸王、贝勒、大臣等宣谕重新废黜胤礽的理由，主要是：

第一，从释放之日，乖戾之心，即行显露；

第二，数年以来，狂易之疾，仍然未除；

第三，是非莫辨，大失人心；

第四，秉性凶残，与恶劣小人结党。

康熙帝要求诸臣："各当绝念，倾心向主，共享太平。后若有奏请皇太子已经改过从善应当释放者，朕即诛之。"[2] 十一月十六日，将废皇太子事遣官告祭天地、太庙、社稷。命禁锢废皇太子允礽于咸安宫[3]。

康熙帝第二次废黜皇太子，虽然并非完全如他自己所说"毫不介意，谈笑处之"，但确实不像第一次时那么痛苦。因为他发现，立皇太子就难免有矛盾，不立皇太子则可以减少皇储争夺的内斗。数月之后，针对有的官员奏请册立皇太子的事情，康熙帝答复说："宋仁宗三十年未立太子，我太祖皇帝并未预立皇太子，太宗皇帝亦未预立皇太子。汉唐以来，太子幼冲，尚保无事；若太子年长，其左右群小结党营私，鲜有能无事者。……今众皇子学问、见识，不后于人，但年俱长成，已经分封，其所属人员未有不各庇护其主者，即使立之，能保将来无事乎？"[4] 这一次，康熙皇帝算是真正看到了他当政的这几十年之间，皇储之争的真正原因，所以决意以后不再公开立储。

胤礽复废后，当然并不甘心。康熙五十四年（1715）十一月，他借医生为其妻石氏诊病之机，用矾水写信，通过医生贺孟俯与正红旗满洲都统公普奇联系，嘱托普奇保举自己为大将军，事情败露，自此，康熙帝十分戒备，凡大臣上疏立储者，或处死，或入狱。康熙六十年（1721）三月，在康熙帝庆寿之日，有的大臣上疏建议立皇太子，康熙帝置之不理。事过

1　《清圣祖实录》卷二百五十。

2　《清圣祖实录》卷二百五十一。

3　《清圣祖实录》卷二百五十一。按：咸安宫位于寿康宫后、长庚门内，为明代建筑，天启年间客氏曾居之。清康熙二十一年（1682）改建。南向开门三楹曰咸安门，正殿五间，东西配殿各三间。

4　《清圣祖实录》卷二百五十三。

数日，又有十二人联名上疏建议立储，康熙帝怀疑这些人为胤礽同党，均给予处罚。

康熙六十一年（1722）三月，康熙皇帝预感到自己将不久于人世，命在北京德胜门外郑家庄原八旗教场增盖房屋，修建王府，欲移允礽往住。十一月，康熙皇帝驾崩，皇四子雍亲王继位，是为雍正皇帝。雍正继位后，继续在郑家庄加盖房屋，"拨给驻防郑家庄官兵房屋计城守尉衙署一所十五间，佐领衙署六所各七间，防御衙署六所、骁骑校衙署六所俱各五间，笔帖式衙署二所各三间，甲兵六百名，各营房二间"[1]。总计拨给驻防兵丁营房多达一千三百二十三间。一切安排妥当后，雍正皇帝命令允礽之子弘晳移居到那里，把他严密地看管起来。

雍正二年（1724）十二月十三日，有关王大臣等上奏雍正皇帝，报告允礽病重，雍正皇帝指示诸王及有关大臣说："前看守之王大臣奏闻二阿哥病症，朕即下旨与王大臣，于太医院择良医调治。昨者少愈，二阿哥披诚陈奏，感激朕恩，殊为可悯。今日医云病复变重，朕欲往看，恐二阿哥执为臣之礼。俟有事后，朕再往奠。前二阿哥福金事既照亲王福金办理，若二阿哥有事亦应照亲王之例办理，一切所用之物，交与内务府大臣庄亲王常明、来保等，俱于内府取给。理郡王所属人等，俱着穿孝。即传谕令其预备。二阿哥之子孙，交与总管太监，多派人照看。从前皇考时大阿哥福金曾派在内阿哥穿孝，如二阿哥有事，着诚亲王公允祹长子弘曙、弘晫、弘曦、弘昉、弘春、弘昂穿孝，照亲王例齐集。时值隆冬，福金及大臣之命妇免其齐集，着择定出殡日期，送至郑家庄，设棚安厝，令伊子弘晳得尽子道。出殡时每翼派领侍卫内大臣各一员，散秩大臣各二员，侍卫各五十员，送至郑家庄。"是则允礽死后，是从咸安宫先送到郑家庄原本为他安排的王府中"设棚安厝"的。

十二月十四日（癸未），允礽被囚死于咸安宫。在胤礽去世之前，其子弘晳在雍正元年（1723）已经被世宗晋封为理郡王，所以世宗以理为号，追赠胤礽为理亲王。谥曰密。雍正皇帝要亲往致祭。群臣皆恳请停止。雍正皇帝谕示说："二阿哥获重罪于皇考，其身若在，仍属负罪之人。今既如此，则罪已毕矣。罪既毕，依然朕兄也。从前裕亲王之事，皇考自热河回京，即躬临致奠，朕之弟兄亦着穿孝。今封二阿哥为亲王，即与裕亲王无异。从前皇考曾有谕旨：二阿哥、大阿哥断不可放出，是以朕遵奉而行。自登大宝以来，于二阿哥处未降一旨，未遣一人，虽锡赉频加，皆未言及朕所颁赐也。惟交与总管太监传送。彼询所从来，则云不知。盖朕心不欲受伊拜谢，并不欲闻伊感恩之言也。前日闻伊病，朕遣大臣往视。二阿哥奏曰：'臣当日与皇上虽无好处，亦无不好处。臣得罪皇考，系大不孝之人，应将臣弃置不问，乃蒙皇上种种施恩甚厚，臣心实深感激。臣今福薄，病已至此，安敢虚言。前若赐臣二寸白纸一条，岂能延至今日乎？臣心稍有知识，岂不知之？仰蒙圣恩，别无他愿，惟望病愈而已。又训伊子理郡王曰：于尔君父之前有一分之能，即竭尽一分之力，有三分之能，即竭尽三分之力。若能一心竭诚效力以事君父，方为令子等语。此皆二阿哥至诚由衷之言也。观此，皇考之圣明愈见矣。朕今往奠，乃弟兄之情，恻然不能禁止，但知自殚其心，并非邀誉也。此朕至情，诸王大臣久而自见。明日朕必往奠，王大臣不必再奏。"雍正这话，虽然只是说故意说给大家听的，但也多少透露出了从其父皇康熙皇帝驾崩之后到雍正二年（1724）之间，允礽在咸安宫囚禁生活的一个侧影。

十二月十六日（乙酉），雍正皇帝到五龙亭，哭奠理亲王。大约第二天，胤礽的金棺即被

---

[1] 《钦定八旗通志》卷一百一十七。

送至郑家庄设棚安厝。但在郑家庄安厝了十天后，十二月二十七日，雍正皇帝就"以郑家庄非可久停，亦虑火烛，蓟州黄花山现有故福金石氏暂安放地，移金棺至彼，同屋安奉。拨大人、兵丁护守。俟择日营建墓院衙门"[1]。命把允礽的灵柩移送到他的福晋瓜尔佳氏黄花山攒院。

于是，开始为允礽修建园寝。按照旧例，一般情况下，宗室王公薨逝后，通常都是由工部按规定拨给一定的建造坟院银两。建造园寝之事，则主要由主家按照制度筹划安排。而这次由于胤礽的身份不同，考虑到政治上的影响，对他的葬礼安排，雍正皇帝表现出"过度"的重视。雍正三年（1725）六月二十四日，礼部等衙门奏请由工部拨给理密亲王修造坟院的银两，世宗谕曰："据奏，由工部给银虽系定例，但密亲王子年幼，诸事未谙，或恐不敷所用。着萧永藻、卢询、范时绎，照裕亲王山园式样公同料估，委贤能官员动工部帑银，伊等监察修造。"[2]

在这道谕旨中，世宗说密亲王子年幼，显然不是事实。胤礽有十二子，我们将其生卒年月列表如下：

名	排序	封谥	生年	卒年	雍正三年时年龄
未有名	第一子		康熙三十年（1691）十二月二十八日生	康熙四十年（1701）十一月二十八日。卒年十岁。	已卒
弘晳	第二子	已革理亲王	康熙三十三年（1694）七月初五日生	乾隆七年（1742）九月二十八日卒。卒年四十九岁。	三十二岁
弘晋	第三子	奉恩辅国公品级	康熙三十五年（1696）十月二十日生	康熙五十六年（1717）三月十二日。卒年二十一岁。	已卒
未有名	第四子		康熙四十三年（1704）十月初四日生	康熙四十四年（1705）十二月二十一日卒。卒年二岁。	已卒
弘曣	第六子	奉恩辅国恪僖公	康熙五十一年（1712）七月初四日生	乾隆十五年（1750）四月十四日卒。卒年三十九岁。	十四岁
弘晀	第七子	已革辅国公	康熙五十三年（1714）五月初五日生	乾隆三十九年（1774）七月二十二日卒。卒年六十一岁。	十二岁
未有名	第八子		康熙五十四年（1715）十一月二十六日生	雍正四年（1726）六月初五日卒。卒年十二岁。	十一岁
弘曣	第九子	三等侍卫	康熙五十五年（1716）五月十四日生	乾隆四十八年（1783）正月十一日卒。卒年六十八岁。	十岁
弘昫	第十子	多罗理恪郡王	康熙五十七年（1718）十二月初八日生	乾隆四十五年（1780）八月二十七日卒。卒年六十三岁。	八岁
弘晌	第十一子		康熙五十九年（1720）正月初一日生。	乾隆二十八年（1763）三月二十二日卯时卒。卒年四十四岁。	六岁
弘晥	第十二子	奉恩辅国公	雍正二年（1724）九月二十一日生	乾隆四十年（1775）五月初一日卒。卒年五十二岁。	二岁

---

1 [清]萧奭《永宪录》卷三："丙申。起送密亲王金棺暂安奉黄花山福金攒院。"

2 《世宗宪皇帝上谕内阁》卷三十三《雍正三年六月上谕》。[清]萧奭《永宪录》卷三："命总理陵寝大学士萧永藻、尚书卢询、总兵范时铎建造密亲王墓院衙门，依皇伯父裕宪亲王式。"

由上表可以看出，当时胤礽的第二子弘晳年已三十二岁，并在雍正元年（1723）就已被晋封为理郡王。怎么可以称"密亲王子年幼"呢？这里透露出一个很值得人注意的信息，那就是，雍正皇帝所说的密亲王子，并不包括弘晳在内。因为弘晳此时其实已经被雍正皇帝软禁在郑家庄了，不可能放他出来去办理其父的丧事。正因为这个原因，所以雍正皇帝在胤礽去世的前一天的安排中，才没有把他的金棺直接从咸安宫送到黄花山其福晋的暂安放地同屋安放，而是先"送至郑家庄，设棚安厝，令伊子弘晳得尽子道"。也就是说，弘晳在当时是不可以走出郑家庄的软禁地的。但为了能让弘晳也能尽一下孝道，所以才把胤礽的棺椁在郑家庄暂放了十天。十天之后，胤礽的棺椁就被重新移送到黄花山去了。这样既可以堵塞别人说他不近人情之口，又阻断了弘晳借办丧事与外界频繁发生联系的机会。因为按照清朝的"国制"，"亲王丧，俟墓院完日发引，期年而葬。郡王、贝勒五月发引，七月而葬。贝子、公以下三月发引，五月而葬"[1]。胤礽作为亲王，要在一年后才能最后安葬，把他的灵柩一直放在郑家庄，让办理丧事的人进出往来，与弘晳密切接触，对于新即位的雍正来说，那是不能允许的。

胤礽死后被葬在黄花山南麓石头营村（图1-5-1）。这里山势雄曲，松林葱翠。早在顺治十五年（1658），顺治皇帝与所宠幸的董鄂妃刚生不久的儿子，还未来得及起个名字就夭折了，顺治皇帝把这个儿子追封为荣亲王，要为这个才活了一百零六天的儿子建立一座坟园，就委派传教士汤若望等"卜其兆域"，认定黄花山南麓这一带是块风水宝地，"以八月二十七日窆于黄花山"丈营台，"爰设殿宇，周垣奄岁"[2]。这是清廷入关后，在黄花山南麓建立的第一个园寝，但却是给一个未成人的孩子建立的，这个人出生后连名字都没来得及起，连一句话也没学会说，就"混"了顶王帽子到了人世的那一边。二十二年后，

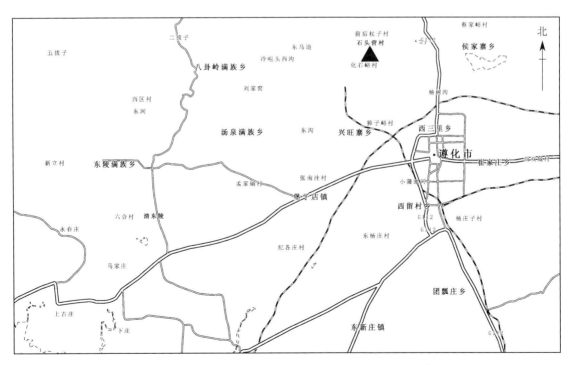

图1-5-1 天津蓟县石头营村理密亲王允礽园寝位置示意图

1 [清]萧奭《永宪录》卷三。

2 顺治御制《荣亲王墓志》。该墓志现保存于天津蓟县独乐寺中。

到康熙十八年(1679)七月，顺治第七子、康熙的七弟纯靖亲王隆禧病逝，他的遗腹子富尔祜伦承袭纯亲王后，也于翌年(1680)十一月不到一周岁时夭折，康熙帝"命发帑修茔"，也在黄花山丈营台西侧距荣亲王园寝大约一华里左右的石头营为他们建了一座园寝，是为纯靖亲王园寝，隆禧没有见过面的儿子大约是与其父合葬在同一园寝中的。又过了二十三年，康熙四十二年(1703)六月二十六日，顺治第二子、康熙皇帝的哥哥裕宪亲王福全去世，被葬在其弟纯靖亲王园寝东侧约百余米处，是为裕宪亲王福全园寝。至此，顺治皇帝的三位儿子和一位夭折的孙子已在黄花山南麓建立了三座园寝。

历史竟有这样的巧合之处，又过了二十三年，这一次黄花山南麓这一带又迎来了一个新的墓主，他就是康熙的废太子，被雍正皇帝追封为理密亲王的胤礽。

胤礽是被葬在这里的第四个清皇室亲王，但他的园寝却被安排在荣亲王和裕宪亲王福全的园寝中间，东西距荣亲王园寝和裕宪亲王园寝各约100余米。这个位置大约正是当年先他而亡的福晋瓜尔佳氏的临时攒院。

其园寝建筑是"照裕亲王山园式样"来设计的。据《陵寝易知》、《昌瑞山万年统志》记载，理密亲王允礽的园寝，俗称"二王陵"。该园寝坐北朝南，其规制为"琉璃花门一座，宽一丈八尺，进深六尺，檐高一丈四尺。园寝正中有享殿一座，广六丈二尺，纵深四丈一尺，檐高一丈七尺。前边有大门一座，宽四丈五尺，纵深二丈八尺，檐高一丈五尺。门外设有守护班房，东西两侧各三间。宽三丈八尺六寸，纵深二丈六尺五寸，檐高一丈二尺。园寝四周围墙周长七十二丈六尺，墙高一丈"[1]。允礽的嫡福晋瓜尔佳氏，清圣祖称赞她"淑孝宽和，作配允礽，辛勤历有年所"。瓜尔佳氏于康熙五十七年（1718）七月去世，清圣祖命大学士同翰林院撰文致祭，并在黄花山为她营造暂安放地，直到允礽园寝建成，才与之安葬在一起。

另外，据晏子有先生调查，允礽园寝还建有宝顶、厢房和碑亭等[2]。该园寝1927年被盗，1971年墓碑被炸毁，1985年后仍有残存的墙基、砖瓦碎石和被炸毁的碑座，目前其遗址上只有一些砖瓦碎石而已。

2. 北京市昌平区黄土南店村削爵理亲王弘晳及其弟弘晫墓地

清圣祖康熙六十一年（1722）春天，这位八岁继位，做了六十一年的老皇帝，终于越来越觉得体力不支，预感到自己寿将不永了。他回顾自己的一生，擒鳌拜、平三藩、统一台湾（1684）、平定准噶尔汗噶尔丹叛乱（1688—1697）、抵抗沙俄对中国东北地区的侵略并与之签订中俄《尼布楚条约》，组织编辑与出版《康熙字典》、《古今图书集成》、《历象考成》、《数理精蕴》、《康熙永年历法》、《康熙皇舆全览图》等图书，可以说文治武功，功德圆满了。但是，在他统治的六十年间，也难免有很多的遗憾，其中最重要的就是在处理诸皇子争位的问题上，留下了一个大大的败笔：他的皇子们在这一政治斗争中，闹得不可开交，最后他只好把他的皇长子胤禔和嫡长子送进宗人府圈禁起来，让他们在囚禁中度过余生。他可以说是一代非常成功的帝王，但却是一位非常失败的父亲。

康熙皇帝在他临终之前，最不放心的当然还是他的王朝和皇权能不能平稳地过渡和传

1　光绪本《清会典事例》卷九百四十九《园寝坟茔》。
2　晏子有《清东西陵》，第365页，中国青年出版社，2000年10月。

承。于是他想到了那个他培养了将近四十年，在皇太子的位置上苦熬了将近四十年，最后又被他亲手关进咸安宫整整囚禁了十年的"老"太子胤礽。他既不愿意看到他死后王朝会因为有胤礽的存在而发生内乱，也不希望在他死后允礽不得终其天年，因此，如何安置胤礽，成了他死前最为揪心的一个结。他要在他临死之前，给胤礽找一个最为"妥当"的去处。于是他想到了要在距京师四十里外的昌平郑家庄八旗校场盖一所"王府"，想在他临死之前，把那个可怜的老儿子送到那里，一则可以利用那里的驻兵，把他永远看守起来，二则那里远离皇宫，胤礽不在新君的眼皮子底下晃悠了，或许会对他的安全更好一点。只是没有等到他给胤礽修建的所谓"王府"最后完工，康熙皇帝就宾天了。皇四子雍亲王胤禛继承了大统，自然明白他的皇父的想法。但是，在雍正看来，与其把他那位关了十年的老哥哥送到郑家庄看守，还不如把他就放在咸安宫自己的眼皮子下更"安全"妥当。所以，他在康熙六十一年（1722）的十一月，在他的父皇宾天之后，先把胤礽的大儿子弘晳封为理郡王，他要让世人都知道他这个新君对他的兄长和侄子还是非常有情有意的，弘晳和允礽如果不对他感恩戴德，谁都会觉得他们有负皇恩。可是谁也不曾想到，世宗这样做，其实另有目的。因为在康熙时期，允礽虽然被囚禁起来了，但弘晳并没有被囚禁，他还是自由的。作为原东宫之长子，现在弘晳也已经二十八岁了，他总在外面跑来跑去，怎么了得？可是弘晳又没有犯什么罪，拿什么理由来限制他的自由？雍正表面上仍然按照他父皇原来的安排，继续修建郑家庄的那座"王府"，但他却压根就没想着要让允礽去住到那里。现在好了，弘晳既然封了郡王了，他住到那里显然就比他的父亲更为合适了。雍正元年（1723）五月，"王府"和八旗兵丁的驻房全都修建完备，世宗皇帝觉着万无一失了，就命理郡王弘晳移居到那里。这样，雍正皇帝既遵从父命，把郑家庄的"王府"修建好了，又给弘晳"分府"，把这个原本还属自由身的侄子也非常"合理"、"妥善"地给看管了起来。雍正把此事做得天衣无缝，一箭三雕，别人还得三呼万岁，感激涕零。他真实的目的甚至连今天的学者们也很少看破。

理郡王弘晳被移居到郑家庄新修的府第之后的第二年，也就是雍正二年（1724）十二月，那位在咸安宫整整被囚禁了十二年的前东宫太子，终于结束了他苦难的一生。他的四弟雍正皇帝很"体面"地给他追赠了一个理亲王的王号，又很"体面"地告诉世人：理亲王原本是因为得罪了先皇才被囚禁起来的，他的被囚禁和我并没有什么关系。现在他死了，罪孽也就结束了。既然罪孽结束了，那我们还是兄弟。于是便又很"体面"地把他的兄长按照亲王的规格送到黄花山，那是他的皇祖父时期就给宗室王公选好的安葬地。他做完这一切之后，到了雍正八年（1730）五月，又很"体面"地把弘晳晋封为亲王。

世宗对弘晳郑家庄府中的事情想得非常"周到"，他命"恒亲王、裕亲王、淳亲王、贝勒满都护会同详议"，讨论他府中的"兵丁如何当差，府佐领人等如何养赡及如何设立长久产业之处"等等，真可谓是纤毫备至。还想到弘晳住得太远，可以不必像住在京城的王公那样天天准时去上朝"点卯"，也就是说他用不着天天去"上班"，这样他就可以"名正言顺"地老老实实待在王府里，"用不着"满世界跑来跑去晃悠了。如果弘晳当时能认清形势，安分守己，到他死的时候，当然也还会按照规制为他建立一座园寝，享受亲王待遇和被祭祀的资格。可惜弘晳却不是一个太安分的人。在雍正朝的后期，雍正皇帝的皇位已经坐安稳了，弘晳的人身自由似乎也渐渐宽松了一些，结果他就趁机与宗室中的一些人搞起了"串连"。到了高宗继位之后，弘晳居然就又觉得自己原本是"东宫"的嫡子，这个皇位原本应当是由他的父亲来坐的，倘若当年先皇祖没有废掉他父亲的皇太子，那今天坐在皇帝宝座上的，自然也就应当是他弘晳而不会是乾隆皇帝弘历了。他这样一想，自然野心也就越来越大，与外界的联络也越来越频繁。到了乾隆四年（1739）的九月，有个叫福宁的人告发说，庄亲王允禄与其子侄辈弘晳、弘昇、弘昌、弘晈等人 "结党营弘，往来诡秘"。允禄是康熙皇帝的第十六子，他在雍正元年（1723）三月奉旨过继给庄靖亲王博果铎为嗣，袭封和硕庄亲王；弘昇是康熙第五子恒温亲王的长子。康熙五十九年（1720）十二月，弘昇被封为恒亲王世子，班禄视贝子。但到了雍正五年（1727）四月，坐事被世宗削世子；弘昌、弘晈分别是康熙第十三子允祥的第一子和第四子，其父在世宗朝备受宠信，被封为怡亲王，卒谥以"贤"，成为大清历史上的第一位恩封的铁帽子王。弘昌和弘晈大约都不是什么省油的灯。早在怡贤亲王允祥在世的时候，弘昌就因为不服管束，让他的父亲怡贤亲王允祥很是头痛，曾经恳请雍正皇帝批准，允许把他关禁在府里"接受教育"，禁闭了好几年都没让他出门。雍正八年（1730）怡贤亲王去世后，弘昌已经二十四岁，雍正皇帝才把他放了出来。那时他的弟弟弘晈也已经十八岁了，雍正皇帝没有让弘昌和弘晈袭爵，而是选择了他们的九岁的七弟弘晓承袭怡亲王爵位，说明这两位"爷"大概品行都很成问题。总之这些人大约都是曾经在雍正朝获罪，或对雍正皇帝很有些不满的人，于是就慢慢和弘晳凑到了一起，想要干点"大事"，没想到谋事不严，被人告发了。乾隆听到消息，立刻派人先把正奉差在外的弘昇革职锁拿，"押解来京，交宗人府"审理。弘昇当时身为正黄旗满洲都统。

乾隆四年（1739）十月，"宗人府议奏，庄亲王允禄与弘晳、弘昇、弘昌、弘晈等，结党营私，往来诡秘。请将庄亲王允禄及弘晳、弘昇俱革去王爵，永远圈禁。弘昌革去贝勒，弘普革去贝子，宁和革去公爵，弘晈革去王爵"[1]。

但是，要处理这么多的宗室王公，尤其是事情牵涉到了庄亲王允禄，乾隆皇帝还是感到非常为难。允禄不仅是康熙皇帝的第十六子，而且还是雍正皇帝的弟弟，乾隆皇帝的叔叔。乾隆在处理这一事件时，不能不顾全一点脸面。所以他指示说："庄亲王允禄，受皇考教养深恩，朕即位以来，又复加恩优待，特命总理事务，推心置腹，又赏亲王双俸，兼与额外世袭公爵，且畀以种种重大职任，俱在常格之外，此内外所共知者。乃王全无一毫实心为国效忠之处，惟务取悦于人，遇事模棱两可，不肯担承，惟恐于己稍有干涉，此亦内外所共知者。至其与弘晳、弘昇、弘昌、弘晈等私相交结，往来诡秘，朕上年即已闻之，冀其悔悟，渐次散解。不意至今仍然固结。据宗人府一一审出，请治结党营私之罪，革去王爵并种种加恩之处，永远圈禁。朕看王乃一庸碌之辈，若谓其胸有他念，此时尚可料其必无。且伊并无才具，岂能有所作为。即或有之，岂能出朕范围，此则不足介意者；但无知小人，如弘晳、弘昇、弘昌、弘晈辈，见朕于王加恩优渥，群相趋奉，恐将来日甚一日，渐有尾大不掉之势，彼时则不得不大加惩创，在王固难保全，而在朕亦无以对皇祖在天之灵矣。弘晳乃理密亲王之子，皇祖时，父子获罪，将伊圈禁在家。我皇考御极，敕封郡王，晋封亲王，朕复加恩厚待之。乃伊行止不端，浮躁乖张，于朕前毫无敬谨之意，惟以谄媚庄亲王为事。且胸中自以为旧日东宫之嫡子，居心甚不可问。即如本年遇朕诞辰，伊欲进献，何所不可，乃制鹅

1 《清高宗实录》卷一百零三。

黄肩舆一乘以进。朕若不受，伊即将留以自用矣。今事迹败露，在宗人府听审，仍复不知畏惧，抗不实供，此尤负恩之甚者。弘昇乃无藉生事之徒，在皇考时，先经获罪圈禁，后蒙赦宥，予以自效之路。朕复加恩用至都统，管理火器营事务。乃伊不知感恩悔过，但思暗中结党，巧为钻营，可谓怙恶不悛者矣。弘昌秉性愚蠢，向来不知率教。伊父怡贤亲王，奏请圈禁在家，后因伊父薨逝，蒙皇考降旨释放。及朕即位之初，加封贝勒，冀其自新。乃伊私与庄亲王允禄、弘晳、弘昇等交结往来，不守本分，情罪甚属可恶。弘普受皇考及朕深恩，逾于恒等，朕切望其砥砺有成，可为国家宣力。虽所行不谨，由伊父使然，然亦不能卓然自立矣。弘晈乃毫无知识之人，其所行为，甚属鄙陋。伊之依附庄亲王诸人者，不过饮食享乐，以图嬉戏而已。庄亲王徒宽免革亲王，仍管内务府事。其亲王双俸及议政大臣、理藩院尚书俱着革退。至伊身所有职掌甚多，应去应留，着自行请旨，将来或能痛改前愆。或仍相沿锢习，自难逃朕之洞鉴。弘晳着革去亲王。不必在高墙圈禁，仍准其郑家庄居住，不许出城。其王爵如何承袭之处，着宗人府照例请旨办理。弘昇照宗人府议，永远圈禁。弘昌亦照所议，革去贝勒。弘普着革去贝子并管理銮仪卫事。宁和以获罪之闲散宗室，因谄媚庄亲王，王遂奏请与以恩赏，伊所得之公爵，今既照宗人府议，将此公爵革退，则宁和在所当革。着询问庄亲王，若愿改令弘普承袭，则着以镇国公管都统事；若仍欲令宁和承袭，则弘普专任都统之职，着王自行奏闻。弘晈本应革退王爵，但此王爵系皇考特旨，令其永远承袭者，着从宽仍留王号。伊之终身，永逸住俸，以观后效。朕于天潢支派，念一本之亲，皆欲笃厚而成就之。伊等若能仰体朕心，循理谨度，共受国恩，实乃朕之至愿。倘恃恩放纵，已露端倪而隐忍姑容，不加裁抑，则深乖小惩大戒之义，将来难以从轻完结，殊非防微杜渐，先几保全之道也。至于宗室诸人，彼此联亲亲之情，亦须严公私之辨。若果出于公心，则廓然大同，无比附之迹，岂不甚善。今以数人私意绸缪，暗地往还，尚得为亲亲之正理乎？朕之所以待庄亲王与王之所以事朕者，天下自有公论。王试自思之，亦知愧报否也。在朕临御天下，固不敢以亲亲之一节，而忘国家之大法。而宗室诸臣，亦当知国家之法，在所必行。若不知儆惕，身蹈法网，朕虽欲敦亲亲之谊，亦断不能宽假也。"[1]

这件事情这样处理本来已经可以结案了，从乾隆对这件事情的处理上不难看出，其实他当时只是觉得弘晳只不过是为了取悦庄亲王允禄才与这些人搅和在一起的，但没想到不久案件的相关人员中，有一个叫安泰的巫师，却供出了弘晳听信邪术，"捏称祖师降灵一款"事情：弘晳曾向安泰问询"准噶尔能否到京，天下太平与否，皇上寿算如何，将来我还升腾与否等语"。乾隆皇帝认为这件事情的性质就完全不一样了，下诏："殊属大逆不道，应照例革去宗室，拟绞立决，其家产妻子应如何办理之处，交宗人府议奏。庄亲王将官物私自换与弘晳，应照监守自盗律，革去王爵，准徒五年，系宗室，交宗人府完结。安泰造作妖言，谈论国事，拟以立绞，余俱按律定拟。弘晳父子，在皇祖时身获重罪。我皇考御极，屡次加恩，封为亲王，朕即位以来，又复恩待，乃伊并不知感。妄以伊父系旧日东宫，心怀异志，密与庄亲王等交结往来。前经败露，宗人府拟以革去王爵，永远圈禁。朕从宽但革亲王，仍准在郑家庄居住，并将伊弟弘昀袭封郡王，以继理密亲王之后。今弘晳听信邪说，其所询问妖人之语，俱非臣下所宜出诸口。所忍萌诸心者，拟以大逆重典，以彰国法，洵属允当。但

1 《清高宗实录》卷一百零三。

朕总念伊系皇祖圣祖皇帝之孙，若革宗室，置之重典，于心实有不忍，且伊亦不过昏庸无知之人耳，着从宽免其死罪，但不便仍留住郑家庄，着拿交内务府总管，在景山东果园永远圈禁。其家产妻子，不必交宗人府另议。伊子仍留宗室，但亦不便仍在郑家庄，着来京交与弘晈管束。庄亲王从前种种朋比党授之事，所犯甚大，朕已经宽恩免革王爵。今侵盗官物之案，在王亦以为寻常之事耳。伊亦不必革去王爵，但罚亲王俸禄五年以示惩儆，令王返而自思，其所庇护乃如此妄乱之人，伊尚面颜不知愧耻乎？安泰系附和弘晳捏为邪说之人，着从宽改为应绞监，候秋后处决。"

弘晳逆案的前因后果大致如此，事情牵涉到了庄亲王允禄、弘普父子，怡贤亲王之子弘昌、弘晈兄弟等一批宗室高爵人员，因事关宗室颜面，所以事情完结后，乾隆销毁了相关事件的档案。总之这件事情后，弘晳由该案的"配角"变成了"主角"，他被逐出了宗室，并被改名四十六，革去了黄带子，赶出了郑家庄理亲王府，关进了景山东果园永远圈禁起来，直到乾隆七年（1742）九月二十八日去世[1]。作为失去了宗籍的罪犯，死后当然也就失去了建立园寝，坐在享殿里接受后人敬献"冷猪肉"的资格。

弘晳死后，被埋在今北京昌平区平西府镇西南的黄土南店村（图1-5-2）。今天的昌平"平西府"，就是当年的郑家庄理亲王府所在地。按照清代宗法制度，弘晳死时既被黜宗籍，就不能再算作是清宗室成员。他的葬地，就不能被称作理亲王家族坟地，只能被称作四十六坟地了。冯其利在《清代王爷坟》中说："弘晳墓地占地十五亩，东到老赵家，南至黑塔寺吴七房后，西边是车道，北边与黄土北店村接壤，如今有京包线铁路在两村搭界处通过。坟地坐东朝西，立双祖，除了弘晳的砖宝顶之外，有废太子、理密亲王允礽第十一子弘晀的大土坟一座。弘晀生于康熙五十九年（1720）正月初一日，母侧福晋壬佳氏，乾隆

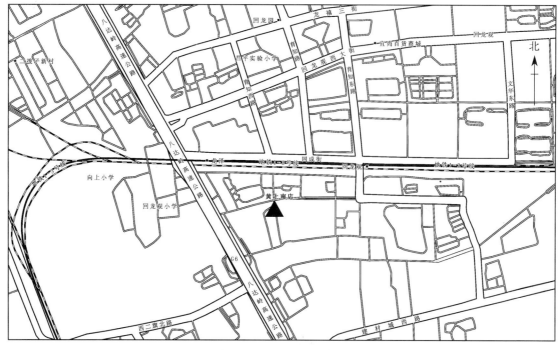

图1-5-2 北京市昌平区黄土南店弘晳墓地位置示意图

1 冯其利《清代王爷坟》一书认为"弘晳在平西府郁郁而终"，当误。

清代园寝志

二十八年（1763）三月二十二日卒，享年四十四岁。"在这一段描述中，冯其利有两个问题没有弄明白：一是他认为坟地上有弘晳和弘晀兄弟二人的两座土坟并立，就以为是立了"双祖"，这显然是对清代的宗法制度不了解造成的错误结论。事实上，乾隆在圈禁弘晳时，只是把他一个人除了宗籍，而让他的儿子们仍然留在了宗室，交给了袭爵理郡王弘晀管束。这就意味着连他的儿子们死后也不能与他埋在同一块坟地，认他为祖宗了。乾隆四十三年（1778）正月，清廷恢复了弘晳的宗籍和原名。所以，弘晳的后人中，即使或有葬在这片坟地中，也只能是在乾隆四十三年（1778）正月后去世的才有可能。但他的十八个儿子中，只有第三子永玫、第十二子永璿、第十四子永珒三人死于乾隆四十三年（1778）之后，大概都并未葬在这里。二是弘晀虽然与弘晳葬地相距不太远，但从理论上也只能被认为是相近的两块坟地，而不能被看做是同葬在一块坟地之中。自西周建立宗法制度以来，几千年封建宗法社会从未听说过"立双祖"的说法，这种说法当为冯其利先生不了解清代宗法制度而杜撰出来的，在清代宗法社会是不可能出现的。

弘晳的墓地后来被当地百姓称之为平西王坟。按平西王原本是清初顺治皇帝封给明朝降将吴三桂的封号，与允礽和弘晳都没有关系。考这一叫法，当与后来当地百姓把理亲王府称"平西府"这一名称有关。据《啸亭杂录》记载："理亲王府在德胜门外郑家庄，俗名平西府。"[1] 按《啸亭杂录》的作者昭梿为清宗室礼亲王代善的第六世孙，生于清乾隆四十一年（1776），嘉庆十年（1805）袭礼亲王爵，嘉庆二十一年（1816），坐凌辱大臣，滥用非刑，被革爵圈禁，嘉庆二十二年（1817）释放，但未复爵，道光九年（1829）十二月卒。从《啸亭杂录》的记载我们可以知道，理亲王府被当地百姓称之为平西府，是早在乾隆末年至嘉庆之时就已出现了的。大约乾隆四年（1739）弘晳被圈禁后，削去了王爵，后来乾隆皇帝又命允礽的第十子弘晀按照世袭递降的原则，承袭了理郡王爵，并命其搬回北新桥的理郡王府，郑各庄理亲王府遂废，王府也被内务府拆除。为了与北新桥理王府相区别，乾隆在上谕中便将郑家庄理亲王府称之为"弘晳处"。如乾隆四年（1739）十二月初一日上谕中就说："四执事总管首领将太监李蟠放假四五日往弘晳处，将宫内之事信口传说，太监等告假不过一日两日，岂有四五日在外之理！"而当地百姓则将此处称之为"弘晳府"。乾隆末年至嘉道之际，弘晳之名渐被人们淡忘，"弘晳府"遂被讹之为"平西府"，于是弘晳坟便又被人称之为平西王坟了。由于在弘晳之前，允礽第三子弘晋早已葬于黄土南店村南的"上场"，所以后葬的弘晳坟又被当地百姓称之为"后坟"。据冯其利早年的调查，早在1922年的时候，当时的看坟户吴锁便开始以挖后坟的黄土维持生计，弘晳坟地的黄土被挖去一部分。至1924年以后，弘晳的后裔溥贵岩、溥阔臣陆续到后坟伐树变卖，1938年，弘晳墓葬被盗。1960年，当地政府把弘晳墓平毁，改建成了公共墓地。

3. 北京市朝阳区长店村理郡王家族茔地及理恪郡王弘晀园寝

乾隆四年（1739）十月，理密亲王允礽第二子弘晳因谋逆被削去王爵后，乾隆皇帝命允礽第十子弘晀袭理郡王。弘晀虽为允礽之子，但他是在康熙五十七年（1718）十二月八日才出生的，他出生时，其父允礽已被废圈禁在咸安宫七年之久。当他六岁时，他的兄长弘晳也被世宗安置到郑家庄理王府看守了起来。所以在乾隆四年（1739）的"弘晳

1　[清] 昭梿《啸亭杂录》卷十。又，昭梿《啸亭续录》卷四亦有此记载。

逆案"发生之前，他一直都很少与其兄长见面，因此，乾隆也并未把他当成允礽、弘皙一派的政敌。

乾隆元年（1736）二月，弘晈十八岁，被封为奉恩辅国公。乾隆四年（1739）十月，他的兄长弘皙因"自视为东宫嫡子，居心叵测，革爵"[1]。乾隆皇帝命他按照王爵世袭递降的原则承袭王爵，为理郡王。乾隆九年（1744）五月，总管镶蓝旗觉罗学。乾隆十一年（1746）六月，授宗人府左宗正。乾隆二十二年（1757）正月，充玉牒馆副总裁。乾隆二十八年（1763）七月，授宗人府宗令。乾隆三十年（1765）十一月，总管右翼宗学。乾隆三十一年（1766）十二月，充玉牒馆副总裁。乾隆四十年（1775）九月，总管左翼宗学，充玉牒馆副总裁。乾隆四十一年（1776）九月，管理正红旗汉军都统事务。翌年五月，复调右宗正，旋又调左宗正，署理正黄旗蒙古都统事务，充玉牒馆副总裁。乾隆四十三年（1778）闰六月，管理正蓝旗满洲都统事务。从以上弘晈的履历可以看出，他在乾隆一朝还是官运亨通，颇受乾隆皇帝的信任和重视的。乾隆四十五年（1780）八月二十七日，弘晈去世，享年六十三岁，谥曰"恪"。

弘晈去世后，没有葬入黄花山，而是将坟地选在了今北京市朝阳区金盏乡长店村一带（图1-5-3）。这是因为当年雍正皇帝把他的父亲允礽葬入黄花山的时候，没有给葬在那里的诸王们的子孙们留下再建园寝的地方。至弘晈去世时，黄花山南麓一带已经由东至西，建起了六座顺治与康熙诸子的园寝，每座园寝之间的距离也只有一百余米。所以弘晈只能另觅坟地，他把茔地选定在今北京朝阳区金盏乡的长店村一带。自从弘晈在这里建立园寝后，他的承袭者便以此地为家族祖茔地，相继葬入了这里。

乾隆四十五年（1780）十二月弘晈死后，清高宗命以其长子永暧袭贝勒。永暧生于

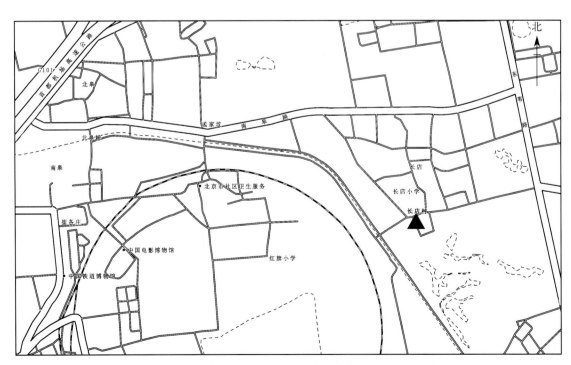

图1-5-3 北京市朝阳区理恪郡王弘晈及其家族茔地位置示意图

---
[1] 《清史稿》卷二百二十。

乾隆七年（1742）四月二十七日，乾隆三十五年（1770）十二月，封三等辅国将军。袭爵后于乾隆五十三年（1788）十二月八日去世，享年四十七岁，以其第二子绵溥承袭为固山贝子；绵溥生于乾隆三十一年（1766）十二月二十八日，乾隆五十四年（1789）三月，袭固山贝子。嘉庆六年（1801）九月六日去世，年三十六岁，以其长子奕灏袭；奕灏生于乾隆四十九年（1784）三月十七日，嘉庆六年（1801）十二月，袭世爵为镇国公。嘉庆十八年（1813）九月，以林清为首的白莲教在紫禁城中发动起义，杀入紫禁城，是谓"癸酉之变"[1]。奕灏率领千余名火器营兵丁镇压有功，于嘉庆十九年（1814）十二月授左翼前锋统领。嘉庆二十一年（1816）十一月，授宗人府右宗人。嘉庆二十三年（1818）十一月，授正蓝旗满洲都统。嘉庆二十四年（1819）六月，授内大臣。嘉庆二十五年（1820）四月，授黑龙江将军。道光二年（1822）正月，调补乌苏雅苏台将军，六月，授镶蓝旗蒙古都统。道光三年（1823）十月，管理火器营事务。道光七年（1827）闰五月，调盛京将军。道光十年（1830）三月，缘事革去镇国公，赏给头等侍卫，而以其子载宽袭辅国公。道光十八年（1838）闰四月，调兵部尚书。是年其子载宽去世，九月，奕灏复继其子袭辅国公，寻又缘事革退，道光十九年（1839），清宣宗命以其族侄载岱袭辅国公。自后其辅国公世爵即由其族侄之后人溥丰及毓炤先后承袭。奕灏于道光二十三年（1843）十二月二十九日卒，享年六十岁。

理郡王弘晈园寝及其家族茔地早在民国二十七年（1938）就被盗发，目前地面上仅偶尔可见散落的个别石建筑构件。原来茔地上各园寝或墓葬的位置排序已不可考。据《清史稿》卷一六四《皇子世表》的记载，弘晈袭理郡王之后，其世爵的承袭顺序如下：

弘晈，允祁第十子。乾隆元年（1736），封辅国公。四年（1739），袭理郡王。四十五年（1780），薨。谥曰恪。
永暖，弘晈第一子。乾隆三十五年（1770），封三等辅国将军。四十五年（1780），袭贝勒。五十三年（1788），卒。
绵溥，永暖第二子。乾隆五十四（1789）年，袭贝子。嘉庆六年（1801），卒。
奕灏，绵溥第一子。嘉庆六年（1801），袭镇国公。道光十年（1830），缘事革退。十八年（1838），复袭辅国公。寻缘事革退。
载宽，奕灏第三子。道光十年（1830），袭辅国公。十八年（1838），卒。
载岱，奕芝子，奕灏族侄。道光十九年（1839），袭奕灏之辅国公爵。同治十三年（1874），卒。
溥丰，载岱第一子。道光三十年（1850），封二等辅国将军。光绪元年（1875），袭辅国公。二十二年（1896），卒。
毓炤，溥丰第四子。光绪二十二年（1896），袭辅国公。

1　[清] 昭梿《啸亭杂录》卷六。

按照前文所述，理论上理郡王世爵的承袭者，都应以弘昑立祖，按昭穆排序葬于该茔地之上。唯奕灏两次袭爵，又两次被革爵，且其最后是继其子之后承袭的辅国公，而最终在去世前又丢了爵位，故奕灏如仍葬入该世爵序列，只能袝葬在其父绵溥的园寝之中。可惜目前该茔地之上墓葬均已不复存在，当年实际的墓位排列顺序已不复可考。冯其利在上世纪80年代到90年代对该茔地作过调查，今据其《清代王爷坟》所述摘录如下：

该茔地"最初有地三顷六十亩，最后实有二顷八十四亩。这里大致分为大宫门、小宫门、三间房、老沈家、榆树底下五处寝园"。按：冯氏每以园寝与坟地相混。此处所云五处园寝，似当做五处坟地，并非只有五座园寝。

大宫门弘昑葬地。"大宫门坐西朝东，前有月河，河上架有三孔神桥一座。前行是碑楼，内立近4米高的驮龙碑一方，碑文满汉合璧，立于乾隆四十七年(1782)。碑楼西边不远有南北朝房各三间。正对碑楼是宫门三间，六扇大门。宫门南北是红色的围墙。进宫门为享殿三间（按：按照清代园寝规制，郡王园寝享殿三间，但下文又云永暖等三人的享殿为五间，恐非是）顶覆绿琉璃瓦。享殿后边是个建在月台上的院落，中间是琉璃门一座。院里居中大红宝顶一座，南北各有小宝顶一座，后边是圆弧形的'跨栏'墙。大宫门内外植有松柏树"。

永暖、绵溥、奕灏"他们三辈的墓地建在大宫门东南，俗称小宫门。宫门坐北向南，大门六扇，石阶五级，旁有礓磋。圆形墙圈内，红宝顶三座。小宫门西侧有坐北朝南的殿堂五间"。按：此处所说殿堂有五间，不知为享殿还是享殿两旁的配殿。但不管是享殿还是配殿，都是亲王园寝的规制。永暖的爵位已递降为贝勒，按照清制，他的园寝中的享殿应当只有三间才符合规制，故冯氏所言肯定有误。

"这以后，奕灏的后人两支和奕灏族侄载岱等另立坟地于大小宫门南侧的三间房、老沈家、榆树底下，共三个地点"。

"解放初期，大宫门的建筑还在，后大宫门被拆平。理郡王宝顶旧址在二队场院偏西，当初地宫是棚板石结构，停灵三口，骨殖在被盗后无存。驮龙碑在1976年唐山大地震时倒下来"[1]。

(二)北京市昌平区黄土南店村辅国公品级弘晋园寝及其家族茔地

弘晋是康熙废太子、追封理密亲王允礽的第三子，生母为允礽侧福晋林佳氏。康熙三十五年（1696）十月二十日生，幼时颇受康熙钟爱。康熙五十六年（1717）三月十二日卒，享年二十一岁。弘晋去世的时候，距他的父亲允礽被废掉皇太子之位而圈禁在咸安宫有六年之久了。康熙皇帝命将弘晋照辅国公品级埋葬在今昌平县黄土南店村的"上场"（参照图1-5-2）。这里与后来因禁弘晳的昌平郑家庄理亲王府相距不远，推测该处附近一带当时或即为康熙赐给废太子之庄田。这大约也是后来康熙在郑家庄修盖房屋，想把允礽移往那里圈禁的原因之一吧。据冯其利先生上世纪80年代调查，"弘晋的墓地原有数十亩，进入民国以后，其裔孙连坟地的松柏树一起卖掉，土地仅余一亩，两边人字形排列的坟头把地埋严

1 冯其利《清代王爷坟》，第144页，紫禁城出版社，1996年。

了。而后向村里借地一块，陆续建坟五座。弘晋墓地坐北向南，南端挖有月牙河"。按此叙述，弘晋当年入葬时，虽有旨照辅国公品级殡葬，但或并未曾在茔地上建立享殿、围墙等建筑。这大概与允礽被废后，其子孙在政治上的处境有关。盖以废太子之后，家族成员多因而受累，政治上不被信任，经济上亦多陷入困顿状态。且弘晋只是以辅国公品级入葬，入葬时大约也只是在坟地南端挖了一条月牙河作为园寝之象征而已。又据冯其利所谓"两边人字形排列的坟头把地埋严了"，且至民国后其后人仍然皆在此茔地入葬的情况可知，该茔地应当以弘晋立祖，后裔大抵以昭穆之序皆葬于此地。该坟地在1971年被彻底清除。

三、已革多罗诚亲王允祉及后裔园寝

已革多罗允祉家族茔地在今北京市平谷区峪口镇东樊各庄村东（图1-5-4）。该茔地是允祉在康熙年间就选好的。早年允祉曾随其父皇康熙到京东丫髻山，途经樊各庄时，就看中了村东俗称小猪山的这片地。小猪山高约10余米，方圆数百米，是一座孤立的小山丘，形态与环境极佳。其东侧之山蜿蜒如龙，有龙山之称；更重要的是小猪山正南不足1公里处，有一座香炉山，形似香炉，突兀而起。这种特殊的地貌，引起了允祉的极大兴趣，因而将其定为百年福地，并于此建设园寝。此后允祉后人亦都葬于小猪山附近，小猪山附近便成了其家族茔地。在这片茔地上，埋葬有多罗诚隐郡王允祉及其后人固山贝子弘璟、镇国公永珊、镇国公绵策、辅国公奕果、辅国公载龄、辅国公溥元等人，据冯其利说，茔地总占地面积为二顷数十亩。茔地入口在樊各庄村，现村中仍有下马桩等残件，残高2.45米，直径0.27米（图1-5-5）。

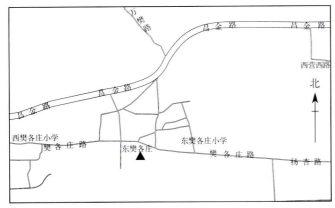

图1-5-4 北京市平谷区东樊各庄村诚隐郡王家族茔地位置示意图

图1-5-5 下马桩

（一）已革多罗诚亲王（照郡王例殡葬）允祉园寝

允祉生于康熙十六年（1677）二月二十日，母荣妃马佳氏。在康熙已长成的二十子中，允祉应当是最受恩宠者之一。在他还没被封王前，康熙皇帝凡行围打猎、拜谒祖陵，都带他去。康熙三十二年（1693），山东曲阜孔庙落成，康熙帝让他与皇四子胤禛同去祭典。三十五年（1696）征新疆噶尔丹，康熙帝命允祉统率镶黄旗大营随同。三十七年（1698）三月，允祉被封为诚郡王。三十八年（1699）九月，因在敏妃丧期未满之期剃头，被罚降为贝勒。允祉虽表面上受罚，爵位降了一等，但康熙皇帝对他的眷顾却丝毫没有减弱。康熙病重

231

【第一部分】清代宗室王公园寝志

时，唯允祉、胤禛痛哭陈请康熙帝用药。康熙病愈后，适值复立皇太子大庆之日，封允祉为亲王。自这一年以后，康熙皇帝每年都去允祉的邸园一两次，并在那里用膳。这一殊荣，是除了胤禛之外，其他皇兄皇弟所没有的。康熙五十四年（1718），康熙帝在筹划对西北用兵一事时，独召允祉和皇四子和硕雍亲王胤禛入见商议。康熙五十五年（1719），授允祉女为郡主。康熙五十八（1722）年二月，康熙巡幸畿甸，"命皇三子和硕诚亲王允祉、皇九子固山贝子允禟、皇十五子允禑、皇十六子允禄、皇二十子允祎随驾"[1]。康熙五十九年，封允祉第三子弘晟为世子。

允祉精于书法，京城很多皇家建筑及园林都留有他的墨迹。今平谷县丫髻山有块行宫碑，就是允祉的手迹，至今保存完好。允祉在学术方面亦有一定造诣，他主编了《律历渊源》一书。

允祉在康熙年间诸皇子争位的政治斗争中，与皇八子诸人为同党，因此在世宗继位后，其命运便急转直下。先是雍正初年，世宗命他至景陵为皇父守陵，把他调离了京城，次年又以允祉守陵多出怨言为由，削去其子弘晟世子爵以示对他的惩罚。雍正六年（1728）六月，允祉因追索苏克济银两并咆哮于朝廷之上，加上替儿子弘晟求情一事，把雍正帝激怒，结果允祉被降为郡王，锢于私宅，其子弘晟交给宗人府看押。雍正八年（1730）二月，世宗为缓和矛盾，复允祉诚亲王爵。复爵后才两个月，世宗最为亲信的十三弟怡贤亲王允祥薨逝，决定由允祉主持丧礼。但这位在其父皇时代备受恩宠的皇三子却并不领情，在家为其侧福晋大办生日，治丧期间迟到早退，且面无戚容，表现出了一种不与世宗合作的态度，因遭大臣奏劾，议准其八条罪状，被削去王爵，禁于景山永安亭。雍正十年(1733)闰五月十九日，死于幽禁处，享年56岁，赏内库银五千两，命以郡王例殡葬。乾隆登极后，念在允祉和父亲雍正是"兄弟之谊"的份上，将允祉的宗室身份恢复，并将其名收入皇家"玉牒"。在乾隆二年（1737年）的时候，又追封了谥号隐，恢复了允祉诚亲王的爵位。

按照当地百姓的说法，允祉家族茔地大致可分为四个部分：宫门(亦称东宫)、下宫门、北坟地和西北坟地。所谓"宫门"或"东宫"者，实际就是指多罗诚隐郡王允祉园寝。因允祉为康熙第三子，故当地百姓又将其园寝称之为"三王爷坟"。允祉园寝现已无任何遗存，据李润波调查，允祉园寝坐北朝南，背靠小猪山，宫门与外围大墙相连接，院内曾建有享殿三间，殿后为月台，月台之上有大宝顶一座，高约一丈，园寝内外广植松柏。园寝起初未建碑楼，乾隆二年(1733)十二月，允祉被追谥后于宫门外补建碑楼一座，次年六月立墓碑一座。1958年时，墓碑还在，今仅残存有碑座基[2]。地宫石门由青石制成。

（二）固山贝子弘璟及后裔园寝

1.弘璟园寝

弘璟是诚隐郡王允祉的第七子，生于康熙四十二年（1703）五月二十一日，其生母为侧福晋田佳氏，笔帖式敦达理之女。雍正五年（1727）六月，封奉恩镇国公。父允祉被议当革爵圈禁时，弘璟受宽宥之恩，雍正帝认为他"心性未定，尚不似其父兄之悖乱"[3]，弘璟的公

---

1 《清圣祖实录》卷二百八十三。

2 平谷区政协委员李润波《平谷境内王爷坟小考》。

3 《清世宗实录》卷九十四。

爵得以保留，对此，他深知感激。父被圈禁期间，弘璟被雍正帝封为贝子，以承其家业。乾隆四十二年（1777）三月二十日卒，享年七十五岁。

固山贝子弘璟的园寝被当地百姓称之为"下宫门"，在其父允祉园寝西南200米处。根据清代园寝制度推测，弘璟园寝当建有宫门、享殿、宝顶、墓碑等。

2. 镇国公永珊园寝

永珊是弘璟的第三子，生于乾隆十一年（1746）十一月十五日。乾隆三十三年（1768）十一月，授三等侍卫。乾隆四十二年（1777）五月，降袭奉恩镇国公，旋授散秩大臣。乾隆五十六年（1791）十一月，授镶蓝旗蒙古副都统，复调镶蓝旗满洲副都统。乾隆五十七年（1792）十一月，授正蓝旗护军统领。嘉庆二年（1797）七月六日薨逝，享年五十二岁。

绵策是永珊的第三子，生于乾隆四十五年（1780）八月二十三日。嘉庆二年（1797）十二月袭奉恩辅国公爵。本月，授散秩大臣。嘉庆五年（1800）九月二十一日，逝世，年二十一岁，以奕果袭爵。

永珊父子在嘉庆二年（1797）七月和嘉庆五年九月相继离世，他们的墓地在弘璟园寝东南小猪山的后面。按弘璟为贝子始封祖，永珊、绵策是贝子爵位的后裔承继者，根据中国古代传统的宗法制度，永珊园寝当以弘璟园寝为主位，建在弘璟园寝之昭位。如果弘璟园寝坐北朝南，则弘璟园寝东南正好是昭位。根据清代园寝制度，永珊卒后当按照公爵品级建设园寝。绵策可能未单独建立园寝，而是葬在父亲永珊园寝中。

3. 不入八分辅国公奕果园寝

奕果为允祉第十子弘晃后裔绵导第二子，生于乾隆五十六年（1791）七月二十六日。嘉庆五年（1800）九月，奉旨过继为嗣。嘉庆六年（1801）正月，袭不入八分辅国公爵。嘉庆十二年（1807）十二月，授头等侍卫，同治九年（1870）正月八日卒，享年八十岁，以载龄袭爵。

奕果卒后葬在距永珊和绵策墓地不远处，根据宗法制度推测，当在以弘璟园寝为主位的穆位。据当地百姓说，奕果墓地上曾有一座小宝顶。

4. 不入八分辅国公载龄园寝

在诚隐郡王允祉家族茔地的西北离小猪山稍远，有一片被樊各庄村民称之为"西北坟地"的地方，当年那里曾有三座小宝顶，正中的一座是不入八分辅国公奕果的长子、体仁阁大学士、不入八分辅国公载龄的宝顶，载龄宝顶前曾立有墓碑一统，现已不存。载龄生前有爵，根据清代园寝制度，他卒后可建园寝，笔者推测"西北坟地"上曾建有载龄的园寝。

载龄生于嘉庆十七年（1812）四月十二日。同治元年（1862）正月，授镶黄旗汉军副都统，同治二年（1863）九月，授正红旗汉军都统。十二月，授兵部尚书，管理户部三库事宜。同治九年（1870）五月，承袭不入八分辅国公爵。光绪三年（1877），授协办大学士兼户部尚书。光绪四年（1878）五月，管理工部事宜，并授体仁阁大学士。光绪九年（1883）十一月十八日卒，享年七十二岁。如前文所述，载龄墓地离小猪山稍远，推测可能是载龄卒后在小猪山附近又新开辟了一块小茔地。

溥元生于同治九年（1870）三月二十五日，其生父为载双。光绪五年（1879）六月，奉旨过继为载龄嗣。光绪十年（1884）四月，承袭不入八分辅国公。光绪二十年（1894）十二月，赏头等侍卫，在大门上行走。卒年不详。据笔者实地调查，溥元卒后葬在了载龄园寝

图1-5-6 允祉家族茔地遗址现状

中，其宝顶在载龄宝顶东南。如载龄园寝坐北朝南，则载龄宝顶的东南位即是以载龄为主位的昭位。溥元卒时清政权早已垮台，故溥元卒后不再建园寝，仅建宝顶于载龄园寝中。

载龄宝顶西侧的宝顶是被黜宗室、原封不入八分辅国公毓彭之墓。毓彭在民国十七年（1928）时任清东陵守护大臣，因发生孙殿英盗墓案，被末代皇帝溥仪黜出宗室，出宫，但仍然维持家族势力。伪满洲国成立后，修订《爱新觉罗宗谱》时，将毓彭的内容全部删除。

东樊各庄村的诚郡王墓区曾发生过兵盗。据该村老人陈德福回忆，三王爷坟第一次被盗是在他八九岁时，老人1921年生人，按推测，应当在1928年左右。盗墓者身着灰色军服，号称"保安队"，用炸药炸开墓穴。当时有一村丐夜居享殿东间，曾见几个军人水淋淋上来找柴禾烤衣服，次日发现地宫东扇门被炸开一个洞，里边积了很多水，石台上的棺椁被打开，墓主人的尸首尚未腐烂，头很大，一些胆大的村民和孩子都曾去看过现场。1930年后，墓主后裔毓树清将园寝内外的树木全部卖掉。该墓的主要看坟户是付家，另有郭、谭、刘、申几户。1933年，村民王和私盗小猪山后边的坟墓，结果开口后刚一进去，就出现塌方，被砸死在里边，从此再无人敢动。1958年，北京市文物工作队曾来此进行过发掘清理，宫门、地宫的汉白玉石券、青条石及石碑都被运到北京用于修建人民大会堂，其余砖石，为附近村民取用，在村里随处可见一些老房的墙体中嵌有墓地砖石，有三户村民的东墙就是借用的墓区外墙体。允祉墓的石门被炸坏后，村民用它打了一副石磨盘，使用多年[1]。现今整个茔地上已被开辟成一片果园，地理坐标为北纬40°11.606′，东经116°58.422′（图1-5-6）。

四、恒温亲王允祺及后裔园寝

（一）天津市城关镇东营房恒温亲王允祺园寝

允祺为圣祖康熙皇帝第五子，生于康熙十八年（1679）十二月初四日，母宜妃郭洛罗氏。康熙三十五年（1696），允祺随康熙出征噶尔丹，领正黄旗大营。康熙三十七年

清代园寝志

1　根据平谷县政协委员李润波调查材料整理。

（1698）三月，封多罗贝勒。康熙四十八年（1709）三月，康熙皇帝认为："从前朕之诸子所以不封王爵者，良恐幼年贵显，或至骄侈，恣意而行，故封爵不逾贝勒，此亦朕予之以勉进之路也。今见承袭诸王、贝勒、贝子等，日耽宴乐，不事文学，不善骑射，一切不及朕之诸子，又招致种种匪类，于朕诸子间，肆行谗谮，机谋百出，凡事端之生，皆由五旗而起。朕天性不嗜刑威，不加穷究，即此辈之幸矣。"基于这样的认识，所以他在复立皇太子大庆之日，同时把其他的几个年长的皇子都晋了爵位，允祺便是在此时晋封为和硕恒亲王。雍正十年（1732）闰五月十九日，允祺薨逝，年五十四岁，谥曰"温"。有子七人。允祺有嫡福晋他塔喇氏，有侧福晋刘佳氏、瓜尔佳氏，庶福晋马佳氏、白佳氏、钱佳氏、张佳氏等[1]。

恒温亲王允祺园寝在今天津市城关镇东营房村（图1-5-7），现在的天津建材休养所西侧。《光绪顺天府志》记载，"恒亲王园寝，在州东北六里钟灵山下"[2]。钟灵山起初叫贾家山，后因乾隆初年恒亲王建园寝于此，才改名钟灵山[3]。钟灵，象征有钟秀灵气之意。

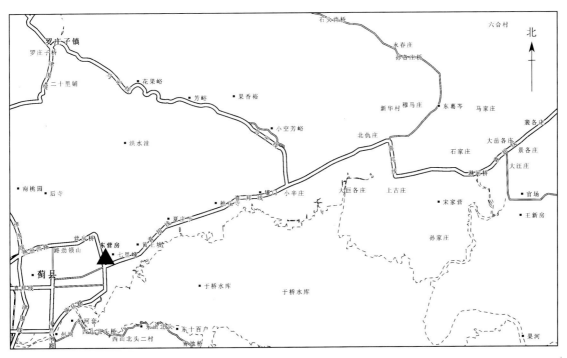

图1-5-7 天津市东营房恒温亲王允祺园寝位置示意图

允祺园寝坐北朝南，大致偏西30°，背靠钟灵山，左右有"龙虎山"。据冯其利20世纪80年代调查，当年园寝最南边是一条大道沟，建有神道桥三座，平桥四座。桥北有东西朝房各三间，碑楼一座。碑楼北是宫门，面阔三间，与围墙相连。宫门内享殿五间，享殿两侧的面阔墙上有东西随墙角门。角门里月台上有宝顶一座，高三四米。地宫石券，石床上停灵三口，是允祺与其嫡福晋他塔喇氏、侧福晋刘佳氏的灵柩。辛亥革命后，其后代生活潦倒，园寝被陆续拆卖[4]。

2008年笔者考察时，已不见当年园寝的原貌。地宫被从中穿过的大道毁坏，从残存

---

1 《爱新觉罗宗谱》甲册。

2 《光绪顺天府志》卷二十六《地理志·冢墓》。

3 《蓟州志》卷一《地理·山脉》

4 冯其利《清代王爷坟》，第150页，紫荆城出版社，1996年。

【第一部分】清代宗室王公园寝志

235

图1-5-8 墓圹东壁

的墓圹东侧壁（图1-5-8），测得地宫墓圹宽约15.7米，深约3.2米。地宫所在位置的地理坐标为北纬40°03.912′，东经117°25.864′。园寝遗址后不远处能清晰地看到高大的钟灵山，遗址两侧的地势较高，大概是当时的左右"龙虎山"所在，两山相距很近，推测原来园寝左右两侧围墙当傍依山脉而建，建在一处山凹之地，较为狭窄，步测原园寝宽约50米。允祺园寝四面环山，其后代子孙已经没有空间继续埋葬于此，只能另辟茔地。

（二）天津蓟县果香峪村恒亲王家族茔地及园寝

果香峪是恒亲王家族的第二块茔地。如上文所述，天津城关镇东营房村的恒亲王家族茔地较为狭窄，四面环山，茔地内仅埋葬有恒温亲王允祺。允祺的后代另择茔地于天津蓟县穿芳峪乡果香峪村（图1-5-9），这也是恒亲王家族的一处大宗茔地。

允祺薨逝后，虽然承袭恒亲王爵的是允祺第二子弘晊，但是最早葬入果香峪这块恒亲王

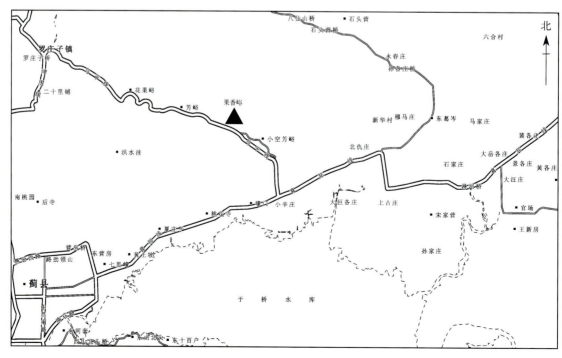

图1-5-9 天津蓟县果香峪恒亲王家族茔地及园寝位置示意图

家族茔地的是允祺长子弘昇。弘昇生于康熙三十五年（1696）四月六日，母侧福晋刘佳氏。康熙五十九年（1720）十二月，封世子，班禄视贝子。雍正四年（1726）二月，管镶白旗满洲蒙古汉军三旗事务。雍正五年（1727）四月，弘昇因办理旗务时，"不以事为事，多方教训，不知悛改"，作为世子，"委以重任，并不实心效力"，于是雍正皇帝削去其世子，"交与伊父允祺，在家严加训诲"[1]。雍正十三年（1735），乾隆皇帝即位后，授弘昇为正黄旗满洲都统，兼管火器营事务。乾隆四年（1739）十月，弘昇附逆于允禄、弘晳，结党营私，往来诡秘，宗人府奏请将其"永远圈禁"。乾隆皇帝谕曰，"弘昇乃无藉生事之徒。在皇考时，先经获罪圈禁。后蒙赦宥，予以自效之路。朕复加恩用至都统，管理火器营事务。乃伊不知感恩悔过，但思暗中结党，巧为钻营，可谓怙恶不悛者矣"，于是"照宗人府议，永远圈禁"[2]。乾隆十九年（1754）四月十二日，弘昇薨逝于囚禁之所，年五十九，照贝勒品级殡葬，谥曰"恭恪"[3]。

弘晬是恒温亲王允祺的第二子，生于康熙三十九年（1700）八月二十六日，母侧福晋瓜尔佳氏。弘晬是一个"性严重简朴""崇尚儒素"的人。国家殷盛时，诸王都"畜声伎，建园囿"，只有他买田置地，岁收其利。人以啬笑之，王曰："汝等何无远虑？藩邸除俸糈田产外，无他贷取之所，不于有余时积之以待后人之储，则子孙蕃衍时，将何以为析产资也？"然而"诸邸以骄奢故，皆渐中落，致有不能举炊者，而王之子孙富饶如故。人始识王之先见也"[4]。雍正三年（1725）十月，弘晬封奉恩辅国公。雍正五年（1727）七月，晋奉恩镇国公。雍正十年（1732）九月袭和硕恒亲王。历任镶红旗汉军都统、正蓝旗汉军都统，总管镶黄旗觉罗学等。乾隆四十年（1775）六月初六日，弘晬薨，年七十六岁，谥曰"恪"。嫡福晋伊尔根觉罗氏，继福晋博尔济吉特氏，侧福晋李佳氏、佟佳氏，庶福晋成佳氏、完颜氏、田氏、石佳氏、许氏等[5]。

由两人的生平履历，我们知道，弘昇是弘晬的亲哥哥，长弘晬四岁。最初圣祖康熙皇帝是看中了允祺这个长子弘昇的，封弘昇为世子。可惜的是，七年之后，到了雍正年间，弘昇因罪被革去世子。三个月之后，弟弟弘晬才被晋封为奉恩镇国公。之后两人便踏上了完全不同的政治道路。五年之后的雍正十年（1732），其父允祺薨逝，弘晬便承袭了恒亲王爵，而此时的弘昇恐怕还仍然在家面壁思过吧。乾隆皇帝即位后，加弘昇恩，授其做都统，管理火器营事务。不料四年之后，弘昇卷进弘晳案的风波，被乾隆皇帝"永远圈禁"。直至乾隆十九年（1754），弘昇薨逝时才得以贝勒品级殡葬，下葬于天津穿芳峪乡果香峪这块家族茔地。

二十一年之后，弟弟恒恪亲王弘晬去世。按宗法制度，弘晬本应该在其父恒温亲王允祺的大宗茔地中埋葬，但是因为那块茔地较狭小，所以薨逝后也葬入了果香峪这块家族茔地中。所以说，穿芳峪乡果香峪村这块茔地也是恒亲王家族的一处大宗茔地。

---

1 《清世宗实录》卷五十五。

2 《清高宗实录》卷一百三。

3 《爱新觉罗宗谱》甲册。

4 [清] 昭梿《啸亭杂录》卷六。

5 《爱新觉罗宗谱》甲册。

穿芳峪，文献上记载为"川芳峪"，亦名椽房峪，在钟灵山东北二十四里[1]。穿芳峪乡果香峪的这块恒亲王家族茔地，东至米家峪，南到村南，西至西岭子（东井裕），北至柏树沟、九龙头，西北至王草岭，东北与道谷峪搭界，占地方圆十里[2]。在这块茔地中，园寝建制最为明确的是恒恪亲王弘晊园寝，位于天津蓟县穿芳峪乡果香峪村，俗称"北陵"。据冯其利调查，弘晊园寝坐北朝南，北有靠山，南有朝山。园寝外有神桥一座，东边还有小桥一座。神桥北有东西朝房各三间，中间是碑楼。碑楼北是宫门，面阔三间，与红墙相接。宫门内正中有享殿，面阔五间，后是月台，月台上有紫墙一道，月台上是高约3米的宝顶。地宫石券，停灵共五口[3]。根据夫妻同穴合葬的一般规律，我们推测地宫内的五人，除了恒恪亲王弘晊外，应该还有嫡福晋伊尔根觉罗氏，继福晋博尔济吉特氏，以及两位侧福晋。

2008年笔者调查时，恒恪亲王弘晊园寝尚存有一座神桥，桥栏已全无（图1-5-10）。

图1-5-10 恒恪亲王弘晊园寝神桥

该桥比一般宗室王公园寝的神桥高大、壮观，长约21.6米，宽约5.8米，桥底到桥面高约7米，券高6.6米，券脸上端有吸水兽。该桥地理坐标为北纬40°07.157′，东经117°30.673′。地宫和园寝后围墙基址痕迹尚可，地宫的地理坐标为北纬40°07.262′，东经117°30.690′。后围墙到南端神桥的距离约为172米。

弘昇是按照贝勒品级殡葬的，应当是建有园寝的。据冯其利早年调查，弘昇墓地位于弘晊园寝东侧，"因贝勒品级弘昇和贝子永泽（弘昇子）的坟头高大而得名"，俗称"东大坟"[4]。但是弘昇园寝的具体规制，冯先生并没有描述。笔者认为，当地俗称的"东大坟"的含义可能不仅仅是因为弘昇的坟头高大，因为按照清代的园寝制度，相对于贝勒品级弘昇的园寝来说，恒恪亲王弘晊的园寝规模应该是更大的，但是当地百姓反倒称弘昇园寝为"东大坟"，笔者认为，此处"东大坟"更重要的含义，首先"大"标识了弘昇是恒温亲王允祺长子，在允祺诸子中排行老大，其次弘昇是最早葬入果香峪这块茔地中的，因而在当地百姓的印象中，贝勒品级弘昇的园寝很"大"，所以俗称"东大坟"。至于弘昇园寝的具体规制，有待进一步考察。但毕竟弘昇不是恒亲王家族的大宗，生前只是个已革世子，贝勒品级只是

---

1 《光绪顺天府志》卷二《地理志·山川》。

2 冯其利《清代王爷坟》，紫禁城出版社，1996年。

3 冯其利《清代王爷坟》，第150页，紫禁城出版社，1996年。

4 冯其利《清代王爷坟》，第151页，紫禁城出版社，1996年。

清代园寝志

238

安葬弘昇时用来确定其墓地规格的标准而已。既然弘昇不是恒亲王家族的大宗，不能列入大宗序列。那么二十一年之后，身为恒亲王家族大宗的恒恪亲王弘晊葬入这块茔地时，自然不可能在弘昇身后按照昭穆的顺序排列埋葬，而应当是在这块家族茔地中另辟一处来埋葬，与弘昇分别是两个单独的茔地。

恒恪亲王弘晊薨逝四个月后，子永皓承袭多罗恒郡王。永皓是弘晊第十子，生于乾隆二十二年（1757）十一月二十日，母庶福晋石佳氏。乾隆五十一年（1786）三月，总理镶白旗觉罗学。乾隆五十三年（1788）十一月二十四日，永皓薨逝，年三十二岁，谥曰"敬"[1]。恒敬郡王永皓园寝位于果香峪村西的金陵峪，俗称"西陵"[2]。该园寝坐北朝南，偏东10°，后有影壁山，南有娘娘顶。娘娘顶，又名兴隆顶、五名山，在蓟州城西十五里[3]。笔者2008年调查时，园寝仅保存有平桥和螭首龟趺碑座。桥栏板已被毁，地宫口清晰可见（图1-5-11），测得其深约6.5米，所在位置的地理坐标为北纬40°07.079′，东经117°30.349′。享殿基址处尚有残存的绿琉璃瓦碎片。

图1-5-11 恒敬郡王永皓地宫入口

永皓既逝，其生前仅有的一个儿子未满周岁便夭折。永皓薨逝三个月后，其第二子绵阐才出生，未及袭爵，一岁三个月便去世。所以，永皓所遗之爵便无子嗣承袭，宗人府奏请削除其爵。乾隆皇帝谕曰："朕心不忍，加恩着永泽承袭贝子。"[4]永泽为弘昇第三子，生于乾隆六年（1741）二月十四日。乾隆五十五年（1790）五月，袭固山贝子。嘉庆十五年（1810）八月三日，永泽薨逝，年七十岁。同年（1810）十一月，永泽第三子绵疆承袭奉恩镇国公。嘉庆十六年（1811）七月九日，绵疆薨逝，年三十五岁。同年（1811）十一月，绵疆承继子奕奎承袭奉恩镇国公。奕奎是绵疆之侄，绵菘第二子，承袭镇国公前三个月过继于绵疆。可是奕奎"继为人后，不服教训"，被已故奉恩镇国公绵疆之妻汪佳氏呈送宗人府。道光十五年（1835）六月，嘉庆皇帝革去奕奎镇国公爵，"饬令归宗"[5]。同年同月，其父绵菘，永泽第四子，承袭奉恩辅国公。道光十七年（1837）十二月，绵菘薨逝，年五十八岁。此时，绵菘的其他三个儿子均已早夭，唯独第一子奕藻因此前没有承袭镇国公爵，此时也没有得到承袭辅国公的资格。次年，永皓承继子绵怀第一子奕礼，承袭辅国公爵。奕礼曾管理

1 《爱新觉罗宗谱》甲册。

2 冯其利《清代王爷坟》，第151页，紫禁城出版社，1996年。

3 《光绪顺天府志》卷二《地理志·山川》。

4 《清高宗实录》卷一千三百五十五。

5 《清宣宗实录》卷二百六十八。

圆明园八旗事务，后被派往守护西陵，道光二十九年（1849）卒，年五十八岁。同年七月，奕礼长子载茯承袭奉恩辅国公，同治元年（1864）卒，年二十九。载茯长子溥泉承袭不入八分辅国公，同治三年（1864）卒。次年，溥泉长子毓森承袭不入八分辅国公。民国元年，奉懿旨，从前恩赏王公等府第房间地亩均着加恩赏给作为私产[1]。恒亲王家族的大宗爵位承袭至此结束（图1-5-12）。

据冯其利调查，与弘昇一起埋葬在"东大坟"的还有贝子永泽、镇国公绵崧、辅国公奕礼、辅国公载茯、辅国公溥泉等。在弘晊"北陵"的西侧有其庶福晋、姨娘坟等共十一座，单一个墙圈[2]。镇国公绵疆则埋葬在这十一座土坟的西侧不足半里。恒亲王家族大宗爵位的最后承袭者不入八分辅国公毓森则是葬在了"北陵大西南的佛手峪，挨着鲶鱼脊、猫头沟，建土坟一座"[3]。

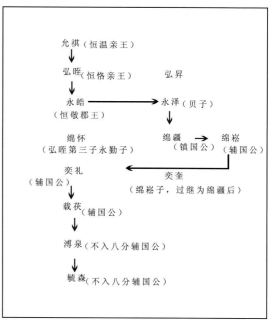

图1-5-12　恒亲王家族爵位承袭关系图

按：虽然弘昇子永泽是固山贝子爵位，但其是恒亲王家族的大宗成员，按照清代宗法制度，理应在恒亲王家族的大宗序列内按照昭穆顺序排列埋葬，而不是随其父埋葬在"东大坟"这块小宗茔地。从恒亲王家族爵位承袭表中，我们看到，永皓之后的大宗成员除了最后一位承袭者毓森没有埋葬在"东大坟"之外，只有绵疆一人单独埋葬在了十一座土坟的西侧，冯氏的依据不得而知。按照冯其利先生的意思，可能在"东大坟"这块茔地内有好几处坟地，葬有六位宗室王公成员，但是具体位置没有描述。这六人之间的承袭关系较为复杂，不太符合宗法制度的排序。但是由于年代久远，"东大坟"的具体情况已无从考证。

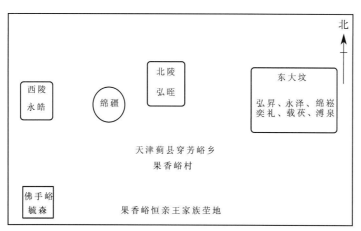

图1-5-13　冯其利所述果香峪恒亲王家族茔地分布示意图

此外，"北陵"的主人是弘晊，在弘晊园寝的西侧为其几位福晋单独建设墙圈安葬，也是不符合规定的。在清代，只有皇上的妃子们可以单独建设园寝，集中安葬，称妃园寝。而弘晊毕竟只是一位亲王，按照夫妻合葬的葬俗，除了在弘晊宝顶内与其合葬的四位福晋外，其他五位福晋应该是在弘晊的园寝内另建小宝顶

1　《爱新觉罗宗谱》甲册。

2　冯其利《清代王爷坟》，第150页，紫禁城出版社，1996年。

3　冯其利《清代王爷坟》，第152页，紫禁城出版社，1996年。

清代园寝志

埋葬的。况且，弘晊共有福晋九位，如若这个单独建设的墙圈内果真埋葬的是弘晊的福晋，那么除了与弘晊合葬的四位外，也仅仅有五位福晋埋葬于此，又怎么会建有十一个坟包？所以，笔者推测此处冯氏所述的十一座土坟，埋葬的应该不是弘晊的几位福晋，可能是百姓的误传所致。这十一座土坟位于恒恪亲王弘晊的园寝西侧，恒亲王家族其他小宗别支成员埋葬于此是非常有可能的。

综上，穿芳峪乡果香峪村的这处家族茔地埋葬有恒亲王家族的多位宗室王公成员，其中可以确定的有恒恪亲王的"北陵"和恒敬郡王的"西陵"，至于其他王公成员的具体埋葬位置，是值得商榷的（图1-5-13）。

附：恒温亲王承袭表

承袭顺序	名字	谱系	爵谥	行履	葬地及园寝资料
始封祖	允祺	康熙皇帝第五子	和硕恒温亲王	生于康熙十八年（1679）十二月初四日，母宜妃郭洛罗氏。康熙四十八年（1709）三月封和硕恒温亲王。雍正十年（1732）闰五月十九日薨，年五十四岁。谥温。子七人。	葬于今天津蓟县果香峪村。园寝坐北朝南，最南边是一条大道沟，建有神道桥三座，平桥四座。过桥是东西朝房各三间、碑楼一座。碑楼北边宫门三间，与大墙相连。宫门内享殿五间，旁边有东西角门。角门里月台上大宝顶一座，高三四米。地宫石券，葬有允祺及其福晋共三人。1915年其后人辅国公毓森生活无着，以"起灵"为名，将地宫中殉葬品起走，地面树木变卖。现尚有神道桥、平桥、地宫等遗存。
已革恒亲王世子	弘昇	允祺第一子	已革恒亲王世子，贝勒品级	康熙三十五年（1696）四月初六日生。康熙五十九年（1720）十二月封世子，班禄视贝子。雍正五年（1727）四月坐事削世子。乾隆十九年（1754）四月十二日卒，年五十九岁。予贝勒品级殡葬，谥恭恪。	葬于今天津蓟县果香峪村硕恒恪亲王弘晊园寝（俗称"北陵"）东侧，俗称"东大坟"。
一袭，第二代	弘晊	允祺第二子	和硕恒恪亲王	康熙三十九年（1700）八月二十六日生。雍正三年（1725）十月封奉恩辅国公。雍正五年（1727）七月晋奉恩镇国公。雍正十年（1732）九月袭和硕恒亲王。乾隆四十年（1775）六月初六日薨，年七十六岁，谥曰恪。子永皓，袭郡王。	葬于今天津蓟县果香峪村，其园寝俗称"北陵"。园寝建有神桥、宫门、东西朝房，享殿五间，宝顶地宫石券，葬弘晊及其福晋共五人。1915年，坟主卖树，1927年，村里拆了石桥上的栏板，置于井边做了护栏。

二袭，第三代	永皓	弘晊第十子	多罗恒敬郡王	乾隆二十二年（1757）十一月二十日生，乾隆四十年（1775）十月袭多罗恒郡王。乾隆五十三年（1788）十一月二十四日薨，年三十二岁，谥曰敬。	葬于今天津蓟县果香峪村西金陵峪。现仍存有神桥、小桥等建筑。
三袭，第三代	永泽	弘昇第三子	固山贝子	乾隆六年（1741）二月十四日生。乾隆四十年（1775）十月封不入八分辅国公。乾隆五十五年（1790）五月袭固山贝子。嘉庆十五年（1810）八月初三日卒，年七十岁。子孙循例递降，以镇国公世袭。	葬于今天津蓟县果香峪村"北陵"东侧。
四袭，第四代	绵疆	永泽第三子	奉恩镇国公	生于乾隆四十二年（1777）十一月八日。嘉庆十五年（1810）十一月承袭奉恩镇国公。嘉庆十六年（1811）七月九日，薨逝，年三十五岁。	葬于今天津蓟县穿芳峪乡果香峪村，其宝顶在恒恪亲王弘晊宝顶西侧不足半里处。
五袭，第五代	奕奎	永泽第四子绵崧之子，绵疆嗣子	已革镇国公	永泽第四子辅国将军绵崧第二子，嘉庆八年生，嘉庆十六年（1811）过继于绵疆，同年承袭镇国公爵。道光十五年（1835）缘事革爵，"饬令归宗"。道光二十一年（1841）卒，年三十九岁。	葬地不详。
六袭，第四代	绵崧	永泽第四子	奉恩辅国公	生于乾隆四十五年（1780）四月二十八日。道光十五年（1835）六月袭奉恩辅国公。道光十七年（1837）十二月一日，薨逝，年五十八岁。	葬地不详。可能位于恒恪亲王弘晊园寝东侧一片俗称"东大坟"的地方。
七袭，第五代	奕礼	永皓承继子绵怀第一子	奉恩辅国公	生于乾隆五十七年（1792）正月二十九日。道光十八年（1838）四月承袭奉恩辅国公。道光二十九年（1849）四月二十三日，薨逝，年五十八岁。	葬地不详。可能位于恒恪亲王弘晊园寝东侧一片俗称"东大坟"的地方。
八袭，第六代	载茯	奕礼第一子	奉恩辅国公	嘉庆十四年（1809）生，道光二十九年（1849）承袭奉恩辅国公。同治元年（1862）九月八日，薨逝，年五十四。	葬地不详。可能位于恒恪亲王弘晊园寝东侧一片俗称"东大坟"的地方。
九袭，第七代	溥泉	载茯第一子	不入八分辅国公	道光十六年（1836）生，同治二年（1863）降袭不入八分辅国公。同治三年（1864）十一月十四日，薨逝，年二十九。	葬地不详。可能位于恒恪亲王弘晊园寝东侧一片俗称"东大坟"的地方。
十袭，第八代	毓森	溥泉第一子	不入八分辅国公	咸丰十年（1860）生，同治四年（1865）承袭不入八分辅国公，民国元年，奉懿旨所有从前恩赏王公府第房间地亩均着加恩赏给作为私产。	葬地不详。

五、淳度亲王允祐及后裔园寝

（一）河北易县淳度亲王允祐园寝

允祐为圣祖康熙皇帝第七子，生于康熙十九年（1680）七月二十五日，生母成妃戴佳氏（司库卓奇之女）[1]。康熙三十五年（1696），允祐随皇上出征噶尔丹，领镶黄旗大营。

---

1 《爱新觉罗宗谱》甲册。

康熙三十七年（1698）三月，封贝勒。康熙四十八年（1709），康熙皇帝认为："从前朕之诸子所以不封王爵者，良恐幼年贵显，或至骄侈，恣意而行，故封爵不逾贝勒，此亦朕予之以勉进之路也。今见承袭诸王、贝勒、贝子等，日耽宴乐，不事文学，不善骑射，一切不及朕之诸子，又招致种种匪类，于朕诸子间，肆行谗谮，机谋百出，凡事端之生，皆由五旗而起。朕天性不嗜刑威，不加穷究，即此辈之幸矣。"基于这样的认识，所以他在复立皇太子大庆之日，同时把其他的几个年长的皇子都晋了爵位，其中允祐着封为郡王[1]。康熙五十七年（1718）十月，允祐管理正蓝旗满洲、蒙古、汉军三旗事务。雍正元年（1723）四月，晋封和硕淳亲王，皇上昭褒其"安分守己，敬顺小心"。雍正五年（1727），其子弘曙因"愚昧怠惰，并无勉励成人之意，着将其长子革去"[2]，改封弘璟为世子。雍正八年（1730）四月初二日，允祐薨，年五十一岁，谥曰"度"，弘暻袭爵。允祐有嫡福晋纳喇氏，侧福晋巴尔达氏，庶福晋李佳氏、伊尔根觉罗氏、富察氏、陈氏等，共有子七人[3]。

允祐园寝位于河北省清西陵外围的易县神石庄村南（图1-5-14）。《易州志》卷首记载，雍正帝选好的陵址"灵秀之气博厚且大，遂流布旁衍"，"宪皇帝至仁如天，友于性成"，遂以距陵区不远的神石庄吉穴赏皇七弟允祐。允祐园寝坐南朝北，占地百亩，有两道虎皮石围墙，园寝外无月河、神桥，有碑楼一座，内立墓碑一统。碑楼南是宫门，面阔三间，与红墙相接。宫门内正中是享殿，面阔五间，享殿两边各种梨树两株，这是其他宗室王公园寝内所没有的。享殿后月台上有紫墙一道，中间是琉璃门，门内有宝顶一座，高约五六米，下设须弥座。地宫为汉白玉石券，两扇石门，石床上停灵两口。宝顶后即园寝后半部的罗圈墙。园寝于1933年被盗。抗日战争时期，两道墙圈被拆除。遗址一直保存到1966年，后

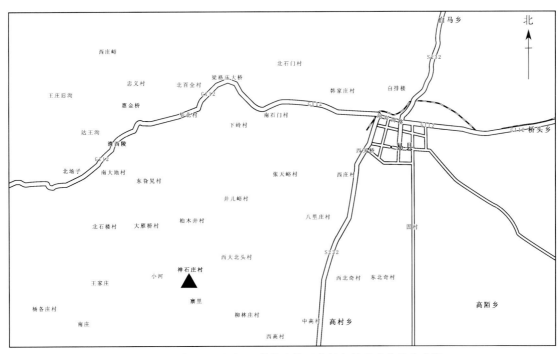

图1-5-14 河北省易县神石庄村允祐园寝位置示意图

---

1 《清圣祖实录》卷二百三十七。

2 《清世宗实录》卷五十六。

3 《清史稿》卷二百二十《列传七·诸王六》。

墓碑和宝顶被炸毁。80年代尚有残存的地宫和须弥座[1]。

（二）北京市房山区董家林多罗淳郡王家族茔地及淳慎郡王弘曎、多罗贝勒永鋆园寝

多罗淳慎郡王弘曎是和硕淳度亲王允祐的第六子，生于康熙五十年（1718）七月十一日。雍正五年（1727），其兄弘曙以"愚昧怠惰，并无勉励成人之意"，被革去长子，弘曎"人老成，着封为长子"[2]。雍正八年（1728）九月，弘曎袭多罗淳郡王。乾隆四十二年（1777）七月薨逝，年六十七，谥曰"慎"，以子永鋆袭。

永鋆是多罗淳慎郡王弘曎的第八子，生于乾隆三十六年（1771）十月初十日。乾隆四十三年（1778）二月，袭封多罗贝勒。永鋆"秀毓仙源，荣叨崇秩。综司禁旅，肃武备以宣勤；兼掌宗庠，饬朝章而辅化"，"恪谨无愆"，"兼禁卫之军，靖共匪懈。教分胄子，趋班凤著其勤劳；职统宗人，率属懋昭其分慎"[3]。嘉庆二十五年（1820）九月二十二日，薨逝，年五十岁。

据《良乡县志》，淳慎郡王弘曎卒后葬"县南等驾林"[4]。这里遂成为淳亲王大宗的第二块茔地。"等驾林"即今北京市房山区琉璃河镇董家林（1-5-15）。据当地老人讲，弘曎号称"花脸王"。但为何称"花脸王"，尚待考证。当地老人还说，董家林村名来源即与花脸王坟有关。此地自从有了花脸王坟之后，清乾隆以及嘉庆、道光等皇帝每年清明节前后去西陵拜祖路经这里时，必给花脸王扫墓、进香，此前王府派人先于此地待驾，"等驾林"由此得名。笔者补充一点，因茔地上广植树木，故有林之称，曰等驾林。今董家林乃等驾林之谐音。

根据清代园寝制度，淳慎郡王弘曎园寝当建有墓碑及碑楼、茶饭房、宫门、享殿、

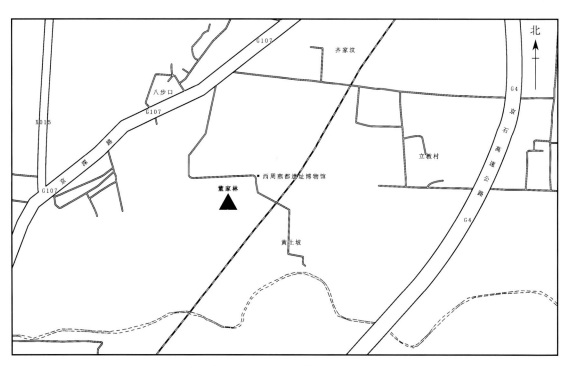

1-5-15 北京市房山区董家林多罗淳郡王家族茔地位置示意图

1 冯其利《清代王爷坟》，第153~154页，紫禁城出版社，1996年。
2 《清世宗实录》卷五十六。
3 据道光年立永鋆墓碑碑文。
4 民国十三年修《良乡县志》卷六《纪幽志·邱垄》。

宝顶、围墙等，除此之外，还当建有月河、神桥。园寝早年既被毁坏无余，现园寝已无任何遗存。根据冯其利调查，弘暟园寝坐北朝南，园寝还建有琉璃门一座，琉璃门前还曾有云龙阶石，台阶十三级。冯其利还说，"墙圈（园寝围墙）外还有一道罗汉墙"，笔者还未曾见到过类似的建制，不知是否属实。据《北京百科全书》记述，弘暟"宝顶径三四丈，高丈余，汉白玉须弥座雕饰着精美的莲花，顶部为三合土结构"[1]。

根据宗法制度，这片茔地上应以弘暟立祖，贝勒永鋆卒后当葬在弘暟园寝的一昭位。据笔者调查，贝勒永鋆园寝在弘暟园寝的东北方向，符合中国传统宗法制度的昭穆原则。根据清代园寝制度推测，贝勒永鋆园寝应建有墓碑一统、茶饭房三间、宫门三间、享殿三间、宝顶、围墙等。

贝勒永鋆园寝建筑及地面遗址已遭到彻底毁坏，唯有墓碑尚存，但已残成两截，被移至琉璃河大桥附近的碑林中（图1-5-16）。碑阴刻"道光元年三月七日"，正面刻满汉两种文字的碑文。碑厚0.53米，宽1.17米。碑身高2.6米，碑额高1.3米（1-5-17）。碑座长3.1米，宽1.22米，高3.1米。

据冯其利调查，永鋆园寝内还葬有其第二子贝子绵清、绵清第四子镇国公奕梁、奕梁第三子镇国公载铗、载铗长子镇国公溥堃[2]。根据宗法制度推测，这几人当依昭穆原则葬在永鋆宝顶两侧。

综上所述，这块淳郡王家族茔地上埋葬了除淳亲王大宗始封祖允祐之外的所有淳亲王大宗成员。

图1-5-16 永鋆墓碑

图1-5-17 墓碑碑额

1　《北京百科全书·房山卷》，第234页，奥林匹克出版社、北京出版社，2002年。
2　冯其利《清代王爷坟》，第156页，紫禁城出版社，1996年。

承袭顺序	名字	谱系	爵谥	行履	葬地及园寝资料
始封祖	允祐	圣祖第七子	和硕淳度亲王	生于康熙十九年（1680）七月二十五日，母成妃戴佳氏。康熙三十九年（1700）三月封多罗贝勒。康熙四十八年（1709）三月封多罗淳郡王。雍正元年（1723）四月进封和硕淳亲王。工书，曾与诚亲王允祉并书景陵碑额。雍正八年（1730）四月初二日薨，年五十一岁。谥度。子七人。	葬于今河北易县清西陵南神石庄乡北福地村东南。
一袭，第二代	弘暻	允祐第六子	多罗淳慎郡王	康熙五十年（1711）七月十一日生。雍正五年（1727）四月弘曙削世子后，世宗改封弘暻为淳亲王世子。雍正八年（1730）九月袭封多罗淳郡王。乾隆四十二年（1757）七月十三日薨，谥曰慎。子永鋆，袭贝勒。	园寝在今北京市房山区琉璃河董家林村。园寝现已遭到彻底破坏。
二袭，第三代	永鋆	弘暻第八子	多罗贝勒	乾隆三十六年（1771）十月初十日生。乾隆四十三年（1778）二月袭多罗贝勒。嘉庆二十五年（1820）九月二十二日卒，年五十岁。	园寝在今北京市房山区琉璃河董家林村。园寝现已遭到彻底破坏。
三袭，第四代	绵清	永鋆第二子	固山贝子	乾隆五十六年（1791）十一月四日生。嘉庆十七年（1812）十一月封一等辅国将军。道光元年（1821）正月袭固山贝子。咸丰元年（1851）六月二十八日卒，年六十一岁。	葬永鋆园寝中。
四袭，第五代	奕梁	绵清第四子	贝子衔，奉恩镇国公	嘉庆二十四年（1819）六月二十一日生。道光十八年（1838）十二月封三等镇国将军。咸丰元年（1851）九月袭奉恩镇国公。同治十一年（1872）九月加贝子衔。光绪十三年（1887）七月十二日卒。年六十九岁。	葬永鋆园寝中。
五袭，第六代	载铢	奕梁第三子	奉恩镇国公	同治元年（1862）三月生，光绪十三年（1887）十二月袭爵。光绪二十年（1894）十一月卒。年三十三岁。	葬永鋆园寝中。
六袭，第七代	溥堃	载铢第一子	奉恩镇国公	光绪十一年（1885）五月生，光绪二十一年（1895）五月袭爵。大同元年四月卒，年四十五岁。	葬永鋆园寝中。

六、固山贝子品级、已革多罗敦郡王允䄉园寝

允䄉生于康熙二十二年（1683）十月十一日，清圣祖（即康熙）的第十子，其生母为温僖贵妃钮祜禄氏。康熙四十八年（1709）三月，封敦郡王。康熙五十七年（1718）十月，奉命办理正黄旗、蒙古、汉军三旗事务。康熙六十一年（1722）十二月，解管理三旗事务。

雍正帝上台后对诸兄弟采取打压政策。允䄉因当初党附允禩，被雍正帝所厌恶。雍正元年（1723），泽卜尊丹巴胡土克图来京拜谒康熙帝梓宫时患病，与世长辞。雍正帝命允䄉遣送泽卜尊丹巴胡土克图灵龛回喀尔喀。允䄉生性懒惰，借口生病不愿前去。后在雍正的强令

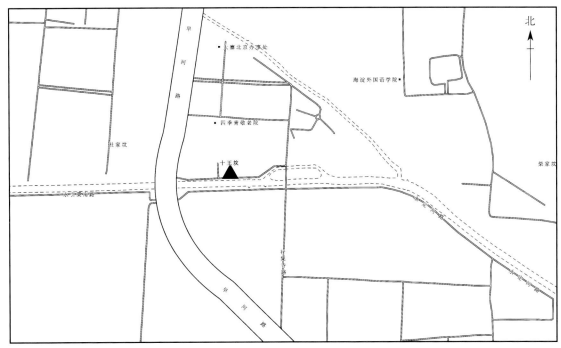

图1-5-18 北京市海淀区十王坟村允䄉园寝位置示意图

下出行，但差期未到，自称有旨召还，乃擅自返回，居张家口，这正好给了雍正帝打压允䄉的一个很好的借口。雍正帝便下令削夺允䄉爵位，并将允䄉禁锢起来。直到雍正帝卒后，允䄉才重获自由。乾隆二年（1737），获释，授奉恩辅国公品级。乾隆六年（1741）九月九日薨逝，年五十岁。

允䄉卒后，乾隆帝命"照固山贝子例殡葬"[1]。关于允䄉茔地，笔者访问到了知情者王林玉先生。在王先生的带领下，笔者来到允䄉茔地旧址。旧址位于今北京市海淀区四季青乡十王坟村，北与克勤郡王府茔地为邻，其地理坐标大约为北纬39°56.272′，东经116°14.671′（图1-5-18）。允䄉在康熙诸子中排行第十，又曾做过郡王，故其葬地有"十王坟"之称。今天的十王坟村名即因允䄉葬地而得名。又允䄉卒后是照贝子例殡葬的，根据清代园寝制度推测，允䄉园寝当年应照贝子品级建有墓碑、宫门、享殿、宝顶、围墙等。

允䄉园寝在抗日战争时期被多次盗发，据当时见过被盗发后地宫情形的百姓讲，允䄉地宫内有灵柩三口。按：根据夫妻合葬原则推测，这三口灵柩之中的墓主人当分别为允䄉及其嫡夫人阿霸垓博尔济吉特氏、继夫人赫舍里氏。20世纪80年代时，允䄉园寝旧址处尚有地宫废坑和一些残存石条，现已无任何遗存，地面上是成排的小柏树（图1-5-19）。

关于允䄉茔地的占地面积，《北京地名典》中记为十王坟"占地七十二亩"[2]；《清代王爷坟》中记为"十王坟占地五百余亩"[3]。按：允䄉园寝及茔地遗迹早已无存，笔者认为如果在没有当时的地契或者知晓茔地（或园寝）界桩等的情况下，要想知晓茔地（或园寝）的占地面积是不太可能的，不知道上述两个截然不同的"十王坟"占地面积是如何得出的。

据知情者王林玉先生回忆，敦郡王允䄉园寝坐北朝南，宫门外曾有文河一道。园寝内有三座宝顶。允䄉地宫为棚板石结构，内填充三合土。按：如前文所述，正中的宝顶下葬

1 《爱新觉罗宗谱》甲册。

2 王彬、徐秀珊主编《北京地名典》，第509页，中国文艺出版社，2008年。

3 冯其利《清代王爷坟》，第157页，紫禁城出版社，1996年。

【第一部分】 清代宗室王公园寝志

图1-5-19 允祺园寝遗址现状

允祺及其嫡夫人阿霸垓博尔济吉特氏、继夫人赫舍里氏。两侧的宝顶下推测当葬允祺妾郭络罗氏和王氏。

根据王林玉先生回忆，在允祺园寝左侧还曾有过一处小茔地，与允祺茔地并列，俗称"小宫门"。"小宫门"当年建有宫门和几个宝顶。笔者推测小宫门当是允祺后代的茔地。根据《爱新觉罗宗谱》，允祺后代中没有被封爵位的人，故"小宫门"这块茔地上当没有园寝建设。

七、履懿亲王允祹及后裔园寝

（一）北京市朝阳区东直门外履懿亲王允祹及子弘昆园寝

履懿亲王允祹生于康熙二十四年（1685）十二月二十四日，是清圣祖（即康熙）第十二子，其生母为定妃万琉哈氏。康熙四十八年（1709）十月，封贝子。此后，皇上每次巡游，允祹都随行前往。康熙五十六年（1717），孝惠章皇后驾崩治丧期间，允祹署理内务府事务，负责办理孝惠章皇后丧事。事毕后，即解去所署职务。康熙五十七年（1718），负责管理正白旗满洲、蒙古、汉军八旗事务。康熙五十九年（1720）裕亲王保泰之母（康熙兄长福全之妻）去世的时候，允祹再次被派去料理丧事。康熙六十年（1721），恭代祭祀盛京三陵。康熙六十一年（1722），授镶黄旗满洲都统。

可能由于允祹有前两次办理丧事的经验，所以在康熙帝驾崩后，雍正帝便命令他去处理康熙帝的梓宫事宜，允祹很卖力，雍正帝非常高兴，便封允祹为履郡王。但是没过多久，也就是在雍正二年（1724）的时候，宗人府便弹劾允祹治事不能敬谨，允祹被革去郡王，但仍在原固山贝子上行走。接着允祹又因在书写圣祖配享仪注及封妃金册时出现遗漏差错，固山贝子又被革去，降为镇国公。允祹由郡王接连降级，最后成为镇国公，几乎到了宗室爵位的最低级。其实，"治事不能敬谨"当只是一个借口，实则是雍正帝即位后有意对诸兄弟进行打压。

直到雍正八年（1730）允祥去世后，允祹才被恢复履郡王爵位。雍正帝驾崩后，允祹又奉命办理雍正帝的丧仪。乾隆继位后，晋允祹为履亲王，管理礼部和宗人府事务。乾隆三年（1738），乾隆帝密定的皇太子永琏夭折，乾隆对此爱子的夭折很是伤心，命办理丧事经验丰富的皇叔允祹去办理皇太子的茔地事宜。乾隆十五年（1750），允祹唯一长成的儿子弘昆去世，允祹伤心欲绝，乾隆帝亲到府上看望允祹，并谕令按世子的丧仪处理弘昆的后事。正月，允祹被罢掉礼部职务。乾隆十八年（1753）正月，授议政大臣。乾隆二十八年（1763）七月二十四日卒，年七十九岁，谥曰"懿"。

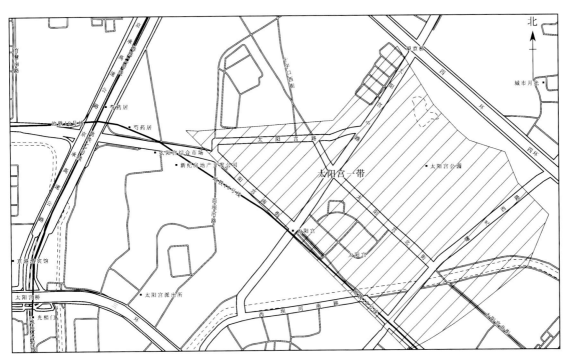

图1-5-20　北京市朝阳区履亲王园寝所在太阳宫一带

　　履亲王大宗的第一块茔地在东直门外，清乾隆二十八年（1763）十月二十六日内务府奏案四十号记载："今履懿亲王园寝在茄各庄，现有茔地一块。例如工部领修理园寝银五千两，建碑银三千两。"根据冯其利调查，茄各庄位置大致在新中国成立后朝阳区太阳宫乡六队（即小亮马桥大队）一带。按太阳宫地名今仍存在，在东三环路与北三环路转接处的拐角外一带（图1-5-20）。

　　允裪为履亲王大宗始封祖，但他并不是葬在这块茔地上的第一人，葬在这块茔地上的第一人是先于他去世的他的长子弘昆。弘昆卒后以世子例殡葬，可见，乾隆帝是承认了弘昆作为王位继承者的身份的。根据清代园寝制度，弘昆园寝应同郡王品级的园寝一样建有墓碑、碑楼、茶饭房、宫门、享殿、围墙等。

　　弘昆园寝地面建筑早在1929年时就被拆除。20世纪90年代时，弘昆园寝旧址上"是北京市四建工程公司施工的北京市综合办公楼"[1]。冯其利说，弘昆园寝"未建碑楼，北行有东西朝房和宫门，院内有享殿三开间，旁有角门。享殿后边有紫墙一道，里边是宝顶一座，高3米"，"地宫为砖券"。按：根据冯氏所言，弘昆园寝坐北朝南，根据清代园寝制度，世子品级的园寝可建碑楼，不知冯氏说"未建碑楼"是否准确，也可能与弘昆早卒有关。弘昆卒时仅12岁，自身并没什么积蓄，故园寝省建碑楼。"紫墙"不知是何建制，笔者推测可能是指园寝的二道墙。"宝顶高3米"也当是冯其利听民间传说而来，因为宝顶早就被毁坏，冯其利并未亲眼见到。

　　允裪卒后建园寝于弘昆园寝的西边，坐北朝南。允裪园寝在民国时期被民间称为"十二陵"。按陵与园寝乃是两个截然不同的概念，有清一代陵是专门用来称呼帝后墓地的，园寝是专门用来称呼宗室王公墓地的，但民间才不去管那么多。正是因为民间对陵和园寝的概念认识不清，他们觉得允裪园寝修建的很壮观，允裪又排行十二，故称"十二陵"。根据清

　　1　冯其利《清代王爷坟》，第161页，紫禁城出版社，1996年。

代园寝制度，允祹园寝当建有墓碑一统、碑楼一座、茶饭房左右各三间、宫门三间、享殿五间、围墙百丈等。据冯其利调查，享殿旁有角门，后有月台，月台上是允祹的宝顶一座，宝顶下地宫砖券，顶覆条石，石门和石床均汉白玉制，石床上有棺三口。允祹园寝地面建筑早在1929年时就被拆除。冯其利说，允祹园寝旧址在1990年时相当于北京市朝阳区东直门外东三环北路一号、中国旅游服务公司、免税品商店、本味庄饭庄所占位置。

如上所述，这块茔地上葬有弘昆和允祹，建有两座园寝，园寝朝向都是坐北朝南，弘昆园寝在东，允祹园寝在西，弘昆园寝正好位于他的父亲允祹园寝的昭位，由此看来，这块茔地是事先规划好了的，预留了允祹园寝的位置。冯其利说，弘昆园寝南端错后于允祹园寝。笔者推测这当是因为弘昆园寝占地面积小于允祹园寝占地面积之故。

（二）北京市昌平区秦城村履端郡王永珹园寝

履懿亲王允祹虽有六子，但都夭折，最大的一个儿子弘昆也才活到了12岁。其实，早在康熙帝在位时，就对允祹之嗣一事很关心，为此康熙帝还曾将允礽之孙弘晋之子永琇交由允祹抚养，孰料永琇也就活了26岁。这样允祹的后嗣便成了问题。乾隆帝为了解决这个问题，下命将自己的儿子永珹过继给允祹，降袭郡王。

永珹生于乾隆四年（1739）正月十四日，乾隆的第四子，其生母为淑佳皇贵妃金佳氏。乾隆二十八年（1763）十一月，奉旨过继给履懿亲王允祹为嗣。乾隆四十二年（1777）二月二十八日卒，年三十九岁，谥曰端。永珹卒后，乾隆帝"着派八阿哥永璇穿孝，与金简办理丧仪。所有一切典礼，加恩照亲王仪注行"[1]，不久亲临永珹府邸赐奠。嘉庆四年（1799）三月，追封亲王。

根据宗法制度，履端郡王永珹为大宗爵位承袭者，他卒后可以允祹立祖，葬入履亲王大宗的第一块茔地。但是永珹卒后并未葬入履亲王大宗的第一块茔地，据《光绪昌平州志》记载，永珹卒后葬在了"州东北二十五里翠华山十篱峪口"[2]。这样就有了履亲王家族的第二块茔地。永珹卒后未同履亲王始封祖允祹葬在一起，而另辟茔地，推测与他身为皇子的特殊身份有关。

"十篱峪口"今地即北京市昌平区兴寿镇秦城村西边的十虎峪口（图1-5-21）。永珹行四，故其墓地在民间被称为"四爷坟"。永珹坟墓在1936年时被其后人以"起灵"名义挖掘，园寝残址在1976时尚有，墓碑保存完好，碑文满汉合璧，"碑高4.2米，宽1.2米，厚0.55米，碑额篆书'御制'二字，赑屃长3.3米，宽1.35米，高1.17米"[3]。现今永珹园寝已无任何遗存。

据冯其利先生20世纪80年代调查，履端郡王永珹园寝坐北朝南，建有两道围墙，外边是虎皮石墙，里面是红墙。园寝外南端建有神桥一座。桥北是碑楼，碑楼内立碑一统。碑楼正北是宫门，宫门面阔三间，与红墙相接。宫门内正中是享殿，享殿面阔三间。享殿后月台之上有宝顶一座。宝顶下地宫为棚板石结构，当中立有隔断墙，内停一男一女两口棺椁，棺椁旁边均为柳木炭，中间实以三合土。据说地宫内四角各放一锭元宝。宝顶后为圆弧形的跨栏墙及虎皮石墙。照看坟地户住在两道墙中间。按：冯氏所说永珹园寝建有两道围墙，这种建

1 《清高宗实录》卷一千零二十七。
2 ［清］缪荃孙、刘万源《光绪昌平州志》第十二《冢墓记》，北京古籍出版社，1989年。
3 冯其利《清代王爷坟》，第162~163页，紫禁城出版社，1996年。

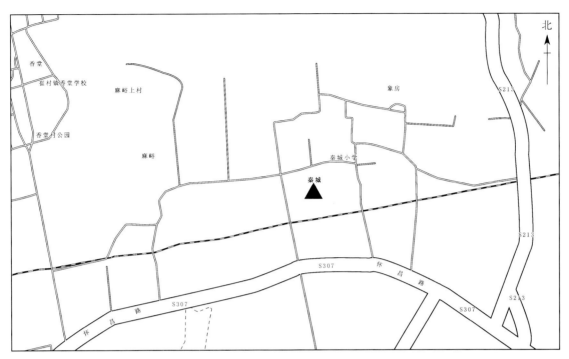

图1-5-21 北京市昌平区秦城村履端郡王永城园寝位置示意图

设形制笔者尚未在文献中见到有所记载，也未在园寝实例中见到。但冯氏言之凿凿，似乎是在园寝围墙之外又修建了一道围墙。这种情况是否真实，有待进一步考证。比照清代园寝制度，冯其利所言其他园寝建筑当是符合实际情况的。除了上述建筑外，履端郡王永城园寝还当有建茶饭房。

（三）北京市昌平区麻峪村多罗贝勒绵惠园寝

多罗贝勒绵惠生于乾隆二十九年（1764）九月二十五日，和硕履端郡王永城第一子，其生母为永城侧福晋完颜氏。乾隆四十二年（1777）五月，降袭多罗贝勒。嘉庆元年（1796）八月六日逝世，年三十三岁。嘉庆六年（1801）十一月，追封多罗履郡王。有嫡福晋博尔济吉特氏、妾赵氏。

绵惠只有一子奕文，但奕文活到四岁就夭折了。允祹这一支又面临绝后的处境，这时嘉庆帝又命成郡王绵懿之子奕纶为绵惠后，袭贝子，后于嘉庆十四年（1809）晋贝勒。道光十五年（1835）缘事降贝子。道光十六年（1836）卒，年四十七岁，奉旨赏还贝勒。自奕纶后，这支后代子孙循例递降，以镇国公世袭。

绵惠是履端郡王永城的儿子，承袭了其父王位，根据中国古代传统的宗法制度，贝勒绵惠卒后可以永城为一代祖先，埋葬在其父履端郡王永城园寝附近的一昭位。据《北京图书馆藏北京石刻拓片目录》一书，绵惠谕祭碑曾在北京市昌平县崔村东北麻峪被发现[1]。碑的位置如果未发生远距离的搬运移动，则该碑所在地即为绵惠园寝所在地。麻峪距离秦城仅1公里左右，据此笔者推测绵惠卒后可能同父亲永城埋在了一处茔地上（图1-5-22）。

根据清代园寝制度推测，绵惠园寝当按照贝勒品级建有墓碑一统、茶饭房三间、宫门三间、享殿三间、围墙等。如前文所述，绵惠在卒后五年又被追封为郡王，追封后绵惠园寝可按照郡王品级进行相应的补建，但是否进行补建，却非惯例。对于绵惠来说，他只有一个儿

1　徐自强主编《北京图书馆藏北京石刻拓片目录》，书目文献出版社，1994年。

【第一部分】清代宗室王公园寝志

251

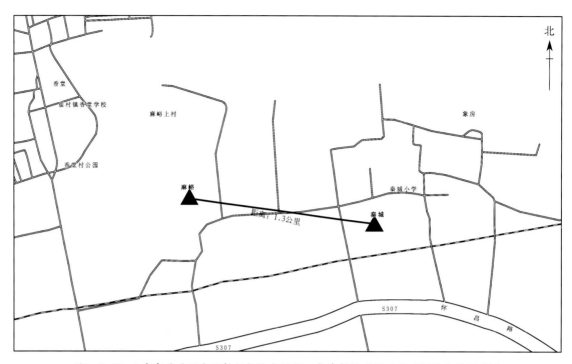

图1-5-22 北京市昌平区麻峪村贝勒绵惠园寝、秦城村履端郡王永城园寝位置示意图

子，四岁就夭折了，虽然后来嘉庆帝又过继给了绵惠一个嗣子，但嗣子毕竟不是亲儿子，故推测绵惠后代对绵惠园寝进行补建的可能性不大。

至于奕纶葬地，根据宗法制度，可同绵惠葬在一起。当然也可作为他支另选茔地安葬。有待考证。

八、怡贤亲王胤祥及后裔园寝

和硕怡亲王是清代第一个恩封的世袭罔替的"铁帽子王"。其始封祖胤祥为圣祖康熙皇帝第十三子，生于康熙二十五年（1686）十月一日，母敬敏皇贵妃[1]。胤祥有子九人女四人。九子中除了四个夭折的儿子，有封爵者五人，即弘昌、弘暾、弘晈、弘晓和弘晓，其生卒年如下表：

名字	谱系	生年	卒年	爵职	年龄
弘昌	胤祥第一子	康熙四十五年（1706）	乾隆三十六年（1771）	雍正十三年（1735）晋封贝勒，乾隆四年（1739）革爵	66岁
弘暾	胤祥第三子	康熙四十九年（1710）	雍正六年（1728）	贝勒品级殡葬	19岁
弘晈	胤祥第四子	康熙五十二年（1713）	乾隆二十九年（1764）	雍正八年（1730）八月封宁良郡王，乾隆四年（1739）理应革爵，从宽留王号	52岁

1 《爱新觉罗宗谱》甲册。

弘昑	胤祥第六子	康熙五十五年（1716）	雍正七年（1729）	贝勒品级殡葬	14岁
弘晓	胤祥第七子	康熙六十一年（1722）	乾隆四十三年（1778）	雍正八年（1730）十二月袭怡亲王爵	45岁

据冯其利调查，怡亲王家族茔地共有三处，均在今河北省涞水县。一处为东营房村的怡贤亲王胤祥园寝所在地；一处为福山营村的怡僖亲王弘晓及其子孙园寝或墓葬所在地；还有一处是在雁翎村的"南宫"，但冯先生未明确其主人。按胤祥是怡亲王家族的始封祖，于怡亲王家族来说是一大宗，由于雍正朝对胤祥的特殊荣宠，其薨逝后葬在了东营房村这一"平善之地"。怡僖亲王弘晓及其后各代怡亲王，作为胤祥的爵位承袭者，在怡亲王家族内均是大宗，他们逝世后茔地选在了距东营房村西边不远的福山营村。所以说，涞水县东营房怡亲王茔地及福山营茔地都是怡亲王家族的大宗茔地。弘晈乃胤祥第四子，是世宗雍正皇帝所恩封的多罗宁郡王，其余各代怡亲王大宗来说则

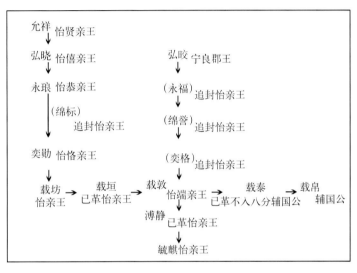

图1-5-23　怡亲王家族爵位承袭图

是一小宗，以宗法制度论，弘晈是不能够埋入怡亲王家族的大宗茔地的，而应当作为一小宗之始封祖，另辟茔地。据笔者2008年10月实地考察，涞水县雁翎村这处怡亲王家族茔地共有园寝五处，推测正是弘晈及其后世子孙的葬处，这块怡亲王家族茔地的始封祖当是宁良郡王弘晈（图1-5-23）。

此外，胤祥第一子弘昌秉性愚蠢，向来不知率教，雍正初年其父奏请将其圈禁在家。后因其父怡贤亲王胤祥薨逝，雍正皇帝降旨释放。乾隆皇帝即位后加封其为多罗贝勒，希望他能够改过自新。可是身为贝勒的弘昌于乾隆四年（1739）附逆于弘晳，结党营私，不守本分，"情罪甚属可恶"，乾隆皇帝震怒至极，照宗人府所议，革去其贝勒爵职[1]。乾隆三十六年（1771）四月二十一日卒。按照清代的园寝制度，弘昌缘事夺爵，虽然未被"黜宗室"，但其逝后是不能按照宗室成员的昭穆序列埋葬于家族茔地内。弘昌葬地不详，推测可能在怡亲王家族茔地的兆域之内单独埋葬。胤祥第三子弘暾未封早逝，世宗悯之，命视贝勒例殡葬。胤祥第六子弘昑亦用其例[2]。按弘暾卒于雍正六年（1728）七月，弘昑卒于雍正七年（1729）二月，两人均先于其父怡贤亲王胤祥而逝。怡贤亲王茔地选址在河北省涞水县"平善之地"的时间是在雍正八年（1730）。根据清朝对宗室王公丧葬时间的规定，"郡王、

　　1　《清高宗实录》卷一百零三。
　　2　《清史稿》卷二百二十《列传七·诸王六》。

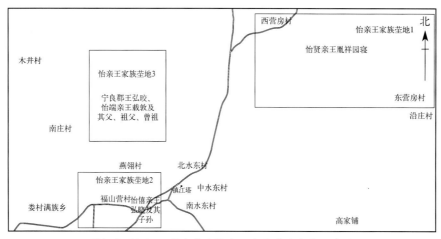

图1-5-24 河北省涞水县怡亲王家族茔地分布示意图

贝勒五月发引，七月而葬"[1]，所以即使是其中较晚薨逝的弘晈，在雍正八年（1730）之前也已经埋葬完毕。也就是说，怡亲王在河北涞水县这块家族茔地尚未选定之时，胤祥第一子、第三子、第六子均已薨逝埋葬，所以他们的葬地不可能在河北涞水县的这两块家族茔地中，而可能在他地，具体位置尚待进一步考证。

下文对已知的三处怡亲王家族茔地分别叙述（图1-5-24）。

（一）河北省涞水县东营房村怡贤亲王胤祥园寝

胤祥为圣祖康熙皇帝第十三子，生于康熙二十五年（1686）十月一日，母敬敏皇贵妃[2]。按康熙皇帝一生共生育子女55人，其中男35人，除夭折早亡者外，成年皇子20人。其中雍正帝胤禛排行第四，胤祥排行第十三，比胤禛小八岁。

胤祥"生秉粹质，至性过人"，在康熙一废太子之前是颇受康熙皇帝宠爱的。"圣祖钟爱甚笃，省方巡幸，恒命扈从，恩宠优渥"[3]。康熙帝一生六次南巡中，胤祥是唯一一个跟从南巡达四次之多的皇子，这显然是一份不可多得的殊荣。自康熙三十七年（1698）七月，十三岁的胤祥第一次跟随皇父去盛京谒陵后，直至四十七年（1708）九月一废太子事件发生前整整10年间，康熙帝只要离开京师，无论去哪里，必将胤祥带往。尤其康熙四十一年（1702）第四次南巡的时候，"上以皇太子允礽患病"，"命皇十三子胤祥祭泰山"[4]。泰山在古代是权力的象征，祭祀泰山一般为帝王之举。康熙帝命令胤祥祭祀泰山，给人以揣测，可能暗示康熙帝有立胤祥为太子之意。康熙四十四年（1705），康熙帝第五次南巡时，除去皇太子胤礽外，随行皇子只有胤祥一人，足可见康熙皇帝对胤祥的重视。此外，胤祥对治水很有一套，堪称干练，曾多次跟随康熙帝巡视永定河、南河等河道工程。

到了康熙晚期，皇族内部争夺皇位的斗争十分激烈。众多皇子结党谋夺皇太子之位，朝野文武大臣各附一党，多派势力纵横捭阖、明争暗斗，都想置政敌于死地。其中势力最大的是皇八子胤禩派。当时暗里挖空心思谋夺皇太子之位、明里装作富贵闲人的皇四子胤禛，将皇八子胤禩视为自己的劲敌，以巧妙的、几乎不为康熙帝察觉的各种手段与之较量。皇八子胤禩有才干、人望好，皇子多投靠依附于他。相比之下，皇四子胤禛势孤力单，连同母胞

---

1 [清]萧奭《永宪录》卷三。

2 《爱新觉罗宗谱》甲册。

3 《八旗通志初集》卷一百三十四《宗室王公列传六·怡亲王胤祥》。

4 《清圣祖实录》卷二百一十。

清代园寝志

弟胤䄉都不帮他。胤禟先是依附于胤禩，继而自立门户争夺皇位，成为胞兄胤禛的死对头。胤祥是胤禛的同父异母弟，他不嫌胤禛势孤力薄，与他结成一党，积极谋夺储位，卷入党争漩涡，或云康熙四十七年（1708）胤祥曾被圈禁。有学者根据《皇清通志纲要》中"（康熙四十七年）九月，皇太子、皇长子、皇十三子圈禁"的记载，推测康熙四十七年（1708）康熙帝第一次废黜皇太子的同时，曾将皇长子胤禔、皇十三子胤祥一同圈禁，并且根据《圣祖实录》记载，康熙四十八年（1709）二月皇十三子随上巡畿甸，从而认为胤祥被圈禁后的第二年被释放。康熙四十九年（1710）二月胤祥随上往五台山，之后十余年间，《圣祖实录》中又不见有胤祥随上出巡塞外的记载。直至康熙六十一年（1722）二月，胤祥又随上幸畿甸。于是又有学者认为胤祥在康熙四十九年（1710）至康熙六十一年（1722）期间曾被第二次圈禁。然在有限的史料中，我们未见有胤祥被圈禁的直接记载。况且《皇清通志纲要》为乾隆年间皇八子胤禩的后嗣弘旺所撰写。雍正登基之后，视胤禩为自己最大的政敌，最后将胤禩囚禁，在囚禁过程中胤禩死于非命。身为胤禩的儿子，会不会因为这种不共戴天的父仇而故意歪曲史实？所以他关于康熙朝皇子争储的这段记载只能作为参考，不足以令人信服。至于从康熙四十九年（1710）二月直至康熙六十一年（1722）二月期间的12年，胤祥始终未曾随皇父外出，笔者推测，可能胤祥腿足疾患行走不便是主要原因。此外，胤禛即位后删除了一切于己不利的文字，其中包括胤祥的相关记载，是很有可能的。据《康熙皇帝起居注》记载，自康熙三十七年（1698）胤祥随皇父前往盛京谒陵始，每年康熙皇帝出行，都有胤祥随驾的记录。据此，我们更倾向于胤祥未被圈禁的事实和观点。

康熙晚年的这场党争最终以皇四子胤禛的胜利告终。康熙六十一年（1722）十一月十三日，胤禛即皇帝位，是谓雍正帝。为避皇帝"胤"讳，康熙各皇子名字中的"胤"字均讳写为"允"。雍正皇帝登极后，出于巩固皇权的需要，一方面需要尽快排除允禩等政敌的异己力量，同时，也急需大力培植自己的亲信实力。所以，雍正即位当年就将允祥封为怡亲王，并任命允祥为总理事务大臣，实掌辅政大权。同时，雍正帝考虑到允祥"于皇考时敬谨廉洁，家计空乏，举国皆知"，援引康熙年间自己和允祉等人分封亲王每人各得钱粮二十三万两的先例，赏给允祥二十三万两白银，府中平寒的允祥坚决不受。经雍正帝再三颁谕指示，允祥才接受十三万两，其余十万两固辞不受。雍正帝只好另行施恩，命由允祥兼管的佐领都归他统辖，并增赏其侍卫和亲军。后来，雍正帝又援引给予裕亲王的待遇，命允祥"支官物六年"，他又固辞不受。雍正帝对允祥的器重，使得允祥更加忠心耿耿，同时允祥又如此清廉，令雍正帝为之振奋。雍正三年（1725），雍正帝"以王总理事务谨慎忠诚，从优议叙，复加封郡王，任王于诸子中指封"。雍正四年（1726）七月，允祥又受雍正帝赞誉"克殚忠诚，公而忘私，视国如家"，并赐"忠敬诚直勤慎廉明"八字匾额[1]。

雍正七年（1729），怡亲王允祥和总督高其倬奉命为雍正皇帝选陵，选中易州境内泰宁山的太平峪，奏称："相度得易州境内泰宁山太平峪，为万年吉地，实乾坤聚秀之区，阴阳会合之所，龙穴砂石，无美不收，形势理气，诸吉咸备。"雍正阅后大悦："山脉水法，条理详明，洵为上吉之地。"认为"王经营吉地实为首功"，遂将"万年吉地"附近的一块"中吉"之地赐给允祥。允祥听后"惊悚色变，惶惶固辞"[2]，以为非人臣所能享有，于是

---

1 《清史稿》卷二百二十《列传七·诸王六》。

2 《清世宗实录》卷九十四。

次年在六十里以外的涞水县境内为自己另选定一块"平善之地"，认为"此庶几臣下可用者"，奏请皇帝赐给自己。雍正帝不得已允其所请。允祥得旨后 "踊跃忭舞，云皇上待我隆恩异数，不可枚举，今兹恩赐，则子孙俱受皇上之福于绵长矣。即日遣护卫前往起土，越数日护卫呈看土色，王取一块捧而吞之"[1]，以示卒后将归于此地。允祥于雍正八年（1730）五月初四日去世，上悲恸，亲临奠，谕："怡亲王薨逝，中心悲恸，饮食无味，寝卧不安。王事朕八年如一日，自古无此公忠体国之贤王，朕待王亦宜在常例之外。今朕素服一月，诸臣常服，宴会俱不必。"[2]并且雍正特恩复其名上一字为"胤"，配享太庙，谥曰"贤"，并以"忠敬诚直勤慎廉明"八字加于谥上。其后，"白家疃等十三村民请建祠，允之。拨官地三十余顷为祭田，免租赋。命更定园寝之制，视常例有加。又命未殡，月赐祭；小祥及殡，视大祭礼赐祭。三年后，岁赐祭，皆特恩，不为例"。乾隆三十九年（1774）十二月，诏以其爵世袭罔替，祀盛京贤王祠[3]。

有清一代宗室王公园寝中规模最大的，当数怡贤亲王胤祥的园寝。胤祥园寝所在地即其当年所选择的"平善之地"，在今天的河北省涞水县城以北二十五里的东营房村西南，文献上称水东村，其地理坐标为北纬39°29.749′，东经115°40.879′。该园寝大约始建于雍正八年（1730）五月，雍正十年（1732）九月完工，胤祥入葬[4]。

怡贤亲王胤祥园寝的特殊之处，就在于它的"视常例有加"，在有清一代亲王园寝中首屈一指。据史料记载，胤祥在病重期间已经将自己坟墓的修建做了安排，亲自画了一幅坟茔图交给他的妻子及诸子，并对他们说："我身后茔地之制悉照会典所载亲王之礼行，毋得稍有逾越，如或稍过，则汝等违我之治命矣。"[5]但雍正皇帝却认为："园寝之制，则关系国家之典礼，德懋懋官，功懋懋赏，乃古人之通义，恐非朕所得私，亦非王所可让者。"[6]认为以胤祥的丰功伟绩，其园寝若仅循常制，于"襃德显功之典礼实为缺略"，诏大学士、九卿会议讨论此事，最终确定怡亲王胤祥茔制为"享堂七间，享堂之外中门三间，内围墙一百丈，中门之内建焚帛亭、祭器亭，中门外建神厨五门、神库三间，东西厢及宰牲房各三间，碑亭一座，其外为大门三间，周围墙二百九十丈。大门外设奉祠房二十间，再加石桥二、石碑坊一、擎天柱二、神道碑一。从开工之日起，设立守备一员、千总一员、把总二员、兵丁五十员，永远守护"[7]。按《清会典》亲王坟茔规制为"享堂五间、门三、茶饭房左右各三间，碑亭一座，围墙百丈，守冢人十户"。怡亲王园寝建成后，清政府在此地设了水东营，负责保卫，驻守备一员、千总二员、把总二员。另有东西营房，东营房驻马步兵百余人，西营房为陵寝衙门和八旗兵丁驻地。雍正八年（1730）怡贤亲王金棺安葬，庄亲王奏准续添千总、把总各一员及马步兵五十名，由镇标中军核转归镇统辖，与左右两营并入三营。并在园寝附近设立营房，盖造衙署及执事人房屋等，易县张各庄二所四十间，王各庄一所二十间[8]。据调查，怡贤亲王园寝的实际建制比最初确定的还要大，多处记载还有牌楼一、平桥一，至今这

1 《清世宗实录》卷九十四。
2 《清史稿》卷二百二十《列传七·诸王六》。
3 《清史稿》卷二百二十《列传七·诸王六》。
4 晏子有《清东西陵》，第376页，中国青年出版社，2000年。
5 《清世宗实录》卷九十四。
6 《皇朝文献通考》卷一百二十二。
7 《清世祖实录》卷九五。
8 光绪本《清会典事例》卷九百四十九《园寝坟茔》。

图1-5-25 胤祥园寝神道碑　　　　　　　　图1-5-26 胤祥园寝火焰牌坊

些遗迹尚存。就连守坟户也是比一般宗室王公园寝多的。一般的亲王园寝置守冢人十户[1]，而怡贤亲王胤祥的园寝则是派有军队守护，足见胤祥园寝的不一般。

可是没有想到，怡亲王的后人越来越衰微，清末时已后继乏人。虽然胤祥的园寝规格比较高，但是破坏比较早，也比较严重。1927年开始遭到破坏，1931年神道碑亭被人拆毁，1935年地宫被盗。1944抗日战争时期许多地面建筑被拆掉。至此，怡贤亲王园寝的主要建筑已被损毁殆尽[2]。2008年10月，笔者来到了怡贤亲王胤祥园寝，遗址尚存有神道碑、火焰牌楼、五孔石拱桥、四柱三门牌坊、华表两根、三孔平桥、三孔石拱桥等建筑。该园寝坐西朝东，三面环山，一面临水。从最东端的神道碑到最西端的地宫废墟，园寝建筑序列竟长达1500米左右，比定陵、惠陵、崇陵的建筑序列还要长[3]，可以想象得到怡贤亲王胤祥园寝当年的恢弘气势。

胤祥园寝遗址可以分为两部分，由神道碑到宫门为第一部分。从东到西，首先是"忠敬诚直勤慎廉明和硕怡贤亲王神道碑"，碑身阳面用满汉两种文字镌刻，左边满文，右边汉字（图1-5-25）。据测量，神道碑的龟趺座长4.2米、宽1.41米，碑身高2.92米，宽1.24米，碑额高1.48米。距离神道碑向西约63米为火焰牌楼，全为石制，中间门宽4.95米、高5.38米，两侧门宽3.5米、高4.65米（图1-5-26）。火焰牌坊西约48米是五孔拱桥，桥面宽6米，长37.5米（图1-5-27）。五孔拱桥向西约180米处是四柱三门七楼的石牌坊，形制与东西陵的石牌坊一样，只是少了两间，雕刻十分精致，中间门宽4.95米、高5.45米，门墩两面雕刻石狮，其下基座2.45米见方，四面雕刻双狮绣球。两侧门宽3.38米、高4.75米，门墩两面雕刻石狮，基座四面雕刻双龙戏珠图案（图1-5-28）。牌坊向西240米处有华表（即文献所说的擎天柱）一对，分列于神道两侧。华表高约13米，直径约1.14米。华表近顶部插有镂雕如意云板，柱顶为莲花纹圆盖，突出云板之上。华表柱身和基座均为八棱形，周身浮雕着朵朵云团。柱身每一面都雕有游龙两条，双尾相接，各回首戏火焰宝珠，每根华表柱身均雕有十六条龙，基座每一面也都雕有双龙戏珠图案，极为罕见（图1-5-29）。华表向西约100米处为三孔平桥，长11.2米，桥面由13块条石构成（图1-5-30）。平桥向西约270米处为三孔

1　光绪本《清会典事例》卷九百四十九《园寝坟茔》。

2　冯其利《清代王爷坟》，第165页，紫禁城出版社，1996年。

3　徐广源《清西陵史话》，第290~294页，新世界出版社，1994年。

图1-5-27 胤祥园寝五孔拱桥

图1-5-28 胤祥园寝石牌坊

图1-5-29 胤祥园寝华表

图1-5-30 胤祥园寝三孔平桥

石拱桥，桥面宽3.35米，长24米。

拱桥向西约65米处，地势逐渐变高，根据园寝的布局，此处当为宫门所在，再向西便是胤祥园寝遗址的第二部分。宫门外文献所说的二十间奉祀房已无存。由地表微微隆起的土垄，仍然可以清晰地观察到当年园寝的墙圈痕迹，前半部为长方形，后半部为罗圈墙，从宫门到园寝罗圈墙的后墙最长处约205米，园寝宽约116米。这部分的园寝遗址大致由三进院落构成，第一进院落内两侧遗留有较多的三合土遗迹，可能为厢房和宰牲房所在。向西经过隐约可见的大红门建筑遗迹，进入第二进院落，内两侧的地面也有三合土的建筑遗迹，推测为焚帛亭所在，向西正中为享殿遗址，有较多的三合土以及绿色琉璃瓦等遗物。据享殿遗迹测量，享殿面阔约12米，其前还有月台和基座遗迹，总进深13.5米。享殿再向西有神门遗迹，与墓道相通，神门所在处的西侧正是墓道口的位置。神门两侧有角门遗迹。向后是第三进院落，内宝顶已无存，仅残留有圆形地宫废坑，半径约10米（图1-5-31）。园寝后墙为罗圈墙，宽约8米。据冯其利调查说，当年"宝顶七尺多高，砖砌抹灰红色，有地方露出黄色。地宫门框是风磨铜渗金。石券门3米宽，里边有悬棺，四角有四口棺椁"[1]。按冯氏此处所谓的"悬棺"及"四角有四口棺椁"之说，让人感觉殊为可疑。首先他说的悬棺，似乎是指胤祥在入葬的时候，是将其棺椁悬吊起来的，此种情形令人匪夷所思，在清代的葬式中未曾发

　　1　冯其利《清代王爷坟》，第166页，紫禁城出版社，1996年。

现。且冯氏既云"里边有悬棺",后文又说四角有四口棺椁,前后矛盾,令人不免怀疑其说法的可靠性。根据清代宗室王公的一般葬式,棺椁均放置于地宫之中棺床之上,未见有放置于四角的先例。因该园寝早年已被拆毁,地宫破坏较早,四十年之后冯其利调查时,可能也是听当地百姓的传说而来,老百姓对这种葬式口口相传,故弄玄虚,虽然增强了

图1-5-31 胤祥地宫入口

胤祥园寝的神秘感,但其准确性值得商榷。

怡贤亲王胤祥所享宠荣荫及子孙。雍正帝为褒奖胤祥之功,雍正八年(1730)谕令:"吾弟之子弘晓,着袭封怡亲王,世世相承,永远弗替。"[1]"再者,朕于雍正三年(1725)春曾降谕旨,于王诸子之中再封一郡王,以昭恩奖。彼时王再四恳辞,情词谆切,朕不得已,勉从所请。今吾弟薨逝,朕追念遗徽,中心辗转,在贤王应有加隆之礼,在朕衷实有难已之情,虽与吾弟素愿相违,朕亦不遑顾恤。弘晈着封为郡王,世袭罔替。" 这样,胤祥第七子弘晓袭封怡亲王,第四子弘晈晋封为宁郡王,其余儿子也加官晋爵。到乾隆中期,胤祥子孙王爵世袭,其后裔中袭封、晋封或追封为贝子以上封爵者共17人,其中有亲王13人,郡王1人。

(二)河北省涞水县福山营村怡亲王家族茔地

1. 怡僖亲王弘晓园寝

弘晓,字秀亭,号冰玉道人,为清朝著名藏书家、诗人。弘晓为怡贤亲王胤祥第七子,生于康熙六十一年(1722)四月初九日,母嫡福晋兆佳氏(尚书马尔汉之女)。雍正八年(1730)十二月,其父胤祥薨,雍正帝谕令:"吾弟之子弘晓,着袭封怡亲王,世世相承,永远弗替。凡朕加于吾弟之恩典,后代子孙不得任意稍减,佐领属下等项亦不可挪移更改。"[2]弘晓遂承袭怡亲王,其兄弘晈别封宁郡王。乾隆四年(1739)十一月,管理理藩院事务。同年,弘晓之兄弘昌、弘晈附逆于理亲王弘晳,受到乾隆帝的重处,弘昌革去贝勒,弘晈停俸,而乾隆对于弘晓一家的态度也有很大改变。乾隆五年(1740)九月,弘晓管理正白旗汉军都统事务。乾隆七年(1742)三月,解正白旗汉军都统事务。乾隆八年(1743)八月,解理藩院事务。同年,高宗首次到盛京谒陵,并在清宁宫举行祭祀活动,当时对不遵守祭祀习俗的王公大臣训斥一通,即拿弘晓为例,斥其"(祭祀)不佩小刀""有失满洲旧俗","况怡贤亲王昔时恪守制度,尔等之所共知。弘晓纵不顾祖宗成宪,独不念及乃父

1 《清世宗实录》卷九十七。

2 《清世宗实录》卷九十七。

乎？"[1]乾隆三十九年（1774），乾隆皇帝在谈到世袭罔替问题时，特意指出："如怡贤亲王之公忠体国，经皇考特恩，有世袭罔替之旨，亦应遵守勿替。"[2]乾隆四十三年（1778）四月十五日，弘晓逝世，年五十七岁，谥曰"僖"。弘晓有嫡福晋李佳氏，继福晋佟佳氏，侧福晋金氏、石氏、伊尔根觉罗氏，妾徐氏、祥氏、马氏、巴雅喇氏，妻妾共计九人[3]。

弘晓积学好古，凡经史传记、诸子百家，靡不毕览。著有《明善堂诗集》和《明善堂文集》等。据耿觐光《明善堂集序》记载："冰玉主人于九经、诸子靡不详加厘定，使阅其书者不致有亥豕鲁鱼之叹，知主人信古之深、嗜古之笃矣。及得游藏书所，牙签缥帙，充盈栋宇，凡有关于世道人心及为诸经羽翼者，不下千百种，而文集、诗集尤为巨观。"

弘晓园寝位于今河北省涞水县娄村乡东侧的福山营村南侧，地理坐标为北纬39°29.014′，东经115°39.236′。按照宗法制度，弘晓为怡亲王家族大宗之正脉，理应埋葬在其父园寝的一昭位置，但是由于其父胤祥在雍正朝的特殊地位和突出贡献，薨逝后葬在了涞水县东营房村，其规模远远超出了一般的宗室王公园寝，几可与帝陵相比。雍正帝所谓的"视常例有加"，不仅表现在胤祥园寝的建筑规模上，也表现在园寝的占地面积上。这块"平善之地"是雍正帝特意赐给怡贤亲王胤祥建造园寝之用的，如果弘晓也葬入其父的茔地中，则彰显不出雍正帝对胤祥的隆恩厚重。所以，弘晓虽为怡亲王爵的承袭者，也只能是在距东营房村不远的福山营村另选茔地埋葬。弘晓园寝坐西朝东，正是为了与其父园寝方位保持一致。

弘晓园寝在当地俗称"南宫"[4]，园寝"从东向西，依次建有月河、神桥、碑楼、宫门、

图1-5-32 弘晓园寝地宫废坑

1 《清高宗实录》卷二百零二。
2 《清高宗实录》卷九百七十二。
3 《爱新觉罗宗谱》甲册。
4 早年冯其利先生称为"东宫"。但据笔者本次调查，当地百姓称为"南宫"。两者所说当同指弘晓园寝。

图1-5-33 地宫条石

朝房、守护班房，红墙内正中是五间享殿。享殿后边是琉璃门和紫墙，里边是红色宝顶座"[1]。2008年10月笔者调查时，已不见了园寝当年的恢弘气势，仅有遗留下来的地宫废坑和些许条石，地宫直径12米（图1-5-32、1-5-33）。据当地79岁的老人闫存回忆，文化大革命时期地宫被盗时，尚见其内有三棺，且在该大宝顶的左侧还有一个小宝顶。如果情况确实如此，那么根据清代宗室王公夫妻同穴合葬的一般习惯，地宫内三棺的主人应该是弘晓及其嫡福晋和继福晋。至于弘晓宝顶一侧的小宝顶，推测可能是其侧福晋之葬所。抗日战争时期，弘晓园寝的墙圈被拆修了炮楼。1933年，地宫被盗。1966年时墓碑尚在，碑文落款为"乾隆四十五年十二月十七日"，后被炸毁，地宫石料被取走[2]。

2.怡僖亲王弘晓后裔园寝及墓地

乾隆四十三年（1778），弘晓逝世的同年六月，弘晓第二子永琅袭怡亲王。永琅生于乾隆十一年（1786）五月，初封三等镇国将军。乾隆四十三年（1778）闰六月，袭和硕怡亲王。后历任镶黄旗满洲都统、内务府总管、正黄旗满洲都统，并管理圆明园事务、文渊阁事务等。嘉庆四年（1799）九月永琅卒，年五十四岁，谥曰"恭"。永琅子绵标于乾隆五十五年（1790）封不入八分辅国公，还未来得及承袭父爵，于嘉庆四年（1799）三月逝世，先于其父永琅六个月的时间。所以，永琅逝世后，其孙奕勋，即绵标子袭爵。奕勋生于乾隆五十八年（1793）七月，嘉庆四年（1799）三月其父绵标逝世，七月，奕勋袭三等镇国将军。同年九月，其祖父永琅逝世，奕勋于十二月袭和硕怡亲王。次年二月，其父绵标被追封为亲王。

永琅的园寝位置，我们未见有文献记载。根据冯其利早年的调查，永琅子绵标的墓地

1　冯其利《清代王爷坟》，第167页，紫禁城出版社，1996年。

2　冯其利《清代王爷坟》，第167页，紫禁城出版社，1996年。

位于河北省涞水县娄村乡东侧的福山营村北，俗称"老太爷墓"，与其祖父弘晓园寝一样，也是坐西朝东的建筑。当年墓地没有起券，埋入棺材一口，仅有土坟一座。后来绵标追封了怡亲王之后，才又修建了宝顶[1]。按绵标与其父永琅于同一年去世，先后仅相差六个月。按照清朝对宗室王公丧葬的规定"亲王丧，俟墓院完日发引，期年而葬。郡王、贝勒五月发引，七月而葬。贝子、公以下三月发引，五月而葬"[2]，从乾隆六十年（1795）至嘉庆四年（1799），正处于乾隆皇帝大丧期间，永琅恐怕不会在这个时候只顾着在家料理自己儿子的丧事，而当以国丧为重。可是不料，六个月后，绵标恐怕还未来得及下葬，其父永琅也命归西天。祖、父两代的丧事料理便又落在了绵标的儿子奕勋的身上。嘉庆四年（1799）末，乾隆皇帝丧礼结束，大约两个月后的嘉庆五年（1800）二月，绵标被追封为了怡亲王。那么，在永琅与绵标的墓位选择上，其后人当是考虑到了尊长次序和昭穆顺序来统一安排的。所以，我们推测绵标的墓地可能在其父永琅园寝附近，也或许祔葬在其父园寝之内。这样来看，永琅的园寝当在距离冯其利所云之"老太爷"绵标墓地不远的位置。

嘉庆二十三年（1818）九月奕勋薨逝，年二十六岁，谥曰"恪"。奕勋的园寝位置，我们同样未见有文献记载。根据昭穆排序，推测当在弘晓园寝的"一穆"位置，也即弘晓园寝的东南方位。嘉庆二十四年（1819）二月，奕勋第一子载坊袭和硕怡亲王。嘉庆二十五年（1820）十二月，载坊逝世，年五岁，未及谥[3]。据冯其利调查，载坊的墓地位于"老太爷墓"即绵标墓地西北数十米，俗称"花墙子"。其内有"月台一座，上边是直径五尺五寸左右的宝顶"[4]，其他建制不详。

道光五年（1825）二月，载坊异母弟载垣袭亲王。据《爱新觉罗宗谱》记载，载垣为怡恪亲王奕勋第二子，生于嘉庆二十一年（1816）八月二十六日。历任正蓝旗汉军都统、正红旗汉军都统、镶白旗汉军都统、镶蓝旗蒙古都统、镶红旗满洲都统、御前大臣、阅兵大臣、镶黄旗领侍卫内大臣、正黄旗领侍卫内大臣；还担任过正蓝旗宗族长、宗人府右宗正、宗人府宗令、玉牒馆总裁等。他在道光末年和咸丰末年两次受顾命，咸丰八年（1858），赐紫禁城内乘坐二人椅轿。咸丰十年（1860）七月，英法两国进入天津，被任命为钦差大臣奔赴通州与英国议和。后因和议未成，英军挥戈进犯，载垣被罢掉钦差大臣职务，奔热河。咸丰十一年（1861）七月，咸丰帝崩逝，以载垣、端华、肃顺为首的"赞襄政务王大臣"擅政。此时，懿贵妃叶赫那拉氏极欲利用载淳生母皇太后的身份谋夺最高统治权。她授意御史董元醇奏请皇太后垂帘听政的计划遭到八大臣的抵制后，便与留守北京的恭亲王奕䜣勾结起来。那拉氏于十月七日以"减其劳"为名，解除了载垣领禁卫军的兵权。十月二十六日，那拉氏携幼帝载淳由热河起行，在载垣、端华的陪同下，从间道回銮北京，咸丰帝灵枢则由肃顺等护送回京。十一月一日，那拉氏一行在胜保派亲兵接应下抵京，当天即与奕䜣会晤秘商。十一月二日黎明，载垣、端华刚踏入宫门，就被事先埋伏在两旁的侍卫一一逮捕。肃顺扶枢到达密云时，在行馆被捕拿。七日，清廷改年号"祺祥"为"同治"，并宣布载垣等三人大逆不道，当即赐载垣、端华自尽，将肃顺斩首，景

1　冯其利《清代王爷坟》，第168页，紫禁城出版社，1996年。

2　[清]萧奭《永宪录》卷三。

3　《爱新觉罗宗谱》甲册。

4　冯其利《清代王爷坟》，第168页，紫禁城出版社，1996年。

寿等五人分别罢黜或遣戍。就这样，载垣在慈禧太后与恭亲王奕䜣、醇亲王奕譞等合谋发动的这次"祺祥政变"中，被迫令自尽。"爵降为不入八分辅国公，不得以其子孙及亲兄弟子承袭"[1]。

据冯其利早年调查，载垣的墓地在弘晓园寝的东南即"南宫上"[2]。按宗法制度而论，载垣因擅政被降爵赐自尽，他就不能以怡亲王的身份进入怡亲王家族大宗成员的昭穆序列。载垣曾做过怡亲王，后获罪被降爵赐死，但并没有被"黜宗室"，未被逐出黄带子，情况与端华是相同的。据前文考证，端华死后允入祖茔埋葬，祔葬于其父乌尔恭阿园寝中。所以，我们推测载垣逝后也很有可能祔葬于其父奕勋园寝中。上文我们推测，奕勋园寝可能在弘晓园寝的东南方位，与此处载垣的墓地位置大致相同。可能是因为怡亲王载垣被赐自尽的结局家喻户晓，名声甚至超过其父奕勋，并且奕勋去世的年代较载垣早43年之久，所以在后来百姓口中，这块原本是奕勋的园寝，因年代久远，在口口相传若干年后，便成了载垣的墓地。综上所述，我们认为此处"南宫上"的墓主很有可能是奕勋，而载垣则祔葬于其父奕勋园寝中。

载垣被降爵赐自尽，其子孙及亲兄弟子是不准许承袭爵位的，怡亲王爵位的承袭序列暂时中断。时隔三年之后，同治三年（1864）七月，清廷克复江宁，穆宗推恩还王爵。此时，怡亲王爵位的承袭者才又开始在怡亲王家族的近支成员中拣选。由前文我们知道，怡亲王家族的始封祖是胤祥，在怡亲王家族内部来说是大宗，胤祥第四子弘晈别封郡王，相对怡亲王这一大宗来说是一小宗，都是怡贤亲王胤祥的后裔，是家族近支成员。同治三年（1864）九月，清廷命宁郡王弘晈四世孙镇国公载敦袭和硕怡亲王爵，怡亲王大宗正脉重新被延续下来。光绪十六年（1890），载敦薨，谥曰端。载敦第一子溥静嗣，光绪十七年（1891）袭和硕怡亲王爵。二十六年（1900）八月，溥静薨。九月，因"纵庇拳匪，启衅友邦"[3]革去爵职，以先薨免罪。光绪二十八年（1902）五月，上谕曰："（已革怡亲王溥静等）获咎尤重，应不准其子孙承袭。着宗人府于近支宗室内拣选开列，带领引见，候旨定夺。"[4]同年，载敦次子溥耀长子，也即溥静侄毓麒嗣，袭怡亲王[5]。至民国元年（1912）九月，"奉懿旨，所有从前恩赏王公等府第房间地亩，均着加恩赏给作为私产"[6]。

载敦、溥静、毓麒三位怡亲王园寝或墓地位置不详。按：载敦与此前袭爵的两位怡亲王载坊、载垣是同辈人，都是胤祥五世孙，而载垣是缘事降爵赐自尽而死的，并且怡亲王爵承袭至载敦时已是"六袭第六代"（见后表），如若考虑到福山营村这块茔地内按昭穆排序的墓位的紧凑程度，载敦可能不会再继续葬入这块茔地中。况且载敦承袭怡亲王后，从他的父辈到曾祖三代奕格、绵誉、永福都追封了怡亲王，他们的葬所（涞水县雁翎村，详见下文分析）也就由原来的小宗茔地变成了大宗茔地。载敦薨逝后，随其父、祖、曾祖埋葬，是非常合乎宗法规则的，因为此时载敦的怡亲王爵是可以被视作从其曾祖、祖父、父辈那里承袭而

1　《清史稿》卷二百二十《列传七·诸王六》。

2　冯其利《清代王爷坟》，第169页，紫禁城出版社，1996年。

3　《清德宗实录》卷四百七十。

4　《清德宗实录》卷四百九十九。

5　《清史稿》卷二百二十《列传七·诸王六》。

6　《爱新觉罗宗谱》甲册。

来的，所以载敦逝后在其父祖"开拓"的这块大宗茔地中埋葬是非常有可能的，笔者认为载敦逝后可能埋葬于涞水县雁翎村。溥静坐事革爵，其身份自然也就由王公变成了普通的闲散宗室成员。按照清代的园寝制度，其死后不能进入大宗茔地的昭穆序列中埋葬，可能祔葬于其父载敦园寝之中，或者另辟葬地。爵位承袭至毓麒已是第九世和硕怡亲王了，当时毓麒年仅两岁。作为末代怡亲王的毓麒，做了九年亲王之后，清代就灭亡了，其卒年不见于史料记载，葬处也无从考证。

综上所述，涞水县福山营村这处怡亲王家族茔地共葬有家族成员六人，占地计九顷六十亩，四周栽有界桩。这块家族茔地以弘晓园寝为中心，按照昭穆顺序，从东南向西北依次排开。

附：怡亲王承袭表

承袭序列	名字	谱系	爵谥	行履	葬地及园寝资料
始封祖	胤祥	康熙皇帝第十三子	和硕怡贤亲王	生于康熙二十五年（1686）十月初一日，母妃章佳氏，即敬敏皇贵妃。雍正元年（1723）封为怡亲王。雍正三年（1725），复加封郡王，任王于诸子中指封。雍正七年（1729），胤祥与高其倬为雍正帝在易州选得泰宁山太平峪万年吉地时，雍正帝将太平峪附近一块"中吉之地"赐与胤祥，胤祥"惊悚色变，惶惧固辞"。遂再赐今河北省涞水县城北二十五里的东营房西南"平善之地"，胤祥当即派人取回所赐地黄土一小块吞之。雍正八年（1730）五月初四日薨，年四十五岁。诏复其名上一字为胤，配享太庙，谥曰贤，并以"忠敬诚直勤慎廉明"八字加于谥上。乾隆三十九年（1774）十二月，诏以其爵世袭罔替，祀盛京贤王祠。子九人。	葬于今河北省涞水县东营房村。其园寝三面环山，一面临水，坐西向东，占地六百余亩，有建筑物三十多座。神道自西向东有三里长，沿神道依次建有神道碑亭、火焰牌楼、五孔石拱桥、四柱三门牌坊、平桥、华表两根、元宝山、偻佝桥、三孔桥、神厨库、井亭、值班房、月台、朝房、宫门、宫门两侧仪仗角门、南北焚帛炉、大殿、殿前石雕一对，大殿后为圆形宝顶。怡贤亲王园寝神道上的石牌坊、神桥等显然是逾制，是雍正帝命更定园寝之制，"视常例有加"的结果。自1931年后，该园寝开始逐渐被盗掘拆毁。1944年怡王陵被拆除。2008年笔者考察时，园寝仍存留有神道碑、火焰牌楼、五孔石拱桥、四柱三门牌坊、华表两根、三孔平桥、三孔石拱桥等建筑。
一袭，第二代	弘晓	胤祥第七子	和硕怡僖亲王	康熙六十一年（1722）四月初九日生。雍正八年（1730）十二月袭和硕怡亲王。乾隆四十三年（1778）四月十五日薨，年五十七岁，谥曰僖。子永琅袭。	园寝在今河北省涞水县娄村乡东侧的福山营村。园寝坐西朝东从东向西，依次建有月河、神桥、碑楼、宫门、朝房、守护班房，红墙内正中是五间享殿。享殿后边是琉璃门和紫墙，里面是大红宝顶一座，其旁边还有一个小宝顶。1933年，地宫被盗。1966年墓碑被炸毁。2008年考察时，仅见地宫废墟。
二袭，第三代	永琅	弘晓第二子	和硕怡恭亲王	乾隆十五年（1750）五月初五日生。乾隆三十年（1765）十二月封三等镇国将军。乾隆四十三年（1778）闰六月袭和硕怡亲王。嘉庆四年（1799）九月初一日薨，年五十四岁，谥曰恭。孙奕勋袭。	葬地未见记载，推测位于福山营怡亲王家族茔地中。

三袭追封	绵标	永琅第二子	追封和硕怡亲王	乾隆三十五年（1770）九月二十日生。乾隆五十五年（1790）十二月封不入八分辅国公。嘉庆四年（1799）三月十七日卒，年三十岁。嘉庆五年（1800）二月，追封亲王。	葬于今河北省涞水县娄村乡北的福山营怡亲王家族茔地，在弘晓园寝的西北方位。绵标卒时爵为不入八分辅国公，故下葬时墓地没有起券，仅为土坟一座，当地人称之为"老太爷墓"，墓葬建筑坐西朝东。追封怡亲王后，补修了宝顶。
三袭，第五代	奕勋	绵标第一子	和硕怡恪亲王	乾隆五十八年（1793）七月三十日生。嘉庆四年（1799）七月袭三等镇国将军，同年十二月袭和硕怡亲王。嘉庆二十三年（1818）九月二十一日薨，谥曰恪。子载坊袭。	葬地未见记载。推测应该位于福山营怡亲王家族茔地中。
四袭，第六代	载坊	奕勋第一子	和硕怡亲王	嘉庆二十一年（1816）七月初八日生，嘉庆二十四年（1819）二月袭和硕怡亲王。嘉庆二十五年（1820）十二月十六日薨，年五岁。弟载垣袭。	葬于今河北省涞水县娄村乡北的福山营怡亲王家族茔地中。园寝位于"老太爷墓"西北数十米，俗称"花墙子"，内有月台、宝顶。
五袭，第六代	载垣	奕勋第二子	已革和硕怡亲王	嘉庆二十一年（1816）八月二十六日生。道光五年（1825）二月袭和硕怡亲王。命在御前行走，受顾命，与郑王端华及端华弟肃顺皆为咸丰帝所倚。英、法诸国军至天津，扈从咸丰帝逃往热河。咸丰十一年（1861）七月，咸丰帝死后，清穆宗同治帝即位，与肃顺等受遗诏辅政。九月，慈禧太后联合恭亲王奕䜣、醇郡王奕譞发动政变，载垣被夺爵，赐自尽，允入祖茔埋葬。爵降为不入八分辅国公，不得以其子孙及亲兄弟子承袭。	葬于今河北省涞水县娄村乡北的福山营怡亲王家族茔地中，墓地俗称"南宫上"，具体建制不详。
六袭追封	永福	弘晈第二子	追封和硕怡亲王	乾隆十八年（1753）八月十八日生，乾隆二十九年（1764）十二月袭多罗贝勒，乾隆四十七年（1782）四月初二日卒，年三十岁，谥曰恭恪。子绵誉，仍袭贝勒。同治三年（1864）十一月，以其曾孙载敦袭怡亲王，追封和硕怡亲王。	位于今河北涞水县北水乐村北，园寝坐北朝南，规模较大，宝顶内有双棺、享殿等。建筑覆绿琉璃瓦，建有碑亭，园寝。围墙为砖墙，文化大革命后被毁。
六袭追封	绵誉	永福第四子	追封和硕怡亲王	乾隆四十五年（1780）九月十六日生。乾隆四十七年（1782）九月，袭多罗贝勒。道光二十三年（1843）十一月二十一日卒，年六十四岁，同治三年（1864）十一月，其孙载敦袭怡亲王，追封和硕怡亲王。	位于今河北涞水县雁翎村西北，园寝坐北朝南，背靠朝阳山，据村民介绍，当年见到园寝建有三孔拱桥、碑楼、享殿、宝顶等，其中碑楼建有土墙，抗日战争时期修炮楼被毁。2008年笔者调查进，尚见有地宫和享殿残迹。地宫的长方形墓圹清晰可见，内有较多渗水。享殿基址上散落有大量绿琉璃瓦残块。

六袭追封	奕格	绵誉第三子	追封和硕怡亲王	嘉庆十年（1805）三月十八日生。道光十三年（1833）十二月封头等辅国将军。道光二十四年（1844）三月袭固山贝子。咸丰八年（1858）二月十七日卒年五十四岁。同治三年（1864）十一月以其子载敦袭怡亲王，追封和硕怡亲王。	位于今河北涞水县北水乐村，园寝坐北朝南，据村民回忆，园寝当年建有一孔拱桥、碑楼、享殿、宝顶等建筑遗迹。
六袭，第六代	载敦	奕格第二子	和硕怡端亲王	道光七年（1827）三月二十四日生。咸丰七年（1857）十二月，授三等镇国将军。咸丰八年（1858）六月，袭奉恩镇国公。同治三年（1864）九月，袭和硕怡贤亲王。光绪十六年（1890）十一月十二日薨，年六十四岁，谥曰端。	位于今河北涞水县木井村，园寝坐北朝南，具体建制不详。
七袭，第七代	溥静	载敦第一子	已革和硕怡亲王	道光二十九年（1849）二月十九日生，同治七年（1868）十一月封不入八分辅国公。光绪十七年（1891）三月袭和硕怡亲王。光绪二十六年（1900）八月十一日薨，年五十二岁。九月，坐庇义和团，夺爵。以其弟溥耀第一子毓麒袭。	葬地不详。
八袭，第八代	毓麒	溥静弟溥耀第一子	和硕怡亲王	毓麒父溥耀为载敦第二子。毓麒光绪二十六年（1900）三月十九日生。光绪二十八年（1902）七月，袭和硕怡亲王。民国后卒，卒年未详。	葬地不详。

（三）河北省涞水县雁翎村怡亲王家族茔地

涞水县雁翎村这处怡亲王家族茔地，冯其利未明确其主人。据笔者2008年调查，这处家族茔地共有园寝五处，按照昭穆排列的"人"字形分布。

如前文所述，涞水县东营房怡亲王茔地及福山营茔地都是怡亲王家族的大宗茔地，主人分别是怡贤亲王胤祥及怡僖亲王弘晓及其后世子孙。胤祥其他受封的四个儿子中，除了多罗宁郡王弘晈外，还有第一子弘昌，第三子弘暾，第六子弘㫫。弘昌秉性愚蠢，向来不知率教，雍正初年其父奏请将其圈禁在家。后因其父怡贤亲王胤祥薨逝，雍正皇帝降旨释放。乾隆皇帝即位后加封其为多罗贝勒，希望他能够改过自新。可是四年之后，身为贝勒的弘昌附逆于弘晳，结党营私，不守本分，"情罪甚属可恶"，乾隆皇帝震怒至极，照宗人府所议，革去其贝勒爵职[1]，乾隆三十六年（1771）四月二十一日卒。按照清代园寝制度，弘昌虽然未被黜出宗室，可以在怡亲王家族的兆域之内埋葬，但是弘昌薨逝前是缘事被夺爵的，由于其父胤祥园寝的特殊性，弘昌逝后不可能祔葬于父园寝内，而是应在祖茔内单独埋葬，具体位置不详。胤祥第三子弘暾未封早世，聘于富察氏。未婚守志，世宗悯之，命视贝勒例殡葬。

1 《清高宗实录》卷一百三。

胤祥第六子弘晈亦用其例[1]。弘曒卒于雍正六年（1728）七月，弘昑卒于雍正七年（1729）二月，两人均先于其父怡贤亲王胤祥而逝。而怡亲王家族的兆域是在雍正八年（1730）选定的，最终确定了河北涞水县这块"平善之地"。根据清朝对宗室王公丧葬时间的规定，"郡王、贝勒五月发引，七月而葬"[2]，所以即使是其中较晚薨逝的弘昑，雍正八年（1730）之前也已经埋葬完毕。也就是说，怡亲王家族的兆域选定在涞水县之前，胤祥第一子、第三子、第六子均已薨逝埋葬。所以他们的葬地应该不会选定在河北涞水县雁翎村。

此外，按《宗谱》记载，胤祥早夭的四个儿子分别是：第二子未有名，康熙四十七年（1708）生，康熙四十八年（1709）卒，年两岁。第五子，弘晀，康熙五十五年（1716）生，康熙六十一年（1722）卒，年七岁。第八子，绥恩，雍正三年（1725）生，雍正五年（1727）卒，年三岁。第九子，阿穆瑚琅，雍正四年（1726）生，雍正五年（1727）卒，年二岁。这四个儿子都是幼年去世的，并且都是在雍正八年（1730）河北涞水县怡亲王家族兆域选定之前夭折的。康熙年间规定："凡皇子初殇皆备小式朱棺，祔葬于荣亲王园寝，惟开墓穴平葬，不封不树。"[3]早殇皇子尚且不建园寝，那么胤祥这几个早夭的儿子更是不可能建有园寝，雁翎村这处怡亲王家族茔地的主人自然不可能是胤祥的这几个早殇之子。

而唯独胤祥第四子弘晈，是世宗雍正皇帝所恩封的多罗宁郡王，其于各代怡亲王大宗来说是一小宗，以宗法制度论，他不能够埋入怡亲王家族的大宗茔地，而应当作为一小宗之始封祖，在怡亲王家族的兆域之内另辟茔地埋葬。推测涞水县雁翎村这处怡亲王家族茔地的主人可能应正是宁郡王弘晈。

据《宗谱》记载，弘晈生于康熙五十二年（1713）五月二十五日，母嫡福晋兆佳氏（尚书马尔汉之女）[4]。雍正三年（1725），世宗褒其父胤祥功，于亲王外复加封郡王，任王于诸子中指封，胤祥固辞不敢受[5]。及胤祥薨，雍正八年（1730）八月，世宗雍正皇帝乃封弘晈为多罗宁郡王，爵位世袭。乾隆四年（1739）十月，宗人府议奏："庄亲王允禄（雍正之弟，乾隆之叔）与弘晳、弘昇（允祺之长子）、弘昌（胤祥长子）、弘晈（胤祥之四子）等结党营私，往来诡秘"。"请将庄亲王允禄及弘晳、弘昇俱革去王爵，永远圈禁。弘昌革去贝勒，弘普革去贝子，宁和革去公爵，弘晈革去王爵"。时理郡王弘晳与庄亲王允禄谋逆，弘晈附于弘晳。这场政治斗争让乾隆皇帝非常震怒，但终究还是念及怡亲王家族在先皇那里所受到的特殊荣宠，认为"弘晈乃毫无知识之人。其所行为，甚属鄙陋。伊之依附庄亲王诸人者，不过饮食宴乐，以图嬉戏而已"。谕曰："弘晈本应革退王爵。但此王爵系皇考特旨，令其永远承袭者。着从宽仍留王号。伊之终身，永逸住俸，以观后效。"[6]《啸亭续录》言，弘晈此后无意政治，以养菊为乐，其养菊"分神品、逸品、幽品、雅品诸种名目"，达到数百种。还自制精扇，"名东园扇，一时士大夫争购之，以为赏鉴云"。大概正是因为弘晈这样韬光养晦的生活，让他避开了政坛是非，稍许平复了皇上的猜忌之心。两年后，高宗乾隆皇帝下谕旨："（庄亲王允禄、宁郡王弘晈）自知过愆，俱各黾勉"，"罚俸停俸之处，

1　《清史稿》卷二百二十《列传七·诸王六》。

2　[清]萧奭《永宪录》卷三。

3　四库本《钦定大清会典则例》卷九十。

4　《爱新觉罗宗谱》甲册。

5　《清史稿》卷二百二十《列传七·诸王六》。

6　《清高宗实录》卷一百〇三。

自明年春季为始，俱着加恩宽免。"[1]

乾隆二十七年（1762），谕曰："宁郡王弘晈，既属患病，凡遇朝期，俱不能到。着赏给半俸，令其在家养病"。乾隆二十九年（1764）八月十四日，弘晈薨逝，年五十二岁，谥曰"良"。同年，弘晈第二子永福仍循例袭贝勒。乾隆四十七年（1782）九月，薨，谥恭恪。同年，永福第四子绵誉，袭多罗贝勒。道光二十三年（1843）卒，未谥。绵誉第三子奕格，道光二十四年（1844）袭固山贝子，咸丰八年（1858）卒。同年六月，奕格二子载敦袭奉恩镇国公。

由上文叙述我们知道，祺祥政变中，载垣被降爵赐自尽，且其子孙及亲兄弟子不得承袭，怡亲王这支大宗的承袭暂时中断。三年之后，同治三年（1864）七月，清廷收复江宁，穆宗推恩还王爵。"所有郑亲王怡亲王世袭王爵，均着加恩赏还"。"着宗人府照例于始封立官人之后裔内，择其向有袭次房分"，"并将岳灵、载泰一并带领引见，候旨承袭。"[2]载泰为庄恪亲王允禄五世孙，出继为胤祥第三子贝勒弘曒之后，袭不入八分辅国公。后因载泰非胤祥子孙，同年九月，改以宁郡王弘晈四世孙镇国公载敦绍封怡亲王。"载敦所遗之爵，例应降袭入八分辅国公，世袭罔替。载泰着加恩赏给入八分辅国公，即着作为承袭载敦所遗之爵，均准世袭罔替"[3]。同治五年（1866），载泰因"买妓女为妾"，"在妓女家饮酒""行止卑污"[4]而被革去爵职。同年十二月，胤祥五世孙载帛袭载泰爵为奉恩辅国公。而载敦承袭怡亲王后，从其父辈到祖父三代奕格、绵誉、永福均被追封为和硕怡亲王。

如上文分析所述，载敦的父辈到祖父三代都追封为了怡亲王，那么他们原来埋葬的那处小宗茔地也就相应变成了怡亲王家族的大宗茔地。载敦薨逝后，很有可能随其父、祖、曾祖埋葬。因为既然载敦从父辈到祖父三代都追封了亲王，那么其怡亲王爵则可以被视作从其曾祖、祖父、父辈那里承袭而来，在这块茔地中按照昭穆排序埋葬，是合乎宗法规则的。这块怡亲王家族茔地正是涞水县雁翎村的这处怡亲王茔地。据笔者2008年10月实地考察，雁翎村这处家族茔地共有园寝五处，均坐北朝南，整体呈"人"字形排列，如图所示（图1-5-34）。

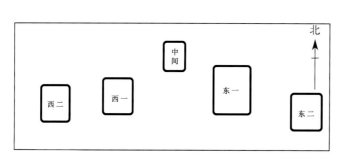

图1-5-34 园寝分布示意图

正中间这座园寝位于涞水县雁翎村北，据当地80岁老人刘振水的回忆，这座园寝规模较小，宝顶内有双棺，未建碑楼，且园寝围墙为土墙，我们测得其地理坐标为北纬39°30.222′，东经115°39.830′。向东大约300米是北水东村，在这里我们发现了"东一"园寝，其地理坐标为北纬39°30.127′，东经115°39.896′，位于中间园寝的东南方向，据老乡刘振水介绍，该处园寝较大，宝顶内也为双棺，享殿等建筑覆绿琉璃瓦，建有碑楼，园寝围墙为砖墙，文化大革命后被毁。"东二"园寝也位于北水东村，地理坐标为北纬39°

1 《清高宗实录》卷一百五十六。

2 《清穆宗实录》卷一百一十。

3 《清穆宗实录》卷一百一十五。

4 《清穆宗实录》卷一百九十。

图1-5-35 "西一"园寝的享殿基址

30.122′，东经115°40.063′，当地百姓俗称"小陵宫"，传说是七王爷的坟地。据村民回忆，当年园寝曾建有一孔拱桥、碑楼、享殿、宝顶等建筑遗迹。"西一"园寝较中间园寝规模稍大，其地理坐标为北纬39°30.176′，东经115°39.476′。该园寝坐北朝南，背靠朝阳山，据村民曲振英介绍，当年见到园寝建有三孔拱桥、碑楼、享殿、宝顶等，其中碑楼见有土墙，抗日战争时期修炮楼时被拆毁。2008年笔者调查时，尚见有地宫和享殿残迹（图1-5-35、1-5-36）。地宫的长方形墓圹清晰可见，内有较多渗水。享殿基址上散落有大量绿琉璃瓦残块，调查时废墟上堆满了玉米秆，村民认为该园寝主人是宁良郡王弘晈。"西二"园寝位于雁翎村向西不远的木井村，具体建制无从得知。

这五处园寝资料均不见于冯其利的早年调查，通过篇首的理论推测和笔者的实地调查，我们可以肯定，这处怡亲王家族茔地的主人是宁良郡王弘晈及其子孙后代。从这五处园寝的位置排列来说，遵从昭穆排序。依照清代宗法制度，中间这处园寝应当是这支小宗茔地的始封祖宁良郡王弘晈。然而据调查，这处园寝规模较小，而"东一"与"西一"园寝的规模则相对较大，所以当地百姓相传，"西一"这处较大的园寝的主人是弘晈，这种错误怕是当地百姓不明白园寝大小的背后原因所造成

图1-5-36 "西一"园寝的地宫遗迹

的。宁郡王弘晈是世宗雍正皇帝念及其父胤祥的特殊功劳，特旨恩封的郡王。然而，鲁莽的弘晈于乾隆四年（1739）附于弘晳，结党营私，往来诡秘，引得乾隆皇帝震怒，几乎遵从宗人府的奏折，革去其爵，然最终还是念及先皇雍正皇帝对怡亲王家族的特殊荣宠，从宽留其号，停其俸。弘晳案在当时是一场不小的政治风波，弘晈卷入其内，可以说在他的政治生涯上是一个巨大的转折，"宁郡王"从此便成了一个空头衔，并没有什么实职。此后弘晈便无意政治，以养菊为乐，终其一生。至其薨逝，虽然是按照郡王品级下葬，然由于生前的这场政治斗争，弘晈园寝"未建碑楼，用土围墙"，恐怕正是他自感愧疚，自损其园寝规制的表现。同时，弘晈也正好可以借此标榜一下无意政治的他"低调做人"的生活罢了。所以，我们认为，中间这处规模较小的园寝主人正是宁良郡王弘晈。

"东一"园寝在这块茔地中位于"一昭"之位，按昭穆排序来说，其主人当是袭弘晈爵的永福。永福是弘晈第二子，乾隆十八年（1753）八月十八日生。乾隆二十九年（1764）八月十四日，弘晈薨逝，子永福"循例袭贝勒"。三十八年（1763）赏乾清门行走。后历任正黄旗护军都统、正白旗护军都统、镶黄旗护军统领等职，并总管镶白旗觉罗学。乾隆四十六年（1781）授宗人府左宗人。乾隆四十七年（1782）薨逝，年三十，赐谥号"恭恪"。同治三年（1864），由于其曾孙载敦承袭怡亲王，永福被追封为怡亲王。"东一"园寝之所以规模较大，且建有碑楼、享殿等建筑覆绿琉璃瓦，大概正是因为后来永福追封为怡亲王所致。所以，如果这处园寝确实如我们推测为永福园寝，那么其规模肯定是在同治三年（1864），永福追封怡亲王以后有过扩建而形成的。现遗址无存，地面隐约可见地宫和享殿痕迹。

"西一"园寝，是百姓口中所说的弘晈园寝，笔者推测是百姓传说之误。这处园寝位于茔地的"一穆"之位，按照宗法制度的昭穆排序，这处园寝主人当是袭永福爵的绵誉。绵誉为恭恪贝勒永福第四子，生于乾隆四十五年（1780）九月十六日。乾隆四十七年（1782）其父薨逝，绵誉袭多罗贝勒。嘉庆十八年（1813）二月，守护西陵。三年后回京，并授宗人府右宗人。道光年间开始管理正黄旗觉罗学事务。道光二十三年（1843）绵誉薨，年六十四。同治三年（1864），由于其孙载敦承袭怡亲王，而被追封和硕怡亲王。这处园寝与"东一"园寝规模均较大，其原因大致是相同的。

"东二"园寝在百姓口中传说是"七王爷"的坟地，这是不可能的。因为对于怡亲王家族来说，"七王爷"无非是胤祥第七子怡僖亲王弘晓，而弘晓葬于涞水县福山营村的怡亲王家族茔地内。盖当时"七王爷"弘晓的美誉远扬所致，使得百姓对村中这些园寝的主人出现了"张冠李戴"的现象。所以，"东二"园寝的主人"七王爷"系当地百姓传说之误。按照昭穆排序来看，这处园寝应该是袭绵誉爵的奕格。奕格为贝勒绵誉第三子，生于嘉庆十年（1805）三月。道光元年（1821）十二月，赏戴二品顶戴。道光二十四年（1844），袭固山贝子，十一月，授散秩大臣，十二月，着在乾清门行走。道光二十七年（1847），在御前行走。咸丰八年（1858）二月二十七日，奕格薨，年五十四。同治三年（1864），由于其子载敦承袭怡亲王，而被追封为和硕怡亲王。据村民介绍，当年园寝曾建有一孔拱桥、碑楼、享殿、宝顶等建筑遗迹。如果我们推测这处园寝的主人无误的话，那么园寝这样的规模可能是其追封为怡亲王之后形成的。

"西二"园寝位于雁翎村向西大约一里地的木井村。按昭穆排序来说，这处园寝的主人应该是和硕怡端亲王载敦。载敦为固山贝子奕格第二子，生于道光七年（1827）三月二十四日。道光二十四年（1844）十一月，赏戴花翎。咸丰八年（1858）其父薨，载敦袭奉恩镇国公，授散秩大臣。同治三年（1864）九月，载敦袭和硕怡亲王。同治十三年（1874），派内大臣。光绪年间，出任旗务，并先后担任坛庙大臣、专操大臣、查城大臣、阅兵大臣、领侍卫内大臣等。光绪十六年（1890）十一月薨，年六十四，赐谥号"端"。正是由于同治三年（1864），载敦承袭了怡亲王爵，其父、祖父、曾祖三代追封为怡亲王，从而使得这块原本是怡亲王家族的小宗茔地变成了大宗茔地。既然涞水县雁翎村这处茔地成了怡亲王家族的大宗茔地，那么载敦薨逝后，自然是会跟随其父、祖父、曾祖葬入这块大宗茔地（图1-5-37）。

怡亲王家族的亲王爵位承袭至此画上了句号。纵观怡亲王家族，其始封祖胤祥襄翼世宗，有承名佐世之功，世宗赐"忠敬诚直勤慎廉明贤"与王，复其"胤"字，可谓有清之殊荣。怡亲王家族是有清一代第一个恩封的世袭罔替之王，在处理宗族事务中，影响和地位极高。到了第二代怡亲王，其仍然在政治上颇有作为，之后第三、四、五代怡亲王虽然没有更多的从政资料，但是其宗族地位仍不可忽视。然而载垣、溥静二王，积极

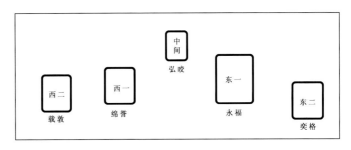

图1-5-37 笔者推测的宁良郡王弘晈家族茔地园寝分布示意图

参与政治，终未能施展才能，身死降爵或夺爵，怡亲王家族的"辉煌时代"一去不复返。在清代十二个世袭罔替亲王中，到清末地位最为低下的，莫过于怡亲王。怡亲王一门在清末瞬间没落，没有过多参与宗室活动，大多是因为载垣、溥静将怡亲王的地位断送的缘故。

附：多罗宁郡王承袭表

承袭序列	名字	谱系	爵谥	行履	葬地及园寝资料
始封祖	弘晈	胤祥第四子	宁良郡王	康熙五十二年（1713）五月二十五日生。雍正三年（1725），世宗褒胤祥功，于亲王外复加封郡王，任王于诸子中指封，胤祥固辞不敢受。及允详薨，雍正八年（1730）八月，世宗乃封弘晈多罗宁郡王，世袭。乾隆二十九年（1764）八月十四日薨[1]年五十二岁，谥曰良。子永福袭。	位于河北涞水县娄村乡雁翎村北，园寝坐北朝南，规模较小，宝顶内有双棺，未建碑楼，且园寝围墙为土墙。2008年笔者调查时已无存。

---

1 《清史稿》谓乾隆二十八年（1763）八月卒。此据《爱新觉罗宗谱》。

一袭，第二代	永福	弘晈第二子	多罗贝勒，追封和硕怡亲王	乾隆十八年（1753）八月十八日生，乾隆二十九年（1764）十二月袭多罗贝勒，乾隆四十七年（1782）四月初二日卒，年三十岁，谥曰恭恪。同治三年（1864）十一月，以其曾孙载敦袭怡亲王，追封和硕怡亲王。	位于今河北涞水县北水东村北，园寝坐北朝南，规模较大，宝顶内有双棺，享殿等建筑覆绿琉璃瓦，建有碑楼，园寝围墙为砖墙，文化大革命后被毁。
二袭，第三代	绵誉	永福第四子	多罗贝勒，追封和硕怡亲王	乾隆四十五年（1780）九月十六日生。乾隆四十七年（1782）九月，袭多罗贝勒。道光二十三年（1843）十一月二十一日卒，年六十四岁，同治三年（1864）十一月，以其孙载敦袭怡亲王，追封和硕怡亲王。	位于今河北涞水县雁翎村西北，园寝坐北朝南，背靠朝阳山，据村民曲振英介绍，当年见到园寝建有三孔拱桥、碑楼、享殿、宝顶等，其中碑楼建有土墙，抗日战争时期修炮楼时被拆毁。2008年笔者调查时，尚见有地宫和享殿残迹。地宫的长方形墓圹清晰可见，内有较多渗水。享殿基址上散落有大量绿琉璃瓦残块。
三袭，第四代	奕格	绵誉第三子	固山贝子，追封和硕怡亲王	嘉庆十年（1805）三月十八日生。道光十三年（1833）十二月封头等辅国将军。道光二十四年（1844）三月袭固山贝子。咸丰八年（1858）二月十七日卒，年五十四岁。同治三年（1864）十一月以其子载敦袭怡亲王，追封和硕怡亲王。	位于今河北涞水县北水东村，园寝坐北朝南，据村民回忆，当年园寝曾建有一孔拱桥、碑楼、享殿、宝顶等建筑遗迹。
四袭，第五代	载敦	奕格第二子	奉恩镇国公，承袭和硕怡亲王	道光七年（1827）三月二十四日生。咸丰七年（1857）十二月授三等镇国将军。咸丰八年（1858）六月袭奉恩镇国公。同治三年（1864）九月袭和硕怡贤亲王。光绪十六年（1890）十一月十二日薨，年六十四岁，谥曰端。	位于今河北涞水县木井村，园寝坐北朝南，具体建制不详。
五袭，第五代	载泰	允禄五世孙，奕增子	已革入八分辅国公	同治元年（1862），袭载垣所降之不入八分辅国公爵。三年（1864），袭载敦所遗之辅国公爵。五年（1866），缘事革退。	葬地不详。
六袭，第五代	载帛	胤祥五世孙，奕协子	奉恩辅国公	同治五年（1866），袭载泰所遗之辅国公爵。	葬地不详。

九、恂勤郡王允禵园寝

允禵园寝坐落在天津蓟县黄花山南麓石头营村（图1-5-38），已知的一字排开的六座园寝中最西一座即是，该园寝与允禵园寝一样被当地百姓称为"达摩苏王陵"[1]。

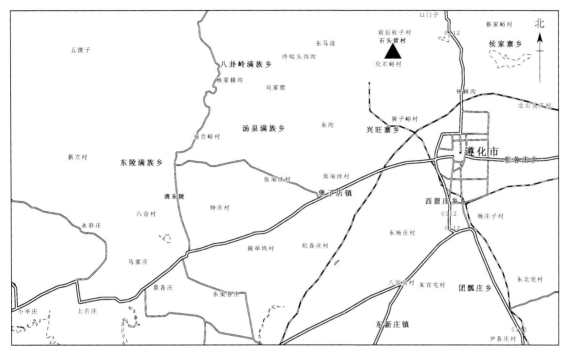

图1-5-38 天津蓟县石头营村恂勤郡王允禵园寝位置示意图

至于百姓称允禵与允禵双王的园寝为"达摩苏王陵"的原因，冯其利先生曾做过解释："达摩苏王为旧小说《永庆生平》中所涉及又没正式出场的人物，略早于允禵、允禵的时代，一般指顺承郡王勒尔锦，他曾任宁南靖寇大将军，率师讨伐三藩之乱。允禵、允禵与勒尔锦的相似之处在于他们也同样统兵挂帅，东征西讨，都英勇善战，都丢爵遭厄运。"此外，允禵、允禵"长相与佛教祖师达摩接近，幽禁生活就是一种面壁，允禵刚好是'面壁十年'的人物"，所以两人在民间并称"达摩苏王"。

允禵为圣祖康熙皇帝第十四子，生于康熙二十七年（1688）一月九日，与世宗雍正皇帝是同母兄弟，母孝恭仁皇后[2]。康熙四十八年（1709）三月，封贝子。康熙五十年（1711），始跟随皇上巡行塞外。康熙五十七年（1718）十月，授为抚远大将军，征讨策望阿喇布坦。十二月，于太和殿颁授大将军印，遵亲王例用黄旗。

康熙五十九年（1720）正月，允禵转移军队至穆鲁斯乌苏，派遣平逆将军率师入西藏，宗查布防守西宁，纳尔素防守古木。十月，平逆将军延信在卜克河诸地击败准格尔将军策零敦多卜等。康熙六十年（1721）五月，允禵率军驻扎甘州，旋又进至吐鲁番。六月，厄鲁特兵围困当地回民，回民数万人向清军求援。允禵以粮草运输困难，士兵难以久驻，建议相继帮扶被困回民。康熙六十年（1721）十一月，允禵入朝觐见，面授事宜。康熙六十一年（1722）四月，还至军中[3]。

---

1 冯其利《清代王爷坟》，第129页，紫禁城出版社，1996年。

2 《爱新觉罗宗谱》甲册。

3 《清史稿》卷二百二十《列传七·诸王六》。

允禵文武双全，功勋卓著，为朝野所瞩目。在康熙晚年的诸皇子储位之争中，允禵声望最高，成为胤禛的劲敌。康熙六十一年（1722）十一月，世宗胤禛登基后，为了消除这个可能对皇权造成威胁的对手，从前线召允禵还京师，留守景陵，等待皇考大祭。雍正元年（1723）五月，雍正帝为抚慰皇妣皇太后之心，特进允禵为郡王。谕总理事务大臣曰："贝子允禵原属无知狂悖，气傲心高，朕屡加训谕，望其自知改悔，以便加恩。但恐伊终不知改，而朕必欲俟其自悔，则终身不得加恩矣。朕惟欲慰我皇妣皇太后之心，将允禵晋封为郡王，伊从此若知悔改，朕自叠沛恩泽。若怙终不悛，则国法具在，朕不得不治其罪，伊亦难怨。允禵来时，尔等将此旨传谕知之。"[1]雍正三年（1725），允禵被宗人府弹劾"苦累兵丁，侵扰地方，靡费军帑"，降贝子。雍正四年（1726）五月，因允禵在景陵不能痛涤前非，不能醒悟，反而造大逆之言，摇惑众听，随命从景陵撤还，削爵，拘禁于寿皇殿，以期改悔。六月，朝臣大议允禵罪状十二款，并诏令宣示天下。雍正十三年（1735），高宗登基后，允禵获释。乾隆二年（1737）二月，封奉恩辅国公，不给食俸，在家闲居。闲居期间，因安分守己，于乾隆十二年（1747）六月，晋封为贝勒。乾隆十三年（1748）正月，又晋封为恂郡王。本年七月，授正黄旗汉军都统。乾隆十五年（1750）九月，允禵总管正黄旗觉罗学。乾隆十九年（1754）十月，因目疾解管都统。本月，解管觉罗学事务。乾隆二十年（1755）正月六日，允禵薨逝，年六十八岁，谥曰"勤"，爵位停袭。允禵有嫡福晋完颜氏，侧福晋舒舒觉罗氏，庶福晋伊尔根觉罗氏等，共有子四人。

允禵园寝坐北朝南，园寝外南端是神桥，桥北是两座碑楼。西侧碑楼内立有允禵墓碑，东侧碑楼内立有允禵子弘明墓碑。园寝有宫门三间，外有东西朝房，内有享殿三间。享殿两侧有面阔墙，墙上分别开有东、西角门。角门内月台上建有宝顶。"月台上有大宝顶三座，居中是允禵墓，地宫为石券。东部为贝勒弘明宝顶，地宫系豆渣石券。弘明之子贝子永硕宝顶居西，墓穴是棚板石结构"[2]。据测量，允禵园寝南北长约120米。宽约43米，享殿长约24米，宽约16米，前有月台。地宫长13米，宽10米[3]。2008年笔者在此考察时，园寝后院已被现代民居以及庄稼地占用、覆盖，仅见到保存完好的允禵和弘明的两统墓碑及一段残存的园寝围墙和一些建筑构件（图1-5-39、1-5-40）[4]。允禵墓碑位置的地理坐标为北纬40°09.107′，东经117°34.217′。墓碑蛟龙首，螭趺，上书满汉两种文字的碑文，碑身侧面各浮雕一五爪游龙，头上尾下，戏火焰珠。碑身高约3米，宽约1.3米，厚约0.61米；碑额高约1.4米；碑座长约3.23米，宽约1.39米，高约1.14米。碑座下水盘长约3.2米，宽约2.6米，水盘四角刻有水涡纹，水涡内雕刻有精美的鱼、鳖、虾、蟹。允禵子弘明的墓碑，蛟龙首，螭趺，形制与雕刻均逊色于其父允禵的墓碑。碑身侧面磨光无纹饰。碑身高约2.3米，宽约1米，厚约0.36米；碑额高约1.1米；碑座长约2.3米，宽约1.07米，高约0.84米。碑座下水盘长约3.2米，宽约2.6米，水盘表面无雕刻纹饰。

《清世宗实录》记载，雍正四年（1726）五月癸巳诏令，"将允禵于（寿皇殿）附近

清代园寝志

1 《世宗宪皇帝上谕内阁》卷七。
2 冯其利、周莎《重访清代王爷坟》，北京燕山出版社，2007年。
3 宋大川、夏连保《清代园寝制度研究》，第199页，文物出版社，2007年。
4 据2008年考察，《清代园寝制度研究》一书中所言之砖券小墓是不正确的，特更正。

图1-5-39 恂勤郡王允禵园寝两统墓碑

禁锢，……伊子白起甚属不堪，着与允禵一处禁锢。其子白敦尚好，可封为镇国公"[1]。 按允禵共有子四人，长子名弘春，次子弘明，三子弘映，四子弘暟，而无白起、白敦之名。据《爱新觉罗宗谱》记载，弘春生于康熙四十二年（1703）九月，雍正元年（1723）正月封固山贝子，雍正二年（1724）八月缘事革退，雍正四年（1726）五月封奉恩镇国公，雍正六年（1728）正月

图1-5-40 恂勤郡王允禵园寝建筑构件

晋封固山贝子，雍正九年（1731）十月晋封多罗贝勒，雍正十一年（1733）二月晋封多罗泰郡王，雍正十二年（1734）八月降为固山贝子。高宗即位，夺弘春爵。别封允禵第二子弘明为贝勒，先后管理武备院事务、镶红旗蒙古都统事务等。乾隆三十二年（1767）正月弘明薨逝，年六十三岁，谥曰"恭勤"。允禵第三子弘映，生于康熙四十六年（1707），母侧福晋伊尔根觉罗氏。乾隆年间曾先后授侍卫。乾隆二十二年（1757）授散秩大臣。乾隆三十六年（1771）弘映卒，年六十五岁。允禵第四子弘暟，生于康熙四十六年（1707）十二月，母嫡福晋完颜氏。雍正十三年（1735）十二月授散秩大臣。乾隆年间历任镶蓝旗汉军都统、正红旗满洲都统等职。乾隆十六年五月，因病告退。乾隆二十三年（1758）弘暟卒，年五十二岁。由上史料分析，可见雍正四年（1726）封为奉恩镇国公的正是允禵长子弘春，即白敦。而与父允禵一处禁锢的很可能就是允禵次子弘明，即白起。

弘明薨逝后，其子永硕袭固山贝子，嘉庆十三年（1808）闰五月二十日，薨逝，年七十三岁。嘉庆十三年（1808）九月，永硕第三子绵龄袭镇国公。嘉庆十五年（1810）十二月，绵龄因

---

1 《清世宗实录》卷四十四。

事革职。道光四年（1824）闰七月八日，逝世，年四十九岁。同年十一月，绵龄第四子奕兴袭镇国公。咸丰八年（1858）八月七日，奕兴卒，年四十七岁。同年十一月，奕兴第二子载森袭不入八分辅国公，赏散秩大臣。光绪十三年（1887）三月十二日，载森卒，年四十五岁。同年七月，载森长子溥博袭不入八分镇国公。光绪二十年（1894）八月十四日，溥博卒，年二十二岁。

附：恂郡王承袭表

承袭序列	名字	谱系	爵谥	行履	葬地及园寝资料
始封祖	允禵	康熙皇帝第十四子	已革多罗恂郡王，辅国公品级	生于康熙二十七年（1688）正月初九日，母德妃乌雅氏，即孝恭仁皇后。康熙四十八年（1709）封贝子，康熙五十七年（1718）任抚远大将军平定西陲，雍正元年（1723）五月特进为郡王。雍正三年（1725）十二月降贝子，雍正四年（1726）四月革爵，禁拘于寿皇殿侧。乾隆二年（1737）三月获释，封辅国公品级，乾隆十二年（1747）六月晋贝勒，乾隆十三年（1748）正月进封多罗恂郡王。乾隆二十年（1755）正月初六日薨，年六十八岁。谥勤，爵停袭。子四人。	坐落在天津蓟县黄花山南麓，已知的一字排开的六座园寝中最西一座即是，该园寝与允禔园寝一样被当地百姓称为"达摩苏王陵"。园寝坐北朝南，园寝外南端是神桥，桥北是两座碑楼。西侧碑楼内立有允禵墓碑，东侧碑楼内立有允禵子弘明墓碑。园寝有宫门三间，外有东西朝房，内有享殿三间。享殿两侧有面阔墙，墙上分别开有东、西角门。角门内月台上建有宝顶三座，居中是允禵墓，地宫为石券。东部为贝勒弘明宝顶，地宫系豆渣石券。弘明之子贝子永硕宝顶居西，墓穴是棚板石结构。
一袭，后革退；第二代	弘春	允禵第一子	已革多罗泰郡王	康熙四十二年（1703）九月初一日生。雍正元年（1723）正月，封固山贝子。雍正二年（1724）五月，坐允禩党，革爵。雍正四年（1726）五月，封奉恩镇国公。雍正六年（1728）正月，进封固山贝子。雍正九年（1731）十月，进封多罗贝勒。雍正十一年（1733）二月，封多罗泰郡王。雍正十二年（1734）八月，谕责轻佻，复降贝子。雍正十三年（1735）十一月，革退。乾隆四年正月二十四日卒。年三十七岁。	葬处未详。
二袭，第二代	弘明	允禵第二子	多罗恭勤贝勒	康熙四十四年（1705）四月初三日生。雍正十三年（1735）十一月，弘春既夺爵，别封弘明为贝勒。乾隆三十二年（1767）卒，年六十三岁，谥恭勤。	葬于其父允禵园寝内。
三袭，第三代	永硕	弘明第二子	固山贝子	乾隆元年（1736）十一月二十七日生。乾隆三十二年（1767）六月，袭固山贝子。嘉庆十三年（1808）闰五月二十日卒，年七十三岁。	葬于其祖父允禵园寝内。
四袭，第四代	绵龄	永硕第三子	镇国公	嘉庆十三年（1808）九月，永硕第三子绵龄袭镇国公。嘉庆十五年（1810）十二月，因事革职。道光四年（1824）闰七月八日逝世，年四十九岁。	葬处未详。

五袭，第五代	奕兴	绵龄第四子	镇国公	道光四年（1824）十一月，绵龄第四子奕兴袭镇国公。咸丰八年（1858）八月七日卒，年四十七岁。	葬处未详。
六袭，第六代	载森	奕兴第二子	不入八分辅国公	咸丰八年（1858）十一月，奕兴第二子载森袭不入八分辅国公，赏散秩大臣。光绪十三年（1887）三月十二日卒，年四十五岁。	葬处未详。
七袭，第七代	溥博	载森长子	不入八分镇国公	光绪十三年（1887）七月，载森长子溥博袭不入八分镇国公。光绪二十年（1894）八月十四日卒，年二十二岁。	葬处未详。

十、愉恪郡王允祹家族茔地及园寝

据《爱新觉罗宗谱》记载，允祹为圣祖康熙皇帝第十五子，生于康熙三十二年（1693）十一月二十八日，母顺懿密妃王氏（知县王国正之女）。康熙三十九年（1700），允祹始随皇上巡幸塞外。此后，皇上每出行，允祹就随同前往。雍正四年（1726）五月，封多罗贝勒。十月，派往景陵居住。雍正八年（1730）二月，晋封多罗愉郡王。雍正宪皇帝笃念山陵重大，曾特命愉郡王允祹前往护视。允祹生来体弱多病，据载"王体素羸，善病"[1]。雍正九年（1731）二月初一日，年仅三十九岁的允祹薨逝，谥曰"恪"。雍正帝辍朝两日，赐祭两次。雍正十一年（1733）十月，帝命工部在九凤朝阳山与景陵之间的城子峪为其造坟立碑，并亲自撰写碑文。九凤朝阳山曾是雍正皇帝的龙址，而城子峪距此不远，这对于允祹来说真是难得的殊荣，或许这正是因为允祹没有参与康熙晚年的争夺储位活动，平庸少为，才让雍正皇帝对他如此的手足情长。

雍正九年（1731）九月，允祹第三子弘庆袭多罗愉郡王。乾隆三十四年（1769）十二月二十三日薨，年四十二岁，谥曰"恭"。乾隆三十五年（1770）四月，弘庆第一子永珞袭多罗贝勒。嘉庆二十五年（1820）十月二十三日，永珞溘逝，年五十五岁。道光元年（1821）二月，多罗贝勒永珞第一子绵岫袭固山贝子。道光三十年（1850）五月九日，绵岫溘逝，年七十岁。同年九月，绵岫第一子奕橚袭奉恩镇国公。同治五年（1866）正月十一日，卒，年五十九岁。同年五月，奕橚第二子载璨袭奉恩辅国公[2]。光绪十一年（1885），载璨嗣子溥钊承袭辅国公（图1-5-41）。

据《愉恪郡王园寝》一文所提供的资料，愉郡王家族茔地位于马兰峪东约五十里的遵化市西三里乡北

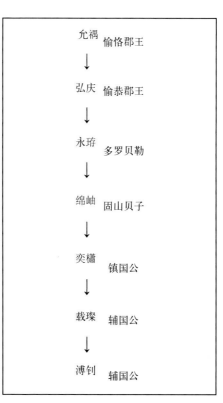

图1-5-41 愉郡王家族爵位承袭图

1 《钦定八旗通志》卷一百三十三《宗室王公列传》。
2 《爱新觉罗宗谱》甲册。

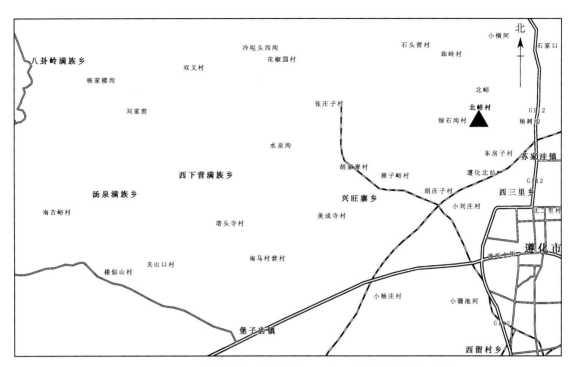

图1-5-42 河北省遵化市北峪村愉恪郡王允祹家族茔地位置示意图

峪村之西（图1-5-42），埋葬有允祹及其子孙七代[1]。整块茔地坐北朝南，北靠燕王台南麓的龙尾山，南望为龙山、朱山、笔架山、华山，前临蜿蜒曲折的小河，这块家族茔地山环水绕，可谓一块风水宝地[2]。茔地内除了允祹的六世孙溥钊卒于民国时期，另建坟墓外，其余六座园寝以愉郡王家族的始封祖允祹园寝为中心，严格按照昭穆顺序"人"字形排列。

最早在这块茔地上埋葬的便是愉恪郡王允祹，所以当地人称其园寝为"老陵"。"老陵"从南向北，依次建有碑亭、一孔石桥、东西厢房、宫门三间、享殿三间、宝顶。其中享殿为合拢布瓦顶，绿琉璃瓦剪边。享殿月台前有丹陛石一块，雕刻有二龙戏珠图案。园寝内有宝顶三座，一大两小，其中较大的宝顶葬有允祹与其嫡福晋，两侧小宝顶分别葬有允祹的两个侧福晋[3]。

在愉恪郡王允祹园寝的东侧，也即"一昭"位置上，建有允祹第三子愉恭郡王弘庆的园寝，称"新陵"。弘庆园寝在规制上与允祹园寝基本相同，只是规模上稍逊。在允祹园寝西南，也即园寝的"一穆"位置上，建有多罗贝勒永琤园寝，建有石碑一统，东西厢房各三间，宫门一间，享殿三间，宝顶一座。在弘庆园寝东南，也即允祹园寝的"二昭"位置上，建有固山贝子绵岫园寝。在永琤园寝的西南，也即允祹园寝的"二穆"位置上，建有镇国公奕櫷园寝。在绵岫园寝东南，也即允祹园寝的"三昭"位置上，建有辅国公载璨园寝。从绵岫到载璨，他们的园寝规制上与多罗贝勒永琤园寝基本相同，只是园寝占地面积逊减（图1-5-43）[4]。

愉郡王家族最后一位承袭者溥钊，光绪十一年（1885）承袭辅国公爵。其在民国十年（1921）至十三年（1924）之间曾担任过东陵的守护大臣。此时虽然清皇室的优待条件已

---

1 根据《愉恪郡王园寝》一文对园寝建筑的描述，笔者认为，文中所说的"园寝"指的当是整个愉郡王家族"茔地"，而文中所说的各个"陵墓"均指的是一处"园寝"。

2 冯剑茹、陈景山《愉恪郡王园寝》，《紫禁城》1994年第6期。

3 冯剑茹、陈景山《愉恪郡王园寝》，《紫禁城》1994年第6期。

4 冯剑茹、陈景山《愉恪郡王园寝》，《紫禁城》1994年第6期。

经废除，但是建在城子峪的这处愉郡王家族茔地一直保护完好，在南北四里、东西三里的风水禁区内隔开有二十丈宽的大道，六座园寝都没有受到破坏。清王朝灭亡后，溥钊改姓称金溥钊，随着清皇室地位的下降，茔地安全受到了严重的威胁。1930年，当地土匪对愉郡王家族茔地的盗发给了溥钊很大震动。家境贫困的溥钊抱

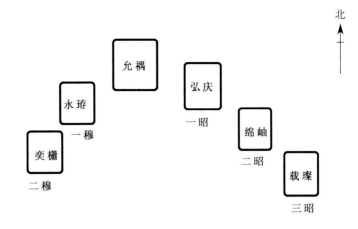

北

图1-5-43 愉郡王家族茔地园寝分布示意图

着"被人盗走，不如自掘自用"的态度，打开了这六座园寝地宫，取出珍宝，后来迫于生活，又将园寝内外树木也砍伐一空。1936年，金溥钊在困顿中去世，仅建有土坟一座，埋葬位置自然不可能按照原来家族茔地内的昭穆顺序排列了，而是葬在了龙尾山之末。1949年，愉恪郡王园寝被焚，砖石及园寝其他建筑被当地群众拆尽，遗迹先后被辟为了耕地[1]。

附：愉郡王承袭表

承袭序列	名字	谱系	爵谥	行履	葬地及园寝资料
始封祖	允禑	康熙皇帝第十五子	多罗愉恪郡王	生于康熙三十二年（1693）十一月二十八日，母密嫔王氏，即顺懿密妃。雍正四年（1726），封贝勒，命守景陵。雍正八年（1730），封愉郡王，雍正九年（1731）二月初一日薨，年三十九岁。谥恪，子五人。	园寝在今河北省遵化市城区西三里乡北峪村西。园寝从南向北，依次建有碑亭、一孔石桥、东西厢房、宫门三间、享殿三间、宝顶。享殿月台前有丹陛石一块，雕刻有二龙戏珠图案。园寝内有宝顶三座，一大两小，其中较大的宝顶葬有允禑与其嫡福晋，两侧小宝顶分别葬有允禑的两个侧福晋。
一袭，第二代	弘庆	允禑第三子	多罗愉恭郡王	雍正二年（1724）七月十七日生。雍正九年（1731）六月，袭多罗愉郡王。乾隆三十四年（1769）十二月二十三日薨，年四十二岁，谥曰恭。子永珹袭。	允禑园寝东侧。
二袭，第三代	永珹	弘庆第一子	多罗贝勒	乾隆三十一年（1766）四月二十五日生。乾隆三十五年（1770）四月袭多罗贝勒。嘉庆二十五年（1820）十月二十三日卒，年五十五岁。	允禑园寝西南。

1　冯剑茹、陈景山《愉恪郡王园寝》，《紫禁城》1994年第6期。

三袭，第四代	绵岫	永珞第一子	固山贝子	乾隆四十六年（1781）十二月初三日生，嘉庆七年（1802）十一月，封镇国将军。道光元年（1821）二月，袭固山贝子。道光三十年（1850）五月初九日卒，年七十岁。	弘庆园寝东南。
四袭，第五代	奕櫹	绵岫第一子	奉恩镇国公	同治五年（1866）正月十一日，卒，年五十九岁。	永珞园寝西南。
五袭，第六代	载璨	奕櫹第二子	奉恩辅国公	光绪十一年（1885）二月二十九日，卒，年四十八岁。	绵岫园寝东南。
六袭，第七代	溥钊	载霞之子，载璨嗣子	奉恩辅国公	光绪十一年（1885）承袭辅国公之爵。1936年去世。	愉郡王家族茔地内，龙尾山之末。

十一、果毅亲王允礼及后裔园寝

（一）河北易县上岳各庄村果毅亲王允礼园寝

允礼为圣祖康熙皇帝第十七子，生于康熙三十六年（1697）三月初二日，生母纯裕勤妃陈氏（云麾使陈希敏之女）[1]。康熙年间，允礼曾多次跟随皇上巡幸塞外、参加祭陵活动。雍正元年（1723）四月，允礼封多罗果郡王，管理武英殿御书处事务，掌前锋护军统领，擢任议政。后又授镶蓝旗汉军都统和镶红旗满洲都统，并管理藩院尚书事务。雍正三年（1725）八月照亲王给予俸禄及护卫员额。谕曰："果郡王实心为国，操守清廉，宜给亲王俸，护卫亦如之，班在顺承郡王上。"后管理国子监事务。雍正六年（1728）二月，允礼晋封和硕果亲王，管上谕处事务。先后总理工部事务、圆明园八旗兵丁事务、户部三库事务。雍正十二年（1734）七月，允礼奉命奔赴泰宁，护送达赖喇嘛返藏，并巡阅沿途各省驻防及绿营官兵。雍正十三年（1735）四月，回京。世宗病重期间，允礼受遗诏辅政。雍正十三年（1735）十月，高宗即位后，解除允礼宗令职务，管理刑部。同年十一月，赐食亲王双俸，免宴见叩拜。允礼密疏请蠲江南诸省民欠漕项、芦课、学租、杂税，上允之。谕曰："果亲王秉性忠直，皇考所信任。外间颇疑其严厉，今观密奏，足见其心存宽厚，特以许宣示九卿。" 允礼体弱，上命在邸治事，越数日一入直。乾隆元年（1736）三月，皇上躬行安杆典礼之时，允礼"临期托病不到"。按祖制，"凡系亲王，理应于祭祀时敬谨齐集"，否则"应照例削去王爵"，但因为允礼自办理部务以来，"尚属勤奋"，皇上"特恩赏给亲王之双俸裁去，并将加给一倍亲王之护卫官员"[2]。乾隆三年（1738）正月，允礼病笃，皇上因正值斋戒，遣和亲王弘昼往视。同年二月初二日，允礼薨逝，年四十二岁，谥曰"毅"。上

1 《爱新觉罗宗谱》甲册。

2 《清高宗实录》卷十五。

震悼，即日亲临其丧，着庄亲王、履亲王经纪其后事。并谕："果亲王薨逝，朕笃念亲亲之谊，此爵自应久远承袭。"[1]允礼有嫡福晋钮祜禄氏（果毅公阿云阿之女），侧福晋孟氏（达色之女）。允礼身后无子，以世宗的第六子弘曕为嗣[2]。

据冯其利调查，允礼园寝位于今河北省易县上岳各庄村（图1-5-44）。园寝坐北朝南，园寝外有神桥一座，下有文河。过桥向北即为碑楼，内立乾隆三年（1738）九月二十二日谕祭驮龙碑一方。继续向北有东西朝房各三间。再向北有宫门三间，与红墙相连接。其内有享殿五间，旁边有东西角门。进角门有月台，月台上有大红宝顶一座。当时有照应坟地户陈、鲁、柴、王等十姓。该园寝西朝房在清朝末年坍塌，碑楼顶部趋于破败。光绪年间，公爷府派人将宫门、享殿各拆去两间。1926年，坟地的柏树和周围的杨树、槐树被砍伐卖掉。1937年以后，地方上陷于混乱，宝顶被刨坟掘墓者炸开，殉葬品被盗走。而后，看坟户柴家修宝顶，收骨殖，曾见地宫有积水，停灵三口。文化大革命期间，园寝再次受到破坏。70年代初曾做过小学校舍[3]。

据笔者2008年10月实地考察，该园寝所在处的地理坐标为北纬39°26.365′，东经115°23.203′。园寝尚存墓碑、东朝房、享殿基址、宝顶、汉白玉单孔拱桥、桥头石狮子以及散见的绿琉璃瓦等遗迹（图1-5-45～1-5-49）。经测量，享殿月台东西长13.5米、南北宽9.9米，周边用汉白玉石条和长方形砖垒砌，中间填充石块。享殿基座东西长18.18米、南北宽8.9米。享殿面阔11.6米、进深7.7米。享殿基座向北约10.9米处为宝顶下月台所在的位置。宝顶直径约5.4米，残高约2.2米，下部是汉白玉石雕须弥座，上边为三合土夯实，四周有残存石柱础。隐约可见园寝围墙及罗圈墙痕迹，总体规模较大。

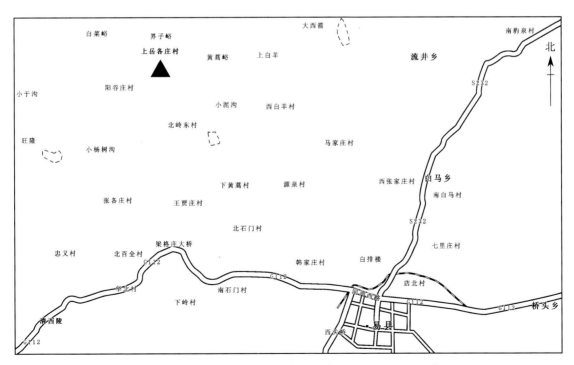

图1-5-44 河北省易县上岳各庄村果毅亲王允礼园寝位置示意图

1 《清高宗实录》卷六十二。

2 《清史稿》卷二百二十《列传七·诸王六》。

3 冯其利《清代王爷坟》，第171页，紫禁城出版社，1996年。

图1-5-45 允礼园寝石拱桥

图1-5-46 允礼园寝墓碑

图1-5-47 允礼园寝石狮

图1-5-48 允礼园寝享殿

图1-5-49 允礼园寝宝顶

（二）河北易县岭东村果恭郡王弘曕园寝

弘曕为世宗雍正皇帝第六子，生于雍正十一年（1733）六月十一日，生母谦妃刘氏。乾隆三年（1738）二月，弘曕奉旨过继与和硕果毅亲王允礼为嗣，袭封和硕果亲王。先后管理武英殿、圆明园八旗护军，管御书处、御药房、正白旗蒙古都统事务。乾隆十九年（1754）十一月，管理造办处事务。弘曕擅诗词，好藏书，居家节俭；对待下属严厉，遇有不法者，立杖之，因而在他府邸中无人敢为非作歹[1]。但弘曕却对自己的行为放纵不检，曾因开设煤窑而强占平民产业。他恃宠自傲的种种作为，逐渐引起了乾隆帝的不满。一次，他奉命前往盛京恭送玉牒，却上奏要先去打猎，然后再去盛京。乾隆帝非常生气，屡加训饬。弘曕仗着御弟身份，以为这些小事情，皇帝不能把自己怎么样。乾隆帝对他的不满日积月累，终于在乾隆二十八年（1763）一并爆发。当时审理两淮盐政高恒替京师王公大臣贩卖人参牟利一案时，高恒供称：弘曕因欠了商人江起镨的钱，派王府护卫带江起镨到高恒处，托售人参，牟利以偿还欠债，"大失御弟之身份"。乾隆帝进一步查究，发现弘曕令各处遣官差购买蟒袍、朝衣、刺绣、古玩等，却只给了很少的钱。还有一次，朝廷选拔

---

1 [清]昭梿《啸亭杂录》卷六。

官吏，弘曕嘱托军机大臣阿里衮选用其门下私人，阿里衮未答应。乾隆帝对此事极为恼火，斥责弘曕干预朝政，毫无顾忌，"以至于此，此风一长，将内务府旗员之不已，外而满汉职官，内而部院司寺，势将何所不可"[1]。

乾隆二十八年（1763），圆明园九州岛清宴殿发生火灾，弘曕后至，与众皇子接见时，谈笑露齿，被高宗窥见。尔后，弘曕和弘昼一起至皇太后宫中请安，在皇太后座旁膝席跪坐，该处正好是皇帝平日跪坐之地，乾隆帝责备两个弟弟"仪节借妄"，但终究还是"推同气之恩，从宽革去王爵，赏给贝勒，永远停俸"，并罢除一切差使。弘曕从此闷闷寡欢，"闭门谢客，抑郁生疾"。乾隆三十年（1765）三月，弘曕病重，皇上亲自前往抚慰探视，弘曕于卧榻间叩首引咎，上执其手，痛言："以汝年少，故稍加拂拭，何愧恶若此？"[2]乾隆三十年（1765）二月，弘曕复封多罗果郡王。是年三月初八日，薨，年三十三岁，谥曰"恭"。弘曕有嫡福晋范佳氏，侧福晋张佳氏，庶福晋刘佳氏[3]。

弘曕园寝位于河北省清西陵外围的易县岭东村(图1-5-50)，笔者测得其地理坐标为北纬39°25.082′，东经115°24.180′。弘曕园寝位于其父允礼园寝的东南方向，大致相当于"一昭"之位。按弘曕奉旨过继于允礼为嗣，承袭王爵，卒后按照宗法制度的昭穆排序，葬于其父"一昭"位置，这是非常合乎传统宗法制度昭穆排序的。弘曕园寝坐北朝南，位于一个地势较高的位置，海拔124米，顺山势而建。据笔者实地考察，该园寝保存比较完整，南北长48米、东西宽27米。园寝东西厢房、围墙、宫门、享殿等建筑仍存，碑亭仍可见其四周立柱痕迹，墓碑保存完整，水盘四角分别雕刻鱼、鳖、虾、蟹图案，水盘长3.9米、宽2.8米；龟趺碑座长4米、宽1.45米、高约1.5米；碑身高2.85米、宽1.32米、厚0.6米（图

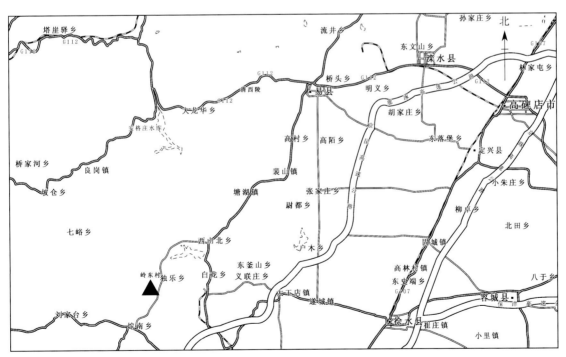

图1-5-50 河北省易县岭东村果恭郡王弘曕园寝位置示意图

1 《清高宗实录》卷六百八十六。

2 [清]昭梿《啸亭杂录》卷六。

3 《爱新觉罗宗谱》甲册。

图1-5-51 弘瞻园寝墓碑

图1-5-52 弘瞻园寝西厢房

图1-5-53 弘瞻园寝大门

1-5-51）。东西厢房卷棚硬山顶，面阔三间，较为破落（图1-5-52）。宫门前有石狮一对。宫门仅存两侧山墙，由柱础情况，仍可见其面阔三间，宽约13米，进深约8米，前有11级台级（图1-5-53）。据徐广源调查，宫门两侧各有一随墙角门。园寝前院正中有一座享殿，以绿琉璃瓦覆顶，面阔三间，宽20.4米，进深10.8米，调查时享殿仅存两侧山墙，享殿前月台东西长12.5米，宽2.88米，月台正前有祥云纹图案的丹陛石一块（图1-5-54、1-5-55）。

园寝后院有五座宝顶，冯其利先生在《清代王爷坟》一书中说，除正中的果恭郡王弘瞻和嫡福晋合葬墓外，其余四座为其子、孙、曾孙、玄孙之墓。后又在《重访清代王爷坟》一书中明确指出，弘瞻宝顶向南东西两侧分别是永瑹和奕湘，再向南东西两侧分别是绵从和载卓，也即园寝后院西北、西南宝顶的主人分别是奕湘和载卓，东北、东南宝顶的主人分别是永瑹和绵从，排列的依据是"子随父葬的规矩"[1]。冯其利先生所述的宝顶相对位置如下图所示（图1-5-56）。

1　冯其利、周莎《重访清代王爷坟》，第226~227页，北京燕山出版社，2007年。

图1-5-54 弘瞻园寝享殿

图1-5-55 丹陛石

按清代的昭穆制度不仅用于宗庙之中，也反映在丧葬制度方面。《周礼》："冢人掌公墓之地，辨其兆域而为之图。先王之葬居中，以昭穆为左右。"李光坡注曰："公，君也。图，谓画其地形及邱垄所处而藏之。先王造茔者昭居左，穆居右，夹处东西。疏曰：子孙据昭穆，夹处左右。若兄死弟及俱为君，则以兄

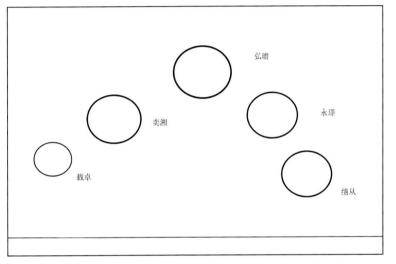

图1-5-56 冯其利所描述的宝顶分布位置示意图

弟为昭穆。以其弟已为臣，臣子一例，则如父子，故别昭穆也。"[1]也即，清代在安排丧葬位置时，依据的是"昭穆排序"，先后承袭爵位的兄弟间也是以昭穆方位排序的。冯其利所说的"子随父葬"规则仅仅是清代园寝埋葬中的一种特殊情况，比如幼年夭折或获罪革爵的儿子随其父埋葬，祔葬于父园寝之中，但"子随父葬"并不是清代宗室王公园寝布局的一般规则。

果亲王家族的爵位承袭次序是非常清楚的。允礼是果亲王家族的始封祖，爵位承袭次序为允礼→弘瞻→永瑹→绵从→绵律→绵侗→奕湘→载卓，如下图所示（图1-5-57）。

如上文所述，果亲王家族的始封祖允礼单独建有园寝，在河北易县上岳各庄村。而弘瞻、永瑹、绵从、绵律、绵侗、奕湘、载卓等都是果亲王家族的大宗，这其中只有绵律一人获罪革爵并被圈禁，按照清代的园寝制度，其逝后不能够按宗法制度的昭穆排序葬入果亲王家族大宗茔地中。自载卓以后，果亲王家族的爵位由子孙循例递降，以辅国公世袭。据笔者调查，园寝内五座宝顶的位置是非常符合"人"字形分布的，合乎清代的昭穆排序，所以这

---

1 [清]李光坡《周礼述注》卷十三。

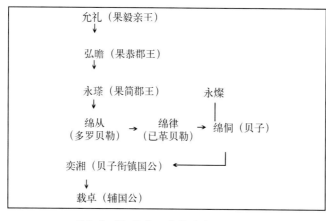

图1-5-57 果亲王家族爵位承袭次序

几处宝顶应该是非常严格地遵从了中国古代宗法制度的，宝顶的主人自然应当是按照家族的爵位承袭次序以昭穆的方位排列。然而，冯其利推测的五座宝顶中却是没有第四代爵位承袭者绵侗，大概是因为绵侗与绵从是同辈人，没有"子随父葬"的关系，所以没有葬入这座园寝中，笔者认为这种推测是错误的。《周礼》注疏中有"若兄死弟及俱为君，则以兄弟为昭穆"，也即兄弟之间有爵位承袭关系者，则埋葬次序上也是应该遵从昭穆排序的。绵侗薨逝时是以固山贝子的身份埋葬的，按照清代的园寝制度理当建有宝顶，并且是可以与其兄绵从按昭穆方位排列的。按照冯其利的推测，剔除了第四代承袭者绵侗，而是将第六代承袭者载卓排在了弘曕园寝之内，推测葬于其父奕湘西南。按载卓是果恭亲王允礼的七世孙，去世时已是清代末期，此时弘曕园寝后院已经建有五座宝顶，毕竟月台的面积是有限的，恐怕是没有足够的空间供载卓继续埋入。所以，载卓此时可能另辟茔地埋葬。

据此分析，冯其利所说的按照"子随父葬"规矩，园寝后院弘曕宝顶两侧分别葬有奕湘、载卓父子与永瑹、绵从父子的推测，是不准确的。笔者认为该园寝中的五座宝顶是严格按照昭穆顺序排列的，分为南北三排，主人分别为弘曕、永瑹、绵从、绵侗、奕湘，如右图所示（图1-5-58）。

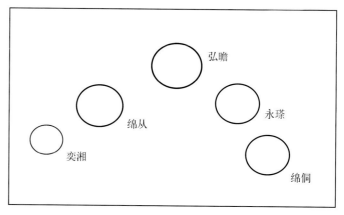

图1-5-58 笔者推测的宝顶分布位置示意图

据笔者2008年10月到该园寝内实地调查，这五座宝顶中有三座为汉白玉须弥座，一座为砖砌宝顶，还有一处仅剩下长方形土质墓圹。最北一排的宝顶仅一座，位于园寝后院北部正中，是果恭郡王弘曕及其嫡福晋的合葬墓，已不存在，据清西陵文管处介绍，地宫曾被发掘过，现仅存长方形墓圹，南北长13.4米、东西宽10.8米（图1-5-59）。稍向南，是园寝后院中第二排的两座宝顶。其中位于弘曕宝顶的"一昭"位置，也即弘曕宝顶的东南侧一处宝顶，地面上保存有较为完整的汉白玉须弥座，上刻二龙戏珠图案，束腰部位刻有太极图等，刻工精美（图1-5-60）。从地面宝顶遗迹看，地宫面积较大，调查时已被破坏。据2006年的调查，当时在地宫石门外框有一副石刻对联，下半部埋于地下，上半部东侧刻"仙灵一点藏"，右侧刻"艺林塾慰润"[1]。根据宝顶的位置，宝顶、地宫的规模、构造以及石刻的内容，判断这座宝顶应该是多罗果简郡王永瑹的。永瑹是弘曕第一子，生于乾隆十七年（1752）六月初十日，是雍正皇

1 冯其利、周莎《重访清代王爷坟》，第227页，北京燕山出版社，2007年。

清代园寝志

图1-5-59 弘瞻墓圹　　　　　　　　　　　　　　图1-5-60 汉白玉须弥座

帝之孙，乾隆皇帝之侄，与皇室的关系是非常密切的，曾是"内廷行走王子"。乾隆三十年（1765）六月，永瑢袭多罗果郡王，后因私至昆明湖恣意画船箫鼓之事获咎[1]。乾隆五十四年（1789）七月二十一日，永瑢薨，年三十八岁，谥曰"简"。弘瞻与永瑢的宝顶位置，笔者与冯其利的判定是一致的。

永瑢宝顶向西，大致位于弘瞻宝顶的"一穆"位置，也即弘瞻宝顶的西南侧宝顶遗迹处，散落有大量的弧形汉白玉石构件，形制与前者相似，可能是宝顶的须弥座。该宝顶的基座已不存在，仅见地宫入口处为长方形。据2006年的调查，还见有朱漆彩绘金龙图案的木椁残片[2]。根据宝顶的位置，推测这座宝顶当是永瑢子多罗贝勒绵从的。绵从生于乾隆三十七年（1772）二月十六日，乾隆五十五年（1790）十一月，袭多罗贝勒。乾隆五十六年（1791）七月十四日，绵从薨，年二十岁。同年，乾隆皇帝准旨按照绵从之祖母所请，将弘瞻第二子永璨之长子绵律给予永瑢为嗣，谕曰："所有承袭之爵，理应减等承袭贝子。但果恭亲王弘瞻系朕幼弟，伊溘逝后，即将郡王爵秩袭与永瑢。及至绵从延世未久，相继而亡，朕心甚为恻然。着加恩绵律仍承袭贝勒之爵，侍养三代孀妇，以示朕悯恤之至意。"[3]嘉庆九年（1804），贝勒绵律因搭台演戏而被处罚。《清仁宗实录》中记载，"陵寝重地，理宜严肃。虽距大红门三十里，系属红白桩外，在愚民无知，如乡闲报赛祀神，演剧尚所不禁。而绵律系属近支宗室，特派前往守护。乃罔知恪恭谨凛，搭台演戏，是诚何心？贝勒绵律着交宗人府严加议处"，"罚贝勒俸五年，加恩免其斥革"[4]。嘉庆十一年（1806），绵律"身系贝勒，支派切近，乃不知自爱，听从护军校成宁等怂恿，给与船户投充执照，许银五百两。实属知情卑鄙，胆大妄为"，"绵律前已革去贝勒。着将绵律于圆明园奏事门外责处四十，并传集近支宗室王公等看视。俾知敬畏，绵律仍交宗人府圈禁二年"[5]。同年九月，绵律弟，也即永璨第三子绵侗，袭固山贝子。

园寝后院第二排宝顶向南十余米是第三排的两座宝顶。其中在弘瞻宝顶的"二昭"位置，也即永瑢宝顶的东南侧，也是一座有圆形汉白玉须弥座的宝顶，保存相对较好，形制与永瑢宝顶相似，只是规模略小一些，结合该宝顶的位置，我们推测可能正是固山贝子绵

1 《清仁宗实录》卷一百九十九。

2 冯其利、周莎《重访清代王爷坟》，第226页，北京燕山出版社，2007年。

3 《清高宗实录》卷一千三百八十三。

4 《清仁宗实录》卷一百三十三。

5 《清仁宗实录》卷一百六十一。

图1-5-61 砖砌宝顶

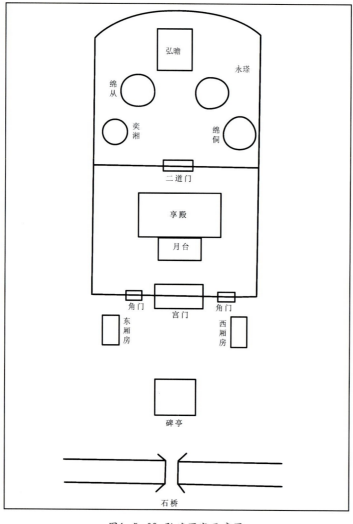

图1-5-62 弘瞻园寝示意图

侗的。绵侗系绵律弟，乾隆四十八年（1783）十月二十日生。嘉庆十一年（1806）九月，袭固山贝子。道光十二年（1832）十二月初二日绵侗卒，年五十岁。第三排偏西的宝顶，位于弘瞻宝顶的"二穆"位置，也即绵从宝顶的西南侧，贴近园寝后院的西侧围墙，是一座砖砌的宝顶，比较简陋（图1-5-61），推测可能是绵从承继子贝子衔奕湘的。奕湘生于嘉庆元年（1796）八月十八日，绵律嫡妻富察氏所生。嘉庆十七年（1812）八月，过继给绵从为嗣。道光十三年（1833）三月，袭奉恩镇国公，授为散秩大臣。后历任镶黄旗汉军副都统、广州副都统、荆州将军、镶红旗蒙古都统、正红旗汉军都统、镶蓝旗总族长、正黄旗满洲都统等。咸丰六年（1856）九月，因病赏食半俸。同治十一年（1872）九月，赏加贝子衔。光绪元年（1875），因病赏食全俸。光绪七年（1881）二月十五日，奕湘薨，年八十六岁，谥曰"恪慎"。同年七月，奕湘第三子载卓袭奉恩辅国公，曾两次派出守护西陵，做过散秩大臣、练兵大臣、专操大臣、十五善射大臣等，担任过右翼近支第二族族长、正红旗总族长等。光绪三十二年（1906）正月载卓授荆州将军，次年五月初一日薨逝，年五十九岁。按载卓是始封祖果恭亲王允礼的七世孙，去世时已是清代末期，此时弘瞻园寝后院已经建有五座宝顶，因为月台面积的局限，推测载卓可能在这块家族茔地中另辟葬所（图1-5-62）。

附：果亲王承袭表

承袭序列	名字	谱系	爵谥	行履	葬地及园寝资料
始封祖	允礼	康熙皇帝第十七子	和硕果毅亲王	康熙三十六年（1697）三月初二日生，生母勤嫔陈氏，即纯裕勤妃。雍正元年（1723），封果郡王。三年（1725），谕曰："果郡王实心为国，操守清廉，宜给亲王奉，护卫亦如之，班在顺承郡王上。"六年（1728），进亲王。高宗即位，赐亲王双俸，免宴见叩拜。乾隆元年（1736），坐事罢双俸。乾隆三年（1738）二月初二日薨，年四十二岁，谥曰毅。有《春和堂集》、《静远斋集》、《奉使纪行诗集》等行世。无嗣，以世宗雍正第六子弘曕为嗣。	葬于今河北省易县阳谷庄乡上岳各庄。园寝坐北向南，南头立下马桩。外有神桥一座，下有文河。过桥为碑楼，内立"乾隆三年九月二十二日"谕祭驮龙碑一方。离碑楼不远为东西朝房各三间，前行是宫门三间，宫门与红墙相连接。进院是享殿五间，享殿旁边为东西角门。进角门有月台，月台上是大宝顶一座。红墙之外，还有一道虎皮石围墙。19世纪30年代，该园寝被盗。文化大革命中遗址被破坏。2008年考察时，该园寝尚存墓碑、东朝房、享殿基址、宝顶、汉白玉单孔拱桥、桥头石狮子以及散见的绿琉璃瓦等遗迹。
一袭，第二代	弘曕	雍正皇帝第六子，弘曕承继子	多罗果恭郡王	雍正十一年（1733）六月十一日生。为世宗第六子，乾隆三年（1725）二月过继果毅亲王允礼为嗣，袭封果亲王。善居积，尝以开煤窑夺民产，乾隆二十八年（1763）降贝勒，乾隆三十年（1765）二月病笃，特晋多罗果郡王。本年三月初八日薨，年三十三岁，谥曰恭。	位于今河北省易县西陵区阳谷庄乡岭东村，旧址为岭东小学校使用。原有神桥一座，下有文河，碑楼内立"乾隆三十年四月二十七日"谕祭驮龙碑一方。宫门三间，地势较高，周围是红墙与宫门相接。进宫门有享殿三间，东西有角门，进内有月台，月台之上共有宝顶五座，除居中的果郡王弘曕与其嫡福晋合葬墓外，其余四座的主人分别为永瑹、绵从、绵侗和奕湘。
二袭，第三代	永瑹	弘曕第一子	多罗果简郡王	乾隆十七年（1752）六月初十日生。乾隆三十年（1765）六月袭多罗果郡王。乾隆五十四年（1789）七月二十一日薨，年三十八岁，谥曰简。	果恭郡王弘曕园寝中。
三袭，第四代	绵从	永瑹第一子	多罗贝勒	乾隆三十七年（1772）二月十六日生。乾隆五十五年（1790）十一月袭多罗贝勒。乾隆五十六年（1791）七月十四日卒，年十九岁。	果恭郡王弘曕园寝中。
四袭，第四代	绵律	永燦第一子，永瑹嗣子	已革多罗贝勒	乾隆五十六年（1791）袭贝勒。嘉庆十一年（1806）缘事革退。	葬地不详。

【第一部分】

清代宗室王公园寝志

五袭， 第四代	绵侗	永灿的第三子	固山贝子	乾隆四十八年（1783）十月二十日生。嘉庆十一年（1806）九月，袭固山贝子。道光十二年（1832）十二月初二日卒，年五十岁。	果恭郡王弘曕园寝中。
六袭， 第五代	奕湘	绵律第一子，绵从承继子	贝子衔奉恩镇国公	嘉庆元年（1796）八月十八日生。父绵律为绵从之弟。奕湘于嘉庆十七年（1812）八月过继与绵从为嗣。道光十三年（1833），袭奉恩镇国公，加贝子衔。光绪七年（1881）二月十五日卒，年八十六岁，谥恪慎。	果恭郡王弘曕园寝中。
七袭， 第六代	载卓	奕湘第三子	奉恩辅国公	生于道光二十九年（1849）九月十八日。光绪七年七月，袭奉恩辅国公。光绪三十二年（1906）正月授荆州将军，次年五月初一日薨逝，年五十九岁。	葬地不详。

十二、简靖贝勒允祎及后裔园寝

据《爱新觉罗宗谱》记载，允祎为圣祖康熙皇帝第二十子，生于康熙四十五年（1706）七月，母襄嫔高氏。雍正四年（1726）五月封固山贝子，雍正八年（1730）二月晋封多罗贝勒，雍正十二年（1734）八月，雍正皇帝谕宗人府曰："贝勒允祎，人本庸愚，性复懒惰。朕从前加恩特封贝勒，冀其知恩悛改，奋勉向上，以副朕期望之意。岂料伊秉性糊涂，毫不知感。上年派往祭陵，伊行至通州，称病而回。今年派出，又托病不往，甚属无知。着革去贝勒，降为公爵，以示儆戒。"[1]遂将允祎降为辅国公。雍正十三年（1735），高宗乾隆皇帝即位，复封允祎为多罗贝勒，本月守泰陵。乾隆九年正月总理泰陵事务。乾隆二十年（1755）允祎薨逝，年五十岁，谥曰"简靖"。允祎有嫡夫人鄂勒特氏，侧夫人崔氏、周氏，庶夫人王氏[2]。

允祎薨逝的同一年，其第二子弘闰承袭固山贝子爵。弘闰生于乾隆十六年（1751），母庶夫人王氏。乾隆五十一年（1786）派往西陵。乾隆五十六年（1791）弘闰薨逝，年四十一岁。次年弘闰第一子永玉降袭奉恩镇国公。后来，因西陵海树被窃一案，永玉被宗人府折罚半俸。嘉庆十四年（1809）十一月，缘事全行革退。道光七年（1827）三月永玉卒，年六十六岁。有嫡妻富察氏，继妻赵崔氏。永玉去世后，其承继子绵通于道光七年（1827）四月袭不入八分镇国公。绵通是弘闰第六子永群第一子，道光七年（1827）二月过继给永玉。道光十八年（1838）九月缘事革去。咸丰八年（1858）二月绵通卒，年五十三岁[3]。

绵通既薨逝，弘闰第七子永彩长子绵寿袭不入八分镇国公。绵寿生于嘉庆十八年（1813）十二月，母马氏。嘉庆二十一年（1816）五月，承袭奉国将军（其父永彩为辅国将军爵）。道光十八年（1838）九月，绵通被革去爵位。绵寿承袭不入八分镇国公，咸丰

1 《清世宗实录》卷一百四十六。
2 《爱新觉罗宗谱》甲册。
3 《爱新觉罗宗谱》甲册。

十一年（1861）因病告退，同治十年（1871）十月绵寿卒，年五十九岁。次年五月，绵寿第二子奕贺承袭不入八分镇国公。光绪十五年（1889）三月奕贺卒，年二十五岁。同年十一月，奕贺第一子载铖承袭不入八分镇国公。光绪十九年（1893）十二月赏给头等侍卫，在大门上行走。光绪三十年（1904）九月载铖卒，年二十八岁。次年五月，奕贺第二子载铠承袭不入八分镇国公，授头等侍卫。民国元年（1912）九月，清室将所有从前恩赏王公等府第房间地亩均加恩赏给作为私产。民国十七年（1928）正月载铠卒，年五十一岁[1]（图1-5-63）。

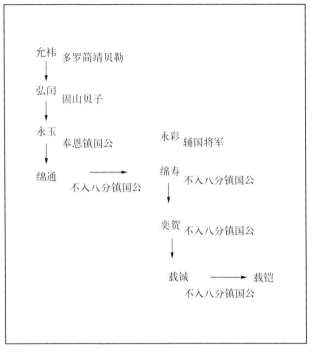

图1-5-63 允祎及后裔爵位承袭表

据《清代园寝制度研究》一书，多罗简靖贝勒允祎园寝在河北易县清西陵附近下岳各庄北官地[2]（图1-5-64），具体葬制不详。其后裔子孙葬地亦不详，推测可能也在下岳各庄这块家族茔地中。

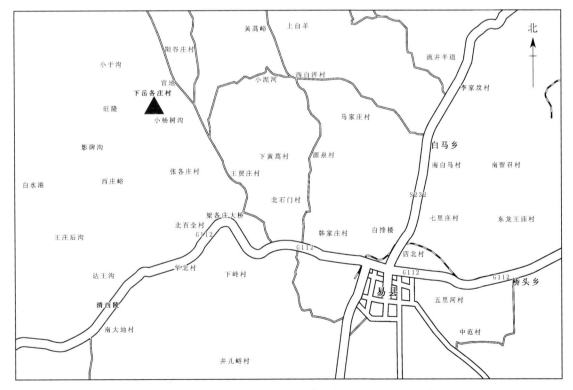

图1-5-64 河北省易县下岳各庄简靖贝勒允祎园寝位置示意图

---

1 《爱新觉罗宗谱》甲册。

2 宋大川、夏连保《清代园寝制度研究》，文物出版社，2007年。

十三、慎靖郡王允禧及后裔园寝

（一）河北涞水县西洛平村慎靖郡王允禧园寝

允禧为圣祖康熙皇帝第二十一子，生于康熙五十年（1711）正月十一日，其母为熙嫔陈氏。康熙五十九年（1720），年仅九岁的允禧便开始跟从圣祖巡幸塞外。雍正八年（1730）二月，封贝子。五月，谕以允禧立志向上，晋封贝勒。后历任镶黄旗满洲都统、宗人府左宗正、正黄旗汉军都统等职。雍正十三年（1735）十一月，高宗即位后，以允禧"幼好读书，识见明晰，办理旗务，亦属妥协"，晋封其为慎郡王。乾隆三年（1738）七月，擢任议政。历任正白旗满洲都统、玉牒馆总裁。允禧诗文清秀，工于书法，自署紫琼道人，又号春浮居士，有《紫琼岩诗钞》、《花间集诗钞》等书传世。现北京什刹海附近的恭亲王府内的"天香庭院"匾额，为慎郡王允禧的手笔[1]。允禧不仅诗文清秀，而且擅画，为礼亲王昭梿所赞赏，曰"可与北苑、衡山把臂入林"[2]。乾隆二十三年（1758）五月，允禧有疾，上亲临慎郡王允禧园视之。同月二十一日，允禧薨逝，年四十八岁，谥曰"靖"，"上临慎郡王允禧第赐奠"[3]。允禧有二子，第一子弘昴薨于乾隆七年（1742），年十五岁。第二子弘旬薨于乾隆十四年（1749），年十九岁。乾隆二十四年（1759）十二月，以乾隆皇帝第六子永瑢为后，封贝勒[4]。

慎靖郡王允禧园寝位于清西陵外围的涞水县永阳镇西洛平村西北（档案为落萍村），俗称"西宫"[5]（图1-5-65）。据冯其利早年调查，允禧园寝坐北朝南，东西两侧均为大道。南

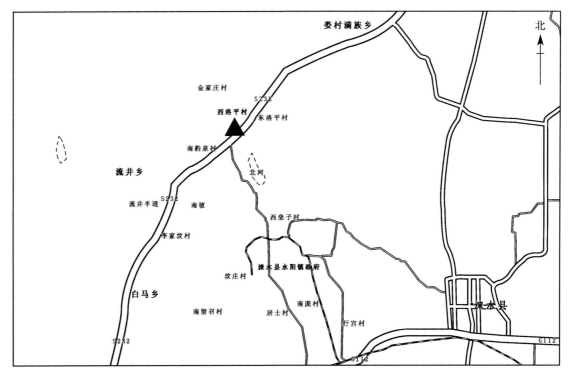

图1-5-65 河北省涞水县西洛平村慎靖郡王允禧园寝位置示意图

1　冯其利《清代王爷坟》，第175页，紫禁城出版社，1996年。

2　[清]昭梿《啸亭杂录》卷十《三王绝技》。

3　《清高宗实录》卷五百六十三。

4　《爱新觉罗宗谱》甲册。

5　徐广源《解读清皇陵》，第347页，紫禁城出版社，2005年。

端为月牙河和神桥，神桥南北长20米，单孔，桥面为阶条石，桥北100米处为碑楼，内有墓碑一统，碑高五六米。碑楼后有东西朝房，正北是宫门，面阔三间，宽约七八米。宫门与红墙相连，外另有一道石墙。墙圈之内占地五亩二分。宫门内正中是"享殿一座五开间，二十多米宽，前有月台"。享殿后边是宝顶一座，高约6米，无须弥座。地宫砖券，青石门，停灵三口，两侧是嫡福晋祖氏和一位侧福晋的灵柩。此外，据冯其利调查，西宫加养身地、余地共有一顷[1]。

按：根据清代对园寝规制的规定，"世子、郡王享堂三间"[2]，此处冯其利所言之"享殿一座五开间"的说法是不当的，因为如若慎靖郡王园寝的享殿果真是五间，那么其园寝便是逾制，在清代是不允许的。允禧的园寝早在上世纪30年代已被盗发，40年代园寝的砖瓦石块被拆除，60年代墓碑被毁，80年代冯其利调查时仅剩地宫废墟，所以此处的享殿"二十多米宽"的数据准确性值得怀疑。冯氏所说的"北宫"及园寝墙圈内的占地面积，尚未见到有文献记载，其计算茔地面积的依据，我们也不得而知。据笔者2008年考察，允禧园寝所在地今属幸福庄村，园寝遗址已无存，地宫废墟已被百姓房宅占用，仅在幸福庄村口残存有三合土块等遗迹。经当地百姓指认，笔者测得当年地宫所在地的地理坐标为北纬39°27.493′，东经115°34.517′。

（二）河北涞水县北洛平村质亲王家族茔地及质庄亲王永瑢、质恪郡王绵庆园寝

永瑢为高宗乾隆皇帝第六子，生于乾隆八年（1743）十二月十四日，是皇三子永璋的同母弟，生母为纯惠皇贵妃苏佳氏。乾隆二十四年（1759）十二月，永瑢奉旨嗣多罗慎郡王允禧后，承袭多罗贝勒，管理内务府事务及唐古忒学事务。乾隆三十七年（1772）十月，封多罗质郡王，兼总管内务府。乾隆三十八年（1773）九月，充四库全书馆总裁。乾隆五十四年（1789）十一月，乾隆皇帝以"诸皇子禀承家法，孝道克循"为名，又因"明年为朕八旬寿辰"而赐授亲藩，晋封永瑢为质亲王。永瑢工于书画，通天文算术，深受高宗的喜欢，著有《九思堂诗钞》等作品，在《清宫遗闻》中有永瑢绘"岁朝图"，经高宗御题后，进呈孝圣皇后的记载[3]。乾隆五十五年（1790）五月初一日，永瑢薨，年四十八岁，谥曰"庄"。乾隆帝幸皇六子永瑢第，皇后行躬桑礼。奉皇太后懿旨，晋封永瑢生母纯贵妃为皇贵妃[4]。永瑢有嫡福晋富察氏，继福晋钮钴禄氏，侧福晋赵氏，媵妾尤氏、景氏等[5]。

质庄亲王永瑢园寝位于今河北省清西陵外围的涞水县永阳镇北洛平村东北（图1-5-66），当地百姓称"北宫"，又称"北福地"，俗称六王坟[6]。按永瑢虽然过继于允禧为后，承袭了多罗贝勒爵位，但后来缘于其出色的政治才能和书画天赋，先后被乾隆皇帝封为郡王和亲王，就连王号也不同于其承袭而来的"慎王"，而是别封为"质王"，并且乾隆皇帝并没有追封其祖允禧。所以说，虽然永瑢贝勒爵位承袭于慎靖郡王允禧，但永瑢晋封为质亲王后，实际上相当于乾隆皇帝又别封了一个宗支，而永瑢正是这支质亲王大宗的始封祖。所以质庄亲王永瑢薨逝后不是继续在原来的慎靖郡王允禧茔地中按照昭穆顺序埋葬在"一

1　冯其利《清代王爷坟》，176页，紫禁城出版社，1996年。

2　光绪本《清会典事例》卷九百四十九《园寝坟茔》。

3　《清高宗实录》卷一千三百六十五。

4　《新清史》卷十四《本纪》十四。

5　《爱新觉罗宗谱》甲册。

6　冯其利《清代王爷坟》，第178页，紫禁城出版社，1996年。

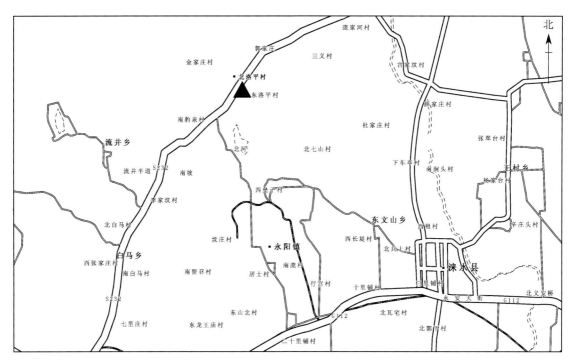

图1-5-66 河北省涞水县北洛平村质庄亲王永瑢园寝位置示意图

"昭"之位，而是作为质亲王家族的始封祖，在河北涞水县的洛平村东北另辟葬处，以示质亲王爵位与其承袭而来的贝勒爵位之别。

据冯其利早年调查，永瑢园寝坐北朝南，背靠白树山，后为龙王坡，东临河套，西挨大道。台地之上依次建有碑楼、宫门、享殿、月台、宝顶，围墙两道。台地下面河道上建有神桥一座，单孔。1925年，园寝享殿被拆毁，1958年修水库时，宝顶被拆除，发现地宫为砖券，汉白玉石门，石床上停灵三口。1990年，仅见地宫处残存的石料[1]。2008年笔者调查时，园寝遗址已无存，旧址上已建起民房，仅见地宫废坑。据测量，地宫处的地理坐标为北纬39°28.015′，东经115°35.311′。据当地老人马文增讲，地宫被拆毁时内见有三具木棺，在宝顶两侧还有两个小的陪葬墓。依据夫妻同穴或异穴合葬的习俗，推测大宝顶地宫内的三具木棺的主人可能是永瑢与先于其去世的福晋，两侧的小宝顶应该是在永瑢之后去世的福晋、妻妾等的葬所。

永瑢有子六人，其薨逝后，第五子绵庆承袭郡王。绵庆生于乾隆四十四年（1779）五月初四日，生母继福晋钮祜禄氏。绵庆自幼聪颖，通音律，九宫曲调皆谙悉。乾隆五十五年（1790）九月，父永瑢薨逝，十一岁的绵庆承袭多罗质郡王爵位。"虽未及岁，但每日进内读书，不特与凡未及岁之王贝勒有别，即较之常朝之王贝勒，差事尤勤，着加恩赏给全俸"[2]。十三岁时，绵庆随高宗乾隆皇帝在避暑山庄射猎，连中三矢，赐黄马褂、三眼孔雀翎。又据《啸亭杂录》记载，绵庆与礼亲王昭梿"交最密，自童卯时，即日相亲谊"。绵庆待人处事很有见解，多次劝昭梿不要急躁，以免有"众叛亲离"之言，昭梿认为"（绵庆）语虽激切，实中余之过失"。绵庆认为昭梿的（狠仆某）"其人多白眼，瞳子眊焉，非醇正者"，昭梿初不为然，后来果然被其出卖，故"终身感王（绵庆）之德"。质郡王绵庆继承家学，谙习音律，很值得称道。绵庆"初不解何所谓度曲者"，自乾隆五十四年（1789）夏，十岁的绵庆便在其

1　冯其利《清代王爷坟》，第178页，紫禁城出版社，1996年。

2　《清高宗实录》卷一千三百六十五。

清代园寝志

父质庄亲王的督促下，"始亲音律，其后九宫谱调，无不谙习，较之深学者，尤多别解"。甚者，每逢佳节时令，绵庆让王月峰在漱润斋备酒歌唱，并亲自为他操鼓，"望之如神仙中人"[1]。绵庆对乐曲的酷爱之情可见一斑。绵庆身体孱弱，嘉庆九年（1804）十月二十六日薨逝，年二十六岁。仁宗嘉庆皇帝深感惋惜，命荣郡王绵亿往奠茶酒，赏银五千两治丧，予祭葬，谥曰"恪"。

据冯其利调查，质恪郡王绵庆园寝位于今河北省涞水县北洛平村东，俗称"下陵"，又称"东小陵"。园寝坐北朝南，园寝规制与其父园寝略同，占地十亩，有神桥、宫门、享殿、月台、宝顶和围墙，未建碑楼，亦未立碑[2]。2008年笔者考察时，园寝遗址已荡然无存，被村中的庄稼地占用。经当地百姓指认，测得绵庆园寝地宫处的地理坐标为北纬39°27.877′，东经115°35.458′，位于其父永瑢园寝的东南方位，也即"一昭"之位。按照清代宗室王公园寝的规制，郡王品级应当是建有碑楼和墓碑的，且绵庆生前未曾得罪受罚，建造墓碑更是不能被省略的。早年冯其利调查当地百姓说，绵庆墓碑当时已镌刻完毕，只是没运到北洛平村。既然墓碑已经镌刻完毕，为什么没有运至园寝内？原因不得而知，尚待进一步考察。

绵庆薨逝，其子奕绮袭贝勒[3]。奕绮为绵庆长子，生于嘉庆七年（1802）五月二十一日，生母侧福晋伊尔根觉罗氏。嘉庆九年（1804），其父绵庆薨逝，当时的奕绮年仅两岁。五年之后的嘉庆十四年（1809）四月，七岁的奕绮袭多罗贝勒。道光五年（1825），奕绮年二十二岁，"身为贝勒，辄招觅此等匪人（西二）演唱服役，并在外闲游。其平日不知检束，任意游荡，已可概见。本应用家法惩处，姑念其年幼无知，无人教管，暂从宽贷。奕绮着拔去三眼花翎"，并罚俸三年[4]。道光十年（1830）十二月，皇上赏奕绮戴三眼花翎，在乾清门行走。道光十七年（1837），奕绮因"数日并未到班一折"，"旷误差使"而又被拔去三眼花翎，以示惩儆。又因奕绮"藉词强辩，殊属胆大"，"着罚职任俸半年"[5]。道光十九年（1839），奕绮赴茶馆登场唱曲，"尤属卑鄙不堪"，因而被革去贝勒[6]。道光二十二年（1842）五月二十五日，奕绮溘逝，年四十一岁，奉旨赏还其贝勒爵，并以载华为嗣，照例降袭固山贝子[7]。

据《爱新觉罗宗谱》记载，载华是奕纶妾富氏所生第十一子，道光九年（1829）生。道光二十二年（1842）五月载华奉旨过继为奕绮嗣。同年九月降袭固山贝子。同治四年（1865），载华因陵寝司员冒领工项，协同舞弊，侵用银两，身为朝廷大员，载华有此"败检之事"，"实属辜负国恩"，因而被革去世职，"按照闲散宗室初次犯流三千里罪名例"，圈禁二年[8]。七月，载华奉旨归宗，但并未还其爵，且载华无嗣，这使得"本支内别无合例承袭之人"，但是如果就此停其袭封，则慎靖郡王则无人承祀，想到这，穆宗黯然伤神，遂"着宗人府于高宗纯皇帝位下支派内，拣选辈分相当之人，承嗣奕绮"[9]。这个"辈分相当之人"便是载钢。据宗谱记载，载钢是奕纶妾皮氏所生第九子，道光三年（1823）生。同治四年（1865）七月，奉旨过继给奕绮为嗣，降袭奉恩镇国公，先后被派往守护东陵

1　[清]昭梿《啸亭杂录》卷七。

2　冯其利《清代王爷坟》，第181页，紫禁城出版社，1996年。

3　《清仁宗实录》卷一百三十八。

4　《清宣宗实录》卷八十二。

5　《清宣宗实录》卷二百九十九。

6　《清宣宗实录》卷三百二十六。

7　《钦定大清会典事例》卷三百七《礼部》。

8　《清穆宗实录》卷一百四十五。

9　《清穆宗实录》卷一百四十六。

和西陵。光绪七年（1881）十二月初二日，载钢薨，年五十九岁[1]。光绪八年（1882）四月载钢子溥泰袭奉恩镇国公。九年（1883）三月，溥泰在王幅详"私垦官淀"一案中，因为没有查明淀地是否禁垦，轻易听从孟传金之言，"托拟札文告示谕帖等件，并亲笔标画，派人前往勘丈"，因而被革去公爵，并圈禁一年，以示惩儆[2]。同年四月，溥泰弟溥龄袭奉恩镇国公。光绪二十年（1894）十月，溥泰照原官降二等，赏给职衔。光绪二十三年（1897）七月初五日，溥龄卒，年四十九岁。同年十二月，溥龄第一子毓亨袭奉恩镇国公。二十七年（1901），派出镶蓝旗总族长。民国元年（1912）九月，清室将所有从前恩赏王公等府第房间地亩均加恩赏给作为私产[3]。

综上所述，质恪郡王绵庆的六位承袭爵位后裔中，有奕绮、载华、溥泰三人曾缘事革爵，且载华、溥泰二位被圈禁，但奕绮卒后还其贝勒爵，载华奉旨归宗，溥泰照原官降二等，赏给职衔。按奕绮既还贝勒爵，按照宗法制度逝后当是建有园寝的，并且当在质庄亲王永瑢园寝的"一穆"之位，现园寝已无存，无从考证。载华缘事夺爵，但后来奉旨归宗，并没有还其爵职，那么载华去世时仅是一名普通的宗室成员，很可能祔葬于其父奕绮园寝中，也可能在质亲王家族茔地中另辟葬地单独埋葬。溥泰缘事革爵，后来"按原官降二等，赏给职衔"，那么溥泰死后当是以不入八分镇国公爵埋葬，只是此时的溥泰已不再属于质亲王家族的大宗序列，不能够进入质亲王家族大宗成员的昭穆序列埋葬，所以溥泰逝后可能是在质亲王家族茔地中另辟葬地单独埋葬。而镇国公载钢、溥龄都是质亲王家族的大宗成员，根据清代园寝制度则应该埋葬于质亲王家族茔地大宗昭穆序列之中，具体位置及建制不详。据冯其利早年调查，毓亨于上世纪20年代初由北京城迁往西洛平村居住，1923年去世，葬于河北省涞水县西洛平村南山前[4]。

附：慎郡王承袭表

承袭序列	名字	谱系	爵谥	行履	葬地及园寝资料
始封祖	允禧	康熙皇帝第二十一子	多罗慎靖郡王	生于康熙五十年（1711）正月十一日，母庶妃陈氏，即熙嫔。雍正八年（1730）二月，封贝子。五月，谕以允禧立志向上，进贝勒。高宗即位，进慎郡王。工诗画，自署紫琼道人，又号春浮居士，有《紫琼岩诗钞》、《花间集诗钞》等书传世。乾隆二十三年（1758）五月二十一日薨，年四十八岁。谥靖。乾隆二十四年（1759）十二月，以皇六子永瑢为后。	园寝在河北省涞水县西洛平村西北，俗称西宫，今属幸福庄。园寝坐北朝南，南端为月牙河和神桥，过桥不到100米为碑楼，里面有碑一统，高五六米。向北有东西朝房，宫门三间，宽七八米，与红墙相连接。宫门外另有一道石墙。宫门里边居中是享殿一座，五开间，二十多米宽，前有月台。享殿后边是大宝顶一座，高有6米，无须弥座。地宫砖券，青石门，停灵三口。地宫于1930年被盗发。1940年园寝的砖瓦石块被拆除。墓碑保存至1966年。20世纪80年代时，仅剩地宫废坑。2008年调查时遗存全无。

1　《爱新觉罗宗谱》甲册。

2　《清德宗实录》卷一百六十一。

3　《爱新觉罗宗谱》甲册。

4　参见冯其利《清代王爷坟》，第176页，紫禁城出版社，1996年。

一袭，第三代	永瑢	乾隆皇帝第六子，允禧承继子	和硕质庄亲王	高宗纯皇帝（乾隆）第六子。乾隆八年（1743）十二月十四日生。乾隆二十四年（1759）十二月过继为多罗慎郡王允禧后，袭多罗贝勒。乾隆三十七年（1772），进封质郡王。乾隆五十四年（1789）十一月，再进亲王。乾隆五十五年（1790）五月初一日薨，年四十八岁，谥曰庄。	葬地在今今河北省涞水县北洛平村东北，当地人称之为"北宫"，俗称六王坟。园寝坐北朝南，依次建有神桥、碑楼、宫门、享殿、月台、宝顶墙圈两套。整个园寝占地三顷。1925年，园寝享殿被拆毁，1958年修水库拆除宝顶。2008年调查时，遗址上已建起民房，仅见地宫废墟。
二袭，第四代	绵庆	永瑢第五子	多罗质恪郡王	乾隆四十四年（1779）五月初四日生。乾隆五十五年（1790）九月袭多罗质郡王。嘉庆九年薨，年二十六岁，谥曰恪。子奕绮袭。	位于今河北省涞水县北洛平村东，其父质庄亲王永瑢园寝东南，当地俗称"下陵"，又称"东小陵"。园寝坐北朝南，园寝规制与其父园寝规制略同，有神桥、宫门、享殿、月台、宝顶和围墙，未建碑楼，亦未立碑。据称，墓碑镌刻完毕，没运到北洛平村，尚待进一步考察。
三袭，第五代	奕绮	绵庆第一子	多罗贝勒	嘉庆七年（1802）五月二十一日生。嘉庆十四年（1809）四月，袭多罗贝勒。道光五年（1825），坐事，罚俸。道光十九年（1839）九月夺爵。道光二十二年（1842）五月二十五日卒，年四十一岁。奉旨赏还其封，子孙循例递降，以镇国公世袭。	葬地未明，推测在今河北省涞水县北洛平村东其父绵庆园寝附近。
四袭，第六代	载华	奕纶第十一子，奕绮嗣子	已革固山贝子	道光九年（1829）四月初九日生，道光二十二年（1842）五月过继与多罗贝勒奕绮为嗣。九月，降袭固山贝子。同治元年（1862）六月缘事革爵。七月，奉旨归宗。光绪十四年（1888）十月十六卒，年六十岁。	葬地未详，推测可能祔葬于其父奕绮园寝之中，也可能在质亲王家族茔地中单独埋葬。
五袭，第六代	载钢	奕绮嗣子	奉恩镇国公	生于道光三年（1823）九月十六日。道光二十四年（1844）十二月，封头等辅国将军，授三等侍卫。同治四年（1865）五月，授续办事章京。七月，奉旨过继为嗣，降袭奉恩镇国公。八月，派往守护东陵。同治十三年（1874）三月，派往守护西陵。光绪七年（1881）十二月初二日薨，年五十九岁。	葬地未详，推测葬于河北涞水县洛平村的质亲王家族茔地中。
六袭，第七代	溥泰	载钢第一子	已革镇国公	同治七年（1868），封一等辅国将军。光绪八年（1882），袭镇国公。九年，缘事革退。二十年（1894），照原官降二等，赏给职衔。	葬地不详，推测在质亲王家族茔地中单独埋葬。

| 七袭，第七代 | 溥龄 | 载钢第二子 | 奉恩镇国公 | 生于道光二十九年（1849）十月初三日。同治十一年（1872）十二月，封头等辅国将军。光绪九年（1883）四月，袭奉恩镇国公。光绪二十三年（1897）七月初五日卒，年四十九岁。 | 葬地未详，推测葬于河北涞水县洛平村的质亲王家族茔地中。 |
| 八袭，第八代 | 毓亨 | 溥龄第一子 | 奉恩镇国公 | 生于光绪元年（1875）七月二十四日，嫡母苏完呢瓜尔佳氏。二十三年（1897）十二月，袭奉恩镇国公。二十七年（1901），派出镶蓝旗总族长。民国元年（1912）九月，清室将所有从前恩赏王公等府第房间地亩均加恩赏给作为私产。 | 河北省涞水县西洛平村南山前。 |

十四、郡王品级多罗诚贝勒允祁园寝

允祁为圣祖康熙皇帝第二十三子，生于康熙五十二年（1713）十一月二十八日，母庶妃石氏，即静嫔。雍正八年（1730）二月，封镇国公。高宗即位，晋封贝勒。后因"办理陵寝事务，未能妥协"以及"未参满斗罪"，允祁被降镇国公[1]。乾隆四十五年（1780），复封贝子。此后，乾隆皇帝对他比较器重，允祁爵位也不断高升。乾隆四十七年（1782），晋贝勒。乾隆四十九年（1784），加郡王衔。乾隆五十年（1785）七月二十七日，允祁薨逝，年七十三岁，谥曰"诚"，"祭葬如郡王例"[2]。允祁有子七人，嫡夫人富察氏，侧夫人张氏、襄氏，妾孟氏、祥氏、高氏、王氏、李氏、姜氏[3]。

乾隆五十年（1785），允祁第五子弘谦袭固山贝子，派往东陵。嘉庆十四年（1809）九月，赏给贝勒品级。嘉庆二十年（1815）弘谦卒，年五十三岁。同年六月，弘谦长子永康承袭奉恩镇国公，派往守护东陵。道光三十年（1850）二月，派往守护西陵。咸丰八年（1858）七月永康卒，年七十二岁。同年二月，永康第二子绵英承袭不入八分镇国公，同治四年（1865）绵英卒，年四十八岁。绵英无嗣，爵除。

郡王衔多罗诚贝勒允祁园寝在今河北省清东陵和遵化市之间的兴旺寨乡（图1-5-67）。据冯其利20世纪80年代的调查，园寝占地二十亩，"坐北朝轲，略微偏向西北"，依次建有宫门、朝房、红墙、碑楼、享殿、宝顶。地宫砖券，有石门两扇、金井玉葬、停灵三口，红墙外有松柏树百株。原有看坟户三家，两家姓李，一家姓张。园寝遗址保存到1963年，现已无存[4]。按园寝方位上"坐北朝轲"当是"坐北朝南"之误。既然园寝坐北，那么又怎么可能朝向西北？有信口雌黄之嫌。

允祁后世子孙的葬地不详，推测可能在允祁园寝的附近。另外，允祁其他六个儿子中，第二子为奉国将军弘昑、第三子为奉国将军弘亮、第六子为奉恩将军弘霈、第七子辅国将军弘善。弘善一支的墓地在今北京东郊平房村西口。

---

1 《清高宗实录》卷一千零二十九。

2 《清高宗实录》卷一千二百三十八。

3 《爱新觉罗宗谱》甲册。

4 冯其利、周莎《重访清代王爷坟》，第243页，北京燕山出版社，2007年。

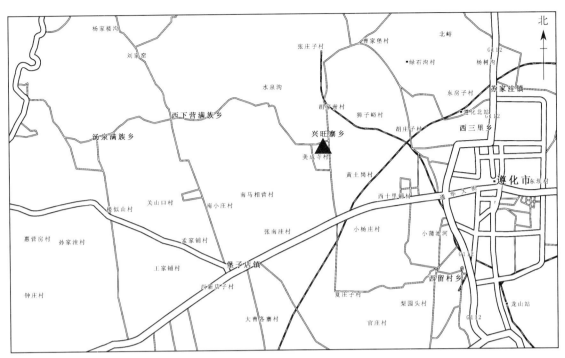

图1-5-67 河北省遵化市兴旺寨乡允祕园寝位置示意图

十五、诚恪亲王允祕家族茔地及园寝

诚恪亲王允祕，生于康熙五十五年（1716）五月十六日，清圣祖康熙帝的第二十四子，也是康熙帝最小的儿子，生母为陈氏穆嫔。允祕生于康熙晚年，未卷入康熙诸子争夺储位的斗争中。雍正帝即位后，很关心这位年龄最小的弟弟。雍正十一年（1733）正月，雍正帝谕曰："朕幼弟允祕秉心忠厚，赋性和平，素为皇考所钟爱。数年以来，在宫中读书，学识亦渐增长，朕心嘉悦，封为诚亲王。"[1]允祕在初次封爵时便被封为亲王，可见雍正帝与允祕的关系是很好的。

乾隆帝即位后，对这位比自己年龄还小的叔叔也很关心。乾隆五年（1740），授允祕为镶蓝旗蒙古都统，乾隆二十八年（1763），令允祕署宗人府事务。乾隆三十八年（1773）十月二十日，允祕卒，年五十八岁，谥曰"恪"，子弘畅袭。

弘畅是诚恪亲王允祕的长子，生于乾隆五年（1740）十一月十九日。乾隆二十一年（1756）十二月，封不入八分辅国公。乾隆三十八年（1773）十月，其父允祕卒，翌年正月，弘畅袭郡王。乾隆四十年（1775），担任宗人府右宗正，领侍卫内大臣。

在乾隆四十二年（1777）四月的时候，弘畅以经理泰陵事务独持定见，事速工坚，被晋封为亲王。但是刚过几年，即到乾隆四十八年（1783）的时候，泰陵即需补修。乾隆帝认为太陵刚修完不久就需要补修，"皆系从前未能敬谨修理所致，弘畅着削去亲王，降为郡王"[2]。乾隆五十九年（1794），弘畅在办理收马事务时，全无章程，乾隆帝询问时，又支吾巧辩，"殊不称职，着革去领侍卫内大臣"[3]。乾隆帝曾屡次宥过，但弘畅仍肆意妄为，不顾

---

1 《清高宗实录》卷一百二十七。

2 《清高宗实录》卷一千一百九十一。

3 《清高宗实录》卷一千四百五十一。

宗室体面，着罚郡王俸三年。又弘畅在管理旗务时，放纵旗员，竟致旗员养成恶习，乾隆帝命革去弘畅都统，不必在内廷行走。

乾隆六十年（1795）正月弘畅去世，谥曰"密"，以子永珠袭贝勒爵。永珠后以犯事被夺爵，又以绵勋袭。

绵勋是永松之子，生于嘉庆二十一年（1816）二月二十日。贝勒永珠被夺爵后袭贝子。据《爱新觉罗宗谱》记载，绵勋于道光七年（1827）五月袭奉恩将军。道光十六年（1836）十二月，袭固山贝子。道光十八年（1838）十二月，授散秩大臣。道光十九年（1839）五月，管理圆明园八旗事务。道光二十年（1840）十二月，授镶蓝旗蒙古副都统。道光二十二年（1842）六月，守护西陵。道光二十五年（1845）六月，仍授镶蓝旗蒙古副都统，九月，授右翼近支族长。道光二十八年（1848）十一月，管理镶红旗觉罗学，十二月，授宗人府右宗人。道光三十年（1850）五月，转补左宗人，十一月，授正黄旗护军统领。咸丰元年（1851）五月，调补正黄旗满洲副都统，十一月，管理火器营事务。咸丰三年（1853）五月，管理圆明园八旗内务府三旗事务，九月，授右翼前锋统领，毋庸管理圆明园八旗内务府三旗事务。咸丰五年（1855）五月，毋庸管理火器营事务。咸丰十年（1860）闰三月，革退宗人府左宗人、右翼前锋统领、正黄旗满洲副都统。咸丰十一年（1861）十一月，授正白旗领侍卫内大臣。同治元年（1862）八月，因病奏请停俸。同治十三年（1874），病痊销假。光绪元年（1875）十一月，再次因病奏请停奉。光绪十九年（1893）十一月十三日，逝世，年七十八岁，子孙以镇国公世袭。

关于诚亲王的家族茔地，在今北京市平谷区马坊镇打铁庄村南有一处。据当地百姓说，这里曾有两座园寝，称"南宫"和"北宫"。关于诚亲王在马坊镇打铁庄村南的家族茔地的选址，在民间还有一个传说，说是因为马坊一带地貌隆起似龙形，而龙头位置正好在打铁庄村南一里许。按风水学说，龙头之处乃是最合适、最佳的位置。

此外，在平谷区还有一处被民间称为"皇叔坟"的茔地，这块茔地在平谷区马昌营镇疙塔头村，在打铁庄村西北。冯其利说这块茔地也是属于诚亲王府的。据疙塔头村老人介绍，在村西曾有一处墓园，内有两座大宝顶，守坟官为刘家，看坟户为白家。这块坟地旧称"皇叔坟"，坟园占地约十五亩。有高大围墙，门前有玉石牌坊、石狮。园内有享殿、石碑及厢房十余间。两宝顶坟高都在一丈以上。民国时，园内的百余株白皮松有一尺多粗。按：笔者根据老人描述的墓园建有享殿、石碑等推测老人所说的墓园当是一处园寝（图1-5-68）。

2008年11月笔者去打铁庄村调查。"南宫"、"北宫"的地面建筑早就被毁坏无存，在百姓所指的"南宫"和"北宫"位置的地面上尚能看到零星的绿琉璃瓦碎片（图1-5-69）。这块茔地的地理坐标大致为北纬40°04.501′，东经116°60.001′。在看过打铁庄的茔地遗迹后，笔者在北京市平谷区文委工作人员杨学林带领下来到诚亲王府的另一处茔地，即皇叔坟旧址。旧址现位于圪头村大故现道南、金鸡河北。据杨学林介绍，墓地上曾有很多坟头，早年墓地被盗发时，还曾出土过一块墓碑。这块墓碑在《北京市第三次文物普查资料汇编》上也有记述，说该碑"在1983年第二次文物普查中发现"，碑上刻有"诚亲王侧室尹氏之墓"。按杨学林说这里曾有很多坟头，笔者实地调查时也仍可隐约看出此处尚

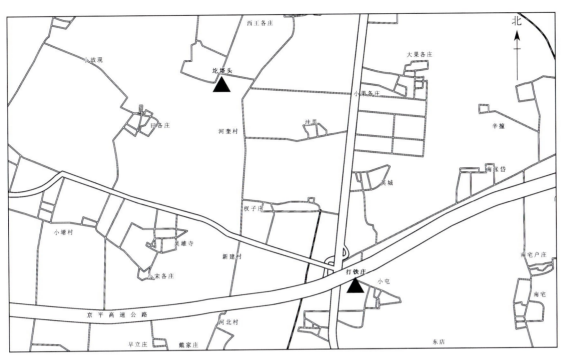

图1-5-68 北京市平谷区圪塔头及打铁庄村位置示意图

有三四座坟头，这与民间说的两座宝顶似乎相矛盾，笔者推测老百姓可能说的是有园子（园寝）的宝顶。此外，笔者认为"诚亲王侧室尹氏之墓"当为"诚亲王侧室殷氏之墓"之误。诚亲王家族茔地在樊各庄，且诚亲王妻妾中也没有姓尹的女子，倒是诚恪亲王允祕有一侧福晋殷氏。殷与尹乃由满

图1-5-69 残存的绿琉璃瓦

语音译而来，殷与尹谐音，诚与诚字形相近，可能因为墓碑被发现时，字迹漫漶，辨认不清，故人们将诚字误认为诚字。可惜该墓碑早已不知去向，笔者未亲眼看到该墓碑。但无论如何，这条信息证实了此处确为清宗室成员的墓地。如果墓碑上的文字确实是"诚亲王侧室殷氏之墓"，则根据夫妻合葬原则推测，诚恪亲王允祕也当葬在圪塔头村，允祕是清圣祖康熙帝最小的儿子，是乾隆帝的叔叔，卒于乾隆年间，故民间称"皇叔坟"是有道理的。这样看来，圪塔头村的茔地倒很可能是诚亲王家族的第一块茔地。但冯其利说，诚恪亲王允祕葬在打铁庄处的诚亲王府茔地上，即"南宫"。允祕袭爵子弘畅也葬在打铁庄，即"北宫"。按由于诚亲王府的这两处茔地上的建筑及遗址被毁坏的时间都较早，冯其利也是听从民间传说，他也并未见到能证实园寝主人的实物资料，笔者目前也未能查到关于这两块茔地的原始史料，故这两处茔地上所葬人员情况，仍有待做进一步的考证。

承袭序列	名字	谱系	爵谥	行履	葬地及园寝资料
始封祖	允祕	圣祖第二十四子	和硕诚恪亲王	康熙五十五年（1716）五月十六日生，母庶妃陈氏，即穆嫔。雍正十一年（1733）正月，封为诚亲王。乾隆三十八年（1773）十月二十日薨，年五十八岁。谥恪，子四人。	葬地或在今北京市平谷区马昌营镇疙头村，园寝现已被彻底破坏。
一袭，第二代	弘畅	允祕第一子	多罗诚密郡王	乾隆五年（1740）十一月十九日生。乾隆二十一年（1756）十二月封不入八分辅国公。乾隆三十九年（1774）正月，袭多罗诚郡王。乾隆四十二年（1777）四月，以理泰陵事务独持定见，事速工坚，晋封亲王。乾隆四十八年（1783）十月缘事降为郡王。乾隆六十年（1795）正月二十九日薨，谥曰密。	葬地或在今北京市平谷区马昌营镇疙塔头村。园寝现已遭到彻底破坏。
二袭，第三代	永珠	弘畅第一子	已革多罗贝勒	乾隆二十四年（1759）闰六月初八日生。乾隆六十年（1795）四月袭多罗贝勒。道光十六年（1836）十二月，坐事夺爵，以绵勋袭。道光十七年（1837）八月十三日卒，年七十九岁。	葬地未明。
三袭，第四代	绵勋	永松子	固山贝子	祖弘昉，为和硕诚恪亲王允祕第二子。父永松为弘昉之第二子。绵勋嘉庆二十一年（1816）年二月生。道光十六年（1811）十二月，永珠既夺爵后，以绵勋袭贝子。光绪十九年（1893）十一月十三日卒，年七十八岁	葬地未明，疑在今北京市平谷区马坊镇打铁庄村。
四袭，第五代	载信	奕均子	奉恩镇国公	光绪二十年（1894）袭镇国公。光绪二十六（1900）年卒，以长子袭。	葬地未明。

第六章 世宗宪皇帝位下诸王公茔地及园寝

一、追封和硕端亲王弘晖园寝

据《爱新觉罗宗谱》记载，端亲王弘晖是世宗雍正皇帝的嫡长子，生母乌拉纳喇氏孝敬宪皇后（内大臣、承恩公费扬古之女），康熙三十六年（1697）三月二十六日子时生。康熙四十三年（1704）六月初六日卒，年八岁。雍正十三年（1735）十一月，高宗乾隆皇帝即位后，追封其为亲王，谥曰"端"[1]。

端亲王弘晖园寝位于今河北省易县清西陵中崇陵西南1公里处的张各庄村，地理坐标为北纬39°23.351′，东经115°22.460′（图1-6-1）。端亲王园寝坐北朝南，西边与阿哥弘时园寝为邻，南侧与仁宗两位夭折的公主的园寝为邻，内除葬有和硕端亲王弘晖外，还祔葬有另外三个早殇的皇子弘昐、弘盼和福宜。

1　《爱新觉罗宗谱》甲册。

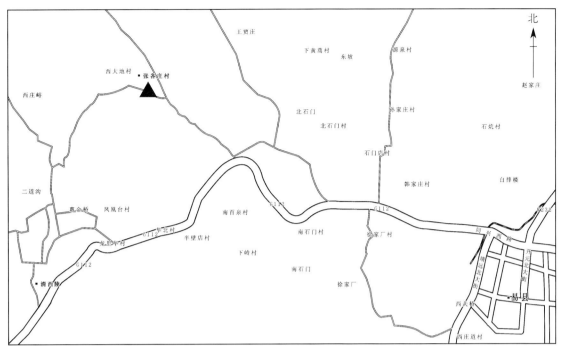

图1-6-1 河北省易县张各庄村端亲王弘晖园寝位置示意图

据记载，弘昀是世宗雍正皇帝第二子，弘盼是世宗雍正皇帝第七子，两人均系齐妃李氏所生。弘昀生于康熙三十九年（1700）八月初七日，康熙四十九年（1710）十月二十五日卒，年十一岁。弘盼生于康熙三十六年（1697）六月初二日，康熙三十八年（1699）二月二十九日卒，年三岁。福宜是世宗雍正皇帝第八子，康熙五十九年（1720）五月二十五日生，生母敦肃皇贵妃。康熙六十年（1721）正月十三日卒，年两岁[1]。

端亲王园寝中埋葬的雍正皇帝早殇的四个皇子，起初葬于天津黄花山一带。他们都是在雍正皇帝即位前就死去的，根据康熙年间的规定，"凡皇子初殇皆备小式朱棺，袝葬于荣亲王园寝，惟开墓穴平葬，不封不树"[2]，而雍正当年在他的这几个儿子去世时，只是个亲王，当然他的这几个早殇的儿子就不能以皇子的身份袝葬于荣亲王园寝中了，只能按祖制，以亲王之殇子埋葬在黄花山一带。"乾隆三年，黄花山端亲王（弘晖）金棺、皇三子（弘时）金棺于十月二十二日移送东直门外，怀亲王（福惠）金棺于二十六日移送。陈设仪卫、随行，沿途各盖芦棚，咸于十一月初五日安葬。又议准端亲王、怀亲王、皇三子既葬后，每年中元、岁暮致祭，各用金银锭二千，楮钱一千，清明用挂楮钱、宝花，皆羊馔一，馔筵一，羊一，酒一尊"[3]。也即乾隆三年（1738），雍正皇帝入葬清西陵的泰陵完毕之后，端亲王的园寝才移至西陵陵区范围内，即现在的园寝所在地。当年同时迁葬的还有皇三子阿哥弘时以及怀亲王福惠。

端亲王园寝的建筑体现着清代严格的等级制度，所有建筑均用绿色琉璃瓦盖顶。园寝有"琉璃花门一座，广一丈六尺，纵六尺，檐高一丈六寸，正中享殿一座，广三丈八尺，纵二丈五尺，檐高一丈二尺，前有大门，广三丈四尺，纵二丈，檐高一丈五寸，门外设守护班房，东西厢各三间，广三丈一尺，纵一丈二尺，檐高一丈，围墙周长五十一丈四尺，高一

1　《爱新觉罗宗谱》甲册。

2　四库本《钦定大清会典则例》卷九十。

3　四库本《钦定大清会典则例》卷九十。

丈"[1]（图1-6-2）。1994年7月20日，清西陵文
物管理处曾对端亲王地宫进行清理。地宫有石
门一道，两扇，向外开，无雕刻图案。每扇门
宽94.5厘米，高182厘米，厚26厘米。石门外
191厘米处有一道挡券墙，墙面阔197厘米，高
187厘米，厚98厘米。在石门与挡券墙之间的地
面上有被倒出的骨灰一堆。墓室面阔160厘米，
进深176厘米，高177厘米。四壁及顶部都用条
石砌成。北壁下有一个长方形石须弥座，此为
宝床，长96.5厘米，宽81厘米，高35.5厘米。
床座上的槽是放置骨灰坛用的。骨灰被倒在石
门外，坛被盗走[2]。

清西陵文管所2005年曾对端亲王园寝进
行过修缮复原，现园寝面貌较为完整，园寝围
墙东西长约31.6米，园寝后半部分有罗圈墙，
南北最长部分48.5米。据笔者2008年10月考
察，端亲王园寝现存主要建筑有平桥一座、茶
饭房两座、宫门一座、享殿一座、琉璃门三座
（1-6-3）。园寝为二进院落，第一进院落建
有享殿，面阔三间，进深三间，前有月台及台
级（图1-6-4）。通过二道门（图1-6-5），进

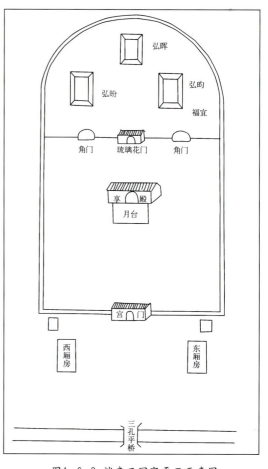

图1-6-2 端亲王园寝平面示意图

入园寝第二进院落，便可见弘晖、弘盼、弘昀以及福宜四人的坟包。靠北正中间的主人是和
硕端亲王弘晖，其南东、西两侧主人分别是弟弟弘昀和弘盼，弘昀坟包的东南近邻是福宜的
墓葬。其中前三者之上有微微隆起的土坟包（图1-6-6），福宜葬地上未堆砌坟包，大概是

图1-6-3 端亲王园寝平桥、班房及宫门

1　光绪本《清会典事例》卷九百四十九《园寝坟茔》。
2　徐广源《解读清皇陵》，第344~345页，紫禁城出版社，2005年。

图1-6-4 端亲王园寝享殿

图1-6-5 端亲王园寝修复后的二道门

保留了其"不封不树"的原状。

按照清代祖制，早殇皇子的墓冢是不封不树的，但现在端亲王园寝后院看出有三座微微隆起的土包。这些土包只是作为地宫位置的一种标志而存在的，并不代表等级上的差别，与清代园寝制度所谓的"宝顶"有着本质的区别[1]。又据《清会典事例》记载，"亲王享堂

图1-6-6 端亲王园寝土坟包

五间，门三，饰朱红油，绘五彩金花。茶饭房左右各三间，碑亭一座，围墙百丈，守冢人十户"[2]，但端亲王园寝的享殿只有三间，且未建碑亭，是不太符合园寝等级规定的，推测应该与端亲王为早殇皇子这一原因有关。

名字	谱系	爵谥	行履	葬地及园寝
弘晖	雍正皇帝嫡长子	追封端亲王	康熙三十六年（1697）三月二十六日子时生。康熙四十三年（1704）六月初六日卒，年八岁。雍正十三年（1735）十一月，高宗乾隆皇帝即位后，追封其为亲王，谥曰"端"。	位于今河北省易县清西陵中崇陵西南1公里处的张各庄村。
弘昀	雍正皇帝第二子		生于康熙三十九年（1700）八月初七日，康熙四十九年（1710）十月二十五日卒，年十一岁。	祔葬于端亲王园寝内。
弘昐	雍正皇帝第七子		生于康熙三十六年（1697）六月初二日，康熙三十八年（1699）二月二十九日卒，年三岁。	祔葬于端亲王园寝内。
福宜	雍正皇帝第八子		康熙五十九年（1720）五月二十五日生，生母敦肃皇贵妃。康熙六十年（1721）正月十三日卒，年两岁。	祔葬于端亲王园寝内。

1　宋大川、夏连保《清代园寝制度研究》，第214页，文物出版社，2007年。

2　光绪本《清会典事例》卷九百四十九《园寝坟茔》。

二、阿哥弘时园寝

弘时为世宗雍正皇帝第三子，生于康熙四十三年（1704）二月十三日，生母齐妃李氏（知府李文辉之女）。"雍正五年（1727）丁未八月初六日申刻，以年少放纵，行事不谨削宗籍死，年二十四岁。十三年（1735）十月，高宗即位，追复宗籍"[1]。弘时有嫡妻栋鄂氏（尚书席尔达之女），妾钟氏（钟达之女），妾田氏[2]。

弘时的一生，是非常富有悲剧性的。他是世宗雍正皇帝的儿子，但却极不讨其父皇的欢心。父子之间的矛盾日渐加深，直到雍正三年（1725），他居然被自己的父亲逐出宫廷，"令为允䄉子。四年（1726）二月，黜宗室，交与允䄉养赡"[3]。而皇八子允禩在康熙晚年诸皇子争夺皇位时，正是雍正的政敌。允䄉也是允禩当年政治上的支持者。雍正即位后，皇八子允禩仍"诡谲阴邪，狂妄悖乱，包藏祸心，日益加甚"[4]，世宗不得不将其革去黄带子，交宗人府圈禁。弘时大概是因为与允禩交往过深，甚至在政治上投靠了允禩一党，而与父亲雍正皇帝之间的矛盾势若水火。否则雍正皇帝断然不会将自己的亲子过继给政敌为子。

雍正皇帝即位之初，将自己的万年吉地选在清东陵的九凤朝阳山。弘时生前虽然已经被其父逐出了宗籍，不过他毕竟是当朝皇帝的亲生儿子，所以弘时仍然被葬在黄花山陵区，但因为他是一个曾被逐出宗籍的罪人，当时自然不可能为他修建什么园寝。直到高宗乾隆即位后，才下诏恢复弘时的宗籍。颁谕："从前三阿哥年少无知，性情放纵，行事不谨，皇考特加严惩，以教导朕兄弟等，使知儆戒。今三阿哥已故多年，朕念兄弟之谊，似应仍收入谱牒之内。着总理事务王大臣酌议具奏。"[5]"乾隆三年（1738），黄花山端亲王金棺、皇三子金棺于十月二十二日移送东直门外，怀亲王金棺于二十六日移送。陈设仪卫、随行，沿途各盖芦棚，咸于十一月初五日安葬"[6]。乾隆皇帝在为端亲王和怀亲王建立园寝的同时，也没有忘却那个不被父皇喜欢的弘时，也在西陵陵区为其建了一座阿哥园寝。并且酌添千总一员、把总一员、步兵一百名，以巡查看守端亲王、怀亲王、三阿哥三处园寝[7]。

阿哥弘时园寝位于河北省易县清西陵中崇陵西南的张各庄村，东侧紧邻端亲王园寝。该园寝坐北朝南，地理坐标为北纬39°23.356′，东经115°22.396′，海拔94米。内除埋葬有世宗雍正皇帝第三子弘时外，还祔葬有世宗雍正皇帝第十子福沛以及弘时子永坤。福沛为世宗雍正皇帝第十子，雍正元年（1723）五月初十日生，生母敦肃皇贵妃年氏，太傅一等巡抚遐龄之女。福沛出生当时即夭亡，"早殇，无封"。永坤为弘时子，康熙六十年（1721）七月二十日生，庶母钟氏（钟达之女），雍正二年（1724）正月初六日卒，年四岁[8]。

阿哥弘时园寝的规制，除采用清代陵寝中最低档的灰布瓦盖顶建筑外，其余均与端亲王园寝相同。据笔者2008年考察，现存主要建筑有：平桥一座、茶饭房两座、大红门一座、享

1　唐邦治《清皇室四谱》卷三《皇子》。
2　《爱新觉罗宗谱》甲册。
3　《爱新觉罗宗谱》甲册。
4　《清史稿》卷二百二十《列传七·诸王六》。
5　《清高宗实录》卷五。
6　四库本《钦定大清会典则例》卷九十。
7　《清高宗实录》卷七十八。
8　《爱新觉罗宗谱》甲册。

图1-6-7 弘时园寝平桥、班房及宫门

图1-6-8 弘时园寝残存享殿基础

殿一座、琉璃门三座（图1-6-7、1-6-8）。清
西陵文管所2005年曾对该园寝进行修缮复原，现
园寝面貌较为完整，分为二进院落。与端亲王园
寝相似，阿哥园寝的享殿同样面阔三间、进深三
间，前有月台及台级。二道门内为第二进院落，
其内中间靠北为阿哥弘时的宝顶（图1-6-9），
前方左、右两侧分别为世宗第十子福沛以及弘时
子永绅的土坟包。

图1-6-9 弘时宝顶

三、和恭亲王弘昼及后裔园寝

（一）北京市密云县署地村和硕和恭亲王弘昼园寝

和硕和恭亲王弘昼是清世宗雍正的第五子，生于康熙五十年（1711）十一月二十七日，
其生母为纯懿皇贵妃耿氏。雍正十一年（1733）正月，封和硕和亲王。雍正十三年（1735）
五月，清政府设立办理苗疆事务处，雍正帝下令由和亲王弘昼与时为宝亲王的弘历一起管
理。雍正十三年（1735）十月，管理内务府事务。本月，管理御书处事务。

弘昼性"骄抗"，"尝监试八旗子弟于正大光明殿"[1]，还曾因很小的一件事情"殴果毅
公讷亲于朝"[2]。对待类似这样的事，乾隆帝"每优容之"[3]。不仅如此，乾隆帝还将雍府所
遗旧货全部赐予弘昼，故弘昼家用富饶，"性复奢侈"[4]。

弘昼不但性情骄奢，而且还很荒唐，好谈丧仪。《啸亭杂录》记载，弘昼"言人无百年
不死者，奚必忌讳其事"，在他未亡之前，便"将所有丧礼仪注皆自手订，又自坐高庭际，
像停棺式，命护卫做供饭哭泣礼仪"，他却"岸然饮啖以为乐"，又"作明器象鼎彝盘盂，
置几榻侧"[5]。

就是这样一位骄奢荒唐的王爷，他在乾隆年间曾任过都统，管理过雍和宫事务、武英殿
事务、奉宸苑事务、御书处事务、正黄旗觉罗学事务，办理过勘定八旗佐领世职应袭则例事

1　《清史稿》卷二百二十《诸王六》。

2　[清]昭梿《啸亭杂录》卷六《和王预凶》。

3　《清史稿》卷二百二十《诸王六》。

4　《清史稿》卷二百二十《诸王六》。

5　[清]昭梿《啸亭杂录》卷六《和王预凶》。

务等，充过玉牒官总裁，还曾参与过议政。

关于弘昼因荒奢而受到处罚的记载，笔者只在《清史稿·高宗本纪三》中查到一条，"二十八年五月，和亲王弘昼以仪节僭妄，罚俸三年。""罚俸三年"是很轻的处罚。

可见，乾隆帝对待这样一个弟弟优容有加！

乾隆三十五年（1770）七月，弘昼发病，"上临和亲王弘昼第视疾"[1]，旋卒，年六十岁，谥曰"恭"。弘昼有子八人，其中第二子永璧袭亲王爵。弘昼生前著有《稽古齐集》。

弘昼卒后选茔地在北京市密云县的凤山之侧、灵山之前这样一块风水宝地。这也是和亲王大宗的第一块茔地。根据清代园寝制度推测，弘昼园寝当建有墓碑、碑楼、茶饭房、宫门、享殿、宝顶、围墙等。民间称和恭亲王弘昼园寝为"北宫"。弘昼园寝地宫于1937年被盗，1957年时，由于筹建某博物馆需要，园寝建筑被拆毁，石料和墓碑也被运走。2008年笔者去密云县对弘昼园寝进行调查。和恭亲王弘昼园寝遗址在今北京市密云县西田各镇署地村（图1-6-10）。现今在署地村村内的居民院墙用砖中，仍能见到大量被拆毁废弃的早年的弘昼园寝的建筑石条和墓砖。在园寝遗址处尚有部分园寝遗迹，包括残存的柱础石、地宫废坑、阳宅和享殿基址（图1-6-11、1-6-12）。据享殿残存基址粗测享殿面阔约18.4米，进深约13.6米。据残存遗迹测和亲王弘昼园寝所在位置地理坐标大约为北纬40°27.050′，东经116°46.465′。园寝大体坐北朝南，偏东20°。阳宅保存较为完好，位于园寝西北，面阔三间，但已破败不堪。

根据冯其利先生20世纪80年代调查。早年的和恭亲王弘昼园寝外有神桥一座，桥下有文河。桥北是碑楼，碑楼内有墓碑一统。碑楼北有东西朝房（亦称茶饭房），面阔各三间。正对碑楼是宫门，宫门面阔三间，明三暗九，内有享殿。享殿面阔五间，明五暗十五，里边有

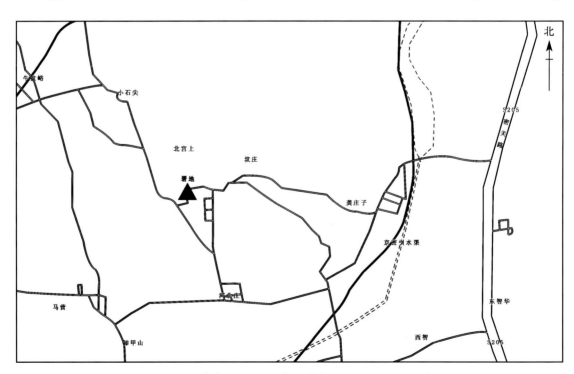

图1-6-10 北京市密云县署地村和恭亲王弘昼园寝位置示意图

1 《清史稿》卷十三《高宗本纪四》。

图1-6-11 弘昼园寝残存柱础石　　　　　图1-6-12 弘昼园寝阳宅

明柱，顶覆绿色琉璃瓦。享殿前有月台，东西两侧各有一角门。角门后的月台上有大宝顶一座，宝顶高三米。地宫顶部石券，下部城砖砌就。地宫内石床上有棺椁五口。大宝顶东西各有小宝顶两座，宝顶后为圆弧形的园寝围墙。比照清代园寝制度对亲王品级园寝的规定，冯其利的调查当是符合弘昼园寝实际情况的。金启孮先生解释"明三暗九"是指面阔三间，进深三间，合起来就是九间；"明五暗十五"，就是面阔五间，进深三间，合起来就是十五间[1]。据《爱新觉罗宗谱》，弘昼有嫡福晋一人、侧福晋两人，故冯氏所云"地宫内石床上有棺椁五口"显属讹传。弘昼有子八人，弘昼"大宝顶"东西的四座小宝顶，推测当是弘昼未袭爵儿子的墓葬。

（二）北京市顺义区庄子营和亲王家族茔地及和硕和勤亲王永璧、多罗和恪郡王绵循、多罗贝勒奕亨、奉恩镇国公溥廉园寝

在今北京市顺义区庄子营村曾有过和亲王大宗的第二块茔地。和亲王府称此处茔地为"龙山坟地"[2]。这样，加上和亲王在密云的"凤山坟地"，可谓龙凤呈祥。但庄子营村四周并没有龙山，倒是在离庄子营村五里远的地方有个龙山村。庄子营村的马玉良、马孟元两位老者解释说，当初，王爷坟选址是清初汉军高天爵家人王浩经手的，他清楚桃山、龙山、岗山虽以山名之，可不见山。但王皓认为龙山与密云凤山地脉相连。而庄子营村已有汉军高天爵家族墓地，高其位、高其佩、高其倬在康熙朝声势显赫，若在高家墓地以西、邢家坟地以东建立王爷坟，是再好不过了，还名之曰"凤凰单展翅"[3]。由此可见，此处和亲王茔地的选择主要是考虑了风水的因素。

和亲王永璧卒后，首葬于此处茔地（图1-6-13）。据《顺义县志》记载，永璧葬在"三四营东"[4]。三四营即今庄子营。永璧之后，其袭爵子孙绵循、奕亨、溥廉陆续葬入，形成一片实际占地"八十八亩八分"[5]的和亲王家族茔地。

茔地上的园寝建筑在1929时被拆卖。解放后，茔地上尚存有墓碑、宝顶和部分围墙，宝顶和围墙在1966年的时候也被毁掉。2008年5月，笔者前往庄子营村和亲王家族茔地进行实地

1　金启孮《金启孮谈北京的满族》，第54页，中华书局，2009年。

2　冯其利《清代王爷坟》，第189页，紫禁城出版社，1996年。

3　以上转引自《清代王爷坟》，第189页，紫禁城出版社，1996年。

4　民国二十年修《顺义县志》卷二《建制·冢墓》。

5　冯其利《清代王爷坟》，第190页，紫禁城出版社，1996年。

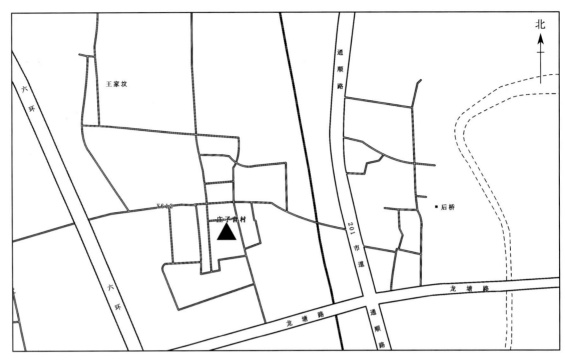

图1-6-13 北京市顺义区庄子营村和亲王家族茔地位置示意图

调查时，除永璧的墓碑外，整个茔地上的地面建筑及园寝遗址已荡然无存，茔地旧址上全是民房。永璧墓碑在今庄子营村东北，地理坐标大约为北纬40°04.084′，东经116°38.462′（图1-6-14、1-6-15）。墓碑蛟龙首，龟趺，额高1.4米，碑身高约2.8米，宽约1.36米，厚约0.58米，碑身四周共浮雕十二条戏珠小龙，两侧小龙头上尾下，上下每对小龙龙头相对。碑身侧面自上而下浮雕一条大龙，龙头和龙尾处有祥云。碑阳阴刻满汉两种文字的碑文，根据墓碑碑文，永璧墓碑立于"乾隆三十七年四月"，碑文称永璧"赋姿明敏，禀气冲和，礼法能娴，趋跄有度"，又云"洎乎晋秩亲藩，兼司旗务。恪恭应矩，严家法以无违；醇谨流褆，擅宗英而著美"。碑座高约1.2米，长约3.5米，宽约1.36米。水盘长约3.7米，宽约2.35米，水盘表面雕刻海水江崖，四角有水涡，水涡内刻有鱼、鳖、虾、蟹，活灵活现（图1-6-16～1-6-19）。

永璧是和恭亲王弘昼的第二子，生于雍正十一年（1733）六月十三日，其生母为和亲王弘昼嫡福晋吴扎库氏。乾隆二十一年（1746）十二月，封不入八分辅国公，在乾清门行走。后一直担任都统职务。弘昼卒后，按例永璧应降袭郡王，但是乾隆帝"念其为和恭亲王嫡长子，朕之亲侄，不忍降封，是以仍袭亲王"[1]。乾隆三十七年（1772）三月二日，薨逝，年四十岁，"祭葬如例，谥曰勤"[2]。

和勤亲王永璧园寝坐北朝南，按亲王例，当年的园寝应建有碑亭、朝房、宫门、享殿、宝顶等。根据冯其利先生20世纪八九十年代的调查资料，早年的永璧园寝外有文河一道，未建神桥。地宫为金井玉葬，顶部五层砖券之上砌有宝顶。地宫内有三口高近2米的棺椁。按据《宗谱》记载，永璧有嫡福晋博尔济吉特氏，侧福晋李佳氏。据此永璧地宫内的另外两口棺椁是永璧的两位福晋的。

1 《清高宗实录》卷九百七十二。
2 《清高宗实录》卷九百零六。

图1-6-14 永璧墓碑

图1-6-15 墓碑侧面

图1-6-16 水涡内刻鳖

图1-6-17 水涡内刻虾

图1-6-18 水涡内刻蟹

图1-6-19 水涡内刻鱼

永璧有五子，以长子绵伦袭郡王爵。绵伦卒后，因无子嗣，以弟绵循袭爵。绵循是永璧的第四子，生于乾隆二十三年（1758）七月二十三日，其生母为永璧侧福晋李佳氏。乾隆四十年（1775）正月，承袭多罗和郡王。按例绵循应降袭贝勒，但是，乾隆帝"念其为和恭亲王之孙，且绵伦袭爵未久，即婴疾早逝，弗克长享藩封，殊为可悯。今若照例改为贝勒，则是和恭亲王薨后未五年而王爵已失，于心实有所不忍，此次仍着加恩袭封郡王"[1]。袭爵之后，绵循曾总理过正蓝旗觉罗学事务、御船处事务，任过正白旗蒙古都统，也曾受命在乾清门行走。嘉庆十一年（1806）六月，奉旨各项管辖俱行停止。嘉庆二十二年（1817）四月初八日，逝世，年六十六岁，谥曰"恪"，有子十五人，以第三子奕亨袭贝勒爵。

和恪郡王绵循卒后葬庄子营，成为第二个葬入庄子营村和亲王家族茔地的人。根据中国传统宗法制度的昭穆原则，绵循卒后应以其父永璧为一代祖先，葬在永璧园寝的一昭之位。和恪郡王绵循园寝和其父和勤亲王永璧的园寝同为坐北朝南，永璧园寝的昭位即东侧。但冯其利先生说绵循葬在永璧园寝之西。这令笔者联想到了绵循之兄绵伦。绵伦承袭父亲永璧的王位，根据宗法制度推测，他卒后可葬入庄子营其家族茔地，且以永璧为一代祖先，葬于永璧园寝的昭位。依此，绵循承袭绵伦的王位，卒后当葬在永璧园寝的穆位。永璧园寝的昭位即永璧园寝的东边，穆位即西边。冯其利说，绵循葬"永璧墓地之西"，这正好符合了笔者以上所做的推测。可能在庄子营和亲王大宗茔地上本来是留有绵伦墓地位置的，但是绵伦卒后并未葬入庄子营，据冯其利调查而是葬在了北京市东直门外八间房一带。如若冯氏所言是正确的，笔者推测可能是因为和谨郡王绵伦卒后曾经暂厝于西八间房一带，后来不知什么原因没有迁葬回去，详见下篇文章论述。

根据清代园寝制度，绵循卒后当以郡王例建设园寝，即宫门、享殿均面阔三间，朝房三间，宝顶、围墙等，占地面积当小于其父和勤亲王永璧园寝。根据冯其利八九十年代的调查资料，和恪郡王绵循园寝地宫为柏木棚顶，内停棺五口，宝顶两侧有侧室墓两座[2]。按据《爱新觉罗宗谱》，绵循有嫡福晋一人、继福晋一人，侧福晋三人，其余的都是妾。笔者推测，妾可能不会随绵循合葬，这样能随绵循合葬的只有五人，但从冯氏的调查来看，随绵循合葬的有六人，冯其利也是听民间传说的，可能有误。

继绵循之后，葬入这块茔地的是奕亨。奕亨是和恪郡王绵循的第三子，生于乾隆四十八年（1783）九月初一日，其生母为侧福晋金佳氏。嘉庆七年（1802）十一月，封头等辅国将军。是月，授头等侍卫。嘉庆二十二年（1817）七月，降袭多罗贝勒。道光十二年（1832）六月二十日，逝世，年五十岁。奕亨卒后，其后代在"西边建松树圈，圈里有月台，上建宝顶一座"[3]。宝顶下即是奕亨的墓葬。按"松树圈"不知是何物。根据清代园寝制度，奕亨为贝勒，是可以建造园寝的，包括宫门、享殿、墓碑、茶饭房等，但这些建筑未见冯氏提到，不知是因为这些建筑被毁坏的较早，还是当时确实未建。奕亨是葬在庄子营和亲王家族茔地上的第三人，依据中国古代传统的宗法制度，奕亨以永璧为一代祖先，葬在永璧二昭位（一昭位上是预留的绵伦墓葬位置，一穆位上为绵循墓葬）。从冯氏所言，奕亨葬在了他的父亲绵循以西，这也不符合中国古代传统宗法制度的昭穆原则，具体原因不得而知，推测可能是因为永璧园寝以东，除了预留的绵伦葬地外，再往东，就是冯其利所说的

1　《清高宗实录》卷九百七十二。

2　参考冯其利《清代王爷坟》，第189～191页，紫禁城出版社，1996年。

3　冯其利《清代王爷坟》，第190页，紫禁城出版社，1996年。

"阳宅一所和停灵房五间了"，中间不合适再建园寝了。

以上是笔者假设在庄子营和亲王家族茔地上预留了和亲王绵伦墓地的情况下，对和亲王茔地上诸墓葬的排位所做的一翻考证。如若和亲王绵伦卒后确实是选葬在了北京市东直门外八间房一带，这样一来，庄子营和亲王家族茔地上的诸墓葬以最早葬在此处的和亲王永璧为一代祖先，自东向西一字排开。之所以一字排开，未按昭穆原则呈八字形布局，推测是因为永璧园寝以东没有建设园寝的空间，抑或出于风水的考虑。

奕亨有子五人，以第四子载容袭贝子爵。载容卒后葬入和亲王大宗在密云县的第一块茔地，葬在和亲王弘昼墓地附近，推测这可能是因为载容卒后在庄子营其家族茔地上已没有再建园寝的空间。

最后一位葬入庄子营和亲王家族茔地的是溥廉。前文已说过庄子营和亲王家族茔地上已没有再建园寝的空间，但并不等于说就不能再葬人了。溥廉是奕亨之孙，载容之长子，生于咸丰四年（1854）十月二十三年日。光绪三年（1877）十一月，考封二等辅国将军。其父载容卒后，于光绪七年（1881）闰七月降袭奉恩镇国公。光绪二十四年（1898）闰三月十三日逝世，年四十五岁，"葬于庄子营，仅土坟一座而已"[1]。笔者推测，溥廉卒时家室财力不济，财源枯竭，无力再去修建园寝，故仅建一简陋的坟冢。

（三）北京市朝阳区西八间房和谨郡王绵伦园寝及和亲王府西八间房茔地

和谨亲王绵伦生于乾隆十七年（1752）十一月一日，永璧长子。永璧卒后，绵伦于乾隆三十七年（1772）九月袭和郡王。乾隆三十九年（1774）十二月薨逝，年二十三岁，"祭葬如例，谥曰谨"[2]。绵伦无子嗣，以弟绵循袭爵。

和谨郡王绵伦葬地，据冯其利调查，在北京市东直门外西八间房（图1-6-20）。现园寝地面建筑及遗址已完全无存，具体位置难以确定。绵伦卒后未葬入庄子营村其父永璧墓地附近的原因，冯其利解释说，绵伦卒时，其父永璧在庄子营的墓地尚未竣工，故绵伦之弟绵循袭爵后葬绵伦于东直门外西八间房[3]。按绵伦和其父永璧卒年相差不远，根据常理推测，他们两人卒后如果葬在一起，无论从人力还是从物力上说都是比较合理的。且绵伦又无子嗣，故另选葬地的可能性不大。如若冯氏所言是正确的，笔者推测是不是和谨郡王绵伦卒后曾经暂厝于此，后来不知什么原因没有迁回祖茔地中。是否如此，尚待考证。

根据清代园寝制度，和谨郡王绵伦园寝按例当建有碑楼、茶饭房、宫门、享殿、朝房、宝顶、围墙等。根据冯其利先生20世纪80年代的调查材料，绵伦园寝墙圈由城砖砌成，后墙呈半圆形。享殿两侧有卡子墙，墙上开有东西角门各一。绵伦之后，和亲王府的一些旁支人员也陆续葬于此，逐渐形成一块占地三倾的和亲王王府茔地。绵伦园寝围墙外东北角有小宝顶五座。正东有三爷坟。绵伦墓地西南有六公坟。六公坟宝顶高2米，下有条石砌的泊岸。六公坟宝顶附近还有散坟多座。三爷坟和六公坟另有照应坟地户。1926年，西八间房的和亲王府茔地上的地面建筑全部被拆卖。1937年，墓地被盗发。解放后，墓地旧址为798厂副业组使用。1983年初，墓地旧址上为797、798厂宿舍，残存的墓碑被埋掉，碑座尚在原地。按冯氏的调查材料主要通过民间传说而来，对传说的真实性，笔者持保留态度。

1　冯其利《清代王爷坟》，第190页，紫禁城出版社，1996年。

2　《清高宗实录》卷九百七十三。

3　参见冯其利《清代王爷坟》，第192页，紫禁城出版社，1996年。

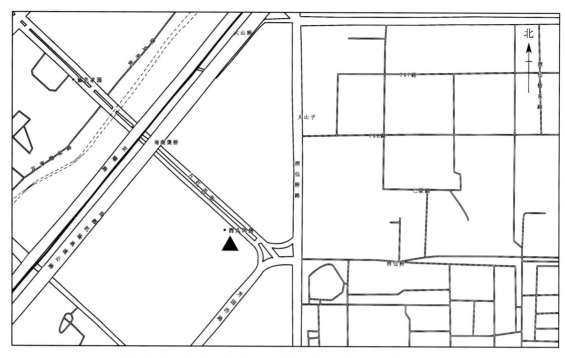

图1-6-20　北京市朝阳区西八间房和谨郡王绵伦园寝位置示意图

（四）北京市密云县卸甲山贝勒衔、固山敏恪贝子载容墓

贝勒衔、固山敏恪贝子载容是多罗贝勒奕亨的第四子。据《爱新觉罗宗谱》，载容生于道光四年（1824）闰七月二十五日，其生母为侧室康氏。道光十二年（1832）闰九月，袭固山贝子。于道光二十五年（1845）四月和咸丰元年（1851），两次被派往守护东陵。咸丰四年（1854）九月，管理右翼近支头族族长。咸丰五年（1855）正月，授散秩大臣。七月，授前引大臣。咸丰六年（1856）三月，派往守护西陵。咸丰九年（1859）二月，回京。十月，署理正黄旗汉军副都统。咸丰十年（1860）闰三月，授右翼近支第四族族长。五月，补进内大臣班。咸丰十一年（1861）七月，授宗人府左宗人。八月，授镶红旗蒙古副都统。同治元年（1862）二月，管理镶红旗新旧营房。三月，派值年旗大臣。九月，管理正红旗觉罗学事务。是月，授镶黄旗护军统领。十月，派稽查紫禁城内地面。同治二年（1863）正月，调补镶黄旗蒙古副都统。四月，署理右翼总兵。十二月，调补镶白旗满洲副都统。同治三年（1864）五月，署理镶白旗蒙古副都统。五月，署理镶黄旗蒙古副都统。七月，授右翼前锋统领，管理太庙。八月，署理正黄旗满洲副都统。十月，派稽查紫禁城内地面。同治四年（1865）三月，授正黄旗蒙古都统。六月，署理正白旗蒙古都统。七月，授内大臣。十二月，派管宴大臣。同治七年（1868）六月，派专操大臣。同治十一年（1872）九月，赏加贝勒衔。同治十三年（1874）七月，派稽查坛庙大臣。是年十二月，管理正黄旗蒙古新旧营房。光绪元年（1875）三月，派稽查七仓大臣。十二月，署理镶蓝旗汉军都统。光绪二年（1876）二月，署理镶红旗汉军都统。光绪七年（1881）二月二十一日，逝世，年五十七岁，谥曰"敏恪"。载容有十一子，以长子溥廉袭奉恩镇国公。

载容卒后未葬入其先祖在庄子营的家族茔地，其原因笔者推断当为庄子营其家族茔地上已没有空间。关于载容葬地，冯其利云，载容"葬于密云县卸甲山北宫"[1]。另《北京图书馆

1　参见冯其利《清代王爷坟》，第190页，紫禁城出版社，1996年。

藏中国历代石刻拓本汇编》收有光绪八年（1882）光绪皇帝为载容御赐的墓碑碑文拓片，拓片编注云"碑在北京密云县"[1]，据以上两侧材料，可以推断载容葬地确在密云县，具体位置从冯氏所言推断当是葬在了先祖和恭亲王弘昼的园寝中，因为"北宫"即是恭亲王弘昼园寝的俗称。

附：和亲王承袭表

承袭序列	名字	谱系	爵谥	行履	葬地及园寝资料
始封祖	弘昼	世宗第五子	和硕和恭亲王	生于康熙五十年（1711）十一月二十七日，生母裕妃耿氏，即纯懿皇贵妃。雍正十一年（1733），封和亲王。好言丧礼，乾隆三十五年（1770）七月十三日薨，年六十岁。谥恭。有子8人。	葬于今北京市密云县城西北二十余里凤山之侧，灵山之前，俗称"北宫"。现园寝遗址处尚有残存的柱础石、地宫废坑、阳宅和享殿基址。
一袭，第二代	永璧	弘昼第二子	和硕和勤亲王	雍正十一年（1733）六月十三日生。乾隆二十一年（1756）十二月封不入八分辅国公。乾隆三十五年（1770）十月袭和硕和亲王。乾隆三十七年（1772）三月初二日薨，年四十岁，谥曰勤。	葬于今北京市顺义区庄子营村西，王府称之为"龙山坟地"。现墓碑仍存。
二袭，第三代	绵伦	永璧第一子	多罗和谨郡王	乾隆十七年（1752）十一月初一日生。乾隆三十七年（1772）九月袭多罗和郡王。乾隆三十九年（1774）十一月二十九日薨，谥曰谨。弟绵循袭。	绵伦薨时，其父永璧在顺义县庄子营的园寝尚未竣工，其弟绵循袭和郡王后，葬绵伦于北京东直门外西八间房。园寝现无任何遗存。
三袭，第三代	绵循	永璧第四子	多罗和恪郡王	乾隆二十三年（1758）七月二十三日生。乾隆四十年（1775）正月袭多罗和郡王。嘉庆二十二年（1817）四月初八日薨，年六十六岁。谥曰恪。子奕亨袭。	葬于今北京市顺义区庄子营和勤亲王永璧园寝之西。园寝现已无任何遗存。
四袭，第四代	奕亨	绵循第三子	多罗贝勒	乾隆四十八年（1783）九月初一日生。嘉庆七年（1802）十一月封头等辅国将军。嘉庆二十二年（1817）七月，袭多罗贝勒。道光十二年（1832）六月二十日卒，年五十岁。子载容袭贝子。	葬于今北京市顺义区庄子营，其园寝在其父多罗和恪郡王绵循园寝之西。现园寝已无任何遗存。

1 北京图书馆金石组编《北京图书馆藏中国历代石刻拓本汇编》，中州古籍出版社，1898年。

五袭，第五代	载容	奕亨第四子	贝衔固山恪子	勒固敏贝	道光四年（1824）七月二十五日生。道光十二年（1832）闰九月，袭固山贝子。同治十一年（1872）九月，加贝勒衔。光绪七年（1881）二月二十一日卒，年五十七岁，谥敏恪。子溥廉，袭镇国公。	葬于今北京密云县卸甲山"北宫"。现墓地已无任何遗存。
六袭，第六代	溥廉	载容第一子	镇国公		咸丰四年（1854）十月二十三年日生。光绪三年（1877）十一月，考封二等辅国将军。其父载容卒后，于光绪七年（1881）闰七月，降袭奉恩镇国公。光绪二十四年（1898）闰三月十三日逝世，年四十五岁。	葬于庄子营，仅土坟一座而已。墓地现无任何遗存。

四、追封和硕怀亲王福惠园寝

据《爱新觉罗宗谱》载，怀亲王福惠是世宗雍正皇帝第九子[1]，生于康熙六十年（1721）十月初九日，其生母为年氏敦肃皇贵妃，初为世宗侧福晋，雍正元年（1723），封为贵妃。雍正三年（1725）十一月，晋为皇贵妃，十月逝世。年氏逝世二年后，福惠于雍正六年（1728）九月初九日薨，年八岁。"是日奏准，皇八子薨逝，金棺照例用梄木内衬五层，漆饰十五次。皇帝辍朝三日，大内咸素服三日，不祭神。是日，亲王以下，奉恩将军以上，民公、侯、伯以下，骑都尉品级官员以上，公主、福晋以下，二品夫人以上咸齐集。奉移前每日二次供献，陈设亲王仪卫至暂安处，于祭日陈设仪卫。奉移大辇用舁夫八十人，由五城选用。金棺前陈列仪驾，鞍马、散马各十有五，驼八，后随豹尾枪四，大刀四，每过门桥皆祭酒。金棺至东直门外外嫔所奉安毕，陈设五供，祭酒三爵。百日内日朝奠看馔，日晡奠馔筵各一。初祭用金银锭楮钱各七万，馔筵三十有一席，羊十有九，酒十有九尊。设仪卫，遣官读文致祭，祭文由翰林院撰拟。次日绎祭如前。绎祭、周、月致祭，用金银锭楮钱各一万，馔筵十有五席，羊九酒七尊。百日致祭与月祭同。未葬，期年及中元、冬至、岁暮、清明皆与月祭礼同。惟清明不焚楮帛，设挂楮钱、宝花一座，百日后停止月祭"[2]。其葬仪如此不一般，足见"皇八子"福惠生前受世宗雍正皇帝的钟爱程度。

雍正十三年（1735）十一月，高宗乾隆皇帝即位，追封福惠为和硕亲王，谥曰"怀"[3]，并按亲王的规格在河北易县清西陵境内为其建立园寝，谕："朕弟皇八子素为皇考所钟爱，当日曾以亲王礼殡葬。今朕眷念手足之谊，均着追封亲王，一切应行典礼，着宗人府会同礼部

---

1 《清史稿》中记为世宗第七子，《钦定大清会典则例》中记为"皇八子"，此从《爱新觉罗宗谱》。
2 四库本《钦定大清会典则例》卷九十。
3 《爱新觉罗宗谱》甲册。

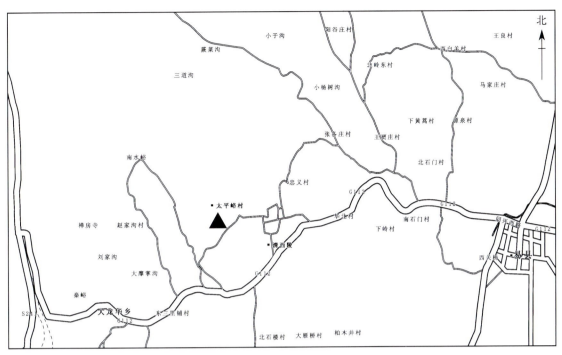

图1-6-21 河北省易县太平峪村追封和硕怀亲王福惠园寝位置示意图

察例具奏。"[1]"乾隆三年，黄花山端亲王金棺、皇三子金棺于十月二十二日移送东直门外，怀亲王金棺于二十六日移送。陈设仪卫、随行，沿途各盖芦棚，咸于十一月初五日安葬"[2]。也即乾隆三年（1738），怀亲王、端亲王以及皇三子的金棺一起移入西陵陵区范围之内，即今所在地河北省易县昌西陵西北方向的太平峪村（图1-6-21），园寝所在位置的地理坐标为北纬39° 21.751′，东经115° 18.870′。

图1-6-22 福惠园寝三孔平桥

怀亲王园寝坐北朝南，"规制与端亲王园寝同"[3]，园寝大门外有下马桩、营房等建筑。怀亲王福惠园寝俗称"小绿陵"，据徐广源先生早年调查，园寝大门与享殿均面阔三间，单檐歇山顶。大门及大殿均用绿色琉璃瓦盖顶，围墙顶用布筒瓦，后院正中有微微隆起的土丘一座。

笔者2008年10月考察时，怀亲王园寝原来的三孔平桥仍存在（图1-6-22）。据清西陵文管所介绍，该园寝2005年进行了古建修复，基本复原了园寝当时的原貌，有神桥、宫门、享殿、神门、角门以及园寝围墙等建筑（图1-6-23～1-6-26）。

1　《钦定大庆会典事例》卷四百九十六《礼部》。

2　四库本《钦定大清会典则例》卷九十。

3　光绪本《清会典事例》卷九百四十九《园寝坟茔》。

图1-6-23 福惠园寝修复后的宫门　　　　　　　图1-6-24 福惠园寝修复后的享殿

图1-6-25 福惠园寝修复后的二道门　　　　　　　图1-6-26 福惠怀亲王坟包

第七章　高宗纯皇帝位下诸王公茔地及园寝

一、追封定安亲王永璜及后裔园寝

　　定亲王这支爵位传八代,袭七次,目前已知有茔地四块,第一块在北京市密云县不老屯镇杨各庄村,葬定亲王始封祖追封定安亲王永璜;第二块在北京市密云县穆家峪乡羊山村,葬二袭和硕定恭亲王绵恩;第三块据冯其利调查在北京市昌平区崔村镇宝山的山洼子里,葬三袭多罗定端亲王奕绍和六袭多罗贝勒毓朗;第四块在北京市昌平区小汤山镇葫芦河村,葬四袭多罗定敏郡王载铨。五袭多罗定慎郡王溥煦的葬地,冯其利说在绵恩墓地东下坎塔山山脚圣德寺的寺后跨院,推测可能就在二袭和硕定恭亲王绵恩茔地中。一袭革退定亲王绵德和七袭固山贝子恒馥葬地不详。

承袭次序	名字	谱系	爵谥
始封祖	永璜	高宗第一子	追封定安亲王
一袭第二代	绵德	永璜第一子	革退定亲王,固山贝子
二袭第二代	绵恩	永璜第二子	和硕定恭亲王

三袭第四代	奕绍	绵恩第二子	和硕定端亲王
四袭第五代	载铨	奕绍第一子	多罗定敏郡王，追封定亲王
五袭第六代	溥煦	载铨承继子	多罗定慎郡王
六袭第七代	毓朗	溥煦第二子	多罗贝勒
七袭第八代	恒馞	朗毓第二子	固山贝子

（一）追封定安亲王永璜园寝

追封定安亲王永璜生于雍正六年（1728）五月二十八日，清高宗（乾隆）第一子，其生母为哲悯皇贵妃富察氏。乾隆十三年（1748），因在孝贤纯皇后丧仪上失节，受到高宗责备。乾隆十五年（1750）三月十五日逝世，年二十三岁。是月十六日，乾隆帝谕曰："皇长子诞自青宫，齿序居长。年逾弱冠，诞毓皇孙。今遘疾薨逝，朕心悲悼，宜备成人之礼。"[1]追封为定亲王，谥曰"安"，以子绵德袭亲王。绵德犯事被夺爵后，其弟绵恩袭。

据《清史稿》记载，永璜卒后，"金棺用杉木，其福晋及皇孙绵德等剪发去首饰，成服百日而除，素服二十七月。成服王公大祭日除。礼部以第三日移殡，请辍朝三日，诏改五日，……"[2]丧仪后入葬"州东北二十里九顶翠华山右"[3]。每遇初祭、大祭，帝"并亲临奠醊"[4]。

据《北京图书馆藏北京石刻拓片目录》一书，永璜墓碑早年曾在密云县太子坟村被发现[5]。由此推测，永璜园寝也应在太子坟村。"太子坟村"盖因看坟户聚集而形成村落。"太子坟"地名今已消失，据笔者实地调查，园寝遗址今所属地为北京市密云县不老屯镇杨各庄村。

民间称定安亲王园寝为"太子陵"或"太子坟"。按永璜生前并未曾预立太子，故称之为"太子陵"、"太子坟"显属讹传，是民间对皇子的一种泛称。冯其利称定安亲王园寝为"皇子园寝"，概因园寝内除葬有永璜外，还葬有乾隆帝的另外两个皇子永璋和永琪，园寝里葬的都是皇子，故称皇子园寝。永璜最早逝世，逝世后，建立园寝，曰"定亲王园寝"，此见《光绪昌平州志》；永璋、永琪作为后逝者，死后未单独建立园寝，而是葬于永璜园寝中，故曰定安亲王永璜园寝是最为准确恰当的。

2008年笔者来到安定亲王园寝遗址处，通过实地勘察发现，园寝大体坐北朝南，北偏西30°。园寝地面建筑在1958年修建密云水库时被拆除[6]。永璜墓碑没于密云水库[7]。现今园寝遗址处是一片庄稼地，地面上尚可看到三个地宫废坑和因翻土而暴露出地表的大片三合土

1　《清史稿》卷二百二十一《诸王七》。

2　《清史稿》卷九十三《礼十二·凶礼二》。

3　《光绪昌平州志》卷十《冢墓记》。

4　《清史稿》卷九十三《礼十二·凶礼二》。

5　徐自强主编《北京图书馆藏北京石刻拓片目录》，书目文献出版社，1994年。

6　冯其利《清代王爷坟》，第198页，紫禁城出版社，1996年。

7　北京图书馆金石组编《北京图书馆藏中国历代石刻拓本汇编》，中州古籍出版社，1989年。该书收藏有永璜墓碑拓片，拓片编注云，该碑没于密云水库。

图1-7-1 碎石及绿琉璃瓦残片

以及散落的绿琉璃瓦构件（图1-7-1）。

园寝志课题组还访问了当地80余岁的老者齐金山。据老者回忆：定安亲王园寝外曾有月河，月河上有汉白玉石拱桥两座。桥北建有碑楼一座，碑楼四面开有券门，内有墓碑两统。按：既然园寝中葬有三人，为何只立两统墓碑？经笔者考证，原来其中一统碑两面均有碑文，碑阳是永璜的碑文[1]，碑阴是永琪的碑文。碑楼北是宫门，即园寝大门，宫门面阔三间，为门洞式结构，门洞与红墙相接。宫门外东西两侧各有一眼水井，以供看坟人员、祭祀人员及朝拜祭牲日常用水。宫门内有东西朝房，正中是享殿。享殿绿琉璃瓦覆顶，面阔五间，前有月台，月台正中有云龙阶石。享殿旁有东西角门。角门内月台之上是三个宝顶，居中的宝顶是定安亲王永璜的墓葬，两侧宝顶分别是循郡王永璋、荣纯亲王永琪的墓葬。

在永璜园寝中祔葬的循郡王永璋，生于雍正十三年（1735）五月二十五日，清高宗（即乾隆）第三子，其生母为苏佳氏纯惠皇贵妃。苏佳氏在高宗即位后，被封为纯嫔，后封纯皇贵妃。永璋于乾隆二十五年（1760）七月十六日逝世，年二十六岁，追封循郡王。永璋只有一子，但是仅活了两岁就夭折了，到了乾隆四十一年（1776）的时候，乾隆帝不知为何才想起了他当初"送出的"循郡王这个王帽子，于是命永瑆子绵懿为永璋后，降袭贝勒。据《清史稿》记载，永璋卒后"用郡王例治丧，辍朝二日。大内、宗室素服咸五日，不祭神"[2]。按永璋卒后被追封为多罗循郡王，实则便成为循郡王大宗的始封祖，实际上他卒后可以单独选择茔地埋葬，但因为永璋仅有的一个儿子早于永璋去世，这样，永璋卒后没有后人来为其料理葬仪、祭祀等，于是，永璋卒后便祔葬在永璜园寝中。

永璜园寝中祔葬的另一位是乾隆皇帝第五子永琪。永琪生于乾隆六年（1741）二月初七日，其生母为愉贵妃珂里叶特氏。乾隆三十年（1765）十月，被封为荣亲王。永琪少时，"国语骑射娴习，为纯皇帝所钟爱，欲立储位"[3]。岂料，永琪于乾隆三十一年（1766）三月初八日逝世，年二十六岁，谥曰"纯"。 按永琪生前封荣亲王，是荣亲王的始封祖，根据宗法制度，他卒后可以单独立宗，建设园寝，但是他却葬在了安定亲王永璜园寝中。查《爱新觉罗宗谱》，永琪有六个儿子，其中的五个儿子都很小就夭折了，只有第五子绵亿长大成人，但是永琪去世的时候，绵亿也才三岁，这样永琪的后事便由皇家来料理，于是他们便将永琪埋在了安定亲王园寝中。

1 按《北京图书馆藏中国历代石刻拓本汇编》收藏有永璜、永琪墓碑拓片，拓片编注云，永琪碑文刻在十七年七月二十五日"永璜墓碑之阴"。

2 《清史稿》卷九十三《礼十二·凶礼二》。

3 [清]昭梿《啸亭续录》卷二《荣恪郡王》。

（二）和硕定恭亲王绵恩园寝

和硕定恭亲王绵恩是定安亲王永璜的第二子，生于乾隆十二年（1747）八月十四日，其生母为永璜侧福晋伊尔根觉罗氏。绵恩被民间称为"恭太王"。据《啸亭续录》记载，恭太王相貌清秀，"善射，骑马矫捷如飞"，然"貌美而内昏，不习政体，遇属吏禀事，莫能剖析是非，颔首书诺而已"。"性复吝啬，积财盈库，莫肯挥用，每晨入朝，惟啖鸡子糕"。不懂音乐，在一次观杨椒山演剧曲时，见赵文华冲场，笑曰："阿瞒之奸状故可哂也。"被人传为笑柄[1]。绵恩还不谙风流，竟致闹出笑话。据《清朝野史大观》记载，有一次正阳门外失火，延及附近居民，绵恩前往救火。有一娼妓之家为了避火，女子都站立巷口，"粉白黛绿者数十人"。绵恩竟然惊诧地问："是谁家竟有这么多女子？"

虽然昭梿认为绵恩是一个"貌美而内昏"的人，但清廷却不那么认为。清廷认为绵恩"幼而岐嶷，长益端醇"，又由于他善骑射，"弱冠授前锋之秩"，"英年居善射之班"[2]。"领火器营总统凡五十余年"[3]。乾隆四十一年（1776）正月，兄绵德犯事获罪被夺爵后，绵恩承袭郡王爵位。乾隆四十九年（1784）正月，署理步军统领。乾隆五十八年（1783）十二月，晋封和硕定亲王。

嘉庆帝即位之初，绵恩"仍统领步军之职。正色率下，坚明之号令如山；秉心宣猷，洁白之忠怀似水"[4]。嘉庆四年（1799）六月，解去步军统领。十一月，管理圆明园事务，署理镶黄旗汉军都统，奉旨在内廷行走。嘉庆八年（1803），有人藏匿禁门内欲行刺嘉庆帝，绵恩因护驾有功，被赐御用马褂。嘉庆二十年（1815），授御前大臣。道光元年（1821）十月，授宗人府宗令。道光二年（1822）六月卒，道光帝"赐银五千两治理丧事，谥曰恭"[5]，以第二子奕绍袭和硕定亲王。

综观绵恩一生，其功绩主要在统军练兵等武事方面，虽不习政体，但并没有影响他在仕途上的发展。

我们知道定亲王大宗始封祖永璜的园寝在北京市密云县老屯镇杨各庄村，根据宗法制度，绵恩卒后可同父亲定亲王大宗始封祖永璜葬在一块茔地上，但是绵恩卒后并未同永璜葬在一起，推测原因可能是乾隆帝把永璜茔地指定为皇子茔地，故绵恩卒后另选茔地埋葬。据笔者实地调查，绵恩卒后葬于今北京市密云县穆家峪乡羊山村（图1-7-2）。据冯其利先生调查，早年时绵恩茔地"东对塔山，南临潮河，西挨大沟，北靠影壁山，占地一百余亩"[6]。绵恩园寝，根据清代园寝制度推测，当建有墓碑及碑楼、茶饭房、宫门、享殿、宝顶、围墙等。据当地百姓说，宝顶下面的地宫于1933年被盗。1968年时享殿被拆除，墓碑被拉走。到1971年的时候，园寝地面建筑几乎无存。在20世纪80年代时，红墙和虎皮墙尚有残存，地宫石券大量散落在原来的宝顶周围。

1 [清]昭梿《啸亭续录》卷五《定恭王》。
2 见绵恩墓碑碑文拓片，北京图书馆金石组编《北京图书馆藏中国历代石刻拓本汇编》，中州古籍出版社，1989年。该书收藏有绵恩墓碑碑文拓片。
3 [清]昭梿《啸亭续录》卷五《定恭王》。
4 见绵恩墓碑碑文拓片，北京图书馆金石组编《北京图书馆藏中国历代石刻拓本汇编》，中州古籍出版社，1989年。该书收藏有绵恩墓碑碑文拓片。
5 《清史稿》卷二百二十一《诸王七》。
6 冯其利《清代王爷坟》，第201页，紫禁城出版社，1996年。

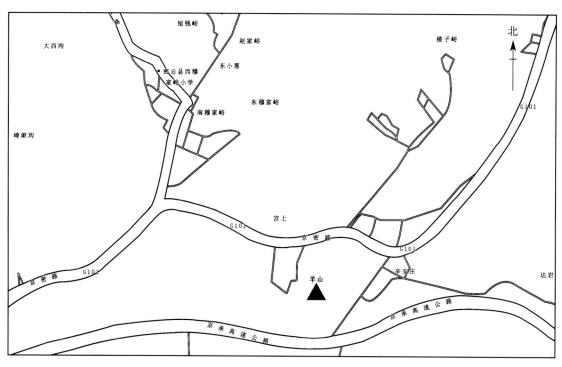

图1-7-2 北京市密云县羊山村定恭亲王绵恩园寝位置示意图

图1-7-3 20世纪80年代绵恩墓前古建筑

图1-7-4 20世纪80年代绵恩园寝拱桥原状

　　2008年笔者前往定恭亲王绵恩园寝遗址作实地调查，测得园寝遗址所在位置地理坐标大约为北纬40°24.597′，东经116°57.145′。据实地勘测，园寝坐北朝南（图1-7-3）。据现存遗迹测绵恩园寝南北长约130米。现园寝遗址上尚有残存石拱神桥一座、地宫、享殿及南侧围墙基础等。石拱桥只剩残破的部分桥面露出地面，栏板全无，桥身宽约1.86米（图1-7-4、1-7-5）。在享殿遗址处散落有大量绿琉璃瓦碎片。据享殿残存基础，粗测享殿面阔约42米，进深约36.8米。享殿后约36米处是地宫，地宫保存较完好，石券及墓顶石板露出地面（图1-7-6、1-7-7）。整个地宫由青石制成，进深约6.1米，宽约5.75米。墓门两扇，亦由青石制成，高2.97米，宽1.8米，门楣由一块巨大的长方形铸铁制成，门簪四个，门簪上各雕刻一朵花卉。墓门上有门楼，正脊两端均有一龙吻，垂脊端均有一螭首形套兽，左侧套兽已被破坏。从地宫内残存棺枕及棺床可以看出，地宫内原停灵三口，棺床进深约3.5米。宝顶下月台尚可依稀辨出，南北长约22米。按地宫内另外两座棺椁当是绵恩福晋的葬具。

　　另据冯其利20世纪80年代的调查材料，早年的绵恩园寝神桥以北是一片松林，顺坡而上有月台一座，月台上建有碑楼，碑楼内立墓碑一统。宫门明三间暗九间，与红墙、虎皮石墙相接。宫门内有东西朝房，均面阔三间。宫门对面为享殿，享殿面阔五间暗十五间。享殿后

322

图1-7-5 绵恩园寝拱桥现状

图1-7-6 20世纪80年代绵恩园寝宝顶

图1-7-7 绵恩园寝地宫现状

的月台上是五座宝顶，居中的大宝顶是绵恩的，另外四个宝顶较小，错后于绵恩的大宝顶，呈八字形摆开。阳宅四进，三间大门，殿房五间，正殿前后还有略低的殿房。马圈在东南，厨房在西庑，佣人住后边。按：据金启孮先生解释，"明三暗九"，即面阔三间，进深三间，合起来即九间；"明五暗十五"，就是面阔五间，进深三间，合起来就是十五间[1]。绵恩有福晋四人，嫡福晋富察氏、侧福晋尤佳氏、李氏、完颜氏，儿子四人，定端亲王奕绍，其余三子均早夭。绵恩地宫内有棺三口，其中两口当为其两个福晋的。冯氏所云的"另外四个宝顶"之中，有两个应该是绵恩的另外两个福晋的墓葬，其余两个宝顶可能为绵恩的儿子的墓葬。但又让笔者不解的是，冯氏所云的四个小宝顶错后于绵恩宝顶，且呈八字摆开。这样的墓葬布局，当是遵循了传统宗法制度的昭穆原则，如此则另外四座宝顶下所葬墓主人当为绵恩后代的袭爵者。但综合笔者和冯氏所做的调查，定亲王这支诸成员的葬地均有所在。亦或许冯氏所云的绵恩园寝内的五个宝顶的布局并不准确，也可能五座宝顶的布局确实如此，但却是无心而为之。

1　金启孮《金启孮谈北京的满族》，第54页，中华书局，2009年。

（三）定端亲王奕绍园寝

定端亲王奕绍是定恭亲王绵恩的第二子，生于乾隆四十一年（1776）五月十一日。初封不入八分辅国公，后任护军统领。嘉庆八年（1803）闰二月，封贝子。在嘉庆年间，奕绍历任左宗人、内大臣、右宗正、都统、御前大臣等。嘉庆二十四年（1819），晋封为贝勒。道光二年（1822），其父绵恩逝世后，承袭亲王。定亲王这支不是世袭罔替的铁帽子王，按例奕绍承袭王爵时当递降一级，但是他仍然承袭了亲王爵位，可见清帝对定亲王这支是很重视的。

道光年间，奕绍历任总理行营大臣、内大臣、玉牒馆总裁官、都统，管理过乐部事务、火器营事务、上驷院事务、钦天监事务。道光十五年（1835）五月，在奕绍六十岁生日时，道光帝称赞奕绍"在内廷行走有年，小心勤慎。办理旗务，诸臻妥协"[1]，并着加恩，封奕绍子载铨为奉恩辅国公。道光十六年（1836），奕绍逝世，道光帝"命惠郡王绵愉带领侍卫十员往奠故定亲王奕绍茶酒，赏银五千两治丧，予祭葬，谥曰端。命其子工部尚书载铨百日孝满后承袭郡王，赏三眼花翎"[2]。不久，道光帝亲临定端亲王奕绍府第赐奠，旋又下命让皇四子奕𬣞、皇五子奕𫍰往定端亲王奕绍府第赐奠。定端亲王奕绍棺材发引时，道光帝命惠郡王绵愉护送至暂安处并奠醊。

定端亲王奕绍卒后茔地选在北京市昌平区崔村镇宝山的山洼子里，在安定门正北的方向上[3]。据民间传说，奕绍茔地就在九里山南麓（图1-7-8）。冯其利说，奕绍"坟地占地一百余亩"[4]。按冯氏说的"坟地"当指的是整个茔地。

民间称奕绍园寝为"大北宫"。根据清代园寝制度推测，"大北宫"当年应建有墓碑一统、碑楼一座、茶饭房左右各三间、宫门一座、享殿五间、宝顶、围墙百丈。

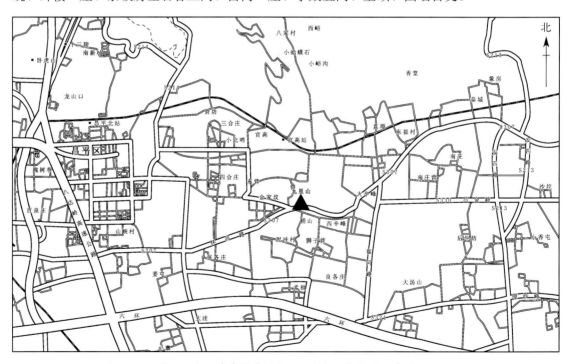

图1-7-8 北京市昌平区九里山奕绍园寝位置示意图

---

1 《清宣宗实录》卷二百六十六。

2 《清宣宗实录》卷二百九十一。

3 冯其利《清代王爷坟》，第203页，紫禁城出版社，1996年。

4 冯其利《清代王爷坟》，第203页，紫禁城出版社，1996年。

据民间传说，奕绍园寝地宫在1927年时就被盗发。1945年左右，园寝地面建筑被拆毁，但墓碑尚在。2008年笔者去调查时，奕绍茔地旧址上已无任何当年园寝的遗迹可寻。

根据冯其利先生20世纪80年代调查，奕绍园寝坐北朝南，园寝围墙下半部用石头垒砌，上半部用城砖垒砌。园寝外正南方有石桥两座。桥北是碑亭，亭内立墓碑一统。碑亭北是宫门，宫门旁有东西角门，东角门内有土坟一座，土坟内葬奕绍之曾孙贝勒毓朗。宫门内正中为五间享殿，享殿两侧有面阔三间的东西朝房。享殿后是月台，月台上有红皮宝顶一座。照应坟地户居住在园寝南边，共十户人家。

按：奕绍园寝宫门东角门内的土坟下所葬的贝勒毓朗也是定亲王大宗成员。定端亲王奕绍之后，定亲王大宗爵位经定敏亲王载铨、多罗定慎郡王溥煦，传至贝勒毓朗，也即定郡王溥煦卒后，子毓朗袭贝勒。据《清史稿》卷二百二十一记载，光绪末年，毓朗授民政部侍郎、步军统领。宣统二年（1910）七月，授军机大臣。三年（1911）四月，改授军咨大臣。关于毓朗的一生，其侄爱新觉罗·恒兰曾做过详细的追述，感兴趣者可自行查考。毓朗卒后葬在他的曾祖奕绍园寝角门内，仅土坟一座。

（四）定敏郡王载铨园寝

定敏亲王载铨是定端亲王奕绍的长子，生于乾隆五十九年（1794）八月二十二日。嘉庆二十一年（1816），封二等辅国将军。道光三年（1823），着加恩晋封二等镇国将军。道光十一年（1831），着加恩封不入八分镇国公。后历任御前大臣、领侍卫内大臣、后扈大臣、礼部尚书、总谙达、都统、工部尚书、总理行营大臣、阅兵大臣、御前行走、宗令、銮仪卫掌卫事大臣等，管理过户部三库、奉宸苑、钦天监及算学事务。道光十五年（1835）五月，在载铨父亲奕绍六十岁生日时，道光帝不仅称赞奕绍"在内廷行走有年，小心勤慎。办理旗务，诸臻妥协"，而且也赞扬了载铨，云，"载铨经朕简用御前大臣，擢任尚书，于部旗等务，办事实心。载铨本系不入八分镇国公，着加恩封为奉恩辅国公"[1]。道光十六年（1836）十一月，载铨袭郡王，赏戴三眼花翎。道光十七年（1837）五月，"赏借定郡王载铨俸银三万两，自置茔地"[2]。

咸丰二年（1852）六月，因给事中袁用三疏劾载铨营私舞弊，广收门徒，并举所绘息肩图朝官题咏有师生称谓为证，载铨被罚俸二年，罢免一切职务。九月，仍授步军统领。咸丰三年（1853），赏加亲王衔，食亲王双俸，并受命负责办理巡防事宜。咸丰四年（1854）九月，发病，因无子，皇帝诏谕以绵德曾孙、载铭之子溥煦过继为后，旋即逝世。咸丰帝"命恭亲王奕䜣带领侍卫十员往奠茶酒，赏给陀罗经被，并银五千两治丧，予祭葬，谥曰敏，以其子一等镇国将军溥煦袭郡王爵"[3]。是月，追封亲王。

定敏郡王载铨卒后葬"州东三十里葫芦河村北"（图1-7-9）[4]。葫芦河村名今仍沿用，属北京市昌平区小汤山镇。如前文所述，在道光十七年（1837）五月的时候，道光帝"赏借定郡王载铨俸银三万两，自置茔地"[5]，故定敏郡王载铨在葫芦河村的这块茔地应该是载铨生

---

1 《清宣宗实录》卷二百六十六。

2 《清宣宗实录》卷二百九十七。

3 《清宣宗实录》卷一百四十五。

4 [清]缪荃孙、刘万源《光绪昌平州志》第十二《冢墓记》，北京古籍出版社，1989年。

5 《清宣宗实录》卷二百九十七。

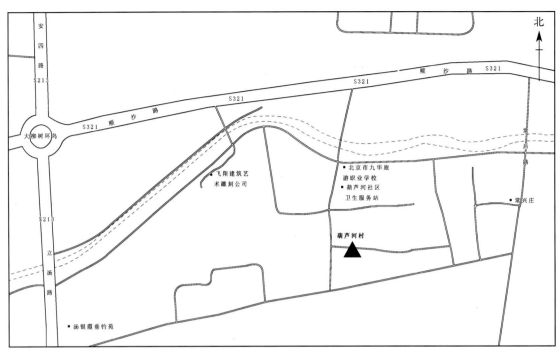

图1-7-9 北京市昌平区葫芦河村载铨园寝位置示意图

前自己选择的。据民间传说，载铨的儿子溥煦在葫芦河茔地上为他的父亲载铨建设园寝时，还曾在葫芦河上架桥一座，取"压碎葫芦——出子"之意，因为溥煦担心他会重蹈他的父亲载铨无子的覆辙。按传说里面应该有真实的成分，因为定敏郡王载铨确实没有儿子；但另一方面修桥也算是园寝常规建设项目了，不管是神桥也好，还是趋于实用的平桥也好，在多数园寝中都是有所修建的。

载铨为郡王，根据清代园寝制度推测，他的园寝应该建有墓碑一统、碑楼一座、茶饭房三间、宫门一座、享殿三间、宝顶一座，围墙八十丈，此外还当有月河、神桥、值班房等。据民间传说，宝顶下地宫在1966年被盗，宝顶在1953年被平毁，围墙和享殿等建筑在1966年时被毁。现今载铨园寝已无任何遗存，具体位置难以确定。

根据冯其利先生调查，载铨园寝建于咸丰初年，坐北朝南，园寝外还有下马桩和上马石，"享殿为明五暗十五间"，享殿后月台之上有大宝顶一座，小宝顶七座。大宝顶下地宫为石券结构，石床上有棺一口。阳宅在园寝东边。按"享殿为明五暗十五间"，据金启孮先生解释，即面阔五间，进深三间，合起来就是十五间[1]。载铨卒时为郡王，根据清代园寝制度，其园寝享殿当为三间，但从冯氏所言载铨园寝享殿面阔五间，这是亲王品级的享殿规制，如果冯氏所言属实，这可能是因为定敏郡王载铨在卒后当月就被追封为亲王，故他的园寝也就按照亲王品级修建了。考载铨有嫡福晋一人瓜尔佳氏，根据夫妻合葬原则，瓜尔佳氏卒后随载铨合葬；承继子一人溥煦，葬地在北京市密云县。由此看来，在载铨园寝中埋葬的应该仅有载铨的嫡福晋一人，如果嫡福晋先于载铨去世的话，则她应该和载铨同葬在一个地宫里；如果晚于载铨去世的话，则可在载铨园寝中单独建造一个宝顶。由此分析，在载铨园寝中最多只能有两座宝顶。再退一步说，那七座宝顶中会有载铨女儿的吗？根据常理推测，出嫁的女儿随夫而葬，夭折的女儿即便可以葬入祖茔，但是葬在父亲载铨园寝中的可能性恐怕也不大，更何况还修了"宝

1　金启孮先生解释"明五暗十五"，就是面阔五间，进深三间，合起来就是十五间。见《金启孮谈北京的满族》，第54页，中华书局，2009年。

顶"。载铨还有一个弟弟载错，早在载铨之前就去世了，也不可能葬在载铨园寝中。因为这里的宝顶早就被平毁，冯其利的调查也是从民间传说而来，故笔者推断，要不就是关于"七座小宝顶"的传说有误，要不就是冯氏所言的这处墓地的墓主人根本就不是载铨。

据冯其利调查，茔地上还葬有迁葬于此的定慎郡王溥煦长子毓长和1922年去世的毓盈和毓盈的儿媳唐慧卿。

（五）多罗定慎郡王溥煦园寝

多罗定慎郡王溥煦是载铭第五子。据《爱新觉罗宗谱》，溥煦生于道光十一年（1831）正月十日。道光二十五年（1845）四月，赏给四品顶戴，是月，赏戴花翎。咸丰四年（1854）九月，奉旨过继给载铨为嗣，赏给辅国将军，是月，赏二等侍卫，在大门上行走，不久，袭多罗定郡王。咸丰五年（1855）正月，赏戴三眼花翎，在御前行走，五月，授管理正蓝旗总族长。同治五年（1866）六月，充前引大臣。同治八年（1869）十二月，因病奏请停俸，得旨赏食半俸。同治十三年（1874）十二月，销假当差。光绪二年（1876）三月，复因旧病未愈，再次奏请停俸，孰料光绪帝不但拒绝溥煦的请求，反倒赏溥煦全俸。光绪三十三年（1907）八月，溥煦逝世，年七十七岁，谥曰"慎"。

溥煦孙爱新觉罗·恒兰，字如馨。他在追述其祖父溥煦轶事时说："祖父溥煦，道光初年生于南府（即西单石虎胡同贝子宅），过继给载铨为嗣后，住进北府（即缸瓦市定王府）。祖父去世时我还不记事。听老人讲，他为人乐善好施，常给穷人钱米，买鸟放生。一生毫无建树，多年不进宫廷，因不当差，有时还被罚俸。祖父有三子八女，三子分别是毓长、毓朗、毓盈。"

溥煦卒后葬于北京市密云县穆家峪乡羊山村（图1-7-10），具体位置不详。据冯其利调查，溥煦卒后在绵恩墓地东下坎塔山山脚圣德寺的寺后跨院"建坟"，"院内坟宝顶四座，

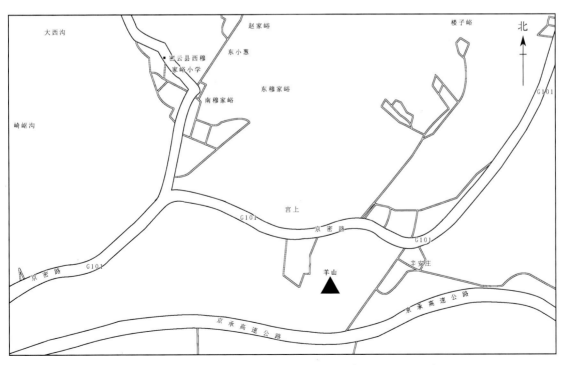

图1-7-10 北京市密云县羊山村多罗定慎郡王溥煦园寝位置示意图

其一为这个七十七岁王爷的第八女葬地"[1]。

二、端慧皇太子永琏园寝

端慧皇太子永琏，为高宗乾隆皇帝第二子，生于雍正八年（1730）六月二十六日，母孝贤纯皇后富察氏（承恩公李荣宝之女），是乾隆皇帝的第一位皇后。永琏深受其祖父雍正皇帝的器重，为其取名永琏，隐含将来要继承皇位之意。不料永琏于乾隆三年（1738）十月十二日薨逝，年仅九岁。是年十一月乾隆帝诏谕："皇次子永琏乃皇后所生，朕之适子，为人聪明贵重，气宇不凡。当日蒙皇考命名永琏，隐然示以承宗器之意。朕御极以后不即显行册立皇太子之礼者，盖恐幼年志气未定，恃贵骄矜，或左右谄媚逢迎，至于失德，甚且有窥伺动摇之者，是以于乾隆元年七月初二日，遵照皇考成式，亲书密旨，召诸王大臣面谕，收藏于乾清宫正大光明匾之后。是永琏虽未行册立之礼，朕已命为皇太子矣。今于本月十二日偶患寒疾，遂致不起，朕心深为悲悼。朕为天下主，岂肯因幼殇而伤怀抱，但永琏系朕适子，已定建储之计，与众子不同，一切典礼着照皇太子仪注行，元年密藏匾内之谕旨着取出，将此晓谕天下臣民知之。"[2]乾隆皇帝旋即正式册封永琏为皇太子，并赐谥号"端慧"。端慧皇太子薨逝后，乾隆皇帝"辍朝七日。和硕亲王以下、奉恩将军以上、觉罗民公侯伯以下、有顶戴官员以上、公主福晋以下、镇国将军一品夫人以上，咸齐集"[3]。

乾隆三年（1738）议准端慧皇太子兆域应称园寝，其茔地委官于黄花山汤泉一带地方敬谨相度。端慧皇太子金棺照例用楠木，漆饰三十五次。金棺内衬彩缎素缎七层，发引日束以红织金缎三道，襜帷咸用秋香色龙缎。奉移日，高宗纯皇帝亲临视送。王公等于东华门外，闲散宗室觉罗于景山后，左翼各官于骑河楼西口，右翼各官于景山东栅栏，汉官于地安门外齐集。届时，办理丧仪王公大臣，内务府銮仪卫工部堂官，率校尉等奉移皇太子金棺。祭酒三爵，每祭一叩。金棺由东华门中门出登大轝[4]。

乾隆七年（1742），奏准端慧皇太子园寝卜吉于朱华山动土兴工，遣工部堂官一人祇告后土司工之神。乾隆八年（1743），奏准端慧皇太子金棺移送朱华山园寝。"明年山向不宜安奉，请于今年卜吉安葬。现在享殿工程未竣，请暂盖芦殿致祭"。当年十一月初五日，行祖奠礼。设仪驾，众齐集，陈羊酒馔筵楮币如数。高宗纯皇帝亲临奠酒。初六日，王以下、奉恩将军以上、民公侯伯以下、有顶戴官员以上，于大门外齐集。公主福晋以下、尚书子一品夫人以上，于栅栏内齐集。俟皇太子金棺过，跪举哀。俟升大轝后，陈仪驾鞍马八匹于前，礼部堂官祭轝，祭酒三爵，乃启行。办理丧仪王公大臣、礼工二部堂官、内务府总管及奏遣往送之王公内大臣侍卫皆随行。所过门桥，皆礼部官祭酒。沿途分为四程，每程预盖芦殿，安奉金棺毕，奠馔筵一、祭酒三爵。送往之王公大臣官员，皆随行礼。至园寝日，在陵寝贝勒公及不值班之大小官员，咸于朱华门附近道右跪迎举哀，候过随行。皇太子金棺入，暂安芦殿，行遣奠礼。奠馔筵一，祭酒三爵。送往之王公大臣官员及齐集之贝勒公大小官员，咸随行礼。十一日质明，陈太平车于隧道，于金棺前行迁奠礼。用金银锭楮钱各一万、楮帛一万、馔筵十有五席、羊七、酒九尊。设仪驾，齐集行礼

1 冯其利《清代王爷坟》，第201页，紫禁城出版社，1996年。

2 《钦定大清会典则例》卷九十《皇太子丧礼》。

3 《钦定大清会典事例》卷四百九十六《礼部》。

4 《钦定大清会典事例》卷四百九十六《礼部》。

如仪。届时祭酒三爵，奉移金棺升太平车，祭酒三爵。由隧道入地券，奉安石床，掩闭券门，祭酒三爵，举哀行礼毕[1]。

乾隆九年（1744），享殿告竣。制造神主，遣礼部工部堂官各一人，朝服上香行礼。由部行文内阁，兼书"清端慧皇太子神位"字样，刻字填青。均内阁礼部大臣上香行礼，填青毕。奉安神主于椟内，供于享殿东庑，择吉行题主礼。至日，预设神座于享殿正中，设奠案五供香几于座前，设主案于香案之东。礼部堂官启椟，恭奉神主于案。大学士诣案前，行一跪三叩礼兴，西向题毕。礼部堂官恭奉神主跪安于神座，行一跪二叩礼退，题主毕。陈牛一、羊二、帛一、爵三，承祭亲王上香奠帛读祝三献，行礼如仪，礼成。内府执事官恭奉皇太子神主安奉寝室。四时行大飨礼[2]。

清康熙年间规定："凡皇子殇，备小式朱棺，祔葬黄花山，惟开墓穴平葬，不封不树。"[3]但是刚刚登上皇帝宝座不久的乾隆皇帝，却不愿遵守祖宗的成规，找了种种借口要为爱子另外建立园寝。乾隆帝违祖制为一个九岁的殇子大办丧事，建立园寝，"其真实目的，恐怕只不过是为了炫耀皇权的至高无上，加强自己的统治而已"[4]。乾隆皇帝的目的，大臣们当然都心领神会。所以诸王大臣们在拟定所谓的端慧皇太子的丧仪时，也就特别隆重，大大超出了包括荣亲王在内的此前历代早殇皇子及成年亲王办事的规模。《钦定大清会典则例》记载："谨按《会典》内并未开载皇太子丧礼，我朝典礼，凡冲龄薨逝，皆不成服。今皇太子丧礼谨公同酌议，除奉旨办理丧仪之王大臣暨由宗人府奏请奉旨成服之王公及皇太子侍从执事人员咸应成服外，其内府佐领内管领下官员、护军、骁骑人等，应以六百人成服。王公官员齐集丧次，咸素服摘冠缨紫禁城行走，午门前朝会。各衙门办事公所仍缀缨纬。皇帝素服七日，若旨皇太子金棺处，请摘缨纬。亲王以下、有顶戴官员以上，咸摘冠缨，素服七日成服。王公官员兵丁人等于初祭日除服。直省官员于奉文之日，咸摘缨冠，素服三日，在京四十日，直省二十日，停止嫁娶隐音乐。再幼殇例无引幡，今请照康熙年间怀亲王丧仪，仍用引幡，其制造册宝、赠谥号一应典礼，交与各该衙门办理。奉旨在京官员军民人等，初祭以内着停止婚娶作乐，直省于文到日为始，三日内停止婚娶作乐。""外藩、额驸、王公、台吉、公主、福晋、郡主等，于服内来京者，摘冠缨，去耳环。朝鲜使臣在京，令其素服七日。"[5]

其园寝的规模，自然也与一般亲王不同。我们可以把《大清会典事例》中记载的荣亲王的园寝与端慧皇太子园寝规制作一比较：

一，琉璃花门：端慧皇太子园寝一座，广一长八尺四寸，纵八尺，檐高一长二尺。荣亲王园寝一座，广一长六尺二寸，纵六尺，檐高一长八寸。

二，享殿：端慧皇太子园寝一座，广六丈五尺四寸，纵三丈四尺，檐高一丈四尺。荣亲王园寝一座，广三丈八尺六寸，纵二丈六尺五寸，檐高一丈二尺。

三，两庑：端慧皇太子园寝两庑各五间广四丈八尺，纵二丈四尺五寸，檐高一丈三尺五寸。荣亲王园寝无。

四，燎炉：端慧皇太子东有燎炉一座，广九尺三寸，纵六尺六寸，高七尺。荣亲王园寝无。

五，大门：端慧皇太子园寝南有大门三，广五丈一尺，纵二丈二尺，檐高一丈一尺五

1　《钦定大清会典事例》卷四百九十六《礼部》。

2　《钦定大清会典事例》卷四百九十六《礼部》。

3　《清史稿》卷九十三《礼十二·凶礼二》。

4　宋大川、夏连保《清代园寝制度研究》，第205页，文物出版社，2007年。

5　《钦定大清会典则例》卷九十。

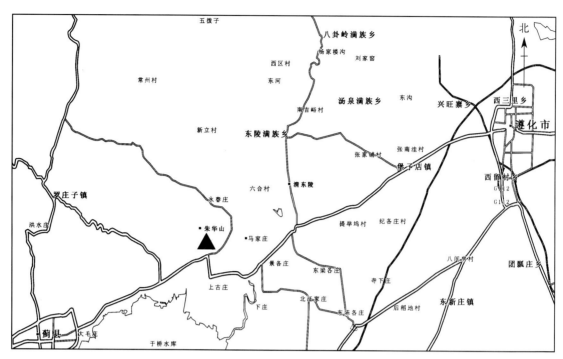

图1-7-11 天津蓟县朱华山端慧太子永琏园寝位置示意图

寸。荣亲王园寝前有大门，广三丈五尺，纵二丈一尺，檐高一丈一尺。

六，门外守护班房：端慧皇太子园寝东西厢各三间，广三丈六尺七寸，纵二丈一尺七寸，檐高一丈二寸。荣亲王园寝东西厢房各三间，广三丈八尺六寸，纵二丈六尺五寸，檐高一丈二尺。

七，围墙：端慧皇太子园寝围墙周长一百三十丈二尺，高一丈一尺。荣亲完园寝围墙周长五十二丈六尺，高一丈[1]。

端慧皇太子永琏园寝在今天津市蓟县孙各庄乡朱华山村（图1-7-11）。根据早年的实地勘察资料，端慧太子园寝遗址建筑占地面积二顷七十三亩八分九厘，地面除上述文献记载中的建筑之外，东朝房后有神厨库和井亭，西厢后有值班房一座。燎炉有东西两个。整座园寝坐北朝南，背依朱华山，左右有砂山围护[2]。《清会典事例》记载："（端慧皇太子园寝）四时致祭，照妃园寝例，读祝官二人，赞礼郎三人。每祭，各令陵寝奉礼部郎中或员外郎一人轮流前往行礼。"[3]并且清廷还规定，后来继位的皇帝要经常到端慧太子园寝致祭，这是有清一代一般的亲王都不曾享受到的特殊待遇。

端慧太子园寝于1927年被盗毁。2008年笔者考察时，园寝遗址处仅残存三个地宫废坑，呈东西排列，测得其所在的地理坐标为北纬40°07.091′，东经117°34.925′，园寝旧址上建有天津市元宝山庄陵园有限公司石料加工厂。早年的调查资料显示，园寝后院的这三座地宫，中、左是石券，右为砖券，上覆封土，状如笔架，故俗称笔架山。中间葬有端慧皇太子，左侧地宫石券内葬有乾隆皇帝三个早夭的小皇子，即第七子悼敏皇子永琮、九阿哥、十阿哥。右侧地宫砖券内亦葬有乾隆皇帝三个早夭的小皇子，即十三阿哥永璟、十四阿哥

1 据光绪本《清会典事例》卷九百四十九《园寝坟茔》。

2 徐广源《解读清皇陵》，第238页，紫禁城出版社，2005年。

3 光绪本《清会典事例》卷四百三十二《大祀》。

清代园寝志

图1-7-12 80年代园寝宫门(清东陵文管处李寅提供)

图1-7-13 80年代享殿(清东陵文管处李寅提供)

永璐、十六阿哥[1]。据清东陵文管处李寅提供的端慧太子园寝照片，20世纪80年代该园寝宫门和享殿较完整，宫门和享殿面阔均为三间（图1-7-12、1-7-13）。

此外，在端慧太子园寝后院东南角，还有一土丘，为忻贵妃所生八公主的"天落池"[2]。笔者调查时测得端慧太子地宫墓圹宽约9.2米，长约13.6米（图1-7-14）。

衬葬人物分别介绍如下：

图1-7-14 端慧皇太子地宫废坑

一、孝贤纯皇后所生的乾隆第七子悼敏皇子永琮。在永琏去世后，清高宗有意让永琮入承大统。永琮生于乾隆十一年（1746）四月初八日，可是在次年（1747）十二月二十九日因痘病逝，年两岁。上谕曰："先朝未有以元后正嫡绍承大统者，朕乃欲行先人所未行之事，邀先人不能获之福，此乃朕过耶！"命丧仪视皇子从优，谥曰悼敏，择吉于乾隆十三年（1748）正月初二日奉入金棺，照怀亲王之例，金棺用楠木。执事官员内监等，摘冠缨不成服。除斋戒王公不齐集外，其余王大臣公主福晋照例齐集。初四日，奉移曹八里屯暂安。在丧次、大祭后，执事人员皆缀冠缨，百日后剃头。初祭、大祭，皆读文致奠。百日内日奠看馔馔筵，皆照怀亲王例办理。又因皇七子永琮系出痘薨逝，所有应焚楮帛暂存储，统于百日致祭时送燎。四月初七日，行百日礼。十七日，亲王以下、四品官以上，咸于大门外齐集。公主福晋命妇，于二门内齐集。内管领祭酒三爵，奉金棺升大轝。众咸于齐集处候过，立举

---

1 徐广源《解读清皇陵》，第239页，紫禁城出版社，2005年。

2 李寅《清东陵揭秘》，第257页，中国人事出版社，2001年。

哀。内务府堂官祭奠，祭酒三爵，金棺启行。将至园寝，在陵贝勒公大臣及不值班之官员，咸于朱华山附近候迎金棺，于道右立举哀，候过随行。至朱华山园寝二门外，安奉版房内，奠馔筵，内管领祭酒三爵。二十三日，行暂安礼，致祭。乾隆十四年（1749）九月二十五日，奉悼敏皇子金棺安葬，先期行奉安礼。礼毕，移金棺近隧道。届时，祭酒三爵，移金棺入地券，安奉石床，掩闭墓门毕。悼敏皇子金棺安葬后，制造神主，于端慧皇太子龛内东旁安设。四时之祭，增爵三、帛一。不请神主出龛，祝文内增书悼敏皇子谥号于端慧皇太子之次[1]。嘉庆四年（1799），追赠永琮为哲亲王。

二、淑嘉皇贵妃金氏所生的乾隆第九子九阿哥，乾隆十三年（1748）七月初七生，十四年（1749）四月二十七日卒，未命名，祔葬在永琮的石券中。

三、舒妃叶赫那拉氏所生的乾隆第十子，乾隆十六年（1751）五月生，十八年（1753）六月初七日卒，七月入券，未命名，也祔葬在永琮的石券中。

四、以皇贵妃礼葬的皇后乌喇那拉氏所生的乾隆十三子永璟，乾隆二十年（1755）十二月二十一日生，乾隆二十二年（1757）七月二十四日卒。年三岁，无嗣。永璟的墓券为砖券，在端慧太子墓券的右侧。

五、令皇贵妃魏佳氏即孝仪纯皇后所生的乾隆第十四子永璐，乾隆二十二年（1757）七月十七日生，乾隆二十五年（1760）三月十八日卒。年四岁，与永璟同券而葬。

六、令皇贵妃魏佳氏即孝仪纯皇后所生的乾隆第十六子，未命名。乾隆二十七年（1762）十一月三十日生，乾隆三十年（1765）三月十七日卒，年四岁，也与永璟同券而葬。

七、忻贵妃戴佳氏所生的乾隆八公主，生于乾隆二十二年（1757），三十二年（1767）卒，年十一岁。她是葬在此地的皇子女中年龄最大的一位。

三、荣纯亲王永琪墓地及后裔园寝

（一）荣纯亲王永琪墓葬

荣纯亲王永琪为荣亲王的始封祖，其后裔子孙袭爵者循例递降。永琪是乾隆皇帝第五子，生于乾隆六年（1741）二月初七日，其生母为愉贵妃珂里叶特氏。乾隆三十年（1765）十月，永琪被封为荣亲王。永琪少时，"国语骑射娴习，为纯皇帝所钟爱，欲立储位"[2]。岂料，永琪于乾隆三十一年（1766）三月初八日逝世，年二十六岁，谥曰"纯"。

永琪卒后未单独建立园寝，而是祔葬在乾隆皇帝长子定安亲王永璜园寝中。按永琪生前封荣亲王，是荣亲王的始封祖，根据宗法制度，他卒后可以单独立宗。又根据清代园寝制度，永琪卒后也可单独建设园寝，但是永琪却葬在了安定亲王永璜园寝中。据《爱新觉罗宗谱》，永琪有六个儿子，其中的五个儿子都很小就夭折了，只有第五子绵亿长大成人，但是永琪去世的时候，绵亿也才三岁，这样永琪的后事便由皇家来料理，于是他们便将永琪埋在了安定亲王永璜园寝中。

永璜园寝位于今北京市密云县不老屯镇杨各庄村，园寝地面建筑在1958年修建密云水库时被拆除。现今园寝遗址处是一片庄稼地，地面上尚可看到三个地宫废坑、因翻土而暴露于

1 《钦定大清会典事例》卷四百九十六《礼部》。
2 [清] 昭梿《啸亭续录》卷二《荣恪郡王》。

地表的大片三合土和大量散落的绿琉璃瓦构件。

据当地80余岁的老人齐金山回忆：定安亲王园寝外曾有月河，月河上有汉白玉石拱桥两座。桥北建有碑楼一座，碑楼四面开有券门，内有墓碑两统。按：既然园寝中葬有三人，为何只立两统墓碑？经考证，原来其中一统碑两面均有碑文，碑阳是永璜的碑文，碑阴是永琪的碑文[1]。碑楼北是宫门，即园寝大门，宫门面阔三间，为门洞式结构，门洞与红墙相接。宫门外东西两侧各有一眼水井，以供看坟人员、祭祀人员及朝拜祭牲日常用水。宫门内有东西朝房，正中是享殿。享殿绿琉璃瓦覆顶，面阔五间，前有月台，月台正中有云龙阶石。享殿旁有东西角门。角门内月台之上是三个宝顶，居中的宝顶是定安亲王永璜的墓葬，两侧宝顶分别是循郡王永璋、荣纯亲王永琪的墓葬。

（二）荣恪郡王绵亿及奉恩镇国公溥芸园寝

荣恪郡王绵亿是永琪的第五子，生于乾隆二十九年（1764）八月十五日，其生母为永琪侧福晋索卓罗氏。绵亿的父亲在绵亿三岁时就去世了，故绵亿"少失怙恃，溺于声色，身体孱弱，至中年无日不病，或对人终日不复接谈"[2]。绵亿虽体弱多病，但"性聪敏，善书法，诵古今经史，出口如瓶泻水"[3]。永琪薨逝后，乾隆帝命"绵亿递降二等，袭封贝勒"，后"加恩晋封郡王"[4]，派往守护东陵。绵亿因在守陵时能悉心办事，遂于嘉庆七年（1802）二月，赏在内廷行走，五月，赏在乾清门行走，"以习劳勋"[5]。

绵亿曾任正红旗汉军都统、正蓝旗蒙古都统、正红旗蒙古都统、管围大臣、内大臣等。但绵亿"居心苍滑，遇事推诿，无能已极。所管各处俱不妥协，屡获愆尤"[6]。

嘉庆六年（1801），绵亿因福长安"轻守陵"事被罚。嘉庆帝谕内阁："去岁福长安仅生疮疖，即托故并未诣陵当差。今复敢以腿疾呈请回京医治，实属胆大。上则皇考陵寝所在，下则伊父坟墓亦在左近，福长安若稍有天良，何忍轻离，竟欲回京耶！无君无父，殊为可恶。绵亿、弘谦、成林并未斥驳，率行据呈具奏，亦属大谬。……绵亿、弘谦、成林，俱着交该衙门严加议处外，绵亿着革去都统及管围大臣。"[7]

嘉庆八年（1803），绵亿负责承办孝淑皇后永远奉安事宜。在一次诸王、大臣呈送的奏折中有措辞不当的地方，绵亿未能及时发现，有失察之过，"着革去正红旗蒙古都统、管理上驷院事务、行围领矗大臣"[8]。

嘉庆九年（1804）八月，复赏在乾清门行走。十月，复授正红旗蒙古都统。嘉庆十一年（1806）十月，授领侍卫内大臣，本月，授镶黄旗汉军都统。

嘉庆十一年（1806）十一月，绵亿又犯事，此事即为绵亿私自用金字旁为其子取名，触

---

1 按《北京图书馆藏中国历代石刻拓本汇编》收藏有永璜、永琪墓碑拓片，拓片编注云，永琪碑文刻在乾隆十七年（1752）七月二十五日"永璜墓碑之阴"。

2 [清] 昭梿《啸亭续录》卷二《荣恪郡王》。

3 [清] 昭梿《啸亭续录》卷二《荣恪郡王》。

4 《清仁宗实录》卷三十七。

5 [清] 昭梿《啸亭续录》卷二《荣恪郡王》。

6 《清仁宗实录》卷一百十六。

7 《清仁宗实录》卷八十一。

8 《清仁宗实录》卷一百十六。

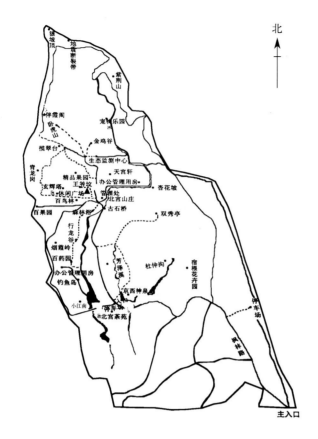

図1-7-15 北宫森林公园内绵亿园寝位置示意图

北

主入口

怒了嘉庆帝。据《实录》记载，嘉庆帝下谕，绵亿"乃私用金字偏旁，为伊两子取名，不似近派宗支，自同疏远，是何居心？伊既以疏远自待，朕亦不以亲侄待伊，亲近差使，不便交伊管领。绵亿着退出乾清门，并革去领侍卫内大臣、管围大臣，毋庸罚郡王俸，仍留镶黄旗汉军都统，令其在外廷当差，以示愧厉"[1]。

但事过不久，嘉靖帝就又恢复了绵亿的官职，再次授领侍卫内大臣。嘉庆十二年（1807），因绵亿在"盗砍树株处所，均能详细查看，俾无遗漏，尚属认真"，"着加恩仍在内廷乾清门行走"[2]。嘉庆十四年（1809）三月，授正黄旗领侍卫内大臣。嘉庆十七年（1812）四月，署理镶白旗汉军都统。本年五月，授总理行营大臣。嘉庆十八年（1813），林清等人领导的天理教起义军攻入皇宫，时绵亿正扈从嘉庆帝驻跸热河，闻京师事变，绵亿"力请上速还京师，上即日回銮"[3]。此事之后，绵亿所受宠眷日渥。嘉庆二十年（1815）三月五日，绵亿薨逝，年五十二岁，"上悼惜之"[4]，"遣正黄旗蒙古副都统载铨往奠茶酒，赏银五千两治丧，谥曰恪"[5]，以子奕绘降袭贝勒爵位。

荣恪郡王绵亿园寝遗址在今北京市丰台区大灰厂村的北宫森林公园内，地理坐标约为北纬39°51.871′，东经116°06.622′（图1-7-15）。徐广源云，绵亿园寝即《旧都文物略》中"旧都附郭疆域总图"上所标的"北公坟"。冯其利云，"北公"应为"北宫"之误。笔者认同冯其利先生的看法。北宫的由来即与绵亿的墓地有关。据绵亿七世孙女金适说，绵亿生前让风水先生看坟地，风水先生看中了今北京市丰台区大灰厂村以北三里的地方，这个地方原名樱桃园，是清江西義宁州州同张彭龄的地方，共一顷十亩。于是，绵亿就用府中通县小东格地四顷五十四亩、房二十间与张彭龄换得。张彭龄之地原四至为：东至横水沟，西至石头大道，南至大沟底，北至官分水。这也就是后来绵亿墓地的四至。换得樱桃园地方后，绵亿即开始营建园寝，此时是嘉庆五年（1800）。绵亿园寝由工部营建，故工程进行得比较缓慢。到嘉庆二十年（1815）绵亿去世时工程还没有竣工（故绵亿金棺暂厝王佑村，嘉庆帝赐奠时，亦在王佑村），前后经历了十年以上。修建过程中，樱桃园成了一处很

1 《清仁宗实录》卷一百七十一。

2 《清仁宗实录》卷一百七十九。

3 《清史稿》卷二百二十一《列传八·诸王七》。

4 ［清］昭梿《啸亭续录》卷二《荣恪郡王》。

5 《清仁宗实录》卷三百零四。

大的工地。因当时南边也有一处工地。当地人称南工地为"南工上"，称樱桃园工地为"北工上"。后来"北工上"略作"北工"，又讹写成"北宫"。于是"北宫"之名，遂代替了樱桃园，直到今天。

根据清代园寝制度，绵亿园寝当年应建有墓碑、碑亭、茶饭房、宫门、享殿、宝顶、围墙等。此外还应有月河、神桥、守护班房等。

图1-7-16 地宫墓圹

绵亿园寝地宫在20世纪30年代被盗，园寝地面建筑也在这个时期被毁。据当地百姓说，在1949年的时候宝顶还在，但不久就在1953年时被平毁了。2008年时笔者前往绵亿园寝遗址处进行调查。园寝遗址处尚有一地宫废坑，在北宫森林公园管理处北宫山庄的后面。墓圹外壁全为砖制，内层砖石混杂砌就。墓圹面阔约4.4米，深约5.9米（图1-7-16）。地宫废坑前还散落有一些零星的绿琉璃瓦碎片。

根据冯其利先生20世纪80年代调查，早年的"北宫"占地六十亩，东边是节节高山，南界到大沟底，有半里地，西至石头大道，有三里，北端到大灰厂村北界的黄二原。按"六十亩"应为绵亿园寝的占地面积，整个茔地如上所述占地一顷十亩。冯其利说，绵亿"园寝南端有桥三座，中间是神桥，两侧是平桥，桥下是文河，六月雨季有水。过桥是碑楼，碑楼内有驮龙碑，立于嘉庆二十二年（1817）。宫门三间，墙圈由城砖砌就，宫门外有东西朝房，里边有享殿三间。享殿后有紫墙一道，正中开有琉璃门，里边是大宝顶一座，地宫砖券。地宫内停灵三口。宝顶前植有松柏树。树后边是半圆形的跨栏墙。院内柏树近百株，高有五六丈。北宫的阳宅在东墙外，三进院落，有房约三十间。阳宅之东有守护兵丁排房二十间"。比照清代园寝制度，冯氏所言的绵亿园寝情况当符合实际。冯氏所说的"紫墙"当是园寝的二道墙。

另据冯其利调查，绵亿曾孙奉恩镇国公溥芸"葬于北宫东边半里的金龙甸"。按"北宫"即绵亿的园寝，溥芸葬地距离绵亿园寝仅半里，也就是250米的距离，据此推测奉恩镇国公溥芸也当葬在绵亿预先为自己所买的茔地中。

奉恩镇国公溥芸是荣恪郡王绵亿的曾孙，载钊的第三子，生于道光三十年（1850）四月八日。绵亿卒后，其子奕绘袭爵。奕绘卒后，其子载钧袭爵。载钧无子，以弟载钊之子溥楣过继为后，袭爵。溥楣是溥芸之兄，既然溥楣承袭了荣亲王王位，溥芸便无缘大宗王位。孰料溥楣不争气，于同治五年（1866）年犯事被剥夺爵位。溥楣被夺爵后，爵位改由溥芸承袭。这样溥芸在他17岁时当上了袭封的奉恩镇国公，进入荣亲王大宗序列。溥芸在同治七年（1868）和同治十三年（1874）时两次守护东陵。后又在光绪十年（1884）十二月和十二年（1886）二月时两次守护西陵。光绪十八年（1892）正月，开去差事，加恩赏食半俸。光绪二十八年（1902）三月，去世，年五十三岁，以毓敏袭。毓敏是溥芸的第二子，生于光绪四年（1878）二月一日。光绪十八年（1892）十一月，赏戴花翎。光绪二十八年（1902）九月，袭奉恩镇国公。宣统三年（1911）十二月二十三日逝世，年三十四岁。

据笔者实地调查，奉恩镇国公溥芸园寝旧址在今北京市丰台区西南大灰厂村荣恪郡王绵亿园寝东南约半里处，地理坐标大约为北纬39°51.398′　东经116°07.429′。现溥芸园寝遗址已遭到彻底破坏，不见当年园寝的丝毫遗迹。溥芸卒前为镇国公品级，根据清代园寝制度推测，其园寝当建有墓碑一统、茶饭房三间、门一、享殿三间、宝顶一座，围墙六十丈。冯其利说，溥芸地宫为砖券。

奉恩镇国公毓敏葬地不详。

（三）多罗贝勒奕绘园寝

多罗贝勒奕绘是荣恪郡王绵亿的长子，生于嘉庆四年（1799）正月十六日。嘉庆二十年（1815）六月，承袭多罗贝勒，赏戴三眼花翎。奕绘前半生几乎都在东陵度过，负责照料守护陵寝事宜。直到其妻卒后，于道光十年（1830）七月，"着加恩赏假二十一日，回京办理伊妻丧事。所管东陵承办事务衙门印钥着溥喜署理"[1]，办完其妻丧事后清帝谕内阁曰："奕绘着毋庸前赴东陵。所遗之缺，着宗人府另行奏派"[2]，复"命贝勒奕绘管理武英殿御书处"[3]。奕绘曾多次出任都统一职，做过内大臣，管理过钦天监事务。道光十五年（1835）闰六月，因病解任。道光十六年（1836）五月，着加恩赏食半俸。道光十八年（1838）七月七日逝世，年四十岁。

奕绘是清宗室中很有才华的一位，他爱好文学诗词，著有《妙莲集》、《明善堂文集》等。正是因为雅趣相投，他对西林春逐渐产生了感情，西林春即后来的奕绘侧室顾太清。西林春，字梅仙，号太清，姓西林觉罗氏，康熙朝大学士鄂尔泰之侄鄂昌孙女，与奕绘同年。西林春祖父鄂昌因文字狱获罪，被赐自尽，故西林春便成了罪臣之后。鄂昌之后，其家道中落，在政治、经济上都遭受到严重挫折，但其家学从未中断，尤其是西林春，她才貌双全，正因此她才被荣王府聘为家庭教师。在西林春为奕绘姐妹当家庭教师期间，在她与奕绘接触的过程中，二人因诗词唱和产生感情。但奕绘要想娶西林春为侧福晋是不可能的，因为宗室纳妾，只许在本府所属包衣(奴仆侍从)家女子中挑选，而西林氏是满洲大姓，更何况西林春是罪家之裔，因此遭到了制度规矩与亲友舆论的一致否定。奕绘无奈，求助于府内二等护卫顾文星，也碰了壁（满俗老辈家下人是可以训导少主的）。最后，适值顾文星病故，其子顾椿龄接受了奕绘的"请求"——将西林春假托为护卫顾文星之女，申报宗人府，这才得到批准。二人终成眷属，这可谓是满洲文化史上的一段非常奇特的佳话故事。后来奕绘自号太素，西林春乃号太清——这就是西林春又称顾太清的缘由。顾太清著有《天游阁集》、《东海渔歌》。

据《房山县志》记载，奕绘卒后，葬"上万村西"[4]，在其父绵亿园寝西南方向上。据笔者实地调查，贝勒奕绘园寝位于今北京市房山区青龙湖镇上万村大南峪，地理坐标大约为北纬39°48.300′，东经116°01.096′，海拔180米（图1-7-17）。据《大南峪奕绘贝勒园寝》一文，大南峪本天台寺所在，山奇谷幽，风景极佳，环山多膏腴之壤，山麓多山柿板栗。清入关后，天台寺开始衰落，地方豪强侵夺地界。天台寺苦于此，不得已把该寺献给北京法源寺，企图借法源寺势力与豪强抗衡，但厄运并未因此而免除。于是，寺僧决计以他地

1 《清宣宗实录》卷一百七十一。

2 《清宣宗实录》卷一百七十八。

3 《清宣宗实录》卷一百七十八。

4 民国十六年修《房山县志》卷三《地理·陵墓》。

清代园寝志

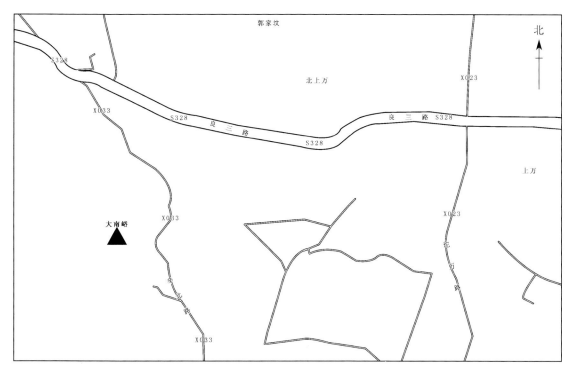

图1-7-17 北京市房山区大南峪奕绘贝勒园寝位置示意图

易寺领。奕绘深爱大南峪的幽雅，乃以府中东城地两千亩易之。大南峪易成之后，奕绘始在此经营茔地[1]。据金启孮先生记述，奕绘此次交易土地的时间为道光十四年（1834），换得的土地面积为五百余亩[2]。奕绘爱好文学诗词，还曾亲书"易地券诗"交于寺僧，存于上院法源寺，作为交易的契据[3]。按该"易地券诗"也见于奕绘《明善堂文集》中，诗中追述了天台寺的历史和易地经过。为了永久保存易地诗券，奕绘曾建碑亭于园寝东坡，镌诗券碑即"买山缘起碑"于亭中（及奕绘殁，其长子载钧以该碑不符园寝制度，撤去）[4]。

奕绘园寝修建所需费用由奕绘向户部预支自己的俸禄而来。金启孮云，"绘贝勒向清政府户部借支俸禄十年之额，约为银二万七千两，分二十年扣还户部"[5]。奕绘在其《借俸纪恩志愧诗》中如此描述："圣恩许借买山钱，南峪深宜做墓田。贝勒葬妻容请地，小民乏食敢呼天。度支预领三千万，经费先亏二十年。世禄悠悠愧无补，勉将家学继前贤。"[6]

修建园寝费用解决后，奕绘命二等侍卫阿禅泰、鄂克陀为正副监督兴工建造园寝。园寝及周边的建筑布局由奕绘和他的夫人顾太清共同设计，俨然一座别墅（图1-7-18）。园寝坐西朝东，据《奕咏》自注："自穴至大门九十六步，阶一百二十三级。自大门基至冢顶七丈七尺"[7]。"清代一步为5尺，1尺折合0.32米，96步共长153.6米"[8]。"园寝工程始建于道光十四年（1834）秋七月，至道光十八年（1838）共建成十景：杨树关、第一桥、霏云馆、清

1　杨亦武《大南峪奕绘贝勒园寝》，《北京文博》1997年第3期。

2　金启孮《金启孮谈北京的满族》，第56页，中华书局，2009年。

3　金启孮《大南峪绘贝勒园寝》，载《京华古迹寻踪》，第125页，北京燕山出版社，1996年。

4　刘小萌《清代北京旗人社会》，第179页，中国社会科学出版社，2008年。

5　金启孮《大南峪绘贝勒园寝》，载《京华古迹寻踪》，第125页，北京燕山出版社，1996年。

6　奕绘《明善堂文集》，第7卷第288页，天津古籍出版社，1995年。

7　转引自王世仁《房山大南峪别墅初勘记》，《北京文博》1997年第3期。

8　王世仁《房山大南峪别墅初勘记》，《北京文博》1997年第3期。

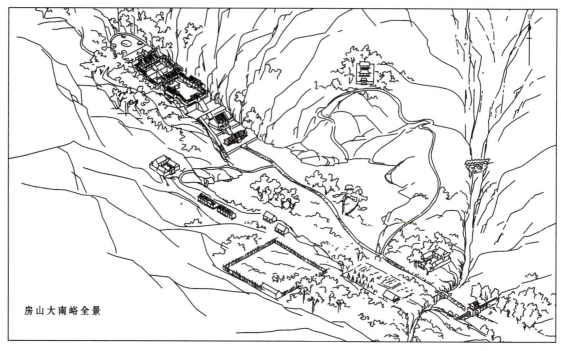

房山大南峪全景

图1-7-18 奕绘园寝全景图（采自王世仁《房山大南峪别墅初勘记》，《北京文博》1997年第3期）

图1-7-19 杨树关

风阁、菜圃、牛羊寨、红叶庵、大槐宫、东坡小石城"[1]。杨树关（图1-7-19）"雉堞望楼皆备，下有穹门，门额题曰杨树关，为奕绘自题并书。杨树关坐西向东，关北连接影壁山"[2]。关西约300米处是第一桥，桥长约8.4米，宽约5.7米，两端有燕翅，桥两侧护栏均由三块长方形石板组成。桥下之水"自北峪来，隔断入园之路，南与西涧汇，东向出峪而去"[3]。桥西约200米处，有一残破的房屋，推测为守护班房。"入关西行二百一十步至园寝大门。门三楹，坐西朝东，左右各有耳房两楹"[4]。大门前有月台，月台下有7级台阶，台阶"分三段，两边为踏步，正中为礓磋"[5]。现残存的台阶宽约2.8米。大门现存，但曾被改造用做仓库[6]。大门后正中是两段拾级而上的台阶，每段各15级。台阶后方又是一座房屋，面阔三间。此房

1 刘亚军主编《图说房山文物》，第39页，北京燕山出版社，2005年。

2 杨亦武《大南峪奕绘贝勒园寝》，《北京文博》1997年第3期。

3 杨亦武《大南峪奕绘贝勒园寝》，《北京文博》1997年第3期。

4 刘亚军主编《图说房山文物》，第39页，北京燕山出版社，2005年。

5 王世仁《房山大南峪别墅初勘记》，《北京文博》1997年第3期。

6 王世仁《房山大南峪别墅初勘记》，《北京文博》1997年第3期。

屋是奕绘园寝的享殿，是奕绘逝世后由原来的山堂改建而成的[1]。享殿"内设宝座、座椅，后有暖阁，阁中供奉奕绘与其嫡室贺舍里妙华、侧室西林太清（即顾太清）神位"[2]。享殿后正中又是两段拾级而上的台阶，每段各13级。台阶后方推测应是琉璃垂花门的位置，现只存基址。从残存基址测量，垂花门面阔约5.3米，进深约4.2米。

图1-7-20 霏云馆

琉璃垂花门两侧有回廊连接两侧的厢房。两侧的厢房各面阔三间，门前各有7级踏跺。正对琉璃垂花门是正屋一座，硬山顶，前出廊，面阔五间，房前有月台，此房即《图说房山文物》所云"霏云馆"（图1-7-20）。霏云馆后是一段台阶，13级。台阶后是一座外观为二层楼式的房屋，即《图说房山文物》所云"清风阁"。清风阁面阔五间，两侧有风雨廊通向二层，前有月台，月台正中有台阶，11级（图1-7-21）。清风阁后是一段台阶，19级，台阶的两侧有护栏和石柱，石柱上端有圆柱形柱头，柱头上刻有云状纹（图1-7-22）。清风阁西200米处的位置上是宝顶，现存三座。金启孮云："绘贝勒宝顶朱红色，四周绕以石栏，前有石阶。石栏内四角，尚有小宝顶四，亦红色，乃贝勒幼殇子孙载同、溥棣、毓守和毓乾之墓。"[3]奕绘宝顶下还葬有其嫡室贺舍妙华、侧室西林太清。园寝后是后山，山腰有豆儿佛洞，是明天台寺宝珠禅师精修之处。豆儿佛塔原也在洞侧，奕绘卒后修宝顶时拆除（图1-7-23）。

奕绘园寝之北，有其次子追封镇国公载钊之墓，墓地所在地俗称"五老爷沟"，以载钊大排行行五之故。奕绘园寝之南有辅国将军载初之墓，墓地所在地俗称"八老爷沟"，以其大排行行八之故。

据《大南峪奕绘贝勒园寝》一文，奕绘园寝外还有红叶庵、大槐宫、平安精舍诸建筑。

图1-7-21 清风阁

图1-7-22 台阶

1　杨亦武《大南峪奕绘贝勒园寝》，《北京文博》1997年第3期。

2　杨亦武《大南峪奕绘贝勒园寝》，《北京文博》1997年第3期。

3　金启孮《大南峪绘贝勒园寝》，载《京华古迹寻踪》，第127页，北京燕山出版社，1996年。

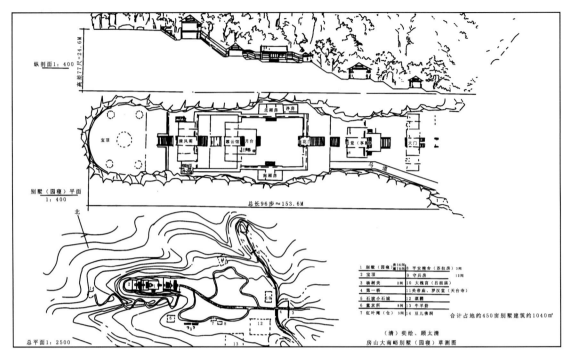

图1-7-23 奕绘园寝平、剖面图（采自王世仁《房山大南峪别墅初勘记》，《北京文博》1997年3期）

红叶庵在园寝正所之北一山梁上，三楹，曾为粮仓，载均贝子时，以不符园寝制度，与平安精舍均改为苏拉住所。大槐宫在大南峪之北峪近杨树关处，因宫侧有大槐一株而得名。大槐宫后改为吕祖庙，同治以后，每届四月，附近居民来进香、赛社。大槐树西北不远处北山之阳有明关帝庙[1]。

（四）固山贝子载钧园寝

固山贝子载钧是贝勒奕绘的第一子，生于嘉庆二十三年（1818）二月十七日。道光八年（1828）十月，赏戴花翎。道光十八年（1838）十月，降袭固山贝子。道光十九年（1839）七月，派往守护东陵。道光二十八年（1848）四月，派往守护西陵。咸丰元年（1851）二月，复守护东陵。咸丰七年（1857）六月十六日卒，年四十岁。载钧无子，以弟载钊之子溥楣过继为后，袭镇国公。据《清实录》记载，载钧曾几次在朝集之期，接班旷误，"本应照议革去贝子"，但咸丰帝"念载钧患病属实，且业经病故，所有应得革爵处分，着加恩宽免"[2]。

载钧卒后建园寝于北京市海淀区马连洼[3]（图1-7-24）。载钧园寝用地是在咸丰元年（1851）时，以一千八百吊钱从农民手中买得的[4]。载钧园寝早已无任何遗存，根据清代园寝制度，载钧为贝勒品级，推测他的园寝依制当建有墓碑、茶饭房、宫门、享殿、宝顶、围墙。此外，还可能建有月河、神桥、值班房等。

1　杨亦武《大南峪奕绘贝勒园寝》，《北京文博》1997年第3期。

2　《清文宗实录》卷二百三十。

3　金启孮《大南峪绘贝勒园寝》，载《京华古迹寻踪》，第125页，北京燕山出版社，1996年。

4　金启孮《金启孮谈北京的满族》，第58页，中华书局，2009年。

清代园寝志

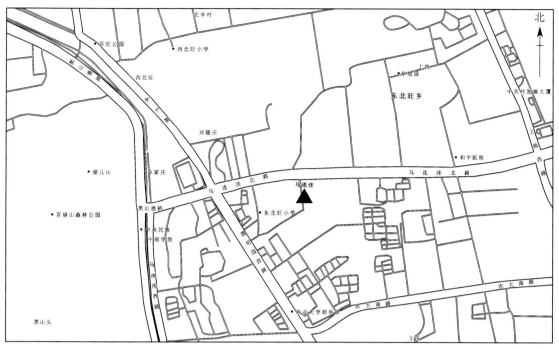

图1-7-24 北京市海淀区马连洼固山贝子载钧园寝位置示意图

四、仪慎亲王永璇及后裔园寝

仪亲王这支爵位传经五代，即始封祖仪慎亲王永璇、一袭第二代仪顺郡王绵志、二袭第三代郡王衔多罗贝勒奕絪、三袭第六代固山贝子毓崑、四袭第六代镇国公毓岐。

承袭次序	名字	谱系	爵谥
始封祖	永璇	高宗第八子	和硕仪慎亲王
一袭第二代	绵志	永璇第一子	多罗仪顺郡王
二袭第三代	奕絪	绵志第四子	多罗贝勒
三袭第六代	毓崑	绵志曾孙	追封贝勒衔、固山贝子

（一）仪慎亲王永璇园寝

仪慎亲王永璇生于乾隆十一年（1746）七月十五日，清高宗（即乾隆）的第八子，其生母为淑佳皇贵妃金佳氏。乾隆帝很看重永璇。早在乾隆四十二年（1777）三月永璇还是阿哥时，乾隆帝就下谕，"武英殿、御书处、雍和宫事务俱着八阿哥永璇管理"[1]。乾隆四十四年（1779）二月，充四库全书馆正总裁，三月，加恩封仪郡王，"赏给西长街王府居住，其西华门外王府，着赏给皇孙定郡王绵恩居住。西单牌楼公府，着赏给皇孙镇国公绵德居住"[2]。

永璇"秉性端醇，持躬恪慎"[3]。嘉庆四年（1799）正月，晋封亲王，总理吏部事务。二月，自请罢免吏部事务，嘉庆帝下谕内阁曰："仪亲王永璇现系宗人府宗令、领侍卫内大

---

1 《清高宗实录》卷一千零二十八。

2 《清高宗实录》卷一千零七十八。

3 《清宣宗实录》卷二百一十七。

臣、正红旗满洲都统，并管理武英殿、御书处、乐部及雍和宫、中正殿各处事务，职任较多，恐难兼顾，着不必总理吏部事务"[1]。这是嘉庆帝的一个堂皇的借口，实乃嘉庆帝不愿意看到永璇的权力过于集中，他认为"六卿分职，各有专司，原无总理之名，勿启专权之渐"[2]。嘉庆十三年（1808）正月，嘉庆帝又下谕："仪亲王朕长兄，年逾六十，冬寒无事，不必进内。"嘉庆十四年（1809）正月，封永璇子绵志为贝勒。嘉庆十七年（1812），永璇因撰刻高宗圣训时出现书误，被罚停俸三年。嘉庆十八年（1813）九月，因在林清起义时，督捕勤劳，撤免以前所受处分。嘉庆二十年（1815）七月，永璇恭代前往祭奠裕陵，不料，出行时遇雨受阻，永璇不上奏，擅自回京，嘉庆帝大怒，降永璇为郡王，罚俸五年，永璇子绵志亦受到牵连，被夺回郡王衔及加俸。嘉庆二十四年（1819）七月，永璇因"刺探政事"被发现，嘉庆帝下谕："朕兄仪亲王年已七十有四，精力渐衰。所领事务甚多，恐有贻误，探听尚有可原。朕不忍烦劳长兄，致失颐养。嗣后只留内廷行走，平日不必入值。"其实，这又是嘉庆帝欲压制永璇手中权力而找的一个借口而已，永璇并未"精力渐衰"，据《实录》记载，永璇在年将九十时，还"精神矍铄"[3]。

嘉庆二十五年（1820）七月，道光帝即位。道光帝对永璇尊礼有加，下谕永璇不必远迎，召对宴赉毋庸叩拜。道光八年（1828）正月，命永璇可在紫禁城乘轿，并加俸银五千。十一月下谕，永璇朝贺时免行礼。道光十年（1830）十月，永璇在前往圆明园看视大阿哥时，不顾值班官兵及太监的拦阻，率自入门。道光帝念永璇"年老神瞀，故习未悛"[4]，并未处罚他，只开缺了永璇子绵志的各项差事。道光十一年（1831）嘉庆帝下谕，在寿皇殿、安佑宫举行典礼时，永璇只在其府邸内行礼即可。不久又下谕，元旦宗亲筵宴时，永璇可免赴宴，并另颁果看一席给永璇。

道光十二年（1832）八月，永璇患疾，道光帝亲临探视。本月七日，永璇薨逝。时永璇年八十有七。道光帝对永璇的薨逝深感震悼，"着赏给陀罗经被，派惇亲王绵恺即日带领侍卫十员代朕前往赐奠，加恩于例赏外，由广储司加赏银五千两，经理丧事"[5]。道光帝于本月十一日亲临祭奠，以示优崇，"所有饰终典礼，着各该衙门察例具奏，寻赐祭葬，谥曰慎"[6]。

仪慎亲王永璇卒后葬在今北京市昌平区兴寿镇半壁店村（图1-7-25）。根据清代园寝制度，永璇园寝当依照亲王品级建有墓碑一统、碑楼一座、茶饭房左右各三间、宫门三间、享殿三间、宝顶一座、围墙百丈。此外，还应有月河、神桥和值班房等。

仪慎亲王永璇园寝地面建筑及周围树木早在1924年时就被他的后人拆卖。冯其利80年代调查时，仪慎亲王永璇园寝的神桥还在，地宫处呈坑状。冯其利说，仪慎亲王永璇园寝坐北朝南，还曾建有石牌坊。按石牌坊在一般亲王、郡王园寝建设中是没有的，不是园寝规制内的建筑，如果冯氏所言属实，推测这可能是因为道光帝不仅在永璇生前尊礼他，而且在永璇卒后，也在他的园寝建设上表现出一定的优待。

1　《清仁宗实录》卷三十九。

2　《清史稿》卷二百二十一《列传八·诸王七》。

3　《清宣宗实录》卷二百一十七。

4　《清宣宗实录》卷一百七十八。

5　《清宣宗实录》卷二百一十七。

6　《清宣宗实录》卷二百一十七。

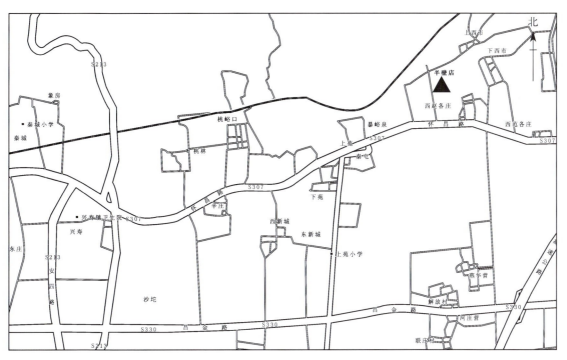

图1-7-25 北京市昌平区半壁店仪慎亲王永璇园寝位置示意图

图1-7-26 石桥

　　虽历经沧桑，但现今仪慎亲王永璇园寝遗址处仍有两座残存的石平桥，其中一座三孔石平桥拦板已无，仅剩石制桥面，其地理坐标大约为北纬40°14.391′，东经116°28.337′，海拔55米，南偏东20°。桥身长7.4米，宽2米，中间桥洞宽2米，两侧桥洞各宽1.35米（图1-7-26、1-7-27）。桥南约100米处是绵延的山脉，应为墓地朝山。据桥所在位置推测，此桥应为园寝外最南端的神桥。在此三孔平桥的西北方向另有一座残存石平桥，大约位于南端三孔平桥西300米，北100米的坐标上，此桥亦只剩下几块条石桥面，桥身长2.8米，宽3.4米，其地理坐标大约为北纬40°14.400′，东经116°28.236′，海拔57米，南偏东20°（图1-7-28）。据这两座石桥所处位置推断在以最南端三孔石平桥为对称中心的东300米、

图1-7-27 残存石桥桥面　　　　　　　　　　图1-7-28 残存石桥

北100米处也当有一石桥，与西侧石桥形成对称。从东西两处对称的便桥推断园寝外曾有水环绕。

（二）仪顺郡王绵志园寝

仪顺郡王绵志是仪慎亲王永璇长子，生于乾隆三十二年（1767）三月十七日。嘉庆七年（1802）十月，管理火器营事务。十二月，封贝子。嘉庆十四年（1809）正月，封贝勒。嘉庆十八年（1813）九月，在林清起义中，绵志"先入大内，经二阿哥将自带鸟枪交给点放。绵志于二阿哥枪毙两贼之后，亦用枪毙贼一名，其余贼匪始皆畏惧避匿"[1]。绵志因奋勇出力，表现勇猛，御贼有功，"着加恩赏郡王衔，于岁支贝勒俸银二千五百两外，每年加给银一千两"[2]。嘉庆二十年（1815）七月，绵志父永璇恭代前往祭奠裕陵，不料出行时遇雨受阻，永璇不上奏，擅自回京，嘉庆帝愠怒，降永璇为郡王，罚俸五年，绵志亦受到牵连，被夺回郡王衔及前所加俸银。嘉庆二十四年（1819）正月，复郡王衔，赐三眼孔雀翎。六月，绵志妾之父冒充仪亲王府侍卫，以便免除差役，绵志得知后不及时禀明其父仪亲王永璇；又绵志在未事先禀明仪亲王的情况下，私买民人之女为妾，直到生子后，方复告知其父。绵志所做乃"咎无可辞"，着革去郡王职衔，仍留贝勒，并革退都统，拔去花翎，再罚贝勒俸四年，作八年扣缴。

道光帝即位后，于道光三年（1823）正月着恩赏还绵志郡王衔，并于俸银外，另加赏银一千两。道光十年（1830）十月，绵志之父永璇去圆明园看望大阿哥时，不听值班官兵及太监拦阻，径入福园门，绵志因"不能从旁劝阻，甚属非是"[3]，开缺各项差事。道光十二年（1832）八月，袭郡王。道光十三年（1833），绵志因病开缺各项职务。道光十四年（1834）四月十一日，薨逝，年六十七岁，道光帝"命惠郡王绵愉带领侍卫十员往奠故仪郡王绵志茶酒，赏银两千两治丧，予祭葬，谥曰顺"[4]，以子奕絪袭贝勒。

根据中国古代传统的宗法制度，仪顺郡王绵志卒后可以其父仪慎亲王永璇立祖，同其父仪慎亲王永璇葬在一处茔地上。但是冯其利说，绵志葬在北京市海淀区沙窝村（图1-7-29），并解释这是因为绵志卒时，他的父亲永璇的墓地建设尚未竣工。冯氏的这种解释

1　《清仁宗实录》卷二百七十四。
2　《清仁宗实录》卷二百七十四。
3　《清宣宗实录》卷一百七十八。
4　《清宣宗实录》卷二百五十一。

清代园寝志

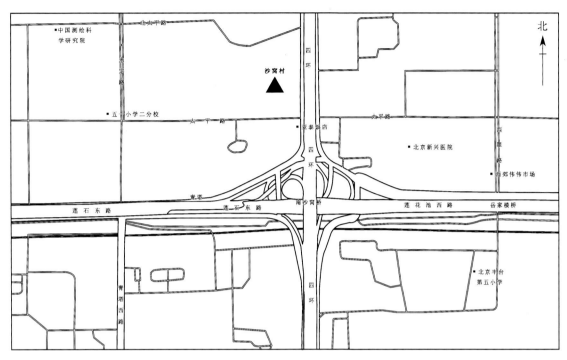

图1-7-29 北京市海淀区沙窝村位置示意图

恐怕值得商榷。永璇和绵志卒年只相隔两年，根据常理推测，两人葬在一处茔地上当是最省人力、物力、财力的。

冯其利说，绵志茔地位于北京市海淀区沙窝村东，处在"八里庄慈寿寺塔和黑塔寺村之间，东与核桃园搭界，南临大道，西接沙窝村，北达枣林至核桃园之间的沙沟，占地一顷数十亩，墓地俗称八爷坟"[1]。据《畿辅通志》记载，"慈寿寺在阜成门外八里庄"[2]。按绵志为永璇的长子，其墓地却被称为"八爷坟"，殊为可怪。这不由得让人想到，这处墓地的主人到底是不是绵志。倒是绵志的父亲仪亲王永璇在他的兄弟们中排行第八。

我们暂且不管这处墓地的主人是谁。冯其利说，这片茔地上的围墙1926年被拆毁。1937年时地宫被盗。1938年时日伪政权在北京西郊建设"北京新市区"，这里的墓地因为在"北京新市区"规划范围内而被墓主后代起灵到长辛店镇南。1983年时这片茔地旧址上为建筑三公司南邻的大院。

依据清代园寝制度，绵志当年的园寝当建有碑亭一座、墓碑一统、宫门三间、享殿三间、茶饭房三间、宝顶一座、围墙八十丈，此外，还有神桥、值班房等。据冯其利先生早年调查，沙窝村的这座园寝坐西朝东，四周有道沟环绕，正东是月牙河，河上建有平桥一座。享殿两侧还有南北角门。园寝中除绵志的大宝顶外，还有小宝顶两座，土坟一座，分别是载桓和追封贝勒、贝子毓崑以及镇国公毓岐墓。绵志地宫顶部石券，下有石床、金井，石床上棺三口，一男二女。石门上的铁铸梁长七八米。园寝罗圈墙外西南还有绵志妾李氏、安氏墓。按如若此处园寝的主人确实是冯氏所说的绵志，则绵志地宫内的"二女"当为绵志的两个福晋，即嫡福晋瓜尔佳氏、侧福晋李佳氏。载桓是绵志的孙子，奕绲的唯一一个儿子，早于父亲奕绲去世，载桓也只有一个儿子溥顺，溥顺卒年未见《宗谱》记载。因载桓、溥

1 冯其利《清代王爷坟》，第213页，紫禁城出版社，1996年。
2 《畿辅通志》卷五十一《寺观》。

顺均卒在奕缃之前，故奕缃卒后，仪亲王大宗爵位便由毓崑承袭。毓崑是溥顺的长子，生于光绪元年（1875）七月三日。光绪二十年（1894）三月，袭固山贝子，十一月，补进王六班。光绪二十六年（1900）七月，署理镶蓝旗蒙古副都统。光绪二十七年（1901）十月三日，逝世，年二十七岁，追赠贝勒衔。毓崑之后，大宗爵位由毓岐承袭，毓岐卒于民国六年（1917）二月。

（三）贝勒奕缃园寝

贝勒奕缃是仪顺郡王绵志的第四子，生于嘉庆二十一年（1816）十二月初三日，其生母为绵志侧福晋李佳氏。道光五年（1825）七月，赏二品顶戴。道光七年（1827）三月，赏顶戴花翎。道光十一年（1831）正月，封奉恩辅国公。道光十二年（1832）九月，授散秩大臣。道光十四年（1834）四月，袭贝勒。道光十五年（1835）十月，在乾清门行走。道光十九年（1839）二月，毋庸在乾清门行走，派往守护东陵。咸丰三年（1853）十月，派往守护西陵。咸丰七年（1857），因病赏食全俸。光绪二年（1876）九月，授内大臣。光绪三年（1877）四月，管理正黄旗蒙古都统。光绪十年（1884）十月，加郡王衔。光绪十一年（1885）六月，派稽查觉罗学事务。光绪十六年（1890）正月，管理阅兵大臣。光绪十七年（1891）十一月，补授正黄旗领侍卫内大臣。十月，告退领侍卫内大臣。光绪十九年（1893）八月二十六日逝世，年七十八岁，光绪帝"命贝勒温都苏带领侍卫十员往奠故郡王衔贝勒奕缃茶酒，赏银五百两治丧，予祭葬如例"[1]。奕缃只有一个儿子载桓，早于奕缃去世，奕缃长孙溥顺也先于奕缃去世，故以奕缃曾长孙毓崑承袭爵位。

贝勒奕缃是仪顺郡王绵志的儿子，又承袭了绵志的爵位，根据宗法制度，奕缃卒后以父绵志为一代祖先，可葬入绵志园寝中绵志宝顶昭位或者在绵志园寝附近的昭位另建园寝。但是据冯其利调查，贝勒奕缃卒后葬在今北京市昌平区兴寿镇半壁店村（图1-7-30），在"仪亲王永璇墓西南"，俗称"小宫门"。从冯氏所言，贝勒奕缃当是葬在了始封祖永璇的茔地上，其中的原因不得而知。根据清代贝勒园寝之制，推测奕缃园寝当年应建有墓碑、茶饭房、宫门、享殿、宝顶、围墙、月河、神桥等。

贝勒奕缃园寝早年既被破坏无余，冯其利先生在20世纪80年代时通过踏访说，奕缃园寝"坐北朝南，外有石桥，桥北建有碑楼，内立驮龙碑一方。宫门与红墙相连接。院内正中是三间享殿，享殿后月台之上为仪亲王永璇之孙、仪郡王绵志第四子郡王衔多罗贝勒奕缃的宝顶一座。'小宫门'西南有土山子一座，也有小宝顶，有人说是仪亲王府太监之墓"。按：根据清代园寝制度，贝勒品级是没有资格建造碑楼的，冯氏说奕缃园寝建有碑楼，显属讹传。"小宫门"即奕缃园寝，奕缃园寝西南的小宝顶是否是仪亲王府太监的墓葬，难以考证。

综上所述，如果依照冯其利的记述，很显然仪亲王这支成员埋葬得比较混乱，即始封祖仪亲王永璇和二袭第三代多罗贝勒奕缃葬在一处茔地，一袭第二代仪顺郡王绵志和三袭第六代固山贝子毓崑、四袭第六代镇国公毓岐葬在一处。由于仪亲王这支的园寝及墓葬被毁坏的时间都较早，冯其利也是根据民间传说来界定各墓地的墓主人及各墓地的祔葬人员，并对各

1 《清德宗实录》卷三百二十七。

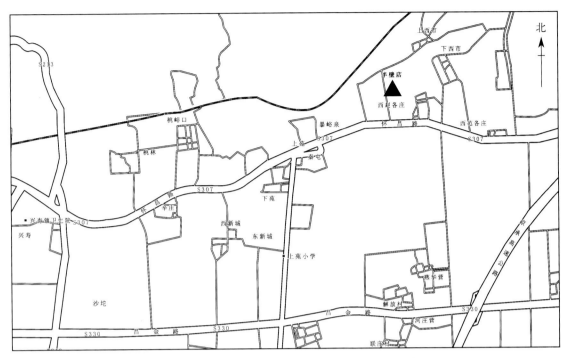

图1-7-30 北京市昌平区半壁店贝勒奕细园寝位置示意图

墓地的建设情况进行描述，传说是否可靠，就不得而知了。

五、成哲亲王永瑆及后裔园寝

（一）成哲亲王永瑆家族茔地及成哲亲王永瑆园寝、追封多罗成郡王绵懃园寝、溥庄园寝

成哲亲王永瑆生于乾隆十七年（1752）二月七日，清高宗乾隆的第十一子，与仪亲王永璇是同母兄弟，其生母为淑佳皇贵妃金佳氏。永瑆诗文精洁，书法遒劲，"幼时握笔，即波磔成文"，"士大夫得片纸只字，重若珍宝"[1]，高宗乾隆帝非常喜爱他。后来的嘉庆帝还曾命永瑆书写裕陵的神功碑，并令自择书迹刻为《诒晋斋帖》，以手诏为序。

乾隆四十四年（1779）二月，永瑆充四库全书馆正总裁。乾隆四十九年（1784）九月，侍驾南巡。乾隆五十四年（1789），封成亲王。乾隆六十年（1795）九月，被授为总谱达，管满洲都统事务。嘉庆帝即位后，因军机处事务繁忙，暂令永瑆入值办事，授军机大臣，并总理户部三库事宜。三月，嘉庆帝又将没收的和坤园第赐予永瑆。六月，授永瑆领侍卫内大臣。

永瑆好置古玩书画，但多受人欺诈，对此，永瑆并不与人计较，只知逢迎权要，"其上眷稍衰者，即骂詈之"[2]。《啸亭杂录》又载，永瑆好以权术驭人，"护卫多以非罪斥革"，持家苛虐，他乘驾的马死后，"命烹以代膳，是日即不举爨"，还把他妃子的嫁妆资财锁入库中，"妃惟日啖薄粥而已"。

永瑆虽逢迎权要，好以权术驭人，但不恃权独揽。据《实录》记载，永瑆曾面奏恳辞户部三库事务，嘉庆帝谕内阁："据称自幼在上书房读书，未曾阅历度支出纳，款项繁多，恐难兼顾，陈请解退部务，庶于军机处承旨书谕诸务，得以专心办理，且各部俱无总理之人，

---

1 [清]昭梿《啸亭杂录》卷二《成王书法》。

2 [清]昭梿《啸亭续录》卷五《成哲王》。

户部事亦无庸另设总理等语。成亲王永瑆自总理户部以来，敬事奉公，尽心综核，即应得捐项饭银，亦不行支领。所管三库，均能稽察弊端。兹因兼摄职任较繁，恳辞再四，具见谦抑之怀，着俯允所请，永瑆不必总理户部，其户部三库事务着另派那彦成管理。所有永瑆定立章程，至为详妥，仍着户部堂官及那彦成等遵循办理"[1]。嘉庆四年（1799）七月，永瑆辞总管户部三库事务。嘉庆四年（1799）十月，嘉庆帝谕内阁："本朝自设立军机处以来，向无诸王在军机处行走。正月初闲，因军机处事务较繁，是以暂令成亲王永瑆入直办事，但究与国家定制未符，成亲王永瑆着不必在军机处行走。"[2]这样永瑆便因亲王值军机非祖制而退出军机处。十二月，在内廷行走。嘉庆五年（1800）十一月，授左宗正。嘉庆七年（1802）十二月，嘉庆帝追论永瑆先前赞襄机务之功劳，加封其子贝勒爵位。嘉庆十四年（1809），因疾辞领侍卫内大臣。

永瑆晚年多病，嘉庆帝罢免了他一切差使，让他不必在内廷行走，并在邸第闭门思过，罚亲王半俸十年。《啸亭杂录》记载，永瑆晚年患狂癫症，卒前数月，"体不沐浴，发不栉比，菌溺自裤间出"，"生前日用菲薄，积蓄皆为仆从掠去，府藏为之一空"[3]。道光三年（1823）三月三十日，永瑆以狂疾卒，年七十二岁。道光帝赐银五千两治丧，谥曰"哲"。

成哲亲王永瑆卒后葬于昌平"州西雪山"[4]。《日下旧闻考》载，雪山"在州西八里"[5]。雪山历史上曾被称为积粟山、靴山，后演变为今名，为昌平县西部的著名山峰之一[6]。永瑆茔地在今北京市昌平区雪山村（图1-7-31）。2008年笔者前往调查时，发现永瑆茔地

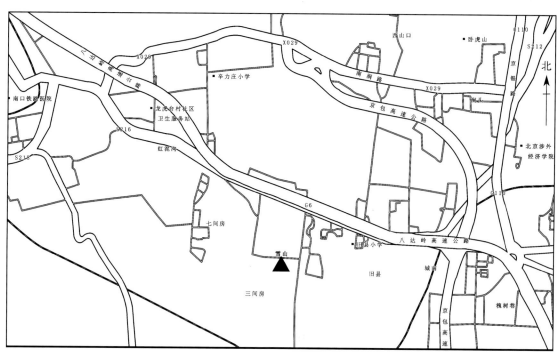

图1-7-31 北京市昌平区雪山村成亲王家族茔地位置示意图

1 《清仁宗实录》卷四十九。

2 《清仁宗实录》卷五十三。

3 [清] 昭梿《啸亭续录》卷五《成哲王》。

4 [清] 缪荃孙、刘万源《光绪昌平州志》第十二《冢墓记》，北京古籍出版社，1989年。

5 《日下旧闻考》卷一百三十四《京畿·昌平州一》，北京古籍出版社，1981年。

6 昌平县地名志编辑委员会编《北京市昌平县地名志》，北京出版社，1997年。

上的地面建筑及遗迹早已荡然无存。据民间传说，在20世纪60年代的时候，茔地上的宝顶等建筑就被平毁。

永瑆并不是第一个埋在这块茔地上的人。据冯其利调查，早于永瑆去世的永瑆长子绵勤也葬在这块茔地上，由此推知，这处茔地是成亲王的家族茔地。绵勤本来是永瑆王位的预定继承人选，可惜绵勤在嘉庆二十五年（1820）的时候就先于父亲永瑆去世了。为了确认绵勤王位继承者的身份，清帝在绵勤去世的当年就追封他为多罗成郡王。绵勤生前爵为贝勒，根据清代园寝制度，他是有资格建造园寝的。冯其利说，"绵勤宝顶葬一男二女"。此外，据《爱新觉罗宗谱》，绵勤的儿子奕绂去世得更早，在嘉庆十七年（1812）。奕绂生前无爵，卒后被追封为不入八分辅国公。道光三年（1823）其子载锐袭成郡王后，又被追封为多罗成郡王。笔者推测奕绂也可能葬在这块成亲王家族茔地中。

绵勤之后，成哲亲王永瑆葬入这块茔地。据冯其利调查，永瑆葬在绵勤东北。根据清代园寝制度，成哲亲王永瑆园寝当按照亲王品级建有墓碑、碑楼、茶饭房、宫门、享殿、宝顶、围墙等。永瑆园寝建筑及遗迹早已被毁坏无余，根据《清代王爷坟》一书记述，永瑆园寝只有大宝顶一座，无碑楼、享殿等建筑。1968年宝顶被平毁时，据知情者说，宝顶条石下边为砖石结构，底部为豆渣石，石床上停有五口棺椁，一男四女[1]。按：《清代王爷坟》记述永瑆园寝只有宝顶，其余什么建筑也没有，这显然是不准确的。《北京图书馆藏中国历代石刻拓本汇编》中收有永瑆墓碑碑文拓片，可见永瑆园寝至少是建有墓碑的。至于其余的建筑，如碑楼、茶饭房、享殿等是否因永瑆晚年患癫痫，"生前日用菲薄，积蓄皆为仆从掠去，府藏为之一空"而确实没有建设，尚待考证。根据《爱新觉罗宗谱》，永瑆地宫石床上五口棺椁的主人当分别是永瑆、永瑆嫡福晋富察氏、侧福晋他塔喇氏、刘佳氏、李氏。

因为这里是成亲王的家族茔地，冯其利说，"在大宝顶正西建有砖圈一处，俗称'小宫'，当是夭折的阿哥、格格葬地，砖坟两行，每行三四座坟。也有人说是侧福坟圈。"根据夫妻合葬原则，侧福晋一般都随夫合葬，所以"'小宫'当是夭折的阿哥、格格葬地"。

此外，笔者推测贝勒溥庄可能也葬在雪山村成亲王家族茔地上。冯其利说，贝勒溥庄"去世后，其过继子毓橚袭贝勒，在雪山村阳宅东边又建坟地，俗称'西园子'。成亲王永瑆后裔中有葬于西园子附近的"。按：据冯其利调查，阳宅在永瑆宝顶西南。从冯氏叙述语气来看，当是毓橚把继父溥庄葬在了"西园子"。

溥庄是成恭郡王载锐的第一子，生于道光十年（1830）闰四月二十五日。咸丰七年（1857）十二月，授三等镇国将军。咸丰九年（1859）八月，袭多罗贝勒。咸丰十年（1860）正月，加郡王衔。同治十一年（1872）四月七日逝世，年四十三岁，以承继子毓橚袭贝子。根据清代园寝制度，载锐卒后是有资格建造园寝的。

毓橚生于咸丰八年（1858）五月十二日，其生父为奕绂第七子溥蓁。同治十一年（1872）四月，过继溥庄为嗣，十一月袭固山贝子。光绪元年（1875），派守护东陵。民国七年（1918）十一月十七日逝世，年六十一岁。冯其利云，"成亲王永瑆后裔中有葬于西园

1　冯其利《清代王爷坟》，第215页，紫禁城出版社，1996年。

子附近的"[1]。笔者据此推测，毓橚卒后可能就葬在"西园子"附近。毓橚去世时已是民国年间，估计墓地上不会再有享殿、碑亭等建筑。

（二）成恭郡王载锐园寝

成哲亲王永瑆长子绵懃、长孙奕绶都先于永瑆去世，永瑆卒后，他的曾长孙载锐袭郡王，是为成恭郡王。成恭郡王载锐生于嘉庆十年（1805）正月二十一日。嘉庆十八年（1813）二月，封镇国将军。父绵懃卒后，于嘉庆二十五年（1820）十月袭贝勒。成亲王永瑆卒后，于道光三年（1823）七月袭郡王。咸丰九年（1859）四月逝世，年五十四岁，谥曰"恭"，以子溥庄袭贝勒。

载锐为成亲王大宗王位的继承者，根据中国古代传统宗法制度，载锐卒后可以同成哲亲王永瑆葬在一块茔地上。但据民间传说，载锐生前游猎圣宝山时，看中了背靠此山的和平寺附近的风景，发愿卒后归葬于此。按和平寺所在地今属北京市昌平区南口镇西南十里远的花塔村，寺在兴隆口村东北500余米处（图1-7-32）。据《日下旧闻考》记载，花塔村"在州城西北三十里，有和平寺，唐建"[2]。因载锐园寝在花塔村，故成郡王府又称载锐园寝为"花塔园寝"。

成恭郡王载锐园寝在1923年前后被其后人起灵，园寝地面建筑亦被拆除，仅剩下墓碑碑座[3]。现今成恭郡王载锐园寝地面建筑残存及遗址已彻底消失。冯其利先生说，载锐坟地"占

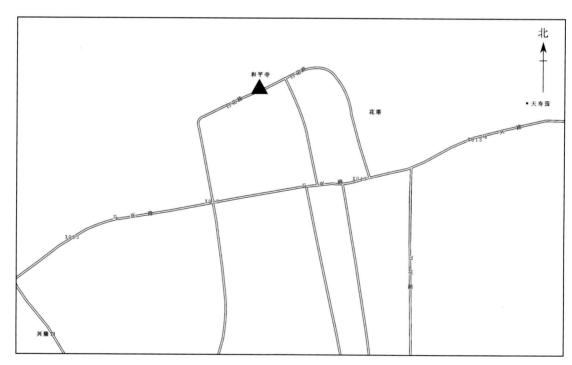

图1-7-32 北京市昌平区成恭郡王载锐园寝位置示意图

---

1 冯其利《清代王爷坟》，第216页，紫禁城出版社，1996年。

2 《日下旧闻考》卷一百三十五《京畿·昌平州二》，北京古籍出版社，1981年。

　　3 冯其利《清代王爷坟》，第219页，紫禁城出版社，1996年。

地二百数十亩"[1]。按：根据清代园寝制度规定，郡王园寝周长八十丈，这个周长内的面积远远没有二百亩，即使再加上园寝周边的可耕地，笔者认为也达不到二百亩，不知道冯其利对"载锐坟地"的占地面积是如何计算、如何得出的。载锐为郡王，其园寝依清制规定的郡王品级，应建有墓碑及碑楼、茶饭房、宫门、享殿、宝顶、围墙等。此外，可能还有月河神桥、值班房等。

附：成亲王承袭表

承袭次序	名字	谱系	爵谥
始封祖	永瑆	高宗第十一子	和硕成哲亲王
一袭追封 第二代	绵勤	永瑆第一子	追封多罗成郡王
二袭追封 第三代	奕绶	绵勤第一子	追封多罗成郡王
二袭 第四代	载锐	奕绶第一子	多罗成功郡王
三袭 第五代	溥庄	载锐第一子	郡王衔、多罗贝勒
四袭 第六代	毓橚	溥庄承继子	固山贝子

六、追封贝勒永璂园寝

端慧皇太子园寝西侧，建有乾隆皇帝十二子永璂的园寝。永璂生于乾隆十七年（1752）四月二十五日，母皇后乌喇那拉氏（佐领那尔布之女）。乾隆四十一年（1776）正月二十八日卒，年二十五岁，"诏用宗室公例治丧"[2]。嘉庆四年（1799）三月，追封永璂为多罗贝勒。永璂无后，嫡夫人博尔济吉特氏[3]。

永璂园寝在今天津市蓟县孙各庄乡朱华山，端慧太子园寝西侧。园寝建有"琉璃花门一座，广一丈五尺五寸，纵七尺一寸，檐高一丈一尺五寸，正中享殿一座，广三丈八尺，纵二丈八尺二寸，檐高一丈一尺二寸，前有大门，广一丈五尺二寸，纵一丈八尺，檐高一丈六寸，门外设守护班房，围墙周长四十九丈，高九尺二寸"[4]。

从上述文献可见，乾隆皇帝在永璂死后，虽然"诏用宗室公例治丧"，但是永璂的园寝围墙实际上仍比当时规定的镇国公、辅国公园寝围墙周长六十丈之数少了十一丈，只比镇国、辅国将军园寝围墙规模大十四丈，恰好处于公爵与镇国将军、辅国将军爵之间。这显然是一个很特殊的现象。其中的原因，可能与其母乌喇那拉氏有关系。据《清史稿》记载，"皇后，乌喇那拉氏，佐领那尔布女。后事高宗潜邸，为侧室福晋。乾隆二年（1737），封娴妃。十年（1745），进贵妃。孝贤皇后崩，进皇贵妃，摄六宫事。十五年（1750），册为皇后。三十年（1765），从上南巡，至杭州，忤上旨，后剪发，上益不怿，令后先还京师。三十一年（1766）七月甲午，崩。上方幸木兰，命丧仪视皇贵妃。自是遂不复立皇后。"乌

1 冯其利《清代王爷坟》，第216页，紫禁城出版社，1996年。

2 《清史稿》卷九十三《礼十二·凶礼二》。

3 《爱新觉罗宗谱》甲册。

4 光绪本《清会典事例》卷九百四十九《园寝坟茔》。

第一部分 清代宗室王公园寝志

喇那拉皇后到底因何事触怒了乾隆，乃至于一直到死，乾隆皇帝都没有原谅她，已经无从考证，给后世留下了一个难解之谜。只是可怜这位堂堂的皇后，死后只能祔葬于裕陵妃园寝的纯惠皇贵妃地宫中。在中国古代封建王朝中，皇帝的后宫母以子贵，子以母贵，乃是司空见怪的现象。永琪乃乌喇那拉氏所生，那拉氏既得罪，永琪自然也就失去依恃而受到父亲的冷落。在乾隆的成年皇子中，只有永琪一人是"用宗室公例视葬"的，其余全都是以王礼埋葬的。永琪园寝于1927年被盗发，现已无遗迹可寻。

　　永琪无子孙，其薨逝后，以绵偲过继为嗣。绵偲为高宗乾隆皇帝第十一子成亲王永瑆的第四子，生于乾隆四十一年（1776）二月二十九日。同年四月，奉旨过继与永琪为嗣。嘉庆四年（1779）正月，绵偲封头等镇国将军。嘉庆六年（1801）十月，封镇国公。嘉庆十年（1805）十二月，加恩在乾清门行走。嘉庆二十四年（1819）正月，封固山贝子。道光十八年（1838）正月，谕曰，"绵偲逮事皇祖，昔同朕在上书房读书者只绵偲一人"，遂晋封绵偲为多罗贝勒。道光二十八年（1848）十一月十二日，绵偲薨逝。次年（1849）三月，绵偲第一子奕缯袭固山贝子。咸丰六年（1856）九月，因病开缺，赏食半俸。咸丰六年（1856）十二月七日奕缯逝世，年六十四岁。咸丰七年（1857）二月，其弟奕缮袭镇国公，同治五年（1866）六月二日奕缮逝世，年六十六岁。其承继子载岐袭不入八分镇国公，民国七年（1918）六月十五日载岐逝世，年六十二岁。至于永琪后代子孙的园寝或墓葬位置不详，根据清代宗法制度，推测可能埋葬于贝勒永琪园寝附近。

七、庆僖亲王永璘及后裔园寝、墓地

　　庆僖亲王永璘生于乾隆三十一年（1766）五月十一日，高宗乾隆帝的第十七子，仁宗嘉庆帝的同母弟，其生母为孝纯仪皇后。乾隆年间曾两次侍驾出巡。仁宗（即嘉庆帝）亲政后，于嘉庆四年（1799）正月晋永璘为惠郡王，旋又改封庆郡王。

　　永璘素耽游玩，不甚读书，不识大体。据《啸亭续录》，永璘"喜音乐，好游嬉。少时尝微服出游，间为狭巷之乐"。这样的一个皇子并不能讨乾隆帝的欢心，在乾隆五十四年（1789）十一月初次受封时，永璘只被封了个贝勒，而不像其兄长永琪、永璇、永瑆那样被封为王。据《实录》记载：永璘随侍出驾时，"往往偷安，行走落后"，还"喜与太监等人相近"[1]，不识大体。嘉庆五年（1800）正月，永璘因"祝颖贵太妃七十寿未奏明，命退出乾清门，留内廷行走"[2]。此事《实录》中亦有记载，在颖贵太妃七十寿辰时，永璘"备物申祝，本属谊所应有。但必应在朕前先行奏明，方可呈进。今永璘竟不豫行陈奏，辄令护卫太监等经赴寿康宫陈递"。嘉庆二十一年（1816）正月，又因在奏事时径直交于内奏事太监，被罚俸。

　　对于永璘的不识大体，嘉庆帝曾屡加斥责，于是永璘便燕居邸中，"惟以声色自娱"。但永璘"天性直厚，敦于友谊"，"御下宽纵，护卫于众中与之倨傲嬉笑"，他也不责怪。乾隆末年，诸皇子多觊觎皇权，永璘笑曰："假使皇帝多如雨下，亦不能滴落吾顶上。惟求诸兄见怜，将和珅宅第赐居，则吾愿足矣！"[3]仁宗（即嘉庆帝）亲政后，诛灭贪官和珅，为酬谢永璘往日之言，于嘉庆四年（1799）三月将没收的和珅宅邸赐予永璘。

1　《清仁宗实录》卷五十八。

2　《清史稿》卷二百二十一《列传八·诸王七》。

　　3　[清] 昭梿《啸亭续录》卷五《庆僖王》。

嘉庆二十五年（1820）三月，永璘病笃。嘉庆帝亲临探视，遂晋永璘为亲王。是月十三日，永璘逝世，年五十五岁，谥曰"僖"。永璘卒时，嘉庆帝正在拜谒祖陵，他先派皇子前去祭奠永璘，回宫后"复亲临"。

永璘卒后选茔地于今北京市昌平区五峰山一带。传说永璘选中五峰山一带做茔地的原因是他看中了这里的风水。五峰山五峰并立，中间一峰独耸，左右四山朝拱，好似一架王冠。山前是平原，平原上有突起的两座小山，左似旗右似鼓，向西面的五峰山朝拱，为五峰山照壁，此乃气象极佳之地。永璘之后的200年间，庆亲王后裔多人归葬此地，逐渐形成一片占地广阔的庆亲王家族茔地（图1-7-33）。

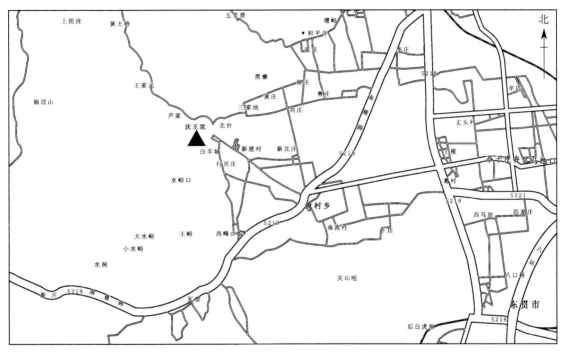

图1-7-33 北京市昌平区流村镇庆王坟位置示意图

《光绪昌平州志》记载，庆僖亲王园寝"在州西白羊城五峰山"[1]。据笔者实地调查，庆僖亲王永璘园寝遗址在今北京市昌平区流村镇白羊城村，地理坐标大约为北纬40°11.255′，东经116°01.172′。民间称永璘园寝为"北宫"或"北营"。永璘园寝坐西朝东，背靠五峰山的中锋，前有笔架山，外有新修单孔汉白玉石拱桥一座，桥身两侧有护栏，护栏由七块拦板组成，两端有两块拦板和一个抱鼓组成的雁翅，拦板上共有南瓜形柱头12个。桥身长约13.4米，宽约3.2米。雁翅长约3.3米。券洞宽约2.4米，矢高约2.3米，券脸上有吸水兽（图1-7-34）。根据清代园寝制度推测，桥西应有碑亭，碑亭西依次有南北朝房各三间、宫门三间、享殿五间，建筑物顶覆绿琉璃瓦。可惜这些建筑早已不存。据当地百姓说，南北朝房顶覆布瓦，不知是否属实。当地百姓还说，享殿后曾有琉璃门，琉璃门两侧有卡子墙与周围绿色琉璃瓦顶围墙相连，琉璃门内是宝顶。遗憾的是琉璃门、卡子墙及园寝围墙、宝顶现皆已无存，但宝顶下的地宫尚存，石券结构，残存墓门一扇，铁制门楣被移到地宫外不远处。宝顶底部雕刻精美的须弥座残件散落在地宫周围（图1-7-35～1-7-37）。

<hr />

1 [清] 缪荃孙、刘万源《光绪昌平州志》第十二《冢墓记》，北京古籍出版社，1989年。

图1-7-34 永璘园寝新修石桥

图1-7-35 永璘园寝地宫

图1-7-36 永璘园寝宝顶下月台

图1-7-37 须弥座残构件

据冯其利早年调查，"七七"事变后，永璘园寝地宫被盗。新中国成立前夕，享殿、朝房被烧毁。1966年，残存建筑被拆毁。

庆僖亲王永璘卒后其子绵慜降袭郡王。绵慜是永璘的第三子，生于嘉庆二年（1797）二月八日。绵慜秉性朴醇，持躬谨饬[1]。嘉庆七年（1802）十二月，封辅国公。嘉庆二十四年（1819）正月，封固山贝子。永璘逝世后，于嘉庆二十五年（1820）三月袭郡王。

庆王府是由嘉庆帝把没收的和珅的旧宅赏给绵慜之父永璘而来的。和珅乃有清一代之巨贪，故他的旧宅金碧辉煌，品物颇丰，非一般亲王、大臣府邸可比。正因此，绵慜曾上

1 《清宣宗实录》卷二百九十。

奏说，其府中有违制之物。嘉庆帝心知那些违制之物乃和珅旧宅之物，便叮嘱绵慜说："嗣后王、贝勒当依《会典》，服物宁失之不及，不可僭逾，庶几永保令名。"[1]可见，绵慜为人忠厚清孝，持身谨慎。道光三年（1823）正月，赐三眼孔雀翎，管雍和宫、中正殿事务。道光十六年（1836）十月三日，薨逝，道光帝"命惠郡王绵愉带领侍卫十员往奠故庆郡王绵慜茶酒"[2]，"赏银四千两治丧，予祭葬，谥曰良"[3]。绵悌、绵性俱着赏假两个月，办理绵慜丧事。

绵慜承袭其父庆亲王爵位，根据宗法制度，绵慜以他的父亲庆僖亲王永璘立祖，卒后葬在永璘园寝的一昭之位。据笔者实地调查，绵慜园寝坐西朝东，在其父永璘园寝南侧，民间俗称"南宫"，地理坐标大约为北纬40°11.096′，东经116°00.930′，现园寝旧址为军队某部所占。永璘园寝、绵慜园寝均坐西朝东，永璘园寝的昭位当在永璘园寝北侧，由此可见，绵慜埋葬时并未遵循中国古代传统宗法制度的昭穆原则。其中的原因尚待考证。

绵慜为郡王，根据清代园寝制度，其园寝应建有墓碑、碑亭、茶饭房、宫门、享殿等。现绵慜园寝尚存宫门和享殿，但均已破败不堪，此外，尚能看到碑亭遗迹和地宫遗迹。宫门外碑亭遗迹的地理坐标约为北纬40°11.091′，东经116°01.007′，海拔240米，碑亭遗迹东北不远处还有一残存碑座。该碑座形制较小，推测不是绵慜的墓碑碑座，可能是庆亲王其他后代成员的。碑亭西约35米处是宫门，宫门面阔三间，约12米，进深二间，约15.9米，单檐硬山顶，上覆绿琉璃瓦，地理坐标约为北纬40°11.094′，东经116°00.973′，海拔236米（图1-7-38）。宫门西约17米处是享殿，享殿面阔三间，约12米，进深一间，约7.6米，单檐硬山顶，上覆绿琉璃瓦，地理坐标约为北纬40°11.096′，东经116°00.966′，海拔243米（图1-7-39、1-7-40）。享殿西约33米处是当年宝顶的位置，宝顶、地宫俱被毁坏无余。现地宫处因起土，早年宝顶及地宫的三合土和石料被翻到地面上来。

图1-7-38 绵慜园寝宫门

1 《清史稿》卷二百二十一《列传八·诸王七》。
2 《清宣宗实录》卷二百九十。
3 中国人民大学清史研究所编《清史编年》第八卷，第322页，中国人民大学出版社，2000年。

图1-7-39 绵慜园寝享殿　　　　　　　　　图1-7-40 绵慜园寝享殿局部

据冯其利调查，1955年时"南宫"既被解放军某部征用。1956年，"南宫"附近的八个自然村搬迁。随后，绵慜园寝宝顶、地宫被拆除。

绵慜无子嗣，卒后道光帝加恩命庆亲王这支再袭郡王一次。道光帝下谕将仪顺郡王绵志子奕綵过继为绵慜嗣，袭郡王。后奕綵因"服众纳妾"被宗人府议处。议处时，奕綵不但不诚实认罪，反倒以"行贿"奢望免除对自己的惩罚，结果被夺爵归宗。奕綵既然在生前已经回归其本宗，根据宗法制度，奕綵卒后便不会再葬入白羊城庆亲王的家族茔地，可能会葬入其本宗仪郡王的家族茔地。

奕綵被夺爵后，由永璘第五子绵悌奉永璘祀。但不知什么原因，清帝并未让他承袭其兄绵慜的郡王爵位。不久，绵悌亦坐事被降为镇国将军，道光二十九年（1839）十一月十二日逝世，年三十九岁。咸丰二年（1852）三月，追封固山贝子。

关于绵悌葬地，冯其利说"建坟地南宫南侧"。绵悌未承袭庆亲王爵位，相对承袭庆亲王爵位的绵慜来说，是为小宗。绵悌作为庆亲王后裔家族成员，卒后可葬入其家族茔地，只是不在大宗墓葬的昭穆序列而已。绵悌园寝现已无任何遗迹。根据清代宗室王公园寝制度推测，绵悌卒前仅为镇国将军，园寝规制当比较简单，仅有墓碑、宝顶、围墙等。追封固山贝子后，"增建朝房"[1]。

在此需要补充说明一下永璘第六子绵性。绵性看到绵悌未能承袭王位，遂行贿觊觎亲王爵。事情被发觉后，被遣派戍守盛京。后被赦还京。绵性卒后葬地，据冯其利调查，在南宫、北宫之间，仅"立一坟头"[2]。这是因为绵性卒时没有爵位，仅是一闲散宗室，故他没有资格建造园寝。

绵悌卒后，没有子嗣，以永璘第六子绵性的儿子奕劻为嗣。奕劻生于道光十八年（1838）二月二十九日。道光二十九年（1839）十一月，过继给永璘第五子绵悌。道光三十年（1840）二月，降袭父绵悌辅国将军爵。咸丰二年（1852）正月，封贝子。咸丰十年（1860）正月，进贝勒。同治十一年（1872）九月，加郡王衔，授御前大臣。

光绪十年（1884），慈禧太后罢除恭亲王奕䜣一切职务后，奕劻因缘际会，接任总理各国事务衙门大臣，主持外交，并进封庆郡王。光绪十一年（1885）清廷设立海军衙门，

1　冯其利《清代王爷坟》，第221页，紫禁城出版社，1996年。
2　冯其利《清代王爷坟》，第221页，紫禁城出版社，1996年。

清代园寝志

奕劻同醇亲王一起办理海军事务。光绪十二年（1886）二月，命在内廷行走。光绪十五年（1889）正月，授右宗正。光绪二十年（1894），太后下旨进亲王。

光绪二十六年（1900），八国联军侵入北京，慈禧携光绪帝逃亡西安，命奕劻留京办理与各国议和事宜。次年，奕劻代清政府签订了《辛丑条约》，改总理各国事务衙门为外务部，奕劻仍总理部务。光绪二十九年（1903）三月，荣禄卒后奕劻又被授为军机大臣，仍总理外务部。旋又命总理财政处、练兵处，解除御前大臣职务，改授其子载振。至此，奕劻集内外大权于一身。

集诸项权力于一身后，奕劻与其子载振开始恃权谋私。先是御史张元奏劾载振"宴集召歌伎侑酒"，接着是御史蒋式瑆奏奕劻"将私产二百二十万送往东交民巷英商汇丰银行收存。奕劻自简任军机大臣以来，细大不捐，门庭如市。是以其父子起居、饮食、车马、衣服异常挥霍，尚能储存巨款。请命将此款提交官立银行入股"[1]。后又有御史赵启霖奏奕劻父子接受"善于逢迎"的直隶候补道段芝贵贿赂，为段芝贵谋取黑龙江巡抚一职。但奕劻因得慈禧太后宠信，不仅没受到处分，反而使得赵启霖被免官。

光绪三十三年（1907），奕劻兼管陆军部事务。光绪三十四年（1908），命以亲王世袭。宣统三年（1911）四月，军机处被撤，改授内阁总理大臣。武昌起义爆发后，奕劻奏请启用袁世凯。袁世凯入京后，代替奕劻为内阁总理大臣，奕劻改任弼德院总裁。宣统帝退位后，奕劻避居天津租界。民国六年（1917）逝世，谥曰"密"。

观奕劻一生，他由一个最低爵位的辅国将军，逐步升至亲王，并世袭罔替，官职也做到了内阁总理大臣。据溥仪说，这一是因为奕劻以重金收拢慈禧的太监李莲英；二是因为奕劻之女四格格更会投慈禧所好，是慈禧面前最得宠的女官，慈禧无意中流露出喜欢什么，不出三天，或者说在慈禧兴趣还未消失之前，四格格便会将那件正合慈禧太后心意的东西呈献在慈禧太后面前[2]。但不管奕劻是怎样一步步获得亲王这顶帽子的，他都是庆亲王这支的荣耀，把庆亲王这顶丢了多年的王帽子又拿了回来。

奕劻园寝在庆僖亲王永璘园寝东北，俗称"东宫"，地理坐标大约为北纬40°11.316′，东经116°01.290′，海拔228米。园寝坐北朝南。依据清代宗室王公园寝制度，园寝当年应建有碑楼、茶饭房、宫门、红墙、享殿、宝顶等。从现在残存的东西围墙基址测奕劻园寝东西宽约44米。碑亭现存，为重檐歇山顶式建筑，顶覆绿色琉璃瓦，高约10.3米，平剖面为正方形，每边长8米，四侧开有券门，券门宽1.2米，高2米，券脸石上雕刻有精美的缠枝花卉（图1-7-41、1-7-42）。碑亭内原有墓碑一统，后被毁[3]。东西班房现有基址残存，面阔约17米，进深约6米。宫门现已无存，据当地百姓说，园寝宫门在班房以北正中的位置上，宫门内还曾有东西配殿和享殿，享殿前有九级台阶，台阶上两侧各有一石狮子，享殿后还曾有琉璃花门。现享殿遗址处尚能看到些许遗迹。享殿距碑亭约79米。享殿后是月台、宝顶，均已被破坏。现存的修葺后的月台长约47米。月台正中曾有奕劻的宝顶，宝顶下面除奕

1　《清史稿》卷二百二十一《列传八·诸王七》。

2　爱新觉罗·溥仪《我的前半生》，第12页，群众出版社，2007年。

3　《北京图书馆藏中国历代石刻拓本汇编》收有奕劻墓碑碑文拓片，碑文曰奕劻墓碑立于宣统九年三月。

图1-7-41 奕劻园寝碑亭

图1-7-42 碑亭局部

劻外还葬有奕劻嫡福晋。现奕劻宝顶处是一蓄水池。据当地百姓说，在奕劻宝顶两侧还曾有侧福晋的宝顶两座。

奕劻卒后，其王爵由子载振承袭。载振是奕劻的长子，生于光绪二年（1876）三月初六日。光绪二十年（1894）正月，晋封二等镇国将军。光绪二十七年（1901）十二月，加贝子衔。载振曾赴日本大阪参观展览会，归来后奏请振兴商业。他的提议得到政府采纳，随设立了商部，由他任尚书。光绪三十二年（1906），改商部为农工商部，载振仍任尚书。光绪三十三年（1907年），因被御史赵启霖奏劾招纳歌伎，被迫辞职。宣统元年（1909），署正白旗副都统，再度奉派赴日。后任蒙古正红旗副都统。宣统三年（1911年），任弼德院顾问大臣。民国六年（1917）正月，袭和硕庆亲王。民国三十六年（1947）十一月二十日病故，私谥曰贞。

载振早在1917年至1922年间就在庆僖亲王永璘园寝北侧修建园寝一座，埋葬了去世的嫡福晋索绰罗氏，工程用银十二万五千元有奇[1]。按清朝亲王郡王葬制与帝后葬制类似，如嫡福晋先卒，则亲王郡王卒后，多与其嫡福晋同穴合葬，由此可知载振生前已为自己选好了葬处。但后来由于国家动荡，道路阻塞，运柩不便，载振卒后并未葬入其事先营造好的园寝中。据民间传说，载振最后葬在了北京城北北顶附近，尚待进一步考证。

据笔者实地调查，载振在白羊城建造的园寝长约100米，宽约47米，外有新修单孔石桥一座，形制与永璘园寝石桥相同，但规格小得多，桥每侧护栏仅由三块拦板组成，两端有一块拦板和一个抱鼓组成的雁翅，拦板上共有南瓜形柱头六个。桥长8.2米，宽2.3米，券洞矢高2.4米，宽2.4米，券脸上有吸水神兽（图1-7-43）。桥西曾有石牌坊一座，现无存。牌坊后是复原后的东、西朝房，均面阔10.3米，进深5.7米。配殿西约25米处是当年宫门及围墙的位置，宫门左右各有角门一个，现北角门尚存，门宽约1.4米，高约2.3米。角门两侧尚有残存南北围墙一段和与南北围墙相连的东西围墙一段，墙顶覆灰

图1-7-43 载振园寝新修单孔石桥

1 冯其利《清代王爷坟》，第222页，紫禁城出版社，1996年。

清代园寝志

图1-7-44 载振园寝随墙角门

图1-7-45 载振园寝月牙城墙

布瓦（图1-7-44）。距离宫门西约25米处有一残存基址，基址处还有一残存石柱础，推测基址处曾是当年享殿的位置。从残存遗迹可以看出，享殿前还曾有月台，月台长约11.2米，宽约6.8米。享殿后约29米处可能是二道门的位置，二道门内是月牙城，现仍存月牙墙一段（图1-7-45）。月牙城东西最大矢长约45米。月牙城正中是宝顶遗迹。宝顶距二道门约19米。

根据冯其利先生调查，庆亲王家族茔地上的树木在1947年的时候被国民党军砍伐殆尽。1966年，茔地上的残存建筑被拆毁。1980年，昌平县公布庆亲王府墓葬群为县级文物保护单位。

附：庆亲王承袭表

承袭次序	名字	谱系	爵谥
始封祖	永璘	高宗第十七子	和硕庆僖亲王
一袭第二代	绵慜	永璘第三子	多罗庆良郡王
二袭第三代	奕綵	绵慜承继子	革退庆亲王
三袭(世袭罔替)第三代	奕劻	绵悌承继子	和硕庆密亲王
四袭第四代	载振	奕劻第一子	和硕庆贞亲王

第八章　仁宗睿皇帝位下诸王公茔地及园寝

一、惇恪亲王绵恺及后裔园寝

（一）惇恪亲王绵恺园寝

惇恪亲王绵恺生于乾隆六十年（1795）六月二十二日，是清仁宗嘉庆帝的第三子，清宣宗道光帝的弟弟，其生母为钮祜禄氏孝和睿皇后。嘉庆十八年（1813），在镇压林清起义时受到嘉奖。嘉庆二十四年（1819）正月，封为惇郡王。宣宗（即道光）即位后，晋封亲王。道光二年（1822）正月，在内廷行走，管理雍和宫事务。不久，因其福晋失礼乘轿直入神武门，绵恺被罚停俸五年，旋因太后爱惜，罚俸期限由五年改为三年。道光六年（1826）二月，绵课因病解除宗人府宗令，改由绵恺接任。道光七年（1827），因与太监张明德私相往来，又藏匿太监苑常青，被降为郡王，免去宗令一职。道光八年（1828）十月，道光帝念绵恺苍门镇捕贼有功，在危难时刻抵御外侮，恢复绵恺亲王爵位，命在内廷行走。道光十三年（1833）五月，因议论皇后丧礼，再次被罚退出内廷，并停俸十年。道光十六年（1836）

十一月，再授宗令。道光十八年（1838）五月，因民妇穆氏控诉绵恺囚禁其丈夫穆齐贤，经定郡王查证属实，绵恺再次被剥夺宗令职务，降为郡王，其他一切职务亦被罢免，外加停俸十二月。同年十二月，绵恺薨逝，年四十四岁，追还亲王封号，谥曰"恪"。绵恺卒后，"暂安曹八里屯"[1]。道光二十一年，"己酉，上亲临赐祭"，庚戌，道光帝"命皇四子奕詝、皇五子奕誴、皇六子奕訢前往惇恪亲王绵恺暂安处奠酒目送。惠亲王绵愉往代祭奠，并送至园寝"[2]。绵恺安葬园寝后，道光帝又命惠亲王绵愉前往赐奠。

惇恪亲王绵恺卒后选茔地"在州东十五里丹凤岭前"[3]，今属北京市昌平区崔村乡棉山村（图1-8-1）。绵恺墓地俗称"西坟"，惇亲王绵恺后裔称绵恺茔地为"北山坟地"。

根据清代园寝制度，惇恪亲王绵恺园寝当建有墓碑一统、碑亭一座、茶饭房左右各三间、宫门三间、享殿五间、围墙百丈。又根据清代宗室亲王、郡王园寝实例推测，绵恺园寝还当建有神桥、月河、值班房等。

绵恺地宫于1932年被盗，之后园寝地面建筑被其后人拆卖。1958年时昌平县人民政府对园寝做了调查登记，并拓了碑文。1968年绵恺宝顶被拆毁，墓碑被移往别处。冯其利在1983年调查时，绵恺地宫废坑内尚有汉白玉须弥座残构件，还发现一对石狮子，母狮左前足已无，公狮左脚脚趾和铃铛已无。2008年笔者再去调查时，已不见绵恺园寝的任何遗迹。

据冯其利《清代王爷坟》一书介绍，惇恪亲王绵恺园寝坐北朝南，背靠九里山，红墙南北长九十丈，东西宽十五丈。园寝外有神桥一座，桥下有文河。桥北有石狮一对、碑楼一

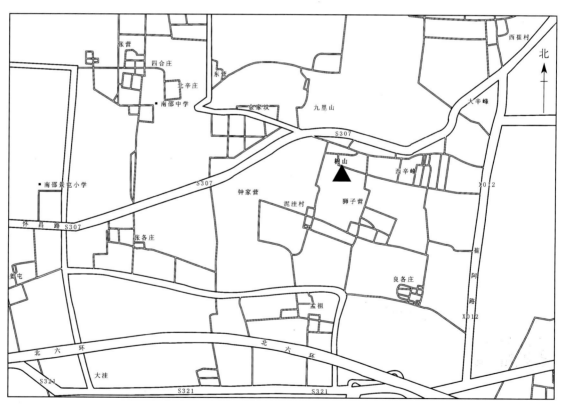

图1-8-1 北京市昌平区棉山村惇恪亲王绵恺园寝位置示意图

1 《清宣宗实录》卷三百五十一。

2 《清宣宗实录》卷三百五十一。

3 [清] 缪荃孙、刘万源《光绪昌平州志》第十二《冢墓记》，北京古籍出版社，1989年。

座，碑楼内立墓碑一统。碑楼北十五丈处为宫门，宫门面阔三间，与红墙相接。宫门内有东西朝房各三间，正中是享殿五间，享殿后有月台，月台上有红皮大宝顶一座，宝顶高十一尺四寸，直径十二尺三寸，下有须弥座。阳宅四进，位于茔地东侧[1]。按：比照清代园寝制度对亲王品级园寝的规定，再加上笔者所见到过的园寝实例，笔者认为冯氏所记述的绵恺园寝的布局应当是合理的。如前所述，绵恺园寝地面建筑早就被拆毁，宝顶在1968年时也被平毁，冯其利先生并未亲眼见过绵恺园寝，不知书中那些精确的数字是依据什么得来的。依照清代园寝制度，亲王园寝周长百丈。据史料记载的有确切数字的园寝围墙周长有：醇亲王奕譞园寝围墙周长七十一丈、端亲王园寝围墙周长五十一丈、理密亲王园寝围墙周长七十二丈、端惠太子园寝围墙周长一百三十丈。由上述几处有史料记载的园寝可知，亲王品级的园寝周长一般都不会超过百丈，就连身为皇帝生父的醇亲王奕譞园寝的围墙周长也才七十一丈。端惠太子园寝的围墙超过百丈，这是特例中的特例，具体见《端惠皇太子园寝》一文，在此不做详细论述。故笔者对冯氏一书中所说的绵恺园寝红墙的长和宽提出疑问。

（二）惇勤亲王奕誴园寝

惇勤亲王奕誴生于道光十一年（1831）六月十五日，清宣宗（即道光）的第五子，绵恺的继子，其生母是祥妃钮祜禄氏。

绵恺子奕缵先卒，道光十六年（1836）正月，以皇五子奕誴过继为嗣，降袭郡王。关于道光帝为何选择把自己的皇子过继出去，猜测原因有二：一是奕誴放荡不羁，不拘小节，不被道光帝喜欢，这在野史中有不少记载，就连堪称正史的《清史稿》中也记载，奕誴"屡以失礼获谴"[2]；二是，其母祥妃亦不得道光帝的喜欢。考祥妃在整个道光时期，"事宣宗为贵人。进嫔，复降"[3]。其被降为贵人，肯定是不讨好于道光帝，至于什么原因，他们夫妻之间的事谁能说得清。在清朝的后妃制度中，后宫的位号有"皇后"、"皇贵妃"、"贵妃"、"妃"、"嫔"、"贵人"、"常在"、"答应"八个等级。前五个等级是主位，有固定的人数限制，而嫔以下的贵人不是主位，且没有人数限制，地位远不如有正式封号的嫔妃。奕誴的母亲终其一生也仅为一贵人，地位是很低的，其被称为妃，是在咸丰帝即位之后。

但奕誴也有为人所称道的一面，即他虽为王爷，但从不摆架子。据昌平县沙河镇张志良先生口述，有一次，奕誴在乘轿回府途中，轿夫脚滑了一下，将轿子连同王爷蹾在地上。轿夫无以自解，便说："您叫惇王爷，我们可不就蹾您吗？"这要是赶上别的王爷，轿夫是免不了受皮肉之苦的。奕誴居然没讲话，默然受之[4]。

即使这样一位王爷，咸丰和同治两帝待他还是不薄。咸丰四年（1854），授汉军都统。咸丰五年（1855）三月，获罪降贝勒，罢免一切职务，在上书房读书。咸丰六年（1856）正月，复封为郡王。咸丰八年（1858）五月，授领侍卫内大臣。咸丰十年（1860）正月，晋封为亲王。穆宗（即同治）即位后，诏谕免宴见叩拜，奏书称名。同治元年（1862）二月，充弘德殿总谙达。同治四年（1865）六月，授宗令。同治七年（1868）正月，捻军逼近京畿，陈述防

1　冯其利《清代王爷坟》，第225～226页，紫禁城出版社，1996年。

2　《清史稿》卷二百二十一《列传八·诸王七》。

3　《清史稿》卷二百一十四《后妃》。

4　转引自冯其利《清代王爷坟》，第227页，紫禁城出版社，1996年。

守策略。同治十一年（1872）九月，同治帝大婚时，赏在紫禁城内可乘四人肩舆，进领侍卫内大臣，可佩戴貂尾枪，子载濂亦被晋封为辅国公。同治十三年（1874）十二月，赐亲王双俸。

咸丰皇帝能封"放荡不羁，不拘小节"的奕誴为亲王，笔者认为这跟奕誴性格耿直有关。据宫中传闻，慈禧太后最怕惇王。文宗崩后，太后未及三旬，年少好美，一日穿一双红色绣花鞋。惇王侦知，乃赤膊搬一张椅子坐下，挡住太后前进之路。须臾太后由宫人簇拥而至，见惇王赤膊挡路而坐，便说："你怎么这样无礼！"惇王盛气回答说："太后现已居孀，还穿红鞋！这太无礼！"太后说："这也用不着生这么大气呀！我换鞋不就完了！"[1]

光绪元年（1875）十一月，奕誴因病居家。光绪五年（1879）六月，普祥峪吉地竣工后，复赏食双俸。光绪十二年（1886）正月，免除一切行礼差使。光绪十五年（1889）正月，逝世，光绪帝亲临祭奠，谥曰"勤"。

惇勤亲王奕誴墓地俗称"五爷坟"，在今北京市通州区宋庄镇北窑上村村南（图1-8-2）。现墓地位置上为北京隆源装饰材料厂，地理坐标约为北纬40°00.021'，东经116°40.419'。奕誴之所以葬于此，据民间传说是因为奕誴生前喜欢饮用通州葛渠村的烧酒，又看上了葛渠附近窑上村的风水。

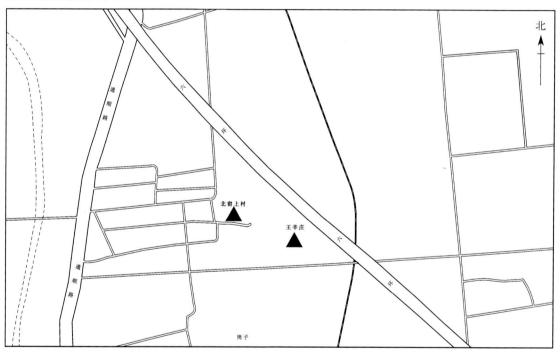

图1-8-2 北京市通州区北窑上村惇勤亲王奕誴园寝、王辛庄村小五爷坟位置示意图

根据清代园寝制度及园寝实例推测，惇勤亲王奕誴园寝当建有月河、神桥、墓碑及碑楼、茶饭房、宫门、享殿、宝顶、围墙等。奕誴地宫在解放前被盗，"解放前，'红眼军'曾持枪下岗，炮崩奕誴墓室券门，掠走部分随葬品。墓室由主、耳二室组成，棺床为一块汉白玉，雕为须弥座，花纹十分精美"[2]。1945年时奕誴园寝地面建筑被其后人拆卖，宝顶在1951年时被拆除。冯其利说，"1966年地方上在坟地旧址开办窑上小学。1967年将地宫的石料和三套棺椁起出。同时在村西小中河架三孔石桥，石料大部分取自坟地，包括汉白玉驮龙碑"[3]。

1　金启孮《金启孮谈北京的满族》，第251页，中华书局，2009年。

2　胡玉远主编《京都胜迹》，第295页，北京燕山出版社，1996年。

3　冯其利《清代王爷坟》，第228页，紫禁城出版社，1996年。

如上所述，惇勤亲王奕誴园寝早就被毁坏，冯其利先生通过访问说，惇勤亲王奕誴园寝"坐西朝东，东西较长，占地四十余亩。最东边为碑楼一座，里边立有谕祭驮龙碑一方。碑楼北侧有停灵房三间，还有别的房子十几间。碑楼西边有汉白玉制神桥一座。桥下有文河。……顺甬路西行正对着宫门三间，甬路两旁有朝房各三间。宫门旁有小门各一。宫门内有白果松十四棵和享殿五间。享殿旁边有南北角门。进角门首先看到侧福晋坟头四座。月台上大宝顶一座，侧福晋坟一座。……园寝红墙南北各有护房九间，为照应坟地户闻、邓、赵、马等家居住"（图1-8-3）。比照清代宗室王公园寝规制，冯氏所说的园寝布局应当是合理的。此外，冯氏所说的碑楼北侧的"别的房子十几间"，笔者推测可能是当年的阳宅。据《爱新觉罗宗谱》，惇勤亲王奕誴有七个福晋。知情者杨孝先生讲，奕誴宝顶内葬有他的大福晋和二福晋，月台上的坟头是三福晋的墓葬。其余四个坟头分别是奕誴四福晋、五福晋、六福晋和七福晋的墓葬。杨孝先生又说，惇勤亲王奕誴的棺材为杉木。

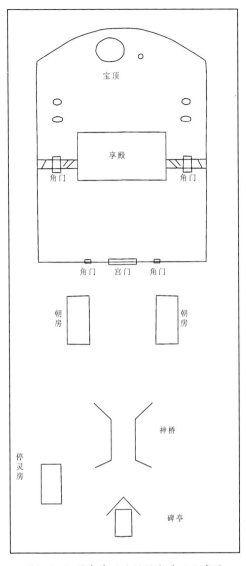

图1-8-3 惇勤亲王奕誴园寝平面示意图
（根据冯其利描述所绘）

（三）已革郡王衔多罗贝勒载濂墓

已革郡王衔多罗贝勒载濂是惇勤亲王奕誴的长子，生于咸丰四年（1854）八月十七日。同治元年（1862）正月，晋封二等镇国将军，同治三年（1864）七月，封不入八分镇国公。同治十一年（1872）九月，晋奉恩辅国公。父奕誴卒后，于光绪十五年（1889）正月降袭贝勒，并赏加郡王衔。光绪二十六年（1900）九月，因庇护义和拳，夺爵。民国六年（1917）九月二十九日逝世，年六十四岁，以弟载瀛袭。

载濂逝世后，"照贝勒例赐恤，并赏银四千"[1]。关于载濂葬地，笔者在窑上村访问到知情者杨孝先生，他说，惇勤亲王奕誴的后代葬在奕誴墓地东约200米处的位置，那里俗称"小五爷坟"。"小五爷坟"在今北京市通州区宋庄镇王辛庄村（参照图1-8-2）。按小五爷当是人们对惇勤亲王奕誴第五子辅国公衔镇国将军载津的称呼。冯其利说，小五爷坟"有墙圈一道，里边两个小宝顶，一个土坟"[2]。"文革"期间，小五爷坟遭到破坏[3]。现今"小五爷坟"已无任何遗存，载濂是否葬在"小五爷坟"，尚需考证。

---

1 《爱新觉罗宗谱》甲册。

2 冯其利《清代王爷坟》，第228页，紫禁城出版社，1996年。

3 胡玉远主编《京都胜迹》，第295页，燕山出版社，1996年。

二、瑞怀亲王绵忻及后裔园寝

（一）瑞怀亲王绵忻园寝

瑞怀亲王绵忻生于嘉庆十年（1805）二月十九日，清仁宗（即嘉庆）的第四子，绵恺同母弟，其生母为钮祜禄氏孝和睿皇后。据嘉庆二十二年（1817）朝鲜来华使臣书状官朴绮寿所写的闻见纪录，绵忻最为颖悟，有文才，年虽少而颇练达事务，皇帝最喜欢他[1]。嘉庆帝外巡或秋弥时大都带上次子旻宁和四子绵忻。嘉庆二十一年（1816），嘉庆帝自圆明园启銮秋狝木兰围场，"命皇次子智亲王旻宁、皇三子绵恺、皇四子绵忻于八月初旬赴热河随驾进哨"[2]《实录》中有关嘉庆帝带绵忻外出的记载还有一些，兹不一一列举。嘉庆二十四年（1819）正月，十四岁的绵忻被封为瑞亲王。嘉庆二十五年（1820），嘉庆帝病重，瑞亲王绵忻和皇次子智亲王旻宁朝夕侍侧[3]。嘉庆二十五年七月，管理武英殿、御书处事务。道光三年（1823）正月，受命在内廷行走。道光五年（1825）十一月，解去武英殿事务。道光八年（1828）八月十九日，薨逝，年二十四岁，道光帝"殊为感恻，着赏给陀罗经被，派本日在园值班之散秩大臣吉祥保带领侍卫十员前往奠醊，派总管内务府大臣敬徵办理丧事，所有一切事宜及将来营建园寝均由官为经理。其余饰终典礼着各该衙门察例具奏，谥曰怀"[4]，以子奕誌承袭郡王。

绵忻园寝旧址在今北京市石景山区福田寺村，在北京射击射箭场馆南，永定河引水渠北，地理坐标约为北纬39°56.427′，东经116°12.005′，这里曾有"瑞王坟"之称（图1-8-4）。

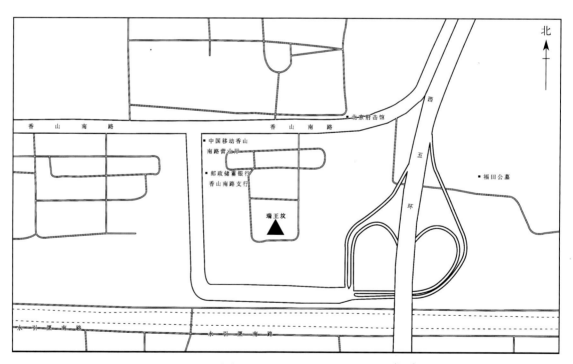

图1-8-4 北京市石景山区福田寺瑞王坟位置示意图

---

1 《同文汇考》。
2 《清仁宗实录》卷三百二十。
3 《清仁宗实录》卷三百七十四。
4 《清宣宗实录》卷一百四十一。

清代园寝志

绵忻地宫于1931年被盗，1940年前后园寝地面建筑被拆卖，20世纪50年代晚期墓碑被移走。据冯其利调查，20世纪五六十年代至七八十年代时，瑞王坟旧址上为福田寺生产队队部，80年代时，地宫尚完整保存[1]。2008年笔者调查时，地宫及遗迹已消失，园寝旧址上仅留有一翻建后的碑亭（图1-8-5）。据附近住

图1-8-5 翻建后的碑亭

户说，碑亭顶部原先已全部塌陷。从碑亭朝向看，园寝坐西北朝东南，以翠微山为靠山。碑亭平剖面呈正四方形，四侧开有券门，券脸石上雕刻有精美的缠枝莲花纹饰和海水江崖形图案。碑亭内石碑不知去向。

据《京西名墓》一书介绍，瑞怀亲王绵忻园寝建成于道光十四年（1834），占地面积为4000平方米，围墙高约4米。园寝外有神桥一座。桥北是单檐歇山式碑亭，碑亭黄色琉璃瓦覆顶，四角翘檐，四面有门，亭内有石碑一统。正对碑亭是宫门，宫门面阔三间，内有享殿五间，两侧有朝房。享殿后是宝顶，雕花须弥座。宝顶下为青石券单室地宫，地宫东西长约10米，进深6米。墓门汉白玉制，雕刻精美。阳宅在园寝东侧，二进院落[2]。按：书中说瑞怀亲王绵忻"碑亭黄色琉璃瓦覆顶"，这恐怕值得商榷。清代园寝制度规定清宗室王公园寝用瓦一般为绿琉璃瓦或筒瓦，黄色琉璃瓦一般只用在帝后陵寝建筑中，是最高权力的象征。除非有皇恩特许，否则王公们是不得擅自使用黄色琉璃瓦的，擅自使用就意味着僭越，在等级森严的封建社会僭越的后果是非常严重的。我们不妨看一下清代晚期的园寝建筑中使用黄色琉璃瓦的例子，首先是醇亲王奕𫍯园寝的碑亭。

奕𫍯园寝碑亭黄色琉璃瓦覆顶，但在歇山两山的铃铛排山处的最后一块勾头使用了绿琉璃瓦。醇亲王奕𫍯园寝碑亭使用了黄色琉璃瓦，这是因为醇亲王与皇帝之间有特殊关系，即他是光绪皇帝的生父，故其埋葬及祭祀的规格都非常高。但为示碑亭在规制上与帝陵有所区别，故在歇山两山的铃铛排山处的最后一块勾头使用了绿琉璃瓦。可见即使是奕𫍯这样身份尊贵的人，在使用黄色琉璃瓦的时候，仍然要顾虑到黄琉璃瓦的"使用专利"问题。

其次是奕纬园寝享殿。冯其利云，当年的奕纬园寝"享殿顶覆绿色琉璃瓦，黄色琉璃瓦镶边"[3]。由此可见，奕纬园寝享殿在使用黄色琉璃瓦时也是相当的谨慎。

由上述奕𫍯园寝碑亭和奕纬园寝享殿用瓦来看，笔者推断绵忻园寝碑亭似乎不应全部为黄琉璃瓦覆顶。

冯其利先生说，"王爷坟西北还有小坟地一块，葬有瑞亲王侧福晋、庶福晋，土坟三

1 冯其利《清代王爷坟》，第231页，紫禁城出版社，1996年。

2 张宝章、严宽《京西名墓》，第46～47页，北京燕山出版社，1996年。

3 冯其利《清代王爷坟》，第233页，紫禁城出版社，1996年。

座"。按：冯氏语焉不详，从他的叙述语气推测，他说的"王爷坟西北"似乎指的是在绵忻园寝的西北。清代宗室王公妻妾都是随夫而葬的，先于其夫而亡者，一般都与其夫同穴合葬，后于其夫而卒的，则多数在其夫宝顶前并穴合葬，绝没有孤葬于其夫园寝之外的可能。故冯氏所云"小坟地"葬有瑞亲王福晋值得商榷。绵忻有嫡福晋费莫氏，侧福晋白都氏、徐佳氏，庶福晋刘氏。

（二）瑞郡王奕志园寝

瑞郡王奕志，初名奕约，生于道光七年（1827）九月十一日，瑞怀亲王绵忻之子，其生母为绵忻侧福晋徐佳氏。奕约才一岁时，父绵忻就去世了，道光帝"命定亲王奕绍检查邸第官吏，内务府大臣敬徵治家政"[1]，"其园内居住之房屋，着内务府管园大臣于瑞亲王灵柩进城后派员接收看守。俟奕约及岁时，再行赏给居住"[2]。道光八年（1828）十月，奕志降袭郡王，食半俸。后道光帝施恩，改名奕志，"以示引而近之之意"[3]。道光帝担心奕约府内支出过度，入不敷出，格外体恤奕约，"着加恩，除奕约每年应得半俸外，再加赏银一千五百两"[4]。道光十三年（1833）十月，奕志奉旨在内廷行走。道光十五年（1835）十月，赏戴三眼花翎。道光二十三年（1843）十二月，奉旨明年岁满后，仍可在上书房读书。道光二十六年（1846）九月，奉旨在内廷行走，毋庸在上书房读书。道光三十年（1851）五月二十八日逝世，年二十四岁，谥曰"敏"。有《乐循理斋集》传于世。

奕志无子，先以惇亲王奕誴第二子载漪为后，袭贝勒，载漪于光绪二十六年（1900）被

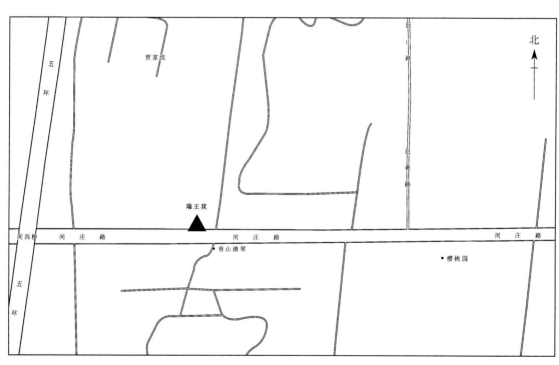

图1-8-6　北京市海淀区瑞王坟位置示意图

1　《清史稿》卷二百二十一《列传八·诸王七》。

2　《清宣宗实录》卷一百四十一。

3　《清宣宗实录》卷二百四十四。

4　《清宣宗实录》卷一百四十八。

图1-8-7 奕诒园寝墓碑

图1-8-8 奕诒园寝宫门

夺爵。光绪二十八年（1902）清帝又命醇贤亲王奕𫍽之子镇国公载洵为奕诒后，袭贝勒。宣统年间，载洵为海军部尚书，后改海军部大臣，加郡王衔。

　　瑞郡王奕诒园寝在今北京市西郊的西山脚下，属海淀区四季青镇瑞王坟村，现园寝遗址上为农科院林果研究所，地理坐标约为北纬39°58.064′，东经116°12.942′（图1-8-6）。

　　瑞郡王奕诒园寝坐西朝东，大部分建筑尚在。从残存的园寝围墙测其园寝宽约32米，长约87米。园寝外曾建有神桥、碑亭。碑亭于1971年被拆除[1]。现仅剩下一统墓碑（图1-8-7）。墓碑立于咸丰元年（1851），蛟龙首，龟跌，通高4.3米，碑身高2.7米，宽1.3米，厚0.6米。碑阳刻有满、汉两种文字的碑文。碑阳四周雕龙饰边，碑身侧面均浮雕一大一小两条游龙。碑座长3.7米，宽1.42米，高1.28米，碑座侧面各浮雕一立龙，头外向。碑亭正西约53米处是宫门，宫门单檐硬山顶，上覆黑色琉璃瓦，绿色琉璃瓦剪边，面阔三间，约10.8米，进深约5.6米，高约9.7米（图1-8-8）。宫门西约17米处是享殿，享殿单檐硬山顶，上亦覆黑色琉璃瓦，绿色琉璃瓦剪边，面阔三间，约10.9米，进深约8.71米，高约9.97米（图1-8-9）。享殿前有月台，月台长约11.45米，宽约6.45米。在享殿两侧可看出有卡子墙的痕迹，卡子墙上开有南北角门。享殿西约10米处是宝顶下月台，月台由三合土夯筑而成。距月台边缘正西约32米处的月台正中是当年宝顶所在位置，宝顶已被破坏，现仅剩一土堆，土堆上长满了杂草。土堆周围植有十八棵白皮松。宝顶下的须弥座石构件散落在土堆周围。须弥座汉白玉质，束腰部分雕绶带纹，上枋、下枋刻缠枝花卉，上枭、下枭刻福果（图1-8-10）。宝顶下地宫在1937年被

图1-8-9 奕诒园寝享殿

1　冯其利《清代王爷坟》，第232页，紫禁城出版社，1996年。

【第一部分】

清代宗室王公园寝志

367

图1-8-10 奕志园寝宝顶须弥座石构件 　　　　　　图1-8-11 奕志园寝后圈墙

盗时，方知为石券[1]。宝顶后约19米处是园寝的后圈墙（图1-8-11）。

（三）贝勒载洵墓地

载洵生于光绪十一年（1885）四月，醇贤亲王奕譞的第六子。光绪十三年（1887）封不入八分辅国公，十五年（1889）晋辅国公，十六年（1890）晋镇国公。光绪二十八年（1902）过继给瑞郡王奕志为嗣，袭贝勒，三十四年（1908）加郡王衔。宣统年间，载洵为海军部尚书，后改海军部大臣。辛亥革命后在北京、天津闲居。1949年死于天津。

关于载洵葬地，笔者在《北京图书馆藏中国历代石刻拓本汇编》中看到《九龙山庄园碑》拓片，拓片内容为，"洵贝勒府庄园处奉谕：着庄园处传知本府园头黄文岐、黄国臣、杨森，所有大宫山玄同寺一沟一带相连山产，均划归本爵预修吉地之用，统名之曰九龙山，栽安界桩，以符赐恩原旨名称。所有伊等出力垦熟山地，俟占用时另行酌量给价，俾资移种，而示休恤。将此通传知之。特谕。"[2]据此拓片内容，贝勒载洵生前便将"九龙山"一带作为他百年之后的福地。现今在北京市门头沟区尚有九龙山地名，不知载洵所"统名之曰九龙山"的范围是否指的就是现今北京市门头沟区九龙山一带。载洵卒后是否葬入"九龙山"，尚待考证。

三、惠端亲王绵愉及后裔园寝

（一）惠端亲王绵愉园寝

惠端亲王绵愉生于嘉庆十九年（1814）二月二十七日，清仁宗（即嘉庆帝）的第五子，其生母为恭顺皇贵妃。绵愉"秉性端凝，持躬谨慎"[3]。嘉庆二十五年（1820）七月，封惠郡王，虽分府，但仍蒙恩在内廷行走，上书房读书。因年幼，"派内务府大臣阿尔邦阿管理家务，着阿尔邦阿管束首领太监并府中一切事务。其长史护卫官员人等着派定亲王奕绍稽查管束"[4]。清制，亲王、郡王只有达到一定年龄方可赏食全俸，故绵愉到道光九年（1829）时，方可食全俸。道光十五年，管理武英殿御书处。道光十六年，管理雍和宫事务。

道光十九年（1839）正月，绵愉被晋封为亲王。文宗（即咸丰帝）即位后，诏谕："惠

1　冯其利《清代王爷坟》，第232页，紫禁城出版社，1996年。

2　北京图书馆金石组编《北京图书馆藏中国历代石刻拓本汇编》，中州古籍出版社，1998年。

3　见同治五年正月绵愉墓碑碑文，碑文拓片收于北京图书馆金石组编《北京图书馆藏中国历代石刻拓本汇编》，中州古籍出版社，1998年。

4　《清宣宗实录》卷一百四十五。

亲王为朕叔父，内廷召对及宴赉赏赐宜免叩拜，章奏免书名。"咸丰三年（1853），赐御用龙褂。咸丰四年（1854）正月，除朝会大典外可免行叩拜礼。

洪秀全率众进攻京师近畿时，绵愉因"仁勇忠诚，威德克济，着授为奉命大将军"[1]，负责督办畿辅防务，进剿洪秀全的起义军。咸丰五年（1855）四月，洪秀全的北路起义军被肃清后，绵愉上交奉命大将军印，除去大将军职。

第二次鸦片战争期间，耆英被派赴天津与英法联军交涉，由于英军在占领广州期间查获大量档案文件，发现耆英在上报朝廷的时候并没有如实禀报英方的要求，因此拒绝与其谈判。耆英惧罪，擅自回京。咸丰八年（1858）五月，绵愉因奏保耆英，被罢免中正殿、雍和宫等职务。咸丰十一年（1861）七月，英法两国侵犯天津，绵愉受命至通州与僧格林沁协防，后又奉谕与英法联军交涉。同治二年（1863），穆宗入学弘德殿，绵愉因受两宫皇太后青睐，"行辈最尊，品行端正"[2]，受命负责照料小皇帝载淳的读书事宜，绵愉的两个儿子奕祥、奕询为伴读。同治三年（1864）十二月卒，"上亲临祭奠，赐银五千治丧，谥曰端"[3]。

绵愉历事嘉庆、道光、咸丰三朝，"始终罔懈，于管理旗营及一切差使俱能恪恭尽职，懋著勤劳"[4]。在同治帝赐予绵愉的墓碑碑文中，同治帝高度评价了绵愉的一生，如"早膺茅土之封"、"眷渥三朝，永衍葛根之芘。侍禁掖而常凛寅畏，统旗营而益矢辛勤。巡防之责任匪轻，熊罴队整；奉命之声灵有□，虎豹韬娴。"

《良乡县志》载，"惠亲王墓在县西崇各庄"[5]。崇各庄地名今仍沿用，属北京市房山区青龙湖镇（图1-8-12）。依据清代的园寝之制，惠端亲王绵愉园寝当建有碑亭一座、墓碑一

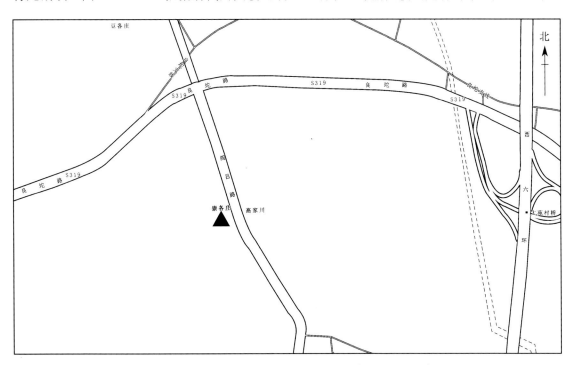

图1-8-12 北京市房山区崇各庄惠端亲王绵愉园寝位置示意图

1 《清文宗实录》卷一百五。

2 《清史稿》卷二百二十一《列传八·诸王七》。

3 《清史稿》卷二百二十一《列传八·诸王七》。

4 《清穆宗实录》卷一百二十四。

5 民国十三年（1924）修《良乡县志》卷六《纪幽志·邱垄》。

统、茶饭房左右各三间、宫门三间、享殿五间、宝顶、围墙等，且建筑物顶用绿色琉璃瓦。

惠端亲王绵愉园寝地宫在1927年时被盗，据说，地宫为青石券，下有石床、金井，停灵三口。20世纪50年代修建崇各庄水库时，园寝被毁坏。现园寝遗迹已无存，仅剩墓碑一统，在崇各庄村北青龙湖东南岸，无座，倒在地上，据当地村民说墓碑被移动过。据《北京市第三次文物普查资料汇编》，绵愉墓碑上部少许文字清晰，中部往下的文字漫漶不清，碑通高4.45米，宽1.33米，厚0.63米。《重访清代王爷坟》一书描述：惠端亲王绵愉"墓地坐西朝东，占地九亩。最东边有神桥一座，下有文河。往西不远处是碑楼，内有落款为'同治五年正月'的螭首龟趺碑一方。再往前行有南北朝房各三间、宫门三间。宫门与红墙相连，院内有享殿五间，旁有角门。享殿后边有月台，台上有大宝顶一座。红墙外边还有'水牛子'等防洪设施"[1]。与清代园寝制度相对照，《重访清代王爷坟》一书对绵愉园寝建筑布局的记述无疑是正确的。但其中有两点需要说明：第一，书中所说的"墓地"当指的是绵愉的茔地，绵愉园寝在20世纪50年代就被毁坏，不知道书中所说的绵愉"墓地面积"是如何得出的。第二，书中所说的"南北朝房"当为茶饭房。

在绵愉园寝周围，还有一些坟墓。冯其利说，"惠端亲王绵愉园寝西南有侧福晋宝顶五座，围墙2米多高，占地两亩。园寝正南……有'二老太太'坟一座，她原是惠端亲王的姨太太。……另有惠端亲王未受册封的姨太太三位，称姑娘，葬于惠敬郡王园寝北边150米处，土坟三座"。按：据《爱新觉罗宗谱》记载，绵愉有嫡福晋瓜尔佳氏、继福晋瓜尔佳氏、侧福晋杨佳氏、侧福晋李佳氏、侧福晋谢佳氏。绵愉地宫内有棺三口，其余两口当是绵愉五位福晋中两位福晋的灵柩。我们知道，清代宗室王公妻妾都是随夫而葬的，先于其夫而亡者，一般都与其夫同穴合葬，后于其夫而卒的，则多数在其夫宝顶前并穴合葬，绝没有孤葬于其夫园寝之外的可能。由此推测，绵愉另外三位福晋的宝顶也当在绵愉的园寝中。由此，冯氏所说的"惠端亲王绵愉园寝西南有侧福晋宝顶五座"不仅不符合事实——绵愉只有侧福晋三位，而且也不符合清代宗室王公妻妾的埋葬规律。此外，冯氏所说的"姨太太"，恐怕也是听民间传说的，可信性很值得商榷。根据清代宗室王公家族式墓葬的埋葬规律，绵愉周围的墓地很可能是其后代的。

（二）惠敬郡王奕详园寝

惠敬郡王奕详是绵愉的第五子，生于道光二十九年（1849）二月二十一日。奕详"禀气冲和，持躬恪慎"[2]。初封辅国公，赐三眼孔雀翎，后又晋镇国公。父绵愉卒后，承袭郡王爵位。穆宗大婚时，赏加亲王衔。同治十三年（1874），同治帝患天花，痊愈后，优加赏赉，赏奕详食亲王俸。光绪十年（1884）十月，赐食亲王双俸。光绪十一年（1885）六月，授内大臣。光绪十二年（1886）正月，薨逝，光绪帝"赏银三万两，建立坟院碑亭，谥曰敬"[3]，以子载润袭贝勒。

惠敬郡王奕详是惠亲王大宗爵位的承袭者，根据中国古代传统宗法制度，奕详卒后可建园寝于始封祖惠端亲王绵愉园寝的一昭之位，绵愉园寝坐西朝东，绵愉园寝的一昭之位当在绵愉园寝的北侧。根据清代园寝制度推测，奕详园寝当照郡王品级建有墓碑及碑亭、宫门三

1 冯其利、周莎《重访清代王爷坟》，第138～139页，北京燕山出版社，2007年。

2 见光绪十二年（1886）奕详墓碑文。

3 《清德宗实录》卷二百二十三。

间、茶饭房三间、宫门三间、享殿三间、宝顶、围墙等。奕详园寝同绵愉园寝一样，都是在修建崇各庄水库时被毁坏的。据冯其利调查，奕详园寝确实在绵愉园寝之北，遵循了昭穆原则。奕详园寝"占地七亩。神桥为花岗岩平桥，红墙上使用布瓦"[1]。按：根据清代园寝制度，亲王、郡王园寝建筑物顶覆绿琉璃瓦，而奕详园寝"红墙上使用布瓦"，推测是因为奕详卒时，宗室财力不济，故此。

第九章　宣宗成皇帝位下诸王公茔地及园寝

一、隐郡王家族茔地及追赠隐志郡王奕纬、郡王衔多罗恭勤贝勒载治园寝

隐郡王家族茔地在王佐村。关于王佐这块地方，当地的老人们讲："'王佐村'这一名称使用已达一百五十年之久了，最初的村名叫东、西屯洛，因为皇家选中了这里的风水，改用了今名。皇家采陵还有传说，说是堪舆先生来此地的时候，正好看到有三只喜鹊和一条长虫正在发生一场恶战，长虫已经立起身躯，三只喜鹊猛啄长虫的眼睛，堪舆先生遂认为这是龙凤之地，是块吉壤。"[2]这只是个传说，但从中反映了人们对风水观念的重视，推断当时这一带的风水的确是很不错的。当宣宗（道光帝）还是皇子的时候，他的嫡福晋钮祜禄氏就在嘉庆十三年（1808）正月的时候薨逝了，宣宗即位后，追册谥曰孝穆皇后。孝穆皇后"初葬王佐村，移宝华峪，以地宫浸水，再移龙泉峪，后即于此起穆陵焉"[3]。孝穆皇后移葬慕陵后，王佐村遂成了宣宗长子追赠隐志郡王奕纬的家族茔地。除奕纬外，茔地上还葬有载治、溥伦，建有奕纬、载治两座园寝。溥伦卒于民国年间，估计未再建设园寝。

奕纬生于嘉庆十三年（1808）四月二十一日，清宣宗（即道光帝）长子，其生母为和妃纳喇氏。嘉庆二十四年（1819）正月，晋封多罗贝勒。道光十一年（1831）四月十二日逝世，年二十四岁，照阿哥例治丧，追封多罗隐志贝勒。道光三十年（1850）正月，文宗（即咸丰帝）即位后，追晋为多罗郡王，仍谥"隐志"，

奕纬身后无子，据《清史稿》记载，"以贝勒绵懿子奕纪为后，袭贝勒"[4]。按奕纬与奕纪乃同辈，何得以奕纪为后？此乃《清史稿》之失察也。再查《清史稿·皇子世表》，载治，"奕纪子，奕纬嗣子，咸丰四年（1854）袭贝勒"[5]。《爱新觉罗宗谱》也记载为，奕纬之嗣为载治，载治原名载中，于"咸丰四年（1854）十二月，奉旨过继为嗣，封授多罗贝勒。咸丰五年（1855）三月，奉旨载中着改名载治。"

载治生于道光十九年（1839）正月一日。同年十一月，赏戴三眼花翎。咸丰六年（1856）正月，奉旨在御前行走。咸丰十年（1860）正月，赏加郡王衔。同治元年（1862）三月，派充前引大臣。同治十一年（1872）九月，赏食郡王俸。同治十三年（1874）十二月，代惇亲王进内大臣班并带豹尾枪差使。后迭掌旗务、任宗正。光绪六年（1880）十二月二十八日逝世，年四十二岁，谥曰"恭勤"。载治卒后，其第四子溥伦承袭贝子爵位。溥伦卒于民国十五年（1926）。

1　冯其利、周莎《重访清代王爷坟》，第139页，北京燕山出版社，2007年。

2　转引自冯其利《清代王爷坟》，第233页，紫禁城出版社，1996年。

3　《清史稿》卷二百一十四《列传一·后妃》。

4　《清史稿》卷二百二十一《列传八·诸王七》。

5　《清史稿》卷一百六十五《表五·皇世子表五》。

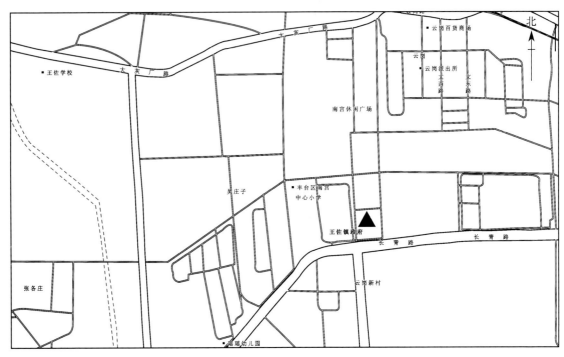

图1-9-1 北京市丰台区隐志郡王家族茔地位置示意图

以上三人的墓地早已被毁坏无余，关于三人的墓地位置及建设情况，有赖于冯其利先生早年所做的调查。他说，奕纬园寝在王佐镇政府东北（图1-9-1），占地范围北到翟庄，南与北宫村交界，有"头顶太子峪，脚踩南北二宫，手扶东西二王"的说法。园寝当年建有神桥、碑楼、宫门、享殿等，享殿顶覆绿色琉璃瓦，以黄色琉璃瓦镶边。按《清史稿》记载，奕纬卒后，清帝"命依皇子例治丧。罢公主、福晋、命妇会集，园寝不建碑"[1]。奕纬园寝既然"不建碑"，何来碑楼，故冯氏所说，显属讹传。另外，从历朝早殇皇子来看，早殇皇子园寝不建碑似乎也是定制，如顺治帝早殇子荣亲王、乾隆帝早殇子永琏、雍正帝早殇子弘晖、福惠等，他们的园寝均未建碑。奕纬园寝享殿不是园寝制度规定的全部覆盖绿琉璃瓦，而是"以黄色琉璃瓦镶边"，这倒是有可能的，因为奕纬毕竟是道光帝的长子，是以"皇子例治丧"的，"以黄色琉璃瓦镶边"显示了墓主人奕纬身份的特殊，也或许是因为道光帝对这位长子的感情很深，故在长子卒后给予他极高礼遇。

冯其利又云，恭勤贝勒载治园寝在王佐乡政府所在地以西，奕纬园寝西南，园寝规制比奕纬园寝规制略小，享殿顶覆琉璃瓦，地宫由汉白玉和花岗岩构成。溥伦葬在王佐乡政府所在地以南二三百米处。按《房山县志》云：至贝勒墓在王佐村[2]。"至贝勒"疑为"治贝勒"之误。从冯氏所言可知，载治园寝规模比奕纬的小，进一步证明了奕纬卒后是照皇子身份来建造园寝的。根据清代园寝制度推测，载治园寝当按照贝勒品级建有墓碑一统、茶饭房三间、门一、享殿三间、宝顶一座，围墙等。溥伦卒于民国十五年（1926），推测不再建设园寝。

奕纬为隐志郡王始封祖，子载治、孙溥伦先后袭爵，根据中国古代传统的宗法制度，在王佐地方的隐志郡王家族茔地上，当以奕纬"立祖"，载治、溥伦两人卒后当以奕纬的园寝为主位，分别在其昭穆之位建墓。奕纬园寝"头顶太子峪，脚踩南北二宫，手扶东西

1　《清史稿》卷九十三《礼十·二凶礼二》。

2　民国十六年（1927）修《房山县志》卷三《地理·陵墓》。

二王"，太子峪在北，南宫在南，据此说法推断，奕纬园寝应为坐北朝南。载治承袭其父奕纬爵位，其园寝当位于其父奕纬园寝的昭位，即东侧；溥伦承袭其父载治爵位，当葬于奕纬园寝的穆位，即西侧。但从上述冯其利先生的调查来看，载治、溥伦卒后并未遵照昭穆之制埋葬。或许因年代久远，人们已不太能说清楚三人埋葬的具体位置，亦或许载治、溥伦当年的墓葬排位确未遵照中国古代传统的昭穆制度，尚待进一步考证。

二、恭忠亲王奕䜣及后裔园寝

（一）和硕恭亲王奕䜣及子载滢园寝

和硕恭亲王奕䜣生于道光十二年（1832）十一月二十一日，清宣宗（即道光）的第六子，其生母是孝静成皇后，有兄奕纲、奕继。

少时，奕䜣和道光帝四子奕詝关系最为亲密，曾一起读书，习武，奕䜣还研制出十八式枪法和十八式刀法，宣宗赐枪名"棣华协力"、刀名"宝锷宣威"，奕䜣因此被赏赐白虹刀一把。奕詝10岁时，其生母孝全成皇后突然死去，之后他便由奕䜣生母静贵妃抚养，兄弟两人感情更加深厚。宣宗病重时，遗旨封奕䜣为恭亲王，立奕詝为皇太子。这里需要指出的是，在道光帝的几个儿子中，奕䜣和奕詝都是皇位的有力竞争者，因为在道光帝晚年时，除奕䜣和奕詝外，其他的儿子都在6岁以下，奕誴虽年稍长，但已经过继给惇恪亲王绵恺，而且道光帝似乎更欣赏奕䜣，这从指婚对象可以看出，因为古代婚姻大多与政治相联系，道光帝将都统桂良之女指婚给奕䜣，而指婚给奕詝的只是负责祭祀事务的太常寺少卿富泰之女。显然都统桂良的家世背景要比太常寺少卿富泰强大得多。但最后皇冠却落到奕詝头上，这其中的原因在民间有好多种说法，但根据有关野史记载，我们可以找到些许原因。道光最后决定将皇位传给奕詝，一是出于对仁爱的考量。在一次围猎中奕䜣锋芒毕露，奕詝本无射猎之才，但他的老师帮他想出一招，即在围猎时他不发一箭，只是默默观看。道光帝问何故，奕詝便说，时值春天鸟兽万物孕育之时，不忍心伤害它们，也不愿用这样的方式与弟弟们竞争。道光帝听后，为奕詝能有这样的仁爱之心感到高兴。二是出于对孝谛的考量。在一次入对问策，谈论国事政务中，奕䜣听从其老师指点"知无不言，言无不尽"，而奕詝因比不过奕䜣，故其老师又出一招，即只要皇上说自己快死了，不等他问国家交给你该怎么办时，你就只管趴在地上哭。道光帝深感奕詝的仁孝。奕詝的这两点表现打动了道光帝，当然，道光帝最后决定把皇位传给奕詝当还有其他方面的原因。

奕詝继位后，改元咸丰，是谓咸丰帝。在咸丰期间，奕䜣小心谨慎，曾一度得到咸丰皇帝的信任。咸丰二年（1852）四月，分府，但行走办事仍在内廷。咸丰三年（1853）九月，洪秀全率领的起义军兵锋直逼京师，奕䜣被任命为侍卫大臣，负责办理军务。十月，授军机大臣，在军机处行走。咸丰四年（1854），先后担任蒙古都统、右宗正、宗令。咸丰五年（1855）四月，京畿一带的起义军被肃清，奕䜣因退敌有功，受到优待，仍在上书房读书，但是在这年七月孝静成皇后驾崩时，奕䜣因办理皇后丧仪疏忽粗略，被罢去军机大臣、都统、宗令等职务。其实，奕䜣此次被罢诸务，"办理皇后丧仪疏忽粗略"只是借口，实则咸丰帝早就对奕䜣几次三番地请求为其生母孝静皇贵太妃封后这件事情大为不满。因为清朝祖制每位皇帝册封和追封的皇后只能有三位，此时道光帝已经有了3位皇后，即孝穆成、孝慎成、孝全成三位皇太后（在道光帝之前，只有康熙帝有四位皇后，这是因为雍正做了皇帝，母以子贵，追尊自己的生母为第四位皇后）。最后，咸丰虽然在奕䜣的坚持下，追尊康慈皇太妃为康慈皇太后，但却不称成皇后，而且不系宣宗谥，不祔庙，不与皇帝合葬，而是与道光帝的16个妃子葬在一起。奕䜣虽为其生母请封成功，但也因此事惹怒咸丰帝，受到了处罚。终咸丰一朝，奕䜣一直未受重用，直到咸丰十年（1860）英法联军入侵北京，咸丰帝逃避热河后，奕䜣才再次被委以重任，授为钦差大臣，留守京城，全权负责与英法联军交涉。

奕䜣初命各路统兵要激励军心，鼓舞士气，力挽狂澜，维护大局。后迫于形势，外加清廷催促和议的强烈要求，遂宣布停战，进城与英法交涉。奕䜣听从英法所提条件，与之订立和约，并答应英法所提出的要求，即清帝公开宣示所议定的各项条款。条约签订后，奕䜣特上书请求对自己加以处罚。清帝不但没有处分奕䜣，反而大加赞赏，谕曰"恭亲王办理抚局，奉属不易。朕深谅苦衷，毋庸议处。"十二月，奕䜣上奏开通商口岸，设立总理各国事务衙门。总理各国事务衙门成立后，奕䜣等负责具体事务。

咸丰十一年（1861）七月，文宗（即咸丰）皇帝驾崩，遗命皇太子载淳即位，并命肃顺、载垣、端华等八人辅政。远在北京的奕䜣在得知八位辅政大臣中居然没有自己后，很不高兴。而且他和肃顺等人在对待洋人的态度上是有矛盾的，肃顺主战，奕䜣主和。此外，在回京的问题上，奕䜣和肃顺等人也有矛盾，奕䜣几次催促咸丰帝回京，而肃顺等人却主张暂不回京。对于咸丰帝的辅政安排，慈禧亦不满。她便联合奕䜣共同对付辅政八大臣，发动了祺祥政变，肃顺被杀，载垣和端华被赐死，其余五人被革职充军。载淳即位，是为穆宗，但因年纪小，由两宫垂帘听政。奕䜣因在祺祥政变中功高，被授议政王，在军机处行走，命王爵世袭，食亲王双俸，并免召对叩拜、奏事书名。此时奕䜣的权力达到了巅峰，他和慈禧的关系也非常融洽。慈禧还将奕䜣的生母上尊号为孝静康慈懿昭端惠庄仁和慎弼天抚圣成皇后，简称孝静成皇后，并祔庙，加谥。慈禧还将奕䜣的长女看成自己的女儿，并封为公主。后来，因收复南京，又封奕䜣之子载澂为贝勒，载濬为辅国公，载滢为不入八分辅国公。

至此，奕䜣家族辉煌至极。但这种幸运并未持续，同治四年（1865），慈禧说奕䜣信任亲戚，内廷召对，时有不检，要罢免奕䜣的一切差使，但遭到了大臣们的强烈反对。最后仅革去了议政王和军机大臣，后来又以奕䜣入见两宫谢恩恳切，恢复了军机大臣官职。慈禧和奕䜣失和的原因是奕䜣锋芒外露，举止高傲，常以自己在祺祥政变中功大而自诩，这对权力欲和控制欲极强的慈禧来说，是不可忍受的，但更主要的是慈禧经过几年的垂帘，已能独立娴熟地处理朝政，她不能容忍也不需要一个对自己有威胁的议政王。此事之后，奕䜣变得谨慎了很多。同治七年（1868），西捻军逼近北京，奕䜣被任命为节制各路统兵大臣。同治十一年（1872）九月，穆宗（即同治）大婚时，复被赐予爵位世袭。同治十三年（1874）七月，同治帝因奕䜣在召见时有失礼仪，降奕䜣为郡王，并夺去其子载澂的贝勒封号。但不久慈禧便推翻了同治帝的决定，赏还奕䜣亲王世袭。十二月，穆宗（即同治）驾崩，慈禧和慈安在宫内召集王公大臣们研究皇位继承人，当时提出的候选人有奕䜣之子载澂，道光皇帝的长子奕纬之孙溥伦（但因为他的父亲也是远支过继来的，所以被排除），醇亲王奕譞之子载湉。本来依着立长君的原则，载澂已经17岁，可立。但慈禧为了使自己能够继续垂帘，决定立只有4岁的奕譞之子载湉为帝，即德宗光绪皇帝。

德宗（即光绪）即位，奕䜣仍享受"免召对叩拜、奏事书名"的恩赏。光绪元年（1875）

十二月，署宗令。光绪十年（1884），法国侵入越南，因不欲同法国开战，太后责备他"萎靡因循"，被罢去军机大臣职务，停双俸，家居养病。光绪十二年（1886）十月，复双俸。光绪十五年（1889）正月，赐增护卫数量。光绪十六年（1890）正月，又被赐增甲兵数量。

光绪二十年（1894），日本入侵朝鲜，军事紧急，时年已六十一岁的奕䜣再次被重新起用，管理总理各国事务衙门，节制各路统兵大臣。十一月，授军机大臣。光绪二十四年（1898）二月，授宗令。是年闰三月，病倒，皇上奉太后谕旨三次亲临看望。四月十日，逝世，年六十七岁。皇上亲临祭奠，辍朝五日，持服十五日，谥曰"忠"，配享太庙。

奕䜣有四子，载澂、载滢、载濬、载潢。奕䜣长子载澂、三子载濬、四子载潢均卒于奕䜣之前，二子载滢已被过继出去，故奕䜣卒后，便以其第二子载滢长子溥伟过继为载澂后，袭恭亲王。溥伟于1936年卒于长春。

恭忠亲王奕䜣园寝在"州城东三十里翠华山前"[1]，今地属北京市昌平区崔村镇麻峪村，地理坐标大约为北纬40°14.603′，东经116°22.608′（图1-9-2）。现园寝旧址上仅剩石牌坊一座、桥三座和地宫废坑一个。园寝"自北山脚起，南至麻峪村车道止，长三百九十一丈二尺。北面东由履郡王园寝后地界起，西至乡堂村大箐止，宽二百六十三丈五尺。南面东由履郡王园寝地界起，西至麻峪村庙至，宽一百九十六丈五尺。除山坡地外，共地十三顷三十九亩八分"[2]。《光绪昌平州志》卷二有"恭亲王园寝"图（图1-9-3）。

据"园寝图"并结合笔者实地考察，恭忠亲王奕䜣园寝后靠翠华山，山脚至园寝后罗圈墙长九十丈四尺。整个园寝外有水沟环绕，西有乾方来水，东有太平峪来水。东水沟至墙宽十四丈六尺，西水沟至墙亦宽十四丈六尺。园寝后罗圈墙至一空石券桥南如意石进深长八十三丈五

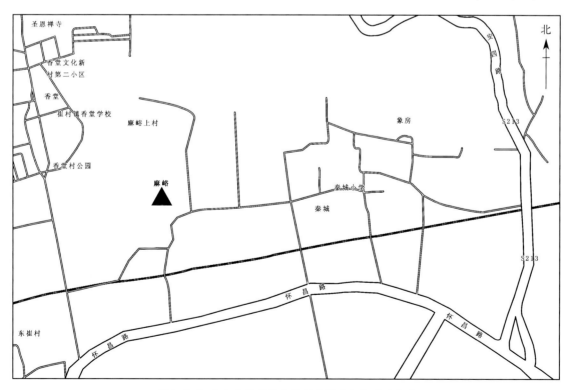

图1-9-2 北京市昌平区麻峪村奕䜣园寝位置示意图

1 [清] 缪荃孙、刘万源《光绪昌平州志》第十二《冢墓记》，北京古籍出版社，1989年。

2 [清] 缪荃孙、刘万源《光绪昌平州志》第十二《冢墓记》，北京古籍出版社，1989年。

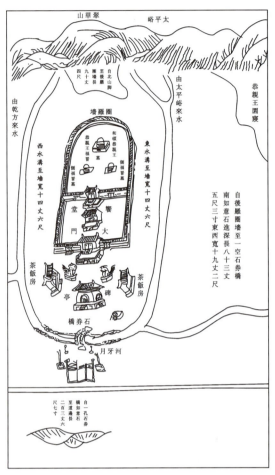

图1-9-3 《光绪昌平州志》载"恭亲王园寝"图

尺三寸,园寝东西宽十九丈二尺。园寝最南端有石牌坊一座,现仍保存,汉白玉制,地理坐标为北纬40°14.177′,东经116°22.542′,海拔56米。牌坊三间四柱,面阔17.9米,进深4米(即两抱鼓石之外径)。中门宽约4.2米,高约4.26米,侧门宽3.85米,高3.6米。柱头均有一坐狮。中间两柱底部有前、后一对抱鼓石,最外侧两柱底部有前、后、外三个抱鼓石。每块抱鼓石均长1.6米,高1.9米,厚0.45米(图1-9-4)。牌坊上镌刻有对联,横批:履祥锡祐,上联曰:兰砌常饶和顺气,下联曰:芝楣永护吉祥云。上下联文字两旁均镌刻小字,字云:"道光二十八年出居阿哥所时,蒙御书联额,以赐吉祥,富丽至今,感沥不敢忘。现构佳城,敬录刻墓门,用光带砺。翘首慕陵,孺子之墓,固不能自已尔。"牌楼北有石券桥一座,石券桥两侧各有石制平桥一座。东侧平桥现存,三孔,长6米,宽3.2米,中间桥洞宽约1.75米,两侧桥洞均宽约1.4米。该桥地理坐标为北纬40°14.488′,东经116°22.640′,

海拔51米[1]。中间石券桥正北是碑楼一座,碑楼内有墓碑一方,墓碑立于光绪戊戌年七月十六日[2]。碑楼、墓碑现均已无存。碑楼后是东西茶饭房。碑楼正北是园寝大门,三间,门旁有石

图1-9-4 奕訢园寝牌坊

1 园寝外除一孔石券桥外,在水沟上还有多处便桥,笔者考察时,尚能看到三处。

2 北京图书馆金石组编《北京图书馆藏中国历代石刻拓本汇编》,中州古籍出版社,1898年。此书收有奕訢墓碑拓片,拓片编注记有此碑所立年代。

狮子一对，大门旁的红墙上开有东西角门各一。宫门内正中有享殿五间。享殿后是琉璃垂花门。琉璃垂花门内是宝顶三座，其中正中的宝顶是恭亲王奕䜣的坟墓，两侧的宝顶是其福晋的坟墓。现宝顶处仅存两个地宫废坑（图1-9-5）。宝顶后是罗圈墙。

在恭亲王奕䜣园寝西"一百二十丈"处，还有奉恩辅国公载澄园寝。载澄是恭亲王奕䜣的第三子，生于同治三年（1864）六月二十八日。同治三年（1864）七月，封为奉恩辅国公。同治五年（1866）四月二十四日，逝世，年三岁。载澄园寝坐北朝南，方形。宫门内建有享殿、宝顶，宝顶后是方形围墙。在载澄园寝后有接出来的一个弧形坟院，院内有恭亲王次女和硕格格的宝顶和墓志铭[1]（图1-9-6）。恭亲王次女和硕格格是后来迁葬于此处的。奕䜣担心爱女葬处"无所表于后世"，故又专门写了墓志铭[2]。

根据冯其利20世纪80年代调查，恭亲王园寝西边曾有阳宅，阳宅四进，建有大门、茶房、垂花门、后宅、前厅、寝室。阳宅西侧为暂安处，也称"大厨房"。"大厨房"葬有奕䜣子载滢的一位迁葬于此的未受册封的姨太太。载澄园寝西边还曾有恭亲王的两座未受册封的兰姑娘、瑞姑娘坟。1932年时，恭亲王茔地上的墓葬被盗。之后又被盗过三四次。抗日战争胜利前夕，茔地上的享殿等建筑陆续被拆除。解放战争前夕，茔地上的地面建筑几乎无存。1958年人民政府修建十三陵水库时，园寝等的建筑石料被运走，地宫被

图1-9-5 奕䜣园寝地宫废坑

图1-9-6 《光绪昌平州志》"载澄园寝"平面图

---

1 [清] 缪荃孙、刘万源《光绪昌平州志》第一《舆图记》，北京古籍出版社，1989年。

2 刘小萌《清代北京旗人社会》，第198页，中国社会科学出版社，2008年。

【第一部分】

清代宗室王公园寝志

挖成深达三丈的大坑。

（二）果敏贝勒载澂园寝

果敏贝勒载澂是恭忠亲王奕訢的第一子，生于咸丰八年（1858）八月六日。著有《世泽堂遗稿》。载澂虽为奕訢长子，但因他先于父奕訢逝世，故未能承袭其父恭亲王爵位。

载澂秉性明敏，办事勤能，克称厥职[1]。初封辅国公。同治元年（1862）七月，加封多罗贝勒。同治七年（1868）三月，加恩在上书房读书。同治十一年（1872）九月，赏食贝勒全俸。同治十二年（1873）正月，在内廷行走，十二月，加郡王衔。同治十三年（1874）二月，赏黄马褂，七月，同治帝诏曰"朕自去岁正月二十六日亲政以来，每逢召对恭亲王时，语言之间，诸多失仪，着革去亲王世袭罔替，降为郡王，仍在军机大臣上行走，并载澂革去贝勒郡王衔"[2]。八月，同治帝念恭亲王奕訢自辅政以来，劳苦功高，着加恩赏还亲王世袭罔替，载澂贝勒郡王衔一并赏还。十一月，同治帝天花痊愈后，赏载澂食郡王俸。光绪四年（1878）三月，补授内大臣。光绪五年（1879）三月，穆宗毅皇帝孝哲毅皇后梓宫永远奉安惠陵。光绪帝阅视惠陵，发现惠陵工程"整齐坚固"，施赏，因载澂父奕訢在修建惠陵时，"总司稽查，综核精详，督催妥速"[3]，着赏其子载澂食贝勒双俸。十二月，补授正红旗蒙古都统。光绪六年（1880）正月，派出专操大臣。光绪七年（1881）四月，管理正白旗觉罗学事务。光绪十一年（1885）六月初十日卒，赏建坟院碑亭银四千两，谥曰"果敏"。

载澂葬地，据冯其利调查，在北京市昌平区南庄村（图1-9-7）。因茔地建筑及遗址早年被毁，具体位置已难以确定。载澂生前为贝勒，根据清代园寝制度，载澂园寝应按贝勒品

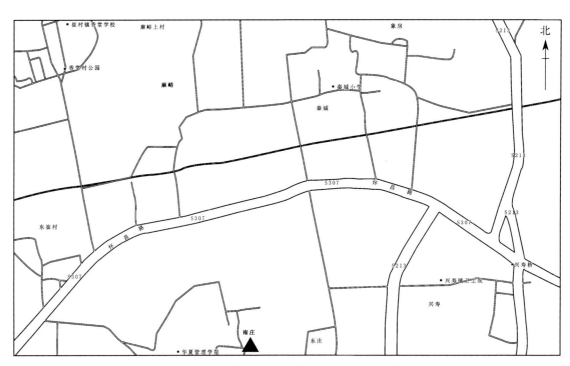

图1-9-7 北京市昌平区南庄村载澂园寝位置示意图

---

1 《清德宗实录》卷二百零九。

2 《清穆宗实录》卷三百六十九。

3 《清德宗实录》卷九十。

清代园寝志

378

级建有墓碑、茶饭房、宫门、享殿、宝顶、围墙等。冯其利说，载潋园寝还建有石桥、碑楼。按：冯其利并未亲眼见过载潋园寝残貌及遗迹，依据的是民间传说，故他说载潋园寝建有碑楼，不知是否属实。因为按制贝勒品级是不建碑楼的。冯其利还说，围墙里除载潋宝顶外，"有小坟两座，葬有早殇的一子一女"[1]。据《爱新觉罗宗谱》记载，载潋无子，故冯氏所言显然失察。载潋有嫡夫人斐莫氏1人，如若斐莫氏卒于载潋之后，则载潋宝顶外的两座"小坟"中的一座当为斐莫氏的墓葬。

（三）已革郡王衔多罗贝勒载滢墓

载滢是恭亲王奕䜣的第二子，生于咸丰十一年（1861）二月初一日。同治三年（1864）七月，封不入八分镇国公。同治七年（1868）十一月，过继给钟端郡王奕诒，封多罗贝勒。同治十一年（1872）九月，赏食贝勒全俸。光绪十五年（1889）正月，光绪帝婚礼完成后施恩，赏加载滢郡王衔。光绪二十六年（1900）九月，以"纵庇拳匪，启衅友邦"[2]，革去爵职，令归宗，后又交宗人府圈禁。宣统元年（1909）八月十六日逝世，年四十九岁。

载滢卒前虽为一罪人，但其卒后仍"以贝勒例赐恤"[3]，推测这是因为载滢蒙其父亲奕䜣的荫庇。载滢葬地位于今北京市门头沟区永定镇西峰寺，地理坐标约为北纬39°53.068′，东经116°04.337′（图1-9-8）。西峰寺为戒台寺下院。在光绪年间，因恭亲王奕䜣长期居住在戒台寺，对戒台寺做出了很大贡献，主持便把戒台寺下院之一的西峰寺赏给奕䜣作为他"百年"后的安身之地，但奕䜣逝世后，被慈禧太后"赏葬"麻峪村。于是，奕䜣在西峰寺营造的"地宫"后来就葬了其子载滢[4]。载滢卒前爵位被夺，卒时仅为一闲散宗室，故其卒后

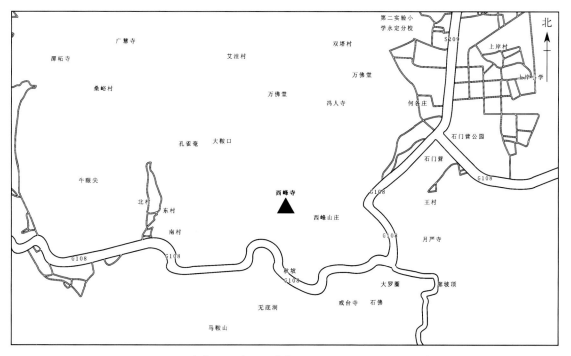

图1-9-8 北京市门头沟区西峰寺多罗贝勒载滢墓地位置示意图

---

1 冯其利《清代王爷坟》，第236页，紫禁城出版社，1996年。

2 《清德宗实录》卷四百七十。

3 爱新觉罗·常林主编《爱新觉罗宗谱》，学苑出版社，1998年。

4 刘小萌《清代北京旗人与社会》，第220页，中国社会科学出版社，2008年。

是不建设园寝的。

载滢墓坐北朝南，靠山呈椅背状，俗称"椅背山"。现墓地上仅剩地宫。地宫由汉白玉砌就，两扇大门，笔者考察时，因地宫内积水未能进去（图1-9-9）。据《门头沟文物志》记载，地宫进深5.63米，宽5.9米，高5.18米。棺床宽同地宫，进深2.78米，棺床正中为一金井，棺床上摆入棺材三具，载滢居中，两侧为其福晋。墓门门楣为一块巨大的长方形铸铁，墓门由整块汉

图1-9-9 载滢地宫大门

白玉雕成，高2.97米，宽1.52米，厚0.19米，重达数吨。其装饰花纹雕刻精细。棺床前长年积水，自棺床至墓门架桥相通[1]。

三、醇贤亲王奕譞园寝

奕譞生于道光二十年（1840）九月二十一日，清宣宗（即道光）的第七子，其生母是庄顺皇贵妃乌雅氏，与第八子钟郡王奕詥、第九子孚郡王奕譓、第九女寿庄固伦公主是同母所生。奕譞的大福晋是慈禧太后的妹妹。

奕譞和奕䜣是晚清时期两位比较著名的人物，但奕譞一生荣宠不衰，他的际遇要远远好于在仕途中三上三下的奕䜣。这固然跟奕譞与慈禧之间有层至亲关系有关，但更可能主要源于两人在性格方面的差异。奕䜣行事张扬，锋芒外露，而奕譞为人低调，小心谨慎。这从醇亲王奕譞书写于其子女房中的治家格言可明显看出，即"财也大，产也大，后来子孙祸也大。若问此理是若何？子孙钱多胆也大。天样大事都不怕，不丧身家不肯罢"[2]。

道光三十年（1850）正月，咸丰帝位后，奕譞被封为醇郡王。咸丰九年（1859）三月，分府后，在内廷行走，上书房读书。咸丰年间，奕譞在政治上没有突出的表现。咸丰去世后，慈禧太后垂帘。这时期正是因为奕譞小心谨慎，低调行事，为慈禧所重视，开始受到重用。

清穆宗（即同治）即位后，免行宴见叩拜礼。在辛酉政变中，捕捉肃顺，立下大功，先后授予都统、御前大臣、领侍卫大臣，管理神机营。同治三年（1864）七月，赏加亲王衔。同治四年（1865）三月，在弘德殿行走，稽查皇帝课程。五月，命筹办京防。同治十一年（1872）九月，晋封醇亲王。同治十二年（1873）正月，清穆宗（即同治）亲政后，罢弘德殿职务。

同治帝驾崩后，慈禧太后为了使自己仍能掌握实权，最后盘算由奕譞子载湉为皇位继承人。听到消息后，奕譞碰头痛哭，昏迷伏地，扶之不能起[3]。奕譞如此反应，不是为自己的儿子做了皇帝而高兴，而是难过，诚惶诚恐，他知道慈禧的这个决定对他和儿子都是祸而不是

1 北京市门头沟区文化文物局编《门头沟文物志》，北京燕山出版社，2001年。
2 爱新觉罗·溥仪《我的前半生》，第7~8页，东方出版社，2007年。
3 爱新觉罗·溥仪《我的前半生》，第7页，东方出版社，2007年。

清代园寝志

福。从此，他不得不过着与儿子隔绝的生活，自己虽为皇父却还得恪守君臣之礼，更令他揪心的是，儿子会像同治帝一样成为慈禧操纵权柄的工具，被玩弄于股掌之上。

慈禧是个权力欲极强的女人，为了消除慈禧的顾虑，光绪帝继位后，奕譞就主动辞去一切职务，只负责照看皇帝读书，但受恩典仍照料菩陀峪，被赏王爵世袭。不仅如此，在诚惶诚恐的心理下，奕譞还对慈禧百般迎合。故相对锋芒毕露的奕䜣来说，慈禧很认可奕譞的忠诚。在这样的"君臣"关系下，奕譞晚年有所作为。光绪五年（1879）二月，赐食双俸。光绪十年（1883），法国入侵越南时，建议增设海军。光绪十一年（1884）九月，任海军衙门总理，节制沿海水师。光绪十四年（1887），重返朝廷主政。由于创立海军有功，赐出行可乘杏黄轿，但奕譞一次都没敢坐过。奕䜣被罢议政王大臣后，慈禧下令给奕譞军机大臣职，今后凡有重大政务要先和醇亲王商议，这等于给了奕譞更高的职务。按例光绪帝成婚后，慈禧就应归政，但为了迎合慈禧，在光绪婚前，奕譞带头叩请慈禧继续"训政"。

奕譞不仅在行动中表现得谨小慎微，诚惶诚恐。而且在其家中装饰陈设上也有较为明显的痕迹，如他命名自己住的正房为"思谦堂"，命名书房为"退省斋"，书斋里条几上摆着"欹器"，上刻"满招损，谦受益"铭文。

光绪十四年（1887）四月，光绪帝成婚，奕譞奉旨稽查婚礼。光绪十五年（1888）正月，礼毕，赐金桃皮鞘威服刀一把，并赐增护卫数量。

光绪十六年（1890）十一月，奕譞病发，皇上亲临探视。二十一日，奕譞逝世，年五十一岁。太后亲临祭奠，定其号皇帝本生考，谥曰"贤"，配享太庙。按：一旦皇帝出现不继，须由旁支承继大统，则"称所生曰皇帝本生父；殁则称本生考。立庙于所封之国，无国则于其邸第为不祧之庙"[1]。清帝"持服期年，缟素十有一日，辍朝入之。期年内御便殿仍素服。元旦谒堂子，诣慈宁宫，太和殿受朝，并礼服。唯升殿不宣表，乐设不作，罢宗亲、廷臣筵宴"[2]。

光绪十八年（1892），奕譞"以亲王礼葬于京师西山妙高峰"[3]，"初祭、大祭暨奉移园寝并御青龙袍褂，冠摘缨，亲诣行礼"，"祀以天子礼。岁时享，四仲月朔举行，忌辰躬亲致祭"[4]。光绪三十四年（1908），宣统皇帝即位后，定其号皇帝本生祖考。

奕譞葬地"妙高峰"，"一说在居庸关诸山之南，与天寿山相接，中间一巘，即居庸关，山峻而秀，故以妙高称，或云：在州城西南抬头村西龙泉寺一带"[5]。据笔者实地调查，妙高峰在今北京市海淀区北安河附近，奕譞园寝的具体位置在今海淀区北部苏家坨镇七王坟路妙高峰东麓山脚下，俗称"七王坟"（图1-9-10）。"七王坟"保存较为完好，已于1984年被公布为北京市文物保护单位。

奕譞园寝是通过购买得来的。据奕譞《退潜别墅存稿》记载，戊辰年（即同治七年，1868）秋，奕譞在蔚秀园养病，某日到西山响堂庙闲游，见妙峰山泉壑幽美，层峦叠嶂，景色宜人，于是带风水先生李唐（字尧民）勘察。李唐认为该处"点穴最佳"，奕譞大喜，遂

1　《清高宗御制文二集》卷二十五。

2　《清史稿》卷九十三《礼十二·凶礼二》。

3　《清史稿》卷二百二十一《列传·八诸王七》。

4　《清史稿》卷九十三《礼十二·凶礼二》。

5　《光绪昌平州志》卷五《山川记》。

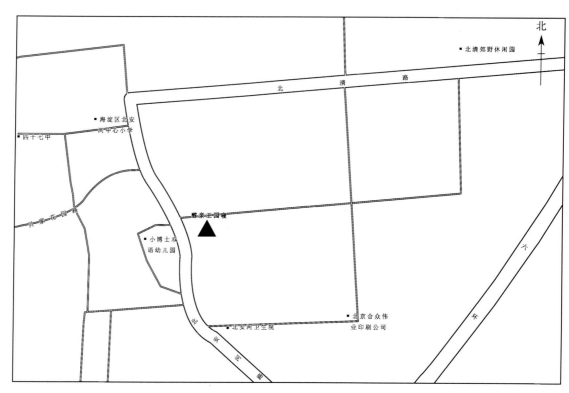

图1-9-10 北京市海淀区醇亲王园寝位置示意图

决定购买此地作为自己百年之后的茔地。但不久就有人说此处不可用，于是醇王又请叶绣圃再视，叶以为"不可用"一说"皆属子虚"，奕譞遂不复狐疑，在此修筑园寝[1]。在《醇王园寝诗刻》中，奕譞以诗记其事云："中情犹豫逐时添，卜吉迟迟岁月淹。立异漫夸三识慧，决疑须协二人占。心通柳暗苍明境，语绝瓜田李下嫌（原注：妙高峰风水经李尧民看定本无疑义，旋有称不可用者，复请萧山叶绣圃来视，始知皆属子虚）。分付舆伩宜便了，朴诚忠信喜相兼（原注：命七品首领太监范常喜、护军校色克图董厥事，一切章程均极周妥，山田互易，公平售买，亦毫无抑勒沾染，虽由余指画，伊等实能恪遵）。戊辰嘉平年□月作并书勒石。"[2]该诗追述了选定吉壤的曲折过程，并在自注中对"山田互易，公平售买，亦毫无抑勒沾染"的做法表示满意。为了帮助奕譞置买茔地，慈禧太后和同治帝还特恩拨给奕譞白银五万两[3]。醇亲王园寝茔地虽然由购买得来，不过这些钱大部分仍由清廷出资，实际上他自己大概并没有从腰包里拿多少钱。据说，奕譞茔地范围广大，园寝、阳宅连同看坟佃户所耕种的土地统统包括在内，方圆约有几十里[4]。

据笔者实地调查，醇贤亲王园寝坐西朝东，前方后圆，南北宽40米，至于东西长度，见诸后人记述的多为200米，但据笔者实测，东西尚不到100米，"200米"这个数据可能还包括了从宫门到通往碑亭的台阶的这段距离。园寝围墙红色，上覆绿瓦，保存完好，"周长

1　奕譞《退潜别墅存稿》卷一。

2　《醇王园寝诗刻》，载《北京图书馆藏中国历代石刻拓本汇编》，中州古籍出版社，1990年。拓片编注云碑在北京海淀区北安河宏伟村，刻于同治七年（1868）十二月十六日。

3　《醇王园寝诗刻》："深公袛解巢由隐，支叟无由谢俗缘。何幸平生遭际盛，圣明钦赐买山钱（原注：买山建茔，蒙慈恩圣恩赐银五万两）。"

4　溥杰《回忆醇亲王府的生活》，载《晚清宫廷生活见闻》，第243页，文史资料出版社，1982年。

七十一丈九尺四寸，高八
尺"[1]。茔地依山而建，有
三个阶梯层次。甫进茔地，
映入眼帘的是层层拾级而上
的台阶，台阶由青砖砌成，
共三段111级，其中第一段
78级，第二段21级，第三段
12级（图1-9-11）。据《醇
亲王墓考》一文，这三段
台阶原来由花岗岩砌就且在
台阶两侧还砌有高约0.8米
的扶手墙，扶手墙的墙帽也
是由花岗岩石制作的，后在
1958年修建人民大会堂时，
将这些条石台阶拆去使用
了，后来为方便攀登又铺上
砖，成为现在这种形式[2]。
爬上这三段台阶之后，是一
座歇山顶式碑亭，碑亭黄色
琉璃瓦覆顶，仅在歇山两山
的铃铛排山处的最后一块

图1-9-11 石阶

勾头使用了绿琉璃瓦，四面均开有券门（图1-9-12）。碑亭"四面各显三间，广二丈，纵高
一丈三尺八寸"[3]，内立墓碑一统，"碑高九尺，广四尺。龙首高四尺五寸。龟趺高称之。碑
文内书皇帝御名"[4]。按醇亲王碑亭用黄色琉璃瓦，较为奇特，因为清制规定，只有皇帝才享
有使用黄色琉璃瓦的权力。醇亲王碑
亭使用了黄色琉璃瓦，推测当是因为
醇亲王与皇帝之间有特殊关系，即他
是光绪皇帝的生父，故其埋葬及祭祀
的规格都非常高。但为示碑亭在规制
上与皇帝有所区别，故在歇山两山的
铃铛排山处的最后一块勾头使用了绿
琉璃瓦。关于亭内墓碑还有一传说，
即醇亲王的墓碑和与其墓地比邻的位
于山脚下的孚郡王的墓碑曾被人调换

图1-9-12 碑亭

1　光绪本《清会典事例》卷九百四十九《园寝坟茔》。
2　王晓军《醇亲王墓考》，《北京文博》2008年第3期。
3　光绪本《清会典事例》卷九百四十九《园寝坟茔》。
4　光绪本《清会典事例》卷九百四十九《园寝坟茔》。

图1-9-13 石拱桥　　　　　　　　　　　　　图1-9-14 宫门

过，因醇亲王墓碑硕大无比，想运上山比较费力，故修坟太监将体积较小的孚郡王墓碑与之对换。但据原海淀区文物管理所所长王晓军所测量的两统墓碑的高度，发现醇亲王墓碑高5.56米，孚郡王墓碑高5.5米。这一测量结果说明，有关两碑被调换的传说显属讹传。碑亭后10米处是一孔石拱桥，桥下是月河，河道颇似月牙。桥身石砖铺就，长9.6米，宽4.5米，桥侧有护栏，每侧护栏均有5块护板和2个雁翅组成（图1-9-13）。过桥后紧接着是两段台阶，前段19级，后段20级。两段台阶后是班房和宫门（图1-9-14）。"守护班房，南北厢各三间，广二丈八尺，纵一丈六尺，檐高八尺五寸"[1]。　南班房在20世纪50年代被拆[2]。北班房保存完好，灰布瓦覆顶，面阔约9.8米，进深约6.1米，班房门前有6级台阶通地。宫门面阔三间，绿琉璃瓦覆顶，"广三丈四尺，纵一丈六尺，檐高一丈"[3]，据实测，宫门面阔11.5米，进深5.3米，前有6级台阶通地。宫门台基宽约11.7米。宫门两侧还有南北随墙角门各一。宫门内两侧各有一株高大的白皮松。宫门内正中原有享殿一座，"五间，广五丈三尺，纵二丈七尺，檐高一丈一尺五寸"[4]，享殿前曾有"抱厦三间，广三丈三尺，纵一丈五尺，檐高一丈一尺"[5]。享殿北曾有燎炉一座，"广九尺三寸，纵六尺五寸，檐高八尺六寸"[6]。享殿于1933年被毁[7]，现只能粗略看出基址，基址宽约11.4米，进深约17.6米。据实测，宫门西约34.6米处是二道门，仅剩门圹，门圹宽约3米，高约2.38米，门前有15级台阶通地。据《清会典事例》，二道门原为琉璃花门，广一丈四尺，纵五尺二寸，檐高九尺八寸，东西卡子墙各长五丈三尺，高八尺[8]。二道门后有两段台阶，每段13级。台阶直通墓地，墓地内现有三十三株白皮松和四座宝顶，正中的大宝顶建在台基之上，现存台基每边长约11米，高约0.95米，宝顶下设须弥座，宝顶被修葺过，现高约2.1米，直径约4.5米（图1-9-15）。正中的宝顶是奕譞和他的嫡福晋的合葬墓，两侧宝顶是醇亲王侧福晋的墓葬[9]。在宝顶月台前的平台上还有两块石碑，一南一北，其中北面的石碑从碑阳仅能识别的几个文字得知，此碑为奕譞侧福晋颜扎氏之"奉旨追封"碑，该碑碑阴刻有奕譞为颜扎氏所做的悼亡诗；南面石碑碑

1　光绪本《清会典事例》卷九百四十九《园寝坟茔》。

2　冯其利《清代王爷坟》，第239页，紫禁城出版社，1996年。

3　光绪本《清会典事例》卷九百四十九《园寝坟茔》。

4　光绪本《清会典事例》卷九百四十九《园寝坟茔》。

5　光绪本《清会典事例》卷九百四十九《园寝坟茔》。

6　光绪本《清会典事例》卷九百四十九《园寝坟茔》。

7　冯其利《清代王爷坟》，第240页，紫禁城出版社，1996年。

8　光绪本《清会典事例》卷九百四十九《园寝坟茔》。

9　冯其利《清代王爷坟》，第240页，紫禁城出版社，1996年。

阳刻有奕譞"为树为文"之文字。另外，在南墙外以东还曾有一阿哥坟圈，里面葬有醇亲王的几个早殇子女[1]。

园寝北侧地势较低，园寝的阳宅便修建在这里。阳宅与阴宅（园寝）由一条长沟相隔。因通往阳宅的入口，即城关式券门被封堵，故笔者未能进去，只远远地

图1-9-15 宝顶

望见券门正中匾额上镶嵌的醇亲王亲笔手书的"隔尘入胜"四字。据《醇亲王墓考》[2]一文，进城关式券门向右为阳宅正门，阳宅又称"退潜"别墅，取自醇亲王别号"退潜居士"。主题建筑坐西朝东，由层层升高的五进院落组成。第一进院落为一排十五间坐东朝西的倒座房，正房五间，南北配房各五间，为看院仆人住室和车马库。西侧建有南北两侧可上的台阶，进入二进院落。第二进院落为四合院式布局，西为正房五间，名纳神堂。南北各有配房三间及耳房一间。东房中为过道，两侧房为门房。院北侧还有一跨院，为一别致的小花园。园内四周沿墙有叠石假山，中有池塘，池塘西侧建有五间歇山式敞轩，内立有记述醇亲王墓地选址经过的卧碑。园东南角假山上建有六角小亭，西侧建有石窟。石窟上有门通往公主楼。从纳神堂北侧沿墙向上有两丈多高的台阶直通第三进院落。第三进院落为醇亲王寝院，有坐西朝东的正房五间，南北配房三间及耳房各一间。正房北侧建有流水碑亭一座，现仅存亭石基座。院北侧有跨院，建有二层小楼一座，为专门供醇王府公主小姐来居住的公主楼。第四进院落分内院和外院。外院南北各有相对房屋三间，内院自成一体，三合布局，正房五间，两侧各有耳房一间，南北两侧配房各三间。现房屋形式基本完好，仅屋顶有的已改为现代形式。沿四进院落前左侧甬道进至第五进院落。院落内有平房三间，院中有石桌椅。

四、钟端郡王奕诒园寝

钟端郡王奕诒生于道光二十四年（1844）正月初六日，是清宣宗（即道光）的第八子，其生母为庄顺皇贵妃乌雅氏。奕诒"秉性端和，持躬谨饬，恪恭将事，勤慎有加"[3]。文宗（即咸丰）即位后，封钟郡王。咸丰十一年（1861），穆宗（即同治）即位后，免宴见叩拜，奏事书名。同治三年（1864）四月，分府，仍在内廷行走。同治七年（1868）十一月，薨逝，赐祭葬，谥曰"端"。同治帝着赏给陀罗经被，派郡王衔贝勒载治带领侍卫十员代为前往奠醊。道光帝于本月十三日亲临赐奠，并派总管内务府大臣崇纶办理丧事，所有一切事宜，俱由官为经理。其余饰终典礼，各该衙门查例具奏。奕诒身后无子，初以恭亲王奕䜣子

1 冯其利《清代王爷坟》，第240页，紫禁城出版社，1996年。

2 王晓军《醇亲王墓考》，《北京文博》2008年第3期。

3 《清穆宗实录》卷二百四十六。

载滢为后，袭贝勒，后因载滢犯事获罪被剥夺爵位，归宗，又以醇亲王奕譞子载涛为后，袭贝勒。

钟端郡王奕诒葬地"在州东三十里葫芦河村北"[1]。"葫芦河"村名今仍沿用，在北京市昌平区小汤山镇（图1-9-16）。奕诒墓地俗称"小八爷坟"，这是因为在钟端郡王奕诒之前，曾有清高宗乾隆帝的第八子永璇葬于昌平半壁店村，永璇墓地俗称"八爷坟"，故人们把后葬于昌平葫芦河村的清宣宗道光帝的第八子奕诒的墓地称为"小八爷坟"。

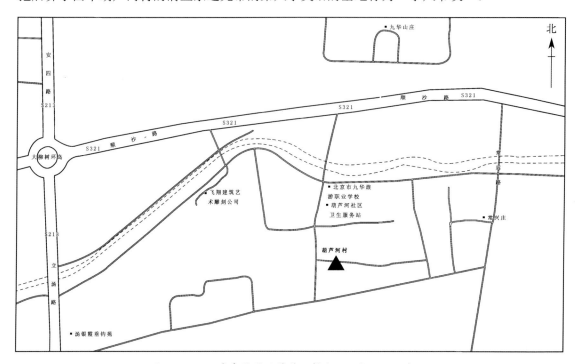

图1-9-16 北京市昌平区葫芦河村奕诒园寝位置示意图

奕诒园寝现已无任何遗存，根据清代园寝制度推测，奕诒园寝当依照郡王品级建有墓碑一统、碑亭一座、宫门三间、享殿三间、宝顶、围墙等，且建筑物顶覆绿色琉璃瓦。

奕诒园寝地面建筑早在1948年时就被拆除，据当地百姓说在1966年的时候宝顶和墓碑尚在。根据《清代王爷坟》一书介绍，奕诒园寝坐北朝南，早年曾建有红色砖墙一道，园寝外东南角有平桥一座。碑楼中有墓碑一统。宫门旁还有东、西角门。宝顶下地宫石券，金井玉葬，停棺一口。宝顶后是圆弧形园寝围墙。

五、孚敬郡王奕譓园寝

孚敬郡王奕譓生于道光二十五年（1845）十月十六日，清宣宗（即道光帝）第九子，其生母为庄顺皇贵妃乌雅氏。奕譓"秉性和平，持躬端谨"，管理都统事务时，能"恪恭将军，倍著勤劳"[2]。道光十年（1830）正月，清文宗（即咸丰）即位后，封为孚郡王。穆宗（同治）即位后，诏谕免宴见叩拜，奏事书名。同治三年（1864），分府第，在内廷行走，管理乐部。同治十一年（1872）六月，授命为内大臣，九月，加亲王衔。同治十三年

1　[清] 缪荃孙、刘万源《光绪昌平州志》第十二《冢墓记》，北京古籍出版社，1989年。

2　《清德宗实录》卷四十七。

（1874）十二月，德宗（即光绪）即位后，再次恩赐免宴见叩拜，奏事书名。光绪三年（1877）二月卒，"加恩照亲王例赐恤"[1]，谥曰"敬"。三月初四日，奉移暂安处，光绪帝派豫亲王本格于是日前往府中奠醊，并派怡亲王载敦送至暂安处，再行祭奠。奕谟安葬园寝后，光绪帝再遣惠郡王奕详前往恭代奠醊。奕谟卒后无子，根据《爱新觉罗宗谱》，奕谟卒后以载煌为后，载煌过继给奕谟后，改名载沛，但是载沛并没有承袭奕谟的爵位，而是"封授多罗贝勒"。《清史稿》记载，奕谟"以载沛（原名载煌）为后，袭贝勒"。《宗谱》记为"封"，《清史稿》记为"袭"，两书中的记载是有出入的，到底是"封"，还是"袭"，尚待考证。此暂从《爱新觉罗宗谱》。

孚敬郡王奕谟园寝在今北京市海淀区苏家坨镇北安河乡草厂村西南，俗称"九王坟"（图1-9-17）。园寝保存较为完好，1984年时被北京市政府列为北京市重点保护文物。2007年，被列入北京市人文奥运文物修缮项目，耗资190万修葺一新。

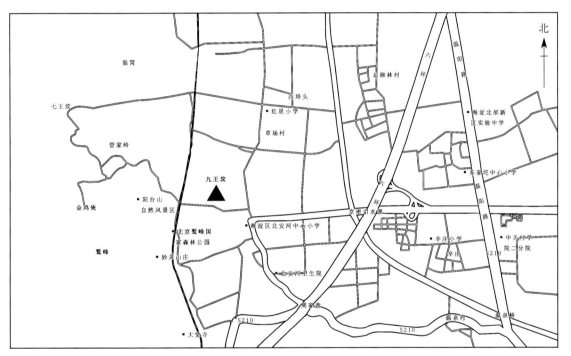

图1-9-17 北京市海淀区九王坟位置示意图

据笔者实地调查，孚敬郡王园寝坐西朝东，东西长约100米，南北宽约80米。园寝外建有石拱桥和碑亭（图1-9-18、1-9-19）。石拱桥桥身宽3.17米，长14.8米，两侧的抱鼓和栏板有残缺，望柱多已不存，拱洞的券脸上有吸水兽，桥下是月河。桥西约50米处是单檐歇山式碑楼，碑楼绿琉璃瓦覆顶，四面开有券门，券脸上刻有缠枝莲花纹饰。券门前均有八级台阶通地，台阶宽2.48米，斜进深2.48米。碑楼高9.6米，横剖面为正四边形，每边各长7.5米。碑楼基座亦为正四边形，每边各长8.55米，基座现高0.86米。碑楼内有墓碑一统，碑高（包括碑额）约7.5米。碑身侧面自上而下浮雕一条巨龙，遒劲有力，碑座侧面均浮雕一立龙。碑楼西约33米处是宫门，宫门面阔三间，约12.08米，硬山顶，上覆绿琉璃瓦，两侧有红墙连接（图1-9-20）。宫门外有南北班房，南北班房均面阔三间，宽约10.15米，进深5.97米，高6.66米（图1-9-21）。宫门内两侧的南北园寝围墙上各有一随墙角门。宫门西

1　《清德宗实录》卷四十七。

【第一部分】　清代宗室王公园寝志

图1-9-18 园寝石桥

图1-9-20 宫门

图1-9-19 碑亭

图1-9-22 享殿

图1-9-21 班房

图1-9-23 享殿内藻井

约10米处是带前廊的享殿，享殿面阔五间，约18.5米，进深约10.38米，高约10.11米，硬山顶，上覆绿色琉璃瓦，殿内屋顶为盘龙藻井（图1-9-22、1-9-23）。享殿台基长18.62米，宽10.9米。享殿前有月台，月台长11.44米，宽6.31米，现高0.6米，月台前方和两侧正中位置均有六级台阶通地，台阶宽4.3米，斜进深1.76米。从现存遗迹可看出，享殿南北原有卡子墙，卡子墙上开有一南一北两个随墙角门。享殿后约14米处是月台，月台为两层跌落式，上有泄水石。月台正中是须弥座宝顶（图1-9-24）。宝顶下地宫已于1937年被盗发[1]。宝顶后约25米处是园寝的后圈墙。此外，园寝内有明显的砖铺小道，分别从宫门南北两侧的角门开

1 冯其利《清代王爷坟》，第245页，紫禁城出版社，1996年。

清代园寝志

图1-9-24 修葺后的宝顶

始向内延伸，然后各自西折，直通向享殿两侧的角门，过角门一段距离后均内折，汇合在享殿正后方，最后直通宝顶，是供扫坟、看坟人员行走的道路。

附：不详园寝

（一）房山石梯村王爷园寝

石梯村王爷园寝位于今北京市房山区青龙湖镇石梯村，墓主人是哪位王爷不详。墓地三面环山，前有山溪，风水绝佳。茔地上还有石五供残件四件：一件是香炉，高1.35米；一件是香炉托，高1.50米，直径0.7米，香炉托雕刻精美，上浮雕佛像一尊，左右有二侍者，四周有莲花，束腰浮雕八宝图案，三足雕三个龙首；石五供须弥座两件，束腰浮雕八宝图案[1]。

（二）继贝勒园寝

《房山县志》载："继贝勒墓在黄圆井村。"[2]继贝勒其人无考。在1976年北京市地质地形勘测处编制的《北京市地图册》中"黄圆井"记为"黄元井"，地属房山县长沟镇。此地在20世纪50年代时，还曾有汉白玉墓碑一统[3]。

（三）奉恩将军色贝园寝

色贝生于康熙二十五年（1686）六月五日，多罗安郡王岳乐之孙，其父为护军统领辅国将军塞楞额。康熙四十四年（1705）五月，封奉恩将军。雍正九年（1731）十二月，授参领。雍正十一年（1733）九月，授副都统。雍正十二年（1734）二月，授正蓝旗蒙古都统。

1 刘亚军主编《图说房山文物》，第35页，北京燕山出版社，2005年。

2 民国十六年修《房山县志》卷三《地理·陵墓》。

3 冯其利《清代王爷坟》，第35页，紫禁城出版社，1996年。

乾隆十六年（1751）正月二十九日，薨逝，年六十岁，子赛冲阿袭。赛冲阿生于乾隆十一年（1746），乾隆十六年（1751）正月袭奉恩将军。乾隆五十八年（1793）卒，年四十八岁，子乌尔希松阿袭。乌尔希松阿生于乾隆四十五年（1780）。乾隆五十八年（1793）十月袭奉恩将军。嘉庆十九年（1814）三月卒，年三十五岁。乌尔希松阿无子，这支爵除。

色贝墓碑曾在北京市朝阳区十八里店被发现[1]。如果墓碑仍在原地，未经人为移动，则色贝园寝也当在十八里店一带。推测色贝后代袭爵者可能同色贝葬在一起。

1　徐自强主编《北京图书馆藏北京石刻拓片目录》，书目文献出版社，1994年。

清代园寝志

（下）

宋大川　夏连保　主编

文物出版社

第二部分 清代公主园寝志

概 述

西周时期，人们将周天子的女儿统称为王姬。"公主"一词最早出现在春秋战国之际。据《史记·吕后本纪》裴骃集解引如淳曰："《公羊传》曰'天子嫁女子于诸侯，必使诸侯同姓者主之'，故谓之公主。"周代的诸侯按封地的大小，分为公、侯、伯、子、男五等，类似于后来的五等不同的"爵位"。在这五等爵中，"公"的封土是最大的，地位也是最高的。到春秋战国之际，礼崩乐坏，多数诸侯都被称之为"公"。周天子作为天下共主只有一个，所以其女儿长大后，不可能找到与天子地位相当的人出嫁，就只能退而求其次下嫁给当时的诸侯。而天子作为至尊，当然不能屈尊亲自为下嫁给诸侯的女儿主持婚礼，于是就只好找一个同姓的诸侯替自己主婚。于是，天子的女儿就被称为"公主"了。到战国时期，由于诸侯间相互兼并，越来越强大，诸侯的女儿也被称为"公主"或"郡主"。从西汉开始，只有皇帝的女儿才能称为"公主"，诸侯王的女儿则称为"翁主"或"王主"。 此后，在中国历代封建王朝，基本上都把皇帝的女儿称为公主。

清朝是由满族上层贵族建立起来的封建王朝，清朝在其始建国的"后金"初期，大汗、贝勒的女儿（有时也包括一般未嫁之妇女）均称"格格"，并无定制。例如，清太祖努尔哈赤的长女称"东果格格"，次女称"嫩哲格格"。 崇德元年（1636）皇太极称帝后，始仿明制，规定只有皇帝所生女子才能称为公主，亲王、郡王以下所生女子则统称格格。并规定皇后所生之女称"固伦公主"，妃子所生之女及皇后的养女，称"和硕公主"[1]。两种封号强调了嫡庶之别，却也有例外。如慈禧太后收恭亲王的女儿为养女，封为固伦荣寿公主。她也可能是中国的最后一位公主。乾隆帝封惇妃所生之女为固伦和孝公主，下嫁和珅之子丰绅殷德。但也有皇后之女未封固伦公主的，如乾隆第九女，为孝仪纯皇后所生，却只封和硕和恪公主[2]。清代的固伦公主品级等同于亲王，和硕公主品级等同于郡王。

清代格格的等级有五种，依次为郡主、县主、郡君、县君、乡君。嫡出者：亲王之女称和硕格格，为郡主。郡王之女称多罗格格，为县主。贝勒之女也称多罗格格，为郡君。贝子之女称固山格格，为县君。入八分公镇国公、辅国公之女称格格，为乡君；庶

---

1 "固伦"、"和硕"均为满语的译音，固伦为"天下的"或"国家的"之意，和硕为"地方的"或"一方的"之意。固伦公主的品级相当于亲王，和硕公主的品级相当于郡王。

2 《钦定八旗通志》卷七十八《王公仪制》："凡封爵，崇德元年……又定：中宫所生女为固伦公主，妃所生女为和硕公主，亲王女为和硕格格，郡王女为多罗格格，贝勒女为贝勒多罗格格，贝子女为固山格格，公女为公格格，若中宫抚养下嫁者，亦称为和硕公主。"

出者：亲王侧福晋所生之女降二等为郡君，郡王侧福晋所生女降二等为县君，贝勒侧室所生女降二等为乡君；品级：郡主的品级与郡王福晋相同，县主品级与贝勒夫人相同，郡君的品级与贝子夫人相同，县君的品级与镇国公夫人相同，乡君的品级与镇国将军夫人相同[1]。凡宗室女子，不入于以上五等的，称宗女。贝子侧室所生女，给五品俸，入八分公侧室所生女给六品俸，皆不授封。自不入八分公以下宗女则不给俸，亦不授封[2]。

清代皇女、皇孙女及宗室王公的女儿，要由皇帝（或太后）择取八旗及蒙古王公的适龄俊秀子弟，指配聘嫁。这种指婚制度，保证了清宗室与蒙古上层贵族的联姻，目的是为了笼络蒙古上层贵族。自乾隆起，这种指婚制度进一步严格[3]。清代实行的"满蒙联姻"政策，使得清代的公主或宗女有很多都远嫁到了蒙古，成为蒙古王公的妻室。这些下嫁到蒙古的公主或宗女，一部分在死后就埋葬在这些蒙古王公的领地。

清代自追封的显祖塔克世以下诸帝共有公主98位。其中，皇女86位，由中宫抚养的宗室近枝宗女12位。根据清代的园寝制度，这些公主死后，也应当都建有相应的园寝。但目前我们能够确切考明其埋葬地的公主才有47名。自努尔哈赤建立后金以后，后金政权就与蒙古上层贵族形成了一种政治上的联姻关系。清廷入关之后，这种关系逐渐制度化。清代的公主与宗女的婚配权由皇帝掌握，称为"指婚"。指婚保证了清皇室与蒙古上层王公贵族之间长期的政治联姻关系。据统计，包括后金时期在内的有清一代，清宗室与蒙古王公贵族的"满蒙联姻"总计达到586次，而在这586次的通婚事件中，下嫁给蒙古王公贵族的清代公主和宗女（格格）多达430名，其中入关前有27名，入关后有403名。其中，下嫁到蒙古的公主共有31名[4]。

按照清代的封爵制度和园寝制度，公主无论是下嫁到蒙古还是下嫁京师八旗王公，她们在生前都应各自建有自己的公主府，死后也都各自建立园寝。公主因为是金枝玉叶，地位远在其额驸之上，为了体现皇权的至高无上，通常公主死后，除非有皇帝的恩旨或其他特殊情况，一般不与其额驸合葬。清代公主只分为固伦公主和和硕公主两种封爵，所以公主去世后，从理论上说，园寝也应当只有两种规格。但实际上，这些公主的埋葬情况要复杂得多。有的公主由于犯罪、削爵，死后未建园寝；有的因受到皇帝宠爱园寝修建得略高于规制；有的则因额驸家族经济条件好坏、政治地位高低，园寝某些建筑要高或低于规制。死后未建园寝的公主属于极个别的例子，如清太祖努尔哈赤三女莽古济在天聪九年（1635）因骄暴被削去公主位号，是年，又犯谋逆罪被诛，并被从宗谱中除名。因此，她在死后是不应当建立园寝的。但今内蒙古赤峰市敖汉旗有莽古济墓园遗迹，从其建筑遗迹来看，莽古济的这个墓地却是按照园寝的规制修建的，据说敖汉旗的这座莽古济墓园是其后代将其改葬蒙古后重新修建的。

清代公主去世后，集中埋葬在清东陵、清西陵、公主下嫁部落所在地和京城附近。这里

1　《清会典》卷一《宗人府》："皇女由中宫出者，封固伦公主，由妃嫔出者封和硕公主。如中宫抚宗室女下嫁，亦封和硕公主；亲王女封郡主，郡王女封县主，贝勒女封郡君，贝子女封县君，入八分镇国、辅国公女封乡君；亲王侧福晋女封郡君，郡王侧福晋女封县君，贝勒侧室女封乡君。"

2　《清会典》卷一《宗人府》："贝子侧室女授以五品，入八分公侧室女授以六品。如亲王、郡王姜媵女，有许字外藩蒙古者，亦封乡君，余并称宗女，不封授。"

3　《钦定大清会典则例》卷一：乾隆三年，"又定王公之女许婚后，由本家报礼部，奏给品级。成婚后由本家报礼部，奏给额驸品级。如以女与外藩蒙古者，未聘定前本家奏请。若系闲散宗室报府转奏"。

4　宋大川、夏连保《清代园寝制度研究》，第231～232页，文物出版社，2007年。

所说的京城，是包括清入关之前的清东京辽阳城与入关之后的北京城。这47位公主中，葬于北京城附近的公主最多，共25人，约占总人数的53％。这25人的园寝分布在北京的朝阳、西城、海淀、门头沟、丰台、昌平等六个区，其中尤以朝阳区最多，共葬有16位公主，占已知25人的64％；海淀区次之，葬有4人；门头沟与丰台各2人；西城区1人。公主葬于下嫁部落所在地的人数也较多，共有14人，约占已知总数的30％。葬于清东陵、西陵的公主共6位，约占总数的13％。葬在清东京辽阳城附近的公主有2位。

1. 葬于清东陵、西陵的公主。清皇室入关以后，先后在河北省的遵化和易县建有东西两个陵区，即清东陵和清西陵。在清皇室入关之前，满清贵族之女均被称为"格格"，相当于汉语的"小姐"，努尔哈赤家族的女子也不例外。直到崇德元年（1636），皇太极建立"五宫"，确立宫闱制度，公主的称谓才正式出现，与公主有关的封爵、下嫁、丧葬等制度才开始逐步建立。八年后，即顺治元年（1644）满清入关，直至宣统三年（1911）溥仪退位、清亡，260多年间，共有6位未出嫁的公主死后葬在了清东陵、西陵。

死后葬在清东陵、西陵的6位公主分别是清高宗乾隆皇帝第八女，清仁宗嘉庆皇帝第五女慧安和硕公主与第九女慧愍和硕公主，清宣宗道光皇帝长女端悯固伦公主、次女、三女端顺固伦公主。这六位公主死时最大的年仅11岁，最小的还不足周岁。道光二十四年（1844）定："未经厘降受封之公主丧事，隶内务府办理。无齐集诸例。"[1]这些早逝的公主，由于未厘降，只能葬于其父预先规划的陵区周围。这几位公主中有两位较为特殊，即道光皇帝的长女和次女，这两位公主死后的园寝位于今河北省遵化市马兰峪镇许家峪村西，即清东陵陵区的东南部风水墙界外，而她们的父亲道光皇帝崩后陵寝却建在了清西陵，即今河北省易县的慕陵。清代这种不与父亲葬在同一陵区的公主仅此一例，原因是道光皇帝最初将自己的陵址选在东陵的宝华峪，所以其长女、次女死后，园寝就建在清东陵宝华峪附近，与这两女同葬该园寝的还有道光帝早殇的两子，即第二子奕纲和第三子奕继，后来由于预先选定在东陵区的宝华峪陵园地宫进水，于是道光皇帝将自己的陵寝改建到清西陵，但早已葬在清东陵区的两双儿女却没有随迁。

2. 园寝建在下嫁部落所在地的公主。公主出身帝王家，至婚嫁年龄都要被指婚出嫁，皇室联姻与政治息息相关，因此她们虽贵为金枝玉叶，也不免沦为政治的牺牲品，这些公主大多在10多岁就被皇帝指婚出嫁。在中国封建社会中，男尊女卑观念一直占主导地位，妇女受到封建礼教的束缚和压迫，遵循在家从父、出嫁从夫的纲常观念，一旦出嫁就与丈夫家族的命运紧密联系在一起，清代公主也不例外，她们死后的丧葬、园寝修建多由额驸家族负责，仅少数公主的丧葬事宜由皇帝批准朝廷负责办理。清代道光二十四年（1844年）有旨："固伦公主、和硕公主薨，或官为治丧，或交额驸家自行备办，由内务府具奏请旨。如奉旨官办，即会同礼部将一切应办事宜具奏。得旨后，行文各该衙门遵办。如本家自行治丧，礼部将应齐集之处奏闻。和硕亲王以下、奉恩将军以上齐集。"[2]。满清皇室与蒙古各部长期保持着通婚关系，指婚制度的确立进一步将满蒙联姻制度化，清代公主多数都由皇帝指配给蒙古各部首领。

清代嫁给蒙古各部的公主共31人，现在已知有25人的葬地比较明确，其中葬在下嫁部落

---

1 《清会典事例》卷四九七《礼部·丧礼》，第759页。

2 《清会典事例》卷四九七《礼部·丧礼》，第759页。

所在地的共计14人，其余11人则葬在京城附近。这14位公主分别是太祖努尔哈赤第三女莽古济，清太宗皇太极长女固伦端敏公主、次女固伦温庄长公主、三女固伦端靖长公主、四女固伦雍穆公主、五女固伦淑慧长公主、八女固伦端贞长公主、圣祖康熙皇帝第三女固伦荣宪公主、五女和硕端静公主、六女固伦恪靖公主、十三女和硕温恪公主、十五女和硕敦恪公主、侄女固伦纯禧公主，世宗雍正皇帝侄女和硕端柔公主。这14座园寝在地域上主要分布在蒙古的七个部落所在地，其中科尔沁6座，敖汉、巴林各2座，察哈尔、翁牛特、喀喇沁、喀尔喀各1座。除喀尔喀部外，六个部落多集中在内蒙古东部地区，在清代属于漠南蒙古范围，这些部落都是早期归附满清的部落，他们也是满蒙联姻的主体。

在雍正帝之前，下嫁蒙古的公主中，除了太宗七女固伦端献长公主、十一女端顺固伦公主、世祖扶养从兄和硕简纯亲王济度第二女固伦端敏公主、圣祖十女固伦纯悫公主等四位公主由于随额驸在京师供职，死后葬于京城外，其余下嫁蒙古各部的公主去世后，多数都在下嫁部落所在地建园寝。自世宗雍正皇帝之后，下嫁蒙古各部的公主，均葬在京城附近，再无葬于额驸部落所在地者。清宣宗道光皇帝第四女寿安固伦公主在咸丰十年（1860）去世后，额驸德木楚克扎布曾上奏理藩院，请将寿安固伦公主彩棺移至奈曼部落，自行修建园寝。同治元年（1862）三月，谕："兹据内务府查明现存册档内，并无在口外修建公主园寝例案，并据理藩院奏称，查明以前公主在京薨逝，园寝均未有远移边外者，所请未便准行等语。所有德木楚克扎布前奏：请将寿安固伦公主彩棺，移至奈曼部落，自行修建园寝。着毋庸议。仍着内务府查照向例，在附近京城一带择地修建，以符旧制。"[1]奈曼部"牧地当潢河老哈河合流之南岸，东界科尔沁，南界土默特，西界敖汉，北界翁牛特，广九十五里，袤二百二十里"[2]。经内务府查明，清代旧例在京薨逝的公主一律在京城修建园寝，下嫁少数民族各部的公主在京薨逝也都葬在京城，在本部去世则在额驸部落所在地修建园寝。内务府所言基本属实，但仍有一特例，即太宗第五女固伦淑慧长公主，她康熙三十九年（1700）薨于京师，按公主遗愿，她去世后灵柩归葬巴林部，康熙皇帝遵从公主遗愿，将其灵柩护送回巴林部，葬在今巴林右旗。

3. 园寝建在北京的公主。清代很多公主都随额驸长住在北京，因此，她们死后的园寝就建在北京。这些公主根据下嫁情况的不同可以分为三类。一种情况是：嫁给满族八旗的公主。清代公主所嫁额驸除了蒙古王公子弟之外，另一部分就是旗人贵族子弟，这些旗人子弟均随祖、父生活在北京，公主嫁给她们后即居住在京，死后多数都葬在额驸家族茔地。已知园寝位置的47位公主中，嫁给旗人子弟，葬在北京的公主有12位：其中太宗女一位，即十四女和硕恪纯长公主，世祖女三位，即次女和硕恭悫长公主、侄女和硕和顺公主、侄女和硕柔嘉公主，圣祖女一位，即九女固伦温宪公主，世宗女一位，即次女和硕怀恪公主，高宗女三位，即四女和硕和嘉公主、九女和硕和恪公主、十女固伦和孝公主，宣宗女三位，即五女寿臧和硕公主、六女寿恩固伦公主、侄女荣寿固伦公主。第二种情况是：下嫁蒙古各部后，随额驸在京供职，因此死后葬于京城的公主。这些公主的额驸都是蒙古王公及其子孙，他们或在京任职，或随祖、父长期居住在京，在蒙古本部和北京都建有府第，公主长期在北京居住，死后园寝就建在了北京。属于这种情况的公主共有11位，

1 《清穆宗实录》卷二十三"同治元年三月"。
2 《清史稿》卷七十七《地理志》。

清代园寝志

即太祖努尔哈赤女（额亦都妻）和硕公主，太宗六女固伦公主、七女固伦端献长公主、十一女端顺固伦公主，圣祖第十女固伦纯悫公主，世宗侄女和硕和惠公主，高宗第七女固伦和静公主、侄女和硕和婉公主，仁宗第三女庄敬和硕公主、四女庄敬固伦公主，宣宗四女寿安固伦公主等。

4. 园寝建在东京辽阳。天命六年（1621）努尔哈赤率八旗军大败明朝军队于萨尔浒山下，乘胜占领辽阳、沈阳，遂决定将国都由赫图阿拉（今辽宁省新宾满族自治县永陵镇西北启运山南麓）迁至辽阳。"筑城于辽阳城东五里太子河边，创建宫室，迁居之，名曰东京。"[1]天命九年（1624）四月，新城建好，努尔哈赤决定将祖茔迁往东京。在入关之前，清皇室在关外先后建有四个陵区，即东京陵、永陵、福陵和昭陵。其中东京陵区内葬有一位公主，即嫁给扬书的太祖女弟和硕公主。和硕公主去世时，满清尚未入关，都城还在东京，公主去世后便与额驸扬书合葬在当时的祖陵陵区内。另外还有一位葬在辽阳的公主是清太祖长女端庄固伦公主，公主额驸何和礼在满清入关前去世，公主在随满清皇室入关后即居于北京，薨逝后葬于北京，后由其曾孙彭春、齐锡等迁葬至辽阳与额驸何和礼合葬。

除以上45位公主外，还有另外两个公主埋葬情况较为特殊。她们分别是清世祖侄女固伦端敏公主与清高宗第三女固伦和敬公主，这两位公主死后本都在京师建有园寝，同时又在额驸领地建了衣冠冢。固伦端敏公主额驸为蒙古科尔沁部达尔汉亲王班第，固伦和敬公主则嫁给了班第的孙子色布腾巴尔珠尔，袭封达尔汉亲王。由于两位额驸功劳大、家族地位高，且均在京供职，因此，去世后均与公主合葬在京师，而在额驸家族领地另建了衣冠冢。

第一章 清显祖（塔克世）系公主园寝

一、清显祖女追赠和硕公主（？—1623）园寝

清显祖女追赠和硕公主，名不详。按《清史稿》："太祖以同母女弟妻扬书、噶哈善哈思虎。"[2]据此可知，清太祖努尔哈赤曾有两个同母妹妹，其一嫁给扬书，另一个嫁给噶哈善哈思虎。努尔哈赤的生母为显祖宣皇后，追赠和硕公主亦为宣皇后所生。明万历癸未年（1583）太祖与苏克苏浒河部四首领结盟后，将这个妹妹嫁给沾河寨长扬书。"主旋与扬书不睦，天命八年（1623）九月薨"[3]。其后，太祖又将次女嫩哲格格嫁给扬书的侄子达尔汉，嫩哲格格与和硕公主为姑侄关系，因此，当地人俗称嫩哲格格为沾河公主，而称显祖女为沾河之姑。雍正年间，追赠显祖女沾河之姑为和硕公主。

公主园寝位于辽阳市太子河区东京陵乡东京陵村，坐落在阳鲁山上，背靠吉祥山（图2-1）。扬书虽生前与公主不睦，死后仍与公主合葬在一起，两人的合葬园寝位于东京陵区范围内。天命六年（1621）努尔哈赤率八旗军大败明朝军队于萨尔浒山下，乘胜占领辽阳、沈阳，遂决定将国都由赫图阿拉（今辽宁省新宾满族自治县永陵镇西北启运山南麓）迁至辽阳。"筑城于辽阳城东五里太子河边，创建宫室，迁居之，名曰东京"[4]。天命九年（1624）

---

1 《清太祖实录》卷八。

2 《清史稿》卷二百二十七《常书传》附传。

3 《清史稿》卷一百六十六《公主表》附载。

4 《清太祖实录》卷八。

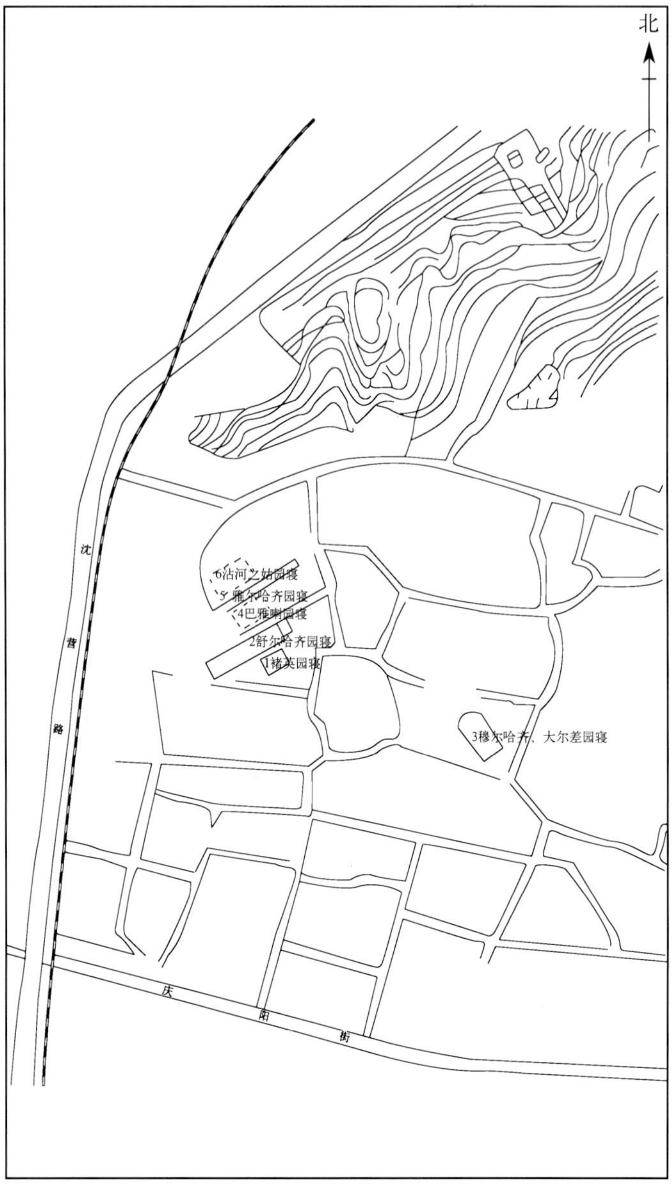

图2-1 沾河之姑园寝示意图

四月，新城建好，努尔哈赤决定将祖茔迁往东京，“营山陵于东京城东北阳鲁山，奉景祖、显祖迁葬焉，是曰东京陵”[1]。努尔哈赤将陵址选在东京城东北四里、太子河右岸的阳鲁山上，并将先前葬于赫图阿拉（新宾）祖茔内的家族成员全部迁葬于祖陵附近，形成后来所谓的东京陵。顺治八年（1651）阳鲁山获封“积庆山”[2]。顺治十五年（1658），景、显二祖等灵梓又被迁回兴京永陵，同时迁葬的还有武功郡王礼敦巴图鲁、恪恭贝勒塔察篇古。但阳鲁山上仍有一部分未被迁走的园寝，目前可考知墓主的共计七座，其中可大致考知其位置的有六座，这六座园寝呈东西两列分布，其中东侧一座，西侧一列五座。东侧园寝内葬有穆尔哈齐和达尔察（又作大尔差）两个人；西侧五座园寝，均朝向东南，大体位于同一中轴线上，依次排开，自东南而西北分别为褚英园寝、舒尔哈齐园寝、巴雅喇及雅尔哈齐园寝，最北部为公主（沾河之姑）与扬书合葬园寝。今沾河之姑园寝、巴雅喇及雅尔哈齐园寝俱已不存，其旧址已被民房占据，余褚英园寝、舒尔哈齐园寝、穆尔哈奇及达尔察园寝三座。这三座园寝保存较完整，在1988年12月20日被辽宁省人民政府列为省级文物保护单位。

公主额驸为苏克苏浒河部沾河寨主扬书。明万历癸未年（1583）苏克苏浒河部遭尼堪外兰部谮毁，被明守将责罚，其部沾河寨主常书及弟扬书，与萨尔浒城主诺米纳、嘉木湖寨主噶哈善哈思虎愤而来归太祖，太祖与四部首领结盟。为永结盟好，同年八月，太祖努尔哈赤将两个妹妹分别嫁给扬书和噶哈善哈思虎。其中扬书所娶即为追赠和硕公主。公主与扬书婚后生有一子，名达尔汉。扬书兄弟归附后，继续统领其故部，追随太祖东征西战，获封牛录

1　《清史稿》卷一《太祖本纪》。按此处“东京陵”原文误作“永陵”，从上下文意可知，当为东京陵而非永陵。

2　《清史稿》卷八十三《礼志》：“（顺治）八年，封兴京永陵山曰启运，东京陵山曰积庆，福陵山曰天柱，昭陵山曰隆业，并列祀地坛。”

额真。旗制订立后，二部均隶属满洲镶黄旗，不久又改隶镶白旗。据《清史稿》："常书兄弟皆卒于太祖朝，扬书之丧，太祖亲临焉"[1]。

第二章 清太祖（努尔哈赤）系公主园寝

一、清太祖女和硕公主园寝

和硕公主，清太祖之女，其名、生卒年代文献均失载。《清史稿·额亦都传》记载，公主尚清开国功臣额亦都。额亦都十九岁时跟从太祖，屡立战功，"太祖厚遇之，始妻以族妹，后以和硕公主降焉"[2]。据此可知，在和硕公主之前，清太祖努尔哈赤还曾把族妹嫁给额亦都。本节所说和硕公主园寝是指太祖女儿的园寝，而不是太祖族妹的园寝[3]。

按《钦定盛京通志》，额驸额亦都死后葬于盛京，时属承德县，墓"在承德县东十五里"[4]，今属辽宁省本溪市。笔者2008年9月前往调查，当地文物管理部门的同志称该墓未发现额亦都与公主合葬的迹象。《北京图书馆藏中国历代石刻拓本汇编》收录有《额亦都妻和硕公主墓碑》碑文拓片（图2-2），拓片注释载该碑立于康熙八年（1669）五月初十日，是少保兼太子太保、一等公遏必隆为其母和硕公主所立，并记录了碑的存放地点"在北京朝阳区大屯村"[5]。碑文满汉对照，左满文、右汉文。碑文称："先妣册封公主，乃太祖高皇帝之女也。……勒贞珉于幽宅，千秋犹载徽音；峙华表于佳城，四德增辉彤

图2-2 国家图书馆藏额亦都妻和硕公主墓碑拓片

---

1 《清史稿》卷二百二十七《常书传》附载。

2 《清史稿》卷二百二十五《额亦都传》。

3 《清史稿》卷一百六十六《公主表》附载。显祖女表中附载："太祖又以女弟下嫁扬书。扬书，郭络罗氏，与常书合传。主旋与扬书不睦。天命八年九月薨。雍正间，追赠和硕公主。太祖又以女弟和硕公主降额亦都，皆不见于玉牒。" 若据文中所言，清太祖努尔哈赤仅把自己的妹妹和硕公主嫁给额亦都，而未嫁女。实则不然，嫁给额亦都的一个是太祖的妹妹，一个是太祖的女儿和硕公主。因此，《清史稿·公主表》中存在两处错误，一是误将嫁给额亦都的努尔哈赤妹妹与努尔哈赤之女和硕公主混为一人；另一项错误就是在《公主表》太祖女部分漏载了嫁给额亦都的和硕公主。据北京图书馆藏《额亦都妻和硕公主墓碑》碑文拓片与《清史稿》卷二百二十五《额亦都传》，可知努尔哈赤先将自己的妹妹，后将自己的女儿和硕公主嫁给了额亦都。该墓志足以纠《清史稿·公主表》之误。

4 乾隆本《钦定盛京通志》卷一百零四《古迹》。

5 北京图书馆金石组编《北京图书馆藏中国历代石刻拓本汇编》第62册《额亦都妻和硕公主墓碑 京3267》，第131页，中州古籍出版社，1989年。

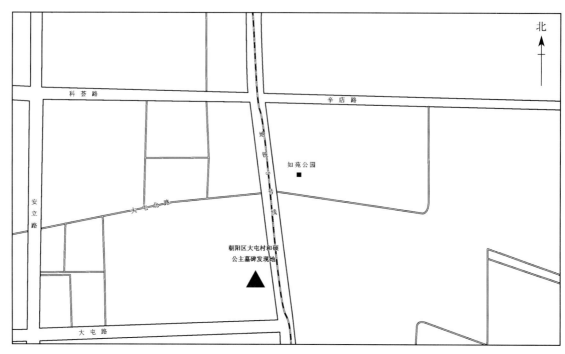

图2-3 朝阳区大屯村和硕公主墓碑发现地位置示意图

管。述兹梗概，曷罄瞻依。"[1]碑文显示立碑处即为公主下葬之所，也即公主园寝位置（图
2-3）。公主园寝建在北京，而额亦都墓在辽宁，显然两人并未合葬。碑文虽未载公主去世
的时间，但从公主未与额亦都合葬在辽宁，而是葬在北京的事实，可以推知公主去世时间应
该是在满清入关以后。公主墓碑立于康熙八年（1669），碑文中已有和硕公主的称呼，可知
在立碑之时，已有和硕公主的封号。公主之子遏必隆在《清史稿》中有传："遏必隆，钮祜
禄氏，满洲镶黄旗人。额亦都第十六子，母和硕公主。"[2]

公主额驸额亦都，钮祜禄氏，幼时，父母为仇家所杀，匿邻村得免。年十三，手刃其
仇家。有姑嫁嘉木瑚寨长穆通阿，往依焉。居数岁，年十九，太祖行经嘉木瑚寨，宿穆通阿
家。额亦都与太祖语，心知非常人，遂请从，翌日，遂从太祖行。太祖为族人所欺，数见侵
侮，矢及于户，额亦都护左右，卒弭其难。太祖起兵，额亦都从，忠勇异常，屡立战功，太
祖赠号巴图鲁。"厚遇之，始妻以族妹，后以和硕公主降焉"[3]。明万历乙卯年（1615）努尔
哈赤定旗制，额亦都部隶属满洲镶黄旗。天命年间，初置五大臣，额亦都位列五大臣之一，
满语谓之"达拉哈辖"。额亦都累官至左翼总兵官、一等大臣，给百人廪食，食三世。所领
部族分为三部世管牛录，分别隶属于镶黄、正白二旗。天命六年（1621）克辽阳，额亦都获
赐第一区。同年卒，年六十，太祖临哭三次。天聪元年（1627）追封弘毅公。崇德初，配享
太庙。顺治十一年（1654）世祖命立碑旌功，亲为制文，称赞其战功，以为"忠勇忘身，有
始有卒，开拓疆土，厥绩懋焉"[4]。"乾隆八年，有御制功臣额亦都墓诗。四十三年、四十八

1　北京图书馆金石组编《北京图书馆藏中国历代石刻拓本汇编》第62册《额亦都妻和硕公主墓碑　京3267》，第131
　　页，中州古籍出版社，1989年。

2　《清史稿》卷二百四十九《遏必隆传》。

3　《清史稿》卷二百二十五《额亦都传》。

4　《清史稿》卷二百二十五《额亦都传》。

年，有御制赐奠额亦都墓诗，俱载天章门"[1]。

二、清太祖长女端庄固伦公主（1578—1652）园寝

端庄固伦公主，清太祖长女，名东果，人称东果格格，明万历六年（1578）二月二十二日戌时生，母太祖元妃佟佳氏。按《爱新觉罗家谱·星源吉庆》，公主乃太祖努尔哈赤诸子女中之最长者，在"戊子年封为固伦公主，下嫁栋鄂氏三等子爵总兵和和礼为额驸"，和和礼又作何和礼。按：清代公主制度直到清太宗崇德元年（1636）才确立，戊子年即明万历十六年（1588），时距后金立国1616年还有28年，努尔哈赤还是一名部落首领，其女不可能被封为公主，可知此处下嫁之事为实，封公主之事记载有误。顺治九年（1652）七月，公主去世，享年七十五岁。据公主园寝内所立《建园迁墓志》记载："康熙癸巳年，齐锡奏准整理祖辈墓园之事，又欲与公主之墓彰立碑石。去京城取册，见公主无号，请赐号等语。奉旨追封公主端庄号，又赐碑文。"按：齐锡乃公主与何和礼的曾孙。按照碑中记载，直到康熙癸巳年，即五十二年（1713），齐锡呈请赐公主号后，公主才获赐追封端庄固伦公主。

何和礼在满清入关前已去世，公主在随满清皇室入关后即居于北京，薨逝后葬于北京，后由其曾孙彭春、齐锡等迁葬盛京，与额驸何和礼合葬。今辽阳市灯塔县西大窑镇公安堡村有公主与何和礼的合葬园寝[2]（图2-4）。现园寝已尽毁，辟为良田，遗址所在地断碑残瓦，间或有之。20世纪70年代在公安堡村发现康熙五十五年（1716）所立"建园迁墓志

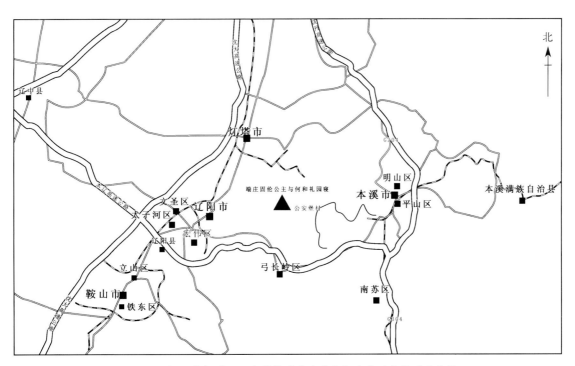

图2-4 辽阳市灯塔县公安堡村端庄公主与何和礼园寝位置示意图

---

1 《钦定盛京通志》卷一百零四《陵墓》。

2 辽阳市文物保管组、辽宁省博物馆文物工作队《辽阳市公安堡村彭春墓的发掘》，《文物资料丛刊（7）》，第134页，文物出版社，1983年。《辽阳市公安堡村彭春墓的发掘》文载："辽阳市灯塔区大窑公社公安堡村北，发现有东西两处清代墓园，相距约1公里。东部墓园是清代康熙年间都统彭春及其五个妻属的墓地……西部墓园是彭春的曾祖何和礼、祖何芍图及曾祖母努尔哈赤之女端庄固伦公主等人的墓葬。"

碑", 详细记载了彭春等人为其祖建园迁墓的过程。该碑无额, 碑隼、碑座皆失, 仅存碑身。碑的阴阳两面皆刻满文。墓志详细记载了公主园寝的改建原因与历程, 特录文于下。

正面满译汉文: "康熙丙午年彭春、劳满色、齐锡, 奏称彭春等辈之曾祖父何和礼、祖父何芬图皆殁于盛京, 并葬于盛京。曾祖母公主、祖母郡主葬于京城。祈请迁二祖骨骸与公主、郡主合葬。奉旨: '尔祖何和礼、何芬图皆太祖、太宗创业之重臣。太祖、太宗陵在盛京, 宜送公主、郡主至盛京。尔议不合。钦此! '钦遵! 即于盛京周围觅得红宝石山, 按三家派银。彭春三分, 齐锡两分, 劳满色一分, 遣三家家长瓦罕茂三萨□□□等, 将墓园门、衙门建造完毕。康熙戊申年奏准迁公主、郡主二祖至盛京。旨意: '四牛录文武官员人等俱往送, 派四牛录四十马甲护送公主。钦此! '此迁彭春、劳满色、齐锡等父母兄弟诸墓皆移至红宝石山。见所建园长十五丈、宽十丈。园中建造衙门, 其内甚窄。十四个墓两边安葬, 至衙门房山墙之北角。园隐山脚而建, 傍墙皆遇沟边, 因难开阔, 虽窄而罢, 思欲另觅别处而归京城矣。数载未□, □值吴三桂叛乱, 因彭春、齐锡皆从军, 耽搁将及十年矣! 康熙戊辰年齐锡退职闲居之际, 专至墓地拜谒, 见此地山平地阔、水土美好、草木茂盛, 正可为祖辈长久之地。康熙庚午年复来躬修, 园门种植树木, 土砖堆叠建造土山, 外园以土砖砌之, 并设栅栏。康熙癸酉年齐锡与兄彭春议道: '此地安葬祖辈, 为三家公祀之地。我等父母之墓, 各自另觅别处安葬。我等老时葬于父地。若如是, 则墓园不至于窄, 而看守人之田产亦略宽矣。'议定。齐锡率妻孥于三月将曾祖父、公主、祖父、郡主、小叔祖定葬。墓周围建玉台, 门前建玉台。放二石狮, 迁三祖碑石而立墓, □□立石碑界。康熙辛卯年齐锡又率朱栋、宏茂于院内建造衙门, 从大门至玉台用砖铺甬路。康熙癸巳年, 率朱栋整理大门, 内园南面矮土墙用砖石砌之。设下大栅栏, 从大栅栏至大门玉台用砖铺甬路, 在西边造三间班房。是年将内外巡视, 见墓园宽阔, 命立三祖之碑石。可观齐锡尽些微之敬意, 喜归京城矣。康熙癸巳年, 齐锡奏准整理祖辈墓园一事, 又欲与公主之墓彰立碑石。去京城取册, 见公主无号, 因此康熙己未年请奏, 齐锡欲与公主与墓彰立碑石, 公主无号, 请赐号等语。奉旨追封公主端庄号, 又赐碑文。荷蒙圣主无穷之恩, 即备齐建造碑石诸物。康熙丙申年遣福永、朱栋督视, 立碑建亭。是年, 齐锡奏准告祭已立赐号公主之碑, 即躬率三家子孙于四月初二告祭公主, 并一一祭扫祖辈父母兄弟之墓。事毕, 会同众子孙议定而归。"[1]

背面满译汉文: "康熙丙申年墓园工程俱竣。谓众子孙曰: '原三祖公主、郡主墓园皆三家合建, 此地创建时, 二兄皆殁, 仅剩自身。一身之事, 尽力而为之, 今年方竣工矣。余身亦老, 今若不托付尔等, 日后子孙必相推诿, 以至墓园残颓。兹规定如下: 一项墓地添土整修, 乃各自奉祀人之事; 一项曾祖父、祖父碑石皆曾寿之事, 叔祖碑石福永之事; 一项公主碑石、碑亭三家众子孙合修; 一项大衙门曾寿之事; 一项土山玉台, 自玉台至大门之甬路, 大门门前玉台至栅栏之甬路、石狮、外园之栅栏、班房等八处之整修事编为六分, 曾寿出三分, 寿山出两分, 李柱出一分; 一项内园墙长一百丈, 从大门东房山墙起十六丈李柱之事, 从大门西房山墙起三十四丈寿山之事, 北底墙五十丈曾寿之事; 一项外园甫砖墙长五十一丈, 从栅栏东柱子起□九丈李柱之事, 继而十九丈寿山之事。从栅栏西柱子起直至班房南房山墙曾寿之事; 一项外园土墙亦编分, 从西墙角往后寿山两分, 从东南墙角往后李柱

1 辽阳市文物保管组、辽宁省博物馆文物工作队《辽阳市公安堡村彭春墓的发掘》,《文物资料丛刊(7)》, 第137页, 文物出版社, 1983年。原文无标点。

一分，其后曾寿三分；一项园内外松树无论补种、添种皆按□分出之；一项除南□之外，园内外诸地之土破颓等处添补一事，皆按六分出力。'齐锡，栋鄂部人。原姓觉罗，后随地改姓栋鄂。齐锡乃固伦额驸五大臣三等精奇呢哈番追封头等公都统何和礼之重孙，郡主仪宾头等公□□□□□□□之孙，追封头等侍卫正一品光禄大夫议政大臣都统胡锡布之子。齐锡初任胞兄二等伯之荫生，二任叔祖效力世袭二等阿斯罕呢哈番，三任阿斯罕呢哈番佐领，四任阿斯罕呢哈番佐领护军参领，五任□□□□□□□□王府长史。从此患病，奏准退职十年有矣。病愈，重被录用。初任王府长史，二任正红旗满洲付都统，三任正红旗蒙古都统，四任都统议政大臣，五任都统议政大臣佐领，六任正红旗满洲都统，□□□□□□□满洲都统。自此获罪革职。戴罪八载，六十四岁又蒙皇上宏恩，官复原都统等职。为休致大夫这年六十七岁，特准奏立公主碑石，定墓园长久之事。勒石以垂示子孙后代！ 李柱、曾寿、福罕、福海、福永、朱栋、福明、福林、尊桂、宏茂、福友、福奇、赫德、寿山。"[1]

由碑文可知，公主与额驸何和礼死后，葬所几经变动。何和礼在满清入关前已去世，死后葬在盛京某地[2]，具体地点现已不可考。公主在入关后居于北京，薨逝后即葬于北京。何和礼曾孙彭春、齐锡等曾上书要求将额驸何和礼迁至北京与公主合葬，康熙皇帝以何和礼功大为由予以否定，下令将公主迁葬盛京，与额驸何和礼合葬。彭春等人在盛京觅得红宝石山作为公主与额驸迁葬地，并按规制开始在红宝石山修建园寝，园寝建好后，由于地势狭窄，公主与额驸并未迁葬此处，迁葬的事情被搁置。直到康熙二十七年（1688），齐锡退职闲居，觅得一"山平地阔，水土美好，草木茂盛"之地，即今辽阳市灯塔县公安堡村，于是在此修建园寝，将曾祖何和礼、公主等迁来此地安葬。因固伦公主葬在这里，故此地又得名"皇姑坟"。从《建园迁墓志》的记载，可推知公安堡村公主园寝的基本建制。园寝坐北朝南，分为两进院落，第一进院落为外园，在南部，与第二进院落的南部围墙相接，以土砖、栅栏围砌，南墙正中开外园门；第二进院落为内园，园南部围墙正中建大门，大门与外园门之间以砖石甬道相连，围墙以砖石砌筑。大门西侧建有班房三间。门前左右两侧立有石狮一对。内园中有享殿（即墓志所言大衙门）一座，享殿后为宝顶月台（即墓志中所言玉石台），享殿与宝顶月台、大门间有砖砌甬路相连。月台上建有数座宝顶，除葬有齐锡的曾祖父何和礼、公主、祖父何芴图、郡主外，还有他的小叔祖。文中何芴图又译作和硕图，乃"何和礼四子"[3]。齐锡的小叔祖可能为都类，都类乃"何和礼第五子，公主出也"[4]。除建园迁墓志外，园寝内还有石碑四统、公主碑亭一座。建园迁墓志对园寝内宝顶的数量、位置、合葬情

---

1 辽阳市文物保管组、辽宁省博物馆文物工作队《辽阳市公安堡村彭春墓的发掘》，《文物资料丛刊（7）》，第137页，文物出版社，1983年。原文无标点。

2 民国十七年（1928）《辽阳县志》卷六《古迹名胜》，载"红宝石山 （辽阳）城东北七十里二区界。山形如卧牛，前倨后卑。与三块石之南山一石相遥对，该石上镌月痕，人称之为犀牛望月山。东腹部有清额驸和（何）合（和）礼未葬墓之断碑。山之土石皆赭色，因名为红宝石山。"据《辽阳县志》所云，则红宝石山东山腰处有和（何）合（和）礼墓，且有一截断碑，但和礼并未葬入该墓。《建园迁墓志》中则记载了彭春等人在康熙皇帝恩准迁公主于盛京与何和礼合葬后，"于盛京周围觅得红宝石山，按三家派银。彭春三分，齐锡两分，劳满色一分，遣三家家长瓦罕茂三萨□□□等，将墓园门、衙门建造完毕。……见所建园长十五丈、宽十丈。园中建造衙门，其内甚窄。十四个墓两边安葬，至衙门房山墙之北角。园隐山脚而建，傍墙皆遇沟边，因难开阔，虽窄而罢。思欲另觅别处而归ц城矣"。可见，何和礼死后最初的安葬地并不在红宝石山，而是在盛京其他地方。

3 《清史稿》卷二百二十五《何和礼传》。

4 《清史稿》卷二百二十五《何和礼传》。

况并未明确交代。据王成科《"佐命鸿勋"何和礼与东阿氏墓园》描述，"园内主要有三处葬地，居中最突出为固伦公主的宝顶，墓前建一大衙门，立一石碑，即立于康熙五十五年的《敕建端庄固伦公主石碑》。据说，固伦公主是皇帝的女儿，'金枝玉叶'，死后不能和丈夫埋在一起。因此，何和礼的墓在西边，也叫'驸马坟'。东面的墓地埋葬着彭春"[1]。按：王文存在多处谬误。首先，公主园寝葬有彭春的记载是错误的。因为《建园迁墓志》中已明确园中葬有五人，分别为公主、何和礼、郡主、何芍图（和硕图），以及齐锡的叔祖，并未记载埋有彭春。《建园迁墓志》乃修造园寝的齐锡所书，最为可信，当以此为准。早在康熙癸酉年，彭春等人已议定，"此地安葬祖辈，为三家公祀之地。我等父母之墓，各自另觅别处安葬。我等老时葬于父地"[2]。据此可知，彭春等人商定父母死后不葬在公主园寝，而是另觅别处，他们自己则与父母葬在一起，因此，公主园寝内也不应该有彭春墓。事实也证明彭春并没有葬在公主园寝，1975年辽阳市文物组与省博物馆文物队对距离公主园寝约1公里的东部墓园进行了考古发掘，在该园中清理出了彭春墓碑，证实了《建园迁墓志》所载内容属实，而王成科文有误。其次，王成科对各宝顶内埋葬的人错误估计。据王文，园寝内共有三个宝顶，居中者突出，前有石碑、享殿（大衙门）的葬有端庄公主，何和礼由于地位比公主低，不能与公主葬在一起。所以他的墓建在公主墓的西侧。公主墓东侧则为彭春。据此，则园寝中共有三座宝顶，分别葬有公主、何和礼和彭春。据《建园迁墓志》可知园寝内共葬有公主、何和礼、和硕图、郡主、都类等五人。其中公主与何和礼、和硕图与郡主是夫妻，而都类是公主之子。若园寝中确有三个宝顶，则基本可以确定三座宝顶的大概位置与墓主，正中宝顶所葬无疑是公主与额驸何和礼，两侧中一侧是和硕图与郡主合葬宝顶，另一侧则为公主之子都类宝顶，这两座宝顶各自的具体位置现已无可考证。

据《建园迁墓志》："康熙丙申年墓园工程俱竣。谓众子孙曰：'原三祖公主、郡主墓园皆三家合建，……兹规定如下：一项墓地添土整修，乃各自奉祀人之事。一项曾祖父、祖父碑石皆曾寿之事，叔祖碑石福永之事。一项公主碑石、碑亭三家众子孙合修。'"说明康熙丙申年即五十五（1716）年园寝内公主墓碑、碑亭已建好。碑通高4.3米、宽1.21米，螭首，龟趺座。"碑额阴刻篆书'敕建'二字。碑身四框浮雕龙戏珠纹饰，碑阳阴刻满汉合璧碑文，右汉字7行，满行37字"。1978年该碑被移存于辽阳市博物馆保存[3]。民国十七年的《辽阳县志》记载："皇姑坟在城东皇姑坟村，村以坟得名。有清雍正三年立汉白玉碑一座，文曰'端庄固伦公主觉罗氏墓碑'。"[4]志文明确该碑亦为端庄固伦公主碑，但立碑的时间是在雍正三年（1725），说明康熙、雍正年间各为公主立碑一统。

清末，朝廷内外交困，各宗室园寝也逐渐荒废。光绪年间，辽阳刘永海等人未经批准即在公主园寝后开挖煤窑，二十九年（1903）六月，光绪皇帝谕军机大臣："普龄奏盛京辽阳地方，有硝磺局委员刘永海勾通匪人，在端庄固伦公主园寝后，开挖煤窑，请饬封禁，并严拿惩办等语。着增祺查明封禁，并将匪徒拿办。"[5]清亡后，园寝逐渐荒废，今已无遗迹。

1　王成科《"佐命鸿勋"何和礼与东阿氏墓园》，《三台世界》2000年第7期。
2　参见前引《建园迁墓志》。
3　王晶辰主编《辽宁碑志》，第310页，辽宁人民出版社，2002年。
4　民国十七年《辽阳县志》卷六上《古迹名胜》。按王晶辰主编《辽宁碑志》拓片可知，端庄公主碑上题名实为"端庄固伦公主碑"，而非"端庄固伦公主觉罗氏墓碑"。
5　《清德宗实录》卷五百十八。

端庄固伦公主额驸何和礼，栋鄂氏，其先自瓦尔喀迁于栋鄂，别为一部，因以地为姓。何和礼年二十六，代兄理其部。"太祖初起兵，闻何和礼所部兵马精壮，乃加礼招致之。岁戊子，太祖纳哈达女为妃，何和礼率三十骑卫行。比还，遂以所部来附，太祖以长女妻焉。何和礼故有妻，挟所部留故地者，求与何和礼战，太祖面谕之，乃罢兵降"[1]。旗制初定，何和礼所部隶红旗，为本旗总管。天命建元，旗制改革，何和礼所部隶属止红旗。置五大臣，何和礼与焉。天命四年（1619），从太祖破明经略杨镐。天命六年（1621），下沈阳、辽阳，何和礼皆在行间，叙功，授三等总兵官，为后金开国元勋。后金政权建立后封为一等大臣，列参决军国大事五大臣之首。天命九年（1624）八月，卒，时年六十四。时费英东、额亦都、安费扬古、扈尔汉皆前卒，太祖哭之恸，曰："朕所与并肩友好诸大臣，何不遗一人以送朕老耶？"[2]太宗朝，追赠三等公。顺治十二年（1655）追谥温顺，勒石纪功。翌年刻碑，石碑现存辽阳博物馆碑林。雍正九年（1731）加封号曰勇勤。

三、清太祖三女莽古济（1590—1635）园寝

莽古济，清太祖第三女，明万历十八年(1590)生，与莽古尔泰、德格类、费扬古同母，母为太祖继妃富察氏。《清史稿·公主表》、《爱新觉罗家谱·星源吉庆》均载莽古济曾于皇太极天聪元年（1627）下嫁蒙古敖汉部的琐诺木杜棱。其实，在此前莽古济与吴尔古代还有过一段婚姻。据李景屏先生考证，"《明实录》中有所提及：万历二十九年（1601）努尔哈赤请以女莽古济妻孟格布禄子吴尔古代。吴尔古代是海西四部之一的哈达部部长。"[3]因吴尔古代属哈达部，莽古济又被称为哈达公主、哈达格格。这次结亲是努尔哈赤统一海西四部的一个重要策略。天命末年，吴尔古代卒。天聪元年（1627）十二月，为了优抚刚刚归附的敖汉部，皇太极又把这个同父异母的姐姐许配给蒙古敖汉部博尔济吉特氏琐诺木杜棱。翌年（1628）四月，琐诺木杜棱获赐号济农。两年后，莽古济出嫁。当时琐诺木杜棱早已妻妾成群，与莽古济感情并不融洽。天聪九年（1635）九月，莽古济因骄暴被皇太极削去格格位，贬为庶民，禁与亲属往来，莽古济对皇太极心生怨愤。是年，家奴冷僧机诣法司，言莽古济曾与哥哥莽古尔泰及贝勒德格类结党，设誓谋不轨，额驸琐诺木杜棱出面作证，另搜得十六枚刻文为"大金国皇帝之印"的牌印，证据确凿，罪名成立。时莽古尔泰、德格类已死，皇太极下令将二人坟墓平毁，骨灰抛撒。莽古济则被处死，终年四十六岁。琐诺木杜棱因自首而免罪，惟削济农名号。顺治元年（1644）甲申，琐诺木杜棱卒。顺治五年（1648）琐诺木杜棱被追封敖汉部多罗郡王。莽古济与吴尔古代育有两女，一女嫁给豪格，莽古济被诛后，为豪格所杀。另一女嫁岳托，莽古济获罪，岳托意欲杀妻，被皇太极阻止。

莽古济被诛杀是在当时的都城盛京，即今沈阳市，葬地不详，由于她在死前已被削爵为庶民，故死后葬地文献失载。今敖汉旗新惠镇各各召村有莽古济墓园（图2-5、图2-6），当为后人移葬。据当地人介绍，琐诺木杜棱之子马济克袭多罗郡王后，上书清廷请求准许将

<hr />

1　《清史稿》卷二百二十五《何和礼传》。

2　《清史稿》卷二百二十五《何和礼传》。

3　李景屏《何苦生在帝王家——大清公主命运实录》，中华书局，2006年。按：《明神宗实录》卷三百六十六："（努尔哈赤）请以其女女猛酋之子吾儿忽答。二十九年七月款抚顺关外，刑白马，誓抚忽答保寨，遂送女于忽答。"吾儿忽答即吴尔古代，为满语音译。根据实录，虽努尔哈赤有女嫁吴尔古代，但并未指明此女即莽古济。

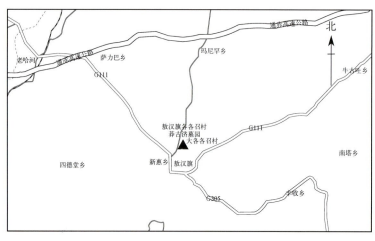

其母莽古济移葬敖汉旗，这种说法尚未见诸文献记载。2008年9月，笔者前往调查，发现葬地仍有部分围墙遗迹可见。在遗址的南端歪躺着一块长方形石块，上有一个圆形洞，这个洞比普通柱础的洞要细得多，可能是用于插放类似旗杆等物体的柱础（图2-7）。遗址北部地面有一直径六七米的坑穴，当为地宫遗址（图2-8），地宫遗迹四周仍可见到散落的三合土，当为原宝顶上的土。经GPS测定，该地宫所在位置为北纬42°19.786′、东经119°54.165′，该地海拔569米。现在墓园基址的最北端，距离宝顶十余米，还有一段高出地面数尺的夯土墙，当为罗圈墙残存（图2-9）。

图2-6 莽古济墓园朝山

据当地人讲，这个遗址原为一座公主庙，各各召村名即源于此庙，"各各"即"格格"，"召"在蒙古语中有"陵庙、庙"的意思，各各召即格格庙，笔者推测格格庙是莽古济园寝的俗称。据说莽古济葬地格格庙有数进院落。根据这种描述以及周围的地势分析，村民所说的庙即墓园内的享殿。分析现存遗迹，结合村民叙述，基本可以肯定该园坐北朝南，且规模不大，等级不高，这些都与莽古济谋逆被杀的身份相符。在大宝顶附近有许多小坟丘，可能是琐诺木杜棱与莽古济后代的坟茔。

图2-7 莽古济墓园旗杆柱础残件

图2-8 莽古济墓园地宫遗址

莽古济墓园之所以被称为格格庙，可能得名于其园内的喇嘛庙。蒙古贵族笃信喇嘛教，为了对蒙古各部从思想上进行有效控制，清帝设理藩院管理藏传佛教事务，对藏传佛教加以利用。"喇嘛戒杀，且设教神异，能降伏其心……（若能）优宠而利用之，……（则必可以成为）一代驭藩之具"[1]。"蒙古诸部敬信黄教已久，

图2-9 莽古济墓园罗圈墙遗址

故以神道设教，藉仗其徒，使其诚心归附以障藩篱，正王制所谓'易其政不易其俗'之道也"[2]。乾隆皇帝也说"兴黄教即所以安众蒙古，所系非小。"[3]而下嫁蒙古各部的公主们也深深理解喇嘛庙对于治理蒙古地方的重要性，不少公主在生前修建过喇嘛庙，如下嫁喀尔喀部的清太宗五女固伦淑慧长公主在"康熙元年（1662）修建了床金庙，请来喇嘛朝伦德旺鲁掌教"[4]，康熙六年（1667）又聚资兴建了圆会寺（俗称西大庙）。在圆会寺落成典礼上，公主说："我兴建此庙是为我皇祖政权坚固和喇嘛教的兴旺。"[5]下嫁巴林右旗的圣祖三女固伦荣宪公主也在生前修建了荟福寺。此外，下嫁蒙古的清公主在死后有在其园寝内或附近建喇嘛庙的风俗，如皇太极长女固伦端敏公主园寝内建公主祠，且有常驻喇嘛；皇太极次女固伦温庄长公主园寝内设有喇嘛庙；皇太极四女固伦雍穆长公主园寝，当地人称固龙公主庙，推测当亦建有喇嘛庙。据说端贞长公主园寝东侧也有泰卜台庙，内有喇嘛专事祭祀。清代皇帝受藏传佛教影响，也有在陵旁建庙的习俗，清东陵、西陵均建有喇嘛庙。清西陵的喇嘛庙名永福寺，位于河北易县张各庄行宫旁，乃乾隆皇帝为孝圣宪皇太后所修，喇嘛们在皇太后忌辰时诵经为太后超度。清东陵也建有一座喇嘛庙，名隆福寺。由此可见，满蒙贵族都有在园寝或陵附近建庙的习惯。莽古济葬地被称为格格庙，应该也是得名于墓园内的喇嘛庙，其用途应该是诵经超度亡灵兼祭祀之事。

上述蒙古地区公主园寝喇嘛庙的修建都是在乾隆之前，集中在清太宗和清圣祖时期，尤以太宗朝居多，说明在清太宗统治时期，清政府对蒙古各部仍缺乏有效的控制，尚需从思想上对蒙古各部进行笼络交结，朝廷还需要通过修建喇嘛庙，宣讲佛法，对蒙古贵族、民众进行思想控制。修建喇嘛庙必须经过朝廷批准，未经批准私自修建喇嘛庙是被严厉禁止的。天聪五年（1631）题准："凡违法擅为喇嘛及私建寺庙者治罪。"[6]崇德八年（1643）谕："除

---

1 《沈阳县志》卷十三《宗教》。

2 [清]昭梿《啸亭杂录》卷十《章嘉喇嘛》。

3 乾隆《喇嘛说碑》，碑藏北京雍和宫；《清朝续文献通考》卷八十九《喇嘛教》，商务印书馆，中华民国二十五年（1936）版。

4 刘冰《草原姻盟——下嫁赤峰的清公主》，第85页，远方出版社，2007年。

5 《巴林右旗地方志》之五《人物志》，第637页，内蒙古人民出版社，1990年。

6 《清会典事例》卷七百五十二《刑部》。

部册记载寺庙外，有不遵禁约，新行创建修整者，治以重罪。其该管佐领领催亦罪之。"[1]防止蒙古贵族民众以喇嘛教聚众为乱的用意显而易见。想来，莽古济墓园也好，内设的喇嘛庙也好，应该都是在皇帝允许的情况下修建的，但目前尚未发现相关诏敕。

第三章 清太宗（皇太极）系公主园寝

一、清太宗长女固伦端敏公主（1621—1654）园寝

固伦端敏公主，清太宗长女，名阿睦巴[2]，天命六年（1621）三月十二日生。母皇太极继妃乌拉纳喇氏。公主与皇太极长子豪格、次子洛格同母。天聪七年（1633）正月，封"端敏固伦公主"[3]，下嫁蒙古博尔济吉特氏敖汉部台吉班第。顺治十一年（1654）正月薨，年三十四岁。葬于"敖汉旗双庙乡卡拉乌苏村（又称哈拉勿苏村）河西二十家子"[4]（图2-10）。

据《昭乌达风情·固伦端敏公主陵》记载："公主墓地占地面积很宽，现在的哈拉勿苏、瓜大海、二十家子、公主坟等村，均在其陵园范围之内。陵园建筑壮观，内有公主祠一座，兴旺时有常住喇嘛二百余人。"[5]该书记述文字虽然多为民间传说内容，但是公主园寝的位置经笔者实地调查，是确凿无误的，园寝内公主祠的

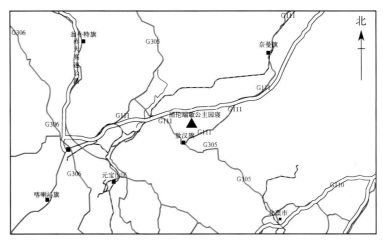

图2-10 固伦端敏公主园寝地理位置示意图

情况也得到了证实，据当地人讲公主祠内还曾供奉着公主的塑像。

2008年9月，笔者前往该地调查，根据公主茔地的建筑基址，基本可以肯定公主祠就是享殿，清代有图形人物于享殿以供奉的习俗。据当地民众讲，额驸与公主并未合葬，二人各自建有一座园寝。民国年间，附近河流发大水冲毁公主园寝，守护人仅抢救出公主木雕像和骨灰，并在离河较远的地方重新建庙供奉雕像，后来雕像被人损毁，盛放公主骨灰的银骨灰匣被劫。根据这一说法，似乎公主卒后骨灰并未放置在地宫内，否则发水之时，断难将公主骨灰抢救出来。结合太宗六女固伦公主、七女端献公主、十一女端顺长公主园寝的规制，推知端敏公主可能与六公主、七公主、十一公主一样，火葬后园寝内并未建地宫、宝顶，而是将盛放骨灰的瓶子供奉在享殿之内，这样，大水来时，守护人才有可能同时从享殿中抢救出公主雕像和骨灰。今园寝地面建筑均已无存。

1　《清会典事例》卷七百五十二《刑部》。

2　《爱新觉罗家谱·星源吉庆》以及《清史稿》等史料均记载公主的封号为敖汉公主，未载其名。据何青天《明代蒙古史》、《蒙古高僧传》，有喇嘛高僧为公主治病，与公主接触的记录，其中记公主名阿睦巴。

3　《敖汉旗志》上编，内蒙古人民出版社，1990年。

4　刘冰《草原姻盟——下嫁赤峰的清公主》，第55页，远方出版社，2007年。

5　徐世明主编《昭乌达风情》，中国文史出版社，1991年。

端敏公主死后火葬，据目前所掌握的材料，清朝火葬的公主共七位，其中，太宗女六位，圣祖女一位。太宗女分别为长女固伦端敏公主、四女固伦雍穆长公主、五女固伦淑慧长公主、六女固伦公主、七女固伦端献长公主、十一女固伦端顺长公主。圣祖女火葬的仅十三女和硕温恪公主一位。这七位公主中端敏公主、六公主、端献长公主、端顺长公主死于顺治年间，雍穆长公主、淑慧公主、温恪公主均死于康熙年间。顺治、康熙时期受女真丧葬习俗的影响，仍然流行死后火葬的风俗，顺治五年（1648）四月，还颁布丧葬则例，规定官民人等"有愿从旧制焚化者，听之"[1]，顺治、康熙时期六位火葬的公主就遵从了女真族火葬的旧制。但是当时也有不少满人已经开始采用新的土葬方式。乾隆皇帝即位后，于雍正十三年（1735）十月，颁布圣谕，禁止旗民火化，"嗣后除远乡贫人，不能扶柩回里，不得已携骨归葬者，姑听不禁外，其余一概不许火化。倘有犯者，按律治罪。族长及佐领等隐匿不报，一并处分"[2]。并将该条写入《大清律例》中，此后，满族的火葬习俗逐渐废止。

固伦端敏公主园寝在光绪年间被焚毁，光绪十八年（1892）十二月，谕理藩院："敖汉郡王呈报公主园寝暨该郡王坟墓祠宇府第等处，被贼焚毁。该郡王无力修葺，呈请据情代奏，吁恳恩施等语。上年热河匪徒滋扰，敖汉王旗被害情形，殊堪悯恻。着赏银一万两，由户部给发。交该郡王达木林达尔达克祗领，将公主园寝各处，赶紧修理，用示体恤。"[3]据敖汉部郡王世袭表，知上奏章的是色丹诺尔多克之子、第十二代扎萨克多罗郡王达木林达尔达克，他"光绪五年，袭（封）。二十四年，革扎萨克。二十七年十一月，卒"[4]。

公主园寝的守护者乃当初公主的陪嫁户，"公主下嫁到敖汉旗时，带来了五行八作七十二工匠。公主死后，马、秦、白、孙、叶、王等七姓氏人家奉札萨克之命成为公主的守陵人，掌管对公主的祭祀。每年春节岁首，这七姓人家都要聚集于公主祠前，共同向公主陵寝焚香进礼，然后才各家互拜"[5]。据传说守陵人共七姓。顺治时期所定固伦公主园寝的守护规制为"守冢人八户"[6]，若依照规制，这七姓人可能有两户一姓者。但也不排除有降低规制，从公主随嫁的人户中特指七户守冢的可能。至20世纪末，敖汉旗的齐成玉先生调查时，这七姓人家已经繁衍为十二户。

公主额驸班第，蒙古镶黄旗人，"博尔济吉特氏，敖汉部台吉，太祖婿琐诺木杜棱弟之子也。崇德元年，进敖汉郡王"[7]。敖汉郡王也就是札萨克多罗郡王，世袭罔替，班第是"敖汉旗第一任札萨克"[8]。天聪七年（1633）"班第授封为固伦额驸，赐号'济农'，迎娶固伦端敏公主"[9]。"班第授封后，在敖汉固尔班图勒噶山（又名鼎足山）下建造敖汉旗札萨克王府，又称敖汉左翼老府"[10]。顺治十三年（1656），班第卒。

1 《清圣祖实录》卷三十八。

2 《清高宗实录》卷五。

3 《清德宗实录》卷三百一十九。按：清代嫁入敖汉部的公主仅见莽古济与太宗长女二人，而莽古济在天聪九年（1635）因谋逆被杀后，未再恢复公主爵位，因此在清光绪时期被毁的公主园寝当为太宗长女敖汉固伦公主园寝。

4 《清史稿》卷二百零九《藩部世表》。

5 徐世明主编《昭乌达风情》，中国文史出版社，1991年。

6 《清会典事例》卷九百四十九《工部》。

7 《清史稿》卷一百六十六《公主表》。

8 刘冰《草原姻盟——下嫁赤峰的清公主》，第55页，远方出版社，2007年。

9 《敖汉旗志》上编，内蒙古人民出版社，1990年。

10 刘冰《草原姻盟——下嫁赤峰的清公主》，第60页，远方出版社，2007年。

二、清太宗次女固伦温庄长公主马喀塔（1625—1663）园寝

固伦温庄长公主，清太宗次女，名马喀塔，天命十年（1625）八月初九日午时生，母孝端文皇后博尔济吉特氏。马喀塔与太宗三女固伦端靖长公主、八女固伦端贞长公主同母。天聪九年（1635）九月封固伦公主，许配博尔济吉特氏察哈尔林丹汗之子额尔孔果洛额哲。次年正月，年十二，下嫁。崇德六年(1641)额驸额尔孔果洛额哲去世。顺治二年(1645)公主再嫁给额哲的弟弟阿布鼐。顺治五年（1648）阿布鼐袭亲王爵，后因"负恩失礼"，被削爵处死。顺治十三年(1656)马喀塔晋封固伦长公主，十六年（1659）加封永宁长公主，后改固伦温庄长公主。《清史稿》记载"康熙二年三月薨，年三十九"[1]。据出土圹志，公主卒于"康熙二年二月二十六日"，同年十月二十一日，葬于"妙儿沟"，即今辽宁省锦州市义县九道岭镇大屯村东（图2-11）。

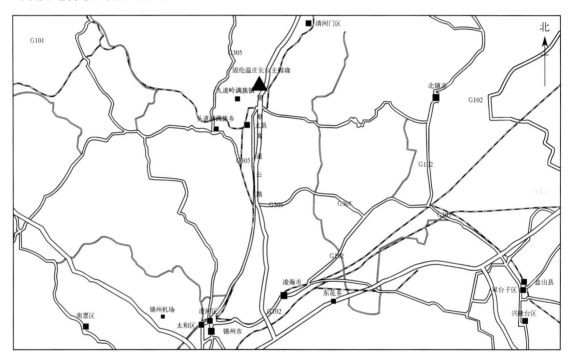

图2-11 固伦温庄长公主园寝地理位置示意图

据民国年间所修的《义县志》记载："阿穆巴凌武倭什浑固伦公主陵，在城北二十里庙儿沟，清康熙二年奉礼部奏建"[2]。《义县志》记载公主葬于"庙儿沟"而公主圹志却记葬地为"妙儿沟"。可能是由于公主园寝内建有庙的缘故，才将"妙"改为"庙"。据杜家骥先生考证，"阿穆巴凌武倭什浑"为满语，汉语意思为"温庄"[3]。据《清圣祖实录》，公主之子布尔尼在康熙十四年（1675）发动叛乱失败后被杀，康熙皇帝念其系公主所生之子，下旨"布尔尼并（其弟）罗不藏俱令收葬于公主坟傍"。由此可知，公主园寝除了公主外，还葬有布尔尼、罗不藏兄弟。园寝今坐落在义县大屯村东、菜屯村西的一片高地上，在当地俗称公主陵，园寝左侧毗邻锦阜高速公路，前临一片低洼的湿地，湿地上现在生长着茂密的

1　《清史稿》卷一百六十六《公主表》。

2　王鹤龄纂1931年铅印本《义县志》中卷《陵》。

3　参见杜家骥《清朝满蒙联姻研究》，第202页，人民出版社，2003年。

图2-12 固伦温庄公主园寝所在地

图2-13 固伦温庄公主园寝遗址位置

杨树林。2009年3月10日笔者前往调查，公主园寝遗址上已建成大屯小学（图2-12）。据当地老者石玉良、赵文杰介绍，公主园寝坐北朝南，原有东、西、南三个门（图2-13），南门为宫门，后墙为方形，园寝内有庙（当为喇嘛庙），庙后有宝顶一座。今大屯小学教室的位置即原公主庙所在地，位于园寝正中，相当于其他园寝的享殿，是园寝内的主体建筑。1949年公主园寝地宫被发掘，出土"温庄长公主圹志"一合，志（图2-14）与志盖（图2-15）各一块，现保存在辽宁省博物馆。志文内容分为满汉两种文字，左为汉字，右为满文，满汉对照，内容相同。今地宫遗址尚存（图2-16），经GPS测定，位置为北纬41°37.348′，东经121°17.341′，地宫现在已被当地村民当成处理废弃物的垃圾坑，坑内填满垃圾。

公主园寝最初由阿布鼐亲王派人看守，后阿布鼐之子布尔尼发动叛乱，叛乱在康熙十四年（1675）被朝廷平定，察哈尔部众被编为八旗西迁，察哈尔亲王府被改成义州城守尉衙门。公主的随嫁户在经历布尔尼之乱后，产业荡尽。五月，议政王大臣开会商议这些随嫁人员的处置方案，欲"量留数户守公主祠，其余悉令还京。内原隶八旗者仍归本旗佐领，原隶内务府者仍归内务府"[1]。康熙皇帝未准，下旨说："义州为边陲要地，

图2-14 辽宁省博物馆藏固伦温庄长公主圹志

图2-15 辽宁省博物馆藏固伦温庄长公主圹志盖

【第二部分】

清代公主园寝志

---

1 《清圣祖实录》卷五十五。

图2-16 固伦温庄公主园寝地宫遗址

从嫁诸人停止还京。俱着披甲，着长史辛柱、管辖镇守。"[1]辛柱是从嫁公主长史，曾在布尔尼叛乱前，阴使其弟阿济根告其谋，叛乱平定后，辛柱被授予义州城守尉，世袭该职，温庄公主的守墓之事，也由"辛柱一家负责，且专设四十二名旗人看守"[2]。乾隆三年（1738）再次明确 "公主园寝一切实物俱着义州城守尉管理"[3]，仍设四十二人看守，

其中"看守故茔守长一名、副守长一名、领催四名、拜唐阿三十六名"，这四十二人除守长、副守长外，其余四十人分为四班，"每班人十名，轮流看守，十日一换"[4]。

马喀塔公主与阿布鼐生一子，名布尔尼。康熙二年（1663）公主去世，在公主去世前，阿布鼐便已心生不轨，不再向朝廷进贡。康熙八年（1669），清圣祖谕理藩院："阿布鼐宜思世受恩眷，竭诚图报，乃上负国家豢养之仁，累失外藩朝贺之礼，情罪重大，理宜削封。但念皇祖太宗、皇考世祖优容抚恤之意，不忍夺其封爵，其以阿布鼐子布尔尼仍袭封和硕亲王"[5]。布尔尼仍效其父，不思报效，康熙十四年（1675）劫阿布鼐发动叛乱，康熙皇帝"命信郡王鄂札为抚远大将军，图海副之，讨布尔尼。时禁旅多调发，图海请籍八旗家奴矫健者率以行，在路骚掠，一不问。至，下令曰：'察哈尔元裔，多珍宝，破之富且倍！'于是士卒奋勇，无不一当百"[6]。是月大败布尔尼，布尔尼以三十骑遁，科尔沁额驸沙津追斩之，并派昂阿尔住尔将其首级献给朝廷。按律布尔尼首级本当悬示，但康熙皇帝念其系公主所生之子，于心不忍，令将其尸首收葬于公主坟旁[7]。阿布鼐在察哈尔叛乱平定后，坐死。

三、清太宗第三女固伦端靖长公主（1628—1686）园寝

固伦端靖长公主，清太宗第三女，后金天聪二年（1628）七月初三日丑时生，母皇太极孝端文皇后科尔沁博尔济吉特氏，外祖父莽古思贝勒。公主初封固伦公主，许配孝庄文皇后的侄子奇塔特，奇塔特又作祁塔特。崇德四年（1639）正月，公主年十二，与祁塔特成亲。崇德八年（1643）八月初八日皇太极"赐固伦额驸祁塔特、弼尔塔哈尔诰命、仪仗"[8]。当日奇塔

1　《清圣祖实录》卷五十五。

2　参见杜家骥《清朝满蒙联姻研究》，第202页，人民出版社，2003年。

3　王鹤龄纂1931年铅印本《义县志》中卷《陵》。

4　王鹤龄纂1931年铅印本《义县志》中卷《陵》。

5　《清圣祖实录》卷三十一。

6　《清史稿》卷二百五十一《图海传》。

7　参见《清圣祖实录》卷五十五

8　《清太宗实录》卷六十五。

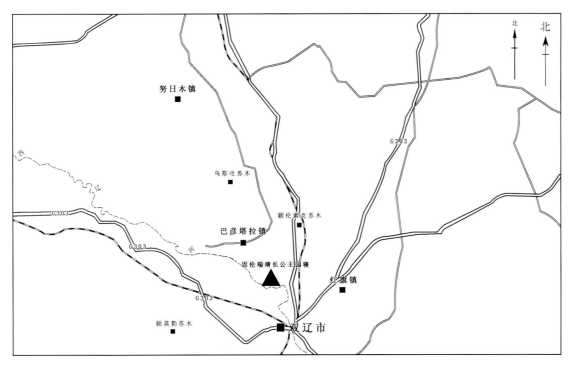

图2-17　固伦端靖长公主园寝地理位置示意图

特被册封额驸[1]。顺治八年（1651）额驸薨。顺治十三年（1656）公主回京，翌年，加封固伦长公主。十六年（1659）封延庆长公主，后改固伦端靖长公主。康熙二十五年（1686）五月，公主去世，时年五十九岁，"葬于哲盟科尔沁左翼中旗瓦房屯之东北"[2]（图2-17）。

　　公主的母亲孝端文皇后，博尔济吉特氏，科尔沁贝勒莽古思之女。皇后生三女，除了皇太极第三女固伦端靖长公主外，还有皇太极次女固伦温庄长公主和第八女固伦端贞长公主。莽古思所部世居科尔沁左翼中旗，后为太祖所败，明万历四十二年（1614）四月，莽古思送女来归，"太祖命太宗亲迎，至辉发扈尔奇山城，大宴成礼"[3]。崇德元年（1636）皇太极建尊号，莽古思之女正位中宫。"寻命追封后父莽古思为和硕福亲王，立碑于墓，封大妃为和硕福妃，使大学士范文程等册封"[4]。世祖即位，尊为皇太后。顺治六年（1649）四月乙巳崩，年五十一。七年（1650），上谥。雍正、乾隆累加谥，曰孝端正敬仁懿哲顺慈僖庄敏辅天协圣文皇后。所生三女，分别下嫁额哲、祁塔特、巴雅思祜朗。

1　册封诰命原件有金册和丝绢文两部分，由奇塔特的后裔保存。土改时，金册被抄走，今下落不明。而丝绢卷诰命在1960年被原科尔沁左翼中旗档案局局长德吉德先生征集，藏于本旗档案馆，1995年遗失。诰命中言："自开辟以来，有天下者女称公主，所以昭玉叶之贵，婿称驸马，所以示推爱之谊。自古迄今未常更也。今朕即大位，爰仿古昔定诰封驸马之制。兹尔奇炭，原系耨水熬镇科儿亲国主之裔也，特蒙朕眷，俾尚公主，称为驸马。勿挟贵而骄矜，勿恃恩而敢慢，尔其更加勤慎，勉遵道义。敬之哉！勿负朕命！"按：此诰命文字质朴，其中还有别字，如将"未尝"写作"未常"。且将额驸的名字译为不雅的"奇炭"，而非后来的奇塔特或祁他特，"科尔沁"写作"科儿亲"。以上例子，均反映了满族在入关前汉文学水平较差的情况。这件诰命文还证明，满族在入关前就已接受汉族的习惯，将当时皇家公主的丈夫称为"驸马"，直到入关以后，清政府才在接受汉族习俗的基础上，逐步确立起自己的一套礼制，"驸马"也逐渐被"额驸"所替代。

2　塔娜《清代固伦额驸奇塔特诰命诏书浅述》，《哲盟博物馆馆刊》1990年第2期。

3　《清史稿》卷二百十四《太宗孝端文皇后传》。

4　《清史稿》卷二百十四《太宗孝端文皇后传》。

四、清太宗第四女固伦雍穆长公主雅图（1629—1678）园寝

固伦雍穆长公主，清太宗第四女，名雅图。天聪三年（1629）正月初八日午时生，母孝庄文皇后博尔济吉特氏。公主与顺治皇帝福临、皇太极第五女固伦淑慧长公主、七女固伦端献长公主同母。初封固伦公主。天聪七年（1633）许配孝庄文皇后的侄子、卓礼克图亲王吴克善之子弼尔塔哈尔。崇德六年（1641）正月，公主出嫁。康熙六年（1667）弼尔塔哈尔去世，公主回京居住。"顺治十四年二月，晋封固伦长公主；十六年十二月，封兴平长公主，后改封固伦雍穆长公主"[1]。康熙十七年（1678）闰三月公主去世，时年五十。据出土圹志可知，公主去世后，停厝一年多，在康熙十八年（1679）十二月初五日葬于"东边滕额里克界夸绰和儿"[2]。按其所谓"东边"即柳条边[3]，"夸绰和儿"为蒙古语，意为高大而美丽的丘陵[4]，意即雍穆公主死后葬于滕额里克界内一片美丽的丘陵中，这片丘陵东边靠近柳条边。"滕格里克"为当时的地名。经调查，得知公主园寝今属于内蒙古通辽市哲里木盟扎鲁特旗前德门苏木地界[5]（图2-18）。

据张柏忠《清固龙雍穆长公主墓》描述，公主园寝"东为一片十余米高的台地，台地的西端形成一半月形山窝，向西南开口。前面为广阔的草原"。这与公主圹志中所讲内容一致。公主园寝在当地被称作"固龙公主庙"，原有庙宇建筑，现已颓圮，仅存轮廓。

公主园寝地宫在解放后得到清理，1977年哲里木盟博物馆接到社员报告后，对该地宫进

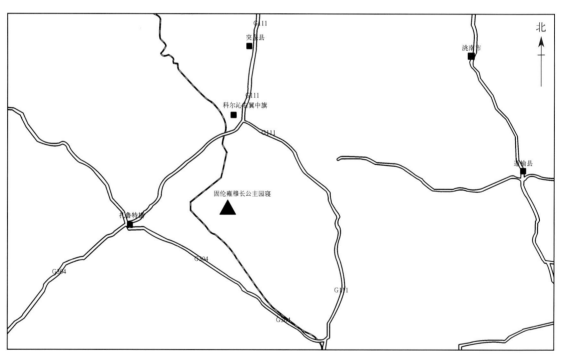

图2-18 固伦雍穆长公主园寝地理位置示意图

1 《爱新觉罗家谱·星源吉庆》之《太宗文皇帝》第31页。

2 《固龙雍穆长公主圹志文》。

3 清朝统治者禁止汉人进入内蒙古和东北，实行种族隔绝，在辽宁和内蒙古修建的一道壕沟，沿壕植柳，称柳条边，又名盛京边墙、柳城、条子边。

4 张柏忠《清固龙雍穆长公主墓》，《文物资料丛刊》1983年第7期。

5 塔娜《一代神弓、八世雄风》，《哲盟博物馆馆刊》1997年第5期。

图2-19 科尔沁博物馆藏固龙雍穆长公主圹志　　图2-20 科尔沁博物馆藏固龙雍穆长公主地宫
出土银骨灰盒

图2-21 科尔沁博物馆藏固龙雍穆长公主地宫出土木炭　　图2-22 科尔沁博物馆藏固龙雍穆长公主地宫随葬五谷

行了清理。清理过程中发现该墓早已被盗。墓室之上为享殿基址，墓室入口有墓门，正对墓门有竖置圹志一合，即固龙（伦）雍穆长公主圹志（图2-19），圹志乃康熙皇帝御制，上书满汉两种文字，现藏于科尔沁博物馆。圹志的出土印证了《清圣祖实录》的记载，《清圣祖实录》载，康熙十七年(1678)四月诏谕："下嫁科尔沁毕尔塔噶尔额驸之雍穆长公主薨，遣官致祭，并赐圹志勒石。"[1] 墓室后壁有一平台，其上便是放置公主骨灰的银屋（图2-20），证实公主死后火葬。墓室西北角，平台与西壁之间，有一葫芦形民窑瓷瓶，是墓中仅剩的随葬器皿。此外，墓中出土最多的就是织造精美的丝织品。该墓葬体现了满汉两种葬俗、葬制的融合。墓主火葬，以骨灰入葬，乃满族葬俗，满族入关后在很长一段时期内都保留着这种葬俗。而"墓中随葬的物品（图2-21、图2-22），墓室、银屋、帷荒的形制都和汉唐以来中原地区的葬俗基本相同。墓室平台下的腰坑也为中原地区殷周时代的墓葬所习见，只是中原地区春秋之后逐渐减少"[2]。公主墓志言 "窀穸之文，式从古制"，进一步证明满族在葬俗上从汉族古制的特点，墓葬充分展现了中原地区早期葬俗与北方少数民族自身葬俗的结合。

公主额驸弼尔塔哈尔，又作毕尔塔噶尔，是孝庄文皇后的侄子，与公主雅图为姑表兄妹。天聪七年（1633），上以固伦公主许科尔沁国卓礼克图亲王吴克善子弼尔塔噶尔。"主既受聘，以弼尔塔哈尔父卓礼克图亲王吴克善有罪，太宗怒，欲绝其婚。吴克善入朝服罪，仍许弼尔塔哈尔尚主"[3]。崇德六年（1641）正月，"固伦公主下嫁科尔沁国卓礼克图亲王吴

1　《清圣祖实录》卷七十三。

2　张柏忠《清固龙雍穆长公主墓》，《文物资料丛刊》1983年第7期。

3　《清史稿》卷一百六十六《公主表》附载。

413

克善之子弼尔塔噶尔，宴。自和硕亲王以下、牛录章京以上俱集"[1]。关于弼尔塔哈尔成婚之时是否袭亲王爵，史料记载有出入。据《皇朝文献通考》记载，"（公主）下嫁额驸科尔沁博尔济吉特氏亲王弼尔塔哈尔"[2]，似乎崇德六年（1641）成婚时，弼尔塔哈尔已经袭封亲王。但《清史稿·公主表》中却记载，"康熙五年，（弼尔塔哈尔）袭封亲王"[3]。《清圣祖实录》与《清史稿·公主表》的记载相同，亦云康熙五年（1666）十一月"以科尔沁故卓礼克图亲王吴克善子毕尔塔噶尔袭爵"[4]。盖《皇朝文献通考》乃追述之文，重在记述公主下嫁一事，而当时弼尔塔哈尔已亡故，故作者以其最后之爵位称之。崇德八年（1643）弼尔塔哈尔获赐固伦额驸仪仗。康熙五年(1666)十一月，袭封卓礼克图亲王，六年（1667）五月去世。

五、清太宗第五女固伦淑慧长公主阿图（1632—1700）园寝

固伦淑慧长公主，清太宗第五女，名阿图，生于天聪六年（1632）二月十二日亥时，母亲是太宗孝庄文皇后，外祖父科尔沁博尔济吉特氏塞桑贝勒。崇德八年（1643）正月，以阿图公主许"内大臣和硕额驸恩格德尔之子索尔哈"[5]。六月下嫁。顺治初，索尔哈卒。顺治五年（1648）二月，公主再许巴林部博尔济吉特氏辅国公色布腾，当月成婚。顺治十四年(1657)二月封固伦长公主，十六年(1659)十二月改封和顺长公主，后改封固伦淑慧长公主。康熙三十九年（1700）正月初十日,公主年六十九，薨于京。按公主遗愿，灵柩归葬昭乌达盟巴林部，依满族葬俗火葬。理藩院题准"送往巴林之日，遣皇子等往送。祭祀之物着从此处备去"[6]。

公主园寝曾三次变更，最初葬于巴彦汉山[7]塞音宝拉格，即公主圹志文中所谓"察汉摩伦之河西巴颜昆都之名山"，巴彦汉山又作巴彦汗山，蒙古语为巴彦汉格根少冷。后移至凤凰山（今巴林右旗境内都希苏木格根绍荣山）西南固伦额驸色布腾的园寝旁，该园寝在《中国文物地图集·内蒙古自治区卷》中有标注，注释处标园寝位于"内蒙古自治区巴林右旗都希苏木新立村凤凰山南坡下"，今都希苏木新立村已改属大板镇新立村（2-23）。康熙十二年（1703）公主再次移葬，葬地在巴林右旗北部的查干沐伦河西岸的公牛山（今巴林右旗境内巴彦和硕山）以北、额尔登乌拉山南麓。

据巴林右旗旗志办工作人员所绘的"巴彦汉格根少冷固伦淑慧公主墓平面示意图"（图2-24），即巴彦汉山园寝，该处为公主的初葬地，园寝规制与中原地区公主园寝大致相同。园寝坐北朝南，整个院子以中间的享殿和享殿东西两侧的围墙为界，被分为南北两进院落。前院南部正中为宫门，宫门北部两侧为东西配殿，再北正中为享殿三间。后院呈长方形，正

1 《清太宗实录》卷五十四。

2 《清朝文献通考》卷二百四十二《帝系考》。

3 《清史稿》卷一百六十六《公主表》附载。

4 《清圣祖实录》卷二十。

5 《太宗实录》卷六十五载："上以第五女固伦公主下嫁内大臣和硕额驸恩格德尔之子索尔哈。"《清史稿·公主表》附载，"太宗尚有女下嫁索尔哈"，该女即为太宗第五女阿图公主。《清史稿》卷二百二十九《额尔克戴青传》译为"索尔噶"。

6 《清圣祖实录》卷一百九十七。

7 初名巴尔登哈拉山，康熙降旨改今名，意为"富饶的皇山"。

清代园寝志

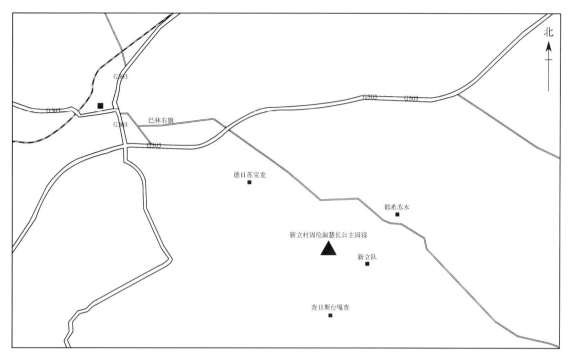

图2-23 新立村固伦淑慧长公主园寝地理位置示意图

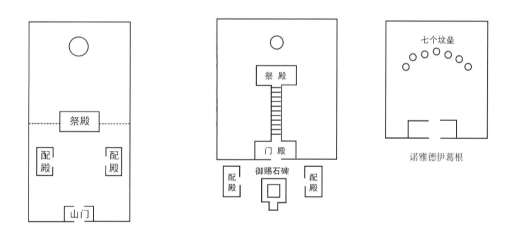

图2-24 巴彦汗山固伦淑慧公主园寝平面示意图　　　　图2-25 查干沐沦固伦淑慧公主园寝平面示意图

中为公主宝顶，后墙不是传统的罗圈形，而是方形。

　　公主最后迁葬于公牛山北，据巴林右旗旗志办工作人员所绘的"查干沐沦珠尔沁固伦淑慧公主陵平面示意图"（图2-25），公主园寝面积约100平方米，仍旧是坐北朝南，只是布局有所改变。整个园寝呈长方形，"东西约40米宽，南北约60米长"[1]。园寝四周环以围墙，围墙为砖砌，"高约一丈"[2]，整个园寝以享殿和东西相连的两侧矮墙为界，被隔为南北两进院落。后院正中为公主宝顶，呈大红色圆形，下为地宫，地宫南面正对享殿后墙，享殿两侧有矮墙东西相连，将后院与前院隔断，矮墙上各开角门一座。前院的主体建筑为享殿五间，享殿南面正对宫门三间，宫门与享殿之间有砖砌甬道相连，宫门两侧为园寝围墙。与其他公

　　1　国家文物局主编《中国文物地图集·内蒙古自治区卷》（下册），第140页，西安地图出版社，2003年。

　　2　刘冰《草原烟盟——下嫁赤峰的清公主》，第88页，远方出版社，2007年。

图2-26 赤峰市博物馆藏固伦淑慧公主
地宫出土骨灰罐

图2-27 赤峰市博物馆藏固伦淑慧公主圹志

主园寝不同的是，该园寝的东西配殿建在了宫门之外。两配殿中间有碑楼一座，内立蛟龙首龟趺碑一统，碑为御赐，"高一庹半，宽3尺，厚3尺多，碑顶有云雕，碑上镌刻着满、蒙、汉文的祭词"[1]。1966年园寝地宫中出土公主骨灰罐一个（图2-26），志盖、志石各一方（图2-27）。骨灰罐高94厘米，口径31.5厘米，腹径71厘米，最大腹围196厘米，底径35厘米，楠木质，呈宝瓶状，广肩收腹，宝顶盖，圈足，通体施朱红漆，自肩部至于罐体下腹部以金彩环行手书藏文超度经，罐内仍留有服饰残片。志盖、志石均为方形，边长71厘米，厚20厘米，白色汉白玉质。志盖自右往左竖排阴刻满、蒙、汉三种文字"淑慧长固伦公主圹志文"各一行。志石上刻正文，自右往左以蒙、满、汉三种文字阴刻竖排，其中蒙文8行，满文10行，汉文8行，汉字共195字。该志石不依中原地区常用的满、蒙、汉顺序，将蒙文顺序排在第一，可能是由于公主下嫁蒙古、葬于蒙古，是出于对蒙古贵族的尊崇。该志文、志盖与公主骨灰罐现藏于赤峰市博物馆。现在园寝地表还留存长方形茔垣，墙基为石筑，约0.3米高、0.5米厚，石墙基上还有砖砌的痕迹。园寝中部还有享殿遗址，后部还有一座封土堆，直径5米，高1.5米。两侧各有一个小封土堆[2]。

公主薨后，朝廷照例当致祭一次，但康熙皇帝曾三次谍写祭文，优礼迥异于其他公主。

祭文一曰："惟我公主，出自我皇祖。金枝毓秀，玉质含章。向日慈闱，尤深怜爱，一切护视，以属朕躬。祇承训言弗敢失，更坠缔婚以垂永好。尝语姑勿忧，在外服终当迎养，以乐暮年，毕姑一生，皆朕之事。……陵云一笑，无身后之余忧；抚棺长辞，不负生前之凤诺。办丧皆出于内府，推恩不忘于后人。祀事肃将，凡筵展告，明灵不昧，来格来歆"[3]。从该祭文可知，康熙皇帝对公主优礼有加，曾许诺"毕姑一生，皆朕之事"，因此公主去世后，"办丧皆出于内府"。"抚棺长辞"之语道出该祭文当为公主初薨后所作。

祭文二曰："维公主诞膺淑质，托礼天家，仰承我圣祖母之劬劳，益凤娴于内则。……行殡有时，加兹谕祭。星沉旧邸，还依往日宫中；云去流沙，长断来时山色。薄陈祖奠，用展哀衷"[4]。由"行殡有时，加兹谕祭"之语可知，该文当作于出殡之时。

1 刘冰《草原烟盟——下嫁赤峰的清公主》，第89页，远方出版社，2007年。
2 国家文物局主编《中国文物地图集·内蒙古自治区分册》（下册），第140页，西安地图出版社，2003年。
3 以刘冰《草原姻盟》第90、91页所录祭文为本，参照1990年4月版《巴林右旗志》第二十编《文化》之《帝御赐固伦淑慧公主祭文·祭文一》，第565、566页。
4 以刘冰《草原姻盟》第91页所录祭文为本，参照1990年4月版《巴林右旗志》第二十编《文化》之《帝御赐固伦淑慧公主祭文·祭文二》，第566页。

祭文三言："惟公主属在懿亲，为朕姑。……顷者两颁谕祭，达以诔章，叙兹闱怜爱之深情。暨朕躬祗承之至意，荣哀之礼，事事有加。践凤昔之盟言，谅明灵之默鉴。兹者辂车将发，藩国是归，缅容卫之徂征，经山川之绵邈。……特遣皇子往护丧行，助引绋之劳，视窆穸之事，一切庀具，如朕亲临。俟宅兆之孔安度殁宁之憾。呜呼！自初薨以及将窆，情莫馨于哀诚。从旧邸以返新阡，礼必期于敬谨。"[1]由"顷者两颁谕祭，达以诔章"之语，可证该文作于前两通诔文之后。"践凤昔之盟言……兹者辂车将发，藩国是归，缅容卫之徂征，经山川之绵邈"等语，可知该祭文的创作时间，当在公主灵柩即将启程归窆蒙古之时。

公主深得孝庄文皇后宠爱，出嫁后，随额驸居藩邦，皇后昼夜思念。康熙十二年（1674）孝庄太皇太后病，上召乾清门侍卫武格谕曰："太皇太后甚念巴林淑慧公主，尔可将朕所乘轿驰驿往迎公主。"[2]公主至京，太皇太后喜甚，圣体遂强健如常，此后公主便常回京。康熙二十六年(1687)六月，"上以巴林淑慧公主所居地方马、牛、羊多染疫倒毙，田禾亦不收获，命乾清门侍卫武格往迎公主，并令携带马驼糇粮以济之"[3]。康熙三十一年(1692)，圣祖下诏理藩院，命视贝勒例，特为公主设立护卫长史。三十九年（1700）公主在京染病，上亲往其邸第视疾。正月初十日，公主含笑而逝，时年六十九岁。康熙帝谕曰："公主系朕之姑。太皇太后在时，公主特蒙眷爱，因以托朕。朕亦面允公主，待姑年迈时，迎至京师，凡一切应用之物朕皆承理，以终天年。及公主病笃，见朕亲临视疾，含笑而逝。病笃之人朕见者亦多矣，如此含笑而逝者，从未一睹。公主生逢泰运，居蒙古地方五十余载，毫不生事，躬享高年，子孙繁盛，含笑长逝，诸福备矣！朕叹悼之怀因少解焉。"[4]公主去世后，灵柩暂厝于裕亲王园寝，后归葬巴林部。

六、清太宗第六女固伦公主（1633—1649）园寝

固伦公主，清太宗第六女，天聪七年（1633）十一月十五日子时生，母太宗侧妃博尔济吉特氏扎鲁特。初封固伦公主，崇德六年（1641）五月，许伊尔根觉罗氏都统阿山之子夸札。顺治元年（1644）年十二，十二月，成婚。顺治六年（1649）三月薨，年十七。

公主薨逝后，园寝建在今北京市朝阳区呼家楼北街东段一带，当地俗称皇姑坟。今园寝地面已无任何遗迹，园寝所在地今为街心公园（图2-28）。2008年10月笔者前往调查，经GPS测定，位置约在北纬39°55.269′，东经116°27.607′。据冯其利先生调查，可大体了解公主园寝的原貌。园寝坐北朝南，有两道围墙，外层为石墙，内为砖墙。宫门两道，内宫门三间开。宫门内约60余米处为享殿三间，享殿前有月台。享殿内正中设有一间汉白玉石龛，内贮骨灰罐。罐内除了公主、额驸的骨殖之外，还有木炭数段。享殿北边的后墙呈方形。守护班房建在两道围墙之间，位于享殿的东、西、南三侧。两道西墙之间住有李、于两姓，两道东墙之间住有何姓，两道南墙之间住有汪姓。守护班房均为前后两进院子，正房五

1　以刘冰《草原姻盟》，第91、92页所录祭文为本，参照1990年版《巴林右旗志》第二十编《文化》之《帝御赐固伦淑慧公主祭文·祭文三》，第566页。

2　《清圣祖实录》卷四十二。

3　《清圣祖实录》卷一百三十。

4　《清圣祖实录》卷一百九十七。

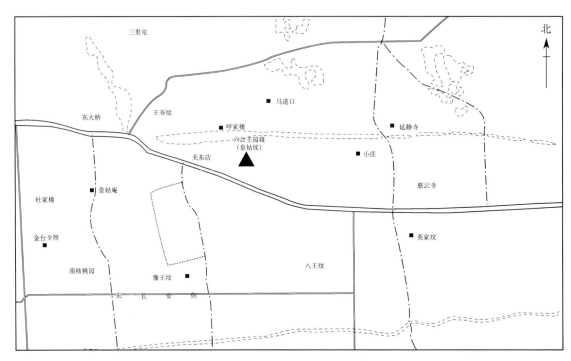

图2-28 六公主园寝地理位置示意图

间，配房东西各两间，后院一般不住人[1]。据以上描述可知，该园寝为公主与额驸合葬，两人死后均火葬，骨灰罐放置在享殿正中石龛中供奉，因此园寝内未建宝顶。两道围墙中，内墙为砖墙，墙南正中开宫门三间，乃按照正规的园寝规制修建的园寝围墙，外墙为一道石墙，将守护班房也圈在墙内，可能是出于园寝安全的考虑。

"辛亥革命后，豫亲王坟北侧建立打靶场时，皇姑坟的外墙已经坍塌倒坏，美国士兵还到皇姑坟游览，参观过汉白玉石龛。日伪统治时期，官方将皇姑坟树木砍伐。这时，皇姑坟坟主廷佐妻女住在景山后街东北、北大分院后边，老太太已70多岁。1953年，北京针织厂在皇姑坟北边盖起了排房。而后皇姑坟归属几经变更。1956年呼家楼成立团结社，后归八里庄公社，这时皇姑坟墙内墙已不复存在，院里成了空场。后公主园寝被用做生产队的牲口棚"[2]。

额驸夸札之父为伊尔根觉罗氏都统阿山。阿山，世居穆溪，后归附太祖，属贝勒代善。曾追随太祖攻打辽阳，功进三等副将。天聪三年（1628）秋，"阿山复与弟噶赖子塞赫及阿达海子查塔、莫洛浑奔明宁远，太宗收其孥，遣兵往追之，阿山等将入明境，遣从者先，明守塞兵执而杀之。阿山等惧，复还，请罪，上复宥之，还其孥，使复职"[3]。为结好，太宗将第六女许配其子夸札。夸札从太宗伐明，屡立战功，却屡坐事被论，太宗辄贷之。顺治三年（1646）再次因坐妄听巫者言，罪所部，罢官，夺世职。不久复授一等昂邦章京。顺治四年（1647）改一等精奇尼哈番。旋卒。乾隆初，定封一等男。

七、清太宗第七女固伦端献长公主（1633—1648）园寝

固伦端献长公主，皇太极第七女，后金天聪七年（1633）十一月十六日未时生，母孝

---

2 胡玉远主编《燕都说故》，第502页，北京燕山出版社，1996年。

3 《清史稿》卷二百二十七《阿山传》。

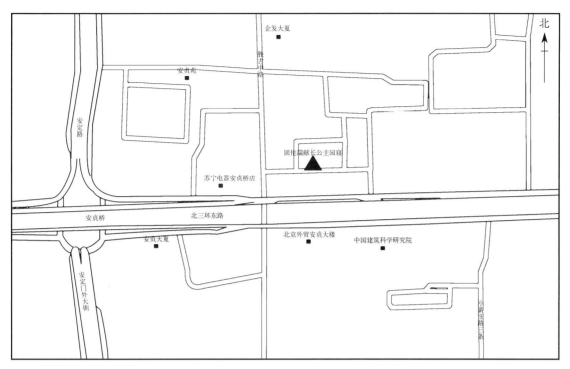

图2-29 固伦端献长公主园寝地理位置示意图

庄文皇后博尔济吉特氏。初封淑哲公主，崇德六年（1641）二月，许配博尔济吉特氏内大臣鄂齐尔桑之子铿吉尔格。顺治二年（1645）正月公主下嫁铿吉尔格。顺治五年（1648）二月卒，终年十六岁。顺治十三年（1656）谥曰端献。额驸铿吉尔格随父在京供职，公主随之居于京，因此，去世后就葬在京城。

据《燕都说故》记载，公主园寝坐落在今北京市朝阳区安定门外胜古西庄小学处（图2-29），胜古西庄原名"皇姑坟"。皇姑坟村因葬有公主而得名，该村东临公主坟，东南是小黄庄，西为和尚坟，背靠土城。园寝坐北朝南，在园寝之南有一个深坑，可能是修建公主园寝时取土形成，园寝内最南端为东西朝房，朝房北为碑楼一座，碑楼的位置与今胜古庄小学教学楼相当。碑楼内立螭首龟趺碑一统，上书"固伦端献长公主"几个大字。碑楼北部即园寝正中为享殿五间，享殿内设有汉白玉石龛一小间，内置瓶口覆银盖的青花瓷瓶一个。园寝周围以砖砌围墙相连，围墙约4米多高，在围墙南部正中开宫门三间[1]。据以上描述，公主园寝享殿后并未建宝顶，只在享殿汉白玉石龛中供奉有银盖青花瓷瓶一个，由此可知，公主死后当为火葬，享殿中供奉的青花瓷瓶内放贮的应该就是公主的骨灰。这种葬制与死于顺治六年（1644）的太宗第六女的葬制是相同的，"（太宗六女）享殿内正中是一间汉白玉石龛，内贮骨灰罐。罐内除了公主、额驸骨殖之外，是木炭数段"[2]。反映了清初仍有很多满洲贵族沿用女真族的丧葬习俗，盛行火葬。

公主园寝在清朝灭亡后，逐渐被破坏。园寝周围原种植有大片的松柏树，这些树在日伪时期和1947年的官方伐树运动中被毁。至1949年园寝内碑楼、石碑、宫门、享殿、墙垣还在，但已破败不堪。新中国成立后，园寝被改建为小学校，经过拆改，园寝已失原貌。在文化大革命初期，享殿内的石龛被拆毁，在青花瓷瓶中还发现了金龙等物，供奉的公主袍服被

1 胡玉远主编《燕都说故》，第528页，北京燕山出版社，1996年。

2 胡玉远主编《燕都说故》，第502页，北京燕山出版社，1996年。

【第二部分】

清代公主园寝志

撕毁。后来在地毯二厂门口南侧还发现有一碑楼券门废石[1]。据冯其利先生考察，公主园寝的龟趺碑就被埋在小学校的东墙附近[2]。现国家图书馆藏有公主碑文拓片，碑文"双勾正书，汉、满合璧"[3]。

公主园寝设有护卫章京一员，为隶属于满洲正黄旗的赵子清，他负责公主园寝的看守事务。赵子清一家与看坟户均居住在公主园寝周围，由朝廷供应钱粮月米，他们在园寝周围养身地内种植菜蔬以自用。至清末这些看坟户已繁衍成33户。由于年代久远，如今他们的后人已不知去向。

公主额驸，在史料中记载不一致。据《清太宗实录》卷五十四记载，崇德六年（1641）"上以第七女公主许字俄齐尔桑之子铿吉尔格，行初聘礼"[4]。说明公主许配的人是铿吉尔格。《皇朝文献通考》、《玉牒》也记公主嫁给铿吉尔格。但在《清世祖实录》卷十三中却记载公主嫁给的是喇玛思，顺治二年（1645）"以固伦公主下嫁内大臣俄齐尔桑子喇玛思"[5]。《清史稿·鄂齐尔桑传》的记载与《清世祖实录》相同，曰："以其子喇玛思尚主，授固伦额驸"[6]。《清史稿·公主表》认为这种记载上的矛盾现象"当是铿吉尔格改名喇麻思，译又作喇麻喇耳。"[7]当是。鄂齐尔桑，博尔济吉特氏，蒙古扎鲁特部人，早年为人质留在努尔哈赤身边，后随其父回本部。皇太极时，扎鲁特部背盟，皇太极派军讨伐，扎鲁特部战败，鄂齐尔桑父子被擒。皇太极将其所部划属满洲镶黄旗，封鄂齐尔桑为牛录额真，赏衣服器用。鄂齐尔桑从皇太极攻明，擢授内大臣。顺治二年（1645）正月，其子铿吉尔格娶皇太极第七女淑哲公主，封为固伦额驸。顺治五年（1648）鄂齐尔桑去世。不久，淑哲公主与额驸喇麻思也相继谢世。

八、清太宗第八女固伦端贞长公主（1634—1692）园寝

固伦端贞长公主，清太宗第八女，天聪八年（1634）闰八月十六日酉时出生，其母为孝端文皇后。八公主初封固伦公主。崇德六年（1641）三月，"上以第八女固伦公主许字土谢图亲王巴达礼子巴雅思护朗。初行聘礼"[8]。顺治二年（1645）四月，公主年十二，下嫁。顺治十四年（1657）加封固伦长公主，顺治十六年（1659）封固伦昌乐长公主，复改固伦永安长公主。康熙三十一年（1692）正月，公主五十九岁，薨，圣祖赐谥端贞。端贞长公主的园寝"在今科右中旗义和道卜乡"[9]。

公主薨逝后，康熙三十一年（1692）二月，上"遣官致祭，赐圹志"[10]。三十七年（1698）九月，康熙帝前往科尔沁，驾临纯禧公主和硕额驸班第府第，其后至巴图尔亲王满

1　胡玉远主编《燕都说故》，第528页，北京燕山出版社，1996年。
2　胡玉远主编《燕都说故》，第528页，北京燕山出版社，1996年。
3　北京图书馆金石组编《北京图书馆藏中国历代石刻拓本汇编》第61册《端献长公主墓碑 京8213》第29页，中州古籍出版社，1989年。
4　《清太宗实录》卷五十四。
5　《清世祖实录》卷十三。
6　《清史稿》卷二百二十九《鄂齐尔桑传》。
7　《清史稿》卷一百六十六《公主表》附载。
8　《清太宗实录》卷五十五。
9　杜家骥《清朝满蒙联姻研究》，第183页，人民出版社，2003年。
10　《清圣祖实录》卷一百五十四。

朱习礼墓亲奠，复"临科尔沁端贞长公主墓，奠酒"[1]。

据内蒙古地区科尔沁右翼中旗调查资料可知，公主园寝位于科尔沁右翼中旗高力板镇东南5公里处，霍林河北岸二阶台地上（图2-30）。园寝占地面积约5万平方米。近1000米长的院墙全部由青砖砌成，琉璃瓦盖帽。园寝的主体建筑为享殿七间。享殿左右各有五间厢房，是护卫和喇嘛的住宅及勤杂间。正殿和厢房均为飞檐翘脊、前廊后厦的结构。在享殿之后有一座普通的砖瓦结构的起脊平房，当地俗称格格陵。园寝东侧有一座叫作泰卜台的小庙，有十几名喇嘛专事祭祀活动。据说陵园的正堂内设有"陵丘"，即用砖石构建的一座直径约3米，高2米左右圆形圆顶的坟丘状建筑物。"陵丘"就是灵柩的象征物，内部空洞，点有长明灯，一年四季昼夜不断。另外据说园寝的正堂内还设有祭坛、诵经台、泥塑的树、鸟等。据此描述，所谓"陵园的正堂"当为享殿，"陵丘"可能为宝顶，内部空洞可能为地宫，这段描述说明享殿中建有祭坛、诵经台，以及泥塑的树、鸟等，享殿正中还建有公主宝顶，宝顶下为地宫，地宫中点有长明灯。祭坛、诵经台，泥塑的树、鸟等可能均为佛教的建制。这种宝顶建在享殿内的建筑方式与清圣祖康熙皇帝第十三女和硕温恪公主园寝相同，与清太宗皇太极第四女固伦雍穆公主、和硕恭亲王常宁长女固伦纯禧公主园寝类似，雍穆公主、固伦纯禧公主的地宫建在享殿之内，地宫之上未建宝顶。1958年大跃进运动中，在陵园遗址上开荒种地时，挖出两统汉白玉石碑。碑文以满文、蒙古文、汉文三种文字书写。其中的一统现为吉林省博物馆收藏，另一统流失民间。博物馆藏碑文，记述了墓主的身世，下嫁到科尔沁的经历，薨卒年月，下葬地址及赠碑者的身份等情况，但没有明确的落款。碑文云公主乃"太宗之女、世祖之妹、朕（指康熙自己）之姑也"[2]。可以确定该碑乃康熙皇帝所赐。该碑被杜家骥先生称为圹志，他说："圹志

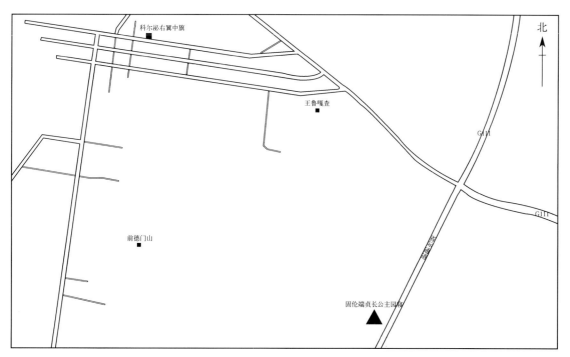

图2-30 固伦端贞长公主园寝地理位置示意图

---

1 《清圣祖实录》卷一百九十。

2 该段文字资料来源于科尔沁右旗中旗，笔者多方查找，惜未见到原文出处。另据该段文字，公主园寝出土的一统碑现存于吉林省博物馆，笔者前往调查，吉林省博物馆的工作人员称馆中现无该碑。

已出土，现藏吉林省博物馆。"[1]由于上述两统石碑的大小、出土地点并不明确，藏于吉林省博物馆的碑笔者尚未见到，因此不能断定它究竟是圹志还是墓碑。1948年，在"割除封建，破旧立新"的政策推动下，园寝被彻底拆除。

公主园寝的护卫严密。为了保护好园寝，土谢图亲王采取了一系列防卫措施。由王府派出20名护卫，在一名排子达（相当于小队长）的率领下，专门保卫陵园及周围屯落的安全。陵园设有由排子达掌管的事务管理处，负责处理陵园的日常事物。

公主额驸巴雅思护朗，科尔沁土谢图亲王巴达礼之子。顺治二年（1645）尚主，为固伦额驸。康熙十一年（1671）袭扎萨克和硕土谢图亲王爵。是年八月卒，长子阿喇善袭爵。

九、清太宗第十一女端顺固伦长公主（1636—1670）园寝

端顺固伦长公主[2]，清太宗第十一女，崇德元年（1636）三月二十五日未时生，母博尔济吉特氏娜木钟，为太宗懿靖大贵妃。始封固伦公主。顺治四年（1647）十二月，许配阿巴海部博尔济吉特氏噶尔玛索诺穆，当月下嫁，额驸噶尔玛索诺穆获授一等精奇尼哈番。公主在顺治七年（1670）七月去世，时年仅十五岁。葬地位于白莲潭附近，即今北京市积水潭桥东北、新街口外大街的东侧，大致相当于德胜门外冰窖口胡同75号院华都集团所在的位置（图2-31）。过去此地俗称"皇姑墓"。顺治十三年（1656）四月，额驸噶尔玛索诺木再娶，"以和硕礼亲王代善女妻之，改为和硕额驸"[3]。是年六月，追谥公主为端顺长公主。

端顺固伦长公主园寝"坐北朝南，依次建有碑亭、宫门、东西配殿、享殿。东西配

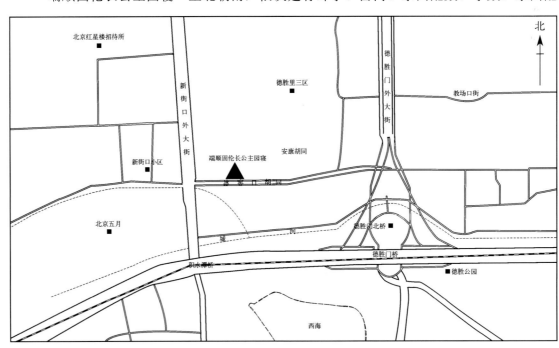

图2-31 端顺固伦长公主园寝地理位置示意图

---

1 杜家骥《清朝满蒙联姻研究》，第183页，人民出版社，2003年。

2 按：清代共有两位固伦公主封号为端顺，除太宗皇太极第十一女外，还有清宣宗道光皇帝第三女固伦端顺公主。两者均为追封，封号相同，容易混淆。太宗女为顺治时期追封，故而称长公主，宣宗女为当朝追封，称公主。太宗女葬在北京，宣宗女葬在清西陵附近的陈门庄，今河北省易县西陵镇龙泉庄。

3 《清世祖实录》卷一百。额驸噶尔玛索诺木在端顺公主去世后再娶，因此是否与公主合葬尚未可知。

殿、享殿均为三间，享殿内设石享堂，呈长方形，石享堂前砌长方形石供台"[1]。按此叙述，则端顺公主与其姐太宗第七女固伦端献长公主园寝规制大致相同，两座园寝的享殿后都未建宝顶，而是在享殿内设石享堂，因为公主死后火葬，骨灰罐置于享堂内供奉，故而享殿后不必再建宝顶。顺治十三年（1656）六月，"赐谥额驸噶尔玛索诺木所尚公主为端顺长公主，额驸喇麻思所尚公主为端献长公主。各立墓碑。遣内大臣巴图鲁公鳌拜、伯索尼致祭"[2]。现园寝遗址处仅存螭首龟趺碑一统（图2-32），矗立在华都集团院内1号楼前，经笔者测量定位，碑的坐标为北纬39°57.037′、东经116°22.048′，已经被列为西城区文物保护单位。该碑蛟龙首龟趺，与其他公主墓碑相比较，该碑龟趺碑座形体略小，长2.8米，宽1.25米，高1.1米，负重的龟趺仰首龇牙，

图2-32 端顺固伦长公主园寝碑

两耳支翘，头上无角。碑额高1.4米，顶部为双蛟龙戏珠，中间书满汉对照"敕建"二字，左为满文，右为汉字。碑身高2.85米，宽1.22米，厚0.45米，碑的正面书"端顺长公主"五个大字，左满文，右汉文，文字上下左右四边有十二条五爪龙环绕，上下各二、左右各四，碑的背面无字，四边也刻有与正面相同的十二条翔龙。碑石选料精良、做工考究。

公主的母亲博尔济吉特氏娜木钟，阿霸垓郡王额齐格诺颜之女。崇德元年（1636）封麟趾宫贵妃，史称懿靖大贵妃。崇德四年（1639）额齐格诺颜及其妻福晋来朝。"妃率诸王、贝勒迎宴。次日，上赐宴清宁宫，福晋入见，称上外姑"[3]。顺治九年（1652），世祖加尊封。康熙十三年（1674）懿靖大贵妃薨，圣祖侍太后临奠。贵妃有子女各一。子为太宗第十一子博穆博果尔。女即太宗第十一女，下嫁噶尔玛索诺穆。又抚育蒙古女，嫁噶尔玛德参，济旺子也。按：蒙古女名淑济[4]。

十、清太宗第十四女和硕恪纯长公主（1641—1704）园寝

和硕恪纯长公主，清太宗第十四女，崇德六年（1641）十二月丑时生，母额尔济图固英塞桑之女察哈尔奇垒氏。始封和硕公主，是皇太极最小的女儿，还不到三岁的时候，其父皇太极去世。虽年幼失怙，公主却受到母亲与孝庄皇太后的疼爱。清军攻下北京后，她随清

1　宋大川、夏连保《清代园寝制度研究》，第234页，文物出版社，2007年。周莎《访端顺长公主园寝》，《北京文物报》2007年第5期。

2　《清世祖实录》卷一百二。

3　《清史稿》卷二百十四《懿靖大贵妃传》。

4　《清太宗实录》卷三十七记载：崇德二年（1637）七月乙亥"上梦在太祖前与和硕礼亲王代善同处一室。……麟趾宫贵妃养女淑济告我曰：'有火自天降入宫中，殊为美观。'"据此可知麟趾宫贵妃养女名为淑济。

皇室从盛京迁居北京紫禁城中。顺治十年（1653）八月，顺治皇帝为调节满汉关系，将其许配给平西王吴三桂的儿子吴应熊，当月下嫁，成为有清一代唯一一个嫁给汉人的皇帝亲女。顺治十四年（1657）晋封为和硕长公主，顺治十六年（1659）改封建宁长公主，后又改恪纯长公主。康熙十三年（1674）吴三桂发动叛乱被镇压，额驸吴应熊与子吴世霖皆被赐死。公主身为

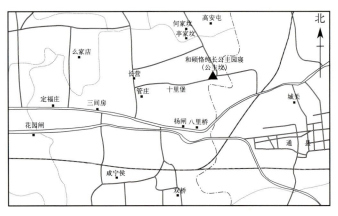

图2-33 和硕恪纯长公主园寝地理位置示意图
（据1976年北京市地质地形勘测处编制《北京市地图册》）

康熙帝姑母，得到特别慰谕与照顾。自夫死子亡后，公主一直独居，身体虚弱。康熙十九年（1680）六月，病重至危，康熙皇帝诏谕："主被反叛所累，屡年困顿。朕每念及，未尝不为恻然。不意深染时症，遣乳媪暨亲近侍卫往视，及回，转奏公主之语，不胜感叹。又闻病势危笃，即命该部院衙门，将服饰、执事等项星夜制办。今公主体中大愈，将此各项尽送公主处，以示朕惓惓注念之意。"[1]康熙四十三年（1704）十二月，公主病殁，终年六十四岁。公主园寝建在京城东郊，园寝所在村因此得名公主坟，"1958年，草房村与公主坟二自然村合并，称公主坟村。1982年改名草房村"[2]。公主园寝位置在今北京市朝阳区管庄乡东草房村北（图2-33）。

2008年5月20日，笔者前往调查，经GPS测定，该园寝遗址（图2-34）位于北纬39°54.447′、东经116°36.947′。在当地看坟户后代范云先生的指点下，得知园寝原来的布局情况。园寝坐北朝南，周围有砖砌围墙一道，围墙南部正中开宫门一座。根据和硕公主园寝规制，宫门当饰朱红油，不绘彩。宫门北有东西相对的两间配殿，东侧

图2-34 和硕恪纯公主园寝遗址

为坐东朝西，西侧为背西面东；两间配殿再往北，与宫门正对有前后两座类似大殿的建筑，前面大殿规模较大，殿前有13级台阶；后殿规模较小。在后殿北部正中约20米处有一座月台，月台上建宝顶一座。按：范先生所言园寝中规模较小的殿，由于位置在宝顶正前方，应该是公主园寝内的享殿。1958年园寝被平毁，当时从地宫中曾发掘出一镶金边的木棺。如今园寝所在地已被某建筑公司征用，即将建造住宅小区，地面荒草丛生，已找不到任何当初建筑的遗迹，只是偶尔会在残砖断瓦间发现一两块当年园寝的砖瓦石料。

1　《清圣祖实录》卷九十。

2　宋大川、夏连保《清代园寝制度研究》，文物出版社，2007年。

清代园寝志

第四章 清世祖（顺治皇帝福临）系公主园寝

一、清世祖次女和硕恭悫长公主（1653—1685）园寝

和硕恭悫长公主，清世祖次女，顺治十年（1653）十二月初二日子时生，母为世祖庶妃杨氏。康熙时，初封和硕公主。康熙六年（1667）二月，许配瓜尔佳氏领侍卫内大臣巴哈之子讷尔杜，当月，下嫁。康熙二十四年（1685）十月公主薨，时年三十三岁，是世祖康熙帝六个女儿中寿命最长的一位。据《燕都说故》记载，1915年内务部职方司《实测京师四部地图》在东直门外庙宇太阳宫东侧标有一处"公主坟"，即和硕恭悫长公主园寝，今属于朝阳区东直门外太阳宫地区（图2-35）。

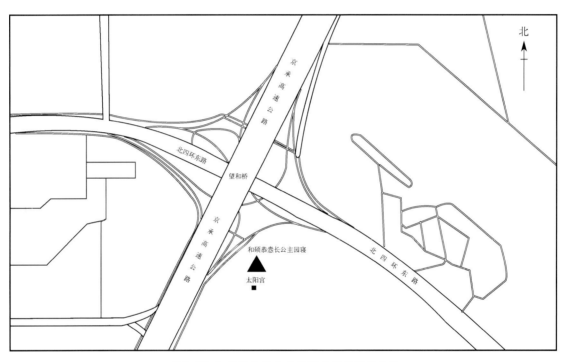

图2-35 和硕恭悫长公主园寝地理位置示意图

冯其利先生在《燕都说故·太阳宫的公主坟》中描述：公主园寝坐北朝南，原占地约一顷数十亩。园寝内依次建有宫门、享殿等建筑。园寝北部有月台一座，月台下有石阶，月台上是大宝顶三座[1]。中间宝顶葬的应是公主，额驸是否与公主合葬尚不得而知，若合葬，则另外两座宝顶必然为公主的后代；若未合葬，则另外两座宝顶中必然有一座为额驸宝顶，剩余一座则葬有公主后裔。

满清末年，公主后裔日渐困窘，公主园寝的砖瓦石块、松柏树木以及周围土地都陆续被卖掉了。"1953年公主园寝被平毁，但大宝顶保留多年"[2]。今园寝所在地已被大片林立的高楼占据，地面已无任何遗迹。

据冯其利先生调查，公主园寝俗名"喇嘛坟"。原因是公主的后裔有一人当了喇嘛，每

1　胡玉远主编《燕都说故》，第507页，北京燕山出版社，1996年。
2　胡玉远主编《燕都说故》，第507页，北京燕山出版社，1996年。

到清明节这位喇嘛都会来祭扫，因此当地人把公主园寝称为"喇嘛坟"。对于公主园寝又名"喇嘛坟"的原因，冯先生所言未免牵强，蒙古地区的许多公主园寝也被称为"公主庙"、"喇嘛庙"，原因是园寝内或附近建有喇嘛庙，恭悫长公主园寝得名原因是否也与此有关，尚待进一步考证。

公主额驸瓜尔佳氏讷尔杜，镶黄旗领侍卫内大臣巴哈之子，康熙朝太师、辅政大臣鳌拜的堂侄。康熙六年（1667）正月"讷尔杜尚和硕公主，授为和硕额驸"[1]。后官拜领侍卫内大臣。康熙八年（1669）鳌拜得罪被杀，讷尔杜被革职，后复起用。康熙十五年（1676）加官太子少师。卒年不详。

二、世祖抚养和硕承泽裕亲王硕塞次女和硕和顺公主（1648—1691）园寝

和硕和顺公主，和硕承泽裕亲王硕塞次女，顺治五年（1648）八月二十二日生，其母为亲王嫡福晋纳喇氏。公主为世祖侄女，自幼抚养宫中。顺治十七年（1660）六月，获封和硕和顺公主，许配平南敬王尚可喜第七子三等子爵尚之隆，当月，公主出嫁。康熙三十年（1691）十一月公主薨逝，终年四十四岁。1939年4月出版的《河北省宛平县事情》一书扉页附"宛平县图"一幅，其中尚标有"公主坟"，即和顺公主与额驸尚之隆的合葬园寝。该地因葬有公主，故名公主坟村，由于额驸尚之隆也葬于此，当地百姓又称之为尚家坟。园寝今位于北京市丰台区长辛店乡西南的赵辛店村（图2-36）。

据冯其利先生《燕都说故·赵辛店附近尚家坟》记载，园寝坐西朝东，背山面水、居高临下。西部背靠一座高岗，东部紧临一条小河，当地俗称蟒牛河。公主园寝最东端是公主与额驸的两统汉白玉制的螭首龟趺碑，两碑形制大小相同，通高约一丈六尺、宽约3.5尺、厚约2.3尺，碑的正背两面分别刻有满汉对照文字。2005年新华出版社出版的《北京档案史

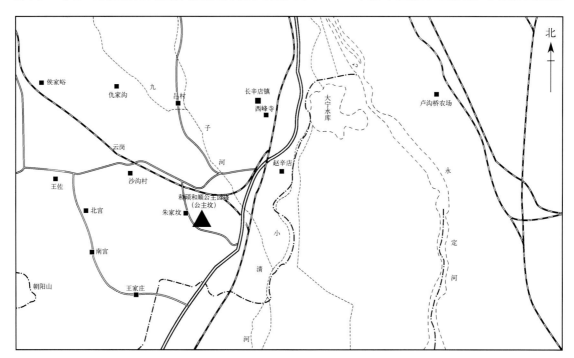

图2-36 和硕和顺公主园寝地理位置示意图（据1976年北京市地质地形勘测处编制《北京市地图册》）

清代园寝志

料》收录了这两统碑文。碑西为三间宫门，宫门与石墙相接。宫门内有月台一座，月台上建有一座宝顶，宝顶距离宫门外的两统螭首龟趺碑有五十多丈，宝顶前有石供桌，供桌为汉白玉雕筑，上绘莲花，供桌长约8尺、宽约5尺，厚约2.5尺。供桌上置石蜡阡等五供。宝顶后为一道罗圈墙[1]。若冯先生所讲无误，则公主与额驸合葬园寝内无清代园寝规制中所定的享殿等建筑，也无东西朝房，可能是受额驸的兄长尚之信谋反累及。20世纪70年代，当地村民清理了地宫，并将其作为仓库。当地老者夏文功先生清楚记得地宫的结构。地宫为砖石结构，所用砖均为磨砖对缝的青砖。地宫入口处有一座石门，共两扇，门朝东，厚约3.2寸，每扇门高约7尺，宽约3尺。门内设顶门石柱一根。进门有长约6尺的墓道，墓道再往前即为墓室。墓室的顶为穹隆顶，高约11尺，南北长约14尺，东西宽约13尺，墙厚约3尺。墓室内有石棺床一座，上有并排的两具木棺，盛放着额驸与公主的尸身，其中南侧棺木已腐坏，北侧棺木保存较为完好，只是棺后封堵处被盗墓人打开一个洞。两具棺木质地为杉木，外形均为三圆两鼓，棺盖前端呈葫芦形，整体为黑色，外侧全部涂披麻大漆，上涂金色云龙线条。棺底厚3寸，立帮厚4寸，盖厚5寸，即通常人们所说的"三五式"棺。墓室的地面四周建有水槽，以供排水。

公主园寝周围还葬有公主乳母及公主与额驸的后代。园寝南部偏东有一个小院，当地人称"三栅栏"，三栅栏东侧葬有公主的乳母[2]。公主园寝北偏东也有一个小院，当地人称"小宫门"，小院围墙石砌，内建宝顶一座，可能是公主与额驸的后代[3]。

公主园寝修建后，清政府设立五品顶戴的护卫章京一名负责看守，看坟户为隶属于汉军镶蓝旗的夏、佟、刘、黄四姓。清朝灭亡后，园寝已无专人管理，不断遭到破坏。1919年，额驸尚之隆后裔把园寝南部的大片松柏树卖给了广安门某木材厂。1922年又把可耕地卖给了赵辛店、北岗洼等村。1928年公主坟被人盗发[4]。20世纪70年代，在"破四旧"运动中，园寝遭到毁灭性破坏。"地面建筑被平毁，石供桌、驮龙碑被砸，坟墓被打开，棺木被移出。地宫被改造成地下仓库，园寝下坡处建成了养猪场"[5]。据夏文功先生讲，两统墓碑被推倒后断为两截，之后，村民将龟趺、石碑与砸坏的石供就地掩埋。地宫在"文革"中彻底被毁。至2003年，在杂草丛中仍然可见到曾经为建仓库而在地宫入口开的门洞。今门洞已不见。2008年11月笔者前往调查，园寝遗址所在地均已被民房所占据，仅公主宝顶尚存（图2-37），经GPS测定，位置在北纬39°48.139′，东经116°10.941′。宝顶夹杂在高低错落的房屋中间，周身裸露，三合土夯土层累累相叠，清晰可见。宝顶现存直径约7米，残高3.5米。

公主额驸尚之隆，平南敬王尚可喜第七子。顺治十七年（1660）娶和硕和顺公主。圣祖康熙皇帝即位后，三藩与朝廷的矛盾逐步激化。康熙十三年（1674）尚之隆长兄尚之信响应平西王吴三桂发动叛乱。三藩叛乱失败后，尚之信被处死。康熙十五年（1676）六月，"和

---

1 以上文字乃笔者根据当地老者夏文功先生所提供材料，并参照胡玉远主编《燕都说故·赵辛店附近尚家坟》整理而成。

2 参见胡玉远主编《燕都说故》，第533页，北京燕山出版社，1996年。此处"三栅栏东侧葬有公主乳母"一句表述不清，不知公主乳母究竟是葬在三栅栏院内的东侧，还在葬在院外东侧。据文中公主园寝方位的描述，推测公主乳母可能是葬在三栅栏院内的东侧，这样乳母坟坐东朝西，即可朝向公主园寝。

3 参见胡玉远主编《燕都说故》，第533页，北京燕山出版社，1996年。

4 参见胡玉远主编《燕都说故》，第533页，北京燕山出版社，1996年。

5 参见汪洋《北京的公主坟（三）》，《四季旅游》2003年8月4日。

图2-37 和硕和顺公主园寝残存宝顶

硕额驸尚之隆以尚之信叛，率子弟诣部请罪。以尚可喜矢志勤劳，悉宥尚之隆等罪，属下人员亦从宽免"[1]。尚之隆的父亲尚可喜当时已去世，墓地在辽阳府海城县，圣祖特"命有司还可喜海城田宅，置佐领二，以其一为可喜守墓"[2]。后，尚之隆官至领侍卫内大臣。康熙五十七年（1718）二月，额驸尚之隆卒，圣祖命"予故领侍卫内大臣和硕额驸尚之隆祭葬如例"[3]。清初三藩子弟尚之隆、吴应熊、耿聚忠均娶满族公主，但由于三人在三藩之乱中参与程度的差别，导致三人的命运差异显著。吴应熊因直接参与叛乱，结果与子吴世霖皆被赐死。尚之隆未参与叛乱，曾率子弟请罪，被赦免，死后祭葬如例。耿聚忠不但未参与叛乱，还上书请求处死参加叛乱的兄长耿精忠，并上书请求尽撤藩兵，因此得到康熙皇帝的赞许，其园寝中立有石阙、华表，体现了皇帝对他的特殊恩遇。

三、世祖抚养和硕简纯亲王济度次女固伦端敏公主（1653—1729）园寝

固伦端敏公主，世祖从兄和硕简纯亲王济度次女，母为亲王嫡福晋博尔济吉特氏。生于顺治十年（1653）六月十三日卯时，自幼抚养宫中，封和硕端敏公主。康熙九年（1670）九月，许科尔沁博尔济吉特氏达尔汉亲王和塔长子班第，当月，公主下嫁。雍正元年（1723）二月，与"和硕纯禧公主、和硕恪靖公主"[4]同时获封固伦公主。清太宗规定公主因嫡庶不同分为两个等级，由皇后所生的封为固伦公主，"固伦"满语意为"全国的"或"国家的"，品级相当于亲王；由皇后之外的其他妃嫔所生者封为和硕公主，另外，由皇后抚养的宗室女子出嫁时也被封为和硕公主，"和硕"满语意为"一方的"或"地方的"，品级相当于郡王。皇后养女最高可封和硕公主，而有清一代以亲王女得封固伦公主的仅三人，除了和硕恭亲王常颖长女固伦纯禧公主与恭亲王奕訢之女荣寿固伦公主，另外一位就是固伦端敏公主。公主之父济度为清初八大铁帽子王和硕郑亲王济尔哈郎之子，康熙十四年（1675）袭亲王爵，改号简亲王。公主额驸班第乃科尔沁部达尔汉亲王曼珠习礼的后代，其家族世袭达尔汉亲王爵。康熙十年（1671），班第袭封，凡有大征伐，必以兵从，是康熙皇帝最为信赖的大臣之一。康熙四十七年（1708），在废掉太子允礽后，康熙皇帝内心非常矛盾，曾"召科尔沁达尔汉亲王额驸班第，领侍卫内大臣、都统护军统领、满大学士尚书等"[5]入宫商议。在所召见大臣中，班第位列首位，可见康熙皇帝在立储问题上非常重视班第的意见。雍正皇帝即位后立即晋封端敏公主为固伦公主，原因可能是在康熙晚年诸子争储的政治斗争中，班

1　《清圣祖实录》卷六十一。

2　《清史稿》卷二百三十四《尚可喜传》附传。

3　《清圣祖实录》卷二百七十七。

4　《清世宗实录》卷四。

　5　《清圣祖实录》卷二百三十五。

第对雍正的即位起过重大作用。另外，端敏与纯禧两位下嫁科尔沁部的公主能够晋封固伦公主，也说明当时科尔沁部在满蒙关系中的重要地位。雍正七年（1729）五月十八日，公主去世，年七十七。

公主与额驸班第合葬园寝有两处，一处位于北京市丰台区大灰厂村西（图2-38）；另一处位于辽宁法库县城西四十余华里的四家子蒙古乡附近，建在巴虎山东北山麓（图2-39）[1]。

据《铁岭市民族志·蒙古族分册》（油印本）载："距四家子蒙古族乡政府所在地达5公里远处，是第三代达尔罕王班第及其福晋固伦端敏公主及其他十几个王公的陵墓"[2]。按：这里所说的"达尔罕王班第及其福晋固伦端敏公主"墓，实际上只是公主与额驸的衣冠冢。据同治元年（1862）三月清穆宗诏谕："查明以前公主在京薨逝，园寝均未有远移边外者"[3]。可知在同治元年（1862）以前，薨于京师的公主均在京建园寝，不再归葬蒙古各部。端敏公主薨于雍正七年（1729），故而北京丰台区大灰厂村园寝实为公主与额驸班第的真正埋葬处。这种两处园寝的埋葬方式与高宗第三女固伦和敬公主的情况是相同的，和敬公

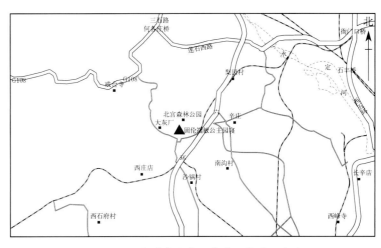

图2-38 固伦端敏公主园寝地理位置示意图

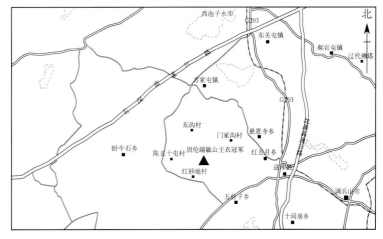

图2-39 固伦端敏公主衣冠冢位置示意图

主除了与额驸色布腾巴尔珠尔合葬在京师之外，由于额驸家族政治、经济地位的重要性，清廷又在色布腾巴尔珠尔的领地为和敬公主建了衣冠冢。

据冯其利先生考察，丰台区大灰厂村西一公里建有端敏公主与额驸合葬园寝。由于额驸班第为达尔汉亲王，也葬在此地，因此人们又俗称该园寝为达尔汉王坟。园寝坐北朝南，原有朝房、宫门、享殿、红墙、宝顶等建筑。园寝南部为宫门三间，北部建有多座宝顶，其中一宝顶居中，高达5米，建在月台之上，可能为公主与额驸合葬宝顶。月台下边依八字形昭穆排列，一

1 转引自杜家骥《清朝满蒙联姻研究》，第184页，人民出版社，2003年。
2 转引自白凤岐《概述辽宁蒙古族的源与流》，载《满族研究》1989年第1、2期。
3 《清穆宗实录》卷二十三。

边各有三四座宝顶，可能为公主与额驸的后代[1]。达尔汉亲王所领部在科尔沁左翼中旗，其家族墓地在部族所在地，据冯先生调查，额驸班第死后没有归葬辽宁省法库县四家子蒙古乡的家族墓地，而是与公主合葬在北京，进一步证明额驸家族墓地修建的园寝乃衣冠冢。

公主园寝在清末即遭到毁坏，最先损坏园寝建筑的是公主的后代，他们将园寝内的部分建筑拆毁出卖，在民国年间还留存有三开间的大宫门和几处墙圈。文化大革命中公主宝顶被彻底平毁。今园寝遗址已无存。

四、多罗安郡王岳乐女和硕柔嘉公主（1652—1673）园寝

和硕柔嘉公主，顺治九年（1652）五月初六日子时生，父亲为多罗安郡王岳乐，母亲为郡王继福晋纳喇氏，公主为郡王次女。主自幼抚养宫中，初即获封和硕柔嘉公主。《爱新觉罗家谱·星源吉庆》记载："康熙二年癸卯十一月，指配耿氏靖南王耿精忠之弟、封授三等子爵耿聚忠为额驸。是月，下嫁。"[2]据此，公主被指婚与成婚同在康熙二年（1663）。但据公主园寝顺治十五年（1658）赐婚碑文，顺治帝曾告诫耿聚忠："尔勿以配和硕公主为和硕额驸之势，越分悖理，有违正道。"证明至迟在顺治十五年就已经指婚，由于顺治十五年公主年仅七岁，因此直到康熙二年才为二人举行婚礼。康熙十二年（1673）六月，公主病笃，乙丑，圣祖谕兵部尚书明珠曰："下降和硕额驸耿聚忠和硕柔嘉公主，曾经世祖章皇帝抚养宫中，又蒙太皇太后鞠育。今闻公主病甚，朕将亲往视之。"[3]七月，公主薨，时年仅二十二岁。

公主薨逝后与额驸耿聚忠合葬，园寝建在今北京市门头沟区龙泉镇东龙门村西（图2-40），因为耿聚忠为靖南王耿继茂之子，故园寝又被叫做耿王坟（图2-41）。2008年5月笔者前往调查，经GPS测定，园寝遗址约位于北纬39°56.518′，东经116°04.626′。园寝坐西朝东，依山势而建。园寝东部南北并列华表一对（图2-42、2-43），两华表形制相同。南侧华表完整，底部未见基座，表身为八面立柱体、素面，上部有一云形阙梯，阙梯上雕卷浮云，顶端为一仰首望天吼。北侧华表顶端望天吼缺失。园寝内初立碑六统，2003年存碑五统，现仅见四碑，除雍正元年（1723）所立的一统碑被埋在石油公司院内，还有三统仍矗立在该公司院外的桃林中。三统碑西距华表70多米，其中两碑平行居前，另一碑位于左后方。

图2-40 和硕柔嘉公主园寝地理位置示意图

图2-41 和硕柔嘉公主与耿聚忠合葬园寝文物保护标志碑

 文物保护单位 耿聚忠墓

1　胡玉远主编《燕都说故》，第530页，北京燕山出版社，1996年。

2　《爱新觉罗家谱·星源吉庆》之《世祖章皇帝》第41页。

3　《清圣祖实录》卷四十二。

清代园寝志

430

图2-42 和硕柔嘉公主园寝北侧华表　　图2-43 和硕柔嘉公主园寝南侧华表　　图2-44 和硕柔嘉公主园寝"赐婚碑"

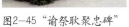  

图2-45 "谕祭耿聚忠碑"　　图2-46 "柔嘉公主诰封碑"　　图2-47 和硕柔嘉公主园寝石阙

三碑均为蛟龙碑额、龟趺碑座，碑文满汉合璧，碑身正、背面以及侧面均雕四爪行龙。左前方碑为"顺治十五年五月十五日"所立的赐婚碑（图2-44）。碑座长2.9米、宽1.23米，碑身高2.65米、宽1.18米、厚0.48米，碑身刻有123个汉字，碑额高1.26米。右前方碑身（图2-45）共书两则碑文，右侧碑题为"康熙二十六年四月初九日" 谕祭耿聚忠碑，左侧落款题为"康熙二十六年五月二十日"。该碑座长2.87米、宽1.24米，碑身高2.66米、宽1.18米、厚0.29米，碑额高1.44米。另外一统碑位于左后方，乃"康熙三年二月十四日"柔嘉公主诰封碑（图2-46），碑座长3.2米、宽1.28米，碑身高2.75米、宽1.2米、厚0.49米，碑额高1.3米。迎山而上，碑西约80米处为一半环形石砌排水沟，排水沟西侧即为月台，月台上立一对汉白玉质四面柱体石阙（图2-47），石阙高3.13米，厚0.56米。在石阙西侧、两阙中间位置有一高大的宝顶，宝顶依山头而建，距东面两统平行的碑约有99米远的距离，当为公主与额驸合葬墓。今宝顶虽残，在茂密的杂草丛中，仍能依稀辨出形状。

据考证，雍正元年所立埋于石油公司院内的当为和硕柔嘉公主碑，该碑立于雍正元年（1723）三月二十三日，《清世宗实录》对此事有记载，雍正元年（1723）二月庚申日，雍正皇帝谕："予故和硕额驸耿聚忠所尚和硕柔嘉公主、一等公佟国维母觉罗氏、妻和舍里氏，各立碑致祭。" 谕旨中明确说明为柔嘉公主、佟国维母觉罗氏与妻和舍里氏各立碑一统。

此外，园寝原有《太子太保管侍卫内大臣位和硕额驸尚之隆奉册文》碑与《谕祭柔嘉公主碑》各一统，两碑今均已不存，幸《北京档案史料》与政协北京市门头沟区文史资料委员会出版的《京西碑石》分别对这两统碑进行了拓录。

和硕柔嘉公主额驸耿聚忠，靖南王耿继茂第三子。顺治年间，曾入侍顺治帝。为了缓和与三藩的矛盾，顺治皇帝意图通过结亲的方式防止耿氏家族为乱，《顺治十五年赐婚碑》告诫耿聚忠："尔勿以配和硕公主为和硕额驸之势，越分悖理，有违正道，益和谨慎，务行善义，竭尽忠诚，勿负朕宠命！"警示的语气非常明显。康熙二年（1663）耿聚忠娶柔嘉公主，成为和硕额驸，加官太子少保，不久，又进太子太保。但一再的加恩未能阻止三藩为乱的意图，康熙十三年（1674）耿精忠叛，耿聚忠与昭忠率子姓请死，并等候处置。康熙皇帝诏谕："耿精忠背恩反叛，耿昭忠、耿聚忠虽与吴应熊不同，但系彼亲弟，国法亦难宽纵，着并禁于一室。其属下官员，俱着闲住。议政王大臣等又请并禁其诸兄弟，从之。"[1]十四年（1675）七月康熙皇帝诏谕吏部、兵部："逆贼耿精忠负恩附逆，煽乱闽疆，荼毒生灵，罪恶重大。伊兄弟族人律应不赦，但念其祖耿仲明于太宗文皇帝时航海归诚，效力行间，著有劳绩，伊父耿继茂在世祖章皇帝时亦效力行间，镇守边陲。耿精忠虽行同禽兽，辜负国恩，伊弟耿昭忠、耿聚忠及族人等，道途远隔，实未同谋，竟尔株连，朕心不忍，其概从宽释。所有官职，悉令如故。以昭朕矜全之意。"[2]耿聚忠家人均被赦免，官复原职。康熙十四年八月，"遣耿聚忠赍敕赴大将军康亲王杰书军前招抚耿精忠"[3]。精忠拒不纳。康熙十五年，精忠降。康熙十九年（1680）"召精忠诣京师，昭忠、聚忠疏劾精忠背恩为乱，违母周氏训，蹙迫以死，诬祖仲明与吴三桂在山海关时先有成约，请予显戮。寻命聚忠诣福州，议徙藩兵。聚忠疏陈藩兵当尽徙，称旨，命以精忠家属还京师"[4]。精忠既诛，昭忠、聚忠疏陈家属众多，艰于养赡，请如汉军例，披甲食粮。下部议，编五佐领，隶汉军正黄旗。康熙二十六年（1687）耿聚忠去世，四月，康熙皇帝遣礼部尚书伊桑阿谕祭耿聚忠，赐谥悫敏。

第五章 清圣祖（康熙皇帝玄烨）系公主园寝

一、清圣祖第三女固伦荣宪公主（1673—1728）园寝

固伦荣宪公主，清圣祖第三女，母为荣妃马佳氏。公主生于康熙十二年（1673）五月初六日寅时，康熙三十年（1691）封和硕荣宪公主，许配巴林博尔济吉特氏吴尔衮，六月，成婚，时年十九岁。康熙四十八年（1709 ）"圣躬不豫，公主视膳问安，晨昏不辍四十余辰，未尝稍懈"。待康熙皇帝康复之后，优旨褒奖，称赞她"克诚克孝，竭力事亲"，并晋封为固伦荣宪公主。荣宪公主是康熙在位期间所封的唯一一位固伦公主，康熙帝对其宠爱有加。雍正六年（1728）四月二十一日公主薨，年五十六。雍正七年（1729）八月，公主与额驸吴尔衮合葬，园寝位于今内蒙古赤峰市巴林右旗大板镇十家子村东北的巴彦陶拜山南麓[5]、

1 《清圣祖实录》卷四十七。
2 《清圣祖实录》卷五十六。
3 《清圣祖实录》卷五十七。
4 《清史稿》卷二百三十四《耿仲明传》附传。
5 项春松《内蒙古白音尔灯清代荣宪公主墓》，《文物资料丛刊》1983年第7期。1983年十家子村隶属白音尔灯公社，当时村名是十家子大队。

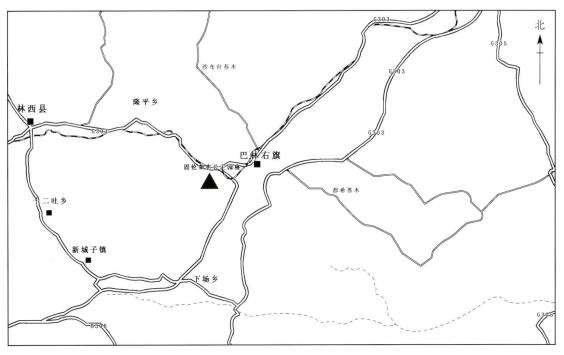

图2-48 固伦荣宪公主园寝地理位置示意图

查干木伦河北岸的山坡上（图2-48）。

　　2008年9月笔者前往调查，该园寝面朝一片由查干木伦河冲击而形成的平原，地势开阔，水草丰美。海拔713米。经GPS测定，坐标为北纬43°32.206′、东经118°32.849′（图2-49）。据项春松《内蒙古白音尔灯清代荣宪公主墓》一文，可大体了解公主园寝的原貌（图2-50）。园寝坐北朝南，由三进院落组成，四周建有砖砌围墙。第一进院落平面呈长方形，由园寝大门、碑亭、东西班房、炊事房与宫门构成，南墙正中为整个园寝的大门，大门北部正对"一方形碑亭，碑已残坏，现存一碑趺，龟首南向。……碑亭两侧为东、西配殿，宽15米，东三间为陵丁室和炊事房，西三间为祭品陈放和祭陵官员室"[1]。再北正中为宫门三

图2-49 固伦荣宪公主园寝遗址

1　项春松《内蒙古白音尔灯清代荣宪公主墓》，《文物资料丛刊》1983年第7期。

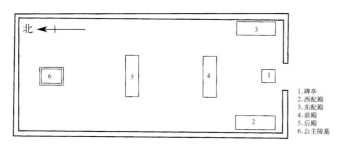

北
1. 碑亭
2. 西配殿
3. 东配殿
4. 前殿
5. 后殿
6. 公主陵墓

图2-50 固伦荣宪公主园寝示意图

间，即项春松文中所言"前殿"，该宫门面阔15米。第二进院落平面也呈长方形，北部正中有一座享殿，即项文所言"后殿"，享殿五间，面阔也为15米。第三进院落由园寝的后墙及七座宝顶构成。园寝的后墙为罗圈墙，呈半圆形[1]。宝顶一大六小，其中大宝顶建在享殿后，位于北部正中，乃公主与额驸合葬宝顶。在宝顶南、北、东侧，还有六座小宝顶，据当地护陵人介绍是公主近族和主要陪房人之墓。此外，在园寝围墙外"东、西两侧有许多小墓，据传为守陵人墓"[2]。1966年昭乌达盟文物工作站对公主与额驸地宫进行了清理。地宫为砖砌宝顶状券顶，地面长方形，长6米、宽8米，壁高4米。室内正中南北向的棺椁内安葬着公主。公主棺椁的南侧有一置于方形座上的骨灰罐，罐内装骨灰和残损衣物，罐外表用金字书写"额驸马副将军多罗郡王"，可以肯定是额驸吴尔衮的骨灰。棺椁东侧有一紫色小骨灰罐，推测为公主之子霖布的骨灰。公主尸体出土时保存完好，仰身直肢，头南脚北，头梳长辫，顶戴凤冠，身穿锦袍。随葬有珍珠团龙袍服一件（图2-51），还有金头饰若干（图2-52），现均保存于赤峰市博物馆。其中团龙袍用金线穿珍珠绣八条四爪龙，与清代固伦公主"冠顶等各饰东珠十。补服用五爪团龙文四，服用妆缎及满翠翟鸟五爪四团龙"[3]的服制相悖，高于一般固伦公主的服制，可能是皇后赐给公主的皇后袍服[4]。墓中还出土了雍正七年（1729）所立圹志一方（图2-53），圹志两面墨书满、汉、蒙三种文字。文中说："公主大清圣祖仁皇帝次女也。康熙三十年厘降于巴林，初封和硕荣宪公主。……驸马吴尔衮，系元室之胄，世为巴林多罗郡王，协理旗务。乃我太宗文皇帝第四女淑慧国长公主之嫡孙也。……嗣王孝子霖布，谨择巴林境内巴颜陶拜山阳修建享殿，筑治地宫。吉卜雍正七年八月十九日辛酉合葬先公主先王于北域"[5]。按：文中"太宗文皇帝第四女淑慧国长公主"，"第四女"乃"第五女"之误。荣宪公主"大清圣祖仁皇帝次女"，实为"三女"之误[6]。2008年笔者调查时，园寝后部罗圈墙虽已无存，但半圆形的痕迹依然非常清晰，而碑亭、碑趺皆已被毁，碎石散落在碑亭遗址周围，在遗址上仅留下了数堆砖石（图2-54）。

公主额驸吴尔衮，博尔济吉特氏，鄂齐尔郡王次子，祖父辅国公色布腾，祖母固伦淑慧长公主。康熙三十年（1691）六月吴尔衮与圣祖第三女荣宪公主成婚。康熙三十四年

1 笔者2008年调查时发现罗圈墙的痕迹依然非常清晰，但项春松在《内蒙古白音尔灯清代荣宪公主墓》中讲享殿北部是一道直墙，而非罗圈墙，不知何故。

2 项春松《内蒙古白音尔灯清代荣宪公主墓》，《文物资料丛刊》1983年第7期。

3 《清会典事例》卷三百二十七《礼部》。

4 项春松《内蒙古白音尔灯清代荣宪公主墓》，《文物资料丛刊》1983年第7期。

5 抄录圹志原文，并参照《草原姻盟》与《巴林右旗志》第二十编《文化·固伦荣宪公主墓志文》，志文无句读，标点乃笔者加。

6 荣宪公主乃康熙皇帝第三女，康熙皇帝长女生于康熙七年（1668）十一月二十六日亥时，其母为圣祖庶妃张氏，该女四岁即卒；次女生于康熙十年（1671）三月初九日子时，其母为圣祖端嫔董氏，该女康熙十二年（1673）二月卒，时年三岁。

清代园寝志

图2-51 赤峰市博物馆藏荣宪公主园寝地宫出土珍珠
团龙袍

图2-52 赤峰市博物馆藏荣宪公主园寝地宫出土
凤衔珠金饰

图2-53 赤峰市博物馆藏荣宪公主园寝
地宫出土荣宪公主墓志

图2-54 固伦荣宪公主碑亭遗址

（1695）"以噶勒丹掠喀尔喀至巴颜乌兰，诏檄敖汉、奈曼兵赴阿喇布坦军，并命纳木达克、乌尔衮等防乌珠穆沁汛"[1]。康熙四十三年（1704）吴尔衮袭封巴林郡王，统昭乌达盟蒙古十一旗事。康熙四十八年（1709）公主晋封固伦公主，"授吴尔衮为固伦额驸"[2]。康熙五十八年（1719）正月，吴尔衮从征西陲，六十年（1721）二月，死于军中。

二、清圣祖第五女和硕端静公主（1674—1710）园寝

和硕端静公主，清圣祖第五女，母为贵人兆佳氏，公主康熙十三年（1674）五月初六日巳时生，康熙三十一年（1692）封和硕端静公主，许配乌梁罕氏噶尔臧。十月，出嫁。翌年，圣祖特命视贝勒例，为公主设护卫长史，并命长史带孔雀翎。康熙皇帝曾多次陪同皇太后视公主在京府第，并赏赐金币。康熙四十九年（1710）三月，公主三十七岁，去世。同年，礼部遣官造坟立碑。关于公主的死因，目前主要有两种说法：有人说公主盛气凌人，而噶尔臧性格傲慢，加之长期在多伦一带边防巡视，自寻欢乐，导致公主郁郁寡欢而死。也有人说公主与额驸感情不和，公主常背着驸马与年轻美貌男子幽会，噶尔臧发现后，以金藏鞋内将公主踢死。两种说法均表明公主与额驸夫妻关系恶劣。这种猜测也得到了史料的证实。

---

1 《清史稿》卷五百十九《巴林传》。

2 《清圣祖实录》卷二百三十七。

康熙五十年（1711）即公主去世第二年，喀喇沁塔布囊丹巴等控告噶尔臧在公主丧事之时霸占索诺穆之妻，经调查情况属实。可见噶尔臧对端静公主感情淡漠。在蒙古地区，很多地方都流传着公主与额驸不和，额驸怒而踢死公主的事情，如嫁给敖汉部台吉班第的太宗长女固伦端敏公主、嫁给翁牛特部杜稜郡王仓津的和硕温恪公主等，这些传说从侧面反映了清政府与蒙古王公之间利用与反利用，监视与反监视的对抗关系，说明满蒙两个民族之间既有和亲团结的一面，也存在团结之下权力对抗的一面。

端静公主死后，先后葬于三处：即今赤峰市喀喇沁旗王爷府镇马场村陵沟门、王爷府镇十家满族乡十家村和四十家子乡大柳条沟村，今大柳条沟村已改名宝石沟村（图2-55）。

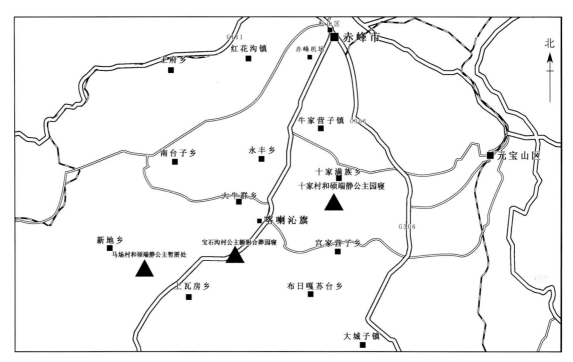

图2-55 和硕端静公主葬地园寝位置示意图

2008年9月笔者前往实地调查。马场村陵沟门五凤山下，是公主的第一处葬地，乃公主死后的暂厝处（图2-56）。"公主猝死，陵墓、封号都不及准备"[1]，故而暂且于此处安葬。其厝处海拔916米，大致位于北纬41°49.800′、东经118°25.807′。该葬地坐北朝南，南为五凤山，其主峰为朝山。据当地人讲，公主暂厝院落呈四合院式，有享殿、宫门等建筑，今均已无存，仅在田间地头留有几块残砖碎石。

十家满族乡十家村为公主的第二处葬所（图2-57），是公主正式下葬处，当地俗称公主陵，是专为公主修建的园寝。康熙五十一年（1712）七月一日园寝建成，"康熙五十八年才将公主灵柩移葬"[2]。园寝所在地海拔769米，园寝坐北朝南，按中轴线布局，自南而北依次建有四柱三门火焰石牌坊一座（图2-58），其北左右两侧各有一个石华表，再后为龟趺一座，上立蛟龙首"和硕端静公主碑"一统（图2-59），碑后为享殿，殿后为宝顶。公主园寝"在1949年春遭到人为破坏、拆除建筑，挖毁灵堂，扒掉围墙，将整个墓地辟为耕地"[3]。园

1　刘冰《草原姻盟——下嫁赤峰的清公主》，第143页，远方出版社，2007年。
2　刘冰《草原姻盟——下嫁赤峰的清公主》，第143页，远方出版社，2007年。
3　刘冰《草原姻盟——下嫁赤峰的清公主》，第146页，远方出版社，2007年。

清代园寝志

图2-56 五凤山下和硕端静公主暂厝处

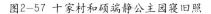

图2-57 十家村和硕端静公主园寝旧照

图2-58 十家村和硕端静公主园寝牌坊

寝遭受破坏之际，地宫出土有"喀喇沁噶尔臧所尚端静公主圹志文"、"奉旨合葬"[1]两统石碑（图2-60），二碑现均珍藏于喀喇沁王府博物馆。圹志"一合两方，汉白玉质地，方形，每方高、宽70.7厘米，厚19.3厘米"[2]。志文自左至右分别为蒙、满、汉三种文字对照。康熙六十年（1722）额驸噶尔臧死于禁所，"遗体运回喀喇沁右翼旗后，公主的儿子敏珠儿拉不坦上书清帝，请求驸马与公主合葬"[3]，康熙下旨恩准。据喀喇沁旗王府博物馆馆长吴汉勤介绍，"奉旨合葬"碑与圹志同时出土，碑高46.5厘米，宽63.8厘米，厚16.1厘米，碑文以满（左）、蒙（中）、汉（右）三种文字书写。其汉文楷书，正文竖排11行208字，文中言："喀喇沁郡王、和硕额驸噶喇藏，有外边蒙古之王也。……不意康熙六十一年三月初七日卯时早龄。生于康熙十四年乙卯四月十二日卯时，享年四十八岁。又奉旨速合葬于公主之

1　国家文物局主编《中国文物地图集·内蒙古自治区分册》，第194页，科学出版社，2008年。

2　刘冰《草原姻盟——下嫁赤峰的清公主》，第146页，远方出版社，2007年。

3　刘冰《草原姻盟——下嫁赤峰的清公主》，第147页，远方出版社，2007年。

图2-59 十家村和硕端静公主园寝碑　图2-60 十家村和硕端静公主园寝出土"和硕端静公主圹志文"志与盖

金灵，择于本年岁次壬寅季冬月二十二日岁官交成之日未时安葬"[1]。该碑说明康熙六十一年（1722）额驸噶尔臧死后，康熙曾下旨将其与公主合葬，于是公主灵柩取出，再次改葬。现园寝地面仅存石牌坊、华表和一统御赐碑，享殿已无任何遗迹，宝顶处留一深坑。牌坊为四柱三门火焰牌坊，牌坊四柱，中间两根高6.3米，两侧两根高5.2米，在四柱之上各卧一望天吼，四只望天吼均面朝中门之上的火焰珠。三门，每个门上部都有上下两根横梁，上横梁上部均有一石雕火焰珠，中门高3.16米、宽2.5米，两侧门高2.6米、宽2.3米。中间门上两个横梁中间有一块匾额，上书"克昌厥后"四字，今匾额在喀喇沁亲王府博物馆。经GPS测量，牌坊位置在北纬41°59.492'、东经118°56.086'。宝顶在距离牌坊北约50米处。两华表位于牌坊与墓碑之间，华表顶上各有一麒麟，今麒麟已移至喀喇沁亲王府博物馆。在下嫁蒙古王公的所有清公主中，仅和硕端静公主园寝建有牌坊，可能源于康熙皇帝与孝庄皇太后对公主的喜爱。"和硕端静公主碑"碑座长3米、宽1.24米、高0.54米；碑身宽1.17米、高2.55米，碑额高1.3米。碑文为蒙满汉三种文字相互对照阴刻而成。

图2-61 宝石沟和硕端静公主园寝地宫遗址

王爷府镇宝石沟村是公主与额驸的合葬园寝（图2-61），据当地老教师白义先生回忆，该园寝坐南向北，园寝地面建筑以一条砖铺甬路为中轴线，自北而南依次建有宫门、厢房、享殿、牌坊、石门、五供和宝顶。宫门南东西两侧各有三间厢房，厢房北部与宫门相对为五间享殿，享殿前有月台，享殿后为一座四柱石牌

1　赤峰市《喀喇沁旗志》编纂委员会《喀喇沁旗志》，第1089页，内蒙古人民出版社，2005年。

坊，牌坊后为三座石门，中间一座门较宽，两侧门较窄，三门以一个石雕脊檐的石墙相连，石墙东西宽60米，东西与园寝的砖砌围墙相连，形成围绕宝顶的圈墙。甬道从中门穿过，直通月台，月台正中放置石五供，五供后为一座石燎炉，燎炉正对一座大宝顶，即公主额驸合葬处。大宝顶两侧各有一个小宝顶。三座宝顶均为石雕。在三座宝顶的西侧还有一座磨砖对缝的小宝顶，大宝顶后部又有土坟若干。石牌坊为四柱三门，四柱柱头上均有一望天吼，牌坊南北两侧有雁翅，柱与门之间有六块雕花裙板，上凸雕宝瓶插花，今有两块散在农家院墙下成为了墙基，其他构件均已不见。该园寝所建牌坊应该是沿袭公主单独安葬时的园寝规制，噶尔臧在公主丧事时因霸占人妻而被监禁，死时尚未脱罪，故牌坊不会因他而建。1948年正月初五园寝地宫被破坏，石棺床上的两个紫红色木棺被发现，公主木棺在东、额驸木棺在西，棺床周围有一圈石灰色水。如今该园寝地面已无任何建筑，仅在农田中散落着点点残砖碎石与部分建筑构件。

公主额驸噶尔臧，乌梁罕氏，喀喇沁部杜棱王次子。康熙四十三年（1704），袭喀喇沁杜棱郡王。康熙五十年（1711），因罪削王爵。同年，被控"于公主丧事之时霸占索诺穆之妻等款，俱系情实，与所告相符"[1]。按律应革和硕额驸职衔，即行处斩。康熙皇帝特赦从宽免死，监禁在京，交与步军统领托合齐，派所属官兵看守，许家人看视，送饮食，禁止闲杂人等擅行出入。康熙六十一年（1722）三月，噶尔臧死于禁所。据刘冰《草原姻盟——下嫁赤峰的清公主》考证，公主与噶尔臧至少育有四子。长子纳木赛，次子敏珠儿拉不坦，四子多尔记，三子生平不详。其中四子多尔记，生于康熙四十五年（1706），殁于雍正三年（1725），时年二十岁，葬于公主陵东二里处，俗称孩子坟。墓前有石碑，碑文为汉字刻写，内容如下："多尔记阿哥，系喀喇沁郡王和硕驸马、端静公主之四子也。"

三、清圣祖第六女固伦恪靖公主（1679—1735）园寝

固伦恪靖公主，清圣祖第六女，其母为贵人郭络罗氏。公主康熙十八年（1679年）五月二十七日寅时生，康熙三十六年（1697）十一月，封和硕公主，许配博尔济吉特氏喀尔喀郡王敦多布多尔济。康熙四十五年（1706）加号和硕恪靖公主。雍正元年（1723）晋封固伦恪靖公主。雍正十三年（1735）三月，公主五十七岁，去世。公主被指婚喀尔喀原因如下："康熙二十八年（1689），漠北喀尔喀蒙古被漠西准噶尔部蒙古噶尔丹击溃，投附清廷。三十年（1691）多伦会盟，清廷又将漠北蒙古编旗，正式纳入清朝统治体系之中，康熙三十六年（1697），准部噶尔丹势力被最终消灭，喀尔喀三部蒙古返回漠北牧地。与此同时，由漠西徙牧至黄河河套以西的阿拉善蒙古，也由清廷编旗，成为清统治下的藩部"[2]。正是在这种形势之下，清帝又把联姻的地域范围由漠南蒙古扩展到漠北、西套蒙古，康熙三十六年（1697）恪靖公主被指婚喀尔喀正是在这种背景之下。由于公主"不愿远适外蒙"[3]，"康熙皇帝只好在漠南归化城附近为其建筑公主府，安置公主额驸在那里生活"[4]。

1 《清圣祖实录》卷二百四十六。

2 杜家骥《清朝满蒙联姻研究》，第275页，人民出版社，2003年。

3 文睿华《公主府志·公主编》抄本，藏呼和浩特市内蒙古自治区图书馆。据文氏所言，公主府还曾住过一位四公主，即静宜公主。文氏言静宜公主乃顺治帝第四女，曾嫁给喀尔喀土谢图汗第八世扎萨克葛勒旦多尔济，公主死后北葬库伦，葬于汗山阳面山腰间，凿洞将棺挂于洞中，下不涉泥水。按：文氏所言"静宜公主"历史上并无其人，乃文氏臆测，详细考证见王学愚《蛾眉遗嫁为靖边》，《内蒙古师大学报》1984年第1期。

4 杜家骥《清朝满蒙联姻研究》，第276页，人民出版社，2003年。

图2-62 固伦恪靖公主府

该府今已成为呼和浩特市博物馆（图2-62）。公主去世后葬在外蒙古库伦东部的汗山中，今在蒙古国中央省额尔德尼苏木肯特山脉之阳[1]。

恪靖公主园寝笔者未曾亲见，据呼和浩特市博物馆副馆长杜晓黎女士回忆，该园寝与其他公主园寝建制基本相同，也建有碑亭、享殿、宝顶等建筑。公主地宫内曾发现棺木，可知公主去世后土葬。今有文睿华《公主府志》载："四公主死后，北葬库伦，葬于汗山阳面山腰间，凿洞将棺挂于洞中，下不涉泥水。迨六公主死后亦葬于此，惟墓洞在四公主墓西数十步山间，葬具仪式同四公主"[2]。该书还载府中人善根尔言，六公主之墓洞口甚小，檀棺深寄，棺上垒垒相积着无数的银锞，传说是康熙皇帝出巡，来到此处，睹物思人，放置大量银锞供公主在阴间使用。《公主府志》记载详细，但却与实际情况存在多处不符，恪靖公主死后葬于库伦地区"汗山阳面"乃实情，而关于凿洞悬棺的葬式以及有关四公主的记载则多属臆测[3]。

据金启孮《清代蒙古史札记》卷一《恪靖公主神道碑》记载，翁独健先生曾寄给内蒙古大学蒙古人民共和国汗山公主墓碑文的抄片两页，满、汉文各一页。碑文有言："尔恪靖固伦公主，□□□沛，辉分玉叶。柔嘉成性，奉萍藻以流徽；……既颖□品，更勒贞珉。……乾隆五年十二月二十二日。"据此可知，碑乃乾隆五年十二月所立，也进一步证实恪靖固伦公主死后确实安葬在外蒙古的汗山中。

公主额驸敦多布多尔济，博尔济吉特氏，多罗郡王噶勒丹多尔济长子。康熙三十一年（1692）敦多布多尔济袭封札萨克多罗郡王。康熙三十九年（1700）晋封和硕亲王，袭土谢图汗位。四十一年（1702）坐事降郡王，雍正元年（1723）复以军功进封亲王。雍正八年（1730）额驸敦多布多尔济去世。

四、清圣祖第九女追封固伦温宪公主（1683—1702）园寝

追封固伦温宪公主，清圣祖第九女，康熙二十二年（1683）九月二十二日寅时生，

1 杜晓黎《恪靖公主品级·封号·金册考释》，《内蒙古文物考古》2004年第2期。

2 转引自李淑华《呼和浩特公主府公主其人》，《内蒙古文物考古》1995年第1期。

3 参见王学愚《蛾眉遗嫁为靖边》，《内蒙古师大学报》1984年第1期。

与雍正皇帝、允祚、允禵、圣祖第七女、十二女同母，母为圣祖孝恭仁皇后乌雅氏。康熙三十九年（1700）九月，封和硕温宪公主，许配佟佳氏舜安颜，当月，出嫁。康熙四十一年（1702）七月，公主年二十，薨。康熙六十一年（1722）圣祖大渐，公主同母兄胤禛嗣位，即雍正皇帝。雍正元年（1723）三月，出于手足深情，雍正皇帝追封为固伦温宪公主。

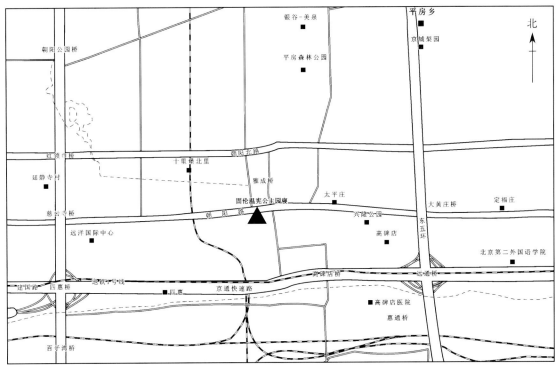

图2-63 固伦温宪公主园寝位置示意图

公主园寝位置在北京市朝阳区平房乡青年路[1]的佟氏家族墓地（图2-63），当地俗称"佟佳坟"，是清初太子太保佟图赖的家族墓地，佟图赖之子佟国纲、佟国维等均葬于此，额驸舜安颜是佟国维的孙子，因此死后与公主均葬在了其家族茔地中。佟氏家族墓地"原有石牌坊、石华表、石碑十三统及墓冢等"[2]，现已平毁。

据冯其利先生描述，公主园寝"西边隔着一道沟就是佟佳坟，东边与另一宫门相邻"[3]。园寝占地面积很大，今青年路东边马路南边两侧都在园寝界内。园寝坐北朝南，自南而北依次建有月河、神桥、宫门、享殿、月台和宝顶，宫门东西两侧建有红色围墙，将享殿、宝顶等圈在墙内[4]。据此可知，公主园寝虽然建在佟氏家族墓地范围内，却又自成院落，形成一个独立完整的园寝，既照应到额驸家族的功勋卓著，又显示了公主地位的崇高。今园寝建筑均已无存。

额驸舜安颜，佟佳氏，满洲镶黄旗人，佟国维之孙、康熙孝懿仁皇后之侄。康熙四十八

1 参见胡玉远主编《燕都说故》，第535页，北京燕山出版社，1996年。
2 国家文物局主编《中国文物地图集·北京分册》（下），第164页，科学出版社，2008年。
3 胡玉远主编《燕都说故·十里铺东的公主坟》，第535页，北京燕山出版社，1996年。
4 胡玉远主编《燕都说故·十里铺东的公主坟》，第535页，北京燕山出版社，1996年。

年（1709年）"以党附皇八子允禩削额驸，禁锢，后释之"[1]。雍正二年(1624)，"命总理三陵事务，领侍卫内大臣，卒"[2]。

五、清圣祖第十女固伦纯悫公主（1685—1710）园寝

固伦纯悫公主，清圣祖第十女，康熙二十四年（1685）二月十六日午时生，母为圣祖通嫔纳喇氏。四十五年（1706）公主许配博尔济吉特氏喀尔喀台吉策棱。是年五月，下嫁，十一月，封和硕纯悫公主。康熙四十九年（1710）三月二十四日，公主去世，终年二十六岁。雍正十年（1732）策棱以军功赐超勇亲王，公主被追封固伦纯悫公主。

公主园寝建在京师，策棱死后，与公主合葬。据《清代园寝制度研究》调查，园寝"建于今北京市朝阳区和平街胜古东里"[3]（图2-64），"故址旧称六公主坟，园寝今已不存

图2-64 固伦纯悫公主园寝地理位置示意图

在"[4]。按：六公主之名，是因为公主本康熙皇帝第十女，但在她前面有五个姐姐都夭折了，故她成了成年公主中的第五女。另外，康熙还抚养了恭亲王常宁之女固伦纯禧公主，纯禧公主又年长于纯悫公主，所以人们便将纯悫公主称为六公主了[5]。

公主额驸喀尔喀台吉策棱，蒙古博尔济吉特氏，元太祖二十世孙。康熙三十一年(1692)策棱的祖母格楚勒哈屯"自塔密尔携策棱及其弟恭格喇布坦来归，圣祖授策棱三等阿达哈哈番。赐居京师，命入内廷教养"[6]。康熙四十五年（1706）尚公主，授和硕额驸。寻赐贝子品级，诏携所属归牧塔密尔。准噶尔兵入侵，策棱奉命回塔密尔旧地防守，击败准噶尔兵。

---

1 《清史稿》卷一百六十六《公主表》附载。

2 《清史稿》卷一百六十六《公主表》附载。

3 宋大川、夏连保《清代园寝制度研究》，第237页，文物出版社，2007年。

4 宋大川、夏连保《清代园寝制度研究》，第237页，文物出版社，2007年。

5 宋大川、夏连保《清代园寝制度研究》，第237页，文物出版社，2007年。

6 《清史稿》卷二百九十六《策棱传》。

清代园寝志

康熙五十九年(1720)获封札萨克。雍正元年(1723)以西陲军功特诏封为多罗郡王，驻守阿尔泰。五年（1727）偕内大臣四格等赴楚库河与俄罗斯使节瓦萨立石定界，签订"布连斯奇条约"。九年(1731)大败准噶尔军，"进封和硕亲王，赐白金万。寻授喀尔喀大札萨克"[1]。雍正十年(1732)又取得了光显寺大捷，获封超勇亲王，晋封固伦额驸。乾隆六年（1741）清廷从土谢图汗部分出二十旗赐予他，与原部统称赛音诺颜部。乾隆十五年(1750)策棱去世，"遗言请与纯慤公主合葬。丧至京师，上亲临奠，命配享太庙，谥曰襄，御制诗挽之"[2]。后入祀京师贤良祠。公主与策棱所生子成衮札布初封世子，策凌去世后袭爵为札萨克亲王兼盟长。

六、清圣祖第十三女和硕温恪公主（1687—1709）园寝

和硕温恪公主，清圣祖第十三女，母静敏皇贵妃章佳氏。公主康熙二十六年（1687）十一月二十七日丑时生，康熙四十五年（1706）始封和硕温恪公主，许配博尔济吉特氏翁牛特部杜稜郡王仓津，仓津也作藏津或苍津。七月，公主出嫁。《清圣祖起居注》记载："康熙四十五年七月初三，上驻跸喀喇城行宫，是日，以八公主下嫁翁牛特多罗杜稜郡王藏津。"[3]公主在康熙诸女中排行第十三，却被称呼为八公主，另外，在公主园寝所在地，人们也称之为八公主，可能因康熙帝女儿多早年夭折，公主在成年的康熙诸女中排行第八，故有此称。八月，"康熙巡视翁牛特，驻跸于和硕温恪公主府邸"[4]，探视公主。康熙四十八年（1709）六月，公主年二十三，薨。公主园寝位于昭乌达盟翁牛特右旗，即今内蒙古赤峰市松山区大庙镇公主陵村（图2-65），地处"大庙镇以东、阴河以北"[5]。

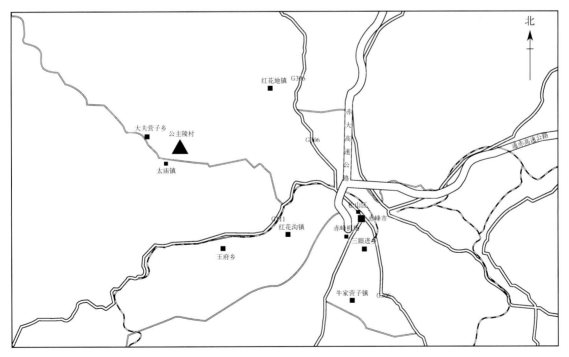

图2-65 和硕温恪公主园寝地理位置示意图

1　《清史稿》卷二百九十六《策棱传》。
2　《清史稿》卷二百九十六《策棱传》。
3　《清圣祖起居注》。
4　《松山区志》，第15页，辽宁人民出版社，1995年。
5　梅海山《内蒙古赤峰市郊公主陵辩疑》，《紫禁城》1996年第4期。

图2-66 和硕温恪公主园寝所在地　　　　　　图2-67 和硕温恪公主园寝罗圈墙夯土

　　2008年9月笔者前往调查，经GPS测定园寝方位为北纬42°23.384′、东经118°21.646′，海拔780米（图2-66）。园寝坐北朝南，从南向北依次建有"神桥、碑亭、华表、石狮、宫门、宫墙、二堂、东西朝房、过厅、享殿等，占地约10余亩。是规制比较标准的清代园寝"[1]。园寝本为公主下嫁此地后修建的公主府，公主去世后，康熙帝降旨"就地修陵"，额驸苍津遂按照圣意，在原公主府金水桥（神桥）北增建了碑亭，在宫门前左右两侧增建了华表，"碑亭是方形的，四面各一个圆拱门，……碑亭内立有康熙御赐石碑，龙首龟趺俱全。碑高5米，宽约1米，厚约0.7米，碑冠（额）上镌刻着二龙戏珠图案和康熙御题横排刻写的'贞节留芳'四字，碑铭题为'和硕温恪公主墓志'，石碑四面用满、汉、蒙三种文字记述了公主生平，汉文在背面"[2]。进入宫门，正对三间大殿，即"二堂"[3]。过二堂后，东西两侧各有五间配房，东侧为太监住室和存放轿辇仪仗的地方，西侧是厨房。再往北第二进大殿五间，中间是过厅，两端为宫女住所。第三进大殿也是五间，为公主寝宫，公主去世后改为享殿，享殿地基高约1米，四周用花岗岩砌边，该殿以方砖铺地，殿内所有木质构件均为红色，额枋上悬挂康熙御题的"淑慎尔仪"的金字牌匾，下边落款"康熙御笔"。厅廊的明柱上有康熙手书的"三星共照驸马府，五福将临玉叶门"[4]。与其他园寝建制不同的是，温恪公主园寝"享殿后未建月台和宝顶，在享殿内有东西并列的两个宝顶和石供案等。宝顶为朱红色，高1米有余。下面便是砖石结构的拱券式地宫。从发掘情况看，东部宝顶地宫门南向，地宫内石床上置一外部雕花小棺，内有黄缎子包裹的骨灰，当为公主卒后火葬的灵柩。东边额驸宝顶。西边宝顶之门面向地宫，为东向，应为额驸墓穴"[5]。墓中还出土了一合和硕温恪公主圹志文。

　　经过民国时期军阀混战与文化大革命两个时期，温恪公主园寝屡遭破坏。2008年9月，在公主园寝看坟户后代唐树林先生带领下，笔者到该园寝故址进行调查，发现地面建筑早已荡然无存，院墙基址埋入地下约两米深，在庄稼地周围还依稀能看到院墙基址的轮廓（图2-67）。目前，园寝的一对石狮（图2-68）保存在大庙乡公主陵村村委会的院内；原来同时保存于村委会的墓志[6]，今已不知所踪。在公主陵村一村民家中还发现了一根拴牲畜的拴马桩

1　梅海山《内蒙古赤峰市郊公主陵辩疑》，《紫禁城》1996年第4期。

2　鲁殿华主编《松山史话》，第77、78页，中国人民政治协商会议赤峰市松山区委员会、赤峰市松山区地方志编纂委员会，2000年。志文无句读，标点乃笔者引用时所加。

3　刘冰《草原姻盟——下嫁赤峰的清公主》，第160页，远方出版社，2007年。

4　刘冰《草原姻盟——下嫁赤峰的清公主》，第160页，远方出版社，2007年。

5　梅海山《内蒙古赤峰市郊公主陵辩疑》，《紫禁城》1996年第4期。

6　刘冰《草原姻盟——下嫁赤峰的清公主》，第166页，远方出版社，2007年。

图2-68 和硕温恪公主园寝石狮　　　　　图2-69 和硕温恪公主园寝拴马桩

（图2-69），桩为立方柱体，拴窝为四面透雕圆形方孔金钱眼，柱顶为一八棱锤形状，疑似公主园寝旧物。

公主额驸翁牛特部杜稜郡王班第，博尔济吉特氏，后改仓津。康熙四十五年（1706）仓津娶康熙皇帝十三女和硕温恪公主，成为和硕额驸。雍正五年（1727）仓津以擅请准噶尔使入藏熬茶，获罪被削职。卒年不详。

七、清圣祖第十五女和硕敦恪公主（1691—1709）园寝

和硕敦恪公主，圣祖第十五女，母为参领海宽之女敬敏皇贵妃章佳氏。公主康熙三十年（1691）正月初六日寅时生，康熙四十七年（1708）初封和硕敦恪公主。十二月，许配科尔沁博尔济吉特氏台吉多尔济。是月，下嫁。翌年，公主来京，康熙四十八年（1709）十二月初三日申时，公主去世，时年十九。

公主去世后归葬科尔沁部，康熙四十九年（1710）三月，宗人府题："科尔沁和硕敦恪公主来京薨逝，兹值归葬，请遣官护送。得旨：着多罗安郡王华玘、多罗平郡王讷尔素、散秩大臣阿锡坦、殷扎纳、侍郎二鬲护送前往。"[1]

公主额驸科尔沁部台吉多尔济，博尔济吉特氏。康熙四十七年（1708）十二月，娶和硕敦恪公主，成为和硕额驸。康熙五十八年（1719）坐事削额驸，仍给台吉品级。康熙五十九年（1720）十一月，去世。

八、和硕恭亲王常宁长女固伦纯禧公主（1671—1741）园寝

固伦纯禧公主，和硕恭亲王常宁长女，母为亲王庶福晋晋氏。公主生于康熙十年（1671）十一月二十八日丑时，自幼抚养宫中。康熙时期物阜民丰，财政宽裕，康熙皇帝愿意也有能力抚养并遣嫁宗室觉罗女，他曾对宗人府和硕简亲王雅布说："宗室觉罗等女有愿与朕养者，朕可养而嫁之。有女年长父母不能遣嫁者，朕亦代为嫁之。"[2]康熙二十九年（1690）三月，公主年方二十，获封和硕纯禧公主，许蒙古科尔沁部博尔济吉特氏头等台吉班第。是月，下嫁。

1　《清圣祖实录》卷二百四十一。

2　《清圣祖实录》卷一百九十八。

"主下嫁后二年，命设护卫长史，视贝勒例"[1]。雍正元年（1723）二月，与和硕端敏公主、和硕恪靖公主俱晋封固伦公主。清代亲王女仅可封和硕公主，太宗时规定只有皇后所生女才可获封品级相当于亲王的固伦公主，皇后之外的其他妃嫔所生女只能封为品级相当于郡王的和硕公主。另外，中宫抚养的亲王女在出嫁时也可获封和硕公主。有清一代以亲王女得封固伦公主的仅三人，除简纯亲王济度次女固伦端敏公主、恭亲王奕䜣之女荣寿固伦公主外，另一个就是固伦纯禧公主。纯禧公主能够晋封为固伦公主，可能是因为嫁给科尔沁部头等台吉班第之故，另外一位以亲王女晋封固伦公主的端敏公主也是嫁给科尔沁部，雍正皇帝刚即位即晋封下嫁科尔沁部的两位公主，目的可能是为了笼络科尔沁部。公主本家则不具备使其晋封的条件，因为公主之父常宁死后，由海善袭贝勒爵，海善在康熙五十一年（1712）坐纵内监妄行被夺爵，直到雍正十年（1732）才复封。雍正四年（1726）额驸班第去世。此后，公主便长期居住京师。乾隆六年（1741）公主缘病回旗，乾隆帝随后"着派侍卫及首领太监携银两千两，驰驿速往彼处看视。若公主之病不痊，着告诉公主之媳固山格格，系特差来探丧，赏银办理公主之事。伊等起行之后，除照例派散秩大臣侍卫外，并派贝子领侍卫内大臣前往视丧。公主并无子孙，额驸班第侄辈又甚年幼，公主之事，着令伊族中之王罗卜藏衮布、诺门额尔和图等率领班第侄辈办理"[2]。十二月初七日，公主去世，终年七十一岁。

1982年6月吉林省文物工作队等几个单位在吉林省白城市通榆县一个被当地村民称为公主陵的地方清理了一座清代墓葬。该墓位于通榆县兴隆山镇西南7.5公里、同发屯东南0.5公里处（图2-70）。墓中出土墓主尸体一具，从服饰穿着可判断为女性，由于未见墓志，墓主身份难以确定。清理者根据随葬品的规格、墓主服饰、墓地建筑规制等初步判断墓主是一位清代公主。又据墓中出土康熙、雍正、乾隆年号的铜钱，判断这位公主的下葬时间可能在乾

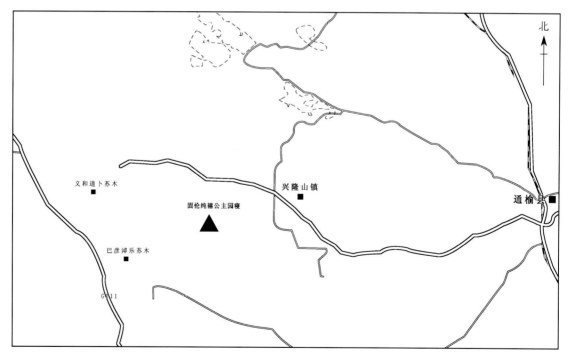

图2-70 固伦纯禧公主园寝地理位置示意图

1　《清史稿》卷一六六《公主表》附载。
2　《清高宗实录》卷一百五十七。

隆、嘉庆年间，而该葬地在清代曾是科尔沁左翼中旗的领地，进一步推测墓主可能是嫁到科尔沁部的固伦纯禧公主、和硕淑慎公主和固伦和敬公主三位公主之中的一位[1]。在这三位公主中固伦纯禧公主的可能性最大，原因如下：第一，据园寝规制，"下嫁外藩固伦公主薨逝，与和硕亲王同"[2]。和硕亲王薨逝后园寝可建享殿五间，该园寝建有享殿五间，当为固伦公主规制。按清代礼制和硕公主园寝只能建享殿三间，这样就排除了和硕淑慎公主的可能性。第二，固伦和敬公主园寝位置已经确定位于北京市朝阳区东坝镇，另有衣冠冢一处位于吉林省公主岭市。由此基本可以推断该园寝中葬的是固伦纯禧公主。

该园寝四周原有围墙，现已颓坏殆尽，仅存残廓，长90米，宽40米，后部有享殿五间，享殿前有东西配殿。地宫位于享殿之下，被毁严重。墓主棺葬，棺中女尸仰身直肢，头戴金冠、横枕元宝，内着绫缎内衣，外着龙纹袍服，金银宝石饰物及陪葬品多达265件，显示了墓主的高贵身份。公主死后未从满制火葬，而是以木棺下葬，应该是遵从了雍正十三年（1735）十月乾隆皇帝颁布的禁止旗民火化的圣谕。在园寝的北面44米处还建有守护班房三间[3]。

该园寝特殊之处在于公主地宫建在享殿之下，这种建造方式与清太宗皇太极第四女固伦雍穆长公主雅图园寝相同，与清圣祖康熙皇帝第十三女和硕温恪公主、清太宗皇太极第八女固伦端贞公主园寝类似，温恪公主与端贞公主在地宫之上的享殿内还建有宝顶，这种形式的地宫在清代较为罕见，原因尚有待深入研究。

公主额驸为蒙古科尔沁部博尔济吉特氏头等台吉班第。班第是端靖长公主与科尔沁郡王奇塔特的从孙。康熙二十九年（1690）班第娶和硕纯禧公主，封和硕额驸。雍正元年（1723）因公主晋封固伦纯禧公主，获封固伦额驸。累官内大臣、都统、前锋统领等。雍正四年（1726）六月，班第去世。乾隆十八年（1753）赠谥恭勤。

第六章 清世宗（雍正皇帝胤禛）系公主园寝

一、清世宗次女和硕怀恪公主（1695—1717）园寝

和硕怀恪公主，清世宗次女，康熙三十四年（1695）七月初六日未时生，母亲是世宗齐妃李氏，外祖父为知府李文辉。康熙五十一年（1712）三月，女初封郡君，七月，进封郡主。九月，许配纳喇氏星德。康熙五十六年（1717）三月，郡主去世，时年二十三岁。虽然去世时仍然很年轻，但她却是世宗诸女中活得年龄最大的一位，其余姊妹均未成年即殇。雍正元年（1723）三月，追封和硕怀恪公主。怀恪公主园寝位于今北京市门头沟区龙泉镇三家店村东59911部队油料库院所在地。

《燕都说故·三家店的公主坟》描述："公主园寝占地一顷数十亩。南端相当于三家店东街马路北侧虹云饭店与19号院之间（图2-71），原有月牙河和神桥。神桥北侧是宫门三间，宫门与红墙相接。院内甬路东有碑楼一座，内立雍正四年敕建碑一方。院内正中，与宫门相对是享殿三间，享殿旁边有东西角门。享殿北边是大宝顶一座。大宝顶北边的后墙是见

1　参见吉林省文物工作队等《吉林通榆兴隆山清代公主墓》，《文物》1984年第11期。

2　《清会典事例》卷九百九十一《理藩院》。

3　参见吉林省文物工作队等《吉林通榆兴隆山清代公主墓》，《文物》1984年第11期。

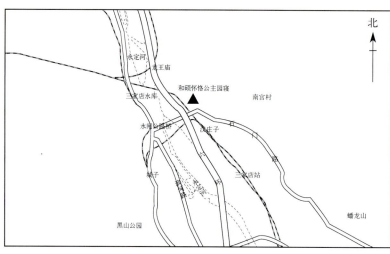

图2-71 和硕怀恪公主园寝地理位置示意图　　　图2-72 和硕怀恪公主园寝碑

方的，……照应坟地户王家住在坟地南侧。"[1]按：《燕都说故》中关于该公主坟的文字乃由冯其利撰写，《燕都》笔者曾查阅相关文献，并不曾见园寝占地面积的记载，冯其利先生关于公主园寝占地一顷数十亩的说法或根据当地百姓传说，并无文献依据。

公主园寝在日伪时期多次被盗。坍塌的红墙、享殿被当地人陆续拆除。1950年仅存宫门、宝顶、螭首龟趺碑。解放军某部油库征用土地后，将宫门、宝顶拆毁。但龟趺碑始终矗立在原址，后因修建宿舍楼，碑被移至鱼塘北侧，碑身和碑座被拆成了两部分[2]。2008年5月，笔者前往调查，发现鱼塘早已不见，墓碑（图3-72）修复后已被重新竖起，周围圈铁防护栏加以保护，此外，园寝所在地别无任何遗迹。经GPS测定，碑所在位置为北纬39°57.699′、东经116°06.367′，碑为蛟龙首龟趺座，碑座长3.4米、宽1.3米、高1.06米。碑身周边正、背两面各雕12条云中穿梭的行龙，两两呈戏珠状，龙为五爪，正面有满汉对照文字，碑身宽1.22米、厚0.54米、高2.82米。蛟龙首碑额高1.34米。

公主额驸星德，纳喇氏。康熙五十一年（1712）九月，娶世宗次女，女时为郡主。婚后第七年郡主去世，雍正元年追封公主，星德因未续娶，加封和硕额驸。雍正十二年（1734）十一月，星德前往达里刚爱军营，协同散秩大臣四格等，操演蒙古兵丁。乾隆元年（1736）正月，招还。乾隆四年（1739）四月，额驸星德去世。

二、和硕庄恪亲王允禄长女和硕端柔公主（1714—1754）园寝

和硕端柔公主，和硕庄恪亲王允禄长女，母亲为亲王嫡福晋郭络罗氏。公主康熙五十三年（1714）二月二十九日巳时生，雍正初，被带入宫中抚养，雍正八年（1730）十二月，下嫁喀尔喀博尔济吉特氏郡王罗卜藏喇什之子齐默特多尔济。翌年四月，封和硕端柔公主。乾隆十九年（1754）十二月十二日辰时，公主去世，时年四十一岁。公主去世后建园寝于法库门西北二十里处下金台地方，园寝建成后村名改为公主陵，即今辽宁省沈阳市法库县四家子蒙古乡公主陵村（图2-73）。

1985年10月，泉山、巴根那、李春江等人到该处考查，访问了当地干部、群众，并结合

清代园寝志

1　胡玉远主编《燕都说故》，第525页，北京燕山出版社，1996年。
2　胡玉远主编《燕都说故》，第525页，北京燕山出版社，1996年。

法库县、康平县有关单位提供的资料，写成《科尔沁左翼后旗三陵》一文[1]。据《科尔沁左翼后旗三陵》可知园寝建制，园寝坐北朝南，周围矮山环绕，是公主与额驸的合葬园寝。园寝建在一座丘陵之上，因山形呈北高南低状，自北而南依次建有宝顶、享殿、过厅、东西朝房、宫门，宫门南有石桥。

图2-73 以和硕端柔公主园寝命名的公主陵村

"端柔公主及额驸齐默特多尔济均以棺椁殓尸埋葬，两棺并葬于同一墓穴中。宝顶高二丈余"[2]。2009年3月13日笔者前往调查，访问了当地村民白明儒老先生。在白先生的指引下，经GPS测定，地宫（图2-74）位于北纬42°30.71′、东经123°15.305′的位置。"宝顶南面为享殿五间，再往南是五间过厅，陈列公主和额驸郡王生前用过的仪仗。过厅以

图2-74 和硕端柔公主园寝地宫残址

南，东西两侧各建朝房三间，前为墓园大门三间，园外大门前是石拱桥。此园寝1948年被当地拆毁，从墓中挖掘出公主所戴的凤冠霞帔、数袋珍珠和金币、金银锞子，以及王爷所戴的有闪闪发光的红宝石顶子、翠绿的翎管"[3]。按：和硕公主园寝享殿据清代规制当为三间，而和硕端柔公主园寝享殿五间，甚至超过固伦公主享殿间量，实为逾制。这种逾制行为的出现可能是雍正皇帝怀柔政策的结果，雍正即位初为缓解与宗室其他成员的矛盾，在对宗室的封爵与园寝规制方面采取了怀柔与宽容政策。如雍正三年（1725），谕旨"近年系朕初次考试，其降封处暂行停止，照各应得品级封"[4]。端柔公主为和硕庄恪亲王允禄的女儿，允禄在皇位争夺斗争中未与雍正作对，因此，在雍正即位后，得以袭庄亲王爵、食亲王双俸，受到雍正皇帝的宠信，其女和硕端柔公主自然也因此受到特别的待遇。公主虽然在乾隆年间逝世，但其园寝享殿规制却仍高于其他公主，与亲王同。

1　《科尔沁左翼后旗文史资料》，1986年第2辑。

2　杜家骥《清朝满蒙联姻研究》，第184页，人民出版社，2003年。

3　杜家骥《清朝满蒙联姻研究》，第184页，人民出版社，2003年。

4　《皇朝文献通考》卷二百四十六。

公主的生父为和硕庄恪亲王允禄。允禄是圣祖第十六子。庄亲王博果铎于雍正元年（1723）去世，因无子，经宗人府提请，雍正皇帝以允禄为其后，袭庄亲王爵位。允禄幼得圣祖指授，精通数学，通晓乐律。乾隆元年（1736）任总理事务，兼掌工部，食亲王双俸。翌年，叙总理之劳，加封镇国公。允禄请以硕塞孙宁赫袭镇国公，获准。乾隆四年（1739年）因与允礽之子弘晳往来诡秘，疑结党营私，停双俸，罢都统。七年（1742）命与三泰、张照管理乐部事务。二十九年（1764）允禄七十大寿，乾隆皇帝赐诗褒奖。乾隆三十二年（1767）去世，时年七十三岁，赐谥恪。

三、和硕怡贤亲王允祥第四女和硕和惠公主（1714—1731）园寝

和硕和惠公主，和硕怡贤亲王允祥第四女。康熙五十三年（1714）十月初十日寅时生，母亲是亲王嫡福晋马尔汉之女兆佳氏。允祥是雍正帝最为信任的兄弟，曾在皇位争夺中支持雍正。雍正帝即位后，优劳允祥，并将允祥第四女带入宫中抚养。雍正七年（1729）十二月，该女获封和硕和惠公主，许喀尔喀博尔济吉特氏丹津多尔济之子多尔济塞布腾。雍正九年（1731）十月初三日戌时，公主去世，时年十八岁。冯其利先生考证公主园寝位于今北京市朝阳区左家庄街道静安庄东南，汽车修理公司五厂修车分厂所在地，与三元立交桥近在咫尺（图2-75）。此地原为公主坟村，即因埋葬和硕和惠公主而得名。

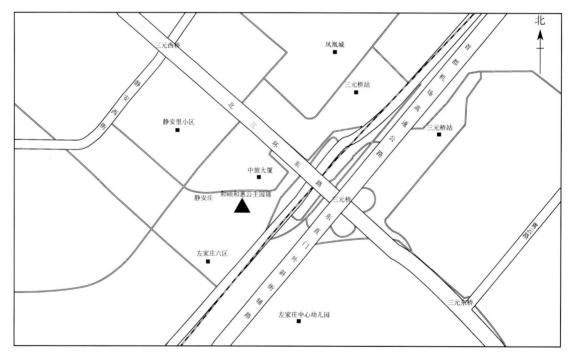

图2-75 和硕和惠公主园寝地理位置示意图

公主园寝坐东朝西，占地六十亩。"东边是两道沟（今为三元立交桥西侧马路），南为郎家坟地的大山子，西边是皇陵，北侧是茶馆。……西头是南北朝房各三间、宫门三间。宫门与红墙相接，红墙高4米，厚1.7米。院内正中是享殿三间。享殿后边是大红宝顶一座。后墙呈方形"[1]。清代公主园寝宝顶所在院落后墙呈方形的情况，就目前所见材料，最早始于清太宗皇太

1　胡玉远主编《燕都说故》，第532页，北京燕山出版社，1996年。

极时期，皇太极第五女固伦淑慧长公主在巴彦汉山的初葬园寝、皇太极第六女固伦公主园寝，后墙均为方形。皇太极之后诸公主园寝后墙多为罗圈墙，仅雍正与嘉庆皇帝时有公主园寝后墙为方形的建制，雍正帝次女和硕怀恪公主、怡贤亲王允祥之女和硕和惠公主，以及嘉庆皇帝第五女慧安和硕公主园寝后墙均为方形。关于这种建制的成因还有待深入探讨。

公主园寝地宫在1913年被盗发，1947年印行的北平市地图上，在静安庄东南、牛王庙西南还明确标有该公主坟。建国后，公主园寝被改建为兴业木材厂，木材厂迁走后，王麻子刀剪厂又曾使用厂房，后来，这片建筑又成为汽车修理公司五厂的厂房。在冯其利先生调查时，园寝遗址"仅可见到一根园寝界桩，一面镌有'公主园寝'四个字，另一面是'东北界'三个字"[1]。如今园寝旧址上已无任何当年园寝的建筑遗存，公主坟村也早已不存在了。

公主的生父为怡贤亲王允祥。允祥乃圣祖第十三子。康熙三十七年（1698）陪同康熙皇帝祭拜祖陵，自此皇帝每出游皆从。康熙六十一年（1722）世宗即位，封允祥为怡亲王，寻命总理户部三库。雍正元年（1723）十一月，诏谕："怡亲王于皇考时敬谨廉洁，家计空乏，举国皆知。朕御极以来，一心翊戴，克尽臣弟之道。从前兄弟分封，各得钱粮二十三万两，朕援此例赐之，奏辞不已，宣谕再四，仅受十三万；复援裕亲王例，令支官物六年，王又固辞。今不允所请，既不可；允其请，而实心为国之懿亲，转不得与诸弟兄比，朕心不安。"[2]下诸王大臣议。既，仍允王请，"命王所兼管佐领俱为王属，加护卫一等一员、二等四员、三等十二员、豹尾枪二、长桿刀二，每佐领增亲军二名"[3]。雍正二年（1724）允祥请除加色、加平诸弊，并增设三库主事、库大使，从之。三年（1725）京畿被水，令总理京畿水利，疏浚治理河道，兴修水利。雍正四年（1726）雍正帝亲书"忠敬诚直，勤慎廉明"榜，予以褒奖。后，又加封为首任军机大臣，深受雍正皇帝的倚重。七年（1729）十一月，允祥染病，翌年，病情加重。雍正皇帝亲往探视，途中获知亲王已卒，雍正帝悲痛不已，下令辍朝三日。第二天，雍正帝亲往亲王灵前祭奠。雍正帝命以其灵位配享太庙，谥曰贤，并以"忠敬诚直勤慎廉明"八字加入谥号。当时，白家疃等十三村村民请建祠堂，雍正帝应允，拨官地三十余顷为祭田，免租赋。允祥园寝制度，是雍正皇帝特别恩准，非同常例。乾隆中，建盛京贤王祠以祭祀怡贤亲王，命王爵世袭。

第七章 清高宗（乾隆皇帝弘历）系公主园寝

一、清高宗第三女固伦和敬公主（1731—1792）园寝

和敬公主为清高宗第三女，母亲是孝贤纯皇后富察氏。公主生于雍正九年（1731）五月二十四日卯时，乾隆初，获封固伦和敬公主。乾隆十二年（1747）三月，指婚给科尔沁博尔济吉特氏辅国公色布腾巴尔珠尔，色布腾巴尔珠尔又作色布腾巴勒珠尔。乾隆五十七年（1792）六月二十八日卯时，公主去世，享年六十二岁。和敬公主薨逝后，与额驸色布腾巴尔珠尔合葬，园寝建在今北京市朝阳区东坝镇附近（图2-76）。同时，又在色布腾巴尔珠尔

1　胡玉远主编《燕都说故》，第533页，北京燕山出版社，1996年。
2　《清史稿》卷二百二十《怡贤亲王允祥传》。
3　《清史稿》卷二百二十《怡贤亲王允祥传》。

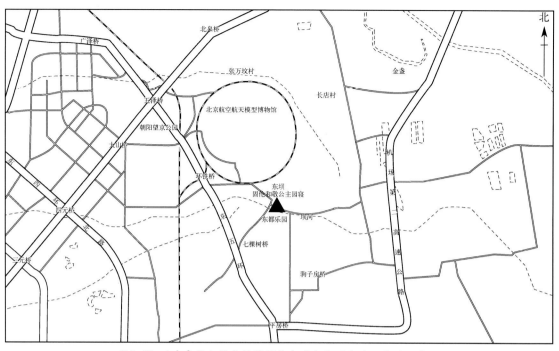

图2-76 北京市朝阳区东坝镇固伦和敬公主园寝地理位置示意图

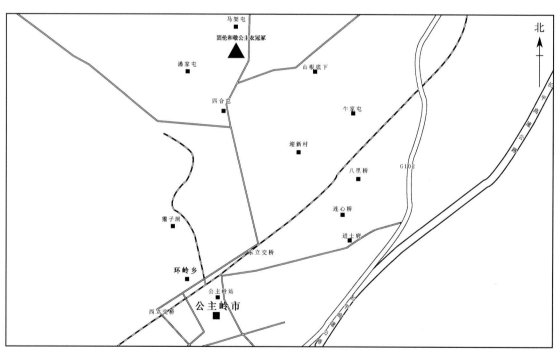

图2-77 固伦和敬公主衣冠冢位置示意图

的领地为和敬公主建了衣冠冢，位置在今吉林省公主岭市区北部（图2-77）[1]。

东坝镇公主园寝相传为大学士刘墉监修。园寝"坐北朝南，依次建有碑楼、宫门、红墙、朝房、享殿等建筑。月台上是大宝顶一座。……公主后裔陆续葬此。月台上陆续建有四座宝顶。"按：文中所谓"大宝顶"即公主与额驸合葬处，是园寝的主体建筑，当位于享殿正北的中轴线上。其余四座宝顶是祔葬于此的公主后裔，其位置可能在大宝顶的南部两侧，高度与规模都应小于公主宝顶。日伪时期，聂洪儒率众将公主坟盗发。解放后，公主坟还

1　参见李景唐《达尔罕亲王色布腾巴勒珠尔及其后裔》，《哲里木盟文史资料》1986年第2辑。

有部分建筑物残存，螭首龟趺碑完好，1958年文物普查时还拓了碑文，拓片现保存在国家图书馆。"文化大革命"初，公主园寝被彻底拆毁，龟趺碑被砸坏掩埋[1]。园寝遗址被破坏后修建了学校，即老十六中，现称北京一轻高级技术学校[2]。现该园寝遗址已无存[3]。

因色布腾巴勒珠尔家族政治、经济地位的重要性，

图2-78 学校西侧的和敬公主衣冠冢遗址

清廷又在色布腾巴勒珠尔的领地为和敬公主建衣冠冢，衣冠冢（图2-78）位于今吉林省公主岭市区以北5公里[4]，八家子新村南约一公里处，建于公主岭第二中学分校西部高岗上。笔者2009年3月前往调查，经GPS测定遗址地理坐标为北纬43°33.682′，东经124°49.194′。葬处丘陵起伏，山有九峰，俗称"九凤朝阳"[5]，为风水家眼中不可多得的风水宝地。据八家子新村的温自学老先生介绍，这九座山峰最高峰的中峰原称南山岭，今称响铃公主山，和敬公主衣冠冢就坐落在这座山的山脚下，俗称"公主陵"[6]，后讹为"公主岭"[7]。据李景唐《达尔罕毅亲王色布腾巴勒珠尔及其后裔》一文，该园寝内"建享堂一间，石基砖瓦结构，周围绕以青砖砌成的围墙。在公主灵位的对应地表上建有公主墓室顶"[8]。该文表述不清，对公主宝顶是否建在享堂中没有明确交代。园寝遗址现已无任何遗存。

公主的额驸色布腾巴尔珠尔，博尔济吉特氏，是"世祖从女端敏公主、额驸班第孙。封科尔沁辅国公。尚主。乾隆十七年，进袭亲王。二十年，赐双俸，增护卫。坐纵阿睦尔撒纳，夺爵。二十三年，复以军功封亲王，授理藩院尚书、金川参赞大臣。被劾，复夺爵职幽禁。三十八年，复额驸金川参赞大臣，授领侍卫内大臣"[9]。乾隆四十年（1775）病于军中，乾隆帝派御医驰驿前往诊视，终因医治无效去世。乾隆皇帝下诏复其亲王爵，赐谥曰毅，并"着加恩赏内库银三千两治丧，派总管内务府大臣都统迈拉逊经理其事。仍着伊子前往迎丧，其归梓所经，并着沿途地方官照料护送"[10]。

1 参见胡玉远主编《燕都说故》，第516页，北京燕山出版社，1996年。

2 参见周莎《访和敬公主园寝》，《北京文物报》，2007年第4期。

3 参见宋大川、夏连保《清代园寝制度研究》，第238页，文物出版社，2007年。

4 李景唐《达尔罕毅亲王色布腾巴勒珠尔及其后裔》，《哲里木盟文史资料》1986年第2辑。该文称和敬公主衣冠冢在怀德县八家镇南山岭上，按今怀德县行政区划已撤消，降为怀德镇，属今公主岭市。八家子镇即今八家子村。

5 宋大川、夏连保《清代园寝制度研究》，第238页，文物出版社，2007年。

6 宋大川、夏连保《清代园寝制度研究》，第238页，文物出版社，2007年。

7 宋大川、夏连保《清代园寝制度研究》，第238页，文物出版社，2007年。

8 李景唐《达尔罕毅亲王色布腾巴勒珠尔及其后裔》，《哲里木盟文史资料》1986年第2辑。

9 《清史稿》卷一百六十六《公主表》。

10 《清高宗实录》卷九百八十。

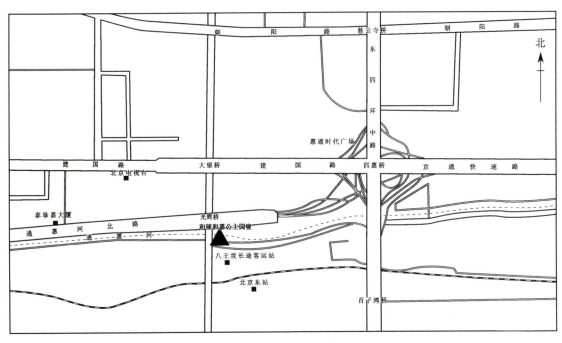

图2-79 和硕和嘉公主园寝地理位置示意图

二、清高宗第四女和硕和嘉公主（1745—1767）园寝

和硕和嘉公主，清高宗第四女，母亲是纯慧皇贵妃苏佳氏。公主乾隆十年（1745）十二月初二日卯时生，乾隆二十三年（1758）十月，许配大学士一等忠勇公傅恒第二子富察氏福隆安。乾隆二十五年（1760）正月，封和硕和嘉公主，三月，出嫁。乾隆三十二年（1767）九月初七日，薨逝，时年二十三岁。据说公主手指之间有蹼相连，呈佛手状，因此民间俗称之"佛手公主"。额驸福隆安去世之后与公主合葬。

据《旧都文物略》记载，公主与额驸合葬园寝位于北京"东便门外二闸东"，即北京市朝阳区高碑店乡松公坟村，又称松公园寝。梁思成夫妇曾在此园寝前留影，今松公坟村已不存在。经笔者调查，园寝具体位置在今高碑店乡光辉桥东一带（图2-79）。

《旧都文物略》载，园寝"墓前石兽、翁仲甚宏丽"。"文革"期间，公主园寝被毁。2008年笔者前往和嘉公主园寝故址处调查，沿光辉桥南侧的通惠河北路东行500米左右有一"北京大望之星桌球运动俱乐部"（图2-80），在俱乐部后院笔者见到了当年园寝现存的唯

图2-80 和硕和嘉公主园寝牌坊位于该俱乐部后院

一一处遗迹——石牌坊。石牌坊乃乾隆皇帝亲赐，四柱三间式，通高5.15米，面宽10.95米。有三门，中门高3.15米、宽2.95米，两侧陪坊门左右对称，高2.62米、宽2.35米，略低于中门。牌坊最外侧左右两根石柱上各镶嵌有一块云板，云板均距顶端约0.3米。牌坊南北两侧的抱鼓石已被损毁，放置在门中用作门槛。牌坊四柱，两根中柱正、背两面各有一副楹联，

图2-81 和硕和嘉公主园寝牌坊　　图2-82 和硕和嘉公主园寝牌坊　　图2-83 和硕和嘉公主园寝牌坊
　　　　正面上联局部　　　　　　　　　正面下联局部　　　　　　　　　背面上联局部

图2-84 和硕和嘉公主园寝牌坊　　　　　　图2-85 和硕和嘉公主园寝牌坊背面横额
　　　　背面下联局部

每幅楹联上绘浮雕荷叶盖下覆，下绘浮雕对称莲瓣承托，左右两侧以浮雕栏为界，对联以阴文雕刻在长方形框内。正面一副对联内容是颂扬额驸的，上联"马鬣景鸿仪心驰霜露"（图2-81），下联"龙光垂燕翼气协风云"（图2-82），正中长方形石刻匾额书"银汉分光"；牌坊背面则有赞颂公主的一副对联，上联为"翚骞碧落灵秀鞶封阡"（图2-83），下联曰"凤杳丹霄肃雍昭典策"（图2-84），坊背面正中也置长方形石刻匾额，上书"金枝毓德"（图2-85），歌颂了公主的美好德行。牌坊正面歌颂额驸，背面歌颂公主的情况，说明额驸的地位要高于公主。

　　2005年6月北京市文物研究所在朝阳区通惠河北道路工程5＃标段施工时，曾发掘出墓碑一统、石龟趺底座一个，后又陆续出土了石马，以及一品文官武将石像等，这些遗物出土时均已不在原位。据2005年北京市文物研究所《北京市朝阳区通惠河河北道路工程5＃标段T0101发掘记录》得知，出土石碑"碑座、碑帽已破坏，残长2.32～2.50米，宽1.18米，厚0.52米。……石碑面上周边刻有龙戏珠的图案，其左右两边相对称，各边刻有龙头向上、排列均匀的4条龙戏珠的图案（现有残存）。石碑两侧面同样对称刻有下面是假山、上面是龙的图案。石碑另一面情况不明。"考古人员通过阅读碑文，得知此碑是为额驸福隆安所立。目前，碑与石像生已被移放到北京高碑店乡科举匾额博物馆。据石像生、墓碑的出土情况，可以判断该园寝朝向为坐北朝南。在清代，即使地位最高的固伦公主也无立石像生的典制，公主与额驸合葬园寝内出土的石像生当因额驸而设，《钦定大清会典事例》卷九百四十九《工部·园寝坟茔》规定："茔前石像生：民公侯伯一二品官，皆用石人二、石马二、石虎二、石羊二、石望柱二。三品官减石人，四品官减石人、石羊，五品官减石人、石虎。"福隆安获封一等忠勇公，故该地除了发掘出土的文武官石像生、石马外，按规制园寝内当还有石虎、石羊与石望柱。

公主额驸福隆安，字珊林，富察氏，满洲镶黄旗人。其父傅恒，官至大学士，封一等忠勇公，为乾隆孝贤纯皇后的亲弟弟。福隆安生于乾隆十一年(1746)。乾隆二十五年(1760)，与和嘉公主成婚。乾隆三十五年（1770）七月，袭父爵，封一等忠勇公，官至兵部尚书，兼军机大臣。第二年，朝廷用兵金川，金川平定后，福隆安获赐在紫光阁画像。乾隆三十八年(1773)四月，加官太子太保。乾隆四十九年(1784)三月二十四日，福隆安去世，时年三十九岁，乾隆皇帝赐谥勤恪。

三、清高宗第七女固伦和静公主（1756—1775）园寝

固伦和静公主，清高宗第七女，母孝仪纯皇后魏佳氏。公主乾隆二十一年（1756）七月十五日寅时生，乾隆二十九年（1764）正月，许喀尔喀超勇亲王策棱之孙、世子拉旺多尔济。乾隆三十五年（1770）正月，封固伦和静公主。七月，出嫁。乾隆四十年（1775）正月

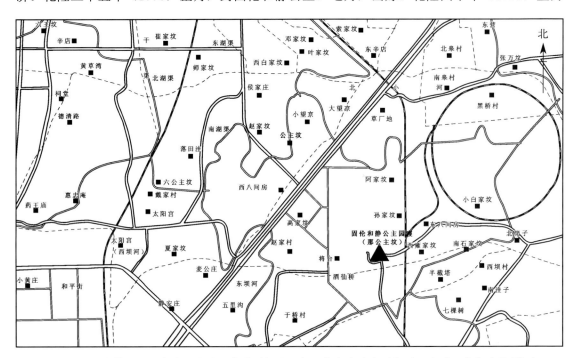

图2-86 固伦和静公主园寝地理位置示意图（据1976年北京市地质地形勘测处编《北京市地图册》）

初十日未时，公主去世，时年仅二十岁。公主随额驸拉旺多尔济在京城供职，因此死后葬于北京，拉旺多尔济去世后与公主合葬，园寝建在今"朝阳区将台乡大陈各庄村东，……俗称

那（王府）公主坟"[1]（图2-86）。

园寝占地面积很大，建有"月河、神桥、碑楼、宫门、朝房、享殿、宝顶等"[2]，这些建筑在清朝灭亡后陆续被拆卖，至1944年"仅公主坟那王坟宝顶残存"[3]，据此可知，额驸拉旺多尔济虽与公主合葬于一座园寝，但未葬在同一个宝顶内，而是另建宝顶，其位置可能与公主宝顶并排。据冯其利先生考证，公主园寝西侧也建有一座园寝，内葬有"额驸拉旺多尔济之孙亲王车登巴扎尔、曾孙亲王达尔玛"[4]。这座园寝也建有宫门、享殿等建筑。由以上叙述，可知公主园寝所在地当为拉旺多尔济家族茔地。

园寝在民国后逐渐被毁。1937年，为了偿还西什库教堂神甫包士杰的债务，公主园寝的松柏树被砍伐卖掉。之后，公主地宫屡屡被盗。1944年，那王六太太汪氏做主，卖掉了公主园寝内的砖瓦石块，仅留存公主与那王宝顶。直到1966年公主宝顶依然存在[5]。今地上、地下建筑均已不存。

公主额驸拉旺多尔济，博尔济吉特氏，祖父是超勇亲王额驸策棱，父亲是札萨克和硕亲王成衮札布。乾隆二十九年(1764)拉旺多尔济封世子。乾隆三十五年(1770)七月尚高宗七女固伦和静公主，授固伦额驸，俗称"七额驸"[6]。翌年，袭封札萨克和硕亲王爵。乾隆四十年（1775）授领侍卫内大臣，兼都统。嘉庆时，多次因救驾而立功。嘉庆八年(1803)闰二月"仁宗乘舆入顺贞门，有陈德者伏门侧突出，侍卫丹巴多尔济御之，被三创，拉旺多尔济挼其腕，乃获而诛之，赐御用补褂，封其子巴彦济尔噶勒辅国公"[7]。据说，拉旺多尔济随仁宗至木兰围场打猎，为救圣驾，还曾与熊搏斗，被抓伤，成为跛脚。今按《清仁宗实录》嘉庆十一年（1806）十二月谕："本日拉旺多尔济于站班伺候引见后忽碰头陈奏。伊向有腿疾，从前蒙高宗纯皇帝许令太监扶掖行走。"据此可知，早在高宗乾隆时期，拉旺多尔济就患有腿疾，高宗皇帝许令太监扶掖行走，可知其腿跛缘于早年腿疾，而非嘉庆年间救驾所致。嘉庆二十一年（1816）五月十六日，拉旺多尔济病逝，后与公主合葬。

四、清高宗第八女（1757—1767）埋葬处

清高宗第八女，乾隆二十二年（1757）十二月初七日戌时生，母亲是高宗忻贵妃戴佳氏。八公主在乾隆三十二年（1767）五月二十一日未时卒，时年仅十一岁，死时尚未得封。后祔葬于端慧太子园寝中。《光绪顺天府志》记载，"端慧太子园寝在（蓟）州东三十里朱华山"[8]，即今天津市蓟县孙各庄乡朱华山村的朱华山南麓（图2-87）。

端慧皇太子园寝"乾隆八年建，设立千总一员、外委一员、马兵七名，以守护焉。乾隆九年建成"[9]。园寝日常管理人员，设"内副管领、尚茶副、尚膳副各一人，执事人役二十

1　胡玉远主编《燕都说故》，第527页，北京燕山出版社，1996年。

2　胡玉远主编《燕都说故》，第527页，北京燕山出版社，1996年。

3　胡玉远主编《燕都说故》，第527页，北京燕山出版社，1996年。

4　胡玉远主编《燕都说故》，第527页，北京燕山出版社，1996年。

5　参见胡玉远主编《燕都说故》，第527页，北京燕山出版社，1996年。

6　按《清高宗实录》卷九百四十九记载：乾隆三十八年十二月二十日像妃薨逝，"着辍朝三日。派皇八子、皇十二子、七公主、及七额驸拉旺多尔济穿孝"。

7　《清史稿》卷二百九十六《策棱传》附。

8　《光绪顺天府志》卷二十六《冢墓》，北京古籍出版社，1987年。

9　《光绪顺天府志》卷二十六《冢墓》，北京古籍出版社，1987年。

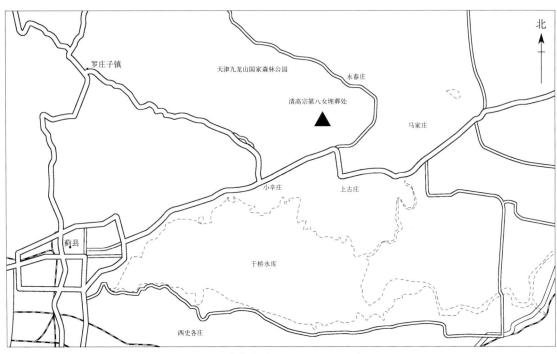

图2-87 清高宗第八女埋葬位置示意图

名，……礼部读祝官二人，赞礼郎三人，执事人役六名，八旗委署翼领一人，防御七人，委
署骁骑校及领催马甲四十名……"[1]

　　该园寝规制为，"琉璃花门一座，广一丈八尺四寸，纵八尺，檐高一丈二尺。前正中
享殿一座，广六丈五尺四寸，纵三丈四尺，檐高一丈四尺。两庑各五间，广四丈八尺，纵二
丈四尺五寸，檐高一丈三尺五寸。东有燎炉一座，广九尺三寸，纵六尺六寸，高七尺。南有
大门三，广五丈一尺，纵二丈二尺，檐高一丈一尺五寸。门外设守护班房，东西厢各三间，
广三丈六尺七寸，纵二丈一尺七寸，檐高一丈二寸。围墙周长一百三十丈二尺。高一丈一
尺"[2]。据《大清会典事例》卷四三二记载，园寝享殿五间及两庑大门均覆盖绿瓦。该园寝
坐北朝南，北部靠山为元宝山，前临翠屏湖。乾隆皇帝第八女——俗称八公主即祔葬在该园
寝中。端慧皇太子葬在园寝的最北部正中位置，公主地宫"在端慧皇太子地宫前的东南角
上，……单独安葬，其墓穴称为'天落地'"[3]。地宫坐标大概是北纬40°07.026′，东经
117°34.946′。所谓"天落地"满语意思为无墓道的池子，公主夭折，死后入葬，地面不
起宝顶。这与康熙年间为夭亡皇子所订立的葬制相同，"康熙中，定制，凡皇子殇，备小式
朱棺，祔葬黄花山，唯开墓穴平葬，不封不树"[4]。八公主夭折，葬后地面不起宝顶，故名
"天落地"。清西陵的端亲王、怀亲王园寝也是这种葬式，二位亲王"因年幼夭亡，皆为火
葬，盛殓骨灰的瓷制宝罐于乾隆二年（1737）十一月初七日分别安葬于园寝地宫内，且地面
不建宝顶，是典型的天落池形式"[5]。除八公主外，端慧皇太子园寝中还祔葬有乾隆皇帝的
六个儿子，即高宗第七子悼敏皇子永琮、九阿哥、十阿哥、十三阿哥永璟、十四阿哥永璐、

1 《清会典事例》卷九百四十七《工部》。

2 《清会典事例》卷九百四十九《工部》。

3 《蓟县志》编修委员会《蓟县志》，第754页，南开大学出版社，1991年。

4 《清史稿》卷九十三《礼志》。

5 《千年易县 绿色之州——易县旅游指南》，第25页，河北美术出版社，2005年。

十六阿哥。这几位皇子分别葬在端慧皇太子葬所东西两侧。端慧皇太子园寝在1927年被盗毁，现仅有端慧皇太子与左侧永琮地宫遗址坑存在，八公主葬处已变为农田。

那苏图，八公主外祖父，字义文，满洲镶黄旗人。康熙五十年（1711）袭封拖沙喇哈番世职，获任蓝翎侍卫。雍正年间，历官黑龙江、奉天将军。乾隆元年（1736）擢兵部尚书。二年（1737），调刑部，授江南总督。协办吏部尚书顾琮请江、浙沿海设塘堡，复卫所。在任期间，多有治边良策，乾隆皇帝嘉其有封疆大臣之度。后以忧去。乾隆五年（1740）授刑部尚书。翌年，调任湖广总督，再调两江总督，旋调闽浙两广、直隶。十二年（1747）随乾隆皇帝东巡到通州，赏白金万两。后，加太子少傅、太子太保衔，授领侍卫内大臣，仍留总督任。乾隆十四年（1750）命暂署河道总督。卒，赐祭葬，谥恪勤。

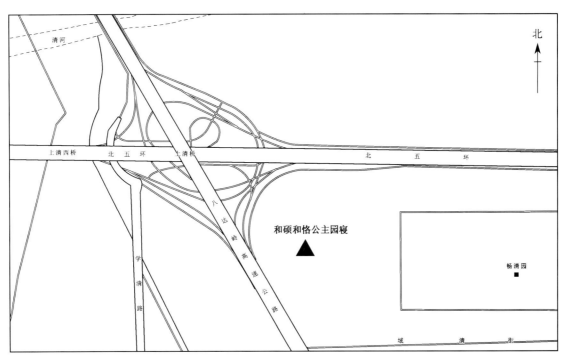

图2-88 和硕和恪公主园寝地理位置示意图

五、清高宗第九女和硕和恪公主（1758—1780）园寝

和硕和恪公主，清高宗第九女，母亲是孝仪纯皇后魏佳氏。公主乾隆二十三年（1758）七月十四日戌时生，乾隆三十六年（1771）十二月，封和硕和恪公主。三十七年（1772）八月，许配协办大学士兆惠之子、一等武毅谋勇公散秩大臣札兰泰。乾隆四十五年（1780）十一月十九日卯时，公主去世，时年仅二十三岁。公主园寝位于北京市朝阳区洼里乡关西庄村南，俗称"九公主坟"（图2-88）。

该园寝为公主与额驸札兰泰合葬园寝。据冯其利调查，园寝"坐北朝南。外有东西朝房各三间。宫门三间，与红皮砖墙相连接。院内正中享殿三间，旁边有东西角门。后边是月台一座。上边是大红宝顶。宝顶与后墙之间植有白果松，院内植有松柏树"[1]。

据当地老人讲，在公主园寝西南250米处为兆惠墓，兆惠墓地原有四统碑，其他三统在

1　胡玉远主编《燕都说故》，第520页，北京燕山出版社，1996年。

建八宝山公墓时被拉走[1]。据此可知，该地除札兰泰与公主合葬园寝外，还有札兰泰之父兆惠的墓。兆惠墓地除兆惠的墓碑外，还有另外三统碑，可能是其前代或后辈的碑。由此可判定公主园寝建在额驸札兰泰家族茔地范围内。

辛亥革命后，北京城里前井胡同德公府还有兄弟四人到公主园寝内住过一段时间。尔后园寝内的松柏树、砖瓦石片和可耕地陆续被卖掉。公主园寝仅剩颓瓦残垣和宝顶残存。1937年冀东保安队退至北郊，盗坟掘墓，公主园寝也遭噩运[2]。今园寝遗址已荡然无存。

公主额驸札兰泰，又作扎兰泰，乌雅氏，协办大学士、一等武毅谋勇公兆惠之子。乾隆三十年(1765)七月，札兰泰袭父爵，封一等武毅谋勇公，正黄旗。乾隆三十六年(1771)，授散秩大臣。乾隆三十七年(1772)，娶乾隆皇帝第九女和硕和恪公主。乾隆五十三年(1788)三月十七日，札兰泰去世。嘉庆八年（1803）诏谕内阁："据正黄旗满洲都统奏称：一等武毅谋勇公英俊身故无嗣，请将兆惠之弟瑚什图之孙百善保承嗣一摺。英俊系扎兰泰之子，扎兰泰曾尚和恪和硕公主。今英俊绝嗣，兆惠及公主、额驸均不可无承祀之人。且此公爵乃兆惠所立，兆惠劳绩懋著，理应世袭罔替。阅该旗所进家谱内，载瑚什图之子瑚图礼现有四子，着交该旗于年终承袭世职时，瑚图礼之子百善保等四人全行带领引见，候朕拣放。即将袭爵之人为扎兰泰继嗣承祀。"[3]札兰泰之子英俊无子，英俊死后，念及额驸札兰泰与和硕和恪公主无承祀之人，十二月，嘉庆皇帝选兆惠的弟弟瑚什图之孙百善保承祀[4]。

六、清高宗第十女固伦和孝公主（1775—1823）园寝

固伦和孝公主，清高宗第十女，乾隆四十年（1775）正月初三日丑时生，母亲为惇妃汪氏。"主，高宗少女，素所钟爱，未嫁，赐乘金顶轿"[5]。乾隆四十五年（1780）五月，十公主五岁，乾隆皇帝就为其指大臣和珅的儿子钮祜禄氏丰绅殷德为额驸。乾隆五十一年（1786）八月，公主虽未获固伦公主封号，但是乾隆皇帝特意恩准其与固伦公主一样可以乘坐金顶轿。第二年正月，公主及笄，乾隆皇帝谕："前于十公主指额驸时，曾经降旨，俟年及岁，再将指婚一切礼仪，着该部查例举行。兹公主年已十三岁，朕之幼女，生质端庄，天性敏慧，温和笃厚，朕优爱之。本年又值及笄吉礼，着加恩晋封为固伦公主。"[6]按大清制度，妃所生女只能封和硕公主，但乾隆皇帝破例恩准晋封十公主为固伦和孝公主，可见对其宠爱之甚。乾隆五十四年（1789）十一月二十七日，公主出嫁。嘉庆四年（1799）正月，和珅贪赃之事暴露，家产遭查抄。嘉庆皇帝特命留下部分资产以赡养公主。道光三年（1823）九月初十日子时，公主去世，时年四十九岁。

和孝公主薨逝后，"葬在今海淀区永丰乡东北与昌平区沙河镇西南交接处，该地原有一小村名公主坟村，即其园寝故址"[7]，属永丰乡东玉河村委会辖区（图2-89）。现在园寝地面

1　胡玉远主编《燕都说故》，第520页，北京燕山出版社，1996年。

2　参见胡玉远主编《燕都说故》，第520页，北京燕山出版社，1996年。

3　《清仁宗实录》卷一百一十三。

4　《清史稿》卷一百六十八《诸臣封爵世表》，记载：一等武毅谋勇公三次袭"百善保。……嘉庆八年十二月袭"。

5　《清史稿》卷一百六十六《公主表》附载。

6　《清高宗实录》卷一千二百七十三。

7　宋大川、夏连保《清代园寝制度研究》，第239页，文物出版社。2007年。

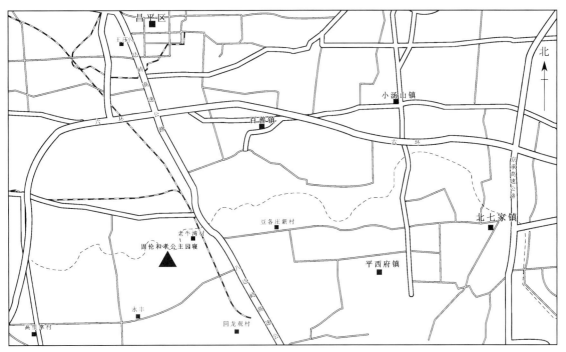

图2-89 固伦和孝公主园寝地理位置示意图

建筑早已被平毁，遗址上面已建起楼房，不可考寻了。

公主的额驸丰绅殷德，字天爵，号润圃，钮枯禄氏。其父和珅，乾隆朝曾官御前大臣、大学士，封忠襄伯。丰绅殷德为和珅独子，不但生得相貌"俊逸可喜"，且琴棋书画无所不能，著有诗集《延禧堂诗钞》[1]。乾隆四十五年（1780）诏谕："尚书和珅之子赐名丰绅殷德，指为十公主之额驸。赏戴红绒结顶、双眼孔雀翎、穿金线花褂。待年及岁时，再派结发大臣举行指婚礼"[2]。由于公主年幼，直到乾隆五十四年（1789）才为两人举行了婚礼，赏"固伦额驸丰绅殷德紫禁城骑马"[3]。乾隆五十五年（1790），丰绅殷德官散秩大臣，累官都统兼护军统领、内务府大臣。嘉庆四年（1799）和珅贪赃枉法之事被查明，家产籍没，"仁宗命留资为主养赡"[4]。仁宗"以润圃（丰绅殷德号）尚主，特有意全之。润圃亦小心谨畏，克保其世"[5]。嘉庆七年（1802）十二月，丰绅殷德获赐民公品级。嘉庆八年（1803）因事罢官，旋拜副都统。十二年（1807）授伯爵品级。嘉庆十五年（1810）四月，晋公爵，"丰绅殷德再赐公爵品级，亦以主故推恩也"[6]。四月十七日，额驸丰绅殷德去世，时年四十岁。

七、和硕和恭亲王弘昼长女和硕和婉公主（1734—1760）园寝

和硕和婉公主，清高宗侄女，和硕和恭亲王弘昼长女，其母为亲王嫡福晋吴扎库氏。公主生于雍正十二年（1734）六月二十四日申时。乾隆初，抚养宫中，封和硕和婉公主。十五年（1750）十二月，下嫁额驸巴林博尔济吉特氏德勒克。乾隆二十五年（1760）三月十七日

1　徐世昌编、闻石点校《晚晴簃诗汇》卷一百三《丰绅殷德》，中华书局，1990年。

2　《清高宗实录》卷一千一百七。

3　《清高宗实录》卷一千三百四十四。

4　《清史稿》卷一百六十六《公主表》附载。

5　徐世昌编、闻石点校《晚晴簃诗汇》卷一百三《丰绅殷德》，中华书局，1990年。

6　《清史稿》卷一百六十六《公主表》附载。

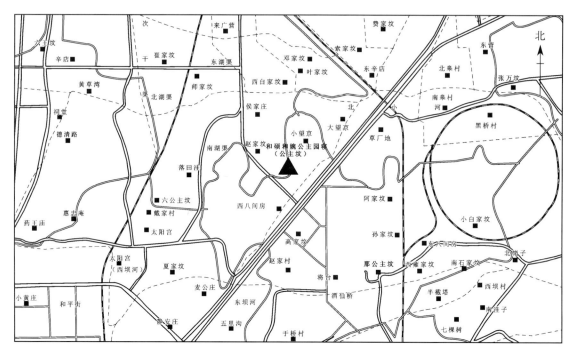

图2-90 和硕和婉公主园寝地理位置示意图 （据1976年北京市地质地形测绘处编制《北京市地图册》）

未时，公主薨，时年二十七岁。甲子日，"上临和硕和婉公主丧次，赐奠"[1]。

和硕和婉公主薨逝后，葬在今北京市朝阳区望京街道大山子西里一带（图2-90）。"园寝周围渐成村落，1966年定名公主坟村，即因埋葬和硕和婉公主而得名。该村隔京顺公路与大山子北里相望。后来在修筑望京街时，全村搬迁，村名从此不存在"[2]。今园寝已无任何遗迹。

和硕和婉公主额驸为巴林辅国公德勒克，博尔济吉特氏，巴林辅国公郡王林沁长子。乾隆十五年（1750）德勒克与和硕和婉公主成婚，获封和硕额驸。乾隆二十一年（1756）六月，因德勒克"材具平常，不谙蒙古事务"[3]，故而以其弟巴图承袭郡王爵，德勒克降封公爵。乾隆四十八年（1783）诏谕："德勒克原系王琳沁（即林沁）长子，伊父出缺，即应德勒克承袭。彼时因德勒克身体微弱，伊弟巴图汉仗马上俱好，故令巴图承袭郡王，德勒克封为公爵。惟德勒克内廷行走多年，且在清字经馆繙经，久经效力，着加恩封为固山贝子。"[4]乾隆五十九年（1794）德勒克病逝，后与公主合葬。德勒克无嗣，谕以"巴林郡王巴图次子赛尚阿承继"[5]。

第八章 清仁宗（嘉庆皇帝颙琰）系公主园寝

一、清仁宗第三女庄敬和硕公主（1781—1811）园寝

庄敬和硕公主，清仁宗第三女，乾隆四十六年（1781）十二月十七日巳时生，其母为和裕皇贵妃刘佳氏。嘉庆六年（1801）十一月，封庄敬和硕公主，下嫁科尔沁郡王博尔济吉特氏索特纳木多布济。索特纳木多布济因尚主获封御前大臣。嘉庆十六年（1811）三月十二

1　《清史稿》卷十二《高宗本纪》。

2　宋大川、夏连保《清代园寝制度研究》，第239页，文物出版社，2007年。

3　《清高宗实录》卷五百一十四。

4　《清高宗实录》卷一千一百七十五。

5　《清高宗实录》卷一千一百三十九。

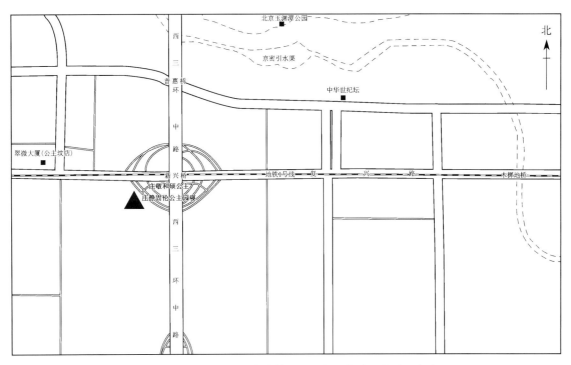

图2-91 庄敬和硕公主与庄静固伦公主园寝地理位置示意图

日戌时，公主去世，终年三十一岁。据《清史稿·公主表》公主死后被安葬在王佐村园寝。"按王佐村清末改名苑家村，即今北京市海淀区复兴门外公主坟，位于复兴路与三环交会处。……其故址现为街心公园"[1]（图2-91）。

关于公主园寝建筑，王同祯先生曾访问原雍和宫管委会主任、庄静固伦公主五代孙林勤。据林勤先生回忆，当年公主园寝方圆大约有十几亩，园中草木繁茂，松槐蔽日。园寝内葬着同在嘉庆十六年（1811）去世的仁宗第三女庄敬和硕公主和第四女庄静固伦公主。园寝坐北朝南，园寝的最北部有东西并列的两个宝顶。其中，西侧的宝顶较小，葬的是庄敬和硕公主，"其位置大约在今地铁站西北角出口处"[2]。东侧宝顶较大，葬的是庄静固伦公主与额驸玛尼巴达喇，"其位置大约在今地铁站东北角出口处"[3]，两座宝顶的正前方（正南）各有一座规模不大的享殿，两座殿均为悬山顶式，面阔三间。两座殿的不同之处在于屋顶琉璃瓦的颜色，和硕公主的享殿为"绿色琉璃瓦顶"[4]，固伦公主的享殿为"黄色琉璃瓦顶"[5]。两座殿前方两侧共有"两排朝房，是供祭祖的人休息的地方"[6]。按：虽然两公主共用一个宫门、一座围墙，但却各自建有享殿，说明仍然是按照两座园寝的规制修建的。

公主园寝在建国以前曾遭到盗掘，1939年，"看坟的人勾结日寇和（冀东殷汝耕）保安队，曾用三个昼夜时间，在公主坟四周架起机枪，公开盗墓，把两座坟墓里的珍宝盗窃一空"[7]。事后，林勤先生找人将两公主的遗骸重新装殓后埋葬。日伪时期要修建一个新北京

1　宋大川、夏连保《清代园寝制度研究》，第240页，文物出版社，2007年。

2　王同祯《公主坟琐考》，《北京文物与考古》（第6辑），第315页，民族出版社，2004年。

3　王同祯《公主坟琐考》，《北京文物与考古》（第6辑），第315页，民族出版社，2004年。

4　王同祯《公主坟琐考》，《北京文物与考古》（第6辑），第315页，民族出版社，2004年。

5　王同祯《公主坟琐考》，《北京文物与考古》（第6辑），第315页，民族出版社，2004年。

6　王同祯《公主坟琐考》，《北京文物与考古》（第6辑），第315页，民族出版社，2004年。

7　王同祯《公主坟琐考》，《北京文物与考古》（第6辑），第315页，民族出版社，2004年。

图2-92　庄敬和硕公主墓前享殿

城，按当时的规划，"一条东西大道从复兴门往西，正好从公主坟中心通过，公主的后代们当然不会同意毁掉自己的祖坟，经全家商议，决定集资八千块银元，由林勤先生的五哥沁布多尔济委托蒙藏学校的敖景文校长疏通这件事，经敖景文疏通联络，日伪建设总署收到这笔款后，工程改道而行，躲过陵区，从北侧（今城乡贸易中心门前）绕道西行。……1965年修建一线地铁时，又一次遇到了东西横穿公主坟的问题，按照当时的技术条件，只能大开膛式的施工，埋在地下的墓穴及所剩无几的文物将要全部被毁，当海淀区政府征地拆迁办公室的人与林勤先生的家人商讨此事时，他们全家顾全大局，痛快地交出了龙票和其他附属文件，龙票即后来的地契。地铁竣工后，地面上除多了四个站房和几个通风口外，地面基本上能保持原貌，园区里留有一些古树，东部修建了音乐喷泉，成为西郊一处休闲娱乐场所。20世纪扩建三环路时，一座高大的立交桥把陵区劈成四块，陵园的地上风貌彻底消失"[1]。"历经多年风云变幻，现在只有西侧三公主墓前仍立着一座享殿，虽为后来翻建，但基本保持了原貌，被列为海淀区文物保护单位"[2]（图2-92）。

　　公主额驸为索特纳木多布济。索特纳木多布济，博尔济吉特氏，是额驸科尔沁郡王齐默特多尔济的孙子，巴勒珠尔的长子。乾隆四十八年（1783）索特纳木多布济袭封科尔沁郡王爵。嘉庆六年（1801）索特纳木多布济娶嘉庆皇帝第三女庄敬和硕公主，被授予御前大臣，并获赐紫缰。嘉庆二十五年（1820）仁宗去世之前，索特纳木多布济受顾命，辅佐道光皇帝。道光五年（1825）索特纳木多布济去世，道光皇帝追赠亲王号。额驸与公主无子嗣，道光帝命以索特纳木多布济的侄子僧格林沁为后。

二、清仁宗第四女庄静固伦公主（1784—1811）园寝

　　庄静固伦公主，清仁宗第四女，母孝淑睿皇后喜塔腊氏。公主乾隆四十九年（1784）九月初七日申时生，嘉庆七年（1802）十一月，封庄静固伦公主，下嫁博尔济吉特氏袭土默特贝勒玛尼巴达喇，仁宗"以春熙院赏给庄静固伦公主居住"[3]。嘉庆十六年（1811）五月初七日丑时，公主去世，时年二十八岁。据《清史稿·公主表》，庄静公主被安葬于王佐村，其地即今北京市海淀区复兴门外公主坟。公主卒后与额驸合葬。二人的合葬墓与庄敬和硕公主墓在同一园寝内。庄静固伦公主与庄敬和硕公主虽然葬在同一座园寝，但却分别有各自的享殿。

1　王同祯《公主坟琐考》，《北京文物与考古》（第6辑），第315页，民族出版社，2004年。
2　王同祯《公主坟琐考》，《北京文物与考古》（第6辑），第315页，民族出版社，2004年。
3　《清会典事例》卷一千一百九十五《内务府》。

整个园寝中共有两座宝顶，其中庄静公主与额驸玛尼巴达喇合葬于一个宝顶，庄敬公主葬在另一个宝顶。1965年修建地铁一号线时，庄静公主地宫被毁，地宫为"砖石砌筑，非常坚固，面积约16平方米，未见墓志。棺木很结实，为夫妻合葬，陪葬品有兵器、蒙古刀、怀表等"[1]。庄静公主与庄敬公主"宝顶前方（南侧）各有一座规模不大的享殿，悬山顶，面阔三间，和硕公主的享殿为绿色琉璃瓦顶，固伦公主的殿为黄色琉璃瓦顶，殿前方两侧有两排朝房，是供祭祖的人休息的地方。""现在只有西侧三公主（庄敬公主）墓前仍立着一座享殿，虽为后来翻建，但基本保持了原貌，被列为海淀区文物保护单位。……东侧四公主（庄静公主）墓前的享殿早已损毁不见"[2]。两座宝顶后原来都种有一圈繁茂的白皮松，"如今东侧四公主墓宝顶后仍有九棵白皮松"[3]。

公主额驸为土默特贝勒玛尼巴达喇，博尔济吉特氏，蒙古土默特部，其父为副都统朋素克琳。嘉庆四年（1799）玛尼巴达喇袭封土默特固山贝子。嘉庆七年（1802）玛尼巴达喇娶仁宗第四女庄静固伦公主。嘉庆十四年（1809）正月，嘉庆皇帝赏用黄缰。玛尼巴达喇历官前锋统领、都统、御前大臣，加郡王爵，并获赐四团龙补服。嘉庆十六年（1811）庄静固伦公主去世，玛尼巴达喇之父朋素克琳越过理藩院，私自上奏请将庄静固伦公主金棺请至土默特地方安葬，遭到革职圈禁的处分。道光十一年（1831）玛尼巴达喇的爵位由固山贝子晋封为贝勒。道光十二年（1832）十一月初九日，玛尼巴达喇去世，与公主合葬于王佐村园寝。

三、清仁宗第五女追封慧安和硕公主（1786—1795）园寝

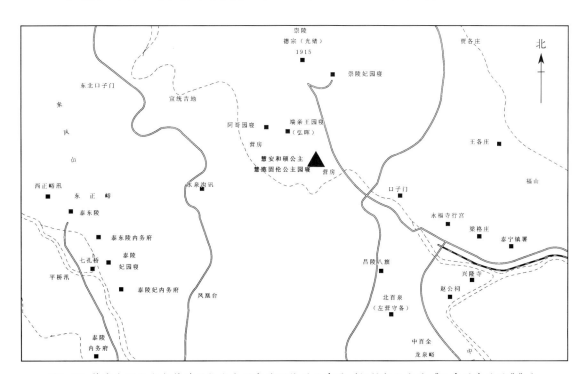

图2-93 慧安和硕公主与慧愍固伦公主园寝地理位置示意图（据侯仁之主编《北京历史地图集》）

1　北京市文物事业管理局编《北京名胜古迹辞典》，第270页，北京燕山出版社，1989年。

2　王同祯《公主坟琐考》，《北京文物与考古》（第6辑），第315页，民族出版社，2004年。

3　王同祯《公主坟琐考》，《北京文物与考古》（第6辑），第315页，民族出版社，2004年。

追封慧安和硕公主，清仁宗第五女，其母为逊妃沈氏。公主乾隆五十一年（1786）十一月十一日巳时生，乾隆六十年（1795）五月初七日寅时，卒，时年仅十岁。嘉庆二十三年（1837）三月，追封慧安和硕公主。

"此女死后，其灵柩一直在京师的静安庄暂安，直到嘉庆八年（1803）才开始修建公主园寝"[1]。园寝在当时的清西陵易州梁格庄，今属河北省易县梁各庄镇张各庄村（图2-93）。嘉庆十年（1805）三月，园寝修建完毕，以彩棺正式下葬，嘉庆二十三年（1837）诏谕内阁："五公主着追封为慧安和硕公主，同慧愍固伦公主着弘善制造牌位二座。"[2] "慧安公主园寝建筑为宝顶两座，园寝正中享殿一座……桥一座。"[3]

2008年10月，笔者一行前往调查，公主园寝的部分建筑今已按原样修复。该园寝坐北朝南，经GPS定位，位置在北纬39°23.140′，东经115°22.795′处。园寝规模较小，建筑均按照中轴线左右对称的格局修建，甬道、神道贯通园寝南北，构成园寝的中轴线。园寝外正对宫门有单孔汉白玉平桥一座。桥北有东西相对的厢房各三间，东侧为饽饽房（图2-94），西侧为茶膳房（图2-95），两房相距28.7米。再往北，由围墙、宫门围成一长方形院落，院落南北长65.65米，东西宽37.3米。院落的南部正中为面阔11.02米的宫门三间（图2-96），宫门两侧与围墙相连，宫门正北15.65米处为享殿，享殿面阔与宫门同，进深10.87米，尚未重建。今仅将享殿基址恢复，上仍保留有16根柱础，享殿基址三间（图2-97）。享殿后，有神道直通二进院。宝顶所在的二进院，与其他公主园寝不同，这座园寝的二进院高出地面约两米，院落南部边沿修有半米高的灰色矮墙，东西则与虎皮墙相连，形成一个规则的长方形"高泊岸"式院落[4]（图2-98），围墙南部正中有砖砌19级的台阶。两座宝顶（图2-99）建在一座月台之上，正中宝顶安葬的是仁宗五女慧安和硕公主，东侧宝顶安葬的是慧愍固伦公主。由于两公主均为夭折，宝顶均用灰砖砌筑，无须弥底座，宝顶基座前各有台阶三级，2005年修复后，两宝顶已变身为橘红色。宝顶之后为虎皮墙，该园寝虎皮墙与其他园寝的半圆形不同，是规则的方形，可能是受皇帝、皇后陵寝建制的影响。该园寝虽埋葬着固伦公主、和硕公主，但是建制较低，甚至低于普通的和硕公主园寝规制，顺治年间规定，和硕公

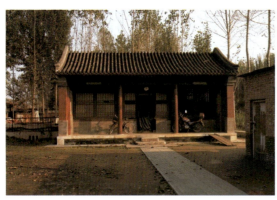

图2-94 张各庄公主园寝饽饽房

图2-95 张各庄公主园寝茶膳房

1　孙泓洁、祝天华《清西陵和它的守望者》，第112页，河北美术出版社，2008年。
2　《清仁宗实录》卷三百四十。
3　那凤英《清西陵探源》，第271页，河北科学技术出版社，2004年。
4　孙泓洁、祝天华《清西陵和它的守望者》，第114页，河北美术出版社，2008年。

图2-96 张各庄公主园寝宫门

图2-97 张各庄公主园寝享殿基址

图2-98 张各庄公主园寝高泊岸式院落

图2-99 张各庄公主园寝公主宝顶

主园寝建"门一,饰朱红油,不绘彩;茶饭房三间;碑一统;坟院围墙七十丈"[1]。而慧安和硕公主园寝宫门三间,用灰瓦覆顶,围墙仅仅五十二丈六尺八寸,且没有立碑。分析其原因,大概是由于公主年幼夭折,加之嘉庆以后园寝规制从简,因此没有严格遵照园寝规制建造。由于慧愍固伦公主去世晚于慧安和硕公主,且祔葬在慧安和硕公主的园寝内,因此园寝的主位葬的是慧安和硕公主,而不是慧愍固伦公主。

嘉庆八年(1803)议准:"梁各庄五公主园寝,增设额外外委一人,守兵二十五名。应建衙署营房,照泰甯镇之例,增盖拨给居住。"[2]

慧安和硕公主母为仁宗逊嫔沈佳氏。内务大臣沈永和之女。沈佳氏溘逝早,嘉庆二年(1797)四月,嘉庆皇帝谕内阁:"从前朕之侧福晋完颜氏、格格关氏沈氏,或系皇父指赏,或生有公主,今俱早已溘逝。着加恩将侧福晋完颜氏追封恕妃,……格格沈氏追封逊嫔,交内务府大臣等按其追封品级,照例办理。暂停于静安庄之傍所,俟万年吉地工程完竣,随同皇后梓宫送往。"[3]

四、清仁宗第九女慧愍固伦公主(1811—1815)园寝

慧愍固伦公主,清仁宗第九女,"嘉庆十六年辛未正月二十五日巳时生,二十年乙亥五

---

1 《清会典事例》卷九百四十九《工部》。

2 《清会典事例》卷九百四十七《工部》。

3 《清仁宗实录》卷十六。

月二十二日酉时殇"[1]，时年仅五岁。死后金棺暂安"田村殡宫"[2]，并于同年九月，被安葬在西陵附近易州梁格庄园寝，与仁宗第五女慧安固伦公主同葬一园中[3]，园寝今位于河北省易县张各庄村。嘉庆二十年（1815）五月"追封九公主为慧愍固伦公主"[4]。嘉庆二十三年（1818）下旨，"慧安和硕公主、慧愍固伦公主着归为一体，四时致祭"[5]。

慧愍固伦公主园寝规制为："正中飨殿一座，广三丈一尺，纵一丈九尺，檐高一丈。南有大门，广三丈一尺，纵一丈三尺，檐高九尺五寸。门外设守护班房，东、西厢各三间，广二丈八尺，纵一丈二尺，檐高九尺。围墙周长五十二丈六尺八寸，高七尺三寸"[6]。2008年10月，笔者一行前往调查，公主园寝的部分建筑今已按原样修复。园寝现状参见慧安和硕公主部分。该园寝虽埋葬着固伦公主，但是建制较低，顺治年间规定，固伦公主园寝建"门三，饰朱红油，绘五彩小花，覆以绿琉璃瓦；茶饭房三间；碑亭一座；坟院围墙八十丈"[7]。该园寝宫门用灰瓦覆顶，而非绿色琉璃瓦。围墙仅五十二丈六尺八寸，而非八十丈。没有建碑楼、没有立碑。分析其原因，大概是由于慧愍公主虽号固伦，但由于是年幼夭折，又是祔葬于其姐慧安和硕公主的园寝内，因此该园寝的建制没有再改动，加之嘉庆以后园寝规制从简，因此该园寝并没有严格按照园寝规制修建。

陵寝管理人员的设置为头目一名，差役九名，专司祭祀差务。随着清王朝的日益衰落，对公主园寝日益疏于管理，至光绪年间，园寝的围墙、院门、门楼已经出现坍塌情况，由于国库空虚，无力修复。清王朝灭亡后，公主园寝因无人管理而变得更加萧条破败。

公主之母为仁宗恭顺皇贵妃钮祜禄氏。钮祜禄氏，嘉庆初选入宫，封如贵人，累进如妃。如妃生两女一子。两女为仁宗第八女与仁宗第九女慧愍固伦公主，第八女生未期年即殇。子为仁宗第五子惠端亲王绵愉。如妃历仁宗、宣宗、文宗三朝。宣宗时尊如妃为皇考如皇妃，居寿安宫。文宗咸丰元年（1851）又加尊号为皇祖如皇贵太妃。咸丰十年（1860）闰三月初三日，如皇贵太妃薨，享年七十四。礼部奉旨："不必辍朝。赠谥为恭顺皇贵妃。一应礼仪与乾隆四十九年纯懿皇贵妃丧礼同。"[8]

第九章 清宣宗（道光皇帝旻宁）系公主园寝

一、清宣宗长女追封端悯固伦公主（1813—1819）园寝

追封端悯固伦公主，清宣宗长女，嘉庆十八年（1813）七月初三日酉时生，母孝慎成皇后佟佳氏。嘉庆二十四年（1819）十月二十日酉时，女殇，时年七岁。初，嘉庆皇帝追封郡主。嘉庆二十五年（1820）九月，道光皇帝即位，诏谕："朕长女着追封为端悯固伦公

1 《爱新觉罗家谱·星源吉庆》之《仁宗睿皇帝》，第81页，学苑出版社。
2 孙泓洁、祝天华《清西陵和它的守望者》，第112页，河北美术出版社，2008年。
3 尚红英《清西陵·公主园寝》，第20页，河北科学技术出版社，2004年。
4 《清仁宗实录》卷三百六。
5 《清会典事例》卷一千一百八十六《内务府》。
6 《清会典事例》卷九百四十九《工部》。
7 《清会典事例》卷九百四十九《工部》。
8 《清会典事例》卷四百九十五《礼部》。

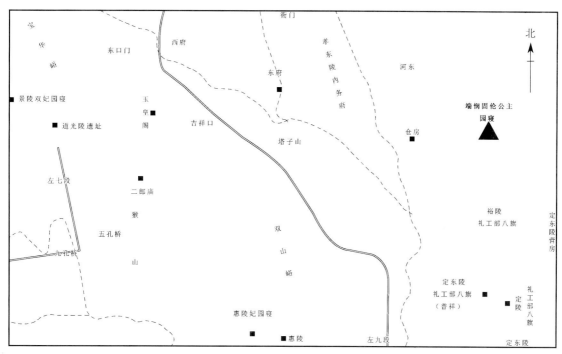

图2-100 端悯固伦公主与二公主园寝地理位置示意图（据侯仁之主编《北京历史地图集》）

主。”[1]道光七年（1827）公主入葬许家峪园寝。

公主园寝今位于河北省遵化市马兰峪镇许家峪村西（图2-100），在其西部不远即为马兰河，马兰河是清东陵陵区的东部风水墙界，河西属于风水墙内的主陵区范围，河东则属于主陵区之外，该园寝恰处在陵区东南的风水墙外。园寝建在此处，是因为道光皇帝最初将自己的陵址选在东陵的宝华峪，将早夭的女儿葬在自己陵园附近，是出于父女亲情。道光元年（1821）在监修大臣东陵内务府郎中庆玉的监督下，公主园寝开始兴建，道光七年（1827）园寝修建完毕，公主入葬。后由于宝华峪陵园地宫进水，道光皇帝将自己的陵寝改建到西陵，公主园寝却没有随迁。

《钦定大清会典事例》记载公主园寝规制为："正中飨殿一座，广三丈五尺九寸，纵二丈九尺八寸，檐高一丈一尺三寸。南有大门，广三丈五尺二寸，纵一丈九尺。门外设守护班房，东西厢各三间。围墙周长九十一丈，高一丈三尺。"[2]园寝（图2-101）坐北朝南，由外部的东西厢房、值班房与两进院落组成。第一进院落主体建筑为宫门（图2-102）、享殿（图2-103），第二进院落内有四座宝顶（图2-104）。整个园寝的地面建筑由南到北依次是："东西厢房、东西值班房、大门、享殿、园寝门（宫门）和四座宝顶，四周环以围墙。"[3]该园寝内虽葬有固伦公主，但没有立碑，宫门前也未建月台、宫门与享殿上未绘五彩小花，享殿两侧围墙上各开一个角门以供出

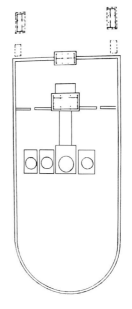

图2-101 端悯固伦公主园寝平面示意图

1　《清宣宗实录》卷五。

2　《清会典事例》卷九百四十九《工部》。

3　宋大川、夏连保《清代园寝制度研究》，第241页，文物出版社，2007年。

图2-102 端悯固伦公主园寝宫门

图2-103 端悯固伦公主园寝享殿

图2-104 端悯固伦公主园寝内的四座宝顶

图2-105 端悯固伦公主宝顶

入，享殿之后即为宝顶。总体说来较为简略。端悯公主宝顶（图2-105）位于园寝正中，地理坐标为北纬40°11.020′、东经117°42.795′。"该园寝中除了埋葬着端悯固伦公主之外，还葬有道光帝第二女即二公主、道光帝第二子奕纲和道光帝第三子奕继。该园寝为清东陵陵区唯一的一座公主园寝"[1]。经过实地调查发现，四座宝顶并未像慧愍固伦公主与慧安和硕公主那样建有共同的月台，而是各自平地起台基、宝顶，四座宝顶不是并列，而是有前有后，其中端悯固伦公主宝顶靠南，其他三座宝顶并列略靠北。端悯固伦公主宝顶的基座均高于、大于其他三座宝顶，直径也大于其他三座宝顶，宝顶台阶与享殿后部延伸过来的神道相连，体现了端悯公主在园寝内的主体地位。该园寝较为简略，规制低于成年的固伦公主，主要原因是公主夭折，也从侧面揭示了园寝修筑时国家财政已大不如前。园寝规制虽逊于成年的固伦公主，但是作为宣宗长女，却远远高于宣宗三女端顺固伦公主的园寝规制。端顺公主园寝建筑，数据如下："正中有飨殿一座，广二丈一尺一寸，纵如之，檐高一丈二尺三寸。南有大门，广一丈一尺九寸，纵一丈四尺四寸，檐高一丈二尺三寸。门外设守护班房，东西厢各二间，广二丈，纵一丈二尺，檐高八尺五寸。围墙周长三十二丈一尺，高一丈二尺三寸。"[2]端顺固伦公主园寝的享殿、大门、围墙规制都低于端悯固伦公主。端悯固伦公主园寝的守卫由朝廷负责，设有"领催闲散拜唐阿各十名，均照泰陵官员兵役间数给房居住"[3]。

二、清宣宗次女（1825—1825）埋葬处

清宣宗次女，道光五年（1825）正月十三日子时生，同年七月十四日卯时殇。母宣宗祥妃钮祜禄氏。女卒时尚未起名，亦未得封，仅称二公主。此女薨逝后祔葬于其姐端悯固伦公主园寝内，即河北遵化的许家峪园寝。

端悯固伦公主园寝中除祔葬二公主外，还葬有道光帝次子奕纲和三子奕继。四座宝顶依次排列，二公主宝顶紧邻端悯固伦公主宝顶，位于最西边。

公主之母为祥妃钮祜禄氏。钮祜禄氏，郎中久福女。道光初年入宫，事宣宗，为贵人。道光三年（1823）十一月，封祥嫔。道光五年（1825）正月，"命礼部尚书汪廷珍为正使，右侍郎刘彬士为副使，持节赍册印，晋封祥嫔钮祜禄氏为祥妃。册文曰：朕惟椒庭表范，柔嘉襄内职之勤；兰掖绥祺，端肃赞中宫之化。徽仪聿著，荣宠载颁。咨尔祥嫔钮祜禄氏簪珥勖虔，珩璜纳顺。史箴协度，宣蕙问以扬芬；嫔德修型，侍萱闱而笃庆。兹仰承皇太后懿旨，晋封尔为祥妃，申之册命。尔其克迓蕃厘，用助睢麟之治；祗膺茂典，弥昭翟之光。钦哉！"[4]旋复降为贵人。道光三十年（1850）正月，文宗即位，尊封皇考祥嫔。咸丰十一年（1861）十一月，穆宗即位，尊封皇祖祥妃。祥妃薨，其金棺安葬在慕东陵妃园寝。子一，宣宗第五子奕誴；两女，一为宣宗次女，一为宣宗第五女寿臧和硕公主。

三、清宣宗第三女追封端顺固伦公主（1825—1835）园寝

1　宋大川、夏连保《清代园寝制度研究》，第241页，文物出版社，2007年。

2　《清会典事例》卷九百四十九《工部》。

3　《清会典事例》卷九百四十七《工部》。

4　《清宣宗实录》卷八十一。

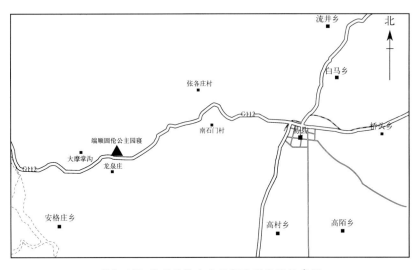

图2-106 端顺固伦公主园寝地理位置示意图

追封端顺固伦公主，清宣宗第三女，道光五年（1825）二月二十日寅时生，母为孝全成皇后钮祜禄氏。道光十五年（1835）十一月初八日，女死，时年十一岁。诏谕总管内务府大臣等："三公主年甫十一岁，资质敏慧，性情和顺，今于本月初八日薨逝，甚为悼惜。着加恩封为端顺固伦公主。并派总管内务府大臣禧恩经理事宜，一切均照固伦公主例办理。"[1] 公主薨逝后，葬在易县清西陵道光帝慕陵附近的陈门庄，今属河北省易县西陵镇龙泉庄（图2-106）。

《钦定大清会典事例》记载："陈门庄端顺固伦公主园寝：正中有飨殿一座，广二丈一尺一寸，纵如之，檐高一丈二尺三寸。南有大门，广一丈一尺九寸，纵一丈四尺四寸，檐高一丈二尺三寸。门外设守护班房，东西厢各二间，广二丈，纵一丈二尺，檐高八尺五寸。围墙周长三十二丈一尺，高一丈二尺三寸。"今地面建筑已无存，仅剩地宫、享殿遗址，在遗址周围散落着不少石构件。端顺公主园寝虽照固伦公主例修建，但其规制远远低于其姐宣宗长女端悯固伦公主园寝。端悯公主园寝，"正中飨殿一座，广三丈五尺九寸，纵二丈九尺八寸，檐高一丈一尺三寸。南有大门，广三丈五尺二寸，纵一丈九尺。门外设守护班房，东西厢各三间。围墙周长九十一丈，高一丈三尺。"[2]端悯公主园寝除了享殿檐比端顺公主享殿檐低一尺外，其余建筑规格均远远高于端顺公主园寝。端顺公主园寝与时代较早的仁宗五女慧安和硕公主与仁宗九女慧愍固伦公主园寝比较，规制也略显逊色。慧安、慧愍公主园寝，"正中享殿一座，广三丈一尺，纵一丈九尺，檐高九尺五寸。门外设守护班房，东西厢各三间，广二丈八尺，纵一丈二尺，檐高九尺，围墙周长五十丈六尺八寸，高七尺三寸。桥一座"[3]。慧安公主、慧愍公主园寝建筑除总体高度略低于端顺公主园寝外，其享殿广、围墙周长、甚至班房的间数、广度均超过端顺公主园寝。此外，慧安、慧愍公主园寝还建有一座桥。道光十六年（1836）九月诏谕曰："端顺固伦公主园寝应种松桧树四百余株。即着前经派出之文连、广亮承办，毋庸开销。所有一切移栽灌溉及保固年限，悉照廉敬所奏章程办理"[4]。据《钦定大清会典事例》："（咸丰六年）奏准和妃园寝，额设领催拜唐阿，除归并慕东陵外，仍留十名，归慕陵统属，司承应端顺固伦公主园寝差务。"[5]

1　《清宣宗实录》卷二百七十四。

2　《清会典事例》卷九百四十九《工部·园寝坟茔》。

3　那凤英《清西陵探源》，第271页，河北科学技术出版社，2004年。

4　《清宣宗实录》卷二百八十八。

5　《清会典事例》卷四百三十一《礼部》。

清代园寝志

公主母亲孝全成皇后钮祜禄氏，二等侍卫、一等男颐龄之女。钮祜禄氏进宫后，被道光皇帝册封为全嫔。后累进全贵妃。道光十一年（1831）六月己丑，贵妃生子奕詝，即后来的文宗。道光十三年（1833）钮祜禄氏进封皇贵妃，摄六宫事。道光十四年（1834）立为皇后。道光二十年（1840）正月壬寅，薨，终年三十三岁。"宣宗亲定谥曰孝全皇后，葬龙泉峪"[1]。咸丰初年，上谥。光绪年间，加谥，曰孝全慈敬宽仁端悫安惠诚敏符天笃圣成皇后。子一，文宗。女二：一殇，一下嫁德穆楚克扎布。

四、清宣宗第四女寿安固伦公主（1826—1860）园寝

寿安固伦公主，清宣宗第四女，母孝全成皇后钮祜禄氏。公主道光六年（1826）四月初六日酉时生，道光二十一年（1841）二月，十六岁，许配博尔济吉特氏头等台吉德穆楚克扎布。是月，封寿安固伦公主。六月，"敬徵奏：本年寿安固伦公主下嫁，酌拟应设官员，拨给户口章程。请将府第长史一员，由现任员外郎、内管领、副参领内拣选充补。其头等护卫一员、二等护卫二员，由副内管领、骁骑校、护军校内拣选充补。均令仍食原俸饷银，及身而止，其子孙亦不必随往当差。此四员即作为站项，无庸开缺。至三等护卫以下等员，请仍照旧章，于分给十二户护军披甲人内拣放，均食原饷，以符定制。俱着照所拟办理。又奏《会典》内载固伦公主轿车，系用金黄盖、红帏、红缘盖角、金黄垂幨，着即照《会典》办理"[2]。十月，公主出嫁。礼部得旨："此次寿安固伦公主下嫁，升舆前着免其行礼。"[3]特诏升舆前免行礼。又谕："向来固伦公主、和硕公主下嫁，额驸及额驸之父母俱给公主屈膝请安，如有赏项，亦必磕头。此等礼节，殊属不合体制。本年十月初三日寿安固伦公主下嫁后，固伦额驸德木楚克札布见公主时着站立向公主请安，公主亦站立问好。额驸之父奈曼王阿宛都瓦第札布与其福晋及额驸之生母见公主时，俱着站立给公主请安，公主亦站立向其请安。如遇公主送给额驸及额驸之父母什物等事，亦俱着站立向公主磕头，不必屈膝，以重伦理，各宜钦遵。着为令。"[4]咸丰十年（1860）闰三月初三日申时，公主去世，终年三十五岁。咸丰皇帝谕内阁："朕姊寿安固伦公主，淑慎持躬，性敦孝友，仰承皇考皇妣恩眷，优渥逾恒。昨闻薨逝，良深悼惜。当派醇郡王谭带领侍卫十员前往奠醊，复亲临祭奠。本月初五日，朕再行亲往赐奠。用伸眷念优加至意。"[5]咸丰皇帝先派醇郡王奕谭带领侍卫前往祭奠，后来又两次前往亲自祭奠。公主园寝位于北京市朝阳区洼里乡洼里村（图2-107）。

公主薨逝后，额驸德木楚克扎布上奏理藩院，请将寿安固伦公主彩棺，移至奈曼部落，自行修建园寝。同治元年（1862）三月诏谕："兹据内务府查明现存册档内，并无在口外修建公主园寝例案。并据理藩院奏称'查明以前公主在京薨逝，园寝均未有远移边外者，所请未便准行。'等语，所有德木楚克扎布前奏'将寿安固伦公主彩棺移至奈曼部落，自行修建园寝'，毋庸议，着内务府查照向例，在附近京城一带择地修建，以符旧制。"[6]经内务府查明，所有在京薨逝公主园寝均建在京城一带，下嫁少数民族各部的公主

1　《清史稿》卷二百十四《孝全成皇后传》。

2　《清宣宗实录》卷三百五十三。

3　《清宣宗实录》卷三百五十六。

4　《清朝续文献通考》卷一百七十九《王礼考》，商务印书馆，1936年。

5　《清文宗实录》卷三百一十二。

6　《清穆宗实录》卷二十三。

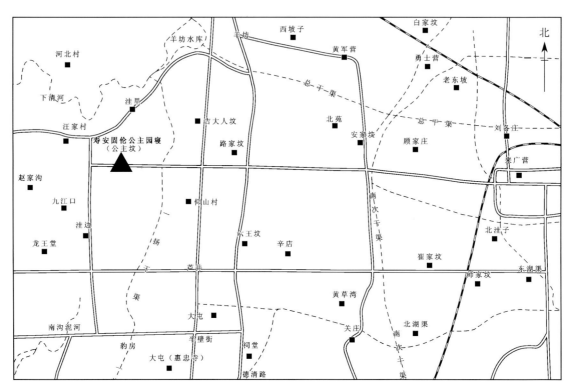

图2-107 寿安固伦公主园寝地理位置示意图（据1976年北京市地质地形测绘处编制《北京市地图册》）

在京薨逝则葬于京城，在本部去世则在部落所在地修建园寝。按：上文内务府所言不确，在寿安固伦公主之前曾有太宗第五女固伦淑慧长公主薨于京师而归葬巴林部的特例。另外，"无在口外修建公主园寝例"之语也有误，目前已知园寝的清公主共46名，她们的园寝地点存在三种分布方式，分别为：下嫁部落所在地；京城附近（包括盛京与北京）和清东、西陵。高宗第八女、仁宗五女慧安和硕公主、九女慧愍和硕公主、宣宗长女端悯固伦公主、次女、三女端顺固伦公主等六位公主，年幼即殇，各随其父葬在清东、西陵区。嫁给蒙古各部的公主共计25人，其中14人葬在下嫁部落所在地，9人葬在京城附近。世祖侄女固伦端敏公主、高宗第三女固伦和敬公主两人葬在北京，又另在额驸部落所在地建衣冠冢。还有15位公主葬在京城附近，其中，显祖两女追封和硕公主均葬在当时的都城盛京附近，清太祖之后的13名公主均葬在北京周边地区。在雍正帝之前，下嫁蒙古各部的公主去世后，多数都在额驸部落所在地建园寝，只有太宗七女固伦端献长公主、十一女端顺固伦公主、世祖时固伦端敏公主、圣祖十女固伦纯悫公主等四位公主由于随额驸在京师供职，因此死后也葬在京城附近。自世宗雍正皇帝之后，下嫁蒙古各部的公主，均葬在京城附近，再无葬于部落所在地者。

公主额驸为博尔济吉特氏奈曼郡王阿宛都瓦第札布之子，头等台吉德穆楚克扎布。道光二十一年（1841）二月，德穆楚克扎布娶宣宗第四女寿安固伦公主，成为固伦额驸。道光皇帝特命按照贝子的穿戴，恩赏给德穆楚克扎布宝石顶戴与三眼花翎。道光二十八年（1848）九月，德穆楚克扎布袭封奈曼部札萨克郡王，后历官御前大臣、都统，曾获赐紫缰、黄缰以及亲王补服。咸丰十年（1860）公主去世。同治元年（1862）额驸德穆楚克扎布请求将寿安固伦公主彩棺，移到奈曼部落驻地修建园寝。经过内务府查证档案，理藩院奏称从无公主在京去世而移葬边外者。于是下诏在京城附近为公主择地修建园寝。同治四年（1865）额驸去世，"追赐亲王衔"[1]。

五、清宣宗第五女寿臧和硕公主（1829—1856）园寝

寿臧和硕公主，清宣宗第五女，道光九年（1829）十月十九日卯时生，其母为祥妃钮
祜禄氏。道光二十一年（1841）封寿臧和硕公主。翌年三月，公主年十四，己未，谕内阁：
"寿臧和硕公主着指配二等男爵侍顺之子闲散恩醇作为和硕额驸。所有派出偕老大臣，选
择吉期下嫁事宜，着内务府大臣照例办理。"[2]十二月初三日，成婚。寿臧和硕公主回门，
着"进内行礼。额驸恩醇着在慈宁门外、乾清门外行礼，毋庸在内右门外行礼。"[3]咸丰六

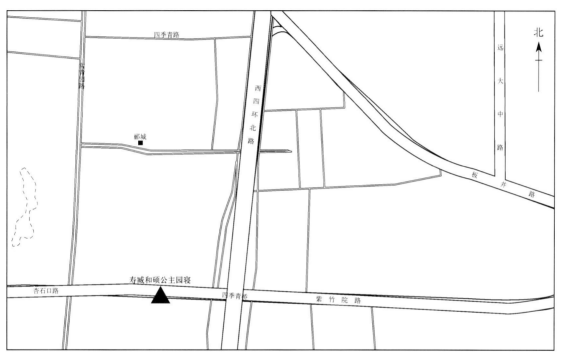

图2-108 寿臧和硕公主园寝地理位置示意图

年（1856）七月初九日巳时，公主去世，终年二十八岁。乙丑"命醇郡王奕𫍯带领侍卫十
员，往奠故寿臧和硕公主茶酒"[4]。戊辰，咸丰帝"临故寿臧和硕公主丧，赐奠"[5]。同治三
年（1864年）额驸恩崇去世，"名义上与公主并骨，实际上并未合葬，他葬入了高庄村祖
坟"[6]，而公主则葬在北京市海淀区小煤厂村南，位置相当于今铁路建筑工程处物资采购供应
站（图2-108）。

《燕都说故·小煤厂村公主坟》中描述说，公主园寝的"东、西、南三面均为大道，
东边大道在日伪时期修成了马路。南边隔着大道是咸丰年间协办大学士肃顺墓地"。按该书

1　《清史稿》卷五百十九《奈曼部传》。

2　《清宣宗实录》卷三百六十九。

3　《清会典事例》卷三百二十五《礼部·婚礼》。

4　《清文宗实录》卷二百三。

5　《清文宗实录》卷二百三。

6　胡玉远主编《燕都说故》，第503页，北京燕山出版社，1996年。

中有关清代宗室及公主园寝部分文字均为冯其利所撰，文中称公主园寝由南而北依次建有宫门、享殿、宝顶等。宫门与红色围墙相接，墙高一丈，宝顶后墙为罗圈墙。宫门内左右两侧建有东西朝房，朝房北部建有与宫门相对的享殿，享殿后为宝顶。宫门之外建有守护班房[1]。

公主园寝在民国时期即遭破坏。园寝外栽有马尾松，内植有红黄柏树，这些树木在日伪时期被砍伐。解放后，园寝以及周围土地被划分给高庄村，围墙等建筑被陆续拆除[2]。

公主额驸为汉军副都统恩崇。恩崇，那木都鲁氏，初名恩醇，三等男侍顺第三子。道光二十二年（1842）十二月，恩醇娶宣宗五女寿臧和硕公主。咸丰七年（1857）正月，荐授满洲副都统，兼内务府总管。咸丰十一年（1861），为避穆宗载淳讳，思醇改名恩崇。同治元年（1862）四月，免内务府总管。同治二年（1863）五月，署汉军副都统。同治三年（1864），再兼署内务府总管，旋卒。恩崇与公主无子嗣，同治六年（1867）九月，上谕内阁，镶红旗满洲奏："据二等男爵兼勋旧佐领侍顺呈称：伊子恩朴生子，遵旨继与寿臧和硕公主为嗣，据情代奏一折。恩朴之子文熙着继与寿臧和硕公主为嗣，俟十三岁及岁时，着照例给予和硕额驸品级。"[3]时慈禧太后垂帘听政，把持朝政，所谓上谕即慈禧旨意。

六、清宣宗第六女寿恩固伦公主（1830—1859）园寝

寿恩固伦公主，清宣宗第六女，道光十年（1830）十二月初七日寅时生，其母为孝静成皇后博尔济吉特氏，公主出生时其母尚为静妃。道光二十四年（1844），公主十五岁，二月，获"封为寿恩固伦公主"[4]，"原任御前大臣一等公博启图之子景寿着指与寿恩固伦公主之额驸。所有应行事宜，着各该衙门照例豫备。景寿着施恩先赏给头品顶戴，在上书房读书"[5]。七月，诏谕内阁："寿恩固伦公主下嫁吉期，着钦天监于明年选择具奏。"[6]道光二十五年（1845）四月，公主成婚。咸丰九年（1859）四月十三日，公主去世，终年三十。上谕内阁："朕姊寿恩固伦公主，淑慎柔嘉，性敦仁孝，自幼仰承皇考皇妣恩眷，至为优渥。昨闻薨逝，轸惜良深。朕业于昨日前往奠醊。本月十六日，朕再行亲往赐奠。用示眷念优加至意。"[7]

据冯其利先生调查，公主园寝位于"北京朝阳区太阳宫地区龙道村"，今在"来广营乡东北四环转弯处六公主坟。1982年地名普查时，将六公主坟改名六公主村。……（如今），园寝早已不复存在，目前多路公交车都经过此地，站名仍为六公主坟"（图2-109）[8]。

公主额驸为一等诚嘉毅勇公景寿。景寿，富察氏，御前大臣一等公工部尚书博启图之子。道光二十四年（1844），景寿与寿恩固伦公主定亲，获赐头品顶戴，在上书房读书。翌

1　胡玉远主编《燕都说故》，第503页，北京燕山出版社，1996年。

2　胡玉远主编《燕都说故》，第503页，北京燕山出版社，1996年。

3　《清文宗实录》卷二百三。

4　《清穆宗实录》卷二百十一。

5　《清宣宗实录》卷四百二。

6　《清宣宗实录》卷四百二。

7　《清文宗实录》卷二百八十。

8　宋大川、夏连保《清代园寝制度研究》，第242页，文物出版社，2007年。

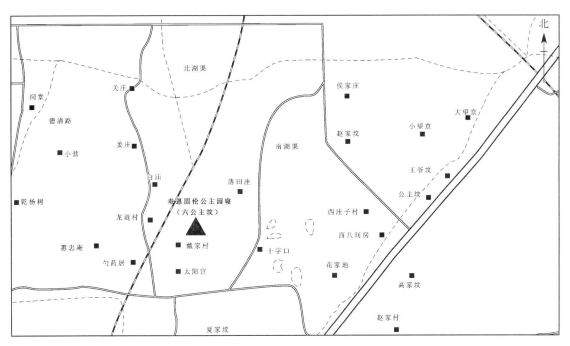

图2-109 寿恩固伦公主地理位置示意图（据1976年北京市地质地形测绘处编制《北京市地图册》）

年，与公主成亲。咸丰五年(1855)七月，获封蒙古都统。咸丰六年(1856)正月，景寿被任命为御前大臣，赐用紫缰，不久又升为领侍卫内大臣。咸丰十年(1860)八月，景寿护驾热河。咸丰十一年(1861)七月，文宗去世时，景寿与端华、怡亲王载垣等人受遗诏辅政，为赞襄政务大臣。慈禧慈安太后联合恭亲王奕䜣，发动辛酉政变，辅政大臣端华、肃顺等被杀，景寿被削职，留公爵及额驸称谓。同治元年(1862)二月，复授蒙古都统，三月，授御前大臣。同治三年(1864)七月仍赐用紫缰，十月官拜领侍卫内大臣。同治十三年(1874) 十二月景寿负责神机营事务。光绪十五年(1889)六月，额驸景寿去世，谥端勤。

第十章 清文宗（咸丰皇帝奕䒑）系公主园寝

一、和硕恭忠亲王奕䜣长女荣寿固伦公主（1854—1924）墓地

荣寿固伦公主，清文宗侄女、和硕恭忠亲王奕䜣长女，生于咸丰四年(1854)二月初二日，其母为亲王福晋瓜尔佳氏。公主一生与其父奕䜣的政治命运息息相关。恭亲王奕䜣，宣宗第六子，"咸丰帝即位，封为恭亲王"[1]。咸丰十年（1860）英法联军进犯北京，咸丰皇帝逃亡热河，恭亲王奕䜣"着授为钦差，便宜行事全权大臣，督办和局。"[2]咸丰十一年(1861)夏，咸丰帝病死热河。奕䜣与两宫皇太后密谋发动"辛酉政变"，处死端华、肃顺、载垣等赞襄政务王大臣，拥两宫皇太后上台，垂帘听政。两宫太后擢授奕䜣议政王，在军机处行走，命王爵世袭，其年仅七岁的长女也被接入宫中抚养，同年十二月，特诏封为固伦公主。有清获封固伦公主的亲王女共三人，另外二位初封均为和硕公主，后晋封固伦公主，唯恭亲王奕䜣之女初封便为固伦公主，在清史上前无古人、后无来者，其父之政治地位可见一斑。

---

1 《清史稿》卷二百二十一《奕䜣传》。

2 《清文宗实录》卷三百二十七。

其后，又被赏乘杏黄轿，荣耀极于一时。清末学者黄仁虎有诗云："王女先朝入禁中，例随和硕晋崇封。固伦黄轿非常赐，荣寿当时礼最隆。"

同治四年(1865)，奕䜣受到慈禧太后猜忌，三月，被"罢议政王及一切职任"[1]。不久，又命复职。为防猜忌，九月，奕䜣请辞其女固伦封号，奉旨改封荣寿公主，此时当已从固伦降为和硕公主。同治五年(1866)九月，慈禧太后将公主许配给富察氏一等诚嘉毅勇公都统景寿之子萌生志端，厘降一切典礼照和硕公主成案办理，恭亲王面奏，再三恳辞，后慈禧谕礼部："所有荣寿公主服色业经赏用金黄色，其余一切体制，仍着照和硕公主定例服用，应给金册着用银质镀金，其仪卫等项即着毋庸豫备。"[2]荣寿公主的服用、金册均与和硕公主同，但仪卫方面省，进一步证明荣寿公主在此前已降为和硕公主。穆宗死后，为了继续把持政权，慈禧太后决定立自己的外甥、醇亲王的儿子载湉为皇帝，继续垂帘听政，奕䜣对此并无反对。光绪七年(1881)十月，荣寿公主再次从和硕进封固伦公主，赐乘黄轿。光绪二十年(1894)正月，慈禧皇太后六十大寿，谕内阁："朕钦奉慈禧端佑康颐昭豫庄诚寿恭钦献皇太

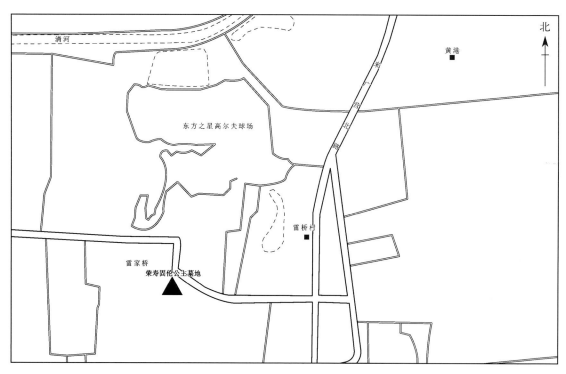

图2-110 荣寿固伦公主墓地位置示意图

后懿旨：荣寿固伦公主，着赏食固伦公主双俸。"[3]这在清代也是史无前例之事。民国十三年(1924)，十一月十八日，公主去世，享年七十一岁，葬于今北京市朝阳区黄港乡雷家桥村(图2-110)。公主去世之时，清政府业已覆亡，时为民国时期，其所葬之地，已非真正意义上的园寝。

公主之妹，即恭亲王次女和硕格格，佚名，生于咸丰十年(1860)二月，卒于同治三

1 《清史稿》卷二百二十一《奕䜣传》。

2 《清朝续文献通考》卷一百七十九《王礼考·公主嫁》，商务印书馆，1936年。

3 《清德宗实录》卷三百三十三。

年（1864）二月，时年仅三岁。恭亲王哀痛不已，时因国事匆忙无暇为女谋葬地。同年六月二十八日恭亲王第三子载潢出生。恭亲王哀痛稍解，七月载潢获封奉恩辅国公，为刚刚出世的婴孩加封奉恩辅国公，这在清朝历史上是绝无仅有的事情，皇子尚无此殊荣，更遑论亲王之子了。但不幸的是，同治五年（1866）四月二十四日，载潢又三岁而亡，恭亲王心痛愈加。光绪七年（1881）恭亲王在为自己选定的福地西侧一百二十二丈处为载潢修建园寝，并将和硕格格祔葬于此，此时距和硕格格去世已有14年，这座园寝位于昌平翠华山，即今北京市昌平区崔村镇麻峪村。这是一座小规模的园寝，布局与其他园寝大致相同（图见清代宗室王公园寝志部分），坐北朝南，最南部建有宫门，宫门内为南北两进院落，两院落中间有围墙相隔。前院呈长方形，建有载潢宝顶，宝顶前有享殿一座。后院围墙呈罗圈形，葬着亲王次女和硕格格，格格宝顶前立有墓志铭[1]，是奕䜣担心女儿"无所表于后世"而亲自撰写的，曰"汝卒之四月，而汝弟潢生。阅二年，而潢又死。其殆汝之灵不昧，而故托伊以来耶？然无端而来，又无端而去，抑何必为此一见再见，以重伤吾之心耶？其当皆归于命耶？"[2]哀伤之情溢于言表。据冯其利先生20世纪80年代调查，载潢园寝西边还有两座坟茔，据说葬的是恭亲王的两个未受册封的女儿兰姑娘和瑞姑娘。可知载潢园寝是建在了恭亲王奕䜣的家族茔地中。这片园寝在新中国成立前就遭到了破坏，现在园寝内除了恭亲王园寝仍留有一些建筑遗存外，其余园寝已无任何遗存。

附：清代公主园寝分布表

封号、称呼	佚名	系属	额驸	园寝所在地
显祖女追赠和硕公主	佚名	显祖女	扬书	辽阳市太子河区东京陵乡东京陵村
太祖女和硕公主	佚名	太祖女	额亦都	朝阳区大屯村
端庄固伦公主	佚名	太祖长女	何和礼	初葬京城，后改葬辽阳市灯塔县公安堡村
	莽古济	太祖第三女	初嫁吴尔古代 改适琐诺木杜棱	敖汉旗新惠镇各各召村
固伦端敏公主	阿睦巴	太宗长女	班第	敖汉旗双庙乡卡拉乌苏村河西二十家子
固伦温庄长公主	马喀塔	太宗次女	额尔孔果洛额哲	辽宁省义县庙儿沟
固伦端靖长公主	佚名	太宗第三女	奇塔特	科尔沁左翼中旗瓦房屯
固伦雍穆长公主	雅图	太宗第四女	弼尔塔哈尔	通辽市哲里木盟扎鲁特旗前德门苏木

1　[清]缪荃孙、刘万源《光绪昌平州志》第一《舆图记》，北京古籍出版社，1989年。

2　《（恭亲王）第二女墓志铭》原载于盛昱《八旗文经》卷四十九，第396页，辽沈书社，1988年。

固伦淑慧长公主	阿图	太宗第五女	初嫁索尔哈 改适色布腾	初葬巴林右旗巴彦汉山塞音宝拉格，改葬大板镇新立村，最后葬于公牛山北
固伦公主	佚名	太宗第六女	夸札	北京市朝阳区呼家楼北街东段
固伦端献长公主	佚名	太宗第七女	铿吉尔格	北京市朝阳区安定门外胜古西庄小学
固伦端贞长公主	佚名	太宗第八女	巴雅思护朗	科尔沁右翼中旗高力板镇
端顺固伦长公主	佚名	太宗第十一女	噶尔玛索诺穆	北京市西城区德胜门外冰窖口胡同75号院
和硕恪纯长公主	佚名	太宗第十四女	吴应熊	北京市朝阳区管庄乡东草房村
和硕恭悫长公主	佚名	世祖次女	讷尔杜	北京市朝阳区东直门外太阳宫
和硕和顺公主	佚名	世祖侄女、和硕承泽裕亲王硕塞次女	尚之隆	北京市丰台区长辛店乡赵辛店村
固伦端敏公主	佚名	世祖侄女、和硕简纯亲王济度次女	班第	北京市丰台区大灰厂村西、辽宁市法库县四家子蒙古乡
和硕柔嘉公主	佚名	世祖侄女、多罗安郡王岳乐次女	耿聚忠	北京市门头沟区龙泉镇东龙门村
固伦荣宪公主	佚名	圣祖第三女	吴尔衮	内蒙古赤峰市巴林右旗大阪镇十家子村
和硕端静公主	佚名	圣祖第五女	噶尔臧	先暂厝赤峰市喀喇沁旗王爷府镇马场村陵沟门，后葬王爷府镇十家满族乡十家村，最后与额驸合葬四十家子乡大柳条沟村
固伦恪靖公主	佚名	圣祖第六女	敦多布多尔济	外蒙古和林格尔省额尔德尼庙
固伦温宪公主	佚名	圣祖第九女	舜安颜	北京市朝阳区平房乡青年路
固伦纯悫公主	佚名	圣祖第十女	策棱	北京市朝阳区和平街胜古东里
和硕温恪公主	佚名	圣祖十三女	仓津	内蒙古赤峰市松山区大庙镇公主陵村
和硕敦恪公主	佚名	圣祖第十五女	多尔济	科尔沁部
固伦纯禧公主	佚名	圣祖侄女、和硕恭亲王常宁长女	班第	吉林省通榆县同发屯
和硕怀恪公主	佚名	世宗次女	星德	北京市门头沟区龙泉镇三家店村
和硕端柔公主	佚名	世宗侄女、和硕庄恪亲王允禄长女	齐默特多尔济	辽宁省法库县四家子蒙古乡公主陵村

和硕和惠公主	佚名	世宗侄女、和硕怡贤亲王允祥第四女	多尔济塞布腾	北京市朝阳区左家庄街道静安庄
固伦和敬公主	佚名	高宗第三女	色布腾巴尔珠尔	北京市朝阳区东坝镇
和硕和嘉公主	佚名	高宗第四女	福隆安	北京市朝阳区高碑店乡松公坟村
固伦和静公主	佚名	高宗第七女	拉旺多尔济	朝阳区将台乡大陈各庄村
八公主	佚名	高宗第八女	（夭折）	祔葬天津市蓟县孙各庄乡朱华山村端慧太子园寝
和硕和恪公主	佚名	高宗第九女	札兰泰	北京市朝阳区洼里乡关西庄
固伦和孝公主	佚名	高宗第十女	丰绅殷德	海淀区永丰乡公主坟
和硕和婉公主	佚名	高宗侄女、和硕和恭亲王弘昼长女	德勒克	北京市朝阳区望京街道大山子西里
庄敬和硕公主	佚名	仁宗第三女	索特纳木多布济	北京市海淀区复兴门外公主坟
庄静固伦公主	佚名	仁宗第四女	玛尼巴达喇	北京市海淀区复兴门外公主坟
追封慧安和硕公主	佚名	仁宗五女	（夭折）	河北省易县梁各庄镇张各庄村
慧愍固伦公主	佚名	仁宗九女	（夭折）	祔葬河北省易县梁各庄镇张各庄村慧安和硕公主园寝
追封端悯固伦公主	佚名	宣宗长女	（夭折）	河北省遵化市马兰峪镇许家峪村
二公主	佚名	宣宗次女	（夭折）	祔葬河北省遵化市马兰峪镇许家峪村端悯固伦公主园寝
追封端顺固伦公主	佚名	宣宗第三女	（夭折）	河北省易县西陵镇龙泉庄
寿安固伦公主	佚名	宣宗第四女	德穆楚克扎布	北京市朝阳区洼里乡洼里村
寿臧和硕公主	佚名	宣宗第五女	恩崇	北京市海淀区小煤厂村
寿恩固伦公主	佚名	宣宗第六女	景寿	北京市朝阳区来广营乡六公主坟
荣寿固伦公主	佚名	文宗侄女、和硕恭忠亲王奕訢长女	志端	北京市朝阳区黄港乡雷家桥村

第三部分 清代妃园寝志

概　述

　　所谓清代的妃园寝，是指有清一代自后金建国开始至清王朝灭亡296年期间，除历朝皇后之外的所有皇帝妃嫔的墓葬。清代妃园寝是在明朝嫔妃丧葬处理方式的基础上，经过改进发展而来的。

一、明代妃嫔的埋葬方式

　　明代从元惠宗至正二十八年（1368）朱元璋灭元称帝建立大明朝，到明思宗崇祯十七年（1644）李自成攻入北京大明灭亡，前后共历二百七十七年十六帝。其中，明太祖朱元璋死后葬于南京东郊钟山之阳，称孝陵，惠帝朱允炆（即建文帝）在朱棣发动的"靖难之役"中失踪，没有建造陵墓，其余十四帝的陵墓都在北京。葬于北京的十四位皇帝，有十三位葬于北京北郊昌平县天寿山明陵之中，后人称之为"明十三陵"。明代宗朱祁钰（景帝）因英宗复辟遇害，初以王礼葬于北京西郊金山，至成化年间恢复帝号，将王坟稍扩其制，改为帝陵，世称"景泰帝陵"。自明成祖永乐十九年（1421）迁都北京之后，明代历朝的帝王的嫔妃死后，也就都埋葬在十三陵和金山两个地方。

　　明代从洪武年间开始，恢复了自春秋时期就已经逐渐被历代统治者废除了的以活人为殉葬的制度。这一灭绝人伦的人殉制度的恢复，无疑是对历史的极大反动。洪武二十八年（1395），朱元璋的次子秦愍王朱樉死，明王朝让其两名王妃殉葬。洪武三十一年（1398）三月，朱元璋的三子晋恭王朱棡死，亦用人殉。至于皇帝死后，殉葬的宫妃数量更是多得惊人。根据《大明会典》记载："孝陵（明太祖朱元璋）四十妃嫔，惟二妃葬陵之东西，余俱从葬；长陵（明成祖朱棣）十六妃，俱从葬；献陵（明仁宗朱高炽）七妃，三葬金山，余俱从葬；景陵（明宣宗朱瞻基）八妃，一葬金山，余俱从葬。"[1]另外，景帝（明代宗朱祁钰）死后，因李贤之奏，汪妃以抚养幼女而免殉，但唐妃等亦被"赐红帛"从死。而据朝鲜国《李朝实录》记载，明成祖死后，"宫人殉葬者三十余人，当日死之，皆饷之于庭，饷辍，俱引升堂，哭声震殿阁。堂上置木小床，使立其上，挂绳围其上，以头纳其中，遂去其床，皆雉颈而死。……诸死者之初升堂也，仁宗亲入辞诀"[2]。其惨烈之状，可以想见。

　　直到明英宗死前，才始"遗诏罢宫妃殉葬"。于是，自"裕陵（明英宗朱祁镇）以后，妃无从葬者"。但由于这种灭绝人伦的做法在明朝已实行了近百年，所以直到明朝晚期，诸

1　《大明会典》卷九十《礼部·坟陵等祀》。

2　朝鲜《李朝实录》卷一百六十三《世宗庄献大王实录》。

藩王府中妃妾自尽殉夫之事仍屡见不鲜，而明王朝不仅没有严加禁止，反而给予旌表、体恤鼓励，所以以活人殉葬的事件在明朝一直都有发生。

明英宗之前各朝殉葬的妃嫔是怎样埋葬的，当时的官方史料都没有明确的记载。清人顾炎武在《昌平山水记》中说："宫人从葬之令，至英宗始除。故长陵有东、西二井，东井在德陵东南馒头山之南，西向。西井在定陵西北，东向。井三重门，门三道，殿三间，两庑各三间，绿瓦周垣。"[1]又《明孝宗实录》卷三十九有弘治三年六月甲申"修长陵东、西井香殿及厢房墙垣"的记载，据此可知，长陵的东、西二井，应当就是长陵殉葬妃嫔的埋葬之地，而不是像过去有些人所推论的那样是明代若干代殉葬妃嫔的集体合葬地。长陵东、西二井所葬人数，或如《大明会典》所述是十六人，也可能如朝鲜国《李朝实录·世宗庄献大王实录》所说的是三十余人，有待于将来考古发现去证实。至于为什么长陵把殉葬妃子的埋葬地称之为"井"，清人顾炎武在《昌平山水记》中解释说："《会典》言长陵十六妃从葬，位号不俱。其曰井者，盖不隧道而直下，故谓之井。"清人梁份在《帝陵图说》中则解释地更加明白："东井、西井当天寿山正东正西之地，永乐间所置，取金井之义，下窆穿圹不遂，为成祖十六妃殉葬之所，以次而祔也。"[2]至于成祖之后至英宗废止活人殉葬期间的仁、宣二帝殉葬的宫妃是怎样埋葬的，根据王岩先生对天寿山陵区诸陪葬墓的排比调查，认为仁、宣二朝的殉葬宫妃，与长陵东、西二井的规制大体相同，都是祔葬于其所属帝陵的玄宫之左、右配殿[3]。

英宗之前诸帝，由于实行宫妃殉葬制度，被殉葬的宫妃们是在被集体缢杀后而一次性统一埋葬的，故"位号不俱"，这应当是成、仁、宣、景诸陵殉葬妃嫔墓葬方式的共同特点。明英宗废止宫人殉葬以后，皇帝死后不再集体缢杀宫妃，妃嫔们得以享其天年，这种情况就有了改变，不可能再出现一次性统一埋葬的情况。所以英宗以后，"先是妃皆自为坟。宪庙十三妃，始同为一墓。嘉靖三十年，以古世妇御妻皆九，宜九妃为一墓，同一享殿，内作七室两厢等各备。于是金山预造五墓，墓各九数，以次葬焉"[4]。这里特别要注意的是，这段话中使用了"坟"和"墓"两个概念。而这两个概念自古以来一直是有区别的。所谓的坟，指的是墓上的封土，而墓则指的是封土下埋葬死者的墓室。所以孔子曾经说"古者墓而不坟"[5]，就是这个意思。所谓的"先是妃皆自为坟"，指的是英宗初废宫人殉葬后，嫔妃死后是各自建立坟茔的。而"宪庙十三妃，始同为一墓"，则是说从宪宗开始，才将诸妃葬于同一墓室中。按照这一说法，宪宗的十三个嫔妃，因为同葬于一个墓室之中，所以应当只能有一个坟头。到嘉靖三十年，又规定九妃同葬一墓，同一享殿。于是在金山预造了五个墓室，每个墓室中都预设有九个放置棺材的位置，按照嫔妃死亡的先后顺序而不是按照其生前的地位来安置她们的棺椁。对于这些妃嫔的祭祀，"先是从葬诸妃，岁时俱享于殿内，其别葬者，俱遣内官祭以牲醴。嘉靖十七年，始命并入各陵，从祭祾恩殿之两傍，以红纸牌书曰大明某皇帝第几妃之位，祭毕焚之。隆庆六年改造木位，刻列名号，置各陵永远从祭。其世庙诸妃，并

1　顾炎武《昌平山水记》卷上。按实地考查，东井在德陵西南，西井在定陵西南。故原文中"东南"应为"西南"，"西北"应为"西南"之错讹。

2　梁份《帝陵图说》卷二，清汪鱼亭传抄本，第十九页，北京十三陵特区影印本。

3　参考王岩《明十三陵的陪葬墓——兼论东西二井陪葬墓的墓主人》，《考古》1986年第6期。

4　《大明会典》卷九十《礼部·坟陵等祀》。

5　《礼记·檀弓上》。

迁祔永陵，各置木位配享。阿保诸夫人俱葬金山，惟清明霜降，遣内官以牲醴祭之。其余一用素羞"[1]。

明英宗裕陵之后至明穆宗昭陵各朝的嫔妃埋葬情况，据《大明会典》记载："裕陵十八妃，一葬绵山，余俱金山；茂陵（明宪宗朱见深）十四妃，一葬陵之西南，余俱金山；康陵（明武宗朱厚照）一妃葬金山；显陵（明世宗本生父追尊睿宗献皇帝）一妃葬金山；永陵（明世宗朱厚熜）三十妃二十六嫔，惟五妃葬天寿山之襖儿峪，余俱金山；昭陵（明穆宗朱载垕）诸妃葬金山。"[2]金山位于今北京西北三十里，颐和园西，约当青龙桥西北一公里之地。这里所葬的明代妃嫔情况，根据《程文恭公集》中《议睦妃茔疏》的记载："金山一带。约长三里，中间新旧陵墓约计二十余处，支陇高下，封茔殆遍，昨经审择似更无余。臣查得先年英庙妃坟一所，共十七位。宪庙妃坟一所，共十三位。当时地尚有余，不嫌同祔。去年宜妃包氏、静妃陈氏逝，钦奉圣谕：'昨二妃相近而逝，可同一地为墓。我宪宗诸妃，皆同处者，且省民力一分，是同藏之便。'皇上已有成命矣，昨所择地一处，切在二妃坟左。臣见本坟圹域甚广，左右可容。见今工作未完，并祔睦妃尤便。况体魄所藏，神灵依祔，悬处孤寂，亦或未安。又况去秋房警，上轸宸衷。若使兆域仍旧，守者增新，人众力多，亦可防御。盖臣反复思之如此，则于地为宜，于灵为妥，于守为易，一举而三便焉。"[3]可见当时金山一带明朝的妃嫔墓葬已显得非常混乱。尤其是皇帝的陵墓在天寿山，而其所属的妃嫔却葬在金山，所谓"支陇高下，封茔殆遍"，又与旧坟杂处，时日既久，属系就很难明了，甚为不便。

二、清代妃园寝建立的历史原因

清代的妃园寝与宗室王公的园寝一样，都是在清室入关之后才逐渐形成一定的制度的。在努尔哈赤时代，后宫制度尚未像后世那样完备，所有皇帝的妻妾统统都按照女真风俗称之为"可敦"，汉语音转为"福晋"，还没有皇后、皇贵妃、贵妃等位号之分。据《清史稿》记载："太祖初起，草创阔略，宫闱未有位号，但循国俗称'福晋'。福晋盖'可敦'之转音，史述后妃，后人缘饰名之，非当时本称也。"[4]按后金时期，后宫位号既没有像后来那样形成制度，后宫的等级制度也没有建立起来，自然客观上也就不存在建立妃园寝的需要。妃园寝的建立，只能是在后妃制度形成之后，后宫中皇帝的"妻子们"的地位及社会政治权利在客观上形成了高低尊卑等不同的等级差别后，才可能出现在丧葬制度上的不同区别。所以，清代妃园寝制度的建立，也同样在是皇权专制发展到一定时期，后宫严格的等级制度形成并发展到极端化的产物。没有等级制度的存在，就不可能产生丧葬制度上的等级分化，因而也就不可能产生中国封建社会的陵寝制度。同样，等级观念如果没有被极端化，也就不可能有清代各种园寝的形成和园寝制度的建立。

后宫的等级制度，缘于封建时代帝王的一夫多妻制。努尔哈赤时代，"宫闱未有位号"，所以其福晋可以有受宠不受宠的不同，但不可能有后宫的等级区别。清代的后宫等级

1　《大明会典》卷九十《礼部·坟陵等祀》。

2　《大明会典》卷九十《礼部·坟陵等祀》。

3　《皇明经世文编》卷二二一《程文恭公集》。

4　《清史稿》卷二百十四《后妃传》。

制度，是从皇太极崇德改元后才开始建立的。《清史稿》记载说："崇德改元，五宫并建，位号既明，等威渐辨。"[1]而把这种等级制度推向极端化，则是在顺治入关以后。"世祖定鼎，循前代旧典。顺治十五年，采礼官之议：乾清宫设夫人一，淑仪一，婉侍六，柔婉、芳婉皆三十；慈宁宫设贞容一、慎容二，勤侍无定数；又置女官。循明六局一司之制，议定而未行。"[2]所以清朝入关之前，并没有建立过妃园寝，至于现在沈阳清太祖努尔哈赤福陵的"寿康太妃园寝"和清太宗皇太极昭陵的"懿靖大贵妃园寝"，都是在清廷入关之后才建立起来的。

三、清代的帝陵与妃园寝制度

清代自明万历四十四年（1616）努尔哈赤在赫图阿拉建立后金政权，到清末帝宣统三年（1911）溥仪退位，共历二百九十六年十二帝。其中，清太祖、太宗二帝时期，其统治范围一直都没有达到关内，所以太祖、太宗死后分别葬在沈阳福陵和昭陵。自世祖顺治皇帝福临入关定鼎北京后，清王朝在北京附近的河北省遵化和易县分别建立了两个陵区，后世称之为清东陵和清西陵，入关后的十个皇帝，就都葬在这两个陵区之内。

清室入关之后，据说顺治帝一次到西距北京市区125公里的河北省遵化市境内狩猎，看到昌瑞山东西逶迤，气势不凡。左右有鹰飞倒仰山和黄花山龙盘虎踞，前面有金星山持笏朝揖，昌瑞、金星两山之间又有影壁山如书案可做凭依，其地"龙穴砂水无美不收，形势理气诸吉咸备"，正好符合中国传统风水学建立陵寝的理念，遂将此处选定为自己百年后的陵寝之所。顺治死后，康熙皇帝按照其父的遗愿，于康熙二年（1663）在昌瑞山南麓为顺治建立了孝陵。其后，康熙皇帝也在这里修建了自己的陵寝景陵。至雍正即位后，又在今河北的易县城西15公里处的永宁山下选定了自己的陵地。于是，清代的帝陵就有了东西两处，这便是后世所称的东陵和西陵。至乾隆皇帝时，按照中国传统的宗法制度，规定其后各代皇帝，都要按照左昭右穆的原则，在这两个陵区建立陵寝。按照这一原则，乾隆皇帝既葬在了东陵，则其继弥者嘉庆皇帝就应当埋葬在西陵，而嘉庆之后的道光皇帝则又应当埋葬在东陵。道光皇帝最初的确也是按照昭穆的原则在东陵的宝华峪为自己建立了陵寝，并于道光七年将去世的孝穆皇后葬入陵中。不料一年后发现地宫渗水一尺七寸，道光皇帝闻之非常震怒，遂将已完工的陵寝建筑全部拆毁，并不顾祖制，把陵址选在西陵重建。这样，原本应当葬在东陵的道光皇帝最后葬进了西陵，而他之后的继弥者，就只能从他开始重新安排昭穆了。

清东陵内共建有五座帝陵，分别是顺治皇帝的孝陵、康熙皇帝的景陵、乾隆皇帝的裕陵、咸丰皇帝的定陵、同治皇帝的惠陵；西陵内则建立了四座帝陵，分别为雍正皇帝的泰陵、嘉庆皇帝的昌陵、道光帝的慕陵、光绪帝的崇陵。另外末代皇帝溥仪1967年10月去世后，其骨灰先是寄存在八宝山人民骨灰堂。至1980年5月，根据中央指示，又将其骨灰盒移至八宝山革命公墓第一室。1994年，旅居海外的张世义先生在易县崇陵西北兴建了一座华龙皇家陵园，劝说溥仪的妻子李淑贤，将溥仪骨灰安葬于此陵园之中。1995年1月26日，在李淑贤的陪同下，溥仪的骨灰正式安葬在该陵园之中。

清代对皇后和妃嫔的埋葬方式改变了明朝的做法，规定只有皇帝与皇后的墓葬才称之为

---

1 《清史稿》卷二百十四《后妃传》。

2 《清史稿》卷二百十四《后妃传》。

陵，皇后以下所有妃嫔的墓葬则统称之为园寝。一般情况下，皇帝死后都与皇后合葬，同一个皇帝的妃嫔，一般都集中安葬在同一个园寝之中。每位妃嫔的墓葬位置，也是生前就都按照其地位事先就预留好的。清代的妃园寝一般都建设在其所从属的帝陵附近，这样，历朝的妃嫔所属的统系也就清晰明了，一目了然了。

由于清朝入关后建立了东西两个陵区，因此，历朝皇帝的妃嫔死后，也就各随其所属皇帝的陵地，分别集中埋葬在东西两个陵区之内。这些嫔妃的墓葬被称做园寝，以示等级的区别。妃园寝分别各自建在所属的皇帝陵寝附近，一般根据其所属的皇帝陵号冠名，而被称之为某陵妃园寝。在清东西两座陵区中，共集中埋葬了清廷自入关以来各朝的二百余位嫔妃。妃园寝皆以绿琉璃瓦覆顶，以示区别。

建在东陵陵区内的妃园寝有五座，分别是康熙皇帝的景陵妃园寝和景陵皇贵妃园寝、雍正皇帝的老贵人园寝，乾隆皇帝的裕陵妃园寝、咸丰皇帝的定陵妃园寝、同治皇帝的惠陵妃园寝。按照乾隆皇帝规定的祖宗昭穆相间的定制，原本道光皇帝的陵寝建在东陵的宝华峪，妃园寝与帝陵同时建成。道光七年，道光后宫中平贵人去世，入葬于该园寝中。但后来因为宝华峪陵寝进水废毁，改在西陵重建，宝华峪妃园寝同时被毁，迁至西陵之中。另外，清世祖顺治皇帝的妃嫔原本葬在今天津蓟县境内的黄花山下，称之为悼妃园寝，后来在顺治皇帝死后，康熙五十七年将悼妃园寝内所葬的三位妃子全部迁葬于孝东陵中安葬，悼妃园寝遂废，于是孝陵便没有了妃园寝。

建在清西陵的妃园寝有三座，分别是雍正皇帝的泰陵妃园寝、嘉庆皇帝的昌陵妃园寝、光绪皇帝的崇陵妃园寝。道光皇帝在西陵为他自己重建陵寝时，原来修建在东陵宝华峪的妃园寝迁到了西陵重建，地址选定在双峰岫，因当时道光帝未死，没有陵号，所以就被称作双峰岫妃园寝。道光帝死后，其皇贵妃博尔济吉特氏自恃抚养咸丰皇帝有功，临终前讽示咸丰，不封其为皇太后则死不瞑目。咸丰皇帝不愿被人说他寡情薄义，无奈之下，只得尊封她为康慈皇太后。未几，博尔济吉特氏薨，咸丰帝虽然尊封了她，但心中却不无愤懑，所以并没有专门为博尔济吉特氏建立慕东陵，而是将原来双峰岫慕陵妃园寝略加改造扩建，依然将其葬入该园寝之中，算是对这位皇太后的报复。于是双峰岫慕陵妃园寝因葬入了这位康慈皇太后而"升格"为慕东陵。

第一章　清初关外妃园寝

一、福陵妃园寝

福陵妃园寝为清太祖努尔哈赤妃嫔的墓地，又称寿康太妃园寝，当地俗称"太妃坟"或"后陵"。位于沈阳东郊福陵西北后陵堡村附近（图3-1）。该园寝最早埋葬的是努尔哈赤的侧福晋、蒙古贝勒明安之女博尔济吉特氏。这位侧福晋于明万历四十年（1612）正月嫁给努尔哈赤，四年后，努尔哈赤正式建立后金。所以，她是建州迎娶的第一位蒙古族女子，她与努尔哈赤的婚姻对后世影响极其深远，开创了后世满蒙联姻的先河。这位博尔济吉特氏卒于顺治元年（1644），当时清廷尚未建立园寝制度，故其死后，清廷只是将其祔葬于努尔哈

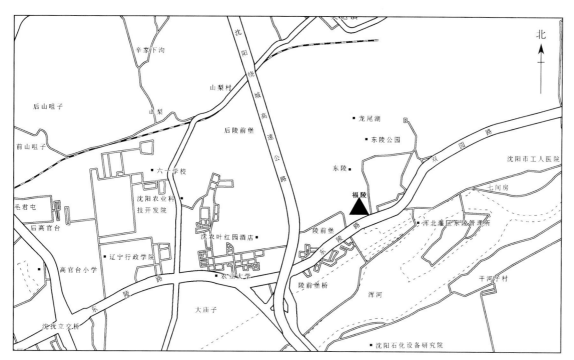

图3-1 沈阳东郊福陵妃园寝位置示意图

赤的陵寝西侧。直到寿康太妃于康熙四年（1665）去世，才在这里修建园寝。而寿康太妃由于康熙皇帝即位后受到尊封，所以该园寝建成后，便以寿康太妃园寝命名。建于康熙初年，内葬有寿康太妃、侧妃博尔济吉特氏。据陆海英、王艳春《盛京三陵》一书记载，还葬有一位名叫绰奇德和母的女子，其姓氏不详，也不知是努尔哈赤的哪位后妃。

寿康太妃科尔沁博尔吉济特氏，为科尔沁宾图郡王孔果尔之女。万历四十三年（1615）正月嫁给太祖。顺治十八年（1661）十月，清圣祖康熙即位，尊封为皇曾祖寿康太妃，并按礼制给她颁发了代表权位和地位的金册、金宝。因其辈分最高，所以颁发册宝典仪是按皇后的规格举行的。康熙四年（1665）十二月二十五日，薨。康熙帝按太妃丧仪为其举行了隆重的葬礼。据光绪本《清会典事例》卷四百九十五《礼部·丧礼》载："寿康太妃薨，奉旨致祭奉安事宜，皆于满百日后举行。自薨逝日为始，圣祖仁皇帝辍朝三日。大内以下，宗室以上，三日内咸素服，不祭神。王以下，奉恩将军以上，民公侯伯都统尚书以下，佐领骑都尉以上，公主福晋以下，奉恩将军恭人以上，咸齐集。初祭用引幡一，金银锭七万，楮钱七万，画缎万端，馔筵三十一席，牛一，羊十有八，酒九尊，读文致祭。次日绎祭，金银锭五千，楮钱五千，馔筵五席，羊三，酒三尊。大祭与初祭同。奉移豫日致祭，用金银锭楮钱各万，馔筵十有三席，羊五，酒五尊。"以后岁时致祭如例。寿康太妃葬于盛京福陵的西边，并建立妃园寝，即寿康太妃园寝。她历经了太祖、太宗、世祖、圣祖四朝，为太祖诸妃中最长寿者，也是太祖后妃中第一位在世时有正式封号的妃子。寿康太妃还是清代后妃中第一个死后不火化的妃子，努尔哈赤的所有后妃都是火葬，只有寿康太妃因长寿活至康熙年间，而此时清朝统治者入关后已接受汉俗，废除了火葬制度，提倡土葬，所以寿康太妃成了土葬的"受益者"[1]。

据文献资料记载，该园寝坐北朝南呈长方形，周围缭墙周长达四十七丈，前有宫门三间，享殿三间，皆为绿瓦歇山顶式，前后出廊，无门额，殿前有礓磜三路，即用细石条铺砌

1　参考王艳春、陆海英《盛京三陵》，第94页，辽宁民族出版社，2002年。

的台阶，无月台和神道。享殿内设"宝床"一座，上铺"红毡坐褥"以奉"神御"，宝床两侧有配案二座。地面铺设"花毯三块"。享殿东西两侧各有茶膳房、果房各三间。享殿后为坟院，内有寿康太妃等人丘冢三座，缭墙之外设"堆房"二座[1]。

寿康太妃园寝的祭祀时间与陵寝大致相同，大祭每年四次，即清明、中元、立秋、岁暮，小祭每月朔望即初一、十五各举行一次。但在祭品和礼仪上较太祖陵寝简单，只有在清帝东巡时，对于妃园寝的祭品祭礼才有增加。康熙年间又定，寿康太妃与懿靖大贵妃园寝，在清明、孟秋、望冬至岁暮，令各掌关防官致祭[2]，并设有专人守卫和保护。

据《沈阳福陵志》载，寿康太妃园寝自建成后，曾经过多次大修和岁修。如享殿在乾隆十六年（1751）已有局部糟旧，需要修理，但由于福陵应修工程较多被列入暂缓项目；乾隆五十五年（1790）对园寝的享殿、茶膳房、果房和正门进行了重新翻修；嘉庆十二年（1807）又一次大修，享殿拆卸头停，添换木植，重砌墙垣，油饰彩画见新；道光十八年（1838）六月，大修用工料银2261两。光绪三十一年（1905）二月二十一日，日俄两国为争夺在中国东北的特权，在奉天展开会战。为抗击日军，俄军在福陵组成防线。三月十日，日俄两军在寿康太妃园寝一带展开激战，日军猛烈的炮火将妃园寝夷为平地。此后，清政府对妃园寝进行了修复，20世纪三四十年代圮毁，仅剩三座坟丘。文化大革命中坟丘包被平毁，出土情况不详。

二、昭陵妃园寝

清昭陵妃园寝为清太宗嫔妃的墓葬群，史称"宸妃、懿靖大贵妃园寝"、"懿靖大贵妃园寝"，又称"沈靖大贵妃园寝"或"贵妃园"、"妃衙门"，民间俗称"后陵"，位于沈阳北郊昭陵西侧（图3-2）。《钦定盛京通志》记载："懿靖太贵妃园寝，在昭陵右，享殿

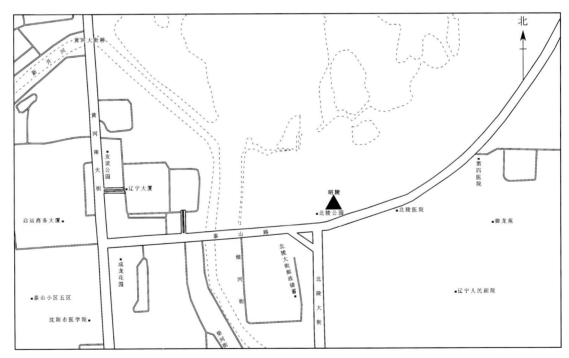

图3-2 沈阳北郊昭陵妃园寝位置示意图

1 四库本《钦定盛京通志》卷二十一。
2 光绪本《清会典事例》卷四百三十二《礼部·丧礼》。

三楹，门四，礓礤三路。内设宝床、红毡、坐褥，以奉神御。配案二。前正门三楹，门二，缭墙共四十九丈，东西茶膳、果房各三楹。四周堆房各二。"[1]笔者实测其地理坐标位置为北纬41°51.130′，东经123°124.929′。

昭陵妃园寝内葬有清太宗皇太极的三位皇妃懿靖大贵妃、宸妃、淑妃及八位格格[2]，共11人。其中三位皇妃均为清初历史上著名的妃嫔。

敏慧恭和元妃科尔沁博尔济吉特氏，名海兰珠，孝端皇后之侄女，孝庄文皇后之姐。生于万历三十七年(1609)，比庄妃大四岁。其父本蒙古科尔沁部贝勒，名塞桑，母小妃博礼，后晋封为"和硕贤妃"，兄台吉吴克善，后晋封为"桌礼克图亲王"。弟名满珠习礼，后晋封为"巴图鲁郡王"。海兰珠于天聪八年(1634)十月，与清太宗结婚，婚后备受宠爱。崇德元年（1636），封海兰珠为"关雎宫宸妃"。并赐其宫室名为"关雎宫"，此名取之于《诗经》中的"关关雎鸠，在河之州，窈窕淑女，君子好逑"的诗句。宸妃的地位在五宫中位居第二，仅次于其姑母孝端皇后。由于宸妃备受太宗皇太极的青睐，她的亲属也得到了厚待。史载，"皇太极御崇正殿，偕皇后、关雎宫宸妃、磷趾宫贵妃、永福宫庄妃，以戚属礼召科尔沁国和硕福妃及次妃，赐宴于殿中"。又如"崇德四年正月丙戌，册封科尔沁国卓礼克图亲王吴克善、巴图鲁郡王满珠习礼、母小妃为和硕贤妃"[3]。崇德二年（1637）七月初，宸妃生下皇八子，清太宗欣喜不已，遂大宴群臣，大赦天下，并决定立此皇子为太子。不幸的是，此皇子于崇德三年（1638）正月夭折而亡。这对宸妃的打击很大，宸妃从此郁郁寡欢，而终至一病不起。崇德六年（1641）九月，皇太极御驾亲征辽西时，传来宸妃病危的消息，皇太极立即赶回盛京，而宸妃已病逝。皇太极悲痛欲绝，据史料记载，宸妃薨逝的第七天，"上居幄，不饮食者六日，朝夕悲痛。是日午时，急昏迷，言语无绪。皇后、宫妃及诸王大臣惊惧，陈设祭物于神前祈祷。酉时，上方愈，进饮食"。此后，太宗思念爱妃之情仍未了断，几乎每月都要到宸妃墓地去哭祭。宸妃薨逝后，十月初三日，太宗出猎蒲河，回銮时哭奠宸妃墓。十一月初三日，出猎叶赫，回銮时哭祭宸妃墓，直至第二年，几乎接连不断地哭祭宸妃。太宗还亲自为她举行了隆重的丧礼。据《清太宗实录》记载，崇德六年（1641）九月壬寅，皇太极"命备祭物，上率诸王以下，牛录章京以上，固伦公主、和硕福金、和硕公主、多罗福金、多罗格格以下，梅勒章京妻以上，往祭（宸妃）。上跪奠酒，王及众官皆跪，三叩头；昂邦章京以上，各奠酒一次。宣读祭文曰：'崇德六年岁次辛巳九月甲戌朔，越二十九日壬寅，皇帝谕祭关雎宫宸妃：尔生于己酉年，享年三十有三，薨于辛巳年九月十八日。自尔归朕，厚加眷爱，正欲同享遐会，不意中道奄逝。朕念生前眷爱不忘，追思感叹，是以备陈祭物，以表丧悃。仍命喇嘛僧道讽诵经文，愿尔早生福地……'，赏喇嘛僧道等鞍马、狐裘诸物并八家匠役等银两有差"。清太宗哭奠、祭祀宸妃的活动十分频繁，举世空前。正如太宗所说，"朕太祖崩时，未有如此悲痛"，可见其对爱妃的眷恋之情。清太宗为了表示对她的一片深情，特赐谥号为敏惠恭和元妃，这是清代妃子谥号中字数

1　四库本《钦定盛京通志》卷二十一。

2　"格格"一词，按一般习惯的解释是"皇族女子"，所以很多人误认为昭陵妃园寝葬的这些"格格"是清太宗的女儿。事实上"格格"一词的意思不完全指皇族女子，清代皇宫中也把一些无名号的宫女泛称"格格"，此处这些格格应指当时宫中那些无名号的宫女。

3　《清太宗实录》卷四十五。

489

最多的。"元妃"一般是帝王第一个妻子的封号，而宸妃并不是太宗的第一位妻子。所以这个谥号极特殊，也不合规制，说明清太宗将海兰珠视为自己的原配正妻。宸妃的丧礼被视为国丧，清太宗特下诏，崇德七年（1642）元旦大典，由于宸妃的丧礼而停止，全国停止筵宴。宸妃死后火化，初暂安葬于盛京地载门外十里的墓地。清太宗葬入昭陵之后，宸妃也被迁葬到昭陵妃园寝内。

懿靖大贵妃阿鲁阿巴海博尔济吉特氏，名叫"娜木钟"，为蒙古阿巴亥部郡王额齐格诺颜之女。此女初嫁察哈尔林丹汗后，被尊为多罗大福晋，史称"囊囊太后"。林丹汗为蒙古"大汗"，在与后金的战斗中，被皇太极打败。林丹汗死后，皇太极自己娶了他的寡妇为妃。崇德元年（1636）封她为磷趾宫贵妃，定居磷趾宫。同年三月二十五日为清太宗生皇十一女，崇德六年（1641）十二月生皇十一子博穆博果尔。其女后封固伦端顺长公主，顺治四年(1647)嫁给蒙古阿巴亥部博尔济吉特氏噶尔玛索诺木。其子于顺治十二年(1655)十二月晋封和硕襄亲王。顺治继位后，娜木钟尊封为"太妃"。顺治九年（1652）世祖加封尊号为懿靖大贵妃。康熙十三年（1674）十一月二十日病逝。康熙帝亲自到金棺前，摘冠缨，祭酒行礼。辍朝三日。大内以下，宗室以上，都穿素服。不祭神。王以下，奉恩将军以上，满汉民公侯伯夫人以下，四品官以上，公主以下，镇国将军夫人以上，民公侯伯夫人以上，一品夫人以上，咸齐集。初祭、大祭、绎祭、羊、酒、楮帛、馔筵之数，皆与康惠淑妃同。百日致祭，用金银锭、楮钱各二万五千，馔筵十有五席，羊七，酒七尊。奉移盛京。豫日致祭，用金银锭、楮钱各一万八千五百，馔筵十有五席，羊七，酒七尊。期年致祭，与奉移礼同。清明岁暮之祭，皆与康惠淑妃礼同[1]。

康惠淑妃阿鲁阿巴海博尔济吉特氏，名巴特玛。父亲为蒙古阿巴海部塔布囊博第塞楚祜尔。巴特玛和懿靖大贵妃一样，都是察哈尔林丹汗的妻子，林丹汗死后，天聪八年（1634）八月嫁给清太宗皇太极。崇德元年（1636），初封为次东宫衍庆宫淑妃，定居衍庆宫。顺治元年（1644）淑妃随世祖入关，顺治九年（1652）加尊封为康惠淑妃。康惠淑妃卒年未详。卒后，康熙帝为其举行了隆重的丧礼。皇帝辍朝三日，大内以下，宗室以上，三日内咸素服。不祭神。王以下各官，公主、福晋命妇照例齐集。初祭、大祭、绎祭、奉移豫日致祭及期年清明岁暮之祭，皆与寿康太妃丧礼同[2]。淑妃逝世后移棺盛京，葬入昭陵贵妃园寝。淑妃无亲生子女，只抚养一蒙古女，后尊太宗命嫁给睿亲王多尔衮。

昭陵妃园寝的建筑面积，根据20世纪30年代日本学者村田治郎的实测为：南北长49.78米，东西宽27.6米，呈长方形，坐北朝南，四面有红墙环绕，周长152米。南面有面阔8.47米，进深3.98米的三间红门和门房，为前后廊式建筑。进入青砖墁地的园寝内，有建在高台上的享殿三间，歇山式，前后出廊，屋顶为绿色琉璃瓦，面阔10.2米，进深5.83米。享殿前有台基，台基长18.15米，宽13.63米，台阶有三路，无月台和神道。享殿后的坟院南北长17.45米，东西宽26.7米，共有墓葬11座，分东西4行排列，其中，中间两行各2座、东侧3座、西侧4座[3]。

在清代，昭陵妃园寝设有专门的官员，设首领二人，甲兵十九人，另设四品官一人，

1　光绪本《清会典事例》卷四百九十五《礼部·丧礼》。
2　光绪本《清会典事例》卷四百九十五《礼部·丧礼》。
3　参见日村田治郎《奉天昭陵图谱》。

清代园寝志

外郎二员，领催八名。这些官员负责守护、管理妃园寝，并参加和主持园寝祭祀。皇帝东巡祭祀祖陵时，派遣官员祭祀妃园寝。妃园寝和皇陵相比，无论是建筑规模，还是祭祀中的祭品、祭器均远不如皇陵丰奢，祭祀礼仪也要简单许多[1]。

昭陵妃园寝地面建筑至清末因年久失修倒塌，据说这一时期园寝还曾被盗，出土情况不详。今该妃园寝地面建筑现已无存。

第二章　清东陵妃园寝

一、悼妃园寝与孝东陵

（一）悼妃园寝

顺治十五年（1658）三月初五，自幼就入宫陪伴顺治皇帝的博尔济吉特氏先于顺治而卒，顺治皇帝在今天津蓟县黄花山东北约4里处的牤牛山下为其选定了葬地，并谕礼部曰："科尔沁巴图鲁王之女，选进宫中，因待年未行册封。今遽尔长逝，朕心深切轸悼，宜追封为妃。其封号及应行典礼，尔部即察例议奏。寻追封悼妃。" 顺治十五年九月初八，葬悼妃于蓟县黄花山下，并在其葬地建了享殿、地宫、宝顶等，周围环以朱红色围墙，后世因将这座清室入关后建立的第一座妃子的墓地称之为悼妃园寝。

顺治十八年（1661）顺治皇帝死后，正月初七日，其妃董鄂氏自尽以从殉。康熙皇帝谕礼部曰："皇考大行皇帝御宇时，妃董鄂氏赋性温良，恪共内职。当皇考上宾之日，感恩遇之素深，克尽哀痛，遂尔薨逝。芳烈难泯，典礼宜崇。特进名封，以昭淑德。追封为贞妃，所有应行礼仪，尔部察例具奏。"（《清圣祖实录》卷之一）遂将其葬入悼妃园寝之中。是为该园寝中葬入的第二位顺治皇帝的妃子。

关于贞妃董鄂氏殉死的原因，后世有各种不同的猜测，其中最为流行的说法，认为或与顺治对孝献皇后董鄂氏过宠有关。孝献皇后董鄂氏即顺治的皇贵妃董鄂氏，年十八入侍，顺治十三年（1656）八月，立为贤妃，十二月，进皇贵妃。《清史稿》称顺治对她"眷之特厚，宠冠后宫"。顺治十四年十月初七，皇贵妃董鄂氏诞育一子，顺治皇帝以其受宠，欲立其子为嗣，但没想到其子甫生三月而亡[2]。董鄂氏伤心抑郁，遂于顺治十七年八月卒逝，顺治帝追谥其为"孝献庄和至德宣仁温惠端敬皇后"，并亲自为其制行状数千言，又命大学士金之俊别为之作传，对她的丧祭典礼大大超出了祖制。董鄂氏死后五个月，顺治皇帝随之暴亡。所以后世人们猜测，顺治帝的死或与他过度伤心有关。顺治临死前遗诏罪己，其中就有"端敬皇后于皇太后克尽孝道，辅佐朕躬，内政聿修。朕仰奉慈纶，追念贤淑，丧祭典礼，过从优厚。不能以礼止情，诸事太过，逾滥不经，是朕之罪一也"[3]一条。而顺治罪己诏上的内容，人们又普遍认为是迫于当时的政治形式，或由顺治皇帝的生母孝庄皇太后让人拟写的。因此，就有人推测，贞妃作为孝献皇后的族妹，在顺治帝死后，非常担心孝庄皇太后会把满腔的怨恨和愤怒发泄到自己和整个董鄂氏家族，因此自愿殉葬，以平孝庄皇太后的

1　陆海英、王艳春《盛京三陵》，第170页，辽宁民族出版社，2002年。

2　事见顺治皇帝《和硕荣亲王墓志》，按此墓志现保存于天津蓟县独乐寺中。

3　《清史稿》卷本纪五。

怨恨，避免董鄂氏一族受其牵连。此说听起来似乎也合情合理，但其实却是经不住推敲的臆测。根据《清列朝后妃传稿》记载，孝献皇后董鄂氏与贞妃董鄂氏的曾祖虽同为正白旗三等伯鲁克素，但其血缘关系已远至四代[1]。就算孝庄皇太后对孝献皇后董鄂氏有天大的怨恨，只怕拿一个血缘关系远至四服的人来发泄也甚不合情理。且董鄂氏自金至清，世居于冬古河上，以地为氏，人口繁衍，自成一部，是建州女真五部中的强部。孝庄皇太后怎么可能在清廷危难之际，拿在董鄂部具有很大影响力的董鄂氏鲁克素家族发泄？

我们知道自明英宗遗诏废除宫人殉葬制度之后，明诸藩王府中以妃妾殉葬的事件仍不绝如缕。朝廷不仅没有采取措施严加禁止，往往还对之旌表有加。后金建立之初，这种强迫宫人为帝王殉葬的观念曾经一度死灰复燃。努尔哈赤死后，后金政权就曾以其大妃纳喇氏（多尔衮生母）等妃妾殉葬。《清史稿》记载："天命十一年七月，太祖有疾，浴于汤泉……上崩。辛亥，大妃殉焉，年三十七。同殉者，二庶妃。"《清列朝后妃传稿》也记载："天命十一年七月癸巳，上不豫，幸清河汤泉。八月庚子朔，丙午，上大渐，欲还京，乘舟顺太子河而下，使人召大妃来迎。入浑河，大妃至，溯流至叆鸡堡，未至沈阳四十里，庚戌未刻，上崩。先是，孝慈皇后崩后，立乌喇国贝勒满太女为大妃，辛亥辰刻，大妃以身殉焉。遂同时而敛。又有二庶妃亦殉焉。案《实录》顺治八年审讯刚林供词有'睿王取阅太祖实录，令削去伊母事，遂与范文程、祁充格同抹去。复白之和硕郑亲王、和硕巽亲王、和硕端庄亲王、和硕敬谨亲王，未经奏闻，擅改实录，隐匿不奏'一款，所削事迹无考。据日本传抄《三朝实录》，先是，孝慈皇后崩，后立乌喇国满大贝勒女为大福金，大福金美丰仪而心未纯善，常拂上意。虽有机巧，皆为上英明所制，上知之，恐其后为乱于国，预以书遗诸贝勒曰：'我身后必令之殉。'诸贝勒以遗命告大福金，大福金不欲从死，语支吾。诸贝勒坚请之，大福金遂服礼服，饰以金玉朱翠珍宝之物，因泣涕谓诸贝勒曰：吾年十二事先帝，丰衣美食二十六年，何忍离也。但语二幼子多尔衮、多铎，幸恩养之，大福金于辛亥辰刻以身殉焉，年三十有七，与上同敛，巳时出宫恭安厝沈阳城中西北隅，续修失载。又二庶妃，一名阿济根，一名德音泽，实录未见氏族，不知何妃也。"[2]可见人殉之流恶，在后金建立之初，大有复兴之势。

对于贞妃董鄂氏殉死一事，康熙皇帝认为其"芳烈难泯，典礼宜崇"，所以就给她"特进名封，以昭淑德"。这说明贞妃在死前根本就没有什么封号，死后为其追封，只不过是对其殉死的做法的一种表彰而已。其后，礼部给事中朱裴即上奏请求禁止人殉，至康熙十二年（1673）七月，清圣祖康熙皇帝才敕令禁止人殉，这种残酷的活人殉葬制度才得以禁止。因此可见，贞妃殉葬事件，野史及小说家虽然都认为是孝庄皇太后怨恨孝献皇后董鄂氏生前过宠，贞妃董鄂氏希望以殉死来免除董鄂氏家族遭受报复，但其实这种推测只不过是没有历史依据的小说家言，并未可信。贞妃可以说中国最后一个封建王朝的最后一位殉葬的妃嫔，也是葬入悼妃园寝中的第二位顺治的嫔妃。

其后数十年，顺治皇帝的妃嫔去世后，就都陆续暂厝在这个园寝之中。其中知道姓名和其身世的计有以下一些成员：

1　民国张尔田《清列朝后妃传稿》卷上，平氏绿樱花馆民国十八年刊本。据该书考载，鲁克素生席汉、席尔泰。长子席汉生鄂硕，鄂硕生董鄂妃；次子席尔泰生巴度，巴度生贞妃。

2　民国张尔田《清列朝后妃传稿》卷上，平氏绿樱花馆民国十八年刊本。

恪妃石氏，河北直隶滦州人，户部侍郎石申之女。清室定鼎中原后，为了笼络汉族士人，顺治皇帝纳石申之女入宫，受到了顺治帝的特殊优待。根据《清皇室四谱》记载："初，世祖稽古制，选汉女以备六宫，妃（石氏）与焉。赐居永寿宫，冠服用汉式。"《永平府志》也记载说，顺治赐石妃居永寿宫，冠服准许用汉式；敕石申之妻赵淑人准乘肩舆入西华门至内右门下入宫。石氏是顺治宫中唯一的一位汉族妃子，也是清皇室的首位汉族嫔妃。恪妃卒于康熙六年（1667）十一月三十日。康熙帝下令辍朝三日，并命令大内及宗室人等素服三日，不祭神。王以下，奉恩将军以上，民公侯伯都统尚书骑都尉、公主福晋以下，奉恩将军恭人以上，照例齐集。丧礼依太祖寿康太妃博尔济吉特氏之例办理。康熙六年（1667）十二月，恪妃金棺暂厝于蓟州黄花山悼妃园寝，追封为"皇考恪妃"。

　　淑惠妃博尔济吉特氏，她是孝惠章皇后的亲妹妹。康熙十二年（1673）十二月初四日受尊封为淑惠妃，康熙五十二年（1713）十一月初一日去世。

　　恭靖妃，浩齐特博尔济吉特氏，多罗额尔德尼郡王博罗特之女，康熙十二年（1673），受尊封为皇考恭靖妃，康熙二十八年（1689）四月初三日去世。

　　端顺妃，阿巴海博尔济吉特氏，一等台吉布达希布之女，康熙十二年（1673）十二月，受尊封为皇考端顺妃，康熙四十八年（1709）六月二十六日去世。

　　宁谧妃董鄂氏，长史喀济海之女。顺治十年生皇二子福全，康熙十二年（1673）十二月，康熙尊封其为皇考宁谧妃，康熙三十三年(1694)六月二十一日去世。

　　悼妃园寝所葬的顺治皇帝的嫔妃，于康熙五十七年(1718)全部迁葬于孝东陵，此处园陵遂废，现已夷为平地，遗址尚可隐约辨认。

（二）孝东陵

　　清代对皇后和妃嫔的埋葬方式改变了明朝的做法，规定只有皇帝与皇后的墓葬才称之为陵，皇后以下所有妃嫔的墓葬则统称之为园寝。同一个皇帝的妃嫔，一般都集中安葬在同一个园寝之中。清代的皇帝死后都与皇后合葬，但是，清陵与明陵的不同处在于，明陵是由多个地宫单元组成，运送棺木的隧道也同样有数条，所以明代的皇后不管何时死去，都可以随时打开预先安排好的隧道和地宫，以安葬死者。而清代的帝陵则不同，清代的帝陵只有一个地宫隧道，如果皇后晚于皇帝去世，要与皇帝合葬，就必须重新打开已经封死的地宫。而按照古人的观念，皇帝是至高无上的天子，启动帝陵不仅会打扰尊者的安静，更有可能扰动陵寝的风水。所谓"合葬之义仿自成周……尊者先葬，卑者不得入。以卑动尊，术家所忌。故合葬与不合葬惟义所在，各因乎时"。所以，清代在帝陵地宫封闭之后，嗣皇帝就要为尚在世的皇太后修建陵寝。皇太后的陵寝选址都在帝陵附近，视其在帝陵的东西位置情况，再冠以帝陵陵号，称之为某东陵或某西陵。孝东陵就是清室入关后在京城附近建立的首座皇后陵寝。

　　孝东陵是为顺治皇帝的皇后孝惠章皇后而修的，其开始修建时间不详，但《清圣祖实录》有康熙三十二年(1693)十一月乙巳，"上奉皇太后阅视孝陵东旁宝城"的记载[1]，说明在康熙三十二年十一月时，孝东陵的建设已经基本完工。因为孝东陵是清朝入关后正式修建的第一座后陵，要为这座陵寝命名无章可循，所以孝东陵刚修建成时，大家都不知道该如何

　　1 《清圣祖实录》卷一百六十一。

称呼，当时的在臣章奏都简单地把这座陵寝称之为"新陵"，这样的称呼持续了几十年，一直到康熙五十六年(1717)十二月初六日，孝惠章皇后去世，都没有定下来。康熙五十八年(1719)二月，清廷才根据礼部衙门的奏议，对陵名作了最后的确定，称之为孝东陵[1]。

孝东陵由于是清室入关后正式修建的第一座后陵，所以无论是它的建筑规制还是命名方式以及陵中埋葬的成员排列以及祭祀礼仪等等，都对后世起着垂范的作用。

还在孝东陵修建之时，康熙皇帝就不能不考虑其父顺治皇帝其他妃嫔的埋葬问题，所以就决定了将皇后陵与妃园寝合为同一兆域。这样，在修建之时，提前就对这些后妃们安葬的位置作了安排。孝东陵里共埋葬了顺治帝的二十九位后妃，在此之前，沈阳的昭陵附近的宸妃、懿靖大贵妃园寝在对入葬成员的排列上采用的是竖向排例法，是按妃子们生前在盛京皇宫居住的寝宫排列序位而设计的。其平面图显示，南北竖向共分四排，中间两排，各有两座宝顶。东边北为宸妃，南为淑妃。右边北为懿靖大贵妃，南为庄妃（因其后来葬在东陵之昭西陵而成为空穴）。东侧为三个小宝顶，再西侧为四个小宝顶。孝东陵的排列方法，正与昭陵的宸妃、懿靖大贵妃园寝相同。孝惠章皇后的方城、明楼、宝城、宝顶居于正中，其他妃嫔宝顶则由里向外序列成东西两翼，并各有两排，对考惠宝顶成拱卫之势。里排嫔妃的身份高于外侧，宝顶排列方向为南北序列。可以看出，孝东陵对葬入其中的妃嫔排列，明显带有关外陵寝的遗风[2]。

孝东陵的建筑规制，大体上以孝陵、景陵为规范，而裁去了二柱门、神道碑亭、牌楼门（或龙凤门）、石像生、望柱等诸多项目。其余建筑则略仿帝陵形制，只在尺寸上相应缩减其规制，或局部加以改动，如环护地宫的宝城为圆式，前方与明楼联为整体，未设哑巴院、月牙城、琉璃影壁等，以示与帝陵有所区别，体现皇权至上的尊卑理念。

孝东陵占地面积约5000平方米，分前后两进院落。建陵之时，由于属于草创，所以它的制度比起后来的后陵，显得比较简约。其地面单体建筑由南向北依次为：神厨库、三孔拱桥、朝房、班房、隆恩门、燎炉、配殿、隆恩殿、陵寝门、石五供、方城、明楼、宝城、宝顶，地宫建于宝顶之下。这些建筑以神道为中轴线，贯穿在一起。

如前所述，孝东陵里共埋葬了顺治帝的二十九位后妃。这些后妃生前的身世也都非常复杂，要说明他们的身份，我们不得不对顺治时期的后宫状况作一梳理。

顺治皇帝的第一位皇后博尔济吉特氏，是蒙古科尔沁贝勒绰礼克图亲王吴克善之女，顺治帝生母孝庄文皇后的侄女，顺治皇帝的表妹。史载这位皇后"丽而慧"，顺治皇帝十五岁时，摄政王多尔衮给顺治皇帝聘娶了这位小表妹。顺治八年(1651)八月，册立为皇后。这位博尔济吉特氏由于出生在一个显赫的家族，加之自幼娇生惯养，生活骄奢成性，性格上又猜疑嫉妒，让顺治帝极为不满，夫妻之间的感情越来越不和谐，入宫不久，两人就闹起了分居。顺治十年(1653)八月，顺治命大学士冯铨等人给自己讲述前代废后的故事，向他们暗示了要废掉这位皇后的意思。冯铨等人上疏劝谏，顺治皇帝严词拒绝，并坚决地回应说："无能的人就一定要废掉！"二十五日，顺治皇帝亲自奏闻其母孝庄皇太后，要将皇后废掉，朝野上下震动，为这件事闹翻了天。但顺治皇帝坚执不改其衷，最后将其降为静妃，改居侧

1 《皇朝文献通考》卷一百五十一：康熙五十八年二月甲子，"礼部等衙门言，古来帝后有不合葬而自为陵者，俱就方位定名。今孝惠章皇后陵在孝陵之东，不必另立陵名，臣等恭拟尊称为孝东陵。得旨：是"。

2 参考李寅《清东陵揭秘》，中国人事出版社，2002年。

清
代
园
寝
志

宫，史称"世祖废后"[1]。静妃自贬封之后，宫中档案便没有了她的记载。她最后何时亡故，葬于何地，史书中都没有记载。民国时期的史学家张尔田认为："吴伟业《梅村集》有《古意》六首，似为静妃作，其云'银海居然妒女津，南山仍锢慎夫人'，当指董鄂贵妃。又有'九原相见'语，详诗意，是世祖崩时，废后尚在，不久旋薨也。"[2]

正在顺治皇帝为废立一事心烦意乱的时候，一个女子悄悄地走进了他的心中。这个女子就是顺治的同父异母弟襄亲王博穆博果尔的媳妇董鄂氏。董鄂氏为正白旗鄂硕之女，生于崇德四年(1639)。顺治十年(1653)，董鄂氏十六岁，被指婚给只有十四岁的襄亲王博穆博果尔。清初国势未定，宗室子弟都在很小的时候就已驰骋在战场博取战功。博穆博果尔作为清太宗皇太极最小的儿子，虽然比他的哥哥顺治皇帝还小三岁，但却已经是一个身经百战的将军，由于经常率军出征，他无法与比他还大两岁的新妇董鄂氏常在一起相守，这样夫妻感情就出现了裂痕。按照清代的制度，宫中凡遇有红白大事，京中命妇都要入宫侍候。董鄂氏作为皇帝的弟媳，经常出入宫闱之中。两个风华正茂、年龄相当的年轻人在宫中相见，自然会有更多的共同语言，干柴烈火，爱得几乎无法收拾。董鄂氏在与博穆博果尔的婚姻生活中没有找到幸福，却与顺治皇帝相处得如胶似漆。《清史稿》在《后妃传》中刻意隐瞒了这一段"家丑"，但这一段历史却在当时的一个长期在清宫活动的德国传教士的传记中留下了蛛丝马迹。这位德国人就是汤若望。他既是顺治皇帝的师傅，后来也是康熙皇帝的师傅。汤若望回国以后，有一篇回忆录记载了这么一件事，他说："顺治皇帝对于一位满洲军人之夫人，起了一种火热的爱恋。当这位军人因此而申斥他的夫人时，他竟被对于他申斥有所闻知的天子，打了一个极怪异的耳掴。这位军人于是怨愤至死，或许竟自杀而死。皇帝遂将这位军人的未亡人收入宫中，封为贵妃。"汤若望的这个回忆录里面虽然没有说这个满籍军人就是博穆博果尔。但翻检史实我们知道，顺治皇帝的贵妃里，来路不正的却只有董鄂妃——即后来的孝献皇后。著名的史学家陈垣也认为，这个满籍的军人就是顺治皇帝的弟弟博果尔。

这件事对于顺治的母亲孝庄皇太后来说，实在应当是一件很无奈的事。因为清朝初期，受北方少数民族传统婚俗的影响，这种乱伦的事情在清廷中并不是什么新鲜的事，可能也算不上是什么不道德的事。远的不说，就说顺治的父亲皇太极吧，在他继位改国号为清后，所册封的五宫后妃也都来自蒙古博尔济吉特家族，其中的三位后妃论辈分乃是姑侄关系，这其中就包括顺治皇帝的生母，也就是后来被顺治尊为孝庄皇太后的博尔济吉特氏。先是孝庄的姑姑博尔济吉特氏于明万历四十二年（1614）嫁给时为贝勒的皇太极，后来皇太极继位，被封为孝端文皇后；天命十年（1625）二月，孝端文皇后十三岁的侄女又嫁给当时仍为贝勒的皇太极，后被封为永福宫庄妃，就是顺治皇帝的生母；天聪八年（1634），庄妃的亲姐姐，也嫁给了皇太极，被封为关雎宫宸妃。有人统计，皇太极在位期间，满洲贵族仅与蒙古科尔沁部联姻就达十八次之多。更有甚者，皇太极的哥哥莽古尔泰贝勒死后，他的众多妻子就分别分给了其侄子豪格和岳讬；努尔哈赤第十子德格类贝勒死后，其众多妻子中的一个被其第十二子阿济格纳为妻；肃亲王豪格是皇太极的长子，多尔衮是努尔哈赤的第十四子，是皇太极的亲弟弟，论辈分多尔衮是豪格的亲叔叔。但豪格的嫡妻博尔济锦氏，是叔叔多尔衮一个

1　参考《清史稿》卷二百十四《后妃传》。
2　民国张尔田《清列朝后妃传稿》卷上。

495

妻子（元妃）的妹妹。豪格死后，其嫡妻博尔济吉特氏就又嫁给了多尔衮纳，等于是侄子娶了婶子的妹妹做媳妇，侄子死后，侄媳就又嫁给了亲叔叔。这种丈夫死后，允许妻子转嫁丈夫的弟弟，甚至可以转嫁长辈或子侄辈的做法，在后金和清初原本就是很平常的事情。

孝庄皇太后可以让儿子去喜欢董鄂氏，也可以让儿子去抢夺弟弟的媳妇，因为在满族原始的婚俗观念中，女人原本就只是一种财富和交配工具。但是，孝庄皇太后绝不能容忍自己和其家族的权益受到损失。顺治皇帝要把原配的皇后博尔济吉特氏废掉，这不仅对于蒙古科尔沁博尔济吉特家族势力是一个很大的打击，而且也不利于孝庄皇太后对于朝政和顺治帝的操纵。对于孝庄皇太后来说，只有博尔济吉特家族的女人做皇后才是最重要的，至于儿子顺治皇帝的心中真正喜欢谁，那是完全可以不去计较的。所以，孝庄皇太后根本没有阻止顺治皇帝与董鄂氏之间或明或暗的关系，也没有因为儿子喜欢董鄂氏，就先把董鄂氏正式接入宫中。而是在同意儿子顺治皇帝废后请求的第二年，即顺治十一年（1654）五月，抢先把自己的另一个侄女接进宫中嫁给了顺治[1]，并在当年六月，册封为皇后，即后来的孝惠章皇后。这位新册封的博尔济吉特皇后入宫时年仅14岁，顺治根本无心去理会这个被母后硬推上皇后宝座的小表妹。董鄂氏此时虽然与顺治皇帝打得火热，但毕竟她是博穆博果尔的妻子，是顺治皇帝的弟媳，顺治帝无法光明正大地把她占为己有。这种大伯子与弟媳的偷情，无论怎样都让人觉得不尴不尬，难以为情。顺治帝要想堂而皇之地把董鄂氏占为己有，他的弟弟博穆博果尔就必须得死，于是就有了《汤若望传》中所说的顺治帝竟然打了他一个"极怪异的耳掴"的事情。

孝庄皇太后在把自己的另一个侄女博尔济吉特氏扶上皇后宝座之后，自以为博尔济吉特家族的政治地位总算得到了巩固，应当万事大吉了。但让她没想到的是，那个博穆博果尔，在被自己的皇兄打了一个"极怪异的耳掴"后，没有多久就"怨愤至死，或许竟自杀而死"了。他死于顺治十三年（1656）七月，顺治皇帝迫不及待，没让弟媳为丈夫守孝，就在博穆博果尔尸骨未寒的时候，八月就把她正式接进宫中并且立刻册立为贤妃，十二月，又进皇贵妃。《清史稿》称顺治对她"眷之特厚，宠冠后宫"[2]，并千方百计想要把那个小表妹皇后废掉，而立董鄂氏为后。这一次，孝庄皇太后是彻底坐不住了，只能坚决阻拦。顺治十四年（1657）十月初七，皇贵妃董鄂氏诞育一子，顺治皇帝觉得机会终于来了，他本想把董鄂氏生的这个儿子立为皇太子，并借机把小表妹废掉而把董鄂氏扶上皇后的宝座，但没想到天不佑人，这个儿子出生才三个月便夭折了。顺治皇帝在伤心之余，不仅追封这个不满百天的儿子为荣亲王，还亲自为他写了一篇充满感情色彩的墓圹。在墓圹中，他毫不掩饰自己的想法，称"和硕荣亲王，朕第一子也……呜呼！朕乘乾御物，敕天之命，朝夕祗惧。思祖宗之付托，冀胤嗣之发祥。唯尔诞育，克应休祯。方思成立有期，讵意厥龄不永，兴言鞠育，深轸朕怀。"[3]荣亲王夭折后，董鄂氏的希望破灭了，不久便在郁郁伤心中死去。顺治皇帝将其

1　民国张尔田《清列朝后妃传稿》上："绰尔济，吴克善仲弟"。据此可知，孝惠章皇后亦为孝庄皇太后之亲侄女。

2　《清史稿》卷二百十四《后妃传》，董鄂氏"年十八入侍，眷之特厚，宠冠后宫。顺治十三年八月，立为贤妃。"按：董鄂氏崇德四年生，十八岁入侍，正为顺治十三年。此所述乃董鄂氏正式入宫之时间。而孝惠章皇后于顺治十一年入宫，《清史稿》在叙述孝惠章皇后顺治十一年六月册为皇后时，接着便云"贵妃董鄂氏方幸，后又不当上悟"，可知当顺治十一年时，董鄂氏已在宫中大受宠幸矣。

　3　顺治皇帝《和硕荣亲王墓志》。

追封谥为"孝献庄和至德宣仁温惠端敬皇后",还将三十名太监与宫中女官悉行赐死为她殉葬。虽则了却了一件心中的宿愿,但毕竟已是天人永隔,尘缘已尽,甫一年,顺治也就追随他所爱的董鄂氏到了另一个世界。

顺治帝的近亲乱伦婚配,典型地反映了后金女真至清初满族的婚姻现象。早期满洲的婚俗大部分袭自其前身女真族风俗,而女真族的这种风俗,则是北方少数民族自古通有的现象。所谓"父死则妻其后母,兄死则妻其嫂,叔伯死则亦如之",这种接继婚或收继婚的现象,是在社会生产力极其低下的情况下社会生活制度的一种形态。皇太极继位后,对这种收继婚的社会风俗进行了改革,其中最著名的就是天聪五年(1631)颁发的禁令:"自今以后,凡人不许娶庶母及族中伯母、婶母、嫂子、媳妇","凡女人若丧夫,谷守其家资、子女者,由本家恩养。若欲改嫁者,本家无人看管,任族中兄弟聘于异姓之人。若不遵法族中相娶者,与奸淫一例问罪。"[1]对于满族婚姻习俗的改革,表明清初统治者受汉族文化影响,努力向儒家伦理靠拢,努力减少本民族风俗习惯与汉族文化的冲突。但是,移风易俗不可能是在短时间内就能完成的,皇太极本人的婚姻就被后人指责有乱伦的嫌疑,其后妃中博尔济吉特氏的姑姑和侄女三人同时嫁给了皇太极,就是最好的证明。到了顺治时期,孝庄皇太后的三个侄女,都嫁给了顺治皇帝,一个先被封为皇后,后来被废降为静妃,另一个后来又成为了顺治的皇后(即孝惠章皇后),还有一个后来康熙尊封为淑惠妃。通俗地说,顺治皇帝是娶了同一个亲舅舅的三个女儿,都是他的表妹;后来,孝庄皇太后又把自己的一个侄孙女,也嫁给顺治帝为妻。这就是说,顺治帝不仅娶了三个表妹,还娶了表侄女为妻。从蒙古科尔沁部首领莽古思的角度来看,就是他不仅将两个女儿(孝端文皇后)嫁给了皇太极,又将两个孙女(孝庄文皇后、关雎宫宸妃)嫁给了皇太极,后又将三个孙女(孝惠章皇后、静妃、淑惠妃)、一个曾孙女嫁给皇太极的儿子顺治帝福临。这样混乱的婚姻关系,只怕连当时的孝庄皇太后想要说明白都很困难。所以,顺治皇帝作为皇帝,要抢自己弟弟的老婆,为此还逼死了亲弟弟,按照满洲皇族的婚配传统,在当时只怕是一件稀松平常的事情,根本用不着大惊小怪,孝庄皇太后也根本不会觉得有什么不妥。

董鄂氏死后,于康熙二年(1663)二月二十七日,将宝宫奉移黄花山暂安,六月初六,随顺治帝、孝康章皇后宝宫一起入葬孝陵地宫,与顺治合葬。

顺治死的时候,他的儿子玄烨的母亲佟氏的身份还只是一个妃子。佟氏是少保、固山额真佟图赖之女,满洲镶黄旗人。她初入宫,被封为妃。顺治十一年(1654),佟氏十五岁时,生下了皇三子玄烨。顺治皇帝死后,玄烨继位,是为康熙皇帝,尊封他的生母佟氏为皇太后。佟氏于康熙二年(1663),初上徽号为慈和皇太后。按照清制,皇后死后上谥号要加帝谥。顺治皇帝的谥号为"章",慈和太后死后就应当称为章皇后。可是由于当时康熙年幼,由索尼、苏克萨哈、遏必隆和鳌拜四大臣辅政,权臣鳌拜对索尼孙女被封为康熙皇后很不满意,为打击索尼势力,就在慈和太后的谥号中大做文章,决定在太后谥号中不系世祖谥,神牌不升祔太庙。以此来欺负幼小的皇帝,向索尼家族示威。康熙八年(1669)四月,鳌拜被捕入狱后,康熙追论其罪,才命礼部将母亲牌位升祔太庙,并将其谥号系世祖"章"字。其后,经康熙、雍正、乾隆三朝累加谥,曰"孝康慈和庄懿恭惠温穆端靖崇文育圣章皇

---

1 《清太宗实录稿本》卷一四,清初史料丛刊本,辽宁大学历史系1978年编印,第6页。

后"，后世称之为孝康章皇后。孝康章皇后家佟氏原本为汉军，康熙为了提高其家族的政治地位，特命将佟氏改为佟佳氏，旗籍归隶满洲。清朝发源于满洲，对于佟氏家族而言，改佟氏为佟佳氏，而将其旗籍归隶满洲，当然是一件非常光荣的事情了，所以《清史稿》把这种做法称之为"抬旗"。

顺治死后，他的那个小表妹博尔济吉特氏皇后仍然活着。康熙皇帝继位后，尊她为皇太后，直到康熙五十六年（1717）岁末死去，这便是孝惠章皇后。孝惠章皇后晚于顺治五十七年去世，自然无法再葬入孝陵的地宫，所以只能在孝陵的东侧为她修建了孝东陵。

孝惠章皇后葬入孝东陵后，康熙皇帝又将原来葬于黄花山悼妃园寝中所有顺治皇帝皇帝的妃嫔全部都移葬于孝东陵内安葬。其中端顺妃阿巴海博尔济吉特氏的宝顶在恭靖妃宝顶之南，宁谧妃董鄂氏的宝顶排序在淑惠妃之南。

二、景陵妃园寝

景陵妃园寝为埋葬清圣祖康熙皇帝妃嫔的墓葬群，位于景陵东侧约500米处，坐北朝南，依山而建（图3-3）。其地理坐标位置为北纬40°11.245′，东京117°40.054′。该园寝始建于康熙二十年（1681），建筑年代与景陵同时，雍正五年（1727）开始称为景陵妃园寝[1]，是清朝入关后建立的第二座妃园寝[2]，也是清朝妃园寝中入葬妃嫔最多的一座妃园寝。其规模与建筑形制为清王朝以后各代妃园寝的建立提供了范本。

景陵妃园寝后院内共建有宝顶五十座，前后分成七排，呈弧形排列。宝顶下葬贵妃一人、妃十一人、嫔八人、贵人十人、常在九人、答应九人、皇子一人，共四十九人。其中一个是空券。这七排宝顶按左东右西顺序排列（图3-4），第一排共两位：左为马贵人，右为僖嫔；第二排四位：左起端嫔、定妃、熙嫔、良妃；第三排五位：皇十八子、成妃、襄嫔、宜妃、平妃；第四排七位：纯裕勤妃、惠妃、温僖贵妃、顺懿密妃、慧妃、荣妃、宣妃；第五排十券九位：尹贵人、谨嫔、空券、伊贵人、布贵人、新贵人、通嫔、静嫔、穆嫔、色常在；第六排十一位：文贵人、蓝贵人、常常在、瑞常在、袁贵人、贵常在、徐常在、石常在、常贵人、勒贵人、寿常；第七排十一位：尹常在、路常在、妙答应、秀答应、庆答应、灵答应、春答应、晓答应、治答应、牛答应、双答应[3]。四十八位妃嫔中，只有二十人在史籍中有传记，其他人则只有名目，身世及生平事迹都无从查起。根据史料及晏子有、于善浦先生的考证，这些妃嫔的身世大略如下：

温僖贵妃钮祜禄氏，满洲镶黄旗人。为康熙初年著名的四大辅臣之一遏必隆之女，孝昭皇后之妹。因她出身显赫，端庄秀丽，深受皇帝宠爱。康熙二十年（1681）十二月二十日册封为贵妃。二十二年（1683）十月十一日为康熙帝生第十子允䄉。二十四年〔1685)九月二十七日又生下皇十一女。三十三年（1694）十一月初三日病逝。贵妃薨逝后，康熙为之辍

1　晏子有《清东西陵》，第127页，中国青年出版社，2000年。

2　李寅《清东陵揭秘·景陵妃园寝》云：景陵于康熙十五年（1676）营建之时，在其东300米左右，妃园寝也筹料兴工。入关后，清帝为其后宫众多妃嫔单建园寝，这已是第二次了。虽然顺治帝在顺治十五年（1658）曾为悼妃等在黄花山下营建过妃园寝，但由于它距东陵太远，在康熙五十七年（1718）孝陵落成后，此园寝即行废弃。参见李寅《清东陵揭秘》，第68页，中国人事出版社，2001年。

3　晏子有《清东西陵》，第321页，中国青年出版社，2000年。

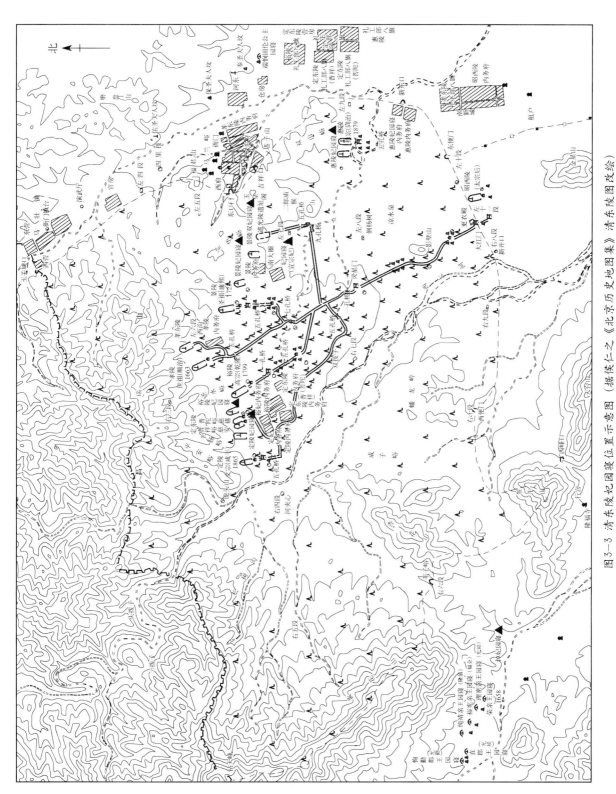

图3-3 清东陵妃园寝位置示意图（据侯仁之《北京历史地图集》清东陵图改绘）

【第三部分】

清代妃园寝志

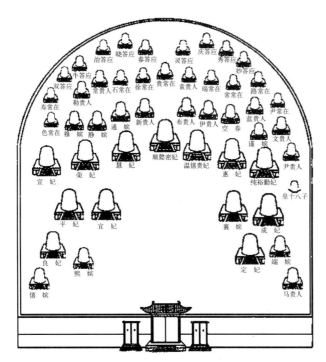

图3-4 景陵妃园寝墓位图（原载于善浦《清代帝后的归宿》第109页）

朝五日，命所生皇子成服，大祭日除服，百日剃头，余仪如贵妃丧仪[1]。谥曰温僖。三十四年（1695）九月初八日葬入景陵妃园寝。温僖贵妃为景陵妃园寝中唯一的贵妃，在所有入葬嫔妃中地位最高。

慧妃科尔沁博尔济吉特氏，为三等台吉阿郁锡之女。入宫后因年幼，未册封，待年宫中。康熙九年（1670）四月十二日薨。康熙帝为这位还未侍寝的嫔妃辍朝三日，大内、宗室都穿素服，三日不祀神。慧妃宫中女子剪发，内监截发辫，成服，二十七日除。又定金棺至殡宫，初祭陈楮币十四万，画缎千，帛九千，馔筵二十一，羊十九，酒十九樽，设彩仗行礼。奉移则陈楮币三万，馔筵十三，羊、酒各五。不值班官员跪迎十里外，俟过随行。次日行奉安礼，如奉移仪[2]。五月九日特旨礼部办理有关定封号事宜，追封为慧妃，金棺暂时安置于殡宫待葬。康熙二十年（1681）二月景陵妃园寝基本建成后，慧妃金棺随孝诚、孝昭二位皇后梓宫奉移山陵，三月初八日葬入景陵妃园寝，成为最早葬入景陵妃园寝的人。慧妃是康熙皇帝后妃中寿命最短的妃子，也是康熙皇帝妃嫔中第一个逝世的妃子。

平妃赫舍里氏，满洲正黄旗人，领侍卫内大臣承恩公噶布喇之女，孝诚仁皇后之妹。初待年宫中，康熙三十年（1691）生皇子允禨，此子于同年三月初一日卒，未序齿。平妃于三十五年（1696）六月二十日去世，追封为平妃，同年十月葬入景陵妃园寝。

良妃卫氏，满洲正黄旗包衣人，内管领阿布鼐之女。初入侍宫中。康熙二十年（1681）二月初十日生皇八子允禩。康熙三十九年（1700）册封为良嫔，后晋封为良妃。五十年（1711）十一月二十日薨。五十二年（1713）二月奉安景陵妃园寝。

荣妃马佳氏，为员外郎盖山之女。初待年宫中。康熙六年（1667）九月二十一日生皇子承瑞。十年（1671）十二月二十五日生皇子赛音察浑。承瑞、赛音察浑均为早夭而未序齿。十二年（1673）五月初六日生皇三女，即固伦荣宪公主。十三年（1674）四月初六日生皇子长华。十四年（1675）六月二十一日生皇子长生。长华、长生皆因早夭而未序齿。十六年（1677）二月二十日生皇三子允祉。同年八月初封荣嫔。二十年（1681）十二月晋封为荣妃。雍正五年（1727）闰三月初六日去世。同年十二月初四日入葬景陵妃园寝。荣妃是康熙帝第一个皇子的生母，一生为康熙帝生育了五位皇子、一位皇女，为清代生育皇子最多的嫔妃。

宜妃郭络罗氏，满洲镶黄旗人，佐领三官保之女。康熙十六年（1677）八月初封宜

---

1 光绪本《清会典事例》卷四百九十五《礼部·丧礼》。
2 《清史稿》卷九十二《志六十七·礼十一》。

清代园寝志

嫔。十八年（1679）十二月初四日生皇五子允祺，二十年（1681）十二月晋封宜妃。二十二年（1683）八月二十七日生皇九子允禟。二十四年（1685）五月初七日生皇十一子允禌。六十一年（1722），康熙帝驾崩，宜妃正患病，以四人抬软榻，亲自到丧所看视。雍正十一年（1733）八月二十五日薨。乾隆二年（1737）九月二十五日葬于景陵妃园寝。

宣妃科尔沁博尔济吉特氏，为达尔汉亲王和塔之女，是顺治皇帝悼妃之侄女。康熙五十七年（1718）十二月册封为宣妃，乾隆元年（1736）八月初八日逝世。无嗣。乾隆二年（1737）九月二十一日入葬景陵妃园寝。

成妃戴佳氏，亦名达甲氏，满洲镶黄旗人，为司库卓奇之女。初侍圣祖为嫔，康熙十九年（1680）七月二十五日生皇七子允祐。五十七年（1718）十二月册封为成妃，乾隆五年（1740）十月三十日去世。六年（1741）三月二十四日入葬景陵妃园寝。

顺懿密妃王氏，为知县王国正之女。康熙二十年后入侍宫中。三十二年（1693）十一月二十八日生皇十五子允禑。三十四年（1695）六月十八日生皇十六子允禄。四十年（1701）八月初八日生皇十八子允祄。五十七年（1718）十二月册封为密嫔。世宗时尊封密妃。高宗时加尊封为顺懿密太妃。顺懿密妃入宫后，侍奉康熙帝三十余年，历经康熙、雍正、乾隆三朝，因为她慈祥平易，淑慎温恭，生育贤王，深得乾隆帝的尊敬。乾隆九年（1744）四月十八日，疾甚，乾隆帝正准备前往探视，而太妃已薨，时年七十余岁。乾隆帝辍朝三日，还陪着皇太后到太妃寝宫灵前致奠。太妃金棺初暂安于京北曹八里屯，至乾隆十年（1745）十月十六日才葬入景陵妃园寝。

顺懿密妃所生皇十八子允祄，康熙四十年（1701）八月初八日出生，康熙帝对他特别钟爱，帝每出巡，都常将他带在身边。只可惜天命不永，康熙四十七年（1708）九月初四日，年仅八岁，便夭折早卒了。同年十月，葬于景陵妃园寝内顺懿密妃墓的旁边，即十八阿哥墓。或许是出于康熙帝对此皇子的特殊喜爱，所以才开了妃园寝葬入皇子之特例。

纯裕勤妃陈氏，满洲镶黄旗人，为云麾使陈希敏之女。康熙三十六年（1697）三月初二日生皇十七子允礼。五十七年（1718）初封为勤嫔。雍正四年（1726）二月尊封为勤妃。乾隆元年（1736）尊封为纯裕勤太妃，乾隆十八年（1753）十二月二十日逝世，暂安于曹八里屯，十九年（1754）四月二十日入葬景陵妃园寝。

定妃万琉哈氏，亦作瓦刘哈氏，满洲正黄旗人。为郎中拖尔弼之女。康熙十年（1671）正月生。二十四年（1685）十二月二十四日生皇十二子允祹，五十七年（1718）十二月册封为定嫔。雍正二年（1724）六月尊封为皇考定妃，就养允祹藩邸。高宗即位后，每逢岁时节日，都接她入宫，乾隆帝还亲自赋诗献寿，为人所传颂。定妃九十大寿时，乾隆皇帝至府第庆贺。定妃于乾隆二十二年（1757）四月初七日病逝，享年九十七岁。此时，乾隆帝在南巡回銮途中，听到定妃逝世的消息，非常难过，即下谕各部门辍朝三日，并亲自到其金棺前，摘冠缨，祭酒行礼，还派在京的皇子等前往致奠。定妃在履亲王王府病逝后，金棺在王府大厅内停放，由王府备办丧事，所需钱物有不敷支付之处，皆由皇宫承担。金棺暂安于曹八里屯。同年十月二十五日葬入景陵妃园寝。定妃历经圣祖、世宗、高宗三朝，是圣祖诸妃中最长寿者，也是清朝历代后妃中最长寿的。

惠妃纳喇氏，郎中索尔和之女。早年入宫，初为庶妃。康熙九年（1670）闰二月初一日生皇子承庆。十一年（1672）二月十四日生皇长子允禔，十六年（1677）八月授封为惠嫔，二十年（1681）十二月晋封为惠妃。雍正十年（1732）四月初七日薨。同年九月初七日入葬景陵妃园寝。

僖嫔赫舍里氏，为赏山之女。康熙十六年（1677）八月册封为僖嫔，四十一年（1702）九月薨，四十四年（1705）二月初九日入葬景陵妃园寝。

端嫔董氏，为员外郎董达齐之女。康熙十年（1671）三月初九日生皇二女。十六年（1677）八月册封为端嫔。卒年未详。五十九年（1720）九月初九日安葬于景陵妃园寝。其女十二年（1673）二月殇，年仅三岁。

穆嫔陈氏，为陈岐山之女，康熙五十五年（1716）五月十六日生皇二十四子允祕。六十一年（1722）十二月册封为贵人。雍正年卒。雍正五年（1727）十二月初四日葬于景陵妃园寝。乾隆元年（1736）十二月追封为穆嫔。

熙嫔陈氏，为陈玉卿之女，康熙五十年（1711）正月十一日生皇二十一子允禧。六十一年（1722）十二月册封为贵人。乾隆元年（1736）十二月尊封为熙嫔。二年（1737）正月初二日薨。其丧礼都按嫔礼办理。皇帝按例辍朝二日，大内、宗室咸素服，不祭神。嫔所生暨抚养的皇子、皇子福晋，截发辫，剪发，摘冠缨，去首饰，成服，二十七日除服。百日剃头。奏派内务府总管一人成服，至大祭日，除服，剃头。执事内管领一人，及执事内管领下男女之半成服，皆大祭日除服，百日剃头。初薨日，王公、百官等齐集，奉移日、祭日同。一月内三设奠，百日内朝夕奠。初祭用金银锭五万，楮钱五万，画缎七百，楮帛五千，馔筵二十一席，羊十有一，酒七尊，设彩仗，齐集行礼。次日行绎祭。大祭与初祭同。次日绎祭与前绎祭同。另有周月致祭，二周月、三周月及百日致祭。嫔金棺送妃园寝行奉移礼，到妃园寝那天，不值班的大小官员等，都在十里外立迎哀悼，等待过后随行。次日行奉安礼，送往大臣及在陵的大小官员均齐集，将入妃园寝，先一日行奉安礼，至吉期安葬[1]。于当年四月十二日入葬景陵妃园寝。

谨嫔色赫图氏，为员外郎多尔济之女。康熙五十年（1711）十二月初三日生皇二十二子允祜，六十一年（1722）十二月封为贵人。乾隆元年（1736）十二月晋尊为谨嫔。四年（1739）三月十六日薨，九月二十六日入葬景陵妃园寝。

通嫔纳喇氏，为监生常素代之女。圣祖时，初赐号为贵人。康熙十四年（1675）生皇子万黼，十八年（1679）生皇子允禶，以上二子均夭折。二十四年（1685）二月十六日生皇十女，即固伦纯悫公主。雍正二年（1724）六月尊封为通嫔。乾隆九年（1744）六月二十三日去世。一应礼仪与乾隆四年谨嫔同[2]。十年（1745）十月十六日葬入景陵妃园寝。

襄嫔高氏，为高廷秀之女。康熙四十一年（1702）九月初五日生皇十九子允禝，四十二年（1703）二月十四日生皇十九女，四十五年（1706）七月二十五日生皇二十子允祎，六十一年（1722）十二月封为贵人。乾隆元年（1736）十二月尊封为襄嫔，十一年（1746）六月二十八日薨，七月十六日入葬景陵妃园寝。

静嫔石氏，为石怀玉之女。康熙五十二年（1713）十一月二十八日生皇二十三子允祁，六十一年（1721）十二月封为贵人，乾隆元年（1736）十二月尊封为静嫔，二十三年（1758）六月初六日薨。二十四年（1759）三月二十二日入葬于景陵妃园寝。

1　光绪本《清会典事例》卷四百九十五《礼部·丧礼》。

2　光绪本《清会典事例》卷四百九十五《礼部·丧礼》。

清代园寝志

贵人袁氏，康熙二十八年（1689）十二月初七日生皇十四女和硕悫靖公主，康熙五十八年（1719）九月入葬景陵妃园寝。

布贵人，康熙五十八年（1719）十二月辰时入葬景陵妃园寝。

伊贵人，雍正七年（1729）八月入葬景陵妃园寝。

蓝贵人，乾隆二年（1737）闰九月入葬景陵妃园寝。

马贵人，康熙五十七年（1718）八月入葬景陵妃园寝。

文贵人，乾隆二年（1737）九月入葬景陵妃园寝。

尹贵人，乾隆四年（1739）九月入葬景陵妃园寝。

新贵人，康熙五十八年（1719）十二月入葬景陵妃园寝。

常贵人，乾隆十九年（1754）四月入葬景陵妃园寝。

勒贵人，乾隆二十二年（1757）十月入葬景陵妃园寝。

妙答应，雍正十一年（1733）九月入葬景陵妃园寝。

秀答应，雍正十三年（1735）九月入葬景陵妃园寝。

庆答应，乾隆六年（1741）三月入葬景陵妃园寝。

灵答应，乾隆十一年（1746）十月入葬景陵妃园寝。

春答应，乾隆十九年（1754）四月入葬景陵妃园寝。

晓答应，乾隆三十三（1768）十月入葬景陵妃园寝。

治答应，乾隆十九年（1754）四月入葬景陵妃园寝。

牛答应，雍正十一年（1733）九月入葬景陵妃园寝。

双答应，雍正七年（1729）四月入葬景陵妃园寝。

贵常在，雍正二年（1724）四月入葬景陵妃园寝。

瑞常在，雍正二年（1724）十月入葬景陵妃园寝。

常常在，雍正十一年（1733）九月入葬景陵妃园寝。

尹常在，雍正三年（1725）三月入葬景陵妃园寝。

禄常在，雍正三年（1725）三月入葬景陵妃园寝。

徐常在，雍正三年（1725）三月入葬景陵妃园寝。

石常在，雍正三年（1725）三月入葬景陵妃园寝。

寿常在，雍正三年（1725）三月入葬景陵妃园寝。

色常在，雍正三年（1725）三月入葬景陵妃园寝。

景陵妃园寝最南端有一道马槽沟，为砖砌沟帮，其上建有一座一孔拱桥（图3-5），位于园寝建筑的中轴线上。桥面以五路青白石铺墁而成，桥券洞为砖砌，桥梁两侧设有石质栏板和望柱。每侧原有望柱八根，栏板七块，抱鼓石两块。后因维修景陵皇贵妃园寝拱桥，拆去了东侧北起第一块、第四块、第五块栏板及三根望柱，现北侧抱鼓石也已歪倒，西侧望柱少一根望柱头，中间一块望柱伤折。一孔拱桥长15.4米，宽4.3米，桥券洞跨度2.35米，矢高1.35米。拱桥东侧有一座豆渣石平桥，桥下有一孔。平桥长6米，宽1.62米。孔宽2.2米。

一孔拱桥的北面，原有东西厢房各五间，为单檐硬山，布瓦覆顶。东厢房是烧制祭祀用奶茶的地方，西厢房是制作各种饽饽和备办干鲜果品的地方。现东西厢房均已被毁，只有台基尚存。

图3-5 景陵妃园寝一孔拱桥

图3-6 景陵妃园寝宫门

厢房的北面有东西班房各三间，原为单檐硬山卷棚顶建筑，布瓦盖顶。当时是护陵八旗官兵守护执勤的地方。早在1928年前后，东西班房木架就已全失，墙亦坍塌[1]，现仅存台基。

园寝的大门宫门为单檐歇山顶（图3-6），上覆绿色琉璃瓦。宫门面阔三间，据清东陵文物管理处资料室实测为13.46米，进深二间，为8.82米。装修大门三槽，梁架为单步梁、双步梁、三步梁，斗拱为单昂三踩蚂蚱头。早在20世纪20年代，宫门门扇、檩枋就曾被盗。其后宫门前檐所用的雀替、天花支条及门、坎框等建筑构件及后坡梁架、扇面墙等亦渐佚失或毁坏，屋顶大部分只剩板瓦。1992—1993年，河北省文物部门对宫门进行了落架维修，天花支条、大门等均已修复，现保存尚为完好。进入宫门，院内左侧原有一座燎炉，为绿色琉璃构件建成，现已无存，仅留遗址。

享殿位于园寝前院，享殿当年修建时为单檐歇山顶，面阔五间，进深三间，殿内有三间暖阁，内设神龛，供奉着安葬在园寝内所有妃子的神牌。依据《钦定大清会典则例》记载，景陵妃园寝享殿两次间的寝室床龛是乾隆时期才增造的，诸妃神位次序也是当时排定的，其顺序为：温僖贵妃神位于中龛内，居左慧妃神位，居右惠妃神位，次左宜妃神位。次右奉安荣妃神位于西龛内居首，次平妃神位，次良妃神位，次宣妃神位，四时大祭，祝文内以次书[2]。享殿山墙及后檐墙上身，用城砖灰砌灌浆，外皮抹饰红泥，提刷红浆，内外抹饰黄泥，提刷黄浆。下肩及前坎墙为砍细澄浆砖干摆。地面用金砖铺砌。殿前有一座方砖铺墁的月台，面阔12.38米，进深4.20米，高0.44米[3]，月台前有一座踏跺。早在1928年前后，享殿内神龛及门窗、坎框、天花板已全被盗走[4]，后因年久失修，残破严重，享殿被拆除。现仅存后檐

1　参见李寅《清东陵揭秘》，中国人事出版社，2001年。

2　四库本《钦定大清会典则例》卷八十。

3　以上数据均引自据清东陵文物管理处资料室实测数据。

4　参见李寅《清东陵揭秘》，中国人事出版社，2001年。

清代园寝志

图3-7 景陵妃园寝享殿遗址

墙及东西山墙下半部。殿内的神龛座尚存（图3-7）。

享殿后面阔墙一道，以绿色琉璃瓦覆顶，墙上开门三道。中门为单檐歇山顶门楼，上覆绿色琉璃瓦。冰盘檐子用绿色琉璃砖砌成。门的前后各有三级踏跺，门前建有月台，月台下有垂带踏跺一座。中门面阔2.9米，进深2.9米。月台面阔7.2米，进深2.52米，高0.89米。中门东西两侧随墙角门形制相同，面阔1.96米，墙厚1.29米。三座门的门框早年被盗，中门门楼现亦无存。

《清会典事例》记载的景陵妃园寝建筑规制为："琉璃花门一座，广一丈八尺五寸，纵九尺六寸，檐高一丈二尺三寸；前正中飨殿一座，广六丈七尺，纵三丈四尺，檐高一丈三尺；东有燎炉一座，广八尺七寸，纵六尺一寸，高七尺；南有大门三，广三丈八尺五寸，纵二丈六尺五寸，檐高一丈一尺五寸；门外设左右班房，东西厢各五间，广五丈一尺，纵一丈七尺，檐高九尺；前有一洞石桥一座，围墙周长一百五十五丈七尺，高一丈三尺。"[1]

园寝后院内为埋葬众妃嫔的圆形土丘状宝顶，共50座，前后分为七排，均用三合土夯成。每座宝顶下均有一长方形月台，用城砖铺墁，每座月台前都建有垂带踏跺。每座宝顶大小不同，均有不同程度的残破，宝顶顶部灰土松动，部分灰皮脱落。如今景陵妃园寝内50个宝顶，已全部被人盗掘过，里面仅有的珍宝被盗掘一空[2]（图3-8）。

据李寅先生研究指出，妃园寝园内七排宝顶的排列，明显杂乱。其一，排列上不够整齐，有些杂乱，不对称。以陵寝的中轴线为界，东西两侧的宝顶，由南向北，第1至4排是对称分布的，而5至7排则杂乱无章。其二，是尊卑主次位序的混乱。以清代陵寝制度而言，尊卑主次是以居中为大，越往前排，墓主的地位越高。而景妃圈内墓主分布则混乱不堪，第一

1　光绪本《清会典事例》卷九百四十九。

2　李寅《清东陵揭秘》，第78页，中国人事出版社，2001年。

【第三部分】清代妃园寝志

505

图3-8 景陵妃园寝宝顶

排为地位低的马贵人和僖嫔，第二排中间，东为定妃，西为熙嫔，而身份较高的良妃则居熙嫔西侧；第四排中温僖贵妃与顺懿密妃的位置明显颠倒，妃居中，而贵妃却在其侧。本园寝中温僖贵妃的地位最高，但却排在并不显眼的第四排中。其三，是园寝后院的疏密度布局不合理，总的看是前松后紧。前三排排列比较宽松，占了后院50%的面积，从第五排开始，由于地势狭窄，无法将众多的宝顶对称排列开来，有的宝顶只好插在两排之间。其四，所葬墓主随意性强，康熙年仅八岁的皇十八子，也被葬入园寝内，实在是一个特例[1]。

造成上述情况的原因是多方面的：一、由于康熙嫔妃众多，年龄差别很大，她们死亡的时间前后有的相差几十年，因此造成墓位混乱。二、嫔妃身份前后的变化，划定某妃的墓穴后，很可能再发生地位的变化，而墓穴已定，这就使尊卑主次发生混乱。三、墓穴分布前松后紧可能是有意的安排。从平面图上看，后院前面正中央，基本未安排任何穴位，可能是为悫惠皇贵妃佟佳氏和惇怡皇贵妃瓜尔佳氏预留的墓位。但是后来乾隆帝为她们单建了双妃园寝，才使得这一设想未能实施[2]。

景陵妃园寝中，特别值得一提的是其中的一座空穴。雍正元年（1723）正月，世宗谕旨曰："昔日皇考特建妃衙门，于陵寝之琉璃门内宝城将妃母等安放。只有敏妃母，皇考曾下旨暂安于宝城。"[3]可见敏妃是暂时安放在景陵妃园寝中，以待将来迁葬景陵。这条史料证实了景陵妃园寝中的空穴，确为敬敏皇贵妃章佳氏之墓，后因她迁入景陵地宫，此穴无法葬入别的嫔妃，所以成为了空穴。

景陵妃园寝在清朝曾进行过改建、扩建。乾隆年间，内务府总管并兼管咸安宫官学的来保上奏："妃衙门现今只供牌位六座，每逢大祭之日，桌张仅堪容放。奴才愚见，今妃园

1 李寅《清东陵揭秘》，第69页，中国人事出版社，2001年。

2 李寅《清东陵揭秘》，第69、70页，中国人事出版社，2001年。

3 [清]萧奭《永宪录》卷二上。

清
代
园
寝
志

寝俱宜修理，趁此修理时以为将来宽展之计，将妃衙门接添抱厦五间。再茶饭房现亦属狭窄，接添二间，各作五间。"[1]来保的这一建议被采纳，将大殿接添抱厦五间，又将东西厢房由面阔三间改为五间。至道光年间，为规范建筑，符合体制，又进行了第二次改建，将享殿前抱厦三间拆去，挑换正座前廊木枋檩，揭瓦头停，还将抱厦台基改做月台，两边各接宽一丈五尺五寸，而宫门外两侧厢房，则保留了当初的形状[2]（图3-9）。

三、景陵皇贵妃园寝

景陵皇贵妃园寝，为康熙帝悫惠皇贵妃佟佳氏和惇怡皇贵妃瓜尔佳氏的园寝，又被当地人称之为双妃园寝或双妃陵。位于景陵稍东约1公里处（见图3-3）。坐北朝南，依山而建。其地理坐标位置为北纬40°11.091′，东经117°40.422′。该园寝大约始建于乾隆四年（1739）[3]。它是清朝规格最高的一座妃园寝，超过了一般规格的妃园寝。

据《清会典事例》记载，景陵皇贵妃园寝规制为 "琉璃花门一座，广一丈八尺二寸，纵八尺八寸，檐高一丈一尺；前正中飨殿一座，广八丈二尺，纵四丈四尺五寸，檐高一丈三尺五寸；两庑各五间，广五丈五尺八寸，纵二丈四尺二寸，檐高一丈六尺二寸；东有燎炉一座，广九尺七寸，纵七尺，高七尺三寸；南有大门三，广四丈七尺二寸，纵二丈八尺六寸，檐高一丈二尺六寸；门外左右设班房，东西厢各五间，广五丈五尺，纵二丈一尺五寸，檐高九尺二寸；前有一洞石桥一座，围墙周长一百五十五丈，高一丈三尺"[4]。

该园寝最前面有一条马槽沟，正中设一座一孔拱桥，桥为青白石构成。桥面用五路条石铺砌而成。每侧有栏板七块，望柱八根，抱鼓石两块。桥身长15.8米，宽4.8米，桥下为单孔砖券洞，跨度为0.38米。1982年曾对该桥进行过一次维修，现保存基本完好。在拱桥的东西两侧各有一座平桥。西侧平桥桥墩及桥面为豆渣石，由五路条石铺成。每侧有青白石栏板三块、抱鼓两块。桥长8.5米，宽3.95米。东侧平桥用两块豆渣条石铺成，无拦板[5]。

平桥北面东西两侧，有东西厢房分列于神道两旁。厢房的台基形制大小相同，长17.21米，宽7米，高0.3米。厢房面阔各为五间，为16.55米[6]，进深一间，布瓦硬山顶建筑。屋内地面用方砖铺砌，房后各有烟囱二座，房前有出廊。在清代，通常只有帝、后陵的朝房才有前廊，而一般妃园寝厢房前则无前廊。景陵皇贵妃园寝建筑上的这些"超标"建筑，以一种

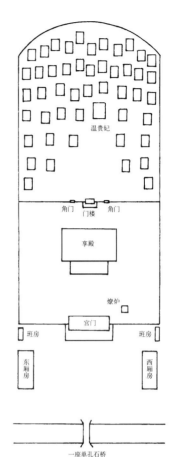

图3-9 景陵妃园寝示意图（原载宋大川、夏连保《清代园寝制度研究》第254页）

---

1 中国第一历史档案馆藏《内务府奏案》，乾隆元年第5包，转引自晏子有《清东西陵》第128页。

2 李寅《清东陵揭秘》，第70、71页，中国人事出版社，2001年。

3 晏子有《清东西陵》，第129页，中国青年出版社，2000年。

4 光绪本《清会典事例》卷九百四十九。

5 晏子有《清东西陵》，第217页，中国青年出版社，2000年。

6 晏子有《清东西陵》，第217页，中国青年书版社，2000年。

无声的语言向世人表明了该园寝内墓主生前身份的非同寻常。早在1928年时，东西厢房门窗坎框就已被人拆去，解放后，河北省文物部门于1963年和1982年先后两次对东西厢房进行维修，目前保存完好。

　　厢房的北面原有东西班房各一座，为单檐硬山布瓦卷棚顶，面阔三间，进深一间，班房后有门，并各建有一座小院。不过这两座班房早在1928年时即已坍塌[1]，现仅存遗址。

　　景陵皇贵妃园寝的宫门，原为单檐歇山顶，上覆绿色琉璃瓦。面阔三间，进深二间。宫门的台基系用青白石围建进来的须弥座。座前建有月台一座，台面用青砖铺砌，月台面阔13.90米，进深4.89米，高0.80米。月台前有五级垂带踏跺一座，宽6.00米[2]。须弥座北建有一座六级垂带踏跺。宫门内东侧原有一座燎炉，上覆绿色琉璃瓦。1928年时，该园寝宫门及燎炉均被人拆毁，现在人们所看到的宫门和燎炉为1982年河北省文物部门在原遗址上复原重建进来的。

　　在清代普通的妃园寝是不建配殿的，而景陵皇贵妃园寝却建有东西配殿，这也表明了该园寝中所埋葬的主人生前地位之高贵。两座配殿均为单檐歇山顶建筑，面阔五间，进深三间，前有走廊。台基面阔19.03米，进深9.42米，高0.7米。配殿整体面阔14.67米。这座配殿，比昌西陵、慕陵、慕东陵的三间配殿规模还大，在清代妃园寝中是唯一的。1982年河北省文物部门对东西配殿也进行过一次维修，现保存完好[3]。

　　贵妃园寝享殿早已坍塌，现仅存东西北三面山墙（图3-10）。原享殿为单檐歇山顶，面阔五间，进深三间。殿内建有暖阁三间。中间暖阁内有须弥座，座上有神龛一座，内供奉两位皇贵妃的神牌。左侧为悫惠皇贵妃，据相关档案记载，悫惠皇贵妃的神牌是在孝陵更衣殿内制造的，陵寝官员为其制作了全套的神牌前供器。右侧为惇怡皇贵妃。据相关档案记载，

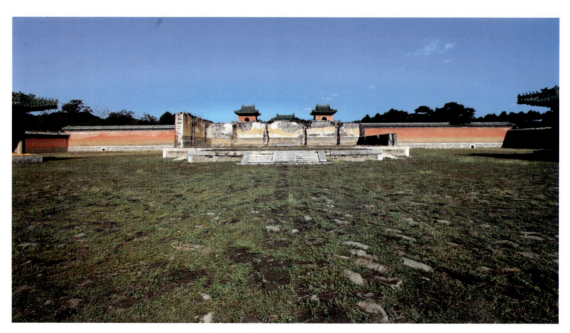

图3-10　景陵双妃园寝享殿遗址

1　李寅《清东陵揭秘》，第93页，中国人事出版社，2001年。

2　以上数据均引自清东陵文物管理处资料室实测数据。

3　晏子有《清东西陵》，第217页，中国青年出版社，2000年。

制作惇怡皇贵妃神牌是在园寝内配房，神牌前供奉多为五供器、瓷器及其他金银器等[1]。享殿台基面阔26.4米，进深14.3米，高0.97米。月台面阔16.11米，宽5.83米，高0.78米。享殿月台前设丹陛石一块，长2.34米，宽1.78米[2]。上刻丹凤朝阳及海水江崖图案。在清代所有妃园寝中，享殿月台前设丹陛石者，也仅有景陵皇贵妃园寝这一处（图3-11）。

图3-11 景陵双妃园寝丹陛石

享殿后面阔墙中央建有神门三座。中门为单檐歇山门楼，上覆绿色琉璃瓦。中门月台长7.16米，宽3.19米，高1.28米，门面阔2.9米，进深2.85米，门垛宽1.42米，中门两侧的便门形制及规模相同，宽1.8米，墙厚1.30米。三座神门前均有三级垂带踏跺，踏跺前月台下有七级垂带踏跺。面阔墙东西两侧还各建有一座随墙角门。经1982年维修后，现保存基本完好[3]。

神门内有两座规制及形状相同的方城，东西并排而建。方城建在一座月台上，月台面阔15.3米，宽3.93米，高1.26米，前有礓磙一座，宽13米。1982年时，对方城进行了维修。方城下有一道通往金刚墙的券洞，然后分东西建隧道二条，通往明楼方城和宝顶。方城上各建明楼一座，明楼台明面阔8.80米，高0.27米。门洞面阔2.06米，墙厚1.86米[4]。两座明楼完全相同，均为单檐歇山顶，上覆绿色琉璃瓦（图3-12）。明楼内竖石碑一统，碑身宽1.03米，厚0.49米，高2.99米。碑座长1.92米，宽0.75米，高0.98米[5]。石碑上涂红色朱砂。碑额题"大清"二字，用满汉两种文字镌刻。东面明楼内碑阳面上刻"悫惠皇贵妃园寝"，西面明楼内碑阳面上为"惇怡皇贵妃园寝"，均为满汉两种文字，上贴金箔。碑座为方须弥座，上枋刻二龙戏珠，下枋刻杂宝，上下枭刻俯仰莲花瓣。1963年对两座明楼进行了修缮，1981年翻修了明楼，1982年又维修了明楼，明楼现保存完好。在明楼北面，以三合土夯筑而成的宝顶，呈北高南低的圆丘形状。宝顶脚下，是用砖砌成的流水沟，外砌宇墙。宇墙高0.97米，厚0.53米，宇墙下水眼6个，挑头沟嘴2个，长1.03米[6]。墙外为马道。马道外环以宝城，形状与宝顶外宇墙同。标准的妃园寝，宝顶建在砖石月台上，不建方城、明楼、宝城，而这座妃园寝却建了两座方城、明楼及宝城，这在清代妃园寝中尚属首例（图3-13）。

乾隆皇帝为何给悫惠皇贵妃和惇怡皇贵妃单独建立等级最高的妃园寝呢？据史籍记载，乾隆皇帝弘历年幼时，聪明伶俐，十二岁就能将周敦颐的《爱莲说》背诵得滚瓜烂熟，他还

1 参见李寅《清东陵揭秘》，第90页，中国人事出版社，2001年。
2 以上数据均引自清东陵文物管理处资料室实测数据。
3 晏子有《清东西陵》，第219页，中国青年出版社，2000年。
4 以上数据均引自清东陵文物管理处资料室实测数据。
5 以上数据均引自清东陵文物管理处资料室实测数据。
6 以上数据均引自清东陵文物管理处资料室实测数据。

图3-12 景陵双妃园寝明楼

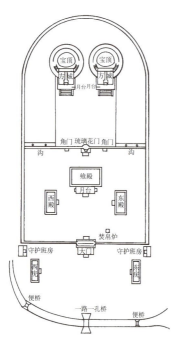

图3-13 景陵双妃园寝图（原载晏子有《清东西陵》第218页）

常随康熙皇帝木兰行围，骑术、箭法都很精通，因而深受康熙皇帝的喜爱。遂决定将他从雍王府接到皇宫中读书，康熙帝派悫惠皇贵妃和惇怡皇贵妃抚养他。两位皇贵妃对弘历悉心照顾，体贴入微，关怀备至。在弘历心中留下了美好的印象。因此乾隆皇帝即位后，为了报答两位皇祖太妃的抚育之恩，于乾隆二年（1737）五月二十日下了一道谕旨："朕自幼龄仰蒙皇祖慈爱，抚育宫中。又命太妃皇贵妃、太妃贵妃提携看视。两太妃仰体皇祖圣心，恩勤备极周至，朕心感念不忘，意欲为两太妃千秋之后别建园寝，令王大臣稽察旧例，王大臣奏称：古有别建园寝之例，今若举行，于典礼允协。朕奏闻皇太后，钦奉懿旨允行。可传谕该部，于景陵附近之处，敬谨相度，择地营造。其规制稍加展拓，以昭朕敬礼之意。"[1]据此，工部遂择吉日兴工，为两位皇贵太妃修建园寝。

景陵皇贵妃园寝内东侧墓主人悫惠皇贵妃，佟佳氏，为领侍卫内大臣、承恩公国舅佟国维之女，孝懿皇后之妹。康熙七年（1668）八月生，三十九年（1700）十二月，册封为贵妃。雍正二年（1724）六月尊封为皇考皇贵妃。乾隆元年（1736）十一月尊封为皇祖寿祺皇贵太妃。八年（1743）四月初一日去世，享年七十六岁。礼部以辍朝五日具奏，奉旨辍朝十日。乾隆帝亲诣，冠摘缨纬，祭酒行礼。一应礼仪与雍正三年敦肃皇贵妃丧仪同[2]。五月上尊谥为悫惠皇贵妃。乾隆八年（1743）十二月十一日葬于景陵皇贵妃园寝东宝城的地宫内。

1 四库本《钦定大清会典则例》卷八十。
2 光绪本《清会典事例》卷四百九十五《礼部·丧礼》。

西侧墓主人惇怡皇贵妃，瓜儿佳氏，为三品协领祜满之女。康熙二十二年（1683）十月生，初封和嫔。四十年（1701）十月十八日生皇十八女，五十七年（1718）十二月晋封和妃。世宗时尊封为皇考贵妃。高宗时，加尊封为温惠贵太妃。后又加尊号为皇祖温惠皇贵太妃。乾隆帝在温惠皇贵太妃七旬寿辰、八旬寿辰时，均为其庆贺。赐给温惠皇贵太妃御笔匾、无量寿佛、冠服、朝珠、簪花、玉器、乾隆款瓷器、玻璃器皿等很多贵重物品。在圣祖诸妃中，太妃为最长寿者，历经圣祖、世宗、高宗三朝。于乾隆三十三年（1768）三月十四日卒于宁寿宫，享年八十六岁。其金棺暂停在曹八里屯厝安处，乾隆帝还为她圈定了"惇怡"的谥号。并定于乾隆三十三年（1768）五月十七日举行了繁琐的赠谥礼。高宗纯皇帝辍朝五日，亲诣祭酒行礼。一应礼仪与悫惠皇贵太妃丧仪同[1]。乾隆三十三年（1768）十月十二日太妃葬于景陵皇贵妃园寝西宝城地宫内。

四、老贵人园寝

老贵人园寝位于清东陵东风水围墙外的南新城，其地理坐标位置为北纬40°08.996′，东经117°42.487′，始建于雍正三年（1725）二月，同年七月完工[2]。最初名为苏玛喇姑园寝。乾隆二年（1737）改名为老贵人园寝。该园寝内葬有苏玛喇姑和雍正皇帝的老贵人。它是清代妃园寝的一个特例，也是一座鲜为人知的雍正皇帝的妃园寝。

在园寝内居中的宝顶，是苏玛喇姑的宝顶。苏玛喇姑为蒙古族人，是孝庄文皇后之侍女，天生美丽聪慧。她不仅蒙语讲得好，而且很快掌握了满语和汉语，于是她奉孝庄皇太后之命，担任幼年康熙帝的第一任满文老师。苏玛喇姑还曾亲手教幼年康熙写满文，因此，深受康熙帝的尊重。康熙二十六年（1687），康熙帝决定把皇十二子胤祹交给苏玛喇姑抚养，这充分体现了康熙帝对她的重视和信任。康熙四十四年（1705）九月初七日，苏玛喇姑病逝，为报答其对自己的教诲和抚养皇子的恩情，康熙帝决定按嫔礼为苏玛喇姑办理丧事。十月葬入孝庄文皇后暂安奉殿院内，陪伴在旧主身旁。至雍正三年（1725）孝庄文皇后暂安殿改建成昭西陵，因此，在同年八月初七日，将苏玛喇姑按嫔礼葬入昭西陵东侧南新城的妃园寝。

在园寝内居右位的宝顶，是老贵人的宝顶。老贵人，据档案记载为雍正帝的一位贵人，因其地位低下，宫中档案很少提及。她于乾隆元年（1736）七月十一日奉移东陵，二年（1737）二月二十六日奉安本园寝[3]，而且称这座园寝为老贵人园寝。按理，雍正帝的贵人应葬入泰妃园寝中，但不知为什么乾隆帝却要将他父亲的这位老贵人葬苏玛喇姑园寝中，这一疑案至今让人觉得匪夷所思。

老贵人园寝坐北朝南，原建有宫门、享殿、园寝门、宝顶，大门外设有茶饭房。在园寝享殿内，苏玛喇姑神位居中，老贵人神位居左。享殿内宝座上所用褥子，靠背、扶手等所用寸蟒、妆缎、闪缎、云缎等软片，至乾隆二十九年概行裁撤，永不更换[4]。在园寝后院内，苏玛喇姑宝顶居中，形体稍大，据笔者调查，她的宝顶高3.6米，直径4米。老贵人宝顶居右，形体略小，她的宝顶高3米，直径3.2米（图3-14）。后来清廷又将园寝交于二府门上自行管

1　光绪本《清会典事例》卷四百九十五《礼部·丧礼》。

2　徐广源《苏玛喇姑的生前死后》，《北京档案》2003年第4期。

3　李寅《清东陵揭秘》，第261页，中国人事出版社，2001年。

4　于善浦《雍正皇帝的妃园寝》，《紫禁城》2002年第1期。

图3-14 老贵人园寝

理，每年只有清明一祭[1]。老贵人园寝早年被盗，大部分建筑早已被拆除，现仅剩两座宝顶，余辟为耕地。

五、裕陵妃园寝

裕陵妃园寝是乾隆皇帝嫔妃的墓地，坐落于河北省遵化市东陵乡境内，东距清高宗乾隆皇帝的裕陵500米，西距菩陀峪慈禧太后的定东陵250米，南距峪大村500米[2]（图3-3）。该园寝坐北朝南，其地理坐标为北纬40°11.302′，东经117°38.523′。

裕陵妃园寝始建于乾隆十二年（1747），乾隆二十五年（1760）纯惠皇贵妃薨，入葬于此，因其地位较高，遂在原来的建筑基础上对该园寝进行了改建、扩建，此次改扩建，仿照景陵皇贵妃园寝规制，增建明楼、方城、东西配殿，在享殿前增加月台等。

裕陵妃园寝建筑布局由南往北依次为马槽沟一道，其上建有一座一孔石拱桥，以青白石构成，桥面为五路条石，桥下有拱券一座。桥长15.38米，宽4.35米。桥孔宽2.50米，进深3.91米。望柱面宽0.27米，通高1.46米。栏板面宽1.48米，高0.82米，厚0.20米。地伏石宽0.35米，高0.18米[3]。该桥现仍保存完好（图3-15）。拱桥东侧有一座豆渣石平桥，下有桥洞三孔。桥长9.65米，宽3.30米。桥北为一条用砖铺砌的甬道。甬道左右曾建有东西厢房，面阔均为五间，进深一间，原建筑为布瓦硬山顶建筑，用途、建筑形式均与景陵贵妃园寝相同。然东西厢房早年均已被毁。1979年河北省文物部门对东西厢房遗址进行了清理，将已散乱的台明石安放归位，现在两厢房仅存台明。台明面阔17.75米，进深7.05米[4]。在厢房的北面，原来还建有东西值班房各一座，为单檐硬山卷棚顶，面阔三间，为8.58米，进深一间，为4.14米。该值班房也已于早年被毁。1979年11月至12月清东陵文管所对废墟进行了清理，于原址上复建了两座班房。重建后的班房改为水泥地面，前檐改为玻璃窗、玻璃门[5]。班房后院面阔8.68米，进深2.95米。

妃园寝宫门，面阔三间（13.90米），进深二间（10.60米）。单檐歇山顶，上覆绿色琉璃瓦。宫门前有一座月台，面阔15.88米，进深5.82米，高0.80米。月台前有一座用青白石砌成的礓磋[6]。

在宫门左侧建有一座焚帛炉，为单檐歇山顶，上覆绿色琉璃瓦。焚帛炉面阔2.98米，进

1　于善浦《雍正皇帝的妃园寝》，《紫禁城》2002年第1期。
2　河北文物保护中心藏清东陵—裕陵妃园寝记录档案，第4页。
3　河北文物保护中心藏清东陵—裕陵妃园寝记录档案，第6页。
4　河北文物保护中心藏清东陵—裕陵妃园寝记录档案，第7、8页。
5　河北文物保护中心藏清东陵—裕陵妃园寝记录档案，第9、10页。
6　河北文物保护中心藏清东陵—裕陵妃园寝记录档案，第11页。

清代园寝志

图3-15 裕陵妃园寝一孔石拱桥　　　　　　　　　　　图3-16 裕陵妃园寝燎炉

深2.09米。现保存较好[1]（图3-16）。

增建的两座配殿建筑形式相同，面阔五间，进深二间，均为单檐歇山顶建筑，面阔（各至两山外皮）17.68米，进深7.77米。台明面阔18.50米，进深9.10米，高0.65米。前设走廊，廊内金砖边长0.52米[2]。东配殿原设计为存放祝板、制帛的地方，如享殿需要维修，即以东配殿为临时的祭祀场所；西配殿为祭祀时，喇嘛念经，为死者超度亡灵的地方。目前西配殿除部分琉璃构件不全外，保存基本完好。东配殿因残破严重，经河北省文化厅批准，实行落架保护，现仅存台明。20世纪70年代末，河北省有关文物管理部门对西配殿进行了部分修缮。

改建后的享殿仍位于园寝院内正中，建筑形式与一般妃园寝相同，面阔五间，为23.48米，进深三间，为11.82米。台明面阔24.48米，进深12.89米，高0.81米。单檐歇山顶式。殿内有暖阁三间，内原供奉神牌。中暖阁供奉纯惠皇贵妃、庆恭皇贵妃、愉贵妃、忻贵妃、循贵妃的神牌。东暖阁内供奉颖贵妃、豫妃、容妃、惇妃的神牌。西暖阁供奉婉贵妃、舒妃、芳妃、晋妃的神牌。中暖阁内须弥座面阔2.75米，进深1.45米，高0.40米。东西暖阁须弥座尺寸与中暖阁相同（暖阁早年被毁，现已无存）。享殿前月台以城砖铺砌，面阔13.36米，进深6.63米，高0.64米。1980年河北省文物部门对享殿进行了修缮，目前保存完好[3]（图3-17、3-18）。

在乾隆二十五年（1760）的改扩建中，还将原来三座园寝门及两边的面阔墙拆除，而于享殿两旁建卡子墙，左右各设园寝门一座。两座门形制相同，门洞面阔3.07米，进深2.92米。这是清代第一座将园寝门建在大殿两旁的妃园寝，对后来的妃园寝布局产生了一定的影响。门前月台面阔7.12米，进深1.62米，高0.62米[4]。

方城建在后院的前部正中，面阔12.66米。又仿帝后陵规制将纯惠皇贵妃大宝顶进行扩大，环以带雉堞的宝城，大大超过了标准规制的妃园寝，仅次于景陵双妃园寝。这是一般规制的妃园寝所未有的。方城前月台面阔15.30米，进深3.95米，高3.10米[5]。方城上建明楼一座，为单檐歇山顶式，上覆绿色琉璃瓦。明楼内竖碑一统，碑身宽1.12米，厚0.55米，高

1　河北文物保护中心藏清东陵—裕陵妃园寝记录档案，第12页。

2　河北文物保护中心藏清东陵—裕陵妃园寝记录档案，第14页。

3　河北文物保护中心藏清东陵—裕陵妃园寝记录档案，第16、17页。

4　河北文物保护中心藏清东陵—裕陵妃园寝记录档案，第18页。

5　河北文物保护中心藏清东陵—裕陵妃园寝记录档案，第20页。

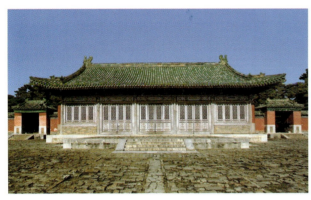

图3-17 裕陵妃园寝享殿　　　　　　　　　　图3-18 裕陵妃园寝享殿

2.93米[1]，上涂红朱砂，碑额题"大清"字样，用满汉两种文字镌刻。碑阳面刻"纯惠皇贵妃园寝"字样，也用满汉两种文字镌刻。汉字楷体居左（东），满文在右（西）。碑阴无字。碑座面阔1.66米，进深0.72米，高0.94米[2]。碑座为须弥座形状。上枋前后刻"二龙戏珠"，下枋刻杂宝，上下枭刻仰伏莲花瓣。解放后以后，园寝的明楼因蚕食鲸吞　破而被拆除顶部，20世纪80年代初期，又对明接顶部进行了复原。（图3-19）。现保存完好[3]。

园寝后院为宝城，宝城东西两侧，建有三十四座圆形的宝顶，四面以宇墙环绕，宇墙高1.00米，厚0.45米，挑头沟嘴长1.27米[4]。宇墙上覆绿琉璃瓦。宝顶皆用三合土夯制而成。前面的宝顶经过维修，保存较好。后面宝顶上的红泥大部分脱落，已露出城砖。

改建工程至乾隆二十七年（1762）竣工，直接动用白银134004.303两。另外从京师领取的铜、铁、铅、颜料、琉璃瓦料等共计合银22938两。改建、扩建工程一直到乾隆二十七年（1762）才完工。此后，改称纯惠皇贵妃园寝。

清代园寝志

图3-19 裕陵妃园寝明楼

1　河北文物保护中心藏清东陵—裕陵妃园寝记录档案，第22页。

2　河北文物保护中心藏清东陵—裕陵妃园寝记录档案，第22页。

3　河北文物保护中心藏清东陵—裕陵妃园寝记录档案，第14、15页。

　4　河北文物保护中心藏清东陵—裕陵妃园寝记录档案，第23页。

裕妃园寝的地宫类型，和其他妃园寝的地宫类型一样，可分为四种，即皇贵妃型、妃型、嫔型、常在型。纯惠皇贵妃地宫是裕陵妃园寝中规制最高的一座。1982年初河北省文物部门对纯惠皇贵妃地宫进行了清理，发现纯惠皇贵妃地宫位于最前排正中，整个地宫由墓道券、闪当券、罩门券、门洞券、梓券、金券组成。墓道券和闪当券为砖券，其余为石券。墓道长14.46米，宽2.73米，高4.20米。地面铺墁青白石。棺床为石质。石床上有两具棺木，居中的为纯惠皇贵妃的内棺，左侧是乌喇那拉皇后的棺椁。两具棺木，均北向。如今纯惠皇贵妃只有内棺，无外椁。内棺前高1.25米，后高1.18米，前宽1.25米，后宽1.20米，全长2.15米。乌喇那拉

图3-20 裕陵妃园寝纯惠皇贵妃地宫

皇后棺椁俱存，外椁前高1.60米，后高1.58米，前宽1.40米，后宽1.35米，全长2.50米。两具棺木皆残破严重[1]（图3-20）。

图3-21 裕陵妃园寝容妃地宫

容妃地宫位于裕陵妃园寝前排第二排东数第一座宝顶下，该地宫在1945年以后被土匪盗掘。1979年10月地宫盗口（踏跺）塌陷，当时清东陵文物保管所派出专门人员，随即清理了容妃地宫。该地宫由罩门券、石门、门洞券、梓券、金券组成。棺床为艾叶青石，容妃棺木居于宝床正中。清理时发现有椁无棺，椁的一侧被盗匪砍成一个长方形洞，椁的前后各有一块卡棺石。石椁前高1.53米，后高1.43米，前宽1.30米，后宽1.25米，长2.53米[2]。在地宫中发现了容妃的头骨、牙齿、发辫、哈达残片和其他丝织残片，还有各色宝石、猫眼石、珍珠等。通过对棺头所书回文古兰经及头骨前额突出的鉴定，证实了容妃就是野史传说中的香妃。1982年5月，容妃地宫与纯惠贵妃地宫同时对外开放（图3-21）。

裕陵妃园寝中地位最高的纯惠皇贵妃地宫早在1929年就曾被盗发，地宫内两具棺椁被砸毁，尸骨凌乱，珍贵随葬品已全被掠走。1945年至1949年裕

1　河北文物保护中心藏清东陵裕陵妃园寝记录档案，第31页。
2　河北文物保护中心藏清东陵—裕陵妃园寝记录档案，第32页。

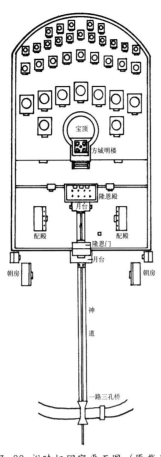

图3-22 裕陵妃园寝平面图（原载晏
子有《清东西陵》第224页）

妃园寝又屡次发生盗案，三十几座宝顶几乎全部被盗掘，并多次被扫仓，珍贵文物已荡然无存[1]（图3-22）。

嘉庆四年（1799）改纯惠皇贵妃园寝为裕陵妃园寝。据《清会典事例》记载，裕陵妃园寝的规制为："琉璃花门二座，广一丈八尺，纵九尺，檐高一丈一尺；正中飨殿一座，广六丈七尺七寸，纵三丈五尺三寸，檐高一丈五尺二寸；两庑各五间，广五丈一尺五寸，纵二丈二尺四寸，檐高一丈三尺五寸；东有燎炉一座，广九尺三寸，纵六尺五寸，高八尺六寸；南正中大门三，广三丈三尺八寸，纵二丈七尺二寸，檐高一丈三尺八寸；门外设左右班房，东西厢各五间，广五丈一尺，纵一丈七尺三寸，檐高一丈；前有一洞石桥一座，围墙周长一百三十丈六尺，高一丈四尺。"[2]其地面建筑规制仅次于景陵皇贵妃园寝，超过了一般规制。

值得一提的是，裕陵妃园寝中还葬有一位地位曾经非常显赫的人物，即乾隆皇帝的第二任皇后乌喇那拉氏。

皇后乌喇那拉氏，满洲正黄旗人，为佐领那尔布之女，生于康熙五十七年（1718）二月初十日，雍正时，世宗将她赐给弘历为侧福晋。乾隆皇帝继位后，于乾隆二年（1737）十二月册封她为娴妃，十年（1745）十一月晋封为娴贵妃，十三年（1748）三月，孝贤皇后薨逝，皇太后以娴贵妃端庄贤惠，有母仪天下之才，劝皇上立娴贵妃为皇后。乾隆帝以孝贤皇后逝世不久，丧期内立新皇后不太合适为由，没有即刻册封。但为了不违太后之意，以显孝道，乾隆帝折中了一下，于乾隆十四年（1749）四月将娴贵妃晋封为皇贵妃，摄六宫之事，代行皇后之权。一年后，孝贤皇后丧期已过，于乾隆十五年（1750）八月册立乌喇那拉氏为皇后。十七年（1752）生皇十二子永璂，十八年（1753）生皇五女，二十年（1755）生皇十三子永璟。三十年（1765）正月，乌喇那拉皇后陪同乾隆帝第四次南巡，途中失宠，被送回京师。同年五月，乾隆帝下旨，收回那拉皇后的四份册宝，即皇后一份、皇贵妃一份、贵妃一份、妃一份，注销了皇后入宫以来的所有册封。皇太后钮祜禄氏支持皇帝的做法，下旨将令贵妃升为皇贵妃，即后来的孝仪皇后。于是乌喇那拉皇后的权力被皇贵妃取代了，所有的宫中赏赐和份额也被大量裁减，她手下的侍女，也只剩下了两名[3]。乾隆三十一年（1766）七月十四日，乌喇那拉皇后逝世，时年四十九岁，以皇贵妃礼葬入裕陵妃园寝。在享殿祭祀时，未设神牌，也无祭品。

按照清代陵寝制度，帝后埋葬地称之为陵，妃园寝只是安葬皇后以外的其他嫔妃的地方。乌喇那拉皇后之所以被葬于妃园寝中，其原因就是因为她在薨逝前已失去了皇后册宝。那么，乌喇那拉氏究竟是缘何失宠的呢？据《清史稿》卷二百一十四《后妃》中记

---

1 参考李寅《清东陵揭秘》，中国人事出版社，2001年。

2 光绪本《清会典事例》卷九百四十九《园寝坟茔》。

3 参见李寅《清东陵揭秘》，中国人事出版社，2001年。

清代园寝志

载："皇后乌喇那氏，佐领那尔布女。后事高宗潜邸，为侧室福晋。……十五年，册为皇后。三十年，从上南巡，至杭州，忤上旨，后剪发，上益不怿，令后先还京师。三十一年七月甲午，崩。上方幸木兰，命丧仪视皇贵妃。自是遂不复立皇后。"但这位乌喇那拉皇后到底为何触犯国俗大忌而自行剪发，目前仍是个难解之谜。按一般规律，凡葬于妃园寝内的，无论地位高低，都应各自为券，可乌喇那拉皇后死后，甚至连一个自己单独的宫券都没有，只是葬在裕陵妃园寝中的纯惠皇贵妃地宫中，且其棺木在地宫中居于纯惠皇贵妃的左侧，而纯惠皇贵妃的棺木却在地宫中居中而卧，曾经总摄六宫之事的堂堂的皇后，死后仍没能取得乾隆皇帝的原谅，落得如此凄惨，不能不令人感叹深宫高垒之内政治斗争之残酷无情了。

除乌喇那氏之外，该园寝还葬有皇贵妃二位、贵妃五位、妃六位、嫔六位、贵人十二位、常在四位，共计三十六位，内葬人数之多，在清代妃园寝中位居第二。这些嫔妃分五排葬入妃园寝内。第一排三座宝顶，居中明楼后宝顶下为纯惠皇贵妃和乌喇纳拉皇后的地宫，左为颖贵妃，右为婉贵妃；第二排七座宝顶，左起容妃、豫妃、忻贵妃、居中庆恭皇贵妃、舒妃、愉贵妃、循贵妃；第三排九座宝顶，左起悼妃、芳妃、恂嫔、慎嫔、仪嫔居中、诚嫔、怡嫔、恭嫔、白贵人；第四排十一座宝顶，左起金贵人、宁常在、新贵人、福贵人、张常在、秀贵人、揆常在、瑞贵人、慎贵人、武贵人、平常在；第五排有五座宝顶，左起寿贵人、顺贵人、陆贵人居中、鄂贵人、晋妃[1]。综合史料及今人之研究考证，可以知道这些嫔妃的大概生平如下：

纯惠皇贵妃苏佳氏，为苏召南之女。生于康熙五十二年（1713）五月二十一日，初侍高宗藩邸，雍正十三年（1735）生皇三子永璋，同年封为纯嫔。乾隆二年（1737）十二月晋封为纯妃。八年（1743）生皇六子永瑢。十年（1745）生皇四女，同年十一月晋封纯贵妃，二十五年（1760）四月累晋纯皇贵妃，同年四月十九日薨，五月，尊谥曰惠，时年四十八岁。乾隆帝特命在妃园寝内添建单檐绿瓦明楼一座，内竖"纯惠皇贵妃园寝"碑。乾隆三十一年（1766），乌拉那拉皇后薨逝后，亦葬于纯惠皇贵妃所葬地宫中。

庆恭皇贵妃，陆氏，为陆士隆之女。初封贵人。乾隆十六年（1751）册封庆嫔，二十四年（1759）十二月晋封庆妃，三十三年（1768）十月累进庆贵妃。三十九年（1774）七月十五日薨。高宗乾隆皇帝为之辍朝五日。四十年（1775）十月二十九日葬入纯惠皇贵妃园寝。嘉庆四年（1799）仁宗降旨："朕自冲龄，蒙庆贵妃养母抚育，与生母无异，理宜特隆典仪以晋崇封，兹追封为庆恭皇贵妃。"[2]

颖贵妃，巴林氏，蒙古镶红旗人，都统兼轻车都尉讷钦之女。雍正九年（1731）二月生，初入宫赐号为贵人。乾隆十六年（1751）六月册封为颖嫔。二十四年（1759）十二月晋封为颖妃。嘉庆三年（1798）十月尊封为颖贵妃，称颖贵太妃，居寿康宫。五年（1800）二月十九日薨，享年七十岁。清仁宗嘉庆皇帝亲自到金棺前奠酒行礼，六年（1801）二月十三日入葬。

婉贵妃，陈氏，为陈廷璋之女。康熙五十五年（1716）生。高宗时，入侍潜邸，初号为贵人。乾隆十四年（1675）四月册封为婉嫔。五十九年（1720）十二月晋封为婉妃。嘉庆六年谕："婉太妃母妃，从前皇考在藩邸时，蒙皇祖所赐，侍奉皇考多年，嗣经晋封为贵妃，

1　晏子有《清东西陵》，第325、326页，中国青年出版社，2000年。
2　光绪本《清会典事例》卷四百九十五《礼部·丧礼》。

现在寿康宫位次居首，年跻八十有六，康健颐和，宜崇位号，以申敬礼。应尊封为婉贵太妃。所有应行事宜，着各该衙门查照定例预备。"[1]四月十五日命体仁阁大学士刘墉为正使，内阁学士纳清为副使，赍册宝尊封为婉贵太妃。嘉庆十二年（1807）二月初二日薨，享年九十二岁。嘉庆十二年（1807）十一月初三日入葬。她是寿康宫中最长寿者，也是清代后妃中最长寿者之一。

忻贵妃戴佳氏，为总督那苏图之女。乾隆十九年（1754）四月册封为忻嫔。二十年（1755）七月十七日生皇六女，二十二年（1757）十二月初七日生皇八女，二十八年（1763）九月晋封为忻妃。二十九年（1764）四月二十八日薨，奉谕加恩照贵妃之礼办理。乾隆皇帝为之辍朝五日，并在初祭日，亲临祭酒，一应礼仪，均与康熙三十三年（1684）温僖贵妃丧礼同[2]。乾隆二十九年（1764）十一月二十六日敬事房呈忻贵妃遗物，三十年（1765）闰二月初二日以贵妃礼葬入妃园寝。其所生两女，均夭折。

愉贵妃珂里叶特氏，亦作海佳氏或海氏，为员外郎额尔吉图之女。康熙五十三年（1714）生。初入侍藩邸，乾隆时，赐号贵人。乾隆六年（1741）二月初七日生皇五子永琪，同年十一月册封为愉嫔。十年（1745）十一月晋封为愉妃，五十七年（1792）五月二十一日薨，时年七十九岁。上谕照贵妃例办理，一应礼仪与三十九年庆贵妃丧礼同[3]。五十八年（1793）十月二十日以贵妃礼入葬。

循贵妃，伊尔根觉罗氏，满洲镶蓝旗人，为总督桂林之女。初封为贵人。乾隆四十一年（1776）十一月册封为循嫔。四十二年（1777）正月遇崇庆皇太后丧，未行册封礼，至四十四年（1779）十月方补行册封礼。五十九年（1794）十二月二十九日命大学士王杰为正使，礼部左侍郎刘权之为副使，持节册封为循妃。嘉庆二年（1797）十一月二十四日薨，四年（1799）九月十一日以贵妃礼入葬。

舒妃叶赫纳喇氏，满洲正黄旗人，为侍郎永绶之女。雍正六年（1728）六月初一日生。乾隆六年（1741）选入宫，赐号贵人。十一月册封舒嫔，十四年（1749）四月晋封舒妃。十六年（1751）五月十九日生皇十子。四十二年（1777）五月三十日薨，时年五十岁。同年九月二十日葬入妃园寝。其子三岁夭折。

豫妃博尔济吉特氏，为赛桑根敦之女，生于雍正七年（1729）十二月十五日。乾隆二十三年（1758）十一月十七日入宫，封为多贵人，时年三十岁。二十四年(1759)十二月册封为豫嫔。二十九年（1764）七月晋封为豫妃。三十八年（1773）十二月二十日薨，终年四十五岁。四十年（1775）十月二十六日入葬。

容妃和卓氏，即香妃，为新疆维吾尔族人，其父为回部台吉和札麦。生于雍正十二年（1734）九月十五日。乾隆二十三年（1758），清军对西北用兵，讨伐叛逆。容妃的叔父额色伊、兄长图尔都等率众与清军配合作战，为打败叛军立下了汗马功劳。因此，乾隆帝特召额色伊、图尔都等人进京，封额色伊为辅国公，授图尔都为扎萨克头等台吉，并安排他们定居京师。乾隆二十五年（1760）二月初四日，容妃随父兄入宫，初封贵人。二十七年（1762）五月封为容嫔。三十年（1765）乾隆皇帝第四次南巡，她是随驾的几个最宠爱的妃

1　《清仁宗实录》卷七十八嘉庆六年圣谕。

2　光绪本《清会典事例》卷四百九十五《礼部·丧礼》。

3　光绪本《清会典事例》卷四百九十五《礼部·丧礼》。

嫔之一。三十三年（1768）晋封为容妃。在以后的岁月里，容妃还陪伴皇帝巡游过泰山、曲阜孔庙、盛京祖陵等。每逢容妃生日，皇帝都会为她庆贺摆宴，各种赏赐无算。乾隆五十三年（1788）四月十九日，容妃因病在京师西花园逝世，时年五十五岁。同年九月二十五日葬入裕陵妃园寝。

惇妃汪氏，满洲正白旗人，都统四格之女。生于乾隆十一年（1746）三月初六日，二十八年（1763）十月十八日入宫，封永常在，三十六年（1771）正月二十七日晋封为永贵人，十一月册封惇嫔。三十九年（1774）十一月晋封为惇妃，居翊坤宫。四十年（1775）正月初三日生皇十女固伦和孝公主，为乾隆帝最小的公主。乾隆帝老年得女自然十分高兴，而且这位公主又是爱妃所生，长得十分俊俏，貌似其父，故惇妃十分受宠。乾隆四十三年（1778）惇妃因毒打一名宫女致死，被降为惇嫔并罚银一百两。可是由于乾隆帝十分喜爱惇妃所生公主，不久又恢复了她惇妃的名位。嘉庆十一年（1806）正月十七日薨，享年六十一岁。嘉庆十二年（1807）十一月初三日葬入妃园寝。其女于乾隆五十二年（1787）封固伦和孝公主。按清朝规定，只有皇后所生之女，才可封为固伦公主，而惇妃位在贵妃之下，她的女儿被封为固伦公主，实在是一种特别的恩宠[1]。

芳妃陈氏，为陈廷伦之女。九月二十四日生辰，生年不详。乾隆三十一年（1766）十月十六日封明常在，四十年（1775）晋明贵人。五十九年（1794）十二月册封芳嫔，嘉庆三年（1798）十月，仁宗奉太上皇帝敕旨晋尊封她为芳妃，六年（1801）八月三十日薨，同年十一月二十七日入葬。

晋妃富察氏，为主事德克精额之女。高宗时封贵人。嘉庆二十五年（1820）十二月尊封为晋妃，道光二年（1822）十二月初八日薨，宣宗（道光帝）尊为皇祖晋太妃。道光三年（1823）四月二十六日入葬妃园寝。晋妃是乾隆帝所有嫔妃中最后逝世的一位，也是最后一位葬入裕妃园寝的嫔妃。

怡嫔柏氏，为柏士彩之女，四月十六日生辰，生年不详。乾隆六年（1741）十一月册封怡嫔，二十二年（1757）薨。同年十一月初二日入葬妃园寝。

慎嫔，拜尔噶斯氏，为德穆齐赛音察之女。四月十一日生辰，生年不详。乾隆二十四年（1759）六月十九日封伊贵人。二十七年（1762）五月册封慎嫔。二十九年（1794）薨，十一月二十七日敬事房呈览慎嫔遗物，三十年（1765）闰二月初二日入葬。

诚嫔钮祜禄氏，为二等侍卫兼佐领穆克登之女。九月二十九日生辰，生年不详。乾隆二十二年（1757）六月初九日封兰贵人。四十一年（1776）十月晋封诚嫔。四十九年（1784）随乾隆帝南巡，三月二十五日自杭州回銮，夜晚在船边乘凉，不幸失足落水溺亡，捞获装殓，送至静安庄。同年九月初八日入葬。

恭嫔林氏，为拜唐阿佛保之女。十二月二十六日生辰，生年不详。初为常在，乾隆十六年（1751）六月赐号贵人，五十九年（1794）十二月册封恭嫔。嘉庆十年（1805）十一月二十七日薨，十二年（1807）十一月初三日入葬。

仪嫔黄氏，为戴敏之女。雍正时为藩邸格格。雍正十三年（1735）高宗继位，九月二十四日晋封黄氏为嫔。乾隆元年（1736）九月薨，追封仪嫔。由于当时妃园寝尚未建立，其

---

1 李寅《清东陵揭秘》，第136页，中国人事出版社，2001年。

棺椁长年暂安，直至乾隆十七年（1752）十月二十七日才葬入妃园寝。

恂嫔霍硕特氏，亦作郭氏。为台吉乌巴涉之女。十二月二十四日生辰，生年不详。乾隆二十四年（1759）六月十九日封郭常在，二十五年（1760）晋封郭贵人。二十六年（1761）八月扈从木兰，薨于行在，追封恂嫔。二十七年（1762）四月十九日葬入裕陵妃园寝。

瑞贵人，索绰络氏，正月十九日生辰，生年不详。为礼部尚书德保之女。初为瑞贵人，乾隆三十一年（1766）九月二十七日收瑞贵人遗物，九月二十八日入葬裕陵妃园寝。

鄂贵人西林觉罗氏，为巡抚鄂乐舜之女。生年不详，三月二十四日生辰。乾隆十五年（1750）封为常在。五十九年（1794）十二月赐号为鄂贵人。嘉庆时尊封为鄂太贵人。嘉庆十三年（1808）四月二十五日卒。十四年（1809）三月十八日入葬。

寿贵人柏氏，八月二十日生辰，生年不详。乾隆二十九年（1764）三月二十二日封为常在，五十九年（1794）十二月晋封为寿贵人，嘉庆时尊为寿太贵人。嘉庆十四年（1809）二月二十一日卒，三月十八日入葬。

白贵人，生年不详，为六月十七日生辰。乾隆十五年（1750）时，封白常在，五十九年（1794）十月二十四日封为白贵人。嘉庆十年（1805）三月十七日入葬。

金贵人，生年不详，九月十一日生辰。乾隆四十一年（1776）五月初八日封为金常在，四十二年（1777）九月十一日封金贵人。四十三年（1778）九月初九日入葬。

武贵人，生辰为十月十八日，生年不详。乾隆二十九年（1764）三月二十二日封武常在，四十五年（1780）晋封武贵人，四十六年（1781）十二月初二日收武贵人遗物。四十九年（1784）九月初八日入葬。

新贵人，生年不详，八月初八日生辰。乾隆二十七年（1762）六月二十七日封新常在，四十年（1775）闰十月初九日收新贵人遗物。四十九年（1784）九月初八日葬裕陵妃园寝。

福贵人，生年不详，正月十九日生辰。乾隆二十八年（1763）十月初三日封福常在，二十九年（1764）七月十七日乾隆帝奉皇太后自圆明园启銮秋狝木兰，福贵人随往，八月初五日卒于承德避暑山庄，其遗物于十一月二十六日收回。乾隆三十年（1765）闰二月初二日入葬。

秀贵人，乾隆十年（1745）十月十四日薨，十七年（1752）十月二十七日与仪嫔等人第一批入葬。

顺贵人钮祜禄氏，为总督爱必达之女。乾隆十三年（1748）十一月二十五日生，三十一年（1766）六月二十六日进宫，初封常贵人。三十三年（1768）十月册封顺嫔。四十一年（1776）六月晋封顺妃，未及行册封礼，遇恭庆皇太后丧，乃于四十四年（1779）十月初八日行册封礼。五十三年（1788）正月二十九日降为贵人，收回朝冠金累丝凤、金垂挂、金头箍及朝珠等物。五十三年（1788）十二月十八日入葬。顺妃在宫中原本地位较高，但不知为什么在临死前不久却被降为贵人，入葬时按贵人等级葬在妃园寝后排。

陆贵人，亦名禄贵人，九月二十三日生辰，生年不详。乾隆二十五年（1760）十二月十四日封禄常在，四十年（1775）晋封禄贵人，五十三年（1788）十二月十八日入葬。

慎贵人，五月十六日生辰，生年不详。乾隆十五年（1750）封为慎贵人，四十二年（1777）九月入葬。

张常在，乾隆十年（1745）十月十八日薨，十七年（1752）十月二十七日入葬。

宁常在，十一月十四日生辰，生年不详。乾隆二十八年（1763）十月二十五日封宁常在，四十六年（1781）十二月初二日收宁常在遗物。四十九年（1784）九月初八日葬入裕陵妃园寝。

揆常在，为七月初十日生辰，生年不详。乾隆十五年（1750）封为常在，二十二年（1757）十一月初三日入葬。

平常在，生年不详，七月十二日生辰。乾隆三十三年（1768）五月二十一日封平常在，四十三年（1778）九月初九日入葬。同年十一月二十八日收平常在遗物。

六、宝华峪妃园寝

宝华峪妃园寝，原为道光皇帝的妃园寝，建在东陵的宝华峪，位于北纬40°11.014′，东经117°40.682′。与宝华峪陵寝同时兴工。宝华裕妃园寝后被拆除，现已无存。

据徐广源《解读清皇陵》和清宫档案记载，其园寝原规制为，园寝后院有宝顶三排，每排五座。前排为石券，中排为砖券，后排为砖池。在享殿两旁建园寝门二座。享殿一座，殿内设有神龛三座。享殿后还设置了一道叠落泊岸。东侧建有燎炉一座。前院宫门一座，面阔三间。宫门外茶饭饽饽房二座，每座五间。宫门前东西值班房二座，每座三间。宫门外铺砌甬路、海墁。最南端正中建有一孔石拱桥一座，其东侧建有三孔豆渣石平桥一座。宫门前设立下马桩、弓箭架。

清道光七年（1827）平贵人彩棺葬入了妃园寝内。后因宝华峪陵寝地宫出水而被废弃，迁往西陵重建，宝华峪妃园寝亦被拆掉，迁往西陵双峰岫再建。宝华峪妃园寝被夷为平地（图3-23）。

图3-23 宝华峪妃园寝遗址

七、定陵妃园寝

定陵妃园寝是咸丰皇帝的妃嫔墓地，位于定陵东侧的顺水峪（见图3-3），据笔者调查，其地理座标为北纬40°11.247′，东经117°38.186′。建于咸丰九年（1859），与定陵同时开工，于同治四年（1865）八月竣工[1]。定陵妃园寝从设计到施工，完全按照标准的妃园寝规制建造，为清朝规制最标准的妃园寝。

定陵妃园寝规制与景陵妃园寝基本相同。妃园寝外西侧有一道马槽沟，河沟从北向南再转向东。沟上建有一座一孔石拱桥，桥长10.76米，宽3.95米。桥孔跨长2.30米，矢高1.38米。望柱高1.40米，面宽0.25米。栏板长1.45米，高0.78米，厚0.19米。地伏宽0.38米，高0.18米。定陵妃园寝与景陵妃园寝所不同的是，一孔拱桥券脸上有吸水兽，桥孔为石券（图3-24）。拱桥左侧有一座三孔豆渣石平桥，桥长10.76米，宽0.38米，中孔宽1.60米，旁孔

---

1 晏子有《清东西陵》，第131页，中国青年出版社，2000年。

图3-24 定陵妃园寝一孔石拱桥

图3-25 定陵妃园寝三孔豆渣石平桥

宽1.40米。桥面两侧设有豆渣石栏板，栏板中长3.17米，高0.59米，厚0.23米。次长2.53米，高0.53米，厚0.23米。地伏高0.18米，宽0.39米。抱鼓石长1.13米（图3-25）。两座桥现保存完好。

妃园寝建有东西厢房各一座，均为面阔五间，进深一间，单檐硬山布瓦顶。地面用金砖铺砌。台明面阔17.30米，进深6.70米，高0.33米。房前有一座三级垂带踏跺，宽4.07米，斜长0.75米。东西厢房的后檐墙外皮已坍塌闪裂。东西班房各一座，建筑形式为布瓦卷棚顶，面阔三间，进深一间。台明长8.50米，宽4.10米，高0.15米。班房后有一小院，面阔8.50米，进深3.66米[1]。东班房早年残破，后经维修复原。现东、西班房保存较好。

妃园寝宫门，为单檐歇山绿琉璃瓦顶，面阔三间，为13.49米，进深二间，为9.20米。宫门斗拱、彩画、梁架及用柱等建筑构件与裕陵妃园寝、景陵妃园寝相同。宫门前建有一座月台，面阔15.55米，进深5.70米，高0.63米。月台礓磜宽5.05米，斜长2.35米。台基面阔14.25米，进深10.32米，高0.64米。宫门前踏跺宽4.94米，斜长1.40米。中门面阔2.20米，旁门面阔2.00米[2]。现在梁架等木构件保存基本完好，彩画、天花支条、斗拱都已无存。宫门顶上板瓦也有部分脱釉，仅存部分筒瓦（图3-26）。左侧燎炉残破严重。

妃园寝享殿，为单檐歇山顶式建筑，面阔五间，为23米，进深三间，为14.70米。享殿台基面阔23.95米，进深16.06米，高0.80米。月台面阔13.05米，进深5.15米，高0.63米[3]。殿内原供奉神牌，"庄静皇贵妃神位于飨殿正中，玫贵妃神位于左，婉贵妃神位于右，暖阁内奉安僖妃神位于左，璷妃神位于右"[4]。享殿月台前设踏跺，东西也各建有踏跺一座。享殿

1　以上数据均引自清东陵文物管理处资料室实测数据。

2　以上数据均引自清东陵文物管理处资料室实测数据。

3　以上数据均引自清东陵文物管理处资料室实测数据。

4　光绪版《清会典事例》卷四百三十二《礼部一四三·大祀》。

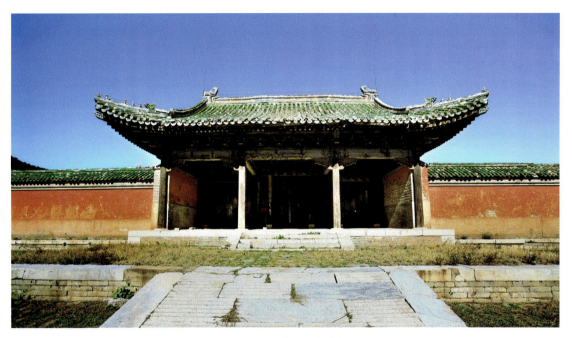

图3-26 定陵妃园寝宫门

顶上垂脊、岔脊上的跑兽均无，筒瓦大多已失。殿内神龛、天花板等皆无。彩画脱落，斗拱丢失。

　　享殿后面阔墙上建园寝门三座。中门门楼为单檐歇山绿琉璃瓦覆顶，正脊有吻兽，垂脊及岔脊饰跑兽。中门前月台面阔6.35米，进深1.68米，高1.86米。门洞面阔2.93米，进深2.69米。门垛宽1.42米。中门前踏跺宽4.07米，斜长0.78米。中门月台前踏跺宽4.02米，斜长5.16米。中门门楼和大门均已不存。东西角门宽2.84米，进深1.26米。门前踏跺宽3.87米，斜长5.20米[1]。东西角门的大门现已无存。

　　妃园寝后院建有十五座宝顶，前后分为三排，前排五座，均为石券。中排六座，均为砖券。后排四座，均为砖池。在砖券、石券、砖池下，都建有龙须沟，一直通到园寝前的马槽沟内。如果地宫或砖池内出现渗水，水可从龙须沟排到园寝外，可见定陵妃园寝的排水系统比以前的妃园寝都先进[2]。

　　光绪本《清会典事例》卷九四九记载："定陵皇贵妃园寝，琉璃花门一座，广一丈九尺，纵六尺四寸，高称之；东西卡子墙高一丈一尺，长十九丈；正中享殿一座，广七丈六尺，纵五丈二尺，檐高一丈八尺；东有燎炉一座，广九尺，纵六尺二寸，高九尺；南有大门三，广四丈五尺，纵三丈一尺六寸，檐高一丈四尺；门外设左右班房，各二间，东西厢各五间，前有一洞石桥一座，围墙周长一百三十二丈，高一丈一尺五寸。"

　　定陵妃园寝兴建时期，正是清王朝内忧外患，国家经济十分紧张之时，因此为了节省开支，修建定陵妃园寝时，也和营建定陵相同，使用了宝华峪园寝的大量旧料。主要有：石床五件、石门八件、枋子带门簪瓦片八件、中槛五件、门框十件、马蹄柱子十件，及各式旧砖三万七千七百多块。尽管定陵妃园寝使用了大量的旧料，但是，由于工程浩大，其工程花费仍十分惊人。除松木、杉木、桅杆架木、平铁、叶铁、琉璃瓦料、绢纱布纸、各种颜料、江

1　以上数据均引自清东陵文物管理处资料室实测数据。

2　参见徐广源《清东陵史话》，紫禁城出版社，1997年。

米等直接领取不用动银两外，光工料运价银就花了641362.419两[1]。

据载泽等调查，早年定妃园寝的两座朝房、宫门、享殿及三座门中的木件已被拆除。1945年日本投降后，定妃园寝又经受了两次大的劫难。第一次是1948年4月盗匪刘某带领一千人来定妃园寝盗发。盗走金丝镯子、包金镯子、小罐、闻药壶、烟坠石等珍贵文物。第二次是1949年，刘某再次率众拿着武器盗发定妃园寝。又盗得大白珍珠、大烟灯、金丝耳坠等。此后，定妃园寝又多次遭劫，如今已空然无物，十多个地宫中，仅存枯骨而已[2]。

定陵妃园寝的十五座宝顶内，共葬入文宗妃嫔十五位，其中皇贵妃二人、贵妃二人、妃四人、嫔四人、常在三人。宝顶前后分为三排，第一排从东向西为婉贵妃、玫贵妃、庄静皇贵妃、端恪皇贵妃、云嫔。第二排自东往西为吉妃、璹嫔、璷妃、容嫔、玉嫔、禧妃。第三排从东起为瑈常在、庆妃、鑫常在、玶常在[3]。据晏子有、于善浦先生及有关史料考证，这些妃嫔的传记如下：

庄静皇贵妃，他他拉氏，为主事庆海之女，生于道光十七年（1837）二月二十七日。入选宫中，因相貌俊美，体态婀娜，深受咸丰帝宠爱。入宫后不久，即赐号为丽贵人。咸丰四年（1854）十二月晋封丽嫔。五年（1855）五月为咸丰帝生下皇长女，成为第一个为皇帝生儿育女的妃嫔。皇帝喜得皇女后大悦，在皇长女出生后三天，晋封其为丽妃，从此备受宠爱。十一年（1861）十月穆宗尊封皇考丽皇贵妃，居永和宫。同治十三年（1874）十一月尊封丽皇贵太妃。光绪十六年（1890）十一月十五日薨，时年五十四岁。丽妃的丧礼十分隆重，光绪帝辍朝五日，亲自到金棺前奠酒行礼，深表哀悼。尊谥为庄静皇贵妃。命大内以下，宗室以上，王公文武官员，于是日素服一日，一应礼仪从皇贵妃丧仪[4]。丽妃的金棺暂时停放在田村殡宫。十九年（1893）四月入葬定妃园寝。贵妃所生皇长女，九年（1870）封为荣安固伦公主，同治十二年（1873）八月，下嫁瓜尔佳氏世袭一等雄勇公散秩大臣符珍，十三年（1874）十二月二十九日去世，年仅二十岁。

端恪皇贵妃，佟佳氏，满洲镶黄旗人，为头等侍卫裕祥之女。道光二十四年（1844）十月二十四日生。咸丰八年（1858）十二月册封祺嫔，十一年（1861）十月晋封祺妃。同治十三年（1874）十一月尊封祺贵妃。光绪三十四年（1908）十月，宣统帝晋尊封皇祖祺皇贵太妃。宣统二年（1910）三月二十八日薨，享年六十七岁。五月尊谥为端恪皇贵妃。同年五月她的金棺由吉安所奉移妃园寝享殿暂安。到宣统三年（1911）九月二十一日入葬地宫。贵妃历经道光、咸丰、同治、光绪、宣统五朝，是清宫后妃中经历朝代最多的，也是清朝灭亡前最后去世的一位妃嫔。

婉贵妃，索绰络氏，满洲正白旗人，为左都御史奎照之女。道光十五年（1835）九月二十七日生，初入宫时被封为婉常在，咸丰二年（1852）封为婉贵人。她出身名门，知书达理，在宫中上下左右逢源，咸丰帝对她很满意，故她虽未生育子女，却在咸丰四年（1854）十二月晋封为婉嫔。十一年（1861）十月晋封为婉妃。同治十三年（1874）十一月被尊封

1　参见李寅《清东陵揭秘》，中国人事出版社，2001年。

2　参见李寅《清东陵揭秘》，中国人事出版社，2001年。

3　晏子有《清东西陵》，第326页，中国青年出版社，2000年。

4　光绪本《清会典事例》卷四百九十五《礼部·丧礼》。

为婉贵妃。光绪二十年（1894）五月薨。一应礼节与十六年玫贵妃丧仪同[1]。光绪二十三年（1897）八月初十日葬入妃园寝。

玫贵妃，徐佳氏，正黄旗人，领催诚意之女，道光十八年（1838）八月初五日生，初赐号为玫常在，后晋为玫贵人。咸丰五年（1855）四月二十四日降为玫常在，五月十七日又降为宫女，过了八天后，又恢复了她的常在地位，不久又复晋为玫贵人。咸丰八年（1858）二月初五日生皇二子，十二月二十四日晋封为玫嫔。十一年（1861）十月穆宗尊封为皇考玫妃，同治十三年（1874）十一月尊封玫贵妃。光绪十六年（1890）十一月初八日薨。她的金棺暂时安放于田村殡宫。十九年(1893)四月十三日，玫贵妃金棺随同庄静皇贵妃金棺奉移东陵，四月十八日葬于定陵妃园寝。玫贵妃所生皇二子，尚未命名即早殇。咸丰十一年（1861）十二月同治帝即位，追封为悯郡王。

吉妃，王氏，正黄旗维翰佐领下园户清远之女，道光二十年（1840）六月初十日生。原为皇后宫中的一名女子，咸丰八年（1858）五月十五日被封为吉贵人。十一年（1861）十月晋封吉嫔，同治十三年（1874）十一月尊封为吉妃。光绪三十一年（1905）十月十六日薨，时年六十六岁。十一月十六日奉移享殿，三十三年（1907）九月初六日入葬妃园寝。

璷妃，那拉氏，满洲正白旗人，主事全如之女。道光二十一年（1841）二月十二日生。咸丰时赐号为璷贵人，十一年（1861）十月晋封为璷嫔，同治十三年（1874）十一月尊封为璷妃。光绪二十一年（1895）四月二十一日薨，卒年五十五岁。一应礼仪与光绪三年僖妃丧礼同[2]。二十四年（1898）八月初四日，其金棺奉移定妃园寝。二十四年（1898）八月初十日葬于定陵妃园寝。

禧妃，察哈拉氏，为内务府厨役常顺之女，道光二十二年（1842）九月初一日生。初入宫为长春宫女子，别号海棠。咸丰时号为禧贵人，十一年（1861）十月晋封禧嫔。同治十三年（1874）十一月尊封禧妃。光绪三年（1877）五月十六日薨，同年九月初八日入葬妃园寝。一应礼仪与道光十六年和妃丧礼同[3]。

庆妃，张氏，正白旗人，入宫后为长春宫女子，咸丰九年（1859）九月初九日封为庆贵人，十一年（1861）十月晋封庆嫔。同治十三年（1874）十一月晋尊为庆妃。光绪十一年（1885）五月初三日薨，时年四十六岁。奉旨，着照嫔例，所有应行一切事宜，着各该衙门敬谨照例预备[4]。十四年（1888）金棺奉移至定陵妃园寝享殿。十五年（1889）入葬。

云嫔，武佳氏，初入侍文宗潜邸，为侧福晋。咸丰时初赐号云贵人，住承乾宫。咸丰二年（1852）十一月册封云嫔。五年（1855）正月初四日薨，初十日由吉安所奉移田村暂安，同治四年（1865）九月二十五日入葬。初祭、大祭，派公行礼，余仪与道光二十六（1846）年恩嫔同[5]。

容嫔，伊尔根觉罗氏，教习萨尔杭阿之女。生于道光十七年（1837）六月初四日。咸丰二年（1852）封为容常在，四年（1854）晋封为容贵人，十一年（1861）十月晋封容嫔。同

1　光绪本《清会典事例》卷四百九十五《礼部·丧礼》。
2　光绪本《清会典事例》卷四百九十五《礼部·丧礼》。
3　光绪本《清会典事例》卷四百九十五《礼部·丧礼》。
4　光绪本《清会典事例》卷四百九十五《礼部·丧礼》。
5　光绪本《清会典事例》卷四百九十五《礼部·丧礼》。

治八年（1869）五月十二日卒，十二年(1873)二月二十六日入葬。一应礼仪与七年顺嫔同[1]。

璹嫔，那拉氏，满洲正白旗人，员外郎桂祥之女。生于道光二十年（1840）二月二十四日，咸丰五年（1855）二月初十日赐号为贵人，六年（1856）十一月贵人那拉氏着改为璹贵人。十一年（1861）十月十日晋封璹嫔，与丽贵人同居永和宫。同治十三年（1874）三月二十四日薨，光绪元年（1875）三月十二日入葬。一应礼仪与八年容嫔同[2]。

玉嫔，那拉氏，后补员外郎桂祥之女，璹嫔之胞妹，生于道光二十三年（1843）七月十九日。咸丰年间，赐号为玉贵人，十一年（1861）十月晋封玉嫔。同治元年（1862）十一月十六日薨，时年二十岁。四年（1865）九月二十五日入葬。一应礼仪与咸丰五年云嫔同[3]。

玶常在，伊尔根觉罗氏，国子监祭酒彦昌之女。初入宫为英贵人，咸丰二年（1852）十一月晋封为英嫔，三年（1853）十月降为伊贵人，五年（1855）二月又降为伊常在，复降为伊答应，六年（1856）五月封为玶常在，七月十五日逝世，十六日殓入彩棺，二十五日由西花园奉移田村耳殿暂安，同治四年（1865）九月二十五日入葬。

瑃常在，咸丰二年（1852）六月封为瑃贵人，三年（1853）十月降为明常在，五年（1855）又降为明答应，六年（1856）五月封为瑃常在。九年（1859）正月初四日薨，同治四年（1865）九月二十五日入葬妃园寝。

鑫常在，咸丰初年为常在，九年（1859）五月初六日薨，初七日殓入彩棺，十七日由西花园奉移田村西所暂安，同治四年（1865）九月二十五日入葬。

八、惠陵妃园寝

惠陵妃园寝葬有清同治皇帝的四位皇贵妃，位于惠陵西侧西双山峪（见图3-3），据笔者调查，地理坐标为北纬40°10.252′，东经117°41.635′，于光绪元年（1875）八月与惠陵同时开工，至光绪四年（1878）九月完工，共用工料银五十一万七千七百七十五两余。其规制基本仿照定陵妃园寝而建[4]。

妃园寝最南端一条由西向东的小河上建有一座平桥。该桥为三孔豆渣石平桥，桥面长9.80米，宽4.10米。中孔宽1.55米，旁孔宽1.45米。中间栏板长3.18米，高0.59米，厚0.18米。两侧栏板长2.0米，高0.57米，厚0.18米。地伏高0.15米，宽0.32米。其桥面每侧有豆渣石栏板五块，桥身保存完好（图3-27）。平桥西侧建有一孔石拱桥一座，桥面用青白条石铺砌，桥身长15.70米，宽4.30米。望柱面宽0.25米，高1.37米。栏板面宽1.79米，高0.78米，厚0.18米。地伏宽0.30米，高0.18米。桥孔跨宽2.60米，矢高1.30米[5]。拱桥东侧部分栏板、望柱现已丢失。1928年东西朝房、东西班房被人拆毁，1996年恢复东西班房，现保存完好。班房台基长8.42米，宽4.15米，高0.2米[6]。宫门坎框早年被盗。宫门面阔三间，有三座实榻大门，现存者为后来补上，规制与原来不同。宫门台基面阔14.17米，进深5.15米。

1　光绪本《清会典事例》卷四百九十五《礼部·丧礼》。

2　光绪本《清会典事例》卷四百九十五《礼部·丧礼》。

3　光绪本《清会典事例》卷四百九十五《礼部·丧礼》。

4　参见晏子有《清东西陵》，第132页，中国青年出版社，2000年。

5　以上数据均引自清东陵文物管理处资料室实测数据。

6　李寅《清东陵揭秘》，第237页，中国人事出版社，2001年。

清代园寝志

图3-27 惠陵妃园寝三孔豆渣石平桥

宫门前有一座月台，面阔15.70米，进深5.8米，高0.62米[1]。月台前还建有一座青白石礓磋。宫门屋顶南坡岔脊上的跑兽、下半坡的筒瓦等现已无存。斗拱保存完好。梁枋上的木构架基本完整，但彩画已褪色。宫门内左侧原建有一座焚帛炉，现已无存。

妃园寝享殿面阔23.04米，进深4.85米。台基面阔23.86米，进深为16.24米。享殿前建有一座月台，面阔13.13米，进深5.15米[2]。月台前及东西各建有一座石踏跺，均高三级。享殿在1928年时，神龛及门窗坎框等被人盗走[3]。享殿屋顶上的跑兽、筒瓦等建筑构件部分残缺不全，彩画也已褪色，但斗拱保存较好（图3-28、3-29）。

享殿后卡子墙上建有三座园寝门。中门面阔2.96米，进深2.84米。门楼为单檐歇山顶式建筑，上覆绿色琉璃瓦。门前建有一座月台，面阔6.38米，进深1.6米。月台前有一座高十四级的石踏跺。角门无门楼，门面阔2.79米，前无月台，门前有一座高十四级

图3-28 惠陵妃园寝享殿

图3-29 惠陵妃园寝享殿

1 晏子有《清东西陵》，第229页，中国青年出版社，2000年。

2 以上数据均引自清东陵文物管理处资料室实测数据。

3 晏子有《清东西陵》，第229页，中国青年出版社，2000年。

的石踏跺。

园寝后建有四座宝顶，前后分为两排。葬有同治皇帝的四位皇贵妃。前排居中有一座宝顶，葬有淑慎皇贵妃富察氏。宝顶下有一座台基，前面有一座五级踏跺。台基东西面阔10.18米、南北进深13.37米，宝顶直径6.78米。后排东边第一座宝顶，葬有恭肃皇贵妃，宝顶下台基面阔7.85米，进深12.95米，宝顶直径5.15米。台基前设踏跺一座，仅存两侧垂带石，石阶已无。中间的一座宝顶，葬有献哲皇贵妃，宝顶下台基东西面阔6.36米，进深8.30米，宝顶直径4.30米。最西边的一座宝顶，葬有荣惠皇贵妃。宝顶下台基东西面阔6.40米，进深8.30米，宝顶直径4.30米。台基前有一座三级的石踏跺。四座宝顶外抹饰的红泥均已脱落，露出城砖（图3-30）[1]。

图3-30 惠陵妃园寝宝顶

民国年间，溥仪曾对惠妃园寝进行了改造。辛亥革命后，清帝退位，但是按民国政府与清政府所订的《保护皇室八条》之规定，仍保留清帝尊号。民国二年（1913），逊帝溥仪对同治帝的二妃、一嫔晋封位号，均晋升为皇贵妃。而此前惠陵妃园寝中预留穴位，皆为砖券，与三人此时的身份不符。为此，民国十年（1921），溥仪降谕："敬懿皇贵妃、庄和皇贵妃、荣惠皇贵妃、端康皇贵妃（即瑾妃，葬清西陵崇陵妃园寝中——引者注）体制较崇，所有吉地工程，应改修石工，以昭朕尊（此处脱一"崇"字——引者注）之意"[2]。此次惠妃园寝改建，仅将砖券改为石券，其建筑规制大局均未改动。

据遵化市公安局档案记载，早在1928年，献哲皇贵妃和荣惠皇贵妃还未入葬园寝，其园寝建筑就已破败不堪。惠妃园寝曾于1949年2月、12月，1950年2、3月间遭到三次较大规模的盗掘，盗走翠朝珠、碧玺桃、凤冠、金钗、玉牌子、红白扳指、白宝石等珍贵文物。经过这几次浩劫，惠妃园寝的大部分宝物被盗走[3]。

据史料及晏子有、于善浦先生考证，四位皇贵妃的生平简介如下：

淑慎皇贵妃，富察氏，满洲镶黄旗人，刑部侍郎凤秀之女，原任侍郎恭泰之曾孙女，原任总督惠吉之孙女。咸丰九年（1859）十二月初一日生。同治十一年（1872）二月，同治帝选妃时，慈安和同治帝以富察氏不够稳重，不能母仪天下为由，选择了阿鲁特氏为皇后。而慈禧却看中了富察氏，极力主张立她为皇后。同治十一年（1872）九月，慈禧将富察氏封

1　晏子有《清东西陵》，第230页，中国青年出版社，2000年。
2　中国第一历史档案馆藏《新整溥仪档》第312包，转引自晏子有《清东西陵》第133、134页。
3　参见李寅《清东陵揭秘》，第237、238页，中国人事出版社，2001年版。

清代园寝志

为慧妃，并享受贵妃待遇。十三年（1874）十一月晋封皇贵妃，十二月晋封敦宜皇贵妃。在短短的时间内，连升两级，说明慈禧对她处处优待。光绪二十年（1894）正月尊封敦宜荣庆皇贵妃。三十年（1904）正月二十八日薨，时年四十六岁。皇贵妃逝世后，于二月二十九日辰时入殓，尊谥为淑慎皇贵妃。她逝世后，礼部即拟折上奏太后皇上。按例，皇帝辍朝五日，大内以下，宗室以上不报祭，不还愿，穿素服，坤宁宫停祭五日。钦天监择吉，拟于三月十三日巳时行初祭礼，二十四日午时行大祭礼。大祭礼后脱孝，26日内行初满月礼。四月初一日，宫廷为她举行了隆重的赠谥礼。这天，内銮仪校设仪仗于殡所大门外，陈列两座彩亭于午门前，内务府官设册宝案于灵几前，设香案在正中，又设祭文案在左廊下。王公、大臣、公主福晋以下，一品命妇以上皆齐集。按典礼顺序依次行礼。四月初六日举行奉移礼，四月初七日，由吉安所请金棺升大杠。并为其准备大车一辆，二套车一辆。择于九月二十一日举行隆重的奉安大典[1]。淑慎皇贵妃是同治帝四位皇贵妃中最年轻但逝世最早的嫔妃。她于三十一年（1905）九月二十一日入葬，是第一个葬入惠陵妃园寝的嫔妃。

恭肃皇贵妃，阿鲁特氏，蒙古正蓝旗人，为大学士赛尚阿之庶女，是孝哲皇后阿鲁特氏之姑。生于咸丰七年（1857）八月初三日。同治十一年（1872）十月初册封为珣嫔，十三年（1874）十一月晋封为珣妃。光绪二十年（1894）正月晋尊封为珣贵妃。宣统帝即位，三十四年（1908）十月尊封为皇考珣皇贵妃，移居储秀宫。民国二年（1913）二月溥仪又尊封她为庄和皇贵妃。十年（1921）三月初薨，时年六十四岁。恭肃皇贵妃死时，虽已进入民国年间，但由于清王朝新灭，实力尚存，因此，其丧礼的规模与慧妃相比，相差无几。贵妃逝世后，按规制为其准备了标准的金棺。金棺用楠木造成，饰明黄色，绘画金龙，缮写西番字。内围字缎5匹，妆缎1匹，共七层。上盖绸缎，前设床褥、五供桌等。为办好丧事，小朝廷又部属了堂上备官役126名，苏拉8名，营造司官役94名，制造库官役30名等。准备工作做好后，于三月初八日辰正，将尸体殓入金棺。并放入大量昂贵的殉葬品，有金垒丝镶嵌各色朱石九凤钿1顶，绿玉叶、计珠1颗，镶嵌宝石双叉花针1枝，计珠4颗，穿珠葫芦蔓等。同时，为了添补棺内的缝隙，又向其棺中放置了大量宝物，有绿玉坠圈1对，钻石镶祖母绿钳子1对，白玉灵芝式小如意1柄，镀金镶钻石钳子1对等。另外，宫内外重要人物也都象征性地放一些礼物，送别太妃。如：溥仪送金镶松石小如意2柄，伽南香十八罗汉2盘，醇亲王安放青玉佩1件，荷包1个等。三月三十一日行初祭礼，四月初二日行大祭礼，四月初四日行赠谥礼，尊谥为恭肃皇贵妃。四月十一日将金棺送入园寝享殿暂安，十二月初七日，金棺葬入妃园寝地宫奉安，其神牌在大殿东暖阁内供奉[2]。

献哲皇贵妃，赫舍里氏，为知府崇龄之女。生于咸丰六年（1856）六月初一日，据说她是同治四位皇贵妃中最漂亮的一位，而且聪明伶俐，精通文墨和琴棋书画等。同治十一年（1872）十月册封瑜嫔，十三年（1874）十一月晋封瑜妃。光绪二十年（1894）正月晋尊为瑜贵妃，三十四年（1908）十月宣统即位，尊封她为瑜皇贵妃。民国二年（1913）二月逊帝溥仪晋尊为敬懿皇贵妃。十一年（1922）正月尊为敬懿皇贵太妃。二十年（1931）十二月二十七日逝世，时年七十五岁。尊谥为献哲皇贵妃。献哲皇贵妃逝世后，她的金棺暂时存放于柏林寺。

1　参见李寅《清东陵揭秘》，中国人事出版社，2001年。

2　参见李寅《清东陵揭秘》，中国人事出版社，2001年。

荣惠皇贵妃，西林觉罗氏，满洲镶蓝旗人，为礼部郎中罗霖之女。咸丰六年（1856）八月初八日生，与瑜妃同岁。同治十一年（1872）十月册封为瑨贵人，十三年十一月晋封瑨嫔，光绪二十年（1894）正月尊封为瑨妃，三十四年（1908）十月尊封为瑨贵妃，民国二年（1913）二月逊帝溥仪尊封其为荣惠皇贵妃[1]，十一年（1922年）正月又尊封为荣惠皇贵太妃。二十二年（1933）四月二十三日卒，时年七十八岁。五月尊谥为敦惠皇贵妃。敦惠皇贵妃去世后，她的金棺暂时安放在麒麟碑胡同5号府中。

献哲皇贵妃赫舍里氏和荣惠皇贵妃西林觉罗氏的金棺，直到民国二十四年（1935）年二月十一日，同时葬入惠陵妃园寝。此时大清朝早已灭亡，逊清皇帝溥仪在伪满洲国的皇宫里，未能赶来参加两位皇贵妃的葬礼。献哲和荣惠皇贵妃的丧葬礼仪，与淑慎、恭肃两位皇贵妃相比，就简单多了，已失去了往日的辉煌。既无大清朝那种隆重的礼仪，也没有威严而庞大的仪仗队。1935年2月11日，两辆货车装载着两副皇贵妃的金棺，车上装饰着玻璃珠彩凤。五六辆送殡的小汽车尾随其后，在几位送葬人的护送下，向东陵马兰峪驶去。到达东陵后，等候在那里的只有东陵的工作人员。做完简单的仪式后，于当日上午葬入惠陵妃园寝地宫。献哲皇贵妃和荣惠皇贵妃，是最后葬入清代妃园寝的嫔妃，其葬礼也是清朝后妃的最后一次葬礼。

第三章　清西陵妃园寝

一、泰陵妃园寝

泰陵妃园寝为雍正皇帝妃嫔的墓葬群，位于泰陵东南1公里处的杨树沟（图3-31），据笔者调查，其地理坐标为北纬39°22.516′，东经115°21.099′。雍正八年（1730）与泰陵同时兴工，至乾隆二年（1737）竣工，为一般规制的妃园寝。

泰陵妃园寝内葬有世宗皇帝的二十一个嫔妃。其中皇贵妃一位、妃三位、嫔一位、贵人五位、常在七位、格格四位。前排从左至右为宁妃、齐妃、纯懿皇贵妃、谦妃、懋嫔。中排左起为马常在、那常在、海贵人、安贵人、郭贵人、李贵人、张贵人、李常在、春常在。后排左起张格格、苏格格、常常在、高常在、顾常在、伊格格、张格格[2]。据晏子有、于善浦先生及有关史料考证，这些妃嫔的传记如下：

纯懿皇贵妃，耿氏，满洲镶黄旗人，管领耿德金之女。康熙二十八年（1689）十一月生，初入侍藩邸，为格格，五十年（1711）生皇五子弘昼。雍正元年（1723）十二月册封为裕嫔，后晋封为裕妃。乾隆二年（1737）九月尊封为裕贵妃。四十三年（1778）加尊封为裕皇贵太妃。四十九年（1784）十二月十七日薨，时年九十六岁。礼部奏请辍朝三日，奉旨，不必辍朝。乾隆帝亲诣祭酒行礼。五十年（1785）二月，尊谥为纯懿皇贵妃，一应礼仪与惇怡皇贵妃丧礼同[3]。同年（1785）四月葬于妃园寝，位列诸妃之上。妃所生皇五子弘昼，雍正十年（1732）世宗赐号"旭日居士"，十一年（1733）二月封和亲王，乾隆三十五年（1770）七月十三日逝世，时年六十岁，谥曰"恭"。

齐妃，李氏，知府李文辉之女，初为世宗藩邸侧妃。康熙三十四年（1695）七月初六日生

1　参见李寅《清东陵揭秘》，中国人事出版社，2001年。

2　晏子有《清东西陵》，第355～356页，中国青年出版社，2000年。

3　光绪本《清会典事例》卷四百九十五《礼部·丧礼》。

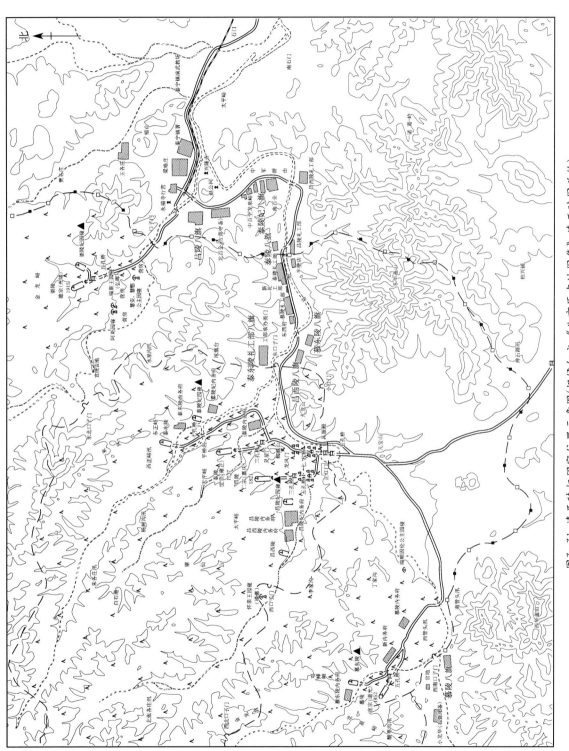

图3-31 清西陵妃园寝位置示意图(据徐仁之《北京历史地图集》清西陵图改绘)

皇二女。三十六年（1697）六月初二日生皇子弘盼。三十九年（1700）八月初七日生皇二子弘昀。四十三年（1704）二月十三日生皇三子弘时。雍正元年（1723）十二月册封为齐妃。乾隆二年（1737）四月初七日薨，高宗皇帝亲自到金棺前，摘冠缨，祭酒行礼。余仪与元年宣妃丧礼同[1]。其金棺暂时安放在田村。乾隆二年（1737）入葬妃园寝。齐妃所生皇二女，为雍正帝唯一长大成人的公主，康熙五十一年(1712)九月下嫁纳喇星德，五十六年（1717）三月去世，时年二十三岁。雍正元年（1723）三月追赠和硕怀恪公主。齐妃三子中，只有弘时长至二十四岁，另两位幼年夭折，均无封号。

谦妃刘氏，管领刘满之女。康熙五十三年（1714）生，雍正七年（1729）入宫，初称刘答应，八年（1730）晋封为刘贵人，十一年（1733）六月，生皇六子弘曕，册封谦嫔。乾隆二年（1737）九月，高宗晋尊为皇考谦妃。三十二年（1767）五月二十一日卒，时年五十四岁。乾隆帝辍朝三日，一应礼仪与二十二年定妃丧礼同[2]。同年十月十六日金棺送往泰陵。谦妃所生皇六子弘曕，乾隆三年（1738）三月出继果毅亲王允礼，袭封果亲王，二十八年（1763）降贝勒。三十年（1765）二月特晋果郡王，三月初八日卒，时年三十三岁，谥"恭"。

宁妃，武氏，知州武柱国之女。初入侍世宗潜邸，雍正十二年（1734）五月二十四日薨，追封为宁妃。一应礼仪与康熙五十年良妃丧礼同[3]。

懋嫔，宋氏，主事金柱之女。初入侍世宗藩邸为格格。康熙三十三年(1694)三月十六日生皇长女。四十五（1706）年十二月初五日生皇三女。两女均夭折，未封。世宗登极，雍正元年（1723）十二月，册封懋嫔。八年（1730）薨。九月金棺暂安田村殡宫。直到乾隆二年（1737）泰陵妃园寝建成后，才于同年十二月将金棺移至妃园寝入葬。

张贵人，生年不详，初入宫为常在，雍正十三年（1735）四月升为张贵人，四月二十一日卒，乾隆元年（1736）四月二十一日周年致祭。后入葬泰陵妃园寝。

李贵人，雍正七年（1729）封为李贵人。乾隆二十五年（1760）四月二十八日卒。二十九日奉移，七月二十一日，百日礼致祭。

郭贵人，生年不详，雍正初年封为郭常在，七年（1729）晋为郭贵人，乾隆五十一年（1786）正月卒，彩棺暂安于曹八里屯殡宫，乾隆五十一年（1786）三月初七日辰时，郭贵人彩棺奉移泰陵妃园寝，十三日金棺入葬地宫。

安贵人，生年不详，卒于乾隆十四年（1749），彩棺暂安于田村殡宫，复葬入泰陵妃园寝。

海贵人，生年不详，雍正三年（1725）为海常在，十三年（1735）九月晋为海贵人，乾隆二十六年（1761）十二月卒，彩棺暂安于田村殡宫，二十七年（1762）四月初一日卯时，海贵人金棺奉移泰陵妃园寝，四月初十日入葬地宫。

那常在，生年不详，雍正十三年（1735）前卒，暂安于田村，后奉安泰陵妃园寝。

李常在，生年不详，雍正八年（1730）已进宫，封李答应，十年（1732）闰五月晋为李常在，乾隆五十年（1785）以后卒，后入葬泰陵妃园寝。

马常在，生年不详，雍正七年（1729）七月已入宫，称马答应，八年（1730）正月晋为

1 光绪本《清会典事例》卷四百九十五《礼部·丧礼》。
2 光绪本《清会典事例》卷四百九十五《礼部·丧礼》。
3 光绪本《清会典事例》卷四百九十五《礼部·丧礼》。

马常在；乾隆三十三年（1768）夏季卒，彩棺暂安于田村殡宫，四十年（1775）十月入葬泰陵妃园寝。

春常在，生年不详，雍正十三年（1735）十月已进宫，称常在；乾隆二十六年（1761）以后卒，葬于泰陵妃园寝。

高常在，生年不详，雍正七年（1729）七月已入宫，称高答应；八年（1730）正月，晋升为高常在，卒年不详，彩棺暂安于田村殡宫，乾隆二年（1737）后入葬泰陵妃园寝。

常常在，生年不详，雍正七年（1729）正月已入宫，称常在，十年（1732）八月卒，彩棺暂安于田村殡宫，乾隆二年（1737）后入葬泰陵妃园寝。

顾常在，生年不详，雍正七年（1729）四月已进宫，为常在；雍正七年（1729）九月卒，彩棺暂安于田村殡宫，乾隆二年（1737）后，入葬泰陵妃园寝。

苏格格，生年不详，雍正四年（1726）七月已进宫，初封苏格格，后封为苏答应；卒年和入葬时间均不详。

张格格、伊格格生卒年及入葬时间均不详。

光绪本《清会典事例》卷九百四十九记载："泰陵皇贵妃园寝，琉璃花门一座，广一丈九尺，纵九尺五寸，檐高一丈三尺；前正中飨殿一座，广六丈，纵三丈四尺，檐高一丈三尺；东有燎炉一座，广九尺，纵六尺四寸，高六尺六寸；南有大门三，广三丈八尺五寸，纵二丈六尺五寸，檐高一丈一尺五寸；门外设左右班房，东西厢各三间，广三丈一尺，纵一丈七尺，檐高九尺；前有一洞石桥一座，围墙周长一百三十丈九尺，高一丈五寸。"

妃园寝最南端有一座一孔石拱券桥，券脸上有吸水兽。桥面用七路条石铺砌。桥的两侧设有栏板、望柱、抱鼓石，为火焰望柱头（图3-32）。妃园寝的甬道为方砖铺砌。

妃园寝建有东西厢房各一座，为单檐布瓦硬山式建筑，均为三间，这与清东陵妃园寝厢

图3-32 泰陵妃园寝一孔石拱桥

图3-33 泰陵妃园寝宫门

房均为五间而大有不同[1]。厢房的彩画和油漆现已脱落。妃园寝厢房前有廊，前设石踏跺一座。房后设烟囱二座。"宫门前东西班房收小为两间"[2]。

妃园寝宫门，为单檐歇山绿琉璃瓦顶，面阔三间，进深二间，大门有三槽。宫门前台基面阔14.5米。台基前设有月台，月台前建有一座礓䃰。宫门台基前后均建有三级踏跺。宫门宽13.9米，长9.2米。宫门的油漆、彩画现已无存，瓦件脱釉现象严重，仅有天花支条尚存（图3-33）。宫门内左侧建有一座燎炉，为单檐歇山绿琉璃瓦覆顶。

妃园寝享殿，为单檐歇山式建筑，上覆绿色琉璃瓦，面阔五间，进深三间。"飨殿内设齐妃神位居左，谦妃神位居右，宁妃神位次左。五十年，纯懿皇贵太妃奉安，设神位于飨殿诸妃位之上"[3]。享殿屋脊上的吻兽等建筑构件均已缺失，窗扇的六角菱花、部分门扇等也已无存。享殿前设有月台一座，为立砖铺砌的台面。月台前建一座高三级的石踏跺，东西各建有一座踏跺，均高三级（图3-34）。

图3-34 泰陵妃园寝享殿

1　徐广源《解读清皇陵》，紫禁城出版社，2005年。

2　北洋《清代园寝建筑制度沿革》转引自晏子有《清东西陵》，第262页，中国青年出版社，2000年。

3　《畿辅通志》第二册第466页，河北人民出版社，1985年。

清代园寝志

图3-35 泰陵妃园寝园寝门

享殿后卡子墙前设一道月台，长与卡子墙相等，宽3.5米，月台上用长方城砖铺砌。月台前建有一道礓磋。一直通往月台，这是清朝妃园寝中比较特殊的设置，但并不是有意增加规制而建，而是依泰陵妃园寝北高南低的地势而建的[1]。

妃园寝卡子墙上建有三座园寝门，只有中门上建有一座门楼，为单檐歇山绿琉璃瓦覆顶，门楼上有吻兽和骑凤仙人。中门建有大门二扇。中门左右两边各设随墙角门一座，无门楼，仅在角门上槛部位施以过木。三座园寝门前均建有长方形月台，其前设有一道高十四级的石踏跺（图3-35）。

妃园寝后院有宝顶二十一座，从南向北分为三排。前排五座宝顶最大，其前设有五级踏跺。中排九座宝顶次之，也设有五级踏跺。后排七座宝顶最小，只有三级踏跺。宝顶大小、位置均严格按身份等级排列，前排最为尊贵。其中位居前排正中的为纯懿皇贵妃，据笔者调查，其宝顶前台基宽10.37米，长13.59米。宝顶高3.15米，直径6.3米（图3-36）。

图3-36 泰陵妃园寝宝顶

二、昌陵妃园寝

昌陵妃园寝为清嘉庆皇帝妃嫔的墓葬群，位于昌陵西南，在昌陵和昌西陵之间（见图

1　参见晏子有《清东西陵》，第262～263页，中国青年出版社，2000年。

3-31），它与泰陵妃园寝建造的时间相同。其建筑物的数量和规模比泰陵妃园寝小了三分之一，为一般规制的妃园寝[1]。

妃园寝最南端建有一座一孔汉白玉石拱桥。据笔者调查，桥长14.5米。桥面用七路条石铺砌，每侧有栏板七块、望柱八根、抱鼓石两块。在拱桥的北面建有东西厢房各三间，为单檐布瓦硬山式建筑，外设走廊。在东西厢房的北面建有东西值班房各一座，为单檐硬山式布瓦卷棚顶，各为二间。

据笔者调查，妃园寝宫门面阔13.8米，进深9.3米，为绿琉璃瓦覆顶，单檐歇山式建筑。彩画、油漆现已无存。宫门在一个长方形台基上，台基面阔14.35米，进深10.7米。台基前建有一座月台，面阔13.5米，进深4.2米[2]。月台前建有一座石礓磋。宫门内东侧建有一座焚帛炉，为单檐歇山绿琉璃瓦覆顶，现保存完好。

妃园寝享殿为单檐歇山式建筑（图3-37），面阔五间，为11.85米，进深三间，为4.8米，高0.76米。殿内原供奉神牌，"设和裕皇贵妃神位居中左，恭顺皇贵妃神位居中右，设恕妃神位于和裕皇贵妃左次，华妃神位于恭顺皇贵妃右次，庄妃神位于恕妃左次，信妃神位于华妃右次"[3]。享殿前月台面阔11.85米，进深4.85米。月台上台基面阔21.75米，进深13.41米，高0.76米。享殿东西各建一道卡子墙，每侧设随墙角门一座作为园寝门（图3-38）。

图3-37 昌陵妃园寝享殿

图3-38 昌陵妃园寝随墙角门

在享殿后建一道泊岸，高1.5米，其上建有一道宇墙，高1.25米。宇墙上覆以琉璃砖，其形状为"八"字形。在享殿后的泊岸上建宇墙，这在清朝妃园寝中是独一无二的。宇墙正中开一道豁口，宽6.35米。其下建一道石礓磋，宽6.35米，斜长为4.45米[4]（图3-39）。

1　晏子有《清东西陵》，264页，中国青年出版社，2000年。

2　晏子有《清东西陵》，264页，中国青年出版社，2000年。

3　《易州册》转引自《畿辅通志》第二册，第468页，河北人民出版社，1985年。

4　晏子有《清东西陵》，第264、265页，中国青年出版社，2000年。

据笔者调查，宇墙之北按尊卑等级高低排列各妃嫔宝顶。最南端第一排建宝顶二座，第二排建宝顶五座，第三排安排宝顶八座，第四排共有宝顶二座。昌陵妃园寝中共建宝顶十七座。这些宝顶上抹饰的红泥已全部脱落（图3-40）。

光绪本《清会典事例》卷九百四十九记载："昌陵皇贵妃园寝，琉璃花门一座，广一丈八尺，纵九尺，檐高一丈二尺三寸；前正中飨殿一座，广六丈，纵三丈四尺，檐高一丈三尺；东有燎炉一座，广九尺六寸，纵六尺八寸，高七尺三寸；南有大门三，广三丈八尺四寸，纵二丈，檐高一丈一尺五寸；门外设左右班房、东

图3-39 昌陵妃园寝享殿后宇墙

图3-40 昌陵妃园寝宝顶

西厢各三间，广三丈一尺，纵一丈七尺，檐高九尺；前有一洞石桥一座，围墙周长一百四十五丈四尺，高一丈二尺。"

昌陵妃园寝内，葬有仁宗的嫔妃。 关于昌陵妃园寝内葬嫔妃人数，各书记载均有不同。据《畿辅通志·易州志》记载葬入人数为十二位。还有的书记载葬有十七位。另据一张年代未详的陵图，记载昌陵妃园寝内，共建有十八座宝顶或砖池，分别按等级顺序排列。最南端建宝顶一座，单独为一排。葬入和裕皇贵妃。第二排石券、宝顶共五座，左一石券、华妃、恕妃、庄妃、信妃。第三排砖券、宝顶共八座，左起砖券、砖券、荣嫔、逊嫔、简嫔、淳嫔、安嫔、砖券。第四排安排砖池、宝顶四座：左起砖池、玉贵人、芸贵人、砖池[1]。

恭顺皇贵妃，钮祜禄氏，主事善庆之女。乾隆五十二年（1787）生，嘉庆初选入宫，赐号如贵人。嘉庆十年（1805）二月生皇八女，十一月二十五日皇八女殇。十年（1805）六月初四日册封如嫔。十五年（1810）九月，晋封如妃。十六年（1811）一月二十五日生皇九女，二十年（1815）五月此女殇，年仅五岁，追封为慧愍固伦公主，葬梁格庄园寝。嘉庆十九年（1814）二月二十七日生皇五子绵愉。道光二十五年（1820）十二月尊封为如贵妃。二十六年（1846）十二月尊封为皇考如皇贵妃，居寿安宫。三十年（1850）正月尊封为皇考如皇贵太妃。道光年间，皇帝多次到寿安宫西所，为如皇贵妃请安。咸丰三年（1853）八月二十三

1 晏子有《清东西陵》，第357页，中国青年出版社，2000年。

日，咸丰帝亦常至"清夏斋"问如皇贵太妃安。咸丰十年（1860）闰三月初三日薨，时年七十四岁。奉旨，不必辍朝。尊谥为恭顺皇贵妃。一应礼仪与纯懿皇贵妃丧礼同[1]。贵妃所生皇五子绵愉，嘉庆二十五年（1820）封为多罗惠郡王；道光十九年正月，进封和硕惠端亲王；同治三年（1864）十二月十二日薨，时年五十一岁。

和裕皇贵妃，刘佳氏，为拜唐阿刘福明之女。乾隆时入侍仁宗藩邸。四十四年（1779）十二月二十九日生皇长子。四十六年（1781）十二月十七日生皇三女，即庄敬和硕公主。和妃于嘉庆初，封诚妃。嘉庆十三年（1808）十一月晋封诚贵妃。二十五年（1820）十二月晋封为皇考诚禧皇贵妃。道光十三年（1833）十二月病逝于吉安所。二十一日道光帝到吉安所奠酒，二十五日奉移至田村殡宫暂安。当时奉旨不辍朝，不穿素服。派僧格林沁穿孝[2]。道光十四年（1834）二月追封为和裕皇贵妃。次年九月初八日奉移至西陵，九月十八日入葬地宫。和妃所生皇长子，二岁夭折，未命名，后追封为多罗穆郡王。妃所生皇三女，嘉庆六年（1801）十一月下嫁蒙古科尔沁部博尔济吉特氏索特纳木多布济，十六年（1811）三月十二日去世，时年三十一岁。

庄妃，王佳氏，举人伊里布之女。初侍仁宗潜邸。嘉庆初年，封为春常在，三年（1798）晋封为春贵人，六年（1801）四月晋封为吉嫔。十三年（1808）十一日晋封庄妃。十六年（1811）二月十五日薨。金棺暂安畅春园西侧的西花园，嘉庆帝两次亲临西花园庄妃殡所赐奠。二十一日奉移到田村殡宫暂安。闰三月十二日，奉移西陵。十四日，嘉庆帝到昌陵妃园寝庄妃金棺前赐奠。闰三月十九日入葬地宫，皇后专程到昌陵妃园寝参加了庄妃的入葬典礼。一应礼仪与九年华妃丧礼同[3]。

信妃，刘佳氏，将军本志之女。初号为信贵人，嘉庆十三年（1808）十一月册封信嫔，居延禧宫。二十五年（1820）十二月晋封信妃。道光二年（1822）十月十三日薨，三年（1823）二月十九日奉移西陵，二月二十六日葬入昌陵妃园寝。一应礼仪与嘉庆十一年惇妃丧礼同[4]。

华妃，侯佳氏，上驷院卿讨住之女，初侍藩邸。乾隆五十四年（1789）六月十二日生皇六女，此女二岁夭折。嘉庆元年（1796）正月册封莹嫔。六年（1801）四月晋封华妃。九年（1804）六月二十八日薨。七月初二日，嘉庆帝亲至吉安所华妃金棺前赐奠，七月十七日，奉移田村殡宫暂安。嘉庆十年（1805）二月初七日奉移华妃金棺到西陵，葬入妃园寝。一应礼仪与乾隆五十三年容妃丧礼同[5]。

恕妃，完颜氏，轻车都尉哈丰阿之女。初侍潜邸。卒年未详。嘉庆二年（1797）四月追封恕妃。八年（1803）葬入妃园寝。

淳嫔，董氏，委署库长时泰之女，初号为淳贵人，嘉庆六年（1801）四月册封淳嫔。二十四年（1819）十月十三日薨。一应礼仪俱如嫔仪[6]。十一月葬入妃园寝。

恩嫔，乌雅氏，左副都御史万明之女。生辰为九月二十四日，生年不详。初号恩贵人。

1 光绪本《清会典事例》卷四百九十五《礼部·丧礼》。
2 光绪本《清会典事例》卷四百九十五《礼部·丧礼》。
3 光绪本《清会典事例》卷四百九十五《礼部·丧礼》。
4 光绪本《清会典事例》卷四百九十五《礼部·丧礼》。
5 光绪本《清会典事例》卷四百九十五《礼部·丧礼》。
6 光绪本《清会典事例》卷四百九十五《礼部·丧礼》。

清代园寝志

嘉庆二十五年（1820）十二月册封恩嫔。道光二十六年（1846）十二月初十日薨，金棺暂安田村殡宫。二十九年（1849）九月二十五日巳时葬入昌陵妃园寝。初祭、大祭与二十五年恬嫔同[1]。

荣嫔，梁氏，员外郎光保之女。初入宫为荣常在，复晋封为荣贵人，居钟粹宫。嘉庆二十五年（1820）十二月晋封荣嫔。道光六年（1826）五月初十日薨。奉旨不必辍朝，一应礼仪俱如嫔例[2]。七年（1827）二月二十八日葬入昌陵妃园寝。

安嫔，苏完呢瓜儿佳氏，公安英之女。乾隆五十年（1785）正月二十一日生，初为常在，嘉庆二十五年（1820）十二月晋封安嫔。道光十七年（1837）六月二十七日薨。终年五十三岁。一应礼仪与六年荣嫔同[3]。金棺暂安于西花园。七月二十七日葬入妃园寝。

简嫔，关佳氏，拜唐阿德成之女。初入侍仁宗潜邸。乾隆四十五年(1780)四月十一日生皇长女，此女四岁夭折。薨后于嘉庆二年（1797）四月追封简嫔。其金棺暂停于静安庄之傍所。嘉庆八年（1803）昌陵妃园寝建成，十月十七日葬入昌陵妃园寝。

逊嫔，沈佳氏，内务府大臣职衔永和之女。仁宗时入侍潜邸。乾隆五十一年(1786)十一月十一日生皇五女，此女十岁夭折，追封为慧安和硕公主。逊嫔薨后嘉庆二年（1797）四月追封逊嫔[4]。"遵旨奏准奉移……逊嫔金棺于静安庄" 嘉庆八年（1803）昌陵妃园寝建成，十月十七日葬入妃园寝。

芸贵人，氏族未详。嘉庆九年（1804）正月以后进宫。嘉庆十年（1805）七月十九日卒。彩棺暂放在吉安所，十一月二十一日彩棺奉移殡宫，内庭主位等到吉安所芸贵人彩棺前奠酒、目送。十二月十一日入葬昌陵妃园寝。一应礼仪与乾隆二十五年李贵人丧礼同[5]。

玉贵人，嘉庆十九年（1814）十月初七日卒，二十年（1815）二月二十九日寅时葬入昌陵妃园寝。

李贵人，卒于芸贵人之前。

三、慕东陵

慕东陵的前身是双峰岫妃园寝，它为道光帝的第二处妃园寝[6]。位于慕陵之东的双峰岫（见图3-31），与慕陵同时建造。当时称双峰峪妃衙门，即双峰岫妃园寝，慕陵名称确定后，始称慕陵妃园寝[7]。后因葬入了孝静成皇后，又改名为慕东陵，同时对其进行了大规模的改、扩建，使它成为了一座兼具妃园寝功能，规制特别、规模最小的皇后陵。

据徐广源《解读清皇陵》及清宫档案记载，双峰岫妃园寝后院建有石券六座，砖池十座，随石券设龙须沟十二道。叠落泊岸二道。享殿一座，面阔五间，内设神龛三座（图3-41）。享殿两旁各建园寝门一座，燎炉一座。妃园寝宫门一座，面阔三间。东西厢房各一座，每座五间。东西值班房二座，每座三间。面阔墙，进深墙、罗圈墙、宇墙共十三道，凑

1　光绪本《清会典事例》卷四百九十五《礼部·丧礼》。

2　光绪本《清会典事例》卷四百九十五《礼部·丧礼》。

3　光绪本《清会典事例》卷四百九十五《礼部·丧礼》。

4　光绪本《清会典事例》卷四百九十五《礼部·丧礼》。

5　光绪本《清会典事例》卷四百九十五《礼部·丧礼》。

6　第一处妃园寝为宝华裕妃园寝，现已废弃。

7　那凤英《清西陵旅游指南》，第66页，河北科学出版社。2005年。

图3-41 慕东陵享殿

长一百八十五丈二尺。宫门外建有一座五孔石平桥，东边有五孔石便桥一座，大料石泊岸二道，凑长二十丈。宫门前设弓箭枪架，下马桩。

慕陵妃园寝（双峰岫妃园寝）在咸丰元年（1851）进行了第一次改建。其规模较小。道光帝在位时，曾为静皇贵妃（后封为孝静成皇后）钦定位次于双峰岫妃园寝前层中座宝顶。后道光皇帝又有意对静皇贵妃特加恩惠，于道光二十九年（1849）十月十六日降谕扩建其宝顶，称："妃园寝前层中座石券宝顶，着照龙泉峪（即慕陵）宝城式样改修宝城一座，再行踏勘，绘图呈览。钦此。"原定于第二年春天开工。然而来年春天未到，道光帝竟于三十年（1850）正月薨逝。此工程只好向后拖延。直到咸丰元年（1851）二月二十日，咸丰帝遵从先皇旨意，开始为当时的康慈皇贵太妃（孝静成皇后）扩建茔城[1]，其中前层中座石券宝顶，加修后的宝城，下面承以青白石须弥座，城身磨砖对缝成砌，上起宇墙，并有六只黄铜的挑头沟嘴向外伸出，用以排出宝顶上的雨水。经过此次改造，静皇贵妃（引者注：即孝静成皇后）的宝城与慕陵宝城基本一致，唯尺寸略逊于慕陵而已[2]。

慕陵妃园寝，因葬入了孝静成皇后，才升格为皇后陵。按清朝规制，皇后先于皇帝薨逝者，与皇帝祔葬一处；后于皇帝逝世者，则另建山陵。但慕东陵却不同于此，既非帝后合葬，亦无单独建陵，而是皇后与众嫔妃葬在同一陵寝中。皇后为什么不按规制单独修建陵寝呢？其一，遵从了先皇道光帝生前的旨意。道光二十年（1840）孝全皇后薨逝后，咸丰帝刚十岁，是由静贵妃将其抚养长大，为报答养育之恩，尊之为皇太后。咸丰五年（1855）皇太后逝世。就皇太后的埋葬，咸丰帝下达谕旨："朕仰承大行皇太后，慈恩覆庇，礼极尊崇，山陵大事，亟应敬诹吉壤。惟念慕陵妃园寝，为皇考亲定位次，即为大行皇太后灵爽所凭，自应恪守成规，藉安慈驭。仅将慕陵妃园寝，恭定为慕东陵。"[3]可见咸丰帝表明自己为感谢孝静皇后的恩情，按照人伦礼法来讲，应为她另建山陵，但是孝静皇后在慕陵妃园寝中的位次是先皇钦定的，不易更改，因此只能将孝敬皇后葬入慕东陵。其二，当时国内矛盾重重，太平军和清军的战斗十分激烈，重建皇后陵花费巨大，国家财力有限，难以承受。其三，咸丰帝与恭亲王奕䜣为争皇位，长期不和，为防止恭亲王权力迅速增长，咸丰帝也不愿为孝静皇后单独建陵。

咸丰五年（1855）七月孝静皇后逝世后，慕陵妃园寝被升格为皇后陵，同时，将慕陵妃园寝改名为慕东陵。清廷对妃园寝进行了第二次大规模的改建、扩建工程，原来妃园寝的面

1　参见《慕陵探奇》，第83页，河北美术出版社，2005年。
2　北洋《清代妃园寝建筑制度沿革》，转引自晏子有《清东西陵》第151、152页。
3　《清文宗实录》卷一百七十四。

清代园寝志

貌现已无存。

改制升格后的慕东陵，所有建筑及城垣均改用黄琉璃瓦覆顶；增建了神厨库一座，井亭一座，东西配殿各一座（图3-42），下马碑一对，西焚帛炉一座，宫门外马槽沟上增建西五孔石平桥一座；隆恩殿月台上增设铜鼎二，铜鹿、铜鹤各一（此三件铜器，现已无存）。在慕东陵建筑中，为了突出孝静皇后的地位，咸丰五年（1855）咸丰帝又降旨："将来大行皇太后奉安，即拟以慕陵妃园寝为山陵，惟宝城之后，必须筑墙一道，以崇体制，至围墙亦须有路可通。"[1]据此，隆恩殿后按后陵规制置建陵寝门三座，中门饰有琉璃花，但与一般陵寝的三座陵寝门不同，仅中间一座门上建有门楼，楼为单檐歇山式，上覆黄色琉璃瓦。陵寝门中门上镶嵌一块长方形汉白玉石，上面用满蒙汉三体镌刻陵名为"慕东陵"。陵寝门前有石踏垛，两侧建随墙角门（图3-43），进门面南设有石祭台（图3-44）。祭台后是砖石砌制的月台，月台上有圆形宝顶，宝顶后筑有弧形围墙至中门两侧，将孝静皇后宝城与其他妃嫔相隔，形成

图3-42 慕东陵配殿

图3-43 慕东陵陵寝门及两侧随墙角门

图3-44 慕东陵石祭台

大院中的独立小院。两座随墙角门可通向弧形围墙以外和外围墙以内。围绕弧形围墙，埋葬着十六个妃嫔，形成以孝静皇后为中心，众妃嫔环抱于内弧形围墙之外、外围墙之内的形式

---

1 《清文宗实录》卷一百七十三。

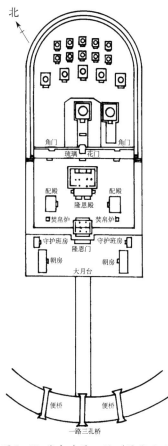

北

角门　角门
琉璃花门
配殿　隆恩殿　配殿
焚帛炉　焚帛炉
隆恩门
守护班房　守护班房
朝房　朝房
大月台

便桥　便桥
一路三孔桥

图3-45 慕东陵平面图（原载晏子
有《清东西陵》第51页）

布局。这种埋葬方式在清代皇家陵寝中是独一无二的[1]（图3-45）。

　　在慕东陵内葬人物中，除孝静皇后外，庄静皇贵妃的地位是最高的。她埋葬的位置在东侧墙外，与小院内孝静皇后同为第一排，其宝顶规模明显大于其他嫔妃，与孝静成皇后宝顶大小相近。另外，其宝顶下还增添了带花纹的须弥座，这是一般嫔妃所未有的，此须弥座是从孝静成皇后原宝顶下撤出的。宝顶上原抹饰的红泥均已脱落，露出城砖[2]。

　　慕东陵的修建，深受慕陵规制大幅缩减的影响，咸丰帝在这点上，充分继承了其父道光帝的节俭思想，其"俭约"之意突出表现在这座后陵没建方城、明楼，陵寝门只建中间一座琉璃花门，在琉璃斗拱下嵌汉白玉石，书满汉陵名。隆恩殿由面阔五间改为三间，由重檐歇山改为单檐歇山，东西配殿也由面阔五间改为三间，而且尺寸规模也都显著缩减，隆恩殿月台撤去了周围石栏和丹陛石[3]。可见慕东陵是咸丰帝对后陵制度改革的特殊产物，对后世陵墓未有任何影响。

　　慕东陵内葬有清宣宗孝静成皇后博尔济吉特氏及宣宗的十六位妃嫔。据有关史料及晏子有、于善浦先生考证，皇后及这些妃嫔的传记如下：

　　孝静成皇后，博尔济吉特氏，满洲正黄旗人，为刑部员外郎花良阿之女。嘉庆十七年（1812）五月十一日生。初入宫封为静贵人，道光六年（1826）四月初七日封为静嫔，七年（1827）又晋为静妃，十四年（1834）晋封为静贵妃。二十年（1840）孝全成皇后钮祜禄氏逝世后，静贵妃代她抚育皇四子、即后来的清文宗，她和文宗奕詝建立了深厚的感情。清文宗即位后，晋尊静妃为康慈皇贵太妃，居寿康宫。咸丰五年（1855）七月皇贵太妃博尔济吉特氏病危，其子奕訢告诉文宗：太妃病危，只有得到皇后封号后才能瞑目。文宗未置可否，只是随口应了两声。七月初一日，皇贵太妃薨，奕訢借机命军机处恭办皇太后封号事宜，造成既成事实，迫使文宗同意，文宗不得不于七月初一日传旨尊贵太妃为康慈皇太后。由于文宗与奕訢素有矛盾，文宗认为在立博尔济吉特氏为皇后的事上，奕訢有意挟制，所以在其葬礼、谥号上有意消减。文宗为其上谥号"孝静康慈弼天辅圣皇后"，未系皇帝谥。在丧仪上，文宗没有穿孝百日，也没有亲自奉移皇太后梓宫到墓地。皇太后还不能入太庙享受祭祀。特别是不为其单独建立皇后陵，而是将其葬入妃园寝中，只是把妃园寝升级为皇后陵，形成皇后陵兼妃园寝的格局，使博尔济吉特氏的墓地成为清代规制最低的皇后陵。咸丰五年（1855）七月二十一日，孝静皇后梓宫暂安于绮春园迎晖殿。十一月暂时安放于慕陵隆恩殿。因当时慕东陵还在改造中，所以一直到咸丰七年（1857）四月孝静皇后才入葬慕东陵地宫内。同治初年，因孝静皇后所

1　陈宝蓉《清西陵纵横》第173页，河北人民出版社，1987年。
2　晏子有《清东西陵》第261页，中国青年出版社，2000年。
3　《慕陵探奇》第7、8页，河北美术出版社，2005年。

生皇六子恭亲王奕䜣。为两宫皇太后发动的政变立了大功，所以博尔济吉特氏加上尊谥为
"孝静康慈懿昭端惠弼天辅圣成皇后"，谥号中加上了宣宗谥号中的"成"字，并将其神牌
升入太庙。光绪元年（1875）六月加上尊谥为"庄仁"二字，三十四年（1908）十二月加上
"和慎"二字。至此，孝静皇后的谥号全部加齐。称"孝静康慈懿昭端惠庄仁和慎弼天抚圣
成皇后"，其身份也终于名正言顺了。

孝静皇后共生有三男一女，皇二子奕纲、皇三子奕继、皇六子奕䜣及皇六女。奕纲生于
道光六年（1826）十月，两岁夭折，后追封多罗顺和郡王。奕继生于道光九年（1829）十一
月，早年夭折，后追封多罗慧质郡王。奕䜣生于道光十二年（1832），后封和硕恭亲王。皇
六女生于道光十年（1830），后封寿恩固伦公主，下嫁富察氏一等诚嘉毅勇公景寿，咸丰九
年（1859）薨，时年三十岁。

庄顺皇贵妃，乌雅氏，笔帖式龄寿之女。道光二年（1822）十月十六日生。宣宗时，
初为常在。道光十九年（1839）七月赐号为琳贵人。二十年（1840）九月二十一日生皇七子
奕谭，同年十一月晋封为琳嫔。二十二年(1842)二月十三日生皇九女，五月晋封琳妃。二十四
年（1844）正月二十六日生皇八子奕䛈。二十五年（1845）十月十六日生皇九子奕譓，二十六
年（1846）十二月晋封琳贵妃。文宗时尊为皇考琳贵太妃。穆宗时尊为皇祖琳皇贵太妃。
同治五年（1866）十一月初七日薨，同治帝辍朝五日。追谥为庄顺皇贵妃。命大内以下，
宗室以上暨王公文武官员，于本月十二日素服一日，同治帝还亲临金棺前奠酒，一应礼仪
从皇贵妃礼[1]。同治六年（1867）十月十五日，太妃葬于慕东陵园寝。皇贵妃的亲孙子光绪
即位，特诏加增园寝祭品，加崇庄顺皇贵妃园寝规制，上亲谒行礼，后改遣官致祭。封三
代，皆一品。皇七子奕谭于道光三十年（1850）正月，文宗即位，封为多罗醇郡王。同治三
年（1864）七月，加亲王衔。十一年（1872）九月，进封和硕醇亲王。十三年（1874）十二
月德宗即位，奉旨以亲王世袭罔替。光绪五年（1879），赐亲王双俸。十六年（1890）十一
月二十一日薨，时年五十一岁。皇八子奕䛈于文宗（咸丰）即位时，封为钟郡王。同治七年
（1868）十一月初四日薨，时年二十五岁。皇九子奕譓于文宗即位时，封多罗孚郡王。同治
十一年（1872）九月加亲王衔。光绪三年（1877）二月初八日薨，时年三十三岁。同治二年
（1863）十一月，皇九女下嫁博罗特氏诚勇公裕恒之子散秩大臣德徽，光绪七年(1881)十月
晋封为寿庄固伦公主，光绪十年(1884)二月十四日去世，时年四十三岁。

彤贵妃，舒穆鲁氏，郎中玉彰之女。生于嘉庆二十二年（1817）四月十九日，初赐
号为彤贵人。道光十二年（1832）十一月册封彤嫔。十四年（1834）十一月晋封为彤妃。
十六年（1836）十二月晋封彤贵妃。道光二十年（1840）七月初二日生皇七女。二十一年
(1841)十一月二十六日生皇八女。二十四年（1844）三月十七日生皇十女。不知何种原
因，舒穆鲁氏后复降为贵人。文宗即位，尊封为皇考彤嫔。穆宗即位，尊封为彤妃。后累
尊为皇祖彤贵妃。贵妃于光绪三年（1877）薨。其金棺暂时存放在田村。同年九月初八日
入葬慕东陵。以后，遣官奠酒行礼。贵妃所生皇七女，五岁夭折。皇十女，二岁卒。皇八
女后封寿禧和硕公主，下嫁钮祜禄氏副都统熙拉布之子扎拉丰阿，同治五年(1866)八月初
二日卒，时年二十六岁。

佳贵妃，郭佳氏，生于嘉庆二十一年（1816）十二月初三日。初号佳贵人，道光十六年（1836）十二月册封为佳嫔。后降为贵人。咸丰元年（1851）尊封佳嫔。十一年（1861）尊封佳妃。同治十三年（1874）尊封佳贵妃。光绪十六年（1890）四月初六日薨，时年七十五岁。一应礼仪均如贵妃仪[1]。十九年（1893）四月十八日入葬慕东陵。其地宫为砖池。

成贵妃，钮祜禄氏，生于嘉庆十八年（1813）二月初八日。道光八年（1828）二月进宫，初号成贵人，二十六年（1846）册封为成嫔，后降为贵人。咸丰元年（1851）尊封成嫔。十一年尊封成妃。同治十三年（1874）晋尊为成贵妃。光绪十四年（1888）三月薨，卒年七十六岁。十五年（1889）九月入葬。

和妃，纳喇氏，卿衔成文之女。嘉庆时以宫女子入侍潜邸。嘉庆十三年（1808）仁宗以生育皇孙奕纬为由，特赐封其为皇子侧室福晋。道光二年（1822）十一月册封和嫔。三年（1823）晋封和妃。十六年（1836）四月薨。一应礼仪与二年信妃丧礼同[2]，不辍朝。同年九月二十一日金棺奉移慕东陵。其子于嘉庆二十四年（1819）封多罗贝勒。道光十一年（1831）四月薨，时年二十四岁。三十年（1850）正月奉旨追封多罗隐志郡王。

珍妃，赫舍里氏，初赐号为珍贵人。道光五年（1825）四月册封珍嫔。八月晋封珍妃。卒年及安葬时间不详。

常妃，赫舍里氏，镶蓝旗满洲人，为前任广东按察使司按察使容海之女。生于嘉庆九年（1804）。初号常贵人，咸丰元年（1851）三月尊封常嫔。十年（1860）八月二十三日，英法联军闯入圆明园，常嫔受惊吓而死，时年五十三岁。一应礼仪俱如嫔例。咸丰十一年（1861）十月同治帝谕常嫔侍奉皇祖最久，谨尊封为常妃[3]。十一年（1861）二月二十六日金棺暂安于慕东陵西配殿。同治二年（1863）九月初二日，入葬慕东陵。

祥妃，钮祜禄氏，郎中久福之女。生于嘉庆十三年（1808），初赐号为祥贵人，道光三年（1823）十一月册封为祥嫔。五年（1825）正月十三日生皇二女。此女七月十四日夭折，未命名，无封。五年（1825）四月晋封祥妃。九年（1829）十月十九日生皇五女，即寿臧和硕公主。十一年（1831）六月十五日生皇五子奕誴。约于道光十六年（1836）复降为贵人。咸丰元年（1851）三月尊封为祥嫔。十一年（1861）正月初六日薨，时年五十四岁。一应礼仪与常嫔同。祥嫔诞育惇亲王，谨尊为祥妃[4]。二月二十二日奉移西陵。以后遣官奠酒行礼。同治二年（1863）九月初四日葬慕东陵。其子于道光二十六年（1846）正月过继和硕惇恪亲王绵恺为嗣，承袭郡王。咸丰十年（1860）正月晋封和硕惇亲王，光绪十五年（1889）正月十九日薨，时年五十九岁。

恬嫔，富察氏，嘉庆时为宣宗侧福晋，道光二年（1822）十一月册封恬嫔，二十五年（1845）七月十九日薨。初祭、大祭照例。奏请派王承祭，奉谕着派巴雅尔绰克托瑚图哩分往承祭[5]。十一月初七日入葬龙泉峪妃园寝，即慕东陵。

顺嫔，嘉庆十四年（1809）二月初六日生。道光时为常在。道光三十年（1850）正月

1　光绪本《清会典事例》卷四百九十五《礼部·丧礼》。

2　光绪本《清会典事例》卷四百九十五《礼部·丧礼》。

3　光绪本《清会典事例》卷四百九十五《礼部·丧礼》。

4　光绪本《清会典事例》卷四百九十五《礼部·丧礼》。

5　光绪本《清会典事例》卷四百九十五《礼部·丧礼》。

清代园寝志

晋封皇考顺贵人，咸丰十一年（1861）十月尊封皇祖顺嫔。同治七年（1868）三月薨，享年六十岁。一应礼仪与元年玉嫔同[1]。四月初七日金棺奉移至田村殡宫。十一年（1872）四月十七日金棺暂安于慕东陵西配殿。十二年（1873）顺嫔金棺葬于慕东陵地宫。

恒嫔，蔡佳氏，二月二十四日生辰，生年不详。道光时为答应，三十年（1850）正月晋封常在。咸丰十一年（1861）十月尊封为皇祖蔡贵人。同治十三年（1874）十一月尊为恒嫔。光绪二年（1876）闰五月初六日卒。一应礼仪与同治十三年璹嫔同[2]。三年（1877）九月入葬慕东陵。

豫嫔，尚佳氏，生于嘉庆二十一年（1816）十一月初二日。初入宫封为常在，道光二十年（1840）六月降为答应。三十年（1850）正月晋封常在。咸丰十一年（1861）十月尊为皇祖尚贵人。同治十三年（1874）十一月尊封为豫嫔。光绪二十三年（1897）八月二十八日卒，时年八十二岁。二十四年（1898）九月十八日由田村奉移。九月二十二日奉安慕东陵。

平贵人，赵氏。原为旻宁潜邸格格。嘉庆二十五年（1820）九月初五日封为平贵人。道光三年（1823）三月二十五日薨。一应礼仪从贵人丧仪。贵人丧仪，为康熙年间定。贵人薨逝，所生皇子、皇子福晋截发辫，剪发，摘冠缨，去首饰，成服。二十七日除服，百日剃头。贵人宫中女子内监剪发，截发辫，成服。执事内管领一人，及执事内管领男妇之半成服。皆大祭日除服，百日剃头。又定贵人初薨日，贝勒以下，一品官以上，贝勒夫人以下，一品夫人以上，咸齐集。奉移日、祭日同。大祭以前，朝夕二设奠。百日内日一奠。内务府成服，官员护军领催男妇，奉移前分班齐集，至百日后男妇各十人齐集。初祭用金银锭楮钱各三万，画缎五百，楮帛三千，馔筵十五席，羊九，酒七尊。次日绎祭，金银锭楮钱各二千五百，馔筵三席，羊三，酒三尊。大祭与初祭同。次日绎祭与前绎祭同。初周月致祭。金银锭楮钱各七千，馔筵七席，羊三，酒三尊。二三周月、百日致祭同。清明不焚楮帛，设挂楮钱、宝花一座。中元及冬至岁暮，金银锭二千，楮钱一千，皆馔筵二席，羊一，酒一尊。贵人金棺奉移妃园寝，预期行奉移礼。送往大臣官员及在陵大小官员及其妻咸齐集，于奉安园寝先一日行奉安礼，与前奉安礼同。至吉期安葬[3]。道光七年（1827）九月入葬宝华峪妃园寝，后因宝华峪被废除，葬入双峰岫妃园寝，初称平贵人园寝，后改称慕东陵。

定贵人，孙氏，原为绵宁潜邸格格。嘉庆二十五年（1820）九月晋封为定贵人。道光二十二年（1842）十二月十四日薨。一应礼仪悉如贵人例[4]。二十五年（1845）十一月初七日葬于龙泉峪妃园寝，即慕东陵。

贵人，李氏，内务府六库郎中善宝之女。生于道光七年（1827）十月初七日。道光时为答应，三十年（1850）正月晋称常在，咸丰十一年（1861）十月尊为李贵人。同治十一年（1872）二月十八日因病卒于寿安宫，终年四十六岁。十二年（1873）二月二十五日入葬慕东陵地宫。

1　光绪本《清会典事例》卷四百九十五《礼部·丧礼》。
2　光绪本《清会典事例》卷四百九十五《礼部·丧礼》。
3　光绪本《清会典事例》卷四百九十五《礼部·丧礼》。
4　光绪本《清会典事例》卷四百九十五《礼部·丧礼》。

贵人，那氏，正白旗托永武管领下，原蓝翎长那俊之女。生于道光五年（1825）六月二十一日。道光时充答应，三十年（1850）正月晋称常在，咸丰十一年（1861）十月尊为那贵人，同治四年（1865）七月二十日，卒于寿安宫，时年四十一岁。六年（1867）三月初三日，葬于慕东陵。

睦答应，赫舍里氏，满洲正黄旗人。生辰为十月二十八日。道光十年（1830）十二月二十三日奉上谕晋封为睦嫔。次年九月十一日，道光帝降旨睦嫔降为睦贵人。不久，又降为睦答应。她卒于道光十五年（1835）八月二十八日，九月初八日葬入双峰岫妃园寝，即慕东陵。

四、崇陵妃园寝

崇陵妃园寝为清光绪帝的妃园寝，位于崇陵东侧一华里处（见图3-31），坐北朝南，与崇陵同时兴工，于民国初年竣工[1]，是一座标准规制的妃园寝，也是我国最后建立的妃园寝。

妃园寝最南端有一道马槽沟，正中建有一座一孔汉白玉石拱桥，据笔者调查，桥长16.1米。桥面为七路条石铺砌。拱桥两侧各有栏板七块，望柱八根，抱鼓石两块（图3-46）。拱桥西侧建有三孔豆渣石平桥一座（图3-47）。拱桥的北面建有东西厢房各一座，单檐硬山式，布瓦覆顶，各面阔五间（图3-48）。厢房门窗形制后来都进行了改建，窗户上部改建成拱券式形状，与原有形制不同，改建年代不详[2]。据笔者调查，宫门为单檐歇山绿琉璃瓦覆顶，面阔三间，为14.5米，进深二间，为9.5米。宫门前台阶长14.33米（图3-49）。妃园寝享殿形制和其他一般规制的妃园寝相同，为单檐歇山式，绿琉璃瓦覆顶，面阔五间，进深三间（图3-50）。享殿前月台长13.06米，宽5.19米。享殿后面阔墙上建有三座园寝门。仅中

图3-46 崇陵妃园寝一孔石拱桥

图3-47 崇陵妃园寝三孔豆渣石平桥

图3-48 崇陵妃园寝厢房及值班房

图3-49 崇陵妃园寝宫门

1　晏子有《清东西陵》，第154页，中国青年出版社，2000年。
2　晏子有《清东西陵》，第266页，中国青年出版社，2000年。

清代园寝志

图3-50 崇陵妃园寝享殿

图3-51 崇陵妃园寝园寝门

图3-52 崇陵妃园寝瑾妃宝顶

图3-53 崇陵妃园寝珍妃宝顶

门上建有一门楼，为单檐歇山式，面阔2.95米，东西角门面阔2.74米，无门楼，上施以过木（图3-51）。园寝门的北面，东西并排建宝顶二座，东侧为瑾妃墓。宝顶下建有一座月台。月台面阔8米，进深12.94米，高0.79米。月台前建有五级石踏跺一座，宽3.96米，斜长1.8米。宝顶下有钵盂沿形座，直径5.28米（图3-52）。瑾妃墓右侧即西侧，为瑾妃之妹珍妃墓。宝顶下月台，面阔6.4米，进深8.3米，高0.63米。月台前设四级石踏跺一座，宽3.36米，斜长1.5米。宝顶直径4.46米[1]（图3-53）。据于善浦《珍妃》记载，瑾妃墓因是按皇贵妃等级进行改造，在地宫内添建了正金券、梓券、门洞券和砖罩门券，对地面上的月台、宝顶、海墁，也加宽、加高、延长，从而使得东边的瑾妃墓比起西边的珍妃墓更为高大。

崇陵妃园寝内葬有光绪皇帝的贵妃二人，即珍妃和瑾妃。

恪顺皇贵妃，他他拉氏，通常称其为珍妃，为温靖皇贵妃（即瑾妃）之妹，光绪皇帝之宠妃，侍郎长叙之女，生于光绪二年（1876），十四年（1888）与其姐同时接到朝廷懿旨，册封为珍嫔。珍妃天生丽质，聪明伶俐，才思敏捷，又擅长书画、下棋，双手能画梅花篆字等，因此，深得光绪皇帝的喜爱，光绪二十年（1894）正月与其姐同时晋封为珍妃。后因在宫外私开照相馆等事，违反了宫规，又得罪了皇后和慈禧，株连了瑾妃，于同年十月二人同降两级为贵人。直到第二年十一月，重新恢复了她们的妃位。在光绪二十四年（1898）的戊戌变法中，珍妃与光绪帝一起支持维新变法，变法失败后光绪帝被幽禁瀛台，珍妃被打入冷宫。光绪二十六年（1900）七月，八国联军侵入北京。慈禧太后带领光绪帝仓皇西逃，临走时下令将珍妃推入井中。珍妃遇害时年仅二十五岁。第二年十一月，慈禧等人从西安回到北

1　晏子有《清东西陵》，第266页，中国青年出版社，2000年。

京，派人将珍妃的尸体从井中打捞上来，先将其安葬在恩济庄，又下懿旨追封其为珍贵妃。宣统元年（1909）尊封皇贵妃。民国二年（1913）三月，将珍妃金棺暂时安放在清西陵梁格庄。 十一月，以贵妃礼，入葬崇妃园寝。民国十年（1921）三月追谥曰恪顺皇贵妃[1]。

瑾妃，他他拉氏，为恪顺皇贵妃（珍妃）之姐，侍郎长叙之女。同治十三年（1874）八月二十日生。光绪十四年（1888）与其妹珍妃一同入宫，被册封为瑾嫔。二十年（1894）正月晋封为瑾妃。后受珍妃牵连，于十月降为贵人。二十一年（1895）复封为瑾妃。三十四年（1908）十月晋封为瑾贵妃。民国二年（1913）逊帝溥仪晋尊为端康皇贵妃。十一年（1922）正月逊帝溥仪尊封她为端康皇贵太妃。十三年（1924）九月二十二日薨，时年五十二岁。同年十一月，端康皇贵太妃的金棺暂时安放在广化寺。十四年（1925）九月逊帝溥仪尊谥她为温靖皇贵妃。同年十二月入葬崇陵妃园寝。瑾妃是最后入葬清西陵的清朝皇室成员。据徐广源《大清皇陵》载，1938年农历十一月某日夜间，鄂士臣、关友仁等八个匪徒盗掘了瑾妃墓，掠走了全部殉葬珍宝。

1　于善浦《清代帝后的归宿》转引自《溥仪档》第367包，中国第一历史档案馆藏。

第四部分 清代园寝碑文和墓志

概　述

　　墓碑墓志是中国古代墓葬的一个重要组成部分，也是清代园寝制度的一个重要组成部分。

　　孔子说过："古者墓而不坟。"[1]远古时代，人们不在墓葬之上起坟头，所以，为了方便辨识，就得在墓葬附近树立一个标识物。这种标识物，其实就是墓志的滥觞。墓志之志，原为识别的意思。《说文》段注："《周礼保章氏》注云：志，古文识，盖古文有志无识，小篆乃有识字。《保章》注曰：'志，古文识。'识记也。"可见墓志应当源于古代人们对于墓葬的标志，而标志墓葬，很可能是在原始社会中就已经存在的做法。所以陈星灿先生曾经推测说："远在数千年前的裴李岗时代，人类的墓葬就已排列有序，秩序井然。""那么，史前的人又是靠什么标志，使得相隔多年的墓葬，彼此排列有序互不相扰的呢？我猜想除了用石头等坚固的物体树立在墓坑的四角之外，最大的可能是在墓上搭建起简易的木棚或竹棚，既为墓标，也可做祭祀或其他宗教方面的运用。"[2]后来，随着时代的发展和文化的演进，标识墓葬的方法也不断地改变，出现了在墓葬上建立祠堂或在墓中放入标志墓主身份的器物等等。到先秦时期，逐渐产生了在墓葬中使用文字材料标志墓主身份的风气。如1979年12月，陕西省秦俑坑考古发掘队在对秦始皇陵西侧修筑始皇陵刑徒的墓地进行发掘时，就出土了18件刻有死者姓名、身份、籍贯等内容的秦代陶文的残瓦，这些刻有死者身份的遗物虽然在所发掘的110座墓葬中只占少数，而且有可能只是在埋葬死者时，随手刻写放入墓中的，并没有完全形成固定的程式，但却已经完全具备了标识墓主身份的性质，开创了后代墓志的先导。

　　墓志的源头虽然可以追溯到先秦时代，但是，墓志在葬礼中被普遍使用，并形成一种社会风气，且其形制的定型、文字形式和内容的程式化形态的形成，却是比较晚的事情。赵超先生认为："当前在学术界，对于古代墓志铭的产生时间还存在一些不同看法，但最晚也不会晚于晋代。我们认为中国墓志开始形成与使用是在西晋时期，即距今1700年左右。其正式定型则要到南北朝时。"[3]

　　墓碑的产生源于古代的刻石。据《史记·秦始皇本纪》记载，秦始皇统一六国以后，曾多次巡视全国，所至之处，辄立石刻，有《峄山刻石》、《泰山刻石》、《琅玡台刻石》、

1　《礼记·檀弓上》。

2　陈星灿《墓上建筑始于何时》，《中国文物报》1998年第39期。

3　赵超《中国古代墓志通论》，第1页，紫禁城出版社，2003年。

《芝罘刻石》、《东观刻石》、《碣石刻石》、《会稽刻石》等，这些刻石都是用来歌颂礼赞秦始皇赫赫功绩的。墓碑出现的原因与西汉中晚期形成的厚葬之风有很大的关系。"汉代考古发掘的成果也表明，自西汉中晚期以来，以往以土坑墓为主的墓葬形式逐渐改变，砖石墓、石室墓等耗资巨大的考究的墓葬形式大量出现，并且演化成画像石墓这样的大型石质墓葬。在地面上，则出现了相对应的丰碑巨碣。根据《水经注·颍水》的记载，北魏时尚可见到的东汉张伯雅墓地状况是：'茔四周垒石为垣……庚门表二石阙，夹对石兽于阙下，冢前为石庙，列植三碑……碑侧树两石人，有数石柱及诸石数（兽）矣。'这就将汉代大型墓葬地面石刻的组合与布局介绍得很清楚了。这些墓地石刻，通过近代以来的考古发现已经基本上得到了证实"[1]。墓碑的出现晚于刻石，故其碑文受刻石的影响，在内容上也主要以歌颂死者的功德品行为主。

后金时期，宗室王公的园寝建筑尚未形成比较完备的制度。清室入关之后，随着园寝制度的逐步建立，对宗室王公及公主园寝的墓碑制度也进行了规范。顺治十年（1653），清廷对宗室王公的墓碑碑身、碑首、碑座的高度宽度以及雕刻的类型作了细致的规定。至康熙十四年（1675），又从以上几个方面补充了镇国将军和辅国将军的碑制。这一制度一直到清末没有改变。其具体规定详见本书《综叙》部分，兹不赘述。这里值得一提的是，在清代园寝中，妃子园寝都不立碑，这大约与妃园寝都附属于各代帝陵，而且清代的妃园寝都属于多人合葬有关。

墓碑墓志是我们研究清代园寝不可或缺的第一手资料。其形制、雕刻及文字内容等，不仅对确定园寝墓主、了解墓主的生平事迹及研究清代的园寝制度有着非常重要的意义，而且对我们了解清代的书法及石刻艺术等也是不可替代的重要材料。我们目前寻访所见到的与清代宗室王公、公主相关的碑志共计45个（包括残碑1统，为肃恪亲王华丰墓碑，只保留了上半截）。其中，庙碑、赐婚碑、诰封碑各一统，墓碑36统，墓志6合；属于宗室王公的碑志有33个，其中，墓碑31统，庙碑1统（为怡贤亲王允祥庙碑），墓志1合（为荣亲王园寝墓志）；属于公主园寝的墓志共计12个，其中，墓碑5统，赐婚碑、诰封碑各1统，墓志5合；从地域上看，这些碑志在关内的有31个，在关外的有14个。从这个数量上看，保守的估计，现存的清代园寝的墓碑墓志大概最多也只能占到所有清代园寝墓碑墓志总数的二十分之一。有些墓碑墓志或许并未损毁，尚有待人们去发现，但多数的墓碑墓志只怕都已经湮没在了历史的长河之中。

在本部分中，我们对目前所能看到的清代园寝碑文、墓志进行了收集整理。为了方便读者阅读，我们对碑文墓志进行了分段和标点断句。在对这部分内容进行整理时，我们基本遵循如下原则：

一、凡仍然保存完好的碑、志，录文一依原碑、志。

二、原碑、志如有个别或部分字迹无法辨识者，则参照文献记录，对碑文文字进行校补录入。如无可资参考的文献资料，则对无法辨识的文字数量如实留下空格，用"口"表示。

三、原碑、志虽已不存，但仍有旧拓可资参考者，则尽量依旧拓录文。

四、如原碑、志已毁，也无旧拓保存者，则依文献资料保存的碑、志文录入。不同的文

1　赵超《中国古代墓志通论》，第47~48页，紫禁城出版社，2003年。

清代园寝志

献资料记载文字有出入者，则互相参照校对，并作校勘说明。

　　五、个别碑、志笔者没有寻访到，今人虽有录文，但录文有明显错误者，则尽量参考其他录文进行校改。如别无其他资料可资参考，则笔者只在文后加注，提出质疑，不对原文改动。

　　六、古代碑、志在行文中，遇到特定的名词如"皇上"、"今上"等时，为了表示对帝王或圣人的敬重，往往空两格或重新起行，这是封建时代特定环境下的行文习惯，对我们理解碑文墓志的内容并无意义。根据古籍整理的原则，我们在整理这些碑志文时，只按照其文章层次分段，不再保留这些特殊格式。

第一章　清代王公园寝碑志

1. 追封多罗勇壮贝勒清巴图鲁穆尔哈齐碑文

追封多罗勇壮贝勒清巴图鲁穆尔哈齐碑

　　自古帝王承天抚世，笃念宗亲，故生则赐以荣封，殁则彰以令誉，典最渥也。尔清巴图鲁贝勒穆尔哈齐，系宣皇帝之子，秉性安详，居心恺悌，已追封为多罗勇壮贝勒。奄逝既久，丰碑未树，朕念切本支，复隆表著之恩，爰稽成宪，勒之贞珉，用传不朽，庶昭朕敦族之心，永为藩屏之懿典云尔。

　　康熙拾年肆月拾陆日立[1]

2. 御赐多罗诚毅勇壮贝勒穆尔哈齐碑文

御赐多罗诚毅勇壮贝勒穆尔哈齐碑

　　古之帝王开国承家，笃念宗亲，施之令誉，以铭功德，意至深也。尔多罗诚毅清巴图鲁谥曰勇壮贝勒穆尔哈齐，系显祖宣皇帝之子。追随太祖高皇帝四出征讨，功在开创。圣祖仁皇帝恩隆表著，赐以丰碑。历年久远，颓圮漫漶。裔孙熙洽，陈清显请。朕念之恻然，爰稽成宪，勒之贞珉，用垂不朽，庶昭朕惇睦之至谊云尔。

　　康德二年五月二十四日[2]

3. 追封辅国公谥刚毅大尔差碑文

追封辅国公谥刚毅大尔差碑

　　自古帝王创业垂统，以贻万世，凡属宗支，皆应显号，以重懿亲也。尔大尔差，系谥勇壮清巴图鲁穆尔哈齐之子。性行纯良，才猷敏练，已封为刚毅辅国公。奄逝既久，丰碑未树，朕笃念宗亲，爰稽成宪，勒之贞珉，用垂不朽，庶昭朕敦睦之怀云尔。

　　康熙拾年肆月拾陆日立[3]

4. 固山襄敏贝子务达海碑文

固山襄敏贝子碑文

　　稽古帝王创业，首重懿亲，属有功勋，更从优典，所以励屏藩，昭敦睦也。尔务达海，乃多罗清把兔鲁勇壮贝勒之子。赋性敏达，莅事恪勤。征流贼时，贼从延安府乘夜逃出，尔击败之，斩杀甚众。又流贼第二营兵，尔同众协力败之，又寻贼踪迹，追及余总兵兵，杀

　　1　王晶辰《辽宁碑志》，辽宁人民出版社，2002年。
　　2　王晶辰《辽宁碑志》，辽宁人民出版社，2002年。
　　3　王晶辰《辽宁碑志》，辽宁人民出版社，2002年。

之。又追及滕吉思，败士舍吐汗兵，尔率本固山兵对阵败之。又败硕落汗兵，尔率本固山兵对阵败之。累封贝子，简任刑部。改授都察院、宗人府时，皆能尽职。方冀永享遐龄，何乃遽闻奄逝。朕笃念宗亲，爰稽成宪，谥曰襄敏，勒之贞珉，以垂不朽，庶昭朕敦睦之怀尔。

顺治十七年初九日立[1]

5. 庄亲王舒尔哈齐碑文

庄达尔汉把兔鲁亲王碑

惟国家褒显宗英，推崇皇族，生颁荣秩，殁予追封，所以笃本支，昭亲爱也。尔达尔汉把兔鲁舒尔哈齐，乃太祖高皇帝胞弟，朕之叔祖。系序既尊，天潢孔切。更生贤胤，克奏肤功。宜用追崇，以彰祗德。兹特加封尔为庄亲王。列在藩屏，聿展贻孙之徽；光施泉壤，允敷敦族之仁。勒诸贞珉，永垂不朽。

顺治十一年三月初十日[2]

6. 和硕简亲王德沛碑文

和硕简亲王碑文

朕惟国家酬庸奖善，礼必笃于懿亲；锡类推恩，谊莫隆于一本。眷念既深于存殁，厚终宜贲以哀荣。惟王派衍银潢，支分玉牒。和平成性，早励志于诗书；恪勤持身，尤不矜乎华胄。名疆秉节，裕整躬率属之规；列服宣勤，树敷政宁人之绩。迨晋阶于卿贰，誉懋铨衡；洎兼领乎成均，范推师表。亲藩绍爵，聿分茅土之宠光；邸第怡颜，无改安贞之素节。方期矍铄，遽告沦殂。锡清醴于雕筵，申予轸悼；勒嘉名于贞石，象尔生平。予谥曰仪，庶几无忝。

于戏！龙章式焕，青珉昭纶綍之华；马鬣初封，丹篆壮松楸之色。垂诸奕祀，岂不美欤！

乾隆十七年十二月初十日[3]

7. 和硕简亲王谥修雅布碑文

和硕简亲王谥修雅布碑文

朕惟《大雅》之诗，曰文王孙子，本支百世。则凡在宗支，其始有勋劳于国家，亦望其子孙克继克承，率乃祖考之攸行，以保世久远，厥惟休哉。惟王属在懿亲，著有令誉。自乃祖功在社稷，书于盟府，乃考亦惟克食旧德，以及于王，禀谦冲之茂质，凛夙夜之小心。殚力公家，不营邸第之事；束身礼度，别无嗜好之私。加以教诫，拊循风行所部。兴起人才于有用之地，整练武备于无事之时。惟旌旗壁垒之常新，觉星文羽林之增焕。方谓作我屏辅，永赖亲贤，岂期疾疢忽侵，溘先朝露。无不挽丧车而深痛，望故邸以尽哀。朕震悼辍朝，饰终备礼。诸孤抚视，更恔于怀。呜呼！受封将二十年，持身无毫发过。输忠于我王室，追孝于前文人。宗支若斯，可以百世。幽扃既闭，懿德宜昭。用宣宠章，勒诸贞石，俾永有宪于后祀。

康熙四十二年三月十九日立[4]

8. 多罗安平贝勒杜度碑文

多罗安平贝勒杜度碑

1　《辽海丛书·雪屐寻碑录》卷二。

2　王晶辰《辽宁碑志》，辽宁人民出版社，2002年。按：笔者在转录时对标点和明显的错字进行了改正，如"贻孙之微"当为"贻孙之徽"。

3　北京图书馆金石组编《北京图书馆藏中国历代石刻拓本汇编》，中州古籍出版社，1989年。

4　北京图书馆金石组编《北京图书馆藏中国历代石刻拓本汇编》，中州古籍出版社，1989年。

朕惟国家谊笃懿亲，情殷惇穆。显爵之畀，既颁泽于生前；宠锡之加，更垂恩于身后。凡以重一本，厚宗盟，典至渥焉。尔多罗平安贝勒杜度，泒衍银潢，庆流玉叶。扬威阃外，夙资克敌之功；宣力师中，允协维城之义。且职司夫礼教，因志励乎寅清。追尔勋猷，宜加恩赉。特颁旷典，聿彰眷之情；丕布新纶，爰备终之礼。式循彝宪，建树丰碑。

呜呼！鸿文焕赫，贲泉壤以增光；宝命辉煌，暎松楸而生色。永垂奕祀，用志哀荣。

雍正元年十二月初三日立[1]

9、多罗愨厚贝勒杜尔祜碑文

多罗愨厚贝勒碑

古帝王承天抚世，笃念宗亲，故生则锡以荣封，殁则彰其令誉，典最渥也。尔杜尔户乃多罗安平贝勒之子，赋性端良，制行诚恪。因系宗室，累封贝勒。方冀永襄泰治，乃封爵未几，遽尔奄终。念尔谊切本支，复隆秉著之恩。爰考旧章，谥曰愨厚。勒之贞珉，用传不朽。庶昭朕敦族之心，永笃藩屏之懿典云尔。

顺治十四年八月十七日立[2]

10. 固山贝子谥恪敦达碑文

固山贝子谥恪敦达碑文

自古帝王创业垂统，以贻万世，凡在宗支，皆膺显号，所以重懿亲也。尔敦达乃多罗贝勒杜而护之子，派衍天潢，谊关藩翰，贤声素著，恩礼洊加。方冀安享遐龄，何乃遽闻薨逝。朕笃念宗亲，爰稽成宪，谥曰恪恭。勒诸贞珉，用传不朽，庶昭朕敦睦之怀云尔。

康熙拾肆年玖月贰拾肆日立[3]

11. 固山勤慎贝子特尔祜碑文

固山勤慎贝子特尔祜碑文

自古帝王创业垂统，以贻万世，凡在宗支，皆膺显号，所以重懿亲也。尔特尔祜，乃多罗安平贝勒都度之子，赋姿英敏，制行端重。方冀永享遐龄，乃遽闻淹逝。朕笃念宗亲，爰稽成宪，谥曰勤慎。勒之贞珉，以垂不朽，庶昭朕敦睦之怀耳。

乾隆三十八年三月初十日建[4]

12. 和硕敬谨亲王尼堪碑文

和硕敬谨亲王碑文

朕惟国家膺图受录，不吝爵赏，以锡有功，昭示来世，用垂不朽，典至巨也。尔和硕敬谨亲王尼堪，系太祖武皇帝之孙，太宗文皇帝之侄，原爵固山贝子。当入山海、灭流贼二十万兵时，尔率兵信地击杀，复穷追败贼于庆都，以尔此功，于顺治元年十月十七日升为多罗贝勒。及歼流寇、灭福王、平定河南江南时，尔在潼关三败流贼，在芜湖江中生擒福王，降其兵卒，用红衣炮攻取江阴。又往征四川时，败贺珍兵，三次平定汉中地方，故封为

---

1 王品辰《辽宁碑志》，辽宁人民出版社，2002年。按：本碑文中"聿彰眷之情"原作"聿彰眷之旧情"。笔者认为"旧"乃衍字。

2 碑现存于北京市石刻艺术博物馆内。

3 北京图书馆金石组编《北京图书馆藏中国历代石刻拓本汇编》，中州古籍出版社，1989年。

4 《辽海丛书·雪屐寻碑录》卷十四。按：原书碑题作"顺治十六年敕谕固山勤慎贝子特尔祜碑文"。考《爱新觉罗宗谱》及《清史稿》，均称特尔祜卒后谥曰"恪僖"，而《辽海丛书·雪屐寻碑录》所录碑文称其谥为"勤慎"，又特标日为"顺治十六年敕谕"，未知孰是。

多罗敬谨郡王。率兵征山西时，败贼兵八次。又围困大同时，使贼势穷迫，遂擒其贼，以多罗郡王封为敬谨亲王。后以湖南贼寇窃发，命尔为定远大将军统兵前往，殒身行间。尔虽鲜善行，功未足称，念系宗支，爰赐祭葬，勒之贞珉，永垂后世，昭朕敦族时庸之意云。

顺治十二年六月十六日立[1]

13. 和硕敬谨亲王尼思哈碑文

和硕敬谨亲王碑

自古肇造之君，必众建懿亲，屏藩王室。若其世有大勋，垂于后裔，生荣死哀，恩礼加隆，载在故典，不可渝也。尔尼思哈，系和硕敬谨亲王之子。秉姿淑慧，堪继先绪。方在稚龄，荐袭王爵。冀享长年，永膺荣贵。何期锡封未几，旋以讣闻。朕笃念本支，每为伤悼，爰考旧章，特赐祭葬。勒之贞珉，用垂不朽。庶历祀之后，昭朕敦睦之谊云尔。

顺治十八年五月十二日立[2]

14. 和硕礼烈亲王代善碑文

和硕礼亲王谥烈代善碑文

自古帝王创业垂统，必懋建本支，以作藩屏，故生隆显爵，殁锡丰碑，亲亲贤贤，典甚重也。尔和硕礼亲王代善，乃太祖高皇帝次子，太宗文皇帝之兄也。忠纯天挺，端恪性生，秉志情诚，凤怀英毅。当我主太祖高皇帝草昧经纶之时，以本支之亲，膺心膂之任。披坚执锐，不避矢石，捐躯裹创，戮力疆场。如征哈达、平辉发、定耶黑等国，王亲率将士，多所斩获。乃攻兀喇国时，王□□其兵□主贝勒博克多，大破其军。嘉尔乃绩，因赐名古英巴图鲁。嗣克开原、下铁岭、取辽东，肇基立业之际，王或以智取，或以战胜，多著奇勋。太祖高皇帝初登大宝，分封四和硕四大贝勒，以王为大贝勒。太宗文皇帝平定朝鲜，收服插哈尔等蒙古诸国，攻明郡县，式廓疆图，王出则效力戎行，入则宣猷廊庙，无不殚厥心力。崇德元年，初封宗室王爵，以王为和硕兄礼亲王。世祖章皇帝入关定鼎，剿除流寇，殄灭福王，统一寰区，王丕襄泰治，翊赞鸿猷，裨益实多。

呜呼！若王者，可谓忠冠当时，功昭后世者矣。及以疾薨逝，世祖章皇帝时切哀思，每深痛悼，特赐祭葬，敕建丰碑。朕今追念前徽，加谥曰烈。复念勋名既载于盟府，而风烈宜表于隧阡。详述懋功，显扬忠义。重勒贞珉，用传不朽，以示敦睦懿亲之意云尔。

康熙十一年八月初一日[3]

15. 追封和硕惠顺亲王祜塞碑文

奉旨追封和硕惠顺亲王碑文

朕惟国家酬庸之典，首在展亲；人臣励翼之勤，尤崇报本。尔镇国公呼字，于顺治十年五月追封郡王。兹以尔子杰书进封为和硕康亲王，疏请推恩，是用复追封尔为和硕惠顺亲王。旧德聿昭，愈重新恩之勿替；子情克慰，尤思臣节之宜敦。勒兹贞珉，立之墓道，用垂不朽云尔。

大清康熙元年季春朔旦立[1]

16. 多罗怀愍贝勒常阿岱碑文

多罗贝勒谥怀愍常阿岱碑文

□帝王承天抚世，笃念宗亲，故生则锡以□封，殁则彰其令誉，典最渥也。尔常阿岱聪敏成性，端方制行。方冀遐龄，忽然奄逝。念尔谊切宗室，复隆表著之恩，爰稽成宪，谥曰怀愍，勒之贞珉，用传不朽。庶昭朕敦族之心，永为藩屏之懿典云尔。

康熙五年九月初四日立[2]

17. 和硕康良亲王杰书碑文

和硕康亲王谥良杰书碑文

朕丕纂鸿业，谊笃天潢，敦念本支，每优眷礼。其在宗英茂德，茅土早膺，用命疆场，勤劳茂著。生既邀天宠赐，殁宜被以隆施。尔和硕康亲王，乃和硕礼亲王之孙，蒙世宗章皇帝推恩属籍，授以多罗郡王之爵。寻进亲王，缵乃祖服。后参议政之列，得备机务之询。洎命将戡除三逆，敕为奉命大将军，指授方略。俾帅师由浙取闽，王□承庙算，剿抚寇贼。岩疆既奠，振旅还朝。圭组雍容，恪勤罔替。朕弥嘉乃劳绩，王益持以小心。方期荷兹宠光，永享多福，而遐龄未究，一旦溘亡，轸忆生平，用深凄惨。爰遵宪典，载锡诔章。赐葬易名，以光泉壤。

呜呼！勋留竹帛，尚思宣力之懿亲；泽沛宗藩，懋展饰终之令典。勒垂琬琰，式贲松楸。

康熙三十九年九月十七日立[3]

18. 和硕康悼亲王椿泰碑文

和硕康亲王谥悼椿泰碑文

国家懋建宗藩，延及后嗣，昭垂典礼，备极始终，所以广敦睦之仁，视亲爱之谊。故其生也，既膺华□□□；其殁也，宜有优崇之锡。情至厚，恩至渥也。惟王派出银潢，支分玉牒，袭祖父之世服，继荣显之重封。方冀克享遐龄，多福是寿；仰忆忽伤早世，中道云亡。既灌鬯之再行，复垣茔之式建。爰循旧典，聿表贞珉，为王易名，谥之曰悼。呜呼！分珪列爵，既□厚于生前；幽壤馀光，庶祗承于身后。用颁宠命，昭示来兹，不亦休欤！

康熙十九年四月十六日立[4]

19. 多罗衍禧介郡王罗洛宏碑文

多罗衍禧郡王谥介罗洛宏墓碑文

自古帝王创业垂统，必先懋建本支，以作藩屏，故生隆显爵，殁赐丰碑，亲亲贤贤，典甚重也。尔多罗宏系太祖高皇帝二世孙，克勤郡王岳讬之子，于崇德四年为多罗贝勒。顺治元年，定鼎燕京，加封宗室，进封尔为衍禧郡王。征四川，以疾薨逝。世祖章皇帝特赐祭葬，敕建丰碑。朕今追念前徽，加谥曰介，重勒贞珉，用传不朽，以示敦睦懿亲之意云尔。

康熙十一年八月初一日[5]

20. 诺尼（那尼）碑文

1 北京图书馆金石组编《北京图书馆藏中国历代石刻拓本汇编》，中州古籍出版社，1989年。

2 北京图书馆金石组编《北京图书馆藏中国历代石刻拓本汇编》，中州古籍出版社，1989年。

3 碑现存，在北京市海淀区门头村。

4 北京图书馆金石组编《北京图书馆藏中国历代石刻拓本汇编》，中州古籍出版社，1989年。

5 《辽海丛书·雪屐寻碑录》卷五。

多罗贝勒那尼碑

自古帝王承天抚民，笃念宗亲，故生则锡以荣封，殁则彰其令誉，典至重也。尔那尼系多罗衍禧郡王罗洛宏第三子，秉性端良，居心敬慎，谊关藩屏，派演天潢。方冀遐□，忽焉长逝。念尔属在宗室，爰特颁示隆□，稽考彝章，勒文贞石，用传不朽，以示敦睦宗族之心，永为藩屏懿典云尔。

康熙四十四年正月二十七日[1]

21．多罗显荣贝勒喀尔楚浑（喀尔赤洪）碑文

多罗贝勒谥显荣喀尔赤洪碑文

朕惟有功德于宗社者，令名奕世，克昌后人。其能茂昭前烈，永保遗休，并宜表章，以劝来裔。惟尔宗枋旧臣，皆太祖太宗所培育，以赞翊皇猷，或开拓封疆，或密侍禁近，弘勋硕德，炳耀后先。尔多罗贝勒喀尔赤洪，系属天潢，谊坊屏翰，入关定鼎，努力戎行。歼流寇于庆都，击献贼于巴蜀。宁武有屡战之功，左卫著三捷之绩。及任都统理藩院，皆能辛勤供职，克尽乃心。后以疾薨逝，世祖章皇帝敕建丰碑，谥曰显荣。朕今追念前徽，重勒贞珉，用传不朽。庶昭朕敦族之心，永为宗藩之懿典云尔。

康熙十三年三月初九日[2]

22．多罗平悼郡王纳尔福碑文

多罗平郡王谥悼讷尔福碑文

粤稽古帝王平章百姓，必先睦族，所以重亲亲也。朕笃念宗盟，眷隆一本，凡我天潢属籍及先世宣劳克懋厥勋者，咸推恩焉。尔多罗平悼郡王讷尔福，自乃祖从入关破贼，戮力中原，我世祖章皇帝懋嘉乃功，用封尔祖为多罗衍禧郡王。惟尔父亦克继前人，休恩封平郡。以及于尔。尔袭封膺宠，式赖先猷。年力方强，修途正远。谓朱邸之长开，享白茅之永胙。何期奄逝，深怆朕怀。爰命所司，考循彝宪，易名赐葬，特示优荣。

于戏！窀穸初营，悲风生感。丰碑屹立，历祀流光。尔克有知，其敬承休命。

康熙四十一年四月十六日立[3]

23．多罗平敏郡王富彭碑文

多罗平郡王谥敏福彭碑文

国家建立藩垣，以资屏翰，其有勤劳职守，宣著猷为，生而列五等之封，播令名于当代；殁则核一生之行，昭美谥于来兹，典至巨也。尔多罗平郡王福彭，派衍银潢，支分玉牒。赋才干练，允称宗子之良；秉性恭勤，克备天家之选。恩承馀庆，锡茅土以邀荣；誉起英年，展旗常而著绩。懋宣威于绝域，力任驰驱；敬奉职于内庭，心虔凤夜。何奄终之遽及，惟轸悼之无涯。考彝典以易名，树丰碑而示后。综诸行实，于敏为宜。

于戏！礼备哀荣，赉丹纶于黄壤；光垂久远，镌绿字于青珉。用扬宗室之辉，永焕松楸之色。勖尔有后，尚克钦承。

清代园寝志

1 《辽海丛书·雪屐寻碑录》卷十。按：原文"那"字后皆缺乏"尼"字。盖当时碑文漫漶不可辨认耳。考《清史稿》及《爱新觉罗宗谱》罗洛宏第三子名皆译作"诺尼"，"诺"音与"那"同，故碑文中"那"后空缺之字当为"尼"，今补之。

2 《辽海丛书·雪屐寻碑录》卷五。

3 《辽海丛书·雪屐寻碑录》卷十。

乾隆十四年五月十七日[1]

24．多罗平僖郡王庆明碑文

多罗平僖郡王碑文

朕惟帝室展亲，爰重本支之序；宗臣藩国，聿昭磐石之安。故生则膺章服之荣，殁则沐华衮之锡。恩至渥也，谊莫隆焉。惟王派衍天潢，枝分玉牒。秉温醇之茂质，怀恭慎之小心。属在懿亲，维城攸寄；缵兹旧服，屏翰斯昭。方期永翊乎天家，讵意溘先乎朝露。朕丕承鸿业，笃念宗盟。既行酹奠之仪，更考易名之典。丰碑用建，嘉谥曰僖。

于戏！纶綍流辉，表殊恩于勿替；松楸焕彩，显令誉于无穷。钦哉训词，光昭奕世。

乾隆十六年闰五月十八日[2]

25．多罗克勤良郡王庆恒碑文

多罗克勤良郡王碑文

朕惟恩绵瓜瓞，天家垂惇睦之经；爵列屏藩，宗祀扬永终之誉。佐绩无忘乎先世，推仁宜备夫彝章。爰勒克珉，用光来禩。尔多罗克勤郡王庆恒，瑶牒分华，璇源导派。前型克缵，推茅土而启封；令绪相承，振箕裘而继美。效恪勤于庶职，旗务攸司；佐董正于本支，宗盟共勖。偶以微愆示抑，终缘公过见原。迩者追念成劳，缅怀延赏。锡殊麻于后嗣，奕叶常贻；袭嘉号于始封，新纶□贲。方冀壮猷克绍，衍世泽而寖昌；何期永逝俄惊，怅音尘而遽邈。诏奠以申恩宜，辍朝以示哀荣。加谥称良，遗徽堪纪。于戏！溯旧勋于册府，尚思翊运之初；举恤典于礼官，更式展亲之笃。树兹丰碣，用表崇阡。庶克有闻，以贻永世。

乾隆四十四年月日[3]

26．多罗平比郡王罗科铎碑文

多罗平郡王谥比罗科多碑文

朕惟古帝王缵承丕绪，笃念宗藩，莫不逖考彝章，式加荣赍。故存则胙土，用昭锡予之隆；殁则易名，聿定是非之实。令典攸存，朕岂靳焉。尔罗科多派属宗支，荣开藩邸，藉前人之遗绩，享奕世之荣封。方期砥砺躬修，永膺宠泽，何乃顿罹笃疾，奄逝泉垆。夫循成宪以推恩，令彰示于来许，古之经也。是用特命所司，赐之窀穸。爰稽仪制，定厥生平，谥尔曰比。

于戏！剖圭建社，既登屏翰之尊；表墓铭碑，复备哀荣之典。尚垂后祀，咸俾听闻。

康熙二十二年七月二十三日立[4]

27．追封和硕颖亲王萨哈璘碑文

自古帝王创业垂统，必懋建本枝，以作藩屏。故生隆显爵，殁锡丰碑，典甚重也。尔萨哈廉贝勒，负姿忠亮，中外所推。朕功屡建，甲胄躬擐，努力行间，职司邦礼，尽心典则，益著清洵，百代所当瞻仰者也。拟封多罗郡王，忽焉长逝……太宗文皇帝眷尔勚劳，追封为和硕颖亲王，以示隆眷，于康熙二年特赐恤典，敕建丰碑。朕今追念前徽，加谥曰毅，重勒贞珉，用传不朽，以示敦族睦亲之意云尔。

---

1 《辽海丛书·雪屐寻碑录》卷十三。
2 《辽海丛书·雪屐寻碑录》卷十三。
3 《辽海丛书·雪屐寻碑录》卷十四。"新纶"后疑有缺字。
4 《辽海丛书·雪屐寻碑录》卷七。

康熙十一年八月初一日[1]

28．棱德弘碑文

多罗恭惠郡王碑文

国家纪功褒德，首重懿亲，苟能宣力王室，著有懋勋，存则宠之殊秩，殁则载之丰碑，所以昭惇睦励屏藩也。多罗恭惠郡王棱德弘，系和硕兄礼亲王孙，和硕颖亲王之子，赋质端和，秉心渊塞。当兹大统初集，克效勖勤，既称懿亲，复懋贤德。朕眷怀前烈，思所以□昭泉壤。爰命勒石纪文，声施不朽，为后世藩辅劝。

顺治十二年十月初八日立[2]

29．多罗顺承郡王诺罗布碑文

多罗顺承郡王谥忠诺罗布碑文

国家惇典庸礼，道莫重于展亲；恤下施仁，谊更先于睦族。是以宠备哀荣，眷深终始。式颁嘉谥，载焕丰碑，恩至渥也。尔多罗顺承郡王诺罗布，分辉玉牒，擢秀金枝。翊卫周庐，早征勤慎；涖阶统领，久著严明。遂晋秩乎统军，更入参乎几务。公忠是励，敬谨有加。爰简两浙之元戎，屏藩攸寄；克戢三军于雍穆，镇抚咸宜。懋乃成劳，缵袭封之茅土；眷兹考旧，加锡予之便蕃。方期长享修龄，岂意奄归泉壤。缅怀遗躅，感悼良深。命皇子以临丧，遣大臣而致奠。易名有典，特谥曰忠。表墓有文，俾镌诸石。

呜呼！功留策府，身虽殁而犹存；泽被幽扃，名永垂于不朽。光昭奕禩，不亦休欤。

康熙五十七年五月初七日[3]

30．泰斐英阿碑文

多罗顺郡王泰斐英阿碑文

朕惟懿亲笃庆，泽洽本支，属籍承恩，辉流奕世，所以播朝家之隆谊，垂天室之芳声，贻厥方来，光于前烈，荣施烂焉。尔多罗顺承郡王泰斐英阿，系出银潢，望崇宝胄。桐圭衍绪，韶龄早誉英材；梓诰宣猷，册府频膺宠锡。掌宗盟于同姓，惇叙式昭；寄军政于前锋，申严匪懈。沧祖遽告，已当请谥之期；赠恤频颁，肇举易名之典。考彝章于在昔，缅行谊而非遥。谥之曰恭，象其遗迹。

呜呼！德彰睦族，屏藩懋麟趾之麻；礼备饰终，琬琰壮螭跌之色。钦兹嘉命，妥尔幽灵。

乾隆二十一年八月初一日[4]

31．多罗顺承简郡王伦柱碑文

多罗顺承郡王谥简伦柱碑文

朕惟麟振协庆，展亲推锡类之恩；螭篆扬芬，褒绩重易名之典。倦令仪于桂邸，范著屏藩；胪懿行于松阡，荣生兆域。丰碑载揭，焕号斯颁。尔多罗顺承郡王伦柱，祇慎持躬，渊醇秉德。萤英绮岁，席燕翼以无愆；列爵鵷辰，美象贤而攸赖。膺两朝之渥眷，湑露常沾；总九族以垂型，风规共式。趋班执戟，宿卫寄以森严；善射弯弧，技能嘉其娴习。方谓仙源

---

1 按：原碑笔者未见，现保存处亦不详。此碑文从王晶辰《辽宁碑志》（辽宁人民出版社2002年版）转录。该书舛误较多，标点亦多有未妥之处。如本碑文中，"拟封多罗郡王"一句原作"拟封多多罗郡王"，显系衍一"多"字。又文中省略号亦不知省去几字。转录时笔者对标点及文字明显错误处做了改正。

2 碑现存，在北京市房山区西甘池村。

3 碑现存，在北京市房山区西甘池村。

4 碑现存，在北京市房山区西甘池村。

衍祜，长延胤系之祥；何期逝水增凄，遽发薤歌之响。怅马鬣而崇封初卜，贲龙纶而殊宠优叨。象厥生平，予谥曰简。

于戏！靖共匪懈，尚留磐石之盟；灵爽式凭，载焕贞珉之色。昭兹来祀，克绍麻光。

道光四年十一月二十一日立[1]

32. 辅国公噶布喇碑文

自古帝王创业垂统，以贻万世，凡在宗支，皆应显爵，所以重懿亲也。尔噶布喇乃镇国公把布太之子，性行纯良，克循职任。方冀永享遐龄，何乃遽闻奄逝。朕笃念宗亲，爰稽成宪，勒之贞珉，用垂不朽，庶昭朕敦睦之怀云尔。

康熙贰拾贰年玖月初贰日[2]

33. 多罗豫通郡王多铎碑文

多罗豫郡王谥通碑文

自古帝王创业垂统，必懋建本支，以作藩屏，故生隆显爵，殁锡丰碑，亲亲贤贤，典其重也。尔多罗豫郡王多铎，乃太祖高皇帝之少子。太宗文皇帝时，以取大凌河及征大同、锦州有功，封为和硕豫亲王。后平定朝鲜国时，授尔精兵，无几，以为前驱，命围王城，朝鲜王弃城逃入南汉，随即追至南汉，困之□□□□□□□□□□东南二部□□复分兵败之。其后因事削去和硕亲王，降为多罗贝勒。困锦州之三年，同和硕肃亲王克取松山，封为多罗豫郡王。世祖章皇帝平定中原，□□古制，用展亲亲之谊，封为和硕豫亲王。后命行定国大将军事，帅师西征。至潼关，破流贼李自成兵二十万，遂□潼关，进取西安府，抚定地方。续定河南、克扬州府，师渡洋子江，收服江宁，生擒故明礼藩□□□□扬州等十五城，水陆马步共败伪兵二百五十阵，江□及浙江、苏杭等处悉平，降其文武伪官二百四十四员，马步兵丁三十一万七千七百。统帅内外兵将，追苏尼特部腾吉思，闻腾吉思窜居滚噶楼台，尔进追凡两夜三日，及之，将腾吉思部落牲畜俘获。又夸尔夸部图舍土汗兵至扎即布喇格地方，前来迎战，尔率众列阵击败之。次日，硕落汗兵迎战，尔复列阵败之。世祖章皇帝以尔频有功，因鲜善行，故为多罗郡王敕建丰碑。朕今追念前徽，加谥曰通，重勒贞珉，用传不朽，以示敦睦懿亲之意云尔。

康熙十一年八月初一日[3]

34. 德昭碑文

多罗信郡王碑文

朕惟礼重惇亲之谊，生有荣名；典隆纪实之文，殁垂令誉。周亲早建，缅怀奉职于屏藩；国族扬芬，用勒贞珉于泉壤。所为□□寻以弗替，垂纪牒于无穷也。尔多罗信郡王派衍银潢，泽承□□。□崇封于带砺，克绍前徽；申眷命于本支，式昭□□。郡邸著□城之望，身履三朝；顾庭歌行苇之章，恩施□□。念兹宠均虞貌，方期庆笃于宗盟；讵知数及艾耆，遽尔神游于冥□。□□□于□□，倏经藏月之迁；卜宅窆于山原，特示易名之义。谥之曰愍，俾肖其人。

呜呼！分宝玉以展亲，尚传宗器；树穹碑而纪绩，永闷幽宫。华表□□，犹识初封于马鬣；薤歌露甚，更传□命于□光。贻厥后人，永□□□。

1 碑现存，在北京市房山区西甘池村。

2 晏子有《清东西陵》，中国青年出版社，2002年。

3 北京图书馆金石组编《北京图书馆藏中国历代石刻拓本汇编》，中州古籍出版社，1989年。

乾隆二十八年七月二十二日[1]

35．豪格碑文

敕谕和硕肃亲王和格，尔系太祖武皇帝孙太宗文皇帝长子，征剿蒙古加鲁特、东魁、茶哈尔、敖勒多思等国，屡败其兵，招抚其国。征讨明朝，杀败多兵，攻克多城，因进封和硕肃王。平定朝鲜时，带领左掖兵，数败其兵，攻取其城。同墨尔根王入山海关，破流贼兵二十万，平定中原。顺治三年，又领大兵入四川，剿荡贼氛，平定地方。旋师值墨尔根王专政，诬捏事端而拘禁之，遂而自终。朕念尔无辜，不胜痛悼，仍追封为和硕肃亲王，因立碑墓前，垂知后世。

大清顺治八年岁次辛卯八月仲秋吉旦立[2]

和硕武肃亲王碑文

国家纪功崇德，首重懿亲，苟能宣力王室，著有勋劳，高爵崇禄，以光耀于生前，丰碑美谥，以流传于殁后，典至巨也，况有功高不赏信反见疑者哉！和硕肃亲王合格系太宗文皇帝长子，朕亲兄也。智略超群，英雄盖世。其征蒙古贾鲁特、董夔、插汗儿、俄儿多思等国及征明数次，平定朝鲜，入山海关，破流贼兵二十万，诸功前碑载之详矣。顺治三年率领大兵往征四川时，兵至陕西，立解汉中府之围，所属州县尽为恢复。攻克三寨山、张阁老崖等处山寨三座，各寨俱归招抚。击败水陆马步兵二十二次，追杀八次，招抚伪总兵副将参游以下官百十二员，士卒翕然就降。而陕中所窟叛贼，扫荡无余焉。又复入川，攻克内江县，击破八大王张献忠一百三十六营，遂斩张自忠及其伪王巡抚总兵等官二千二百有奇，俘获马骡无算。广宣德意，招徕文武官二百三十五员，马步兵六千九百九十有余，四川大定。建此奇功，宜膺上赏。墨勒根王摄政，掩其拓疆展土之勋，横加幽囚，迫胁之惨，忠愤激烈，竟尔沦亡。朕念手足之谊，不胜凄怆，亲政后即令树立贞珉，但谥号赏赉尚阙焉未举。今特重叙前绩，以标王之德业。开土斥境，折冲御侮，特谥曰武。追封为和硕武肃亲王，加以厚赉。

呜呼！朕追思痛悼，弗能自己，故表尔大功，扬尔忠义，昭朕笃亲酬庸之意，勒之金石，用传不朽云。

顺治十五年九月二十六日立[3]

36．福绥（富寿）碑文

和硕显亲王谥懿富寿碑文

古帝王膺受天命，咸赖懿亲，夹辅宗社。生则大启藩封，报功崇德；殁亦勒之金石，永垂不朽。朕丕承先业，抚育万邦，亦惟诸宗亲，共襄图治。尔富寿系和硕肃亲王之子，推恩封为和硕显亲王。性资端敏，克绍先猷。方冀遐龄，遽尔淹逝。在朕亲谊笃挚，既萦一本之怀；追尔品行纯良，益切维城之痛。爰稽成宪，赐谥曰懿。勒之贞珉，昭示奕世。庶表朕笃族之心，永为藩辅懿典云尔。

康熙拾肆年肆月贰拾壹日立[4]

1　北京图书馆金石组编《北京图书馆藏中国历代石刻拓本汇编》，中州古籍出版社，1989年。

2　《辽海丛书·雪屐寻碑录》卷一。

3　北京图书馆金石组编《北京图书馆藏中国历代石刻拓本汇编》，中州古籍出版社，1989年。缺字漫漶之处，参考《辽海丛书·雪屐寻碑录》卷二补入。

4　北京图书馆金石组编《北京图书馆藏中国历代石刻拓本汇编》，中州古籍出版社，1989年。

37. 丹臻碑文

和硕显亲王谥密丹臻碑文

朕惟自古众建宗盟，藩屏王室，藏之内府，载在典书，必曰国以永宁，爰及苗裔，矧再传之近，克慎乃在服，无坠前人休尤。必推亲贤之谊，以沛始终之恩。惟王派衍天潢，枝分玉叶。爰自乃祖，勤劳皇家，战功既高，诚节茂著，亲藩是宠，继在后人。逮及王身，已历三世。每存寡过之志，弥切乐善之怀。朕笃念天伦，特加深爱。春秋宴会，恩礼便藩，邸第优闲，常垂劳勉。方期遐福，共享升平，疢疾忽闻，慰问勤切。赐之兼金乘马，示宠于生前。特遣宫府大臣办护其身后牲劳之数，奠享之期，馈室之营，丰碑之树。有司行事，悉举如章。更为王易名，嘉谥曰密。

呜呼！岂特所以饰尔之终，尚慰乃祖于九原。俾知我国家展亲报功，真有罔替之恩。亦俾尔子孙无忘先烈，世世克承，以享有终誉。永言存没，钦□训辞。

康熙四十二年四月十六日立[1]

38. 衍璜碑文

和硕显谨亲王碑文

朕惟备崇封于帝室，秩冠颁璜；推宿齿于宗盟，仪隆赐杖。恩先敦本，每怀玉牒之分辉；典重饰终，弥惜金枝之掩采。情伤挽绋，礼具铭碑。惟王禀气冲和，持躬淑慎。溯派出文皇之系，绵瓞偏长；承封当圣祖之朝，分茅最久。小心饬躬，昭礼度以无愆；耆德流祺，荷恩施于弗替。向香山而绘像，衣冠先九老之班；开策府以延麻，带砺重诸王之列。方冀遐年之更享，何期奄逝之遽闻。展祀以时，既雕筵之叠荐；易名有宪，庶隧道之丕光。象厥生平，谥之曰谨。

于戏！老成已谢，空缠朱邸之悲；誉望犹留，永焕翠珉之色。尔灵克慰，奕祀为昭。

乾隆三十七年三月　日[2]

39. 成信碑文

和硕肃勤亲王碑文

朕惟酬庸锡祚，百年绵磐石之宗；稽典饰终，一字昭鞠躬之谊。复嘉名于肇锡，重倚维城；缅雅范而奄亡，嗟同逝水。宜称殷礼，用表幽茔。惟王禀气淳和，宅衷恭顺。初承华于芝册，早明秩于璇宗。朕以公族之良，俾与清班之擢。遂由秘阁，命作纳言。洎任与京，累膺参政。诘戎则辖分禁旅，转漕则运督淮墙。寻挂吏议而北关言旋，继历节阃而西陲坐镇。冬官涖长，曾依讲幄之荣；日观承辉，特袭宗藩之庆。方资垣翰，庶保耆英。何期二竖之侵，恰际三春之暮。爰咨策府，申命秩宗。相其任事之勤，予以易名之典。

于戏！椒筵启岁，犹怀曲宴于宗盟；蒐典逢秋，曾忆懿藩之综理。既潢流之□润，庶琬琰之垂休。铭尔松阡，风兹桐社。

乾隆四十三年[3]

40. 永锡碑文

朕惟承麻衍绪，金枝彰复始之封；笃叙推恩，翠碣重易名之典。缅亲贤之素著，爰播龙

纶；斯礼恤之宜优，丕昭骏誉。尔和硕肃亲王永锡，宅衷谨慎，禀质醇良。稽开国之崇勋，
□□□□；承两朝之眷注，屏翰辉荣。紫轸巡方，朝政每资其综理；彤廷待漏，班联久式夫
经猷。端表率于宗盟，麟黄惇悔；善拊循于旗务，貔旅宣威。璧合珠联，察天垣之仪象；星
罗棋布，领宫卫之军容。方期七秩增□，□□□□；岂意三秋届候，遽谢年华。经被遣颁，
镠金并赉。式举辍朝之制，厚申赐奠之仪。眷桂邸以亲临，展予悲恸；采珉碑而饬建，嘉尔
悃忱。予谥曰恭，庶几无忝。

　　于戏！念恪勤于朝夕，尚留敬事之型；溯笃棐之忠贞，益懋展亲之谊。俾流辉于瑶牒，
将长贲夫松阡。昭示来昆，服兹茂命。

　　道光元年八月　日[1]

41．敬敏碑文

　　朕惟庆崇敦本，先宿齿以推恩；礼重饰终，惜老成之徂谢。眷贻徽于桂邸，铭鼎犹存；
爰宠贲于松阡，丰碑特建。尔和硕肃慎亲王敬敏，持丹佩恪，秉德温恭。念乃祖有大勋劳，
铁券赏延于累叶；迨尔躬无时逸豫，金枝秀苗于绮龄。皇考当践祚之初，懿亲袭分封之典。
受恩弥渥，谨庆弥虔。统劲旅之虎符，遍八旗而扬历；领神军于鹤禁，励七校以精能。宗人
资表率之方，银潢就范；府库凛度支之掌，白水明怀。寿衍古稀，懋赏特颁夫吉羽；勤趋□
□，殊施更畀以安舆。凡兹纶綍之宠，多皆本圭璋之品粹。及朕继承大宝，惟王益矢小心。
阅三载而素履无愆，跻八袠而元神弥固。方冀微疴勿药，省事以遂其养生；岂期遗疏旋闻，
末疾遽成为大暮。乃颁经被，兼锡精镠。命亲藩而往荐雕筵，饬礼官而载升芳醑。用举易名
之礼，式彰茂实之勋。象厥生平，谥之曰慎。既恤金以卜兆，特伐石以摛文。

　　于戏！我国家报功罔替，敦大节者斯享大名；尔子孙厥德聿备，继先绪者毋忘先烈。慰
尔灵爽，钦哉训辞。

　　咸丰四年九月[2]

42．华丰碑文

和硕肃恪亲王碑文

　　朕惟谊重金枝，惇叙所以隆锡爵；辉流玉牒，褒扬所以笃酬庸。追思骏烈于曩初，堪
垂盟府；合阐鸿勋于既往，永建穹碑。尔和硕肃恪亲王华丰，谨慎持恭，靖共称职。毓秀秉
琼瑶之质，怀才昭黼黻之猷。敷心腹以效公忠，班崇亥陛；作股肱而勤翊卫，极拱辰垣。功
久著于服劳，乐莫逾乎为善。蔚有天潢之望，允为王室之藩。方期茅土长膺，遐龄克享；何
意桐圭易陨，溘逝俄闻。礼贵饰终，既备彝章而赐奠；文宜称美，爰宣誉命以易名。综厥生
平，谥之曰恪。

　　于戏！嘉乃丕绩，分璜颁带砺之封；迪惟前光，勒石焕丝纶之色。俾传后裔，式播贤声。

　　光绪五年己卯三月二十日立[3]

43．隆懃碑文

和硕肃良亲王碑文

　　朕惟鲁旂卫筏，巍班特冠于宗盟；名鼎□锺，令问式垂于绵祀。翳我维城之望，宜光

1　北京图书馆金石组编《北京图书馆藏中国历代石刻拓本汇编》，中州古籍出版社，1989年。
2　北京图书馆金石组编《北京图书馆藏中国历代石刻拓本汇编》，中州古籍出版社，1989年。
3　北京图书馆金石组编《北京图书馆藏中国历代石刻拓本汇编》，中州古籍出版社，1989年。

562

立石之文。尔和硕肃亲王隆懃，秉性温纯，提躬恪慎。被服必依于儒术，靖共无间于臣心。早晋崇封，袭荣名于符册；累申殊锡，膺宠命于冠裳。领豹枪而扈行营，屏藩斯寄；持虎节而厘权政，锁钥攸资。协和弥笃于寅恭，谟命不怠于辰告。雅具奋鼓建旗之志，兼有辞荣舍绂之心。乞解兼差，专司旗务。塞塞匪躬之宜，翘翘予室之思。汉东平之考昔稽时，惟诵言于节俭；魏任城之防微固本，实图虑于久长。以古方今，殆无愧色。方冀旧勋仰缵，恩眷长承；岂谓未究遐年，奄嗟怛化。贲醊筵而心恻，颁恤典而神凄。鉴其乐善之诚，表厥含纯之美。易名考行，爰谥曰良。

呜呼！缅怀穆属，琼枝虚磐石之宗；叙述嘉猷，金薤壮琳琅之色。昭兹来许，视□刻辞。

光绪三十四年戊申三月　日立[1]

44．硕塞碑文

和硕承泽亲王谥裕硕塞碑文

自古帝王创业垂统，必懋建宗支，以作藩屏，故生隆显爵，殁锡丰碑，亲亲贤贤，典甚重也。和硕承泽亲王硕塞，尔系太祖高皇帝之孙，太宗文皇帝之子。世祖章皇帝时，尔忠效股肱，情同手足。入关而歼逐巨寇，既平定乎中原，戮力北征，更多显绩。秉性端良，待下有礼，处事居心，罔非为国。后以疾薨逝，特赐祭葬，敕建丰碑。朕今追念前徽，加谥曰裕，重勒贞珉，用传不朽，以示敦睦懿亲之意云尔。

康熙十一年八月初一日[2]

45．允禄碑文

和硕庄恪亲王碑文

朕惟锡封玉府，永宁颁宗姓之盟；衍派银潢，积庆重本支之谊。矧缅遗型于在昔，望著金章；宜昭硕德于来兹，荣施丹篆。维王提躬恪慎，体国纯勤。昔□圣祖之欢，征祥麟趾；倍荷宪皇之爱，笃庆常华。洎朕之御极而绍丕基，维王以懿亲而熙庶绩。正色率下，弥矢寅恭；敷政宁人，用深倚畀。制地材而执度毛公，兼起部之司；掌天族而惇亲彤伯，任月乡之选。校秘文于二酉，太乙增辉；调时宪于五辰，灵台演数。特进在群公之表，综巨细于府中；河间为大雅之宗，订律同于典乐。凡兹庆系，群推桂阃之模；维此贤王，克享松龄之报。何期沦谢，服勤之素难忘；式备哀荣，壹惠之恩爰锡。予谥曰恪，象厥生平。

呜呼！勒贞珉而垂奕祀，礼同天楫之文；歌敦苇而念宗仪，情轸时庸之典。聿光重兆，以永休闻。

乾隆三十二年三月二十七日[3]

46．福全碑文

国家景运庞洪，本支百世，用惇秩叙，懋建屏藩。矧兹同气之最亲，加以懿行之茂著。恩无间于终始，礼务尽夫荣哀。纪述生平，倍增忾叹。惟王为皇考世祖章皇帝之长子，朕之亲兄弟也。胄既属尊，齿复居长，而秉性宽和，持身谦牧。虚受之量，虽疏贱不遗；矜慎之衷，虽细微必饬。而其大者，则在因心展孝，曲尽慈宁。色养之诚，视国如家。克敦夙夜，奉公之义。入而预闻大政，出而翊赞戎机。佐至升平，共享清宴。岂期偶恙，遽遘鞠凶。当王之初疾也，

1　北京图书馆金石组编《北京图书馆藏中国历代石刻拓本汇编》，中州古籍出版社，1989年。
2　北京图书馆金石组编《北京图书馆藏中国历代石刻拓本汇编》，中州古籍出版社，1989年。
3　北京图书馆金石组编《北京图书馆藏中国历代石刻拓本汇编》，中州古籍出版社，1989年。

尝遣医审药，躬视再三。王自谓渐瘳，谆辞逊谢。及朕时巡塞外，哀讣忽闻，遂触冒炎蒸，倍道遄反，辍朝临奠，制诔抒怀。历丧礼之告竣，常涕泗之横集。顾瞻华屋，杳隔春晖。岁月不淹，顿成陈迹，能不悲夫！迄今追惟往事，溯自龆龄。或同侍寝门，或偕游禁苑。或考稽图史，或陪扈銮舆。朕曰笃家人昆弟之欢，而王则益修臣职。惟谨四十余年，曾无失德。天怀乐善，何日忘之！经曰：高而不危，所以长守贵也；满而不溢，所以长守富也。王服习斯训，美备厥躬。按法旌行，予谥曰宪，洵无忝矣。兹王之寝园，在黄华山麓。川回岩抱，既固且完。朕亲加相度，乃襄大事。嗣子保泰，名绍旧封，式缵王绪。

于戏！惟王克忠克孝之节，允树为臣为子之型。王之休德，朕褒扬之；王之后嗣，朕佑庇之。爰据实摛文，勒之贞石，用垂令闻于不朽，俾后之览者，知所景仰焉。[1]

47．保绶碑文

追封保寿亲王碑文

朕惟国家展亲之典，聿重宗支；朝廷锡类之仁，必推源本。厥有克全令闻垂裕后昆者，宜显示以褒崇，用阐扬夫善庆，勒诸金石，允协彝章。

尔保寿乃和硕裕亲王广宁之父，璇源衍派，天汉分辉。品居公爵之尊，桓圭表瑞；德茂安敦之吉，朱邸凝麻。缅遗范之既遥，美承家之有后。朕情殷教孝，特许推恩，追封尔为亲王，锡赐易名，遣官致祭。

呜呼，蔚称藩辅之荣，祥由燕翼；诞受丝纶之宠，声被来兹。贞珉屹马鬣而长垂，华衮得龙章而丕焕。千秋雨露，永润泉垆，岂不休哉。

雍正三年六月初七日[2]

48．荣亲王墓志

制曰：和硕荣亲王，朕第一子也。生于顺治十四年十月初七日，卒于十五年正月二十四日，盖生数月云。爰稽典礼，追封和硕荣亲王。以八月二十七日窆于黄花山，父子之恩、君臣之义备矣。

呜呼！朕乘乾御物，钦天之命，朝夕祇惧。思祖宗之付托，冀胤嗣之发祥。唯尔诞育，克应休祯。方思成立有期，讵意厥龄不永，兴言鞠育，深轸朕怀。为尔卜其兆域，爰设殿宇，周垣窀穸之文式，从古制追封之典。载协舆情，特述生殁之日月，勒于贞珉。尔其永妥于是矣。[3]

49．隆禧碑文

和硕纯亲王谥靖隆禧碑文

惟稽古懋建懿亲，覃敷雍睦，盖以敦一本，重宗盟也。朕绍嗣丕基，笃叙伦纪。凡属天潢之派，咸推王室之恩。矧任重藩屏，谊殷手足，眷念既深于存殁，典章岂靳夫哀荣？唯王乃皇考世祖章皇帝之子，朕之弟也。质成聪敏，性秉温恭，孝友克彰，谦仁逮懋。裕含章之雅范，弘乐善之休风。朕凤重天伦，不吝封爵，锡之茅社，永固河山。方谓同气之亲，克树作邦之瀚，何期早婴危疾，遂致长逝幽冥。眷昔偕侍慈帏，同欢别殿，虽尔实凛君臣之分，而朕无间昆弟之情。往事如存，流光频易，中心眷恋，何日能忘？是用特命有司，式循彝

1　碑现存，在天津蓟县黄花山。按：碑文首题及立碑日期因字迹漫漶不清，故未录。

2　碑现存，在河北易县南福地村。

3　墓志仍存，在今天津蓟县独乐寺。

宪，务极优崇之数，庶抒恍悼之怀。既相土而赐茔，仍易名以旌行，赐之嘉谥曰靖。

于戏！宠沛褒纶，聿表亲贤之望；崇开吉兆，尚昭友悌之忱。俾勒穹碑，永垂奕祀。康熙二十一年二月二十一日立[1]

50．弘旳碑文

多罗理恪郡王碑文

朕惟展亲义重，屏藩流宝牒之辉；悼往情深，窀穸焕贞珉之典。溯本支之旧泽，推恩已晋崇封；申奠酹之馀哀，勒实用彰懿行。惟王荫承华构，派衍祥源。早膺疏爵之荣，秩槐阶而仪肃；继协象贤之誉，颁桐叶以符分。属籍攸司，严董正而化推公塾；宗盟是式，领专裁而谱订天潢。娴卫士于韬钤，专旗屡辖；值巡方于塞甸，禁直还参。方期棣萼之常辉，岂意荆枝之忽陨。既达馨香之荐，陈芳醑于雕筵；益隆圭卣之铭，给精镠于内务。易名曰恪，令望斯昭。

于戏！逝景难留，行苇之欢云邈；遗徽顿隔，梓材之绪仍延。际三秋萧寂之晨，易触悲怀于俄顷；表册载温恭之度，徒劳想像于生平。宝爵丰碑，昭兹来许。

乾隆四十六年三月 日[2]

51．允祉碑文

多罗诚隐郡王碑文

朕惟朝廷锡类之仁，推恩自近；国家展亲之典，追礼靡遗。所以劝宗支昭志事也。多罗诚郡王允祉系贵星潢，位居藩服。当内殿趋庭之日，久预编摩；荷圣祖垂训之词，率多警诫。逮我先皇继绪，笃友爱而诲谕维殷；冀其末路思愆，知悔悟而恩荣可畀。锡爵则仍予宗藩，饰终则俾从王礼。今朕纂承之始，仰体皇考之仁。爰核行以易名，更摛词而纪实。丝纶式贲，琬琰为昭。

于戏！爵命既被于生前，龙章丕焕；恤录聿彰于身后，马鬣长垂。用示后人，钦兹宠渥，不亦休欤！

乾隆三年六月初六日[3]

52．弘暻碑文

多罗淳慎郡王碑文

朕惟典隆惇族，宗支绵弗替之恩；礼备饰终，文碣重可书之实。袭崇光而克荷，崇封已被于彝章；铭懿行而无惭，令闻常留于圭卣。载胪成绩，是纪贞珉。惟王玉叶垂芬，银河衍派。钟至仁于麟趾，毓德皆贤；列维翰于雁行，承家有誉。早岁受知先帝，即邀带砺之施；毕生常矢小心，式副屏藩之望。表风规于朱邸，常华之荫方长；陪燕誉于彤廷，行苇之欢尤洽。三驱扈跸，随羽卫而宣勤；百辟联班，奉钩陈而俨肃。由同气而兼同齿，倍深棣萼之怀；于其哀而念其荣，曷驻桑榆之景。忽怆情于逝水，爰具典于礼官。稽秩祀而加笾，用怀惟旧；勒潜光于深刻，宜示方来。列爵既无忝于淳，予谥复眩之曰慎。

于戏！殚册年而共职，克家与奉国俱虔；笃一本以展亲，善始与崇终并至。式焕龙章之锡，用光马鬣之封。俾有休名，以垂奕世。

1 碑现存，在天津蓟县黄花山。

2 北京图书馆金石组编《北京图书馆藏中国历代石刻拓本汇编》，中州古籍出版社，1989年。

3 北京图书馆金石组编《北京图书馆藏中国历代石刻拓本汇编》，中州古籍出版社，1989年。

乾隆四十七年十月二十日立[1]

53．永鋆碑文

多罗贝勒永鋆碑文

支分椒衍，邅韬瑶牒之辉；班亚桐封，宜贲琼筵之典。效赞襄而奉职，绩懋彤廷；念恭恪以颁纶，恩垂朱邸。尔多罗贝勒永鋆，秀毓仙源，荣明崇秩。总司禁旅，肃武备以宣勤；兼掌宗庠，饬朝章而辅化。方冀年华锡庆，恩眷长承，何期夜壑兴悲，音容忽杳。

于戏！忆金枝之禀教，早稽属籍而称尊；顾玉水以怀贤，每惜期颐之未享。用摅轸悼，尔尚来歆。锡类惟仁，帝室隆展亲之谊；推恩自近，天家重褒恤之文。荷册府之崇封，显荣聿备；值雕筵之初锡，恻怆弥深。尔多罗贝勒永鋆，派衍银潢，支分瑶牒。叠奉山陵之使，恪谨无愆；兼司禁卫之军，靖共匪懈。教分胄子，趋班凤著其勤劳；职统宗人，率属懋昭其分慎。方谓象贤久赖，何期驹隙俄迁。念旧增欷，饰终宜厚。

于戏！九重贲宠，载昭纶绰之辉；册载宣猷，用报馨香之德。庶几灵爽，歆此苾芬。

道光辛巳年壬辰月丁卯日[2]

54．允祥碑文

朕惟国家启昌隆之运，则诞降名臣；祖宗钟福庆之贻，则笃生贤胄。粤若师师虞代，稷、弃为帝室之英；济济周朝，旦、奭是姬宗之彦。莫不纪诸谟典，颂以歌声。前迹可稽，遗编具在。如朕弟怡贤亲王，则于古有光者也。王秉乾坤之清淑，萃川岳之精华。爰自幼年，早征至行。禁庭奉诲，循礼度以持躬；内殿承欢，笃孝思于绕膝。实超出于同气，久默识于中怀。是以缵绍之初，慎选亲贤之寄，特加恩命，晋授王封，正在谅阴，俾膺总理。当良奸之杂处，以镇静服群情；遇纲纪之待厘，以精明襄万务。诚劳既著，眷倚逾殷。综中外之讨谋，司兵农之大计。而王恪勤匪懈，兢励弥深。体朕心为己心，视国事如家事。详核度支之积窦，库藏充盈；清蠲吴越之浮粮，闾阎康阜。兴田工于畿内，粳稻连畴；筹水利于江南，河渠顺轨。至若边形指掌，了大势于川原；武略在胸，赞成谋于帷幄。壮戎容于雁碛，组练鲜明；裕军实于龙沙，骅骝腾跃。苍黔恬乐，罔闻征发之颁；朝省安闲，莫见运筹之迹。是其潜思默算，备竭精诚，故能应变投机，不形声色久矣。扶持正直，公道于以昭彰；荐达猷为，人材由兹奋起。度惟谦挹，同事务协于和衷；量本宽宏，曹官胥归于涵茹。领周庐之环卫，训练维励；定宫府之规模，施为悉当。凡关于民生吏治，知无不言；曾经其熟计深图，行皆有效。祗慎而不宣于众，退让而恐居其名。皆中禁之秘陈，岂外廷之能晓。心迹则青天白日，衾影无惭；节操则莹玉清水，垢尘不染。研几穷理，得圣经贤传之清微；辅世宁民，具帝佐王臣之蕴负。道光竹帛，恢平章调燮之勋；瑞叶星云，树喜起明良之范。朕实赖王治安寰宇，王实为朕翊赞生平。既历八年，有如一日。斯乃上天降佑，列祖垂麻。赍良弼于本支，作盛时之栋梁。于皇考为孝子，于朕躬为纯臣。自昔罕闻，在今幸构。慧慈之性，宜其克享遐年；岂弟之恩，足以迓承繁祉。人情胥愿，天数难齐。讵尽瘁以忘躯，遂抱疴之缠体。祷神祇而靡应，商医药而弗瘳。王忠爱之忱，始终一致。沈绵之候，迁避而弗敢上闻；危笃之期，溘逝而虑伤永诀。朕将临视，王已飙升。望幻影于云中，灵奇示象；蜕色身于尘界，慧觉超凡。生有由来，理当

1　北京图书馆金石组编《北京图书馆藏中国历代石刻拓本汇编》，中州古籍出版社，1989年。

2　碑现存，被移至今北京市房山区琉璃河大桥附近。

可信。王幽明感德，远近归仁。锡命每申，则日晴紫陌；祖筵方彻，则风蔼青陌。虔叩穗
帷，动举朝之痛忆；竞随素绅，溢长路之悲号。尝赐标题，略传梗概。忠敬而兼之诚直，
勤慎而益以廉明。礼重易名，约一言而该美善；义隆加谥，冠八字以示宠褒。朕亲奠郊
垌，频纡车驾；时陈牲醴，每遣臣僚。敦俭素之风，茔兆本由于自择；议推崇之典，经费
优给于官供。吉宅既安，丰碑宜勒。于戏！念股肱之谊重，雕刻金铺；眷手足之情深，铺
扬玉牒。功高德茂，享亘古之鸿声；生荣死哀，备生人之全福。将使斯文炳焕，偕星曜以
流辉；贞石嵯峨，与峰峦而永峙。[1]

55．和硕怡贤亲王庙碑记

雍正八年夏六月，内务府总管差督淮宿榷税臣希尧请就所居之房山县建立怡贤亲王庙，
以修岁时祠祀，奉勅曰可。窃以诗人之美卫武公也，曰"有斐君子，终不可谖兮"而传之。
推原其说，以为君子贤贤而亲亲，小人乐乐而利利，盖其所施者远，则其所慕者深，是以圣
人通人情而定礼，曰有功德于民则祀之，诚以知天下有难已之思，无忘之谊也。我怡贤亲王
以介弟之贵，获奉元良，翊圣戴天，勤民恭己。八年之间，天子方运尧舜之治，而王即弘皋
夔之业；天子方隆手足之寄，而王即效心膂之忠；天子方除莠刷痔，以播上蟠下际南曜东渐
之泽，而王即手奉风霆雨露，以整齐而鼓舞之。故其德业之盛，如日月之得乎天而益明，江
河之振乎地而益沛，春风之得乎时而益偲。是虽子渊之善颂，有不能形容其际会焉。而王金
玉其度，弥慎弥恭，嘉谟忠告，善必归君。是以道济天下而不知，功在社稷尔弗有。至于庶
绩毫纤，百度剧切，又靡不裁成中则，泛应而曲当焉。未几，王以疾薨于位，天子震悼弗
宁。凡所以致哀荣于王者，无所不备，而其谠言隐德，造膝陈情于□容密勿间者，又悉以敷
告中外，天下臣民奔走讴思，若将弗及，朝廷用矜其志，许祭许祠，而后天下之人得以尸而
祝之，是岂王之私义感人哉，王之忠诚足以动物也。故享于大蒸，祼于太室，酬庸之典亦云
备矣，而非以慰四方尚德之情也。希尧从大夫之后，沐浴王之德泽，勤笃王之训海，出于凡
百有位者，奚啻万万，又何敢自遗其乡邑，而徒殷邦人以衮衣绣裳之思也哉！用是庀材于
林，伐石于山，既构既涂，越明年而庙成。而王之灵如水，由地中宜无往不在也，将使祝厘
介景者恒于是，祈年渫雨者恒于是，王之阴佑则固然已然，非所以奉而祠之之微愿也。夫希
尧受生成于王之恩斯勤斯者至矣，一念不忘，行年六十，惟有矢此心，以奉君国；励此守，
以勤职业；勖此志，以淑其昆弟子孙。歌之咏之，至于没齿，若徒云俎豆蒸尝而已，是岂王
之所降鉴者乎！《书》曰："黍稷非馨，明德惟馨。"呜呼！其敬之哉！大清雍正九年春三
月，内务府总管差督淮安宿迁等关兼仓厂税抽事务年希尧恭建。[2]

56．允䄉碑文

多罗恂郡王碑文

朕惟建树亲贤，敦本重屏藩之寄；阐扬行业，省躬留琬琰之辉。显荣荐被于生前，懿辉
式昭于身后，恩至重，典至隆也。朕叔多罗恂郡王，玉牒崇班，银潢近属。励嘉修于晚节，
重光带砺之封；延庆绪于方来，用笃本支之谊。兹闻溘逝，深切轸伤。既展礼以恔情，更易
名而旌行，综其梗概，定谥曰勤。

于戏！眷恋宗盟，感益深于存殁；永绥福祉，恩不间于幽明。荷此新纶，昭兹贞石。

1　晏子有《清东陵》，中国青年出版社，2000年。
2　《辽海丛书·雪屐寻碑录》卷十二。

乾隆二十年七月初八日[1]

57. 多罗贝勒弘明碑文

多罗贝勒弘明碑文

朕惟惇叙懋盛朝之化，永以河山；饰终昭彝典之隆，勒诸琬琰。矧在宗盟之列，实惟群从之亲。生宜析高爵于屏藩，殁则表纶言于宅兆。聿循茂制，用示眷怀。尔多罗贝勒弘明，派自天潢，饫承渥泽。系懿亲于仁祖，近衍金枝；考属籍于宗人，行分玉牒。朕在纂承之始，念笃亲亲；汝膺显爵之封，赏延世世。试之以事，克殚尔劳。曾掌旅于八旗，用备员于三院。儋圭纡组，荷卅载之隆恩；华邸朱轮，跻六旬之绵算。苇方敦于湛露，薤邅晞于朝阳。爰赐醊之再颁，俾易名于壹惠。被以恭勤之谥，庶几令誉之宜。

呜呼！封马鬣之松楸，新阡始建；赍龙章之日月，贞石长存。期幽壤之有知，沐鸿施于罔替。

乾隆三十二年二月二十四日[2]

58. 允礼碑文

和硕果毅亲王碑文

朕惟谊切展亲，笃宗盟而作辅；礼崇褒德，恤成绩以酬庸。其有莅职精明，抒荩忱于丹陛；居心直亮，著雅荃于银潢。生则任倚屏藩，殁则芳流琬琰。所以敦一本，励群僚也。朕叔果亲王，持躬耿介，律己刚方。昔皇考同气深情，赍恩荣之优渥；维王则实心任事，综内外以宣劳。迨朕躬之缵承，俾职司乎总理。质原羸弱，犹勿懈于精勤；性本严凝，每不辞乎嫌怨。顾念沉疴久抱，时加存问之频仍；岂意凤疾难痊，遂致濒危之屡告。将慰安于私第，适肃事于斋坛。用遣亲藩，往为问疾。初闻小愈，得静摄于林泉；遽构薨殂，忏临丧于邸舍。命大臣而经纪家政，备举彝章；简幼弟以嗣袭宗藩，缘承先志。既永安于吉壤，更长峙乎丰碑。

于戏！简册垂芬，缅想金柯之范；鼎钟纪烈，弥昭玉牒之辉。赍及松楸，光昭泉隧，不亦休欤！

乾隆三年九月二十二日[3]

59. 弘瞻碑文

多罗果恭碑文

朕惟亲惟同气，膺显爵于屏藩；谊本因心，写悲悰于琬琰。故哀荣之备至，倍笃孔怀；乃恩礼之始终，弥昭渥泽。词镌贞碣，光赍重泉。尔多罗果恭郡王弘瞻，庆洽星潢，祥钟天胄。兰芽苗秀，仰承皇考之慈；桐叶疏封，命继贤王之后。洎朕躬之嗣极，尤恩眷之加隆。齿仅垂髫，勤居中之抚视；年当就傅，课授读之诗书。望以亲贤而加之敦勖，鞠从幼弱以逮于成人。虽邸第之出居，犹宫廷之时□。问安椒杞（？），子职恒随；赐宴柏梁，懿亲最近。亦尝试之宫府，练其从政之才；屡俾扈以省巡，预在属车之列。凡朕心之肫挚，奠王志之钦承。至偶蹈于愆尤，上违慈训；犹曲全夫恩谊，少降崇封。岂惟示以优容，实用施之策励。乃者嘉惠南国，稽古省方。当玉仗之初移，尚金门之拜送。忽传属疾，远奏邮章。即上

1　墓碑仍存，在今天津蓟县黄华山南麓石头营村。
2　墓碑仍存，在今天津蓟县黄华山南麓石头营村。
3　墓碑仍存，在今河北易县上岳各庄。

请于安舆，特晋有加之秩；幸遥聆夫温绰，庶祈勿药之瘳。荆枝遽折于春风，薤叶易晞于朝露。驿来哀讣，情深介弟之悲；宠畀隆仪，礼重亲王之例。陈雕筵而载荐，考彝典以易名。眷厥新茔，表之贞石。

呜呼，三十载抚从兰掖，怅雁序之中分；百千年闷此松阡，焕螭趺而生色。宣兹轸悼，慰汝幽潜。

乾隆三十年四月二十七日[1]

60．允祕碑文

和硕诚亲王碑文

朕惟天潢袭庆，本支之泽方隆；藩度贻庥，大雅之风可溯。畴若宗盟之长，敚愍册以非私；每怀尊属之贤，勒贞珉而有耀。惟王端凝协矩，醇谨流禔。慧著垂髫，圣祖洽承欢之爱；荣膺疏爵，先皇推同气之恩。忆曾展帙同堂，进学常偕夫讲习；越自剖符就邸，睦伦更切乎倚毗。典属籍于宗司，望崇瑶牒；寄分猷于统制，政肃牙麾。班朝则首率常联，殿上列维城之冠；巡守而综襄庶事，禁中资留务之勤。正茂景之承禧，祥歌行苇；何凉飚之戒节，疾问长桑。惟时回跸初闻，□咨摄卫；宣医遄遣，期导康绥。尚看扶掖来朝，想孱衵之如昨；讵意仓皇临视，怆和药之空劳。爰亲奠醊以申哀，仍举彝章□□禭。给精镠于内府，荐雕俎于长筵。节惠攸宜，易名曰恪。

于戏！唐叔之封圭宛在，谊笃懿亲；河间之茔树方新，情深感□。□昔日诗书起誉，嘉仪表于皇枝；信他时金石扬徽，荷丝纶于国典。式昭令闻，永视丰碑。

乾隆三十九年十月　日[2]

61．弘畅碑文

多罗诚郡王谥密弘畅碑文

朕惟义隆惇懿，茅壤流黄祚之光；礼重摅悲，松隧饬翠瑁之典。权衡功过，由笃念于亲亲；祓饰始终，益推恩而贵贵。惟王绍承华构，早袭藩封。长麟趾之宗盟，督虎门之洪胄。裔皇宝牒，聿秉专裁。桓赴羽林，咸归约束。伊昔山陵奉使，诚效云彰；逭夫位号加崇，委寄弥重。何图末路，偶弛小心。俾随朝薄示以改修，谅席壤自深于悔过。易名曰密，梗概斯昭。

于戏！数十年禁近趋跄，承恩本渥；千百载山邱零落，赍恨如何。式揭丰碑，庸示来叶。

乾隆六十年十二月　日[3]

62．永璧碑文

和硕和勤亲王碑文

朕惟玉牒分辉，情莫隆于敦本；金枝掩采，礼尤备于饰终。眷茅土之方新，列爵□崇屏翰；悯芝兰之早谢，贞珉式焕丝纶。爰举□章，用光兆域。惟王赋姿明敏，禀气冲和。礼法能娴，树声华于绮岁；趋跄有度，供宿卫于直庐。洎乎晋秩亲藩，兼司旗务。恪恭应矩，严家法以无违；醇谨流禔，擅宗英而著美。行年方壮，何笃疾之难瘳；垂问忍传，每怆怀而莫释。雕筵叠荐，□申谕祭之仪；翠碣常昭，载举易名之典。题碑有制，赐谥曰勤。

于戏！瞻□□以临风，□□犹予；表松阡而勒石，休示方来。式慰尔灵，永垂勿替。

1　墓碑仍存，在今河北易县岭东村。

2　北京图书馆金石组编《北京图书馆藏中国历代石刻拓本汇编》，中州古籍出版社，1989年。

3　北京图书馆金石组编《北京图书馆藏中国历代石刻拓本汇编》，中州古籍出版社，1989年。

乾隆三十七年四月[1]

63. 载容碑文

贝勒衔固山敏恪贝子载容碑文

朕惟封袭桐圭，惇叙笃分茅之谊；宠膺秬鬯，褒扬推行苇之恩。典章已备夫饰终，□豆尤殷夫荐絜。爰溯易名之制，特崇立□之文。尔贝勒衔固山贝子载容，派衍银潢，辉流瑶牒。豹仗领爪牙之选，令肃周卢；虎贲昭心膂之勋，光依宸掖。受任克娴夫将略，遴贤更畀以宗人。极拱□居，宣力而功追麟阁；威□甲士，统军而望重宠骧。前因疢疾偶撄，遂许林泉引退。方冀禄占家食，廪粟常颁；何图运厄天年，戚枝遽殒。良深轸惜，宜示表彰，状厥生平，谥之敏恪。怀往烈而亲藩绩懋，酒醴香升；锡嘉名而华衮荣邀，丝纶色焕。承余巽命，式是丰碑。

光绪八年吉月立[2]

64. 永璜碑文

皇长子和硕定安亲王碑文

朕惟鞠育恩深，懋举惇伦之典；哀荣谊重，聿隆赐恤之文。矧雁序之居先，夙昭慎德；宜鸾章之载锡，式著贤声。所以笃彝常展慈爱也。尔皇长子和硕定安亲王，赋质醇良，禔恭端谨。冲龄毓秀，早彰和顺之称；中禁承欢，克殚晨昏之职。勤修罔懈，幸诗礼之既娴；向学维殷，尚就将之不辍。方谓孙枝叠衍，嗣续滋蕃；何期朝露遽晞，年华倏逝。特颁显秩，晋爵亲王。旋赐袭封，长绵世祚。既遣尚官而将祀事，复稽成宪以锡嘉名。

于戏！二十年彝训亲承，悼深情于往昔；亿万载贞珉永勒，贻淑问于来兹。用慰尔灵，以光奕祀。

乾隆十七年七月二十五日[3]

65. 绵恩碑文

和硕定恭亲王碑文

朕惟谊美麟振，宗子重维城之寄；封高马鬣，懿亲叨表墓之荣。眷同气以兴嗟，韬华桂邸；沛殊施而优恤，贲宠松阡。爰树穹碑，用光幽壤。惟王幼而岐嶷，长益端醇。孝友原于性生，忠勤浃乎天鋆。弱冠授前锋之秩，向导兼权；英年居善射之班，崇阶许袭。递膺旗务，再晋藩封。六德凛乎日严，既允资于文武；百寮钦其风采，复攸赖夫贤能。迨先皇亲政之初，仍统领步军之职。正色率下，坚明之号令如山；秉心宣猷，洁白之忠怀似水。备觇干济，丕著匡襄。直内廷而夙夜在公，弥砺羔羊之节；领宿卫而春秋肆士，式伸貔虎之威。合韬钤羽籥以摅谟，综星纬图书而赞治。当朕躬之践阼，摄宗令而作屏。正期大耋之长跻，讵意沉疴之渐笃。遣视方殷夫存问，遗疏俄成；上闻遽悼夫沦徂，彝章载考。遂颁经被，更赗精镠。皇子往而举觞，亲王偕而荐酹。特邀手敕，命赐醊以示期；重荷躬临，值启辂之先日。写哀惊于笔底，新什拈吟；晞灵驭于筵前，温纶齐告。悲深歌薤，怅几杖之空留；泽衍分茅，保珪符而勿替。克举易名之典，聿修铭碣之文。模范常昭，音尘不隔。

1　碑现存，在北京市顺义区庄子营村。
2　北京图书馆金石组编《北京图书馆藏中国历代石刻拓本汇编》，中州古籍出版社，1989年。
3　北京图书馆金石组编《北京图书馆藏中国历代石刻拓本汇编》，中州古籍出版社，1989年。

570

于戏！念我祖考推仁，延带砺之封；诒尔子孙积庆，缵旂常之绩。苍珉勒实，赤社垂芬。

道光二年十月二十五日[1]

66．永琪碑文

和硕荣纯亲王碑文

朕惟毓秀银潢，谊特深于谕教；褒贤珉碣，礼必备于饰终。维麟趾增辉，廿载之义方夙秉；斯凤纶式贲，千秋之淑问宜昭。尔皇五子和硕荣纯亲王，秉质醇良，宅衷恭慎。宸寝勤问安之职，温清无亏；胄筵勤育德之功，琢磨罔懈。方谓屏藩之永赖，何图珪组之长辞。爰考彝章，用加令谥。冀来歆于分苾，既展祀之以时；期表行于粹精，复易名之允协。

呜呼！溯恩勤之孔笃，犹萦桂殿之悲；示宠恤以不忘，庶焕松阡之色。尔灵克慰，奕祀丕亡。

乾隆三十二年五月二十四日[2]

67．永瑆碑文

朕闻立敬惟长，推恩隆笃近之文；式礼莫愆，贲宠示饰终之典。缅亲贤于麟趾，茂德攸彰；□鑫□之鸿声，贞珉载泊。惟王乃皇祖高宗纯皇帝十一子，朕之伯也。宅衷醇粹，秉性端和。依凤陛以承欢，入虎闱而勤学。瑶编锦轴，研罩四库之藏；彤矢雕弓，扈从三秋之狝。早蒙挚爱，备沐稠施。洎乎皇考仁宗睿皇帝缵膺大统，眷念同怀，直禁廷而密勿赞襄，管农部而度支综核。表人师之模范，望重金阶；总族属之簪缨，莅修玉牒。鱼钤令肃，辖旗翼以伤戎行；鹤禁风清，掌羽林而严宿卫。凡立朝之匪懈，皆奉职之滋恭。又况心画最精，手书特擅。垂露契濡毫之妙，临池征运腕之工。数仞穹碑，撼圣德神功而敬写；双钩善本，集台衡卿贰以分颁。诚翰宸所荣衰，亦艺林所共仰。肆予丕基寅绍，锡类本支。免叩拜之常仪，沛注存之异数。方谓康疆可卜，洊致期颐；岂知沦谢俄闻，实深悲悼。彝章爰考，奠醊频申。眷桂邸以再临，指松阡而增怆。谥之曰哲，肖厥通明。

于戏！尚有典型，穆属播圭章之誉；昭兹来许，宗盟延带砺之祥。耀崇封而马鬣生辉，霭优贲而龙纶焕采，树之丰碣，诒尔后昆。[3]

68．奕劻碑文

朕惟恩隆锡爵，金枝昭永祀之封；礼重饰终，翠碣表易名之典。缅前勋而迪哲，屏翰攸崇；伤永逝以摛文，哀荣告备。尔和硕庆亲王奕劻，瑞牒分辉，瑶源毓秀。荷先朝之眷顾，膺峻爵之崇颁。露湛丹霄，□□属宗藩之长；风清紫禁，鹓行领内殿之班。枢省宣机，矢寅清而襄习；台衡匡治，殚擘画之勤劳。偶因□疾之频婴，长此退归而静摄。方谓林泉自适，□□遐龄；何期□绂长□，遽陈遗表。爰谥曰密，聿肖生平。

于戏！麟定兴歌，画省忆宗藩之度；螭文不朽，丹□扬册府之光。式此丰碑，永哉勿替。

宣统九年三月[4]

1　北京图书馆金石组编《北京图书馆藏中国历代石刻拓本汇编》，中州古籍出版社，1989年。
2　北京图书馆金石组编《北京图书馆藏中国历代石刻拓本汇编》，中州古籍出版社，1989年。
3　北京图书馆金石组编《北京图书馆藏中国历代石刻拓本汇编》，中州古籍出版社，1989年。
4　北京图书馆金石组编《北京图书馆藏中国历代石刻拓本汇编》，中州古籍出版社，1989年。

69. 绵恺碑文

朕惟金枝闵彩，弥深感逝之情；银管流辉，特重表幽之典。故剖符以卫王室，既赓麟趾而推恩；勒石以纪宗支，更建螭跌而备礼。惟王分居介弟，位列亲藩。忆青灯共学之年，肩随婉婉；溯朱邸分封之日，志乐怡怡。迨朕宝祚寅承，俾王崇阶晋秩。宠授宗盟之长，领袖鹓行；勤趋内殿之班，回翔鹤禁。玉牒总编摩之局，牙旗兼统制之军。凡兹委任所加，具见职司克尽。自风雷之警过，已日月之迁期。丝纶特沛乎殊恩，冠服仍叨夫异数。方冀桐圭懋绩，长邀露湛之荣；萱殿承欢，永庆星源之衍。岂意一朝薨逝，遽令五内感怆。命皇子以临丧，遣重臣而襄事。准举辍朝之礼，屡亲赐奠之仪。轸念孤嫠，给半俸而俾资养赡；怆怀后嗣，待近支而更择贤能。敦本推仁，既崇封之已复；易名表行，更恤典之优加。载考彝章，谥之曰恺。

于戏！十载而连枝两折，何堪棠棣之情；千秋而贞石长垂，永焕松楸之色。用光幽岁，式峙丰碑。

道光二十一年五月初六日[1]

70. 瑞郡王奕誌碑文

朕惟荣封袭庆，介圭分若木之华；懿典饰终，贞石壮长楸之色。溯麟祥于公族，谊笃本支；彰燕誉于宗英，恩流来祀。尔多罗瑞敏郡王奕誌，冲和秉质，恪慎持躬。爰自髫龄，庇翼时厪于皇考；聿光令绪，分茅遂递乎懿亲。服勤将倚其成劳，至乐莫逾于为善。年当就傅，命授读于虎闱；学以成材，喜勤披于蠹简。涉猎文章之囿，楚国娴诗；翱翔翰墨之园，河间好礼。旋邀宠任，直禁掖以抠趋；分掌宗盟，作近支之表率。朕寅承宝命，正在亮阴，申爱金枝，俾司仪节。方谓五宗渥眷，桂邸常开；何期数月沈痾，桐珪忽殒。览遗章而轸痛，曾奠醊之亲临。营兆方新，易名举典。缅缁帷之蛾术，十载研精；勒翠碣以鸿文，一言纪实。谓之曰敏，象厥生平。

于戏！世德作求，嘉称克副。永怀舭谱，表屏藩列爵之荣；式焕松阡，示纶綍衔恩之宠。昭兹来许，钦哉训词。

咸丰元年 月 日[2]

71. 绵愉碑文

和硕惠端亲王碑文

朕惟分列尊行，朱邸之贻型共仰；名垂后裔，青珉之纪绩长存。典宜重于展亲，情倍深于追往。载颁芝绋，式焕松阡。惟和硕惠亲王，乃朕之叔祖也。秉性端凝，持躬谨慎。恩推一本，早膺茅土之封；眷渥三朝，永衍葛根之芘。侍禁掖而常厪寅畏，统旗营而益矢辛勤。巡防之责任匪轻，熊罴队整；奉命之声灵有□，虎豹韬娴。手谕仰承，召对毋庸乎叩拜；肩舆入直，仪文特示以尊崇。荷先帝之荣施，礼有加于长长；迨朕躬之嘉赖，念弥笃于亲亲。禀命慈闱，宣勤秘殿。翊冲人而典学，启沃良多；停庶务以节劳，康强可卜。方冀修龄之克享，何图痼疾之莫瘳。遽告沦徂，实深悲悼。赙金厚赍，帑邀内府之颁；奠斝亲行，封界后

---

1 北京图书馆金石组编《北京图书馆藏中国历代石刻拓本汇编》，中州古籍出版社，1989年。

2 碑现存，在北京市海淀区瑞王坟村。

昆之晋。易名有典，爰谥曰端。

于戏！令德孔彰，百世延银潢之泽；成劳勿替，九原耀石碣之辉。式峙穹碑，用昭遗矩。

同治五年正月　日[1]

72．奕详碑文

和硕亲王衔多罗惠敬郡王碑文

朕惟辉分玉牒，展亲之受福方长；派衍银潢，叹逝之怆怀倍切。生既渥而夫恩礼，眷注优隆；没宜备致乎哀荣，仪文稠叠。爰申巽命，用勒丰碑。尔亲王衔多罗惠敬郡王奕详，禀气冲和，持躬恪慎。效趋跄于禁籞，夙著公勤；标属籍于宗盟，克延世泽。藩屏列爵，一阶晋朱邸之崇；荣府疏庸，三锡荷丹纶之宠。方谓懋膺茀禄，何图遽谢华年。奠□以时，聿考彝章而加等；表茔有制，更稽典册以易名。综厥生平，谥之曰敬。

于戏！金枝掩采，弥伤急景之难留；翠碣镌词，庶冀流风之不泯。永绥吉兆，特沛殊施。

光绪十二年八月　日[2]

73．奕䜣墓碑碑文

朕惟河山共奠，既传带砺于屏藩；日月争光，应焕丝纶于金石。综卅余年之功绩，瑶牒增辉；树千百世之仪型，丹珉绚采。朕叔和硕恭忠亲王，天赋灵明，久襄密勿。靖共尔位，历荷先朝眷顾之恩；懿训钦承，弼成圣世中兴之烈。迨至朕躬之匡辅，尤资励翼于亲贤。机务勤宣，力任而不辞艰巨；烦疴暂息，重起而益效勋劳。念德望之攸隆，实寰瀛所共悉。维持大局，方期柱石之常存；寅畏小心，何竟典型之忽谢。成劳用念，锡谥曰忠。祀既入于崇祠，配允宜乎祖庙。

于戏！松楸在望，倍怀宗杰之遗徽；苾葛常延，永戴天家之宠锡。钦兹巽命，峙厥丰碑。

光绪戊戌年七月十六日[3]

74．载澂碑文

朕惟谊笃宗支，异数终周于泉壤；礼隆藩辅，嘉谟并勒于旂常。酬庸思济美之贤，允申巽命；纪绩重易名之典，式植丰碑。尔郡王衔多罗果敏贝勒载澂，朕之从兄也，银潢毓秀，璇萼分辉。勇力足备干城，才猷聿彰磐石。振振麟定，默承皇祖之贻谟；肃肃雁行，早荷先朝之锡禄。乐善守东平之教，朱邸驰誉；授经资北海之儒，彤廷进读。固已雅赓棣鄂，玉叶蒙恩；洵宜封衔桐圭，金泥绍命。朕缵膺宝篆，笃叙懿亲。揽兹肺腑之良，冀作股肱之助。岁时加礼，习天家敦睦之仪；夙夜从公，效王室劻勤之职。方喜凤池多暇，清宴恒陪；何期鹤籥遥辞，沈疴弗起。金枝骤谢，珠树易摧。未征降岳之灵，遽动骑箕之感。怆怀思旧，备礼饰终。予谥襄嘉，允称果敏。

于戏！巩宗盟于铁券，比河山带砺而同坚；光潜德于瑶章，愿俎豆馨香之勿替。丕承休命，永播徽猷。

光绪十一年十一月二十七日[4]

1　北京图书馆金石组编《北京图书馆藏中国历代石刻拓本汇编》，中州古籍出版社，1989年。

2　北京图书馆金石组编《北京图书馆藏中国历代石刻拓本汇编》，中州古籍出版社，1989年。

3　北京图书馆金石组编《北京图书馆藏中国历代石刻拓本汇编》，中州古籍出版社，1989年。

4　北京图书馆金石组编《北京图书馆藏中国历代石刻拓本汇编》，中州古籍出版社，1989年。

75. 奕譞碑文

光绪十六年十一月礼臣奏上醇贤亲王丧仪，以碑文请，钦奉皇太后懿旨，碑文皇帝亲制，子臣载湉承命维谨，越三年，岁次壬辰，四月筮日，恭举葬礼。于是齐邀流涕，撰次勋德，勒诸贞石，其辞曰：我本生考醇贤亲王，皇祖宣宗成皇帝第七子也，母庄顺皇贵妃，生而明敏，敦厚孝谨，为皇祖所钟爱。六龄入上书房，读书十龄。能骑射，习火枪。文宗显皇帝御极，封为郡王。眷遇优渥，往往乘舟赋诗，或从猎行围，一如家人礼。穆宗毅皇帝嗣位，两宫皇太后垂帘听政，晋封亲王，授御前大臣，命在弘德殿照料读书。入则辅导圣躬，出则规划戎略。创立神机营，选八旗兵丁之材者，亲加训练，由是京师有炮队劲兵。同治十三年，穆宗升遐，皇太后命予小子入承大统。我醇贤亲王深怀谦抑，于皇太后前辞免职务。懿旨俯允，而倚畀益隆，命以亲王世袭罔替，凡军国重大之事，无不谘焉。既仍管神机营，又以创设海军，命综其事。岁口戌躬阅海口形势，遂由天津历烟台、旅顺，轮舶驭风，海波不兴，各国使臣鳞集羽凑，争睹颜色。于是讲求船械，议辟铁路，恢恢乎有经营六合之规。盖上禀慈训，下集群谋，殚心竭思，未尝一日释也。至于经始大工，百度具举，程材度地，昕夕摩懈，而雄文丽句，浩若江海，举笔立就，得于登临览观时为多。尝辑典谟中法语，大书一通，并述列圣艰难之业，东朝覆育之恩，成诚勉诗二章，揭诸讲殿之壁，俾予小子出入省览。又尝鉴宋明议礼之失，具疏密奏皇太后，谓历代继体之君，推崇本生父母，当以宋孝宗不改子称秀王之封为至当，将来如有援引治平嘉靖之说进者，务加屏斥，俾千秋万世，勿再更张。迨光绪十五年，大臣中有请议尊崇典礼者，仰蒙皇太后宣示此疏，褒扬我本生考醇贤亲王，以为纯臣心事，古今莫及。

呜呼！仪礼为人后者之义，高宗纯皇帝濮议辩昭示于先，本生考醇贤亲王豫杜妄论疏阐发于后，实足以尽人伦之极则，而立臣子之大防，此所谓一言而为万世法者也。本生考醇贤亲王以道光二十年九月二十一日诞生，光绪十六年十一月二十一日薨逝，春秋五十有一。寝疾之时，皇太后临邸看视，及薨，特谥曰贤，自殡及葬，亲赐奠酹者数四，盖旷典也。园寝在京师西山妙高峰，首庚趾甲，规制如亲王礼。

呜呼！以本生考醇贤亲王之宏猷茂绩，允宜夹辅宗社，用保乂我邦家，而天不假年，遗志未竟，则予小子之思慕，其有穷期耶！敬举大节，质言无文，以申慈命，以告臣民，以垂诸永永无极之世。

光绪十八年四月二十一日恭述谨书[1]

第二章 清代公主园寝碑文[2]

1. 遏必隆为其母和硕公主所立碑[3]

夫国重懿亲，淑德溯天潢之胤；家承母训，阃仪开奕世之祥。音容虽閟于九原，慈爱实

1　北京图书馆金石组编《北京图书馆藏中国历代石刻拓本汇编》，中州古籍出版社，1989年。

2　这一部分文字中，碑现存者，碑文均抄录自原碑，有文献记载者则以碑为主，参照文献，碑之不存或笔者未能见到者则转引自其他文献。

3　附录中未用书名号的标题乃笔者拟定，书名号内者均为原墓志标题，后均同。

垂于万祀。敬扬令闻，昭示来□。先妣册封公主，乃太祖高皇帝之女也。德懋温庄，性含贞静。幼生宫掖，分金枝玉叶之辉；长沐荣封，承象服龙章之赐。止慈止孝，肃雍允协于风诗；克俭克勤，礼法深娴于内则。佐先人以恭慎，绩著旂常；育后嗣以劬劳，教先闺阈。方席丰而履盛，遽缘事而除封。留未尽之余庥，衍方来之厚泽。深恩罔极，念怙恃而如存；积庆无疆，贻子孙而未艾。勒贞珉于幽宅，千秋犹载徽音；峙华表于佳城，四德增辉彤管。述兹梗概，曷罄瞻依。康熙捌年五月初十日，孝男少保兼太子太保、一等公遏必隆立[1]

2．《端庄固伦公主碑》

端庄固伦公主碑

国家笃念懿亲，推□□□□已；追维令德，渥典礼于方新。尔固伦公主，太祖高皇帝之女，朕之□□□□，金枝凝秀，银汉分祥。贞静秉于□成，柔嘉孚乎内则。素雍著范，曰归勋旧之宗；贤慎宜家，□□□闱之化。奄辞戚里，屡易□霜。淑仪久著于生前，令誉犹存于今日。齐锡属在裔孙，不忘祖□之光；彤管常垂，宠焕丝纶之色。用兹昭示，不亦休欤！康熙五十五年□月初二日立[2]

3．《温庄长公主圹志文》

温庄长公主圹志文

制曰：温庄长公主，太宗文皇帝之女，世祖章皇帝之姐，朕之姑也。生于天命十年八月初九日午时，卒于康熙二年二月二十六日未时，春秋三十有九。卜以本年十月二十一日，窆于妙儿沟。呜呼！朕缵鸿绪，念系皇祖之女，皇考同气之亲，方期骈集繁祉，永享大年，何意遽尔奄逝，朕怀震悼，曷期有集！为卜兆域，并设垣宇。窀穸之文，式从古制。祭享之仪，爰考典章。勒之贞珉，用志生殁之年月。惟灵其永妥于是焉。[3]

4．《科尔沁国亲王弼尔塔噶尔所尚固龙雍穆长公主圹志文》

科尔沁国亲王弼尔塔噶尔所尚固龙雍穆长公主圹志文

制曰：固龙雍穆长公主，太宗文皇帝之女，世祖章皇帝之姊，朕之姑也。生于天聪三年正月初八日午时，薨于康熙十七年闰三月十八日未时，春秋五十。卜以十八年十二月初五日，窆于东边滕额里克界夸绰和儿地方。呜呼！朕缵鸿绪，念系皇祖之女，皇考同气之亲，方期骈集繁祉，永享大年，何意遽尔薨逝，朕怀震悼，曷其有极！为卜兆域，并设垣宇。窀穸之文，式从古制。祭享之仪，悉循典章。勒之贞珉，用志生薨之年月。惟灵其永妥于是焉。[4]

5．《淑慧长固伦公主圹志文》

淑慧长固伦公主圹志文

制曰：淑慧长固伦公主，太宗文皇帝之女，世宗章皇帝之姊，朕之姑也。生于天聪六年二月十二日亥时，薨于康熙三十九年正月初十日巳时，春秋六十有九。卜以本年八月二十四日辰时，窆于察汉摩伦之河西巴颜昆都之名山。呜呼！朕缵鸿绪，念系皇祖之女，皇考同气

【第四部分】

清代园寝碑文和墓志

1　北京图书馆金石组编《北京图书馆藏中国历代石刻拓本汇编》第62册《额亦都妻和硕公主墓碑　京3267》，第131页，中州古籍出版社，1989年。

2　碑现存于辽阳市博物馆，参见王晶辰主编《辽宁碑志》，第310页，辽宁人民出版社，2002年。

3　圹志现存于辽宁省博物馆，参见何溥滢《温庄长公主圹志考释》。

4　墓志圹文现存于科尔沁旗博物馆。

之亲，方期骈集繁祉，永享天年，何意遽尔薨逝。朕怀震悼，何其有极！为卜兆域，并设垣宇。窀穸之文，式从古制。祭享之仪，悉循典章。勒之贞珉，用志生薨之年月。惟灵其永妥于是焉。[1]

6. 和硕和顺公主碑文

维康熙三十年岁次辛未，十二月朔，越二十五日，皇帝谕祭尚之隆所配和硕和顺公主之灵曰：国家谊重宗支，荣分淑媛；典礼恩均存殁，宠界纶音。尔和硕和顺公主，诞秀金枝，流芳瑶册。禀姿婉顺，令德由于性成；著范柔嘉，褆躬娴夫内则。溘焉长逝，深切轸伤。聿颁祭醊之仪，以笃懿亲之眷。呜呼！永怀惠质，用追恤于泉台；载考彝章，爰荐馨香于俎豆。灵其昭格，尚克钦承！康熙三十一年岁次壬申三月□日勒石[2]

7. 《太子太保管侍卫内大臣位和硕额驸尚之隆奉册文》

太子太保管侍卫内大臣位和硕额驸尚之隆奉册文

皇帝诏曰：开国立家，必行重亲之道。正名定品，仍隆配公主之恩. 此乃古今大义。朕居大位，仿古制，已定和硕额驸品级尚之隆，念尔系平南王之男，故将和硕公主配尔为和硕额驸。尔勿以配和硕公主为和硕额驸之势，邀分悖理，有违正道。益加谨慎，务行善义，竭尽忠诚，勿负朕宠！康熙五十七年岁次戊戌三月□日立石[3]

8. 赐婚碑

奉天承运皇帝诏曰：开国立家，必行重亲之道。正品定名，仍隆配公主之恩。此乃古今大义。朕居大位，仿古制。已定和硕额驸品级耿聚忠，念尔系靖南王男，故将和硕公主配尔为和硕额驸。尔勿以配和硕公主为和硕额驸之势，越分悖理，有违正道。益和谨慎，务行善义，竭尽忠诚，勿负朕宠命！顺治十五年五月十五日[4]

9. 柔嘉公主诰封碑

康熙三年岁次甲辰二月甲午朔□十四日丁未

皇帝制曰：典崇禧降，帝女戒以钦哉；诗美肃雍，王姬咏其秩矣。既娴内治，宜被殊荣。咨尔和硕公主，乃和硕安亲王女，世祖皇帝抚育宫中，敬慎居心，柔嘉维则，母仪克奉。故凤禀于在宫妇德无违，誉九彰于筑馆。出银潢之贵派，作配高闳；备玉牒之懿亲，共襄宗国。凤占允协，象服攸宜。今特封尔为柔嘉公主，锡之金册。谦以持盈，益笃与门之祜；贵而能俭，永垂宜室之声。勿替今仪，尚绥后禄。钦哉！[5]

10. 谕祭耿聚忠碑

康熙二十六年四月初九日，皇帝遣礼部尚书伊桑阿，谕祭太子太保和硕额驸耿聚忠之灵。曰：朕惟人臣服职禁廷，分荣近戚，必矢恪勤于罔懈，克膺恩礼之加隆，存殁惟均，褒

1 圹志现存赤峰市博物馆。
2 参见《北京档案史料》，第234页，新华出版社，2005年。原文未标点。碑文拓片今藏国家图书馆，拓片描述碑的地点在丰台区张郭庄公主坟。
3 《北京档案史料》，第234页，新华出版社，2005年。原文未标点。碑现在位于北京市门头沟区龙泉镇东龙门村。
4 参见政协北京市门头沟区文史资料委员会编《京西碑石纪事》，第260页，香港银河出版社，2003年。《北京档案史料》，第299页，新华出版社，2006年。碑现在位于北京市门头沟区龙泉镇东龙门村。
5 参见政协北京市门头沟区文史资料委员会编《京西碑石纪事》，第260页，香港银河出版社，2003年。《北京档案史料》，第299页，新华出版社，2006年。碑现在位于北京市门头沟区龙泉镇东龙门村。该碑共书两则碑文，这则谕祭耿聚忠碑碑文与《太子太保和硕额驸谥悫敏耿聚忠碑文》同书于一碑。

崇勿替。尔耿聚忠夙承家训，早列班行，朕肺腑于天潢，作爪牙于陛楯。驰驱尽瘁，独昭夙夜之忧；宿卫攸勤，历效初终之节。方意趋承三署，被宠秩以流芳；何期奄逝九原，抚遗章而增悼。用逾常等，申命攸司，奠以牲牢，锡之纶绰。呜呼！念周庐之扈从，臣职常昭；霑戚里之恩波，朝章特厚。尔灵不泯，尚克歆承！[1]

11.《太子太保和硕额驸谥悫敏耿聚忠碑文》

康熙二十六年五月二十四日

太子太保和硕额驸谥悫敏耿聚忠碑文

朕惟国家□奖臣劳，恩礼优渥。□服官禁，迨终始，恪共则。生被章服之荣，殁荷贞敏之赐。嘉名永树，茂典靡遗。尔耿聚忠荫席前人，荣分近秩。备宿卫之列，趋跄久效于周庐；居恩泽之班，锡赍频霑于戚里。星霜洊历，益矢敬恭；夙夜祇承，弥加谨饬。俄闻奄逝，闵宣力之未终；每眷馀忠，宜沛恩而无已。谥以悫敏，称厥勤施。呜呼！懋赏用昭，成劳不泯；爰覃殊数，永贲幽光。眷此丰碑，其尚有闻于奕世！[2]

12. 和硕柔嘉公主碑文

朕惟典礼崇于淑德，垂简册而常新；恩施笃于懿亲，历岁时而无斁。溯遗徽之未泯，□异数之特颁。尔和硕柔嘉公主：毓秀金枝，分辉银汉。娴娴礼法，既协节于珩璜；懋著温恭，足垂型于戚畹。生膺介福，没有令名。仰唯圣祖仁皇帝眷念之殷，恩膏之渥，初终罔替，媚赙有加。朕诞膺大宝，敬体洪慈。用广锡类之仁，载举展亲之典。表殊荣于贞碣，昭隆礼于重泉。于戏！彤史留芳，弥焕丝纶之色；鸿章褒德，允生琬琰之光。沛此新恩，永垂奕世。雍正元年叁月贰拾叁日立[3]

13. 谕祭柔嘉公主碑

康熙十二年八月二十一日，皇帝遣礼部右侍郎折尔肯谕祭于和硕额驸耿聚忠所尚和硕柔嘉公主之灵曰：敦陆之典，必厚夫懿亲；轸恤之怀，尤深于淑顺。生隆宠锡，殁贲汉章。尔和硕柔嘉公主，乃和硕安亲王之女。世祖章皇帝抚育宫中，孝□性成，素娴范□。作配藩胤，克著令仪。方冀遐龄，忽闻长逝。爰加祭典，用展哀悰。呜呼！谊笃天潢，为表幽□之□；恩昭众□，特颁芬苾之荣。尔灵有知，尚克歆享！[4]

14. 固伦荣宪公主墓志文

公主大清圣祖仁皇帝次女也。康熙三十年厘降于巴林，初封和硕荣宪公主。四十八年圣恭不豫，公主视膳问安，晨昏不辍，四十余辰未尝稍懈。迨即安之后，乃优旨褒奖，谓："公主克诚克孝，竭力事亲。诸公主中尔实为最！"是用厚其典礼，晋封固伦荣宪国公主。方享期颐之祐，遽符星变之祥。遂于雍正六年四月二十一日，享年五十有六而薨。驸马吴尔

1 参见政协北京市门头沟区文史资料委员会编《京西碑石纪事》，第260页，香港银河出版社，2003年。《北京档案史料》，第299页，新华出版社，2006年。

2 参见政协北京市门头沟区文史资料委员会编《京西碑石纪事》，第260页，香港银河出版社，2003。《北京档案史料》，第300页，新华出版社，2006年。碑现在位于北京市门头沟区龙泉镇东龙门村。

3 北京图书馆金石组编《北京图书馆藏中国历代石刻拓本汇编》之《耿聚忠妻和硕柔嘉公主墓碑 京6885》，中州古籍出版社，1989年。据说该碑现在埋在北京市门头沟区龙泉镇东龙门村石油公司院内。

4 参见政协北京市门头沟区文史资料委员会编《京西碑石纪事》，第260页，香港银河出版社，2003年。《北京档案史料》，第299页，新华出版社，2006年。据《京西碑石纪事》记载，该碑2005年仍在北京市门头沟区龙泉镇东龙门村，2008年笔者调查时未见。

袭，系元室之胄，世为巴林多罗郡王，协理旗务，乃我太宗文皇帝第四女淑慧国长公主之嫡孙也。康熙四十三年嗣封王爵，使统理十一旗事。五十五年董督内属国二十三旗戎务，北讨测旺。妖星尤炽，未酬敌忾之心；梁木忽摧，转甚英雄之痛。遂于康熙六十年二月十三日薨于军，享年五十有一。男一人，女一人。男霖布，袭封王爵。女为显亲王元妃。嗣王孝子霖布，谨择巴林境内巴颜陶拜山阳修建享殿，筑治地宫，吉卜雍正七年八月十九日辛酉合葬先公主先王于北域，礼也。呜呼！寝园轮奂，同符千里山河；子姓震绳，永锡九天雨露。爰志幽邃，用垂不朽。大清雍正七年八月十九日书[1]

15. 敕建和硕端静公主碑

国家谊笃懿亲，没存罔间；恩隆淑德，典礼频加。尔和硕端静公主秀毓深宫，祥征天汉。徽音凤著，静一禀于性成；宝训亲承，端庄孚乎内则。既履丰而处约，勤俭克敦；亦在贵而能谦，孝慈兼尽。方期茂膺乎遐福，何遽摧折早龄！深切悼怀，弥崇优锡。更念公主之贤淑，俯俞哀子之吁求。特表丰碑，用彰异数。呜呼！懿行长垂，留芳声于简册；褒纶载焕，被宠赉于泉台。昭示来兹，不亦休欤！[2]

16. 喀喇沁噶尔藏所尚和硕端静公主圹志文

制曰：和硕端静公主，朕之女也。生于康熙十三年五月初六日巳时，薨于康熙四十九年三月二十六日申时，时年三十有七。卜以康熙五十八年十一月二十九日丁酉日未时，窆于白勒图之原。呜呼！惟尔秉质温醇，居衷淑慎。祇承亲训，孝谨之义无违；娴习阃仪，柔嘉之德益懋。俭约常守而凤著休风，礼法自持而动符懿德。方冀克膺多祚，何期不享遐龄。悯悼良深，眷怀曷已！爰稽古制，窀穸有文，勒诸贞珉，用志生薨之年月。惟灵其永妥于是焉！[3]

17. 《奉旨合葬》碑

奉旨合葬喀喇沁郡王、和硕额驸噶喇藏，有外边蒙古之王也。□□皇上质养，教谕至极。怀全远近，虽内外不分。□小由怜，近□□留谕。养成，配与和硕端静公主，封为郡王。名望厚恩，恒治世安逸。过恩经征，郡王之职尽诚。皇上仁德，威福敦厚。愿在靠生，理敬上伐。国家遥望政治，不意康熙六十一年三月初七日卯时早龄。生于康熙十四年乙卯四月十二日卯时，享年四十八岁。又奉旨速合葬于公主之金灵，择于本年岁次壬寅季冬月二十二日岁官交成之日未时安葬。声誉留后。特专续文刻字。

元子南木赛以付诸碣　　地名白勒图。[4]

18. 恪靖固伦公主碑文

礼娴内明，凤肃彤管之答；谊笃宗亲，□恤□纶之贞。□□备举，遴范永昭。尔恪靖固伦公主，□□□沛，辉分玉叶。柔嘉成性，奉萍藻以流徽；淑慎□躬，协珩璜而著誉。念□[沦？]□[姐？]之己八岁，岂题□附；典礼之宜崇，□[方？]载汤。既颖□品，更勒贞珉。

1 以刘冰《草原姻盟——下嫁赤峰的清公主》第116、117页所录志文为本，参照《巴林右旗志》第二十编《文化·固伦荣宪公主墓志文》，第563页。原引志文无句读，标点乃笔者转引时加。碑现在存放于内蒙古赤峰市博物馆内。

2 刘冰《草原姻盟——下嫁赤峰的清公主》，第145页，远方出版社，2007年。碑位于内蒙古赤峰市喀喇沁旗王爷府镇十家满族乡十家村。

3 刘冰《草原姻盟——下嫁赤峰的清公主》，第146页，远方出版社，2007年。碑现存内蒙古喀喇沁王府博物馆内。

4 赤峰市《喀喇沁旗志》编纂委员会编《喀喇沁旗志》，第1089页，内蒙古人民出版社，2005年。碑现存内蒙古喀喇沁王府博物馆内。

清代园寝志

于戏！马鬣云疑，长抱缌帷之杉；龙文日丽，弥增□□之光。尔子孙美哉承哉！乾隆五年十二月二十二日[1]

19. 和硕温恪公主圹志文

制曰：和硕温恪公主，朕之女也。薨于康熙四十八年六月二十一日亥时，年二十有三岁。康熙五十年四月十九日丁丑巳时，窆于巴颜额尔近谷内察汉托罗会。呜呼！惟尔秀毓深宫，祥征天汉。幼龄失恃，诚孝秉乎性成；训旨亲承，端庄孚于内则。心既存乎恭顺，处贵持谦；德更合乎柔嘉，履丰守修。方期茂膺介福，何遽摧折于青年。眷念良深，悼怀弥切！爰稽古制，窀穸有文。勒诸贞珉，用志生薨之年月。惟灵其永安于是焉。[2]

20. 圣祖仁皇帝御赐碑

国家谊笃懿亲，没存罔间，恩隆淑德，典礼频加。尔和硕温恪公主，秀毓深宫，祥征天汉。幼龄失恃，诚孝秉乎性成；严旨亲承，端庄孚于内则。下嫁而肃雍著美，藩国仰其德音；宜家而恭顺自持，姻戚钦其令范。方期茂膺乎介福，何遽摧折于芳年。深切悼怀，弥隆锡更。鉴额驸吁请之哀诚，益念公主生平之贤淑。特彰异数，用表鸿文。呜呼！惠质柔嘉，名式垂于彤管；殊荣优渥，光复被于泉台。昭示来兹，不亦休哉！康熙壬辰春二月初纂，翁牛特逊杜陵之四世孙苍津，初名班第，康熙三十二年袭杜陵郡王。[3]

21. 和硕怀恪公主碑文

朕惟肃雍之美，著于风诗，婉娩之容，彰于传记，故贵之丹浩而树以青珉，所以重银潢昭壸德也。尔和硕怀恪公主，朕之女也。玉质含章，金枝蕴秀。行谐箴史，柔嘉悉本于性成；度叶璚琚，贞静无违于义训。履礼守约，允宜勋旧之家；处贵能谦，韦树闺闱之范。虽岁时代谢，而芳躅具存。凤深顾复之思，新焕丝纶之命。乃稽成宪，式表幽阡。呜呼！龙章照耀，长垂彤管之声；螭石嵯峨，遥起青林之色。传示奕祀，不亦休与！雍正四年□月[4]

22. 《第二女墓志铭》

嗟乎！吾初不料汝之遂居于此也。方汝之卒，吾固匆匆未暇为汝谋葬事，乃岁月倏忽，距于今已十四年。当汝之生也，为咸丰十年二月二十三日辰时，其时亲党来贺，多谓汝丰颐广颡，可以享福泽而登耆艾。乃汝遽于同治三年二月病，以二十一日巳时死。呜呼！人事固有未尽耶？抑天事固有定数耶？而汝遂长往耶！汝卒之四月，而汝弟濬生。阅二年，而濬又死。其殆汝之灵不昧，而故托伊以来耶？然无端而来，又无端而去，抑何必为此一见再见，以重伤吾之心耶？其当皆归于命耶？汝弟生之一月，蒙恩封为辅国公，今将葬之于昌平翠华山之原，而界以汝祔于其上。又惧汝之无所表于后世也，乃树之碣而为之铭，俾后世以吾之故，汝二人之墓胥勿樵肃焉，则汝虽死，殆亦可以无憾耶。铭曰："汝生五载，汝死千秋。我铭此石，天地长留。"[5]

1 杜家骥《清朝满蒙联姻研究》，第206页，人民出版社，2003年。

2 赤峰市《松山区志》编纂委员会编《松山区志》，第972页，辽宁人民出版社，1995年。

3 鲁殿华主编《松山史话》，第77、78页，中国人民政治协商会议赤峰市松山区委员会、赤峰市松山区地方志编纂委员会编辑，2000年出版。原志文无标点，笔者转引时加。

4 碑现存放于北京市门头沟区龙泉镇三家店村东59911部队油料库院内。

5 恭忠亲王《第二女墓志铭》，原载于盛昱《八旗文经》第49卷，辽沈书社1988年标点本，第396页。